KB244555

中國歷史事典

李炳甲 엮음

학민사

中國歷史事典

1판 1쇄 발행 | 2006년 4월 5일

엮은이 | 이병갑
펴낸이 | 양해경
펴낸곳 | 학민사

등록번호 | 제10-142호
등록일자 | 1978년 3월 22일

주소 | 서울시 마포구 대흥동 150-1번지(121-809)
전화 | 02-716-2759, 702-3317
팩시밀리 | 02-703-1494~5

홈페이지 | http://www.hakminsa.co.kr
이메일 | hakminsa@hakminsa.co.kr

ISBN 89-7193-073-X(91900)

『중국역사사전』은 중국의 통사에 관한 지식을 개괄한 것이다. 편자는 그동안 중국 문학을 공부하면서 역사와 문학을 상호 연결해주는 공구서가 없음을 아쉽게 여겨 왔다. 5천년 중국의 역사와 문화를 개괄한다는 것 자체가 워낙 방대한 일이라서 쉽게 손대지 못했을 것이라는 생각이다. 더구나 이제는 중국의 역사가 한낱 고전 속의 고전으로 파묻히는 느낌이어서, 다수의 참여 아래 조직적으로 해야 할 이같은 작업이 유형의 가치를 보상받을 수 없게 되어 버렸다. 이런 까닭에 이 방면에서 아직 이렇다할 성과가 나타나지 않는 것같다.

중국학뿐 아니라 한국학을 공부하는 사람도 개별적인 가운데 상호 보완적인 우리와 중국의 문화를 동일선상에서 이해할 필요가 있다. 연관성이나 보완관계 면에서 중국의 문화는 우리와 동떨어질 수가 없다. 그러나 현실은 이와는 다른 방향으로 흐르고 있다. 서양 학문에 대한 관심이 높아지다 보니, 우리의 전통 학문까지도 중국보다는 서구쪽과 연관지으려는 풍조가 생겨났다. 중국의 문화가 서구의 문화에 밀려 점점 우리 곁에서 멀어져 가는 느낌이다. 최근의 중국학에 관한 연구도 현대적인 것에만 관심을 둘 뿐 과거에 대해서는 등한시한다. 이같은 상태가 지속된다면 우리의 역사 문화에 대한 연구도 절름발이가 될 수 있다.

그러므로 편자는 우선 개인이 할 수 있는 부분만이라도 손을 대 보겠다는 생각으로, 중국학에 접근할 수 있는 첫 단계의 공구서로서 사전 만들기 작업을 시작했다. 그러나 식견이 일천한데다, 학문과는 동떨어진 사회의 구성원으로서 생활해야 하는 여건이 여유시간마저 허락하지 않았다. 따라서 내용이 불충분함은 물론 오류도 다소 있을 것으로 생각된다.

원고를 완성한 후, 미진함에 따른 두려움이 컸다. 그러나 오랜 망설임 끝에, 이같은 초보 단계의 공구서가 완정된 내용의 사전 출현에 밑거름이 될 수 있다고 결론지었다. 미비한 점은 외부의 질정을 뼈아프게 받아들이면서 추후 성실히 보정하기로 하고, 부끄러움을 무릅쓰고 출간을 결심했다.

이 책은 중국 대륙판 『實用中國歷史知識辭典』(吉林文史出版社)과 『簡明中國古代文化史詞典』(書目文獻出版社)을 주로 참고했으며, 기타 여러 국내외 자료에서 재료를 구했다.

수록 범위는 역사 발전 과정에서 크게 드러난 정치적 인물·사건·제도와 문학 방면의 인물·작품·저작, 그리고 역사가·역사서 등에 비중을 두어 싣고, 기타 종교·예술 방면에서도 중요하게 다루어지거나 일반에 자주 거론되는 것을 포함시켰다. 수록 연대는 고대로부터 1900년대 중반까지를 대상으로 하되, 분량을 많이 차지하는 현대사 부분은 여타 시기와의 형평을 고려하여 자의적으로 산정했다.

1995. 10.

엮은이

中國歷史事典

차례

가경제(嘉慶帝:1760~1820)　　청의 제7대 황제. 인종(仁宗). 고종(高宗) 건륭제(乾隆帝)의 15번째 아들. 성은 아이신교료〔愛新覺羅〕, 이름은 옹염(顒琰). 1796년 부친에게서 제위를 넘겨 받아 연호를 가경(嘉慶)으로 정했다. 가경 4년(1799) 부친이 사망하면서 친정하기 시작했다. 세금 감면 정책을 시행하고, 관료제도를 정비하는 등 민생을 위해 노력했다. 즉위한 해부터 약 10년간 백련교도의 난이 이어지고, 서양의 아편 반입이 불가항력적으로 늘어 정치·사회적으로 혼란스러웠다. 그의 치세 때부터 청 왕실이 쇠퇴기에 접어들었다.

가규(賈逵:30~101)　　동한(東漢)의 학자. 자는 경백(景伯). 부풍(扶風) 평릉(平陵:섬서성 咸陽) 출신. 한 명제(明帝) 때『춘추좌씨전해고(春秋左氏傳解詁)』와『국어해고(國語解詁)』를 지었다. 장제(章帝) 때 고문경(古文經)을 강해, 전파하여 고문경의 지위를 높이는데 공을 세웠으며, 이를 계기로 벼슬이 영기도위(領騎都尉)에 올랐다. 천문학에도 밝아 황도(黃道)를 그려 넣은 동의(銅儀)를 만들고,『사분력(四分曆)』의 편찬에 참여했다

가도(賈島:779~843)　　당(唐)대의 시인. 자는 낭선(浪仙). 일찍이 출가하여 승려가 되었다. 법명은 무본(無本). 환속 후 과거에 여러 번 응시했다가 낙방했으며, 58세 때인 문종(文宗) 개성(開成) 2년(837) 장강주부(長江主簿)가 되면서 가장강(賈長江)이란 별명을 얻었다. 이후 보주사창참군(普州司倉參軍)을 지냈다. 한유(韓愈)에게 시재(詩才)를 인정받고 맹교(孟郊), 장적(張籍) 등과 시로써 수창(酬唱)했다. 오언율시를 주로 짓고 사경(寫景)과 회구(懷舊)를 내용으로 하는 작품이 많다. 공들여 시의 자구를 다듬었으며, 특히 '鳥宿池邊樹 僧推月下門'의 시구를 지으면서 '推' 대신 '敲'로 쓰는 것에 대해 한유에게 자문을 구하여 '敲'로 정했다는 '퇴고(推敲)'의 유

래가 유명한 일화로 남아 있다. 저서 『장강집(長江集)』.

가로회(哥老會)　　청대 건륭 연간의 민간 비밀결사체. 조직원간 형제로서 결의를 맺었다. 만주족이 통치하던 청 왕조를 반대하고 이전의 왕조인 명(明)을 회복한다는 '반청복명(反淸復明)'을 목표로 했으며, 서구 열강의 침략에 맞서 구교(仇敎) 운동을 일으키기도 했다. 삼합회(三合會)와 연합하여 흥중회(興中會), 중국혁명동맹회 등에 가입, 조직의 기반 세력으로 성장하고 신해혁명에도 참가하였다.

가범(家範)　　서명. 10권. 북송 사마광(司馬光) 편. 19편으로 나누어 역대 명인의 치가(治家) 고사를 강술했다. 봉건 가정 윤리를 선양한 것으로 존로애유(尊老愛幼), 단결우애(團結友愛) 등을 주장했다.

가사도(賈似道：1213~75)　　남송 말의 정치가. 자는 사헌(師憲). 대주(臺州) 천대(天臺：절강성) 출신. 이종(理宗)의 황후인 가귀비(賈貴妃)의 동생. 순우(淳祐) 10년(1250) 양회제치대사(兩淮制置大使)가 되었으며, 개경(開慶) 원년(1259) 몽고군이 침략해 들어왔을 때 쿠빌라이칸에게 뇌물을 주고 화전을 청한 뒤 몽고군이 퇴각하자 자신의 군대가 대승했다고 속였다. 이후 조정의 신임을 얻어 전권을 행사하며 공전법(公田法), 추배법(推排法) 등을 시행, 백성들을 곤궁에 빠뜨렸다. 몽고의 재침을 맞아 다시 화전을 청했으나 받아들여지지 않자 병력을 이끌고 전투를 벌여 대패했다. 이로 인해 복건성 장주(漳州)로 유배되었다가 정호신(鄭虎臣)에게 살해당했다.

가의(賈誼：200~168 B.C)　　서한(西漢) 시대의 문학가, 정치가. 낙양(洛陽：하남성 낙양) 출신. 18세 때 문재(文才)로 이름이 났고, 20세 때 문제(文帝)의 신임을 받아 박사(博士)가 되었다. 이듬해 태중대부(太中大夫)가 되어 개혁정치를 주장하다가 권신인 주발(周勃)의 미움을 사 장사왕(長沙王) 태부(太傅：보좌역), 양회왕(梁懷王：문제의 아들) 태부로 밀려났다. 양회왕이 낙마하여 죽자 곡읍(哭泣)으로 한 해를 보내다가 33세의 젊은 나이로 죽었다. 저서로는 정치평론서인 『신서(新書)』가 있으며, 진(秦)의 정치를 비난한 「과진론(過秦論)」을 비롯하여 「치안책(治安策)」「논적저소(論積貯疏)」 등 정론(政論)의 문장은 한대 희유의 명문으로 이름이 나 있다. 유명한 「조굴원부(弔屈原賦)」는 굴원의 불행한 일생을 자신의 처지에 빗대어 읊은 서정시가이다.

가정팔재자(嘉靖八才子)　　명대 세종(世宗) 가정(嘉靖) 연간(1522~66)에

활동한 8명의 문인. 곧 진속(陳束), 웅과(熊過), 이개선(李開先), 당순지(唐順之), 왕신중(王愼中), 조시춘(趙時春), 임한(任瀚), 여고(呂高)를 일컫는다.

가중명(賈仲明·賈仲名:1343~?)　　원말 명초의 희곡 작가. 호는 운수산인(雲水散人). 치천(淄川:산동성 淄博) 출신. 시종(侍從)의 벼슬을 지냈다. 잡극 작품으로「옥소기(玉梳記)」「보살만(菩薩蠻)」「옥호춘(玉壺春)」「금안수(金安壽)」「승선몽(昇仙夢)」등이 있다.

가후(賈后:256~300)　　서진(西晋) 혜제(惠帝)의 황후. 대신 가충(賈充)의 딸. 혜제가 즉위했을 당시 태후의 부친인 양준(楊駿)이 정권을 잡고 있었다. 영평(永平) 원년(291) 그녀는 초왕(楚王) 사마위(司馬瑋)를 시켜 양준을 죽이고 정권을 잡았다. 이후 사마위도 제거하고 10년간 전권을 휘두르다 조왕(趙王) 사마륜(司馬倫)에 의해 살해되었다.

간보(干寶:317 전후)　　서진의 소설가, 사학자. 자는 영승(令升). 신채(新蔡:하남성) 출신. 저작랑(著作郎), 산기시랑(散騎侍郎)을 지냈다. 시중의 이문잡설(異聞雜說) 및 민간 고사를 채집하여 지괴(志怪)소설인『수신기(搜神記)』를 지었다. 그 내용이 널리 유포되면서 후대의 소설, 희곡의 주요 소재가 되었다. 그가 편찬한 역사서『진기(晋紀)』는 당시 '양사(良史)'로 불렸다. 이밖의 저서로『춘추좌씨의외전(春秋左氏義外傳)』『주역주(周易注)』『주관주(周官注)』등이 있으나 대부분 일실되었다.

간의(簡儀)　　중국 고대의 천문 의기(儀器). 천체의 좌표를 측량할 수 있게 만들었다. 원대의 천문학자 곽수경(郭守敬) 등 제작. 구식의 혼천의(渾天儀)에 비해 간단하면서도 정확도가 높았다. 현재 남경 자금산(紫金山) 천문대에 정통(正統) 연간(1436~49)에 만든 간의가 남아 있다.

간의대부(諫議大夫)　　관직명. 서한(西漢) 때 간대부(諫大夫)를 설치하여 광록훈(光祿勳)에 소속시키고 의논(議論)을 맡도록 했다가 동한(東漢)에 이르러 간의대부로 명칭을 바꾸었다. 수·당 때 문하성(門下省)에 소속되었다. 송대에는 간원(諫院)을 설치하여 그 아래 좌우 간의대부를 두었다. 명대에 폐지.

갈(羯)　　흉노족의 한 지류. 오호십육국시대에 산서(山西) 지방에서 활동하면서 크게 세력을 이루었다. 서기 319년 이 부족 출신 석륵(石勒)이 양국(襄國:하북성)에서 후조(後趙)를 세웠다.

갈천씨(葛天氏)　　고대 전설상의 인물. 부락의 영수. 무위(無爲)로서 부족을 잘 다스렸다고 한다.

갈형(葛衡)　　삼국시대 오(吳)의 천문가. 기존의 혼천의를 더욱 크게 만들어 사람이 그 안에 들어가 주위, 즉 천체를 관측하는 방법을 개발했다.

갈홍(葛洪:284~364)　　동진의 사상가, 화학자, 의학자. 자는 치천(稚川). 자호(自號)는 포박자(抱朴子). 구용(句容:강소성) 출신. 남해태수(南海太守) 포현(鮑玄)에게서 도교의 방술(方術)을 배웠다. 이후 낮은 관직 생활을 하다 입산하여 연단술을 배우고 저작활동에 몰입하였다. 유교와 도교를 융합하여 신선 양생으로 육신을 단련하고 유술(儒術)로써 외부 세계에 응해야 한다고 주장하였다. 대표 저서로 『포박자(抱朴子)』가 있으며, 이밖에 『금궤약방(金匱藥方)』 『주후비방(肘後備方)』 『신선전(神仙傳)』이 있다.

감석성경(甘石星經)　　서명. 일명 『감석성표(甘石星表)』. 천문지리서. 전국시대 제(齊)나라 감덕(甘德)의 『천문성점(天文星占)』과 위(魏)나라 석신(石申)의 『천문(天文)』을 합편한 책. 항성의 위치와 방위를 표시했으며, 화성, 목성의 회합주기를 산출해 내기도 했다. 송대에 유실되었다.

감영(甘英:1세기 전후)　　동한(東漢)의 사신으로서 화제(和帝) 영원(永元) 9년(97) 서역도호(西域都護) 반초(班超)의 명을 받고 대진국(大秦國:동로마제국)에 사신으로 갔으나 페르시아만(혹은 지중해)에서 바다를 건너지 못하고 되돌아왔다. 그러나 도중에 많은 이역문화를 접함으로써 문화의 전달자 역할을 했으며, 신 교통로를 개척하는데 큰 공을 세웠다.

감진(鑑眞:688~763)　　당(唐)대의 승려. 속세의 성은 순우(淳于). 양주(揚州:강소성) 출신. 낙양과 장안에 유학하면서 율종(律宗)과 천태종(天台宗)의 교리를 공부했다. 천보 13년(754) 제자 수십명과 함께 일본에 건너가 동대사(東大寺)를 본거지로 포교 활동을 했다. 일본 불교 율종(律宗)의 창시자로 불린다.

감찰어사(監察御史)　　관직명. 수(隋) 초에 처음 설치되었다. 총 12명이며 종8품의 서열에 해당하는 사람이 맡았다. 수 양제 때 정8품으로 승격되고 18명을 임명했으며, 얼마 후 종7품으로 다시 승격되었다. 당 무덕(武德) 초기에 8명으로 줄어들고 찰원(察院)에 예속되었다. 이 때 품계는 낮았으나 권력은 매우 컸다. 백관을 규찰하고, 주현(州縣)을 순시하며 형벌제도를 감시했다. 명·청대에는 도찰원(都察院)을 설치하여 그 안에 도어사(都御史),

부도어사(副都御史), 감찰어사(監察御史)를 두었다.

감천동지두아원(感天動地竇娥寃) → 두아원

갑골문자(甲骨文字)　　일명 은허문자(殷墟文字), 은허복사(殷墟卜辭), 복사(卜辭). 귀갑(龜甲)과 수골(獸骨)에 새겨진 중국 최고의 상형문자. 1899년 고대 은나라 왕도인 은허에서 왕의영(王懿榮), 유악(劉鶚) 등에 의해 처음 발견되었다. 출토 장소는 지금의 안양현(安陽縣) 소둔촌(小屯村). 내용이 주로 복점(卜占)에 관계된 것이므로 복사 혹은 은허복사로도 불린다. 지금까지 발견된 갑골편의 총 수량은 약 17만 조각, 문자의 수는 약 4,000자이며 해독된 것은 1,700여 자 가량이다. 기원전 11세기 이전에 사용된 것으로 추정된다.

갑나(甲喇)　　만주어로는 잘란(jalan). 청대 팔기(八旗)제도의 군정(軍政) 단위. 청 태조 누르하치가 명 만력(萬曆) 28년(1600) 팔기제도를 창립하면서 300인을 1우록(牛彔:만주어 니루[niru])으로 정하고 5우록을 1갑나로 편성했다. 그 통솔자를 갑나액진(甲喇額眞:入關 후 參領으로 불렀음)이라 했으며, 그 아래 미릉액진(美凌額眞) 2인을 두었다. 평시에는 생산과 정령(政令)을 맡았으나 전시에는 고산액진(固山額眞)의 지휘 아래 출병했다. 온타이지[皇太極] 이후 우록의 수가 증가함에 따라 각 갑나에 소속된 우록의 수도 일정하지 않았다.

갑신정변(甲申政變) → 이자성 참조

갑오전쟁(甲午戰爭) → 청일전쟁

강(羌)　　고대 부족명. 티벳계의 유목민. 감숙성, 사천성, 청해(淸海) 일대에서 활약했다. 갑골 복사(卜辭)에도 강족에 관한 기록이 있다. 은주(殷周)대에는 부분적으로 중원에서도 살았다. 목축과 수렵을 위주로 한 유목민족이며 부족이 흩어져 살았다. 북송(北宋) 때 부족의 일부인 탕구트[黨項羌]가 서하(西夏) 정권을 세웠다.

강기(姜夔:약 1155~약 1221)　　남송의 문학가, 음악가, 서예가. 자는 요장(堯章). 호는 백석도인(白石道人). 요주(饒州) 파양(鄱陽:강서성) 출신. 여러 차례 과거에 응시했으나 급제하지 못하고 평민으로 생을 마쳤다. 음률에 정통하여 영종(寧宗) 경원(慶元) 3년(1197) 조정에 「대악의(大樂議)」「금슬고고도(琴瑟考古圖)」를 올리고, 이듬해 「성송요가고취(聖宋饒歌鼓吹)」를 올렸다. 이로 인해 예부(禮部)에 응시할 기회가 주어졌으나 낙방했다.

양만리(楊萬里), 범성대(范成大), 신기질(辛棄疾) 등과 시문을 화창했다. 그의 시는 처음에 강서시파(江西詩派)의 풍을 배우고 나중에 만당(晚唐)의 풍을 답습해 현실성이 부족하나 평이하고 맑다. 사(詞)는 주방언(周邦彦)의 영향을 받아 격률을 강구하고 전고를 채용했으며 자구를 다듬는데 비중을 두었다. 신변 잡사나 경물(景物), 교유(交遊) 등을 읊은 것이 대부분이다. 남송 말기 격률사파의 대표 인물로 꼽힌다. 저서 『백석도인가곡(白石道人歌曲)』『백석시설(白石詩說)』『백석시집(白石詩集)』.

강남기기제조총국(江南機器製造總局)　　일명 강남제조국, 상해기기국. 청대 말 관에서 운영한 군수공장. 동치(同治) 4년(1865) 이홍장(李鴻章)과 증국번(曾國藩)이 미국계 양행인 기기철공창(機器鐵工廠)을 사들이고, 상해와 소주의 양포국(洋砲局)을 병합하여 상해에 설립하였다. 후에 수차례 규모를 확충하여 당시 중국 최대 규모의 군사공업 시설이 되었다. 총포와 탄약류, 군함을 제조 생산했다. 처음에는 영국 등의 무기를 모방하여 제조했으며, 점차 신형 무기의 제조도 가능하게 되었다. 군함은 부품을 수입한데다 제조 공정이 조잡하여 실제 전함으로 사용되기에는 불충분했다. 광서(光緒) 31년(1905) 선박 생산 라인이 강남조선소로 분리되었다.

강남대영(江南大營)　　태평천국군이 천경(天京:남경)을 점령하고 이곳에 도읍을 세우자 이를 타도할 목적으로 도성 밖에 세운 청 정부의 군영. 함풍(咸豊) 3년(1853) 흠차대신 향영(向榮)이 남경성 밖 효릉위(孝陵衛)에 군대를 주둔시키고 양주성(揚州城)의 강북대영과 호응하며 천경을 포위 공격했다. 그러나 함풍 6년 태평군의 공격을 받아 궤멸되었다. 이듬해 화춘(和春)이 강남대영을 재건했으나 역시 태평군에 의해 무너졌다.

강남제조국(江南製造局) ➡ 강남기기제조총국

강동백가보(江東百家譜)　　서명. 보첩류(譜牒類)의 역사서. 동진(東晉)시대에 진 원제(元帝) 사마예(司馬睿)를 따라 남쪽으로 건너간 사족들의 가보를 모은 총집. 조정에서 전문 인력을 배치하여 기록하도록 했다. 강동의 요지를 점령하며 당시의 정치·경제를 휘어잡던 관료·씨족 약 100가(家)가 포함되어 있다.

강북대영(江北大營)　　태평천국군이 천경을 점령하고 이곳에 도읍을 세우자 이를 타도할 목적으로 장강 북안 양주(揚州)에 세운 청 정부의 군영. 함풍 3년(1853) 흠차대신 기선(琦善)이 양주 삼차하(三汊河)에 군대를 주둔시키고 강남대영과 호응하여 천경을 포위 공격했다. 함풍 6년 태평군 진일강(秦日綱)의 부대에 의해 궤멸된 이후 이듬해 덕흥아(德興阿)가 재건했으나 1년을 버티지 못하고 진옥성(陳玉成), 이수성(李秀成)의 부대에 의해 다시 무너졌다.

강빈(江彬:?~1521)　　명대의 긴신. 자는 문의(文宜). 선부(宣府:하북성) 출신. 경기(京畿) 지역의 농민 봉기를 진압한 후 도지휘첨사(都指揮僉事), 도독첨사(都督僉事)를 지내면서 무종(武宗)에게 접근, 그의 여성편력증을 이용하여 환심을 샀다. 이후 무종의 묵인 아래 변방의 군사를 끌어들여 휘하에 두고 전횡을 일삼았다. 특히 동창(東廠), 금의위(錦衣衛)를 통제하며 자기에게 반대하는 이들을 이곳에 무조건 투옥시켰다. 세종(世宗) 즉위 후 양정화(楊廷和) 등이 모의하여 우선 그의 휘하에 있던 12단영(團營)을 해체시킨 뒤 그를 처형했다.

강상(姜尙)　　주(周)대 초기의 정치가. 자는 망(望). 본래 강(姜)씨 성을 가진 부락의 추장이었다는 설과, 출신이 비천하여 백정을 하다 후에 주점을 경영했다는 설이 있다. 성이 여(呂)씨라고도 한다. 일반적인 호칭도 강상(姜尙), 여상(呂尙), 강태공(姜太公), 태공망(太公望) 등 다양하게 불린다. 나이 칠순에 낚시를 드리우며 때를 기다리다 주문왕(周文王)에게 발탁되었다. 병법의 이론에 밝아 문왕은 그가 조부인 태공이 항시 바라던 사람〔太公望〕이라고 했다. 문왕 사후 무왕을 도와 목야(牧野)의 전투에서 은나라 주(紂)왕의 군대를 물리치고 주나라를 세우는데 큰 공을 세웠다. 주 성왕(成王)때 제(齊)나라에 봉해져 영구(營丘:산동성 淄博 혹은 臨淄)에 도읍을 정했으며, 제나라의 시조가 되었다. 후세 사람이 그의 이름을 빌려 『육도(六韜)』를 지었다.

강서시파(江西詩派)　　송대 시가의 유파. 강서 출신 황정견(黃庭堅)을 종주로 삼았으며, 유파의 대부분이 강서 출신이므로 이름이 붙여졌다. 시작(詩作)에 있어 문자의 단련(鍛鍊)을 추구하고, 풍격은 기험(奇險)하며, 글자마다 유래를 따지고 전인의 시의(詩意)를 빌려 자신의 시구에 채용하는 수법을 즐겨 썼다. 그러나 학문으로써 시를 지어 시가 부자연스럽고 비창조적이라는 비판을 받았다. 당(唐)대 두보(杜甫)의 시풍을 따랐으며, 황정견, 진사도(陳師道), 반대임(潘大臨), 홍붕(洪朋), 홍추(洪芻), 홍염(洪炎), 서부(徐俯), 한구(韓駒), 조충지(晁沖之), 여본중(呂本中), 진여의(陳與義),

방회(方回) 등 수십명이 이에 속한다. 송대 시단에 가장 큰 영향을 끼쳤다.

강엄(江淹：441~505)　　　남조시대의 시인. 자는 문통(文通). 고성(考城：하남성) 출신. 송(宋)·제(齊)·양(梁) 3대에 걸쳐 관직을 지냈으며, 광록대부(光祿大夫)에까지 올랐다. 작품에 「효원공시(效阮公詩)」「도실인(悼室人)」「청사시(淸思詩)」「와질원별유장사(臥疾怨別劉長史)」「한부(恨賦)」「별부(別賦)」 등이 있다.

강유(姜維：202~64)　　　삼국시대 촉한(蜀漢)의 장수. 자는 백약(伯約). 천수(天水) 기현(冀縣：감숙성 甘谷) 출신. 위(魏)의 군리(郡吏)였다가 촉한 제갈량(諸葛亮)의 북벌 때 그를 따라 촉한의 장수가 되었다. 수차례 위와 전쟁을 벌여 전공을 세웠으며, 관직이 진서대장군(鎭西大將軍)에 이르렀다. 염흥(炎興) 원년(263) 위의 장수 종회(鍾會), 등애(鄧艾) 등의 공격을 받아 선전했으나 후주(后主) 유선(劉禪)이 위에 항복하면서 그에게 투항할 것을 명령함에 따라 종회에게 항복했다. 후에 위를 배반한 종회와 함께 촉한 정권을 세우기로 밀약했으나 일이 탄로나 피살되었다.

강유위(康有爲：1858~1927)　　　청대 말기의 정치 지도자, 사상가. 원명은 조치(祖治), 자는 광하(廣厦), 호는 장소(長素), 갱생(更生). 광동성 남해(南海) 출신. 광서(光緖) 5년(1879) 홍콩에서 생활하며 서구 자본주의를 배웠다. 청불(淸佛) 전쟁 때 망국의 위험을 인식했으며, 광서 14년(1888) 1차로 황제에게 상서하여 변법(變法)을 주장했다. 광서 17년 광주(廣州)에서 만목초당(萬木草堂)을 열고 유신 사상을 배양하는 동시에 변법 이론서를 지었다. 광서 21년(1895) 북경의 회시(會試)에 참가하여 응시생 300여 명과 함께 '거화(拒和)·천도(遷都)·변법(變法)'을 주 내용으로 하는 상서를 황제에게 올렸다. 이를 '공거상서(公車上書)'라 한다. 회시에 합격한 후 공부주사(工部主事)의 관직을 제수받았으나 나아가지 않고 변법을 추진하기 위해 북경에 머물며 강학회(强學會)를 조직하였다. 이 무렵 「중외기문(中外紀聞)」「강학보(强學報)」를 내고 북경, 상해, 천진, 광동 등지에 학회를 조직했으며, 학당을 설립하여 유신 변법 운동을 가속화해 나갔다. 광서 24년 북경에서 보국회(保國會)를 조직하고 이어 광서제(光緖帝)의 신임을 사 백일유신(百日維新)을 단행했다. 보수파가 일으킨 무술정변으로 유신 변법이 실패하자 해외로 망명하여 보황회(保皇會)를 조직하고 광서제의 복위를 꾀했으나 실패하였다. 의화단 사건을 계기로 그의 사상은 입헌정체론에서 전제

군주론으로 회귀했으며, 민국(民國) 6년(1917)에는 장훈(張勳)을 설득하여 선통제(宣統帝) 부의(溥儀)의 복위를 도모하기도 했다. 만년에는 공산당의 혁명운동을 반대했다. 학분적으로는 고분을 배석하고 신학문과 공자개제(孔子改制)를 주장했다. 또 유가 경전에 불경, 서양 학문을 가미하여 인류 평등을 임원하는 '대동설(人同說)'을 주창하였다. 저서『공자개제고(孔子改制考)』『신학위경고(新學僞經考)』『대동서(大同書)』『무술주고(戊戌奏稿)』『강남해선생시집(康南海先生詩集)』.

강좌삼대가(江左三大家)　청대 초의 시인 전겸익(錢謙益), 오위업(吳偉業), 공정자(龔鼎孳) 3명을 일컫는 말. 강좌(江左:장강 하류의 동쪽) 일대에서 주로 창작활동을 했으므로 이 이름이 붙여졌다.

강총(江總:519~94)　남조시대 진(陳)의 시인. 자는 총지(總持). 고성(考城:하남성 蘭考) 출신. 양(梁)에서 태자사인(太子舍人) 겸 태상경(太常卿)을 지내다가 진(陳)으로 들어가 상서령(尙書令)에 임명되었다. 세칭 강령(江令). 주색을 좋아했으며, 시문 경향도 염정시가 주류를 이룬다. 작품「우장안귀환양주(于長安歸還揚州)」「규원편(閨怨篇)」.

강태공(姜太公) ➜ 강상

강학회(强學會)　청대 말 유신파(維新派)가 조직한 정치 단체. 광서 21년(1895) 강유위(康有爲), 양계초(梁啓超) 등이 주도하고 한림원시독학사(翰林院侍讀學士) 문정식(文廷式)이 전면에 나서 북경에서 성립시켰다. 같은해 말 상해에도 강학분회가 설립되었다. 강학회는 열흘에 한 번씩 집회를 가져 연설을 행하고, 잡지「중외기문(中外紀聞)」을 펴내 변법(變法)의 필요성 등을 강조했으며, 특히 강유위는「강학회서(强學會敍)」를 지어 중국의 정세와 학회의 설립 목적을 홍보했다. 학회 참가자는 유신파 인사와 지식계급, 그리고 외국 선교사가 주류를 이루었으며, 자금을 댄 사람 중에는 장지동(張之洞), 유곤일(劉坤一), 원세개(袁世凱)도 끼여 있었다. 이듬해 보수파 이홍장의 친척이자 심복인 양숭이(揚崇伊)의 상주로 북경 강학회가 폐쇄되고, 상해의 강학회도 장지동에 의해서 폐쇄되었다. 그러나 강학회원이었던 황준헌(黃遵憲)은 학회 폐쇄 반년 후 순간(旬刊)「시무보(時務報)」를 창간하여 변법 계몽운동을 계속했다.

강해(康海:1475~1540)　명대의 문학가. 자는 덕함(德涵), 호는 대산(對山). 무공(武功:섬서성) 출신. 한림원수찬(翰林院修撰)의 관직을 지내다 무종(武宗) 정덕(正德:1506~21) 초 유근(劉瑾)의 난에 연루되어 파직되고 은거하였다. 시문을 잘 지어 당시 전칠자(前七子)의 한 사람에 속했다. 시문집 『강대산집(康對山集)』 『무공지(武功志)』. 이밖에 잡극 작품 『중산랑(中山郎)』 『왕난경정열전(王蘭卿貞烈傳)』이 있다.

강호파(江湖派) 송말 전당(錢塘:절강성 항주) 지방의 서상(書商) 진기(陳起)가 강호를 무대로 한 시인의 작품을 모아 『강호집(江湖集)』을 편찬했다. 이에 수록된 시의 작가들을 일컬어 '강호파' 라 한다. 대복고(戴復古), 유과(劉過), 장휘(張輝), 석원오(釋圓悟) 등이 이에 속한다. 모두 정치적 지위는 낮았으며, 작품의 풍격이 일치하지는 않는다.

강희자전(康熙字典) 서명. 청대에 관에서 펴낸 자전. 42권. 강희 49년(1710) 장옥서(張玉書), 진정경(陳廷敬) 등이 칙명을 받고 편찬하여 동 55년 완성, 간행했다. 전서를 12집(集)으로 분류하여 12지지(地支)의 순서에 따라 배열했으며, 각 집은 상중하의 3권으로 다시 나누었다. 책의 앞머리에 총목(總目), 검자(檢字), 변사(辨似), 등운(等韻) 각 1권씩 수록하고, 뒤에는 비고(備考), 보유(補遺) 각 1권씩 첨부하였다. 글자수는 모두 49,030자(고문자 1,995자 포함)이며, 214개 부수로서 검색하도록 했다. 같은 부수의 글자는 획순에 따라 배열하고 글자마다 선음후의(先音後義)의 원칙을 지켰다. 음가는 반절(半切)을 먼저 하고 뒤에 직음(直音)을 달았다. 당시 완정된 최대의 자전으로 널리 사용되었으나 오류가 다수 있었다. 도광(道光) 7년(1827) 중수(重修)하면서 왕인지(王引之)가 『자전고증(字典考證)』 30권을 지어 오류 부분 2,588곳을 바로잡았다.

강희제(康熙帝:1654~1722) 청의 제4대 황제. 재위 1662~1722. 성조(聖祖). 성은 아이신교료〔愛新覺羅〕, 이름은 현엽(玄燁). 만주족. 세조(世祖) 순치제(順治帝)의 셋째 아들. 8세 때 제위를 이어받아 연호를 강희(康熙)라 하였으며, 오배(鰲拜) 등이 보정(輔政)했다. 강희 6년 친정했으며, 동 8년 권신 오배를 주살하고부터 50여년간 전제 군주로서 청 왕조의 황금기를 이룩했다. 강희 20년 오삼계(吳三桂) 등에 의한 삼번(三藩)의 난을 평정한 후 22년 대만을 통일하였다. 28년(1689) 러시아와 네르친스크 조약을 체결하여 외흥안령산맥을 기준으로 국경을 확정했다. 동 29년부터 36년까지 3차에 걸쳐 갈단(羯丹)을 정벌하였다. 문화사업에도 관심을 기울여 박학홍유과(博學鴻儒科)를 설치했으며, 이를 통해 『고금도서집성(古今圖書集成)』

『패문운부(佩文韻府)』『연감유함(淵鑑類函)』『자사정화(子史精華)』『강희자전(康熙字典)』등을 편찬하였다.

개원의치(開元之治) ➡ 개원천보시대 참조

개원천보시대(開元天寶時代)　　당(唐) 현종(玄宗)의 집권 연호인 개원 29년간과 천보 14년간 총 43년간을 가리킨다. 개원 원년(813)부디 안시(安史)의 난이 일어나기 전(755)까지이다. 요숭(姚崇), 송경(宋璟) 등을 기용하여 율령제도를 완비하는 등 정치적 안정을 가져왔다. 이 무렵 수도 장안은 국제적 도시로 발전했다. 문화적으로도 이백(李白)과 두보(杜甫) 등 걸출한 시인을 배출했다. 정권의 안정을 가져오고 백성은 평화를 만끽한 시기였기 때문에 이 기간의 치세를 '개원(開元)의 치(治)'라 하고, 태종(太宗)의 '정관(貞觀)의 치'와 대비시킨다.

개원통보(開元通寶)　　일명 개원전(開元錢). 당(唐)대에 통용된 동폐(銅幣). 무덕(武德) 4년(621) 고조(高祖) 이연(李淵)이 이전의 오수전(五銖錢) 대신 통용시켰다.

개자추(介子推)　　춘추시대 진(晋)나라 사람. 공자 중이(重耳:晋文公)를 따라 19년간 망명생활을 했다. 망명 도중 먹을 것이 없자 자신의 허벅지 살로 국을 끓여 중이에게 바쳤다. 중이가 진문공이 되고 나서는 벼슬을 마다하고 산 속에 숨어 살았다. 진문공이 그를 찾고자 산에 불을 질렀지만 그는 끝내 내려오지 않고 불에 타 죽었다고 한다. 청렴하고 지조가 곧은 충신으로 이름이 높다.

개토귀류(改土歸流)　　명·청대에 시행한 소수민족 통치정책. 당초 운남(雲南), 귀주(貴州), 광서(廣西), 사천(四川), 호남(湖南) 지방의 소수민족에 대해서는 그 민족 출신으로 토사(土司)를 책봉하여 세습통치하도록 유도했으나, 이들이 할거세력을 형성하자 조정에서 토사를 폐하고 임시 파견직인 유관(流官)을 임명하여 통치하게 했다. 이를 개토귀류라 한다. 명 홍무(洪武) 연간에 처음 실시할 때는 토사와 유관을 함께 두어 소수민족의 반발을 어느 정도 무마했으나, 청 옹정제(雍正帝) 때 토사를 없애고 유관만을 두되 행정구역도 부(府), 청(廳), 주(州), 현(縣) 등 기타 지방의 기존체제로 개편했다. 이는 중앙집권을 강화하기 위한 수단으로서 소수민족의 반발이 심했으나 결과적으로 이들 지역의 사회 경제 발전을 가속화했다.

개황률(開皇律)　　수(隋)대의 법전명. 개황(開皇) 3년 수 문제(文帝)가

고경(高熲), 양소(楊素), 상명(常明) 등에게 명하여 제정한 형률이다. 12편 500조로 되어 있다. 효수(梟首), 환열(轘裂), 궁형(宮刑) 등 기존의 가혹한 형벌을 많이 삭제하고, 형명(刑名)을 사(死), 류(流), 도(徒), 장(杖), 태(笞)의 5종으로 나누었다. 또 십악(十惡)을 규정하여 이를 범한 자는 사면하지 않고 엄중히 처벌했다. 귀족·관료들에게는 팔의(八議)를 누리도록 하여 면책받을 수 있는 소지를 부여했다.

객호(客戶) 　토지를 소유하지 못한 소작인을 가리키는 말. 육조(六朝)시대에는 객(客)이라 했으며, 당(唐)대 들어 균전법(均田法)이 붕괴된 이후 토지 소유자를 토호(土戶), 주호(主戶), 정호(正戶)라 부른데 대해, 소작인인 전호(佃戶)나 토지를 소유하지 못한 상인, 노동자를 객호라 불렀다. 송대에는 객호의 수가 전체의 30%를 차지했다.

거란(契丹) 　몽고계의 민족. 몽고와 퉁구스계의 혼혈이라는 설도 있다. 4세기 경 시라무렌 강 유역에서 유목을 위주로 활동하다 당(唐)대 들어 큰 세력을 형성했다. 당이 망하던 해인 907년 야율아보기(耶律阿保機)가 등장하여 거란족을 통일하고 요(遼)나라를 성립시켰다. 통치지역은 만주 일대 및 몽고, 신강지역. 요나라는 1125년 여진족의 금(金)에 의해 망했으며, 이때 왕족인 야율대석(耶律大石)이 중앙아시아로 달아나 서요(西遼)를 세웠다. 거란족은 독자적인 거란문자를 사용했으며, 한때 한인(漢人)을 지배하기도 했다.

거록전투(鉅鹿戰鬪) 　진(秦) 말 농민군의 영수 항우(項羽)가 진(秦)의 주력부대를 무찌른 전투. 진 2세황제 3년(B.C 207) 장수 장함(章邯)이 군대를 이끌고 조(趙) 땅을 공격하면서 거록성(鉅鹿城:하북성 平鄕)을 포위하였다. 초 회왕(懷王)은 송의(宋義)와 항우를 파견하여 조(趙)를 구원하도록 하였다. 송의가 안양(安陽)에 이르러 진군하지 않고 머물자 항우는 송의를 살해하고 병력을 인솔하여 장수(漳水)를 건넜다. 이 때 배를 침몰시키고 병사들에게 기본 식량만 휴대하도록 하여 결사의 뜻을 다졌다. 항우군은 거록에서 격전을 치러 진군을 대파하고, 진의 장수 왕리(王離)를 생포하였다. 후에 장함도 군대 20만을 이끌고 항우에게 투항하였으며, 이로써 항우의 위세가 크게 신장되었다.

거연(巨然) 　오대(五代) 송(宋) 초의 화가. 종릉(鍾陵:강소성 남경) 출신. 어려서 출가하여 승려가 되었다. 남당(南唐)이 송에 귀속된 후 개봉(開

封)에 이르러 그림으로 이름을 날렸다. 남방 화풍을 개척한 동원(董源)을 사사하여 동원파(董源派)의 전수자가 되었다. 동원과 함께 당대 산수화의 거장으로 불렸으며, 세칭 '동거(董巨)'라 하였다. 작품「만학송풍도(萬壑松風圖)」「계산문도도(溪山問道圖)」「운횡수령도(雲橫秀嶺圖)」「요산어포도(遙山漁浦圖)」.

거연한간(居延漢簡)　　거연(居延:감숙성) 지방의 한(漢)대 봉수대(烽燧臺) 유적지에서 발견된 다량의 목간과 죽간. 군대를 포함한 관가의 문서, 부책(簿冊), 필기구 등을 비롯하여 개인 서신, 경적(經籍) 등이 다수 출토되었다. 서한(西漢) 무제 때부터 동한(東漢) 초까지 200여년 간의 기록이 담겨 있다.

건가학파(乾嘉學派)　　청대 건륭(乾隆)·가경(嘉慶) 연간에 고증학을 학문의 중요 수단으로 한 학파. 당시 조정에서 여러 차례 문자옥(文字獄)을 일으켜 학자들을 탄압한 것이 건가학파를 형성한 계기가 되었다. 이들은 현실 도피 후 음지에서 경사(經史)에 대한 고증과 훈고(訓詁)를 주로 하였다. 문헌정리, 교감, 변위(辨僞), 집일(輯佚) 등의 방면에도 많은 공적을 쌓았다. .그러나 실용 학문과는 거리가 먼데다 번잡한 쪽으로 빠져 폐단이 없지 않았다. 오파(吳派)와 환파(晥派)로 갈래가 나뉘며, 각각의 대표 인물로는 혜동(惠棟)과 대진(戴震)이 있다.

건륭제(乾隆帝:1711~99)　　청의 제6대 황제.·고종(高宗). 성은 아이신교료〔愛新覺羅〕, 이름은 홍력(弘歷). 만주족. 세종(世宗) 옹정제(雍正帝)의 넷째 아들. 옹정 13년(1735) 제위를 이어받아 이듬해 연호를 건륭으로 정했다. 이후 대외정책에 힘써 서남 각지를 점령하고 국가의 강역을 크게 넓혔다. 강희제(康熙帝) 때에 이어 청 왕조의 극성기를 이루었다. 또한 학문을 중시하여 박학홍사과(博學鴻詞科)를 열고, 『명사(明史)』『사고전서(四庫全書)』『대청일통지(大淸一統志)』『황조문헌통고(皇朝文獻通考)』『대청회전(大淸會典)』 등을 완성했다. 그러나 70여 차례의 문자옥(文字獄)을 통해 무고한 문인을 죽였으며, 만년에는 자아도취에 빠져 관료의 부패와 계급 모순을 심화시켰다. 이 때문에 백련교(白蓮敎) 기의 등 이민족의 봉기가 일어났다. 건륭 60년(1796) 제위를 아들(仁宗:嘉慶帝)에게 넘기고 태상황(太上皇)이 되었다.

건안칠자(建安七子)　　한·위 시대의 문학가인 공융(孔融), 진림(陳琳),

왕찬(王粲), 서간(徐幹), 완우(阮瑀), 응창(應瑒), 유정(劉楨) 일곱 사람을 가리킴. 건안 시기에 주로 활동했기 때문에 이름이 붙여졌다. 조비(曹丕)가 그의 『전론(典論)』「논문(論文)」에서 이들을 나열하고 찬양하면서 이름이 널리 알려졌다. 모두 업(鄴) 지방에서 활동했기 때문에 업중칠자(鄴中七子)로 불리기도 한다. 건안문학의 대표작가들이다.

건안풍골(建安風骨)　한·위 시기에 성행했던 일종의 시가 풍격. '건안'은 한 헌제(獻帝)의 연호이다. 이 시기는 군벌이 득세하여 정치가 실종되고 백성의 생활이 도탄에 빠졌으므로 시인들이 당시의 상황을 비장하게 표출하였다. 한(漢)대 이래의 유가적 분위기에서 벗어나 자유분방하며, 기저에는 노장(老莊)사상이 흐른다. 대표 작가로는 '건안칠자'와 조조(曹操), 조비(曹丕), 조식(曹植)의 '삼조(三曹)'가 있다.

건주여진(建州女眞)　부족명. 일명 건주여직(建州女直). 명대 만주 여진족의 하나. 명인들은 만주의 여진족을 건주여진, 해서여진(海西女眞), 야인여진(野人女眞)의 셋으로 대별했다. 건주여진은 흑룡강 북부에 살다가 점차 남하하여 압록강 및 모란강(牡丹江) 유역에 정착하였다. 11세기 중반 명나라는 건주위(建州衛), 건주좌위(建州左衛), 건주우위(建州右衛)의 건주삼위를 설치하여 이들을 통제했다. 명 말에는 조공 문제로 명과의 관계가 악화되었고, 1616년 건주좌위에서 나온 누르하치가 각 부족을 통일하여 대금국(大金國)을 세웠다. 이를 후금(後金:淸의 전신)이라 한다. 후금 천총(天聰) 9년(1635) 부족의 이름을 만주(滿洲)라 하였다.

건주위(建州衛) ➡ 건주여진 참조

걸(桀)　하(夏)나라의 마지막 왕. 본명은 이규(履癸). 은나라의 주(紂)왕과 더불어 전설상의 폭군으로 이름이 높다. 성품이 잔혹하고 음란한데다 사치 무도하여 백성을 도탄에 빠뜨렸다. 유시씨(有施氏) 부족의 여자인 말희(妺喜)를 애첩으로 삼아 음행을 일삼고, 백성의 땀으로 주지육림(酒池肉林)을 만들어 술과 노래로 세월을 보냈다. 충신 관용봉(關龍逢)이 직간하자 그를 죽였으며, 백성에게 포악한 행동을 일삼았다. 명조(鳴條:하남성 封丘縣) 전투에서 은나라의 탕왕(湯王)에게 패하여 나라를 잃고 남소(南巢:안휘성 巢縣)로 망명갔다가 죽었다.

걸복국인(乞伏國仁:?~388)　오호십육국 시대 서진(西秦)의 건립자(재위 385~88). 선비족. 전진(前秦)의 부견(苻堅) 재위시 용사천(勇士川:감숙성

蘭州)을 지키고 있다가 전진의 군대가 동진(東晋)을 공격하는 틈을 타 무리를 이끌고 자립을 도모하였다. 부견 사후 대선우(大單于)라 칭하고 건국하였다.

격률파(格律派)　송사(宋詞)의 한 유파. 작자는 모두 음률에 정통하여 전사(塡詞)할 때 협률(協律)을 강구했으며, 신소(新調)를 만들기도 했나. 작품의 풍격은 비교적 청려(淸麗) 전아(典雅)했으며, 성정(聲情)이 넘친다. 대표 작가로는 유영(柳永), 주방언(周邦彦), 강기(姜夔), 장염(張炎) 등이 있다.

격양가(擊壤歌)　고대에 불리던 노래 이름. 요임금 때 한 노인이 처음 이 노래를 불렀다고 한다. '日出而作 日入而息 鑿井而飮 耕田而食 帝力何有于我哉(해뜨면 일하고 해지면 쉬며, 우물 파 물을 먹고 밭 갈아 음식을 먹으니, 임금의 힘인들 나에게 어찌 미치랴)' 라는 가사 내용은 당시 사회가 태평성대였음을 보여준다.

격조설(格調說)　명·청 시대에 유행한 시론. 명대의 전후칠자(前後七子)는 시를 논하면서 성당(盛唐) 시기의 시를 추숭하는 한편, 격률 및 성조를 중시하고 이를 성당 시기의 시인에게서 배워야 한다고 주장했다. 청 중엽 심덕잠(沈德潛)이 이를 계승 발전시켜 격조설을 제창했다. 그는 동시에 시의 온유돈후(溫柔敦厚)와 원이불발(怨而不發)을 제창했는데, 이는 봉건통치계급의 이익에 부합되는 논조였으므로 청 통치자의 지지를 얻어 격조설이 한때 크게 유행했다. 수사면에서는 의고(擬古)와 조탁을 중시했다.

견당사(遣唐使)　일본에서 당에 파견한 사절. 630년부터 894년까지 13차례에 걸쳐 견당사가 파견되었으며, 매차 200~500명이 다녀갔다. 이들은 일본과 당간의 문화 교류를 촉진시키는데 중요한 몫을 했다.

견책소설(譴責小說)　풍자소설의 일종. 노신(魯迅)이 『중국소설사략(中國小說史略)』에서 이 용어를 처음 도입했다. 노신은 신해혁명 이전 10년 사이에 유행한 풍자소설중 청왕조의 정치부패, 도덕성 상실, 기타 사회 병폐를 지적한 것들을 묶어 이 범주에 포함시켰다. 해당 작가들은 자산계급의 개량주의 운동에 동조, 소설을 통해 개량주의 운동의 정당성을 계몽하고자 했다. 이백원(李伯元)의 『관장현형기(官場現形記)』, 오견인(吳趼人)의 『이십년목도지괴현상(二十年目睹之怪現狀)』, 유악(劉鶚)의 『노잔유기(老殘游記)』, 증박(曾樸)의 『얼해화(孽海花)』를 청대 4대 견책소설로 일컫는다. 이밖에 이백원의 『문명소사(文明小史)』, 거원(蘧園)의 『부폭한담(負曝閑談)』,

여생(旅生)의 『치인설몽(痴人說夢)』 등이 당시 소설 문단에 영향을 끼쳤다. 이같은 소설은 당시의 사회 모순을 폭로하고 견책하는데 그쳤을 뿐 현실적 개혁방안을 제시하지는 못하는 한계를 노출했다. 개량주의 사상이 퇴조를 보인 신해혁명 이후 견책소설도 급격한 퇴조를 가져왔다.

결승(結繩)　　중국 원시사회 때 사용한 일종의 기록 방식. 문자가 생겨나기 전 사람들은 매듭을 기록의 수단으로 삼았는데, 매듭의 수나 방식에 따라 의미 전달 방식을 달리하여 이로써 사건·사물의 기억을 돕도록 했다.

겸애설(兼愛說) → 묵자 참조

경(卿)　　서주(西周) 및 춘추시대 때 생겨난 신분 계급. 제후나 공(公)의 다음 가는 지위로서 처음에는 종법제도 하에서 공의 일족이 차지했으나 이후 혈연관계가 무너지고 인맥에 의해 지위를 확보했다. 공으로부터 채읍(采邑)을 받아 관리했으며, 아래에 사(士) 계급을 두어 유사시 공의 명령에 따라 군대를 조직하기도 했다. 춘추 말기에는 공에 버금가는 세력을 형성했으며, 이로 인해 양 계급간 마찰이 심했다. 전국시대 때는 상경(上卿), 아경(亞卿) 등으로 작위가 붙여졌고, 능력에 따라 친족범위 밖에서도 등용했다. 진한(秦漢) 때는 9경이 있었으며, 이후 역대 황제가 대신을 칭하는 말로 쓰였다.

경거(輕車)　　서한(西漢) 시대 군대의 일종. 수레를 몰고 전쟁에 임했는데 실용성이 적어 무제(武帝) 때는 의장대로 흡수되었다.

경계법(經界法)　　남송의 토지 및 세금 제도. 경지의 소유관계를 확실히 하여 세금 부과에 공정을 기하고자 소흥(紹興) 12년(1142) 이춘년(李椿年)이 시행하였다. 현(縣)마다 도(都) 단위로 측량을 하고 소유주의 성명을 기재토록 하였다. 또 토지의 지형도까지 만들어 탈세를 원천 봉쇄하였다. 이 제도는 처음에 효과를 보다가 대지주들의 반대로 실패하였다. 남송 말에는 이를 대신하여 추배법(推排法)이 시행되었다.

경군(敬君)　　춘추전국시대의 화가. 제(齊)나라 사람. 인물화를 잘 그렸다. 나라의 노역에 징집되어 오랫동안 처를 보지 못하자 처의 초상화를 그려 항상 보곤 했는데, 제나라 왕이 그 그림을 보고 처를 빼앗았다고 한다.

경극(京劇)　　극(劇)의 한 유형. 청대에 북경에서 유행했으므로 이름이 붙여졌다. 건륭 55년(1790) 고종(高宗)의 생일 축하연에 안휘성에서 활약하던 휘조(徽調) 극단이 북경에서 공연한 것이 계기가 되어 생겨났다. 이후

가경(嘉慶)·도광(道光) 연간에는 호북성에서 행해진 한조(漢調)와 합작하여 공연하다 점점 하나의 극으로 융합되었으며, 다시 북경에서 본래 유행하던 곤곡(昆曲)을 일부 흡수하여 북경의 언어를 사용하고 북경의 풍속을 가미함으로써 도광 말, 함풍(咸豊) 연간에 완전한 경극으로 자리잡았다. 서피(西皮)와 이황(二黃)을 기본 가락으로 하고, 관현악기와 타악기가 빈주하며 노래와 동작, 대화가 곁들여진다. 전통 극목(劇目)이 1천여 종이나 될 만큼 널리 공연되었으며, 역사에서 취재하고 대중적인 내용이 많았다.

경대부(卿大夫)　　주(周)대에 생겨난 신분 계급. 제후에 해당하는 공(公) 아래에 경(卿), 대부(大夫), 사(士)의 신분이 존재했다. 주대에는 총재(冢宰), 사도(司徒), 종백(宗伯), 사마(司馬), 사구(司寇), 사공(司空)의 육경과 여기에 소사(少師), 소부(少傅), 소보(少保)를 합한 구경이 있었다. 진(秦)대에도 구경이 있었으나 명칭은 주대와 달랐다. 대부(大夫)는 주대에 경대부, 수대부(遂大夫) 등의 명칭으로 쓰였고, 진(秦)·한(漢)대에는 어사대부(御史大夫), 태중대부(太中大夫) 등의 관직이 있었다. 또 작위의 명칭으로 공대부(公大夫), 관대부(官大夫)가 있었다. 이후 일반적으로 관직에 있는 사람을 사대부, 높은 관직의 사람을 경대부라 일컬었다. 경 참조.

경력당쟁(慶曆黨爭)　　북송 인종(仁宗) 경력(慶曆) 연간에 빚어진 당쟁. 경우(景祐) 3년(1036) 범중엄(范仲淹), 구양수(歐陽修) 등이 재상 여이간(呂夷簡)에 의해 붕당으로 몰려 배척되었다. 이후 경력 3년(1043) 범중엄이 참지정사(參知政事)에 오르자 구양수, 부필(富弼) 등도 권력을 회복하였다. 그 해 범중엄이 10조(條)의 개혁안을 내놓고 부필도 당세지무(當世之務) 10여조 및 안변13책(安邊十三策)을 내놓아 인종에게 채택되었다. 이것이 이른바 경력신정(慶曆新政)이다. 그러나 신정은 곧 장득상(章得象) 등의 반대에 부딪쳤고, 이듬해 하송(夏竦) 등은 범중엄, 부필, 구양수를 붕당으로 지목했다. 범중엄은 지위가 불안하여 외관(外官)으로 나갈 것을 자청했고, 경력 5년 구양수 등도 축출되었다. 이를 역사에서 경력당쟁이라 한다.

경력신정(慶曆新政)　　북송 경력(慶曆) 3년(1043) 참지정사(參知政事) 범중엄이 건의하여 시행된 개혁정책. 명출척(明黜陟), 정공거(精貢擧), 택관장(擇官長), 균공전(均公田) 등 10항의 개혁 방안 가운데 대부분이 인종(仁宗)에 의해 채택되어 전국에서 실시되었다. 귀족 관료의 특권을 침해함에 따라 격렬한 저항에 부딪쳐 경력 5년(1045) 폐지되었고, 범중엄은 직위를 잃었다.

경릉왕(竟陵王) ➡ 소자량

경릉파(竟陵派) 명대 후기의 시단 유파. 종성(鍾惺), 담원춘(譚元春) 등이 대표적 인물이다. 두 사람이 경릉(竟陵:호북성 天門) 출신이므로 이 이름이 붙여졌다. 한위(漢魏)의 시풍을 제창하여 그윽하고 초연(超然)함을 주지(主旨)로 삼았으며, 성당(盛唐)의 시풍을 숭상한 왕세정(王世貞), 이반룡(李攀龍) 등에 맞섰다. 그들의 주장은 공안파(公安派)의 주장과 비슷하나 공안파처럼 공소(空疏)한 쪽으로 흐르지는 않았다.

경릉팔우(竟陵八友) 남조시대 제(齊) 무제(武帝) 영명(永明) 연간 (483~93)에 경릉왕(竟陵王) 소자량(蕭子良)의 문하에서 활약한 8명의 문인. 소연(蕭衍), 심약(沈約), 사조(謝朓), 왕융(王融), 소침(蕭琛), 범운(范雲), 임방(任昉), 육수(陸倕) 등을 가리킨다.

경방(京房:77~37 B.C) 서한(西漢)의 경학가(經學家), 율학가(律學家). 자는 군명(君明). 『역경(易經)』에 밝았으며 원제(元帝) 때 박사가 되었다. 천재지변을 시정(時政)과 연관지었다가 권신들의 미움을 사 위군(魏郡:하남성 安陽)태수로 밀려나고 얼마 후 옥중에서 사망했다. 『경씨역전(京氏易傳)』을 저술했으며, 금문역학(今文易學)인 경씨학(京氏學)을 창시했다. 악률(樂律)에도 밝아 12율을 60율로 확장하기도 했다.

경본통속소설(京本通俗小說) 서명. 권수 미상. 송대 무명씨 저. 민간의 전설을 채록한 것으로서 내용은 시정(市井)의 생활을 묘사했다. 통속적 언어를 사용하였으며 인물 묘사가 생동적이고 핍진하다. 7편이 현존하며 각각의 편명은 『연옥관음(碾玉觀音)』 『보살만(菩薩蠻)』 『서산일굴귀(西山一窟鬼)』 『지성장주관(志誠張主管)』 『요상공(拗相公)』 『착참최영(錯斬崔寧)』 『풍옥매단원(馮玉梅團圓)』이다. 구어체로 쓴 송대 화본집(話本集)으로서 가장 오래된 것 중 하나이다.

경부(慶父:?~660) 춘추시대 노(魯)나라의 공자. 노장공(魯莊公)의 서형(庶兄). 중경부(仲慶父), 공중(共仲), 맹손씨(孟孫氏)로도 불린다. 장공이 죽은 후 장공의 아들인 자반(子斑)이 즉위하자 자객을 시켜 그를 살해했다. 이어 민공(閔公)이 즉위하자 그 역시 죽인 후 거(莒) 땅으로 도망갔다가 귀국길에 형세가 불리하자 자살했다. 후세에 내란을 자주 일으키는 사람을 가리켜 '경부(慶父)'라고 했다.

경세통언(警世通言) 서명. 통속소설집. 40편. 명대 말 풍몽룡(馮夢龍) 편. 천계(天啓) 4년(1624) 완성. 편자의 다른 소설집『유세명언(喻世明言)』『성세항언(醒世恒言)』과 함께 '삼언(三言)'이라 불린다.

경수(經首) 요(堯) 임금 때의 악곡명.

경수법(更戍法) 송대의 군내에 관한 조치법. 북송 초기에 군대의 권한을 약화시키기 위해 경사(京師)와 지방간 교대 근무 의무를 명문화한 제도. 사병은 물론 군의 장관까지 이 법의 규정을 따르도록 했다. 신종(神宗) 때 폐지되었다.

경수창(耿壽昌) 서한(西漢)의 경제학자, 천문가. 선제(宣帝) 때 대사농중승(大司農中丞)을 지냈다. 상평창(常平倉)의 설치를 건의하여 물가조절에 기여했다. 천문 지리에 밝아 혼천의(渾天儀)로 천문을 관찰했다. 저서에『월행백도(月行帛圖)』『월행도(月行圖)』등이 있으나 일실되었다. 수학서인『구장산술(九章算術)』을 산보(刪補)했다.

경운가(卿雲歌) 고대에 불리던 노래 이름. 경운은 상서로운 구름이란 뜻. 순(舜)임금이 우(禹)임금에게 직위를 선양할 때 신하들이 이 노래를 함께 불렀다고 한다. 백성의 태평하고 순박한 모습을 그린 치세의 노래이다.

경원병변(涇原兵變) 당 덕종(德宗) 때 경원진(涇原鎭)의 병사들이 일으킨 군란. 건중(建中) 4년(783) 덕종은 이희열(李希烈)과 맞서 싸우도록 각 진(鎭)의 병사들을 모았다. 장안으로 지원나간 경원진의 병사들은 출정에 따른 보상을 받지 못하자 분개하여 난을 일으키고 장안을 향해 쳐들어갔다. 이에 덕종은 봉천(奉天:섬서성 乾縣)으로 피신하고 주체(朱泚)가 왕에 옹립되었다. 흥원(興元) 원년(784) 당의 장수 이성(李晟)이 장안을 수복하고, 이어 주체가 부하에게 피살되면서 경원병변은 막을 내렸다.

경전석문(經典釋文) 서명. 30권. 당(唐)대 육덕명(陸德明) 저. 경전의 자음(字音)을 고증하고 자의(字義)를 해석하였다. 해당 경전은『주역』『고문상서(古文尙書)』『모시(毛詩)』『주례(周禮)』『의례(儀禮)』『예기(禮記)』『춘추좌씨전(春秋左氏傳)』『춘추공양전(春秋公羊傳)』『춘추곡량전(春秋穀梁傳)』『효경(孝經)』『논어』『노자』『장자』『이아(爾雅)』의 14부이다. 경학, 음운학, 문자학을 연구하는데 중요한 참고서가 되고 있다.

경제전(經制錢) 북송 선화(宣和) 3년(1121)에 생겨난 세전(稅錢). 발운사(發運使) 겸 경제사(經制使) 진구(陳遘)가 건의하였다. 전매하던 술의 가격을 올리거나 상세(商稅)를 더 매겨 세원을 마련했다. 처음에는 동남칠로에서 시행하다가 하북로(河北路), 경동서로(京東西路) 등에까지 확대하였다. 후에 생겨난 총제전(總制錢)과 합하여 경총제전(經總制錢)이라 한다.

경조윤(京兆尹)　　관직 혹은 관서명. 서한(西漢) 태초(太初) 원년(B.C 104) 처음 설치했다. 경사(京師:京畿지방)의 장관으로서 군(郡)의 태수에 해당했다. 수도인 장안의 동쪽에 설치했다. 삼국시대 위나라 때 태수(太守)로 개칭했다가 서위(西魏), 주(周), 수(隋) 때 다시 환원되었다.

경중명(耿仲明:1604~49)　　명말 청초의 장군. 자는 운대(雲臺). 요동(遼東) 출신. 명나라 군대에 소속되어 중군참장(中軍參將)으로 있다가 천총(天聰) 7년(1633) 후금(後金)에 투항하여 총병관(總兵官)에 임명되고 회순왕(懷順王)에 봉해졌다. 순치(順治) 원년(1644) 이자성(李自成)의 군대를 물리치고 동 6년 정남왕(靖南王)에 봉해졌다. 같은 해 부하가 죄를 짓자 책임을 지고 자살했다.

경차(景差)　　전국시대 초나라의 문인. 송옥(宋玉), 당륵(唐勒) 등과 동시대 인물이며 경양왕(頃襄王)의 문학시중이었다. 사부(辭賦)에 능했으며, 부 4편을 지었으나 「대초(大招)」만이 전해진다.

경총제전(經總制錢) ➡ 경제전, 총제전 참조

경친왕(慶親王:1836~1916)　　청대 말기의 황족. 성은 아이신교료〔愛新覺羅〕, 이름은 혁광(奕劻). 건륭제(乾隆帝)의 증손. 광서(光緖) 10년(1884) 경군왕(慶郡王)에 봉해지고 총리각국사무대신에 임명되었다. 광서 20년 경친왕(慶親王)에 봉해졌다. 광서 26년 이홍장과 함께 전권대표의 임무를 수행했다. 1911년 황족내각이 설치되고 총리대신이 되었으나 신해혁명이 발발함에 따라 원세개에게 자리를 내주었다. 사재를 축적하는 등 부를 좋아하여 자주 탄핵되었다.

경학(經學)　　서한(西漢) 무제(武帝) 때 개창된 중국의 전통적인 학문 분야. 유가의 경전인 경서(經書:주로 13經을 가리킴)를 전문적으로 해석하거나 찬술했다. 고문(古文)경학과 금문(今文)경학으로 나뉘며, 송대의 이학(理學)으로 이어졌다. 또 방법면에서는 한(漢)·당(唐)의 훈고학(訓詁學)이나 청(淸)대의 고증학과 같이 경문해석을 위주로 하는 학문과 성리학(性理學)처럼 경문을 기초로 자신의 철학을 전개하는 학문이 있었다.

경화연(鏡花綠)　　서명. 장편 장회소설. 100회. 청대 건륭(乾隆)·가경

(嘉慶) 연간에 이여진(李汝珍)이 지었다. 전반 50회는 측천무후(則天武后)가 당(唐) 정권을 탈취한 후 당오(唐敖), 다구공(多九公) 등이 해외 40여 나라를 떠돌면서 보고 들은 것을 묘사했다. 이를 통해 당시의 사회현실을 풍자하고 작자의 이상적인 정치상을 표출했다. 후반 50회는 측천무후가 뽑은 100명의 재녀(才女)의 생활 고사를 그리면서 부녀의 지위 향상을 기대했고, 마지막 부분은 서경업(徐敬業) 등이 난을 일으켜 측천무후를 몰아내고 중종(中宗)의 복벽(復辟)을 시도하는 내용이다. 전반부는 해외의 전기(傳奇)를 다루는 등 낭만적 색채가 짙으나 후반부는 소재를 나열하는 식으로 언어와 구성이 메마르다.

계(啓) → 왕계

계릉전투(桂陵戰鬪)　전국시대 제(齊)나라가 조(趙)나라를 구원하기 위해 위(魏)나라와 싸워 대승한 전쟁. B.C 353년 위의 장수 방연(龐涓)이 이끄는 8만 군대가 조의 도읍인 한단(邯鄲)을 공격하자 조의 구원요청을 받은 제나라의 전기(田忌)와 손빈(孫臏)은 군대를 이끌고 위의 수도 대량(大梁)을 쳤다. 위의 군사가 수도를 방어하기 위해 급히 회군하자 손빈은 계릉(桂陵:하남성 長垣)에 잠복해 있다가 피로에 지친 위군을 공격하여 대승을 거두었다.

계손씨(季孫氏)　춘추시대 후기 노(魯)나라의 정권을 장악한 귀족. 삼환씨(三桓氏) 중 하나. 노환공(魯桓公)의 막내 아들 계우(季友)의 후예로서 계문자(季文子), 계무자(季武子), 계환자(季桓子), 계강자(季康子) 등이 이어가며 권력을 향유했다.

계육기(計六奇:1622~?)　청초의 사학자. 자는 용빈(用賓), 호는 천절자(天節子), 구봉거사(九峰居士). 무석(無錫:강소성) 출신. 과거에 여러 차례 낙방하고 향리에서 학문을 가르쳤다. 사학에 관심을 갖고 명대 말의 사료를 다량으로 모아『명계북략(明季北略)』『명계남략(明季南略)』을 편찬했다. 이는 편년체 역사서로 명말 신종(神宗) 23년(1595)부터 청초 강희(康熙) 4년(1665)까지의 역사를 기술한 것이다. 기타 저서인『남경기문(南京紀聞)』『오전기문(奧滇紀聞)』『신축기문(辛丑紀聞)』도 명말 청초의 역사를 기술한 것이다.

고개지(顧愷之:346~407)　동진의 화가, 문학가. 자는 장강(長康). 무석(無錫:강소성) 출신. 고열지(顧悅之)의 아들. 환온(桓溫)의 밑에서 대사마참군(大司馬參軍)이 되었고, 만년에 산기상시(散騎常侍)의 관직을 지냈다. 위협(衛協)에게서 그림을 배웠으며, 인물화에 능하고 산수화에도 새로운 경지를 개척했다. 22세 때 강녕(江寧:남경)의 와관사(瓦棺寺)에서 유마힐상(維摩詰像)을 그린 후 마지막에 눈동자를 그려넣자 그림이 마치 살아 움직이듯 광채를 발하고 말을 하는 듯하여 사람들이 크게 찬탄했다고 한다. 재절(才絶), 화절(畵絶), 치절(痴絶)을 갖추었다고 해서 3절(三絶)이란 별명이 붙었다. 육탐미(陸探微), 장승요(張僧繇)와 함께 '육조3걸(六朝三杰)'로 불린다. 「여사잠도(女史箴圖)」를 비롯하여 「낙신부도(洛神賦圖)」「여산고회도(廬山高會圖)」「수안도(水雁圖)」 등 걸작이 있고, 미술관련 저서에 『위진승류화찬(魏晋勝流畵贊)』『화론(畵論)』이 있다.

고경(高熲:?~607) 수(隋)대의 장수, 정치가. 일명 고민(高敏). 자는 소현(昭玄). 발해(渤海:하북성) 출신. 양견(楊堅:文帝)이 정권을 잡았을 당시 위지형(尉遲逈)의 반란을 진압한 공로로 의령현공(義寧縣公)에 봉해지고 상부사마(相府司馬)에 임명되었다. 양견이 황제에 오른 후 상서좌복야(尙書左僕射)에 임명되고 발해군공(渤海郡公)에 봉해졌다. 개황(開皇) 5년(585) 수적법(輸籍法)을 건의하여 호적을 정리하고 세금을 효과적으로 걷는 한편, 호족 세력의 발호를 막았다. 개황 9년 진(陳) 정벌을 상주하여 일을 성공시킨 후 그 공로로 상주국(上柱國)에 임명되고 제국공(齊國公)의 관작을 받았다. 양제(煬帝) 즉위 후 그의 실정을 충간하다가 비방죄로 살해되었다.

고공기(考工記) 서명. 춘추시대 말 제(齊)나라 무명씨의 저작. 수레, 활, 창, 북, 종 등의 제작 방법과 실짜기, 염색, 피혁가공, 건축 등 30개 항목의 수공업 생산기술이 기록되어 있다. 또 금속화합 및 부피 계산법, 역학(力學) 등 과학기술에 관한 내용도 적혀 있다. 후세 사람이 『주례(周禮)』에 편입시켜 『동관고공기(冬官考工記)』로 명명했다.

고공단보(古公亶父) 주 무왕(武王)의 증조부로서 태왕(太王)이라 불림. 주왕실이 들어서기 전 주족의 추장이었으나 융적(戎狄)의 위협을 피해 부족민을 이끌고 빈(豳:섬서성 旬邑 일대)에서 기산(岐山:섬서성에 위치)의 남쪽인 주원(周原)으로 이주했다. 이때부터 주(周) 명칭이 생겨났다고 한다. 농업을 크게 발전시켰고, 관리제도를 만들어 부족을 강성하게 했다.

고굉중(顧閎中) 오대(五代) 남당(南唐)의 화가. 강남 출신. 인물화에 능했다. 「한희재야연도(韓熙載夜宴圖)」를 그려 남당의 후주(後主) 이욱(李

煜)에게 바쳤는데, 그림 속의 인물들이 마치 살아있는 듯 정밀하여 오대 인물화의 걸작으로 일컬어진다. 이후 북송(北宋) 화단에서는 이 작품을 임모본(臨摹本)으로 삼았다. 작품 「명황격오동노(明皇擊梧桐圖)」「이후주도장상(李後主道裝像)」.

고극공(高克恭:1248~1310)　원대 초기의 회가, 시인. 위구르족. 자는 언경(彦敬), 호는 방산(房山). 대도(大都:북경) 방산(房山) 출신. 경학자 고향(高享)의 아들로 부친의 업을 이어 경학을 하다가 세조(世祖) 지원(至元) 연간(1264~94)에 공부령리(工部令吏)에 임명되고, 호부주사(戶部主事), 감찰어사(監察御史)를 거쳐 성종(成宗) 대덕(大德) 연간(1297~1307)에 형부상서(刑部尙書), 대명로총관(大名路總官)에까지 올랐다. 강남, 산동 지역에 주로 재임하면서 임지의 아름다운 산수 풍경을 화폭에 담았다. 또 강남의 예술가인 조맹부(趙孟頫), 선우추(鮮于樞), 등문원(鄧文原) 등과 교유하였다. 산수화는 동원(董源), 거연(巨然), 미불(米芾) 등의 장점을 취했다. 작품 「운산도(雲山圖)」「운림연장도(雲林煙嶂圖」「여산도(廬山圖)」「청산백운도(靑山白雲圖)」「월산춘효도(越山春曉圖)」「오산야경도(吳山夜景圖)」 등. 묵죽(墨竹)은 금인(金人) 왕정균(王庭筠) 부자의 필체를 본받아 당대의 명필로 일컬어졌으며, 조맹부와 함께 이름을 떨쳐 '남조북고(南趙北高)'라고 칭송되었다. 그의 산수시는 『원시선(元詩選)』『국조문류(國朝文類)』 등에 보인다.

고금도서집성(古今圖書集成)　유서(類書)명. 원명은 『고금도서회편(古今圖書彙編)』. 중국 역사상 최대의 백과사전. 1만권. 고증 24권, 목록 40권. 청대 강희제(康熙帝) 때 진몽뢰(陳夢雷)가 처음 편찬하고 옹정제(雍正帝) 때 장정석(蔣廷錫) 등이 칙명을 받아 중편(重編)에 착수하여 옹정 4년(1726) 간행했다. 전체가 역상(曆象), 방여(方輿), 명륜(明倫), 박물(博物), 이학(理學), 경제(經濟)의 6편으로 나뉘며, 편마다 다시 약간의 전(典)으로 나뉘어 총 32전으로 되어 있다. 전 아래 다시 총 6,109부(部)로 나뉘고, 그 속에 회고(匯考), 총론(總論), 도(圖), 표(表), 예문(藝文), 기사(紀事), 잡록(雜錄), 선구(選句), 외편(外編), 열전(列傳) 등의 항(項)이 있다. 분류가 상세하고 배열이 계통적이며 내용이 풍부하여 전고(典故)의 출처를 해결하는데 중요한 자료가 된다. 옹정판(雍正版) 외에 광서(光緖)10년판이 있다.

고력사(高力士:684~762)　당 현종(玄宗) 때의 환관. 본성은 풍(馮)씨였으나 환관 고연복(高延福)의 양자로 들어가 성을 바꾸었다. 현종의 총애를 받아 내궁(內宮)을 장악하면서 권력이 극에 달했다. 각계의 상소, 주문(奏文)이 그의 손을 거쳐 황제에게 들어갔고, 작은 사안은 직접 결재했다. 이임보(李林甫), 양국충(楊國忠), 안록산(安祿山) 등이 모두 그의 추천을 받았으며 추후 긴밀한 관계를 유지했다. 안사(安史)의 난 때 황제를 모시고 사천(四川)으로 피신했으며, 이후 모함을 받아 각지를 떠돌다가 보응(寶應) 원년(762) 사면되어 장안으로 돌아온 후 병사하였다.

고명(高明:약 1301~약 1371)　원말 명초의 희곡 작가. 자는 즉성(則誠), 회숙(晦叔). 호는 동가(東嘉), 채근도인(荣根道人). 원대에 벼슬 생활을 하다 사회가 어지럽자 은거하고 저술 활동에 전념했다. 명 태조 주원장(朱元璋)이 그의 명성을 듣고 초빙했으나 미친척하며 나아가지 않았다. 그의 남희(南戲) 작품 「비파기(琵琶記)」는 채옹(蔡邕)과 조오랑(趙五娘)의 믿음과 사랑에 관한 고사를 엮은 것으로 당시 사회에 널리 유행되었다. 저서 『유극재집(柔克齋集)』.

고명팔대신(顧命八大臣)　청 함풍(咸豊) 11년(1861) 7월 함풍제가 열하(熱河)에서 임종할 때 유조를 통해 정한 8명의 고명대신. 5세인 재순(載淳)을 황태자로 세우고 그를 받들어 국정을 보위할 사람으로 어전대신(御前大臣) 이친왕(怡親王) 재원(載垣), 정친왕(鄭親王) 단화(端華), 협판대학사(協辦大學士) 호부상서 숙순(肅順), 군기대신(軍機大臣) 병부상서 목음(穆蔭), 이부좌시랑(吏部左侍郎) 광원(匡源), 예부우시랑(禮部右侍郎) 두한(杜翰), 태복시경(太僕寺卿) 초우영(焦祐瀛) 등을 명하였다. 이들 8명중 숙순이 주도적으로 대권을 잡자 공친왕(恭親王) 혁흔(奕訢)과 서태후가 공모하여 그해 11월 북경정변(北京政變)을 일으켰다. 그 결과 숙순은 처형되고, 재원, 단화는 자살했으며, 나머지 5명은 면직되었다.

고문(古文)　문언(文言)을 사용하여 지은 산문. 용어는 한유(韓愈), 유종원(柳宗元)으로부터 나왔다. 이들은 '고문운동(古文運動)'을 제창하면서 진(秦)·한(漢)의 산문을 고문의 정형으로 보고, 화려하고도 내용이 없는 육조(六朝)의 변문(駢文)을 타파해야 한다고 주장했다. 이는 그들이 산문 혁신운동을 내걸면서 세웠던 일차 목표이기도 했다. 이후로 고문은 산문의 전칭(專稱)이 되면서 시문(時文:駢文, 唐宋律賦, 八股文)과 대립되는 개념을 보였다. 1919년 5·4운동과 함께 백화문(白話文)운동이 일어나면서 고문은 백화문과 대립되는 문체로, 전통적인 고문과 팔고문을 포함하는 문언문의 의미를 띠게 되었다.

고문경(古文經)　　주(周)대에 전문(篆文)으로 기록된 유가의 경전. 진시황의 분서갱유로 주대의 경서가 대부분 소실되었으나 한(漢)대 초 공자의 구택(舊宅) 벽에서 『상서(尙書)』『예기(禮記)』『논어』『효경(孝經)』 등이 발견되었다. 이들을 벽경(壁經:일명 孔壁古文)이라고 한다. 또 경제(景帝)의 아들 하간헌왕(河間獻王) 유덕(劉德)은 민간에서 『주관(周官)』『상서』『예기』『노자』 등 수 종을 발견하였다. 이로써 서한(西漢)시대에 학자들의 기억을 더듬어 새로 기술한 경서를 금문경(今文經)이라 하고, 민간에서 발견한 전래의 전문 경서를 고문경이라 하였다. 고문경은 금문경에 비해서 내용이 풍부하다.

고문경학(古文經學)　　한(漢)대 고문경(古文經)을 연구하던 학술 유파. 금문경학(今文經學)과 대칭되는 개념으로 이름이 붙여졌다. 문자 훈고(訓詁)와 명물(名物) 고증을 위주로 연구했으며, 고대의 사회 및 정치제도를 이상으로 삼고 이를 본받고자 하였다. 고문경학파의 초기 연구 성과로 『이아(爾雅)』와 『설문해자(說文解字)』 등의 탄생을 들 수 있다. 고문경학은 당시 이미 관학(官學)이 되어 있던 금문학파의 반대로 성행하지 못하다가 전한(前漢) 말 유흠(劉歆)의 건의에 따라 조정의 공인을 얻었으며, 이후 양자 간 세력다툼이 후한(後漢)대까지 이어졌다.

고문관지(古文觀止)　　서명. 고문 선본. 20권. 청대 오초재(吳楚材), 오조후(吳調侯) 공편. 강희(康熙) 34년(1695) 완성. 동주(東周) 시대부터 명대 말까지의 문장 222편을 실었다. 산문 위주이며 변려문(駢麗文)과 사부(辭賦)도 일부 포함되어 있다. 작자의 시대순으로 배열했으며, 주석을 달고 문장 끝에 간단한 평어(評語)를 넣었다. 후학들의 필독서가 되면서 후세에 막대한 영향을 끼쳤다.

고문운동(古文運動)　　당 중기의 문학운동. 위진남북조 시대의 공허하고 화미한 변려체(駢麗體) 문장이 당대까지 이어지자 이같은 풍조에서 벗어나 진(秦)·한(漢)의 자연주의 산문으로 돌아가자고 외친 운동. 일종의 복고자연운동이며 문체개혁운동이다. 한유(韓愈)가 중심이 되어 유종원(柳宗元) 등으로 이어졌다. 한유는 '문이재도(文以載道)'를 주장하여 유가의 봉건 윤리도덕인 도(道)가 문장에 스며있어야 함을 강조했으며, 유종원은 진보적 입장에서 도와 함께 문장의 아름다움도 강조했다. 송(宋)대에는 구양수(歐陽修)가 주동이 되어 왕안석(王安石), 증공(曾鞏), 소순(蘇洵), 소식(蘇軾)으로 이어졌다.

고문진(高文進)　　오대(五代) 북송(北宋)의 화가. 조부, 부친의 가업을 이어 불가의 인물화를 잘 그렸다. 후촉(後蜀) 통치자의 우대를 받았으며, 후촉 멸망 후 송 태종(太宗)의 신임을 받아 화원(畫院)에서 활동했다. 이때 궁전 벽화를 잘 그려 이름을 크게 날렸다. 조불홍(曹不興), 오도자(吳道子)의 화풍을 계승했으며, 가늘고 부드러운 선 속에 강건한 필력이 돋보인다. 작품「경탑천왕도(擎塔天王圖)」「강마변상도(降魔變相圖)」.

고반룡(高攀龍:1562~1626)　　명대 말의 학자. 동림당(東林黨)의 대표 인물. 자는 운종(雲從), 존지(存之). 호는 경일(景逸). 무석(無錫:강소성) 출신. 신종(神宗) 만력(萬曆) 17년(1589) 진사에 합격하여 광록시소경(光祿寺少卿), 좌도어사(左都御史) 등의 관직을 지냈다. 만력 연간에 동림서원(東林書院)에서 강학 활동을 하고, 희종(熹宗) 천계(天啓) 초에는 수선서원(首善書院)에서 강학했다. 동림당을 이끌며 위충현(魏忠賢) 등이 조직한 엄당(閹黨)과 대립하다 모함을 받아 자살했다. 저서『춘추공의(春秋孔義)』『이정절록(二程節錄)』『주역이간설(周易易簡說)』『고자유서(高子遺書)』등.

고사기(高士奇:1645~1704)　　청대의 문학자, 사학자, 서화가. 자는 담인(澹人), 호는 강촌(江村), 병려(甁廬). 사호(賜號)는 죽원(竹園). 원적은 평호(平湖:절강성), 출생지는 전당(錢塘:절강성 항주). 국학생(國學生)으로서 상급 시험에 낙방하고 글을 팔아 생계를 이었다. 후에 강희제(康熙帝)로부터 서예 실력을 인정받아 첨사부녹사(詹事府錄事)의 관직을 제수받고 내각중서(內閣中書), 첨사부소첨사(詹事府少詹事) 등을 역임했다. 죄수들을 구하려고 무리를 모으다 탄핵되어 귀향했다. 서예는 해서를 잘 썼고, 종요(鍾繇)를 종주로 삼았다. 그림은 명대 화가 문징명(文徵明), 서분(徐賁)의 화풍을 배웠으며, 고증에 능하여 작품의 진위를 감별하고 예술성을 품평했다. 역사에도 밝아 조정에서『대청일통지(大淸一統志)』를 편찬할 때 부총재(副總裁)를 맡았다. 저서로는 역사서『좌전기사본말(左傳紀事本末)』『춘추지명고략(春秋地名考略)』『호종일록(扈從日錄)』이 있고, 서화감상서『강촌소하록(江村消夏錄)』, 시문집『청음당집(淸吟堂集)』이 있다. 회화 작품「방문징명상군상부인도(倣文徵明湘君湘夫人圖)」「방서분고목죽석도(倣徐賁枯

木竹石圖)」「사륜수조도(絲綸垂釣圖)」.

고승전(高僧傳)　　서명. 일명 『양고승전(梁高僧傳)』, 『고승전제1집(高僧傳第一集)』. 14권. 위진남북조시대 양(梁)의 승려 혜교(慧皎) 찬(撰). 기전체류의 역사서. 역경(譯經), 의해(義解), 신이(神異), 습선(習禪), 명률(明律), 망신(亡身) 등 10분(門)으로 나뉘며, 각 문마다 해당 승려의 시적을 기록하고 평론을 가했다. 중국과 서방의 문화 교류, 승려의 구법 활동, 기타 각 지방의 인정과 풍토가 기록되어 있다.

고시원(古詩源)　　서명. 시가 총집. 14권. 청대 심덕잠(沈德潛) 선편. 선진(先秦) 시대부터 수(隋)대까지의 고시(古詩)와 가요 700여 수를 수록하고 평주(評注)를 가했다. 시가 당(唐)대에 극성했다고 보고 당 이전의 시는 당시(唐詩)의 근원이 된다는 뜻에서 서명을 정했다. 『고시기(古詩記)』 등의 서적을 근거로 선록했으며, 정치 흥망과 민간의 질고를 반영한 것을 많이 실었다.

고야왕(顧野王:519~581)　　남조시대 양(梁)·진(陳)의 훈고학자, 사학자, 화가. 자는 희풍(希馮). 양(梁)에서 태학박사(太學博士), 진(陳)에서 광록경(光祿卿)을 지냈다. 문자훈고학상의 명저인 『옥편(玉篇)』 30권을 편찬했다. 저서 『여지지(輿地志)』 『부서도(符瑞圖)』 『진서(陳書)』. 회화가로서도 이름이 났으며, 작품에 「고현도(古賢圖)」 「초충도(草蟲圖)」가 있다. 이밖에 역사서로 『고씨보전(顧氏譜傳)』 『분야궤요(分野櫃要)』 『속동명기(續洞冥紀)』 『현상표(玄象表)』가 있다.

고양(高洋:529~59)　　남북조시대 북제(北齊)의 건립자(재위 550~559). 발해 출신. 고환(高歡)의 둘째아들. 동위(東魏)의 뒤를 이어 국호를 제(齊)라 하고 제위에 올랐다. 역사에서는 이를 북제라 칭한다. 유연(柔然), 거란 등을 물리치며 외치에 주력하였으나 후에 방탕에 빠졌다.

고역법(雇役法) ➡ 모역법

고염무(顧炎武:1613~82)　　청대 초기의 사상가, 지리학자, 음운학자, 시인. 자는 영인(寧人), 호는 정림(亭林), 본명은 강(絳). 곤산(昆山:강소성) 출신. 젊어서 '복사(復社)'에 가입하여 환관의 횡포에 저항하고, 후에는 소주(蘇州)에서 항청(抗淸) 무장활동에 가담했다. 청나라가 들어선 이후에는 각지를 돌아다니며 민속과 지리를 연구하고 저술활동을 하다 죽었다. 철학 방면에서는 공허한 현학(玄學)과 이학(理學)을 배척하고 실용주의적

신학문을 주장했으며, 역사학 방면에서는 '천하의 흥망은 필부에게 책임이 있다'는 논리를 제시했다. 사회 제도면에서는 봉건적 과거제도를 반대하고 가혹한 세금 및 지주 관리들의 토지 겸병을 반대했다. 지리학 쪽으로는 현지 답사와 실제 고찰을 통해서 전인들의 오류를 바로잡았고, 음운학 방면에서는 고음(古音)의 원류를 파헤쳐 청대 음운학의 연구 방향을 제시했다. 시문에도 능했으며, 특히 문장의 내용을 중시하고 고인 작품의 모방을 반대했다. 그의 『일지록(日知錄)』은 철학과 역사학에 관한 기록이며, 『천하군국이병서(天下郡國利病書)』 120권은 방대한 사지(史地) 관련 저작이다. 『여우인논학서(與友人論學書)』는 명대 말의 진부하고 공허한 학술 사상을 비판한 것이다. 기타 저서 『군현론(郡縣論)』 『생원론(生員論)』 『조역지(肇域志)』 『구문격론(救文格論)』 『고중수필(菰中隨筆)』 『산동고고록(山東考古錄)』 『경동고고록(京東考古錄)』 『석경고(石經考)』 『정림시문집(亭林詩文集)』 등 다수. 고증학의 선구자로 알려졌다. 왕부지(王夫之), 황종희(黃宗羲)와 함께 청대 초기의 학계와 사상계를 빛낸 인물로 꼽힌다.

고요(皐陶)　　고대 순(舜)임금을 섬긴 전설상의 5명신(禹·益·契·稷·皐陶)중 한 사람. 형벌을 맡아 다스렸으며 상형(象刑)을 창안했다고 한다.

고자사(鼓子詞)　　송대에 출현한 일종의 강창(講唱) 예술. 설창(說唱) 때 북을 두드려 박자를 맞추었다. 현존 북송의 고자사로는 구양수(歐陽修)가 서호(西湖)의 경물을 노래한 「채상자(采桑子)」가 있다.

고적(高適:702~65)　　당(唐)대의 시인. 자는 달부(達夫). 발해(渤海:하북성 景縣) 출신. 40세가 넘어 벼슬을 시작했으며, 안사(安史)의 난 때 현종(玄宗)을 모시고 촉(蜀)땅으로 피신했다. 이후 서천절도사(西川節度使), 산기상시(散騎常侍)의 관직을 지내고 발해현후(渤海縣侯)에 봉해졌다. 50세에 시를 짓기 시작했다. 그의 시는 기상이 높고 웅대하며 가슴에서 우러나오는 격앙된 감정을 직서한 것으로 평가받는다. 특히 변새시(邊塞詩)를 많이 지어 군사들의 용감한 기상과 함께 전장의 황량함을 노래했다. 잠삼(岑參)과 함께 당대 변새시의 대표적 인물이며, 세칭 '고잠(高岑)'이라 불린다. 작품 「연가행(燕歌行)」 「등백장봉(登百丈峰)」 「효고증최이(效古贈崔二)」 등. 시문집 『고상시집(高常侍集)』.

고조우(顧祖禹:1631~92)　　청대 초기의 역사지리학자. 자는 서오(瑞五), 호는 경범(景范). 무석(無錫:강소성) 출신. 세칭 완계선생(宛溪先生).

원적은 상숙(常熟:강소성). 어려서 부친을 따라 상숙의 우산(虞山) 기슭에서 농사지으며 학문을 닦았다. 이때 역사와 지리에 관해 많은 관심을 가졌다. 이후 항청(抗淸) 활동에 참여했다가 실패하고 향리에서 학문에만 몰두했다. 한때 서건학(徐乾學)의 초빙에 응하여 경사(京師:북경)에서 『대청일통지(人淸一統志)』의 편찬에 참어하기도 했다. 채이 완성된 후 관직에 천거되었으나 거절했다. 그의 역사지리서 『독사방여기요(讀史方輿紀要)』는 20년의 노력이 깃든 것으로 내용과 규모가 방대하여 역사지리를 연구하는 기본 참고서가 되고 있다.

고증학(考證學)　　청대에 유행한 학문 유파. 일명 한학(漢學). 경사(經史)를 연구하면서 고서에서 근거를 밝혀 논증하는 일을 주로 하였다. 명말 청초의 고염무(顧炎武), 황종희(黃宗羲) 등이 선구를 보였으며, 청대 초기의 문자옥(文字獄)과 강희제(康熙帝), 옹정제(雍正帝), 건륭제(乾隆帝) 등의 학문 장려에 힘입어 급속도로 발전했다. 혜동(惠棟)을 중심으로 한 오파(吳派)와 대진(戴震)을 중심으로 하는 환파(晥派)로 나뉜다. 특히 건륭(乾隆)·가경(嘉慶) 연간에는 대대적인 문자옥이 단행되면서 학자들이 현실도피적 태도로 고증학에 몰두하여 고증학의 건가학파(乾嘉學派)를 형성했다. 중심인물로는 고·황 외에도 염약거(閻若璩), 호위(胡渭), 모기령(毛奇齡), 전대흔(錢大昕), 단옥재(段玉裁), 왕염손(王念孫), 최술(崔述) 등이 있다.

고헌성(顧憲成:1550~1612)　　명대 말의 동림당(東林黨) 지도자. 자는 숙시(叔時). 세칭 동림선생, 경양선생(涇陽先生). 무석(無錫:강소성) 출신. 신종(神宗) 만력(萬曆) 4년(1576) 향시에 장원 급제하고, 만력 8년 진사에 나아가 호부주사(戶部主事)의 관직을 제수받았다. 이부문선사낭중(吏部文選司郎中)으로 있을 때 신종의 삼왕병봉(三王幷封)에 반대한 정의파 관료 그룹에 속해 파직되었다. 그후 아우 고윤성(顧允成), 고반룡(高攀龍) 등과 함께 무석에 동림서원(東林書院)을 세워 강학 활동에 전념했다. 특히 강학을 통해 당시 조정 인물들을 비판함으로써 사대부들의 지지를 받았고, 이에 따라 서원의 명성도 널리 퍼졌다. 만력 40년 위충현(魏忠賢)이 집권하여 동림당 사람들을 크게 박해하면서 그도 관적을 삭탈당했다. 저서 『소심재예기(小心齋禮記)』『경고장고(涇皋藏稿)』『고단문유서(顧端文遺書)』.

고환(高歡:?~547)　　남북조시대 북제(北齊)의 고조(高祖). 일명 하륙혼(賀六渾). 발해 출신. 북위(北魏) 말 혼란기에 군사 대권을 쥐었다. 위가 동서로 분열되었을 때 동위(東魏)의 실권을 장악하고 효무제(孝武帝)를 장안으로 내몰았다. 그의 사후 아들 고양(高洋)이 북제(北齊)를 건립했다. 시호는 신무제(神武帝).

고황(顧況)　당(唐)대의 시인, 화가. 자는 포옹(逋翁). 자호는 비옹(悲翁), 화양산인(華陽山人). 해염(海鹽:절강성) 출신. 숙종(肅宗) 지덕(至德) 2년(757) 벼슬에 나아가 진해군절도사(鎭海軍節度使) 한황(韓滉)의 막부판관(幕府判官)이 되었고, 덕종(德宗) 정원(貞元) 3년(787) 교서랑(校書郎), 저작랑(著作郎)을 지냈다. 이후「해구영(海鷗詠)」을 지어 권신들을 풍자하다 요주사호(饒州司戶)로 폄적되자 모산(茅山)에 은거하였다. 그의 시는 화려함을 배격하고 뜻을 중시하였다. 민간의 통속 언어를 다수 채용하여 사회 하층 민중의 생활상을 진솔하게 표현하였다. 대표작「죽지사(竹枝詞)」「공자행(公子行)」「행로난(行路難)」. 이밖에 회화에도 재능을 보였으며, 특히 산수화를 잘 그렸다. 시문집『화양집(華陽集)』.

곡량전(穀梁傳) ➡ **춘추곡량전**

곡률(曲律)　희곡(戲曲) 논저. 명대 왕기덕(王驥德) 찬. 남곡과 북곡의 원류, 궁조, 작곡·창곡 방법, 그리고 극본의 결구, 빈백(賓白) 등에 관해 논했으며, 잡극(雜劇), 전기(傳奇), 산곡(散曲) 등의 작품에 평론을 가했다.

곡품(曲品)　서명. 2권. 명 말 욱란생(郁蘭生:呂天成) 저. 신종(神宗) 만력(萬曆) 30년(1602) 완성. 명대의 전기(傳奇), 산곡(散曲) 작가 150여 명, 작품 192종을 열거했다. 또 세종(世宗) 가정(嘉靖:1522~66) 이전의 작가, 작품을 4등으로 나누고, 목종(穆宗) 융경(隆慶) 이후의 작가, 작품을 9등으로 나누어 짤막한 평을 가했다.

곤(鯀)　고대 전설상의 인물. 우(禹)의 부친. 치수에 능했다. 요(堯)가 그를 숭백(崇伯)에 봉했으나 치수에 실패하자 요의 신하인 순(舜)이 그를 우산(羽山)에서 살해했다고 전해진다. 일설에는 순과 부락 쟁탈전을 벌이다 우산에서 피살되었다고 한다.

곤양전투(昆陽戰鬪)　왕망(王莽)이 세운 신(新)대 말년(A.D 23) 녹림군(綠林軍)이 유현(劉玄)을 황제로 옹립하여 한(漢)의 국호를 회복하자, 왕망은 장수 왕심(王尋)과 왕읍(王邑)으로 하여금 녹림군을 격파하도록 하였다. 이들은 녹림군의 주력 부대가 있는 곤양(昆陽:하남성 葉縣)을 수십 겹으로 포위하였으므로 녹림군의 형세가 매우 불리했다. 그러나 유수(劉秀:光武帝)

의 병력이 후방에서 원조하고, 포위되었던 녹림군이 결사 항전하여 거꾸로 수십 만 관군을 궤멸시켰다. 소수가 다수를 이긴 전쟁으로 유명하다.

공(公)　서주(西周) 및 춘추시대에 생겨난 신분계급. 일명 제후. 군주(왕 혹은 황제) 다음 가는 높은 계급. 봉건제도 하에서 군주가 형제나 개국공신에게 봉국(封國)하면서 수여한 작위이며, 이는 대대로 세습되었다. 일국의 국군이자 씨족의 장으로서 제사를 주관하고 경대부(卿大夫)에게 채읍(采邑)을 주어 소출을 거둬들였다. 춘추 말기에는 경대부에게 실권을 빼앗기는 등 두 계급간 대립이 심했다. 성 밖의 비(鄙)에 산재하는 군소 읍을 지배하였다.

공거상서(公車上書)　청 정부가 청일전쟁에서 패한 후 일본과 굴욕적인 하관조약(下關條約)을 체결하자 당시 북경의 회시(會試)에 참가했던 강유위(康有爲)가 응시생 1,300여 명의 서명을 얻어 황제에게 올린 상서. 광서(光緒) 21년(1895) 5월 2일 도찰원(都察院)에 상서를 제출했으나 도찰원이 수납을 거절하여 황제에게 전달되지는 못했다. 내용은 엄중한 민족 위기를 맞아 조약의 내용대로 일본에 땅을 할양하고 배상금을 지불한다면 민심이 용서하지 않을 것이란 전제 아래 ①조령(詔令)으로써 사기를 고쳐시키고, ②천도(遷都)로써 근본을 정하며, ③연병(練兵)으로써 국력을 강화하고, ④변법(變法)으로써 치세를 이룩해야 한다는 것이었다. 공거란 서울로 회시를 치러 올라간 지방의 거인(擧人)을 말한다. 공거상서는 결국 채택되지 않았지만 내용이 전국 각지에 퍼져 큰 반향을 불러 왔다.

공공(共工·共公)　고대 전설상의 인물. 공공이란 본래 직책명으로서 수관(水官) 혹은 공관(工官)이었다. 부락의 영수로서 물의 성질을 잘 알아 바람과 풍랑을 일으켰다고 한다. 일설에 공공이 전욱(顓頊)과 제위를 놓고 싸우다 패배하여 홧김에 불주산(不周山)에 머리를 부딪쳤는데, 이로 인해 하늘의 기둥〔天柱〕이 부러져 지구의 네 모서리가 함몰되었다고 한다. 그의 후손이 치수에 공을 세워 사신(社神)으로서 봉사(奉祀)되었다고 전해진다.

공교회(孔敎會)　공자를 숭앙하고 유가경전을 신봉하며 청 왕조의 회복을 주창한 결사체. 민국 원년(1912) 강유위(康有爲)의 제자 진환장(陳煥章)이 상해에서 성립시켰다. 주요 참여 인물은 노내선(勞乃宣), 장훈(張勳) 등 청 왕조 아래에서 고관을 지낸 원로급이다. 이듬해 「공교잡지(孔敎雜志)」를 발행하고, 공자의 출신지인 곡부(曲阜)에서 제1차 전국 공교대회를 열었다.

여기서는 강유위가 총회장, 장훈이 명예회장에 임명되고, 본부를 북경에 두기로 했다. 공교회는 정치적으로 공화제를 반대하고 청왕조의 회복을 주장했는데, 이같은 주장이 실권자인 원세개의 지지를 받았으므로 그 활동이 매우 활발했다. 민국 4년(1915) 신문화운동이 일어나면서 '공가점(孔家店)' 타도의 물결이 일자 공교회는 점차 와해되었다. 민국 26년(1937) 국민당 정부는 공교회를 공학총회(孔學總會)로 개칭하도록 했다.

공림(孔林)　　공자와 그 역대 자손의 묘지. 지성림(至聖林)으로도 불린다. 산동성 곡부시(曲阜市)에 위치해 있다. 공자의 제자 등이 조성해 성역화했다고 한다. 공자와 아들 공리(孔鯉), 손자 공급(孔伋:子思)의 3대 묘가 있으며, 주변은 많은 수목으로 조성되어 있다.

공봉(供奉)　　황제의 좌우에서 공직(供職)하는 관리에 대한 칭호. 당(唐) 초에는 시어사내공봉(侍御史內供奉), 전중시어사내공봉(殿中侍御史內供奉)이 있었고, 현종(玄宗) 때 한림공봉(翰林供奉)을 설치하여 집현원학사(集賢院學士)와 조서(詔書)·칙령(勅令) 작성 업무를 분장하도록 했다.

공상임(孔尙任:1648~1718)　　청대의 희곡 작가. 자는 빙지(聘之), 계중(季重). 호는 동당(東塘), 안당(岸堂), 운정산인(雲亭山人). 곡부(曲阜:산동성) 출신. 공자의 후예. 강희(康熙) 24년(1685) 황제 어전에서 『논어』를 강술하여 황제의 신임을 받고 국자감박사(國子監博士)가 되었다. 후에 시정(時政)에 불만을 갖고 극본을 지어 이를 공연했다가 관직을 잃었다. 전기(傳奇) 작품 「도화선(桃花扇)」은 명말 청초의 진회가희(秦淮歌姬) 이향군(李香君)과 복사(復社)로 유명한 후방역(侯方域)간의 연애 고사를 통해 봉건세력에 대한 저항과 명 왕조의 멸망에 대한 통한을 서술한 것이다. 청대 초기의 걸출한 전기 작가로서 「장생전(長生傳)」을 쓴 홍승(洪升)과 함께 '남홍북공(南洪北孔)'으로 불리었다. 시문집 『호남집(湖南集)』『안당고(岸堂稿)』.

공손앙(公孫鞅) ➡ 상앙

공손연(公孫淵:?~238)　　삼국시대 사람. 자는 문의(文懿). 요동(遼東) 양평(襄平:요녕성 遼陽) 출신. 위(魏) 태화(太和) 2년(228) 숙부의 봉작을 찬탈하여 요동의 태수가 되었다. 손권(孫權)이 이끄는 남방의 오(吳)나라와 연합하여 위(魏)나라를 괴롭혔다. 위는 무마책으로 그에게 대사마(大司馬) 벼슬을 주었다. 위 경초(景初) 원년(237) 위의 관구검(毌丘儉)과 전쟁을 벌여 크게 이기고 연(燕)왕에 올랐다. 경초 2년 위의 사마의(司馬懿)에게 패하여 피살되고 통치 지역이 위의 수중에 들어갔다.

공손연(公孫衍)　전국시대의 유세가. 종횡가(縱橫家)의 대표적 인물. 서수(犀首)로도 불림. 위(魏)나라 사람. 진(秦)나라에서 유세를 통해 입관했다가 장의(張儀)의 배척을 받아 위로 돌아온 후, 위 혜왕(惠王)에게 각국이 진에 대항하여 연합하자는 합종책(合縱策)을 건의하여 장의의 연횡책(連衡策)에 맞섰다. 혜왕의 중용으로 재상에 올랐으며, 유세를 통해 초(楚)·한(韓)·월(越)·연(燕)과 5국동맹을 맺고 진에 대항했다. 이때 5국의 승상에 임명되어 이름을 크게 떨쳤다.

공손용(公孫龍:약 320~240 B.C)　전국시대의 사상가. 명가(名家)의 대표적 인물. 자는 자병(子秉). 조(趙)나라 사람. 언변에 능해 연(燕)의 소왕(昭王)과 조의 선혜왕(宣惠王)에게 군사대결을 중지토록 하기도 했다. 평원군(平原君)의 상빈(上賓) 식객으로도 있었다. 혜시(惠施)의 '별동이(別同異)' 사상을 계승하여 백마비마론(白馬非馬論), 견백이동론(堅白異同論) 등의 궤변적 논리를 폈다. 이는 외관과 실체를 혼동해서는 안된다는 학설로서 당시 정치도의상의 모순을 지적한 것으로 보인다. 저서에 『공손용자(公孫龍子)』가 있다.

공안파(公安派)　명대 말의 문학 유파. 그 문체를 공안체(公安體)라 한다. 원종도(袁宗道), 원굉도(袁宏道), 원중도(袁中道) 3형제가 대표적 인물이다. 이들이 공안(公安:호북성) 출신이므로 이 이름이 붙여졌다. 옛 사람의 작품을 모방하는 데서 탈피하고, 백거이(白居易), 소식(蘇軾)처럼 마음에서 우러나오는 바를 그대로 표출하여 청신성(淸新性)을 갖추어야 한다고 주장했다. 또 유가 사상이 문학에 가하는 속박에서 벗어나야 한다고 보았다. 그들의 작품 가운데는 시정(時政)을 비판하면서 도학(道學)에 불만을 표출한 것들도 있다.

공양전(公羊傳) ➡ **춘추공양전**

공양학(公羊學)　『춘추공양전(春秋公羊傳)』을 연구하던 학문. 공양고(公羊高)가 지었다고 하는 『춘추공양전』은 『춘추(春秋)』의 미언대의를 파헤치고 해설한 것이다. 한(漢) 무제(武帝)에 이르러 동중서(董仲舒)는 이로부터 공양학을 발양시키고 유학을 크게 일으켰다. 후한(後漢) 시기에는 하휴(何休)가 『춘추공양해고(春秋公羊解詁)』를 지어 동중서의 학풍을 계승했다. 이후 청대 들어 공광삼(孔廣森), 요평(廖平), 강유위(康有爲) 등이 공양학을 완성했다.

공영달(孔穎達:574~648)　당(唐) 초의 경학가. 자는 중달(仲達). 형수(衡水:하북성) 출신. 공자의 32대손. 수(隋) 말 명경과(明經科)에 급제하여 하내군박사(河內郡博士)가 되고, 당(唐)대에 급사중(給事中), 산기상시(散騎常侍), 국자감좨주(國子監祭酒) 등을 지냈다. 경사(經史)에 통달했으며 역법에도 밝았다. 태종의 명을 받고 여러 학자와 함께 『오경정의(五經正義)』를 편찬했다. 이는 당시 유교의 유파가 많고 경전 해석도 다양했으므로 경서의 통일을 기하기 위해 지어진 것이다. 기타『수서(隋書)』『대당의례(大唐儀禮)』등의 편찬에도 참여했다. 저서『효경의소(孝經義疏)』.

공유(公劉)　주 무왕(武王)의 11세조. 후직(后稷)의 증손. 주왕실이 들어서기 전 주족(周族)을 이끌고 빈(豳:섬서성 旬邑 일대)으로 이주해 농업과 목축을 크게 일으켰다. 주족 홍성의 계기를 만들었다.

공유덕(孔有德:?~1652)　명말 청초의 장수. 요동(遼東) 출신. 명 숭정(崇禎) 연간에 등주참군(登州參軍)으로 있다가 후금(後金) 정권에 항복하여 공순왕(恭順王)에 봉해졌다. 이후 명을 치는데 공을 세워 순치(順治) 3년(1646) 평남대장군(平南大將軍)에 임명되었다. 명나라가 멸망한 후에는 각지의 반청(反淸) 봉기를 진압했다. 동 6년 정남왕(定南王)에 봉해졌으나 농민 봉기군을 이끌고 계림(桂林)을 공격해온 이정국(李定國)의 군대에 패해 자살했다.

공융(孔融:153~208)　동한(東漢) 말기의 문학가. 자는 문거(文擧). 노국(魯國:산동성 曲阜) 출신. 공자의 20세손. 건안칠자(建安七子)의 한 사람. 어려서 재주가 뛰어나고 학문을 좋아하였다. 관직이 북해상(北海相)이었으므로 공북해(孔北海)란 별명이 붙었다. 후에 조조(曹操)가 그를 소부(少府)에 기용했으나 시정을 비판한 탓에 도리어 조조에게 살해되었다. 작품에 「논성효장서(論盛孝章書)」「잡시(雜詩)」등이 있으며, 명(明)나라 사람이『공북해집(孔北海集)』을 펴냈다.

공자(孔子:551~479 B.C)　춘추시대 말기의 대 사상가, 교육자. 유가(儒家)의 창시자. 이름은 구(丘), 자는 중니(仲尼). 노(魯)나라 추읍(陬邑:산동성 曲阜) 태생. 선조는 은(殷)나라의 왕손이 분봉받은 송(宋)나라의 공족(公族) 출신이며, 노나라로 들어와 성을 공(孔)씨로 고쳤다고 한다. 몰락

귀족의 자제로 태어나 집안이 곤궁했으나 15세 때 학문에 뜻을 두고 정진했다. 맹인 악사로부터 음악을 배우고 한때 노자에게 예(禮)에 대해 배웠다. 젊어서 노나라의 하급관리였다가 54세에 대사구(大司寇)에까지 올라 재상의 일도 맡아보았다. 이어 자신의 정치이상을 실현하고자 노나라를 떠나 위(衛)·진(晋)·송(宋)·채(蔡) 등 여러 나라를 순회하였으나 뜻을 이루지 못했다. 13년 동안의 유랑끝에 다시 노나라에 돌아와 수수(洙水)·사수(泗水) 유역에서 제자들을 가르치고, 『시경(詩經)』『서경(書經)』『예(禮)』『악(樂)』 등을 정리했다. 인의(仁義)의 정치, 곧 덕치(德治)를 주장했으며, 그 실천 방법으로 효제충신(孝弟忠信)을 중시했다. 또 이상적인 인간상을 군자로 규정하고, 모든 사람은 군자가 되기 위해 노력해야 한다고 하였다. 일설에 『춘추(春秋)』를 그가 지었다고 한다. 제자가 3,000명에 달했으며, 육례(六禮)에 통한 제자만도 72명에 달했다고 한다. 제자들이 그의 언행을 담아 기록한 것이 『논어(論語)』이다. 『논어』 및 『춘추』 등에 담긴 그의 사상은 이후 2,000년 동안 유가라는 거대한 학술유파를 낳으며 중국을 비롯한 동양의 사상계에 가장 큰 줄기를 이루어 왔다. 역대로 '성인(聖人)'의 칭호를 받아왔으며, 세계 3대 성인으로 불린다.

공자진(龔自珍:1792~1841) 청대 말기의 학자. 다른 이름은 공조(龔祚). 절강 인화(仁和:항주) 출신. 문자학자인 단옥재(段玉裁)의 외손. 선종(宣宗) 도광(道光) 연간(1821~50)에 진사에 올라 예부주사(禮部主事)을 지냈다. 토지제도와 과거제도, 변방 수비제도 등에 대한 개혁을 주장하고 임칙서(林則徐)의 아편수입 반대 정책에 동조했다. 그의 학풍은 경세치용(經世致用)을 주장한 금문경학파에 속한다. 철학적으로는 '성(性)은 선(善)하지도 불선(不善)하지도 않다'며 환경에 따른 성(性)의 변화를 주장하였다.

공작동남비(孔雀東南飛) 민가명(民歌名). 일명 「고시위초중경처(古詩爲焦仲卿妻)」. 동한(東漢)과 삼국시대 사이에 지어졌으며, 작자는 미상. 350여 구(句) 1,765자로 되어 있는 장편 서사시이다. 여강(廬江)의 소리(小吏)인 초중경(焦仲卿)과 유란지(劉蘭芝) 부부가 외압에 의해 생이별하게 되자 함께 자살한다는 내용을 담고 있다. 당시의 봉건 예교 사상에 대한 반항 등 일종의 낭만적 기풍이 감도는 작품이다. 악부 민가의 걸작으로 꼽히며, 최초의 장편 서사시로 알려져 있다.

공전(公田) 국가가 소유한 토지. 소유권과 수조권(收租權)이 국가에 있었다. 주(周)대의 정전제(井田制) 하에서는 정방형으로 9분된 토지의 중앙 부분을 공전으로 했으며, 수(隋)·당(唐)대의 균전제(均田制) 하에서는 영업전(永業田), 공신전(公臣田)을 제외하고 모든 토지를 공전화했다.

공조(功曹) 관직명. 한(漢)대에 군수나 현령 아래에 두어 군수·현령의 업무를 보좌했다. 수·당대에 사공(司功)으로 개칭했으며, 명대에 폐지했다.

공치규(孔稚圭:447~501) 남조시대 제(齊)의 문학가. 자는 덕장(德璋). 산음(山陰:절강성 紹興) 출신. 남군태수(南郡太守), 산기상시(散騎常侍) 등의 벼슬을 지냈다. 변문(騈文)인 「북산이문(北山移文)」을 지었으며, 시에는 「백마편(白馬篇)」이 있다. 저서 『공첨사집(孔詹事集)』.

공친왕(恭親王) 청나라 때 황족에게 주어진 작위명. 함풍제(咸豊帝)의 아우 혁흔(奕訢)이 이 작위를 가지고 있었다.

공해전(公廨田) 수·당대에 관청의 경비 충당을 위해 급전(給田)으로 지급한 토지. 수 개황(開皇) 9년(589) 조정에서 외관공해전(外官公廨田)을 주어 이곳에서 나오는 부세(賦稅)로 관청의 경비를 쓰도록 했다. 당대에도 이 제도가 이어져 서울과 지방의 관청에 공해전을 지급하였다. 공해전을 빌려 농사를 짓는 사람은 비교적 많은 세금을 내야 했다.

공행(公行) 청대의 관허 대외무역상, 또는 그 조합. 명대부터 광주(廣州)를 중심으로 행(行)이란 무역중개인이 생겨났으며, 이들은 관으로부터 무역 특허를 받아 독점적 무역행위를 했다. 청대에는 특히 13행이 조합을 결성하고 반관반상(半官半商)의 위치에서 막대한 부를 획득했다. 십삼행(十三行) 참조.

공화당(共和黨) 민국 원년(1912)에 설립한 정당. 장병린(章炳麟), 장건(張謇) 등이 동맹회(同盟會)에 대항하기 위해 민사(民社)를 주체로 국민협진회(國民協進會), 국민공회(國民公會) 및 반창후(潘昌煦)가 조직한 국민당(國民黨)과 연합하여 조직했다. 여원홍(黎元洪)이 이사장이 되고, 장건, 정덕전(程德全), 장병린이 이사가 되었으며, 원세개(袁世凱)의 어용당 역할을 했다. 같은해 8월 동맹회가 국민당으로 조직을 개편하자 이듬해 민주당과 연합하여 진보당(進步黨)을 성립시켰다.

과거(科擧) 수(隋)대부터 청(淸)대까지 이어져 온 관리선발제도. 과별로 나누어 시험을 치렀으므로 과거라는 명칭이 붙여졌다. 수 문제(文帝) 개황(開皇) 7년(587) 기존에 시행하던 구품중정제(九品中正制)를 폐하고 지행수근(志行修謹), 청평간제(淸平干濟)의 2과에 한해 선발 시험을 치렀으며, 이후 양제(煬帝) 때 진사과(進士科)를 설치하면서 정식 과거제도로 정착했다. 당(唐)대에는 수재(秀才), 명경(明經), 진사(進士), 명법(明法), 명자(明字), 명산(明算) 등 많은 과목을 설치했다. 처음에는 수재가 중시되다 나중에는 진사가 존중되었다. 예부(禮部)에서 시험을 주관하고 관리 채용은 이부(吏部)에서 관장하였다. 북송 후기에는 진사과만 설치했다. 진사에 오르려면 송대의 경우 출신지에서 향시(鄕試)인 주시(州試)를 치러 거인(擧人)이 된 후, 중앙에서 성시(省試)를 치르고 다시 천자 앞에서 전시(殿試)를 보아야 했다. 원대에는 지방에서 현시(縣試), 부시(府試), 원시(院試)의 3단계를 거쳐 생원이 된 후 향시를 보아 거인에 오르고, 다시 중앙에서 회시(會試)와 전시를 차례로 통과해야 했다. 이렇게 해서 대개 3년마다 치르는 모든 시험을 통과한 사람에게 진사 칭호가 주어졌다. 청 광서(光緖) 31년(1905) 과거제가 폐지되었다.

과장안(科場案)　청대 초의 대대적인 관료 숙청 사건. 순치(順治) 14년(1657) 청 정부는 한족 지주·관료의 세력을 꺾을 목적으로 과거시험의 비리를 트집삼아 관계된 관료들을 무차별 숙청했다. 이로 인해 순천(順天), 강남 등지의 주고관(主考官)·고관(考官)·거인(擧人) 등 많은 한인들이 처형되거나 추방되고 가산을 몰수당했다.

과전(課田)　서진(西晉)의 부세제도. 점전제(占田制)와 동시에 실시하였다. 과전이란 농민이 전조(田租)를 부담해야 할 토지의 수량을 말하며, 정남(丁男)은 50무(畝), 정녀(丁女)는 20무, 차정남(次丁男)은 25무로 규정했다. 국가는 과전의 세금으로 50무 기준 4곡(斛)을 수조(收租)했다.

과진론(過秦論)　산문 편명. 서한(西漢) 가의(賈誼)의 작품. 상중하 3편으로 나누어 진(秦) 왕조의 실정(失政)을 분석했다.

곽가(郭嘉:170~207)　동한(東漢) 말기의 군사가. 자는 봉효(奉孝). 영천(潁川) 양적(陽翟:하남성 禹縣) 출신. 동한 말 천하가 혼란할 때 원소의 밑에 있다가 순욱(荀彧)의 추천으로 조조를 섬겼다. 훌륭한 계책을 자주 내고 과단성이 있어 조조의 두터운 신임을 받았다.

곽거병(霍去病:140~117 B.C)　서한(西漢) 무제(武帝) 때의 장수. 표기장군(驃騎將軍)을 지내고 관군후(冠軍侯)에 봉해졌다. 무제 원수(元狩) 2년

(B.C 121) 외숙 위청(衛靑)과 함께 흉노를 크게 격파하고 하서(河西)지구를 장악하여 서역으로 통하는 교통로를 열었다. 그 공로로 대사마(大司馬)에 임명되었다.

곽말약(郭沫若:1892~1978)　중국의 문학가, 역사가, 고고학자, 정치가. 원명은 개정(開貞), 호는 상무(尙武). 별명은 정당(鼎堂). 사천성 낙산(樂山) 출신. 젊어서 반제국주의 혁명 문화활동에 투신하여 '창조사(創造社)'를 설립했다. 1926년 북벌전쟁에 참여하여 국민혁명군 총정치부 부주임이 되었다. 이듬해 8·1 남창기의(南昌起義)에 참가하고 그 해 중국공산당에 입당했다. 1928년 일본으로 건너가 중국 고대사와 고문자학을 연구하였다. 중·일전쟁 때 귀국하여 항일투쟁에 참여하고, 이후 중국공산당 정권이 성립하면서 중앙인민정부위원, 정무원부총리 겸 중국과학원장, 중국공산당 중앙위원, 전인대 상무위 부위원장, 전국정협 위원·부주석 등을 역임했다. 시집에『여신(女神)』, 소설에「목양애화(牧羊哀話)」가 있으며, 학술연구서로『중국고대사회사연구』『복사통찬(卜辭通纂)』이 유명하다. 시문집『말약문집(沫若文集)』『곽말약전집(郭沫若全集)』.

곽박(郭璞:276~324)　동진(東晋)의 문학자. 자는 경순(景純). 문희(聞喜:산서성) 출신. 저작좌랑(著作佐郎), 상서랑(尙書郎) 등을 역임했으며, 왕돈(王敦)에게 모반 반대를 건의하다가 피살되었다. 박학다식하고 훈고문자학(訓詁文字學)에 밝았다. 『이아(爾雅)』『목천자전(穆天子傳)』『산해경(山海經)』 등에 주를 달았다. 그 중『이아』의 주석은 후세 음운문자학의 전범이 되었다. 시부로는「유선시(游仙詩)」「실제(失題)」「강부(江賦)」 등이 있다. 후인이『곽홍농집(郭弘農集)』을 펴냈다.

곽상(郭象:?~312)　서진(西晋)의 사상가. 자는 자현(子玄). 박학 달변하여 동해왕(東海王) 사마월(司馬越)의 신임을 받아 태부주부(太傅主簿)에 임명되었다. 위진시대 현학(玄學)의 대표적 인물로서 노장의 신비주의 사상을 신봉하였다. 『장자주(莊子注)』를 펴냈다.

곽소옥전(霍小玉傳)　서명. 전기(傳奇)소설. 당(唐)대 장방(蔣防) 저. 남녀간의 사랑을 그린 내용이다. 진사 이익(李益)이 무심결에 장난삼아 기녀 곽소옥과 결혼하기로 한 후 다른 여자와 결혼한다. 이익의 말을 진담으로 들었던 곽소옥은 이익이 결혼한 후에도 수차 그를 만나려 했으나 뜻을 이루지 못한다. 두 사람이 우연히 만난 자리에서 곽소옥은 그의 무심함을 꾸짖으며 죽는다.

곽수경(郭守敬:1231~1316)　　원대 초기의 천문 지리학자, 수학자. 자는 약사(若思). 형대(邢臺:하북성) 출신. 중통(中通) 3년(1262) 쿠빌라이[元世祖]의 부름을 받아 제거제로하거사(提擧諸路河渠事)로 있으면서 여러 지방의 관개사업을 주관하였다. 지원(至元) 13년(1276) 허형(許衡), 왕순(王恂) 등과 함께 역법 수정의 명을 받아 4년 후(1280) 중국 최고의 역(曆)이라 일컬어지는 수시력(授時曆)을 완성했다. 이 역법은 조선 및 일본에까지 전파되었다. 이밖에 의기(儀器), 측기(測器), 측도(測圖) 등을 만들어 만능 과학자로 이름을 날렸다. 말년에 태사령(太史令)의 관직을 지냈다. 수학, 천문학 관련 저서로『추보(推步)』『입성(立城)』 등이 있었으나 일실되었다.

곽숭도(郭嵩燾:1818~91)　　청말의 외교관. 자는 백침(伯琛), 호는 균선(筠仙), 옥지노인(玉池老人). 도광(道光) 27년(1847) 진사에 오르고 함풍(咸豊) 2년(1853) 증국번(曾國藩)의 단련(團練)에 투신하여 남창(南昌)에서 태평천국군을 무찔렀다. 동치(同治) 2년(1863) 광동순무(廣東巡撫)가 되었다가 후에 양광총독(兩廣總督) 서린(瑞麟)과의 불화로 좌천되었다. 광서(光緖) 2년(1876) 주영(駐英) 초대 공사, 동 4년 주불(駐佛)공사를 지냈다. 외국에 있으면서 서방 과학기술의 발전을 목도하고 본국에 근대화 정책을 건의했다. 저서『양지서옥유집(養知書屋遺集)』『사서기정(使西紀程)』.

곽자의(郭子儀:697~781)　　당(唐) 중기의 정치가. 화주(華州) 정현(鄭縣:섬서성 華縣) 출신. 안록산(安祿山)이 난을 일으켰을 때 삭방절도사(朔方節度使)로 있으면서 사사명(史思明)의 군대를 격파하였다. 숙종(肅宗) 때 병부상서, 사도(司徒)를 지내고 대국공(代國公)에 봉해졌으며, 다시 분양군왕(汾陽郡王)에 봉해졌다. 대종(代宗) 때 토번(吐蕃)의 침략을 물리쳤으며, 덕종(德宗) 때는 상부(尙父) 칭호를 하사받고 태위(太尉), 중서령(中書令)의 벼슬을 지냈다.

곽자흥(郭子興:?~1355)　　원대 말의 군웅(群雄)중 한 사람. 지정(至正) 12년(1352) 손덕애(孫德崖) 등과 함께 군중을 모아 봉기를 일으켰다. 호주(濠州:안휘성 鳳陽)를 점령하고 원수에 올랐으며, 주원장(朱元璋:明太祖)을 부장에 임명하고 수양딸인 마씨(馬氏:馬皇后)를 그에게 주었다. 지정 15년 병사하자 주원장이 그의 군대를 물려받았다. 명조 홍무(洪武) 연간에 저명왕(滁明王)으로 추봉(追封)되었다.

곽충서(郭忠恕:?~977) 　　오대·북송 시기의 서화가, 문자학자. 자는 서선(恕先). 낙양(洛陽:하남성) 출신. 후주(後周) 때 종정승(宗正丞) 겸 국학박사(國學博士)를 지냈다. 북송 건륭(建隆) 2년 술에 취해 조당(朝堂)에서 소란을 피우다 지방의 참군(參軍)으로 쫓겨 갔고, 다시 취한 채 동료를 구타한 죄로 관직을 박탈당했다. 이후 태종(太宗)이 그의 재주를 알고 국자감주부(國子監主簿)의 관직을 주어 태학에서 역대의 문자를 정리하도록 했으나 역시 술에 취해 망언을 하다가 파직되었다. 자학(字學)에 밝아 문자의 원류를 고증하는데 탁월한 재능을 보였으며, 서예와 회화에도 남다른 재주를 지녔다. 인물, 산수화에 능했고, 특히 누각화를 잘 그렸다. 저서『설문자원(說文字源)』. 회화작품「누거선도(樓居仙圖)」「구성궁도(九成宮圖)」「하산선관도(夏山仙館圖)」「비간도(比干圖)」「반거도(盤車圖)」.

곽희(郭熙:?~약 1094) 　　북송의 화가, 미술이론가. 자는 순부(淳夫), 하양(河陽) 온현(溫縣:하남성) 출신. 세칭 곽하양(郭河陽). 신종(神宗) 때 어화원예학(御畵院藝學), 대조(待詔)에 임명되었으며, 신종이 그의 작품을 매우 좋아하였다. 당시 궁중의 각 전(殿)마다 그의 그림이 걸리고 벽화가 새겨질 정도로 예술적 성가를 높였다. 산수화를 잘 그렸으며, 이성(李成)의 화풍을 본받고 동원(董源), 범관(范寬)의 장점을 취하여 스스로 일가를 이루었다. 필봉이 천변만화하고 노년에는 더욱 강직한 필체를 보였다. 구름의 출몰과 봉만(峯巒)의 은현(隱顯)이 독보적이어서 산수화의 새로운 경지를 열었다는 평가를 받는다. '고원(高遠)' '심원(深遠)' '평원(平遠)'의 산수화 투시 표현법을 주창하였다. 아들 곽사(郭思)가 그의 창작 경험과 주장을 담아『임천고치(林泉高致)』(일명 林泉高致畵記)를 펴냈다. 작품「조춘도(早春圖)」「산장고일도(山莊高逸圖)」「만계춘류도(滿溪春溜圖)」「화산도(華山圖)」등.

관각(館閣) 　　송대에 소문관(昭文館), 사관(史館), 집현원(集賢院)을 일컬어 삼관(三館)이라 했다. 또 비각(秘閣), 용도각(龍圖閣), 천장각(天章閣)을 증설하여 도서관리 및 국사 편수 등의 업무를 맡게 했다. 이들과 삼관을 합쳐 관각이라 했다. 원풍(元豊) 5년(1082) 이들 기관이 모두 비서성(秘書省)에 흡수되었다. 명·청대에는 이들의 업무가 한림원(翰林院)에 귀속되었으므로 한림원의 별칭으로 쓰였다. 관각에서 쓰던 문장 혹은 글씨를 관각체(館閣體)라 했다.

관결제(官缺制)　　청대의 관리 임용제도 중 하나. 만주족의 귀족 특권을 보장하기 위하여 이 제도를 실시했다. 종실결(宗室缺), 만주결(滿洲缺), 몽고결(蒙古缺), 한군결(漢軍缺), 내무부포의결(內務部包衣缺), 한관결(漢官缺)의 6종류로 나누어 관리를 선발했는데, 종실결과 만주결에게는 대학사(大學士) 이상의 벼슬이 주어지고 나머지는 하위식을 차시했다. 이 제도로 인해 한족 출신은 벼슬 상승의 제약을 받았고, 만주·몽고족은 종6품 이상의 벼슬만 획득함으로써 특권을 누렸다.

관구검(毌丘儉:?~255)　　삼국시대 위(魏)나라의 장수. 자는 중공(仲恭). 하동(河東) 문희(聞喜:산서성) 출신. 상서랑(尙書郞), 형주자사(荊州刺史) 등을 역임했다. 경초(景初) 원년(237) 황제의 명을 받고 연(燕)나라에 가 연왕 공손연(公孫淵)에게 입조(入朝)토록 했으나 공손연이 반발함에 따라 전쟁을 벌여 패했다. 이듬해 사마의(司馬懿)와 함께 연나라를 쳐 공손연을 참하였다. 이 공로로 안읍후(安邑侯)에 봉해졌다. 정시(正始) 5년(244) 고구려가 요동을 침범함에 따라 이의 반격에 나서 고구려의 환도성(丸都城)을 함락시켰다. 이듬해 다시 고구려를 침공하여 길림성 집안(輯安)에 전공비를 세우고 돌아갔다. 후에 진동장군(鎭東將軍)에 오르고 양주(揚州) 지역을 감독했다. 정원(正元) 2년(255) 사마사(司馬師)에 반대하여 기병하였다가 패하여 살해되었다.

관도승(管道升:1262~1319)　　원대 초의 여류 서화가, 사인(詞人). 조맹부(趙孟頫)의 처. 자는 중희(仲姬). 남편 조맹부가 송 황실의 후손으로서 원나라의 관리가 되자 벼슬을 그만두고 은거할 것을 권하며 「어부사(漁父詞)」 4수를 지었다. 남편을 따라 낙향하다가 배 안에서 병사했다. 서예는 해서를 잘 썼으며 불경을 제재로 삼은 것이 많다.

관도전투(官渡戰鬪)　　동한(東漢) 말년(200) 조조의 군대와 원소의 군대 간에 치른 격전. 199년 원소는 10여만 군병을 이끌고 관도(官渡:하남성 中牟)에서 조조의 군대와 대치하였다. 세가 약함을 느낀 조조는 원소 진영의 내부 모순을 이용해 후방에 있던 그들의 식량 보급대를 습격했다. 식량을 잃은 원소의 부대가 크게 동요하자 조조는 이 틈을 이용하여 적의 주력부대를 일거에 궤멸시켰다.

관독상판(官督商辦)　　청대 말기 기업의 경영 형태. 1872년 윤선초상국(輪船招商局)이 설립되면서 채택되었다. 양무운동 시기의 대표적 기업형식으로서 관의 상인자본에 대한 통제 형식을 띠었다. 특히 양무파(洋務派) 관료가 기업 경영의 주도권을 쥐고 권력 유지를 위한 중요한 자금원으로 하는 경향이 짙었다. 이 방식을 채택한 기업은 소수를 제외하고 대부분 성공을 거두지 못했다.

관동(關同·關仝)　오대·북송의 화가. 장안(섬서성 西安) 출신. 형호(荊浩)로부터 산수화를 배워 진령(秦嶺), 화산(華山) 일대에서 활약했다. 거대한 바위 혹은 줄기 없는 나무 등을 주로 그렸으며, 선이 굵고 힘이 넘친다. 이성(李成), 범관(范寬)과 더불어 오대 및 북송시대 북방 산수화단의 대표적 인물로서 이들 셋을 가리켜 '산수삼걸(山水三傑)'이라 불렀다. 작품 「도원조행도(桃源早行圖)」「계산만제도(溪山晚霽圖)」「사시산수도(四時山水圖)」「산계대도도(山溪待渡圖)」「관산행려도(關山行旅圖)」.

관선(館選)　명대 과거제도의 한 단계. 전시(殿試)에 합격한 사람 중 2,3갑(甲)에 해당하는 사람에게 주어진 시험. 시험에 합격한 사람을 서길사(庶吉士)라 했으며, 3년간 교육을 거쳐 주요 관직을 내렸다. 합격하지 못한 사람에게는 주사(主事), 지현(知縣) 등의 관직이 내려졌다.

관숙(管叔)　주(周) 초의 관료. 무경(武庚)의 난에 가담했다가 실패하여 처형되었다. 무경(武庚) 참조.

관영(管寧:158~241)　동한(東漢) 말기의 학자. 자는 유안(幼安). 북해(北海) 주허(朱虛:산동성) 출신. 어려서 가난한 고아였으나 학문을 열심히 하였다. 화흠(華歆)과 벗하며 지낼 때 한번은 두 사람이 밭에서 일을 하다 금덩이를 보았다. 그는 본척도 안하고 계속 밭을 일구었으나 화흠은 그것을 주웠다가 다시 밖에 내던졌다. 사람들은 이로부터 두 사람 사이의 우열을 가렸다고 한다. 이후 조정에서 그를 여러번 발탁했으나 나아가지 않고 학문에만 몰두하였다. 저서에 『씨성론(氏姓論)』이 있으나 일실되었다.

관우(關羽:?~219)　동한(東漢) 말 삼국시대의 장수. 자는 운장(雲長). 하동(河東) 해(解:산서성) 출신. 동한 말 탁군(涿郡)으로 망명했다가 향리에서 기병한 유비(劉備)와 장비(張飛)를 만나 이들과 결의형제하였다. 유비 밑에서 별부사마(別部司馬)로 있으면서 전쟁에 혁혁한 공을 세웠다. 유비가 조조에게 패하면서 그는 포로가 되었으나 조조의 후대로 편장군(偏將軍)에 기용되었다. 이 때 그는 원소의 부대를 크게 무찔러 다시 한수정후(漢壽亭侯)에 봉해졌다. 후에 다시 유비에게 돌아가 건안(建安) 24년 유비가 한중왕(漢中王)에 올랐을 때 전장군(前將軍)에 임명되었다. 그 후 조조의 군대를 크게 위협하여 조조는 한때 그의 예봉을 피하기 위해 천도 계획까지 세우기도 하였다. 그러나 성격이 치밀하지 못하여 적을 얕잡아 보다가 손권(孫權)이 파견한 장군 여몽(呂蒙)의 후방 습격을 받아 형주(荊州)에서 피살되었다.

관운장(關雲長) → 관우

관윤(關尹)　춘추시대 말기의 사상가. 일명 관윤자(關尹子). 도가(道家) 학파의 한 사람. 일설에는 성이 윤(尹)이고 이름은 희(喜)라고 한다. 노자의 제자로서 노자를 따라 관서(關西)로 간 후 소식을 알 수 없다고 한다. 노자의 사상을 계승 발전시켜 청정무위(淸淨無爲)를 주장했다. 현존하는 『관윤자(關尹子)』는 후인의 위작이다. 도교에서는 그를 무상진인(無上眞人), 문시선생(文始先生)으로 부르며 정신적인 영수로 삼았다.

관자(管子)　춘추시대 제(齊)나라의 관중(管仲)과 그의 제자들이 지었다고 전해지는 책. 한(漢)대의 유향(劉向)이 원래 있었던 564편을 추려 86편으로 편집했다고 한다. 저자에 대해서는 의심스러운 점이 많으며, 송(宋)의 주희(朱熹)는 『관자』가 여러 사람의 글을 주워 모은 집록이며 관중이 쓰지는 않았을 것이라고 단정했다. 그러나 「경언(經言)」 9편은 관중이 자찬(自撰)한 것으로 보는 견해가 많다. 현재 통용되는 『관자』는 제(齊) 지방에서 유행한 법가(法家)적인 학파의 학설을 모은 것으로 알려져 있다. 24권 86편으로 나뉘며, 그 사상은 전국시대 후기에 속하는 것이 많다. 내용 가운데 「경중편(輕重篇)」은 경제법칙을 설명하고, 「수지편(水地篇)」은 물을 만물의 기준으로 삼아 논리를 전개하는 등 사상서로서의 체계가 일관되지 않다. 관자는 관중의 높임말로 쓰이기도 한다.

관중(管仲:?∼645 B.C)　춘추시대 제(齊)나라의 명 재상, 사상가, 정치가, 전술가. 이름은 이오(夷吾). 자는 중(仲). 관자(管子)로도 불림. 처음에 제나라의 공자 규(糾)를 섬겨 규의 이복동생인 소백(小白)을 죽이고 규를 왕위에 옹립하려 했으나 실패하였다. 그후 제 환공에 오른 소백에게 처형당할 뻔하다가 절친한 친구인 포숙(鮑叔)의 추천을 받아 거꾸로 재상의 자리인 상경(上卿)에 임명되었다. 관중은 환공을 도와 훗날 환공이 춘추오패의 첫째로 부상하는데 일등공신이 되었다. 내치면에서는 세금을 알맞게 거두고 인재를 고루 등용했으며, 외치면에서는 외교활동에 주력하여 존왕양이(尊王攘夷)의 기치 아래 제나라의 위상을 제후국의 으뜸으로 끌어올렸다. 제 환공은 마침내 그를 크게 신임하고 중부(仲父)로 받들었다. 포숙과 우의가 두터워 관포지교(管鮑之交)라는 성어를 낳았다. 저서에 『관자(管子)』 86편이 현존하나 후세인의 위서(僞書)로 알려져 있다.

관찰사(觀察使)　　관직명. 당(唐) 현종(玄宗) 개원(開元) 22년(734) 재상 장구령(張九齡)의 건의에 의해 12도(道)에 채방처치사(采訪處置使:일명 采訪使)가 설치되었는데, 이후 건원(乾元) 원년(758) 이것이 관찰사로 개칭되었다. 처음에는 도내의 관리들에 대한 선정 여부에 대한 평가를 맡았다가 후에 민사(民事)에까지 관여하게 되었다. 절도사(節度使)가 있는 지방에는 설치하지 않았으며 도의 행정장관에 해당했다. 송대에는 단지 무관의 한 직함에 그쳤으며 원대에는 폐지되었다. 청 말 원세개가 통치하면서 각 도에 관찰사를 증설하고 후에 도윤(道尹)으로 개칭했다.

관학(關學)　　북송의 사상가 장재(張載)를 중심으로 한 철학 학파. 장재가 관중(關中)에서 강학(講學)을 실시했으므로 이 이름이 붙여졌다.

관한경(關漢卿:약 1220~약 1300)　　원대의 걸출한 잡극 작가. 호는 일재(一齋), 기재수(己齋叟). 대도(大都:북경) 출신. 금(金) 말에 태의원윤(太醫院尹)이 되었다가 금이 멸망한 후에 옥경서회(玉京書會)에서 잡극 창작에 종사하였다. 잡극 60여 종을 지었으나 현존하는 것은 30종이다. 그의 작품은 결구가 엄정하고 언어가 질박하며, 다양한 인물 묘사를 통해 원대의 사회모순을 밀도있게 그렸다는 평을 받는다. 사회의 암흑을 폭로하고 봉건 관료의 횡포와 도덕의 실추를 고발한 내용이 많다. 마치원(馬致遠), 정광조(鄭光祖), 백박(白樸) 등과 더불어 원곡(元曲) 4대가로 일컬어진다. 잡극 작품에 「두아원(竇娥冤)」 「구풍진(救風塵)」 「배월정(拜月亭)」 「단도회(單刀會)」 「노재랑(魯齋郎)」 「망강정(望江亭)」 「호접몽(蝴蝶夢)」 등이 있으며, 산곡(散曲) 14투(套), 소령(小令) 25수(首)가 있다.

관호(官戶)　　송대 1품부터 9품까지 관원의 집안을 일컫는 말. 재산의 다과에 따라 호등(戶等)을 구별했으며, 세금과 직역(職役) 등에서 많은 혜택을 받았다. 죄를 지어도 감형되었으며, 자제나 친척, 문객 등이 시험을 거치지 않고 관직을 얻을 수 있었다. 일반적으로 관료·지주가 이에 해당했으며, 상업에 종사하는 사람도 다수 관호가 되었다.

관휴(貫休:약 832~약 912)　　당(唐)대 말기의 화가, 시인, 승려. 속세의 성은 강(姜), 자는 덕은(德隱), 호는 선월대사(禪月大師). 난계(蘭溪:절강성) 출신. 어려서 출가하여 항주(杭州)의 영은사(靈隱寺)와 소주(蘇州) 등에서 생활했다. 후에 촉(蜀)의 통치자 왕건(王建)의 신임을 얻어 자의(紫衣)와 법호(法號)를 제수받았다. 사천 지방에서 사망했다. 불가의 인물화를 잘 그렸으며, 초서에 능하고 많은 시를 남겼다. 회화로「십육나한도(十六羅漢圖)」가 유명하고, 기타「고승상도(高僧像圖)」「수보리상(須菩提像)」「유마상(維摩像)」이 있다. 시집『선월집(禪月集)』.

괄지지(括地志)　서명. 지리지. 550권. 당(唐)대 위왕태(魏王泰) 등 찬. 정관(貞觀) 13년(639)을 기준 시점으로 전국 358개 주에 대하여 주의 설치 연혁, 산천의 형세, 풍속과 산물, 문물 고적 등을 기술했다. 당대 장수절(張守節)이 이 책을 근거로『사기정의(史記正義)』를 짓기도 했다. 집본(輯本)이 현존한다.

광동13행(廣東十三行) ➡ 십삼행

광록훈(光祿勳)　관직명. 진(秦)대에 낭중령(郎中令)으로 칭했던 것을 한 무제(漢武帝)가 광록훈으로 개칭했다. 황제의 곁에 있으면서 황제를 호위하는 직책을 맡았다. 남량(南梁) 때 광록경(光祿卿)으로 개칭되었으며, 이후 황실의 음식을 관장하는 일을 맡았다.

광무제(光武帝:B.C 6～A.D 57)　동한(東漢)의 초대 황제. 세조(世祖). 성은 유(劉), 이름은 수(秀), 자는 문숙(文叔). 남양(南陽) 채양(蔡陽:호북성 棗陽) 출신. 한고조(漢高祖) 유방(劉邦)의 9세손. 왕망(王莽) 말년에 군웅이 할거하자 22년(地皇 3년) 형 유연(劉縯)과 함께 기병하였다. 이듬해 동족인 유현(劉玄:更始帝)을 한제(漢帝)로 세운 후 그의 부장으로 있으면서 곤양(昆陽:하남성)에서 왕망의 군대를 크게 무찔렀다. 25년 유현과 결별하고 동한 제위에 올라 낙양에 수도를 정했다. 그 후 10년간 각지에서 활약한 군웅들을 제거하고 36년(建武 12년) 완전히 천하를 통일했다. 왕망의 구제를 철폐하고 삼공(三公)의 세력을 약화시켜 중앙집권 체제를 공고히 했다. 유학을 장려하고 선비를 우대하는 등 예교주의(禮敎主義) 문화정책을 폈다. 33년간 재위.

광복회(光復會)　청말 자산계급의 혁명단체. 광서(光緖) 30년(1904) 채원배(蔡元培), 도성장(陶成章) 등이 상해에서 구성했으며, 장병린(章炳麟)이 옥중에서 이를 지원했다. 만주족에 의한 전제통치 반대와 공화국의 건립을 종지로 삼았다. 주요 참가자로는 이밖에 서석린(徐錫麟)이 있다. 동 37년 화홍회(華興會), 홍중회(興中會)와 연합하여 중국동맹회(中國同盟會)를 성립시켰으나 광복회의 독립성은 유지시켰다. 선통(宣統) 2년(1910) 일본 동경에서 광복회 총회를 열고 장병린을 회장에 임명했다. 광복군을 조직하여 무창혁명(武昌革命)에 참가하기도 했다. 민국 원년(1912) 해체되었다.

광서제(光緒帝:1871~1908) 청의 제11대 황제(재위 1874~1908). 덕종(德宗). 연호는 광서(光緒). 성은 아이신교료〔愛新覺羅〕, 이름은 재첨(載湉). 도광제(道光帝)의 일곱째 아들. 모친은 서태후의 동생. 서태후의 친아들인 동치제(同治帝)가 일찍 죽자 서태후가 4살인 그를 제위에 올리고 섭정했다. 16세 때인 광서 13년(1887) 친정(親政) 후에도 실권이 없었다. 재위 동안 청불전쟁, 청일전쟁 등 국가적 위기를 맞았으며, 동 24년(1898) 강유위(康有爲) 등의 힘을 빌려 변법〔百日維新〕을 시행했으나 서태후 일파가 무술정변을 일으킴에 따라 변법이 실패하고 그는 유폐되었다.

광운(廣韻) 서명. 운서(韻書). 일명 『대송중수광운(大宋重修廣韻)』. 5권. 북송 진팽년(陳彭年) 등이 진종(眞宗)의 칙명을 받고 『당운(唐韻)』을 중수(重修)했다. 대중상부(大中祥符) 원년(1008) 완성. 평(平)·상(上)·거(去)·입(入)의 4성(聲)에 따라 206개의 운부(韻部)를 정하고, 26,000여 자를 각 운부에 귀속시켰다. 또 각 글자마다 먼저 뜻을 밝히고 음을 달았다. 『절운(切韻)』의 운(韻) 배열을 합리적으로 조정한 흔적이 보인다.

광학회(廣學會) 청대 말 외국 선교사 등이 조직한 출판기구. 광서(光緒) 13년(1887) 영국·미국 선교사가 상해에 '동문서회(同文書會)'를 세웠다가 동 18년 '광학회'로 개칭했다. 서양의 서적을 중국어로 번역하여 보급했으며, 「만국공보(萬國公報)」를 발행하여 서양의 종교와 정치, 역사, 과학 등을 소개했다. 당시 청의 변법 사상가들에게 큰 영향을 끼쳤다.

괴뢰희(傀儡戲) 연극의 일종. 삼국시대의 목우희(木偶戲)로부터 발전하였다. 기계가(機械家)인 마균(馬鈞)이 목우를 만들어 각종 기예(技藝)에서 연출한 것이 시발이 되었다. 후에 목우희로 개칭되었다.

교안(敎案) ➡ 구교운동

교연(皎然) 당(唐)대의 시승(詩僧), 시가 이론가. 속세의 성은 사(謝). 자는 청주(淸晝). 오흥(吳興:절강성 湖州) 출신. 출가하여 오흥의 저산(杼山) 묘희사(妙喜寺)에 거주하면서 시승으로 이름을 날렸다. 유우석(劉禹錫)

이 그에게 시를 배우고, 안진경(顔眞卿)이 호주태수(湖州太守)로 있을 때 그와 교유하였다고 한다. 오언시를 잘 지었으며, 산수시가 주류를 이룬다. 불가의 고정 틀과 속박에서 벗어나 남녀간 애정을 다룬 시도 다수 지었다. 시가 창작의 이론을 담은 『시식(詩式)』과 『시의(詩議)』를 지어 문학평론 분야에 큰 업적을 남겼다. 시문집 『저산집(杼山集)』(일명 皎然集).

교위(校尉)　관직명. 한(漢)대에 설치. 군대의 부장(副將)에 해당한다. 직무에 따라 무기교위(戊己校尉), 중루교위(中壘校尉) 등의 명칭이 붙여졌다. 한대 이후 소수민족이 거주하는 지역의 장관을 일컫는 칭호로 쓰이기도 했다. 당(唐) 이후 지위가 점점 약해졌다.

교자(交子)　북송 초 출현한 지폐. 세계 최초의 지폐로 평가된다. 사천(四川) 지역에서 일종의 어음 형태로 처음 만들어져 대상인들 사이에 통용되었다. 사용이 편리했으므로 널리 유행했으나, 상인들이 발행함으로써 많은 폐해가 드러나자 인종(仁宗) 천성(天聖) 원년(1023) 관부(官府)에서 정식으로 발행하였다. 북송 말 휘종(徽宗) 때는 교자의 남발로 화폐로서의 가치를 상실하고 경제계에 혼란만 초래했다.

교초(交鈔)　금·원대에 통용된 지폐. 철전에 비해 사용하기 편리하므로 관에서 발행하여 통용시켰다. 그러나 금대 말기에는 재정 보충을 위해 남발함으로써 가치의 하락을 가져오고, 이로 인해 자주 신교초를 발행했다. 원대에는 교초가 비교적 안정적으로 통용되었으며, 1260년 발행한 중통원보(中統元寶:中統鈔), 1287년 발행한 지원통행보초(至元通行寶鈔)가 장기간 유통되었다.

구가(九歌)　작품명. 전국시대 굴원(屈原)이 지은 초사(楚辭) 계열의 운문. 총 11편. 귀신에게 제사지내는 무곡(舞曲) 형태로 되어 있다.

구겸지(寇謙之:365~448)　북위(北魏)의 도사. 도교의 한 유파인 신천사도(新天師道:일명 北天師道)를 창시한 사람. 자는 보진(輔眞). 창평(昌平:북경) 출신. 18세에 숭산(嵩山)에 들어가 도를 닦았으며, 자칭 태상노군(太上老君)에게서 「운중음송신과지계(雲中音誦新科之誡)」를 받았다고 하였다. 북위의 통치자 탁발도(拓跋燾) 및 대신 최호(崔浩)의 신임을 받아 도교를 조정 내에 깊게 심었다. 또 악장(樂章)과 예배의식을 제정하였으며, 천명(天命) 인수의 상징으로 탁발도를 설득하여 단에 올라 부록(符籙:예언서의 일종)을 받게 하였다.

구교운동(仇敎運動) 청대 말기의 기독교 배척 운동. 기독교 포교는 옹정(雍正) 2년(1724) 이래 금지되었으나 음성적으로 확산되고 있었다. 그러다 청 정부는 도광(道光) 24년(1844) 청·미 망하(望厦)조약과 청·불 황포(黃埔)조약을 통해 일부 지역의 포교를 허용하고, 함풍(咸豊) 10년(1860) 북경조약을 계기로 전국적으로 허용했다. 그러나 이 과정에서 선교사 혹은 신도와 청 정부의 관료, 지주계급, 지식인들 사이에 분쟁이 끊이지 않았다. 특히 중국인들이 선교사를 죽이거나 폭행하고 교회 건물을 부수며 신도들을 박해하는 교안(敎案)사건이 자주 발생했다. 함풍 6년(1856) 프랑스 선교사를 광서성 서림(西林) 지현(知縣)이 교수형에 처함에 따라 제2차 아편전쟁을 촉발시킨 것을 필두로 동치(同治) 원년(1862) 남창(南昌)교안, 동치 7년(1868) 천진(天津)교안, 광서(光緖) 21년(1895) 성도(成都)교안 등이 일어났다. 또 열강은 청 백성들의 구교운동을 빌미로 청 정부에 압력을 가해 각종 치외법권을 획득했다. 광서 25년(1900) 발생한 의화단 사건도 구교운동에서 비롯되었다.

구당서(舊唐書) 서명. 200권. 당(唐) 왕조의 역사를 기술한 기전체(紀傳體) 역사서. 원명은 『당서(唐書)』이나 구양수(歐陽修)가 편찬한 『신당서(新唐書)』와 구별하기 위하여 이 이름이 붙여졌다. 후진(後晋)의 유후(劉煦), 장소원(張昭遠) 등 찬(撰). 개운(開運) 2년(945) 완성. 당 고조(高祖) 무덕(武德) 원년(618)부터 애제(哀帝) 천우(天祐) 4년(907)까지 290년간의 사적을 실록에 의거하여 기술했다.

구마라습(鳩摩羅什:344~413) 오호십육국 시대 후진(後晋)의 승려. 일명 구마라기파(鳩摩羅耆婆), 약칭 나습(羅什). 신강(新疆)의 쿠차〔龜玆〕 출신. 7세에 출가하여 전진(前秦) 태안(太安) 원년(385) 양주(凉州:감숙성 武威)에서 불법을 설파하였다. 후진(後秦) 홍시(弘始) 3년(401) 장안에 들어와 국사(國師)가 되었다. 이 때 불경을 번역하고 널리 강론하였다. 그가 한 번 강론하면 청중이 5천에 이르렀고, 이로 인해 주군(州郡)마다 부처를 섬기는 사람이 열에 아홉은 되었다고 한다. 제자들과 「중론(中論)」「십이문론(十二門論)」「백론(百論)」의 3론을 번역하였는데, 제자들이 다투어 외우고 전파하면서 점차 '삼론종(三論宗)'의 유파가 형성되었다. 이것이 이른바 법성종(法性宗)이다. 이밖에 그가 번역한 「성실론(成實論)」은 성실종(成實宗)의 경전이 되었고, 「법화경(法華經)」은 천태종(天台宗)의 경전이, 「아미타경(阿彌陀經)」은 정토종(淨土宗)의 주요 경전이 되었다.

구법당(舊法黨)　북송(北宋) 초기 왕안석(王安石) 중심의 신법당에 반대한 수구세력의 당파. 황족, 지주, 상인, 관료 출신 인물이 주류를 이루웠으며 기득권 보호와 사회혼란 방지 차원에서 균수(均輸), 청묘(靑苗), 시역(市易) 등 왕안석이 주도한 신법에 강력히 지항헸다. 주요 인물로는 사마광(司馬光)을 비롯하여 범중엄(范仲淹), 문언박(文彦博), 부필(富弼), 한기(韓琦), 정호(程顥), 정이(程頤), 소식(蘇軾), 소철(蘇轍) 등이 있다. 신종(神宗) 때부터 철종(哲宗), 휘종(徽宗) 때까지 신법당과 대립을 보였다. 철종 때 사마광이 재상에 오르면서 구법당이 세력을 확보하기도 했으나 대개는 신법당의 세력에 눌렸다. 특히 휘종 때는 채경(蔡京)의 탄압을 받아 세가 크게 위축되었다.

구변(九辯)　작품명. 초사(楚辭) 계열의 운문. 전국시대 송옥(宋玉)의 작품. 실직한 빈사(貧士)로서의 작가의 회재불우(懷才不遇)한 감정을 표현했다.

구보기의(裘甫起義)　당 선종(宣宗) 대중(大中) 13년(859) 12월 구보가 절동(浙東)에서 일으킨 농민반란. 이듬해인 함통(咸通) 원년(860) 1월 절동관찰사(浙東觀察使) 정지덕(鄭祗德)의 군대를 물리치고 섬현(剡縣)을 공격하여 이곳을 근거지로 삼았다. 이후 상우(上虞), 자계(慈溪), 봉화(奉化), 영해(寧海) 등의 현을 탈취했다. 동년 4월 관군에 패해 섬현으로 돌아온 후 이곳에서 3일간 격전을 치르다 구보가 체포되면서 반란은 막을 내렸다.

구부(口賦)　일명 구전(口錢) 혹은 구산(口算). 중국 고대에 징수한 일종의 인두세(人頭稅). 춘추전국시대부터 생겨났다. 한(漢)대에는 인두세를 구부(口賦)와 산부(算賦)로 나누어 구부는 미성년자에게, 산부는 성인에게 각각 적용하였다. 한 초에는 7~14세의 남녀에게 구부로 매년 각각 20전을 부과했으나 무제 때 3~14세로 확대 적용하고, 세금도 23전으로 올렸다. 한 대 말에는 한 살 짜리에게도 인두세를 적용했다.

구부악(九部樂)　수(隋) 말 당(唐) 초의 궁정음악. 일명 구부기(九部伎). 수 양제(煬帝) 때 칠부악(七部樂) 중 국기(國伎)를 서량(西涼)으로, 청상기(淸商伎)를 청악(淸樂)으로 개명하고, 이에 소륵기(疏勒伎), 강국기(康國伎)를 포함시켜 구부악으로 만들었다. 정관(貞觀) 연간에 문강기를 폐하고 연악(燕樂)을 포함시켰다.

구석기문화(舊石器文化)　　　석기시대 초기의 문화. 특징은 조잡한 타제석기를 사용한 점이다. 인류의 가장 원시문화이며 모계 위주로 사회생활을 영위했다. 원모인(元謀人)부터 산정동인(山頂洞人)이 생존하던 시기까지, 즉 약 100만년 전부터 1만년 전까지를 중국의 구석기시대로 본다. 중기 말기의 타제석기는 비교적 정교한 면모를 보이며, 갈아서 쓴 흔적도 있다.

구양수(歐陽修:1007~72)　　　북송의 문학가, 사상가. 자는 영숙(永叔), 호는 취옹(醉翁), 육일거사(六一居士). 영풍(永豊:강서성) 출신. 4세 때 부친을 잃고 모친에게서 글을 배웠으며, 가난하여 나뭇가지로 땅에 글씨를 써가며 배웠다. 인종(仁宗) 천성(天聖) 8년(1030) 진사에 합격하여 서경추관(西京推官)이 되고 경력(慶曆) 3년(1043) 태상승(太常丞)에 올라 범중엄(范仲淹)의 신정(新政)을 도왔다. 신정이 실패한 후 범중엄을 변론했다가 붕당으로 몰려 척주(滁州)로 폄적되었다. 지화(至和) 초 한림학사(翰林學士)가 되어 『신당서(新唐書)』 등의 역사 편찬에 참여하였다. 이후 용도각학사(龍圖閣學士), 지개봉부(知開封府), 추밀부사(樞密副使), 참지정사(參知政事) 등을 거쳐 태자소사(太子少師)로서 관직을 마감했다. 시호는 문충(文忠). 만년에는 왕안석(王安石)의 청묘법(靑苗法)에 반대했다. 시, 사, 산문을 두루 잘 지었는데, 특히 산문으로 이름을 날렸다. 당대 한유의 영향을 받아 매요신(梅堯臣), 소순흠(蘇舜欽) 등과 함께 송대의 고문운동을 크게 진작시켰다. 지공거(知貢擧:진사의 시험을 관리하는 벼슬)의 벼슬을 이용하여 고문(古文)의 명사인 소순(蘇洵), 소식(蘇軾), 소철(蘇轍), 증공(曾鞏), 왕안석등을 문하에 끌어들였다. 북송의 시문 혁신운동에 참여하여 초기의 화려한 문풍을 사라지게 했다. 정론문 「여고사간서(與高司諫書)」 「붕당론(朋黨論)」 「원폐(原弊)」 등은 통치자에 대한 풍간과 함께 보수파를 배척하고 인민의 고통을 동정했다. 「취옹정기(醉翁亭記)」 「추성부(秋聲賦)」가 대표적 산문으로, 문장이 정련되고 간결하여 후세에 애송되었다. 송기(宋祁) 등과 함께 『당서(唐書)』(新唐書)를 편찬하고, 『오대사(五代史)』(新五代史)를 홀로 편찬했다. 경학에도 관심을 가져 『시본의(詩本義)』『역동자문(易童子問)』『춘추론(春秋論)』 등을 남겼다. 금석학 방면에서는 금석 탁본을 근거로 『집고록(集古錄)』을 편찬했다. 이밖에 『육일시화(六一詩話)』를 펴내 새로운 체제의 시가평론서인 '시화(詩話)'를 탄생시켰다. 시문집 『구양문충집(歐陽文忠集)』.

구양순(歐陽詢：557~641)　당(唐) 초의 서예가. 자는 신본(信本). 담주(潭州) 임상(臨湘：호남성 長沙) 출신. 수(隋)대에 태상박사(太常博士)로 있으면서 이연(李淵：高宗)과 우의를 다져 태상경(太常卿)에 추천되었다. 당초에는 고종의 명을 받아 배구(裴矩) 등과 함께 『예문유취(藝文類聚)』 100권을 편찬했다. 그의 서예는 처음에 왕희지(王羲之)의 체를 본받았으나 후에 독특한 일가를 이루었다. 해서에 능했으며, 작품 「구성궁예천명(九成宮醴泉銘)」 「화도사옹선사사리탑비(化度寺邕禪使舍利塔碑)」 등은 후세의 서예가들이 즐겨 모방하는 대본이 되었다. 우세남(虞世南), 저수량(褚遂良)과 함께 당 초의 3대 서예가로 불린다.

구오대사(舊五代史)　서명. 원명은 『양당진한주서(梁唐晋漢周書)』. 총칭 『오대사』라고 하나 북송 구양수(歐陽修)가 편찬한 『오대사기(五代史記)』와 구별하기 위해 이름이 붙여졌다. 150권. 북송 초 설거정(薛居正) 등이 태조(太祖)의 명을 받고 편찬했다. 기전체(紀傳體) 단대(斷代) 역사서. 개보(開寶) 5년(973) 시작하여 이듬해 완성. 오대의 각종 실록 및 북송 범질(范質)이 편찬한 『오대통록(五代通錄)』을 참고하여, 후량(後梁) 개평(開平) 9년(907) 주온(朱溫)이 칭제한 이후부터 후주(後周) 세종(世宗) 현덕(顯德) 7년(960) 북송이 후주를 멸망시키기까지 오대십국(五代十國)의 54년간 역사를 기술했다. 그 가운데 「양서(梁書)」 「당서(唐書)」 「진서(晋書)」 「한서(漢書)」 「주서(周書)」의 5대 왕조사는 각각 본기(本紀)와 열전(列傳)으로 나누어 비교적 상세히 다루고, 기타 10국은 「세습(世襲)」 및 「참위(僭僞)」의 두 열전에 넣어 간략히 다루었다.

구유병(丘維屏：1614~79)　청초의 학자. 자는 방사(邦士). 영도(寧都：강서성) 출신. 명나라가 망한 후 은거하며 지냈다. 처제인 위희(魏禧) 등과 취미봉(翠微峰)에 살면서 역학(易學)을 강론하고 저술활동을 했다. 세칭 '역당구자(易堂九子)'의 한 사람. 이밖에 수학, 천문, 역산(曆算)에도 밝았으며, 서양의 연산을 끌어들여 동서양의 학술을 융합하였다. 저서 『역초설(易剿說)』 『역수(易數)』 『역서(曆書)』. 시문집 『구방사선생유집(丘邦士先生遺集)』.

구장(九章)　작품명. 전국시대 굴원(屈原)이 지은 초사(楚辭) 계열의 운문. 「귤송(橘頌)」 「석송(惜誦)」 「섭강(涉江)」 등 9편이 실려 있다.

구장률(九章律)　한 고조(高祖) 유방(劉邦) 때 반포된 법전. 승상 소하

(蕭何)가 진율(秦律)을 참고하여 제정했다. 총 9장으로 되어 있으며, 전6장은 형벌 방면의 규정으로서 이회(李悝)의 『법경(法經)』을 기초로 하였으며, 후3장은 호구(戶口), 부역(賦役), 축산(畜産) 방면의 규정이다. 원문은 일실되었다.

구장산술(九章算術)　서명. 9권. 무명씨 저, 서한(西漢) 장창(張昌), 경수창(耿壽昌) 등 집(輯). 춘추시대 이래의 수학 개념을 정리하였다. 대수와 기하학을 비롯하여 1차방정식의 해법까지 기록하였다. 고전 수학의 세계적 명저로 알려져 있다.

구정(九鼎) → 주정

구준(丘濬·邱濬:1420~95)　명대의 정치가, 이학가. 자는 중심(仲深). 경산(瓊山州:해남성 海口) 출신. 경태(景泰) 5년(1454) 진사에 오르고 예부상서(禮部尙書), 문연각대학사(文淵閣大學士)를 지냈다. 경세(經世)의 재능을 가지고 시폐를 직언하며 황제를 잘 보좌했다. 고대 전적(典籍)에 능통했다. 진덕수(眞德秀)의 『대학연의(大學衍義)』를 증보하여 『대학연의보(大學衍義補)』를 지었다. 이 책은 유가의 사상적 기초 하에 봉건 통치자에게 치국 및 평천하의 요체를 설명한 것이다. 시호는 문장(文莊).

구지(丘遲:464~508)　남조시대 양(梁)의 문학가. 자는 희범(希范). 오정(烏程:절강성 吳興) 출신. 자의참군(咨議參軍), 사공종사중랑(司空從事中郎) 등의 관직을 역임했다. 천감(天監) 4년(505) 북벌 활동에 참여하여 위(魏)의 장수 진백지(陳伯之)와 대치할 때 「여진백지서(與陳伯之書)」를 지어 그에게 항복을 권유하였다. 진백지는 그의 글을 읽고 감동하여 투항하였다고 한다. 작품 「시연악유원송장서주(侍宴樂游苑送張徐州)」 「단발어포담(旦發魚浦潭)」. 명(明)대 사람이 그의 시문을 모아 『구사공집(丘司空集)』을 편찬했다.

구천(句踐:?~465 B.C)　춘추시대 월(越)나라의 패왕. 이웃 오(吳)나라의 부차(夫差)가 부친 합려(闔閭)의 앙갚음으로 월을 침에 따라 구천은 부차의 신하가 되고 그의 처는 첩이 되어 항복했다. 이후 상담(嘗膽)하여 보복을 꾀하고 명신 범려(范蠡)와 함께 부국강병을 이룩한 후 B.C 473년 오나라를 쳐들어가 부차를 죽이고 오를 멸망시켰다. 와신상담의 고사가 이로부터 나왔다.

구추백(瞿秋白:1899~1935)　중국의 정치가, 혁명이론가. 1919년 5·4

운동에 참여하고 1920년 이대조(李大釗)가 조직한 마르크스학설연구회에 가입했다. 같은 해 잡지 「신보(晨報)」의 기자 신분으로 소련에 특파되었고, 귀국 후 1922년 공산당에 가입하여 중앙위원이 되었다. 1935년 국민당 세력에 체포되어 살해되었다.

구품관인법(九品官人法) ➡ **구품중정제**

구품중정제(九品中正制) 관직제도명. 일명 구품관인법(九品官人法). 위진남북조시대에 관리를 선발하던 제도. 연강(延康) 원년(220) 조비(曹丕)가 위(魏)를 세운 후 이부상서(吏部尚書) 진군(陳群)의 건의를 받아들여 제정했다. 각 군(郡)의 명망있는 관원을 중앙 관직인 '중정(中正)'에 임명한 후 이들에게 출신지의 인사를 천거하도록 하였다. 천거된 인물은 9품으로 평가되었으며, 이부(吏部)에서 각 품에 맞는 관직을 제수하였다. 후에는 권문세족이 중정에 임명됨으로써 인재 등용이 정실에 따라 이루어지는 폐단이 생겼으며, 호족 지주들의 특권유지 수단으로 이 제도가 악용되었다. 수(隋)대에 과거제도로 대체되었다.

구풍진(救風塵) 원 잡극(雜劇) 명. 원명은 「조반아풍월구풍진(趙盼兒風月救風塵)」. 관한경(關漢卿) 작. 기녀 송인장(宋引章)의 사랑에 얽힌 비극을 담았다. 송인장은 공자(公子) 주사(周舍)의 꾐에 빠져 사랑하던 수재(秀才) 안수실(安秀實)의 구혼을 물리치고 주사와 결혼한다. 이후 주사로부터 갖은 고초를 겪은 끝에 의자매를 맺었던 조반아(趙盼兒)에게 구원을 요청한다. 조반아는 계략을 짜 송인장을 구출하고 안수실과 다시 맺어준다.

국각(國榷) 서명. 108권. 명말 청초의 담천(談遷) 저. 편년체 단대(斷代) 역사서. 30여 년의 노력 끝에 완성했다. 『명실록(明實錄)』을 기초로 명대의 역사를 기술했으며, 특히 신종(神宗) 만력(萬曆) 이후와 후금(後金)의 역사가 매우 상세하게 기록되어 있다.

국공합작(國共合作) 중국국민당과 중국공산당간에 동맹 제휴한 통일전선. 1차 국공합작과 2차 국공합작이 있다. 1차합작은 1924년 1월 손문(孫文)이 '연소(聯蘇)·용공(容共)·부조농공(扶助農工)'의 3대 정책을 결정하고 공산당원들의 국민당 가입을 인정함으로써 이루어졌다. 그러나 개인 자격으로 가입한 공산당원들은 국민당 좌파를 설득해 무한정부(武漢政府)를 세우게 하고 남경정부(南京政府)와 대립하도록 했다. 1927년 7월 국민당 좌파와 공산당간의 결별에 따라 1차 국공합작은 실패하였다. 이후 10여 년간 국민당과 공산당이 내전을 벌이다 1937년 항일(抗日)이란 공동 명제 아래 2차합작을 이뤄냈다. 그러나 태평양전쟁이 일어나 대일전쟁이 미국의 주도로 이루어지자 국·공간 다시 반목, 내전을 계속했다.

국민당(國民黨)　민국 초기인 1912년 설립된 국민당, 그리고 중화혁명당이 1919년 명칭을 바꾸어 재조직된 중국국민당의 두 종류를 지칭한다. 전자는 중국동맹회(中國同盟會)가 기초가 되어 입헌파 구 관료가 조직한 공화당(共和黨), 국민공진회(國民共進會), 국민공당(國民公黨), 공화실진회(共和實進會) 등을 끌어들여 구성했으며, 손문(孫文)이 이사장에 피선되었다. 당초 혁명파가 주도하는 당을 만들려고 했으나 구성 과정에서 입헌파와 구 관료가 다수 참여하는 바람에 당의 혁명강령이 폐기되고 개량주의적 색채를 띠게 되었다. 그해 말 의회 선거에서 승리하여 다수당이 되었다. 이듬해 3월 원세개에 의해 당의 실력자인 송교인(宋敎仁)이 피살된 후 원세개를 토벌하기 위한 2차혁명을 주도했으나 실패하고, 그해 말 의회 해산령과 함께 해체되었다. 후자의 중국국민당은 1919년 손문이 중화혁명당을 개칭하여 성립시켰다. 중국국민당은 1924년 소련 정부와 중국공산당의 지지 아래 제1차 전국 대표대회를 열고 국공합작(國共合作)을 실현시켰으며, 1925년 손문 사후 장개석이 뒤를 이어 당을 이끌었다. 그후 1926년 북벌전쟁, 1927년 4·12쿠데타 등을 주도했으며, 1949년 공산당에 밀려 대만으로 옮긴 후 대만의 제1당이 되었다.

국사관(國史館)　청대에 당대 역사를 편찬하던 상설기구. 강희(康熙) 29년(1690) 천명(天命), 천총(天聰), 숭덕(崇德), 순치(順治) 연간의 역사를 편찬하기 위해 현재의 북경 고궁(故宮) 서화문(西華門) 내에 설치했다가 역사가 완성되자 폐지시켰다. 건륭(乾隆) 원년(1736) 천명부터 옹정(雍正) 연간까지의 역사를 편찬하기 위해 고궁 동화문(東華門)에 다시 설치했으나 역시 완성 후 폐지시켰다. 그 후 건륭 20년 다시 설치하고 청나라가 망하기까지 한림원(翰林院)에 소속된 상설기구로 두었다. 총재(總裁), 부총재를 두고, 대학사(大學士), 상서(尙書), 시랑(侍郎) 중에서 특별히 뽑아 보임했다. 그 아래 만·한제조(滿漢提調), 총찬(總纂), 찬수(纂修), 협수(協修) 등의 관을 두었다. 황제의 정치활동, 대신들의 입전(立傳) 등을 기술하고 전장제도를 편수하기도 했다.

국수집(國秀集)　서명. 3권. 당(唐) 중기 예정장(芮挺章)이 편찬한 시가 선집. 초당(初唐), 성당(盛唐)기에 활약한 85명의 시인 작품 218수를 기록하였다. 근체시 위주로 엄선하였으며, 현존 최초의 당시 선집이다.

국어(國語)　　서명. 21편. 일명『춘추외전(春秋外傳)』. 전국시대 초기 좌구명(左丘明)의 저작이라고 알려져 있다.「주어(周語)」「노어(魯語)」「제어(齊語)」「진어(晉語)」「정어(鄭語)」「초어(楚語)」「오어(吳語)」「월어(越語)」등으로 구성되어 있으며, 주(周) 목왕(穆王)부터 노(魯) 도공(悼公) 때까지 약 500년간의 역사를 단편적으로 기술했다. 인명을 중심으로 평론을 덧붙였다. 계통적으로 기술하지는 못했으나 내용이 풍부해『춘추좌전(春秋左傳)』과 더불어 춘추시대의 역사를 연구하는데 중요한 자료로 파악되고 있다.

국조명신사략(國朝名臣事略)　　서명. 일명『원조명신사략(元朝名臣事略)』. 15권. 원대 소천작(蘇天爵) 찬. 문종(文宗) 때 완성. 원대 초기 및 중기의 명신 47명에 관해 비명(碑銘), 행장(行狀), 가전(家傳) 등을 기록했다.

국조문류(國朝文類) ➡ 원문류

국회청원동지회(國會請願同志會)　　청말 입헌파가 조직한 정치단체. 선통(宣統) 원년(1909) 강소성 자의국(咨議局) 의장 장건(張謇)이 16개 성(省) 자의국 대표를 상해로 소집하여 성립시켰다. 목적은 북경에 대표를 파견하여 정부에 국회를 열고 책임내각을 구성하도록 요구하기 위한 것이었다. 이듬해 대표가 북경에 도착하여 정부를 상대로 3차례 청원활동을 했으나 큰 성과를 얻지 못했다. 선통 3년(1911) 이 구성원이 북경에서 헌우회(憲友會)를 조직했다.

군국제도(郡國制度)　　서한(西漢) 초에 마련된 일종의 토지제도. 군(郡)은 중앙에 소속된 지역이고, 국(國)은 분봉(分封)받은 제왕(諸王)이 통치한 지방자치구역이다. 오초(吳楚) 7국의 난 이후에는 국의 고급 관리를 중앙에서 임면했다. 무제(武帝) 때 군국제 대신 군현제를 시행했다. 남북조 시대에도 군국제를 존치시켰으며, 군의 장관은 태수(太守), 국의 장관은 국상(國相) 혹은 내사(內史)로 불렸다. 수(隋)대에 국을 폐지하고 군만 유지시켰다. 군국제도는 봉건제와 군현제를 병용한 형태라고 볼 수 있다.

군기처(軍機處)　　청대의 정부기구. 원래 명칭은 판리군기사무처(辦理軍機事務處). 옹정(雍正) 7년(1729) 서북지구의 군대를 효율적으로 운용하기 위해 군수방(軍需房)을 설치한 후 1732년 군기처로 개칭했다. 최고 책임자로 군기대신(軍機大臣), 군기대신상행주(軍機大臣上行走), 군기대신학습행

주(軍機大臣學習行走)라는 명칭의 대군기(大軍機)를 두었는데, 이들은 황제가 대학사(大學士), 상서(尙書), 시랑(侍郎) 중에서 뽑아 보임했다. 이외에 군기장경(軍機章京)이라는 소군기(小軍機)가 대군기의 업무를 보조했다. 처음에는 군사업무만 전담하다가 군기대신의 지위가 올라가면서 황제를 최측근에서 보좌하고 중대한 정무에 간여했다. 이로써 내각의 권한이 상당 부분 군기처로 넘어가 군기처는 국가의 최고기구가 되었다. 군기처의 설립으로 인해 황제와 지방 관원 사이에 직접적인 의사전달 통로가 생겼으며, 이는 내각의 기능을 약화시키고 황권을 강화하는 작용을 하였다. 선통(宣統) 3년(1911) 폐지되었다.

군벌(軍閥)　　중화민국 초기 지방에 할거한 군사세력. 지방마다 대소 군벌 조직이 있었다. 그 중 가장 큰 세력을 형성한 집단이 원세개가 이끄는 북양군벌(北洋軍閥)이었다. 북양군벌 참조.

군사(軍師)　　관직명. 군대의 사무를 감찰하는 직책을 맡았다. 동한(東漢), 삼국, 진(晋)대에 모두 설치했다. 촉(蜀)의 제갈량(諸葛亮)과 위(魏)의 순유(荀攸), 오(吳)의 주연(朱然)이 모두 한때 군사의 벼슬을 했다.

군수(郡守)　　관직명. 지방장관. 전국시대에 설치되었다. 군(郡)의 정사를 맡았다. 서한(西漢) 시기 태수(太守)로 개칭되었다. 송(宋) 이후 군이 부(府)와 주(州)로 바뀌면서 정식 관명에서 제외되었다.

군현제(郡縣制)　　진(秦)대에 본격 시행된 지방행정제도. 춘추시대 전기부터 이 제도가 일부 시행되었다. 즉 진(秦)·초(楚)·진(晋) 등의 국가에서 일부 지방에 현(縣)을 설치했으며, 춘추 말기에는 각국이 변방에 군(郡)을 설치했다. 군은 현에 비해 넓은 면적을 차지했으나 변방에 위치했으므로 행정조직 면에서 현보다 낮았다. 전국시대에는 변방의 군 아래 현을 두어 점점 군현제의 모습을 갖추어 갔다. 진의 시황제(始皇帝)는 전국을 36군으로 나누었다가 다시 40군으로 늘렸으며, 그 아래 현을 설치했다. 군의 수령인 군수(郡守)는 중앙에서 임명하고 봉록을 주었으며, 세습할 수 없게 하였다. 군수 아래 군위(郡尉), 감어사(監御史)가 있었고, 현에는 현령(縣令), 현위(縣尉), 현승(縣丞)이 있었다. 한(漢)대 초기에는 군현제와 봉건제를 병용한 군국제도(郡國制度)를 실시하다가 무제 때 군현제로 돌아갔다. 수(隋)대에는 주현제(州縣制)가 생겨났다. 군현제도는 중앙집권제도의 초보적인 형태라고 할 수 있다.

굴가령문화(屈家嶺文化)　　중국 신석기시대 말기의 문화. 호북성 경산현(京山縣) 굴가령에서 발견되었다. 두께가 얇은 채도와 그림을 그려 넣은 흑도, 표주박형 그릇 등이 출토되었다. 이밖에 옥으로 만든 장식품과 거칠게 찧은 볍씨도 나왔다. 앙소문화(仰韶文化)와 용산문화(龍山文化)의 중간 시기(약 4천년 전)에 번성했으며, 생활의 주도권이 모계에서 부계로 넘어가는 단계임을 보여준다.

굴대균(屈大均:1630~96)　　청대 초의 문학가. 원명은 소융(紹隆), 자는 개자(介子), 호는 옹산(翁山). 번우(番禺:광동성) 출신. 명이 망할 무렵 항청(抗淸) 활동에 참여했다가 실패한 후 승려가 되었다. 법명은 금종(今種). 중년에 환속하였으나 항청의 뜻을 간직한 채 각지를 돌아다니다 뜻을 펴지 못하고 죽었다. 오언율시를 잘 지었으며 풍격은 격렬하고 강개하다. 조탁을 가하지 않고 감정을 꾸밈없이 표현했으며, 민간의 질고를 반영하고 조국 산하를 노래한 작품이 많다. 또 청에 항거한 애국지사를 칭송하고 청에 항복한 무리를 꾸짖는 내용의 시도 다수 있다. 양패란(梁佩蘭), 진공윤(陳恭尹)과 함께 '영남3대가(嶺南三大家)'로 불렸다. 저서 『도원당시집(道援堂詩集)』 『옹산시외(翁山詩外)』 『옹산문외(翁山文外)』. 이밖에 잡기(雜記) 『광동신어(廣東新語)』는 정치, 경제, 문화 등의 방면을 고루 다루어 명말 청초의 영남지방 사회를 연구하는 주요 자료가 되고 있다.

굴송(屈宋)　　전국시대 초(楚)나라의 대표적 문학가인 굴원(屈原)과 송옥(宋玉)을 일컫는 말. 사부(辭賦)에 능했으며 초사(楚辭)의 대표작가이다.

굴원(屈原:약 343~약 277 B.C)　　전국시대 남방 초(楚)나라의 정치가, 시인. 이름은 평(平), 호는 영균(靈均). 원(原)은 그의 자. 귀족 출신으로 회왕(懷王)의 신임을 받아 좌도(左徒) 및 삼려대부(三閭大夫)의 관직을 지냈으나 주위의 참소와 진(秦)나라의 계략으로 추방되었다. 이후 다시 기용되었으나 그의 완강한 반대에도 불구하고 진나라에 들어간 회왕이 3년 뒤 그곳에서 죽자 뒤를 이어 즉위한 경양왕(頃襄王)이 그를 강남으로 추방했다. 그 후 멸망하는 조국을 차마 볼 수 없어 67세 때 멱라수(汨羅水)에 몸을 던졌다고 한다. 충군(忠君) 애국의 전형적 인물로 추앙받는다. 그가 지은 시가의 체를 초사(楚辭)라 하며, 대표적인 작품으로는 「이소(離騷)」 「구가(九歌)」 「천문(天問)」 「구장(九章)」 「어부(漁父)」 등이 있다. 전체적으로 참소를 당해 억울하게 갇힌 채 뜻을 펴지 못하는 대장부의 비장한 내용이 담겨 있다.

굴평(屈平) → 굴원

궁체(宮體)　　남조(南朝)시대 양(梁) 간문제(簡門帝) 시기에 출현하기 시작한 일종의 시가 풍격. 사조(辭藻)가 화려한 특색을 지닌다. 작가는 주로 황제와 비빈, 압객(狎客)들이며, 궁정 내의 염정 사건이나 통치자의 호화 방탕한 생활을 풍자하는 내용이 많다.

귀곡자(鬼谷子)　　종횡가의 대표적 인물. 일명 귀곡 선생. 전국시대 초(楚)나라 사람으로 소진(蘇秦)과 장의(張儀)의 스승이라고 하나 확실하지 않다. 저서에 『귀곡자(鬼谷子)』 2편이 있다.

귀유광(歸有光:1506~72)　　명대의 문학가. 자는 희보(熙甫), 개보(開甫). 호는 진천(震川). 곤산(昆山:강소성) 출신. 60세 때 진사에 급제하여 장흥(長興)의 지현(知縣)에 임명되고 남경태복사승(南京太僕寺丞)을 지냈다. 관리로서는 불우했으나 고문의 작가로서 당송팔대가 이후 고문의 일인자로 불리기도 했다. 특히 팔고문(八股文)의 대가로 알려졌다. 당시 왕세진(王世眞) 등의 고문사파(古文辭派) 세력 틈새에서 당송의 고문으로 돌아가 청대의 동성파(桐城派)로 발전시키는데 기여했다. 저서 『삼오수리록(三吳水利錄)』 『마정지(馬政志)』 『효경서록(孝經敍錄)』 『역도론(易圖論)』 『진천문집(震川文集)』 『문장지남(文章指南)』 등.

귀장(歸莊:1613~73)　　청대 초의 문학가, 서화가. 일명 조명(祚明). 자는 이예(爾禮), 현공(玄恭). 호는 항헌(恒軒). 명대 말의 학자 귀유광(歸有光)의 증손. 곤산(昆山:강소성) 출신. 17세 때 고염무(顧炎武)와 함께 ‘복사(復社)’에 가입하여 명대 말 환관의 횡포에 저항했다. 청나라 군대가 남하하자 항청(抗淸) 투쟁을 벌였다. 투쟁에 실패한 후에는 승려로 가장하여 각지를 돌아다니며 방탕한 생활을 하고 시와 술로써 지냈다. 이같은 행동 때문에 세상 사람들은 그와 고염무를 일컬어 ‘귀기고괴(歸奇顧怪)’라 했다. 만년에는 미친척하며 글과 그림을 팔아 생계를 잇고, 혹은 절에서 기식했으나 시종 곤궁한 생활을 하다 죽었다. 시문과 서화에 두루 뛰어났으며, 시는 대부분 애국적 감정이 기저에 흐르는 가운데 비분강개를 표현하되 조탁을 가하지 않았다. 유명한 곡(曲) 「만고수(萬古愁)」는 역대 성현을 비방하면서 역으로 명의 황제에 대한 그리움을 표출했는데, 굴원(屈原)의 「이소(離騷)」에 버금간다는 평을 받았다. 저서 『항헌시집(恒軒詩集)』 『현궁집(顯弓集)』. 후인이 『귀장집(歸莊集)』을 펴냈다.

규구지맹(葵丘之盟)　　춘추시대인 B.C 651년 제(齊)의 환공(桓公)이 규구(하남성 蘭考)에서 노(魯)·송(宋)·위(衛)·정(鄭)·허(許)·조(曹) 등의 군주를 모아 체결한 맹약. 내용은 각국이 수원(水源)을 막지 말고 식량 유통을 원활히 하며, 어진 인사를 등용하고 종법(宗法)을 존중한다는 것이다. 환공은 이 자리에서 맹주가 됨으로써 중원의 패자로 떠올랐다.

규기(窺基:632~82)　　당(唐)대의 승려. 불교 유식종(唯識宗:法相宗)의 창시자 중 한 사람. 17세에 출가하여 현장(玄奘)을 사사하였다. 범어(梵語) 불경을 배우고 번역하는 일에 몰두했다. 자은사(慈恩寺)에 거주했으므로 세칭 자은대사(慈恩大師)라 했다. 현장이 창시한 유식종을 계승하고 현장의 중심 이론을 정리, 선양했다. 저서 『성유식론술기(成唯識論述記)』 『인명입정리론소(因明入正理論疏)』.

균수법(均輸法)　　북송 왕안석(王安石)의 신법중 하나. 희령(熙寧) 2년(1069) 시행하였다. 중앙 정부의 소비물자를 제공하기 위해 동남의 6로(路)에 세운 발운사(發運使)가 제기능을 못하고 중간 상인들의 폭리와 농민의 괴로움만 가중시키자 이 조치를 취했다. 발운사들에게 반드시 6로의 생산 현황과 북송 궁정의 수요 현황을 파악하게 하여 비싼 것은 싼 지역으로 옮겨 팔고, 다시 그 지역의 싼 물건을 비싼 지역에 옮겨 팔면서 체재비와 운송비를 절감하도록 하였다. 이로 인해 한때 각 지역의 물자 공급이 원활해지고 정부의 재정수입도 많이 증가했다.

균수평준법(均輸平準法)　　한(漢) 무제(武帝) 때 재정정책의 하나. 균수란 각 생산지의 물품을 가격이 비싼 지방으로 옮겨 팔고, 다시 그 지역의 값싼 물품을 사들여 비싼 곳에 판매하는 형태로 교환하면서, 최후로 관중(關中)에서 필요한 물품을 장안(長安)에 운송해 오는 것이다. 평준이란 균수화물을 접수하는 한편 장안의 시장가격을 고려하여 가격이 싸면 물자를 사들이고, 비싸면 내다 파는 방법으로 물가를 조절하는 것이다. 원봉(元封) 원년(B.C 110) 대사농(大司農)에 물자 수송을 전담하는 균수관(均輸官)과 물가 조절을 전담하는 평준관(平準官)을 설치했다.

균전제(均田制)　　일종의 토지제도. 선비족 탁발씨(拓跋氏)가 북위(北魏)를 건립한 후 재정문제를 해결하기 위하여 태화(太和) 9년(485) 시행하였다. 균전령의 규정은 다음과 같다. 15세 이상의 남자는 노전(露田:황무지) 40무(畝), 상전(桑田) 20무를 받고, 부인은 노전 20무를 받는다. 노전은 매

매할 수 없으며 죽거나 나이 60이 넘으면 국가에 반납한다. 상전은 매매가
가능하고 국가에 반납할 필요가 없으며, 3년 내에 일정량의 뽕나무, 느릅나
무, 대추나무를 심어야 한다. 지주는 그가 소유한 노비와 경우(耕牛)의 수
량에 따라 별도로 토지를 획득할 수 있다. 노비는 농민과 같은 수량의 토지
를 받는다. 토지가 부족한 지방의 사람은 이사를 할 수 있으나 그렇지 않은
사람은 이사할 수 없다. 균전제는 북제(北齊), 북주(北周)에까지 이어졌으
나 당대에 이르러 점점 효력을 잃어 폐지되었다.

　귤송(橘頌)　　작품명. 전국시대 굴원(屈原)이 지은 초사(楚辭) 계열의 운
문. 굴원의 초기 작품으로 보이며, 「구장(九章)」 속에 포함되어 있다.

　금(金)　　왕조명. 요(遼) 천경(天慶) 4년(1114) 여진족의 생여진(生女眞)
부락 중 하나인 완안부(完顔部)의 영수 아골타(阿骨打:일명 아쿠타)가 요에
반기를 들어 이듬해(1115) 제위에 올랐다. 국호는 대금(大金), 도읍은 회령
(會寧:흑룡강성 阿城). 태종(太宗) 천회(天會) 3년(1125) 요를 멸하고 이듬
해 북송(北宋)을 멸망시켰다. 해릉왕(海陵王) 정원(貞元) 원년(1153) 도읍
을 중도(中道:북경)로 옮기고 선종(宣宗) 정우(貞祐) 2년(1214) 남경(하남
성 開封)으로 다시 천도했다. 통치지역은 동으로 한반도 동해와 외흥안령산
맥, 서북쪽으로 몽고와 하투(河套), 섬서성 횡산(橫山), 감숙성 동부, 그리
고 남으로는 회수(淮水)를 경계로 남송(南宋)과 대치하였다. 이로써 이 시
기 중국의 전 영토는 남쪽의 남송과 북쪽의 금으로 나뉘었다. 농업과 목축
업을 위주로 하였으며, 요와 송의 제도를 많이 모방하였다. 여진족 고유문
자를 쓰고 한자도 병용하였다. 천흥(天興) 3년(1234) 몽고와 남송의 연합군
에 의해 멸망하였다. 9명의 황제가 120년간 재위.

　금고기관(今古奇觀)　　서명. 단편소설 선집. 40권. 편자는 포옹노인(抱甕
老人)으로만 알려져 있다. 명(明)대 말 풍몽룡(馮夢龍)의 『삼언소설(三言小
說)』 및 능몽초(凌濛初)의 『이각박안경기(二刻拍案驚奇)』에 들어있는 200편
가운데 40편을 골라 편찬했다.

　금군(禁軍)　　송대의 군대 명칭. 일명 금병(禁兵). 본래는 황제의 시위병
이었으나 송대에 이르러 정규군의 명칭이 되었다. 전전도지휘사사(殿前都
指揮使司), 시위친군마군사(侍衛親軍馬軍司), 시위친군보군사(侍衛親軍步
軍司)의 삼아(三衙)에 나누어 배속되었다. 경사(京師)의 방위를 주 임무로
하되 일부는 교대로 변방에 나가 국경 수비를 담당했다. 사병은 각지의 건

장한 사람을 모집하거나 상군(廂軍), 향병(鄕兵)에서 선발했다.

금릉기기제조국(金陵機器製造局)　간칭 금릉제조국, 금릉기기국. 청 정부가 경영한 군수공장. 동치(同治) 원년(1862) 이홍장이 송강(松江)에 탄약창을 설립하고 이듬해 이를 소주(蘇州)로 옮겨 소주양포국(蘇州洋砲局)이라 하였다. 동치 4년 다시 남경으로 옮겨 이 명칭으로 정했다. 실제 운영은 영국인 매커리가 맡았다. 포대와 탄약 등을 생산했으며, 이 물자로 염군(捻軍)의 진압에 활용했다. 1928년 상해병공창(上海兵工廠)에 흡수되었다.

금문(金文)　종정문(鐘鼎文). 청동기에 새겨진 글. 은나라 때 출현. 최초의 글자체는 은대(殷代) 갑골문과 비슷하다. 글자수는 많지 않으며, 시대가 지날수록 글자체가 잘 다듬어져 있다. 주대(周代) 들어서는 490여 자나 되는 명문(銘文)도 출현했다. 한자의 변화 및 당시 사회를 연구하는 중요한 사료이다. 최근 이 글자체를 연구하고 모사하는 경향이 생기면서 서예의 한 분야로 자리잡고 있다.

금문경(今文經)　진시황의 분서갱유로 경서가 자취를 감춘 뒤 서한(西漢)시대 들어 학자들이 암송했던 기억을 더듬어 새로 기술한 유가 경전. 당시 통용되던 예서(隷書)로 기록했다. 고문경(古文經) 참조.

금문경학(今文經學)　한(漢)대의 금문경(今文經)을 연구하던 학술 유파. 경문의 미언대의(微言大義)를 파헤치고 이를 신학이론에 접목시켜 황권 통치의 유지에 공헌하였다. 경서마다 여러 학파로 나뉘는데, 예로『시(詩)』에는 제(齊),노(魯), 한(韓)의 3가가,『서(書)』에는 구양(歐陽) 및 대하후(大夏侯), 소하후(小夏侯)의 3가가,『주역(周易)』에는 시(施), 맹(孟), 양구(梁丘), 경씨(京氏) 등이,『춘추(春秋)』에는 공양(公羊), 곡량(穀梁) 등의 학파가 있다.

금병매(金瓶梅)　서명. 장편 장회소설(章回小說). 총 100회. 명대 난릉(蘭陵:산동성 蒼山)의 '소소생(笑笑生)' 작이라고만 알려졌다. 일설에 왕세정(王世貞)이 지었다고 하나 근거는 없다. 가정(嘉靖) 말년부터 만력(萬曆) 중기에 지어진 것으로 추정된다.『수호전』의 패륜아 서문경(西門慶)이 무송(武松)의 형수 반금련(潘金蓮)과 사통하고, 이병아(李瓶兒), 춘매(春梅) 등과도 정을 통한 고사를 담았다. 이를 통하여 명대 사회의 암흑과 관료·상인의 황음무도함을 고발했다. 성애 묘사가 지극히 노골적이어서 천하 제일의 음서로 꼽힌다. 그러나 언어 기교가 매우 숙련되어 정채한 맛이 있다.

청대에는 금서가 되었다. 현존 최초의 판본은 『금병매사화(詞話)』이다. 중국 4대 기서(奇書) 중 하나.

금사(金史)　　서명. 135권. 원대 탈탈(脫脫) 등 찬. 지정(至正) 3년(1343) 편찬에 착수하여 이듬해 완성하였다. 기전체 형식으로 금(金)대의 역사를 기술하였다. 내용과 체제가 정연하며, 끝부분의 「금국어해(金國語解)」는 관칭(官稱), 인사(人事), 물상(物象), 물류(物類), 성씨의 5류(類)로 나누어 음역(音譯)을 가했다.

금석록(金石錄)　　서명. 30권. 북송 말 남송 초 조명성(趙明誠)이 구양수(歐陽修)의 『집고록(集古錄)』을 모방하여 편찬했다. 송대 이전의 이기(彝器:종묘에 쓰이던 그릇)에 새겨진 명문(銘文), 석각(石刻) 문자 등 2,000여 종을 모아 정리했다. 전 10권은 목록으로서, 시대순으로 편성하되 연대 및 찬사자(撰寫者)의 이름을 기록했고, 후 20권은 변증을 가하고 발미(跋尾) 502편을 첨부했다. 금석학의 중요한 자료이다.

금석췌편(金石萃編)　　서명. 160권. 청대 왕창(王昶) 찬. 하(夏)·은(殷)·주(周) 3대부터 요(遼)·금(金) 시대까지의 금석문 1,500여 종을 채록했다. 대부분 석각(石刻)으로서 시대순에 따라 원문을 싣고 간략히 고증을 가했다. 후세 사람이 『금석췌편미각고(金石萃編未刻稿)』와 『금석속편(金石續編)』을 펴냈다.

금석학(金石學)　　금석문(金石文)을 연구하는 학문. 진(秦)대 이전까지의 종정문(鐘鼎文)과 진대 이후의 석각(石刻), 묘비명, 석경(石經) 등을 연구 대상으로 했다. 북송(北宋) 구양수(歐陽修)가 이를 연구하여 『집고록(集古錄)』을 펴냄으로써 금석학이 태동했다. 송 휘종(徽宗) 때는 칙명에 의하여 『선화박고도록(宣和博古圖錄)』이 편찬되었다. 청대에 이르러 고증학의 발달에 따라 금석학도 활기를 띠었고, 고염무(顧炎武)의 『금석문자기(金石文字記)』, 주이존(朱彝尊)의 『금석문자발미(金石文字跋尾)』, 전대흔(錢大昕)의 『잠연당금석발미(潛研堂金石跋尾)』, 필원(畢沅)의 『관중금석기(關中金石記)』『중주금석기(中州金石記)』 등 다수의 저작이 나왔다. 18세기 후반 왕창(王昶)에 의해 고금의 금석학을 집대성한 『금석췌편(金石萃編)』이 편찬되었다. 민국 시대에도 왕국유(王國維), 나진옥(羅振玉), 곽말약(郭沫若) 등에 의해 금석학 연구가 활발히 이루어졌다.

금성공주(金城公主:?~739)　　당(唐) 중종(中宗)의 양녀. 경룡(景龍) 4년

(710) 토번(吐蕃)족의 수령에게 시집가 당과 토번간의 우호관계에 기여했다. 문예를 좋아하여 시집갈 때 『모시(毛詩)』『좌전(左傳)』『예기(禮記)』『문선(文選)』 등의 서적을 함께 가지고 갔으며, 이를 통해 토번에 많은 문화를 전파하였다.

금의위(錦衣衛)　　관서명. 원녕은 금의친군도지휘시사(錦衣親軍都指揮使司). 명대 홍무(洪武) 15년(1382) 설치했다. 본래 황궁을 호위하는 친군(親軍)으로서 황제의 출입 때 의장(儀仗)을 맡았다. 이후 권력이 더해지면서 죄인의 체포·구금 등 형옥(刑獄)을 담당했다. 관직으로는 최고장관격인 지휘사(指揮司)를 두어 공신이나 황제의 인척을 임명하고, 그 아래 동지(同知), 첨사(僉事), 진무(鎭撫) 등을 설치했다. 명 중엽 이후 비슷한 업무를 맡은 동창(東廠)이 생겨나면서 둘 사이에 상충하는 면이 많았다.

금착도폐(金錯刀幣)　　서한(西漢) 말 왕망(王莽)이 정권을 잡은 시기에 통용된 일종의 동폐(銅幣). 거촬(居撮) 2년(A.D 7) 주조되었다. 칼 모양이며 손잡이 부분에 네모난 구멍이 있다. 비교적 정교한 주조술을 보여준다.

금태조(金太祖) ➡ **아골타**

급사중(給事中)　　관직명. 진(秦)대에 처음 설치되었으며, 동한(東漢) 때 폐지되었다가 위(魏)나라 때 부흥되어 청말까지 이어졌다. 처음에는 궁궐 내의 업무를 맡았으나 이후 정사의 득실에 관한 토론에 나서고, 고문에 응대하는 등 지위가 높아졌다. 진(晉)대에 처음 정관(正官)이 되었다. 원(元)대에 기거주(起居注)의 편수에 관한 일을 겸하였으며, 명대에는 이(吏), 호(戶), 예(禮), 병(兵), 형(刑), 공(工)의 6과 내에 고루 설치되었다.

급총기년(汲冢紀年) ➡ **죽서기년**

기거주(起居注)　　서한(西漢) 시대에 발생한 일종의 역사 편찬 체제. 황제의 세세한 언행과 활동을 날짜와 연대에 따라 기록했다. 한 무제(武帝) 때의 『금중기거주(禁中起居注)』, 동한(東漢) 때의 『명제기거주(明帝起居注)』 등이 초기의 기거주이다. 일반적으로 실록 편찬의 자료가 되었으며, 실록 편찬 후 소각하였다. 후에 황제의 전기를 기록하는데 기초자료로 이용되기도 하였다.

기리설(肌理說)　　청대 옹방강(翁方綱)이 주창한 시론. 깊은 학문을 바탕으로 시를 지어야 하며, 시의 내용에 학문적 무게가 실리고 형식 또한 아려(雅麗)해야 한다는 주장이다. 이는 일종의 학문시(學問詩)를 추구한 것으로 경학가(經學家)적 입장의 시론이라 할 수 있다. 당시 유행한 신운설(神韻說), 격조설(格調說)에 반하여 탄생했다.

기린산인(麒麟山人)　　중국 구석기시대 말기의 원시인류. 광서성 내빈현(來賓縣) 기린산에서 머리뼈 화석이 발견되었다. 원시성을 어느 정도 벗어나 다양한 타제석기를 사용했다. 초기 신생인류에 해당하며, 약 4만년 전에 생존한 것으로 추정된다.

기미정책(羈縻政策)　　한족(漢族)이 주변의 약소한 이민족을 지배하고 회유하기 위해 사용한 속지(屬地) 경략책(經略策). 무력을 사용하지 않고 그 지역의 장에게 관작을 내려 자치적으로 행정을 펴도록 했다. 변방 이민족의 침입을 막고 중원의 안정을 도모하는 효과를 가져왔다. 당(唐)대의 서역도호부(西域都護府), 안동(安東)·안서(安西)도호부 등이 이같은 기미정책의 일환으로 두어진 기관이다. 도호부 아래에는 도독부(都督府)가 있었고, 그 하부단위로 각 주(州)에 기미주가 있었다.

기사(騎士)　　서한(西漢) 시대 말이 많이 나는 서북지방의 각 군(郡)에서 지역 특성에 따라 기병을 훈련시켰는데, 이들을 기사라 일컫었다.

기사본말체(紀事本末體)　　역사 서술 체례의 일종. 한 사건을 다룸에 있어 발생부터 경과, 결과를 차례로 기술함으로써 이해하기 쉽도록 일목요연하게 정리하는 방식이다. 일반적으로 기전체(紀傳體)나 편년체(編年體) 역사서를 저본으로 하여 재구성하는 형식을 띤다. 남송(南宋) 때 원추(袁樞)가 『자치통감(資治通鑑)』을 저본으로 『통감기사본말(通鑑紀事本末)』을 처음 지었으며, 『좌전(左傳)기사본말』『송사(宋史)기사본말』『명사(明史)기사본말』 등이 편찬되었다. 기전체, 편년체와 함께 중국의 역사기술 3대 방법 중 하나이나, 기사본말체 역사서는 많지 않다. 편년체 및 기전체 참조.

기상정변(祺祥政變) ➡ 북경정변

기선(琦善:약 1790~1854)　　청대 말의 정치가. 자는 정암(靜庵). 만주 정황기(正黃旗) 출신. 가경(嘉慶) 13년(1808) 형부원외랑(刑部員外郎)이 되고 포정사사(布政司使), 순무(巡撫) 등을 거쳐 문연각대학사(文淵閣大學士)에 임명되었다. 아편전쟁 때 직예총독(直隸總督)으로 있으면서 영국군과 담판을 지어 화의를 이끌어내고, 1841년 천비가조약(穿鼻假條約)을 체결하였다. 청 정부는 이 조약이 그의 독단에 의해 불평등하게 맺어진 것이라는 이유로 조약을 파기하고 그를 파직시켰다. 이후 흠차대신(欽差大臣)에 복직되어 태평천국의 난을 진압하다 병사했다.

기윤(紀昀:1724~1805)　청대의 학자, 문학가. 자는 효람(曉嵐), 춘범(春帆), 호는 석운(石雲). 헌현(獻縣:하북성) 출신. 건륭(乾隆) 19년(1754) 진사가 되고 시독학사(侍讀學士)로 있다가 기밀누설죄로 적화(迪化:신강성 烏魯木齊)로 유배되었다. 3년 후 사면되어 편수(編修), 예부상서(禮部尙書), 태자태보(太子太保) 등의 벼슬을 지냈다. 사고전서관(四庫全書館) 총찬관(總纂官)으로 있으면서 『사고전서』와 『사고전서총목제요(總目提要)』 편찬을 주관했다. 시문 뿐만 아니라 신괴소설(神怪小說)의 작가로도 유명하다. 소설 「열미초당필기(閱微草堂筆記)」는 포송령(蒲松齡)의 「요재지이(聊齋志異)」를 이은 걸출한 단편 신괴소설이다. 저서 『기문달공유집(紀文達公遺集)』.

기자(箕子)　은(殷)나라 주(紂)왕의 숙부. 태사(太師)의 직책에 있었다. 주왕이 비간(比干)을 죽이고 미자계(微子啓)를 축출하자 산발하고 미친 행세를 하다가 주왕의 미움을 사 감옥에 갇혔다. 주무왕(周武王)이 은을 정복하고 주왕을 멸한 후 그를 옥에서 풀어주고 국사를 맡겼으나 사양하고 한반도로 도망갔다. 한반도에 중국문화를 전파하고 기자조선을 세웠으며, 이후 팔조금법(八條禁法)을 제정하여 고조선의 아름다운 풍속을 이루었다.

기전체(紀傳體)　역사서술 체례의 일종. 편년체(編年體), 기사본말체(紀事本末體)와 함께 중국의 역사기술 3대 방법 중 하나이다. 전한(前漢) 사마천(司馬遷)이 『사기(史記)』를 편찬하면서 이 체제를 처음 도입했다. 제왕의 흥망을 기록한 본기(本紀), 명사의 사적을 기술한 열전(列傳)을 기본으로 하고, 기타 제후의 흥망을 담은 세가(世家), 문화사 성격의 서(書), 연표를 기술한 표(表) 등을 선택적으로 채용했다. 중국 특유의 역사 기술 방식이다. 후한(後漢)의 반고(班固)가 이 방식을 이어받아 『한서(漢書)』를 펴낸 이후 대부분의 사가가 기전체 역사서를 썼다. 24사(史) 등 정사(正史)는 모두 기전체를 채택했으므로 기전체 역사서를 정사로 부르기도 한다. 편년체, 기사본말체 참조.

기해(祁奚)　춘추시대 진(晋)나라의 대부. 자는 황양(黃羊). 기(祁)땅에 식읍을 가지고 있었으며, 벼슬은 중군위(中軍尉)였다. 진도공(晋悼公) 재위 시 연로하여 벼슬을 내놓으면서 원수처럼 지내던 해호(解狐)를 자신의 자리에 추천했다. 해호가 병으로 죽자 이번에는 자신의 아들 오(午)를 추천했다. 공평무사하게 인재를 골라 추천한 사람으로 유명하다.

길고(桔橰)　　춘추전국시대부터 널리 사용된 관개 용구. 수거(水車), 용골거(龍骨車), 수룡(水龍), 답거(踏車) 등으로도 불렸다. 인력이나 가축력, 수력을 이용해 물을 길어 올리거나 운반하는데 쓰인 두레박 모양의 목재 용기이다. 당(唐)나라 때 일본에 전파되었다고 한다.

길장(吉藏:549~623)　　수(隋)대의 승려. 불교 삼론종(三論宗:法性宗)의 창시자. 7세에 출가하여 홍덕사의 법랑(法朗) 승려를 사사했고, 후에 회계(會稽:절강성 소흥)의 가상사(嘉祥寺)에서 법론을 강해했다. 세칭 가상대사(嘉祥大師). 양제(煬帝)의 초청으로 장안에 들어와 일엄사(日嚴寺)에서 「중론(中論)」「십이문론(十二門論)」「백론(百論)」의 3론을 강해하고 '제법성공(諸法性空)'의 이론을 설파했다. 고구려와 일본에 불교를 전파했다. 저서 『삼론소(三論疏)』『삼론현의(三論玄義)』『이체의(二諦義)』『대승현의(大乘玄義)』등.

김성탄(金聖嘆)　➡ 김인서

김인서(金人瑞:1608~61)　　청초의 문학비평가, 시인. 자는 약채(若采), 성탄(聖嘆). 장주(長洲:강소성 蘇州) 출신. 성격이 호방하고 독서를 좋아하여 경사자집(經史子集)과 삼교구류(三敎九流)의 전적을 모두 수집, 열독하였다. 그의 시문(詩文)은 자유분방하고 신의(新意)가 많아 과거시험과는 어울리지 않았으며, 괴탄(怪誕)스러운 글로 평가되었다. 이 때문에 과거에는 번번이 탈락하였다. 세상에서는 그를 서문장(徐文長)에 비유하였다. 명나라가 망한 후 관화당(貫華堂)에서 독서와 저술에 종사하며 고전문학 명저를 평점(評點)함에 열성을 다하였다. 순치(順治) 18년(1661)에 곡묘안(哭廟案)에 참여하여 지현(知縣) 임유초(任維初)의 탄핵을 요구하다 하옥되고 강녕(남경)으로 압송되어 사망하였다. 『장자』『이소(離騷)』『사기』『두시(杜詩)』『수호(水滸)』『서상(西廂)』을 천하의 여섯 재자서(才子書)로 간주하여 상세하게 비점(批點)하고, 당시(唐詩) 등을 평점하였다. 특히 여섯 재자서에 『수호전』, 『서상기』를 포함시켜 소설과 희곡의 문학적 지위를 높였다. 그의 의론(議論)은 언어가 간결 명쾌하고, 구상이 독특하여 사람들의 이목을 새롭게 함으로써 화룡점정(畵龍點睛)이라는 명성을 얻었다. 저서에 『성탄전집(聖嘆全集)』이 있다.

나관중(羅貫中:약 1330~약 1400)　　　원말 명초의 소설가. 본명은 본(本)이고 관중은 그의 자이다. 호는 호해산인(湖海散人). 태원(太原:산서성) 출신. 일설에는 동원(東原:산동성) 혹은 무림(武林:강서성 吉安) 출신이라고 한다. 생평 및 사적이 알려지지 않고 있다. 전하는 바에 따르면 시내암(施耐庵)의 문인으로서 그와 더불어 소설『수호전(水滸傳)』을 지었다고 한다. 시내암이 지은『수호전』을 그가 재정리했다는 설도 있다. 기타 저서『삼국지통속연의(三國志通俗演義)』『수당지전(隋唐志傳)』『잔당오대사연의(殘唐五代史演義)』등.

나대경(羅大經)　　　남송의 문학가. 자는 경륜(景綸). 여릉(盧陵:강서성 吉安) 출신. 영종(寧宗) 가정(嘉定) 연간에 태학생(太學生)이 되고, 이종(理宗) 보경(寶慶) 2년(1226) 진사 시험에 합격하였다. 용주(容州) 법조연(法曹椽)을 역임했다. 저서로는 필기(筆記)인『학림옥로(鶴林玉露)』16권이 있다. 이는 남송의 문인 명사들에 관해 기록한 것으로 체례는 시화(詩話)와 어록(語錄)의 중간 형태이다.

나목(羅牧:1622~1705)　　　청대 초의 화가. 자는 반우(飯友). 영도(寧都:강서성) 출신. 원대의 화가 황공망(黃公望)과 명대의 화가 동기창(董其昌)의 화풍을 계승하여 산수화를 주로 그리되, 필의(筆意)가 공령(空靈)하고 필법이 농윤(濃潤)하며 그림 속의 숲과 계곡이 울창하고 빼어나다. 청대 강서화파(江西畵派)의 대표 인물로 꼽힌다. 시와 서예에도 능했으며, 회화작품에「임학소소도(林壑蕭疏圖)」「위봉모옥도(危峰茅屋圖)」등이 있다.

나여방(羅汝芳:1515~88)　　　명대의 학자. 양명학의 한 유파인 태주학파(泰州學派)의 대표 인물. 자는 유덕(惟德), 호는 근계(近溪). 남성(南城:강서성) 출신. 가정(嘉靖) 32년(1553) 진사에 급제하고 운남포정사참정(雲南

布政使參政)의 관직을 지냈다. 오화서원(五華書院) 등에서 강학을 했으며, 추종자가 수천에 달했다. '치양지(致良知)'의 학설을 주장했다. 저서 『일관편(一貫編)』 『회어독록(會語讀錄)』 『근계자문집(近溪子文集)』 『명통보의(明通寶義)』 『광통보의(廣通寶義)』 등.

나은(羅隱:833~909)　당(唐) 말 오대(五代)의 문학가. 원명은 횡(橫), 자는 소간(昭諫). 10차례나 진사시험에 낙방하고 나서 은(隱)으로 개명했다. 55세 때 관직에 나아가 저작령(著作令)을 지냈으며, 후량(後梁) 건립 후 급사중(給事中)에 올랐다. 민간의 속어를 많이 채용하여 시를 지었다. 「설천계(說天鷄)」 「서이광생(敍二狂生)」 등의 산문은 격한 감정으로 현실의 불만을 표출하였다. 산문집 『참서(讒書)』. 후세인이 『나소간집(羅昭諫集)』 을 편찬하였다.

나흠순(羅欽順:1465~1547)　명대의 사상가. 자는 윤승(允升), 호는 정암(整庵). 태화(泰和:강서성) 출신. 효종(孝宗) 홍치(弘治) 6년(1493) 진사에 합격하여 남경이부상서(南京吏部尚書), 예부상서 등을 지냈다. 처음에 불교를 숭상하다 유가의 진심지성(盡心知性)에 몰입하여 불가를 배척했다. 왕수인(王守仁)의 양지설(良知說)을 비판하고 학문은 궁리격물(窮理格物)을 통해야 한다고 주장했다. 또 주희(朱熹)의 이기(理氣)이원론을 부정하고 기(氣)는 곧 우주 만물이며, 이(理)는 기의 변화에 의해 생성되는 규율이라고 보았다. 저서 『곤지기(困知記)』 『속기(續記)』 『정암존고(整庵存稿)』.

낙빈왕(駱賓王:약 640~?)　당(唐) 초의 정치가, 문인. 고종(高宗) 말년 장안주부(長安主簿), 시어사(侍御史)를 지냈으나 무측천(武則天) 섭정 때 뜻을 얻지 못하여 관직을 버리고 강남을 유랑했다. 무종(武宗) 광택(光宅) 원년(684) 서경업(徐敬業)이 무측천에 반대하여 기병했을 때 그를 서기(書記)에 임명하고 군중의 격문을 짓게 하였다. 시와 문장에 능했으며 시는 비분강개한 내용이 많고, 문장은 변려체(駢儷體)를 주로 썼다. 초당4걸(初唐四杰)의 한 사람. 작품 「군중행로난(軍中行路難)」 「제왕편(帝王篇)」 「재옥영선(在獄詠蟬)」.

낙학(洛學)　북송의 사상가 정호(程顥), 정이(程頤) 형제를 중심으로 한 철학 학파. 두 사람이 낙양 출신이었으므로 이름이 붙여졌다.

난대(蘭臺)　한(漢)대에 궁내의 장서처(藏書處)로 설치되어 어사중승(御史中丞)이 주관했다. 후세에는 어사대(御史臺)를 가리키는 말로 쓰였다. 동한(東漢)의 반고(班固)가 난대의 영사(令史)로 있으면서 명을 받아 역사를 편찬했다 후세에 사관의 별칭으로 통용되기도 했다. 당(唐) 고종(高宗) 때 비서성(秘書省)을 난대로 고쳤다.

남가태수전(南柯太守傳)　　서명. 전기(傳奇)소설. 당(唐)대 이공좌(李公佐) 저. 방랑을 좋아하던 주인공 순우분(淳于棼)이 어느 날 술에 취해 고목나무 구멍에서 잠을 자다가 꿈속에서 대괴국(大槐國) 왕의 부마가 되고 남가태수(南柯太守)의 관작을 얻어 부귀영화를 누린다. 이후 이웃 나라와의 전쟁에서 패하여 자식을 잃고 가세가 기울며, 참소까지 당하여 몰락하던 끝에 잠에서 깨어난다. 같은 시대의 소설 「침중기(枕中記)」와 함께 부귀영화가 한낱 꿈에 불과하다는 것을 일깨우는 계몽적 소설이다. 이 소설로부터 '남가일몽(南柯一夢)'이란 성어가 생겨났다.

남경임시정부(南京臨時政府)　　민국 원년(1912) 1월 1일 신해혁명에 의해 남경에서 성립된 중화민국 임시정부. 손문(孫文)이 임시대총통, 여원홍(黎元洪)이 부총통에 올랐으며 각 성에서 선출한 참의원으로 임시참의원을 조직하고 입법기관을 만들었다. 지도자는 주로 혁명파였으나 입헌파와 구관료도 다수 포함되었다. 명목적으로는 전국을 대표하는 중앙정부였으나 세력 범위가 넓지 못했으며 정부내 파벌 갈등이 많았다. 그 해 2월 12일 원세개(袁世凱)의 힘을 빌려 청 황제를 퇴위시키고 손문은 그 대가로 이튿날 임시대총통직을 원세개에게 넘겨주었다. 이듬해 원세개가 국회에서 정식으로 대총통에 선출되고, 각국이 중화민국의 성립을 공식 인정하면서 임시정부는 막을 내렸다. 이로부터 혁명 정권은 원세개의 독재 전유물이 되었다.

남경조약(南京條約)　　아편전쟁의 수습을 위해 도광(道光) 22년(1842) 청나라와 영국 사이에 체결된 조약. 청의 대표 기영(耆英), 이리포(伊里布)와 영국대표 포팅거(Pottinger)가 영국 군함에서 조인하고 이듬해 홍콩에서 비준했다. 13개 조로 된 조약의 주요 내용은 ① 홍콩의 영국 할양 ② 아편 배상금 600만 달러, 전쟁비용 1,200만 달러, 중국 상인의 빚 300만 달러 등 총 2,100만 달러 지급 ③ 광주(廣州), 복주(福州), 하문(廈門), 영파(寧波), 상해 등 5개 통상항 개항 ④ 관세 조정시 영국의 동의 ⑤ 공행(公行)제도 폐지 및 양국간 자유 무역 등이다.

남곡(南曲)　　송(宋)·원(元)대 남방의 희곡 혹은 산곡(散曲)에 쓰이던 각종 곡조의 총칭. 남방 절강지방의 민간 곡조에 연원을 두며, 송·원의 남회(南戱)와 명·청의 전기(傳奇)는 이 곡을 위주로 했다.

남궁복벽(南宮復辟) ➡ 탈문지변

남당(南唐)　　왕조명. 오대십국(五代十國) 중 하나. 937년 서지고(徐知誥)가 오(吳)를 멸하고 칭제한 뒤 국호를 당(唐)이라 하였다. 도읍은 금릉(金陵:강소성 南京). 역사에서 이를 남당이라 칭한다. 영토는 지금의 강소성·안휘성·강서성 일대. 십국 가운데 가장 문화가 발달했으며, 특히 사(詞)와 회화, 공예 등에서 많은 성과가 있었다. 975년 북송(北宋)에 의해 멸망했다. 3명의 군주가 39년간 재위.

남당문화(南唐文化)　　오대십국(五代十國) 중 하나인 남당에서 발달한 문화. 3명의 군주가 문학·예술을 장려함에 따라 사(詞)와 미술 방면에서 많은 성과가 있었다. 중주(中主)인 이경(李璟)과 후주(後主)인 이욱(李煜)이 사를 즐겨 지었으며, 장필(張泌), 풍연기(馮延己), 성유문(成幼文), 경옥진(耿玉眞) 등이 이때 활약한 사인이다. 사집(詞集)으로는 이경·이욱의 『남당이주사집(南唐二主詞集)』이 있다. 회화에서는 유명한 동원(董源)을 비롯하여 서희(徐熙), 한희재(韓熙載), 고굉중(顧閎中), 주문구(周文矩) 등이 유명했다. 수·당과 송·원 사이의 과도기 문화에 해당한다.

남량(南凉)　　오호십육국 중 하나. 397년 하서(河西)의 선비(鮮卑)족 독발오고(禿髮烏孤)가 서평왕(西平王)이라 칭하고 서평(西平:청해성 西寧)에 도읍을 정하였다. 후에 낙도(樂都:청해성)로 천도했다. 역사에서 이를 남량이라 한다. 감숙성 서부와 청해성 일부를 근거지로 하였다. 414년 서진(西秦)에 의해 멸망했다.

남명(南明) ➡ 명 참조

남북조(南北朝)　　시대명. 420년부터 589년까지 170년간 지속되면서 남북의 대치 국면을 형성하였다. 남조(南朝)는 420년 유유(劉裕)가 진(晉)을 이어 송(宋)을 건국한 이후 제(齊), 양(梁), 후량(後梁)을 거쳐 589년 진(陳)이 멸망하기까지이며, 북조(北朝)는 439년 북위(北魏)가 북방을 통일한 이후 동위(東魏)와 서위(西魏)간 대치 국면을 지나 북제(北齊)가 동위를 대신하고 북주(北周)가 서위를 대신하며, 다시 북주가 북제를 멸하고 581년 수(隋)가 북주를 멸하기까지를 말한다.

남사(南史)　　서명. 80권. 당(唐) 이연수(李延壽) 찬. 기전체(紀傳體) 단대(斷代) 역사서. 고종(高宗) 현경(顯慶) 4년(659) 완성. 남북조시대 남조의 송(宋), 제(齊), 양(梁), 진(陳)의 역사를 기술했다. 송 영초(永初) 원년 (420)부터 진 정명(禎明) 3년(589)까지 170년간. 체례는 『북사(北史)』와 마찬가지로 본기(本紀), 열전(列傳)만 있고, 지(志)와 표(表)는 없다. 『북사』 와 더불어 남북조시대 역사를 연구하는 귀중한 사료가 되고 있다. 24사(史) 의 하나.

남사(南社)　　신해혁명 시기의 진보적 문학 단체. 1905년 손문(孫文)이 주도하는 동맹회(同盟會) 회원이 주축이 되어 결성했다. 진거병(陳去病), 고욱(高旭), 유아자(柳亞子) 등이 주요 인물로 참여했으며, 민주 혁명가인 황흥(黃興), 송교인(宋敎仁), 양전(楊銓) 등도 이 단체의 회원이었다. 문학 을 통해 혁명사상을 고취시킨다는 목표 아래 17명의 시우(詩友)들이 소주 (蘇州)의 동양사(東陽祠)에서 조직의 성립을 선포했다. 신해혁명 직후에는 회원이 1천여 명으로 늘었다. 문학적으로는 당시 유행한 동광체(同光體)의 의고주의, 기교주의, 퇴폐주의를 배격하고 현실참여적인 내용의 시를 지향 했다.

남서방(南書房)　　청 강희제(康熙帝) 때 설치한 황제의 비서처. 강희 16 년(1677) 내각의 직권을 약화시키고 황제의 권한을 높이기 위해 한림관(翰 林官)에서 사람을 뽑아 남서방에 두었다. 황제와 함께 시화(詩畵)를 논하 고, 나아가 황제의 뜻을 이어 조령(詔令)과 칙유(勅諭)를 펴내고 정령(政 令)을 발포했다. 황제의 측근 신하를 보임했으며 정원은 정해지지 않았다. 옹정(雍正) 10년(1372) 경 군기처(軍機處)가 설립된 후 남서방은 서화방(書 畵房) 본연의 기능을 수행했다.

남선(南選)　　당(唐)대의 관리 선발제도 중 하나. 고종(高宗) 상원(上元) 2년(675) 낭관(郎官) 한 사람이 선보사(選補使)로 임명되어 영남(嶺南), 검 중(黔中)에서 관리를 선발한 것이 시초가 되었다. 그 후 강남(江南), 회남 (淮南), 복건(福建) 지방에 수해나 한발이 들면 선보사를 파견하여 관리 선 발을 맡게 했다.

남송(南宋) ➡ 송 참조

남송사대가(南宋四大家)　　남송의 시인 가운데 가장 이름을 떨친 육유(陸 游), 범성대(范成大), 양만리(楊萬里), 우무(尤袤) 4명을 일컫는 말.

남양대신(南洋大臣) ➡ 남양통상대신

남양통상대신(南洋通商大臣) ➡ 오구통상대신 참조

남연(南燕)　　오호십육국 중 하나. 398년 후연(後燕)의 승상 모용덕(慕容德)이 활대(滑臺:하남성 滑縣)에서 칭왕(稱王)했다가 다시 칭제(稱帝)했다. 이를 역사에서 남연이라 한다. 산동, 하남성 일부에 거점을 두었다. 410년 동진(東晉)의 유유(劉裕)에게 멸망하였다.

남전인(藍田人)　　중국 구석기시대 초기의 원시인류. 섬서성 남전(藍田)에서 완전한 두개골 화석이 발견되었다. 두개골의 용적은 약 780cc 가량이며 80만~100만년 전에 생존한 것으로 추정된다.

남제서(南齊書)　　서명. 원명은 『제서(齊書)』이나 당(唐) 이백약(李百藥)의 『북제서(北齊書)』와 구별하기 위해서 『남제서』로 개명했다. 59권. 위진 남북조시대 양(梁)의 소자현(蕭子顯) 찬(撰). 기전체 단대사. 소도성(蕭道成:高宗)이 남조(南朝)의 제(齊:南齊)를 건국한 이후 중흥(中興) 2년(502) 화제(和帝) 소보융(蕭寶融)이 나라를 잃기까지 24년간의 역사를 기술했다. 본기(本紀) 8권, 지(志) 11권, 인전(引傳) 40권. 작자가 왕가의 일족이므로 주관적 내용이 개입되어 있어 사실성에 의심을 받는 면도 있으나, 사료가 비교적 충실하고 체제도 완전하며 간결한 문체로 쓰여져 당시 역사를 이해하는데 중요한 자료가 되고 있다. 24사(史)의 하나.

남조(南朝) ➡ 남북조 참조

남종오가종문(南宗五家宗門)　　당(唐) 혜능(慧能)이 선종(禪宗)의 양대 지류 중 하나인 남종(南宗)을 창시한 이후 여기서 다시 갈려나간 5개 지파. 위앙종(潙仰宗), 임제종(臨濟宗), 조동종(曹洞宗), 운문종(雲門宗), 법안종(法眼宗) 등이다.

남종화(南宗畵)　　회화의 한 유파. 일명 남화(南畵). 남방을 중심으로 발전하거나 남방의 회화 특색을 지닌 그림을 일컫는다. 명(明)대 동기창(董其昌)이 불교 선(禪)의 남종(南宗)에 빗대어 이같은 명칭을 처음 정하고, 그 시조를 당(唐)의 왕유(王維)로 삼았다. 부드러운 선과 자연스런 표현을 특색으로 하며 산수화 위주의 그림을 그렸다. 오대(五代)의 동원(董源)과 거연(巨然), 송(宋)의 관동(關同)·미불(米芾)·미우인(米友人), 원(元)의 황공망(黃公望), 명(明)의 동기창 등이 남종화파에 속한다. 일반적으로 화원(畵院) 출신이 아닌 문인화가들이 남종화에 가까운 그림을 그렸다. 이사훈(李思訓)을 시조로 하는 북방 중심의 북종화(北宗畵)와 대비된다. 북종화 참조.

남풍가(南風歌)　고대에 불리던 노래 이름. 순(舜)임금이 오현금(五弦琴)으로 이 노래를 불렀다 한다.

남한(南漢)　왕조명. 오대십국(五代十國) 중 하나. 후량(後梁) 개평(開平) 원년(907) 유은(劉隱)이 후량 정권으로부터 대팽군왕(大彭郡王)에 봉해진 후 917년 독립하여 국호를 월(越)이라 했다가 이듬해 한(漢)으로 개칭했다. 역사에서 이를 남한이라 한다. 영토는 광동성 일대 및 광서 일부. 북송(北宋) 개보(開寶) 4년(971) 남당(南唐)에 의해 멸망하였다. 4명의 군주가 55년간 재위.

남희(南戱)　일명 희문(戱文). 남송 초 남방지역에서 생겨난 일종의 강창(講唱) 예술. 온주(溫州:절강성) 일대에서 독특한 곡조의 남곡(南曲)이 발달했는데 당시 배우들이 이를 가지고 설창(說唱)에 사용했다. 처음에는 온주잡극(溫州雜劇), 영가잡극(永嘉雜劇)이라 불렀다. 곡조가 아름답고 맑은 특징을 지닌다. 작품에 「조정녀(趙貞女)」 「채이랑(蔡二郎)」 등이 있다.

낭중령(郎中令)　관직명. 진한(秦漢)대에 설치되었다. 황제의 직속 고급 관리로서 궁전의 문을 지켰다.

내각(內閣)　관서명. ① 명대 초 통치 강화를 위해 태조(太祖) 홍무(洪武) 13년(1380) 승상(丞相) 제도를 폐지하고 6부(六部)의 지위를 향상시켰다. 그리고 기타 화개전(華蓋殿), 근신전(謹身殿), 문화전(文華殿), 문연각(文淵閣), 동각(東閣) 등에 대학사(大學士)를 설치하여 황제의 고문 역할을 하게 하였다. 성조(成祖) 때는 품계가 비교적 낮은 관리인 한림원편수(翰林院編修), 검토(檢討) 등을 문연각에 소속시켜 기무를 담당토록 하였다. 이로 인해 문연각의 지위가 높아지면서 이를 내각이라 칭했다. 인종(仁宗) 이후에는 내각에 들어온 사람이 대부분 상서(尙書), 시랑(侍郞)이 되어 재상의 권력을 행사하였다. 청대에는 내각에 삼전(三殿), 삼각(三閣), 대학사를 두었는데 대부분 만주족이 차지했다. 청 옹정제(雍正帝) 때 군기처(軍機處)가 생기면서 내각의 지위가 급격히 떨어졌다. ② 청대 말 입헌군주제가 실시되면서 책임내각이 들어섰다. 이는 구 내각과 군기처가 합쳐져 구성된 최고의 국무 기구이다. 북양군벌(北洋軍閥) 통치 때 국무원(國務院)으로 개칭되었으나 습관상 이를 내각이라고 불렀다.

내경(內經) ➡ 황제내경

내무부(內務府)　궁중내의 사무를 관장하던 청대의 기구. 순치제(順治

帝) 때 처음 설치되었으며 13아문(衙門)으로 개칭되었다가 강희제(康熙帝) 때 원래 명칭으로 환원되었다. 내무부대신 여러 명이 최고 장관직을 맡았다. 직속 기구로는 광저(廣儲), 도우(都虞), 장의(掌儀), 회계(會計), 영조(營造), 경풍(慶豊), 신형(愼刑)의 7사(司)와 상사(上駟), 무비(武備), 봉신(奉宸)의 3원(院), 그리고 각종 명칭의 처(處), 국(局), 관(館), 궁(宮), 창(倉), 방(房) 등이 있었다. 관원은 3천여 명으로 6부(部)의 관원 총수보다 많았다.

내삼원(內三院)　　청 정부의 중추기구인 내각의 전신. 내국사원(內國史院), 내비서원(內秘書院), 내홍문원(內弘文院)을 가리킨다. 온타이지〔皇太極〕가 숭덕(崇德) 원년(1636) 문관(文館)을 변형시켜 설치했다. 황제의 기거(起居), 조령(詔令)을 맡아 기록했으며, 대외문서, 황제의 칙유(勅諭), 제문(祭文) 등을 쓰고 고금의 정치 득실에 관한 주석을 가하였다. 대학사(大學士) 4인, 학사(學士) 5인을 두었다. 순치(順治) 2년(1645) 내삼원을 정2품 아문(衙門)으로 승격시키고 시독학사(侍讀學士), 시독(侍讀), 시강(侍講) 등을 증설했다. 순치 15년(1658) 내각(內閣)으로 개칭했다.

내시성(內侍省)　　관서명. 북제(北齊) 때 중시중성(中侍中省)을 설치했다가 수(隋)대에 내시성으로 개명했다. 궁정 내부의 일을 관장했으며, 환관이 직책을 맡고 사인(士人) 약간명이 근무했다. 당(唐)대에도 설치했으며, 내시감(內侍監), 사궁대(司宮臺)로 호칭하기도 했다. 환관인 내시, 내상시(內常侍) 등이 우두머리가 되었다. 송(宋)대에는 내시성 외에 내내시성(內內侍省)을 설치했고, 명(明)대에는 내관십이감(內官十二監), 사사(四司), 팔국(八局)이 설치되었다. 청(淸)대에는 내시가 모두 내무부(內務部)의 관할에 속했다.

내용(來鎔:?~1669)　　청대 초의 경학가. 희곡 작가. 자는 집지(集之), 호는 원성(元成). 소산(蕭山:절강성) 출신. 명대 숭정(崇禎) 13년(1640) 진사가 되어 안경부추관(安慶府推官)의 관직을 제수받았으며, 복왕(福王) 때 태상시소경(太常寺少卿)에 올랐으나 청나라 군대가 남하하자 고향에 은거하여 저술 활동에 전념했다. 청 강희제 때 박학홍유(博學鴻儒)로서 발탁되었으나 사양했다. 역학(易學)에 해박하여 팔괘설(八卦說)로써 명나라의 멸망 등 사회의 변동을 해석하였다. 저서 『상호초서(尙湖樵書)』 『독역우통(讀易隅通)』 『역도친견(易圖親見)』 『남행우필(南行偶筆)』. 잡극 작품 「추풍삼

첩(秋風三疊)」「양사(兩紗)」.

네르친스크 조약　청 강희(康熙) 28년(1689) 청나라와 러시아간에 체결한 국경 조약. 명대 말 청대 초에 걸쳐 러시아의 동방정책이 확대되면서 흑룡강 유역을 두고 양국간 국경 마찰이 잦았다. 러시아는 이곳 변경 지대의 네르친스크, 아르바진 두 성을 근거로 청나라 영토를 자주 침범했으며, 청나라는 이에 강희 24년(1685) 군대를 동원하여 아르바진 성을 함락시켰다. 이후 이 성을 둘러싸고 양국이 공방전을 벌이다 평화적으로 이 조약을 체결했다. 7개 항으로 된 이 조약의 주요 내용은 ① 흑룡강 지류인 게르비치강과 아르군강, 그리고 외흥안령에서 오호츠크 해에 이르는 축선을 양국의 경계로 삼는다. ② 양국간 국경 침입을 금하며 망명자는 받아들이지 않는다. ③ 여권을 지닌 자는 국경 왕래를 허용하며 무역도 허가한다 등이다. 이로써 흑룡강과 오소리강 유역 및 사할린에 이르는 유역이 청의 영토로 확인되었다.

노(魯:?~246 B.C)　주(周)나라의 봉건 제후국. 도읍지는 곡부(曲阜). 시조는 주 무왕(武王)의 아우이며 건국의 대공신인 주공 단(周公旦)이다. 무왕이 주공에게 봉국으로서 노나라를 통치하도록 했다. 그러나 단은 주의 서울에 머물러 무왕·성왕(成王)을 보필하고 장남인 백금(伯禽)이 봉지에 가서 노후(魯侯)가 되었다고 한다. 춘추시대에는 제(齊)·진(晋)·초(楚) 사이에서 간신히 명맥만 유지했다. 춘추 말기에는 맹손씨(孟孫氏)·숙손씨(叔孫氏)·계손씨(季孫氏)의 삼환씨(三桓氏)가 세력을 떨쳤다. 주왕실이 쇠퇴한 이후 주대의 전통적인 제도·문화를 가장 잘 전한 나라로 알려지고 있으며 공자(孔子)가 이곳에서 태어났다. 공자가 편찬했다고 하는 『춘추(春秋)』도 노나라의 역사를 기술한 것이다.

노동(盧소:약 795~835)　당(唐)대의 시인. 자호는 옥천자(玉川子). 범양(范陽:하북성 涿縣) 출신. 일설에는 제원(濟源:하남성 沁陽) 출신이라고도 한다. 조정의 부름에 나아가지 않고 학문과 시가(詩歌) 창작에만 몰두했다. 한유(韓愈)와 더불어 자주 시문을 수창(酬唱)했다. 감로(甘露)의 변란 때 우연히 재상 왕애(王涯)의 집을 지나다 공모한 죄를 뒤집어쓰고 피살되었다. 그의 시작(詩作) 경향은 자구마다 각의구공(刻意求工)하여 신기(神奇)함을 추구하였다. 일상의 세세한 일을 제재로 삼아 의미와 흥취를 부여함으로써 박실(朴實)한 풍격을 자아냈다. 작품 「시첨정(示添丁)」「월식시(月蝕詩)」 등. 저서 『옥천자집(玉川子集)』.

노숙(魯肅:172~217)　　동한(東漢) 말기의 군사가. 자는 자경(子敬). 임회(臨淮) 동성(東城:안휘성 定遠)의 호족 출신. 동한 말 천하가 혼란할 때 주유(周瑜)에게 군량을 대 준 인연으로 주유의 추천을 받아 손권(孫權)의 막하에 들어갔다. 건안(建安) 13년(208) 주유와 함께 적벽(赤壁)의 전투에 참가하여 조조(曹操)의 군대를 대파했다. 또 형주(荊州)와 남군(南郡) 일대를 유비(劉備)에게 빌려주어 오(吳)와 촉(蜀)이 서로 동맹 관계를 유지하도록 건의하였다. 주유가 죽자 그 대신 전군을 지휘하였으며, 그 공으로 한창태수(漢昌太守)가 되고 편장군(偏將軍)의 직책을 맡았다.

노식(盧植:?~192)　　동한(東漢) 시대 사람. 자는 자간(子幹). 젊어서 정현(鄭玄)과 함께 마융(馬融) 밑에서 학문을 배워 경사(經史)에 능통했다. 영제(靈帝) 때 박사(博士), 구강태수(九江太守), 여강태수(廬江太守) 등을 역임했다. 북중랑장(北中郎將)에 임명되어 황건적을 진압하다가 장각(張角)의 무리들에게 패퇴하기도 했다. 후에 상서(尙書)에 임명되었으나 동탁(董卓)에 의해 파직되었다. 저작에 『상서장구(尙書章句)』『삼례해고(三禮解詁)』 등이 있으나 일실되었다.

노신(魯迅:1881~1936)　　중국의 문학자. 본명은 주수인(周樹人), 자는 예재(豫才). 절강성 소흥(紹興) 출신. 의학을 공부하기 위해 일본에 유학했다가 손문(孫文) 등 혁명파의 주장에 찬동하여 문예창작 활동을 했다. 1909년 귀국, 신해혁명 후 남경임시정부 및 북경정부 아래에서 교육부원(敎育部員), 첨사(僉事) 등을 지내고 북경대학, 북경여자사범대학 등에서 강의했다. 5·4운동을 전후하여 반제(反帝), 반봉건 운동의 전열에 서서 신문화의 흡수를 제창하였다. 봉건주의를 맹렬히 공격한 그의 첫 소설 「광인일기(狂人日記)」는 5·4운동을 촉발시키는 촉매제가 되었다. 1927년 장개석(蔣介石)이 4·12 쿠데타를 일으키자 강의하던 중산(中山)대학을 그만두고 상해로 가 마르크스·레닌주의 이론을 연구했다. 1930년부터 중국자유운동대동맹, 중국좌익작가연맹, 민권보장동맹 등 진보적 조직에 참가, 조직원들을 이끌었다. 저서에 『노신전집(魯迅全集)』『노신문집(魯迅文集)』 각 10권과 『노신일기(魯迅日記)』『노신서신집(魯迅書信集)』이 있다. 소설 「공을사(孔乙巳)」「아큐정전(阿Q正傳)」「축복(祝福)」, 산문시집 『야초(野草)』 등은 중국 근대 문학의 선구가 되었다.

노애(嫪毐:?~238 B.C)　　전국시대 말기의 진(秦)나라 환관. 선태후(宣

太后)의 총애를 받아 장신후(長信侯)에 봉해졌다. 문하에 식객 1천 명, 가동(家童) 수천 명을 두었다. 진왕 정(政:始皇帝)의 즉위식 때 군사를 이끌고 반란을 일으켰다가 진압되어 피살되었다.

노자(老子) ➡ 도덕경

노자(老子)　　춘추시대 말기의 사상가. 노가(道家)의 창시자. 성은 이(李), 명(名)은 이(耳), 자는 담(聃). 초나라 고현(苦縣:하남성 鹿邑) 출신이라고 한다. 생존 사실이 불명확하며, 따라서 생존 연대도 공자(孔子)보다 이르다는 설과 공자보다 100년 늦게 태어났다는 설 등 분분하다. 무위자연의 도를 내세웠으며 장자(莊子)가 이를 계승한 뒤 둘의 사상을 합쳐 노장사상(老莊思想)이라고 한다. 도교(道敎)와 그의 사상과는 거리가 있으나 훗날 도사(道士)들이 이에 기탁하여 자신들의 학설을 폈다. 『도덕경(道德經)』(일명 老子)은 후세 사람이 그의 사상과 논의를 정리한 책이다.

노장사상(老莊思想) ➡ 도가 참조

노재랑(魯齋郎)　　잡극(雜劇) 명. 원명은 「포대제지참노재랑(包待制智斬魯齋郎)」. 원대 관한경(關漢卿) 작. 이사(李四)와 장규(張珪)의 처를 약취한 황제의 친척 노재랑을 판관인 포증(包拯)이 기지를 발휘하여 처벌하는 내용이다.

노조린(盧照隣:약 637~약 680)　　당(唐)대의 시인. 자는 승지(升之). 자호는 유우자(幽憂子). 범양(范陽:북경) 출신. 신도위(新都尉) 등의 관직을 지내다 풍질(風疾)에 걸려 사직하고 태백산에 들어갔다. 이후 병세가 심하여 수족을 못쓰게 되자 이를 비관하여 영수(潁水)에 투신자살하였다. 시 창작은 7언가행(歌行)에 능했으며, 한(漢)·위(魏)의 풍격을 계승하여 사회의 불평등을 격정적이고 비분강개하듯 표현했다. 만년에 병세가 더욱 심했을 때의 시는 비통함과 처참한 정서를 드러낸다. 왕발(王勃), 양형(楊炯), 낙빈왕(駱賓王)과 함께 초당사걸(初唐四傑)로 일컬어진다. 작품 「장안고의(長安古意)」「오비(五悲)」「석질문(釋疾文)」 등.

노중련(魯仲連)　　전국시대 제(齊)나라 사람. 언변으로 상대를 설복하는 능력이 뛰어났다. 각국을 돌아다니며 분쟁을 해결하고 위난을 구제해 주었다. 제의 전단(田單)이 연(燕)의 요성(聊城)을 공격할 때는 요성의 성주에게 편지를 써 싸우지 않고 성문을 열도록 했다. 이로 인해 전단이 그에게 작위를 주었지만 받지 않고 홀연히 떠나 공성신퇴(功成身退)의 면모를 보여

주었다.

녹림군(綠林軍)　　신(新)대 말년의 농민봉기군. 왕망(王莽)의 개혁정책으로 인해 농민들의 생계가 궁핍해지자 천봉(天鳳) 4년(17) 신시(新市:호북성 京山) 출신 왕광(王匡)·왕봉(王鳳) 등이 형주(荊州)의 농민들을 모아 무장봉기를 일으켰다. 녹림산(綠林山:호북성 當陽)을 근거지로 하였으므로 녹림군이라 불렀다. 후에 하강병(下江兵)과 신시병(新市兵)으로 나뉘었으며, 서한(西漢)의 종실 유현(劉玄)이 속한 평림군(平林軍)을 흡수하였다. 23년 유현을 황제로 옹립하고 한(漢)의 국호를 회복했다. 녹림군은 곤양(昆陽) 전투에서 왕망의 군대를 크게 무찌르고 수도 장안(長安)을 접수하는 등 위세를 떨쳤으나 경시(庚始) 3년 적미군(赤眉軍)의 공격을 받아 장안이 함락되고 유현이 투항하면서 해체되었다.

논어(論語)　　서명. 유교 경전. 사서(四書) 중 하나. 공자(孔子)의 제자 및 유가의 추종자들이 공자와 그 제자들의 언행을 기록한 책. 「학이(學而)」부터 「요왈(堯曰)」까지 총 20편으로 되어 있으며, 편마다 다시 몇 개의 장(章)으로, 각 장은 몇 개의 짧은 글귀로 이루어졌다. 체계적이지는 못하나 문장이 간결하면서도 깊은 뜻이 함축되어 있다. 내용은 철학, 정치, 교육, 문학을 비롯하여 처세 입신의 방법까지 두루 망라하였다. 서한(西漢) 때 『제론(齊論)』『노론(魯論)』『고론(古論)』의 세 종류가 있었으나 『노론』만이 전해진다. 송(宋)대의 주희(朱熹)는 『논어』를 『맹자(孟子)』『대학(大學)』『중용(中庸)』과 함께 사서(四書)로 꼽고, 『논어집주(集注)』를 저술하여 유학의 경전으로 삼았다.

논형(論衡)　　서명. 30권. 동한(東漢) 왕충(王充)이 30여년 간의 노력 끝에 지었다. 경중을 저울질하고 진위를 가린다는 뜻에서 서명을 붙였다. 「문공(問孔)」「자맹(刺孟)」「지실(知實)」「도허(道虛)」「논사(論死)」「선한(宣漢)」 등 85편으로 나누어 참위(讖緯) 신학과 세속의 금기적인 내용에 관해 전면적인 비판을 가하였다. 당시 통치자들에 의해 이서(異書)로 낙인 찍혀 사장되었다가 동한 말부터 점점 가치를 인정받게 되었다.

농가(農家)　　전국시대 때 발생한 학술 사상 혹은 그 유파. 농업이 민생의 근본이라고 여겨 통치자는 농업 생산을 중시해야 한다고 주장했다. 대표적 인물로 허행(許行), 진상(陳相)이 있다.

농상집요(農桑輯要)　　서명. 농업서. 7권. 원 세조(世祖) 때 사농사(司農

司)가 편찬하여 전국에 반포하였다. 지원(至元) 10년(1273) 완성. 「전훈(典訓)」, 「경간(耕墾)」, 「파종(播種)」, 「재상(栽桑)」, 「양잠(養蠶)」 등 10문(門)으로 분류하여 13세기까지의 농업 경험을 총결하였다. 그중 「잠상문(蠶桑門)」은 이전의 농업서에 비해 더없이 상세한 설명을 가했다. 조선에도 이 책이 널리 전파되었다.

농서(農書)　　서명. 37권. 농업 관련 백과사전. 원대 왕정(王禎) 편저. 황경(皇慶) 2년(1313) 간행. 「농상통결(農桑通訣)」 「백곡보(百谷譜)」 「농기도보(農器圖譜)」의 세 부분으로 되어 있다. 각종 농작물의 재배 방법을 설명했다. 지세(地勢)와 재배 시기의 중요성을 강조하고, 재배 기술, 농기구에 관해 상세히 논술을 가했다. 또 새로 개발한 농기구의 경우 그림을 그려서 자세히 설명했다. 북위(北魏) 때의 유명한 농업서인 『제민요술(齊民要術)』에 비해 체례가 완정하다.

농전수리법(農田水利法)　　일명 농전이해조약(農田利害條約). 북송 왕안석(王安石)의 신법 중 하나. 신종(神宗) 희령(熙寧) 2년(1069) 시행하였다. 각지의 호수, 하천, 저수지, 제방 등은 모두 그 지역의 농업 이해와 밀접한 관련이 있으므로 재건 또는 준설할 필요가 있을 경우, 그 지역의 주호(主戶), 의호(依戶) 등이 재산의 다과에 따라 균등하게 비용을 내도록 하였다. 비용을 댈 수 없는 사람에게는 정부에서 대출해 주기도 했다. 이로써 농민 누구나 수로를 이용할 수 있게 되었고, 수리사업이 대대적으로 이루어졌다.

농정전서(農政全書)　　서명. 60권. 명대 서광계(徐光啓)가 편찬했으며, 그의 사후 진자룡(陳子龍) 등이 정리하여 숭정(崇禎) 12년(1639) 간행했다. 「농본(農本)」 3권, 「전제(田制)」 2권, 「농사(農事)」 6권, 「수리(水利)」 9권, 「농기(農器)」 4권, 「수예(樹藝)」 6권, 「잠상(蠶桑)」 4권, 「종식(種植)」 4권, 「목양(牧養)」 1권, 「제조(制造)」 1권, 「황정(荒政)」 18권 등 총 12문(門)으로 구성되어 있다. 당시의 농업 생산 경험을 총결한 것으로 서방의 천문, 역법, 수리 분야의 학문을 소개하는 한편 자기의 견해를 첨부하였다. 부록으로 도보(圖譜)를 실었다.

뇌공(雷公)　　고대 신화전설상의 인물. 뇌사(雷師), 뇌신(雷神)으로도 불린다. 황제의 신하. 용의 몸체에 얼굴은 인간이었으며 배를 두드려 우뢰를 일으켰다고 한다.

뇌사경(耒耜經)　　서명. 1권. 당(唐) 육구몽(陸龜蒙) 찬. 농사짓는 도구에 관해 전문적으로 기술한 농업 전문 서적. 특히 강남지방의 농사 방법을 서술한 책으로는 최초이다.

누란(樓蘭)　　고대 서역의 국가명. 지금의 신강성(新疆省) 약강현(若羌縣) 일대에 위치했다고 하나 활동 지역이 불분명하다. 서한(西漢) 초 흉노(匈奴)족의 지배하에 있었으나 한 무제(漢武帝)가 흉노를 무찌르고 복속하여 선선(鄯善)이라 명명했다. 삼국시대에는 위(魏)에 속했으며, 서진(西晋) 때는 이곳 왕을 봉하여 귀의후(歸義侯)라 칭했다. 수(隋)대에는 이곳에 선선군을 설치했다. 1900년 발견된 이곳 유적에서 목간(木簡)을 비롯한 많은 유물이 출토되었다.

누르하치〔奴爾哈赤:1559~1626〕　　청의 초대 황제(재위 1616~26). 태조(太祖). 성은 아이신교료〔愛新覺羅〕. 건주여진(建州女眞)족 출신. 후금(後金)의 건립자. 청년 때 이성량(李成梁)의 부하로 있다가 만력(萬曆) 11년(1583) 명 정부로부터 건주좌위도지휘사(建州左衛都指揮使)의 관직을 얻었다. 만력 16년 건주 지방을 통일하고 수년 후 여진족을 통일하였다. 만력 44년(1616) 제위에 올라 국호를 대금(大金:後金)이라 하고 연호를 천명(天命)으로 정했다. 도읍은 호트아라〔赫圖阿拉:요녕성 新賓〕. 천명 3년(1613) 명나라를 공략하여 무순(撫順)을 점령하였다. 천명 6년 요동의 17개 성을 점령하고 동 10년 심양(瀋陽)으로 도읍을 옮겨 성경(盛京)으로 명명했다. 이듬해 영원(寧遠:요녕성 興城)을 공격하다 실패하고 얼마 안 있어 죽었다. 아들 태종(太宗) 때 국명을 청으로 고쳤다.

누선(樓船)　　서한(西漢) 때 장강(長江)과 회수(淮水) 인근의 군(郡)에서는 지역 특성에 따라 특별히 수군(水軍)에 대한 훈련을 시켰는데, 이들을 누선사(樓船士) 혹은 누선(樓船)이라 불렀다.

누호(漏壺)　　서한(西漢) 때 사용된 물시계의 일종, 혹은 물시계의 물을 받는 그릇. 가는 구멍을 통해 나오는 물의 양을 그릇 속에 담긴 누전(漏箭)이 눈금으로 읽어 시각을 알아보도록 했다.

능몽초(凌濛初:약 1580~1644)　　명대의 소설가. 일명 능파(凌波). 자는 현거(玄居), 호는 초성(初成), 치성(稚成). 오정(烏程:절강성 吳興) 출신. 상해현승(上海縣丞), 서주통판(徐州通判) 등을 지냈다. 소설 초각(初刻) 및 이각(二刻)『박안경기(拍案驚奇)』를 펴냈다. 후세에 이 둘을 합쳐 '이박(二拍)' 혹은 '양박(兩拍)'이라 부른다.

다루가치〔達魯花赤·達魯喝齊〕　원대에 설치된 관직명. 몽고어로 진압자, 제재자란 뜻이며 관서의 장관에 해당한다. 원대에는 행정기관 및 각 로(路), 부(府), 주(州), 현(縣) 등에 이를 설치하고 대부분 몽고인을 임명했다. 이들은 대부분 실제 사무에 관계하지 않았으므로 '감임관(監臨官)'이라는 별칭을 얻었다. 이는 원대 관제의 특징이며, 몽고족이 각급 관료의 우위에 있도록 하기 위한 것이다.

다르곤〔多爾袞〕 → 예친왕

다릉파(茶陵派)　명대 전기 성화(成化:1465~87)·홍치(弘治:1488~1505) 연간에 대각대신(臺閣大臣) 이동양(李東陽)을 중심으로 형성된 시가 유파. 이동양의 지위와 명성이 상당하여 그를 추존하는 사람이 많았다. 이동양이 호남 다릉(茶陵) 출신이었으므로 이름이 붙여졌다. 시파의 주요 인물로는 팽민망(彭民望), 사탁(謝鐸), 장태(張泰), 육전(陸錢), 소보(邵寶), 하맹춘(何孟春) 등이 있었다. 대각체(臺閣體)로부터 전후칠자(前後七子)의 시가 풍격으로 넘어가는 과도기의 시풍을 띠었으며, 대각체의 안온하고 전아한 시풍을 완전히 벗어나지는 못한 가운데, 성당(盛唐)의 두보(杜甫)를 종주로 삼고 음조(音調)와 법도(法度)에 주안점을 두었다. 전후칠자 및 공안파(公安派)의 형성에 영향을 끼쳤다.

단기서(段祺瑞:1865~1936)　청대 말 민국(民國) 시기의 정치가, 군인. 자는 지천(芝泉). 안휘성 합비(合肥) 출신. 1889년 북양무비학당(北洋武備學堂)을 졸업하고 이홍장(李鴻章) 일파의 도움으로 독일에 유학하여 군사학을 배웠다. 1890년 귀국 후 원세개(袁世凱) 휘하에서 북양군벌을 재건하였다. 민국 성립 후 육군총장(陸軍總長) 및 국무총리를 지냈으며, 이때 노골적인 친일 행각을 벌였다. 1924년 장작림(張作霖), 풍옥상(馮玉祥)의 추대로 북경 정권을 장악했다가 1926년 풍옥상에 의해 밀려났다.

단련(團練)　청대에 지방의 지주 계급이 사적으로 조직한 군대. 해당 지역에서 도적 등이 난을 일으킬 경우 이를 독자적으로, 혹은 정부군과 연계하여 물리치는 일종의 자경단(自警團)이다. 처음에는 사안이 발생하면 민간의 자발적 참여 아래 조직했다가 곧바로 해산했으나, 나중에는 조직화되기도 했다. 가경(嘉慶) 연간의 백련교(白蓮敎) 기의 때 향용(鄕勇), 단용(團勇) 등이 결성되어 진압에 나섰으며, 태평천국의 난 때는 각지에서 대대적으로 단련이 생겨났다. 특히 증국번(曾國藩)이 조직한 상군(湘軍)은 태평군(太平軍)을 무력화시키는데 큰 공을 세웠다.

단성식(段成式:?~863)　당(唐)대 말기의 문학가. 자는 가고(柯古). 임치(臨淄:산동성 淄博縣) 출신. 재상 단문창(段文昌)의 아들. 아버지의 후광으로 인해 처음에 비서성교서랑(秘書省校書郞)이 되었으며, 이후 태상소경(太常少卿)까지 지냈다. 만년에 양양(襄陽)에 은거하며 학문에만 몰두했다. 고대의 신화, 민간고사 등을 모은 『유양잡조(酉陽雜俎)』를 편찬했다. 시에도 능했으며, 이상은(李商隱), 온정균(溫庭筠) 등과 함께 당시 시단에서 이름을 날렸다.

단옥재(段玉裁:1735~1815)　청대의 문학가, 고증학자, 문자학자. 자는 약응(若膺), 호는 무당(茂堂). 금단(金壇:강소성) 출신. 건륭(乾隆) 25년 거인(擧人)이 되고 대진(戴震)을 사사하여 고증학을 배웠다. 후에 여러 지방의 지현(知縣)으로 있다가 건륭 45년 부친의 병을 핑계로 향리에 돌아와 저술에 매달렸다. 음운문자학에 관심을 갖고 경사(經史)의 고증에 힘썼다. 『설문해자주(說文解字注)』는 중국 문자학상의 명저로 꼽힌다. 기타 저서 『모시소학(毛詩小學)』『춘추좌씨고경(春秋左氏古經)』『고문상서찬의(古文尙書撰疑)』『경운루집(經韻樓集)』. 왕염손(王念孫)과 함께 대진의 제자로서 학문의 성취가 높았으므로, 당시 이 두 사람을 일컬어 '단왕(段王)'이라 했으며, 건가(乾嘉) 고증학파 중에서도 환파(晥派)의 중요 인물로 꼽힌다.

달마(達摩·達磨)　일명 보리달마(菩提達摩). 남북조시대 천축(天竺)에서 중국으로 건너온 승려. 남조의 송(宋)·제(齊) 시기에 바다를 건너 광주(廣州)에 도착했으며, 각지를 돌아다니며 포교활동을 했다. 이후 북위(北魏)의 숭산(嵩山) 소림사(少林寺)에서 9년 동안 면벽참선(面壁參禪)한 끝에 도를 깨달았다. 이로 인해 그를 세칭 '벽관(壁觀)'이라 한다. 일체의 상념을 버리고 참선하여 득도할 것을 주장하였다. 중국 선종(禪宗)의 창시자로 받들어지며 당(唐)대에 원각선사(圓覺禪師)란 시호가 붙여졌다.

담기아(譚記兒) ➡ 망강정

담사동(譚嗣同:1865~98)　청말의 정치가, 사상가. 자는 복생(復生), 호는 장비(壯飛). 호남 유양(瀏陽) 출신. 청일전쟁 후 조국의 나약함에 자극받아 향리에 산학관(算學館)을 세우고 호남 땅에 유신(維新)의 기운을 불어넣었다. 광서(光緒) 23년(1897) 호남순무(湖南巡撫) 진보잠(陳寶箴)을 도와 시무학당(時務學堂)을 열고, 이듬해 당재상(唐才常) 등과 남학회(南學會)를 조직하여 변법(變法) 사상을 적극 선전했다. 같은 해 북경으로 가 사품경함(四品卿銜)을 받고 임욱(林旭), 양예(楊銳), 유광제(劉光弟) 등과 무술변법(戊戌變法)을 시행했으나, 서태후(西太后) 등의 정변(무술정변)에 말려 처형되었다. 무술 6군자(戊戌六君子)의 한 사람. 1897년 지은 『인학(仁學)』에 그의 사상이 잘 드러나 있으며, 유교, 불교, 도교에다 서양 사상까지 망라하여 종합적으로 통찰했다. 특히 유교의 전제 봉건적 강상(綱常)의 윤리를 비판하고 실용주의 사상을 선양했으며, 산업의 진흥과 과학의 발전을 역설했다. 저서 『담사동전집(譚嗣同全集)』.

담원춘(譚元春:1586~1637)　명대 말의 문학가. 자는 우하(友夏). 경릉(竟陵:호북성 沔陽) 출신. 시문을 잘 지었으며 종성(鍾惺)과 함께 『당시귀(唐詩歸)』『고시귀(古詩歸)』를 펴냈다. 당시의 후칠자(後七子)가 성당(盛唐)의 시만을 모범으로 삼은데 반하여, 한·위(漢魏)의 시를 좋아하고 시문의 청신성(淸新性)을 높이 평가했다. 종성과 더불어 세칭 ‘종담(鍾譚)’이라 했으며, 경릉파의 대표 인물이다. 저서 『담우하합집(譚友夏合集)』.

당(唐)　요(堯)가 다스렸다는 고대의 부락, 혹은 국가명. 도당씨(陶唐氏)가 살았다. 요의 후예인 기씨(祁氏)가 국가를 세웠다고 한다. 위치는 지금의 산서성 일대이며, 도읍은 평양(平陽:산서성 臨汾) 서남쪽. 당우시대 참조.

당(唐:617~907)　왕조명. 수(隋) 대업(大業) 13년(617) 태원(太原)의 유수(留守)인 이연(李淵:唐 高宗)이 군대를 이끌고 장안(長安:섬서성 西安)을 공격하여 이듬해 수를 멸망시키고 제위에 올라 국호를 당이라 하였다. 도읍은 장안. 2대 태종(太宗) 때부터 정치적 통일을 가져와 국세가 강성하고 경제가 번영했다. 수가 차지한 영토를 그대로 물려받은 데다 7세기 후반에는 사방으로 영토를 더욱 넓혔다. 당 중기 안사(安史)의 난 이후 중앙의 통치력이 점점 쇠미해지면서 번진세력이 할거하고, 환관이 전권을 쥐었으며, 붕당의 투쟁이 계속되었다. 건부(乾符) 원년(874) 황소(黃巢)의 난을 비롯한 대규모 농민 기의가 폭발하여 중앙의 집권 기반이 크게 흔들렸다. 문학 방면에서는 '당시(唐詩)'라는 용어가 생겨날 만큼 시가 흥성했고, 이백(李白), 두보(杜甫) 등 유명한 시인을 배출했다. 천우(天祐) 4년(907) 후량(後梁)을 세운 주온(朱溫:朱全忠)에 의해 멸망하였다. 20명의 황제가 290년간 재위.

당견(唐甄:1630~1704)　　청대 초의 사상가, 시인. 원명은 대도(大陶), 자는 주만(鑄萬), 호는 포정(圃亭). 달주(達州:사천성 達縣) 출신. 순치(順治) 14년(1657) 거인(擧人)이 되고 장자현(長子縣:산서성)의 지현(知縣)이 되었다가 파직되었다. 후에 소주(蘇州)에 기거하면서 강절(江浙) 지방을 왕래하다 만년에는 절강순무(浙江巡撫)의 휘하에서 일했다. 그의 저서 『잠서(潛書)』(원명 衡書)는 봉건 전제정치를 비판한 것으로 고금의 제왕은 모두 도적에 해당하며 인간은 평등하다는 주장을 폈다. 또 남존여비의 풍조를 반대했다. 학술상으로는 송유(宋儒)의 공담(空談)을 반대하고 부민(富民), 성관(省官), 억존(抑尊)의 개혁 주장을 내세웠다. 5언, 7언시에 능했으며, 경물(景物)을 노래하면서 우수의 감정을 기탁한 것들이 많다. 저서에 『모시전전합의(毛詩傳箋合義)』 『춘추술전(春秋述傳)』 『잠문(潛文)』 『잠시(潛詩)』 등이 있으나 일실되었다.

당고조(唐高祖:566~635)　　당(唐)왕조의 건립자(재위 618~626). 성은 이(李), 이름은 연(淵). 일찍이 부친의 작위를 이어받아 당국공(唐國公)이 되었다. 수(隋) 대업(大業) 연간에 자사(刺史), 태수(太守), 위위소경(衛尉少卿)을 지냈다. 대업 13년(617) 태원유수(太原留守)로 있을 때 진양궁(晉陽宮) 병변을 일으켜 부유수(副留守) 2명을 죽이고 장안(長安)을 탈취했다. 그후 수양제(隋煬帝)의 손자 양유(楊侑)를 제위에 올려 괴뢰정부를 만들고 자신은 당왕(唐王)이 되었다. 대업 14년 양제가 피살되자 양유를 폐위시키고 장안에서 황제에 올라 국호를 당이라 하였다. 연호는 무덕(武德). 왕조 건립 후 유흑달(劉黑達)의 기의군을 진압하는 등 각지의 의병들을 제압하고 지방 할거세력을 소멸시켰다. 무덕 7년(624) 균전제(均田制)와 조용조(租庸調)를 시행했다. 무덕 9년 6월 둘째 아들 이세민(李世民:太宗)이 현무문(玄

武門)의 난을 일으켜 태자인 이건성(李建成)을 살해하면서 그는 억지로 이세민에게 제위를 넘겨주고 태상황(太上皇)이 되었다.

당고종(唐高宗:628~83)　당(唐)의 제 3대 황제(재위 649~683). 태종(太宗)의 제 9남. 성은 이(李), 이름은 치(治). 모친은 문덕황후(文德皇后) 장손씨(長孫氏). 어릴 때부터 태송의 총애를 받았으며, 정관(貞觀) 17년(643) 태자 승건(承乾)이 무능한 탓에 폐위되자 황태자가 되었다. 정관 23년(649) 황제에 즉위했다. 균전제(均田制)를 시행하고 영업전(永業田)과 구분전(口分田)의 매매 행위를 금지시켰으며, 과거제도를 발전시켰다. 태종이 이루지 못한 정복사업을 펴 668년 고구려를 정벌하고 그곳에 안동도호부(安東都護府)를 두었다. 영휘(永徽) 4년(653)『당률소의(唐律疏議)』를 간행 반포했다고 하나 확실치는 않다. 영휘 6년 황후를 폐하고 무측천(武則天)을 그 자리에 올렸다. 돌궐(突厥), 신라, 고구려를 쳐 세력을 확장하기도 했으나 만년에 중풍을 앓고 무측천에게 정사를 맡겨 사후 무측천의 섭정을 초래한 원인이 되었다.

당고지화(黨錮之禍)　동한(東漢) 환제(桓帝) 때 환관이 조정의 전권을 쥐고 주군(州郡)의 관리 등용을 마음대로 주무르자 호족 출신 이응(李膺), 진번(陳藩) 등의 관료와 태학생 곽태(郭泰) 등이 연합하여 환관에 대응하였다. 연희(延熹) 9년(166) 환관들은 이응 등이 당인(黨人)을 만들어 조정을 헐뜯는다고 무고하였다. 이로 인해 이응 등 당인 200여 명이 체포되었다. 이듬해 이들은 모두 사면되어 고향으로 돌아갔으나 종신토록 금고(禁錮)를 당하였다. 이것이 1차 당고 사건이다. 영제(靈帝)가 즉위하고 외척 두무(竇武)가 집정하면서 두무는 이응과 진번을 기용하여 환관들을 주살할 것을 밀모하였다. 그러나 일이 누설되어 세 사람이 모두 죽고 연이어 그들의 친척 및 당인 600여명이 처형되거나 금고를 당하였다. 이것이 2차 당고 사건이다. 이로 인해 동한 왕조의 통치력이 극히 미약해졌으며, 정치는 더욱 부패해졌다. 당인들은 황건기의(黃巾起義) 발생 후 비로소 사면되었다.

당덕종(唐德宗:742~805)　당(唐)의 13대 황제(재위 779~805). 대종(代宗)의 장자. 성은 이(李), 이름은 적(適). 대종 때 천하병마원수(天下兵馬元帥)에 임명되어 노왕(魯王)에 봉해지고, 대력(大曆) 14년(779) 제위에 올랐다. 재위 초기에 양염(楊炎)을 재상으로 등용하여 양세법(兩稅法)을 시행, 국가의 재정을 튼튼히 하고, 지방 번진세력의 발호를 막아 중앙집권 기반을 다졌다. 781년 사진지란(四鎭之亂)을 초래하고 2년 후 경원(涇原)의 병변을 맞아 한때 장안을 주체(朱泚)에게 넘겨주고 봉천(奉天:섬서성)으로 피신했다. 이후 환관 세력의 발호로 실권을 박탈당했다.

당률(唐律)　　당(唐)대 법전의 총칭. 주요 법전으로는 무덕(武德) 7년(624)에 제정된 『무덕률(武德律)』, 정관(貞觀) 11년(637)에 제정된 『정관율(貞觀律)』, 영휘(永徽) 2년(651)에 제정된 『영휘율(永徽律)』, 개원(開元) 25년(737)에 제정된 『개원율(開元律)』 등이 있다. 모두 12편 500조로 되어 있다. 형명(刑名)을 태형(笞刑), 장형(杖刑), 도형(徒刑), 유형(流刑), 사형(死刑)의 5종으로 나누고, 귀족 관료들에게는 8의(八議)를 누려 면책받을 수 있는 소지를 부여했다.

당률소의(唐律疏議)　　당(唐)대의 형법전인 『당률(唐律)』의 주해서. 12편 30권. 원명은 '율소(律疏)'이나 송(宋)대에 명칭이 바뀌었다. 전통적으로 당 고종(高宗) 영휘(永徽) 4년(653) 장손무기(長孫無忌) 등이 편찬한 『영휘율(永徽律)』의 주해서로 알려져 왔으나, 근래 들어 현종(玄宗) 개원(開元) 24년(737) 이임보(李林甫) 등이 편찬했다는 설이 유력해졌다. 500조(條)로 되어 있으며, 군주의 전제정치를 다지고 봉건 윤리 및 계급제도를 공고히 하기 위한 내용이 주류를 이룬다. 중국의 고대 법전으로서 매우 중요한 가치를 지닌다.

당륵(唐勒)　　전국시대 초(楚)나라의 문인. 경양왕(頃襄王) 때 대부 벼슬을 하면서 송옥(宋玉) 등과 함께 교유했다. 사부(辭賦)에 능했으나 작품은 전해지지 않으며, 산문에 「주토론(奏土論)」 일부가 전해진다.

당명황(唐明皇) ➡ 당현종

당문수(唐文粹)　　서명. 100권. 북송 초 요현(姚鉉) 편. 당시 고문운동의 영향으로 당인(唐人)의 고문과 고체시를 엄선하여 엮었으며, 사륙문(四六文), 오칠언(五七言), 근체시는 제외시켰다. 여기서는 특히 한유(韓愈)와 유종원(柳宗元)의 작품을 높이 평가하고 있다.

당삼채(唐三彩)　　당(唐) 고종(高宗) 때부터 제작되기 시작한 일종의 채색 도기. 3색 위주이므로 이름이 붙여졌다. 납을 용매제로 하여 섭씨 800도의 낮은 온도로 구웠다. 녹황백(綠黃白) 혹은 녹황남(綠黃藍)의 세가지 기본색을 섞어 다양한 색조를 배출했다. 전대의 도기 제작 방법을 일신한 것으로 당대의 도기 예술을 대표한다.

당송팔대가(唐宋八大家) 당·송(唐宋)대의 8대 산문가. 당대의 한유(韓愈)·유종원(柳宗元), 송대의 구양수(歐陽修)·소순(蘇洵)·소식(蘇軾)·소철(蘇轍)·왕안석(王安石)·증공(曾鞏)을 가리킨다. 명(明) 초에 이들의 문장을 모아『팔선생문집(八先生文集)』을 만들면서 명칭이 붙여졌다. 명 세종(世宗) 가징(嘉靖) 연간(1522~66)에 문학가 모곤(茅坤)이『당송팔가문초(唐宋八家文抄)』를 편찬하면서 이들의 문장이 더욱 유행했다.

당순종(唐順宗:761~806) 당(唐)의 제 14대 황제. 성은 이(李), 이름은 송(誦). 재위기간 8개월. 덕종(德宗)의 장자. 779년 선왕(宣王)에 봉해진 후 동년 황태자가 되었다. 이 때 왕숙문(王叔文) 등과 개혁정치를 폈다. 그러나 중병에 걸려 벙어리가 된 채 정원(貞元) 20년(805) 제위에 올랐다. 재위시 왕숙문, 왕비(王伾), 유종원(柳宗元), 유우석(劉禹錫) 등 10인을 등용하여 개혁정책을 폈다. 탐관을 파면하고 조세를 감하며 환관의 병권(兵權)을 박탈했다. 그러나 환관 구문진(俱文珍) 등의 세력에 밀려 재위 1년도 못되어 황태자 이순(李純:憲帝)에게 억지로 제위를 물려주고 말았다.

당시삼백수(唐詩三百首) 서명. 당시(唐詩) 선본. 6권 혹은 8권. 청대 손수(孫洙:塘居士) 편. 건륭(乾隆) 연간에 완성되었다. 당(唐)대 75명의 시인 작품 310수를 수록했으며, 5언고시, 7언고시, 5언율시, 7언율시, 5언절구, 7언절구 및 악부의 체례로 나누었다. 수록 작품이 대체로 평이하고 예술성이 강하며 명편(名篇)이 많아 당시 선본 가운데 가장 유행했다. 개인의 일상 생활과 정회를 담은 내용이 다수를 이룬다.

당악(唐樂) 당(唐)조의 음악, 무도, 잡기(雜技)를 총칭하는 말. 음악에는 항상 가무가 따라다녔기 때문에 '악무(樂舞)'라고도 칭했다. 통치자의 제사용은 아악(雅樂), 연회용 악무는 연악(宴樂)이라 했다. 연악에는 중원의 정성(正聲)인 청악(淸樂), 민간의 속악(俗樂), 변경 및 이민족의 호악(胡樂) 등이 포함되어 있다. 정부는 태악서(太樂署), 고취서(鼓吹署), 교방(敎坊), 청악부(淸樂部) 등의 기구를 설치하여 악무를 관장했다.

당우시대(唐虞時代) 요(堯)와 순(舜)이 정치를 폈던 전설상의 시대. 당(唐)은 요가 다스린 부락이며, 우(虞)는 순이 다스린 부락을 가리킨다. 치세(治世)의 대명사로 불린다.

당육전(唐六典) 서명. 30권. 당(唐) 현종(玄宗) 이융기(李隆基) 찬, 이임보(李林甫) 주, 위술(韋述) 등 집필. 개원(開元) 27년(739) 경 완성.『주

례(周禮)』 가운데 「육관(六官)」의 체례를 본떠 「치전(治典)」「교전(教典)」「예전(禮典)」「정전(政典)」「형전(刑典)」「사전(事典)」의 여섯 방면으로 나누고, 현종 이전의 당(唐) 관제를 기술했다. 관직의 직분과 연혁, 원류 등에 관해 설명함으로써 관제사(官制史)를 이해하는데 도움이 되고 있다.

당인(唐寅:1470~1523)　　명대의 서화가, 문인. 자는 백호(伯虎), 자외(子畏). 호는 육여거사(六如居士), 노국당생(魯國唐生). 오현(吳縣:강소성) 출신. 악학생원(樂學生員)으로 출발하여 홍치(弘治) 11년(1498) 향시(鄕試)에 장원 급제했으나 회시(會試)에서 떨어져 이후 방탕한 생활을 하였다. 만년에 향리에 은거하면서 그림을 팔아 생계를 유지했다. 시는 백거이(白居易)를, 글은 조자앙(趙子昂)을 본받았다. 특히 그림은 주신(周臣)을 스승으로 삼아 원체파(院體派)의 유풍을 만들어냈으며, 오중사재자(吳中四才子)의 한 사람으로 불렸다. 회화 작품 「산로송성도(山路松聲圖)」「춘산반려도(春山伴侶圖)」. 저서 『육여거사전집(六如居士全集)』.

당재상(唐才常:1867~1900)　　청대 말의 혁명운동가. 자는 불승(黻丞), 호는 불진(佛塵). 호남 유양(瀏陽) 출신. 담사동(譚嗣同)과 가까이 지내면서 그와 함께 시무학당(時務學堂), 남학회(南學會)를 설립하여 「상보(湘報)」를 출간하고 변법 사상의 보급에 노력했다. 청일전쟁 때 이홍장(李鴻章)이 일본과 하관조약(下關條約)을 체결하자 이홍장을 매국노로 몰았다. 무술정변 때 일본으로 망명했다가 1899년 귀국 후 강유위(康有爲), 양계초(梁啓超) 등으로부터 군자금을 받아 상해에서 정기회(正氣會:自立會로 개칭)를 조직하고 광서제(光緖帝)의 복벽(復辟)을 추진하였다. 이듬해 자립군을 이끌고 봉기하려다 강유위와의 접선이 지연되면서 일이 누설되어 장지동(張之洞)에게 체포, 동지 20여 명과 함께 처형되었다. 저서 『당재상집(唐才常集)』.

당조명화록(唐朝名畫錄)　　서명. 1권. 일종의 회화 평론서. 당(唐) 주경현(朱景玄) 찬. 원화(元和) 연간(806~820) 완성. 신(神), 묘(妙), 능(能), 일(逸)의 4품(品)으로 나누고, 각 품마다 다시 상중하 3등(等)으로 나누어 당(唐)대 122명의 화가의 작품을 해당 품등(品等)에 귀속시키고, 겸하여 작가의 생평에 관해서도 주석을 가했다.

당태종(唐太宗:599~649)　　당(唐)의 2대 황제(재위 626~649). 성은 이(李), 이름은 세민(世民). 고조(高祖) 이연(李淵)의 둘째아들. 수(隋) 말 부

친에게 권고하여 기병하도록 하고 자신은 협객 호걸을 양성하였다. 대업(大業) 13년(617) 이연이 태원(太原)에서 기병하자 그는 우령군대도독(右領軍大都督)이 되었다. 이연이 황제에 오른 뒤 그는 진왕(秦王)에 봉해졌으며, 두건덕(竇建德), 유흑달(劉黑達) 등이 주도하는 농민 기의군을 진압하고 각지의 할거세력을 소멸시켰다. 태자인 형 건성(建成)과 동생 원길(元吉)의 시기를 받자 무덕(武德) 9년(626) 현무문(玄武門)의 변을 일으켜 그들을 죽이고 고조를 강제 폐위시킨 뒤 제위에 올랐다. 정관 4년(630) 동돌궐(東突厥)을 물리치고 이어 토욕혼(吐谷渾), 고창(高昌) 등을 정복하여 국토를 확장하였다. 제도 면에서 균전제(均田制), 조용조(租庸調), 부병제(府兵制)를 시행하고 과거제도를 실시하였으며, 여민휴식(與民休息) 등 부국강병의 정책을 폈다. 그의 훌륭한 치적을 가리켜 '정관지치(貞觀之治)'라 한다. 정관 18년 10만 대군을 이끌고 고구려를 공격했으나 실패했다. 만년에 교만 방탕해져 사회모순을 초래했다.

당현종(唐玄宗:685~762)　　당(唐)의 제 6대 황제(재위 712~756). 일명 당명황(唐明皇). 성은 이(李), 이름은 융기(隆基). 예종(睿宗)의 3남. 처음에 초왕(楚王)에 봉해졌다가 후에 임치군왕(臨淄郡王)이 되었다. 당륭(唐隆) 원년(710) 태평공주(太平公主)와 함께 정변을 일으켜 중종(中宗)의 황후인 위후(韋后)를 살해하고 부친 예종(睿宗)을 군위에 추대했다. 연화(延和) 원년(712) 황제에 오른 뒤 태평공주 및 그 추종세력을 제거하고 권력을 장악했다. 재위 초기에는 요숭(姚崇), 송경(宋璟) 등 어진 재상을 영입하여 개혁정치를 진행하였다. 가난한 백성을 구제하고 호족 세력을 억제했다. 또 둔전제(屯田制)와 부병제(府兵制)를 확대 시행하고 불교를 억제했다. 이로 인해 개원(開元) 초기 사회 경제가 크게 발전하여 개원지치(開元之治)를 이룩하였다. 개원 말 이후 천보(天寶) 연간에는 양귀비(楊貴妃)의 미색에 빠져 정치를 등한시하였으며, 이임보(李林甫), 양국충(楊國忠) 등 간신을 등용하여 정치의 부패를 가져왔다. 천보 14년(755) 안사(安史)의 난을 맞아 사천(四川) 지역으로 도망했다. 도중 마외역(馬嵬驛:섬서성 興平)에서 재상 양국충과 황후 양귀비가 피살되었다. 태자 이형(李亨:肅宗)이 대신 제위에 오른 후 지덕(至德) 2년(757) 그는 다시 장안으로 돌아왔으나 우울한 나날을 보내다 사망했다.

당회요(唐會要)　　서명. 100권. 북송 왕부(王溥) 찬. 당(唐)의 제도에 관한 역사서. 건륭(建隆) 2년(961) 완성. 당 소면(蘇冕)의 『회요(會要)』, 최현(崔鉉) 등의 『속회요(續會要)』를 대본으로 하고, 기타 당 선종(宣宗) 때부터 당 말까지의 역사 사실을 보충하였다. 제계(帝系), 예(禮), 궁전(宮殿), 여복(輿服), 악(樂), 학교(學校) 등 13류(類) 592목(目)으로 분류하였다. 당(唐)대의 정치, 경제, 문화 등 전장(典章)제도 및 그 연혁 등을 상세히 서술하였다.

대(代)　　오호십육국 시대의 국가명. 서기 315년 서진(西晉)의 민제(愍帝)가 선비족의 탁발의로(拓跋猗盧)를 대(代)국의 왕에 책봉하면서 성립되었다. 평성(平城·산서성) 일대에 거점을 정하였다. 376년 전진(前秦)에 의해 멸망하였다. 6명의 군주가 61년간 재위.

대각(臺閣)　　관서명. 일명 상서대(尙書臺). 동한(東漢) 때 황제의 권한을 강화하기 위하여 상서(尙書)로 하여금 직접 정무를 처리하도록 하고, 이를 상서대라 했다. 이로 인해 3공(三公)의 권한이 상대적으로 낮아졌다. 상서대는 궁내에 설치되었으므로 대각이라 칭하기도 하였다.

대각체(臺閣體)　　명대 선덕(宣德:1426~35)·성화(成化:1465~87) 연간에 상층 관료들을 중심으로 형성된 일종의 문체. 서술이 평온하고 형식이 전아공려(典雅工麗)하며, 내용은 태평 세월과 통치자의 공덕을 칭송한 것들이 많다. 내각대학사(內閣大學士)로 있던 양사기(楊士奇) 등이 기풍을 창시했으며, 대표 인물로는 양사기 외에 양영(楊榮), 양부(楊溥) 3양(楊)이 있다.

대계문화(大溪文化)　　중국 신석기시대 말기의 문화. 사천성(四川省) 무산현(巫山縣) 대계에서 발견되었다. 돌도끼, 돌칼, 돌화살촉을 비롯해 짐승의 뼈로 만든 창과 바늘 등이 출토되었다. 당시 농업과 더불어 어업, 수렵활동이 활발했음을 보여준다.

대고전투(大沽戰鬪)　　대고는 하북성 백하(白河) 하구에 있으며, 북경과 천진으로 통하는 해상 관문이자 군사전략상 요충인 항구이다. 함풍 8년(1858) 제2차 아편전쟁 때 영·불 연합군이 이곳에 침입, 참장(參將)인 사춘원(沙春元)이 전사하고 총독 담정양(譚廷襄)이 도주했다. 이곳과 함께 천진도 함락되어 청 정부는 연합군과 천진조약을 체결했다. 이후 청 정부가 천진조약을 파기하려 하자 함풍 9년 연합군은 다시 대고로 쳐들어왔다. 이 때 명장 승격림심(僧格林沁)이 이끄는 부대가 강력한 저지 투쟁을 벌여 적 군함 10여 척을 침몰시켰다. 연합군은 뒤늦게 미국도 가담시켰으나 청의 항전에 밀려 철수했다. 당시 두드러게 활약한 청나라 장수는 제독 사영춘(史榮椿)이다. 대고는 이듬해 막대한 군대을 이끌고 재침한 연합군에 함락되었다.

대규(戴逵:약 325~약 395) 동진의 조각가, 화가. 자는 안도(安道). 관직을 마다하고 학문에만 몰두했다. 조각에 탁월한 재능을 보여 산음(山陰: 절강성 紹興) 영보사(靈寶寺)의 무량수불상(無量壽佛像)을 제작하였다. 한대의 조악한 불상 제작 방법에서 탈피하여 작품이 매우 섬세하고 생동감 넘치는 것으로 평가되고 있다. 인물, 산수, 동물 등도 동적인 기법으로 그려내 산수화의 선구적 역할을 하였다. 작품「삼마백락도(三馬伯樂圖)」「손작고사도(孫綽高士圖)」「칠현도(七賢圖)」「아곡처녀도(阿谷處女圖)」「오중계산읍거도(吳中溪山邑居圖)」「남도부도(南都賦圖)」 등.

대금(大金) ➡ 후금

대남인(臺南人) 중국 구석기시대 말기의 원시인류. 대만 대남현(臺南縣)에서 원시인류의 머리뼈 화석이 발견되었다. 중기 신생인류에 해당하며 약 1만~3만년 전에 생존한 것으로 추정된다.

대당서역기(大唐西域記) 서명. 12권. 지리 견문록. 당(唐)대의 승려 현장(玄奘)이 구술하고 변기(辯機)가 집필했다. 정관(貞觀) 20년(646) 완성. 현장이 정관 5년(631)부터 19년(645)까지 불경을 구하러 인도에 다녀오면서 도중에 지나온 110여개 국가와 나머지 전해 들은 28개 국가의 사정을 적었다. 대상 지역은 이란, 지중해 동안, 중앙아시아, 아프가니스탄, 인도네시아 등이며, 산천, 산물, 기후, 도시, 도로, 풍속, 문화, 종교, 정치, 경제 등 다방면에 걸쳐 언급했다. 일부 미신적인 요소까지 포함시켰으나, 특히 이곳의 역사적 자료가 드문 현실에서 사료로서의 가치가 매우 높다.

대당창업기거주(大唐創業起居注) 서명. 3권. 당(唐)대 온대아(溫大雅) 저. 당 고조(高祖) 이연(李淵)이 수(隋)를 멸하고 당 왕조를 건립하기까지 357일간의 사적을 기술했다. 작자는 이연의 당 왕조 창업에 직접 관여했으므로 기록 내용이 비교적 사실에 부합한다. 당 왕조의 창업사를 연구하는데 중요한 자료이다.

대덕(戴德) 서한(西漢)의 경학가(經學家). 자는 연군(延君). 신도왕(信都王) 태부(太傅)를 지내다가 선제(宣帝) 때 박사(博士)가 되었다. 금문예학(今文禮學)의 연구에 전념하여 제가(諸家)의 예(禮)에 관한 글을 모아 『대대예기(大戴禮記)』 85편을 편찬했다.

대량조(大良造) 관직명. 전국시대 초기 진(秦)의 최고 관직. 군정 대권을 장악했다. 작위명을 나타내기도 하는데, 예로 진(秦)의 상앙(商鞅) 변법에서는 20등작(等爵)을 제정해 16등급에 대량조를 두었으며, 대상조(大上造)라 칭하기도 했다.

대력십재자(大曆十才子) 당(唐) 대종(代宗) 대력(大曆) 연간(766~779)의 시인 노륜(盧綸), 길중부(吉中孚), 전기(錢起), 이가우(李嘉祐), 이익(李益) 등 10명을 일컫는 말. 시연(侍宴)·응수(應酬)시가 많다. 현실을 대변하는데 주저했으며, 산천, 전원, 자연 풍물을 묘사하는데 주력했다. 예술성은 있으나 사상·내용 면에서는 공허했다.

대명률(大明律) 서명. 명대의 법전. 명 태조(太祖)와 신하들이 제정하였다. 주원장(朱元璋) 원년(1367)에 기초를 닦고 홍무(洪武) 6년(1373) 갱정(更定)하였으며, 이후 홍무 30년 천하에 반포하였다. 이(吏), 호(戶), 예(禮), 병(兵), 형(刑), 공(工)의 6부(部)로 나누어 첫머리에 명례율(名例律)을 신설한 뒤 각 부의 율(律)을 정하여 7율로 만들었다. 『당률(唐律)』과 비교할 때 지배계급과 피지배계급간 종속관계를 약화시킨 반면 집권 통치 기반은 강화했으며, 형벌도 세분화되고 더욱 엄격해졌다. 연좌제의 범위를 확대하고 붕당의 결성에 대해서도 용서하지 않았다. 『당률』과 함께 법전의 존엄성이 크게 인정되었다. 조선에도 큰 영향을 끼쳤으며, 조선 태조 때 이를 이두로 번역한 『대명률직해(大明律直解)』가 만들어졌다.

대명회전(大明會典) 서명. 법전. 초간본은 명(明) 홍치(弘治) 10년(1497) 서부(徐溥) 등이 칙명을 받아 5년 후 완성했으며, 정덕(正德) 5년(1510) 간행했다. 명칭은 『정덕회전(正德會典)』. 180권. 가정(嘉靖) 28년 53권의 수정본을 만들고, 만력(萬曆) 15년(1587) 장거정(張居正) 등이 중수하여 280권의 『만력중수회전(萬曆重修會典)』을 만들었다. 「제사직장(諸司職掌)」을 편집의 기초로 삼고, 「대고(大誥)」「대명령(大明令)」「대명집례(大明集禮)」 등 10여 종을 참고하였다. 6부(部)를 강(綱)으로 삼아 각 행정기구의 직분, 사례(事例) 및 관복(冠服), 의례(儀禮) 등을 서술했다. 명대의 전장제도를 가장 상세하게 설명한 책이다.

대문구문화(大汶口文化) 중국 신석기시대 말기의 문화. 산동성 태안현(泰安縣) 대문구촌에서 발견되었다. 정련된 마제석기와 골식(骨飾), 골침(骨針) 등이 발굴되었다. 출토된 도기도 백도, 흑도, 홍도, 회도 등 다양한 색조와 함께 여러 형태를 띠고 있어 수공업이 발달하고 예술감각도 비교적 높았던 것으로 추측된다. 청련강문화의 영향을 받았으며, 용산문화의 연원이 되었다. 약 4천~5천년 전에 번성했으며, 부계 위주의 사회였다.

대발(戴勃)　동진의 화가. 대규(戴逵)의 아들. 벼슬에 나아가지 않고 부친과 함께 미술에 심취했다. 산수화에 능했다. 작품「구주명산도(九州名山圖)」「진시황동유도(秦始皇東遊圖)」.

대복고(戴復古：1167~?)　남송의 시인, 사인. 자는 식지(式之), 호는 석병(石屛). 황암(黃巖：절강성) 출신. 일생 동안 벼슬을 하지 않고 강호를 여행하며 지냈다. 육유(陸游)의 시를 배웠으며, 강서시파(江西詩派)와 만당(晚唐) 시풍의 영향을 받았다. 시작 경향은 현실주의 색채가 짙으며, 통치집단의 모순을 고발한 것도 있다. 강호파(江湖派)의 대표 시인이다. 저서『석병신어(石屛新語)』『석병집(石屛集)』『석병사(石屛詞)』.

대부(大夫) → 경대부 참조

대사공(大司空)　관직명. 한(漢) 성제(成帝) 때 어사대부(御史大夫)를 대사공으로 개칭했다. 동한 때 다시 사공(司空)으로 개칭. 대사도(大司徒), 대사마(大司馬)와 더불어 삼공(三公)으로 불렸다. 명·청 때는 공부상서(工部尙書)의 별칭으로 쓰였다.

대사도(大司徒)　관직명. 한(漢) 애제(哀帝) 때 승상직을 폐지하고 대사도를 두었다. 동한 때 사도(司徒)로 개칭. 삼공(三公)의 하나.

대사마(大司馬)　관직명. 군대를 다스리는 직책을 맡았다. 서한(西漢) 무제(武帝) 때 처음 설치. 동한(東漢) 초에는 삼공(三公)의 하나에 속했으며, 태위(太尉)로 개칭했다. 동한 말 태위와 별도로 대사마를 설치했다. 위진(魏晋) 때는 서열이 삼공의 위였으며, 이후 시대에 따라 여러번 존폐를 겪었다. 명청(明淸) 대에는 병부상서(兵部尙書)의 별칭으로 쓰였다.

대성(臺省)　관직명. 한(漢)대에 처음 설치. 당(唐)대에는 상서성(尙書省)이 중대(中臺)가 되었고, 문하성(門下省)이 동대(東臺), 중서성(中書省)이 서대(西臺)가 되어 이를 대성으로 총칭하였다. 또 3성(三省)과 어사대(御史臺)를 합하여 대성이라 부르기도 했다.

대숭(戴嵩)　당(唐)대의 화가. 덕종(德宗) 때 절동서관찰사(浙東西觀察使)로 있던 한황(韓滉)이 그를 순관(巡官)에 임명했다. 이 때 한황을 사사하여 그림을 배웠다. 전원의 풍경과 더불어 소의 그림을 잘 그렸다. 특히 소 그림은 뛰어 달리는 모습, 싸우는 모습, 누워 쉬는 모습 등을 생동감 넘치게 표현하여 당시 말을 주로 그렸던 한간(韓幹)과 함께 세칭 '한마대우(韓馬戴牛)'라 불렸다. 작품 「삼우도(三牛圖)」「귀목도(歸牧圖)」 등.

대연력(大淵曆)　　당(唐)대에 생겨난 역법. 승려 일행(一行)이 현종(玄宗)의 명을 받아 개원(開元) 15년(727) 완성했다. 수(隋)대에 생긴 황극력(黃極曆)을 기초했다. 일행은 부등간거이차내삽법(不等間距二次內揷法)을 개발하여 태양의 운동을 계산하고, 이로써 지구가 태양 주위를 운행할 때의 속도 변화 체계를 파악하여 비교적 정확한 정기(定氣)의 개념을 제시했다. 이는 명(明)대에 서양의 역법이 들어오기 전까지 중국에서 사용된 각종 역법의 기초가 되었다.

대원(大宛)　　고대 서역국가명. 중앙아시아에 위치. 서한(西漢) 초 인구는 6만호 30만 명이었으며, 성곽을 쌓고 농업·목축업을 발달시켰다. 벼, 보리, 포도, 한혈마(汗血馬)가 생산되었다. 장건(張騫)이 서역을 개척한 후 한(漢)나라와 밀접한 관계를 맺었다. 당(唐)대에 국명을 영원(寧遠)이라 불렀으며, 당 현종(玄宗)은 종실녀(宗室女)를 '화의공주(和義公主)'라 칭하여 그 왕에게 시집보냈다.

대월지(大月氏)　　고대 서역지방의 국가 혹은 부족명. 약칭 월지(月氏). 한 문제(文帝) 초 인구 수가 약 40만이었으나 흉노에 밀려 거주지인 돈황(敦煌)과 기련산(祁連山)에서 이리강(伊犁江) 유역으로 옮겨 유목 생활을 했으며, 다시 오손(烏孫)의 공격을 받고 대하(大夏:현 아프가니스탄)로 옮겼다. 한 무제(武帝) 때 장건(張騫)이 이곳에 들르면서 한나라와 밀접한 관계를 유지했다.

대전(大篆)　　일명 전주(篆籒). 중국 고대의 서체. 주(周) 선왕(宣王) 때 태사(太史) 주(籒)가 만들었다고 한다. 갑골문(甲骨文), 금문(金文), 주문(籒文) 및 춘추전국시대에 사용된 각국의 문자를 일컫는다. 주문만을 가리키기도 한다.

대진(大秦)　　고대 서역 국가명. 중국의 왕조마다 지칭하는 곳이 약간 다르다. 한(漢)대에는 로마의 동방 영토였던 시리아, 메소포타미아 지역을 가리켰으며, 당(唐)대에는 크리스트교의 중심지를, 송(宋)대에는 바그다드를 중심으로 한 압바스 왕조를 가리켰다. 한 화제(和帝) 때 서역도호(西域都護)인 반초(班超)가 감영(甘英)을 이곳에 사신으로 보낸 바 있다. 환제(桓

帝) 연희(延熹) 9년 대진왕 안돈(安敦:마르쿠스 아울렐리우스)의 사신이 동한에 왔으며, 진 무제(晉武帝) 때에도 사신이 다녀갔다.

대진(戴進:1388~1462) 명대의 서화가. 자는 문진(文進), 호는 정암(靜庵). 전당(錢塘:절강성 杭州) 출신. 선덕(宣德) 연간(1426~35)에 대조(待詔)의 관직을 얻어 궁정에서 활약했다가 시기를 받고 낙향했다. 산수화와 인물화를 잘 그렸으며, 임모(臨摹)의 방법에 능했다. 명대 원체(院體)화단의 대표인물이며 '절파(浙派)'에 속했다. 작품 「삼고초려도(三顧草廬圖)」「풍우귀주도(風雨歸舟圖)」 등.

대진(戴震:1724~77) 청대의 고증학자, 사상가. 자는 신수(愼修), 동원(東原). 휴령(休寧:안휘성) 출신. 가난한 가운데 강영(江永)을 사사하며 경학을 배웠고, 이후 북경(北京), 산서(山西), 강절(江浙) 일대를 왕래하며 서생들을 가르쳤다. 한때 금화서원(金華書院)에서 강학했다. 거인(擧人)이 된 후 끝내 진사에 오르지 못했으나, 건륭(乾隆) 40년(1775) 명에 의해 진사 출신의 대우를 받고 서길사(庶吉士)의 관직으로 『사고전서(四庫全書)』 편찬에 참여했다. 유물주의 사상에 접근하여 '기(氣)'를 중시하고 '이(理)' 중심의 정주학(程朱學)에 반대했다. 고증을 통해 경서를 해석하되 법칙을 세워 논리를 전개해 가는 건가(乾嘉) 고증학파중 환파(晥派)의 대표 인물이다. 저서 『맹자자의소증(孟子字義疏證)』『모정시고(毛鄭詩考)』『성운고(聲韻考)』『책산(策算)』.

대청일통지(大淸一統志) 서명. 청대의 전국 총지(總志). 청대에는 『일통지(一統志)』를 3차례에 걸쳐 편찬했는데, 첫번째 찬수본은 강희(康熙) 25년(1686) 진정경(陳廷敬), 서건학(徐乾學) 등이 주관하여 건륭(乾隆) 8년(1743) 완성한 342권 짜리이다. 두번째 찬수본은 건륭 29년 시작하여 동 49년 완성한 424권 짜리이고, 『사고전서(四庫全書)』에도 실려 있다. 세번째 찬수본은 가경(嘉慶) 16년(1811) 시작하여 도광(道光) 22년(1842) 완성한 560권 짜리이다. 세번째 찬수본이 가장 완정된 것이며, 일명 『가경중수일통지(嘉慶重修一統志)』라 한다. 이는 가경 이전의 청왕조 전 영토 내 행정구역 개황을 서술한 것으로 경사(京師)를 비롯하여 직예(直隸), 성경(盛京), 강소(江蘇), 안휘(安徽), 산서(山西), 산동(山東), 하남(河南), 귀주(貴州), 신강(新疆), 몽고(蒙古) 등 22개 통부(通部) 및 청해(靑海), 서장(西藏) 지구로 구성되어 있다. 각 통부는 먼저 지도를 싣고 설치 연혁표, 총서(總

敍), 개황 등을 차례로 실었다. 통부 아래 부(府), 직예청(直隷廳), 주(州)로 나누고, 관할 구역, 연혁, 지형, 풍속, 학교, 호구 등 25목(目)에 걸쳐 기술했다.

대청회전(大淸會典)　청대의 행정조직에 관한 법령을 수록한 책. 일명 『청회전(淸會典)』. 원명은 『흠정(欽定)대청회전』. 강희(康熙) 29년(1690) 관에서 편수했다. 162권으로 되어 있으며, 각급 행정기구의 편제, 직무범위, 고사 사례(事例) 등을 실었다. 이후 4차례의 수정 편찬이 이어졌는데, 1833년의 『옹정(雍正)회전』 250권, 1763년의 『건륭(乾隆)회전』 280권(회전 100권, 則例 180권), 1818년의 『가경(嘉慶)회전』 80권(회전 80권, 사례 920권), 1899년의 『광서(光緖)회전』 100권(회전 100권, 사례 1,220권)이 그것이다. 『광서회전』이 현재 통용된다.

대풍가(大風歌)　한고조(漢高祖) 유방(劉邦)이 지은 시가(詩歌). 유방이 영포(英布)의 반란을 평정한 후 돌아오는 길에 고향인 패현(沛縣)에서 불렀다. 원문은 '大風起兮塵飛揚 威加海內兮歸故鄕 安得猛士兮守四方'.

대하(大夏)　고대 서역지방의 국가명. 박트리아. 지금의 아프가니스탄 영내에 위치했다. 서한(西漢)시대에 장건(張騫)이 서역을 개척할 당시 이곳을 다녀갔으며, 한나라는 이곳에서 석류를 수입했다.

대학(大學)　서명. 본래 『예기(禮記)』의 한 편명이었으나 송(宋)대에 『중용(中庸)』편과 더불어 독립된 서명으로 자리잡았고, 『논어(論語)』『맹자(孟子)』『중용』과 함께 사서(四書)라 일컬어졌다. 고본대학(古本大學), 석경대학(石經大學), 이정대학정본(二程大學定本) 세 종류가 있었으며, 현재 통용되는 것은 이정대학본이다. 송대에 정이천(程伊川)이 차서(次序)를 바로잡고 주희(朱熹)가 장구(章句)를 정했다. 경(經) 1장과 전(傳) 10장으로 이루어졌으며, 경은 공자(孔子)의 말을 제자인 증자(曾子)가 기술한 것이고, 전은 경에 대한 증자의 뜻풀이를 문인들이 기록한 것이라고 한다. 학문의 목적이 천하 만물의 덕(德)을 밝히는 일이라는 전제 아래 인간의 수신·제가·치국·평천하와 그 기본바탕인 격물치지(格物致知) 등에 관해 논했다.

대학연의보(大學衍義補)　서명. 160권. 명대 구준(丘濬) 찬. 송대 진덕수(陳德秀)의 『대학연의(大學衍義)』를 보완한 것이다. 정조정(正朝廷), 정백관(正百官), 고방본(固邦本), 제국용(制國用), 명예악(明禮樂), 질제사(秩

祭祀), 숭교화(崇教化) 등 12목(目)으로 분류하여 유가 치국평천하에 관한 논의를 집대성하였다.

도가(道家)   춘추전국시대에 발생한 학술 사상, 혹은 그 유파. 대표적 사상가로는 노자(老子)와 장자(莊子), 열자(列子)가 있다. 도(道)를 우주 질서의 원리로 보고 무위자연(無爲自然)을 주장하였다. 도가사상은 노장(老莊)사상이라고도 불리며, 한(漢)대의 황로(黃老)사상과 도교(道敎)의 홍성에 큰 영향을 끼쳤다.

도강언(都江堰)   사천성 관현(灌縣)의 민강(岷江)에 설치된 제방. 전국시대 진(秦)나라의 촉군(蜀郡)군수인 이빙(李氷)과 그 아들이 B.C 251년 경 축조했다. 하저를 내강(內江)과 외강(外江)으로 분리하여 경계를 쌓았다. 내강은 관개용수이며 외강은 홍수조절 기능을 한다. 제방 안쪽에는 수위를 측정할 수 있도록 표시를 해 놓았다. 홍수 방지, 선박 운항, 주변 성도평원(成都平原)에의 농업용수 공급 등 다목적용으로 만들어졌다. 수차례의 보수를 거쳐 현재까지 잘 보존되어 있다.

도거(道擧)   당(唐)대 과거 과목 중 하나. 개원(開元) 29년(741) 처음 설치되었다. 『노자(老子)』『장자(莊子)』『문자(文子)』『열자(列子)』 등 도가(道家)의 저작을 가지고 시험을 치렀다.

도광제(道光帝:1782~85)   청의 제8대 황제. 선종(宣宗). 성은 아이신교료[愛新覺羅], 이름은 민녕(旻寧). 1820년 제위에 올라 연호를 도광(道光)이라 했다. 통치 기간 동안 정치가 부패되고 영국으로부터 아편을 대량 수입하는 바람에 은값이 폭등하여 각지에서 민중 봉기가 일어났다. 도광 20년(1840) 영국과의 아편전쟁에서 패하고 굴욕적인 남경(南京)조약을 체결했으며, 이로 인해 정치, 외교, 경제면에서 심한 타격을 받았다.

도교(道敎)   고대의 민간 신앙을 중심으로 발생한 종교. 내세보다는 현세의 행복을 추구하고 불로장생을 기원한 현실주의적 종교이다. 영단(靈丹)에 의한 탈태환골(奪胎換骨) 등 신선술에 바탕을 두고, 역학(易學), 복서(卜筮), 무축(巫祝), 음양학, 오행설, 참위설, 주술, 방술(方術)과 같은 민간신앙의 일부와 유가, 도가 등의 사상을 가미했다. 후한 말부터 삼국시대, 위진남북조시대에 성행했으며, 당(唐)대에는 교단이 황실의 보호를 받기도 했다. 교파로 성립한 것은 후한 말 오두미도(五斗米道)가 처음이며, 북위(北魏)의 신천사도(新天師道), 금(金)의 전진교(全眞敎)와 정일도(正一道)

등이 있다.

도덕경(道德經)　　서명. 『노자(老子)』『노자도덕경(老子道德經)』『노자오천문(老子五千文)』『덕도경(德道經)』 등으로도 불린다. 춘추시대 말기 노자(老子:老聃)가 짓고 전국시대 도가(道家)의 추종자가 엮은 것으로 알려지고 있다. 「도경(道經)」과 「덕경(德經)」의 상하 2편으로 나뉘며, 도와 덕에 관한 노자의 사상이 5천여 자에 담겨 있다. 내용은 천지의 개벽 이전부터 도가 존재해 있으며, 영원 불변의 도가 형상으로 지음받아 덕의 형태로 나타난다는 이른바 도와 덕의 실체를 개념짓고, 이를 인간을 비롯한 만물의 모든 활동과 관련지었다. 즉 도와 덕은 인간의 내면세계에 존재한다고 보고, 이를 파악하기 위해서는 사고의 기저를 청정무위(清淨無爲), 무념무상(無念無想)에 두어야 한다고 하였다. 책의 내용중 무위이치(無爲而治), 무위자화(無爲自化)의 사상은 도가뿐 아니라 도교(道敎)의 주요 이론 바탕이 되었다. 『장자(莊子)』와 더불어 도가의 양대 경전으로 꼽힌다.

도르곤〔多爾袞〕 ➡ 예친왕

도무제(道武帝) ➡ 탁발규

도사(陶謝)　　동진(東晋) 말 송(宋) 초의 문인 도연명(陶淵明)과 사령운(謝靈運)을 일컫는 말. 두 사람은 공통적으로 자연을 소재로 작품을 썼으며, 도연명은 전원시인으로, 사령운은 산수시인으로 이름이 나 있다.

도안(道安:314~85)　　동진의 승려, 불교이론가. 성은 위(衛). 일생 동안 반야학(般若學)을 연구하여 반야학파 '본무종(本無宗)'의 대표인물이 되었다. 승려들은 속세의 성(姓)을 버리고 불가의 성을 따라야 한다고 주장하였다. 제자 혜원(慧遠), 법우(法遇) 등을 파견하여 각지에 불교를 전파하였다. 불경목록서인 『종리중경목록(綜理衆經目錄)』을 편찬하였다. 저서에 『성공론(性空論)』『실상론(實相論)』이 있고, 『도행품경(道行品經)』 등 22권의 불경에 주석을 달았다.

도연명(陶淵明:365~427)　　동진의 전원시인. 일명 도잠(陶潛). 자는 원량(元亮). 심양(尋陽) 시상(柴桑:강서성 九江) 출신. 29세에 관직에 나아가 좨주(祭酒), 참군(參軍)을 지냈으나 부패된 관료 세계에 염증을 느껴 사직했다. 이후 41세에 다시 팽택현령(彭澤縣令)이 되었으나 재임 80여일만에 "오두미(五斗米) 때문에 허리를 굽신거릴 수는 없다"며 관직을 버리고 농사를 지으며 일생을 전원에서 생활하였다. 그의 작품은 어두운 현실 세계를 풍자 비판하거나 전원의 평화로운 풍경을 묘사한 것들이 대부분이다. 특히 대부분의 창작 의욕을 전원을 묘사하는데 쏟아 시마다 한폭의 농촌, 전원 풍경을 보는 것같다는 평을 받고 있다. 위·진시대의 최고 시인이며, 중국 시가사상 이백(李白)과 두보(杜甫)에 버금가는 위대한 시인으로 꼽힌다. 대표시작으로는 「음주(飮酒)」「귀원전거(歸園田居)」「독산해경(讀山海經)」이 있고, 사부(辭賦)로「귀거래사(歸去來辭)」가 있다. 산문으로「도화원기(桃花源記)」를 남겼다.

도위(都尉)　관직명. 지방관. 전국시대에 처음 설치되었다. 진(秦)대에는 군위(郡尉)로 칭했다가 서한(西漢) 때 도위로 개칭했다. 군수(郡守)를 보좌하면서 군사(軍事)를 맡았다.

도잠(陶潛) ➡ 도연명

도점검(都點檢)　관직명. 오대 후당(後唐) 때 황제가 순행 혹은 출정할 경우 임시로 대내도점검(大內都點檢)의 직을 설치하였다. 후주(後周) 세종(世宗) 때 정식 관서로서 전전사(殿前司)를 설치하고 장관에 도점검, 부장관에 부도점검을 두었다. 지위는 도지휘사(都指揮使)보다 한 단계 높았다. 송 초에 폐지되었으며, 요(遼)·금(金)대에 다시 설치하여 친군(親軍)을 관리하였다.

도종의(陶宗儀)　원말 명초의 학자. 자는 구성(九成), 호는 남촌(南村). 원대에 과거 응시에서 여러번 낙방한 후 학문에만 몰두하고 조정의 부름에 나아가지 않았다. 송강(松江)에 은거하며 농사를 지었다. 틈틈이 나무 잎사귀에 글을 적어 만들었다는 『철경록(輟耕錄)』 30권이 유명하다. 이는 역사 기록 외에 소설, 시사(詩詞), 서화, 희곡 등에 관한 논의를 담은 것이다. 저서 『서사회요(書史會要)』는 상고시대 이후 원대까지 서예가들의 소전(小傳)을 담은 것으로 전인들의 서예 이론에 관한 총결이라 할 수 있다. 기타 저서 『사부비유(四部備遺)』『설부(說郛)』『초망사승(草莽史承)』『고각총초(古刻叢抄)』『유지속편(游志續編)』『남촌시화(南村詩話)』 등. 시집 『남촌시집(南村詩集)』.

도지휘사사(都指揮使司)　관서명. 약칭 도사(都司). 명대에 각 지방 위소(衛所)의 군정(軍政)을 담당하는 상설 통치기구로 설치했다. 당시 포정사사(布政使司), 안찰사사(按察使司) 등과 함께 지방의 군정, 민정(民政), 형옥(刑獄)을 분장했는데, 그 가운데 군정을 맡았다. 관직으로는 장관인 도지휘사(都指揮使:정2품) 1명, 도지휘동지(都指揮同知:종2품) 2명, 도지휘첨사(都指揮僉事:정3품) 4명을 두었으며 그 아래 도사(都事), 단사(斷事), 부단사(副斷事), 이목(吏目), 사옥(司獄) 등이 있었다. 체제가 포정사사, 안찰사사와 비슷했으며, 이들을 합쳐 삼사(三司)라 불렀다.

도찰원(都察院) 관서명. 명·청 시대의 중앙 감찰기구. 명 홍무(洪武) 15년(1382) 기존 어사대(御史臺)를 개칭했다. 장관은 좌우 도어사(都御史)로서 6부(部)와 함께 7경(卿)이라 일컬어졌다. 그 아래 부도어사(副都御史), 첨도어사(僉都御史), 13도(道) 감찰어사(監察御史)를 두었다. 백관의 비리를 탄핵하고 백성의 원옥을 풀어주며 각 도를 감독했다.

도폐(刀幣) 춘추전국시대 제(齊)·연(燕)·조(趙)나라에서 통용된 화폐. 칼날 모양이며 윗면에 주조한 지방의 명칭 등이 새겨져 있다.

도학(道學) ➜ 이학

도호부(都護府) 당(唐)대에 속지(屬地) 이민족을 경략하기 위해 현지에 설치한 행정기구. 해당 지역의 최고 통치기구였으며, 그 아래에 주(州) 단위의 도독부(都督府)와 기미주(羈縻州)를 두었다. 당시 대표적인 6도호부로는 안동(安東), 안서(安西), 안남(安南), 안북(安北), 북정(北庭), 선우(單于)도호부가 있었다. 이에 앞서 서한(西漢) 선제(宣帝)는 흉노 통치를 위해 서역도호부를 설치한 바 있다.

도홍경(陶弘景:456~536) 남조시대 제(齊)·양(梁)간의 도사(道士), 본초(本草)학자. 자는 통명(通明), 호는 화양은거(華陽隱居). 독서량이 만권에 달했다고 한다. 갈홍(葛洪)이 지은 『신선전(神仙傳)』의 영향을 받아 벼슬을 버리고 산속에서 도술을 배웠다. 후에 양(梁) 소연(蕭淵)의 총애를 받아 국가의 길흉대사에 조언을 해주었다. 이로 인해 '산중재상(山中宰相)'이란 칭호를 얻었다. 의학 중 특히 본초학에 관심을 가져 『본초경집주(本草經集注)』를 펴냈다. 또 약재의 분류방법을 정하여 한의학의 체계화에 일조하였다. 이밖에 금속의 합금 등 연단술에도 능했다. 저서 『고금도검록(古今刀劍錄)』『진고(眞誥)』『양생연명록(養生延命錄)』.

도화원기(桃花源記) 산문의 편명. 동진(東晋) 도연명(陶淵明)의 작품. 한 어부가 난을 피해 도화원에 들어갔다가 그곳 사람들이 세상사의 모든 고통을 잊고 유토피아 세상에서 살고 있음을 목격한 내용을 서술했다. 근심 많은 속세 생활에 지친 작자가 이상향을 찾아 가고자 하는 염원이 담겨 있으며, 일종의 현실 불만을 표출한 것이다. 작자의 풍부한 상상력과 질박한 문자 운용이 돋보인다. 아름다운 문장에 낭만적인 색채가 강해 후세에 널리 애송되었다.

독발오고(禿髮烏孤:?~399)　오호십육국 시대 남량(南凉)의 건립자(재위 405~413). 선비족. 처음에 하서(河西)지방의 선비족의 영수였다기 394년 후량(後凉) 여광(呂光)이 봉한 관작을 받아 주변 지역을 병탄한 후 397년 서평왕(西平王)에 올랐다. 후에 무위왕(武威王)으로 개칭했다.

돈황문서(敦煌文書)　돈황석굴에서 발견된 진(晋)·당(唐)대의 문서. 종교 서적과 화본(話本), 운서(韻書) 등이 주류를 이루며, 내용은 문학, 예술, 종교, 언어, 경제, 법률, 군사 등을 망라한다.

돌궐(突厥)　고대 부족명. 5세기 중엽 유연(柔然)에게 정복되어 금산(金山:阿爾泰山)으로 강제 이주했으며, 유연의 단노(鍛奴:일명 鐵奴)가 되었다. 6세기 이후 세력이 강대해져서 서위(西魏) 문제(文帝) 때(546) 부족의 수령인 토문(土門)이 철륵(鐵勒)을 격파하고 5만 여 부락을 흡수하였다. 서위 폐제(廢帝) 원년(552) 토문은 유연을 격파하고 자칭 이리칸[伊利可汗]이 되었으며, 정식으로 정권을 세웠다. 이때부터 영토확장에 나서 동으로 요해(遼海) 서쪽부터 서쪽으로 남해(南海:지금의 里海)까지 만리에 이르고, 남쪽으로 사막에서부터 북쪽으로 북해(北海:貝加爾湖)까지 5천~6천리에 달했다. 문자를 창조하고 형법, 세법 등을 만들었다. 수(隋) 개황(開皇) 2년(582) 동돌궐과 서돌궐로 분열되었다. 동돌궐은 수대 이후 세력을 크게 확장하던 중 630년(당 貞觀 4년) 이정(李靖), 이적(李勣) 등이 이끄는 당군에 패해 멸망했다. 682년(당 永淳 원년) 다시 독립하여 745년(당 天寶 4년) 위구르에 의해 멸망했다. 서돌궐은 당과 인도, 동로마를 잇는 교통 요지를 장악하여 경제적 융성을 가져왔으나 642년(정관 16년)부터 당나라의 침입을 받아 657년(당 顯慶 2년) 멸망하여 당의 기미주(羈縻州)가 되었다.

동관(童貫:1054~1126)　북송 말의 환관. 자는 도부(道夫). 개봉부(開封府:하남성 開封縣) 출신. 휘종(徽宗)의 총애를 받고 재상 채경(蔡京)과 결탁하여 권력을 쥐었다. 백성의 토지를 빼앗는 등 권력을 이용하여 재물을 착취하였다. 금(金)과 연합하여 요(遼)를 침공했으나 도처에서 패하여 겨우 연경(燕京)의 수주(數州)를 얻었다. 선화(宣和) 7년(1125) 북송이 금의 공격을 받았을 때 개봉부의 수비를 맡았으나 휘종을 따라 도주하여 천하의 원망을 샀고, 흠종(欽宗) 즉위 후 살해되었다. 당시 6적(賊)의 하나로 낙인찍혔다.

동관한기(東觀漢記)　　서명. 역사서. 143권, 현존 집본(輯本) 24권. 동한(東漢) 때 관 주도로 당대(當代)의 역사를 기술한 책. 사신(史臣)들이 낙양(洛陽)의 궁중 내 동관(東觀)에서 편찬하였으므로 이름이 붙여졌다. 『사기(史記)』의 체례를 본떠 광무제(光武帝) 때부터 영제(靈帝) 때까지의 사적을 담았다. 범엽(范曄)의 『후한서(後漢書)』가 출현하면서 빛을 잃고 점점 산실되었다.

동광신정(同光新政) ➡ 양무운동

동기창(董其昌：1555～1636)　　명대의 문인화가. 자는 현재(玄宰), 호는 사백(思白), 향광(香光). 화정(華亭：상해) 출신. 신종(神宗) 만력(萬曆) 17년(1589) 진사에 합격하여 태상시경(太常寺卿), 시독학사(侍讀學士), 남경예부상서(南京禮部尙書), 태자태보(太子太保) 등의 관직을 차례로 지냈다. 시호는 문민(文敏). 그림은 처음에 원대 황공망(黃公望)의 기법을 배웠고 나중에 북송대 동원(董源), 거연(巨然)의 화풍을 취했다. 명대 말기 화단의 지도적 역할을 했으며, 회화의 '상남폄북론(尙南貶北論)'을 펴 북종화 대신 남종화를 지지했다. 이밖에 서예와 시문에도 뛰어난 재능을 발휘했다. 회화 작품 「운산소은도(雲山小隱圖)」 「관산설제도(關山雪霽圖)」 「와유오악첩(臥游五岳帖)」 「서호연우도(西湖煙雨圖)」. 저서 『객대집(客臺集)』.

동남호보(東南互保)　　광서 26년(1900) 의화단 사건이 터지고 청 조정에서 서태후(西太后)가 의화단에 동조하여 서구 열강에 선전포고하자 열강은 대륙 동남부의 순무(巡撫)들과 '동남호보장정(東南互保章程)'을 체결했다. 내용은 서태후의 유지를 교조(矯詔：거짓 왕명)로 인정하고, 장강(長江)과 소주(蘇州), 항주(杭州) 일대의 서구 각 조차지 질서를 유지하는데 해당 순무가 적극 협조한다는 것이다. 매판관료인 유곤일(劉坤一), 장지동(張之洞)이 이 조약에 서명했으며, 이홍장(李鴻章)은 참여하지 않았으나 조약에 원칙적으로 동의했다. 산동순무 원세개(袁世凱)도 이를 지지했다. 동남호보는 매판 관료들이 서구 열강과 결탁하여 맺은 치욕적인 조약이며, 이 조약으로 인해 의화단의 반제국주의 운동은 결정적인 타격을 받았다.

동돌궐(東突厥) ➡ 돌궐 참조

동림당(東林黨) ➡ 동림서원 참조

동림서원(東林書院)　　강소성 무석(無錫)에 위치. 북송 때부터 있었으나 명대 신종(神宗) 만력(萬曆) 32년(1604) 상주지부(常州知府) 구양동봉(歐陽東鳳)이 중건했다. 이후 파직당한 고헌성(顧憲成)과 아우 고윤성(顧允成) 및 친구 고반룡(高攀龍), 선일본(錢一本), 우공겸(于孔兼), 사맹린(史孟麟), 설부교(薛敷教), 안희범(安希范), 유천진(劉天珍) 등이 이곳에서 강학을 하면서 동림팔군(東林八君)이란 별명을 얻었고, 서원의 이름도 널리 알려졌다. 또 이곳에서 강학에 임하는 사람들을 동림당(東林黨)으로 불렀다. 동림당 사람들은 공담(空談)을 피하고 현실 정치에 끼어들어 당시의 정치를 평하고 시폐를 비판했다. 특히 엄당(閹黨)을 공격하는 한편 조정의 내감(內監) 일파와 정치 현안을 놓고 일대 논쟁을 벌였다. 동림당은 천계(天啓) 5년(1625) 위충현(魏忠賢) 일파의 탄압을 맞아 영수인 양련(楊漣), 좌광두(左光斗)가 피살되고, 고반령은 자살하며, 기타 수백명이 하옥되거나 파직되는 수난을 겪었다.

동마군(銅馬軍)　　신(新) 대 말년에 봉기한 농민 기의군(起義軍). 조직이 강성하여 큰 위세를 떨쳤다. 후에 유수(劉秀)의 군대에 편입되었다.

동맹회(同盟會) → 중국동맹회

동문관(同文館)　　일명 경사동문관(京師同文館). 청대 말기 최초의 양무학당(洋務學堂). 주로 번역 요원을 양성했다. 동치(同治) 원년(1862) 북경의 총리각국사무아문 내에 설치했다. 처음에는 14세 이하의 팔기(八旗) 자제를 모아 영어, 불어, 러시아어반으로 나누어 가르쳤으나, 후에는 독일어, 일본어, 천문학, 수학반을 추가하고, 만주족 및 한인의 과거 출신자도 뽑았다. 외국인 강사를 두었고, 경비 및 학습지도 방법 등은 영국인이 관장했다.

동방삭(東方朔:154～93 B.C)　　서한(西漢)시대의 문학가. 자는 만천(曼倩). 염차(厭次:산동성 惠民) 출신. 해학과 기지가 넘쳤으며 사부(辭賦)에 능했다. 무제(武帝) 때 자천에 의해 관리가 되었으며, 재담이 뛰어나 무제의 총애를 받고 상시랑(常侍郎), 태중대부(太中大夫)를 지냈다. 자주 무제에게 풍간했기 때문에 중용되지 못했다. 작품에 「답객난(答客難)」「비유선생론(非有先生論)」 등의 산문이 있다. 풍자를 통해 큰 뜻이 쓰여지지 않음을 토로한 내용이나 자못 달관의 경지를 보인다. 후세에 골계대사(滑稽大師), 선인(仙人)으로 불렸다. 저서 『동방대중집(東方大中集)』.

동성파(桐城派)　　청대의 산문 유파. 강희(康熙)・건륭(乾隆) 연간에 형성되었다. 창안자는 방포(方苞)이며 요내(姚鼐) 등이 발전시켰다. 이들은 안휘성 동성(桐城) 출신이다. 후기의 동성파 작가들은 동성 출신이 아닌 경우도 많다. 그들은 『사기(史記)』『한서(漢書)』 등 선진(先秦) 산문 및 당(唐)·송(宋)의 고문가 한유(韓愈), 구양수(歐陽修)의 산문을 배우고 해이해진 유가의 도를 고문을 통해 다시 추구하고자 했다. 문장의 중심 사상과 예술기교를 뜻하는 '의법(義法)'을 강구하고, 의리(義理), 고거(考據), 사장(詞章)의 삼자를 동시에 중시할 것을 제창했다. 또 양강(陽剛)과 음유(陰柔)로써 문장의 풍격을 분석했다. 문장 이론에 있어 완성된 체계를 형성했으며, 청대에 가장 유행하고 영향력을 끼친 학파가 되었다. 그러나 육경(六經)의 기초가 무시된 소설같은 문장을 배격하고, 속어나 비어, 변문(駢文)식의 배열도 배격함으로써 지나치게 문장을 속박하고 내용도 결핍되어 건조함을 드러내는 경우가 많았다.

동원(董源:?~약 962)　오대(五代) 남당(南唐) 시기의 화가. 자는 숙달(叔達). 종릉(鍾陵:강소성　南京) 출신. 중주(中主) 이경(李璟) 재위시 북원부사(北苑副使)의 관직을 지냈다. 산수, 인물, 수룡(水龍), 우호(牛虎) 등을 주로 그렸으며, 산수화에서 크게 이름을 날렸다. 피마준법(披麻皴法)을 이용하여 산수를 그렸는데, 특히 안개의 원경을 묘사하는데 뛰어났다. 남방 산수화의 독특한 면을 구사하여 남방화파의 비조가 되었다. 송·원·명의 거연(巨然), 미불(米芾), 심주(沈周), 동기창(董其昌) 등이 그의 영향을 받았다. 작품 「강제만경도(江堤晩景圖)」「강산어정도(江山漁艇圖)」「계산도(溪山圖)」「용숙교민도(龍宿郊民圖)」「소상도(瀟湘圖)」.

동위(東魏)　북조(北朝)시대의 왕조명. 서기 534년 북위(北魏)의 효무제(孝武帝)가 관중(關中) 땅으로 달아난 뒤 고환(高歡)이 원선견(元善見)을 효정제(孝靜帝)로 옹립하고 도읍을 업(鄴:하북성　臨漳)으로 옮겼다. 역사에서 이를 동위(東魏)라 한다. 북위의 영토중 지금의 낙양(洛陽) 동쪽을 차지하였다. 550년 북제(北齊)의 고양(高洋)에 의해 멸망하기까지 17년간 유지되었다.

동인도회사(東印度會社)　17세기 이후부터 19세기까지 동남아시아와 중국, 일본을 상대로 무역업을 하던 유럽의 상인 조합. 영국, 프랑스, 네덜란드, 포르투갈 등 유럽 각국이 본국 정부의 특허를 얻어 설립하고 동방의 경제 식민지 정책을 주도했다. 이중 영국 동인도회사가 청나라에 가장 깊숙이 침투했다. 이들은 처음에 말레이 군도에서 향료 등을 위주로 무역활동을 하다 인도를 식민지화한 이후 중국에 본격 침투했는데, 중국 차의 대량 수입으로 입초(入超) 현상을 보인데다 인도에서의 무역 독점권을 잃자 아편을 중국에 수출함으로써 재정난을 타개하려 했다. 1833년 동인도회사는 중국 무역 독점권을 잃고 자유무역을 하다 1858년 청나라에서 철수했다.

동주(東周) ➡ 주 참조

동주열국지(東周列國志)　서명. 장편 역사 소설. 108회(回). 명대 풍몽룡(馮夢龍) 찬. 여소어(余邵魚)의 『열국지전(列國志傳)』을 개편한 것으로 처음에는 『신열국지(新列國志)』라 했으나 청대 채원방(蔡元放)이 수정을 가하면서 『동주열국지』라 했다. 서주(西周) 말기부터 진시황(秦始皇)이 6국을 통일하기까지의 사건을 소재로 하여 지었다.

동주일당(東州逸黨)　문인단체. 북송 초 산동성 제남(濟南) 일대에서 시인 범풍(范諷)이 주축이 되어 결성하였다. 시주(詩酒)를 즐기고 호방한 풍격을 보였으며, 예법에 구속됨이 없었다.

동중서(董仲舒:197~104 B.C)　서한(西漢)시대의 경학가(經學家), 사상가. 광천(廣川:하북성 棗强) 출신. 유가(儒家)에 심취했으며 특히 『춘추(春秋)』의 해석에 밝았다. 경제(景帝) 때 박사(博士)가 되었으며, 현량(賢良)으로 불렸다. 무제(武帝) 때 '천인삼책(天人三策)'을 건의하여 채택되었다. 이로 인해 백가(百家)의 사상이 배척되고 유가의 사상이 봉건사회의 통치이념이 되어 이후 2천여 년간 면면히 이어지는 계기를 마련했다. 이밖에 삼강오상(三綱五常)의 윤리도덕 개념을 수립하여 봉건 종법(宗法)사상의 확고한 틀을 마련했다. 태학(太學)의 설립을 건의하여 백성의 교화를 추진하였다. 춘추 공양학파(公羊學派)의 대표로 일컬어진다. 저작에 『거현량대책(擧賢良對策)』『춘추번로(春秋繁露)』『동자문집(董子文集)』 등이 있다.

동진(東晉) ➡ 진 참조

동창(東廠)　관서명. 일종의 비밀 경찰. 명대 성조(成祖) 때 관원과 백성을 탄압하기 위하여 영락(永樂) 18년(1420) 경사(京師)의 동안문(東安門)에 설치하였다. 우두머리에는 환관을 주로 기용하였으며, 사례감 태감(司禮監太監) 가운데 임명했다. 백성의 비밀 결사 및 이단자를 감시하고 황제에게 직접 보고하였으므로 권력이 금의위(錦衣衛)보다 높았다. 뒤늦게 설치된 서창(西廠)과 내행창(內行廠)도 동창과 같은 성격의 일을 맡았다. 특히 내행창은 동창·서창의 구성원까지 사찰의 대상에 두었다.

동치제(同治帝:1856~75)   청 왕조의 제10대 황제(재위 1861~1875). 목종(穆宗). 성은 아이신교료[愛新覺羅], 이름은 재순(載淳). 서태후(西太后)의 아들. 6세 때 제위를 이어받았으나 자안태후(慈安太后:東太后), 자희태후(慈禧太后:西太后)에게 모든 권한을 빼앗겼으며, 그중 생모 자희태후가 실권을 쥐었다. 동치 12년 친정하기 시작했으나 실권은 없었으며 이듬해 병사했다.

동탁(董卓:?~192)   동한(東漢) 시대의 장수, 정치가. 자는 중영(仲穎). 농서(隴西) 임조(臨洮:하남성 岷縣) 출신. 광화(光和) 7년(184) 동중랑장(東中郎將)에 임명되어 황건적을 크게 무찔렀다. 소령(昭寧) 원년(189) 군대를 이끌고 낙양에 들어가 소제(少帝)를 몰아내고 헌제(獻帝)를 세운 후 정권을 잡았다. 그의 전횡으로 수도 낙양이 혼란에 빠지고 각지에서는 그를 토벌하기 위해 반란군이 봉기하였다. 이후 농민군을 이끈 원소(袁紹), 조조(曹操) 등에 밀려 헌제를 앞세우고 장안(長安)으로 피신하였으나 왕윤(王允), 여포(呂布) 등에 의해 살해되었다.

동한(東漢) ➡ 후한

동한회요(東漢會要)   서명. 40권. 남송 서천린(徐天麟) 찬. 동한의 제도에 관한 역사서. 보경(寶慶) 2년(1226) 완성. 『후한서(後漢書)』『속한서(續漢書)』『동관한기(東觀漢記)』『한잡사(漢雜事)』 등의 사서 중 동한의 전장(典章)제도에 관한 것만 추려 제계(帝系), 예(禮), 악(樂), 여복(輿服), 학교(學校), 직관(職官), 선거(選擧) 등 15문(門)으로 분류했다.

동호(東胡)   고대 부족명. 춘추시대부터 몽고 동쪽에서 수렵 목축을 하며 활약했다. 전국시대에는 연(燕)과 대치하였다. 진(秦) 말기 흉노(匈奴)의 묵돌선우[冒頓單于]에게 격파된 뒤 그들의 세력하에 들어갔다. 오환(烏桓), 선비(鮮卑), 거란(契丹)이 그들의 후예이다. 동호가 퉁구스의 음역이라는 설이 있으나 대체로 부정되고 있다.

동호(董狐)   춘추시대 진(晋)나라의 사관. 사호(史狐)로도 불림. 진의 충성스런 재상인 조돈(趙盾)은 폭군 영공(靈公)의 미움을 사 타국으로 도망가다 족제(族弟)인 조천(趙穿)이 영공을 죽이자 다시 궁에 돌아와 정사에 관여했다. 이 일을 두고 동호는 사서에 "조돈이 그 왕을 시해했다"고 적었다. 조돈이 "왕을 죽인 것은 조천이다"고 항의하자 그는 이렇게 말했다. "정경(正卿)의 지위에 있으면서 도망갈 때 국경을 넘지 않았으며, 난을 일으킨 자에게 벌을 내리지 않았으니 결국 그대가 왕을 죽인 거나 다름없소." 목숨을 아끼지 않고 사관으로서의 직무를 다한 사람으로 이름이 높다.

두강(杜康)　술을 발명한 고대 하(夏)나라의 인물. 그가 만든 술을 두강 주(杜康酒)라고 불렀는데, 전하여 두강은 곧 술을 일컫기도 한다. 지금의 하남성 여양현(汝陽縣)에 두강촌(杜康村)이 있으며, 이곳이 고대 두강이 술을 만들던 곳이라고 전해져 내려온다. 이곳에서는 지금도 두강주를 빚어내는데, 전국 10대 명주(名酒) 가운데 하나로 꼽힌다.

두목(杜牧:803~852)　당(唐)대 말기의 시인, 정치가. 자는 목지(牧之). 호는 번천(樊川). 재상 두우(杜佑)의 손자. 25세 때 진사에 급제하여 감찰어사(監察御史), 호주자사(湖州刺史), 중서사인(中書舍人) 등의 관직을 지냈다. 강직한 성품으로 재임시 시정(時政)을 과감히 논하고, 번진 세력의 사병 양성을 금지하여 중앙집권을 강화하도록 주장했다. 당 말 제일의 시인으로 평가받으며, 두보(杜甫)에 대하여 소두(小杜)라 불린다. 당시의 화려하되 무미건조한 시풍을 배격하고 중당(中唐)의 원진(元稹), 백거이(白居易)의 풍격을 따랐다. 그의 칠언절구는 정련되고 함축적이며 강한 서정성을 담고 있다는 평가를 받고 있다. 작품 「우중작(雨中作)」 「하황(河湟)」 「견회(遣懷)」 「송심처사(送沈處士)」 「청명(淸明)」 「산행(山行)」 「적벽(赤壁)」 「박진회(泊秦淮)」 등. 이밖에 산문인 「아방궁부(阿房宮賦)」가 유명하다. 저서 『번천문집(樊川文集)』.

두목지(杜牧之) ➡ 두목

두무(竇武:?~168)　동한(東漢) 시대 사람. 자는 유평(游平). 부풍(扶風) 평릉(平陵:섬서성 咸陽) 출신. 딸이 환제(桓帝)의 황후인 두태후(竇太后)였다. 환제 사후 나이 어린 영제(靈帝)가 즉위하자 대장군이 되었으며, 당시 환관들의 전횡을 반대하던 이응(李膺) 등을 중용하였다. 진번(陳蕃) 등과 협력하여 환관의 세력을 몰아내려다 일이 누설되어 살해되었다.

두보(杜甫:712~70)　당(唐)대의 시인. 자는 자미(子美), 자호는 소릉야로(少陵野老). 공현(鞏縣:하남성) 출신. 두심언(杜審言)의 손자. 이백과 더불어 중국 시문학의 태두로 일컬어진다. 청년 시절 산동성, 절강성 등지를 유람하다 23세 경 진사에 응시하여 낙방하고 재차 방랑길에 나서 열 살 연상의 이백을 만나고 고적(高適) 등과 교유했다. 이후 약 10년간 장안에 체류하다 44세 때인 천보(天寶) 14년(1755) 우위솔부주조참군(右衛率府冑曹

參軍)에 임명되었다. 안록산(安祿山)의 반란 때 반군에 체포되었다가 도망하였으며, 숙종(肅宗) 지덕(至德) 2년(757) 좌습유(左拾遺)가 되었다. 이후 방관(房琯)을 구하기 위해 상소를 올렸다가 화주사공참군(華州司功參軍)으로 좌천되자 관직을 버리고 촉(蜀)땅으로 가 성도(成都)에서 초당을 짓고 살았다. 2년 후 서천절도사(西川節度使) 엄무(嚴武)의 막하에 들어가 공부원외랑(工部員外郞)이 되었으며, 이로 인해 세칭 ‘두공부(杜工部)’라 불리었다. 엄무 사후 기주(夔州:사천성)에 내려갔다가 대력(大曆) 3년(768) 가솔을 이끌고 호남(湖南)에 정착하여 가난한 일생을 마쳤다. 뇌양(耒陽)의 상강(湘江)을 건너다 죽었다고 한다. 그는 성당(盛唐) 이후 안사의 난을 겪으면서 급격한 시대 변화에 휩쓸려 파란만장한 삶을 산 사람이다. 이로 인해 그의 시에는 인생, 특히 서민의 삶에 대한 깊은 애착이 담겨있으며, 흔히 민중시인, 애국시인으로 불린다. 또 배부른 탐관오리와 추위에 떠는 일반 백성을 대비시켜 계급모순을 고발하고, 황폐화된 전장의 풍경을 담아 민족모순에 따른 민중의 고통을 그렸다. 깊은 고뇌와 사색을 통해 작품을 일구어 냈으므로 시어가 응축되어 있고, 사조(辭調)가 장엄하며 기상이 웅혼하다. 5・7언율시는 평측이 공교하고 대장(對仗)이 정밀하다. 이백이 ‘시선(詩仙)’으로 불리는 데 대하여 그는 ‘시성(詩聖)’으로 불린다. 또 그의 시 자체에 당시의 역사가 함축되어 있다는 뜻에서 그의 시를 일컬어 ‘사시(史詩)’라 하기도 한다. 대표작 「빈교행(貧交行)」 「병거행(兵車行)」 「여인행(麗人行)」 「석호리(石壕吏)」 「동관리(潼關吏)」 「신안리(新安吏)」 「삼별(三別)」 「몽이백(夢李白)」 「애강두(哀江頭)」 「음중팔선가(飮中八仙歌)」 「춘망(春望)」 등. 시문집 『두공부집(杜工部集)』.

두심언(杜審言:약 645~약 708)　　당(唐)대의 시인. 두보(杜甫)의 조부. 자는 필간(必簡). 무측천(武則天) 집권 때 저작랑(著作郞), 선부원외랑(膳部員外郞)을 지냈으며, 중종(中宗) 즉위 후 무측천의 총신인 장이지(張易之)와 왕래했다는 이유로 폄적되었다. 이후 다시 발탁되어 국자감주부(國子監主簿), 수문관학사(修文館學士)를 지냈다. 문장에 능했으며, 최융(崔融), 이교(李嶠), 소미도(蘇味道)와 함께 문장사우(文章四友)로 불렸다. 오언・칠언율시를 즐겨 지었다. 후인이 『두심언집(杜審言集)』을 펴냈다.

두아원(竇娥寃)　　원 잡극(雜劇) 명. 원명은 「감천동지두아원(感天動地竇娥寃)」. 원대 관한경(關漢卿) 작. 가난한 여주인공 두아(竇娥)의 억울한 죽음을 신원하는 과정을 통해 당시 사회의 부정을 폭로했다. 빈곤한 유생 두천장(竇天章)은 가난을 못이겨 어린 딸 두아를 채(蔡)노파에게 민며느리로 준다. 두아는 이후 채노파의 아들과 결혼하나 1년도 못되어 남편이 죽자 시어머니를 모시고 수절한다. 그 때 장려아(張驢兒) 부자가 이들 고부를 넘본다. 장려아는 채노파를 독살하려다 잘못되어 아버지에게 독약을 먹이자 범행을 채노파에게 뒤집어 씌운다. 두아는 시어머니가 형을 받는 것을 두려워하여 자신이 범행했노라고 거짓 증언한다. 두아는 하늘이 자신의 결백을 안다면 여름에 눈이 오고 3년간 가뭄이 들 것이라고 예언하고 형장에서 죽는다. 후에 두아의 부친 두천장이 과거에 급제, 고향에 돌아와 딸의 억울한 죽음을 풀어준다. 권선징악을 주제로 한 이 작품은 당대 잡극 문단에 가장 큰 영향을 끼쳤다.

두여회(杜如晦:585~630)　　당(唐) 초의 정치가. 자는 극명(克明). 경조(京兆) 두릉(杜陵:섬서성 西安 동남쪽) 출신. 수(隋) 말에 잠시 관직을 지내다 그만두었다. 당 개국 후 진왕(秦王) 이세민(李世民:太宗)에게 발탁되어 부병조참군(府兵曹參軍), 섬주총관부장사(陝州總管府長史)를 지냈다. 태종(太宗) 정관(貞觀) 2년(628) 재상이 되어 방현령(房玄齡)과 함께 정사를 이끌었으며 인재 등용에 탁월한 면을 보였다. 각종 전장(典章) 제도를 펴 태종이 정관지치(貞觀之治)를 이루는 데 큰 공헌을 하였다. 방현령과 함께 '방두(房杜)'로 불린다.

두예(杜預:222~84)　　서진(西晉)의 사학자, 군사가. 자는 원개(元凱). 경조(京兆) 두릉(杜陵:섬서성 西安) 출신. 사마의(司馬懿)의 사위. 사마염(司馬炎)이 서진(西晉)을 건국한 후 진남대장군(鎭南大將軍)에 임명되어 형주(荊州) 일대의 군대를 관리 감독했으며, 수군의 훈련을 통제하였다. 정치, 경제, 군사, 역법, 율령, 산술, 수리, 문학 등 모든 방면에 재능과 관심을 보였다. 『좌전(左傳)』에 주를 달고 『춘추좌씨경전집해(春秋左氏經傳集解)』30권을 편찬하였다. 이는 현존 최고(最古)의 『좌전』 주석본이다. 이밖에 『춘추좌씨전평(春秋左氏傳評)』 『춘추장력(春秋長歷)』 『여기(女記)』 『춘추석례(春秋釋例)』 등을 편찬하였다.

두우(杜佑:735~812)　　당(唐)대의 사학자. 자는 군경(君卿). 만년(萬年:섬서성) 출신. 덕종(德宗) 때 절도사, 동평장사를 지내고 순종(順宗) 때 탁지염철사(度支鹽鐵使)를 맡아 국가 재정을 돌보면서 많은 경제정책을 건의했다. 헌종(憲宗) 때 사도동평장사(司徒同平章事)에 임명되고 기국공(歧國公)에 봉해졌다. 30여년간의 노력 끝에 역대의 전장(典章)제도를 총괄한 『통전(通典)』을 편찬했다. 기타 저서 『이도요결(理道要訣)』.

두자미(杜子美) ➡ 두보

둔전도위(屯田都尉)　관직명. 삼국시대 위(魏)나라는 2명의 둔전도위를 두어 둔전객(屯田客)을 관리하고, 식량, 땔감 등 둔전의 모든 군수(軍需)업무를 관장하게 하였다. 오(吳)나라도 설치한 적이 있다.

둔전제(屯田制)　한대 이후 청대까지 지속된 토지제도. 군대의 식량이나 기타 군비 확보를 목적으로 했으며, 주로 변방지역에서 병사가 직접 경작에 종사했다. 특히 196년 위(魏)의 조조(曹操)는 하남성 허창(許昌) 지방을 시작으로 각 주군(州郡)에 확대시켜 북방 사회의 안정과 경제회복을 촉진했다. 조조는 각 주군에 전농중랑장(典農中郎將), 전농교위(典農校尉) 등의 전관(田官)을 두어 유망민들로 구성된 둔전민에게 황무지를 개간하도록 했다. 이의 관리는 중앙의 대사농(大司農)이 맡았다. 둔전민은 국가의 전객(田客)에 소속되어 군대식으로 편제되었으며, 수확물의 절반 가량을 국가에 냈다.

등목(鄧牧:1247~1306)　송·원(宋元) 시대의 사상가. 자는 목심(牧心), 호는 구감산인(九鑑山人). 세칭 문행선생(文行先生). 전당(錢塘:절강성 杭州) 출신. 자칭 삼교외인(三敎外人)이라 하여 유(儒)·불(佛)·도(道) 3교에 구애받지 않았다. 송의 멸망을 겪고 비통한 마음에 「백아금(伯牙琴)」을 지었다. 이중 「군도(君道)」「이도(吏道)」「이계(二戒)」 등의 편은 군주와 백성의 평등과 같은 민주적 사상이 짙게 배어 있다. 명·청(明淸)시대의 사상가 황종희(黃宗羲)의 『명이대방록(明夷待訪錄)』에 그의 비군(非君) 사상이 스며 있다.

등석(鄧析:545~501 B.C)　춘추시대 말기의 사상가. 명가(名家) 학파의 창시자. 정(鄭)나라 사람. 궤변에 능하여 당시 재상인 자산(子産)의 무조건적 절대 법령을 무력화시키고 법의 권위를 떨어뜨렸으며, 이로 인해 죽음을 당했다. 저서에 『등석(鄧析)』 2편이 있으나 일실되었고, 현존하는 『등석자(鄧析子)』는 후인의 위작이다.

등애(鄧艾:197~264)　삼국시대 위(魏)나라 사람. 자는 사재(士載). 의양(義陽:하남성 新野) 출신. 사마의(司馬懿)에 의해 등용되어 상서랑(尙書

郞)의 벼슬을 지냈다. 이때 운하의 굴착을 건의하고 「제하론(濟河論)」을 지었다. 정시(正始) 2년(241) 촉한(蜀漢)의 군대를 물리친 공으로 관내후(關內侯)에 봉해졌다. 이때부터 각종 전공을 세워 벼슬이 진서장군(鎭西將軍)에 이르고 등후(鄧侯)에 봉해졌다. 경원(景元) 4년(263) 사마소(司馬昭)의 명을 받고 촉한을 공격하여 멸망시켰다. 후에 모반했다는 누명을 쓰고 살해되었다.

등태후(鄧太后:?~121)　　본명은 등수(鄧綏). 동한(東漢) 화제(和帝)의 황후. 남양(南陽) 신야(新野:하남성) 출신. 화제 사후 상제(殤帝), 안제(安帝)를 들러리 천자로 세우고 전권을 장악했다. 삼공(三公)을 예우하고 유학을 장려했으나 형식에 그치고, 실제로는 외척·환관을 중용하여 친정체제에 매달렸다. 그녀가 죽은 후 안제와 환관 이윤(李閏)이 공모하여 등(鄧)씨 일족을 주멸했다.

마가요문화(馬家窑文化)　　중국 신석기시대 말기의 문화. 감숙성 임조현
(臨洮縣) 마가요에서 발견되었다. 다수의 마제석기와 광택있는 채도, 동심
원이나 격자형 무늬가 새겨진 흑채도(黑彩陶) 등이 출토되었다. 앙소문화의
영향을 받아 발전한 문화로서 약 4천년 전에 번성했다. 농업 위주였으며,
머리를 동쪽에 두고 안면을 북쪽으로 향하게 하는 측신굴지(側身屈肢)의 매
장풍습으로 보아 영혼세계에 대한 믿음이 있었던 것으로 보인다.

마건충(馬建忠：1844~1900)　　청대 말의 개량주의 사상가, 외교가. 자는
미숙(眉叔). 강소성 단도(丹徒：鎭江) 출신. 젊어서 과거 시험에 뜻을 두지
않고 영어·불어 등 서양 학문을 배웠다. 광서(光緒) 2년(1876)부터 3년간
프랑스에 유학을 다녀온 후 이홍장(李鴻章)의 막료로 활동했다. 일본·프랑
스와의 외교 교섭을 주도하는 한편 윤선초상국(輪船招商局), 기기직포국(器
機織布局) 등 양무운동(洋務運動)에 의해 생겨난 기업의 경영 업무에 뛰어
들기도 했다. 양무운동을 주창한 일원이면서 군사력 중심의 자강책(自强策)
보다는 상공업 중심의 부국책을 강조함으로써 양무운동의 이념과 배치되는
부분이 있었다. 서양의 삼권분립 체제를 소개했으며, 중국의 고대 한어(漢
語)를 라틴어 문법에 적용한 어법서 『마씨문통(馬氏文通)』을 지었다.

마관조약(馬關條約) ➡ 시모노세키조약

마단임(馬端臨：약 1254~1323)　　남송 말 원 초의 사학자. 자는 귀여(貴
與). 낙평(樂平：강서성) 출신. 부친 마정란(馬廷鸞)은 우승상(右丞相)의 벼
슬을 하다 가사도(賈似道)의 배척을 받아 관직을 떠났으며, 마단임은 가학
을 이어 조경(曹涇)을 사사하면서 경사(經史)에 능통했다. 19세 때 승사랑
(承事郎)이 되고 함순(咸淳) 9년(1273) 조시(漕試)에 장원급제했으나 부친
의 병을 핑계로 성시(省試)에 나아가지 않았다. 남송이 망한 후 은거하다

만년에 몽고족 치하의 원나라에서 대주유학교수(臺州儒學敎授)를 지냈다. 『통감(通鑑)』에 전장(典章) 부분이 미비하고, 『통전(通典)』에 누락 부분이 많으며, 자신 역시 국망(國亡)을 겪은 터라 20여년간 각고 노력하여 대덕(大德) 연간(1297~1307)에 『문헌통고(文獻通考)』를 편찬했다. 이는 고대부터 남송 말까지 역대 제도의 연혁과 변천과정을 기술한 것이며, 특히 송대 제도의 득실에 관해 상술했다. 기타 저서 『다식록(多識錄)』 『의근수묵(義根守墨)』 『대학집전(大學集傳)』.

마릉전투(馬陵戰鬪)　　전국시대 제(齊)나라가 위(魏)나라와 싸워 위나라를 대파한 전투. B.C 342년 위가 한(韓)나라를 공격하자 한의 구원 요청을 받은 제나라는 전기(田忌)를 장(將)으로, 손빈(孫臏)을 사(師)로 삼아 위를 공격했다. 양군은 국경 부근에서 1년간 대치했으나 승패가 갈라지지 않았다. 이듬해 손빈은 마릉(하북성 大明 동남부)의 깊은 계곡에 병사들을 매복시키고 위군을 유인하였다. 태자 신(申)과 방연(龐涓)이 이끄는 위의 10만 군대는 마릉에서 포위되어 궤멸되었다. 이 전투에서 방연은 자살하고 태자 신은 체포되었다고 한다.

마속(馬續)　　동한(東漢)의 사학자. 자는 계칙(季則). 부풍(扶風) 무릉(茂陵:섬서성 興平) 출신. 한 화제(和帝) 때 명을 받아 반소(班昭)와 함께 반고(班固)가 편찬한 『한서(漢書)』 중 「천문지(天文志)」를 보충하여 반고의 유작을 완성하였다. 순제(順帝) 때 도료장군(度遼將軍)의 관직을 지냈다.

마속(馬謖:190~228)　　삼국시대 촉한(蜀漢)의 장수. 자는 유상(幼常). 양양(襄陽) 의성(宜城:호북성) 출신. 형주에서 유비(劉備)를 따라 촉(蜀) 땅으로 들어가 태수(太守)를 지냈다. 병사(兵事)에 관해 논하기를 좋아했으므로 제갈량(諸葛亮)이 그를 매우 아끼고 사랑했다. 유비는 그의 말이 행동을 앞선다고 여겨 제갈량에게 큰 일을 맡기지 말도록 당부했으나, 제갈량은 그를 참군(參軍)에 기용했다. 건흥(建興) 3년(225) 제갈량의 남정(南征) 때 '심전(心戰)'의 계책을 올려 전쟁을 승리로 이끌었다. 건흥 6년(228) 제갈량이 위(魏)를 침공할 때 그가 선봉에 나섰으나 군기를 무시하고 제멋대로 군을 지휘하여 가정(街亭:감숙성)에서 위의 장수 장합(張郃)에게 대패하였다. 후에 제갈량에 의해 군법으로 다스려져 옥에서 사망했다. 일설에는 제갈량이 그를 직접 참했다고 한다. 이로 인해 생겨난 성어가 '읍참마속(泣斬馬謖)'이다.

마숙(馬驌:1621~73)　청대 초의 사학자. 자는 완사(宛斯). 추평(鄒平: 산동성) 출신. 순치(順治) 16년(1659) 진사에 합격하여 회안부추관(淮安府推官)에 임명되고 영벽지현(靈壁知縣)에 보임되었다. 하(夏)·은(殷)·주(周) 3대의 역사를 깊이 연구하되 고증학적 접근을 시도하였다. 기사본말체의 선진사(先秦史)인 『역사(繹史)』를 편찬하였다. 이로 인해 '마삼대(馬三代)'라는 별칭을 얻었다. 기타 저서 『좌전사위(左傳事緯)』 『십삼대위서(十三代瑋書)』.

마원(馬援:B.C 14~A.D 49)　동한(東漢)의 명장. 자는 문연(文淵). 부풍(扶風) 무릉(茂陵:섬서성 興平) 출신. 12세 때 고아가 되었으나 큰 뜻을 품어 왕망(王莽) 때 한중태수(漢中太守)에 올랐다. 이후 유수(劉秀:光武帝)의 휘하에 들어가 많은 전공을 세웠다. 후한(後漢) 광무제(光武帝) 건무(建武) 17년(41) 복파장군(伏波將軍)이 되고 신식후(新息侯)에 봉해졌다. 말을 감별하는 능력이 뛰어났으며, 낙양에 양마(良馬)를 구별할 수 있도록 동마(銅馬)를 주조했다. 저서 『동마상법(銅馬相法)』.

마원(馬遠)　남송의 화가. 자는 요부(遙父), 호는 흠산(欽山). 전당(錢塘:절강성 杭州) 출신. 증조부 마분(馬賁) 때부터 대를 이어 화원(畫院)의 대조(待詔)가 되었다. 그 역시 영종(寧宗) 때 화원대조가 되었으며, 인물도, 화조도, 산수도를 잘 그렸다. 산수화의 특징은 구도가 간단하고 날카로우며 화풍이 힘차고 대범했다. 이당(李唐), 유송년(劉松年), 하규(夏珪)와 함께 남송 화원의 4대 화가로 불린다. 작품 「수도(水圖)」 「한강독조도(寒江獨釣圖)」 「설도(雪圖)」 「화등시연도(華燈侍宴圖)」 「답가도(踏歌圖)」 「죽계음혁도(竹溪吟奕圖)」 「소상팔경도(瀟湘八景圖)」 등.

마융(馬融:79~166)　동한(東漢)의 학자. 자는 계장(季長). 부풍(扶風) 무릉(茂陵:섬서성 興平) 출신. 교서랑(校書郎) 재직시 등태후(鄧太后)의 미움을 사 10년 동안 진급하지 못했다. 환제(桓帝) 때 남군(南郡:호북성 江陵)태수를 지내다 잠시 유배생활을 한 후 복권되어 의랑(議郎)에 올랐다. 만년에 병에 걸려 사직한 후 저작활동에 전념했다. 유가의 예절을 무시하고 호방한 기질을 드러냈다. 『시경(詩經)』 『상서(尙書)』 『효경(孝經)』 『논어(論語)』 등 각종 경전 뿐만 아니라 『이소(離騷)』 『회남자(淮南子)』까지도 주를 달아 해석했다. 문하에 천여 명의 학자가 모였으며, 노식(盧植), 정현(鄭玄) 등의 경학가를 배출했다. 동한 시대 경학의 발전에 큰 영향을 끼쳤다.

작품으로 유명한 「적부(笛賦)」가 있다.

마조(媽祖:960~87) 　　북송 때 민간에서 활약한 여영웅(女英雄). 성은 임(林), 이름은 묵낭(默娘). 복건(福建) 포전현(蒲田縣) 충문향(忠門鄕) 항리촌(港里村) 사람. 건륭(建隆) 원년(960) 음력 3월 23일 태어났으며, 조상 때부터 미주도(湄洲島)에서 살았다. 대만 해협의 해상에서 조난을 당한 사람들을 열심히 구호하는 등 착하고 정직한 삶을 살아 주민들의 칭송을 받았다. 그녀가 젊은 나이에 죽은 후 미주도 사람들은 마조묘(媽祖廟)를 만들어 그녀를 기념했으며, 이로부터 복건 지역 백성들과 대만 사람들이 각지에 마조묘를 건립하여 매년 그녀의 생일인 음력 3월 23일 가무와 오락, 연극을 펼치면서 민간 풍습으로 발전했다.

마조상(馬祖常:1277~1347) 　　원대 말의 명신, 문학가. 자는 백용(伯庸). 연우(延祐) 연간에 진사 급제하여 응봉한림문자(應奉翰林文字)의 관직을 제수받고 감찰어사를 거쳐 추밀부사(樞密副使)에까지 올랐다. 재직시 조정 내 실권자의 전횡을 고발하는 상소를 올리는 등 강직한 모습을 보였으며, 인재를 등용하고 기강을 바로 세우는데 공헌했다. 그의 문장은 한·위(漢魏)의 기풍을 따라 기개와 힘이 넘치며, 시가는 청려위완(靑麗委婉)하다는 평을 받는다. 『영종실록(英宗實錄)』의 편찬에 참여하고, 『열후금감(列后金鑑)』『천추기략(千秋記略)』 등을 펴냈다. 작품집 『석전집(石田集)』.

마주(馬周:601~48) 　　당(唐) 초의 정치가. 자는 빈왕(賓王). 장안(長安)에서 중랑장(中郎將) 벼슬을 하던 상하(常何)의 가객(家客)으로 있었다. 정관(貞觀) 5년(631) 상하 대신 쓴 상서가 태종(太宗)의 마음에 들어 벼슬을 하게 되었다. 감찰어사(監察御史), 급사중(給事中), 중서사인(中書舍人), 중서령(中書令) 등을 역임했다. 명쾌하고 주밀한 변설로 간하여 태종의 총애를 받았다.

마초(馬超:176~222) 　　동한(東漢) 말기의 군사가. 자는 맹기(孟起). 부풍(扶風) 무릉(茂陵:섬서성 興平) 출신. 부친 마등(馬騰)을 따라 기병하여 관중(關中) 지구를 거점으로 삼았다. 건안(建安) 16년(211) 동관(潼關)에서 조조(曹操)의 군사와 싸우다 패한 후 군대를 이끌고 장로(張魯)의 막하에 들어갔다. 후에 유비(劉備)를 섬겨 평서장군(平西將軍)이 되었다. 유비가 칭제(稱帝)한 장무(章武) 원년(221) 표기장군(驃騎將軍)이 되고 양주목(凉州牧)에 임명되었다. 시호는 위후(威侯).

마치원(馬致遠)　　원대의 잡극 작가. 자는 천리(千里), 호는 동리(東籬). 대도(大都:북경) 출신. 일찍이 절강행성무관(浙江行省務官)으로 일하다 만년에 은거하였다. 왕실보(王實甫), 백박(白樸)보다 조금 늦게 창작활동을 시작했으며, 원정(元貞)·대덕(大德) 연간에 북경의 옥경서회(玉京書會)에 들어가 활동했다. 잡극 10여 종이 있으며, 「한궁추(漢宮秋)」「청삼루(靑衫淚)」「천복비(薦福碑)」 등이 현존한다. 원곡사대가(元曲四大家)중 한 사람.

막고굴(莫高窟)　　일명 천불동(千佛洞). 감숙성 돈황현(敦煌縣) 명사산(鳴沙山)의 깎아지른 절벽에 판 석굴군(石窟群). 근 500개의 동굴이 파져 있으며 상하 5층으로 배열된 가운데 길이가 1.6km에 달한다. 큰 석굴의 경우 높이가 약 40m, 너비 약 30m이고 작은 것은 불과 수 척이다. 내부는 주로 불교 고사와 관련된 주제의 벽화가 그려져 있고, 조상(造像)만도 2,400여 존(尊)이다. 중국의 석굴 가운데 가장 규모가 크고 내용이 풍부하다.

만리장성(萬里長城)　　진시황(秦始皇)이 천하를 통일한 후 북방 이민족의 침략을 저지하기 위해 옛 진(秦), 조(趙), 연(燕) 3국의 북쪽 변방에 쌓은 장성. 서쪽의 농서(隴西)·임조(臨洮:감숙성 岷縣)와 동쪽의 요동(遼東) 지역을 잇는 장장 5천여 리의 긴 성곽이다. 한무제(漢武帝) 때 서쪽으로 돈황(敦煌)의 옥문관(玉門關)까지 연장 축조했다. 중국 민족의 지혜와 땀의 결정체로 일컬어지며 세계 4대 불가사의 중 하나로 꼽힌다.

만사동(萬斯同:약 1638~1702)　　청대의 사학자. 자는 계야(季野), 호는 석원(石園). 은현(鄞縣:절강성) 출신. 젊어서 황종희(黃宗羲)를 사사하여 경사(經史)에 통달했다. 명대의 역사를 쓰기 위해 각지를 돌아다니며 문헌을 채집했다. 청 정부는 그의 학식을 인정하여 박학홍유(博學鴻儒)에 초청했지만 청 조정 하에서 벼슬할 수 없다며 사양했다. 강희(康熙) 32년(1693) 관직과 봉록을 받지 않고 민간인으로서 명사(明史)의 편찬에 참여하여 『명사고(明史稿)』를 완성하였다. 후에 왕홍서(王鴻緒) 등이 이 책 가운데 반청(反淸) 사상이 담긴 내용이나 문자를 삭제했는데, 이를 바탕으로 관에서 『명사(明史)』(원명 欽定明史)를 펴냈다. 기타 저서 『역대사표(歷代史表)』『환자후표(宦者侯表)』『양절충현록(兩浙忠賢錄)』.

만수당인절구(萬首唐人絶句)　　서명. 100권. 남송 홍매(洪邁) 편. 당인(唐人) 절구(絶句)의 총집. 각 권마다 100수씩 실었으며, 채록 범위가 풍부하나 편배(編排)에 불합리한 요소가 보인다. 91권과 부록이 현존한다.

말희(妺喜)　　하(夏)나라의 폭군인 걸(桀)왕의 애첩. 일명 매희(妹喜). 은나라 말의 달기(妲己)와 더불어 전설상의 간부(姦婦)로 알려져 있다. 본래 유시씨(有施氏) 부족의 추장 딸이었으나 부족이 하나라와의 전쟁에서 패한 뒤 그녀가 진상품으로 걸에게 바쳐졌다고 한다. 걸의 애첩이 되어서는 걸왕과 온갖 음행을 일삼았고, 왕의 비호 아래 전권을 잡아 온갖 악행을 저질렀다. 하나라가 멸망한 데는 말희의 역할이 컸다고 한다.

망강정(望江亭)　　원 잡극(雜劇) 명. 원명은 「망강정중추절회단(望江亭中秋切膾旦)」. 일명 「절회단(切膾旦)」, 「담기아(譚記兒)」. 원대 관한경(關漢卿) 작. 서생인 백사중(白士中)과 과부인 담기아(譚記兒)가 혼인을 맺었으나 담기아를 탐낸 관리 양아내(楊衙內)가 백사중에게 무고한 죄를 씌워 체포하려 하자, 담기아가 기지를 발휘하여 백사중을 구출한다는 내용이다.

망하조약(望厦條約)　　일명 오구무역장정(五口貿易章程). 청 도광(道光) 24년(1844) 6월 청나라와 미국 사이에 체결된 통상조약. 청나라의 양광총독(兩廣總督) 기영(耆英)과 미국의 전권공사 커싱(C. Cushing)이 마카오 부근의 망하촌(望厦村)에서 조인했다. 아편전쟁으로 청나라가 영국과 남경조약(南京條約)을 체결하자 미국도 자국의 이익을 확보하기 위해 이 조약을 강요했다. 총 34개 항으로 된 조약의 주요 내용은 ①협정 관세 적용 ②5개 항 개항 ③영사재판권 ④최혜국 대우 등이다. 이밖에 미국은 통상 구역 내에서의 자유 선교활동, 미국 군함의 연해 각 지역 순찰무역(巡察貿易) 허가 등을 따내 영국과 체결한 남경조약보다 특권 범위가 넓어졌다. 그러나 미국은 아편을 취급하는 미국 시민을 보호하지 않으며, 미국 국기를 남용하여 청의 법률을 범하는 행위를 금한다는 항목을 추가하여 청조의 환심을 구하기도 했다.

매고(枚皐)　　서한(西漢)의 문학가. 자는 소유(少孺). 양(梁:하남성 商邱) 출신. 매승(枚乘)의 첩의 아들. 풍자적인 부(賦)와 송(頌)에 능했으며, 한 무제(武帝)가 그의 작품을 매우 좋아했다. 부 200여 편을 지었으며, 풍자 산문가로 이름이 높다.

매성유(梅聖兪) ➡ 매요신

매승(枚乘:?~140B.C)　　서한(西漢) 시대의 문학가. 자는 숙(叔). 회음(淮陰:강소성) 출신. 처음에 오왕(吳王) 유비(劉濞)를 섬겼으나 오왕이 한 왕실에 모반하려 하자 이를 말리다 실패하고 양 효왕(梁孝王)에게 귀의했다. 경제(景帝)가 오왕 등 7국(國)의 난을 평정한 후 그에게 벼슬을 제수하였으나 사양하고 양(梁) 땅에 그대로 남아 청렴한 명사로서 이름이 높았다. 무제(武帝)가 즉위한 후 그의 문장을 흠모하여 수도 장안에 불러들였으나 입경 도중 사망했다. 「칠발(七發)」「유부(柳賦)」 등 사부(辭賦) 수 편이 있다. 「싱서긴오왕(上書諫吳王)」은 산문의 명편으로 전해진다.

매요신(梅堯臣: 1002~60)　북송의 시인, 문장가. 자는 성유(聖兪). 호는 완릉선생(宛陵先生). 선성(宣城: 안휘성) 출신. 젊어서 진사 시험에 불합격하고 부친의 힘으로 하남주부(河南主簿)가 되었다. 인종 때 『신당서(新唐書)』의 편찬에 참여하였다. 인종 가우(嘉祐) 초 50세의 나이로 진사에 응시하여 합격했으며, 구양수(歐陽修)의 추천으로 국자감직강(國子監直講)이 된 후 관직이 상서도관원외랑(尙書都官員外郎)에 이르렀다. 그의 시문은 평담하고 함축적인 가운데 심원한 뜻을 내포하고 있다. 소순흠(蘇舜欽)과 함께 명성을 떨쳐 '소매(蘇梅)'로 병칭되었다. 시문은 박실하고 진지해야 한다고 주장하였으며, 화려하나 내용이 없는 서곤체(西昆體)의 문풍을 반대했다. 구양수 등과 함께 고문운동을 제창하였다. 시작품 「여분빈녀(汝墳貧女)」「전가어(田家語)」「도자(陶者)」「노산산행(魯山山行)」「동계(東溪)」 등. 저서 『완릉선생집(宛陵先生集)』.

매판제도(買辦制度)　서구 자본주의 열강이 청나라에 심어놓은 중국인 대리상인 제도. 매판 상인은 유럽 제국 상인의 고용인으로서 무역 대행 업무를 보았으나 나중에는 고용인과 독립 상인이라는 이중 신분을 갖기도 했다. 매판이란 단어는 본래 명대 궁중의 용품을 납품하는 상인을 지칭했으나, 청대 들어 공행(公行) 무역이 생겨나고부터 광동(廣東)의 상관(商館)에 거주하면서 외국 상인에게 고용된 중국인을 가리키는 말로 변질되었다. 그들은 직책과 영향력이 매우 컸으므로 많은 부를 축적했고, 독립자본을 형성한 후에는 직접 무역활동을 하기도 했다. 19세기 중반 이후부터는 외국 침략세력의 보호 아래 거대자본을 형성한 사람이 많은데, 넓은 의미에서 이홍장(李鴻章)같은 정치가도 그 무리에 포함시킨다.

매희(妹喜)　➡ 말희

맥경(脈經)　서명. 의학서. 전 10권. 위(魏)·진(晉)시대 왕숙화(王叔和) 찬. 인체 내에 있는 24가지의 맥을 탐구하여 각종 병리작용을 진단하고 치료술을 강구한 책. 현존 최고(最古)의 맥학서(脈學書)이다.

맥상상(陌上桑)　　일명 염가나부행(艷歌羅敷行). 한(漢)대의 악부(樂府) 곡명. 미녀 나부(羅敷)의 고사를 읊었다. 뽕을 따던 나부에게 태수(太守)가 접근하여 유혹하나 이를 거절한다는 내용이다. 5언 서사시의 초기 형태로서 시가사적 가치를 지닌다.

맹광(孟光)　　동한(東漢)의 시인 양홍(梁鴻)의 처. '거안제미(擧案齊眉)'의 고사로 유명하다. 양홍 참조.

맹교(孟郊:751~814)　　당(唐)대의 시인. 자는 동야(東野). 무강(武康: 절강성 德淸) 출신. 젊어서 숭산(嵩山)에 은거하면서 한유(韓愈)와 문우(文友)를 맺었다. 45세에 벼슬에 나아가 하남수륙전운판관(河南水陸轉運判官)을 지냈다. 재임 중에도 시작(詩作)에 빠져 공무를 돌보지 않았다. 5언시에 능했으며, 평이함을 피하고 각고신음하듯 노력하여 작품을 토해냈다. 사회의 모순을 비판하고 백성의 질고를 탄식한 내용이 많다. 가도(賈島)와 함께 당시 시단에서 이름을 날렸다. 시문집 『맹동야집(孟東野集)』.

맹동야(孟東野) → 맹교

맹상군(孟嘗君:?~약 278 B.C)　　전국시대 제(齊)나라의 명 재상. 성은 전(田), 이름은 문(文). 초(楚)의 춘신군(春申君), 조(趙)의 평원군(平原君), 위(魏)의 신릉군(信陵君)과 함께 전국시대 사공자(四公子:혹은 四君)의 한 사람. 부친 전영(田嬰)의 봉작을 이어 받아 설(薛) 땅에 봉해졌다. 천하의 문인과 협객을 초치해 문하에 3천여 명의 식객을 두었다. 진(秦)나라에 사신으로 갔을 때 진 소양왕(昭襄王)이 그를 재상에 앉히려 했으나 측근들의 음해성 보고를 받아들여 도리어 구금시켰다. 이 때 동행한 식객들의 기지로 탈출했으며, 귀국 후 제민왕(齊湣王)이 그를 재상으로 임명했다. 이후 무고로 인해 위(魏)나라로 망명했고, 위의 재상이 되자 각국 연합을 통해 제나라를 공격했다.

맹안모극(猛安謀克)　　금(金)의 군사 행정 조직. 금 태조(太祖)가 1114년 여진족 고유의 씨족 부락조직을 기초로 만들었다. 300호를 1모극, 10모극을 1맹안으로 했으며, 장(長)의 명칭도 각각 맹안, 모극이라 하였다. 평시에는 생산 단위, 전시에는 군사조직으로 이용되었다. 후에 맹안과 모극은 지방관의 명칭으로 쓰이기도 했다.

맹자(孟子:약 372~약 289 B.C)　　전국시대의 사상가. 유가의 대표적 인물. 이름은 가(軻), 자는 자여(子輿). 성인의 다음 서열인 아성(亞聖)으로 불린다. 노나라 부근 추(鄒)에서 출생. 어려서 모친의 소위 맹모삼천지교(孟母三遷之教)를 받고 자라 후에 공자의 손자인 자사(子思)의 문인이 되었다고 하나, 둘 사이의 생존연대는 맞지 않는다. 여러 나라를 주유하면서 관직을 구했지만 뜻을 이루지 못하고, 말년에 문인들과 시(詩), 서(書) 등 유학(儒學)을 강론했나. 공자의 학풍을 계승해 왕도정치에 의한 이상세계의 실현을 주장했으며, 고대 요순우탕문무(堯舜禹湯文武)의 치세를 그 전범으로 삼았다. 성선설(性善說)에 입각하여 인간의 본성을 탐구하였다. 공자와 더불어 '공맹(孔孟)'으로 불린다. 저서에 『맹자(孟子)』 7편이 있다.

　　맹자(孟子)　　서명. 7권. 사서(四書)의 하나. 13경(經)의 하나. 전국시대 맹자가 그의 문도 혹은 당시의 제후왕 등 정치인들과 주고받은 말을 기록한 책으로서 왕도정치, 성선설 등 맹자의 철학사상이 들어 있다. 『사기(史記)』의 기록에 따르면 그가 문도인 만장(萬章), 공손추(公孫丑) 등과 『시경』『서경』을 정리하고 공자의 뜻을 논술하면서 이 책을 지었다고 한다. 일설에는 맹자 사후 만장, 공손추 등이 그의 언행을 모아 기록했다고 한다. 「양혜왕(梁惠王)」「공손추(公孫丑)」「등문공(滕文公)」「이루(離婁)」「만장(萬章)」「고자(告子)」「진심(盡心)」의 7편으로 되어 있는 것을 후한 말 조기(趙岐)가 각 편을 상하로 나누어 14편으로 했다. 송대 정(程)·주(朱)에 의하여 사서의 하나로 표장되었다. 주석본으로 조기의 『맹자장구(章句)』와 송대 주희(朱熹)의 『맹자집주(集注)』, 청대 초순(焦循)의 『맹자정의(正義)』 3종이 유명하다.

　　맹호연(孟浩然:689~740)　　당(唐)대의 시인. 양양(襄陽:호북성 襄樊) 출신. 고향의 녹문산(鹿門山)에 은거하다 30여 세에 장안(長安)으로 가 벼슬을 구했으나 얻지 못하고 방랑생활을 했다. 말년에 형주장사(荊州長史)로 있던 장구령(張九齡)의 막하에서 생활하다가 병사했다. 그의 5·7언시는 청아한 풍격을 지니며 회재불우(懷才不遇)한 감정을 산수의 경관과 배합하여 노래했다. 대표적 작품으로 「야귀녹문가(夜歸鹿門歌)」「세모귀남산(歲暮歸南山)」「춘효(春曉)」「여제자등현산(與諸子登峴山)」 등이 있다. 왕유(王維)와 시우(詩友)로 지냈으며, 풍격이 서로 비슷하여 세칭 '왕맹(王孟)'이라 하였다. 시문집 『맹호연집(孟浩然集)』.

　　맹획(孟獲)　　삼국시대 사람. 건영(建寧:운남성 曲靖) 출신. 유비(劉備)가 죽은 후 촉한(蜀漢) 정부에 반기를 들고 남중(南中) 지역에서 기병하였다. 제갈량(諸葛亮)은 그를 일곱번이나 잡았다가 그 때마다 놓아주었다. 마침내 그는 촉한 정부에 복종하여 후에 어사중승(御史中丞)이 되었다. '칠종칠금(七縱七擒)'의 성어가 이때 생겨났다.

면역법(免役法) → 모역법

명(冥)　고대 전설상의 인물. 은(殷) 탕왕(湯王)의 8세조. 부락 영수로서 농업과 치수에 탁월한 업적을 남겼다. 공공(共工), 우(禹)와 더불어 치수의 영웅으로 이름이 알려져 있다.

명(明)　왕조명. 서기 1368년 주원장(朱元璋)이 원(元) 왕조를 멸망시키고 건국했다. 도읍은 남경(南京), 연호는 홍무(洪武). 성조(成祖) 영락(永樂) 19년(1421) 북경(北京)으로 천도했다. 명대 초기에는 중앙 집권을 강화하고 대외 정복 사업도 활발히 펴 강성한 국가를 이룩했으나, 3대 성조 이후 기강이 문란해지고 관료의 당쟁과 환관의 전횡이 심했다. 15세기에는 서몽고의 오이라트가 침입했고, 토목(土木)의 변(變)에 이어 타타르의 침입으로 국세가 심히 위축되었다. 숭정(崇禎) 17년(1644) 이자성(李自成)이 북경을 함락시키자 의종(毅宗)이 자살하고 명나라는 멸망하였다. 명 왕조의 잔여 세력이 장강(長江) 이남에서 전후로 복(福), 당(唐), 노(魯), 계(桂) 등의 왕조를 세웠는데, 이를 남명(南明)이라 한다.

명가(名家)　전국시대 때 발생한 학술 사상 혹은 그 유파. 용어의 개념을 파고 들어 연구와 토론을 벌이던 학파로서 논리학의 발전에 공헌했다. 대표 인물로는 혜시(惠施)와 공손용(公孫龍)이 있다.

명경과(明經科)　당(唐)·송(宋)대 과거 과목 중 하나. 유가 경전에 대한 시험을 치렀다. 고시 방법에는 첩경(帖經), 책문(策問), 경의(經義)가 있었다. 송 신종(神宗) 희령(熙寧) 2년(1069) 왕안석(王安石)의 건의에 의해 폐지되었다.

명법(明法)　당(唐)·송(宋)대 과거 과목 중 하나. 법률 지식에 관해 시험을 치렀으며, 고시 방법에는 시첩(試帖)과 시책(試策)이 있었다. 송 신종(神宗) 희령(熙寧) 2년(1069) 왕안석(王安石)의 건의에 따라 폐지되었다.

명사(明史)　서명. 관에서 찬수한 기전체 명대 역사서. 332권. 청 장정옥(張廷玉) 등이 칙명을 받고 편찬했다. 순치(順治) 2년(1645) 처음 명사관(明史館)을 설치하고 작업에 착수했으나 지지부진했으므로 이후 강희(康熙) 18년(1679) 다시 사관을 열어 편찬을 시작했다. 이때 장옥서(張玉書), 왕홍서(王鴻緖), 장정옥 등이 총재(總裁)를 맡았다. 작업에 본격 착수해서는 만사동(萬斯同)이 『명사고(明史稿)』 310권을 편찬하여 가장 큰 공을 세웠다. 이후 왕홍서가 『명사고』에 수정을 가하고 장정옥 등이 이를 개편하여 옹정(雍正) 13년(1735) 완성하고 건륭(乾隆) 4년(1739) 간행했다. 이로써 편찬에 총 소요된 기간은 90여 년이다. 명 홍무(洪武) 원년(1368)부터 숭정(崇禎) 17년(1644)년까지의 기록이며, 본기(本紀) 24권, 지(志) 75권, 표(表) 13권, 열전(列傳) 220권으로 되어 있다. 『명실록(明實錄)』에서 대부분 자료를 취했으므로 야사에 대해서는 소홀했다.

명산(明算)　　당(唐)대 과거 과목 중 하나. 산학(算學) 지식에 대한 시험을 치렀다. 고시 방법은 첩경(帖經), 계산, 산경대의(算經大義) 강해 등으로 나뉘었다.

명성조(明成祖 : 1360~1424)　　명의 제3대 황제(재위 1402~24). 태조 주원장(朱元璋)의 넷째 아들. 이름은 태(棣). 그의 연호를 따 영락제(永樂帝)라고도 한다. 홍무(洪武) 연간에는 연왕(燕王)에 봉해져 북평(北平 : 北京)을 관할했으나 태조 사후 뒤를 이은 혜제(惠帝)가 제왕(諸王)의 세력을 삭감하려 하자 정난(靖難)의 변을 일으켜 혜제를 폐하고 1402년 제위에 올랐다. 환관 정화(鄭和)를 서양에 파견하는 등 대외적으로 경제 문화의 교류를 꾀했으며, 북방 몽고족과 여진족에게는 강경책과 유화책을 고루 폈다. 동북쪽으로 흑룡강 입구까지 세력을 미치고, 남으로 운남(雲南) 및 안남을 복속했다. 북방에 대한 전략적 필요에 따라 영락 19년 도읍을 남경(南京)에서 북경으로 옮기고 양경제(兩京制)를 시행했다. 해진(解縉) 등에게 명하여 『영락대전(永樂大典)』을 편찬했다.

명수지변(明受之變) ➡ 묘유지변

명신종(明神宗 : 1563~1620)　　명의 제14대 황제(재위 1572~1620). 목종(穆宗)의 셋째 아들로 성은 주(朱), 이름은 익균(翊鈞). 10세에 즉위하여 대학사(大學士) 장거정(張居正)에게 10년간 정치를 맡겼다. 이때 장거정의 치적으로 관직이 정리되고 토지조사가 잘 이루어지는 등 비교적 안정을 가져왔다. 만력(萬曆) 10년(1582) 장거정이 죽자 친정하면서 방만한 정치를 행했다. 장자 상락(常洛)과 셋째 아들 상순(常洵)을 놓고 태자 책봉 문제를 일으켰고, 삼대정(三大征)의 병란으로 전쟁 비용을 많이 지출하여 국고가 궁핍했다. 각지의 광산을 개발하면서 세리(稅吏)의 폐해를 방치하여 백성의 원성을 사기도 했다.

명영종(明英宗: 1427~64)　　명나라의 제6대 황제. 성은 주(朱), 이름은 기진(祁鎭). 태조 주원장(朱元璋)의 4세손. 9세에 즉위하여 환관 왕진(王振)에게 전권을 내주었다. 정통(正統) 14년(1449) 에센〔也先〕이 침략하자 그는 병력 50만을 이끌고 친히 정벌에 나섰다가 패하여 포로로 잡혔다. 1년 후 석방되어 본국으로 돌아왔으며, 경태(景泰) 8년(1457) 탈문(奪門)의 변을 일으켜 그의 유고시 제위에 오른 경제(景帝)를 몰아내고 다시 황제가 되었다. 연호는 천순(天順). 환관 조길상(曹吉祥) 등을 중용함으로써 환관의 극심한 내정 간섭을 초래했으며, 이로 인해 정치가 점점 부패해지고 토지 겸병이 심했다. 또 각지에서 봉기가 일어나 명나라의 국운이 쇠하는 전기가 되었다.

명옥진(明玉珍: 1331~66)　　원대 말의 군웅(群雄) 중 한 사람. 수주(隨州: 호북성 隨縣) 출신. 순제(順帝) 지정(至正) 11년(1351) 병사를 일으켜 원 왕조에 항거했으며, 서수휘(徐壽輝)의 천완군(天完軍)에 가담하여 통군원수(統軍元帥)가 되었다. 지정 20년 진우량(陳友諒)이 서수휘를 살해하고 대한 황제(大漢皇帝)라 칭하자 이에 불복하여 자칭 농촉왕(隴蜀王)이라 하였으며, 22년 중경(重慶)에서 칭제하고 국호를 하(夏), 연호를 천통(天統)으로 정했다. 그의 사후 아들 명승(明升)이 제위를 이었으며, 명 홍무(洪武) 4년(1371) 명나라에 항복했다.

명유학안(明儒學案)　　서명. 중국 최초의 학술사상사에 관한 전문 저술. 62권. 명말 청초의 학자 황종희(黃宗羲) 찬. 19개 학파로 나누어 명대 학자 200여 명의 학술 사상과 유파를 설명했다. 크게 3개 시기, 4개 부분으로 나누어 분석하되 초기는 정주학(程朱學)파를 위주로 하고 육상산(陸象山)파 등을 아래에 열거했으며, 중기는 왕수인(王守仁)의 왕학(王學)파를, 말기는 동림(東林), 즙산(蕺山)학파를 머리에 내세웠다. 그리고 학파간의 상호 관계 및 영향에 대해서도 서술했다. 학파마다 앞머리에 소서(小序) 및 학자의 소전(小傳), 학술 사상 개요 등을 소개했으며, 뒤에 학자의 저작과 어록(語錄)을 실었다. 명대의 학술 사상사를 연구하는데 필수적인 책이다.

명이대방록(明夷待訪錄)　　서명. 1권, 21편. 청대 초 진보적 사상가인 황종희(黃宗羲)가 편찬했다. 강희(康熙) 2년(1663) 완성. 건륭제(乾隆帝) 때 금서(禁書)가 되었다. 가경(嘉慶) 연간(1796~1820)에 초각본이 세상에 유행하고 청대 말에 대량 인쇄되었다. 봉건 전제주의를 비판하는 내용이 주류를 이룬다. 특히 군주는 천하의 이로움을 자신에게 돌리고 천하의 해로움을 남에게 돌린다며, 군주를 도적 혹은 독부(獨夫)로 인식했다. 또 "천하에 크게 해를 끼치는 자는 군주"라고 주장했다. 이는 전통적인 봉건 강상(綱常)의 윤리를 부정한 것이다. 이밖에 봉건 법률, 관리, 학교교육, 군사, 경제 등에 관해서도 견해를 밝혀 작자의 민주사상을 엿보게 한다.

명자(明字) 당(唐)대 과거 과목 중 하나. 서법(書法)과 문자 지식에 관한 시험을 치렀으며 구술고사와 필기고사로 나뉘었다.

명전(名田) 전국시대의 토지제도. 진(秦) 상앙(商鞅)의 변법에 '명전택(名田宅)'을 규정해 놓음으로써 법률상 지주의 토지 소유를 승인했다. 진한(秦漢) 대의 명전(名田) 제도로 이어졌다.

명태조(明太祖·1328~98) 명(明)조의 개국 황제. 성은 주(朱), 이름은 원장(元璋). 연호가 홍무(洪武)였으므로 홍무제(洪武帝)로도 불린다. 호주(濠州) 종리(鍾離·안휘성 鳳陽) 출신. 가난한 집안에서 자라 한때 황각사(皇覺寺)에서 승려로 있었다. 원(元) 지정(至正) 12년(1352) 곽자흥(郭子興)이 이끄는 홍건군(紅巾軍)에 가담했다가 한림아(韓林兒)가 용봉(龍鳳) 정권을 세우자 그 밑에서 좌부원수(左副元帥)를 지냈다. 이후 군웅간의 투쟁에서 승리하여 오왕(吳王)이라 칭했으며, 용봉 12년(1367) 한림아를 살해하고 이듬해 명나라를 세웠다. 도읍은 남경(南京). 그 해 대도(大都)를 함락시키고 원나라를 멸망시켰다. 홍무 4년(1371) 전국을 통일하고 중앙집권 체제를 공고히 했다. 홍무 13년 중서성(中書省)을 폐지하여 6부(部)를 독립시키고 감찰기구인 도찰원(都察院)과 군사 통괄기구인 오군도독(五軍都督)을 두어 이들을 황제에 직속시켰다. 홍무 9년 각 성(省)에 일반 행정을 담당하는 포정사사(布政使司), 감찰을 담당하는 안찰사사(按察使司), 군사를 담당하는 도지휘사사(都指揮使司)를 병립시키고, 황제는 이 통치기구 위에서 절대 권력을 장악하였다. 홍무 14년(1381) 향촌조직인 이갑제(里甲制)를 제정하고 부역황책(賦役黃冊)을 작성했다. 기타 백성의 부역을 줄이고 농업 진흥과 수리사업을 대대적으로 펼쳐 사회경제의 발전을 도모했다. 부호의 발호를 억제하고 노예를 해방시켜 계급모순을 완화했다. 『대명률(大明律)』을 반포하여 사회의 질서를 바로잡았다.

명회전(明會典) ➡ 대명회전

모곤(茅坤:1515~1601) 명대의 정치가, 문학가. 자는 순보(順甫), 호는 녹문(鹿門). 귀안(歸安:절강성 湖州) 출신. 청양(靑陽:안휘성), 단사(丹徙:강소성) 등의 지현(知縣)을 지내다 예부주사(禮部主事), 이부낭중(吏部郎中), 포정사첨사(布政司僉事), 대명병비부사(大名兵備副使) 등의 관직을 차례로 거쳤다. 말년에는 벼슬을 박탈당했다. 한때 호종헌(胡宗憲)의 휘하에 들어가 왜구를 막는 일에 참모 역할을 했다. 『당송팔가문초(唐宋八家文鈔)』를 편찬하여 당시 전후칠자(前後七子)들이 내세운 '문필진한(文必秦漢)' 주장에 반대했다. 저서『서해본말(徐海本末)』『백화루집(白華樓集)』.

모기령(毛奇齡:1623~1713) 청대 초의 사학자, 고고학자, 문학자. 원명은 신(牲). 자는 대가(大可), 제우(齊于). 호는 서하(西河), 초청(初晴). 소산(蕭山:절강성) 출신. 명대 말에 제생(諸生)으로 있다가 명이 망한 후 강회(江淮) 등지를 떠돌았다. 청 강희(康熙) 17년(1679) 박학홍사(博學鴻詞)에 응시하여 한림원검토(翰林院檢討)의 관직을 제수받았다. 만년에는 향리에 돌아가 저술과 강학으로 보냈다. 명대 말의 역사 연구에 깊은 관심을 보였으며 경학(經學), 시학(詩學), 음운학 등의 방면에서도 고증을 통한 연구에 업적을 남겼다. 변난(辯難)을 좋아하여 논리와 증거로써 자신의 주장을 강변하거나 타인의 학설을 비판했다. 이는 당시의 학풍에도 어느 정도 영향을 끼쳤다. 대표 저작『후감록(後鑑錄)』『시전시설박의(詩傳詩說駁議)』『역운(易韻)』『고문상서원사(古文尚書冤詞)』『춘추모씨전(春秋毛氏傳)』『서하시화(西河詩話)』.

모돌선우〔冒頓單于〕 ➡ 묵돌선우

모선귀공(耗羨歸公) 청대의 징세 제도. 청 초기에는 백성의 세금을 경감하기 위해 지방 잡세인 모선(耗羨)의 징수를 폐지했다. 모(耗)란 조세를 징수할 때 수송이나 저장 중 손실될 양을 감안하여 추가 징수하는 일종의 부가세이고, 선(羨)이란 각종 잉여금이다. 이는 지방 재정 확보 혹은 지방관들의 봉급 부족분을 채우는 수단으로서 명대부터 이어져 왔다. 그러나 모선제 폐지 이후에도 지방에서는 부족한 세수를 메우기 위해 이를 징수했다. 이에 따라 옹정제(雍正帝)는 포정사(布政使) 고성령(高成齡)의 건의를 받아들여 모선제를 인정하되 세수분을 국고에 해당하는 포정사의 번고(藩庫)에 귀속토록 하고, 여기에서 일정분을 지방에 할당했다.

모시(毛詩) 『시경(詩經)』의 별칭. 서한(西漢) 모형(毛亨)이 『시경』에

주석을 달아 『시고훈전(詩詁訓傳)』을 펴내고, 그의 제자 모장(毛萇)이 이를 널리 전파하면서 붙여진 이름이다.

모시고훈전(毛詩詁訓傳) ➡ 시고훈전

모시전(毛詩箋)　　서명. 일명 『모시정전(毛詩鄭箋)』 『정전(鄭箋)』. 동한(東漢) 성현(鄭玄) 저. 서한(西漢) 모형(毛亨)이 지은 『시고훈전(詩詁訓傳)』에 전(箋)을 달았다. 이 책이 나온 후 당시 『시경』의 주석서로서 가장 널리 알려진 『삼가시(三家詩)』가 점차 쇠미해지고 『시고훈전』이 권위를 확보했다.

모시정의(毛詩正義)　　서명. 40권. 당(唐)대 초 공영달(孔穎達) 등 저. 『모전(毛傳)』과 『정전(鄭箋)』을 천술했다. 유가적 관점에서 『모시(毛詩)』를 해석한 것으로 당시 '오경정의(五經正義)' 중 하나였다. 봉건 교육의 한 과목이었다.

모시정전(毛詩鄭箋) ➡ 모시전

모양(冒襄:1611~93)　　청대 초의 문학가, 서예가. 자는 벽강(辟疆), 호는 소민(巢民), 박소(朴巢). 여고(如皋:강소성) 출신. 부모에 대한 효도가 극진했다. 일찍이 부친이 무고한 죄로 옥에 갇히자 피눈물로 탄원하여 구출했다. 명·청 양대를 거치면서 수차 관직에 천거되었으나 시정(時政)에 회의를 느껴 나아가지 않았다. 명대 말 '복사(復社)'에 참여하여 당시 조정 내 환관의 횡포를 규탄하고 명예와 절개를 지켰다. 그와 뜻을 같이한 방이지(方以智), 진정혜(陳貞慧), 후방역(侯方域)과 더불어 복사사공자(復社四公子)로 불리었다. 고향의 수회원(水繪園)에 머물며 사방의 문사들을 초청하여 시주(詩酒) 연회를 즐겼다. 그의 시는 감정을 직서하되 명쾌하고 청려(淸麗)했으며, 문장은 함축적이고 감동적이었다. 서예는 진(晋)대의 풍격을 따르고 예서와 행서를 즐겨 썼다. 저서 『박소시문집(朴巢詩文集)』(일명巢民詩文集) 외에 시우(詩友)들의 작품을 모은 『동인집(同人集)』이 있다.

모역법(募役法)　　일명 면역법(免役法), 고역법(雇役法). 북송 왕안석(王安石)의 신법 중 하나. 희령(熙寧) 2년(1069) 제정하여 기현(畿縣)부터 시행한 후 희령 4년 전국으로 확대했다. 정부에서 매년 모역에 쓸 비용을 거둬 주현(州縣)의 요역 비용에 충당하였다. 비용은 호등(戶等)에 따라 차등적으로 거두었으며, 이전에 면역 특권을 누리던 계층에게도 부과하였다. 이 법의 실시 이전 납세자가 계속 납부하는 것을 면역전(免役錢), 원래 면역

받던 사람이 새로이 납부하는 것을 조역전(助役錢)이라 했다.

모용덕(慕容德:336~405)　오호십육국 시대 남연(南燕)의 건국자(재위 398~405). 자는 현명(玄明). 모용수(慕容垂)의 동생. 모용수가 후연(後燕)을 건국하면서 범양왕(范陽王)에 봉해졌다. 후연이 북위(北魏)의 공격을 받고 국토를 양분당했을 때 무리를 이끌고 산동(山東) 일대로 이주하여 나라를 세우고 칭제하였다.

모용수(慕容垂:326~396)　오호십육국 시대 후연(後燕)의 건국자(재위 384~96). 자는 도명(道明). 선비족 출신. 모용황(慕容皝)의 아들. 전연(前燕) 때 오왕(吳王)에 봉해졌다. 이후 전진(前秦)의 부견(苻堅)에게 의탁하여 전연을 멸하는데 공을 세웠다. 비수지전(淝水之戰)에서 전연이 패하자 독립하여 다시 연국(燕國)을 세우고 칭제했다. 연호는 건흥(建興). 역사에서 이를 후연이라 한다. 만년에 북위(北魏)를 공격하다 병이 들어 군중에서 사망했다.

모용외(慕容廆:269~333)　오호십육국 시대에 요동(遼東) 지역을 중심으로 형성한 할거 정권의 수령. 선비족 출신. 한족(漢族)의 인재를 채용하고 한 문화를 받아들였다. 아들 모용황(慕容皝)이 전연(前燕) 정권을 수립한 후 그를 고조(高祖)로 받들었다.

모장(毛萇)　서한(西漢)의 학자. 『시경(詩經)』 연구가. 조(趙:하북성 河間) 출신. 스승 모형(毛亨)에게서 학문을 배우고 함께 『시경』에 주석을 가했다. 모형이 지은 『모시고훈전(毛詩詁訓傳)』을 전수받아 연구와 해석을 더했다. 또 향리에 학관(學館)을 세워 『시경』을 널리 전파했다. 모형 참조.

모전(毛傳)　➡ 시고훈전

모종강(毛宗崗)　청대의 소설 평점가. 자는 서시(序始). 장주(長洲:강소성 蘇州) 출신. 강희(康熙) 초 부친 모륜(毛綸)과 함께 나관중(羅貫中)의 『삼국연의(三國演義)』를 정리하고 평점을 달아 120회본의 『삼국연의』를 완성하였다. 현재 민간에 유통되는 『삼국연의』는 대부분 그의 평점본이다. 이는 명대 말 청대 초의 김성탄(金聖嘆)이 『수호전(水滸傳)』『서상기(西廂記)』를 평점한 방법을 본받은 것이다.

모택동(毛澤東:1893~1976)　중국의 정치가. 중화인민공화국 초대 주석. 자는 윤지(潤之). 호남성 상담(湘潭) 출신. 장사(長沙)의 사범대학에 재학하면서 신민학회(新民學會)를 조직, 잡지 「상강평론(湘江評論)」을 창간하고, 이어 러시아연구회, 사회주의청년단, 공산주의 소그룹 등을 조직하는 등 좌익 활동을 했다. 1919년 5·4운동에 참여하고 1921년 중국공산당 전국대표대회에 참가하여 상구(湘區)위원회 서기가 되었다. 1924년 손문(孫文)의 국민당과 국공(國共)합작을 이룬 후 국민당 중앙후보위원, 선전부 부부장이 되었다. 1927년 공산당 임시정치국 후보위원이 되고, 공농홍군(工農紅軍)을 창설했다. 이어 주덕(朱德), 진의(陳毅)의 부대와 연합하여 공농홍군 제4군을 조직하고 당대표에 올랐다. 1931년 중화소비에트 정부가 수립되면서 주석직에 올랐다. 1934년 국민당의 포위공격을 피하기 위한 대장정 도중 1935년 1월 공산당 정치국 확대회의에서 홍군 및 당중앙의 영도적 지위를 획득했다. 1943년 중국공산당 중앙위 주석 및 중앙정치국 주석에 당선되었다. 1949년 국민당 정부를 대만으로 몰아내고 중화인민공화국을 건립하여 주석직에 취임했다. 1976년 북경에서 병사할 때까지 중국 최고지도자의 지위를 누렸다.

모형(毛亨)　　서한(西漢)의 학자. 『시경(詩經)』 연구가. 노(魯:산동성 曲阜) 출신. 제자 모장(毛萇)이 소모공(小毛公)으로 불린데 대하여 대모공(大毛公)으로 불렸다. 『모시고훈전(毛詩詁訓傳)』을 지어 모장에게 전수하였다. 그와 모장이 연구, 해석한 『시경』을 후세에 '모시(毛詩)'라 한다.

목란사(木蘭辭)　　민가명(民歌名). 일명 목란시(木蘭詩). 북조(北朝)의 민가 300여 자로 구성되어 있으며, 여장부 화목란(花木蘭)이 남장을 하고 부친 대신 전장에 뛰어들어 영웅적 활약을 하는 내용을 담고 있다. 「공작동남비(孔雀東南飛)」와 함께 고대 민가의 쌍벽을 이룬다.

목왕(穆王)　　서주(西周)의 국왕. 성은 희(姬), 본명은 만(滿). 중원과 서북지방간의 교통로를 개척하고 서북지방에 중원의 문물을 전파했다. 민간에 전파되었던 목천자전(穆天子傳)의 고사는 그가 서북지방을 지나면서 이룩한 업적, 행적 등을 담은 것이다.

목천자전(穆天子傳)　　서명. 전 6권. 작자 미상. 서진(西晉) 함녕(咸寧) 5년(279) 하남(河南)의 급현(汲縣)에 있는 위양왕(魏襄王) 묘에서 출토된 급총서(汲塚書) 중 하나. 일종의 역사소설로 주목왕(周穆王)이 서정(西征)에 나섰다가 서왕모(西王母)를 만나는 줄거리를 담고 있다.

몰골화법(沒骨畵法)　　북송 중기에 생겨난 회화 기법. 수묵(水墨) 대신 채색을 쓰고, 짙은 선 대신 선염(渲染)의 기법으로 그림을 완성했다. 뼈대가 없다는 뜻에서 이름이 붙여졌다. 주로 화조화(花鳥畵)에 응용했는데, 서숭사(徐崇嗣)가 창시했다고 전해진다.

몽계필담(夢溪筆談)　　서명. 「보필담(補筆談)」「속필담(續筆談)」을 포함하여 총 30권으로 되어 있다. 필기체(筆記體) 과학 저작. 북송 심괄(沈括) 저. 작자가 만년에 윤주(潤州:강소성 鎭江)의 몽계(夢溪)에 은거하며 지었으므로 이름이 붙여졌다. 고사(故事), 변증(辨證), 악률(樂律), 상수(象數), 인사(人事), 관정(官政), 권지(權智), 예문(藝文), 서화(書畵), 기예(技藝), 기용(器用), 신기(神奇), 약의(藥議) 등 17문(門)으로 나누어 609조(條)를 서술했다. 많은 과학 사료가 수록되어 당대 및 이전의 과학기술 성과를 한 눈에 알아볼 수 있다.

몽고제국(蒙古帝國) → 원 참조

몽염(蒙恬)　　진(秦)의 명장. 선조는 전국시대 제(齊)나라 사람이나 조부 때부터 진나라에서 장수로 활약했다. 제나라를 멸망시킨 일등 공신이며 통일 진 성립 후 흉노(匈奴)를 쳐서 하내(河內:내몽고 河套 일대)를 수복했다. 시황제의 명을 받들어 만리장성을 축성하였다. 진시황 사후 조고(趙高)의 계책에 말려 자살했다.

묘민기의(苗民起義)　　청말 태평천국의 난 당시 귀주(貴州) 지방에 살던 묘족(苗族)을 중심으로 일으킨 민중 봉기. 함풍(咸豊) 5년(1855) 장수미(張秀眉)의 영도 아래 귀주의 대공(臺拱)에서 난을 일으켰다. 이들은 청나라 군대의 거점을 공격하면서 귀주의 동남부를 점령한 뒤 획득한 토지를 농민에게 나누어주었다. 여러 차례 청의 주력인 상군(湘軍)을 격파했으나 동치(同治) 9년(1870) 주요 기지인 대공이 함락되고 장수미는 뇌공산(雷公山)으로 숨어들었다. 동치 11년 장수미가 체포되어 죽음으로써 봉기는 실패했다.

묘유지변(苗劉之變)　　일명 명수지변(明受之變). 남송 초 통치계급 내부의 투쟁. 건염(建炎) 3년 고종(高宗)이 항주(杭州)로 남천한 후 왕연(王淵)을 요직에 기용한 데 불만을 품고 무장(武將) 묘부(苗傅)와 유정언(劉正彦)이 병변을 일으켰다. 이들은 왕연을 살해하고 고종을 위협하여 제위를 태자에게 넘기게 하였다. 이에 여이호(呂頤浩), 유광세(劉光世), 한세충(韓世忠), 장준(張浚) 등이 군사를 일으켜 두 사람을 처단하고 고종을 다시 제위에 옹립했다.

묘족기의(苗族起義) → 묘민기의

무경(武庚)　　은(殷)나라 마지막 왕인 주(紂)의 아들. 주무왕(周武王)은 은나라를 멸망시킨 후 유화 차원에서 무경에게 옛 은의 수도를 관리하도록 했다. 무왕이 죽은 후 무경은 다시 유민들을 규합하여 반란을 일으켰다. 이 때 주의 관료인 관숙(管叔)과 채숙(蔡叔)도 동참했으나 난은 실패로 돌아갔다. 이를 무경의 난이라 한다. 당시 성왕(成王)이 무왕의 뒤를 이어 즉위했는데, 나이가 어렸기 때문에 주공(周公)이 섭정했다. 관숙과 채숙은 이를 반대하여 반란에 동참한 것이다.

무과(武科)　　과거 과목 중 하나. 무관을 선발하였다. 당(唐) 무측천(武則天) 재위시인 장안(長安) 2년(702) 처음 설치되어 각종 무예에 관한 시험을 보았다. 이후 역대로 시행되었으나 시험은 부정기적이었다. 명대 중엽에는 무향시(武鄕試), 무회시(武會試)를 설치했으며, 청대에까지 이어졌다. 청 광서(光緖) 27년(1901) 폐지.

무군론(無君論)　　양진(兩晋)시대의 사상가 포경(鮑敬)이 주창한 학설. 그는 고대에는 군신관계가 정해지지 않았으며, 세금이나 형벌도 없었으나 후세 들어 이같은 제도가 생겨나 천하가 불안정해졌다며, 천하의 안정을 위해서는 고대의 무군무신(無君無臣)의 세계로 되돌아가야 한다고 주장하였다. 그의 생졸이나 사적, 저작 등은 상고할 수 없으나, 이론 주장이 『포박자(抱朴子)』에 기술되어 있다.

무술변법(戊戌變法)　　청 광서 24년(1898) 강유위(康有爲)를 중심으로 단행된 개혁 조치. 광서 21년(1895) 강유위가 북경 회시(會試) 참가자 1,300여 명의 서명을 얻어 공거상서(公車上書)를 제출하면서 변법자강운동(일명 維新運動)이 촉발되었다. 변법자강운동이란 서구 열강의 청나라에 대한 정치 경제 수탈에 맞서 국가를 보전하려면 제도 개선 및 부국강병을 이룩해야 한다는 일종의 사상 계몽운동이다. 따라서 단순히 서양의 학문과 기술을 받아들이자는 양무(洋務)운동과는 성격이 다르다. 강유위는 북경과 상해에서 강학회(强學會)를 설립하여 변법운동의 정식 기구로 삼았다. 또 양계초(梁啓超), 담사동(譚嗣同), 엄복환(嚴復還)이 이에 동조하여 북경, 상해, 호남, 천진 등지에서 잡지를 창간하고 변법 운동을 선전했다. 강유위는 수차례 황제에게 상서하여 국시를 정하고 대책소(對策所)와 제도국(制度局)을 설립하여 인재 등용 및 헌법제정을 시행해야 한다고 주장했다. 동 24년 강유위는 북경에서 보국회(保國會)를 조직하여 보국(保國:국토보전), 보종(保種:민족

자립), 보교(保敎:유교보호)를 종지로 내세우고 민중들을 교화했다. 같은 해 6월 11일 광서제(光緖帝)는 강유위의 건의를 받아들여 '명정국시(明定國是)'의 조령을 발표하고 변법을 시행했다. 변법의 내용은 ① 불필요한 관직을 없애고, ② 관과 민의 상서 전달 통로를 넓히며, ③ 팔고(八股)에 의한 시험을 폐지하고 학당 설립을 자유롭게 하여 신식 학문을 권장하며, ④ 노광총국(路鑛總局), 농공상총국(農工商總局) 및 상무국(商務局)을 설립하여 상공업을 진흥시키는 것 등이다. 이같은 개혁은 그해 9월 21일 보수파 서태후(西太后) 일파가 무술정변(戊戌政變)을 일으키기까지 103일간 이루어졌으므로 일명 백일유신(百日維新)으로도 불린다.

무술정변(戊戌政變)　　강유위(康有爲), 양계초(梁啓超), 담사동(譚嗣同) 등의 개혁파가 광서제(光緖帝)의 명에 의거하여 단행한 개혁 운동에 대하여 서태후(西太后), 영록(榮祿) 등 보수파가 일으킨 쿠데타. 이 해가 광서 24년(1898) 무술년이므로 이름이 붙여졌다. 변법이 시행된 이후 변법파와 보수파간 권력 다툼이 심해지고, 광서제는 신변의 위협을 느껴 원세개(袁世凱)로 하여금 보수파의 군부 실력자인 직예총독(直隷總督) 영록을 살해하도록 밀명했다. 원세개는 이를 영록에게 밀고하고, 영록은 다시 서태후에게 알렸다. 서태후는 광서제를 급히 찾아가 자신이 정권을 잡을 것을 선언하고 수일간에 걸쳐 변법파를 무자비하게 탄압했다. 광서제의 유폐와 함께 강유위, 양계초는 국외로 망명하고, 담사동, 유광제(劉光第), 강광인(康廣仁), 양예(楊銳), 양심수(楊深秀), 임욱(林旭)의 소위 무술 6군자는 피살되었다. 유신변법도 이로써 실패로 막을 내렸다.

무왕(武王) ➡ 주무왕

무위지화(武韋之禍)　　당(唐) 고종(高宗)의 황후 무씨(武氏:則天武后)와 중종(中宗)의 황후 위씨(韋氏:韋后)의 정치간여로 빚은 왕조의 혼란 사건. 측천무후는 고종 영휘(永徽) 6년(655) 황후가 된 후 고종이 죽자 중종(中宗), 예종(睿宗)을 차례로 세웠다가 천수(天授) 원년(690) 예종을 폐하고 친히 제위에 올라 국호를 주(周)로 고치고 성신황제(聖神皇帝)라 하였다. 이로써 신룡(神龍) 원년(705) 재상 장간지(張柬之)에 의해 그녀가 폐위될 때까지 15년간 당 왕조는 중단되었다. 측천무후의 뒤를 이어 중종이 복위되었으나 이번에는 중종의 황후인 위후가 무삼사(武三思) 등과 결탁하여 경룡(景龍) 4년(710) 중종을 독살하고 수렴청정했다. 그녀는 같은 해 이융기(李

隆基:玄宗)에 의해 주멸되었다.

무정(武丁)　　은(殷)나라 제 22대 왕. 정치를 잘 펴 은나라 최전성기를 이루었다. 대외정복에 나서 영토를 크게 확장했다.

무창기의(武昌起義)　　1911년 무창 지방에서 일어난 혁명운동. 일명 무창혁명. 신해혁명의 시발점에 해당한다. 20세기 초 중국 각지에서 민속 모순과 계급모순이 첨예하게 드러나면서 왕조 타도를 내세운 혁명당 조직은 급속도로 확산되었다. 더욱이 1911년 철도 국유화 정책이 시행되면서 각지에서 보로(保路)운동이 격렬하게 일어남에 따라 혁명운동의 기운이 무르익었다. 그해 9월 무창의 혁명 조직인 문학사(文學社)와 공진회(共進會)는 거사일을 중추절인 10월 6일에서 10월 11일로 바꿔 잡고 치밀한 계획을 세웠다. 그러나 10월 9일 계획이 발각되어 일부 주동자들이 체포되는 등 거사가 실패 직전에 놓이게 되었다. 이때 호북신군(湖北新軍)에 소속된 혁명파 군인들이 기세를 밀어붙여 먼저 난을 일으키고 신속히 초망대(楚望臺) 군기국(軍機局)을 접수했다. 다음날 혁명파 대원이 합세하여 무창을 점령하고 이어 한구(漢口), 한양(漢陽)을 점령한 뒤 호북군정부(湖北軍政府)를 세워 여원홍(黎元洪)을 군정부 도독(都督)에 추대했다. 무창기의가 성공하면서 각 성이 호응하여 전국 규모의 신해혁명으로 발전했다.

무창혁명(武昌革命) ➡ 신해혁명, 무창기의

무측천(武則天:624~705)　　일명 측천무후(則天武后). 당(唐) 고종(高宗)의 황후, 무주황제(武周皇帝). 재위 690~705년. 14세 때 태종(太宗)의 궁으로 들어가 재인(才人)이 되었다. 태종 사후 절로 들어가 비구니가 되었다. 고종 때 소의(昭儀)에 봉해진 후 영휘(永徽) 6년(655) 황후 자리에 올랐다. 현경(顯慶) 4년(659) 고종의 명에 따라 『씨족지(氏族志)』를 『성씨록(姓氏錄)』으로 개편하고 무(武)씨를 제1의 서열에 올려놓았다. 고종이 만년에 풍질로 눕게 되자 대신 정치권력을 쥐었다. 홍도(弘道) 원년(683) 고종이 병사한 후 태자 이철(李哲:中宗)이 제위에 오르나 무측천은 황태후로서 조정의 모든 권한을 쥐고 흔들었다. 이듬해 그녀는 중종을 폐하여 여릉왕(廬陵王)에 봉하고 이단(李旦:睿宗)을 실권없는 황제에 올려놓았다. 광택(光宅) 원년(684) 유주사마(柳州司馬) 서경업(徐敬業)이 난을 일으키자 이를 진압하고, 천수(天授) 원년(690) 국호를 당에서 주(周)로 바꾸어 스스로 성신황제(聖神皇帝)에 올랐다. 신공(神功) 원년(697) 이원소(李元素) 등 36가(家)

의 명사(名士)를 주살했다. 이후 삭원례(索元禮), 주흥(周興) 등의 혹리를 동원하여 무고한 인재를 수없이 살해하였다. 과거제도를 발전시켜 전시(殿試), 무거(武擧)를 설치하고, 자거(自擧), 시관(試官), 원외관(員外官) 등의 제도를 두었다. 만년에는 호화 사치에 빠져들었다. 신룡(神龍) 원년(705) 병이 깊어가자 재상 장간지(張柬之)가 그녀를 폐위시키고 중종을 세웠으며 국호도 당으로 복원시켰다. 무측천은 이해 겨울 사망했다. 뒤이어 중종의 황후 위씨(韋氏·韋后)도 그녀와 같은 정변을 일으켜 조정을 혼란스럽게 했으므로 이로부터 '무위(武韋)의 화(禍)'라는 말이 생겨났다.

무한정부(武漢政府)　　제1차 국공합작(國共合作) 기간 중인 1927년 중국 공산당과 국민당 좌파가 연합하여 무한에 세운 정부. 장개석(蔣介石) 등 국민당 우파가 세운 남경정부(南京政府)와 대립했다. 그러나 공산당이 폭력혁명 정책을 취하자 국민당 좌파는 이들을 몰아내고 남경정부와 합류했다. 이로써 제1차 국공합작도 결렬되었다.

묵가(墨家)　　춘추전국시대에 발생한 학술사상 혹은 그 유파. 묵적(墨翟: 墨子)이 창시했으며, 상부씨(相夫氏), 상리씨(相里氏), 등릉씨(鄧陵氏)의 3파가 계승했다고 전해진다. 유가(儒家)와 대립적인 사상을 전개했다. 겸애(兼愛), 비명(非命), 비공(非攻) 등을 주장하면서 유가의 예악(禮樂)에 반대하고 절약 정신을 강조했다.

묵돌선우〔冒頓單于:?~174 B.C〕　　흉노족의 선우(일종의 부족장). 진(秦) 2세 황제 원년(B.C 209) 부친 두만선우(頭曼單于)를 살해하고 자립했다. 정복사업을 펼쳐 동쪽의 동호(東胡)를 멸하고 서쪽의 월지(月氏)를 몰아냈으며, 남으로 누번(樓煩)과 백양(白羊), 북으로 정령(丁零)을 정복했다. 또 진(秦)의 하남(河南:내몽고 河套 일대) 일대를 점령하는 등 흉노의 세력을 크게 확장했다.

묵자(墨子)　　서명. 춘추전국시대 묵적(墨翟:墨子)의 언행과 사상을 정리한 책. 63편 15권. 내용은 크게 사회정치와 자연과학의 두 부분으로 나뉜다. 무차별 겸애(兼愛)를 기본 사상으로 하고 있으며, 전쟁을 배격하고 평화와 비전(非戰)을 주장하였다. 상현(尙賢), 상동(尙同), 절장(節葬), 천지(天志), 겸애(兼愛), 비공(非攻), 비악(非樂), 비명(非命), 명귀(明鬼), 절용(節用) 등 묵자의 10대 사상이 드러나 있다. 이밖에 자연과학과 관련하여 기하학, 역학, 물리학 광학(光學) 등에 관한 단편적인 기록들이 섞여 있다.

묵자(墨子:약 468~약 376 B.C)　　　춘추전국시대의 사상가. 묵가(墨家)의 창시자. 이름은 적(翟). 송(宋)나라 사람. 겸애설(兼愛說)을 주장했다. 이는 개인이건 국가건 상대를 사랑하여 일체의 전쟁을 배격해야 하며, 이를 위해서는 누구나 차별없이 사랑하고 이(利)를 나누어야 한다는 학설이다. 그는 또 유가의 예악(禮樂)을 반대하고 절용(節用)과 설장(節葬)을 내세웠다. 그가 제창한 묵가 학설은 유가의 학설을 비평한 내용이 많다. 유·묵 양가의 학파를 합쳐 현학(顯學)이라 한다. 두 학파의 사상 대립은 후일 백가쟁명(百家爭鳴)의 서막이 되었다. 후세 사람이 묵자와 제자들의 학설을 묶어 『묵자(墨子)』를 편찬했다.

묵적(墨翟) ➡ 묵자

문경비부론(文鏡秘府論)　　　서명. 6책. 당(唐)대에 일본에서 건너온 승려 공해(空海) 저. 천(天), 지(地), 동(東), 남(南), 서(西), 북(北)의 6부(部)로 나누어 육조(六朝)에서부터 당 초까지의 시가 창작과 대우(對偶), 성운(聲韻) 등에 관한 이론을 서술했다. 특히 최융(崔融), 왕창령(王昌齡), 원긍(元兢), 교연(皎然) 등의 시가 이론을 선집했으며, 수록된 이론의 원본이 대부분 현존하지 않기 때문에 사료로서의 가치도 매우 높다. 육조 및 당 초의 시가 이론을 이해하는 중요한 자료가 되고 있다.

문경지치(文景之治)　　　서한 문제(文帝)와 경제(景帝)의 치적을 일컫는 말. 두 황제는 진(秦)이 망한 원인을 교훈삼아 통치체제를 공고히 하고 여민휴식(與民休息)과 성형감벌(省刑減罰)의 정책을 펴 부국강병을 이룩했으므로 후세 사가들이 이 두 사람의 치적을 가리켜 '문경지치'라 했다.

문계운동(文界運動)　　　19세기 말 20세기 초에 발생한 산문 개혁운동. 자산계급 유신파(維新派) 인물들이 제창하였다. 동성파(桐城派) 고문과 팔고문(八股文)을 배척하고 평이한 문언문을 쓰자고 주장했다. 또 전통적 문학관인 문이재도(文以載道)보다는 현실주의적 내용이 담긴 문장이 중요하다고 보았다. 이들의 문체를 보장체(報章體), 시무체(時務體), 신민체(新民體) 등으로 부르다 후에 신문체(新文體)로 통칭했다. 개량주의자인 풍계분(馮桂芬), 왕도(王韜) 등이 선창하고 유신파 양계초(梁啓超)를 비롯하여 담사동(譚嗣同), 황준헌(黃遵憲), 강유위(康有爲) 등이 뒤를 이었다. 특히 양계초는 「시무보(時務報)」「청의보(淸議報)」「신민총보(新民叢報)」 등을 통해 문계혁명의 기치를 크게 드높였다. 문계운동은 백화문운동의 태동에 큰 영향을 끼쳤다.

문동(文同:1018~79)　　북송의 서화가, 시인. 자는 여가(與可). 호는 소소선생(笑笑先生), 석실선생(石室先生), 금강도인(錦江道人) 등. 자주(梓州) 영태(永泰:사천성 鹽亭) 출신. 인종(仁宗) 황우(皇祐) 원년(1049) 진사가 되어 태상박사(太常博士), 집현교리(集賢校理), 지능주(知陵州), 지양주(知洋州) 등을 지냈다. 신종(神宗) 원풍(元豊) 원년(1078) 호주(湖州)로 부임하러 가다가 도중 병사하였다. 세칭 문호주(文湖州). 시·사·서예·회화 등 다방면에 재능을 나타냈으며, 그 가운데 화가로서 이름이 더욱 알려져 있다. 그림은 산목죽석(山木竹石)을 주로 그렸는데, 특히「묵죽도(墨竹圖)」로 대표되는 그의 대나무 그림은 서예의 비백법(飛白法)을 사용하여 독특한 경지를 이루었다. 후인들이 그의 수법을 따라 호주죽파(湖州竹派)를 형성하기도 했다. 인척인 소식(蘇軾)과 우의가 깊었으며, 서로 시문으로써 화창(和唱)했다. 그의 시는 자연 경치를 묘사하면서 시정(詩情)과 화의(畵意)를 융합하는 독특한 사경문학(寫景文學)을 이루었다. 회화작품「풍우묵죽도(風雨墨竹圖)」「고목소황도(枯木疏篁圖)」「풍황소슬도(風篁蕭瑟圖)」등. 저서 『단연집(丹淵集)』.

문방주(門房誅)　　일명 문주(門誅). 북위(北魏) 초기에 생긴 가장 가혹한 형벌. 대역죄를 범한 사람에게는 남녀노소를 불문하고 친족까지 모두 참살하는 형벌로서 이를 멸문(滅門)이라고도 했다. 대역죄란 범상(犯上), 모반(謀反)의 범죄를 말한다.

문부(文賦)　　부의 편명. 서진(西晋) 육기(陸機) 저. 부(賦)의 형식을 빌려 문학을 논했으므로 문학 작품인 동시에 평론서인 셈이다. 고대의 문장을 시(詩), 부(賦), 논(論), 주(奏) 등 10류로 나누어 문학 작품의 공능(功能), 작자의 수양, 창작 방법을 설명했다.

문사통의(文史通義)　　서명. 9권. 8권본도 있다. 청대 장학성(章學誠) 찬. 건륭(乾隆) 37년(1772) 편찬에 착수했으나 가경(嘉慶) 6년 작자가 사망하는 바람에 완성을 보지 못하였다. 후에 유승간(劉承幹)이 보정(補訂)하여 간행하고 장학성의 『장씨유서(章氏遺書)』에 수록하면서 내편 6권, 외편 3권으로 분류하였다. 수록한 문장은 68편. 도광(道光) 12년(1832) 장학성의 둘째 아들 장화불(張華紱)이 새로이 『문사통의』를 편인(編印)하면서 내편 5권, 외편 3권으로 하고, 문장은 61편을 수록하였다. 세상에 널리 유행한 것은 후

자이다. 내편은 문사(文史)에 관해 논한 것으로, 「역교(易敎)」「서교(書敎)」「경해(經解)」 등의 편에서는 '육경(六經)이 모두 역사'라는 논지를 폈다. 또 「사덕(史德)」「사석(史釋)」「사주(史州)」에서는 사체(史體)의 발전 및 장단점을 밝히면서 역사가는 반드시 사덕(史德)을 갖추어야 한다고 주장했다. 「시교(詩敎)」「고문십폐(古文十弊)」에서는 문학의 흐름과 득실에 대해 논하면서 문인의 문덕(文德)을 강조하고 당시의 학문 풍조에 대한 평론도 가했다. 외편은 지방지(地方志)의 편찬에 관한 이론을 담았다.

문선(文選) ➡ 소명문선

문성공주(文成公主:?~680)　당(唐) 태종(太宗)의 종실녀. 정관(貞觀) 15년(641) 서장(西藏) 일대 토번(吐蕃)족의 수장인 송찬간포(松贊干布)와 정략 결혼하였다. 서장에 들어갈 때 중국에서 쓰는 각종 문물을 가지고 들어가 서장의 문화 발전에 공헌하였다. 또 중국과 서장간의 교류 및 우호 관계 유지에 기여했다.

문심조룡(文心雕龍)　문학평론서. 전 10권 50편. 남조시대 양(梁)의 유협(劉勰) 저. 총론(總論), 문체론(文體論), 창작론(創作論), 비평론(批評論) 등으로 나뉘어 있다. 유가의 봉건 도덕에 입각하여 문학작품을 평가했으며, 문학과 정치 사회와의 관계에 관하여 논의했다. 「원도(原道)」「징성(徵聖)」「종경(宗經)」편에 이론의 핵심을 담고 있다. 중국 문학비평서 가운데 가장 정련되고 깊은 이론이 담긴 명저의 하나로 꼽힌다.

문언박(文彦博:1006~97)　북송의 정치가. 자는 관부(寬夫). 분주(汾州) 개휴(介休:산서성) 출신. 인종(仁宗) 천성(天聖) 연간에 진사에 나아가 경력(慶曆) 말 왕칙(王則)의 반란을 진압했으며, 그 공로로 동중서문하평장사(同中書門下平章事)가 되었다. 황우(皇祐) 3년(1051) 탄핵받아 관직을 잃었다. 신종(神宗) 때 왕안석(王安石)의 신법에 반대하면서 정치는 황제가 사대부와 함께 하는 것이요, 황제가 일반 백성들과 더불어 천하를 다스리는 것은 아니라고 주장했다. 당시의 천재지변이 신법 때문이라는 견강부회식 논리를 펴기도 했다. 원우(元祐) 원년(1086) 사마광(司馬光)의 추천을 받아 중용되었으며 태사(太師)로서 관직을 마감했다. 저작 『노공집(潞公集)』.

문왕(文王) ➡ 주문왕

문원영화(文苑英華)　서명. 시문 총집. 1,000권. 북송 태종(太宗)의 명을 받아 이방(李昉), 서현(徐鉉) 등이 편찬했다. 남북조시대부터 만당(晚唐)

오대(五代)까지의 작가 2,200명의 시문 2만 여편을 수록하였다. 체례는 『소명문선(昭明文選)』의 분류 원칙을 따랐다. 그러나 당(唐)대의 시문이 주류를 이룬다. 송대 4대서의 하나로 꼽힌다.

문인화(文人畵)　작가의 출신 성향에 따라 구분한 회화의 한 유형. 화원(畵院) 출신 전문 직업화가가 아니라 일반 사대부 출신 문인들이 그린 그림을 말한다. 취미삼아 그리는 경우가 많았으므로 소재의 선택과 표현방식에서 제약을 받지 않았다. 명(明)대 동기창(董其昌)에 의해 문인화라는 용어가 처음 생겨났으며, 문인화의 시조는 남종화의 시조인 당(唐)대의 왕유(王維)로 일컬어진다. 오대(五代), 송(宋), 원(元)에 걸쳐 많은 문인화가들이 배출되었으며, 특히 원대의 조맹부(趙孟頫)와 황공망(黃公望), 명대의 심주(沈周), 동기창 등이 유명하다. 문인화가들의 화풍은 부드러운 선을 강조한 남종화(南宗畵)의 화풍과 거의 같다. 남종화 참조.

문자옥(文字獄)　청 왕조의 통치자가 전제주의 통치기반을 구축하고 만주족의 우월한 지위를 유지하기 위하여 단행한 문인 탄압 행위. 강희제(康熙帝), 옹정제(雍正帝), 건륭제(乾隆帝) 세 황제 재위시 대대적인 문자옥을 단행하여 당시 저술로 인해 필화(筆禍)를 입은 건수가 기록된 것만도 70여 건에 이른다. 대표적인 예로는 강희 2년(1663) 『명사(明史)』를 간행하면서 '만주(滿洲)'라는 단어를 쓰지 않아 관련 학자 72명이 처형된 이른바 '명사의 옥(獄)'이 있다. 옹정 4년(1726)에는 과거 시험에 난 문제 가운데 『시경(詩經)』에서 따온 '維民所止'라는 단어가 조정을 능욕한 것이라는 이유로 출제관이었던 예부시랑 사사정(査嗣庭)을 처형했다. '維'와 '止'가 우연히도 '雍正'의 머리 부분을 자른 것과 같았기 때문이다. 같은 해 왕경기(汪景祺)는 시로써 강희제를 비난했다가 참수되었다. 또 옹정 6년에는 호남 영흥(永興) 사람 증정(曾靜)이 반청(反淸)사상을 담은 여유량(呂留良)의 유저(遺著)를 베꼈다가 고발당하여 여유량의 유골이 도륙되고 유족이 처형되었으며 저서는 금서로 지정되었다. 증정은 당시 특별 사면되었으나 건륭제 때 처형되었다. 건륭제 때는 호중조(胡中藻)의 '견마생시사(堅磨生詩砂)'로 인한 옥, 왕석후(王錫侯)의 '자관(子貫)'옥 등이 있었다. 계속된 문자옥은 일면 청대 고증학 발달의 촉진제가 되기도 했다.

문장유별론(文章流別論)　서명. 일명 『문장유별지론(文章流別志論)』. 2권. 서진(西晋) 지우(摯虞) 저. 문학비평서. 고대의 문장을 시(詩), 부(賦),

명(銘), 뢰(誄), 송(頌) 등으로 나누어 각 문체의 특성과 원류, 해당 작품 및 작가의 우열을 비교 서술했다.

문제(門第)　　봉건사회 지주계급 내부의 가문 등급. 위신남북조 때 높은 지위의 가문은 '고문(高門)' '망문(望門)' '세족(勢族)' 등으로 불리었으며, 세가 약한 가문은 '한문(寒門)' '한족(寒族)' 등으로 불리었다.

문종(文鍾)　　춘추시대 월(越)나라의 대부. 자는 회(會). 초나라 출신. 월왕 구천(句踐)을 섬기다가 오(吳)와 월이 전쟁을 벌여 월이 패한 후 구천과 함께 오나라에 끌려가 오왕 합려(闔閭)의 종노릇을 했다. 구천이 본국으로 돌아와 와신상담할 즈음 그는 대부의 벼슬로서 구천 대신 정사를 맡았다. 구천이 오나라를 멸망시킬 때도 문종의 공이 매우 컸다. 공을 이룬 후 문종은 범려(范蠡)로부터 토사구팽(兎死狗烹)의 신세가 되지 않도록 관직을 떠날 것을 권유받았으나 듣지 않다가 마침내 모함을 받아 처형되었다.

문지(文摯)　　전국시대 송(宋)나라의 명의. 치료술이 뛰어나 이웃 나라에까지 이름이 날렸다. 한번은 제(齊)나라의 민왕(湣王)이 큰 병에 걸려 그를 초빙했는데, 그는 왕을 격노시켜 위 속에 걸려 있는 음식물을 토해내게 함으로써 병을 치료했다. 그러나 민왕은 이 과정에서 자신을 희롱했다는 이유로 도리어 그를 솥에 삶아 죽였다.

문징명(文徵明:1470~1559)　　명대의 서화가. 원명은 벽(璧). 자는 징명(徵明), 징중(徵仲). 호는 형산(衡山). 장주(長洲:강소성 蘇州) 출신. 오관(吳寬)에게서 문장을 배우고 이응정(李應禎)에게서 서예를 배웠으며 심주(沈周)에게서 그림을 배웠다. 가정(嘉靖) 2년(1523) 한림대조(翰林待詔)의 관직에 있으면서 『무종실록(武宗實錄)』의 편찬에 참여했으며, 3년 후 벼슬을 버리고 고향에 돌아와 학문과 회화에 몰입했다. 그림은 왕유(王維)와 조맹부(趙孟頫)의 화풍을 본받아 기운(氣韻)이 출중하다는 평을 받았다. 인물, 산수 및 화훼를 주로 그렸다. 오중사재자(吳中四才子)의 한 사람. 글씨는 해서, 행서에 능했다. 회화 작품 「상군상부인도(湘君湘夫人圖)」 「석호청승도(石湖淸勝圖)」 「난죽도(蘭竹圖)」. 시문집 『보전집(甫田集)』.

문천상(文天祥:1236~83)　　남송 말의 충신, 문학가. 자는 송서(宋瑞), 이선(履善). 호는 문산(文山). 길주(吉州) 여릉(廬陵:강서성 吉安) 출신. 20세 때인 이종(理宗) 보우(寶祐) 4년(1256) 진사에 합격하여 지서주(知瑞州) 등의 관직을 지냈다. 덕우(德祐) 원년(1275) 원나라 병사가 남하해오자 근왕군(勤王軍)을 조직하여 임안(臨安:杭州)을 사수했다. 이듬해 우승상(右丞相) 겸 추밀사(樞密使)에 임명되었으며, 원나라 군대와 담판하기 위해 적진에 들어갔다가 억류되고 그 사이 송나라는 망했다. 그는 적진을 탈출하여 장세걸(張世傑), 육수부(陸秀夫) 등과 힘을 합쳐 복주(福州)에 거점을 정하고 조하(趙昺)를 제위에 올렸다. 군대를 조직하여 원나라에 항전하던 그는 경염(景炎) 2년(1277) 군사를 이끌고 강서(江西)로 진군하여 많은 지역을 수복하였으나 역부족으로 퇴각했다. 상흥(祥興) 원년(1278) 오파령(五坡嶺: 광동성 海豊)에서 원군에 사로잡혔다. 이때 「과영정양(過零丁洋)」 시를 지었다. 원의 장수 장홍범(張弘范)은 장세걸 등의 투항을 유도하기 위해 그를 위협했으나 끝내 거절당했다. 투옥 3년만에 살해되었으며, 옥중 저작으로 『정기가(正氣歌)』가 있다. 산문 「지남록후서(指南錄後序)」 「정기가병서(正氣歌幷序)」. 저서 『문산선생전집(文山先生全集)』.

문하(門下)　①관직명. 위진남북조시대 남제(南齊) 때 문하성(門下省)의 시중(侍中)을 문하라고 칭했다. ②관서명. 상서성(尙書省)의 약칭.

문하성(門下省)　관서명. 진(晉)대에 처음 설치되었다. 이전의 동한(東漢)시대에는 시중시(侍中寺)가 같은 직책을 맡았다. 남북조시대를 거쳐 당(唐)·송(宋)까지 지속되다가 원(元)대에 폐지되었다. 당대에는 잠시 동대(東臺), 난당(鸞堂), 황문성(黃門省)으로 개칭했었다. 신하들이 올리는 상주(上奏)와 중서성(中書省)에서 기초한 조칙을 심의하였다. 문하성의 장관은 시대에 따라 시중(侍中), 좌상(左相), 황문감(黃門監) 등으로 불리었다.

문학관(文學館)　관서명. 당(唐) 무덕(武德) 4년(621) 진왕부(秦王府)에서 처음 설치하여 두여회(杜如晦), 방현령(房玄齡), 요사렴(姚思廉), 육덕명(陸德明) 등 18학사를 초빙하였다. 태종(太宗) 이세민(李世民)은 매일 이들을 초치하여 문전(文典)에 관해 토론하였다.

문헌통고(文獻通考)　서명. 348권. 원대 초 마단임(馬端臨) 찬. 상고시대부터 남송(南宋) 영종(寧宗) 가정(嘉定) 연간(1208~24)까지의 전장제도를 전부(田賦), 전폐(錢幣), 호구(戶口), 직역(職役), 학교(學校), 직관(職官), 종묘(宗廟), 악(樂), 병(兵), 형(刑) 등 24류(類)로 나누어 기재했다. 당(唐)대 두우(杜佑)의 『통전(通典)』을 근거로 송대에 관한 내용을 상세히 첨가하여 증보 형식으로 펴냈다. 마단임은 인용한 고대의 경사(經史)를 '문(文)'이라 하고, 학자들의 의론(議論)을 '헌(獻)'이라 하여 이를 서명으로 삼았다고 자서에서 적고 있다. 원 대덕(大德) 11년(1307) 완성.『통전』『통지(通志)』와 함께 3통으로 불린다.

미불(米芾:1051~1107) 북송의 문인화가, 미술이론가, 시인, 서예가. 원명은 불(黻). 자는 원장(元章), 호는 녹문거사(鹿門居士), 양양만사(襄陽漫士), 화정후인(火正後人), 해악외시(海岳外史), 계당(溪堂). 별칭은 미남궁(米南宮), 대미(大米) 등. 단도(丹徒:강소성 鎭江) 출신. 휘종(徽宗) 때 은음(恩蔭)으로 벼슬에 나아가 지옹구(知雍丘), 지연수군(知漣水軍)을 거쳐 태상박사(太常博士), 화학박사(畵學博士)를 지냈다. 이후 예부원외랑(禮部員外郎)에 올랐다가 지회양군(知淮陽軍)으로 나가 임지에서 죽었다. 집에 금석(金石)의 기기(奇器)들을 다수 수장하고, 특히 진(晋)대의 그림을 많이 보유했다. 이로 인해 그의 집을 '보진재(寶晋齋)'라 불렀다. 행서와 초서를 잘 썼으며 채양(蔡襄), 소식(蘇軾), 황정견(黃庭堅)과 함께 이름을 날렸다. 서찰체(書札體)의 대가로 불리며 이들 3명과 함께 송사가(宋四家)로 불린다. 회화는 산수화에 능했고, 동원(董源)의 화풍을 계승하여 일가를 이루었다. 수묵(水墨)의 점염(點染)을 이용하여 강남 지방의 구름 변화를 생동감 있게 표현함으로써 수묵산수화의 발전에 큰 영향을 끼쳤다. 특히 그림에서 의취(意趣)를 중시하고 세공(細工)을 반대했다. 아들 미우인(米友人)도 회화로 이름을 날렸으며, 두 사람을 가리켜 '이미(二米)'라 했다. 저서『보진영광집(寶晋英光集)』『서사(書史)』『화사(畵史)』『보장대방록(寶章待訪錄)』등. 회화「해악암도(海岳庵圖)」「금산도(金山圖)」「운산도(雲山圖)」「소상도(瀟湘圖)」. 서예「초계첩(苕溪帖)」「촉소첩(蜀素帖)」「산호첩(珊瑚帖)」「한마첩(韓馬帖)」등.

미앙궁(未央宮) 섬서성 서안(西安)에 위치. 서한(西漢)의 황궁(皇宮). 한 고조(高祖) 7년(B.C 200) 소하(蕭何)가 명에 의해 축조했다. 둘레가 20리, 큰 길의 총연장이 70리이며, 대전(臺殿) 43개, 동산 6개, 연못 13개에 수 개의 전(殿)이 갖추어져 있다. 한 초의 건축을 대표한다. 현존하는 것은 전전(前殿) 부분의 유지(遺趾) 뿐이다.

미인(美人) 비빈(妃嬪)의 칭호. 서한(西漢) 때 설치한 이후 명(明) 이전까지 이어졌다.

미해악서사(米海岳書史) → 서사

민(閩) 왕조명. 오대십국(五代十國) 중 하나. 후량(後梁) 개평(開平) 3

년(909) 왕심(王審)이 후량 정권으로부터 민왕(閩王)에 봉해지면서 독립국가가 되었다. 도읍은 장락(長樂:복건성 福州). 945년 남당(南唐)에 의해 멸망했다. 6명의 군주가 37년간 재위.

민손(閔損)　춘추시대 말기의 학자. 자는 자건(子騫). 노나라 사람. 공자의 제자. 효도와 덕행으로 유명하다. 어려서 부모로부터 모진 학대를 받았으나 효도를 극진히 하여 부모를 감동시켰다고 한다.

민자건(閔子騫) ➡ 민손

민주당(民主黨)　민국 원년(1912)에 설립된 정당. 양계초(梁啓超)가 해외에서 귀국하여 입헌파 탕화룡(湯化龍) 및 손홍이(孫洪伊)와 손잡고 공화건설토론회(共和建設討論會), 공화구진회(共和俱進會), 공화촉진회(共和促進會), 국민신정사(國民新政社) 등의 단체와 연합하여 결성했다. 당시의 공화당(共和黨)과 함께 원세개(袁世凱)의 대표적 어용당 노릇을 했으며, 주요 경비 조달도 원세개에게 의존했다.

밀교(密敎) ➡ 밀종

밀종(密宗)　불교 13종파의 하나. 일명 밀교(密敎), 진언종(眞言宗), 금강승(金剛乘). 당(唐) 개원(開元) 연간(713~741)에 인도로부터 전입되었으며, 인도승 금강지(金剛智)의 제자인 불공(不空)이 주요 창시인 중 하나이다. 색법(色法:水·火·風·空)으로부터 심법(心法:識)이 생성되며, 이 두 가지는 모두 중생들의 마음에 속해 있다고 주장하였다.

박물지(博物志)　　서명. 10권. 서진(西晉) 장화(張華) 저. 각지의 이경(異景) 기물(奇物)과 민간 잡사를 분류하여 해설했다. 동식물, 과학기술, 역사, 지리, 문학 등 여러가지 내용이 들어 있어 당시의 사회상을 엿볼 수 있는 자료가 되고 있다. 원서는 일실되었고, 집본(輯本)만이 현존한다.

박사제자(博士弟子)　　한(漢)대에 박사가 가르치던 학생을 일컫는 말. 서한(西漢) 때는 박사가 고급 학술관이 되어 태상(太常)에서 선발된 학생들을 가르쳤다. 박사제자들은 경학 위주로 수업을 받아 시험에 합격하면 출신 군국(郡國)에 돌아가 문학(文學)의 직책으로서 직무를 수행했고, 성적이 우수하면 중앙 혹은 지방 행정관의 벼슬을 제수받았다. 명·청(明淸) 대에는 생원(生員)의 별칭으로 쓰였다.

박안경기(拍案驚奇) ➡ 초각박안경기, 이각박안경기

반경(盤庚·般庚)　　은(殷)나라 제 20대 왕. 은의 시조인 탕왕(湯王)의 10세 손. 엄(奄:산동성 曲阜)에서 은(殷:하남성 安陽)으로 천도하고 국호를 상(商)에서 은(殷)으로 바꿨다. 정사를 잘 펴 기울었던 국력을 회복하고 국태민안(國泰民安)을 이루었다. 제위를 동생들에게 물려주었던 이전 풍습을 깨고 아들에게 넘겼다.

반고(班固:32~92)　　동한(東漢)의 사학자, 문학가. 『한서(漢書)』의 저자. 자는 맹견(孟堅). 부풍(扶風) 안릉(安陵:섬서성 咸陽) 출신. 사학자인 부친 반표(班彪)의 영향을 받아 학문에 심취했으며, 부친이 완성하지 못한 『사기후전(史記後傳)』을 보충해 완성했다. 사사로이 역사를 편찬한 죄로 옥살이를 하다가 동생 반초(班超)의 상소로 풀려난 후 명을 받아 20여년 동안 중국 최초의 기전체 단대(斷代) 역사서인 『한서(漢書)』를 편찬했다. 「답빈희(答賓戱)」등 부(賦)를 지었고, 정치제도를 논한 『백호통의(白虎通義)』를

편찬했다.

반고(盤古)　　일명 반고씨(盤古氏). 중국 고대 신화전설상 최고(最古)의 신. 천지개벽이 있기 전 알에서 태어났다고 한다. 천지를 열고 만물을 창조한 인물로 전해진다. 태어난 지 1만 8천년만에 천지가 음양으로 갈라지고 다시 1만 8천년이 지나 하늘과 땅이 나뉘었다고 한다. 죽을 때 토해낸 기(氣)는 바람과 구름이 되고, 소리는 우뢰로, 왼쪽 눈은 태양으로, 오른쪽 눈은 달로, 피는 강물로 변했다는 설도 있다.

반륙(潘陸)　　서진(西晋)시대의 문인 반악(潘岳)과 육기(陸機)를 일컫는 말. 태강체(太康體)의 대표작가이며 아름답고 정련된 언어로써 사부(辭賦)를 지었다.

반소(班昭:49〜약 102)　　동한(東漢)의 여류 문인, 사학자. 일명 반희(班姬). 자는 혜반(惠班). 부풍(扶風) 안릉(安陵:섬서성 咸陽) 출신. 반표(班彪)의 딸, 반고(班固)의 여동생. 오빠인 반고가『한서(漢書)』의「8표(八表)」와「천문지(天文志)」를 완성하지 못하고 죽음에 따라 화제(和帝)의 명을 받아 마속(馬續)과 함께 이를 보충하여 완성했다. 궁중에 들어가 화제의 황후와 비빈을 가르쳤다. 부 작품에「동정부(東征賦)」가 있고, 산문에는 봉건 여인들의 품덕을 논한「여계(女誡)」가 있다.

반악(潘岳:247〜300)　　서진(西晋)의 문학가. 자는 안인(安仁). 중모(中牟:하남성) 출신. 용모가 준수하여 청년 때 문을 나서면 부녀자들이 연모의 표시로 과일을 던져 주었으며, 그것이 수레를 가득 채울 정도였다고 한다. 낙양령(洛陽令), 저작랑(著作郎), 급사황문시랑(給事黃門侍郎) 등을 역임하였다. 귀척(貴戚)이었던 가밀(賈謐)의 24우(友)에 속했다. 후에 조(趙)왕 사마륜(司馬倫)에 의해 살해되었다. 작품에「한거부(閑居賦)」「서정부(西征賦)」「추흥부(秋興賦)」「도망시(悼亡詩)」「관중시(關中詩)」등의 시부(詩賦)가 있다. 당시의 문인 육기(陸機)와 함께 이름을 떨쳐 세칭 '반륙(潘陸)'이라 불리었다.

반야학(般若學)　　위진(魏晋)시대에 가장 유행했던 불교의 학파.「반야경(般若經)」을 주로 연구했다. '반야' 란 지혜, 명(明)의 뜻이며, 반야학은 능히 지혜를 통하여 불교의 최고 정신경지인 열반의 세계로 도달하기 위해 개설된 학문이다. 현학(玄學)의 기초 위에서 육가칠종(六家七宗)의 학파로 발전하였다. 육가칠종 참조.

반첩여(班婕妤)　　한(漢)대의 여류 사부가(辭賦家). 누번(樓煩:산서성 朔縣) 출신. 서한(西漢) 성제(成帝) 때 궁중에 들어가 첩여의 관직에 봉해졌다. 후에 성제가 조비연(趙飛燕)을 총애하면서 영락한 신세가 되었다. 작품에 「자도부(自悼賦)」「도소부(搗素賦)」「원가부(怨歌賦)」 등이 있으며, 궁중생활의 적막함과 괴로움을 풍부한 서성성을 담아 표현했다.

반초(班超:32~102)　　동한(東漢)의 장군. 자는 중승(仲升). 부풍(扶風) 안릉(安陵:섬서성 咸陽) 출신. 사학자 반표(班彪)의 아들, 반고(班固)의 동생. 서역(西域) 군소국에 출현한 흉노를 몰아내어 그곳 백성들을 흉노의 압제에서 해방시키는데 큰 공을 세웠다. 서역도호(西域都護)를 지냈으며, 정원후(定遠侯)에 봉해졌다. 감영(甘英)을 대진국(大秦國:동로마제국)에 사신으로 파견했다.

반표(班彪:3~54)　　동한(東漢)의 사학자, 사부가(辭賦家), 자는 숙피(叔皮). 부풍(扶風) 안릉(安陵:섬서성 咸陽) 출신. 사학자 반고(班固), 반소(班昭) 및 군사외교가 반초(班超)의 부친. 신(新)대 말 군웅 중 하나인 외효(隗囂)를 섬기면서 한(漢) 황실의 회복을 건의했다가 받아들여지지 않자 그의 곁을 떠나 두융(竇融)의 밑으로 들어갔다. 두융을 설득하여 유수(劉秀:光武帝)에게 귀의하도록 했다. 동한 초에 망도장(望都長:望都는 현 하북성 保定)의 관직을 지냈다. 역사 연구에 몰두하여 『사기』에 기록된 마지막 연도(漢武帝 太初 연간) 이후의 역사를 담아 『사기후전(史記後傳)』60여 편을 편찬했다. 그의 아들 반고와 딸 반소가 이를 계승하여 『한서』를 완성했다. 이밖에 고조(高祖)가 한나라를 세운 배경, 당위론 등을 서술한 『왕명론(王命論)』을 지었다. 사부 작품 「남해부(覽海賦)」「도이소(悼離騷)」 등.

방국진(方國珍:1319~74)　　원대 말의 군웅(群雄) 중 한 사람. 이름은 진(珍), 자가 국진(國珍)이다. 황암(黃巖:절강성) 출신. 소금 파는 일을 주업으로 했다. 지정(至正) 8년(1348) 해적과 내통했다고 밀고한 사람을 죽이고 해상으로 도주하여 형 국장(國璋), 아우 국영(國瑛), 국민(國珉) 등과 함께 바다에서 운송선을 약탈하는 일을 했다. 경원(慶元:절강성 寧波)을 근거지로 수천 군중을 이끌고 절동(浙東) 연해를 장악했으며, 원나라와는 화의와 적대정책을 번갈아 폈다. 지정 27년 주원장(朱元璋:明太祖)이 경원을 점령하면서 항복했다.

방언(方言)　　서명. 원본은 15권이나 현존하는 것은 13권. 서한(西漢) 양웅(揚雄) 찬. 당시 각지의 방언과 소수민족의 언어를 수록했다.

방연(龐涓:?~342 B.C)　　전국시대 위(魏)의 장수. 손빈(孫臏)과 함께 귀곡자(鬼谷子)에게 병법을 배운 뒤 위의 장수가 되었다. 그러나 동학인 손빈의 재주를 두려워하여 간계로써 손빈의 다리뼈를 부러뜨렸다. 위 혜왕(惠王) 16년(B.C 354)군대를 이끌고 조(趙)의 수도 한단(邯鄲)을 공격하다 이듬해 계릉(桂陵:하남성 長垣)에서 조를 구원나온 제(齊)의 군대와 싸워 패배했다. B.C 342년 한(韓)을 공격했으나, 역시 구원나온 제의 군대와 마릉(馬陵:산동성 范縣)에서 접전하다 패하여 자살했다. 당시 제의 장수는 손빈이었으며, 손빈이 그를 살해했다는 설도 있다.

방유의(方維儀:1585~1668)　　명말 청초의 여류시인이자 화가. 자는 중현(仲賢). 동성(桐城:안휘성) 출신. 시가집으로 『청분각집(淸芬閣集)』이 있으며, 역대의 부녀시를 모아 『궁규시사(宮閨詩史)』를 엮었다.

방전균세법(方田均稅法)　　북송 왕안석(王安石)이 추진한 토지 관련 세법. 각 주현(州縣)의 경작 토지를 조사하되 사방 각 1,000보(步)를 1방(方)으로 하여 측량을 했다. 그리고 토지의 비옥도에 따라 5등으로 나누어 세액을 부과했다.

방정학(方正學) ➡ 방효유

방청기의(方淸起義)　　당(唐) 보응(寶應) 원년(762) 강동(江東) 지방에 큰 역병이 돌아 백성의 반 이상이 죽고 기황까지 들어 민심이 흉흉해지자 방청(方淸)이 굶주린 백성들을 이끌고 난을 일으켰다. 이들은 이듬해 광덕(廣德)에서 봉기한 진장(陳莊)의 부대와 연합하여 지금의 안휘성과 강서성 일대를 점령하였다. 영태(永泰) 2년(766) 방청이 전투에서 전사하고 진장 역시 당군에 투항함으로써 반란은 실패로 돌아갔다.

방통(龐統:179~214)　　동한(東漢) 말기의 군사가. 자는 사원(士元). 양양(襄陽:호북성 襄樊) 출신. 촉한(蜀漢) 유비(劉備)의 휘하에서 제갈량과 함께 유비를 도왔다. 군사중랑장(軍師中郎將)을 지냈으며, 전쟁에서 적의 화살에 맞아 숨졌다. 관내후(關內侯)의 관작을 추서받았다.

방포(方苞:1668~1749)　　청대의 경학가, 문학가. 자는 영고(靈皐), 호는 망계(望溪). 동성(桐城:안휘성) 출신. 젊어서 문학으로 이름을 날려 이광지(李光地) 등의 신임을 받았다. 강희(康熙) 15년(1706) 전시(殿試) 시험을 보다 모친의 와병 소식을 듣고 시험을 포기한 채 고향으로 달려갔다. 후에 대명세(戴明世)를 위하여 『남산집(南山集)』 서문을 써주고 하옥되어 사형선고를 받았다가 이광지의 구명운동으로 풀려났다. 그 후 남서방(南書房)에 들어가 문학시종(文學侍從)의 직책을 얻었고, 건륭(乾隆) 연간에는 내각학사 겸 예부시랑의 관직을 지냈다. 사상면에서 정주(程朱)의 이학(理學)을 중시했으며, 학술면에서는 표절을 반대하고 '의법(義法)' 곧 사상과 예술형식의 조화를 주장했다. 동성파(桐城派) 고문운동을 창시한 사람으로 일컬어진다. 저서 『방망계전서(方望溪全書)』(일명 方苞集) 『주관집주(周官集注)』 『춘추통론(春秋通論)』 『예기석의(禮記析疑)』.

방현령(房玄齡:579~648)　　당(唐) 초의 정치가. 자는 교(喬). 일설에는 이름이 교, 자가 현령이라 한다. 제주(齊州) 임치(臨淄·산동성 淄博) 출신. 수(隋)대에 우기위(羽騎尉)의 관직을 지냈다. 수대 말 이연(李淵·唐高祖)의 병사들이 관중(關中)에 입성하자 이연의 아들 이세민(李世民·唐太宗)에게 투항하였다. 이세민이 진왕(秦王)에 오르면서 그는 진왕부기실(秦王府記室)이 되고 임치후(臨淄侯)에 봉해졌다. 당 무덕(武德) 9년(626) 이세민을 도와 현무문(玄武門)의 정변을 일으켰으며, 이 공로로 정관(貞觀) 원년(627) 중서령(中書令)에 오르고 다시 상서좌복야(尙書左僕射)에 올라 국사(國史) 편찬에 관여했다. 15년간 재상으로 있으면서 태종의 정관지치(貞觀之治)를 도왔으며, 양국공(梁國公)에 봉해졌다. 황제의 명을 받아 『진서(晋書)』를 중찬(重撰)했다.

방회(方回:1227~1307)　　남송 말 원 초의 시인, 시가평론가. 자는 만리(萬里), 호는 허곡(虛谷). 남송 때 진사를 거쳐 엄주(嚴州·안휘성)의 지부(知府) 벼슬을 했다. 원나라 병사가 남하하자 투항하여 세인의 수치가 되기도 했으며, 이후 파직되어 항주(杭州) 일대를 무대로 시가 창작에 몰두했다. 강서시파(江西詩派)의 시작 경향을 추종하여 기교 방면에 노력을 기울였다. 작품집 『허곡집(虛谷集)』 『동강집(桐江集)』. 이밖에 당송 이래의 율시를 모아 49류(類)로 펴낸 『영규율수(瀛奎律髓)』가 유명하며, 저서로 『문선안포사시평(文選顔鮑謝詩評)』 『속고금고(續古今考)』 등이 있다.

방효유(方孝孺:1357~1402)　　명대의 충신. 자는 희직(希直), 희고(希古). 일명 정학선생(正學先生). 절강성 영해(寧海) 출신. 송렴(宋濂)에게서 수학하였다. 홍무(洪武) 연간에 중부교수(中府敎授), 건문(建文) 연간에 혜제(惠帝)의 시강학사(侍講學士)를 지냈다. 연왕(燕王·成祖)이 병란을 일으커 경사(京師:강소성 南京)를 점령한 후 그를 체포하여 조칙을 쓰게 했으나 끝까지 불응하여 사지를 찢는 책형(磔刑)으로 처형되었다. 이 여파로 그의 십족(十族)까지 연좌되어 죽은 사람이 873명에 달했다. 저서 『후성집(侯成集)』『손지재집(遜志齋集)』.

방훈기의(龐勛起義)　　당(唐) 의종(懿宗) 함통(咸通) 9년(868) 계주(桂州:광서자치구 桂林)를 지키던 서사(徐泗)지구의 병사 2,000여명이 변방의 임무를 교대해주지 않는데 불만을 품고 양료판관(糧料判官) 방훈(龐勛)을 수령으로 삼아 일으킨 군사 반란. 서주(徐州), 성남(城南)에서 당군을 격파하고 숙주(宿州:안휘성 宿縣)를 함락시켰다. 이들은 창고를 풀어 가난한 사람들을 구휼했으므로 농민들의 커다란 호응을 받았으며, 이 결과 농민 봉기로 확대 발전시킬 수 있었다. 이후 서주를 공격할 무렵에는 병사가 20여만에 달했다. 함통 10년 방훈은 승리를 자만하다 자주 패했으며, 장현염(張玄稔) 등이 배반함에 따라 정부군에 항복하고 말았다.

배구(裴矩:?~627)　　수(隋)·당(唐)대의 지리가. 자는 홍대(弘大). 수 문제(文帝) 때 이부시랑(吏部侍郎)을 지냈으며, 양제(煬帝)는 그를 서역에 파견했다. 이때 일종의 지도 겸 지리서인 『서역도기(西域圖記)』를 편찬하였다. 당 초에는 민부상서(民部尙書)를 지냈다.

배리강문화(裴李崗文化)　　중국 신석기시대 초기의 문화. 하남성 신정현(新鄭縣) 배리강에서 마제석기와 도기가 발견되었다. 황하 중하류 일대에서 발달했으며, 도기의 제작 수준은 매우 초보적이다. 앙소(仰韶)문화의 발생에 직접적인 영향을 준 것으로 보인다.

배상제회(拜上帝會)　　일명 상제회. 청대 말 도광(道光) 23년(1843) 홍수전(洪秀全)이 광동성 화현(花縣)에서 풍운산(馮雲山), 홍인간(洪仁玕) 등과 조직한 기독교 계통의 농민 혁명조직. 광서 25년부터 2년간 풍운산이 광서성 계평현(桂平縣) 자형산구(紫荊山區)의 빈곤한 농민 3천여 명을 처음으로 영입했으며, 홍수전은 이 기간 화현에서 「원도구세가(原道救世歌)」「원도성세훈(原道醒世訓)」「원도각세훈(原道覺世訓)」을 지어 조직을 이념적으로 무장시켰다. 광서 27년 홍수전은 풍운산과 합류하여 '십관천조(十款天條)'의 종교 계율을 정하고 하나님을 상제(上帝), 예수를 천형(天兄), 자신을 천제(天弟)라 칭했다. 또 하나님을 믿고 염라요(閻羅妖:청 통치자 및 지주계급)를 물리치며 남녀가 평등한 사회인 '천하일가(天下一家)'를 이루자는 구호를 내세웠다. 배상제회는 도광 20년(1851) 금전(金田)에서 무장봉기를 일으키면서 태평천국의 난을 주도했다.

배송지(裵松之:372~451)　남조시대 송(宋)의 사학자. 자는 세기(世期). 문희(聞喜:산서성) 출신. 송 무제(武帝)의 신임을 받아 태중대부(太中大夫)의 벼슬을 했다. 원가(元嘉) 3년(426) 문제(文帝)의 명을 받고 진수(陳壽)의 『삼국지(三國志)』에 주를 다는 작업을 시작하여 3년만에 『삼국지주』를 완성하였다. 이는 『삼국지』에서 누락되거나 소홀히 다루어진 부분을 보충한 것으로 삼국시대의 역사를 이해하는 중요한 자료 역할을 한다. 기타 저서로는 『진기(晋紀)』『송원가기거주(宋元嘉起居注)』『배씨가전(裵氏家傳)』『집주상복경전(集注喪服經傳)』이 있다.

배주석병권(杯酒釋兵權)　송 태조(太祖)가 장수들의 병권을 박탈한 사건. 태조는 즉위 후 건륭(建隆) 2년(961) 석수신(石守信), 왕심기(王審琦) 등 금군(禁軍)의 장령(將領)을 주연에 초대해 고관후록(高官厚祿)을 조건으로 병권을 해제하도록 권유하였다. 이들은 병을 핑계로 중앙 군대의 요직을 내놓았다. 개보(開寶) 2년(969) 태조는 같은 방법으로 왕언초(王彦超) 등 지방절도사들의 병권을 해제시켰다. 이를 역사에서 '배주석병권'이라 한다.

배행검(裵行儉:619~82)　당(唐) 초의 정치가, 문인, 서예가. 자는 수약(守約). 정관(貞觀) 연간에 명경과(明經科)에 급제하여 좌둔위창조참군(左屯衛倉曹參軍)에 임명되었다. 인덕(麟德) 2년(665) 안서도호(安西都護)에 임명되고 이어 이부시랑(吏部侍郎)으로 옮겼다. 초서와 예서에 정통했다. 『배행검집(裵行儉集)』『선보(選譜)』 등이 있었으나 일실됨.

백가성(百家姓)　서명. 북송 무명씨 편. 100가의 성씨를 수록했으며, 4언의 운문체이다. 첫 구는 '조전손이(趙錢孫李)'로 당시 황성(皇姓)인 조(趙)씨가 존숭되었음을 보여준다.

백가쟁명(百家爭鳴)　춘추전국시대 제자백가가 홍기하고 상호 논쟁하던 데서 나온 말. 제자백가 참조.

백거(白渠)　한 무제(漢武帝) 태시(太始) 2년(B.C 95) 완성한 대형 관개 수로. 경수(涇水)를 끌어 동남쪽의 위수(渭水)에 댄 장장 200리의 대형 수로이다. 관중(關中) 일대의 농업 발달에 큰 기여를 했다.

백거이(白居易:772~846)　당(唐)대의 시인. 자는 낙천(樂天). 자호는 향산거사(香山居士). 신정(新鄭:하남성) 출신. 27세 때 진사 시험에 급제하여 한림학사(翰林學士), 좌습유(左拾遺), 찬선대부(贊善大夫) 등을 지냈다. 이후 상소를 올렸다가 권신들의 미움을 사 강주사마(江州司馬)로 폄적되고, 목종(穆宗) 때 복권되어 항주(杭州)·소주(蘇州)의 자사(刺史)를 역임했다. 문종(文宗) 때 태자소부(太子少傅)를 지낸 후 무종(武宗) 때는 형부상서(刑部尙書)의 벼슬을 제수받았으나 사양하고 낙양(洛陽)의 향산(香山)에 은거하며 만년을 시와 술로 보냈다. 민중시인, 사회시인, 풍유시인 등으로 불릴 만큼 그의 시는 하층 백성의 입장에 서서 우민(憂民)하고 탄세(歎世)하는 내용이 많다. 문학의 가치도 심미적 기능보다는 사회에 대한 공능(功能)과 교화(敎化)에 두었다. 악부시를 많이 지었으며, 민중의 언어로 평이한 시를 쓸 것을 주장하였다. 그의 풍유시(諷諭詩) 170여 수와 신악부(新樂府) 50수는 평민의 비참한 생활과 사회의 여러가지 모순을 인도주의적 견지에서 파헤친 것으로 유명하다. 대표적 작품에 현종(玄宗)과 양귀비의 사랑을 제재로 한 「장한가(長恨歌)」를 비롯하여 「비파행(琵琶行)」「진중음(秦中吟)」 등이 있다. 저서 『백씨장경집(白氏長慶集)』.

백규(白圭) ①전국시대 주(周)나라 사람. "남이 버리면 취하고 남이 취하면 준다"는 장사 이론을 폈다. ②전국시대의 수리전문가. 이름은 단(丹). 위혜왕(魏惠王)의 대신으로 있으면서 축성과 수리를 전담했다.

백기(白起:?~257 B.C) 전국시대 진(秦)나라 장군. 진 소양왕(昭襄王) 때 위주(魏冉)의 추천으로 장수가 되어 전공을 많이 올렸으며, 이로 인해 벼슬이 좌서장(左庶長)에서 대량조(大良造)로 뛰어올랐다. 한(韓)·위(魏) 연합군을 공격하여 24만여 군사를 참수했으며, 초(楚)와의 전쟁에서 승리하고는 공으로 무안군(武安君)에 임명되었다. B.C 260년 조(趙)나라와 장평(長平)에서 전쟁을 벌여 조나라 군사 40만을 갱사(坑死)시켰다. 후에 재상 범저(范雎)와 사이가 좋지 않아 자살했다.

백락(伯樂) 춘추시대 상마가(相馬家). 진목공(秦穆公) 밑에 있으면서 훌륭한 말을 감별하는 일을 맡았다. 일설에는 천리마가 그를 보면 스스로 울어 자신을 알리고자 했다고 한다. 후세에 인재등용과 관련하여 그의 천리마 식별 능력이 비유의 대상으로 자주 거론되어 왔다.

백락천(白樂天) ➡ 백거이

백량대체(柏梁臺體) 일명 백량체(柏梁體). 한 무제(漢武帝)가 백량대에서 군신들과 함께 지어 부르던 일종의 시체. 7자를 한 구(句)로 하여 매 구마다 운(韻)을 두었으며 내용이 화려했다. 7언시의 최초 형태로 불리기도 하며, 후인들이 이 체를 본떠 많은 시를 지었다.

백련교(白蓮敎)　　송(宋)대부터 청(淸)대 건륭(乾隆)·가경(嘉慶) 연간까지 이어져 온 신흥종교. 남송 고종(高宗) 때 자원(子元)이 불교 천태종(天台宗)의 경전을 터득한 후 분파하여 포교했다. 전통 불교로부터는 사교(邪敎)로 취급당했으며 남송 말기에는 이단 종교로 탄압을 받았다. 몽고족이 원(元)왕조를 세웠을 때는 백련회(白蓮會)를 결성하여 봉기를 일으켰다. 이후 1308년 동림사(東林寺)의 보도(普度)가 「여산연종보감(廬山蓮宗寶鑑)」을 지으면서 정식 종교로 인정받았다. 지정(至正) 11년(1351)에는 한산동(韓山童)이 백련교도를 끌어모아 반란을 일으켰다. 명대 들어 태조가 백련교를 탄압하면서부터 각지의 백련교도들은 비밀 조직을 결성하여 반정부 봉기를 일으켰으며, 청대 들어서도 건륭제 때 농민군과 합세하여 사회제도와 정치부패에 항거하는 반란을 일으켰다. 이후 교세가 점차 약화되어 자취를 감추었다.

백리해(百里奚·百里侯)　　춘추시대 진나라 대부. 자는 정백(井伯). 우(虞)나라 출신. 우나라의 대부로 있다가 우가 진(晋)에 망하자 포로가 된 후 초(楚)나라로 도망갔다. 진목공(秦穆公)이 그에 대한 소문을 듣고 오고양피(五羖羊皮:검은 양 다섯마리의 가죽)를 주고 사와 국정을 맡겼다. 이로 인해 그를 '오고대부'라 불렀다. 이 때 그의 나이 70이었다. 건숙(蹇叔)을 목공에게 추천하여 함께 목공의 패업 성취를 도왔다.

백마사(白馬寺)　　하남성 낙양(洛陽)에 위치. 동한(東漢) 명제(明帝) 영평(永平) 11년(68) 건축. 천축(天竺:인도 일대)의 승려가 백마태불경(白馬駄佛經)을 가지고 중국에 왔다가 이곳에서 불사를 짓고 이름을 붙였다. 중국 최초의 불사로 기록되고 있다. 건축이 웅장하고 승려가 한때 천여 명이나 되었다.

백마편(白馬篇)　　악부의 편명. 잡곡가사(雜曲歌辭)의 제슬행(齊瑟行)에 속해 있다. 삼국시대 조식(曹植)의 작품. 기사(騎士)의 영웅적 기상을 비유적 수법으로 형상화했다.

백박(白樸:1226~약 1306)　　원대의 잡극 작가. 자는 인보(仁甫), 태소(太素). 호는 난곡(蘭谷). 지금의 산서성 하곡(河曲) 출신. 젊어서 남경(南京:하남성 開封)에 살다가 전란으로 모친을 잃고 부친의 친구인 원호문(元

好問) 밑에서 글을 배웠다. 시문을 잘 짓고 음률에도 정통했다. 벼슬에 나아가지 않고 옥경서회(玉京書會)에서 잡극 창작 활동을 하며 보냈다. 잡극 작품 16종이 있으며, 그중 「오동우(梧桐雨)」「장두마상(墻頭馬上)」 등이 유명하다. 산곡(散曲) 작품은 완약우미(婉約優美)하며, 『옹희악부(雍熙樂府)』 등에 그의 작품이 보인다. 관한경(關漢卿), 마치원(馬致遠), 정광조(鄭光祖)와 함께 원곡사대가(元曲四大家)로 불린다.

백아(伯牙)　춘추시대 초나라의 악사. 성은 유(兪). 거문고의 대가. 그가 연주하는 음악은 절친한 친구인 종자기(鍾子期)만이 뜻을 이해할 수 있었다고 한다. 종자기가 먼저 죽자 그는 지음(知音)이 사라졌다고 슬퍼하며 거문고 줄을 끊고 다시는 연주하지 않았다고 한다.

백양보(伯陽甫)　서주 말기의 사상가. 일명 백양부(伯陽夫). 주나라 유왕(幽王) 2년 경수(涇水), 위수(渭水), 낙수(洛水) 일대에 지진이 일어나자 그 원인이 음양 2기(二氣)의 상호 모순 때문이며, 자연계의 변동은 귀신의 조화로 이루어지는 것이 아니라고 주장했다.

백이 · 숙제(伯夷 · 叔齊)　은(殷) 말 서주(西周) 초기 고죽국(孤竹國) 부족장의 두 아들. 백이는 형이고 숙제는 아우이다. 장자인 백이는 부친이 차자인 숙제에게 지위를 물려주고자 하는 뜻을 알고 홀연히 집을 떠나 부친의 부담을 덜어주었다. 그러자 숙제도 도를 벗어나 지위에 오를 수 없다며 형의 뒤를 따라 함께 유랑생활을 했다. 주 무왕(武王)이 은나라를 치자 두 사람은 선왕의 장례가 끝나지 않은 상태에서 군대를 일으키는 것은 불가하다며 무왕을 말렸다. 무왕이 마침내 은을 멸하자 무도한 나라의 백성이 될 수 없다며 수양산(首陽山)에 들어가 고사리를 뜯어 먹으며 숨어 살다가 죽었다고 한다. 그들이 불렀다는 채미가(采薇歌)가 전해진다. 후세에 고고한 선비이자 정의를 추구한 성인으로 받들어진다.

백익(伯益)　고대 전설상의 인물. 일명 익(益). 우(禹) 밑에서 치수를 보좌했다. 우가 하(夏)왕조를 연 후에는 재상으로 봉직했다. 정권찬탈을 노린 우의 아들 계(啓)에게 살해되었다는 설이 있는가 하면, 우임금의 왕위 선양을 사양하고 은둔했다는 설도 있다. 우물 파는 기술을 개발했다 해서 정신(井神)으로 불린다.

백인보(白仁甫) ➡ **백박**

백일유신(百日維新) ➡ **무술변법**

백파군(白波軍)　　　동한(東漢) 말 산서(山西) 지역에서 봉기한 농민 기의군. 중평(中平) 5년(188) 황건적의 잔여 부대가 서하(西河)의 백파곡(白波谷:산서성 侯馬)에서 기의했다. 호재(胡才) 등의 지휘 하에 태원(太原)을 향해 진공하면서 동탁(董卓)이 이끄는 관군에 큰 타격을 주었다.

백행간(白行簡:776~826)　　　당(唐)대의 문학가. 자는 지퇴(知退). 백거이(白居易)의 동생. 정원(貞元:785~805) 말 진사 합격 후 좌습유(左拾遺), 주객랑중(主客郎中) 등을 지냈다. 사부(辭賦)에 능했으며 정련된 언어로 작품을 썼다. 전기소설 작가로도 알려져 있으며, 대표작에 「이와전(李娃傳)」「삼몽기(三夢記)」가 있다.

백향산(白香山) → **백거이**

백호통의(白虎通義)　　　서명. 일명 『백호통(白虎通)』『백호통덕론(白虎通德論)』. 4권. 동한(東漢) 반고(班固) 등 편찬. 건초(建初) 4년(79) 장제(章帝)가 박사(博士)와 유생들을 백호관(白虎觀)에 불러들여 오경(五經)을 논하게 하고 장제가 친히 결론을 내린 내용을 기록했다. 금문(今文) 경학파의 입장에서 동중서(董仲舒)가 지은 『춘추번로(春秋繁露)』의 사상을 계승한 후 진일보하여 유가 경전과 참위(讖緯) 신학을 융합시켰다. 봉건사회의 정치제도와 도덕관념을 광범위하게 해석하여 당시 통치계급의 중요 법전 역할을 하였다.

백화문운동(白話文運動)　　　언문일치운동. 무술변법(戊戌變法, 1898)을 전후하여 유신변법운동과 더불어 이 운동이 촉발되었다. 문어체로 쓰이던 고문이 대중의 의사전달 수단에 장애가 되므로 구어체 백화문을 사용하여 언문일치를 이뤄야 한다는 계몽실천운동이다. 이는 산문 개혁운동인 문계운동(文界運動)과 병행하여 이루어졌다. 1887년 황준헌(黃遵憲)이 『일본국지(日本國志)』에서 처음 언문일치를 주장했고, 이후 양계초(梁啓超)가 「변법통의(變法通議)」「심씨음서서(沈氏音書序)」「신민설(新民說)」 등의 문장에서 황준헌의 주장을 옹호하는 한편, 이를 이론화했다. 1903년 적초경(狄楚卿)이 「신소설(新小說)」에서 소설의 언문일치를 주장했다. 이에 앞서 백화문 잡지인 「무석백화보(無錫白話報)」가 1898년에, 「항주백화보(杭州白話報)」「소주백화보(蘇州白話報)」「양자강백화보(揚子江白話報)」가 1900년에 출간됐다. 이후에도 백화보의 발간이 전국적으로 확산되어 1919년에는 400여 종이 생겨났다. 이 시기에는 교과서, 소설, 외국 번역서적 등이 백화문으로 쓰여졌고, 백화문으로 번역한 고문도 출현했다. 오사운동(五四運動, 1919)을 전후로 하여 대문호 호적(胡適)이 이 운동을 더욱 발전시켰다.

백희(百戱)　　진한(秦漢) 시대에 유행된 가무와 잡기(雜技)를 총칭하여 이르는 말. 마술, 가무, 희극 등을 포괄한다. 한대에는 각저희(角抵戱)로 불렸으며, 남북조 이후로는 산악(散樂)으로 불렸다.

번쾌(樊噲:?~189)　　서한(西漢)의 개국공신. 패(沛:강소성 沛縣) 출신. 젊어서 도구업(屠狗業)을 했다고 한다. 유방과 함께 농민봉기를 일으키고 초한(楚漢)전쟁에 참가해 수차례 유방을 위기에서 구출했다. 서한 초 무양후(舞陽侯)에 봉해졌다.

범관(范寬:?~약 1026)　　북송 전기의 화가. 일명 중립(中立), 자는 중정(中正). 일설에는 본명이 중정, 자가 중립(仲立)이라고 한다. 화원(華原:섬서성 耀縣) 출신. 변경(汴京:하남성 開封)과 낙양(洛陽)에서 주로 활동했으며 관직에 나아가지 않고 민간 화가로서 일생을 보냈다. 산수화에 능했으며 특히 산꼭대기의 밀림, 물속의 대석(大石)은 선이 굵어 중후한 맛을 준다. 그의 설경 그림은 보는 이로 하여금 추위를 저절로 느끼게 할 만큼 생동감이 배어 있다는 평이다. 이성(李成), 관동(關同)과 더불어 북송 초기의 3대 북방 산수화가로 불린다. 작품「계산행려도(溪山行旅圖)」「진천도(秦川圖)」「설중고봉도(雪中孤峰圖)」「설경도(雪景圖)」「무림만추도(茂林晩秋圖)」.

범려(范蠡)　　춘추시대 말기의 정치가, 경제가. 자는 소백(少伯). 초(楚)나라 출신이나 조(趙)나라에 들어가 상장군(上將軍)이 되었다. 월(越)왕 구천(句踐)이 오(吳)나라에 패한 후 그는 대부 문종(文鍾)과 함께 월왕을 도와 초나라를 멸망시키는데 큰 공을 세웠다. 그러나 토사구팽(兎死狗烹)의 화를 염려해 스스로 관직을 떠났으며, 이후 장사를 시작해 큰 돈을 벌었다. 일설에는 그가 오나라를 멸망시킨 후 오왕 합려(闔閭)의 애첩인 미녀 서시(西施)를 데리고 살았다고 한다.

범성대(范成大:1126~93)　　남송의 시인, 사학자. 자는 치능(致能), 호는 석호거사(石湖居士). 오현(吳縣:강소성 蘇州) 출신. 고종(高宗) 소흥(紹興) 24년(1154) 진사가 되어 정강부지부(靜江府知府) 겸 광서안무사(廣西安撫使), 사천제치사(四川制置使)를 지내고, 순희(淳熙) 5년(1178) 참지정사(參知政事)에 올랐다. 이후 한 차례 폄적되어 지명주(知明州)로 갔다가 복권되어 자정전학사(資政殿學士), 대학사(大學士)가 되었다. 만년에는 병으로 벼슬에서 물러나 고향인 석호에 은거하였다. 남송 시단 4대가의 한 사람으로 육유(陸游), 양만리(楊萬里), 우무(尤袤)와 함께 이름을 날렸다. 그의 시는 처음에 강서시파(江西詩派)의 영향을 받았으나 후에는 스스로 일가를 이루었다. 애국시와 전원시가 주류를 이룬다. 저서 『석호집(石湖集)』『남비록(攬轡錄)』『오선록(吳船錄)』등.

범수(范睢) → 범저

범엽(范曄:398~446) 남조시대 송(宋)의 사학자. 자는 울종(蔚宗). 순양(順陽:하남성 淅川) 출신. 신채태수(新蔡太守), 상서이부랑(尙書吏部郎) 등을 지냈다. 원가(元嘉) 9년(432) 선성태수(宣城太守)로 좌천되면서 역사 연구에 몰두했다. 10여년의 작업 끝에 『후한서(後漢書)』를 편찬했다. 이는 비록 지부(志部)를 완성하지는 못했으나 문장이 유려하고 설명이 명확한데다 문원(文苑), 열녀(列女), 술사(術士), 일민(逸民), 독행(獨行), 당고(黨錮), 환관(宦官)의 일곱가지 새로운 전(傳)을 첨가하여 후한의 역사서 가운데 제일로 평가받고 있다. 말년에 태자첨사(太子詹事)의 관직을 지냈으며, 팽성왕(彭城王) 유의강(劉義康)을 제위에 옹립하기 위해 밀모하다가 고발되어 처형당했다.

범저(范睢:?~255 B.C) 일명 범차(范且). 필획의 오류로 인해 범수(范睢)로도 불린다. 전국시대 위(魏)나라 사람. 젊어서 모함을 받고 위의 승상인 위제(魏齊)에 의해 허리뼈가 부러진 후 이름을 장록(張祿)으로 고치고 왕계(王稽), 정안평(鄭安平)의 도움을 받아 진(秦)나라로 도망갔다. 진 소양왕(昭襄王)을 섬기면서 상국(相國)을 지냈다. 이때 원교근공(遠交近攻)을 통한 각개격파를 진언해 대외전쟁에서 큰 효과를 거두었다.장평(長平) 전쟁 후 명장 백기(白起)의 명성이 높아지자 그를 시기하여 자살하게 만들고 정안평을 대신 장군에 앉혔다. 정안평이 전쟁에서 져 조나라에 항복하자 병을 핑계로 상국에서 물러났다. 일설에는 진왕에게 처형되었다고 한다.

범중엄(范仲淹:989~1052) 북송의 정치가, 문학가. 자는 희문(希文). 소주(蘇州) 오현(吳縣:강소성 蘇州) 출신. 진종(眞宗) 대중상부(大中祥符) 8년(1015) 진사가 되었다. 인종(仁宗) 때 우사간(右司諫)으로 있으면서 곽후(郭后)를 폐할 것을 주장하다가 목주(睦州)·소주(蘇州)로 폄적되었다. 이후 복권되어 강정(康定) 원년(1043) 섬서도전운사(陝西都轉運使)가 되고 한기(韓琦)와 함께 섬서경략안무부사(陝西經略安撫副使)에 임명되어 수년간 변방에서 서하(西夏)의 침입을 방어하였다. 이때 적들이 감히 침범하지 못하며 "그의 흉중에는 수만의 무장한 병사가 있다"라고 말했다고 한다. 경력(慶曆) 3년(1043) 참지정사(參知政事)에 임명되어 10개 항목의 개혁정책을 담은 10사(事)를 건의하고 부필(富弼), 구양수(歐陽修) 등과 '경력신정(慶曆新政)'을 추진하였으나, 구양수 등과 붕당을 조직하였다 하여 2년 후 조정에서 밀려나 섬서사로안무사(陝西四路安撫使)가 되었다. 이후 영주(潁州)로 부임하던 도중 병사했다. 사후 문정(文正)이라는 시호를 받아 '범문정공(范文正公)'이라 불리게 되었다. 저작으로 『범문정공집(范文正公集)』 29권이 있다. 북송의 문단에서 시문의 혁신운동을 주도하였다. 시 · 사 · 산문에 두루 능했으며, 표현이 정련되고 풍격이 호방하다. 현실주의 색채가 진하며 변새 지방을 소재로 한 작품이 많다. 5수의 사가 현존하며, 그중 「어가오(漁家傲)」가 유명하다. 산문으로는 정치적인 소회를 토로한 「악양루기(岳陽樓記)」가 있으며, 그 가운데 '先天下之憂而憂 後天下之樂而樂'이 명구로 전송되고 있다.

범증(范增:277~204 B.C)　진(秦)대 말 항우(項羽)의 모사(謀士). 훌륭한 계책을 많이 상주해 항우로부터 아부(亞父)로 불렸다. 항우에게 수차례 유방(劉邦)을 암살하도록 건의했으나 채택되지 않았으며, 유방은 반간책(反間策)을 써서 그의 지위를 깎았다. 뜻이 꺾이자 그는 항우의 곁을 떠났으며, 길에서 병사했다고 한다.

범진(范縝:450~약 515)　남조시대 제(齊) · 양(梁)의 사상가. 자는 자진(子眞). 무음(舞陰:하남성 泌陽) 출신. 소연(蕭淵), 심약(沈約), 사조(謝脁) 등과 함께 경릉왕(竟陵王) 소자량(蕭子良)의 서저(西邸)에서 문사로 활동했다. 진안태수(晋安太守), 상서좌승(尙書左丞) 등을 역임했다. 무신론자였으므로 양무제(梁武帝)의 미움을 사 유배되었다. 만년에 복권되어 중서랑(中書郎), 국자박사(國子博士)를 지냈다. 동한 이래의 무신론 사상을 발전시켜 당시 불교의 영향으로 성행한 윤회적 인과응보 사상을 비판하였다. 저서에 불교의 미신적 내용을 배척하는 한편 유물주의 사상을 전개한 『신멸론(神滅論)』이 있고, 산문으로 「답조사인(答曹舍人)」이 있다.

법가(法家)　전국시대 때 발생한 학술 사상 혹은 그 유파. 이 유파에 속하는 사람들은 진보적 사상을 가지고 과감한 정치개혁을 주장했으며, 주로 관직에 있으면서 자신들의 사상을 실천했다. 대표적 인물로는 이회(李悝),

오기(吳起), 자산(子産), 상앙(商鞅), 신불해(申不害), 신도(愼到), 한비(韓非), 이사(李斯) 등이 있다. 정치·경제·사회 모든 방면의 개혁에 앞장서 국가의 발전에 직접적인 공헌을 했다.

법경(法經)　　서명. 전국시대 이회(李悝)의 저작. 봉건시대의 대표적 성문법전. 「노(盜)」「적(賊)」「수(囚)」「포(捕)」「잡(雜)」「구(具)」의 6편으로 되어 있으며, 『육법(六法)』으로도 불린다. 위(魏)나라의 변법 시행에 기초가 되었으며, 훗날 진율(秦律), 한율(漢律)의 제정에도 큰 영향을 미쳤다.

법상종(法相宗)　　불교 13종파의 하나. 일명 유식종(唯識宗), 자은종(慈恩宗). 당(唐) 현장법사(玄奘法師) 및 그의 제자 자은대사(慈恩大師) 규기(窺基)가 창시했다. 「해심밀경(解深密經)」「유가사지론(瑜伽師地論)」「성유식론(成唯識論)」 등을 경전으로 삼았다. 고인도(古印度)의 유가행파(瑜伽行派) 학설을 계승하여 ‘내식(內識)’ 곧 마음을 최고의 본체로 보고 세상의 모든 현상이 이로부터 나온다고 여겼으며, 객관세계의 모든 것을 부정하였다. 이 학설은 당시 유행하던 “일체의 중생은 불성(佛性)을 가지고 있다”는 논리를 뒤집는 것이었다. 내용이 너무 심오하였기 때문에 수십년간 유행하다 급격히 쇠락하여 화엄종(華嚴宗)과 선종(禪宗)에 자리를 내주었다.

법안종(法眼宗)　　불교 선종(禪宗) 5개 지파 중 하나. 문익선사(文益禪師)의 종지를 근본으로 하여 일어났다.

법언(法言)　　서명. 일명 『양자법언(揚子法言)』. 13권. 고대의 대표적 철학서. 서한(西漢) 양웅(揚雄) 저. 『논어(論語)』의 체례를 따라 문답형식으로 기술했다. 유가의 사상을 선양하여 점술 등 미신을 반대하고 생사·선악이 행위의 결과에 따른다는 천명(天命)론을 주장하였다. 또 인간의 심성 내부에는 선과 악이 혼재되어 있으므로 선을 닦는 일에 힘써야 한다는 내용을 담고 있다.

법운(法雲:467~529)　　남조시대 제(齊)·양(梁)의 승려. 본래의 성은 주(周). 「법화경(法華經)」「정명경(淨名經)」 등의 강론에 밝았다. 양 무제(武帝) 때 성실론(成實論)을 강학하여 대승정(大僧正)에 임명되었다. 성실종(成實宗)의 대표 인물이기도 하다. 저서 『성실론의소(成實論義疏)』.

법장(法藏:643~712)　　당(唐)대의 승려. 화엄종(華嚴宗:일명 賢首宗)의 창시자. 서역(西域:신강성) 강거(康居) 출신. 세칭 강장법사(康藏法師). 17세 때 승려 지엄(智嚴)에게서 「화엄경(華嚴經)」을 배운 후 지엄 사후 승려가 되어「화엄경」을 경전으로 삼는 새 불교 종파를 창시했다. 측천무후(則天武后)로부터 현수(賢首)라는 호를 하사받았으므로 현수대사(賢首大師)라 불리기도 했다.「화엄경」의 번역에 참여했으며, 저서에『화엄탐현기(華嚴探玄記)』『오교장(五敎章)』『기신론의기(起信論義記)』등이 있다.

법정(法正:176~220)　　동한(東漢) 말기의 군사가. 자는 효직(孝直). 우부풍(右扶風:섬서성 眉縣) 출신. 건안(建安) 초 천하가 기황에 들자 맹달(孟達)과 함께 촉(蜀)으로 가 유장(劉璋)에게 의탁했다. 후에 유비(劉備)의 막하에 들어가 중요 모사(謀士)가 되었다. 건안 22년(217) 유비에게 한중(漢中)을 취하는 계책을 상주하였다. 이 때 황충(黃忠)을 도와 조조(曹操)의 장수 하후연(夏侯淵)을 참하고 한중을 점령했다. 유비가 한중왕(漢中王)이 되면서 그는 상서령(尙書令)에 올랐다. 시호는 익후(翼侯).

법현(法顯:335~420)　　동진의 승려. 속세의 성은 공(龔). 3세에 출가하여 20세에 대계(大戒)를 받고 후진(後秦) 홍시(弘始) 원년(399) 불교 문헌을 구하러 장안을 출발하여 천축(天竺)으로 향했다. 천축에서 범어(梵語)를 배우고 많은 불경을 가져와 100여 권을 번역하였다. 그가 여행한 곳만 해도 석가가 태어난 가비라성(네팔)을 비롯하여 사자국(獅子國:실론), 아프가니스탄, 인도, 파키스탄 등 30개국에 이른다. 자신이 여행한 30여 국의 견문을 쓴『불국기(佛國記:法顯傳)』는 당시 중부·남부 아시아의 역사를 연구하는 중요한 자료가 되고 있다.

법화종(法華宗) ➡ 천태종

변려문(騈儷文)　　일명 변문(騈文). 한(漢)대에 발생한 일종의 문체. 대구(對句)를 사용하여 4자와 6자의 구를 혼합하는 형식을 띤다. 또한 음의 평측(平仄)을 지키고 전거(典據)와 문식(文飾)을 중시하였다. 위·진(魏晋) 이후 더욱 발전하여 남북조(南北朝) 시대에 극성했다. 그러나 형식주의에 치우치고 내용이 빈약하였으므로 당대 이후 쇠미해졌으며, 산문에 자리를 내주었다.

변문(變文)　　속강(俗講)에 쓰이던 화본(話本). 당(唐)대에 유행했으며, 운문과 산문이 혼합되어 구성되었다. 처음에는 불경의 고사에 한정되었으나 이후 민간의 설화고사에까지 광범위하게 사용되었다. 근래 돈황 지역에서 발견된 돈황변문이 유명하다.

변문(騈文) ➡ 변려문

변발(辮髮) → 체발령 참조

변법자강운동(變法自强運動) → 무술변법 참조

변새시파(邊塞詩派) 당(唐)대의 시가 유파 중 하나. 변방 지역의 웅대하고 장려한 풍광과 함께 전투에 임하는 군사들의 생활상을 그렸다. 또 전장의 남편을 그리워하는 부녀자의 애절한 마음을 대신 옮기도 했다. 고적(高適), 잠삼(岑參) 등이 대표적 시인이다.

별가(別駕) 관직명. 자사(刺史)를 보좌하던 관리로서 서한(西漢) 때 처음 설치했다. 위·진(魏晋)시대에 한대의 제도를 이어 모든 주(州)에 설치했으며, 비교적 큰 권력을 행사했다. 수·당(隋唐) 때 장사(長史)로 개칭했으며, 당 중기에는 별가와 장사를 함께 설치했다. 송대에 설치된 통판(通判)도 별가와 비슷한 직분을 가지고 있었으며, 이후 통판과 별가를 같은 관직으로 보았다.

병가(兵家) 전국시대 때 군사에 관해 연구하고 병법을 개발한 학파. 고대의 전쟁 경험을 바탕으로 전쟁의 의의, 병권의 유지, 진영배치, 기타 전술전략을 연구했으며, 실전에 응용하기도 했다. 손무(孫武:孫子), 오기(吳起:吳子), 손빈(孫臏), 위료자(尉繚子), 사마양저(司馬穰苴) 등이 대표 인물이며, 이들 학파의 저작으로는 『손자병법(孫子兵法)』『손빈병법(孫臏兵法)』이 있다.

병려문 → 변려문

병마용(兵馬俑) → 진병마용

병오지치(丙午之恥) → 정강지변

보갑법(保甲法) 북송 왕안석(王安石)의 신법 중 하나. 향촌민호(鄉村民戶)의 편제를 개혁하여 군대의 역량을 강화하기 위해 제정되었다. 각지의 향촌주호(鄉村主戶)를 대상으로 10호(戶)를 합쳐 1보(保)를 조직하고 보장(保長)을 두었다. 또 5보마다 1대보(大保), 10대보마다 1도보(都保)를 조직하였다. 대보의 경우 대보장(大保長), 도보는 도보정(都保正)과 부보정(副保正)을 두었다. 한 집에 2명 이상의 정(丁)이 있으면 1명을 보정(保丁)으로 내보냈으며, 보정들은 농한기 때 집합하여 무예를 익히고 야간에는 번갈아 지역을 순찰하며 치안을 유지하였다.

보갑제(保甲制) 청대에 백성을 감시하고 치안을 유지하기 위해 실시된 마을 조직 단위. 10호(戶)를 1패(牌)로 하여 패두(牌頭)를 세우고, 10패를 1

갑(甲)으로 하여 갑장(甲長)을 세웠으며, 10갑을 1보(保)로 하여 보정(保正)을 세웠다. 또 각 호마다 호주의 성명, 정(丁)의 수를 적은 패를 세웠고, 이는 관부의 문서에 기록되어 감시가 용이하도록 했다. 보정은 농촌의 경우 지주로 충당하고, 성진(城鎭)의 경우 방주(坊主), 요주(窯主), 광주(鑛主)에서 뽑았다. 이들은 지방의 치안유지 책임을 졌으며, 내부에 반란 사건이 일어나면 연대 책임을 졌다.

보국회(保國會)　　청대 말 유신파(維新派)가 조직한 정치단체. 광서(光緖) 24년(1898) 강유위(康有爲)의 주도 아래 어사(御史) 이성봉(李盛鋒)이 전면에 나서 북경에서 성립시켰다. 구호는 보국(保國:국토보전), 보종(保種:민족자립), 보교(保敎:유교 옹호)의 3보(保). 이는 광서 21년의 강학회 이래 각 성의 변법운동 조직을 연합한 것으로, 북경과 상해에 총회를 설치하고 각 성(省), 부(府), 현(縣)에 분회를 설치하여 유신운동을 지속적으로 전개했다. 그러나 보수파의 탄압으로 얼마 못가 활동을 중지했다.

보궐(補闕)　　관명. 당(唐) 무측천(武則天) 수공(垂拱) 원년(685) 설치했다. 황제에게 간언하고 인재를 천거하는 임무를 맡았다. 좌보궐(左補闕)은 문하성(門下省)에, 우보궐(右補闕)은 중서성(中書省)에 소속되었다. 북송 때는 좌・우 사간(司諫)으로 명칭이 바뀌었다. 원・명대에도 설치되었다.

보로운동(保路運動)　　1911년 청 정부의 철도 국유화에 항의하여 발생한 민중폭동. 당시 천한(川漢) 월한(粤漢) 철로는 각 성의 자본을 모아 만들어진 것이나 청 정부는 이를 국유화하여 서구 제국주의 국가에 팔아 넘겼다. 이에 광동, 호남, 호북, 사천 지역 민중이 들고 일어나 청군과 무장 충돌을 일으키고 노동자들은 파업 시위를 벌였다. 특히 사천에서는 보로동지회(保路同志會)가 결성되었는데, 회원이 수십 만에 달했다. 성도(成都)의 군중은 파업과 파과(罷課), 항연(抗捐), 항세(抗稅) 투쟁을 하였다. 청 정부는 이들을 강경 진압하여 그해 9월 7일 성도의 민중 수십명이 피살되는 '성도참안(成都慘案)'이 발생하기도 했다. 이를 계기로 전국적인 무장 봉기가 일어났으며, 이는 무창혁명의 도화선이 되었다.

보마법(保馬法)　　북송 왕안석(王安石)의 신법 중 하나. 대명(大名), 사원(沙苑), 안양(安陽) 등지에 설치했던 목마감(牧馬監)을 폐지하고 대신 개봉부(開封府) 근처와 지방 5로(路)에서 민호(民戶)가 관마(官馬)를 대리 사육하도록 하였다. 말을 기르는 가정은 정역(丁役)을 면제해 주었다.

보초(寶鈔)　　명대에 통용되던 지폐. 북송의 교자(交子), 남송의 회자(會子), 금·원의 교초(交鈔)에 이어 명대의 지폐는 '보초'라 불렀다. 동전과 함께 유통시켰으나 남발함으로써 화폐가치를 떨어뜨리고 신용도를 잃었다. 16세기 중엽에는 보초의 사용이 줄어들고 금·은 및 동전이 화폐시장을 이끌어갔다. 대표적인 보초로는 대명통행보초(大明通行寶鈔)가 있다.

보황회(保皇會)　　청대 말 유신변법운동이 실패한 후 강유위(康有爲)가 해외에서 조직한 정치결사체. 무술정변 후 강유위와 양계초(梁啓超)는 해외로 망명하여 그곳에서 본국과 연락을 취하며 개량주의 사상을 전파하였다. 광서 25년(1900) 강유위는 캐나다에서 보황회를 창립하고 서태후 정권과 국내 혁명세력에 대한 반대와 광서제(光緒帝)의 실권회복을 제창하였다. 이후 미주, 일본 등지에도 보황회를 설립했으며, 강유위가 회장, 양계초와 서근(徐勤)이 부회장을 맡았다. 군주입헌제를 옹호했으므로 혁명파와 대립되었다. 광서 33년(1907) 청 정부의 예비입헌정책을 지지하며 명칭을 국민헌정회(國民憲政會)로 바꾸고 헌정추진운동을 벌이는 정치단체로 발전했다.

복건(服虔)　　동한(東漢)의 사학자. 자는 자신(子愼). 젊어서 이름이 중(重)이었으나 후에 지(祇)로, 다시 건(虔)으로 바꾸었다. 영양(榮陽:하남성) 출신. 영제(靈帝) 때 구강태수(九江太守)를 지냈다. 『춘추좌씨전해(春秋左氏傳解)』『한서음훈(漢書音訓)』등 역사서를 지었다.

복골(卜骨)　　중국 신석기시대 말기에 출현한 일종의 원시 미신물. 동물의 뼈에 부호를 새겨 길흉을 점치거나 제례에 이용했다. 용산문화(龍山文化) 유적에서 처음 발견되었으며, 갑골문의 기원이 된 것으로 추정된다.

복사(卜辭) ➡ 갑골문자

복사(復社)　　명대 말 숭정(崇禎) 6년(1633) 태창(太倉) 출신 장부(張溥)와 장채(張采) 등이 강남 지역 사대부들을 규합하여 조직한 문인단체. 소주(蘇州) 호구(虎丘)에서 대회를 열고 '복사(復社)'의 성립을 선포했다. 이들은 온체인(溫體仁)으로 대표되는 환관파 엄당(閹黨)의 부패한 정치에 반대하고 동남부 각지역 지주의 이익을 보호한다는 명목을 내세웠으므로 강남신사(紳士)계급의 지지를 얻었다. 홍광(弘光) 연간에는 마사영(馬士英) 등의 탄압을 받았고, 명나라가 멸망한 뒤에는 오응기(吳應箕), 진자룡(陳子龍)의 영도 아래 항청활동을 펼쳤다.

복생(伏生)　　일명 복승(伏勝). 서한(西漢) 초의 경학가. 제남(濟南:산동성) 출신. 『상서(尙書)』에 능통하여 진(秦)나라 때 박사(博士)가 되었다. 진시황(秦始皇)의 분서갱유 때 『상서』를 벽 속에 숨겨 두었다가 후에 잔편을 모아 후학들을 가르쳤다. 한문제(漢文帝)가 조조(晁錯)를 시켜 그에게 『상서』를 배워 오도록 했는데, 그의 나이 90이었으므로 시종이 그의 구술을 받아 적는 방법으로 이를 기록했다. 이렇게 해서 만들어진 것이 『금문상서(今文尙書)』 28편이다.

복야(僕射)　　관직명. 진(秦)대에 처음 설치되었다. 시중(侍中), 상서(尙書), 박사(博士), 알자(謁者) 등의 관직에 모두 복야가 있었다. 동한(東漢) 때는 상서복야(尙書僕射)가 설치되어 상서령을 보좌하였다가 권한이 점점 커져 좌·우 복야로 나뉘었다. 위·진(魏晋) 이후 상서령(尙書令)과 동격으로서 재상이 되었다. 당(唐) 초에는 우복야가 상서성 장관이 되어 중서령(中書令), 시중과 동급의 위치에 있었다. 남송(南宋) 이후 폐지되었다.

복희씨(伏犧氏)　　고대 신화전설상 삼황(三皇) 중 한 사람. 일명 포희(庖犧), 포희(包犧), 희황(犧皇), 황희(皇犧). 태호(太昊)와 동일인물이라는 설도 있다. 끈을 매듭지어 그물을 만듦으로써 사람들에게 고기잡는 법을 가르치고, 팔괘(八卦)를 창조해 천문지리와 인간의 길흉화복을 예견했다고 한다. 같은 삼황 중 한 사람인 여와(女媧)는 그의 누이동생이자 처이다. 인류의 시조로 불린다.

본무종(本無宗)　　위·진(魏晋)시대 불교 반야학(般若學)의 육가칠종(六家七宗) 학파 중 하나. 천지만물의 유(有)는 무(無)로부터 생겨났다고 보고, 사람들은 마음을 비운 상태에서 근본을 추구하고 말단을 지엽적인 것으로 보아야 한다고 주장하였다. 창시인은 동진(東晋)의 승려 도안(道安).

본초강목(本草綱目)　　서명. 약학서. 52권. 명대 이시진(李時珍) 저. 만력(萬曆) 6년(1578) 완성, 만력 18년(1590) 간행. 16부(部) 60류(類)로 나누어 약물 1,892종을 수록했다. 석명(釋名:약물 명칭), 집해(集解:산지, 형태, 채집방법), 수치(修治:제조과정), 기미(氣味:맛), 주치(主治:효능), 발명(發明) 등으로 나누어 설명하고, 변의(辨疑), 정오(正誤) 등으로 오용할 수 있는 것을 바로잡았다. 「부방(副方)」에서는 고대 의학자 및 민간에서 약물을 제조하는 방법 11,000여 가지를 서술하고 1,100여 개의 그림을 그려 해설을 가했다. 16세기 이전의 의약 경험을 총결한 것으로 지금까지 한의학계의 경전으로 자리잡고 있다.

본초경집주(本草經集注)　　서명. 의학서. 전 7권. 남조시대 도홍경(陶弘景) 저. 의약서. 한(漢)대의 『신농본초경(神農本草經)』을 정리 보충하여 약물(藥物) 730종을 수록했다. 약물의 종류를 옥석(玉石), 초목(草木), 충어(蟲魚), 금수(禽獸), 과채(果菜), 미식(米食)의 6류(類)로 분류하였으며, 이밖에 질병의 종류에 따라 약불을 분류하기도 하였다.

봉건제도(封建制度)　　일명 분봉제(分封制). 고대 국왕 혹은 황제가 제후에게 분봉하던 제도. 하(夏)·상(商)대부터 시작되었다고 한다. 주 무왕(周武王) 때는 은(殷)을 멸한 공로로 공신이나 일족에게 봉국(封國)을 내리고 이들은 봉국의 제후에 임명했다. 제후는 가신과 노예를 이끌고 봉지로 가서 세습 특권을 누리며 세경(世卿)이 되었다. 제후는 정기적으로 왕실에 조공을 바치고 조빙(朝聘)했으며, 유사시 왕을 위해 군대와 노역을 제공했다. 그러나 모든 행정적 권한은 제후에게 주어졌으므로 독립된 국가의 형태를 띠었다. 춘추시대의 열국은 대부분 주 왕실의 분봉에 의해 생겨난 것이다. 또 이때부터 제후의 권력이 커지면서 본국의 속박에서 벗어났으며, 제후국 간 패권다툼을 벌이는 춘추전국시대의 장을 열었다.

봉상(奉常) ➡ 태상 참조

봉선(封禪)　　전국시대 제(齊)와 노(魯)의 유학자들은 제왕(帝王) 된 자가 5악(岳)중 가장 높은 태산(泰山)에서 제사를 드려야 한다고 생각했다. 태산에 올라가 단을 쌓고 천신에 제사하는 것을 봉(封)이라 하고, 태산 남쪽 양부산(梁父山)에 올라가 땅을 고르고 지신에 제사하는 것을 선(禪)이라 했다. 진시황(秦始皇), 한무제(漢武帝)가 모두 이곳에서 봉선했다.

봉직전쟁(奉直戰爭) ➡ 직봉전쟁

봉천파(奉天派)　　북양군벌의 계파 중 하나. 봉천(奉天:요녕성) 출신 장작림(張作霖)이 수령이 되어 이 파를 이끌었다. 주요 지도자로는 오준승(吳俊升), 장작상(張作相), 장종창(張宗昌), 양우정(楊宇庭) 등이 있다. 일본의 지지 아래 대륙의 동북지방에 기반을 두었다. 1922년 직예파와 직봉(直奉)전쟁을 벌여 패한 후 1924년 2차 직봉전쟁에서 승리하여 북양군벌정부를 장악했다. 1928년 일본 관동군이 매설한 폭탄이 터져 장작림이 사망한 후 장학량(張學良)이 남경(南京) 국민당 정부 가입을 선포하면서 봉천파는 국민당 동북 변방군에 편입되었다.

봉택지맹(逢澤之盟)　　전국시대인 B.C 344년 위(魏)의 혜왕(惠王:梁惠

王)이 진(秦)·한(韓)·송(宋)·위(衛) 등의 국왕을 모아 봉택(逢澤:하남성 開封)에서 맺은 회맹. 이 무렵 각국은 서로 칭왕(稱王)하기 시작했으며, 혜왕은 이를 계기로 한때 중원에서 패업을 이룩했다.

부견(苻堅:337~99)　오호십육국 시대 전진(前秦)의 황제. 자는 영고(永固). 약양(略陽) 임위(臨渭:감숙성 秦安) 출신. 저(氐)족. 357년 종형(從兄) 부생(苻生)을 살해하고 황제에 올랐다. 한(漢)족인 왕맹(王猛)을 등용하여 중앙집권을 강화하고 수리에 치중하여 농업을 크게 일으켰다. 전연(前燕), 전량(前凉), 대(代)를 차례로 멸하고 북방의 대부분 지역을 통일하였으며, 오호십육국 가운데 가장 강한 나라를 형성했다. 383년 동진(東晋) 정벌에 나섰다가 비수지전(淝水之戰)에서 패한 후 세력을 잃었다. 385년 후진(後秦)을 세운 강(羌)족의 요장(姚萇)에게 살해되었다.

부곡(部曲)　본래 군의 편제 단위였으나 육조(六朝)시대 이후 지방의 호족이 부리는 사병(私兵)을 뜻했다. 지주의 노예 혹은 소작인, 속객 가운데 선발되었으며, 노예에 버금가는 대우를 받았다. 노예처럼 매매의 대상이 되지는 않았으나, 지주의 예속하에 자유를 누릴 수 없었고, 관리로 나아갈 길도 차단되었다.

부마(駙馬)　관직명. 일명 부마도위(駙馬都尉). 한(漢) 무제(武帝) 때 처음 설치하였다. 승여(乘輿)의 부마(副馬)를 맡은 벼슬로서 본래는 황제의 측근 시종이 담당했다. 위·진 이후에는 임금의 사위를 항상 부마도위에 임명하였으므로 이로부터 임금의 사위에 대한 대리 칭호로 사용되기도 하였다.

부병제(府兵制)　남북조시대 서위(西魏)의 문제(文帝)때 처음 시작한 군사제도. 자영 농민 중 선발된 병사가 그 지방의 군부(軍府)에 소속되어 군대를 형성했다. 전국에 24군(軍)이 설치되고, 이를 6주국(柱國)이 분할 통치했다. 그 아래에 12대장군과 24개부(開府)가 설치되었다. 군사들은 각급 장령(將領)에 의해 통솔되고 민호(民戶)와 구별되는 호적을 지녔다. 북주(北周) 무제(武帝) 때는 부병의 군사들을 시관(侍官)이라 불렀으며, 주국(柱國)의 통제를 벗어났다. 수·당(隋唐)대에도 부병제가 이어지다가 당 현종(玄宗) 말기에 인적 자원이 고갈되자 폐지되었다. 부병제에 이어 시행된 것이 용병제(傭兵制)이다.

부시(府試)　명·청대 과거제도의 한 단계로 일종의 예비고시이다. 지부(知府)가 주관했으며, 고시에 합격한 사람을 동생(童生)이라 부르고 원시

(院試)에 나아갈 자격을 주었다.

부역황책(賦役黃册)　　명대에 시행된 호적의 일종. 태조(太祖) 홍무(洪武) 14년(1381) 이갑제(里甲制)가 도입되면서 이를 뒷받침하기 위해 부수적으로 작성하였다. 110호(戶)씩 나눈 리(里)를 기본 단위로 하여 각 호의 가족 수, 성명, 나이, 재산 등을 기록했나. 4부를 작성하여 1부를 보관하고, 3부는 상급 관서인 부(府), 포정사(布政司), 호부(戶部)에 각각 보냈다. 중앙의 호부에서는 이를 노란색 표지에 싸서 보관했다.

부의(溥儀:1906～67)　　청나라 12대 황제. 선통제(宣統帝). 광서제(光緒帝)의 아우인 순친왕(醇親王) 재풍(載灃)의 아들로 세 살 때인 1908년 즉위하였고, 부친이 섭정했다. 1911년 신해혁명 후 퇴위하였으나 황제 칭호는 유지된 채 궁내에 구금되었다. 1917년 장훈(張勳)이 그의 복벽(復辟)을 도모했으나 실패했다. 1924년 황제 칭호를 잃고 출궁(出宮)했다. 1934년 만주국 황제에 올랐다. 1946년 일본으로 피신하던 도중 소련군에 체포되어 1950년 중화인민공화국 정부에 넘겨졌다. 1959년 특사로 석방되고, 1964년 전국정치협상회의 위원에 임명되었다.

부익법(附益法)　　한 무제(武帝) 때 중앙집권을 강화하기 위해 만든 조치. 좌관률(左官律)과 동시에 실시되었다. 제후왕(諸侯王)의 권한을 약화시키고 모반을 방지하기 위해 사인(士人)과 제후왕, 제후왕과 제후왕간의 교류를 제한한 내용이다.

부차(夫差:?～473 B.C)　　춘추시대 오(吳)나라의 왕. 합려(闔閭)의 아들. 합려가 월나라에 패해 전사하자 원수를 갚기 위해 월나라로 쳐들어가 부초(夫椒:강소성 吳縣 부근)에서 월나라 군사를 대파하고 월왕 구천(句踐)을 신하로 삼았다. 또 애릉(艾陵)에서 제나라를 크게 물리치고 제후국간 회맹을 주도하여 중원의 패권을 차지했다. 그러나 오자서(伍子胥)의 충간을 물리치고 월나라에 대한 방비를 게을리한데다 총희(寵姬) 서시(西施)에게 빠져 와신상담한 구천에 의해 나라를 잃고 자살했다.

부현(傅玄:217～278)　　위·진시대의 문학가. 자는 휴혁(休奕). 위 말 수재(秀才)에 천거되어 어사중승(御史中丞), 사예교위(司隷校尉)의 관직을 지냈다. 시와 악부에 능했다.

북경원인(北京猿人) ➡ 북경인

북경의정서(北京議定書) ➡ 신축조약

북경인(北京人)　　　일명 북경원인(北京猿人). 중국 구석기 초기의 원시인류. 북경 주구점(周口店)에서 머리뼈 화석이 발견되었다. 체형이 현 인류와 흡사하며 두개골 용적이 약 1,075cc 가량(현 인류의 75%) 된다. 목기, 골각기, 석기를 사용하고 불을 사용한 흔적이 보인다. 50만~23만년 전에 생존한 것으로 추정된다. 1927년 경부터 수년간 발굴작업을 펼쳐 현재까지 화석 40여개를 발견했으며, 최초로 발견된 것은 일본 침략기에 유실되었다.

북경정변(北京政變)　　　서태후(西太后)가 일으킨 궁정 쿠데타. 청 함풍(咸豊) 11년(1861) 함풍제가 열하(熱河)에서 병사하자 함풍제의 유조에 따라 5세인 재순(載順)이 제위를 계승하고 이친왕(怡親王) 재원(載垣), 호부상서 숙순(肅順) 등 이른바 고명팔대신(顧命八大臣)이 정치를 보좌했다. 그러나 재순의 생모인 서태후는 총리각국사무아문대신인 혁흔(奕訢)과 병권을 쥔 승보(勝保)와 짜고 8대신의 권력을 탈취하기로 했다. 그해 11월 함풍제의 시신이 열하에서 북경으로 옮겨올 때 서태후 일당은 먼저 북경에 도착하여 재원과 정친왕(鄭親王) 단화(端華)를 체포하고, 후에 시신을 호송하던 숙순을 체포했다. 5일 후 이들 세 명은 처형되거나 자살하고, 고명팔대신 중 나머지 5명은 면직되었다. 이로써 서태후는 이후 47년간 정권을 쥐는 기틀을 마련했다. 쿠데타 후 연호를 기상(祺祥)에서 동치(同治)로 바꾸었는데, 이로 인해 기상정변(祺祥政變)으로 불리기도 하며, 간지의 해를 따서 신유정변(辛酉政變)이라고도 한다.

북경조약(北京條約)　　　제2차 아편전쟁으로 천진(天津)과 대고(大沽)가 함락되고 북경이 위협당하자 1860년 9월 함풍제(咸豊帝)가 공친왕(恭親王) 혁흔(奕訢)을 시켜 영국·프랑스와 각각 맺은 강화조약. 1858년 맺은 천진조약의 내용을 모두 승인하는 것이며, 이외에 추가된 것이 약간 있다. 주된 내용은 ① 외국 공사가 북경에 주재한다, ② 새로운 11개 항을 개방한다, ③ 외국 선교사가 중국 내륙에 들어가 자유롭게 선교할 수 있다, ④ 외국인이 해관(海關)행정에 참여할 수 있다, ⑤ 배상금은 88만냥으로 한다 등이다. 이밖에 영국에는 구룡(九龍) 반도를 할양하고, 프랑스에는 선교사가 중국 내에서 전지(田地)를 조차하거나 구매할 수 있으며, 그곳에 교회당을 설립하는 것도 허락하였다. 이는 이후 각종 교안(敎案) 사건이 일어나는 원인을 제공했다. 그해 10월 러시아도 청과 북경조약을 체결했는데, 주요 내용은 2년전 체결한 아이훈 조약의 재확인 외에 오소리강 동쪽의 일부 영토를 러시아에 넘기는 등 양국 국경을 새로이 정하고, 각지에 영사관을 증설하는 것 등이다.

북곡(北曲)　　송(宋)·원(元)대에 북방의 희곡 혹은 산곡(散曲)에 쓰이던 각종 곡조의 총칭. 북방의 민간 곡조에 연원을 두며, 송·원의 잡극(雜劇)과 명·청의 일부 전기(傳奇)가 이 곡을 위수로 했나.

북당서초(北堂書鈔)　　서명. 173권. 당(唐) 우세남(虞世南) 편. 편자는 수(隋) 왕조 때 비서랑(秘書郎)으로 재직하면서 비서성의 후당(後堂)인 북당(北堂)에서 장서 관리 및 초사(抄寫)의 업무를 맡았다. 이 때 소장된 전적을 정리하여 유서(類書)로 만든 것이 『북당서초』이다. 제왕(帝王), 후비(后妃), 정술(政術), 형법(刑法), 예악(禮樂), 예문(藝文), 악(樂), 의관(衣冠), 복식(服飾) 등 80부(部)로 나누고, 각 부를 다시 세분하여 총 801류(類)로 하였다. 특색있는 제도와 시부(詩賦), 문장, 고사성어 등을 담아 문헌의 보고가 되고 있으며, 현존 최초의 유서(類書)로 불린다.

북량(北涼)　　오호십육국 중 하나. 서기 397년 흉노족의 저거몽손(沮渠蒙遜)이 단업(段業)을 건강공(建康公)에 옹립하고 건국하였다. 역사에서 이를 북량이라 한다. 401년 저거몽손은 단업을 살해하고 자칭 장액공(張掖公)에 올라 도읍을 장액에 정했다. 이후 고장(姑臧)을 점령하고 서량(西涼)을 합병시켰다. 감숙성 서부를 거점으로 하였다. 439년 북위(北魏)에 의해 멸망하였다.

북부병(北府兵)　　동진(東晋) 효무제(孝武帝) 사마요(司馬曜)는 태원(376~96) 초 사현(謝玄)에게 명하여 장강(長江) 하류의 경구(京口:강소성 鎭江)에서 사병에게 군사훈련을 시켰다. 군사의 대부분은 북방에서 온 유민이었다. 당시 사람들이 경구를 북부(北府)라 불렀으므로 이들에 대해 북부병이라는 이름이 붙여졌다. 비수지전(淝水之戰) 당시 북부병은 진(秦) 부견(苻堅)의 군대를 대파하는 등 큰 활약을 했다.

북사(北史)　　서명. 100권. 당(唐) 이연수(李延壽) 찬. 기전체 단대(斷代) 역사서. 당 현경(顯慶) 4년(659) 완성. 남북조시대 북위(北魏), 동위(東魏), 북제(北齊), 서위(西魏), 북주(北周) 및 수(隋) 왕조의 역사를 기술했다. 북위 등국(登國) 원년(386)부터 수 의령(義寧) 2년(618)까지 233년간. 체례는 『남사(南史)』와 마찬가지로 본기(本紀)와 열전(列傳)만 있고 지(志)와 표(表)는 없다. 『남사』와 더불어 남북조시대의 역사를 연구하는 중요한 사료가 되고 있다. 24사(史) 중 하나.

북송(北宋) → 송 참조

북양군벌(北洋軍閥)　　원세개(袁世凱)가 조직한 봉건 군벌집단. 광서(光緒) 21년(1895) 청 정부는 원세개에게 천진(天津)에 군대를 조직하도록 하고 이를 북양대신(北洋大臣)의 통솔하에 두도록 했다. 광서 27년 원세개가 친히 북양대신에 오른 뒤 이 군대를 북양군이라 했다. 신해혁명 이후 대총통에 오른 원세개는 북양군을 중앙 및 지방 정권을 통솔하는 군사집단으로 발전시켰는데, 이로부터 북양군벌이란 칭호가 생겨났다. 1916년 원세개 사후 북양군벌은 제국주의의 지지 아래 직계(直系:일명 直隷派), 환계(皖系:일명 安徽派), 봉계(奉系:일명 奉天派)로 나뉘었다. 이후 3자간에 권력 다툼이 치열했으며, 1928년 봉계 군벌의 영수 장작림(張作霖)이 일본군의 폭탄에 맞아 사망하면서 북양군벌 정권이 몰락했다.

북양대신(北洋大臣) → 북양통상대신

북양통상대신(北洋通商大臣) → 삼구통상대신 참조

북연(北燕)　　오호십육국 중 하나. 407년 한인 풍발(馮跋)이 고구려인 고운(高雲)을 천왕(天王)으로 세우고 용성(龍城:요녕성 朝陽)에 도읍을 정하였다. 이를 역사에서 북연이라 한다. 2년 후 고운이 부하에게 피살되고 풍발이 창려(昌黎:요녕성 朝陽)에서 칭왕(稱王)하였다. 요녕성 서남부와 하북성 동북부를 거점으로 하였다. 436년 북위(北魏)에 의해 멸망하였다.

북원(北元) → 타타르 참조

북위(北魏)　　북조(南朝)시대의 왕조명. 선비(鮮卑)족의 탁발규(拓跋珪)가 386년 대국(代國)을 중건하여 국호를 위(魏)라 하였다. 역사에서 이를 북위(北魏), 후위(後魏)라 부른다. 398년 평성(平城:산서성 大同)에 도읍을 정하고 칭제(稱帝)하였다. 439년 북방을 통일했다. 493년 효문제(孝文帝)가 낙양(洛陽)으로 천도하고 성을 원(元)으로 바꾸었다. 534년 동위, 서위로 분열되기까지 14명의 제왕이 149년 동안 재위했다.

북제(北齊)　　북조(北朝)시대의 왕조명. 서기 550년 고양(高洋)이 동위(東魏)를 멸하고 칭제(稱帝)하였다. 국호는 제(齊), 연호는 천보(天寶), 도읍은 업(鄴:하북성 臨漳). 역사에서 이를 북제(北齊), 고제(高齊)라 칭한다. 산서, 하북, 산동, 하남성 및 내몽고 일부 지역을 영토로 하였다. 577년 북주(北周)에 의해 멸망하기까지 6명의 제왕이 28년간 재위하였다.

북제서(北齊書) 서명. 50권. 당(唐) 이백약(李百藥) 찬. 기전체 단대(斷代) 역사서. 당 정관(貞觀) 10년(636) 완성. 남북조시대 북제(北齊)의 고씨(高氏) 정권에 관한 역사를 기술했다. 북위(北魏) 영희(永熙) 3년(534) 위(魏)가 동서로 분열된 때부터 북제의 문선제(文宣帝) 고양(高洋)이 동위를 멸하고 제(齊)를 건국한 이후, 다시 북주(北周)기 건덕(建德) 5년(577) 제를 멸하기까지 44년간의 사적을 담았다. 제기(帝紀)와 열전(列傳)이 있고, 지(志)와 표(表)는 없다. 24사(史) 중 하나.

북조(北朝) ➡ 남북조 참조

북종화(北宗畵) 회화의 한 유파. 남종화(南宗畵)와 대비되는 개념으로서 일반적으로 선이 굵고 강하며 변각적(邊角的)인 느낌을 주는 특징을 지닌다. 당(唐)대 이사훈(李思訓)이 시조로 알려져 있고, 송(宋)대의 이당(李唐), 유송년(劉松年), 마원(馬遠), 하규(夏珪) 등이 이 파에 속하는 대표 인물이다. 일반적으로 화원(畵院) 출신 전문 직업화가가 그렸으므로 숙련되고 정교한 맛을 준다. 남종화 참조.

북주(北周) 북조(北朝)시대의 왕조명. 557년 우문각(宇文覺)이 서위(西魏)를 멸하고 칭제(稱帝)하였다. 국호는 주(周), 도읍은 장안(長安:섬서성 西安). 역사에서 이를 북주, 혹은 우문주(宇文周)라 칭한다. 577년 북제(北齊)를 멸하고 북방을 통일하였다. 581년 수(隋)에 의해 멸망하기까지 5명의 제왕이 25년간 재위하였다.

북한(北漢) 왕조명. 오대십국(五代十國) 중 하나. 951년 후주(後周)가 후한(後漢)을 멸한 뒤 후한 고조(高祖) 유지원(劉知遠)의 동생 유숭(劉崇)이 태원(太原)에서 칭제하고 국호를 한(漢)이라 하였다. 역사에서 이를 북한이라 칭한다. 영토는 지금의 산서성, 섬서성, 하북성 북부. 979년 북송(北宋)에 의해 멸망했다. 4명의 군주가 29년간 재위.

분봉제(分封制) ➡ 봉건제도

분서갱유(焚書坑儒) 진(秦) 시황제(始皇帝) 때 과거의 모든 전적(典籍)류를 불태우고 유생들을 생매장한 사건. 시황제가 전국 통일 후 중앙집권을 위하여 군현제(郡縣制)를 시행하자 유생을 비롯한 수구세력이 『시(詩)』와 『서(書)』를 비롯한 고대의 전적을 인용하며 이를 반대하고 분봉(分封)을 주장하였다. 시황제는 재위 34년(B.C 213) 승상 이사(李斯)의 건의를 받아들여 『진기(秦記)』와 의약서, 복서 및 수목(樹木)과 관련된 서적만 남기고 모두 불태우도록 명하였다. 또한 『시』와 『서』를 논하는 자는 모두 죽였다. 이 듬해 노생(盧生)과 후생(侯生) 등 방사(方士)와 유생들이 시황제를 공격하자 시황제는 군대를 파견하여 460여 명의 방사와 유생을 생매장하였다.

불교(佛敎)　서한(西漢) 때 유입된 인도 종교. 서역(西域:신강성 일대) 지방으로 유입되어 점점 중원으로 전파되었다. 동한(東漢) 명제(明帝) 영평(永平) 10년(67) 낙양에 정식 유입되었다.

비간(比干)　은(殷)나라 주(紂)왕의 숙부. 소사(少師)라는 직책에 있었다. 주왕이 황음무도하고 정사를 소홀히 하자 죽음을 무릅쓰고 직간했으나 주왕은 "성인의 가슴에 7개의 구멍이 있다 하니 확인해보겠다"며 그의 간을 도려내 죽였다. 후세에 정직하고 아첨하지 않으며 직간하는 신하로서의 모범이 되었다.

비수지전(淝水之戰)　동진(東晉) 태원(太元) 8년(383) 전진(前秦)의 부견(苻堅)은 군대 90만을 움직여 일거에 동진을 멸하려 시도했다. 동진의 집정자 사안(謝安)은 사현(謝玄)을 시켜 북부병(北府兵) 8만을 이끌고 대항하게 하였다. 동진군은 수적인 열세에도 불구하고 잘 훈련된 북부병을 이끌고 비수에서 전진군을 궤멸시켰다. 이로 인해 전진 정권이 붕괴되었다.

비자(非子)　주(周)의 봉건제후국인 진(秦)의 시조. 영성(嬴姓) 부락의 영수. 견구(犬丘:섬서성 興平縣)에 살았다. 주 효왕(孝王)의 명으로 위수(渭水)가에서 말을 길렀으며, 말이 크게 번식하자 왕이 그를 진(秦) 땅에 봉했다.

비전집(碑傳集)　서명. 청대의 인물전기집. 처음 명칭은 『백가징헌록(百家徵獻錄)』, 『오백가은관집(五百家銀管集)』. 164권. 청대 전의길(錢儀吉)이 도광(道光) 연간에 펴냈다. 천명(天命) 연간부터 가경(嘉慶) 연간까지의 인물 비전(碑傳)을 모았다. 종실(宗室), 공신(功臣), 재보(宰輔) 등 조정 대신으로부터 학자, 예술가, 기술자, 열녀 등에 이르기까지 25류(類)로 나누고 1,680여 명, 부녀 330여 명을 수록했다. 청대 인물의 소전을 연구하는데 참고 자료가 된다. 후에 무전손(繆荃孫)이 『속비전집(續碑傳集)』, 민이창(閔爾昌)이 『비전집보(碑傳集補)』를 펴냈다.

비파기(琵琶記)　희곡(戲曲) 명. 원말 명초에 고명(高明)이 송(宋)·원(元) 시대의 남희(南戲) 「조정녀채이랑(趙貞女蔡二郎)」을 개작한 작품으로 남희의 조(祖)라고 일컬어진다. 채중랑(蔡中郎)과 조오랑(趙五娘)의 고사를 근거로 썼다. 과거를 보기 위해 남편 채옹(蔡邕)이 상경한 후 아내 조오랑은 시부모를 모시고 살다 시부모가 죽자 남편을 찾아 상경한다. 그러나 채옹은 이미 과거 급제하여 재상 우승유(牛僧孺)의 뜻에 따라 그의 사위가 되었다. 조오랑은 채옹의 부인 우씨(牛氏)의 허락을 얻어 채옹과 재회하고 세 사람이 화목한 가정을 꾸려 간다는 내용이다. 이 극본은 민간에서 크게 유행했고, 청대의 모종강(毛宗崗)은 이를 '천하제칠재자서(天下第七才子書)'라고 평가했다. 현존 남희를 대표하는 작품으로 꼽힌다.

사(士)　　춘추시대에 생겨난 신분계급. 처음에는 종법제도 하에서 경 (卿)의 일족이 차지했으나 이후 종법제도가 무너지면서 경과 인맥이 가까운 사람이 지위를 얻었다. 경이 소유한 채읍(采邑)의 일부를 전토(田土)로 받아 농사일을 맡았고, 유사시 군대에 동원되기도 했다. 계급상으로 말단 귀족에 해당한다.

사(詞)　　시가의 일종. 일명 곡자(曲子), 악부(樂府), 시여(詩餘), 장단구(長短句). 시가 음악과 완전히 분리된 뒤에 노래의 가사로서 사가 생겨났다고 한다. 한대의 악부와 같이 노래의 가사라는 점에서 악부라고도 불렀고, 형식이 자유롭다는 점에서 장단구라고 불렀다. 형식은 악곡명에 해당하는 사패(詞牌) 아래 가사가 따르는데, 가사의 길고 짧음에 따라 소령(小令), 중조(中調), 장조(長調) 등으로 분류했다. 사패마다 구식(句式)이 일정했으며 압운과 평측도 어느 정도 지켜졌다. 사의 발생 시기로는 당(唐)대를 꼽는 사람이 많으며, 이 시기에 이백(李白)·장지화(張志和)·위응물(韋應物) 등이 사의 창작을 시도하였다. 만당(晚唐)의 온정균(溫庭筠)·이상은(李商隱)과 오대(五代)의 화간파(花間派), 그리고 북송 구양수(歐陽修)·소식(蘇軾)·주방언(周邦彥), 남송 신기질(辛棄疾)·육유(陸游)·강기(姜夔) 등을 거치면서 사의 창작이 절정에 이르렀다. 이후 청대까지 사의 작가들이 꾸준히 배출되었으나, 일반적으로 송사(宋詞)라고 부를 만큼 송대에 가장 활발한 창작이 이루어졌다. 작자의 창작 경향에 따라 완약파, 호방파, 격률파 등으로 나뉘기도 한다. 송대 유영(柳永)은 장편에 해당하는 만사(慢詞)를 창시했다.

사가법(史可法:1601~45)　　명 말의 충신. 자는 헌지(憲之). 상부(祥符: 하남성 開封) 출신. 숭정(崇禎) 원년(1628) 진사가 되어 서안추관(西安推官)

을 제수받았다. 이어 호부주사(戶部主事), 원외랑(員外郎), 낭중(郎中) 등을 지내다 노상승(盧象升)을 따라 농민봉기를 진압한 공로로 남경병부상서(南京兵部尙書)에 올랐다. 숭정 17년(1644) 남경에서 복왕(福王)을 제위에 옹립하고 대학사(大學士)가 되었다. 그러나 마사영(馬士英) 등이 그를 시기하여 양주(揚州)로 전출시켰다. 청나라에 대한 항거 의지가 대단하여 북벌을 준비하며 군대를 양성했다. 청의 항복 권고를 거절하는 내용의 서한이 유명하다. 청군이 양주를 포위하자 항거하다 포로로 잡혔다. 건륭(乾隆) 연간에 충정(忠正)이라는 시호가 내려졌다. 저서 『사충정공집(史忠正公集)』.

사강락(謝康樂) → 사령운

사고전서(四庫全書)　　　총서(叢書) 명. 중국 역사상 최대의 총서이다. 청대 영용(永瑢), 기윤(紀昀) 등이 황제의 칙명을 받고 편찬했다. 건륭(乾隆) 38년(1773) 편찬에 착수하여 동 47년에 완성하였다. 전체를 경(經)·사(史)·자(子)·집(集)의 4부(部)로 나누고 그 아래 다시 총 44류(類)로 분류했다. 서적 4,461종 79,309권이 완정된 내용으로 실려 있고, 기타 서목만 있는 것이 6,693종 93,551권이다. 장정으로는 36,300책이며 경부(經部)는 황색 비단, 사부(史部)는 홍색 비단, 자부(子部)는 남색 비단, 집부(集部)는 회색 비단으로 표지를 쌌다. 처음 한벌이 완성된 뒤 나중에 7벌을 베꼈는데, 이를 궁내문연각(宮內文淵閣), 원명원문원각(圓明園文源閣), 승덕문진각(承德文津閣), 심양문소각(沈陽文溯閣)의 이른바 내정사각(內廷四閣)과 진강문종각(鎭江文宗閣), 양주문회각(揚州文匯閣), 항주문란각(杭州文瀾閣)의 이른바 강남삼각(江南三閣)에 각각 분산 보관하였다. 문종각 및 문회각 소장본은 태평천국의 난 때 소실되었고, 문원각본은 영불(英佛) 연합군에 의해 불탔다. 문연각 소장본은 현재 대만으로 옮겨져 있다. 중국의 가장 존귀한 문화 유산 중 하나로 인정되고 있다. 그러나 건륭제가 당초 이 총서를 간행한 목적 가운데 하나는 사상적 탄압이었으므로 중요한 책들 중 여기에 포함시키지 않거나 훼손시킨 것이 많으며, 백성들에게 책을 헌납하도록 하는 과정에서 수많은 문자옥(文字獄)을 초래하기도 했다.

사고전서총목(四庫全書總目)　　　서명. 원명은 『사고전서총목제요(四庫全書總目提要)』. 200권. 청대 영용(永瑢), 기윤(紀昀) 등이 주관하여 편찬했다. 건륭(乾隆) 47년(1782) 완성. 『사고전서(四庫全書)』에 포함된 각 책들의 제요(提要)를 기술하여 총목(總目)과 함께 편찬한 것이다. 각각의 책에 대한 해제를 비롯하여 원류를 기술하고 작자의 작리(爵里)와 저작의 득실을 고찰했다. 『사고전서』가 워낙 방대하므로 이를 일목요연하게 정리한 것이다. 문헌해제학 및 문헌 고증학 방면에서 매우 중요한 공구서이나.

사공(司空) 고대 당우(唐虞)시대의 관직명. 치수와 토목을 맡았다. 순(舜)임금 때 설치되었으며 우(禹)가 이 직책에 있었다. 주(周)대에는 동관대사공(冬官大司空)이란 직책이 있었는데, 육경(六卿)의 하나에 속하고 방사(邦事)를 맡았다. 한(漢) 성제(成帝) 때 어사대부(御史大夫)를 대사공(大司空)으로 고치고, 대사도(大司徒), 대사마(大司馬)와 함께 삼공(三公)의 지위를 부여했다. 청대에는 공부상서(工部尙書)를 속칭 대사공이라 했다.

사공도(司空圖:837~908) 당(唐)대 말기의 시인, 시가이론가. 자는 표성(表聖), 호는 화비자(和非子), 내욕거사(耐辱居士). 하중(河中:산서성 永濟) 출신. 32세 때 진사에 급제하여 희종(僖宗) 당시 중서사인(中書舍人), 지제고(知制誥)를 지냈다. 주전충(朱全忠)이 당을 멸망시킨 후 그를 예부시랑(禮部侍郞)에 임명했으나 나아가지 않았으며, 후에 당(唐) 애제(哀帝)가 피살되었다는 소식을 듣고 식음을 전폐한 끝에 사망했다. 5·7언시에 능했으며 산림의 한적한 생활 묘사를 통해 은둔사상을 표출한 것이 많다. 이밖에 당시의 암울한 세태를 반영하며 염세적 풍격을 보인 작품도 다수 보인다. 작품「우거유감(寓居有感)」「즉사(卽事)」「하황유감(河湟有感)」등. 시가 이론서로 유명한『이십사시품(二十四詩品)』을 편찬했다. 문집『사도표성문집(司徒表聖文集)』(일명 一鳴集).

사광(師曠) 춘추시대의 음악가. 자는 자야(子野). 진(晋)나라 사람. 소경이었으나 음률에 정통해 진 도공(悼公) 밑에 있으면서 자연의 각종 소리를 듣고 모든 국가 대사의 앞날을 점쳤다 한다.

사구(司寇) 관직명. 하(夏)·상(商) 시대에 처음 설치되었다. 서주(西周) 때는 추관대사구(秋官大司寇)가 설치되어 육경(六卿)의 하나에 속했으며, 춘추전국시대까지 이어졌다. 형옥(刑獄)을 담당했다. 후에 형부상서(刑部尙書)의 별칭으로 대사구(大司寇)가 생겨났다.

사기(史記) 서명. 기전체(紀傳體) 역사서. 25사(史)의 하나. 원명『태사공서(太史公書)』. 130편. 서한(西漢) 사마천(司馬遷) 저. 저소손(褚少孫) 등 보(補). 본기(本紀) 12편, 표(表) 10편, 서(書) 8편, 세가(世家) 30편, 열전(列傳) 70편의 총 130편으로 구성되어 있다. 전설상의 황제(黃帝)부터 서한(西漢) 무제(武帝) 때까지 약 3,000년간의 역사를 기술했다. 52만 여 자. 정치·군사·경제 뿐만 아니라 천문·역법·예악·지리 등 사회 상황 까지도 상세하게 적혀있어 중국의 고대 문화를 이해하는데 중요한 자료가 되고 있다. 본기·세가·열전·표 등의 기술 방법은 후대 역사 기술의 전범 이 되면서 '정사(正史)'의 체제로 자리잡았다. 문장이 유려하여 문학적 가 치도 인정받고 있다. 후한시대 반표(班彪)가 한무제 이후의 역사를 담아 『사기후전(史記後傳)』을 펴냈다.

사남(司南)　　전국시대에 발명한 숟가락 모양의 지남철. 천연 자석을 갈 아 만들었다. 방위가 표시된 목판이나 동판에 올려 놓고 사용했다.

사도(司徒)　　고대의 관직명. 5교(五敎)를 주관했다. 순임금 때 설치되었 으며 설(契)이 이 직책에 있었다. 서주(西周)와 춘추시대는 육경(六卿)의 하나에 속하여 토지, 군사, 복사(卜事) 등을 맡았다. 한(漢) 애제(哀帝) 때 승상을 대사도(大司徒)라 하여 대사마(大司馬), 대사공(大司空)과 함께 삼 공(三公)의 지위를 부여했다. 청(淸)대에는 호부상서(戶部尙書)를 속칭 대 사도라 했다.

사령운(謝靈運:385~433)　　남조시대 송(宋)의 시인. 소명(小名)은 객아 (客兒). 양하(陽夏:하남성 太康) 출신. 동진(東晉)의 명장 사현(謝玄)의 손 자. 진(晉) 효무제(孝武帝) 때 강락공(康樂公)에 봉해졌으므로 사강락(謝康 樂)이라 불리었다. 이후 영가태수(永嘉太守), 산기상시(散騎常侍) 등을 지 냈으나 정사에 관여하지는 않았다. 송 문제(文帝) 때 임천내사(臨川內史)로 있으면서 산천을 유랑하다 모반죄를 뒤집어쓰고 처형되었다. 산수시를 많 이 지었으며, 이 방면의 대표적 인물로 꼽힌다. 작품「만출서사당(晚出西射 堂)」「유남정(游南亭)」「세모(歲暮)」「등석문최고정(登石門最高頂)」「등강 중고서(登江中孤嶼)」. 문집『사강락집(謝康樂集)』.

사륙문(四六文)　　변문(騈文)의 일종. 전편이 4자와 6자 위주의 구로 되 어 있다. 당(唐) 유종원(柳宗元)이「걸교문(乞巧文)」에서 '변사여육(騈四儷 六)'이란 표현을 하고, 이상은(李商隱)이 자신의 사륙문을「사륙갑을집(四 六甲乙集)」이라 이름지으면서 이 용어가 정립되었다. 남조(南朝)시대 제 (齊)·양(梁) 이후 사륙문의 격식이 형성되었으며, 중당(中唐) 무렵에 완전 정형화되었다. 변문보다 다소 늦게 발전한 만큼 조구(造句) 면에서 더욱 모 식화(模式化)했으며 작가의 상상력을 제한했다. 그러나 4자와 6자가 어우러져 이루는 운율성 등으로 인해 꾸준한 발전을 보이기도 했다. 사륙문의 구식은 크게 4·4식, 6·6식, 4·4·4·4식, 4·6·4·6식, 6·4·6·4식의 5종으로 나뉜다.

사마(司馬) 관직명. 군대를 다스렸다. 서주(西周) 때 처음 설치되었으며, 당시 군정(軍政)과 군부(軍賦)를 담당했다. 한 무제(武帝) 때는 대위(太尉)를 폐하고 대사마(大司馬)를 설치했다. 대사마는 후세에 병부상서(兵部尚書)의 별칭으로 쓰였다. 위진(魏晋)·송(宋) 대에는 군부 내의 한 계급으로서 장군의 아래에 두어졌다.

사마광(司馬光:1019~86) 북송의 정치가, 문학가, 사학자. 자는 군실(君實). 섬주(陝州) 하현(夏縣:산서성) 속수향(涑水鄉) 출신으로 세칭 속수선생이라 했다. 인종(仁宗) 보원(寶元) 2년(1039) 진사가 되어 무성군첨서판관(武成軍簽書判官)을 제수받고, 이어 관각교감(館閣校勘), 동지예원(同知禮院)을 지냈다. 신종(神宗) 때는 관직이 한림학사(翰林學士), 어사중승(御史中丞)에까지 올랐다. 왕안석(王安石)의 신법에 극력 반대하다 실각하여 영흥군(永興郡:섬서성 西安)의 지사로 물러났다가 낙양(洛陽)에 머물며 『자치통감(資治通鑑)』을 주편(主編)했다. 원풍(元豊) 8년(1085) 철종(哲宗)이 즉위하고 태황태후 고씨(高氏)가 수렴청정하면서 그는 다시 문하시랑(門下侍郎)에 올랐으며, 이듬해 상서좌복야(尚書左僕射)를 지냈다. 이 때 조정의 전권을 쥐면서 신법을 모두 폐지했다. 같은 해 사망하여 태사(太師)·온국공(溫國公)을 증직(贈職)받았다. 시호는 문정(文正). 유저에 『온국문정사마공문집(溫國文正司馬公文集)』 80권과 『계고록(稽古錄)』 『속수기문(涑水記聞)』이 있다.

사마달(司馬達) 남조시대 양(梁)나라 사람. 양 무제(武帝) 때(522) 일본으로 건너가 그곳에서 불상을 만들고 불교를 전파하였다. 민간인으로서 일본에 불교를 전파한 첫번째 사람으로 알려져 있다.

사마덕감(司馬德戡:580~618) 수(隋)대의 정치가, 군사가. 부풍(扶風) 옹(雍:섬서성 鳳翔) 출신. 개황(開皇) 연간에 시관(侍官), 대도독(大都督)을 지냈다. 대업(大業) 3년(607) 응양랑장(鷹揚郎將)에 임명되어 양제(煬帝)의 명을 받고 요좌(遼左)를 토벌하였다. 618년 우문화급(宇文化及), 원예(元禮), 배건통(裴虔通) 등과 공모하여 양제를 죽였다. 그 공로로 우문화급은 그를 온국공(溫國公)에 봉했다. 우문화급을 살해하려고 계획을 세우다 탄로나 피살되었다.

사마도자(司馬道子:364~402)　　오호십육국 시대 동진(東晉)의 황족. 태원(太元) 10년(385) 조정의 실권을 장악하고 아들 사마원현(司馬元顯)과 함께 사치와 방탕한 생활을 하였다. 이 여파로 손은(孫恩)의 난이 일어났다. 402년 환현(桓玄)이 건강(建康)을 침공하면서 부자가 모두 살해되었다.

사마상여(司馬相如:179~117 B.C)　　서한(西漢)을 대표하는 부(賦)의 작가. 자는 장경(長卿). 성도(成都:사천성) 출신. 어려서 춘추시대 인물인 인상여(藺相如)를 좋아했으므로 개명했다고 한다. 당초 경제(景帝)를 섬겨 무기상시(武騎常侍)를 지내다가 병으로 사직했다. 무제(武帝)에게 부를 지어 바쳐 낭(郞)의 관직을 얻었다. 서남이(西南夷)와의 외교에 공이 컸다. 민간 전설에 따르면 그는 임공(臨邛:사천성) 지방의 부호인 탁왕손(卓王孫)의 딸 탁문군(卓文君)에게 반해 둘이 성도로 도망했다. 그 후 함께 주점을 차려 어렵게 생활하다 탁왕손의 도움으로 부자가 되었다고 한다. 작품에 「자허부(子虛賦)」「상림부(上林賦)」「대인부(大人賦)」「장문부(長文賦)」「애진이세부(哀秦二世賦)」 등이 있으며, 모두 유려한 문장에 풍부한 서정이 깃들어 있어 당대의 걸작으로 평가된다.

사마소(司馬昭:211~265)　　삼국시대 위(魏)나라의 대신. 자는 자상(子上). 하내(河內) 온현(溫縣:하남성) 출신. 사마의(司馬懿)의 아들. 형 사마사(司馬師)의 뒤를 이어 대장군이 되어 조정의 모든 권한을 쥐었다. 감로(甘露) 5년(260) 위의 폐제(廢帝)를 살해하고 조환(曹奐)을 제위에 올려놓았다. 경원(景元) 4년(263) 촉한(蜀漢)을 멸하고 진공(晉公)이라고 자칭했다가 다시 진왕(晉王)이라 칭했다. 함희(咸熙) 2년(265) 사망했으며, 수개월 후 그의 아들 사마염(司馬炎)이 위의 뒤를 이어 진(晉)왕조를 건립하면서 그를 문제(文帝)로 추존했다.

사마양저(司馬穰苴)　　춘추시대 제나라의 군사가. 성은 전(田). 사마(司馬)는 벼슬 이름. 제 경공(景公) 때 대부 안영(晏嬰)의 추천으로 발탁되어 연(燕)·진(晉)의 군대를 대파하고 실지(失地)를 회복하였다. 군기를 엄격히 하여 행군 전에 시간을 지키지 못하는 자는 지위에 관계없이 참수했다. 후세 사람이 그의 용병술을 정리하여 『사마양저병법(兵法)』(일명 司馬法)을 편찬했다.

사마염(司馬炎:236~90)　　서진(西晉)의 건립자(재위 266~290). 자는 안

세(安世). 사마소(司馬昭)의 아들. 위(魏) 원제(元帝) 함희(咸熙) 2년(266) 위 왕조를 대신하여 칭제(稱帝)하고 국호를 진(晉)이라 하였다. 역사에서 이를 서진(西晋)이라 한다. 함녕(咸寧) 6년(280) 오(吳)를 멸망시키고 전국을 통일하였다. 사치 방탕스런 생활을 하여 그의 사후 곧바로 전국이 분열과 혼란 상태에 빠져늘었다. 시호는 무세(武帝).

사마예(司馬睿:276~322)　오호십육국 시대 동진(東晋)의 건립자(재위 317~322). 서진(西晋) 영가(永嘉) 원년(307) 안동장군(安東將軍)으로 있으면서 천하의 혼란을 틈타 장강(長江) 이남의 통치권을 장악하였다. 317년 흉노족의 유요(劉曜)가 장안을 함락시키고 전조(前趙) 정권을 세울 무렵 남방에서 동진(東晋) 정권을 수립했다. 후에 왕돈(王敦)이 난을 일으켜 조정의 전권을 쥐자 비분강개하다 죽었다. 시호는 원제(元帝).

사마의(司馬懿:179~251)　동한(東漢) 말 삼국시대의 군사가, 정치인. 자는 중달(仲達). 지략이 뛰어나 일찍이 조조(曹操)의 막하에서 모사로 활약했다. 위(魏) 문제(文帝) 때 신임을 받아 원로 중신이 되었고, 명제(明帝) 때 군권을 장악했다. 여러 차례 전쟁에 참여하여 많은 공적을 올리기도 했다. 가평(嘉平) 원년(249) 정변을 일으켜 승상 조상(曹爽)을 죽이고 그 자리를 차지했다. 이후 조씨 세력을 제거하고 실권을 장악함으로써 그의 손자 사마염(司馬炎)이 제위를 찬탈하여 진(晉)왕조를 여는 토대를 마련했다. 사마염이 칭제 후 그를 선제(宣帝)로 추존하였다.

사마자어(司馬子魚)　춘추시대의 사상가. 송(宋)나라 사람. 송 양공(襄公)이 산 사람을 희생물로 삼아 제사하자 인간이 신에 우선한다고 주장하며 이를 반대했다. 천명, 귀신사상을 배격하고 인본주의 사상을 선양했다.

사마중달(司馬仲達) ➡ 사마의

사마천(司馬遷:약145~80 B.C)　서한(西漢)의 사학자. 『사기(史記)』의 저자. 자는 자장(子長). 하양(夏陽:섬서성 韓城) 출신. 태사령(太史令)이었던 부친 사마담(司馬談)의 영향을 받아 10세 때부터 한학에 능통했다. 20세 때 전국을 돌아다니며 지형·풍속·역사고적을 익히고 전설을 채집했다. 처음에 낭중(郎中)의 직책을 맡으며 부친의 사서(史書) 편찬을 돕다가 부친의 뒤를 이어 태사령이 되었다. 천한(天漢) 3년(B.C 98) 흉노에 항복한 이릉(李陵)을 변호하다가 무제(武帝)의 노여움을 사 궁형(宮刑)에 처해졌다. 출옥 후 중서령(中書令)에 임명되어 사서 편찬에 몰두한 끝에 방대한 양의

『사기(史記)』(원명은 太史公書)를 완성했다.

사마표(司馬彪:?~약 306)　서진의 사학자. 자는 소통(紹統). 온현(溫縣:하남성) 출신. 진 왕조의 종실로서 산기시랑(散騎侍郎), 비서승(秘書丞) 등을 역임했다. 동한의 역사를 담은『속한서(續漢書)』를 편찬했다. 현존하는 것은 그 중「백관(百官)」「여복(興服)」등 8지(志)이다. 이밖에 동한 말 군벌들의 혼전 양상을 기술한『구주춘추(九州春秋)』를 펴냈다.

사묵(史墨)　춘추시대 말기의 사상가. 일명 채묵(蔡墨), 채사묵(蔡史墨), 사암(史黯). 진나라에서 태사(太史)로 있었다. "영원한 사직도 없으며 영원한 군신관계도 없다(史稷無常奉 君臣無常位)"고 주장하여 민심을 얻는 자가 군주가 될 수 있다는 논리를 폈다. 이는 당시의 군권 세습에 대한 반대입장을 표명한 것이며, 변증법적 역사발전론의 초보 단계이다.

사방득(謝枋得:1226~89)　남송의 시인. 자는 군직(君直). 호는 첩산(疊山). 익양(弋陽:강서성) 출신. 이종(理宗) 보우(寶祐) 4년(1256) 진사가 되었다. 건강(建康)의 고관(考官)으로 재직할 무렵 당시의 정치를 비판하다가 권신 가사도(賈似道)의 미움을 사 파직되었다. 함순(咸淳) 3년(1267) 사면을 받고 강서초유사(江西招諭使), 지신주(知信州)를 역임하면서 군대를 이끌고 원(元)의 침입을 막았다. 이후 원군에게 압송되었으나 끝내 굴하지 않고 단식하다 죽었다. 그의 시는 애국의 정이 넘치며 처연하고 비장하다. 저서『첩산집(疊山集)』『문장궤범(文章軌範)』.

사백(史伯)　서주 말기의 사상가. 일명 대사백(大史伯), 대사백양(大史伯陽). 일설에 따르면 본명은 영(潁)이며 자는 석부(碩父)라고 한다. 사도(司徒)의 관직에 있던 희우(姬友)와 정치를 논하면서 오행설로써 천하만물의 복잡성을 해석했고, 천명사상보다는 유물주의 사상을 폈다.유왕(幽王)의 총희인 포사(褒姒)가 음행을 일삼는데 불만을 품고 희우에게 멀리 떠날 것을 권유했다. 희우는 그의 말을 듣고 동쪽 하수(河水)와 낙수(洛水) 부근으로 가 정(鄭)나라를 건국했다고 한다.

사보(詞譜)　서명. 일명『흠정사보(欽定詞譜)』『강희사보(康熙詞譜)』. 40권. 청대 진정경(陳廷敬), 왕혁청(王奕淸) 등이 강희제(康熙帝:聖祖)의 칙명을 받고 편찬했다. 기존 사보인『소여보(嘯餘譜)』『전사도보(塡詞圖譜)』의 오류를 보정(補正)했다. 당(唐)·송(宋)·원(元)대의 사 260조(調) 2,306체(體)를 수록했으며, 사조(詞調)의 자수(字數) 순으로 배열했다. 각

조마다 시대별 작품 한 수씩 예를 들고 창시자의 작품을 정체(正體)로 삼았으며 변체(變體)를 뒤에 실었다. 또 평측 성운 및 구두(句讀), 내원(來源) 등에 관해 상세한 고증을 가했다. 만수(萬樹)의 『사율(詞律)』보다 늦게 완성했으므로 체제나 내용이 『사율』에 비해 엄정하다.

사봉관(斜封官) 관명. 당(唐) 중종(中宗) 때 위후(韋后) 및 태평공주(太平公) 등이 전권을 쥐면서 사사로이 조칙을 만들어 관리를 임명했는데 이들 관리를 사봉관이라 칭했다.

사분력(四分曆) 춘추시대 말기에 확정된 역법. 후한(後漢)의 장원제(章元帝)로부터 위(魏)의 명종(明宗) 때까지 150년간 사용되었다. 1년을 365 1/4일로 하고 19년에 7번 윤달을 두었다. 이 경우 400년에 3일의 오차가 생긴다.

사사(司士) 관직명. 서주(西周) 때 설치되었다. 『주례(周禮)』의 기록에 의하면 '하관사마(夏官司馬)'에 속하여 작록(爵祿)을 담당했다. 당(唐)대에는 주현(州縣)에 사사참군(司士參軍) 및 사사(司士)를 설치하여 토목공사를 맡게 했다.

사사(士師) 관직명. 고대 법관(法官)의 총칭. 서주(西周) 때 설치되었다. 『주례(周禮)』에는 '추관사구(秋官司寇)'에 소속되었다.

사서(四書) 선진(先秦)시대 4부(部)의 유가 저작을 일컫는 말. 본래 『예기(禮記)』의 편명이던 『대학(大學)』 『중용(中庸)』을 포함하여 『논어(論語)』 『맹자(孟子)』를 일컫는다. 남송 주희(朱熹)가 이들의 집주(集注)를 펴내면서 사서란 말이 생겨났다.

사서대전(四書大全) 서명. 36권. 명대 한림학사 호광(胡廣) 등이 칙명을 받아 영락(永樂) 13년(1415) 완성했다. 명 성조(成祖)가 서문을 지었다. 원대의 예사의(倪士毅)가 지은 『사서집석(四書輯釋)』을 기초로 하였으므로 청대 고염무(顧炎武)는 이 책이 졸렬히 표절한 것에 지나지 않는다고 혹평했다. 그러나 당시 각지의 학교에 보급되어 필독서 중 하나로 자리잡았으며, 과거 시험의 과목으로 올랐다.

사서삼경(四書三經) → 사서오경 참조

사서오경(四書五經) 유가의 경전에 해당하는 사서와 오경. 사서는 『논어(論語)』 『맹자(孟子)』 『대학(大學)』 『중용(中庸)』을 가리키며, 오경은 『시경(詩經)』 『서경(書經)』(일명 尙書) 『역경(易經)』(일명 周易) 『예기(禮記)』

『춘추(春秋)』를 가리킨다. 오경 중 특히 『시경』『서경』『역경』을 삼경이라
했으며, 사서와 더불어 사서삼경으로 부르기도 했다.

사성(司成) 관직명. 서주(西周) 때 설치되어 귀족 자제들을 가르치는
일을 맡았다. 후대에 국자감좨주(國子監祭酒)로 바뀌었다. 당 고종(唐高宗)
때 국자감이 사성관(司成館)으로 바뀌면서 좨주가 대사성(大司成)이 되었으
나 이후 다시 복원되었다.

사수시(四愁詩) 시가의 편명. 동한(東漢) 장형(張衡)의 작품. 작자가
만년에 정치의 쇠미함을 걱정하며 지었다. 7언 4장. 비(比)와 흥(興)을 반
복 사용하여 우수를 노래했다.

사안(謝安:320~85) 동진의 문학가, 군사가. 자는 안석(安石). 진군
(陳郡) 양하(陽夏:하남성 太康) 출신. 회계(會稽:절강성 紹興)의 동산(東
山)에 은거하며 조정의 부름에도 응하지 않았다. 왕희지(王羲之), 지둔(支
遁) 등과 교유하며 자연 속에서 시와 술과 바둑으로 자적하였다. 40세 이후
벼슬에 나아가 상서복야(尙書僕射), 표기장군(驃騎將軍)을 지내고 효무제
(孝武帝) 때 승상에 올랐다. 후에 황족 사마도자(司馬道子)가 집정하면서
정치에서 배제되고 주변의 시기를 받아 관직에서 쫓겨났으며, 우울증으로
병들어 숨졌다. 작품에 「난정시(蘭亭詩)」「전진시(全晋詩)」 등의 시와 「여
왕탄지서(與王坦之書)」「여지도둔서(與支道遁書)」 등의 산문이 있다.

사언시(四言詩) 은·주시대에 생겨난 일종의 시가 형식. 각 구마다 4자
혹은 4자 위주로 된 시체를 가리킨다. 동한(東漢) 이후 5언시로 변화되었으
며, 건안(建安) 시기 조조(曹操)가 일시 부활시켰다. 대표적인 작품으로
『시경(詩經)』에 수록된 시들이 있다.

사업(司業) 학관(學官)의 명칭. 수(隋)대에 국자감(國子監)이 설치되면
서 부장관(副長官)을 사업이라 하였다. 장관인 좨주(祭酒)를 도와 교학훈도
(敎學訓導)의 일을 맡았다. 청(淸) 말에 폐지.

사연(師涓) 은(殷)대 말기의 음악가. 주(紂)왕의 명으로 미미지악(靡靡
之樂)과 북리지무(北里之舞)라는 음란한 노래를 지어 달기(妲己)에게 바쳤
다. 이같은 음악을 상악(商樂), 상성(商聲)이라 하며, 후세에 망국지음(亡
國之音)으로 통했다. 일설에 그는 춘추시대 위(衛)의 악사로서 음란한 음악
을 연주했다고 한다.

사예교위(司隷校尉) 관직명. 한무제(漢武帝) 때 설치. 경사(京師)의 백

관 및 각 군의 행정을 규찰하는 일을 맡았다. 주의 자사(刺史)에 해당했다. 위·진(魏晋) 이후에는 관할 구역을 군(郡)에서 주(州)로 확대했으며, 사주(司州)로 칭했다.

사왕오운(四王吳惲)　　명(明) 말 청(淸) 초에 활약한 6명의 산수화가. 왕시민(王時敏), 왕감(王鑑), 왕휘(王翬), 왕원기(王原祁)의 4왕(王)과 오력(吳歷), 운격(惲格)을 가리킨다. 이전의 회화 기법을 모방, 계승하여 청대 이전까지의 화풍을 집대성했으며, 이후의 화가들은 일정 부분 서양 화풍을 수용했으므로, 이들이 정통 중국회화의 마지막 계승자라고 볼 수 있다.

사원경제(寺院經濟)　　동진(東晋), 남조(南朝) 이래로 강남 지방에서는 불교가 크게 발전하여 건강(建康) 일대에는 사원만도 500여 곳이 되었다. 동진 말년에는 한 현(縣)에 수천의 승려가 있었다. 사원은 많은 재산을 소유하고 승려가 받는 봉급도 매우 많았다. 이로 인해 사원이 갖는 경제적 중요도가 매우 높았으며, 국가경제를 쥐고 흔들 수 있었으므로 이같은 상황을 일컬어 사원경제라 했다.

사원문화(沙苑文化)　　중국 중석기시대에 발달했던 문화. 1955~56년 섬서성 동부의 조읍현(朝邑縣)과 대여현(大荔縣) 경계 지역에서 댐 공사를 하던 도중 대량의 타제석기와 소형 석편(石片), 석촉(石鏃) 등 세석기가 발견되었다. 비교적 정교하게 제작되었으며, 일부 마제석기를 사용한 흔적이 엿보인다.

사원옥감(四元玉鑑)　　서명. 수학서. 3권. 원대 주세걸(朱世傑) 저. 대덕(大德) 7년(1303) 완성. 24문(門), 288항(項)으로 구성되어 있다. 천(天), 지(地), 인(人), 물(物)의 4개 차원으로 나누어 다원 고차방정식의 해법인 4원술(四元術)을 소개하였다. 또 지수와 구체의 면적을 측정하는 방법에 대해서도 논했다. 4차원 해법은 서양의 수학에 비하여 300년 가량 앞서는 것으로 알려져 있다.

사유(史游)　　서한(西漢)의 서예가. 원제(元帝) 때 황문령(黃門令)의 벼슬을 했다. 서예에 밝았으며 예서체의 틀을 변형시켜 초서의 초기 형태인 장초서(章草書)를 개발했다. 초서의 창시자로 알려져 있다.

사율(詞律)　　서명. 사보(詞譜). 20권. 청대 만수(萬樹) 편저. 당(唐)·송(宋)·원(元)대의 사(詞) 660조(調) 1,180여 체(體)를 정리했다. 옛 사보(詞譜)의 오류를 지적하고 평측 음운 및 구법을 교정하였으며 율법을 확정했다. 전사(塡詞)를 연구하는 중요 자료로서 『사고전서(四庫全書)』에 포함되었다. 후에 서립본(徐立本)이 『사율습유(詞律拾遺)』를 지어 이를 보정(補正)했다.

사의관(師宜官) 동한(東漢) 말기의 서예가. 팔분서(八分書)의 대가. 호방한 기질에 음주를 좋아했다. 주머니에 돈이 없어도 곧잘 주점에 들렀는데, 그 때마다 주점 벽에 글씨를 써주고 술을 얻어 마셨다. 주점 주인은 그의 글씨를 보러 온 사람들에게 술을 팔아 이익을 남겼으며, 주점이 어느 정도 돈을 벌면 사의관은 벽의 글씨를 지웠다고 한다.

사조(謝脁:464~99) 남조시대 제(齊)의 시인. 자는 현휘(玄暉). 양하(陽夏:하남성 太康) 출신. 사령운(謝靈運)과 대비시켜 '소사(小謝)'라 불리었다. 경릉팔우(竟陵八友)의 한 사람. 명제(明帝) 때 선성태수(宣城太守)를 지냈으므로 세칭 '사선성(謝宣城)'이라 했다. 영원(永元) 원년 서효사(徐孝嗣) 등의 모함을 받아 옥사했다. 심약(沈約) 등과 함께 시의 창작 유형 중 하나인 '영명체(永明體)'를 창시하였다. 5언의 경물시를 즐겨 지었으며, 청신한 풍격을 보인다. 당대의 시인 이백(李白)이 그의 시를 매우 흠모했다고 한다. 문집 『사선성집(謝宣城集)』.

사주지로(絲綢之路) 중원에서 중앙아시아, 서아시아, 서역 등지로 통하는 길. 춘추시대에 교역용으로 개척되었으며 직물이 주로 수출되었다. 옥문관(玉門關:감숙성 소재)에서 두 갈래로 나뉘는데, 남로는 곤륜산(崑崙山)을 넘어 대월지국(아프가니스탄)으로 통하고, 북로는 천산(天山)을 거쳐 러시아의 중앙아시아로 통했다. 수입품은 모피, 한혈마(汗血馬), 포도 등이었다. 당시 중국과 서방간 경제·문화 교류의 대동맥 역할을 했다.

사진(謝榛:약1510~약 1570) 명대의 문학가. 자는 무진(茂秦), 호는 사명산인(四溟山人). 임청(臨淸:산동성) 출신. 젊어서 이반룡(李攀龍), 왕세정(王世貞) 등과 시사(詩社)를 결성하고 문학의 복고운동을 제창하였다. 후칠자(後七子)의 한 사람. 저서 『사명산인집(四溟山人集)』『사명시집(四溟詩集)』『사명시화(四溟詩話)』『시가직설(詩家直說)』.

사차(莎車) 고대 서역지방의 국가명. 야르칸드. 위치는 지금의 신강자치구 사차현(莎車縣) 일대라는 설이 있으며, 사주지로(絲綢之路)의 남로(南路)가 지나가는 교통의 요충이다. 한 무제(武帝) 때 이곳에 서역도호(西域都護)를 설치했다.

사창(社倉)　　수(隋)대에 처음 설치된 민간 구황기구. 문제(文帝) 때 장손평(長孫平)의 건의로 각 주(州)에서 실시되었다. 가을에 수확한 곡식을 걷어 창고에 보관했다가 기근이 발생하면 이를 풀어 구제했다. 낭(唐)내에도 이 제도를 따랐으며, 일명 의창(義倉)이라 했다. 남송(南宋) 때 주희(朱熹)의 건의로 사창법(社倉法)을 제정, 관에서 크게 실시했다.

사체서(四體書)　　진한(秦漢) 시대에 유행하기 시작한 네가지 서체. 전서체(篆書體), 예서체(隷書體), 초서체(草書體), 해서체(楷書體)를 가리킨다.

사통(史通)　　서명. 20권. 당(唐) 유지기(劉知幾) 저. 사학 평론집. 경룡(景龍) 4년(710) 완성. 내·외 양편으로 나뉘어 있으며 각각 10권으로 되어 있다. 내편은 다시 「본기(本紀)」 「표력(表曆)」 「품조(品藻)」 「감식(鑑識)」 등 39편, 외편은 「사관건치(史官建置)」 「의고(疑古)」 등 13편으로 구분된다. 유가 사상에 기초한 과거의 역사 저술에 대해 비평을 가하는 한편, 역사 편찬 체례에 대한 평론과 함께 「도읍지(都邑志)」 「방물지(方物志)」 「씨족지(氏族志)」 등의 삽입 필요성을 제기했다. 또 중국의 사학 발전 개요와 역사학자의 자질에 대하여 논하고, 사학 비평, 사학사(史學史), 사서편찬학 등에 대한 기본원칙을 제시했다.

사학(私學)　　춘추시대 말 공자(孔子)가 개창한 사립학교. 관학과 상호 보완작용을 하면서 고대의 학문 교육기관으로서 중요한 역할을 하였다.

사혁(謝赫:459~약 532)　　남조시대 제(齊)·양(梁)의 화가. 초상화를 잘 그렸다. 3~4세기 화가들을 6등급으로 나누어 품평한 『고화품록(古畫品錄)』을 지었다. 작품 「안기선생도(安期先生圖)」 「진명제보련도(晋明帝步輦圖)」.

사흉(四凶)　　공공(共工), 환두(驩兜), 삼묘(三苗), 곤(鯀)을 가리키는 말. 이들은 고대 원시사회 때 황하 장강 유역에서 활동하던 부락민, 혹은 부락의 영수였다. 순(舜)이 요(堯)의 명을 받들어 이들을 몰아냈다고 한다.

산곡(散曲)　　원·명대에 유행한 일종의 시가. 민간 소곡(小曲)의 소령(小令)에서 출발했으며, 궁조(宮調)의 몇개 곡자(曲子)가 합친 투수(套數)의 형태를 띤다. 희곡처럼 과(科:동작)와 백(白:대사)이 없이 순수한 노래라는 뜻에서 청곡(淸曲)이라고도 부른다. 소령의 두 세 곡을 합쳐 만든 대과곡(帶過曲), 그리고 같은 궁조에 속하는 여러 소령을 합쳐 한 조(組)의 대곡(大曲)을 만든 투수가 있다. 북곡(北曲)에 속하며, 원잡극(元雜劇)과 더불어 원곡(元曲)이라 불린다.

산관(散官)　　일명 계관(階官). 고대에 관원의 등급을 표시하던 칭호. 당대에는 문산관(文散官) 29계급, 무산관(武散官) 45계급이 있었다. 고급 산관이 저급의 직무를 맡을 경우 '행모관(行某官)'이라 부르고, 저급 산관이 고급 직무를 맡으면 '수모관(守某官)'이라 불렀다. 대우는 산관의 품급에 따라 정해졌다. 송대에는 기록관(寄祿官)이라 불렀으며, 명·청대에는 산관의 명칭이 없었다.

산기상시(散騎常侍)　　관직명. 삼국시대 위(魏)나라에서 설치하였다. 한(漢)대의 산기(散騎)와 중상시(中常侍) 두 업무 기능을 합한 것이다. 황제의 고문 역할을 했다. 진(晋) 이후 통직산기상시(通直散騎常侍), 원외산기상시(員外散騎常侍) 등으로 불리며 국사의 대계(大計)에 참여하였다. 남북조시대에는 집서성(集書省)에 속하고 수(隋)대에는 문하성(門下省)에 속했다. 당(唐)대에는 좌우 산기상시로 나뉘어 각각 문하성과 중서성(中書省)에 속했다. 금(金)대 이후 폐지되었다.

산도(山濤:205~283)　　위·진시대의 문학가. 자는 거원(巨源). 하내(河內:하남성) 출신. 죽림칠현 중의 한 사람. 완적(阮籍), 혜강(嵆康) 등과 교유했다. 죽림에 노닐면서 방랑생활을 하였다. 후에 사마(司馬)씨 정권의 권유를 받아 정계에 투신했다. 진(晋) 조정에서 이부상서(吏部尙書)를 지내고 관직이 사도(司徒)에까지 올랐다. 이로 인해 은자이기를 고집한 혜강의 경시를 받았다. 저작 10권이 있었으나 일실되었다.

산민고민(算緡告緡)　　한(漢) 무제(武帝) 때 대상인을 직접 통제하기 위하여 설치한 제도. 원수(元狩) 4년(B.C 119) 무제는 민전령(緡錢令)을 발표하여 상인, 고리대업자, 수공업자는 반드시 재산을 정부에 신고하도록 하였다. 상인 및 고리대업자에게는 교역액 혹은 이자율에 따라 세금을 징수했는데, 매 2천 전(錢)에 1산(算) 즉 120전(錢)을 내게 하였고, 수공업자에게는 4천 전에 1산을 내게 하였다. 또 이를 신고하지 않거나 거짓 신고한 자는 벌로 1년 동안 변경을 지키도록 하고 재산을 몰수했다. 원정(元鼎) 3년(B.C 114) 무제는 다시 고민령(告緡令)을 내려 고발을 장려하였다. 즉 산민(算緡) 제도를 어긴 자를 고발하면 상인의 재산을 몰수하여 그 반을 고발한 사람에게 주도록 규정하였다. 산민 고민의 제도로 인하여 대상인이 몰락하고 정부의 창고에는 물자가 넘쳤다.

산상(散商)　　일명 항각(港脚). 청나라에 들어와 무역을 하던 서양의 자

유 상인. 일반적으로 영국 동인도회사에 소속되지 않은 영국계 상인을 가리
킨다. 이들은 청나라를 포함하여 인도, 남태평양 등지에서 활약하며 서구의
생산품을 판매했으나 특히 청나라에는 아편을 밀매하고 관리·상인들과 결
탁하여 고리대금업까지 했다.

산정동인(山頂洞人)　　중국 구석기시대 말기의 원시인류. 북경(北京) 방
산현(房山縣) 주구점(周口店) 용골산(龍骨山) 산정동(山頂洞)에서 세 개의
두개골과 기타 신체의 뼈 화석이 발견되었다. 신체 골격과 외모면에서 현대
인류와 별반 다른 점이 없었다. 석기를 갈아 사용하고 골각기, 골침 등을
만들어 물고기를 잡는데 쓰기도 했다. 활동범위가 넓었으며 불을 사용한 것
으로 추정된다. 짐승 가죽으로 옷을 지어 입고 사후 유품을 함께 매장하는
풍습이 있던 것으로 보아 원시적인 종교관이 있었던 듯하다. 약 1만 8천년
전에 생존.

산해경(山海經)　　서명. 18권. 무명씨 저. 하우(夏禹) 혹은 백익(伯益)의
저작이라고도 한다. 주(周)·진(秦)시대에 지어진 것으로 추정된다. 「산경
(山經:五藏山經)」 5권과 「해경(海經)」 13권으로 나뉜다. 중국 및 동아시아,
중앙아시아 일대의 약 1백 개 군소 국가의 상황, 각 지역의 수로, 산맥, 풍
토, 민정, 생산품, 전설 등을 기록했다. 지리뿐만 아니라 역사, 신화, 동식
물, 의약, 종교, 민속 등까지도 담겨 있다. 전통적으로 지리지에 포함시키
지만 신화전설의 내용 중 한 가지도 진실된 것이 없다는 점에서 소설의 시
조로 보기도 한다.

살구기(殺狗記)　　남희(南戲) 극본(劇本) 명. 36착(齣:일종의 折). 일명
「살구권부(殺狗勸夫)」. 원대에 지어졌으나 작자를 알 수 없다. 청대 주이존
(朱彝尊)은 명대 서진(徐▮)의 작이라고 했으나 신빙성이 없다. 손화(孫
華), 손영(孫榮) 형제가 불화를 보이자 손화의 처 양씨(楊氏)가 계책을 세
워 남편의 잘못을 일깨움으로써 화목을 권한다는 내용이다.

삼가시(三家詩)　　『시경(詩經)』의 전승본으로서 제시(齊詩), 노시(魯詩),
한시(韓詩)를 가리키는 말. 『시경』은 진(秦)나라 때 분서(焚書)된 후 학자
의 입으로 전해지다가 서한(西漢) 때 크게 유전되었다. 이를 전파한 학자
중 대표적인 사람은 제(齊)의 원고(轅固:일명 轅固生), 노(魯)의 신배(申
培:일명 申培公), 연(燕)의 한영(韓嬰)이며, 이들의 시를 삼가시라 한다.
삼가시는 그러므로 금문(今文) 『시경』에 해당한다. 같은 시기에 노(魯)의

모형(毛亨)은 춘추전국시대 자하(子夏)가 전수하여 순경(筍卿)의 손에까지 넘어온 고문(古文) 『시경』을 입수하였는데, 이를 모시(毛詩)라 한다. 삼가 시에 모시를 포함하여 사가시(四家詩)라 부르기도 한다. 위·진(魏晉)시대 들어 제시가 소멸되고 노시와 한시는 그 이후 점차 자취를 감추었다. 『한시 외전(韓詩外傳)』이 현존하나 이는 시경의 내용과 거리가 멀다. 이로써 삼가 시를 대신하여 모시가 『시경』의 전승본으로 세상에 전해졌다.

삼감(三監)　　주(周) 무왕(武王)이 은(殷)나라를 멸한 후 은의 유민을 감독하고 통치하기 위해 파견한 지방관. 세 곳에 파견했으므로 삼감이라 했다. 위(衛)땅에 관숙(管叔)을, 서쪽 용(鄘)땅에 채숙(蔡叔)을, 북쪽 패(邶)땅에 곽숙(霍叔)을 파견했으나 무경(武庚)의 난 때 이들이 가세했으므로 주공(周公)이 섭정하면서 삼감을 폐지했다.

삼강오상(三綱五常)　　서한(西漢) 동중서(董仲舒)에 의해 수립된 유가적 봉건 도덕윤리 관념. 군위신강(君爲臣綱)·부위자강(父爲子綱)·부위부강(夫爲婦綱)의 삼강과 인(仁)·의(義)·예(禮)·지(智)·신(信)의 오상을 말한다. 삼강은 하늘의 의지에 의하여 결정되는 것이며, 오상은 삼강을 지탱하는 도덕 원칙이라고 보았다. 봉건 종법(宗法) 사상의 기초이자 통치자의 권력 유지를 위한 사상적 기초이념이 되어 이후 2천여 년간 중국 정치사회를 이끌어 왔다.

삼경신의(三經新義)　　서명. 55권. 북송 왕안석(王安石) 찬. 『주관신의(周官新義)』 22권, 『모시신의(毛詩新義)』 20권, 『상서신의(尙書新義)』 13권을 가리킨다. 내용은 삼경을 훈석(訓釋)한 것으로 왕안석의 신법 사상과 관련이 있다. 당시 과거 시험용으로 쓰였으므로 유생들에게 매우 중요한 책으로 이용되었다.

삼공(三公)　　관직명. 주대의 경우 사마(司馬)·사도(司徒)·사공(司空), 혹은 태사(太師)·태부(太傅)·태보(太保)를 가리키며, 서한(西漢)대에는 승상(丞相:大司徒)·태위(太尉:大司馬)·어사대부(御史大夫:大司空)를, 동한(東漢)대에는 태위(太尉)·사도(司徒)·사공(司空)을 가리켰다. 삼공이 공동으로 군정(軍政)을 책임지며 최고 의사 결정을 맡았다. 당·송(唐宋) 때는 실제 직무가 없었으며, 명·청(明淸)대에는 태사(太師)·태부(太傅)·태보(太保)의 삼공이 있었다.

삼교구류(三敎九流)　　유(儒)·불(佛)·도(道) 삼교와 제자백가 중 유

(儒)·도(道)·음양(陰陽)·법(法)·명(名)·종횡(縱橫)·농(農)·묵(墨)·잡(雜)의 아홉 유파를 말한다.

삼구통상대신(三口通商大臣)　　관직명. 청 함풍(咸豊) 11년(1861) 천진에 설치되었다. 총리각국사무아문의 관할 아래 두어졌으며, 천진, 우장(牛莊), 등주(登州:煙臺) 3개 지역의 대외 통상업무를 관장하였다. 동치(同治) 9년(1870) 북양통상대신(北洋通商大臣)으로 개칭되었다.

삼국시대(三國時代)　　동한(東漢) 멸망 후 출현한 위(魏), 촉(蜀), 오(吳) 3국의 정립 시기. 220년 조비(曹조)가 한(漢)을 대신해 칭제(稱帝)한 이후부터 280년 오(吳)가 진(晋)에 의해 망하기까지 61년을 가리킨다. 논자에 따라서는 삼국시대의 시작을 적벽지전(赤壁之戰, 208) 이후 아직 위·촉·오가 정식으로 건국하기 이전까지로 거슬러 올라가기도 한다.

삼국연의(三國演義)　　서명. 원명은 『삼국지통속연의(三國志通俗演義)』. 『삼국지연의(三國志演義)』로 많이 알려져 있다. 중국 제일의 장편 역사소설. 원말 명초의 나관중(羅貫中) 작. 송(宋)·원(元)의 평화(平話)『삼국지(三國志)』를 기초로 하고 진수(陳壽)의 『삼국지(三國志)』와 배송지(裴松之)의 주(注)를 참고하여 재구성한 것이다. 현존 가장 오래된 것은 명 가정(嘉靖) 원년(1522)에 간행된 것이다. 총 24권 240절로 되어 있으며, 명 말 이지(李贄)가 240절을 정리하여 120회 짜리로 만들었다. 청대 초 모륜(毛綸), 모종강(毛宗崗) 부자가 개정한 책이 가장 많이 보급되어 있다. 후한 말 유비(劉備), 관우(關羽), 장비(張飛)가 도원(桃園)에서 형제의 의를 맺는 것을 시작으로 위(魏), 촉(蜀), 오(吳) 3국의 정립을 거쳐 진(晋)이 천하를 통일하기까지(184~280)의 역사 사실에 기초를 두고 민간의 설화와 야담 등을 집어 넣어 영웅 호걸들의 활약상을 긴박하고 힘있게 그렸다. 연의소설의 백미로 꼽히며, 『수호전(水滸傳)』과 함께 명대 이후 지금까지 널리 애독되고 있다.

삼국지(三國志)　　서명. 전 65권. 위진남북조시대 서진(西晋) 진수(陳壽) 찬. 24사(史) 중 하나. 기전체의 단대 역사서. 동한 말 군벌 할거시대부터 서진(西晋)이 오(吳)를 멸망시키기까지 약 90년간의 사적을 기술했다. 「위지(魏志)」 30권, 「촉지(蜀志)」 15권, 「오지(吳志)」 20권으로 구분된다. 위·촉·오 3국의 정립 상황과 통일의 과정을 기술했으며, 본기(本紀), 열전(列傳)으로만 되어 있고, 지(志)와 표(表)는 없다. 저자가 당시대 직후의 사람이었으므로 기술 내용이 비교적 사실에 부합한다. 그러나 위나라를 정통으로 인식한데 따른 곡필 부분도 없지 않다. 남조시대 송(宋)의 배송지(裵松之)가 주(注)를 달았다. 원(元) 말 명(明) 초 나관중(羅貫中)이 펴낸 소설 『삼국연의(三國演義)』의 저본이 되었다.

삼국지연의(三國志演義) ➡ 삼국연의

삼국지주(三國志注)　　서명. 위진남북조시대 송(宋)의 배송지(裵松之) 편. 진수(陳壽)의 『삼국지(三國志)』 내용을 보완하면서 200여 종의 참고서를 인용하여 『삼국지』의 간결성을 보충하였다. 주문(注文)의 분량이 『삼국지』 본문의 분량을 초과할 만큼 상세하여 후세에 원본 『삼국지』를 대신하여 일반에 통용되었다. 당시의 역사를 연구하는 중요한 자료가 되고 있다.

삼급제(三級制)　　동한 말부터 남북조시대 말까지 설치된 지방 기구. 주에 장관인 자사(刺史)를, 군에 장관인 태수(太守)를, 현에 우두머리인 영(令)을 두었다.

삼려대부(三閭大夫)　　관직명. 춘추전국시대 초(楚)나라에 설치되었다. 귀족인 소(昭)·굴(屈)·경(景) 3성(姓)의 일을 맡았다. 시인 굴원(屈原)이 한때 이 직책에 있었다.

삼례(三禮)　　『주례(周禮)』『의례(儀禮)』『예기(禮記)』의 합칭. 중국 고대 예의 제도에 관한 중요 문헌으로서 송(宋)대에 13경(經)에 포함되었다.

삼리삼별(三吏三別)　　당(唐) 두보(杜甫)의 시가 중「석호리(石濠吏)」「동관리(潼關吏)」「신안리(新安吏)」 및 「신혼별(新婚別)」「수로별(垂老別)」「무가별(無家別)」을 가리키는 말.

삼번지란(三藩之亂)　　청대 초 오삼계(吳三桂), 경정충(耿精忠), 상지신(尙之信) 세 번왕(藩王)이 일으킨 난. 오삼계는 당초 산해관(山海關)을 지키던 명나라 장수였으나 청나라 군대가 침략해 들어오자 이들을 맞아들이는 한편 친히 영력제(永曆帝)를 체포하였다. 청 조정은 이 공로로 그를 평서왕(平西王)에 봉하고 운남(雲南) 지역을 다스리도록 했다. 경정충은 조부인 경중명(耿仲明)이, 상지신은 부친인 상가희(尙可喜)가 명대의 장수로 활약하다 청나라를 위해 공헌했으므로 세습 봉작을 통해 각각 평남왕(平南王)과 정남왕(靖南王)에 봉해지고 광동 및 복건 지방을 다스렸다. 이들은 크게 할거세력을 형성했으므로 세칭 삼번(三藩)이라 했다. 강희(康熙) 12년(1673) 청 정부가 이들의 세력화를 경계하여 번을 철폐하는 조령을 내리자 오삼계가 먼저 반란을 일으켜 자칭 주왕(周王)이라 하고 남부 6성을 점령하였다. 이듬해 경정충, 1676년 상지신이 가세하여 각각 절강과 강서 지방을 점령하였다. 청 정부는 적극적으로 이들을 토벌하여 먼저 경정충과 상지신의 투항을 받아냈다. 오삼계는 강회 18년 형주(衡州)에서 칭제하고 국호를 수(周), 연호를 소무(昭武)로 정했다가 곧 병사했고, 손자 오세번(吳世璠)이 즉위했다. 이후 오세번이 정부군에 패하고 강회 20년 자살함으로써 8년간의 난은 막을 내렸다.

삼보(三輔) 한(漢)대에 수도 장안(長安)을 중심으로 지역별로 구획 설치된 3개의 행정조직. 곧 동쪽에 경조윤(京兆尹), 서쪽에 우부풍(右扶風), 북쪽에 좌빙익(左馮翊)을 두었다.

삼사(三謝) 남조(南朝)시대 송(宋)·제(齊)의 시인 사령운(謝靈運), 사혜련(謝惠連), 사조(謝朓)를 일컫는 말.

삼사법(三舍法) 북송 희녕(熙寧) 4년(1071) 왕안석(王安石)이 실시한 학제. 태학생(太學生)을 상사(上舍), 내사(內舍), 외사(外舍)의 3등으로 분류하여 각각 100명, 200명, 600명씩 선발하였다. 태학에 처음 입학하면 외사에 소속되고 이후 시험을 통해 차례로 내사와 상사에 진학할 수 있었다. 상사에서 성적이 좋은 자는 과거를 치르지 않고 관리로 임명되었다. 원부(元符) 2년(1099)에 주군(州郡)의 각급 학교로 이 제도가 확대 실시되었다. 숭녕(崇寧) 3년(1104)에는 각 주군에서 과거고시를 생략하고, 이 법에 의해 관리를 등용했다. 삼사법은 선화(宣和) 3년(1121) 주군 내에서 폐지되었으나 태학 내에는 여전히 존재하여 남송 말까지 이어졌다.

삼성(三省) 관서명. 수(隋)대에 중앙의 최고 권력기구인 삼성 제도를 확립하여 상서성(尙書省), 문하성(門下省), 내사성(內史省)을 두었다. 상서성의 영(令)과 복야(僕射), 문하성의 납언(納言), 내사성의 감(監)과 영(令) 등은 진·한(秦漢)시대의 승상에 해당했다. 삼성 가운데 내사성은 정책을 결정하고, 문하성은 정책의 심의, 상서성은 정책의 집행을 맡았다. 삼성은 황제의 직속 관할 하에 있으면서 서로 견제하는 기능을 가졌다. 당(唐)대에는 내사성이 폐지되고 중서성(中書省)이 설치되었으며, 각 성의 장관은 공히 재상의 지위를 누렸다.

삼성육부제(三省六部制) 당(唐)대의 중앙관제. 중서성(中書省)·문하성(門下省)·상서성(尙書省)의 삼성과 이(吏)·호(戶)·예(禮)·병(兵)·형

(刑)·공(工)의 육부를 가리킨다. 황제의 비서격인 중서성에서 정책을 결정하거나 조칙을 기초하면 문하성이 이를 심의하고, 상서성은 이를 육부에 하달하여 집행토록 하였다. 삼성은 중앙의 최고 권력기구이며 재상인 중서령(中書令), 문하시중(門下侍中), 상서령(尙書令)이 각각 장을 맡아 정무를 결재했다.

삼아(三衙)　관서명. 북송 때 설치된 전전도지휘사사(殿前都指揮使司), 시위친군마군사(侍衛親軍馬軍司), 시위친군보군사(侍衛親軍步軍司)의 세 군사기구를 가리킨다. 정규군인 금군(禁軍)을 총괄하는 최고 군사기구였다. 장관은 전전도지휘사(殿前都指揮使), 시위친군마군도지휘사(侍衛親軍馬軍都指揮使), 시위친군보군도지휘사(侍衛親軍步軍都指揮使)가 되었다. 이들은 각각 전수(殿帥), 마수(馬帥), 보수(步帥)로 불렸으며, 셋을 합하여 삼수(三帥)라 했다. 남송 초에는 임안(臨安:절강성 항주)을 지키는 정규군만 통괄하였다.

삼언(三言) ➡ 삼언이박 참조

삼언이박(三言二拍)　명 말 풍몽룡(馮夢龍)의 화본(話本) 소설집 『경세통언(警世通言)』『성세항언(醒世恒言)』『유세명언(喩世明言)』의 삼언(三言)과 능몽초(凌濛初)의 의화본(擬話本) 소설집 『초각박안경기(初刻拍案驚奇)』『이각박안경기(二刻拍案驚奇)』를 일컫는 말.

삼자경(三字經)　서명. 남송 왕응린(王應麟) 저. 일설에는 구적자(區適子) 저. 3자(字)를 한 운구(韻句)로 만들어 사회의 변화에 대한 간사(簡史)를 기술했다. 아동용 교육서의 일종. '人之初 性本善'으로 시작된다.

삼장(三張)　서진(西晋)의 문인 장재(張載), 장협(張協), 장항(張亢) 삼형제를 일컫는 말.

삼장법사(三藏法師) ➡ 현장

삼장제(三長制)　북위(北魏) 효문제(孝文帝) 탁발굉(拓跋宏)이 상서복야(尙書僕射) 이충(李沖)의 건의를 받아들여 기존의 종주독호제(宗主督護制)를 폐지하고 설치한 제도. 5가(家)에 한 명의 인장(隣長), 5린(隣)에 한 명의 이장(里長), 5리(里)에 한 명의 당장(黨長)을 둔 제도를 말한다. 삼장의 임무는 호구 조사, 경작 감독, 세금 징수, 부역 징발 등이었다. 삼장에 임명되면 1~3명분의 요역을 면제받았다.

삼전(三銓)　당(唐)대 관리선발제도 중 하나. 관리를 선발할 때 문관은 이부(吏部)에서, 무관은 병부(兵部)에서 선발했으며, 모두 상서(尙書) 1인, 시랑(侍郞) 2인이 관장했다. 이로부터 삼전이란 용어가 나왔다.

삼조(三曹)　　한(漢)·위(魏)의 문학가 조조(曹操)와 그의 2남 조비(曹丕), 3남 조식(曹植)을 가리키는 말.

삼통(三通)　　당대 두우(杜佑)가 편찬한『통전(通典)』, 남송 초 정초(鄭樵)가 편찬한『통지(統志)』, 송·원(宋元) 시대 마단임(馬端臨)이 편찬한『문헌통고(文獻通考)』를 일컫는다. 전장제도에 관한 역사를 기술한 명저이다.

삼합회(三合會) ➡ 천지회 참조

삼현(三玄)　　위·진(魏晉)시대 현학가들이 경전으로 삼았던 세 저작. 곧『노자(老子)』『장자(莊子)』『주역(周易)』을 일컫는다.

삼환(三桓)　　일명 삼환씨(三桓氏). 춘추시대 노(魯)나라의 대부였던 중손씨(仲孫氏), 숙손씨(叔孫氏), 계손씨(季孫氏)를 가리킨다. 모두가 노 환공(桓公)의 아들이었으므로 삼환이라 칭했다. 중손씨는 후에 맹손씨(孟孫氏)로 불렸다. B.C 562년 삼환씨는 노나라의 공실을 무너뜨리고 정권을 인수하여 분권정치를 실현하였다. 그 중 계손씨의 세력이 가장 강했다.

삼황(三皇)　　전설상의 고대 세 제왕. 복희(伏羲)·신농(神農)·황제(黃帝)라는 설과 복희·신농·수인(燧人)이라는 설이 있으며, 수인 대신 여와(女媧)나 축융(祝融)을 포함시키기도 한다.

상(商) ➡ 은

상관(商館)　　청대 전기에 외국의 무역상들이 거주하던 곳. 청 조정은 광주(廣州) 한 곳을 무역지구로 개방하면서 외국인의 활동을 엄격히 통제했는데, 거주 지역도 제한하여 이들이 묵을 상관을 특별히 지정하고 관허상인 조직인 13행(行)에게 관리하도록 했다. 상관은 청대 말 서구인들의 식민주의 침략 거점이 되었으며, 함풍(咸豊) 7년(1857)에는 광주 백성들에 의해 이 지역이 불에 타기도 했다.

상관(常關)　　청대의 세관. 일명 초관(鈔關), 구관(舊關). 당(唐)대부터 명(明)대까지 이어져 온 시박사(市舶司)와 같은 성격을 지녔다. 옹정(雍正)·건륭(乾隆) 시기에 수륙의 요로 및 상품 집산지에 해관(海關) 혹은 초관을 설치했다가 아편전쟁 이후 통상항에 해관을 설치하면서 이와 구별하기 위해 구관, 혹은 상관으로 불렀다. 해관 주위 50리 내의 상관, 50리 밖의 상관, 내륙 상관, 연변(沿邊) 상관의 네 종류로 나뉘며, 1901년 신축조약(辛丑條約) 이후 50리 내의 상관에서 걷은 관세는 서구 제국주의에 배상금으로 지급되었다. 신해혁명 이후에는 50리 밖의 상관도 관리권과 징세권을 서구 열강이 차지했다.

상관의(上官儀:약 608~64)　당(唐) 초의 정치가, 시인. 자는 유소(游韶). 섬주(陝州) 섬현(陝縣:하남성) 출신. 정관(貞觀) 초 진사(進士)에 급제한 후 홍문관직학사(弘文館直學士), 비서랑(秘書郎), 기거랑(起居郎) 등을 역임했다. 고종(高宗) 즉위 후 비서소감(秘書少監), 서대시랑(西臺侍郎), 동동서대삼품(同東西臺三品)을 지냈다. 무측천(武則天)의 폐위를 주장하다 폐위된 태자 이충(李忠)과 밀모했다는 이유로 옥사했다. 응제(應制) 봉화(奉和)의 시를 주로 썼으며, 퇴고와 조탁을 거듭하고 사조(辭藻)가 기착완미(綺錯婉媚)하여 독특한 상관체(上官體)를 이룩하였다. 그러나 내용이 협소하고 진부하여 제량(齊梁)의 궁체시를 벗어나지 못했다는 평을 받는다. 시 20수와 문장 20편이 각각 『전당시(全唐詩)』와 『전당문(全唐文)』에 실려 있다. 육조(六朝) 이래의 시가를 대상으로 대장(對仗) 방법을 정리하여 '육대(六對)' '팔대(八對)'의 학설을 제창하였으며, 이는 율시의 형성에 큰 영향을 끼쳤다.

상관체(上官體)　당(唐)대의 시가 유파 중 하나. 당대 초기의 시인 상관의(上官儀)가 개창하였다. 풍격이 기려(綺麗) 완미(婉媚)하며 대우가 정교하다. 5언시를 위주로 하여 후세 율시의 탄생에 영향을 끼쳤다.

상국(相國)　관직명. 재상의 일종. 춘추시대 제 경공(齊景公)이 좌상(左相)과 우상(右相)을 처음 설치한 후 전국시대 영윤(令尹)을 둔 초(楚)를 제외하고 모든 나라가 설치했다. 백관(百官)의 우두머리로서 상(相), 상방(相邦), 승상(丞相) 등 여러 칭호가 함께 쓰였다.

상군(廂軍)　송대의 군대 명칭. 일명 상병(廂兵). 각 주(州)의 진병(鎭兵)으로서 일종의 지방군에 해당한다. 송 초에 주의 사병 중 건장한 사람은 경사(京師)로 보내져 금군(禁軍)이 되고, 나머지는 지방의 상군이 되었다. 이들은 군사훈련을 전문으로 받지 않고 주로 행정을 담당하였다. 병사는 모집에 의존하고 일부는 범죄자로 충당하였다.

상군서(商君書)　서명. 전국시대 말 진(秦)나라 상앙(商鞅)의 저서. 법가의 대표 저작. 본래 총 29편이나 현존하는 것은 24편이다. 법치(法治), 경전(耕戰), 군공(軍功), 군권(軍權) 등에 관해 기록되어 있으며, 당시의 제도 개혁에 큰 영향을 미쳤다.

상림(桑林)　무악(舞樂) 이름. 은 탕왕(湯王)의 악곡이라고 전해진다.

상림부(上林賦)　부(賦)의 편명. 서한(西漢) 사마상여(司馬相如)가 한무제(漢武帝)를 위하여 지은 작품. 천자(天子)가 수렵하는 장소인 상림원(上林苑)의 화려하고 웅장한 모습을 읊었다. 자허부 참조.

상마경(相馬經)　서명. 서한(西漢) 시대 무명씨 저. 골격 등 외형을 통해 말의 건강 상태와 특질을 파악할 수 있는 방법을 서술했다.

상서(尙書)　『서(書)』『서경(書經)』으로도 불린다. 28편. 중국 고대 최초의 산문 모음집. 공자와 그 제자들이 모아 전국시대에 완성했다고 한다. 요순(堯舜) 시기부터 춘추시대 진목공(秦穆公)까지의 군주와 집정자들의 언사(言事)가 담겨 있다. 「전(典)」「모(謨)」「훈(訓)」「고(誥)」「서(誓)」「명(命)」의 6가지 체제가 있으며, 조령(詔令)과 주의(奏議)가 대부분이다. 한(漢)대 이후 학자들의 구술에 의해 만들어진 『금문상서(今文尙書)』와 공자의 유택에서 발견된 『고문상서(古文尙書)』가 있으며, 현재 이 둘을 함께 취해 59편으로 만든 것이 통용되고 있다. 13경(經)에 열입되어 있다.

상서대(尙書臺) ➡ 대각

상서랑(尙書郎)　관직명. 위진남북조시대에 설치되었다. 상서(尙書)에 속한 관원은 처음에 낭중(郎中)이 되었다가 1년이 지나면 상서랑(尙書郎)이 되었다. 이후 2년이 지나면 시랑(侍郎)이 되었다.

상서령(尙書令)　관직명. 상서(尙書) 혹은 상서성(尙書省)의 장관. 진(秦)대에 처음 설치되었다. 서한(西漢) 시대까지 천자에 올리는 상서(上書)를 다루었으나 동한(東漢) 때는 황제의 정령(政令)을 다루는 수뇌부 역할을 하였다. 위·진(魏晋) 이후에는 사실상의 재상이 되었다. 명(明)대에 폐지되었다.

상서성(尙書省)　관서명. 진(秦)대에 궁중의 문서를 맡은 사람을 상서(尙書)라고 했다. 동한(東漢) 때 상서의 업무를 육조(六曹)가 분장했으며, 남북조 때 처음 이것이 상서성이란 명칭으로 쓰였다. 위(魏)·진(晋)·송(宋)·제(齊) 때는 상서대(尙書臺)로, 양(梁)·진(陳)·북위(北魏)·북제(北齊)·수(隋)대에는 상서성으로 명칭이 정해졌다. 상서성 내의 육조는 중앙의 정무를 집행하는 총괄 기구였다. 수·당(隋唐) 이후에는 중서성(中書省), 문하성(門下省)과 더불어 삼성(三省)으로 불렸다. 장관은 상서령(尙書

슈)이 되었으며, 그 아래에 좌우 복야(僕射)가 있었다. 원대에 중서성과 통합하였으며, 이후 명·청대에는 설치하지 않았다. 중대, 대각 참조.

상승군(常勝軍)   청대 말 태평천국의 난을 진압하기 위하여 조직된 군대. 영국·미국 등 서구인이 장교를 맡았고, 중국인 사병은 용병 형식으로 서구인들이 고용했다. 사병들은 서양식 군대훈련을 받았다. 1863년 영국인 고오든이 지휘를 맡아 태평천국군을 크게 무찌른 후 청왕조로부터 상승군이란 명칭을 얻었다.

상시(常侍)   관직명. 진·한(秦漢)대에는 중상시(中常侍)라는 이름으로, 위·진(魏晋) 때는 산기상시(散騎常侍)라는 이름으로 설치되었다. 항상 황제의 곁에 있으면서 황제를 보좌했다.

상앙(商鞅:약 390~338 B.C)   전국시대 진(秦)나라의 사상가, 정치가. 법가(法家)의 대표적 인물. 원명은 공손앙(公孫鞅). 진나라가 그를 상(商) 땅에 봉했으므로 상앙이라 부른다. 위(衛)나라 출신이므로 위앙(衛鞅)이라고도 했다. 진의 효공(孝公)이 널리 인재를 구한다는 소문을 듣고 나아가 개혁의 필요성을 역설했다. 효공은 그를 등용하여 변법을 진행시켰으며, 이로 인해 진나라가 매우 부강해졌다. 그러나 법이 너무 가혹해 백성들이 크게 시달렸다. 효공이 죽자 수구세력에 의해 피살되었다. 상앙변법 참조.

상앙방승(商鞅方升)   일명 상앙량(商鞅量). 전국시대 진(秦)나라 상앙의 변법에 따라 제정한 표준 부피 측정 용기. 진시황 때에도 이 용기를 표준으로 삼았다. 중국역사박물관에 소장되어 있다.

상앙변법(商鞅變法)   전국시대 상앙의 주도로 진(秦)나라에서 시행된 변법. 진 효공(孝公)에 의해 재상에 임명된 상앙은 두 차례에 걸쳐 변법을 시행하였다. 효공 3년(B.C 359) 1차 변법에서는 호적을 정리하여 연좌제(連坐制)를 실시하고, 형제간 가정을 분리했으며, 농업 생산 실적에 따라 상벌을 내리고, 전쟁에서 적의 머리를 베어 오는 자에게 상을 주었다. 효공 12년(B.C 350) 함양(咸陽) 천도 후 시행한 2차 변법에서는 가족제도와 지방 행정구역을 변화시키고, 토지제도는 정전제(井田制)에서 천맥제(阡陌制)로 바꾸었으며, 도량형을 통일시켰다. 이같은 변법을 통해 진나라는 사회경제의 변혁과 함께 중앙집권적 기초를 다졌으며, 부국강병을 이룩했다.

상우춘(常遇春:1331~69)   명나라의 개국 공신. 자는 백인(伯仁). 회원(懷遠:안휘성) 출신. 원(元) 지정(至正) 15년(1355) 주원장(朱元璋)의 막하에 들어가 각종 전투에서 큰 공을 세웠으며, 이로 인해 중익대원수(中翼大元帥), 중서평장군국사(中書平章軍國事) 등을 지내고 악국공(鄂國公)에 봉해졌다. 홍무(洪武) 2년(1369) 부장 이문충(李文忠)과 함께 개평(開平:내몽고)을 평정하고 돌아오다 병사하였다. 사후 개평왕(開平王)에 추봉(追封)되었다.

상인(象人)　　한(漢)대 궁정 내에 존재한 일종의 직업 배우. 사람 혹은 동물의 가면을 쓰고 가무를 했다.

상제회(上帝會) → 배상제회

상폐(上幣)　　진시황이 천하를 통일한 후 사용한 일종의 통일 화폐. 황금으로 만들었으며 일(鎰)을 기본단위로 정했다. 1일은 2냥(兩)에 해당한다.

상한잡병론(傷寒雜病論)　　서명. 의학서. 16권. 동한(東漢) 장중경(張仲景) 저. 「상한(傷寒)」「잡병(雜病)」두 부분으로 나누어져 있으며, 300여 종의 처방법과 200여 종의 약재가 적혀 있다. 한대 이전의 의학 경험을 총결한 것으로, 특히 임상 치료의 논리적 기초를 열어 놓았다. 후대 사람이 이를 정리하여 『상한론(傷寒論)』『금궤요략(金匱要略)』을 펴냈다.

상해기기직포국(上海機器織布局)　　청대 말 설립된 방직공업회사. 광서(光緒) 4년(1878) 이홍장(李鴻章)의 주도 아래 정관응(鄭觀應) 등이 참여하여 설립을 추진했다. 2년 후 이홍장은 관독상판(官督商辦) 형식의 회사설립을 정부에 보고하고 10년간 상인들의 전리권(專利權)을 얻어냈다. 자본은 상인들의 출연금과 차관으로 충당했다. 그러나 설립 직후 상해 일대의 경제 공황을 맞아 파산상태에 이르렀다. 광서 13년(1887) 자산재평가를 하고 정부의 자금 지원을 얻어 재건한 결과 3년 후 일부 생산을 시작하고 이듬해 본격 가동에 들어갔다. 1893년 화재로 공장이 모두 소실되자 성선회(盛宣懷)가 정리하여 화성방직총창(華盛紡織總廠)을 설립했다.

상형(象刑)　　전설상의 최초의 형벌. 순임금 때 고요(皐陶)가 창안하였다고 전해진다. 범법자는 일반인과 다른 형태의 옷을 입게 함으로써 실형을 대신하도록 했다고 한다.

상홍양(桑弘羊:152~80 B.C)　　서한(西漢)의 정치가. 낙양(洛陽:하남성) 출신. 한 무제(武帝) 때 대사농(大司農)을 지냈다. 법가(法家) 형명(刑名)의 학을 도입해 강력한 중앙집권적 개혁을 추진해 나갔으며, 평준법(平準法), 균수법(均輸法)을 시행하고 염철(鹽鐵) 및 주류의 국가 직영을 통해 중농억상(重農抑商)의 정책을 폈다. 또 흉노가 침략해오자 화친을 반대하고 60만 군사를 조직했다. 한 소제(昭帝) 때 관직이 어사대부(御史大夫)에 올랐다. 후에 곽광(霍光)과 권력 다툼을 벌여 병변(兵變)을 도모하다 피살되었다.

상화가사(相和歌辭)　한(漢) 대에 발전한 일종의 악부(樂府) 가곡 명칭. 합창 혹은 대창(對昌)의 형식을 띤다.「백두음(白頭吟)」이 대표작이다.

색목인(色目人)　원대에 몽고족이 중원을 통치하면서 서역인을 가리키던 말. 위구르, 탕구트 등 20여 부족이 포함된다. 원왕조는 효율적인 통치를 위해 중국내 민족을 몽고인, 색목인, 한인(漢人:장강 이북의 한족·거란족·여진족·조선족 등), 남인(장강 이남의 한족 및 기타)의 4가지로 분류, 각각 대우를 달리했다. 색목인은 몽고인 다음가는 계층으로서 준지배계급을 형성했고, 정치 경제적으로 많은 특권을 누렸다. 원대사등인 참조.

색부(嗇夫)　관직명. 낮은 벼슬. ① 사공(司空)에 속해 있던 관직으로서 공물(貢物)을 받아서 천자에게 올리는 일을 맡았다. ② 진·한(秦漢) 때 설치된 지방관. 소송 사건과 부세를 관장했다.

서(書) → 상서

서간(徐干:170~217)　동한(東漢) 말의 문학가. 자는 위장(偉長). 북해(北海:산동성 昌樂) 출신. 건안칠자(建安七子)의 한 사람. 조조(曹操)의 막하에서 일했다. 작품에「정시(情詩)」「실사(室思)」「귤부(橘賦)」「원선부(圓扇賦)」등이 있으며, 산문으로 문이재도(文以載道)의 사상을 주창한「중론(中論)」이 있다. 문집『서위장집(徐偉長集)』.

서개(徐鍇:920~74)　오대(五代)·북송(北宋) 시기의 문자학자. 자는 초금(楚金). 비서성정자(秘書省正字), 내사사인(內史舍人) 등의 관직을 지냈다. 형 서현(徐鉉)과 함께 문자학에 정통하였다. 저서『설문해자계전(說文解字系傳)』『설문해자전운보(說文解字篆韻譜)』『세시광기(歲時廣記)』『가전방여기(家傳方輿記)』.

서건학(徐乾學:1631~94)　청대 초기의 사학자, 문학가, 지리학자. 자는 원일(原一), 호는 건암(健庵). 곤산(昆山:강소성) 출신. 어려서 외숙인 고염무(顧炎武)의 영향을 받아 학문에 깊은 관심을 가졌다. 강희(康熙) 9년(1670) 진사에 합격하고 편수(編修), 예부시랑(禮部侍郎), 형부상서(刑部尚書) 등의 관직을 지냈다. 후에 당쟁에 휩쓸려 탄핵을 받고 귀향하여 저술로써 생을 이었다. 일찍이 명을 받고 『명사(明史)』『대청회전(大淸會典)』『대청일통지(大淸一統志)』 등의 편찬을 주관했다. 저서 『통지당경해(通志堂經解)』『독례통고(讀禮通考)』『전시루서목(傳是樓書目)』. 『통감후편(通鑑後編)』의 편찬을 주관하기도 했다. 아우 원문(元文), 병의(秉義)도 학문적으로 유명했으며, 세 사람을 일컬어 '곤산삼서(昆山三徐)'라 했다.

서경(書經) → 상서

서경잡기(西京雜記)　서명. 역사소설집. 본래 2권이나 후에 6권으로 나뉘었다. 동진(東晉)시대 갈홍(葛洪)의 저작이라고 전해진다. 대부분 서한(西漢)의 도성인 서경(西京:長安)에서 전해져 내려오는 이야기거리, 괴담을 모아 엮은 것이다. 사마상여(司馬相如)와 탁문군(卓文君)이 술을 팔던 고사, 왕소군(王昭君)이 화가 모연수(毛延壽)에게 뇌물을 바치지 않아 초상화가 잘못 그려지고 흉노에게 팔려가듯 시집가는 고사 등이 실려 있다.

서계(徐階:1503~83)　명대의 정치가. 자는 자승(子升), 호는 소호(少湖). 송강(松江) 화정(華亭:상해) 출신. 가정(嘉靖) 2년(1523) 진사가 되어 한림원편수(翰林院編修)를 제수받았다. 가정 31년(1552) 건극전대학사(建極殿大學士)가 되어 국가 기무에 참여하였다. 가정 41년 권신 엄숭(嚴嵩), 엄세번(嚴世蕃) 부자의 전횡이 심해지자 이를 탄핵했다. 이후 수보(首輔)의 직에 올라 집정하면서 당시의 정치적 폐단을 없앴다. 융경(隆慶) 2년(1568) 각료인 고공(高拱)과 맞지 않아 사직했다. 조정에 있는 동안 절개를 지키고 인망을 얻어 명재상으로 일컬어졌다.

서곤체(西昆體)　일명 곤체(昆體). 북송 초기의 문풍(文風). 사조(辭藻)가 화려하고 전고(典故)를 많이 채용했으나 내용이 없이 부미공허(浮靡空虛)했다. 양억(楊億), 유균(劉筠), 전유연(錢惟演) 등이 서로 창화(唱和)하면서 『서곤수창집(西昆酬唱集)』을 펴낸 데서 이름이 붙여졌다.

서광계(徐光啓:1562~1633)　명대의 화학자. 자는 자선(子先), 호는 현호(玄扈). 상해 출신. 만력(萬曆) 32년(1604) 진사에 합격하여 예부상서(禮部尙書), 문연각대학사(文淵閣大學士)를 지냈다. 서양 선교사 마테오 리치로부터 천주교 세례를 받고 천문, 역학, 수학, 과학 등 서양 학문을 배웠다. 1608년 상해 서가회(徐家匯)에 천주당(天主堂)을 세웠다. 마테오 리치와 함께 『기하원본(幾何原本)』을 변역하였다. 서방의 신기술 및 신학문을 전파하는데 공헌했다. 시호는 문정(文定). 저서 『농정전서(農政全書)』『서광계집(徐光啓集)』.

서길사(庶吉士)　　관직명. 일명 서상(庶常). 명대 초 각 관서에 설치되었다가 후에 한림원(翰林院)에만 예속되었다. 진사에 합격한 사람 가운데 문학이나 서예 방면에서 우수한 사람을 골라 임명했다. 청대에는 한림원 내에 서상관(庶常館)을 설치하고 이곳에 서길사를 두었는데, 3년을 채우면 산관(散館)이라 하고 어시(御試)를 통해 한림원편수(翰林院編修) 혹은 검토(檢討) 등의 관직을 내렸다.

서달(徐達:1332~85)　　명나라의 개국 공신. 자는 천덕(天德). 호주(濠州:안휘성 鳳陽) 출신. 초기에 곽자흥(郭子興)을 따라 홍건군(紅巾軍)의 장수가 되었다가 나중에 주원장(朱元璋:明太祖)의 부하가 되었다. 상우춘(常遇春) 등과 함께 선봉이 되어 장사성(張士誠), 진우량(陳友諒) 등의 군대를 격파함으로써 주원장의 명나라 건국에 큰 공을 세웠다. 명 홍무(洪武) 원년 중서우승상(中書右丞相)이 되고 위국공(魏國公)에 봉해졌으며, 원나라의 잔당을 화북 지방에서 일소했다. 그가 죽자 태조 주원장은 손수 신도비(神道碑)를 만들어 태묘(太廟)에 배치하고 공신 제 1호로 세웠다.

서돌궐(西突厥) → 돌궐 참조

서량(西凉)　　오호십육국 중 하나. 서기 400년 한(漢)족인 이고(李暠)가 돈황(敦煌:감숙성)에 도읍을 정하고 양공(凉公)이라 칭하였다. 역사에서 이를 서량이라 한다. 421년 북량(北凉)에 의해 멸망했다.

서릉(徐陵:507~83)　　남조시대 진(陳)의 문학가. 자는 효목(孝穆). 양(梁)에서 동궁초찬(東宮抄撰), 산기상시(散騎常侍) 등의 벼슬을 지내다 진(陳)으로 들어가 광록대부(光祿大夫), 태자소부(太子少傅)를 지냈다. 시문에 능했으며, 시의 경우 평측(平仄)을 강구하고 풍격을 따졌다. 당시 궁체시(宮體詩)의 대표작가 중 하나. 젊어서 유신(庾信)과 함께 이름을 날려 ‘소서유(小徐庾)’로 불렸다. 『시경(詩經)』『초사(楚辭)』 이후 고시(古詩)를 총결한 『옥대신영(玉臺新詠)』을 편찬하였다. 작품 「관산월(關山月)」「추일별유정부(秋日別庾正負)」 등. 문집 『서효목집(徐孝穆集)』.

서막(徐邈:172~249)　　삼국시대 위(魏)의 화가. 자는 경산(景山). 대사공(大司空)의 벼슬을 했으며 도정후(都亭侯)에 봉해졌다. 그가 그린 물고기를 먹으려고 수달이 모여들었다는 일화가 전해진다.

서문표(西門豹)　　전국시대 초기 위(魏)나라 사람. 위 문후(文侯) 때 업

(鄴) 지방의 수령으로 있었다. 당시 장하(漳河)가 자주 범람하자 지방의 유지들이 무당과 짜고 수재 예방의 구실로 백성들에게 많은 재물을 거두고 물의 신 하백(河伯)이 요구한다며 미녀들을 강에 제물로 바쳤다. 서문표는 이것이 일부의 책략임을 알고 미녀 대신 무당과 유지들을 제물로 바쳐 엄중히 처벌했다. 그리고 제방을 높이 쌓아 강의 범람을 막았다. ·

서발(序跋)　문체명. '서(序)'는 '서(敍)' 혹은 '인(引)'이라는 용어로도 쓰였으며, 저작의 동기, 입의(立意), 체례(體例), 저술 경과 및 작자의 행장(行狀) 등을 기술했다. 수(隋)·당(唐) 이전에는 책의 끝부분에 '서'를 기술했는데, 예로 『사기(史記)』의 「태사공자서(太史公自序)」가 있다. 같은 개념으로 당(唐)대에는 '제기(題記)'가 생겨났다. 송(宋)대의 구양수(歐陽修), 증공(曾鞏) 등은 '발(跋)' 혹은 '제발(題跋)'을 지었는데 체례가 서(序)와 같으면서 간략했다. 이후에는 일반적으로 서는 책의 앞머리에, 발은 책의 끝머리에 실었으며, 이를 합칭하여 '서발'이라 했다.

서보(書譜)　서명. 2권. 당(唐) 손과정(孫過庭) 찬. 중국 서예 예술의 원류, 유파, 유명 서예가 등을 서술하고 평론을 가했다. 이중 「서보서(書譜序)」만이 현존한다.

서복(徐福)　진(秦)대의 방사(方士). 일명 서불(徐市). 제(齊)의 낭야(琅邪:산동성 膠南) 출신. 진시황이 재위 28년(B.C 219) 낭야 지방을 순시했을 때 그는 진시황에게 장생불사약(長生不死藥)을 구해오겠다고 진언하여 명을 받고 수차례 바다를 다녀온 후, 최후로 수천 명의 동남동녀(童男童女)와 함께 많은 재물을 하사받아 삼신산(三神山)이 있다는 동쪽바다로 갔으나 돌아오지 않았다. 일설에는 그가 일본 웅야포(熊野浦)로 가 정착하여 그 지역의 경제·문화 발전에 크게 기여했다고 한다.

서불(徐市) ➡ 서복

서사(書史)　서명. 20권. 일명 『미해악서사(米海岳書史)』. 2권. 북송 미불(米芾) 저. 역대 서예 작품의 진위와 보존, 전승 배경 등을 고증하고 평론을 가하였다. 고대의 서예 역사를 연구하는 좋은 자료가 된다.

서상기(西廂記)　원 잡극(雜劇) 명. 원명은 「최앵앵대월서상기(崔鶯鶯待月西廂記)」. 원대 왕실보(王實甫) 작. 일설에 총 5본(本) 중 전 4본은 왕실보의 작, 후 1본은 관한경(關漢卿)의 속작(續作)이라고도 전해진다. 당(唐) 원진(元稹)의 「앵앵전(鶯鶯傳:일명 會眞記)」에서 제재를 취하고, 금(金) 동해원(董解元)의 「제궁조서상기(諸宮調西廂記)」를 기초로 하여 지었다. 서생 장생(長生:張珙)과 죽은 재상의 딸인 미녀 최앵앵(崔鶯鶯)간의 파란 많은 연애사건을 묘사한 것으로, 내용은 단순하지만 인물의 성격 묘사와 결구가 치밀하여 원곡(元曲) 중 걸작으로 알려져 있다.

서상기제궁조(西廂記諸宮調)　　제궁조 작품. 4권. 금(金) 동해원(董解元) 찬. 당(唐)대 원진(元稹)의 전기소설 「앵앵전(鶯鶯傳)」에서 제재를 취했으나 고사의 결말에 큰 변화가 있고 줄거리와 인물의 성격도 상당 부분 다르다. 원대 왕실보(王實甫)의 잡극 「서상기(西廂記)」의 내용이 여기서 크게 벗어나지 않는다. 현존하는 제궁조 중 유일한 완정본이다.

서세창(徐世昌:1855~1939)　　청대 말 민국 초기의 정치가. 자는 복오(卜五), 호는 국인(菊人). 천진 출신. 광서(光緖) 연간에 진사가 되고 원세개(袁世凱)를 도와 북양군(北洋軍)의 창설에 공헌했다. 동삼성총독(東三省總督), 우전부상서(郵電部尙書), 내각총리대신 등을 지내다 1914년 원세개 정부 아래서 국무경(國務卿:總理)에 발탁되었으나 원세개의 칭제(稱帝)에 반대하여 사직하였다. 1918년 대총통에 피선되었다가 1922년 봉천파(奉天派)와 직예파(直隸派) 간 충돌 후 직예파에게 배척되어 정계에서 물러났다.

서수휘(徐壽輝:?~1360)　　원대 말의 군웅(群雄) 중 한 사람. 일명 진일(眞一). 나전(羅田:호북성) 출신. 베를 파는 일을 직업으로 했다. 지정(至正) 11년(1351) 팽형옥(彭瑩玉) 등과 함께 백련교(白蓮敎)를 이용하여 홍건(紅巾) 민중 봉기를 일으켰으며 기수(蘄水:호북성)에서 황제라 일컫고 국호를 천완(天完), 연호를 치평(治平)이라 하였다. 수년간 호북, 호남, 강서 등지에서 세력을 떨쳤으며 무리가 수십 만에 달했다. 지정 20년 군웅의 한 사람인 진우량(陳友諒)에게 살해되었다.

서숭사(徐崇嗣)　　북송 중기의 화가. 강녕(江寧:강소성 南京) 출신. 오대(五代) 때 화조화(花鳥畵)로 명성을 얻었던 서희(徐熙)의 손자. 초목과 새, 물고기 그림을 잘 그렸다. 몰골화법(沒骨畵法)을 창시했다고 전해진다.

서역도기(西域圖記)　　서명. 지리서. 수(隋)대 배구(裴矩) 저. 작자가 수 양제(煬帝) 대업(大業) 연간(605~18)에 서역지방에 부임하여 그곳의 풍속, 산천의 지리 등에 관한 자료를 수집 정리했다.

서역도지(西域圖志)　　서명. 일명 『황여서역도지(皇輿西域圖志)』. 청대 신강지역에 관한 지방지. 52권. 강희(康熙) 연간에 전국지도인 「황여전람도

(皇輿全覽圖)」를 작성할 때 천산남북(天山南北), 즉 신강 지역은 준가르 부족이 점거하고 있었으므로 측량할 수 없었다. 건륭(乾隆) 연간에 청 정부는 준가르부를 평정한 후 실측에 나서 1756년부터 따로 이 책을 편찬하기 시작했다. 6년 후 초고를 완성하고 이로부터 20년이 지나 통용본으로 간행했다. 첫머리 4권은 천장(天章)에 관한 것이며, 그 이하 도고(圖考), 열표(列表), 강역, 산수, 관제, 학교, 풍속, 음악 등 19문(門)으로 나누어 서술했다. 지역 범위는 신강 지역 전체와 감숙 지방 일부이다. 건륭 연간에 「황여전람도」를 개정하면서 신강 지역의 자료는 여기서 취했다. 『대청일통지(大淸一統志)』의 신강 지역 부분 역시 이에 근거하여 편찬했다.

서역도호부(西域都護府)　　관서명. 서한(西漢) 선제(宣帝) 신작(神爵) 3년 (B.C 59) 흉노족에 내란이 생겨 서역을 통치하던 일축왕(日逐王)이 한(漢)에 투항한 것을 계기로 선제는 정길(鄭吉)을 서역도호에 임명하였다. 이후로 서역도호부는 중앙의 명에 의해 서역에 막부를 세우고 제국을 관할하였으며, 제국의 왕을 책봉하고 관리를 임명하며 군대를 파견하는 권한을 갖게 되었다.

서연(西燕)　　오호십육국시대에 선비(鮮卑)족의 모용홍(慕容泓)이 384년 나라를 세운 후 이듬해 모용충(慕容沖)이 칭제(稱帝)하였다. 후연(後燕)을 세운 모용수(慕容垂)와 정권을 다투다 장안(長安)을 점령한 적도 있었다. 386년 모용영(慕容永)이 장자(長子:산서성 長治)에 도읍을 정하였다. 역사에서 이를 서연이라 한다. 산서성 일대를 거점으로 하였다. 394년 후연(後燕)에 의해 멸망했다.

서위(徐渭:1521~99)　　명대의 문학가, 서화가. 자는 문청(文淸), 문장 (文長). 호는 천지산인(天池山人). 산음(山陰:절강성 紹興) 출신. 가정(嘉靖) 36년(1557) 총독으로 있던 호종헌(胡宗憲)의 휘하에 들어가 낮은 관직 생활을 하다 호종헌이 하옥되면서 그도 옥살이를 했다. 융경(隆慶) 원년 (1574) 처를 살해한 죄로 다시 7년간 옥살이를 했다. 서화에 능했으며 진순 (陳淳)과 함께 이름을 날렸다. 산수화, 인물화를 잘 그리고 초서를 잘 썼다. 저서로 희곡(戱曲) 등에 관한 평론서인 『남사서록(南詞敍錄)』이 유명하고, 이밖에 『서문장집(徐文長集)』이 있다.

서위(西魏)　　북조(北朝)시대의 왕조명. 서기 535년 우문태(宇文泰)가 북위(北魏)의 효무제(孝武帝)를 살해하고 원보구(元寶矩)를 문제(文帝)에 옹립하여 건국하였다. 도읍은 장안(長安:섬서성 西安). 역사에서 이를 서위라 한다. 북위의 영토중 낙양(洛陽) 서쪽과 익주(益州), 양양(襄陽) 등지를 차지하였다. 557년 우문각(宇文覺)에 의해 멸망하기까지 3명의 제왕이 23년간 재위했다.

서유기(西遊記)　　서명. 장편 장회(章回) 소설. 100회로 되어 있다. 명대 오승은(吳承恩) 작. 당(唐)의 승려 현장(玄奘)이 불경을 가지러 인도에 여행한 사실이 설화화되어 송(宋)·원(元)대에는 화본(話本), 잡극(雜劇)의 제재로 많이 쓰였다. 『서유기』는 이런 것들을 집대성하여 소설화한 것이다. 내용은 도술을 터득한 손오공(孫悟空)이 의형제 저팔계(猪八戒), 사오정(沙悟淨)과 함께 삼장법사(三藏法師:玄奘)를 모시고 인도로 가던 중 여러가지 법난(法難)을 만나지만 이를 극복하고. 무사히 목적지에 도착하여, 그 공으로 모두 성불(成佛)한다는 이야기이다. 변화술, 괴물의 출현 등이 다분히 신화적이고 공상적이나 상상력이 풍부히 동원되고 언어가 생동감있다. 또 구성이 완벽할 만큼 짜임새 있으며, 규모가 웅대한 특징을 지닌다. 특히 손오공이 천상의 조정에 반항하는 모습은 당시 통치자의 부패에 항거하는 일반 백성의 심리를 반영했다는 평을 받고 있다.

서유체(徐庾體)　　남조(南朝)시대 양(梁)의 문인 서리(徐摛)·서릉(徐陵) 부자와 유견오(庾肩吾)·유신(庾信) 부자의 시풍을 말한다. 화려하고 열정적인 색채를 띤다. 유신이 북방에 억류되고나서부터 지은 시는 비통하고 처량한 색채를 드러내므로 서유체에 포함시키지 않는다. 서리와 유견오를 세칭 '대서유(大徐庾)'라 하고 서릉과 유신을 '소서유(小徐庾)'라 했다.

서장(庶長)　　관직명. 춘추시대 진(秦)나라가 처음 설치했다. 경(卿)의 벼슬에 해당하며 군정(軍政) 대권을 장악했다. 작위명을 나타내기도 하는데, 예로 진(秦)의 상앙(商鞅) 변법에는 20등작(等爵)을 제정해 10등급을 좌서장(左庶長)에, 11등급을 우서장(右庶長)에 봉했다.

서진(西晋) ➡ 진 참조

서주(西周) ➡ 주 참조

서진(西秦)　　오호십육국 중 하나. 서기 385년 농서(隴西)의 선비족 걸복국인(乞伏國仁)이 대선우(大單于)를 칭하고, 이후 그의 아우 건귀(乾歸)가 하남왕(河南王)이라 칭했다가 다시 진왕(秦王)으로 개칭하고 원천(苑川:감숙성 榆中)에 도읍을 정하였다. 역사에서 이를 서진이라 한다. 400년 후진

(後秦)에 항복했다가 409년 나라를 다시 회복했다. 431년 하(夏)에 의해 멸망했다.

서태후(西太后:1835~1908)　청대 말 함풍제(咸豊帝)의 비(妃). 동치제(同治帝)의 생모. 일명 자희태후(慈禧太后). 만주 기인(旗人) 혜징(惠徵)의 딸. 함풍(咸豊) 2년(1852) 입궁하여 난귀인(蘭貴人)에 봉해지고, 동 6년 아들 재순(載淳)을 낳으면서 의귀비(懿貴妃)에 올랐다. 동 11년 함풍제가 사망하자 6세 된 그녀의 아들 재순(同治帝)이 즉위하여 연호를 기상(祺祥)이라 했다. 같은 해 공친왕(恭親王) 혁흔(奕訢)과 밀모하여 섭정대신(고명대신) 재원(載垣), 단화(端華), 숙순(肅順) 등을 살해하는 이른바 신유정변(辛酉政變)을 일으켰다. 정변 승리 후 연호를 동치(同治)로 바꾸고 자희황태후(慈禧皇太后)로서 자안황태후(慈安皇太后:東太后)와 함께 수렴청정했으나 실권은 그녀에게 있었다. 동치 13년 동치제가 죽은 후 순친왕(醇親王)의 5세 된 아들을 세워 광서제(光緒帝)로 하고 섭정을 계속했다. 광서 24년(1898) 무술정변(戊戌政變)을 일으켜 광서제를 유폐시키고 유신파 담사동(譚嗣同) 등 6명을 처단했으며 모든 신정을 폐지했다. 광서 24년(1898) 의화단(義和團)의 난이 발생하자 통치 기반을 다지기 위해 이들을 끌어들여 서구의 침략 열강에 선전포고를 했다. 그러나 서구 연합군이 북경에 입성하자 광서제와 함께 서안(西安)으로 도피했으며, 의화단 사건의 수습 명목으로 침략자들과 신축(辛丑)조약을 체결했다.

서하(西夏)　왕조명. 북송(北宋) 경우(景祐) 5년(1038) 당항족(黨項族)의 이원호(李元昊)가 제위에 올라 국호를 대하(大夏)라 하고 홍경부(興慶府:寧夏자치구 銀川)에 도읍을 정했다. 북송의 서북 지방에 거점을 두었으므로 '서하(西夏)'라 일컬었다. 통치지역은 지금의 영하(寧夏), 섬서성 북부, 감숙성 서북부, 청해성 동북부와 내몽고 일부분이었으며, 요(遼), 금(金), 송(宋)과 국경을 두고 대치했다. 민족은 당항족과 한족(漢族), 장족(藏族), 회골족(回族) 등이었다. 농사와 목축을 주로 했으며, 청백염(青白鹽)이 특산품이었다. 송과 경제·문화 교류를 가졌으며 송의 정치제도를 따랐다. 송, 요, 금과 여러 차례 전쟁을 치렀고, 서하 보의(寶義) 2년(1227) 칭기즈칸이 이끄는 몽고군에 의해 멸망했다.

서한(西漢) ➡ 전한

서한회요(西漢會要)　서명. 70권. 남송 서천린(徐天麟) 찬. 서한(西漢)의 제도에 관한 역사서. 가정(嘉定) 4년(1211) 완성. 『사기(史記)』『한서(漢書)』중 서한의 전장제도(典章制度)에 관한 것만 추려 제계(帝系), 예(禮), 악(樂), 여복(輿服), 학교(學校), 직관(職官), 선거(選擧) 등 15문(門)으로 분류했다.

서현(徐鉉:917~92)　　오대(五代)·북송(北宋)의 문자학자. 자는 정신(鼎臣). 광릉(廣陵:강소성 揚州) 출신. 남당(南唐) 때 이부상서(吏部尙書)를 지냈으며, 북송 때는 산기상시(散騎常侍)에 올랐다가 황제의 총애를 잃고 행군사마(行軍司馬)로 폄적되었다. 예서(隸書), 전서(篆書)를 잘 썼으며, 문자학에 정통하여 아우 서개(徐鍇)와 함께 '이서(二徐)'로 불리었다. 태종의 명을 받아 구중정(句中正) 등과 함께 허신(許愼)의 『설문해자(說文解字)』를 교정하고 400여 자를 보충하여 '대서본(大徐本)'을 만들었다. 저서 『기성집(騎省集)』『계신록(稽神錄)』.

서호유람지(西湖游覽志)　　서명. 24권. 명대 전여성(田汝成) 저. 서호(西湖)의 명승, 전설, 기타 유명한 건축물 등의 연혁과 이를 제재로 한 역대 시인들의 시를 소개했다. 가정(嘉靖) 12년(1584)에 초간되었다. 명대의 강남 지방 문화를 연구하는 참고서가 되고 있다.

석개(石介:1005~45)　　북송의 사상가, 문인. 자는 수도(守道). 세칭 조래선생(徂徠先生). 봉부(奉符:산동성 泰安) 출신. 가주군사판관(嘉州軍事判官), 국자감직강(國子監直講), 태자중윤(太子中允) 등의 관직을 지냈다. 손복(孫復)을 스승으로 삼아 태산서원(泰山書院)을 세우고 경서를 통달하여 치용(致用)에 나아가야 한다는 신유학(新儒學)을 제창하였다. 도통(道通)과 왕도정치를 표방하여 북송 이학(理學)의 선구가 되었다. 당대 한유(韓愈)의 고문운동을 지지하고 문이재도(文以載道)를 주장하였다. 손복, 호원(胡瑗)과 함께 '송초삼선생(宋初三先生)'으로 불리었다. 저서 『조래선생집』.

석경(石經)　　유가의 경전을 돌에다 새긴 것. 한(漢)대에는 경전의 초사(抄寫)가 유행했는데, 이로 인해 책마다 내용이 다르고 판본이 여러가지 출현하는 등 문제점이 많았다. 이같이 경전 내용의 와전을 피하고자 통일된 경전 글귀를 바위나 돌에 새겨놓은 것이 석경이다. 유명한 석경으로는 후한(後漢)시대 채옹(蔡邕) 등이 만든 희평석경(熹平石經)이 있다. 석경 제작은 한대부터 청대까지 꾸준히 이어졌다.

석달개(石達開:1831~63)　　청대 말 태평천국의 지도자 중 한 사람. 광서(廣西) 귀현(貴縣)의 지주 출신. 홍수전(洪秀全)의 상제회(上帝會)에 가입하여 태평천국의 난(1851) 때 좌군주장(左軍主將)이 되고 태평천국 건립 후 익왕(翼王)에 봉해졌다. 군사 전략 면에서 탁월한 재능을 보여 태평군의 주력 부대를 형성했다. 함풍(咸豐) 6년(1856) 태평천국 내부에 분열이 생기고 홍수전의 시기와 의심을 사면서 군대를 이끌고 천경(天京:南京)을 떠나 절강, 복건, 호남, 호북, 광서 등지에서 활약하며 독자 행동을 하였다. 이로 인해 태평군의 전력이 극도로 약화되었다. 동치(同治) 2년(1863) 사천(四川)에서 운남(雲南)으로 도망가다 청군에 붙잡혀 피살되었다.

석륵(石勒:274~333)   오호십육국 시대 후조(後趙)의 시조. 자는 세룡(世龍). 갈(羯)족 출신. 원래 노예이며 도적질, 행상 등을 하면서 생활했다. 후에 북한(北漢:前趙) 유연(劉淵)의 장군으로 활약하다가 세력을 형성하자 자립하여 건국하였다. 319년 정권을 세우고 자칭 조왕(趙王)이라 하였다. 역사에서 이를 후조(後趙)라 한다. 도읍은 양국(襄國). 329년 전조(前趙)의 유요(劉曜) 정권을 무너뜨리고 3년 후 칭제(稱帝)하였다.

석수신(石守信:928~84)   송(宋)의 개국공신. 후주(後周) 때 전전도우후(殿前都虞侯), 시위도지휘사(侍衛都指揮使) 등의 벼슬을 하면서 조광윤(趙匡胤:宋太祖)을 도와 진교병변(陳橋兵變)을 일으켰다. 북송 초 시위친군마보군부도지휘사(侍衛親軍馬步軍副都指揮使)의 관직에 있으면서 이균(李筠), 이중진(李重進)의 의 난을 평정하여 도지휘사(都指揮使)에 올랐다. 건륭(建隆) 2년(961) '배주석병권(杯酒釋兵權)' 사건으로 병권을 내놓은 후 천평군절도사(天平軍節度使)로 옮기고, 태평흥국(太平興國) 2년(977) 하남윤(河南尹), 서경유수(西京留守)에 임명되었다. 후에 여러 곳의 지방관으로 자리를 옮기면서 재물을 모아 거부가 되었다.

석숭(石崇:249~300)   서진(西晋)의 부호, 문인. 발해(渤海) 남피(南皮:하북성) 출신. 시중(侍中), 형주자사(荊州刺史) 등을 역임했다. 대부호로 이름이 높았으며 땔나무 대신 촛불을 사용하고, 50리나 되는 비단의 장막을 만들 정도로 낭비벽이 심했다고 한다. 권신 사마소(司馬昭)의 인척인 왕개(王愷)와 부를 다투었으나 왕개가 항상 졌다고 한다. 팔왕(八王)의 난 때 조(趙)왕 사마륜(司馬倫)에 의해 살해되었다.

선도(善導:613~81)   당(唐)대의 승려. 임치(臨淄:산동성 淄博) 출신. 염불의 공덕에 의하여 극락, 즉 정토세계에 왕생할 수 있다는 불교의 새로운 학설을 제창하여 정토법문(淨土法門)을 일으켰다. 일본에 큰 영향을 끼쳐 일본에서는 그를 정토종의 고종(高宗)으로 신봉했다.

선비(鮮卑)　　고대 부족명. 동호(東胡)족의 한 지류. 남만주에서 몽골지방, 즉 시라무렌강 유역에 걸쳐 살았다. 흉노의 지배를 받았으나 흉노가 서쪽으로 옮겨간 후 흉노의 원거주지로 이주했다. 2세기 중엽 단석괴(檀石槐)가 국가를 건립하고 군사행정 연합체를 만들었다. 단석괴 사후 연합체가 해체되고 위(魏)에 복속되었다. 위진남북조시대에는 모용(慕容)·걸복(乞伏)·우문(宇文)·독발(禿髮)·탁발(拓跋) 등의 부족으로 갈려 화북(華北) 및 서북지구에서 각각 정권을 세웠다. 오호십육국 가운데 전연(前燕)·후연(後燕)·서연(西燕)은 모용부족, 서진(西秦)은 걸복부족, 남량(南凉)은 독발부족이 세운 것이다. 그 뒤 탁발부가 북중국에 들어와 북위(北魏)를 세우고 북조(北朝)의 기틀을 닦았다.

선양(禪讓)　　군주의 제위(帝位) 이양 방식 중 하나. 부자세습의 반대 개념으로서 명망있고 덕을 갖춘 제삼자에게 제위를 양도하는 것을 말한다. 역성혁명(易姓革命)의 일종으로 보는 견해도 있으나, 역성혁명은 이전 군주가 통치력을 발휘하지 못할 경우 천명(天命)에 의해 새로운 유덕자(有德者)가 왕위를 계승한다는 개념이므로 군주의 자발적인 양위(讓位)를 뜻하는 선양과는 차이가 있다. 당우(唐虞)시대의 요(堯)는 불초한 자식 단주(丹朱) 대신 효자로 소문난 신하 순(舜)에게 제위를 양도했으며, 순임금도 마찬가지 방법으로 우(禹)에게 양위했다. 이것이 선양의 대표적인 예이며, 유가(儒家)에서는 선양을 가장 이상적인 제위 이양방식이라고 보았다.

선정원(宣政院)　　관서명. 원대에 설치했다. 쿠빌라이 재위 때인 지원(至元) 원년(1264) 총제원(總制院)을 설치하여 전국의 불교 사무와 토번 지구 군사업무를 맡게 했다가 지원 25년 선정원으로 개명했다. 제사(帝師)가 관리하고 그 밑에 원사(院使), 동지(同知), 부사(副使)의 관직을 두었다. 지방에 일이 발생했을 경우 중앙에서 임시로 선정원을 설치하여 그곳 사무를 처리하기도 했다. 또 군대의 중요한 일은 선정원과 추밀원(樞密院)에서 협의하여 처리했다.

선종(禪宗)　　불교 13종파 중 하나. 선정(禪定:참선하여 삼매경에 드는 것)을 주장하였으므로 이름이 붙여졌다. 남북조시대 인도승 보리달마(菩提達摩)가 창시했다고 전해지며, 중국의 창시자는 중당(中唐)의 혜능(慧能)으로 알려졌다. 인도로부터 전입된 번잡한 좌선(坐禪)에서 벗어나 선정(禪定)을 통한 견성성불(見性成佛)이라는 간단한 수행 방법을 제창하였다. 중생들은 모두 불성(佛性)을 지니고 있고 불법(佛法)은 마음 속에 있다고 주장함으로써 일반 백성이 쉽게 불교에 접근할 수 있도록 하였다. 불교를 가장 중국적으로 이해하고 세속화한 종파이다. 선종은 다시 점수(漸修)를 내세운 북종(北宗)과 돈오(頓悟)를 내세운 남종(南宗)으로 나뉜다. 남종은 혜능, 북종은 신수(神秀)가 창시인이며 세칭 ‘남능북수(南能北秀)’라 했다. 선종은 타 종파에 비해 빠른 속도로 발전하였으며, 중국의 철학사상, 특히 송·명(宋明) 이학(理學)의 발전에 큰 영향을 끼쳤다.

선통제(宣統帝) ➡ 부의

설(契·卨) 상족(商族:은왕조를 설립한 부족)의 시조. 성은 자(子). 오제(五帝)의 하나인 제곡(帝嚳)의 아들이라는 설이 있다. 어머니 간적(簡狄)이 현조(玄鳥:제비라고도 함)의 알을 삼켜 그를 잉태했다고 한다. 요순(堯舜) 시기에 우(禹)와 함께 치수를 맡아 일했으며, 사도(司徒)에 임명된 후 백성을 교화하는데 힘쓴 공로로 상(商)지역에 봉해졌다.

설거정(薛居正:912~81) 오대(五代)·북송(北宋) 시기의 사학자. 자는 자평(子平). 개봉(開封) 준의(浚儀:하남성 開封) 출신. 후진(後晋), 후한(後漢), 후주(後周) 때 형부시랑(刑部侍郎)을 지내고 북송 초 호부(戶部)시랑으로 옮겼다. 건덕(乾德) 5년(967) 이부(吏部)시랑에 올랐으며, 개보(開寶) 5년(972) 명을 받고 『오대사(五代史)』(舊五代史)의 편찬에 착수하여 이듬해 완성했다. 이후 문하시랑(門下侍郎), 평장사(平章事), 좌복야(左僕射), 소문관대학사(昭文館大學士) 등을 지냈다. 저서 『문혜집(文惠集)』.

설도(薛濤:768~831) 당(唐)대의 여류시인. 자는 홍도(洪度). 장안(長安:섬서성 西安) 출신. 관료 집안 출신으로 부친의 부임에 따라 촉(蜀) 땅의 성도(成都)에 이주하여 살았다. 부친이 일찍 사망하자 가세를 잃어 가기(歌妓)가 되었다. 가무와 시사(詩詞)에 능하여 원진(元稹), 백거이(白居易), 두목(杜牧) 등 당대 명사들과 시문으로 교유하였다. 증수시를 주로 지었으며, 정조가 애상·처창하다는 평을 받고 있다.

설도형(薛道衡:540~609) 수(隋)대의 시인. 자는 현경(玄卿). 내사시랑(內史侍郎), 양양총관(襄陽總管) 등의 관직을 지냈다. 양제(煬帝)의 미움을 사 피살되었다. 규정(閨情)의 시와 변새시(邊塞詩)를 주로 지었다. 작품

「석석염(昔昔鹽)」「인일사귀(人日思歸)」.

설문해자(說文解字)　　서명. 15편 30권. 동한(東漢) 허신(許愼) 편. 영원(永元) 12년(100) 완성. 한자의 형성 및 발전 과정, 그리고 뜻풀이를 상세하게 설명했다. 부수(部首)와 육서(六書:象形・指事・會意・形聲・轉注・假借)를 도입하여 자형(字形)의 구조를 분석했다. 소전(小篆) 위주로 9,353개의 글자를 수록했으며, 이체자(異體字) 1,963자도 실었다. 중국 문자학상 획기적인 저작이며 일종의 옥편이라고 할 수 있다. 청(淸)대 단옥재(段玉裁)의『설문해자주(說文解字注)』15권, 계복(桂馥)의『설문해자의증(說文解字義證)』50권, 주준성(朱駿聲)의『설문통훈정성(說文通訓定聲)』18권은『설문해자』를 연구 혹은 보충한 책이다.

설복성(薛福成:1838~94)　　청대 말의 외교가. 자는 권운(權耘), 호는 용암(庸庵). 강소성 무석(無錫) 출신. 동치(同治) 6년(1867) 증국번(曾國藩)의 막료로 들어가 이홍장(李鴻章)과 외교 방면의 일을 맡았다. 광서(光緖) 15년(1889)부터 동 19년까지 영국, 프랑스, 이탈리아, 벨기에 4개국 공사를 지내고 돌아와 서양 문물의 도입과 중국의 상공업 진흥을 역설하였다. 특히 서방의 군주입헌제를 도입해야 한다고 주장했다. 저서『용암전집십종(庸庵全集十種)』.

설선(薛瑄:1389~1464)　　명대의 이학가. 자는 덕온(德溫), 호는 경헌(敬軒). 하진(河津:산서성) 출신. 영락(永樂) 18년(1420) 향시에 장원 급제하고 이듬해 진사가 되어 어사(御史)를 제수받았다. 정통(正統) 연간에 환관 왕진(王振)의 모함을 받아 옥살이를 했다. 이후 영종(英宗)・경종(景宗)을 섬기며 예부우시랑(禮部右侍郎)까지 지냈다. 정주(程朱)의 이학을 종지로 삼아 수기교인(修己教人), 회복본성(恢復本性)을 주장하였다. 시호는 문청(文淸). 저서『종정록(從政錄)』『독서록(讀書錄)』『설문청집(薛文淸集)』.

설소팽(薛紹彭)　　북송의 서예가. 자는 도조(道祖), 호는 취미거사(翠微居士). 원우(元祐:1086~94) 초 승사랑(承事郎)에 오른 후 비각수찬(秘閣修撰) 등을 지냈다. 해서, 행서, 초서를 잘 썼으며, 미불(米芾)과 화우(畫友)로 지냈다. 두 사람을 일컬어 당시 '미설(米薛)'이라 불렀다. 「백충첩(伯充帖)」「청화첩(晴和帖)」 등에 그의 묵적(墨迹)이 있다.

설직(薛稷:649~713)　　당(唐)대의 서화가. 자는 사통(嗣通). 간의대부(諫議大夫), 태자소보(太子少保), 예부상서 등의 관직을 지냈다. 우세남(虞

世南), 저수량(褚遂良)의 서법을 본받아 해서와 행서에 능했다. 회화는 인물, 조수(鳥獸)가 살아있는 듯했으며, 특히 학을 잘 그렸다.

설화(說話) → 화본 참조

섭몽득(葉夢得:1077~1148) 남송의 문학가, 사학자. 자는 소온(少蘊), 호는 석림거사(石林居士). 소주(蘇州) 오현(吳縣:강소성 蘇州) 출신이며 오정(鳥程:절강성 鳥興)에서 살았다. 철종(哲宗) 소성(紹聖) 4년(1097) 진사가 되었으며 사부낭관(祠部郎官)에 임명되었다. 휘종(徽宗) 때 기거랑(起居郎), 한림학사를 지내다 용도각직학사(龍圖閣直學士)의 벼슬로 여주(汝州:하남성 臨汝)의 지주(知州)가 되었다. 이때 탐관오리를 탄핵하고 호강 지주를 억누르는데 공헌했다. 선화(宣和) 5년(1123) 주변의 시기를 받아 파직된 후 오흥의 변산(卞山) 석림곡(石林谷)에 살면서 저술활동에 전념했다. 고종(高宗) 때 복직되어 호부상서(戶部尙書), 상서좌승(尙書左丞)에 오르고 소흥(紹興) 연간에 강동안무제치대사(江東安撫制置大使) 겸 건강(建康:강소성 南京)의 지사가 되어 항금(抗金) 투쟁을 벌였다. 학문이 해박하였으며 저술업적이 많다. 시와 사를 잘 지었으며, 사풍(詞風)은 젊어서 완려(婉麗)하고 만년에 박실간담(朴實簡淡)하다는 평을 받는다. 또한 세사(世事)로부터 받은 감회를 표현한 것들이 많으며, 대부분 우국적 서정을 호방하게 표현했다. 저서 『석림연어(石林燕語)』는 신종(神宗) 이후 고종에 이르기까지의 전장제도(典章制度)를 수필형태로 기술한 것으로 역사적 가치가 높다. 저서 『석림시화(石林詩話)』 『석림사(石林詞)』 『건강집(建康集)』 『피서녹화(避暑錄話)』 『석림주의(石林奏議)』 『춘추고(春秋考)』 등.

성당(盛唐) 당대 중기 현종(玄宗)의 치세 50여 년간을 말한다. 현종은 치세에 힘을 기울인 결과, 외국으로부터 많은 조공을 거두고 수도 장안(長安)을 국제적 상업도시로 만드는 등 이른바 개원(開元)의 치(治)를 이루었다. 이 시기에는 또 문화적으로도 많은 발전을 가져와 이백, 두보같은 대시인이 출현하기도 했다. 그러나 현종 말기에 가서는 정치부패가 심하여 안사(安史)의 난이 일어나기도 했다.

성도교안(成都敎案) 청일전쟁에서 청이 일본에 패한 후 전쟁 당시 서구 열강이 일본을 지원한 데 분개한 사천성의 성도(成都) 민중이 그 표시로 행한 교회 박해 사건. 광서(光緖) 21년(1895) 단오절 날 척과(擲果)대회를 열면서 영·미 선교사의 집과 교회당에 불을 질렀다. 이어 낙산(樂山), 병산

(屛山), 아안(雅安), 대읍(大邑) 등에서도 호응하여 서양 교회와 투쟁을 벌였다. 이 사건으로 서구 열강은 군함을 이끌고 장강(長江)에서 시위를 벌이는 한편 프랑스 정부는 사천총독 유병장(劉秉璋)과 낙산·대읍의 지현(知縣)에 대한 직위를 해제토록 하고 주동자를 처단했다.

성령설(性靈說)　　청대 원매(袁枚:1716~97)가 주창한 시론. 명대 공안파(公安派) 시인 원굉도(袁宏道) 등의 시론을 계승했다. 형식면에서 의고(擬古)와 조탁을 반대하고, 내용면에서 정주(程朱) 이학(理學)의 속박에서 벗어나 시란 모름지기 작자의 진실한 감정을 표현하되 자연스런 언어를 사용하고 개성을 드러내야 한다고 하였다. 따라서 남녀간의 사랑과 같은 서정적인 표현을 하는데 주저할 필요가 없고, 내용에 도(道)를 실어야 할 필요도 없으며, 고인의 작품을 따를 이유도 없다고 주장했다.

성류(聲類)　　서명. 10권. 삼국시대 위(魏)의 이등(李登) 저. 궁(宮), 상(商), 각(角), 치(徵), 우(羽)의 5성(聲)에 의해 자음(字音)을 구별했다. 중국 최초의 음운학서로 꼽히나 일실되었다.

성리대전(性理大全)　　서명. 70권. 명대 한림학사 호광(胡廣) 등이 칙명을 받아 영락(永樂) 13년(1415) 완성했다. 송대 유학(儒學)의 학설을 집대성했다. 「주자태극도설(周子太極圖說)」 등 9종을 자체 권질(卷帙)로 처리하여 첫머리 26권에 설정하고, 나머지 27권 이하는 이기(理氣), 귀신(鬼神), 성리(性理), 도통(道統), 성현(聖賢), 제유(諸儒), 학(學), 제자(諸子), 역대(歷代), 군도(君道), 치도(治道), 시문학(詩文學)의 13목(目)으로 편을 나누어 수록했다. 이후 이학(理學)을 선양한 책은 대부분 이 책에서 연원한다. 청대 강희제(康熙帝) 때 이광지(李光地)는 칙명을 받아 이 책의 강요(綱要)를 취하여 『성리정의(性理精義)』 12권을 편찬했다.

성리학(性理學) ➡ 이학

성문교위(城門校尉)　　관직명. 서한(西漢) 때 설치. 경사(京師) 성문의 둔병을 관리하였다. 동진(東晉)·남조(南朝) 때 폐지되었다가 북조(北朝)의 위(魏)·제(齊) 때 다시 설치되었다. 수·당(隋唐) 대에는 성문랑(城門郎)으로 개칭하였으며 후에 폐지되었다.

성복전투(城濮戰鬪)　　춘추시대 제후국인 진(晋)과 초(楚)간의 전투. 전력면에서 열세였던 진군이 B.C 633년 조(曹)·위(衛)와 연합한 초의 군대를 성복(城濮:하남성 范縣 서남부)으로 유인해 협공책으로 크게 격파하였다. 진 문공(文公)은 이 전투에서 승리함에 따라 중원의 패자가 되었다. 약자가 강자를 누른 전쟁으로 유명하다.

성선설(性善說)　인간은 본래 착한 심성을 타고났다는 학설. 전국시대의 사상가 맹자(孟子)가 제창했다. 맹자는 어린아이가 우물에 빠지려 할 때 이를 보고 그냥 지나칠 사람은 없다는 예로써 성선설을 설명했다. 그는 인간이 선천적으로 착하나, 물욕 등 주변 환경의 영향 때문에 점점 악해진다며, 따라서 인간은 부단한 교육과 심성개발을 통해 악이 침입할 요인을 제거해야 한다고 주장했다. 성선설에 반대하여 순자(荀子)는 성악설을 제창했으며, 이 두가지 학설은 후세에까지 서로 대립되며 논쟁거리가 되었다.

성선회(盛宣懷:1844~1916)　청대 말의 관료, 경제인. 자는 행손(杏蓀), 유훈(幼勳). 호는 우재(愚齋). 강소성 무진(武進) 출신. 동치(同治) 9년(1870) 이홍장(李鴻章)의 막료가 되고 이후 윤선초상국(輪船招商局) 회판(會辦), 전보국(電報局) 총판(總辦) 등 양무운동으로 세워진 기업의 경영자가 되었다. 광서 22년(1896)부터는 철도·광산·제철소를 운영하기도 했다. 광서 34년 우전부우시랑(郵電部右侍郎)에 임명된 후 한양철창(漢陽鐵廠), 대야철광(大冶鐵鑛), 평향매광(萍鄕煤鑛)을 통합하여 한아평매철창광공사(漢冶萍煤鐵廠鑛公司)를 만들고 총리 자리에 앉았다. 선통(宣統) 2년(1911) 우전부대신이 되고 철로 국유화 정책의 명목으로 외채를 끌어 쓰려다 무창기의(武昌起義)를 불러일으켜 실각했다. 일본과 결탁한 매판 자본가로 알려져 있다. 저서 『우재존고(愚齋存稿)』『성선회말간신고(盛宣懷末刊信稿)』.

성세항언(醒世恒言)　서명. 통속소설집. 40권 40편. 명대 말 풍몽룡(馮夢龍) 편. 천계(天啓) 7년(1627) 완성. 송(宋)·원(元)대의 소설 일부를 제외하고 대부분 명대 작가의 작품을 실었다. 풍몽룡의 자작도 일부 실려 있다. 편자의 다른 소설집 『유세명언(喻世明言)』『경세통언(警世通言)』과 함께 '삼언(三言)'이라 불린다.

성실종(成實宗)　남북조시대에 성행한 불교의 유파 중 하나. 후진(後秦)의 구마라습(鳩摩羅什)이 번역한 고대 인도의 「성실론(成實論)」을 연구한 데서 이름이 붙여졌다. 아공(我空)과 법공(法空)을 강술하고, 이 양공(兩空)의 허무성을 주장하여 불교의 역사상 소승공종(小乘空宗)으로부터 대승공종(大乘空宗)으로 옮겨가는 과도기를 형성한 유파이다. 대표인물은 지장(智藏).

성악설(性惡說)　맹자(孟子)의 성선설을 부정하며 순자(荀子)가 제창한 학설. 인간은 본래 악한 감정을 소유하고 있으며, 이로 인해 인간에게는 교화(敎化)가 필요하다는 주장이다. 순자는 고대에 성인이 예의제도(禮儀制度)를 만든 것은 인간의 악한 심성을 교화하기 위해서라고 말했다. 성악설은 성선설과 더불어 인간의 본성을 탐구한 유가의 양대 논리이며, 후대 한비(韓非)의 법가 사상 정립에도 어느 정도 영향을 끼쳤다.

성창전투(成昌戰鬪)　　왕망(王莽)이 세운 신(新) 대 말년(22) 적미군(赤眉軍)과 왕망의 군대가 싸운 전쟁. 적미군은 성창(成昌·산동성 東平)에서 왕망의 군대를 맞아 대파시켰으며, 왕망의 장수 왕광(王匡)이 패주하고 염단(廉丹)은 피살되었다.

성하지맹(城下之盟)　　춘추전국시대에 두 나라가 전쟁을 벌여 맺는 맹약의 한 형태. 초(楚)나라의 군대가 정(鄭)나라의 성문을 부수고 밀고 들어가자 정(鄭)의 국군(國君)이 살을 드러낸 채 성 아래에서 무릎 꿇고 항복하며·신하로 복종하겠다고 맹세한데서 붙여진 말이다. 굴욕적인 맹약을 일컫기도 한다.

성한(成漢)　　오호십육국 중 하나. 서기 301년 파저(巴氐)족의 이특(李特)이 서북 지역의 유민들을 이끌고 기의(起義)한 후 그의 아들 이웅(李雄)이 304년 성도왕(成都王)이라 칭했다. 306년 칭제(稱帝)하면서 성도에 도읍을 정하고 국호를 대성(大成)이라 하였다. 338년 웅(雄)의 조카 수(壽)가 국호를 한(漢)이라 정했다. 역사에서 이를 성한이라 한다. 사천성 동부와 운남성, 귀주성 일부분을 근거지로 하였다. 347년 동진(東晋)의 환온(桓溫)에 의해 멸망했다.

세본(世本)　　서명. 선진(先秦)시대 사관이 편찬하고 진·한(秦漢) 대의 학자가 정리, 편집했다. 전설상의 황제(黃帝) 때부터 춘추시대까지의 제왕(帝王), 경후(卿侯)의 세계(世系)와 성씨, 행적과 발명품 등을 정리했다. 그 분류방식은 후대 역사서들이 '본기(本紀)' '연표(年表)' '세가(世家)' 등으로 분류하는 기초가 되었다. 송대에 유실되었다.

세석기문화(細石器文化)　　중국 신석기시대에 동북부 지방에서 발달한 특수 문화. 내몽고, 산서(山西), 영하(寧夏), 섬서(陝西) 일대의 초원에서 수렵을 위주로 하던 씨족집단이 성립시켰다. 돌을 깨뜨려 날카롭게 가공한 뒤 화살촉, 돌도끼 등으로 사용했다. 수렵용 활이 필요하게 됨에 따라 발달한 것으로 추정된다.

세설신어(世說新語)　　서명. 원명은 『세설(世說)』. 8권. 남조시대 송(宋)의 유의경(劉義慶) 저. 덕행(德行), 정사(政事), 문학(文學), 아량(雅量) 등 36항목으로 나누어 한(漢) 말부터 동진(東晋) 시기까지 사내부의 언행을 기록하였다. 자연을 숭상하고 청담을 그리는 사대부들의 일상이 드러나며 통치 계급의 모순을 고발하는 내용도 담겨 있다.

소강(少康)　　하(夏)나라의 국왕. 선왕인 상(相)이 한착(寒浞)에게 살해되고 하나라가 멸망했을 때 상의 부인이 외국으로 도망가 그를 낳았다. 장성하여 하나라의 유신(遺臣) 백미(伯靡)와 함께 한착 일당을 제거하고 하나라를 중흥시켰다. 이후 하나라의 경제 문화를 다시 발전시켰으므로 소강중흥(少康中興)이란 말이 생겨났다.

소강절(邵康節) ➡ 소옹

소관음(蕭觀音:1040~75)　　요(遼)의 거란족 여류시인. 추밀사(樞密使) 소혜(蕭惠)의 딸. 도종(道宗) 야율홍기(耶律弘基)에게 시집가 청령(淸寧:1055~64) 초 의덕황후(懿德皇后)가 되었다. 그러나 무고를 받고 자결했다. 빼어난 용모에 시와 사를 잘 지었으며, 작품에는 주로 궁중 여인들의 자유를 향한 기대와 원망이 깃들어 있다. 「회고(懷古)」「절명사(絶命詞)」 등 10여 수의 작품이 현존한다.

소도성(蕭道成:427~82)　　남북조시대 남제(南齊)의 건립자(재위 479~82). 자는 소백(紹伯). 남조의 송(宋)이 내란을 보인 틈을 타 군정 대권을 장악하고, 폐제(廢帝) 유욱(劉昱)을 살해한 뒤 순제(順帝) 유준(劉准)을 세웠다. 이후 송(宋)을 대신하여 자립하였다.

소동파(蘇東坡) ➡ 소식

소림(笑林)　　서명. 3권. 한(漢) 말 위(魏) 초에 한단순(邯鄲淳)이 지었다. 중국 고대 최초의 소담집(笑談集)으로서 20여 가지 내용이 현존한다.

소림사(少林寺)　　일명 숭산소림사(嵩山少林寺). 하남성 등봉현(登封縣) 서북 소실산(少室山) 북쪽 기슭에 있다. 북위(北魏) 태화(太和) 19년(495) 창건. 효창(孝昌) 3년(527) 천축(天竺)의 승려 달마(達摩)가 이곳에서 처음 선종(禪宗)을 전파하면서 중국 선종의 조정(祖庭)으로 불린다. 당(唐)대에는 이곳 승려들이 무술을 배워 이세민(李世民)의 천하 쟁취를 도왔다. 이로 인해 소림권법이 널리 퍼졌다. 사내에 달마면벽동(達摩面壁洞), 석탑, 비각(碑刻) 등 당시의 문물이 남아 있다.

소명문선(昭明文選)　　서명. 일명 문선(文選). 본래 30권이었으나 당(唐)대에 60권으로 재분류되었다. 남조시대 양(梁)의 소명태자(昭明太子) 소통(蕭統)이 편찬한 시문총집(詩文總集). 선진시대부터 양(梁)에 이르기까지 800년간 지어진 부(賦), 시(詩), 소(騷), 조(詔), 행장(行狀) 등 38류(類) 752편(篇)을 담았다. 민가나 기타 우수한 시가가 빠진 면도 있지만, 양(梁) 이전의 많은 문학 작품이 수록되어 있어 이 시기의 문학 경향 및 작품을 연구하는데 중요한 자료가 되고 있다. 당(唐) 이후 널리 유전되어 시성(詩聖)으로 일컬어지는 두보(杜甫)가 자식을 가르치는 교본으로 삼기도 했다. 유명한 '고시십구수(古詩十九首)'가 실려 있다.

소명태자(昭明太子) ➡ 소통

소문사학사(蘇門四學士)　　북송의 문호 소식(蘇軾)의 문하에 있던 4명의 문학가. 장뢰(張耒), 조보지(晁補之), 진관(秦觀), 황정견(黃庭堅)을 가리킨다. 모두 진사(進士) 출신이다.

소문육군자(蘇門六君子)　　북송의 문호 소식(蘇軾)의 문하에 있던 6명의 문학가. 황정견(黃庭堅), 장뢰(張耒), 조보지(晁補之), 진관(秦觀), 진사도(陳師道), 이치(李鷹)를 가리킨다.

소보(巢父)　　고대 전설상의 인물. 권력을 멀리하고 영수(潁水)에 은거하며 농사와 목축으로 살아간 군자. 허유(許由)가 구주(九州)의 장이 되어 달라는 요(堯)임금의 말을 듣고 영수에서 오염된 귀를 씻자, 마침 그곳에서 말에게 물을 먹이던 그는 말의 주둥이가 오염된다며 상류로 옮겨가 물을 먹였다고 한다. 허유와 더불어 '소유(巢由)'라 불리며, 권력이나 작록에 구속되지 않은 고대의 대표적 은사(隱士)로 통한다.

소부(少府)　　관직명. 진·한(秦漢) 시대에 설치되었으며, 9경(九卿)의 하나에 속했다. 황제의 직속기관으로서 강산, 연못 등을 이용하는 자에게 세금을 거두거나 수공업 제품을 황실에 납품하는 일을 맡았다.

소부(巢父) ➡ 소보

소사(蕭史)　　춘추시대 진(秦)나라의 음악가. 퉁소의 대가. 진 목공(穆公)의 딸이 그의 퉁소 연주에 반해 궁중생활을 버리고 그와 함께 화산(華山) 옥녀봉(玉女峰)에 들어가 거처하면서 음악과 더불어 살았다고 한다.

소순(蘇洵:1009~66)　　북송의 문학가. 자는 명윤(明允), 호는 노천(老泉). 사천(四川) 미산(眉山:사천성) 출신. 27세가 되어서야 학문에 전심하여 누차 진사 시험에 응시했으나 실패하였다. 이후에도 꾸준히 노력하여 육경과 백가의 학문에 능통했다. 인종(仁宗) 가우(嘉祐) 원년(1056) 아들 소식(蘇軾), 소철(蘇轍)과 함께 경사(京師)로 가 구양수(歐陽修), 한기(韓琦) 등으로부터 문재를 인정받았다. 구양수가「기책(幾策)」「권서(權書)」「형론(衡論)」등 그의 문장 22편을 조정에 상주하여 인송의 칭찬을 받았으며, 이후 비서성교서랑(秘書省校書郎)의 관직을 제수받았다. 문안주부(文安主簿)로 있으면서『태상인혁례(太常因革禮)』를 편찬한 후 병사했다. 그의 산문은 대부분 시정을 논한 것이며, 시대의 병폐를 날카롭게 적시하고 합리적인 비평을 가했다. 또 필력이 강하고 언어가 질박했다.「육국론(六國論)」이 명저로 남아있다. 시는 문장에 비해 떨어졌다. 당송팔대가중 한 사람으로 아들 식(軾)·철(轍)과 함께 '삼소(三蘇)'로 불린다. 저서『가우집(嘉祐集)』.

소순흠(蘇舜欽:1008~48)　북송의 문학가. 자는 자미(子美). 면주(綿州) 염천(鹽泉:사천성 綿陽) 출신이며 부친을 따라 개봉(開封)에서 살았다. 경우(景祐) 원년(1034) 진사에 합격하여 광록시주부(光祿寺主簿), 대리평사(大理評事)를 지냈다. 경력(慶曆) 4년(1044) 범중엄(范仲淹)의 추천을 받아 집현교리(集賢校理)가 되었으나 파직되었다. 이때부터 소주(蘇州)에 은거하며 창랑정(滄浪亭)을 짓고 시와 술로써 시름을 달랬다. 경력 8년 복직되어 호주(湖州:절강성)의 장사(長史)를 지냈다. 구양수(歐陽修) 등과 함께 서곤체(西崑體)의 화려한 문풍을 반대하고 고문운동을 제창했다. 시는 사회의 암흑을 폭로하고 자신의 불우한 처지를 한탄한 것, 그리고 산천의 경물을 묘사한 것 등이 주류를 이룬다. 풍격은 호방하고 박실하다. 매요신(梅堯臣)과 병칭되어 당시 '소매(蘇梅)'로 불렸다. 저서『소학사집(蘇學士集)』

소식(蘇軾:1036~1101)　북송의 문학가, 서화가, 정치가. 자는 자첨(子瞻), 화중(和仲). 호는 동파(東坡), 혹은 동파거사(東坡居士). 미산(眉山:사천성) 출신. 소순(蘇洵)의 장자. 인종(仁宗) 가우(嘉祐) 2년(1057) 진사가 되고 봉상부첨서판관(鳳翔府簽書判官), 개봉부추관(開封府推官) 등을 지내다 왕안석(王安石)의 신법에 반대하여 투옥되었다. 이후 왕안례(王安禮)의 도움으로 구제되어 항주통판(杭州通判), 지밀주(知密州), 지서주(知徐州), 지호주(知湖州) 등을 지냈다. 원풍(元豊) 2년(1079) 시로써 시정을 풍자하다 투옥되었고(烏臺詩案 사건), 다시 황주단련부사(黃州團練副使)로 폄적되었다. 이곳에서 동파(東坡)를 짓고 시와 술로써 마음을 달랬다. 철종(哲宗)

즉위 후 사마광(司馬光)의 구법파(舊法派)가 집권하면서 예부낭중(禮部郎中)에 발탁되고, 이어 중서사인(中書舍人), 한림학사(翰林學士) 겸 시독(侍讀)에 기용되었다. 이후 신법파와 구법파간의 정쟁에 휘말려 정치적 부침을 거듭하였다. 다재다능한 문학의 거장으로 시와 사, 산문을 비롯하여 그림과 글씨에도 성과가 높았다. 서곤체(西崑體)의 형식주의 영향을 받은 태학체(太學體)를 반대했으며, 행운유수(行雲流水)하듯 자연스런 가운데 호방함을 드러내는 문장을 주장하였다. 또 "문리가 자연스러운 가운데 자태가 종횡으로 드러난다(文理自然 姿態橫生)"는 이론으로 북송의 시문 혁신운동을 주도하였다. 당송팔대가의 한 사람으로 부친 소순, 아우 소철(蘇轍)과 함께 세칭 '삼소(三蘇)'라 하였다. 유명한 산문으로「전적벽부(前赤壁賦)」「후적벽부」「조주한문공묘비(潮州韓文公廟碑)」「기승천사야유(記承天寺夜游)」「석종산기(石鐘山記)」 등이 있다. 시는 청신웅방(淸新雄放)하다는 평을 받으며 당시 시단에서 황정견(黃庭堅)과 함께 '소황(蘇黃)'이라 불릴 만큼 영향력 있는 시인으로 이름을 날렸다. 사(詞)의 경우 시로써 사를 지어 시인이 쓰던 제재를 사의 제재로 채용했으며, 필력이 종횡으로 내달리고 경지가 광활하며 기세가 거침없는 호방파 사인으로 이름을 날렸다.「염노교(念奴嬌)」「수조가두(水調歌頭)」「강성자(江城子)」 등이 대표적 사 작품이다. 남송(南宋)의 신기질(辛棄疾) 등이 그의 호방한 사풍을 이었다. 그의 서화는 고목석죽(枯木石竹)을 제재로 한 것이 주류를 이루는데 "시 속에 그림이 있고 그림 속에 시가 있다(詩中有畵 畵中有詩)"는 평을 받았다. 작품「고목석죽도(枯木石竹圖)」「목석도(木石圖)」. 시문 저작으로 『구지필기(仇池筆記)』 『동파지림(東坡志林)』『동파칠집(東坡七集)』『동파악부(東坡樂府)』『동파전서(東坡全書)』『동파역전(東坡易傳)』이 있다.

소연(蕭衍:464~549)　남조 시대 양(梁)의 건립자(재위 502~549). 시호는 무제(武帝). 자는 숙달(叔達). 옹주자사(雍州刺史)로 있다가 제(齊)의 내분을 틈타 제위를 빼앗았다. 사욕을 위해 불사를 중건하는 등 불교를 장려했다. 후경(侯景)의 난을 맞아 굶주림과 질병으로 사망했다.

소영사(蕭穎士:708~59)　당(唐)대의 문학가. 자는 무정(茂挺). 난릉(蘭陵:산동성) 출신. 현종(玄宗) 개원(開元) 23년(735) 진사에 합격하여 양주공조참군(揚州功曹參軍)의 관직을 지냈다. 박학하여 제자들이 많이 따랐으며 고문(古文)을 잘 지어 한유(韓愈) 등의 고문운동에 선구가 되었다. 문집

『소무정문집(蕭茂挺文集)』.

소옹(邵雍:1011~77)　북송의 사상가. 자는 요부(堯夫). 호는 안락선생(安樂先生), 이천옹(伊川翁), 강절선생(康節先生). 범양(范陽:하북성涿縣) 출신. 일생 동안 벼슬에 나아가지 않고 학문을 즐기며 지냈다. 「하도(河圖)」「낙서(洛書)」 및 「상수(象數)」의 학문을 연구하고, 이에 『역전(易傳)』 및 도가의 사상을 결합하여 신비한 선천상수학(先天象數學)의 장을 열었다. 우주의 본원은 태극(太極)으로서 영구 불변이며 만물은 태극으로부터 변화하여 형성된다고 보았다. 또 태극은 곧 심(心)이자 도(道)라는 유심주의 학설을 주장하였다. 저서 『이천격양집(伊川擊壤集)』『황극경세(皇極經世)』.

소운종(蕭雲從:1596~1673)　청 초의 서화가, 시인, 음운학자. 자는 척목(尺木), 호는 묵사(默思), 무민도인(無悶道人), 우호어인(于湖漁人), 석인(石人), 동해숙생(東海肅生). 무호(蕪湖:안휘성) 출신. 명대 말 의종(懿宗) 숭정(崇禎) 연간(1628~44) 부공생(副貢生)으로 있으면서 '복사(復社)' 활동에 참가했다. 『역존(易存)』『두율세(杜律細)』『운통(韻通)』 등의 음운학 관련 저서 외에, 「청산고은도(靑山高隱圖)」「폐문거객도(閉門拒客圖)」「서대통곡도(西臺慟哭圖)」「선산누각도(仙山樓閣圖)」「이소도(離騷圖)」「태백루도(太白樓圖)」 등의 그림, 시가집인 『매화당유고(梅花堂遺稿)』가 있다.

소원방(巢元方)　수(隋)대의 의학가. 태의박사(太醫博士)로 있으면서 대업(大業) 6년(610) 양제(煬帝)의 명을 받아 『제병원후론(諸病源候論)』50권을 펴냈다.

소의(昭儀)　관직명. 비빈(妃嬪)의 칭호. 한(漢) 원제(元帝) 때 설치했다. 비빈 중 가장 높은 지위에 해당했다. 위·진(魏晉) 이후 명(明)대까지 존속했으나 지위는 차츰 떨어졌다.

소자량(蕭子良:460~94)　남조시대 제(齊)의 경릉왕(竟陵王). 제 무제(武帝)의 차자(次子). 자는 운영(雲英). 회계태수(會稽太守), 양주자사(揚州刺史), 사도(司徒) 등의 관직을 지냈다. 무제 사후 조정의 시기를 받아 근심과 두려움 속에 지내다 병사했다. 심약(沈約), 범운(范雲) 등의 문인을 불러들여 학문을 논하고 오경백가(五經百家)의 서적을 초사(抄寫)하여 『사부요략(四部要略)』을 펴냈다. 그의 적극적인 문학 활동으로 인해 한때 건강(建康:강소성 南京)의 '서저(西邸)'가 문단 활동의 중심이 되고, 당시의 사상 및 문학 창작에 큰 영향을 끼쳤다.

소자운(蕭子雲:487~549)　　남조시대 양(梁)의 사학자, 문학가. 자는 경교(景喬). 제(齊)의 고제(高帝) 소도성(蕭道成)의 손자. 비서랑(秘書郎), 국자감좨주(國子監祭酒) 등을 역임했다. 후경(侯景)의 난 때 진릉(晉陵:강소성 常州)으로 망명했다가 굶어죽었다. 26세 때 『진서(晋書)』 110권을 지었다. 이는 당(唐) 초에 완성된 『진서』의 참고자료로 이용되었다. 서예는 초서, 행서, 소전(小篆)에 능했다. 저서에 역사서로 『동궁신기(東宮新記)』가 있고 시문집은 일실되었다. 그의 시문이 『문원영화(文苑英華)』에 수록되어 있다.

소자첨(蘇子瞻)　➡ 소식

소자현(蕭子顯:489~537)　　남조시대 양(梁)의 사학자, 시인. 자는 경양(景陽). 제(齊)의 고제(高齊) 소도성(蕭道成)의 손자. 임천내사(臨川內史), 이부상서(吏部尚書) 등을 역임했다. 『남제서(南齊書:齊書)』 60권을 지었다. 이는 남조 소제(蕭齊) 정권의 부침사를 기술한 것으로 24사(史)의 하나에 속한다. 이밖에 『후한서(後漢書)』『보통북벌기(普通北伐記)』『귀검전(貴儉傳)』『진사초(晋史草)』 등을 편찬했으나 일실되었다. 작품 칠언시 「춘별(春別)」.

소재(少宰)　　관직명. 『주례(周禮)』에는 '천관(天官)'에 소속되어 태재(太宰) 아래에 놓였다. 송 휘종(宋徽宗) 정화(政和) 연간에는 상서(尚書) 좌복야(左僕射)가 태재로, 우복야(右僕射)가 소재로 개칭되었다.

소전(小篆)　　일명 진전(秦篆). 대전(大篆)에 대칭되는 말. 진(秦)대에 유행한 문자체. 주문(籀文)을 발전시켜 필획을 간단히 하고 미적 요소를 가미시켰다. 자체는 정방형이지만 필획은 곡선이 첨가되었다. 진(秦) 통일 후 이사(李斯)가 건의하여 통일국가의 문자로 사용하였다. '낭야대각석(琅琊大刻石)' '태산각석(泰山刻石)' 등에 새겨져 있다.

소진(蘇秦:?~284 혹은 317 B.C)　　전국시대의 유세가. 장의(張儀)와 더불어 종횡가(縱橫家)의 대표적 인물이다. B.C 333년 6국의 연합으로 진(秦)에 대항하자는 이른바 합종책(合縱策)을 주장하여 연 소왕(燕昭王)에 의해 채용되었고, 조(趙)·제(齊)·위(魏)·한(韓)·초(楚)를 설득하여 이를 성공시켰다. 이로 인해 6국의 재상이 되어 10여년간 부귀영화를 누렸으나 장의의 연횡책(連衡策)에 의해 합종책이 깨지고, 그 동안 벌여 왔던 각 국간 이간 활동이 들통나 제나라에서 살해당했다.

소천작(蘇天爵:1294~1352)　　원대의 문학가, 사학자. 자는 백수(伯修), 호는 자계(滋溪) 진정(眞定:하북성 正定) 출신. 젊어서 오징(吳澄), 우집(虞集)을 사사하며 시문에 능통했다. 응봉한림문자(應奉翰林文字), 절강행성참지정사(浙江行省參知政事) 등의 관직을 지내고 홍건적을 진압하기도 했다. 『무종실록(武宗實錄)』『문종실록(文宗實錄)』 등의 편찬에 참여했다. 또 원대 명신들의 비지(碑志), 행장, 전기 등을 담아『국조명신사략(國朝名臣事略)』을 펴냈다. 그의 시문이『자계문고(滋溪文稿)』에 수록되어 있다.

소철(蘇轍:1039~1112)　　북송의 문학가, 사학자. 자는 자유(子由), 동숙(同叔). 호는 난성(欒城). 소순(蘇洵)의 아들, 소식(蘇軾)의 아우. 가우(嘉祐) 2년(1057) 진사에 합격하여 상주군사추관(商州軍事推官)을 지냈다. 신종(神宗) 때 왕안석(王安石)의 신법을 반대하다 감균주염주세(監筠州鹽酒稅)로 폄적되었다. 철종(哲宗) 때 우사간(右司諫)에 임명되고 문하시랑에 올랐으나 철종이 친정하면서 뇌주(雷州), 순주(循州) 등으로 폄적되었다. 휘종(徽宗) 때 복권된 후 관직에서 물러나 허주(許州:광동성 龍川)에서 저작에 전념했다. 당송팔대가의 한 사람으로 고문을 잘 지었으며, 부친 소순, 형 소식과 함께 ‘삼소(三蘇)’라 불렸다. 특히 책(策)과 논(論)의 문장을 잘 지었으며, 그윽한 맛을 풍기면서도 호방하다는 평을 받았다. 작품집으로 『난성집(欒城集)』이 있고, 산문「무창구곡정기(武昌九曲亭記)」「황주쾌재정기(黃州快哉亭記)」 등이 유명하다. 이밖의 저작으로『고사(古史)』『춘추집해(春秋集解)』『시집전(詩集傳)』『맹자해(孟子解)』 등이 있다.

소체(騷體)　　전국시대 초(楚)나라에서 유행한 일종의 운문 체제. 굴원(屈原)의「이소(離騷)」가 대표작이다. 구의 마지막에 ‘兮’ ‘些’ 등의 어조사를 쓰며, 비교적 자유로운 형식에 서정성이 풍부하다.

소태후(蕭太后:953~1009)　　요(遼) 경종(景宗)의 황후. 성종(聖宗)의 모친. 거란족. 본명은 작(綽), 자는 연연(燕燕). 건형(乾亨) 4년(982) 12세의 성종이 즉위하자 황태후가 되어 군국(軍國)의 대권을 쥐었다. 한족 출신 한덕양(韓德讓) 등을 기용하여 송(宋)을 크게 물리치고 송 진종(眞宗)과 전연(澶淵)의 맹약을 체결했다. 섭정 기간 동안 한족 관리를 중용하고 인재를 선발했으며, 각종 개혁정책을 펴 거란족의 사회발전을 가져왔다.

소통(蕭統:501~31)　　남조시대 양(梁)의 문학가. 소명태자(昭明太子)로 많이 알려져 있다. 자는 덕시(德施). 양무제(梁武帝) 소연(蕭淵)의 장자.

천감(天監) 원년(502) 황태자가 되었다가 후에 병사했다. 시호는 소명(昭明). 문사들과 더불어 주(周)대에서부터 양(梁) 왕조까지의 각종 시문을 모아 중국 최초의 시문집인 『문선(文選)』을 편찬했다. 이를 세칭 『소명문선(昭明文選)』이라 한다. 불교에 관한 시문을 자주 지었으며, 대표작으로 「강석장필부(講席將畢賦)」가 있다. 문집 『소명태자집(昭明太子集)』

소하(蕭何:?~193 B.C) 서한(西漢)의 개국공신. 진(秦) 2세황제 원년 유방(劉邦)을 보좌하여 농민 봉기를 일으켰다. 유방의 군대가 진의 수도 함양(咸陽)에 입성했을 때 다른 장수들은 재물 탈취에 혈안이 되었으나 그는 문서를 챙겨 민심을 수습하였다. 초·한(楚漢)전쟁 때 한신(韓信)을 유방에게 추천했다. 서한 건립 후 유방을 도와 한신, 영포(英布) 등 개국공신을 제거했다.

소항응봉국(蘇杭應奉局) → 응봉국

소호(少昊·少皞·少皥) 고대 신화전설상의 인물. 태호(太昊)씨와 함께 황하 하류 유역에서 활동했다. 황제의 아들이자 가을을 다스리는 신으로 알려져 있다.

소황후(蕭皇后:?~647) 일명 소후(蕭后). 후량(後梁) 명제(明帝)의 딸. 수 양제(煬帝)가 진왕(晉王)으로 있을 때 왕비에 간택되었다. 양제가 황제에 오른 뒤 황후가 되었다. 성격이 온순하고 박학하여 양제가 매우 총애하였다. 양제가 황음에 빠지자 직간하지 못하고 「술지부(述志賦)」를 지어 자신의 뜻을 드러냈다.

속강(俗講) 당(唐)대에 사원이나 도관(道觀)에서 경문을 강해하거나 불교, 도교의 교의를 설창(說唱)하던 일종의 예술 형식. 후에 민간 설화와 합쳐 송(宋)·원(元)의 설화 예술로 발전했다.

속문헌통고(續文獻通考) 서명. 250권. 청대 건륭(乾隆) 연간에 관에서 편찬했다. 마단임(馬端臨)이 펴낸 『문헌통고』가 남송 영종(寧宗) 가정(嘉定) 이전까지의 기록이고, 명대 왕기(王圻)의 또다른 『속문헌통고(續文獻通考)』가 체례 면에서 잡다하다고 여겨 건륭제(乾隆帝)가 칙명으로 송·요·금·원·명 5대의 사적(事迹)에 관한 논의를 모아 펴내도록 한 것이 이 책이다. 체례는 『문헌통고』와 같되 「군사고(群祀考)」와 「군묘고(群廟考)」의 2문(門)이 추가되어 총 26문으로 되어 있다. 『문헌통고』의 뒤를 이어 남송 가정 이후부터 명대 말까지의 전장제도와 사적의론(事迹議論)을 모아 엮었다. 10통(十通) 가운데 하나이다.

　　속자치통감(續資治通鑑)　　서명. 편년체 역사서. 송·요·금·원의 역사를 기술했다. 원래 명칭은 『송원편년(宋元編年)』. 220권. 청대 필원(畢沅) 찬. 서건학(徐乾學)이 편찬한 『자치통감후편(後編)』을 보충하여 펴냈다. 송 태조(太祖) 건륭(建隆) 원년(960)부터 원 순제(順帝) 지정(至正) 30년(1370)까지를 다루었다.

　　속통지(續通志)　　서명. 640권. 청대 건륭(乾隆) 연간에 관에서 편수했다. 정초(鄭樵)의 『통지(通志)』에 수록된 내용이 당(唐)대에 그쳤으므로 건륭 32년(1767) 삼통관(三通官)에서 칙명을 받고 속편을 지은 것이 『속통지』가 되었다. 당대 초부터 원대 말까지의 역사 및 전장제도, 생활 풍습 등을 담았다.

　　속한서(續漢書)　　서명. 83권. 위진남북조시대 서진(西晋)의 사마표(司馬彪) 찬. 기전체 역사서. 동한의 역사를 기술했으며, 기(紀)와 전(傳) 50권, 백관(百官), 여복(輿服), 예악(禮樂) 등 8지(志) 30권으로 구성되어 있다. 8지만이 현존하며 범엽(范曄)의 『후한서(後漢書)』에 수록되어 있다.

　　손광헌(孫光憲:?~968)　　오대(五代)·북송(北宋) 시기의 문학가, 사학자. 자는 맹문(孟文), 호는 보광자(葆光子). 능주(陵州) 귀평(貴平:사천성 仁壽) 출신. 능주판관(陵州判官), 황주자사(黃州刺史) 등의 관직을 지냈다. 학문을 좋아하여 장서가 수천 권이었다. 사(詞)를 잘 지었으며 작품의 풍격이 청수(清秀)하다. 그의 사 18수가 『화간집(花間集)』 『존전집(尊前集)』 『전당시(全唐詩)』 등에 보인다. 필기(筆記) 저작 『북몽쇄언(北夢瑣言)』은 당·오대의 사회풍속과 문인들의 일사(逸事)를 기록한 것으로, 이 시기의 문학을 연구하는데 좋은 참고자료가 된다. 역사서 『속통력(續通曆)』을 편찬했다.

　　손권(孫權:182~252)　　동한(東漢) 말 삼국시대의 정치가. 오군(吳郡) 부춘(富春:절강성 富陽) 출신. 동한 말 혼란기에 부친 손견(孫堅)과 형 손책(孫策)이 점거한 강동(江東) 6군(郡)을 이어받아 통치했다. 건안(建安) 13년(208) 조조(曹操)가 대군을 이끌고 형주를 침공하자 주유(周瑜) 등의 건의를 받아들여 유비(劉備)와 동맹을 맺고 적벽의 전투에서 조조군을 대파했다. 건안 24년 여몽(呂蒙)을 파견하여 촉한(蜀漢)의 관우(關羽)를 살해하고 형주를 장악했다. 위 문제(文帝) 황초(黃初) 2년(221) 유비가 칭제(稱帝)할 무렵 위(魏)국의 신하를 자처하여 위나라에 의해 오왕(吳王)에 봉해졌다. 황룡(黃龍) 원년(229) 무창(武昌:호북성 鄂城)에서 칭제하고 국호를 오(吳)라 했으며, 이어 도읍을 건업(建業:강소성 南京)에 정했다. 재위 기간 동안 국가의 세금을 무겁게 하고 형벌을 잔혹하게 하였으므로 백성들로부터 많은 저항을 받았다.

손기봉(孫奇逢:1584~1675)　　명말 청초의 학자. 자는 계태(啓泰), 종원(鍾元). 용성(容城:하북성) 출신. 명 말 조정의 부름을 사양하고 가족들을 데리고 용성을 지키며 청나라에 대항했다. 후에 역주(易州:하북성 易縣) 오공산(五公山)에 살면서 몸소 농사 짓고 학문을 연구하며, 강학·저술 활동에 종사하였다. 만년에 소문(蘇門)으로 가서 하봉(夏峰)에서 제자들을 가르쳤으며, 이로 인해 하봉선생이라는 별칭이 따랐다. 정주(程朱)의 이학(理學)과 육왕(陸王)의 심학(心學)을 숭상하여 양자의 차이를 조화시키는데 힘을 쏟았고, 학문을 논함에 신독(愼獨)을 으뜸으로 삼았다. 저서로『독역대지(讀易大旨)』『이학전심찬요(理學傳心纂要)』『이학종전(理學宗傳)』『상서근지(尙書近指)』외에도, 사학 관련 저작『기보인물고(畿輔人物考)』『갑신대난록(甲申大難錄)』등이 있으며, 『하봉선생집(夏峰先生集)』이 전한다.

손무(孫武)　　일명 손자(孫子). 춘추시대 말기의 군사가. 병가(兵家)의 대표적 인물. 제나라 사람으로서 오나라로 건너가 오왕 합려(闔閭)의 군대를 지휘했다. 처음 등용될 때 합려는 그에게 궁녀들을 시험삼아 조련해 보도록 했는데, 본보기로 합려의 총애하는 궁녀를 처단하여 군기를 바로잡았다. 초(楚), 제(齊), 진(晋)의 군대와 싸워 혁혁한 공을 세웠다. 그의 병법을 담은『손자(孫子)』(일명 孫子兵法) 13편이 전해진다.

손문(孫文:1866~1925)　　민국(民國) 초기의 정치가. 자는 덕명(德明), 호는 일신(日新). 부인은 송경령(宋慶齡). 광동(廣東) 향산(香山:中山) 출신. 광서(光緒) 23년(1897) 중산초(中山樵)로 이름을 바꿔 이때부터 중산이라는 이름이 더욱 알려졌다. 광서 초기 하와이에서 공부하고 다시 홍콩에서 서양 의학을 공부한 뒤 오문(澳門), 광주(廣州) 등지에서 의술 활동을 했다. 광서 20년(1894) 이홍장에게 개혁과 자강(自强)을 주장하는 글을 보냈으나 거절당했다. 같은 해 하와이에서 혁명적 비밀결사인 홍중회(興中會)를 결성하고 이듬해 홍콩에서도 홍중회를 성립시켜 광주에서 기의하려다 탄로나 일본으로 망명했다. 이후 서구 여러 나라를 돌아다니며 그들의 정치·경제를 연구하고 혁명활동을 위한 자금을 확보했다. 광서 31년(1905) 일본에

서 중국혁명동맹회를 결성하고 총리에 선출되었다. 이 때「민보(民報)」를
발간하여 동맹회의 삼민주의(三民主義:民族·民權·民生) 강령을 널리 홍
보했다. 1911년 신해혁명을 일으키고 중화민국 임시정부를 건립했으며, 이
듬해 1월 1일 임시 대총통에 취임했다. 곧이어 원세개(袁世凱)에게 지위를
양보하고 국민당 이사장(理事長)에 추대되었다. 이듬해(1913) 송교인(宋敎
仁)이 피살된 것을 계기로 원세개를 토벌하기 위해 2차 혁명을 일으켰으나
실패, 일본으로 망명하여 1914년 중화혁명당(中華革命黨)을 결성했다. 이
때『건국방략(建國方略)』을 저술하고,「성기평론(星期評論)」「건설(建設)」
등의 잡지를 창간하였다. 1919년 당명을 중국국민당으로 바꾸고 중국공산당
및 소련과 공조했다. 1924년 중국공산당과 제1차 국공합작(國共合作)을 체
결하고 동정군(東征軍)과 북벌군(北伐軍)을 조직했다. 풍옥상(馮玉祥)이 북
경정변을 일으킨 후 병상에서 '북상선언(北上宣言)'을 했다. 저서『중산전
서(中山全書)』.

손복(孫復:992~1057)　　북송 초의 사상가. 자는 명복(明復). 일찍이 태
산(泰山)에 은거했으므로 '태산선생'이란 별칭이 붙었다. 국자감직강(國子
監直講), 전중승(殿中丞)의 관직을 지냈다.『춘추(春秋)』에 새로운 해석을
내리고 유가의 전통 사상을 계승하였다. 군신의 예를 저버린다 하여 불교와
도교를 배척했으며, 봉건 통치의 이념인 존왕(尊王)을 제창했다. 저서『손
명복소집(孫明復小集)』『춘추존왕발미(春秋尊王發微)』.

손빈(孫臏)　　전국시대의 군사가. 병가(兵家)의 대표적 인물. 제(齊)나라
사람. 손무(孫武)의 손자. 병법에 능통했다. 동학(同學)인 방연(龐涓)이 위
(魏)의 장군으로 있을 때 그를 위나라로 끌어들인 후 다리뼈를 부러뜨렸으
며, 이로 인해 빈(臏)이라는 이름이 붙여졌다. 제나라 사신의 도움으로 위
나라를 탈출해 제나라의 장군 전기(田忌)의 문객이 되었다가 제 위왕(威王)
에게 발탁돼 장군이 되었다. 위나라와의 전투[馬陵之戰]에서 위군을 크게
무찔렀으며, 방연을 살해하여 원수를 갚았다. 저서에『손빈병법(孫臏兵法)』
이 있다.

손빈병법(孫臏兵法)　　서명. 31편. 전국시대 제(齊)나라 손빈의 저작. 조
부인 손자(孫子:孫武)와 오자(吳子:吳起)의 군사이론을 집대성하여 완성시
켰다. 과거 이 책의 실존 여부와 관련하여 논쟁이 많았으나, 1972년 산동성
임기현(臨沂縣) 은작산(銀雀山)의 한묘(漢墓)에서 잔편이 발견되면서 존재

가 입증되었다.

손사막(孫思邈:약 581~682)　당(唐)대의 의학자. 조정의 부름에 나아가지 않고 민간에 남아 백성들에게 의료행위를 했다. 652년 의학서인 『천금요방(千金要方)』을 편찬하고, 681년 이를 보충하여 『천금익방(千金翼方)』을 펴냈다. 이 둘을 합하여 『천금방(千金方)』이라 칭한다. 빈부귀천을 가리지 않고 고루 시술해 줌으로써 인술가의 모범을 보였다. 특히 약물학(藥物學)에 정통하여 후세에 약왕(藥王)으로 불리기도 했다. 역사에도 관심을 가져 『수서(隋書)』의 편찬을 도왔다.

손성연(孫星衍:1753~1818)　청대의 경학가, 금석학자. 자는 백연(伯淵), 연여(淵如). 양호(陽湖:강소성 常州) 출신. 건륭(乾隆) 52년(1787) 진사에 합격하여 형부주사(刑部主事) 등을 지내다 가경(嘉慶) 4년(1799) 친상(親喪)을 당하여 낙향한 후 완원(阮元)의 초빙을 받고 강학에 임했다. 후에 산동포정사(山東布政使)를 지냈으며, 만년에 병을 핑계로 사직하여 고향에서 저술 활동에 전념했다. 젊어서는 동향 출신 홍양길(洪亮吉)과 함께 시로써 이름을 날렸으나, 후에는 경학과 금석학에 전념했다. 특히 고증학 방면에서 성취한 바가 크다. 또 서적 분류 면에서 경(經), 사(史), 자(子), 집(集), 유서(類書), 경주(經注) 등 13분류법을 채택하여 기존 4부(四部) 분류법의 통례를 깼다. 저서 『상서금고문주소(尙書今古文注疏)』『주역집해(周易集解)』『이아광아고훈운편(爾雅廣雅詁訓韻編)』『사기천관서고증(史記天官書考證)』『금석췌편(金石萃編)』『위삼체석경잔자고(魏三體石經殘字考)』『원화군현지(元和郡縣志)』.

손염(孫炎)　삼국시대 위(魏)의 경학가. 자는 숙연(叔然). 낙안(樂安:산동성 博興) 출신. 한(漢) 말 정현(鄭玄)으로부터 경학을 배웠으며 훈고학에 능통했다. 음운학에도 관심을 두어 『이아음의(爾雅音義)』를 지으면서 반절법(反切法)을 사용하여 음을 달았다. 이후 학자들 사이에 반절법의 사용이 성행하였다. 저서 『주역춘추례(周易春秋例)』『모시주(毛詩注)』『국어주(國語注)』.

손자(孫子) ➡ 손무

손자병법(孫子兵法)　서명. 전국시대의 병법서. 13편. 손무(孫武:孫子) 저. 국지적 전술 뿐만 아니라 국가의 대외정책에도 관심을 두어 내치와 외교 양면의 조화를 주장했으며, 국가 경영의 요체, 승패의 비결, 인사(人事)

의 성패 등에 대해서도 탁월한 견해를 보이고 있다. '知彼知己 百戰不殆'
(謀攻篇)라는 명언이 들어 있다.

손중산(孫中山) ➡ 손문

손책(孫策:175~200) 　동한(東漢) 말기의 군사가. 자는 백부(伯符). 오
군(吳郡) 부춘(富春:절강성 富陽) 출신. 손건(孫堅)의 아들이자 손권(孫權)
의 형. 손건이 호북(湖北)의 유표(劉表)와 싸우다 전사하자 남은 병력을 이
끌고 원술(袁術)을 찾아가 의탁했다. 199년 원술이 조조(曹操)와의 싸움에
서 패하고 죽자 병력을 인수받아 강동(江東)의 영주가 되었다. 이후 세력을
키워 오(吳)와 회계(會稽) 등 5군(郡)을 차지했다. 조조는 그의 세력이 커
지자 무마책으로 그를 오후(吳侯)에 임명했다. 건안(建安) 5년(200) 조조와
원소(袁紹)가 관도(官渡)에서 전쟁을 벌일 즈음 허창(許昌)을 습격하여 헌
제(獻帝)를 빼앗으려고 모의했으나 평소 그에게 원한을 품었던 오군의 태수
측근에게 살해당했다.

송(宋) 　주(周)나라 봉건 제후국 중 하나. 멸망한 은(殷)나라의 신하 미
자계(微子啓)가 분봉(分封)받아 상구(商丘)에 도읍을 정하고 은나라 유민을
통치하였다. 여타 제후국에 비해 세력이 약했다. 인의(仁義)의 정치를 내세
웠던 양공(襄公)이 중원의 패권을 잡고 잠시 기세를 올렸으나 잇따른 실정
으로 다시 약화되었다. 전국시대 제(齊)·위(魏)·초(楚) 3국에 의해 멸망
했다.

송(宋) 　남조(南朝)시대의 왕조명. 서기 420년 유유(劉裕)가 진(晋)을
이어 세웠다. 연호는 영초(永初), 도읍은 건강(建康:강소성 南京). 역사에
서 유송(劉宋)이라고도 칭한다. 479년 제(齊)에 의해 멸망했다. 60년간에
걸쳐 9명의 제왕이 재위했다.

송(宋) 　왕조명. 북송과 남송으로 나뉜다. 건륭(建隆) 원년(960) 후주
(後周)의 대장 조광윤(趙匡胤)이 진교역(陳橋驛)에서 병변을 일으켜 후주
정권을 탈취하고 송을 세웠다. 도읍은 개봉(開封:하남성). 통치구역은 동쪽
으로 바다와 접하고, 북으로 천진, 하북성 패현(覇縣), 산서성 안문관(雁門
關)을 잇는 선이며, 서로는 섬서성 횡산(橫山), 감숙성 동부, 청해(淸海)
황수(湟水) 유역, 서하(西夏)와 토번(吐蕃) 접경이고, 남으로는 광서성과
월남 접경이다. 흠종(欽宗) 원년(1126) 금(金)의 병력에 의해 개봉이 함락
되고 이듬해(1127) 망하기까지 9명의 황제가 167년간 재위했다. 역사에서

이를 남송과 구별하여 북송이라 한다. 정강(靖康) 2년(1127) 북송이 금에 멸망한 후 강왕(康王) 조구(趙構)는 유민과 군대를 이끌고 남방으로 내려가 황제〔高宗〕로 즉위했다. 도읍은 남경(南京:하남성 商丘)에 정했다가 임안(臨安:杭州)으로 옮겼다. 역사에서 이를 남송이라 한다. 통치구역은 북송 영토의 절반 정도이며, 북쪽으로 회수(淮水), 진령(秦嶺) 및 대산관(大散關) 일대로 금(金)과 접경했고, 기타의 경계는 북송과 동일하다. 1297년 원(元)의 군대에 의해 임안이 함락되고 왕조가 멸망하기까지 9명의 황제가 153년간 재위했다.

송(頌)　　『시경(詩經)』 구성 유형 중 하나. 주송(周頌), 노송(魯頌), 상송(商頌)으로 나뉘며 각각 31편, 4편, 5편씩 총 40편으로 되어 있다. 귀족들이 종묘에 제사지낼 때 쓰던 악가로서 선왕의 개국 송덕을 기리는 것을 비롯하여 신령에의 기도, 통치 보호를 위한 기도 등이 주된 내용이다.

송경(宋璟:663~737)　　당(唐) 현종(玄宗) 때의 재상. 형주(邢州) 남화(南和:하북성) 출신. 처음에 감찰어사(監察御史), 좌대어사중승(左臺御史中丞)을 지내면서 직간을 서슴지 않아 무측천(武則天)의 두터운 신임을 받았다. 예종(睿宗) 때 이부상서(吏部尙書), 동중서문하삼품(同中書門下三品)을 지내면서 과거의 폐습을 혁신하고 인재를 잘 선발하였다. 그러나 태평공주(太平公主)의 세력을 꺾도록 상주했다가 자사(刺史)로 폄적되었다. 개원(開元) 4년(716) 요숭(姚崇)의 추천을 받아 다시 재상이 되었으며, 백성의 부역을 줄이고 형벌을 감하며 인재를 선발할 것을 주장했다. 재상직에 있으면서 전임 요숭의 정책을 바꾸지 않고 잘 계승함으로써 요숭과 함께 '요송(姚宋)'이라 불리었다.

송경령(宋慶齡:1893~1981)　　중국의 여성 정치가. 손문(孫文)의 부인. 원적은 광동성 문창(文昌), 출생지는 상해. 장개석(蔣介石)의 부인인 송미령(宋美齡)의 언니. 미국 유학 후 남경 임시정부의 대총통 손문의 비서로 있다가 1915년 손문과 결혼했다. 손문이 죽은 이듬해인 1926년 국민당 중앙집행위원이 되었다. 1948년 국민당 혁명위원회 명예주석에 올랐다가 이듬해 중화인민공화국이 들어서면서 부주석에 당선되었다. 이후 3차례에 걸쳐 전국인민대표대회 상무위 부위원장에 피선되고, 사망하던 해 중국의 명예주석 칭호를 받았다.

송경시(宋景詩:1824~?)　　청대 말 농민 반란군의 지도자. 산동 당읍(堂

邑) 출신. 농민 가정에서 태어나 함풍(咸豐) 10년(1860) 고향에서 군중을 이끌고 난을 일으켰으며, 이듬해 백련교(白蓮敎)의 수령인 양소(楊素), 좌임명(左臨明) 등과 공조했다. 그의 부대를 흑기군(黑旗軍)이라 했다. 후에 청나라에 귀순했으나 다시 반기를 들고 항청 활동을 계속했다.

송고종(宋高宗) ➡ 조구

송교인(宋敎仁:1882~1913)　　청대 말 민국(民國) 초기의 혁명운동가. 자는 둔초(遯初), 호는 어부(漁父). 광서(光緖) 29년(1903) 무창(武昌)의 보통중학에서 공부하면서 혁명 사상을 배우고, 이듬해 황홍(黃興) 등과 장사(長沙)에서 화흥회(華興會)를 창립하여 부회장이 되었다. 장사 기의를 계획하다 탄로나자 일본으로 도주하여 와세다 대학 법학부에서 공부했다. 이때 「이십세기지지나(二十世紀之支那)」라는 잡지를 발간하여 반청(反淸) 혁명운동을 선전했다. 동맹회(同盟會)가 성립되면서 사법부검사장에 임명되어 「민보(民報)」의 창간에 참여하고, 선통(宣統) 2년(1911) 상해에서 「민립보(民立報)」의 편집장이 되었다. 1912년 중화민국 남경 임시정부가 출현하면서 법제총재(法制總裁)에 임명되고, 곧이어 원세개(袁世凱)가 정권을 장악했을 때 농림총장(農林總長)에 올랐다가 사직하였다. 그 해 동맹회를 국민당(國民黨)으로 개칭하고 책임내각제를 주장하며 당내 최고 지도자가 되었다. 이듬해 원세개 일파에게 암살되었다.

송기(宋祁:998~1061)　　북송의 사학자, 문인. 자는 자경(子京). 안육(安陸:호북성) 출신. 한림학사, 공부상서, 한림학사승지 등의 벼슬을 지냈다. 지원(至元) 원년(1054) 황제의 명을 받고 구양수(歐陽修) 등과 함께 『당서(唐書)』(新唐書)를 편찬했으며, 이중 「열전(列傳)」을 전사(專寫)했다. 사(詞)를 잘 지었으며 작품에 「옥루춘(玉樓春)」이 유명하다. 저서 『출휘소집(出麾小集)』『익부방물약기(益部方物略記)』『송경문집(宋景文集)』『대악도(大樂圖)』.

송렴(宋濂:1310~81)　　명대 초의 문학가. 자는 경렴(景濂), 호는 잠계(潛溪). 절강성 포강(浦江) 출신. 원대 말에 용문산(龍門山)에서 저작 활동을 하다가 명대에 주원장(朱元璋:明太祖)의 발탁으로 한림학사, 국자사업(國子司業), 예부주사(禮部主事), 시강학사(侍講學士), 학사승지(學士承旨) 등의 관직을 역임했다. 말년에는 호유용(胡惟庸)의 난에 연루되어 옥중생활을 하다 사면되었다. 사후 시호는 문헌(文憲). 『원사(元史)』와 『홍무정운

(洪武正韻)』의 편찬에 참여했다. 저서『용문자응도기(龍門子凝道記)』『포양인물기(浦陽人物記)』『홍무성정기(洪武聖政記)』. 작품집『송문헌공전집(宋文憲公全集)』.

송사(宋史)　　서명. 496권. 원대 탈탈(脫脫), 구양현(歐陽玄) 등 찬. 24사(史) 중 하나. 기전체 단대(斷代) 역사서. 지정(至正) 3년(1343) 편찬에 착수하여 동 5년 완성하였다. 북송 건륭(建隆) 원년(960)부터 상흥(祥興) 2년(1297)까지 319년간의 역사를 기록했다. 도학(道學)에 관한 기록이 새롭게 첨가되고 지남철, 화약, 활판인쇄술 등 과학 기술의 성취에 관한 기록도 비교적 상세하여 송대 사회를 연구하는 필수 전적이 되고 있다. 「고려전(高麗傳)」도 들어 있어 고려사 연구에도 보탬이 된다.

송사가사선(宋四家詞選)　　서명. 송사(宋詞) 선본. 청대 가경(嘉慶)·도광(道光) 연간에 주제(周濟)가 편찬했다. 송대의 사인 51명의 작품을 선록했으며 주방언(周邦彦), 신기질(辛棄疾), 오문영(吳文英), 왕기(王沂)의 작품이 주류를 이루므로 '사가(四家)'란 이름이 붙여졌다. 기타 사인 장선(張先), 안수(晏洙), 구양수(歐陽修), 소식(蘇軾), 장염(張炎)의 작품이 이들 뒤에 수록되었다.

송서(宋書)　　서명. 100권. 위진남북조시대 양(梁)의 심약(沈約) 찬. 24사(史) 중 하나. 기전체 단대 역사서. 제(齊) 말 양(梁) 초에 완성되었다. 유유(劉裕)가 동진(東晉) 공제(恭帝) 원희(元熙) 2년(420) 진(晉)을 멸망시키고 송(宋)을 건립한 후 순제(順帝) 승명(升明) 3년(479) 송왕조가 제(齊)에 멸망하기까지 60년간의 역사를 기술했다. 당대사를 기술하면서 3대 이전까지 원류를 거슬러 올라감으로써 각종 제도의 원류와 연혁을 쉽게 알아볼 수 있게 했다.

송신종(宋神宗)　➡ 조욱

송양공(宋襄公:?~637 B.C)　　춘추시대 송나라의 국군(國君). 이름은 자부(玆父). 제환공(齊桓公) 사후 중원의 패업을 도모했으나 성과를 거두지 못했다. 초나라와 홍(泓)에서 전쟁을 치를 때 인의(仁義)를 내세우며 적이 강을 건널 때까지 공격하지 않는 바람에 대패했다. 이로부터 상대에게 쓸데없는 인정을 베풀다 자신이 크게 손해를 보는 경우를 가리켜 송양지인(宋襄之仁)이라 하였다. 논자에 따라서는 그를 춘추오패에 포함시키기도 한다.

송옥(宋玉:약 340~278 B.C)　　전국시대 초나라의 문인, 사상가. 경양왕

(頃襄王)의 문학 시종이었으나 불우하여 큰 뜻을 펴지 못하고 죽었다. 사부 (辭賦)에 능하고 음률(音律)에 정통했다. 작품으로 「구변(九辨)」과 「초혼 (招魂)」 등의 부가 있으며, 실의에 빠진 삭가의 비동한 감정을 표현한 내용 들이다.

송원학안(宋元學案)　　시명. 송(宋)·원(元) 양대의 학술사상사를 정리한 책. 100권. 청대 황종희(黃宗羲)가 『명유학안(明儒學案)』을 완성한 후 같은 체례에 따라 이 책을 편찬했으나 17권만 완성하고 죽었다. 그의 아들 백가 (百家)가 뒤를 이었으나 역시 완성하지 못하고 죽었다. 이어 전조망(全祖 望)이 초고를 완성했다. 전조망 사후 황종희의 현손(玄孫) 황치규(黃稚圭) 등이 이를 정리하여 80권으로 펴냈다. 도광(道光) 18년(1836) 왕자재(王梓 材)가 이를 보충하여 100권으로 하였다. 여러 사람의 손을 거쳐 완성되었으 므로 『명유학안』에 비해 체례나 내용이 완정되고 개인의 편견이 덜 작용하 였다. 각 학파를 서술할 때마다 그 앞에 표(表)를 제시하여 연원 및 전파 계통을 일목요연하게 설명했다. 인물 소전(小傳)은 『송사(宋史)』보다 상세 하며 소전 뒤에 후인의 평론을 가했다. 송·원대의 사상가 및 그들의 학술 사상을 연구하는 중요한 자료가 된다.

송인종(宋仁宗) ➡ 조정

송잡극(宋雜劇)　　송대에 성행한 골계극, 가무, 잡극의 총칭. 당(唐)대의 참군희(參軍戲)와 만당(晚唐)의 잡극이 발전하여 형성되었다. 말니(末泥), 인희(引戲), 부말(副末), 부정(副淨)의 4명이 출현하여 골계와 풍자로 연극 을 하였다. 대부분 현실적인 내용이며 극의 형식은 행동보다는 낭송과 대백 (對白)이 위주였다. 남송에 이르러 가무와 연기가 가미되었다. 금(金)대에 이르러 원본(院本)이라 불리었으며 원잡극(元雜劇)의 모태가 되었다.

송지문(宋之問:?~712)　　당(唐)대의 시인. 자는 연청(延淸), 소련(少 連). 분주(汾州:산서성 汾陽) 출신. 고공원외랑(考功員外郎)의 관직을 지내 다 무측천(武則天)의 총신인 장이지(張易之)를 따랐다는 이유로 지방에 유 배되었다. 이후 낙양(洛陽)에 돌아왔다가 다시 간신 무삼사(武三思)에게 의 지했다는 이유로 폄적되어 죽음을 받았다. 시 작품은 응제시(應制詩)가 많 으며, 유배자로서 자신의 처지를 한탄한 내용이 많다. 시의 음률에 밝고 대 우(對偶)가 정밀하였다. 율시와 배율시의 형성 발전에 큰 영향을 끼쳤으며, 심전기(沈佺期)와 함께 '심송(沈宋)'으로 불렸다.

송찬간포(松贊干布:약 617~650)　당(唐)대 초기 토번(吐蕃)의 수령. 원명은 송찬(松贊)이고 사후의 시호가 간포(干布)이다. 당 정관(貞觀) 3년(629) 부친의 뒤를 이어 부족의 수령이 된 후 서장(西藏) 일대를 통일하고 노예제 봉건국가를 형성했다. 도읍은 현 라싸. 불교의 포교를 장려하고 문자를 제정했으며 역법과 도량형을 완성하였다. 당 왕조와 우호관계를 맺고 당 태종(太宗)의 종실녀인 문성공주(文成公主)를 왕비로 맞아들였다. 귀족 자제들을 당으로 파견하여 당의 문물제도를 받아들였다. 정관 23년(649) 당 정부로부터 부마도위(駙馬都尉) 겸 서해군왕(西海郡王)에 봉해졌다.

송태조(宋太祖) ➡ 조광윤

송태종(宋太宗) ➡ 조광의

송휘종(宋徽宗) ➡ 조길

수(隋)　왕조명. 서기 581년 고위 무장(武將) 출신인 양견(楊堅:文帝)이 북주(北周)의 정제(靜帝)를 폐위시키고 자립하면서 국호를 수(隋)라 하고 도읍을 홍성(興城:섬서성 西安 남쪽)에 정하였다. 연호는 개황(開皇). 개황 7년(587) 후량(後梁)을 멸하고 9년에 진(陳)을 멸하면서 전국을 통일하였다. 영토는 동남으로 바다에 접하고, 서쪽으로 신강 동부, 서남으로 운남·광서 및 월남 북부, 동북으로 요하(遼河)에 이르렀다. 문제는 전래의 구품관인법(九品官人法)을 철폐하고 과거제를 창시했으며, 중앙관제로 3성6부제(三省六部制)와 부병제(府兵制)를 확립시켰다. 인수(仁壽) 4년(604) 문제가 죽자 그의 아들 양광(楊廣)이 제위에 올랐는데 이 사람이 양제(煬帝)이다. 양제는 대대적인 토목공사와 3차례의 고구려 정벌 등 무리한 정치를 폈기 때문에 백성의 신망을 잃었다. 양제의 폭정으로 인해 사회는 매우 불안해졌으며 급기야 대업(大業) 7년(611) 각지에서 농민기의가 일어났다. 대업 14년(618) 양제가 강도(江都)에서 피살되면서 수왕조는 멸망했다. 2명의 황제가 38년간 재위.

수륙공전화문동감(水陸攻戰花紋銅鑑)　전국시대의 동경(銅鏡). 1935년 하남성 급현(汲縣) 산표진(山彪鎭)의 묘에서 출토되었다. 40조(組)의 도안에 292명의 인물과 물고기, 배, 북, 수레 등이 그려져 있다. 인물도는 활쏘기, 격투, 격고(擊鼓) 등을 묘사했다. 대만 고궁박물관에 소장되어 있다.

수문제(隋文帝:541~604)　수(隋)의 개국 황제(재위 581~604). 이름은 양견(楊堅). 홍농(弘農) 화음(華陰:섬서성) 출신. 북주(北周) 때 부친의 뒤를 이어 수국공(隋國公)이 되었다. 딸 여화(麗華)가 선제(宣帝)의 황후였으므로 벼슬이 대사마(大司馬)에까지 올랐다. 선제 사후 외손자인 정제(靜帝)가 즉위하면서 그는 승상에 올라 정권을 잡고 수왕(隋王)에 봉해졌다. 대성(大定) 원년(581) 정제에게서 제위를 넘겨받고 북주(北周)를 대신하여 국호를 수(隋)라 하였다. 연호는 개황(開皇). 개황 7년(587) 후량(後梁)을 멸하고 2년 뒤(589) 진(陳)을 멸하면서 천하를 통일하였다. 재위 기간 동안 균전제(均田制), 과거제를 시행하고 개황률(開皇律)을 제정하여 형벌을 줄이는 등 민생을 위해 많은 일을 했으나, 만년에 사치를 좋아하고 백성을 부역에 동원하는 등 실정을 거듭했다. 인수(仁壽) 4년(604) 둘째 아들 양광(楊廣:隋煬帝)에게 살해되었다. 묘호(廟號)는 고조(高祖).

수서(隋書)　　서명. 85권. 당(唐) 태종(太宗)의 명을 받아 위징(魏徵) 등이 찬했다. 본기(本紀)와 열전(列傳)은 정관(貞觀) 10년(636) 완성하고, 「오대사지(五代史志)」는 현경(顯慶) 원년(656) 완성했다. 수 왕조 38년간의 사적이 기록되어 있다. 본기(本紀)와 열전(列傳) 속에는 수왕조의 대 토목공사에 따른 부역과 부세의 과중, 그리고 농민항쟁 등이 담겨 있다. 「경적지(經籍志)」는 경(經)·사(史)·자(子)·집(集)의 4부로 나누어 고대의 도서를 분류했으며, 한(漢) 이후 수(隋)대까지 600년간의 서적을 망라하고 학술의 원류를 총결하였다. 「경적지」는 후대 사가들이 『예문지(藝文志)』를 찬술하는데 큰 영향을 끼쳤다. 또 「율력지(律曆志)」에서는 조충지(祖沖之)의 원주율에 대한 연구 성과를 담았다. 24사(史) 중 하나.

수시력(授時曆)　　원(元)대에 만든 역법. 원대 초 왕순(王恂), 곽수경(郭守敬) 등이 북송(北宋)의 숭천력(崇天曆)과 기원력(紀元曆), 남송(南宋)의 통천력(統天曆), 금(金)의 대명력(大明曆) 등의 장점을 취해 실측을 근거로 완성했다. 지원(至元) 18년(1281) 전국에 반포하여 명대 말(1643)까지 263년간 사용했다. 초차법(招差法)으로 태양과 달, 그리고 5성(星)의 운행을 측정하였는데 서구의 방법보다 400년 앞섰다.

수신기(搜神記)　　서명. 전 20권. 동진 간보(干寶) 편. 신괴(神怪)소설집. 수백 가지의 신괴 고사를 수집하고 민간 전설을 모아 기록하였다. 당(唐)대 전기소설의 창작에 영향을 주었다.

수양제(隋煬帝:569~618)　　수(隋)의 제 2대 황제(재위 604~18). 본명은 양광(楊廣). 문제(文帝)의 둘째아들. 권신 양소(楊素)를 시켜 형 용(勇)을 무고하여 서인으로 만들고 황태자가 되었다. 604년 양소의 도움 아래 부왕(父王) 양견(楊堅:文帝)과 형 용을 죽이고 형의 부인 진(陳)씨를 빼앗아 제위에 올랐다. 재위시 서역 여러 나라와 통교하고 토욕혼(吐谷渾), 고창(高昌)을 정복하였다. 대업률(大業律)을 반포하여 각종 제도를 개선하고 명경(明經)·진사(進士) 2과(科)를 설치하였으며, '시책(試策)'으로 관리를 선발하여 이전의 구품중정제(九品中正制)에 대신하였다. 운하를 파고 궁궐을 중수하는 등 대형 토목공사를 벌여 백성을 도탄에 빠지게 했으며, 2차례의 무리한 고구려 정벌에 실패하여 각지의 민란을 유발하였다. 618년 부하에게 피살당했다.

수인씨(燧人氏)　　고대 신화전설상 삼황(三皇) 중 한 사람. 나무를 비벼 불을 만드는 방법을 개발하고 음식을 익혀 먹는 방법도 창안했다고 한다.

수재(秀才)　　일명 무재(茂才). 한(漢) 이후 인재를 선발하던 과목. 찰거(察擧)제도의 주요 과목 중 하나. 남북조(南北朝) 때는 인재등용의 가장 중요한 수단이 되었다. 당(唐)대에는 진사과(進士科)에 응시하는 사람들을 칭하는 말로 쓰였다.

수조(豎刁)　　춘추시대 제나라의 간신. 본래 종묘지기였다고 한다. 제 환공(桓公)의 시종으로 있을 때 환공이 궁중의 일을 관리할 환관을 찾자 스스로 거세하고 입관했다. 아첨을 잘해 역아(易牙)와 함께 환공의 총애를 받았다. 역아 참조.

수졸(戍卒)　　변경을 지키던 군인. 한(漢)대에 남자의 나이 23세가 되면 2년간 병역에 복무했는데, 처음 1년은 고향에서 정졸(正卒)로 근무하고 나중 1년은 변경에 나아가 수졸이 되거나 황궁을 지키는 위사(衛士)가 되었다.

수형도위(水衡都尉)　　관직명. 한무제(漢武帝) 때 설치하여 상림원(上林苑)을 관리하고 황실의 재정과 주전(鑄錢)을 맡았다. 동한 때 폐지되고 직무가 소부(少府)로 이관되었다. 삼국시대 위(魏)가 다시 설치하여 수군의 선박을 관리하도록 하였다. 남조(南朝)의 송(宋)은 수형령(水衡令)을 설치했으며, 당(唐)대에는 도수감(都水監)을 수형도위로 고쳤다가 복원시켰다.

수호전(水滸傳)　　서명. 일명 『충의수호전(忠義水滸傳)』. 역사소설. 원말 명 초 시내암(施耐庵), 나관중(羅貫中) 저. 처음에는 100회본이었으나 만력(萬曆) 연간에 여상두(余象斗)가 「정전호(征田虎)」 「정왕경(征王慶)」의 이야기를 삽입하여 120회로 증보하였다. 북송(北宋) 휘종(徽宗) 때 산동 지방의 양산박(梁山泊)에 의거하여 관군에 대항한 송강(宋江) 등 108명의 호걸 이야기를 소설화한 것이다. 봉기를 일으킬 당시부터 봉기가 실패할 때까지의 과정을 그렸는데, 백화문에 가까운 통속적 언어를 사용하고 영웅들의 인물 묘사가 뛰어나다. 현재 가장 많이 보급된 판본은 명 말 김성탄(金聖嘆)이 산개(刪改)한 70회본 짜리로, 이 책은 송·원대의 잡극, 화본 및 『대송선화유사(大宋宣和遺事)』를 참고하여 재구성한 것이다.

숙사씨(宿沙氏)　　고대 신화전설상의 인물. 바닷물을 불로 말려 소금을 생산하는 방법을 개발했다 한다.

숙손통(叔孫通)　　진한(秦漢) 시대의 유학자. 설(薛:산동성 薛城) 출신. 진나라 때 박사(博士)를 지냈으며 항우(項羽)와 유방(劉邦)을 차례로 섬겼다. 서한(西漢) 때 고조(高祖) 유방의 명을 받아 유가사상을 기초로 조정의 의례를 제정했다. 그 공로로 태자태부(太子太傅)에 올랐다.

숙제(叔齊) ➡ 백이숙제

순(舜)　　고대 전설상의 인물. 성은 요(姚)이며 이름은 중화(重華). 부친 고수(瞽叟)에게 모진 학대를 받았으나 효성을 다했으므로 요(堯)가 쓸만한 사람이라고 여겨 둘째 딸을 그에게 시집보냈다. 유우씨(有虞氏) 부락의 추장이었으므로 세칭 우순(虞舜)이라고도 한다. 공공(共工), 곤(鯀), 환두(驩兜), 삼묘(三苗)의 4흉(凶)을 몰아내고 주변 부락의 추대를 받아 동맹의 수령이 되었으며, 요로부터 군위를 선양(禪讓)받았다고 전해진다. 우(禹)에게 치수를 맡기고 설(契)에게 백성에 관한 일을, 익(益)에게 산택(山澤)을, 고요(皐陶)에게 형벌을 맡겨 초보적인 통치국가의 기틀을 다졌다. 소(韶)라는 아름다운 음악을 지었고, 만년에 치수를 잘 한 우에게 군위를 선양했다. 요 임금과 함께 유가(儒家)에서 최고로 받들어지는 성군이다.

순경(荀卿) ➡ 순자

순무(巡撫)　　관직명. 명대 초 지방에 설치된 3사(三司:布政使司·按察使司·都指揮使司) 간에 협조가 이루어지지 않는 상황이 발생하면 경관(京官)에서 임시로 순무를 파견하였다. 중앙의 병부시랑(兵部侍郎), 부도어사(副都御史) 등이 파견되었다. 처음에는 임무가 끝나면 복귀했으나 선덕(宣德) 연간부터 지방의 업무가 번잡해지면서 고정 배치되었다. 행정과 군사 업무를 겸하는 일이 많았다. 명대 말에는 전국 20개의 성에 배치되었으며, 청대 들어 지방의 최고 행정 장관으로서 성의 행정·사법을 관장했다. 총독(總

督)과 비슷한 권한을 가졌으며 양자간 업무 한계가 모호했다.

순열(荀悅：148~209)　　　동한(東漢) 말기의 사상가. 자는 중예(仲豫). 영음(潁陰：하남성 許昌) 출신. 조조(曹操)에 의해 천거되어 헌제(獻帝) 때 황문시랑(黃門侍郎), 비서감(秘書監), 시중(侍中)을 역임했다. 기전체인『한서(漢書)』의 체제를 편년체로 개편한『한기(漢紀)』를 편찬했다. 또『신감(申鑑)』을 지어 당시의 신선술과 참위(讖緯)학을 비판했다.

순욱(荀彧：163~212)　　　동한(東漢) 말기의 군사가. 자는 문약(文若). 영천(潁川) 영음(潁陰：하남성 許昌) 출신. 젊어서 효렴(孝廉)에 천거되어 수궁령(守宮令)이 되었다. 동한 말 원소(袁紹)의 부하로 있다가 후에 조조(曹操)의 휘하에 들어가 중요 모사가 되었다. 건안(建安) 원년(196) 황건군을 물리친 후 동탁(董卓)이 받들던 헌제(獻帝)를 맞아들이도록 헌책하였다. 이때부터 조조는 천자를 등에 업고 제후들을 호령하는 권력을 누렸다. 순욱은 이후 상서령(尙書令)에 임명되어 정치와 군사의 모든 업무를 맡았다.

순욱(荀勖：?~289)　　　서진(西晉)의 문헌목록학자, 화가. 자는 공증(公曾). 일찍이 사마소(司馬昭)의 모사로 있다가 사마염(司馬炎)이 서진 정권을 세우자 상서령(尙書令)의 관직을 얻었다. 음률, 법률, 기타 학문에 두루 박학하였다. 문헌의 정리 방면에 힘써 급총(汲冢)에서 발견된 죽간(竹簡)을 연구하고 내부장서(內府藏書)를 분류, 정리했다. 그가 편찬한『중경신부(中經新簿)』는 전적을 갑·을·병·정으로 대별하여, 갑부는 육례(六禮)와 문자학, 을부는 제자(諸子)의 학, 병부는 역사서, 정부는 시부(詩賦) 및 도참서 등을 포함시켰다. 이는 후세 경(經)·사(史)·자(子)·집(集)의 4부 분류법의 기초가 되었다. 이밖에 인물화를 그려「대열녀도(大列女圖)」「소열녀도(小列女圖)」 등을 남겼다.

순유(荀攸：157~214)　　　동한(東漢) 말기의 군사가. 자는 공달(公達). 영천(潁川) 영음(潁陰：하남성 許昌) 출신. 동한 말년 대장군 하진(何進)에게 발탁되어 황문시랑(黃門侍郎)이 되었다. 동탁(董卓)이 난을 일으키자 그를 살해할 밀모를 꾸미다가 일이 발각되어 옥살이를 하였다. 동탁이 죽은 후 옥에서 풀려나 조조(曹操)에게 발탁되었다. 여남태수(汝南太守)에 이어 상서(尙書)의 벼슬을 하면서 군사(軍事)에도 참여하여 조조의 참모 역할을 하였다. 조조는 북방을 통일한 후 그의 공로를 인정하여 상서령(尙書令)의 벼슬을 주고 능수정후(陵樹亭侯)에 봉했다. 건안(建安) 19년(214) 조조를 따라 손권(孫權)의 군사를 치러 가는 도중 병사하였다.

순자(荀子:약 313~약 238 B.C)　전국시대 후기의 사상가. 유가의 대표적 인물. 이름은 황(況). 순경(荀卿), 손경(孫卿)으로도 불린다. 조(趙)나라 사람. 제나라 양왕(襄王)을 섬겨 직하학궁(直下學宮)에서 강학(講學)에 종사하면서 좨주(祭酒)를 세 번 지냈다. 조나라로 가서는 효성왕(孝成王)과 병법을 논의했다. 만년에는 춘신군(春申君)의 요청으로 초나라에 가서 난릉(蘭陵)의 현령이 되었다. 관직을 잃은 후 저술활동에 전념하여 수백 편의 책을 썼다. 그는 사상적 기초를 유가(儒家)에 두었지만 당시의 진보적 사상을 받아들여 유가의 학설을 일부 변형했으며, 맹자의 성선설과 반대되는 성악설을 주장했다. 인간의 본성은 악하여 각종 욕망이 생겨나므로 이를 억제하기 위해 예의를 배우고 실천해야 한다는 것이다. 이밖에 법을 중시하여 예와 의와 법이 병행되어야 왕도(王道)가 실현된다고 보았다. 그와 그의 제자들이 엮은 『순자』 32편이 현존한다.

순자(荀子)　서명. 전국 말 순황(荀況:荀子)의 저서. 총 32편이며 일부는 순황의 제자들이 엮었다. 자연의 법칙에서부터 인간의 본성, 인식론으로서의 도(道)의 개념, 학문의 숭상과 예(禮)의 필요성, 부국강병을 위한 올바른 정치 방법 등 순황의 사상이 논리적으로 기술되어 있다.

순치제(順治制:1638~61)　청의 제3대 황제. 세조(世祖). 성은 아이신교료〔愛新覺羅〕, 이름은 복임(福臨). 만주족. 태종(太宗)의 아홉째 아들. 6세 때 제위를 이어받아 연호를 순치(順治)라 하였으며, 숙부인 다르곤〔多爾袞:睿親王〕이 보정(輔政)했다. 순치 원년(1644) 명나라가 이자성(李自成)에 의해 멸망한 틈을 타 북경으로 천도하고, 동 7년 다르곤이 사망한 후 친정했다. 한족의 명장 오삼계(吳三桂)를 끌어들여 각지의 반청(反淸) 봉기를 제압하는 한편 한족 관리들을 중용하고 유교를 선양하였다.

순황(荀況) ➡ 순자

숭문관(崇文館)　학교명. 삼국시대 위(魏) 문제(文帝)가 숭문관을 두고 선비들을 초청하였다. 이 때 왕숙(王肅)이 숭문관의 우두머리인 좨주(祭酒)에 임명되었다. 그 후 폐지되었다가 당(唐)대 정관(貞觀) 13년(639) 동궁(東宮)에 숭현관(崇賢館)을 설치하고, 다시 상원(上元) 2년(675) 장회태자(章懷太子) 이현(李賢)의 이름을 피하여 숭문관으로 개명하였다. 학사(學士)와 직학사(直學士)를 두어 이들에게 도서 관리와 생도 교육을 맡게 했으며, 교서랑(校書郎) 2명에게 도서 정리와 교정을 맡게 했다.

숭현관(崇玄館)　　학교명. 당(唐) 개원(開元) 25년(737) 현학박사(玄學博士)를 두었다가 29년 숭현관을 설치했다. 박사(博士)와 조교(助教)를 두었으며, 소속 학생들은 『노자(老子)』 『장자(莊子)』 『열자(列子)』 등 도가와 관련된 과목을 배웠다.

습유(拾遺)　　관명. 당(唐) 무측천(武則天) 수공(垂拱) 원년(685) 설치되었다. 보궐(補闕)과 함께 황제에게 간언하고 인재를 천거하는 임무를 맡았다. 좌습유는 문하성(門下省)에, 우습유는 중서성(中書省)에 소속되었다. 북송(北宋) 때 좌·우 정언(正言)으로 명칭이 바뀌었다.

승민(僧旻:467~527)　　남조시대 제(齊)·양(梁)의 승려. 본래의 성은 손(孫). 성실종(成實宗)의 대표인물로 꼽힌다. 저서 『성실론의소(成實論義疏)』 『시보결의(詩譜決疑)』.

승상(丞相) ➡ 상국

승우(僧祐:445~518)　　남조시대 제(齊)·양(梁)의 승려. 본래의 성은 유(俞). 제의 경릉왕(竟陵王) 소자량(蕭子良)의 예우를 받아 '서저(西邸)'에서 불법을 가르쳤다. 불교 문헌의 보존에 관심을 가져 사원 내에 불교 문헌을 보관하는 풍조를 일으켰다. 『홍명집(弘明集)』을 편찬하여 동한 이후부터 양(梁)대까지의 불교 문헌을 집록했다. 저서 『출삼장기집(出三藏記集)』 『석가보(釋迦譜)』.

승조(僧肇:384~414)　　오호십육국 시대 후진(後秦)의 승려. 본래의 성은 장(張). 구마라습(鳩摩羅什)을 사사하며 불경을 번역했다. 반야학(般若學) 중 반야3론(般若三論:中論·十二門論·白論)에 심취하였다. 저서 『조론(肇論)』 『보장기(寶藏記)』 『유마힐경주(維摩詰經注)』.

승평사학(升平社學)　　청 도광(道光) 21년(1841) 광주(廣州) 북교(北郊)의 13개 사(社) 80여 향(鄉)이 연합하여 조직한 항영(抗英) 민간 의용대. 당시 광주 동북교(東北郊)에는 동평사학(東平社學), 남교(南郊)에는 남평사학(南平社學)이 성립되었다. 지도자의 성분은 복잡하나 주로 신사(紳士)계급이 맡았다. 초기에는 양관(洋館)을 습격하거나 불태우고 영국인의 침략 행위에 맞서 투쟁하다가 나중에는 지주계급 및 신사의 통제가 심해지자 내부 분열을 빚었다. 그중 기층 민중은 홍건군에 참가하여 반청(反清) 투쟁으로 나서고, 신사계급은 이를 진압하는 양상을 보였다.

시(詩) → 시경

시강(侍講)　　관명. 당(唐)대에 집현원시강학사(集賢院侍講學士), 한림시강학사(翰林侍講學士)를 설치하였다. 직책은 문사(文史)를 강론하며 황제의 고문(顧問)역을 담당하는 것이었다. 송(宋)대에는 한림시강시독학사(翰林侍講侍讀學士)와 시강시독(侍講侍讀)이 실치되있고, 다른 관직과 겸하였다. 명·청(明淸)대에도 한림원 내에 시독학사와 시강학사를 설치하였다.

시경(詩經)　　서명. 일명『시(詩)』, 『시삼백(詩三百)』. 중국 최초의 시가집. 5경(經) 중 하나. 공자가 서주(西周) 초기부터 춘추시대 중엽까지 각 제후국 지방의 시가 311편을 모아 정리한 것으로 현존하는 것은 305편이다. 풍(風:國風), 아(雅:大雅·小雅), 송(頌:周頌·魯頌·商頌)의 3부분으로 나뉜다. 풍(風) 160편은 대부분 민가이며, 아(雅) 105편은 귀족의 연회에 쓰이던 악가이고, 송(頌) 40편은 귀족이 종묘에 제사지낼 때 쓰이던 악가이다. 이들 작품은 문학작품으로서 뿐만 아니라 당시 약 500년간의 사회모습을 반영하였으므로 상·주(商周) 시대를 연구하는 중요한 자료가 된다. 부(賦), 비(比), 흥(興)의 세 가지 수사기교를 사용하는 등 발전된 문학형태를 띠고 있다. 풍·아·송·부·비·흥을 가리켜 육의(六義)라 한다.

시계혁명(詩界革命)　　19세기 말에 유행한 일종의 시가(詩歌) 개혁운동. 자산계급의 개량주의 정치가인 강유위(康有爲), 양계초(梁啓超), 담사동(譚嗣同), 황준(黃遵), 하증우(夏曾佑) 등이 제창하였다. 이들은 문학을 도구로 삼아 자신들의 정치 주장과 사회 이상을 실현한다는 목적 아래 '송시운동(宋詩運動)'이라는 당시 시단의 복고주의 경향을 배격하고, 내용혁신, 체제혁신, 시어혁신을 도모했다. 이에 따라 서양문물의 수입에 따른 신조어도 과감히 시어에 채용하는 경향을 보였다.

시고훈전(詩詁訓傳)　　서명. 일명『모전(毛傳)』『모시고훈전(毛詩詁訓傳)』. 30권. 『시경(詩經)』의 주석본. 서한(西漢) 모형(毛亨)이 편찬하여 제자 모장(毛萇)에게 전수했으며, 모장은 이를 강학하며 널리 세상에 전파했다. 현존 가장 오래된 『시경』의 주석서로서, 이 책이 나온 후 학자들은 『시경』의 별칭으로 『모시(毛詩)』라는 용어를 쓰게 됐다. 동한(東漢) 정현(鄭玄)이 이에 다시 전(箋)을 달아 『모시전(毛詩箋)』을 펴내면서 그 동안 권위를 갖던 '삼가시(三家詩)'가 쇠미해지고 『모시』가 그 자리를 대신했다.

시관(試官)　　당(唐)대의 관직. 무측천(武則天) 때 설치되었다. 장안(長

安) 2년(702) 무측천은 습유(拾遺), 보궐(補闕), 저작좌랑(著作佐郎) 등 수백인을 임명하였는데, 이들은 직책이 있고 봉록도 받았으나 조정의 공식 서임(敍任)은 받지 못하고 황제의 사신(私臣)인 공봉(供奉)에 속했다.

시내암(施耐庵)　　원말 명초의 문학가. 이름은 자안(子安). 자가 내암(耐庵)이다. 흥화(興化) 백구장(白駒場:강소성 大豊縣) 출신. 소설『수호전(水滸傳)』을 지었으며 문인 나관중(羅貫中)이 이를 재정리했다고 전해진다.

시독(侍讀)　　관명. 당(唐)대에 집현원시독학사(集賢院侍讀學士)를 설치하여 경사(經史)의 의의(疑義)에 관해 질정과 자문을 맡았다. 송(宋)대에는 한림시독학사(翰林侍讀學士)를 설치하고 명(明)대에는 한림원시독학사(翰林院侍讀學士)와 시독(侍讀)을 두었다.

시랑(侍郎)　　관직명. 한(漢)대의 궁정내 시종. 낭관(郎官)의 일종. 동한(東漢) 때 낭관에 있는 자 중 3년을 경과한 자에게 시랑이란 칭호가 붙여졌다. 상서(尚書)에 속했으므로 상서랑(尚書郎)이라고도 불렀다. 당(唐) 이후 중서성(中書省), 문하성(門下省), 상서성(尚書省)에 속한 각 부(部)의 장관 바로 아래에 이를 두었다. 명·청대에는 정2품의 높은 벼슬로서 상서와 함께 각 부의 당관(堂官:副大臣)이 되었다.

시모노세키조약　　일명 마관조약(馬關條約), 하관조약(下關條約), 춘범루조약(春帆樓條約). 청일전쟁에서 청나라가 패한 후 광서(光緒) 21년(1895) 3월 청나라 대표 이홍장(李鴻章)과 일본 대표 이등박문(伊藤博文)이 일본의 시모노세키〔馬關:현재의 下關〕에서 체결한 조약. 주요 내용은 ① 중국이 요동반도와 대만섬 전체, 그리고 그 부속 도서와 팽호(澎湖)열도를 일본에 할양한다, ② 청 정부는 조선의 자주성을 인정한다, ③ 전쟁 배상금으로 은 2억냥을 일본에 지불한다, ④ 사시(沙市), 중경(重慶), 소주(蘇州), 항주(杭州)를 개방하고 이곳에서의 통상활동을 허용한다 등이다. 이 조약으로 일본은 중국을 잠식할 수 있는 교두보를 마련했다. 이후 러시아 등의 견제로 청나라는 할양했던 요동반도를 되돌려 받았다.

시문(時文)　　그 시대에 유행하던 문체라는 뜻으로, 시대에 따라 가리키는 문체도 달랐다. 당(唐)대에는 변문(騈文)과 율부(律賦) 형태의 과거문(科擧文)을 가리켰고, 명·청대에는 과거시험에 제의(制義)로 쓰이던 팔고문(八股文)이 이에 해당했다. 일반적으로 산문을 가리키며, 고문(古文)과 대립된다는 점에서 이름이 붙여졌다.

시박사(市舶司)　당(唐)대 이후 명(明)대까지 해상 무역을 관리하던 일종의 세관. 당 현종(玄宗) 때 광주(廣州)에 처음 설치하고 장관을 시박사(市舶使), 압번박사(押蕃舶使), 감박사(監舶使)라 했다. 송대에는 해상 무역이 점증하면서 장관인 제여시박(提與市舶)을 전운사(轉運使)가 겸직했다. 청대에는 시박사 대신 해관(海關)이 설치되었다.

시보(詩譜)　서명. 일명 『시보서(詩譜序)』. 3권. 동한(東漢) 정현(鄭玄) 찬. 역사 사실에 근거하여 『시경』의 내용을 시대별로 정리했다. 일실됨.

시식(詩式)　서명. 5권. 당(唐)의 시승(詩僧) 교연(皎然) 저. 시가평론집. 양한(兩漢)부터 당(唐)대까지의 명편을 골라 19종의 체식(體式)으로 나누고 다시 5격(格)으로 분류하여 평론을 가했다. "기세가 높으면서도 천노(遷怒)하지 않고, 힘이 강건하면서도 드러나지 않는" 시를 최고의 예술 경지로 삼았으며, 비흥(比興), 취경(取景), 성률(聲律) 등에 대해서도 분석을 시도했다. 당(唐)대 사공도(司空圖), 송(宋)대 엄우(嚴羽) 등의 시가 이론 정립에 영향을 끼쳤다.

시어사(侍御史)　관직명. 진한(秦漢) 시대에 설치하여 어사대부 아래에 두었다. 전중(殿中)의 일을 처리하고 범법자에 대한 탄핵권을 가지며, 군현(郡縣)을 감찰하는 권한을 지녔다. 동한 때는 서시어사(書侍御史)를 따로 설치했으며, 위·진 때는 전중시어사(殿中侍御史) 등의 관직도 있었다. 당대에 치서어사(治書御史)를 어사중승(御史中丞)으로 개칭하면서 시어사, 전중시어사, 감찰시어사(監察侍御史) 등을 어사대(御史臺) 아래에 두었다. 명·청대에는 감찰어사만이 존재했다.

시역법(市易法)　북송 왕안석(王安石)의 신법 중 하나. 희녕(熙寧) 5년(1072) 시행하였다. 변경(汴京:하남성 開封)에 시역무(市易務)를 설치하고 정부에서 1만 관(貫)을 자금으로 내어 물건의 수매와 행상인의 대부금으로 썼다. 시역무는 시장에서 팔리지 않는 물건을 구매하여 시장의 수요를 기다리고, 상인은 시역무에 저당 물건을 내고 조금씩 꺼내다가 판매할 수 있도록 했다. 대부금과 물건 값은 반년 혹은 1년 후에 1푼 또는 2푼의 이자를 더하여 시역무에 돌려주었다. 후에 항주(杭州), 윤주(潤州), 장안(長安), 봉상(鳳翔) 등에도 시역무를 설치하였다. 시역무는 대상인의 횡포를 막고 상품 가격의 인위적인 폭등과 폭락을 없애는 역할을 하였다.

시연(詩淵)　서명. 명대 초기 무명씨 편. 위·진(魏晋)시대부터 명대 초기까지의 시사(詩詞) 약 5만 수를 실었다. 송대 작품이 비교적 많다. 다른 곳에 실리지 않은 작품이 많아 시가 발전사를 연구하는 중요 자료가 된다.

시위사(侍衛司)　관서명. 원명은 시위친군마보군도지휘사사(侍衛親軍馬步軍都指揮使司). 일명 시위친군사(侍衛親軍司). 오대(五代) 및 송대에 군대를 통솔하던 기구 중 하나. 오대 후량(後梁) 때 처음 설치하였으며, 장관은 시위친군마보군도지휘사, 부도지휘사(副都指揮使) 등이었다. 북송 초 정·부 마보군지휘사의 권한이 너무 컸으므로 이를 폐지하고 시위친군마군사(侍衛親軍馬軍司)와 시위친군보군사(侍衛親軍步軍司)로 나누어 도지휘사와 부도지휘사, 도우후(都虞侯) 등의 관직을 두었다. 전국의 보병과 기병을 관장했다.

시윤장(施閏章:1618~83)　청대 초의 시인. 자는 상백(尙白), 호는 우산(愚山). 선성(宣城:안휘성) 출신. 순치(順治) 6년(1649) 진사가 되어 형부호광사주사(刑部湖廣司主事)를 제수받았다. 강희(康熙) 18년 박학홍사과(博學鴻詞科)에 응시하여 한림시독(翰林侍讀)의 관직을 지냈다. 그의 시는 당대의 왕유(王維), 맹호연(孟浩然)의 풍격을 따라 온유돈후한 맛이 있으며, 근체시는 두보(杜甫)를 배워 질박한 느낌을 준다. 내양(萊陽:산동성) 사람 송완(宋琬)과 함께 이름을 날려 당시 '남시북송(南施北宋)'이라는 칭송을 얻었다. 사(詞)의 경우 풍격이 청려(淸麗)하여 독특한 '선성체(宣城體)'를 이루었다. 저서『시우산집(施愚山集)』『학여당문집(學余堂文集)』.

시인옥설(詩人玉屑)　서명. 21권. 남송 말 위경지(魏慶之) 편. 송대 제가의 시에 대한 논의나 어록을 모아 펴냈다. 전 11권은 시예(詩藝), 격률(格律) 등에 관한 것이고 나머지는 시대순에 따라 한대 이후의 시인 및 그 작품들에 대한 평론을 가했다. 남송 제가의 시화(詩話)를 다수 수록함으로써 그 시대의 시가 이론 발전과정을 연구하는 좋은 자료가 된다.

시적(市籍)　진·한(秦漢) 대에 특정 상업지구 내에서 영업을 하던 상인들의 호적(戶籍). 이 적에 들어있는 사람은 시장에서의 상업행위에 따른 일정액의 세금을 정부에 냈다.

시중(侍中)　관직명. 진(秦)대에 처음 설치되었다. 황제를 직접 모시는 역할을 하였다. 처음에는 잡무를 맡다가 점차 임무가 막중해졌다. 남조(南朝)의 송(宋)대에는 기밀 사항을 관장했다. 양·진(梁陳) 때는 재상의 일을 행했고, 북위(北魏) 때는 소재상(小宰相)으로 불렸다. 수(隋)대에 납언(納

言)으로 개칭되었다가 당(唐)대에 환원되었으며, 이후 실권이 떨어졌다. 북송 때 명목만 존재하다 남송 때 폐지되었다.

시첩시(試帖詩)　　과거시험을 볼 때 주어진 제목에 따라 일정한 형식으로 짓던 시. 일명 성시시(省試詩), 성제시(省題詩). 당(唐) 고종(高宗) 영융(永隆) 연산에 첫 선을 보였으며, 현종(玄宗) 천보(天寶) 연간에 성행했다. 주제가 주로 성현에 대한 칭송, 영사(詠史), 사경(寫景) 등에 한정되었고, 형식적인 면에서도 용운(用韻) 등에 제한을 두었으므로 순수문학으로서의 가치는 떨어졌다. 명대의 왕세정(王世貞)은 시첩시를 가리켜 '억중무일(億中無一)'이라고 평가절하했다.

시품(詩品)　　시가평론서. 전 3권. 남조시대 양(梁)의 종영(鍾嶸) 저. 한·위 이래의 5언고시를 총결하고 시인 122명을 품평하여 상중하 3품으로 그들의 예술적 수준을 분류하였다. 시인의 풍격과 연원을 탐색하였으며, 전고(典故)와 성률을 지나치게 따져 내용을 경시하는 당시의 풍조에 대해서도 비판했다. 최초의 시가 평론집으로 꼽힌다.

시화(詩話)　　시가(詩歌) 평론의 한 형식. 시인, 시가 및 이와 관련된 주변 이야기들을 기록했다. 작품을 품평하거나 원류를 분석하고, 작가의 성향과 주된 시론을 해설하는 등 시와 관련된 이야기라면 형식에 구애받지 않고 수필 형식으로 기술했다. 북송(北宋) 구양수(歐陽修)가 『육일시화(六一詩話)』를 처음 펴냈으며, 이로부터 '시화'라는 명칭이 생겨났다. 송대에는 사마광(司馬光), 왕직방(王直方), 장계(張戒), 양만리(楊萬里), 엄우(嚴羽) 등 100여 명이 시화의 체제로 책을 펴냈고, 원·명·청대에도 수많은 사람이 시화서를 냈다. 영향력있는 시화서로는 송대 장계의 『세한당시화(歲寒堂詩話)』, 계유공(計有功)의 『당시기사(唐詩紀事)』, 엄우의 『창랑시화(滄浪詩話)』, 명대 호응린(胡應麟)의 『시수(詩藪)』, 호진형(胡震亨)의 『당시계첨(唐詩癸簽)』, 청대 섭섭(葉燮)의 『원시(原詩)』, 왕사정(王士禎)의 『대경당시화(帶經堂詩話)』, 조익(趙翼)의 『구북시화(甌北詩話)』 등이 있다. 이밖에 시화들을 묶은 총집으로 『역대시화(歷代詩話)』『속역대시화(續歷代詩話)』『청시화(清詩話)』가 있다.

시화총귀(詩話總龜)　　서명. 시화집. 원명 『시총(詩總)』. 일명 『백가시화총귀(百家詩話總龜)』. 북송 완열(阮閱) 편. 선화(宣和) 5년(1123) 완성. 시화 및 필기소설(筆記小說)을 채집하여 36류(類)로 분류한 시가 평론집이다.

원서는 10권이나 남송 때 전후 각 50권으로 증편하고 명칭도 바꾸었다. 현존 유행본은 명(明)의 종실(宗室) 월창도인(月窓道人)이 전집 48권, 후집 50권으로 개편한 것이다.

시황제(始皇帝) → 진시황

신(新:9~23)　　왕조명. A.D 9년 한(漢) 왕조의 외척인 왕망(王莽)이 정권을 탈취하여 세웠다. 상안(常安:섬서성 西安)에 도읍을 정하였다. 23년 녹림(綠林) 기의군에 의해 멸망했다.

신기질(辛棄疾:1140~1207)　　남송의 애국 사인(詞人). 자는 탄부(坦夫), 유안(幼安). 호는 가헌거사(稼軒居士). 금(金)의 점령지인 제남(濟南) 역성(歷城:산동성 濟南)에서 태어났다. 소흥(紹興) 31년(1161) 무리를 이끌고 경경(耿京)의 항금(抗金) 부대에 합류하여 서기(書記)가 되었다. 경경이 죽은 후 군대를 이끌고 남송(南宋)에 귀의하였으나, 신임을 받지 못하고 무장해제되어 강음군첨판(江陰軍簽判)에 임명되었다. 건도(乾道) 원년(1165)「미근십론(美芹十論)」을 올려 항금을 주장했지만 채택되지 못했다. 순희(淳熙) 2년(1175) 강서형옥(江西刑獄)이 되고, 8년 양절서로형옥(兩浙西路刑獄)에 봉직하다가 다시 중원회복을 주장하여 탄핵되었다. 이후에도 두번이나 기용되어 복건(福建)·복주(福州)·절동(浙東) 안무사를 지냈으나 결국 항금 주장을 굳히지 않다가 파직되고 마지막으로 '살적(殺賊)'을 두번 외치면서 죽었다. 사 작품이 600여 수에 달하며, 송대의 사인 중 가장 많은 작품을 지었다. 사의 풍격은 호방한 가운데 격정이 넘치며 조국 산하의 장려함, 회재불우의 심정 등을 내용으로 하는 것이 많다. 대표적 낭만파 사인으로 꼽힌다.

신농본초경(神農本草經)　　서명. 3권. 동한(東漢) 무명씨 저. 전국(戰國) 및 진·한(秦漢) 이래의 의약 경험을 총결하여 정리했다. 동물·식물·광물 등 약재로 사용되는 365종을 상중하 3품(品)으로 구분하여 수록했다. 본초학(本草學)의 기초 자료가 되고 있다.

신농씨(神農氏)　　고대 신화전설상 삼황(三皇) 중 한 사람. 나무를 깎거나 휘어 쟁기와 보습을 만들고, 오곡과 채소를 심어 농업을 번창케 했다고 한다. 또 재위시 백초(百草)로써 백성의 질병을 치료했다는 얘기도 전해진다. 농신(農神)으로 불린다. 일설에 따르면 불과 관련된 화덕왕(火德王)으로서 염제(炎帝)라고도 하며, 열산(烈山)에서 태어났다고 해서 열산씨(烈山

氏)로도 불린다.

신당서(新唐書) 서명. 225권. 기전체 단대(斷代) 역사서. 북송 구양수(歐陽修), 송기(宋祁) 등이 인종(仁宗)의 명을 받고 편찬하였다. 경력(慶曆) 4년(1044) 시작하여 가우(嘉祐) 5년(1060) 완성. 『구당서(舊唐書)』를 보완하여 당대 290년의 역사를 기술했다. 『구당서』에 보이지 않는 사료들이 많이 첨가되었으나 간결성을 추구하기 위해 『구당서』의 많은 내용을 삭제했으므로 『구당서』를 대체하지는 못한다.

신론(新論) 서명. 일명 『환자신론(桓子新論)』. 29편. 동한(東漢) 환담(桓譚) 저. 당시의 유신론적 이론을 비판한 책. 초와 촛불의 관계를 비유로 들어 초가 다 타 꺼지면 촛불도 사라지는 것처럼 인간의 영혼도 육체가 다 하면 함께 활동을 중지한다고 주장하였다. 「형신편(形神篇)」만이 현존한다.

신릉군(信陵君:?~243 B.C) 전국시대 위(魏)나라의 공자. 성은 위(魏), 이름은 무기(無忌). 위소왕(魏昭王)의 아들. 제(齊)의 맹상군(孟嘗君), 초(楚)의 춘신군(春申君), 조(趙)의 평원군(平原君)과 함께 전국사공자(四公子)의 한 사람. 문하에 식객 3천을 두었다. 조나라 평원군이 진(秦)의 포위로 위기에 처해 있을 때 왕의 병부(兵符)를 훔쳐 군대를 이끌고 진군을 몰아냈다. 이로 인해 고국에 돌아가지 못하고 평원군에 의지해 있다가 귀국해서는 상장군(上將軍)이 되었다. 진의 이간책에 의해 모반의 누명을 쓰고 억울하게 죽었다.

신법당(新法黨) 북송(北宋) 신종(神宗) 때 전반적인 사회개혁을 목표로 신법을 추진하던 당파. 왕안석(王安石)과 채경(蔡京)이 중심 인물이었다. 신종의 신임을 얻은 왕안석은 수구파 구법당인 사마광(司馬光) 등의 반대 속에도 균수(均輸), 청묘(青苗), 시역(市易) 등 부국강병을 위한 신법을 추진했다. 이로 인해 신·구법당간 정치투쟁이 빚어졌으며, 이는 철종(哲宗), 휘종(徽宗)대로 이어졌다. 철종 때는 정권을 잡은 선인태후(宣仁太后)가 구법당을 신임했으므로 신법당 관료가 배척을 받았으며, 휘종이 즉위한 후에는 재상이 된 채경이 구법당을 몰아냈다. 구법당 참조.

신불해(申不害:약 385~337 B.C) 전국시대의 사상가. 법가(法家)의 대표적 인물. 정(鄭)나라 사람이었으나 한(韓)이 정을 멸한 후 한 소후(昭侯)를 섬기며 10여년간 재상으로 봉직했다. 황로(黃老)사상에 바탕을 두고 형명(刑名)을 주로 하여 법치를 주장했으며, 재임 기간 동안 일련의 개혁정책으로 나라를 부강하게 했다. 저서에 『신자(申子)』 6편이 있으나 대부분 전해지지 않고, 그중 「대체(大體)」 한 편이 현존한다.

신사(紳士)　　명·청대의 신분계급. 일반적으로 지방에 거주하는 지식계층을 부를 때 이 용어를 사용한다. 송(宋)대의 사대부(士大夫)와 흡사하나 사대부는 지주 혹은 관료 출신이라는 점에서 신사와 차별성이 있다. 신(紳)은 관직에 나아간 사람이고, 사(士)는 거인(擧人), 공생(貢生), 감생(監生), 생원(生員) 등 관직의 길을 지망하는 예비 관료에 해당한다. 이들은 국가로부터 일정한 특권을 부여받았으므로 평민과는 신분이 다르며, 정치 사회적으로 향촌사회의 지배층을 형성했다. 특히 사의 경우 사회의 중간계층으로서 조직을 결성하여 관의 횡포에 항의하거나 정부의 실정을 비판하는 일을 서슴지 않았다.

신석기문화(新石器文化)　　중국 석기시대 말기(약 4천년~7천년 전)의 문화. 마제석기를 사용한 것이 특징이다. 도기(陶器)가 출현하기 시작했으며, 기초적인 목축과 농경법을 익혀 한 곳에 정착하는 주거 패턴이 생겨났다. 부계와 모계사회가 혼재한 형태. 대표적으로 앙소(仰韶)문화와 용산(龍山)문화가 있으며, 기타 황하, 흑룡강성, 장강 일대에 소남산(小南山), 대지만(大地灣), 마가요(馬家窯), 자산(磁山), 대계(大溪) 등의 문화유적이 있다.

신수(神秀:약 606~706)　　당(唐)대의 승려. 선종 북종파(北宗派)의 창시인. 속세의 성은 이(李). 소년 때 출가하여 황매(黃梅:호북성) 쌍봉산(雙峰山)에서 선종오조(禪宗五祖)인 홍인(弘忍)의 수제자가 되었다. 그러나 법사(法嗣)를 정하는 시험에서 법당내 쌀을 찧던 혜능(慧能)에게 자리를 빼앗겼다. 홍인 사후 강릉(江陵) 당양산(當陽山)에 살면서 혜능의 남종파에 대응하여 선종의 북종파를 창시하고 선법(禪法)을 전수했다. 그는 수행 연마를 통한 점오(漸悟)로써 불교의 이상인 진여(眞如)의 경지에 도달할 수 있다고 주장했다. 측천무후(則天武后), 중종(中宗), 예종(睿宗) 등 여러 황제의 존숭을 받아 교파를 흥성시켰다.

신수본초(新修本草)　　서명. 54권. 의약서. 당(唐) 고종(高宗)의 명에 의해 소경(蘇敬), 장손무기(張孫無忌) 등이 현경(顯慶) 4년(659) 편찬했다. 약도(藥圖), 약경(藥經), 본초(本草)의 3부분으로 나뉘며, 844종의 약물에 관하여 성능, 산지, 효험 등을 기술하였다.

신시병(新市兵)　　신(新)대 말년에 봉기한 농민 기의군인 녹림군(綠林軍)

의 소속 부대. 왕광(王匡), 왕봉(王鳳)이 수장으로 있었으며, 이들의 출신 지가 신시(新市:호북성 京山)였으므로 이름이 붙여졌다.

신악부운동(新樂府運動)　　당(唐)대 중기 백거이(白居易), 원신(元稹) 등이 제창한 시가 개혁운동. 백거이는 "문장은 시대에 맞게 지어야 하며, 시가는 행위(事)와 맞게 노래해야 한다(文章爲時而著 詩歌爲事而詠)"는 주장 하에 현실참여적 시 창작관을 드러냈다. 그의 「신악부(新樂府)」 50수는 이 같은 의도 아래 시폐(時弊)를 논한 것이 많다. 기타 풍유시와 「진중음(秦中吟)」 10수도 이러한 유의 대표 작품들이다.

신약법(新約法) ➡ **중화민국약법**

신어(新語)　　서명. 12편. 서한(西漢) 육가(陸賈) 저. 역대 통치자들의 치적을 기술함으로써 한(漢)왕조 통치의 방향을 제시하려 한 책이다. 특히 진(秦)의 통치가들이 범한 실정을 파헤쳐 교훈으로 삼도록 하였다. 정치의 가장 큰 덕목으로 인의(仁義)를 내세우고 시(詩)·서(書) 등 유가 경전의 내용에 입각하여 사회를 교화해야 한다고 주장했다. 가의(賈誼), 동중서(董仲舒) 등의 사상에 영향을 끼쳤다.

신언서판(身言書判)　　당(唐)대에 관리를 선발할 때 전형(銓衡) 기준으로 삼았던 4가지 조건. 곧 체모(體貌)의 풍위(豊偉), 언사(言辭)의 변정(辯正), 해법(楷法)의 준미(遵美), 문리(文理)의 우장(優長) 등이다. 이 네가지가 고루 비슷할 경우 덕행을 보고 그 다음 재능을 보았다. 합격자에게는 관직을 주었다.

신오대사(新五代史)　　서명. 원명은 『오대사기(五代史記)』『오대신사(五代新史)』. 후세에 북송 설거정(薛居正) 등이 편찬한 『구오대사(舊五代史)』와 구별하기 위해 이름이 붙여졌다. 74권. 북송 구양수(歐陽修) 찬. 기전체 단대(斷代) 역사서. 경우(景祐) 연간에 시작하여 황우(皇祐) 5년(1053) 완성하기까지 근 20년이 걸렸다. 본기(本紀), 열전(列傳), 고(考), 세가(世家), 세가연보(世家年譜), 부록으로 나누어 오대십국(五代十國) 54년간의 역사를 기술했다.

신운설(神韻說)　　청대 왕사정(王士禎)이 주창한 시론. 당(唐)대 사공도(司空圖)가 『이십사시품(二十四詩品)』에서 제창한 운외지치(韻外之致), 미외지미(味外之味), 상외지상(象外之象), 경외지경(景外之景)과, 남송(南宋) 엄우(嚴羽)가 『창랑시화(滄浪詩話)』에서 제창한 묘오(妙悟), 흥취(興趣) 등의 시론으로부터 영향을 받았다. 내용 역시 사공도, 엄우의 시론에서 벗어나지 않는다. 특히 시란 모름지기 '득의망언(得意忘言)' '홍회신도(興會神到)'의 경지를 추구해야 한다고 보고, 당대 왕유(王維), 맹호연(孟浩然)의 시에서 그 모범을 찾았다.

신유정변(辛酉政變) → 북경정변

신축조약(辛丑條約)　일명 북경의정서(北京議定書). 의화단 사건을 수습하기 위해 광서(光緒) 27년(1901) 9월 청 정부가 영국, 일본, 미국, 러시아, 프랑스, 독일, 오스트리아, 스페인 등 11개국 대표와 북경에서 체결한 조약. 총 12개 항에 10여개 부속 조항으로 되어 있다. 주요 내용은 관련된 관원을 처벌할 것 외에 ① 배상금으로 은 4억 5천만 냥을 39년간 분할 상환하되 관세, 염세를 열강의 지배하에 두어 담보로 할 것, ② 대고포대(大沽砲臺) 및 기타 북경 통행에 장애가 되는 각지의 주둔군을 철수할 것, ③ 동교민항(東交民巷)을 각국의 대사관 지역으로 정하고 각국의 주둔병이 관할하며 중국인의 거주를 금할 것, ④ 중국인의 반제국주의 조직을 영원히 금하되 어긴 자는 사형에 처할 것, ⑤ 총리각국사무아문(總理各國事務衙門)을 외무부로 개편하고 6부(部)에 우선하도록 할 것 등이다. 이 조약의 체결로 열강은 정치·경제·군사 방면에서 중국에 대한 통치권을 장악했으며, 청 정부는 '양인(洋人)의 조정'으로 전락했다.

신해혁명(辛亥革命)　청 선통(宣統) 9년(1911) 10월 10일 무창기의(武昌起義)를 시작으로 전국적으로 번져 나간 민중혁명. 당시 조정이 서구 제국주의 세력에 모든 이권을 팔아먹으면서 나라를 좀먹고 개인의 치부에만 몰두함에 따라 청조 타도를 목적으로 봉기했다. 신축조약(辛丑條約)의 결과 중국이 서구 열강의 반 식민지로 전락했음에도 불구하고 청 통치자는 권력 유지에 몰두하며 사치, 부패 생활에만 빠졌다. 이에 따라 1905년 손문(孫文) 등이 혁명단체인 중국동맹회(中國同盟會)를 만들어 국내외에서 혁명역량을 키워나갔고 각지의 무장 봉기를 지원했다. 1911년 각지에서 보로(保路)운동이 일어나고 급기야 10월 10일 무창(武昌)에서 혁명파에 의한 무창기의가 터지면서 신해혁명은 불을 지폈다. 무창에서 호북군정부(湖北軍政府)가 성립된 후 2개월도 되지 않아 전국 각 성(省)이 독립을 선포했다. 이듬해 1월 1일 혁명정부인 중화민국 임시정부가 남경에서 탄생하고 손문이 임시대총통에 선출되었다. 그해 2월 손문은 청 황제의 퇴위를 조건으로 청

정부의 내각총리대신 원세개(袁世凱)에게 총통직을 양보했으며, 2월 12일 선통제(宣統帝)가 원세개의 강압에 의해 퇴위했다. 이로써 청왕조는 멸망했다. 그러나 원세개는 임시정부가 정한 임시약법(臨時約法)을 무시하고 독재를 휘두르는 한편 서구 열강 세력과 영합했으므로 혁명은 성공을 거두지 못하고, 2차혁명(1913)으로 이어졌다.

실록(實錄)　　남조(南朝)시대 양(梁)나라 때부터 편찬되기 시작한 일종의 편년체 역사서. 봉건시대 제왕의 활동을 중심으로 사회·경제·문화·군사 등의 활동을 기술하였다. 양 주흥사(周興嗣)가 편찬한 『양황제실록(梁皇帝實錄)』이 최초의 것으로 전해진다.

심괄(沈括：1031~95)　　북송의 과학자, 정치가, 문학가. 자는 존중(存中). 전당(錢塘：절강성 杭州) 출신. 처음에 부친의 힘으로 술양주부(沭陽主簿), 영국현령(寧國縣令)이 되어 수리사업을 펴고 황무지를 개간하는 등 위민정책을 폈다. 가우(嘉祐) 8년(1063) 진사에 합격하여 양주사리참군(揚州司理參軍), 소문각교감(昭文閣校勘)을 지냈다. 신종(神宗) 초 사천감(司天監)에 임명되어 혼의(渾儀), 경표(景表), 오호부루(五壺浮漏) 등의 의기(儀器)를 새로 개발했으며 「봉원력(奉元曆)」을 편찬했다. 희녕(熙寧) 연간에는 왕안석(王安石)의 개혁에 참여하였다. 희녕 8년 요(遼)에 사신으로 갔다 돌아와서 도중의 산하 지리를 담은 『희녕사거란국초(熙寧使契丹國鈔)』를 펴냈다. 이후 한림학사(翰林學士), 권삼사사(權三司使), 지선주(知宣州) 등을 지내고, 만년에는 윤주(潤州：강소성 鎭江)의 몽계원(夢溪園)에 은거하며 저술활동으로 보냈다. 천문, 지리, 의약 등 다방면에 능통한 만큼 저작도 많으나 대부분 없어지고 『장흥집(長興集)』 41권과 『몽계필담(夢溪筆談)』 26권이 전한다. 『몽계필담』은 천문, 역법, 지질, 수학, 의약 등 다방면에 관해 언급한 종합적 학술 논저로 중국 과학사에 있어 귀중한 유산의 하나이다.

심덕잠(沈德潛：1673~1769)　　청대의 시가 평론가. 자는 확사(確士), 호는 귀우(歸愚). 장주(長洲：강소성 蘇州) 출신. 건륭(乾隆) 4년(1739) 67세의 나이에 진사가 되어 건륭제가 '노학사(老學士)'라 불렀다. 예부시랑(禮部侍郎)의 관직을 지냈으며 재직시 건륭제를 위하여 『어제시집(御制詩集)』의 교정을 맡았다. 이로 인해 황제의 신임을 받고 사직 후에도 예부상서(禮部尙書)의 직함을 얻었다. 사후에는 태자태사(太子太師)에 추서되었다. 그러나 나중에 서술기(徐述夔)의 문자옥(文字獄)에 연루되어 부관참시되고 유족들도 죄를 입었다. 시가 유파의 발전과정을 분석하고 각 유파의 득실을 논하는데 관심을 가졌다. 이에 대해 서술한 책이 『고시원(古詩源)』이다. 이는 중국의 시가 발전사를 이해하는데 중요한 자료가 되고 있다. 시가 작품도 다수 있으며, 한·위(漢魏) 및 성당(盛唐)의 시풍을 따른 것이 많다. 『당시별재(唐詩別裁)』『국조시별재(國朝詩別裁)』를 편찬했으며, 저서에 『심귀우시문전집(沈歸愚詩文全集)』이 있다.

심무종(心無宗)　　위·진(魏晋)시대 불교 반야학(般若學)의 육가칠종(六家七宗) 학파 중 하나. 만물의 근본은 무(無)가 아니라 유(有)라고 보고, 그러나 사람은 만물에 대하여 무심(無心)을 견지해야만 이상적 정신 경지에 도달할 수 있다고 보았다. 창시인은 동진(東晋)의 승려 지민도(支敏度).

심약(沈約:441~513)　　남조시대 양(梁)의 문학자, 사학자. 자는 휴문(休文). 무강(武康:절강성) 출신. 어려서 늘 밤 늦도록 공부를 하여 이를 걱정한 모친이 항상 등잔에 기름을 조금만 채웠다고 한다. 이부상서(吏部尙書)를 거쳐 태자소부(太子少傅)의 관직을 지냈으며, 건창현후(建昌縣侯)에 봉해졌다. 말년에는 견책당하여 우울한 세월을 보냈다. 시호는 은후(隱侯). 시문에 능했으며 당시 경릉팔우(景陵八友)의 한 사람이었다. '사성론(四聲論)'과 '팔병설(八病說)'을 펴 시문의 운율 등 형식미를 강구, 근체시 태동의 계기를 마련하였다. 사조(謝脁) 등과 함께 수사와 성률을 통한 형식미를 추구하는 이른바 영명체(永明體)를 탄생시켰다. 작품 「팔영시(八詠詩)」「육억시(六憶詩)」. 역사서로 서애(徐愛)의 『송서(宋書)』에 기초하여 24사(史)에 속하는 『송서』 100권을 편찬하였다. 기타 저서 『진서(晋書)』『제기(齊紀)』『고조기(高祖紀)』『이언(邇言)』『익례(謚例)』『송문장지(宋文章志)』『사성보(四聲譜)』 등. 명(明)대 사람이 『심은후집(沈隱侯集)』을 펴냈다.

심전기(沈佺期:?~713)　　당(唐)대의 시인. 자는 운경(雲卿). 내황(內黃:하남성) 출신. 고종(高宗) 때 진사에 급제하여 협률랑(協律郎), 급사중(給事中) 등을 지냈다. 무측천(武則天)의 총신인 장이지(張易之)와 친하게 지냈다가 장이지가 세력을 잃은 후 환주(驩州:월남)로 유배되었다. 후에 다시 소환되어 태자소첨사(太子少詹事)를 지냈다. 율시를 즐겨 지었으며, 시의 협률(協律)을 중시했다. 내용 면에서 응제(應制)의 작품이 많으며, 유배를 겪은 이후 염세적인 경향을 띠었다. 송지문(宋之問) 등과 함께 칠언율시와 배율시를 창조했으며, 당대 율시의 형성과 발전에 큰 영향을 끼쳤다. 송지문과 더불어 '심송(沈宋)'으로 불린다. 작품집 『심전기집(沈佺期集)』.

심주(沈周:1427~1509)　　명대의 화가. 자는 계남(啓南), 호는 석전(石田), 백석옹(白石翁). 장주(長洲:강소성 蘇州) 출신. 일생 동안 벼슬에 나아가지 않고 안빈낙도를 생활 철학으로 삼았다. 수묵산수를 잘 그렸으나 화조도(花鳥圖)에도 능했다. 문징명(文徵明), 동기창(董其昌) 등이 그의 뒤를 이어 명대 남송 문인화의 주류를 이루었다. 오문파(吳門派)의 영수로 꼽히며 오문 4대가의 한 사람이다. 시문도 잘 지었고, 시집에 『석전시선(石田詩選)』이 있다.

심학(心學)　　남송 중기에 출현한 사상체계. 이학(理學)의 일종이며 육구연(陸九淵)이 창시했다. 육구연은 '심(心)'이 우주 만물의 본원이라는 전제 아래 '심즉리(心卽理)'의 이론을 제창했다. 또 "우주가 곧 나의 마음이요, 나의 마음이 곧 우주이다(宇宙便是吾心 吾心卽是宇宙)"라는 이론을 내세웠다. 이는 자아가 없다면 세계 역시 존재하지 않는다는 것으로 철저한 유심주의 이론이다. 이학, 양명학 참조.

십가재양신록(十駕齋養新錄)　　서명. 필기(筆記) 20권 및 여록(餘錄) 3권. 청대 전대흔(錢大昕) 찬. '십가재'는 작자의 서재 명칭이다. 가경(嘉慶) 4년(1799) 완성. 작자가 수십년 동안 독서하면서 얻은 바를 그때 그때 기록해 두었다가 정리하여 편찬한 것이다. 체례는 고염무(顧炎武)의 『일지록(日知錄)』을 모방했다. 문류(門類)가 엄정하지 않으며, 같은 유의 것끼리 모은 정도이다. 총 930조의 항목으로 나누고 항목마다 표제어를 달아 찾아보기 쉽도록 했다. 「여록」은 82조. 인물, 지리, 관제, 고거, 문자, 음운, 전적 등의 방면을 주로 다루었으며 고증 방면에 치중했다. 기타 역사서 및 인물에 대한 평론도 가했다.

십삼경(十三經)　　유가 경전 13종을 일컫는 말. 송(宋)대에 처음 명칭이 생겨났다. 『시경(詩經)』 『상서(尙書)』 『주역(周易)』 『예기(禮記)』 『주례(周禮)』 『의례(儀禮)』 『춘추공양전(春秋公羊傳)』 『춘추곡량전(春秋穀梁傳)』 『춘추좌씨전(春秋左氏傳)』 『논어(論語)』 『맹자(孟子)』 『이아(爾雅)』 『효경(孝經)』을 가리킨다.

십삼사(十三史) ➡ **십칠사 참조**

십삼종(十三宗)　　중국 불교의 13개 종파. 열반종(涅槃宗), 지론종(地論宗), 섭론종(攝論宗), 성실종(成實宗), 비담종(毘曇宗), 율종(律宗), 삼론종(三論宗), 정토종(淨土宗), 선종(禪宗), 천태종(天台宗), 화엄종(華嚴宗), 법상종(法相宗), 진언종(眞言宗)을 일컫는다.

십삼행(十三行)　청대 전기에 생겨난 광주(廣州)의 외국 무역 특허 상인 조합. 일명 광동십삼행(廣東十三行), 외양행(外洋行), 양행(洋行), 양무행(洋貿行). 청 정부는 당시 폐관(閉關) 정책을 쓰다가 강희(康熙) 25년(1686) 광주에 한해 외국과의 무역을 한정적으로 허가하고, 외국과의 상거래를 전문으로 하는 상인 단체 13가(家)를 지정했다. 이들은 반관반상(半官半商)으로서 독점적으로 무역행위를 하는 것 외에 외국 선박으로부터 통관료, 정박료를 받고 외국인의 숙박을 관리하는 등 무역에 관한 모든 일을 맡았다. 정부는 이들에게 배타적 이익을 보장하는 대신 관세 및 이익금의 일부를 출연하도록 했다. 무역상의 수는 13가로 고정된 것이 아니어서 건륭(乾隆) 시기에는 26가, 도광(道光) 연간에는 7가였으며, 아편전쟁 전에는 다시 13가가 되었다. 1760년에는 양행(洋行)에서 외양행(外洋行)이 독립하여 공행(公行)의 형태를 띠었다. 공행제도로 인해 무역에서 불리한 입장에 섰던 영국이 1842년 남경조약에서 이들의 무역 특권 취소를 요구, 실현함으로써 13행은 점차 사라졌다.

십악(十惡)　봉건사회의 형률(刑律)로 규정한 10가지 중죄. 한(漢)대 이래로 부도(不道), 불경(不敬)의 죄명이 생겼으며, 『북제율(北齊律)』에 '중죄십조(重罪十條)'가 정해졌다. 수(隋)의 『개황률(開皇律)』에서 이를 십악(十惡)으로 개명했으며, 당률에서도 이를 답습했다. 그 내용은 모반(謀反), 모대역(謀大逆), 모반(謀叛), 악역(惡逆), 부도(不道), 대불경(大不敬), 불효(不孝), 불목(不睦), 불의(不義), 내란(內亂) 등이다. 후대 역시 이를 그대로 따랐다.

십육국(十六國)　일명 오호십육국(五胡十六國). 304년 유연(劉淵)이 전조(前趙)를 세운 시기로부터 439년 북위(北魏)가 중국의 북부 일원을 통일하기까지 135년간 각 부족이 북방 및 파촉(巴蜀) 일대에서 전후로 건립한 정권. 성한(成漢), 전조(前趙), 후조(後趙), 전진(前秦), 후진(後秦), 서진(西秦), 전연(前燕), 후연(後燕), 남연(南燕), 북연(北燕), 전량(前涼), 후량(後涼), 남량(南涼), 북량(北涼), 서량(西涼), 하(夏)를 가리킨다. 오호십육국의 시작을 서진(西晉)이 망하는 316년 전후로 보는 시각도 있다.

십육국춘추(十六國春秋)　서명. 102권. 위진남북조시대 북위(北魏)의 최홍(崔鴻) 찬. 전기체(傳記體) 역사서. 서진(西晋) 이후 중국 북방에 전후로 건립된 16개 군소국가의 흥망사를 서술했다. 시대순에 따라 각국을 배열했으며 자료가 풍부하여 당시 역사를 이해하는네 좋은 자료가 된다. 집본(輯本)이 현존한다.

십이율(十二律) → 육률 참조

십칠사(十七史)　　고대로부터 오대(五代)까지 단대(斷代) 위주의 역사를 담은 17종의 정사(正史). 본기(本紀), 열전(列傳)을 중심으로 지(志)·표(表) 등으로 구성되는 기전체(紀傳體) 서술방식을 채택했다. 『사기(史記)』 230권, 『한서(漢書)』 120권, 『후한서(後漢書)』 120권, 『삼국지(三國志)』 65권, 『진서(晋書)』 130권, 『송서(宋書)』 100권, 『남제서(南齊書)』 59권, 『양서(梁書)』 56권, 『진서(陳書)』 36권, 『후위서(後魏書)』 114권, 『북제서(北齊書)』 50권, 『후주서(後周書)』 50권, 『수서(隋書)』 85권(이상 13사), 『남사(南史)』 80권, 『북사(北史)』 100권, 『신당서(新唐書)』 225권, 『신오대사(新五代史)』 74권을 가리킨다.

십칠사상각(十七史商榷)　　서명. 100권. 청대 왕명성(王鳴盛) 찬. 건륭(乾隆) 52년(1787) 완성. 『사기(史記)』부터 『오대사(五代史)』까지 정사(正史) 17사와 당시 정사에 포함되지 못한 『구당서(舊唐書)』『구오대사(舊五代史)』를 포함하여 총 19사를 다루었다. 역대 사서의 문자에 대해 교감(校勘)하고 오류를 바로잡는 한편 사실적 고증을 가했다. 정사를 연구하는 중요한 참고 자료이다.

십팔반(十八班)　　관직제도. 남조시대 초 위(魏)의 구품중정제(九品中正制)를 고쳐 18반(班)을 만들었다. 12품 이상자는 성(姓)을 부르지 않음으로써 존귀함을 표시하였다.

십팔사(十八史)　　정사(正史)인 십칠사(十七史)에 『송사(宋史)』를 더한 18가지 역사서. 십칠사 참조.

십팔사략(十八史略)　　역사서. 원(元)대 증선지(曾先之) 편. 원본은 2권이며 명(明)대 진은(陳殷)이 음석본(音釋本) 7권을 내 현재 통용된다. 『사기(史記)』『한서(漢書)』로부터 『당서(唐書)』『오대사(五代史)』까지의 정사(正史) 17사와 송대의 송감(宋鑑)인 『속자치통감장편(續資治通鑑長編)』『속송편년자치통감(續宋編年資治通鑑)』에서 주요 내용을 간추려 초학자용 독본으로 엮었다.

십팔학사(十八學士)　　당(唐) 태종(太宗)이 문학관(文學館)을 세우면서 임명한 18명의 학사. 방현령(房玄齡), 두여회(杜如晦), 요사렴(姚思廉), 공영달(孔穎達), 우세남(虞世南), 육덕명(陸德明), 채윤공(蔡允恭), 안사고(顔師古), 허경종(許敬宗), 설원경(薛元敬), 우지령(于志寧), 저량(褚亮), 이현도(李玄道), 이수소(李守素), 개문달(蓋文達), 소욱(蘇勗), 설수(薛收), 소세장(蘇世長)이 그들이다. 설수 사후 유효손(劉孝孫)이 보임되었다. 당 현종(玄宗) 때도 18학사가 있었으며 장설(張說), 하지장(賀知章), 여향(呂向) 등이 중심인물이었다.

십포폐(十布幣)　　서한(西漢) 말 왕망(王莽) 정권 때 통용된 10종의 포폐(布幣). 왕망이 제도 개혁을 하면서 남발한 화폐이다.

아(雅)　　『시경(詩經)』의 구성 유형 중 하나. 소아(小雅), 대아(大雅)로 나뉘며, 소아 74편, 대아 31편 등 모두 105편으로 구성되어 있다. 귀족이 연회 때 사용하던 악가가 대부분이며 민가도 약간 포함되어 있다. 시경 참조.

아골타(阿骨打:1068~1123)　　아쿠타로도 불림. 금(金)의 태조(太祖). 재위 1115~23년. 여진족. 완안(完顔) 부족 출신이며, 성이 완안이라고도 한다. 요(遼) 천경(天慶) 3년(1113) 부족의 영수가 되어 여진족을 통일했으며, 동 4년 요와의 전쟁에서 승리하고 5년 제위에 올랐다. 국호는 대금(大金), 연호는 수국(收國), 도읍은 회녕(會寧:흑룡강성 阿城縣). 천보(天輔) 4년(1120) 송(宋)과 해상지맹(海上之盟)을 맺어 공동으로 요를 격파하고 요의 5경(京)을 점령하였다. 여진 문자를 창제하고 한(漢) 및 거란족의 문화를 받아들이는 등 문화사업을 폈다.

아방궁(阿房宮)　　섬서성 서안(西安) 서쪽 아방촌에 위치한 궁전. 진시황(秦始皇) 35년(B.C 212) 축조하여 2세황제까지 이어졌다. 규모는 남북 50장(丈), 동서 500보(步)의 크기이며, 궁에 1만 명 가량이 들어설 수 있었다. 진(秦)대의 가장 화려한 궁전으로 황제가 이곳에서 비빈들과 가무를 즐겼다. 진 말 항우(項羽)에 의해 훼손되었으며, 현재 유지(遺趾)만 남아 있다.

아상(亞相)　　관직명. 승상의 바로 아래 계급으로서 한(漢)대에는 어사대부(御史大夫)가 직을 승계했으므로 어사대부를 가리켜 아상이라 했다. 당(唐)대 이후에는 어사대부의 별칭으로 굳어졌다.

아이훈조약　　함풍(咸豊) 8년(1858) 러시아의 동시베리아 총독 무라비예프가 청 정부를 협박하여 흑룡강 장군 혁산(奕山)과 아이훈성에서 체결한 양국 국경 조약. 주요 내용은 ① 흑룡강 이북과 외흥안령 이남의 일부 중국 영토를 러시아에 할양한다, ② 오소리강 동쪽의 중국 영토를 양국이 공동 관할한다, ③ 흑룡강, 오소리강에서의 선박 통행을 자유화한다 등이다. 러시아는 이로 인해 흑룡강을 경유하여 태평양에 닿을 수 있는 통로를 확보했다.

아쿠타 → 아골타

아편무역(阿片貿易)　　중국에 아편의 수입이 시작된 것은 옹정(雍正) 연간인 1700년대 초이다. 청 정부는 당시 아편 반입이 늘자 1727년 아편 금연령을 내렸으나 효과가 크지 않았다. 건륭(乾隆) 연간에는 수입량이 연간 1천여 상자에 이르고 1800년대 초에는 4천여 상자로 늘었다. 이때는 부패한 관료가 사리사욕을 채우기 위해 아편의 수입을 방조했으며, 전국적으로 흡연자가 200여만 명에 달할 정도였다. 이로 인해 중국의 은(銀)이 아편의 주 수출국인 영국으로 대거 흘러들어가 국가재정이 파산 지경에 이르렀다. 1830년대에 조정에서 아편 수입에 관한 찬반 양론이 끊임없이 제기되다 1836년 전국적으로 금연운동이 일어나면서 도광제(道光帝)는 아편 흡연 엄금령을 내렸다. 이후 흠차대신 임칙서(林則徐) 주관 아래 아편 배척운동을 벌이다 1840년 영국과 아편전쟁이 벌어졌다.

아편전쟁(阿片戰爭)　　아편의 무역을 계기로 일어난 영국과 청나라와의 전쟁. 도광(道光) 20년(1840) 청의 아편 수입 봉쇄에 맞서 영국 군대가 영파(寧波), 하문(廈門)을 봉쇄하고 광동, 상해 등지를 차례로 점령하여 1842년 남경에 육박, 남경조약을 체결하기까지 2년간 이어졌다. 청 정부에서는 흠차대신 임칙서(林則徐)가 맹활약했으나 역부족이었으며, 결국 굴욕적인 남경조약 체결로 홍콩을 영국에 할양하고, 광주, 하문, 영파, 상해, 복주(福州)의 5항구를 개항했다. 또 이를 계기로 미국과 프랑스와도 불평등한 통상조약을 체결하여 서양 제국주의의 경제침략을 가속화시켰다. 제2차 아편전쟁 참조.

악가군(岳家軍)　　남송 초 명장 악비(岳飛)가 이끌던 군대. 당시 장수의 성씨를 따 군대의 이름을 짓는 경향에 따라 명칭이 붙여졌으며, 정식 명칭은 시기에 따라 신무우부군(神武右副軍), 신무부군(神武副軍), 신무후군(神武後軍), 행영후호군(行營後護軍) 등으로 불렸다. 많을 때는 병력이 10만 이상에 달했다. 군기가 엄하고 잘 훈련되었으며, 금(金)의 군대를 격파하는 데 큰 공헌을 했다.

악군계절(鄂君啓節)　　전국시대 초 회왕(楚懷王)이 악군(鄂君) 계(啓)에게 발급해 준 부절(符節). 안휘성 수현(壽縣)에서 출토되었다. 청동을 주조해서 만든 것으로 지금까지 5개가 발견되었다. 150여 글자가 새겨져 있으며 육로, 수로 등 교통노선이 적혀 있다.

악부(樂府)　　한(漢)대에 발전한 시가의 일종. 일명 한악부(漢樂府). 악부란 본래 서한(西漢) 무제(武帝) 때 설치한 관서명으로, 시인의 송덕시(頌德詩) 등에 맞는 악곡을 지어 가무 연주에 쓰이도록 하기나, 민간의 가요를 채집하는 일을 맡았다. 이것이 위·진(魏晋) 시대에 이르러서는 악부에서 지은 악률에 맞추어 노래하던 시가를 지칭하는 말로 변했다. 악부 가운데 민가(民歌)에 해당하는 것을 따로 떼어 악부민가(樂府民歌)라고 불렀다. 『한서(漢書)』「예문지(藝文志)」에 따르면 서한시대에는 악부민가가 138수에 달했으나 현존하는 것은 50여 수이며, 곽무천(郭茂倩)의 『악부시집(樂府詩集)』에 실려있다. 한대의 악부는 교묘가사(郊廟歌辭), 고취곡사(鼓吹曲辭), 상화가사(相和歌辭), 잡곡가사(雜曲歌辭)의 4종류로 나뉜다. 교묘가사는 종묘 제사 때 쓰이던 천자의 노래가 주류를 이루며, 기타 3종의 가사에 민가가 속해 있다. 악부민가는 당시 백성의 질고를 반영하고 전쟁의 잔혹함, 봉건 예교주의에 따른 남녀간의 갈등 등을 담은 것들이 많다. 악부민가는 남북조시대까지 유행했으며, 후세의 시가형식 발전에 많은 영향을 끼쳤다. 당(唐)대에 발생하여 송대에 크게 유행한 사(詞)도 노래의 가사라는 점에서 악부라는 별칭을 얻었다.

악부시집(樂府詩集)　　서명. 100권. 남송 곽무천(郭茂倩) 편. 교묘가사(郊廟歌辭) 12권, 연사가사(燕射歌辭) 3권, 고취곡사(鼓吹曲辭) 5권, 횡취곡사(橫吹曲辭) 5권, 상화가사(相和歌辭) 18권, 청상곡사(清商曲辭) 8권, 무곡가사(舞曲歌辭) 5권, 금곡가사(琴曲歌辭) 4권, 잡곡가사(雜曲歌辭) 18권, 근대곡사(近代曲辭) 4권, 잡가요사(雜歌謠辭) 7권, 신악부사(新樂府辭) 11권 등 총 12류(類)로 구성되어 있다. 한대에서 오대(五代)에 이르기까지의 악부시와 선진(先秦)에서 당(唐) 말의 가요 및 악부 원사(原辭)에 대한 후인의 의작(擬作)까지를 겸하여 수록하였다. 곡마다 해제를 가하여 가사와 곡조의 기원, 발전을 설명하였다. 후세의 『고악부(古樂府)』『고악원(古樂苑)』 등이 이 체례를 본받았다.

악비(岳飛：1103~42)　　북송 말의 충신, 명장. 자는 붕거(鵬擧). 상주(相州) 탕음(湯陰：하남성) 출신. 전농(佃農) 집안에서 태어나 무예를 길렀다. 선화(宣和) 4년(1122) 종군한 뒤 전공을 세워 하급 군관인 병의랑(秉義

郎)이 되었다. 건염(建炎) 원년(1127) 천도를 반대하는 상소를 올렸다가 면직되었다. 이후 적극적으로 항금(抗金) 투쟁에 나섰으며, 종택(宗澤)을 좇아 개봉(開封)을 지켰다. 종택 사후 장준(張浚)의 부하가 되어 건염 4년(1130) 북으로 철수하는 금 올술(兀術)의 부대를 크게 무찔렀으며, 건강(建康) 지역을 회복했다. 후에 강서, 호남 지방에서 금군과 연합한 이성(李成)의 군대를 토벌하고 강서의 농민 반란을 진압하였다. 이에 고종(高宗)은 그에게 '정충악비(精忠岳飛)'란 금기(錦旗)를 하사하였다. 소흥(紹興) 4년(1134) 위제(僞帝)의 군대를 대파하고 양양(襄陽) 등 6군을 수복하였다. 이 공로로 청원군절도사(淸遠軍節度使)에 올랐고, 다시 태보(太保)에 임명되었다. 소흥 9년 고종이 진회(秦檜)를 이끌고 금과 화의를 체결하자 반대하는 글을 올렸다. 고종은 그를 추밀부사(樞密副使)로 임명하고 병권을 박탈하였다. 이후 진회 등의 무고를 입어 '막수유(莫須有)'란 죄명으로 아들 악운(岳雲), 부장 장헌(張憲) 등과 함께 살해되었다. 당시 그가 지휘한 부대를 특별히 악가군(岳家軍)이라 한다. 효종(孝宗) 때 그의 충심을 기려 무목(武穆)이란 시호를 내리고, 영종(寧宗) 때 다시 악왕(鄂王)에 추봉(追封)되었다. 사(詞)를 잘 지었으며 풍격이 호방하고 애국적 정서를 많이 담았다. 저서 『악충무왕문집(岳忠武王文集)』.

악양루기(岳陽樓記)　　산문의 편명. 북송 범중엄(范仲淹) 저. 악양루는 지금의 호남성 악양시(岳陽市)에 위치하며 동정호(洞庭湖)를 마주보고 있다. 작자가 벗인 등자경(滕子京)의 청에 의해 지었으며, 간결한 필치로 누각의 중수 배경과 글을 짓게 된 경위, 동정호의 아름다운 풍경을 서술한 뒤 변려문의 형식으로 악양루에 오른 사람들의 다양한 심경 등을 담고 최후에 '先天下之憂而憂 後天下之樂而樂'이라는 주제 사상으로 끝을 맺었다. 500자가 채 되지 않는 짧은 문장이면서도 결구가 엄정하고 변문과 산문체를 혼합하여 정경(情景)을 잘 묘사함으로써 독자의 감동을 이끌어내는 명문이다.

악의(樂毅)　　전국시대 연(燕)나라 사람. 연 소왕(燕昭王) 때 아경(亞卿) 벼슬에 올랐으며, 이 때 제(齊)나라로 쳐들어가 70여 성을 함락시켰다. 그 공로로 창국(昌國)에 봉해졌고 창국군(昌國君)의 호칭이 붙었다. 혜왕(惠王) 때는 제나라 전단(田單)의 이간책에 희생돼 조(趙)나라로 망명했다.

안경서(安慶緒:?~759)　　당(唐) 중기의 사람. 안록산(安祿山)의 2남. 아명은 인집(仁執). 안록산이 난을 일으켜 칭제한 후 진왕(晉王)에 봉해졌다.

지덕(至德) 2년(757) 부친을 살해하고 칭제했다. 음주와 환락에 빠져 정치는 엄장(嚴莊)에게, 군사는 사사명(史思明)에게 맡겼다. 같은 해 당 조정의 곽자의(郭子儀)가 장안을 수복하고 낙양을 공격해오자 업(鄴:하남성 臨漳) 땅으로 피신했다가 사사명에게 피살되었다.

안기도(晏幾道:약 1030~1106)　　북송의 사인(詞人). 자는 숙원(叔原), 호는 소산(小山). 임천(臨川:강서성) 출신. 문인 안수(晏殊)의 아들. 한때 낮은 관직생활을 하다 그만두었다. 고오(孤傲)한 성격으로 권세와 부귀를 위해 아첨하는 일이 없었으며, 이로 인해 일생 동안 뜻을 펴지 못했다. 사를 잘 지었으며 시인의 구법(句法)에 기탁하여 위완청려(委婉淸麗)하고 돈좌동인(頓挫動人)하는 표현으로써 일가를 이루었다. 감상(感傷)을 드러낸 작품이 많다. 저서『소산사(小山詞)』.

안록산(安祿山:?~757)　　당(唐) 중기의 정치가. 영주(榮州) 유성(柳城:요녕성 朝陽) 출신의 호인(胡人). 본성은 강(康)이었으나 모친이 돌궐(突厥)인 안연언(安延偃)에게 재가하면서 성을 안씨로 바꾸었다. 영주도독(營州都督)으로 있으면서 거란인을 잔혹하게 다스려 현종(玄宗)의 눈에 들었으며, 양귀비(楊貴妃)의 양자가 되었다. 너무 살이 쪄서 현종이 장난삼아 그 배에 무엇이 들었느냐고 묻자 "충성심뿐이올시다"라고 대답할 만큼 아첨을 잘 했다고 한다. 평로(平盧)·범양(范陽)·하동(河東)의 3진(鎭) 절도사로 있을 때인 천보(天寶) 14년(755) 재상 양국충(楊國忠)을 토벌한다는 명목 하에 난을 일으켜 진류(陳留), 형양(榮陽), 낙양(洛陽)을 함락시켰다. 천보 15년 낙양에서 칭제하고 국호를 연(燕)이라 했다. 이어 동관(潼關)을 공격해 들어가서 장안을 점령했다. 그러나 반란군 내부에 권력투쟁이 빚어지면서 아들 안경서(安慶緒)에게 피살되었다.

안무사(安撫使)　　관직명. 지방에 수재나 한발 등이 생겼을 경우 중앙에서 안무사를 파견하여 백성을 위안하거나 민정시찰, 재해 대책 등을 맡게 했다. 북위(北魏) 때 역도원(酈道元)이 안무대사(安撫大使)로 임명된 것을 시발로 송(宋)대까지 이 관직이 존재했다. 송대에는 경략안무사(經略安撫使)가 있었다. 원(元)대에는 변방을 다스리는 관리에게 이 칭호가 주어졌다. 명·청대에도 안무사가 있었으나 직책은 과거의 그것과 달랐다.

안사(顔謝)　　남조(南朝)시대 송(宋)의 시인 안연지(顔延之)와 사령운(謝靈運)을 가리키는 말.

안사고(顏師古：581~645) 당(唐)대의 경학가. 본명은 주(籒)이며 자가 사고(師古)이다. 수(隋) 초의 문학가 안지추(顏之推)의 손자. 태종(太宗) 때 중서시랑(中書侍郎)으로 있으면서 『수서(隋書)』의 편찬에 참여하였다. 또 칙명에 따라 오경(五經)의 오류를 바로잡아 『오경정본(五經定本)』을 편찬했다. 이후 비서감(秘書監), 홍문관학사(弘文館學士) 등을 지내다 요동(遼東) 정벌에 나서 병사했다. 저서 『한서주(漢書注)』『급취장주(急就章注)』『대업습유(大業拾遺)』『여릉집(廬陵集)』『오흥집(吳興集)』.

안사의 난〔安史之亂〕 당(唐)대 안록산(安祿山)과 사사명(史思明)이 일으킨 반란. 천보(天寶) 연간에 현종(玄宗)이 실정을 거듭하면서 계급간에 모순이 생기고, 이에 따라 번진 세력이 활개를 치기 시작했다. 천보 14년(755) 평로(平盧), 범양(范陽), 하동(河東)의 3진 절도사였던 안록산은 재상 양국충(楊國忠)을 토벌한다는 명목으로 범양에서 반란을 일으켰다. 그는 병력 15만을 이끌고 남하하여 조정을 향해 진공했으며, 형양(滎陽), 낙양(洛陽)을 친 뒤 이듬해 낙양에서 대연황제(大燕皇帝)를 자칭했다. 곧이어 장안(長安)을 공격함에 따라 현종은 사천(四川) 지방으로 피신했으며, 천보 15년 7월 황태자 이형(李亨：肅宗)이 영무(靈武：寧夏)에서 즉위하였다. 그러나 반란군들은 각처에서 만행을 저질렀기 때문에 백성의 호응을 얻지 못했으며, 민병들에 의해 패퇴하기도 했다. 숙종 지덕(至德) 2년(757) 안록산의 아들 안경서(安慶緒)가 부친을 살해하고 즉위했으나, 건원(乾元) 2년(759) 안록산의 부하였던 사사명이 안경서를 죽이고 재즉위하였다. 상원(上元) 2년(761) 사사명 역시 그의 아들 사조의(史朝義)에게 살해되었다. 대종(代宗) 광덕(廣德) 원년(763) 사조의가 당군의 추격을 받은 끝에 자살하면서 8년간 계속된 안사의 난이 끝났다. 안사의 난으로 인해 당 왕조는 중앙집권의 역량을 잃고 백성들은 도탄에 빠졌으며, 지방의 할거 세력이 더욱 기승을 부렸다. 당 왕조는 이로 인해 점점 쇠퇴해 갔다.

안세고(安世高) 동한(東漢) 말기의 불교학자. 본래 안식국(安息國)의 태자였으나 출가하여 불경을 연구하다 중국에 들어왔다. 낙양(洛陽)에 거주하면서 「안반수의경(安般守意經)」「대십이문경(大十二門經)」「소십이문경(小十二門經)」「음지입경(陰持入經)」 등의 불경을 번역했다.

안세방중가(安世房中歌) 한고조(漢高祖) 유방(劉邦)의 총희 당산부인(唐山夫人)이 지은 악부. 총 17장. 종묘에 제사지낼 때 부르는 노래로서 교묘

가사(郊廟歌辭)이다. 여기서 ‘방(房)’은 종묘 내 제사를 지내는 곳을 지칭한다.

안수(晏殊:약 991~1055)   북송의 사인(詞人). 자는 동숙(同叔). 임천(臨川:강서성 撫州) 출신. 신동으로 이름이 나 13세 때 학사원(學士院)에 응시하여 진사와 동일한 대우를 받았다. 경력(慶曆) 연간에 재상 겸 추밀사(樞密使)의 관직을 지냈으며, 이후 신임을 잃고 지방으로 좌천되었다. 시호는 원헌(元獻). 범중엄(范仲淹), 구양수(歐陽修), 부필(富弼), 한기(韓琦) 등의 문인이 모두 그의 문하에서 배출되었다. 그의 사 작품은 화간파(花間派)의 풍격을 답습하여 화미한 쪽으로 흐르며, 남녀간의 애정이나 관료 문인들이 시와 술로써 한가하게 생활하는 내용을 위주로 한다. 시문의 대부분은 이미 산실되었으며, 『안원헌유문(晏元獻遺文)』4권과「주옥사(珠玉詞)」만이 전한다.

안식(安息)   고대 서역 국가명. 파르티아. 이란 고원 동북부에 위치하며 페르시아 제국에 속했다가 독립했다. 서한(西漢)시대 장건(張騫)이 사신으로 갔을 당시 이란 고원 전체와 주변을 다스리는 대국으로 성장했다. B.C 1~2세기 중국과 로마가 교역할 당시 양국간 교통의 요충이 되었다. 226년 사산조 페르시아에 의해 멸망했다.

안씨가훈(顔氏家訓)   서명. 7권 20편. 남북조시대 북제(北齊)의 안지추(顔之推) 저. 자손들에게 입신 처세를 가르치기 위한 가훈서. 작자의 생활 경험과 철학을 적은 내용으로서 당시의 정치와 풍속을 논하고 사대부 계급의 그릇된 교육 풍토를 지적하기도 했다. 소진(蘇秦)이 송곳으로 허벅지를 찔러가며 공부하고, 차윤(車胤)이 반딧불〔螢〕을, 손강(孫康)이 눈〔雪〕을 이용해 공부하던 일 등 인용한 고사의 비유가 핍진하고 생동감 넘친다.

안연(顔淵) ➡ 안회

안연지(顔延之:384~456)   남조시대 송(宋)의 문학가. 자는 연연(延年). 임기(臨沂:산동성) 출신. 금자광록대부(金紫光祿大夫)를 지냈다. 시부에 능했으며 사령운(謝靈運)과 함께 ‘안사(顔謝)’로 이름을 떨쳤다. 전고(典故)를 많이 채용하고 조탁을 가하는 시작 경향을 띠었으며, 이로 인해 형식주의적으로 흐르는 일면이 있었다. 작품「오군영(五君詠)」「북사락(北使洛」등. 문집『안광록집(顔光祿集)』.

안영(晏嬰:?~500 B.C)   춘추시대 제나라의 충신, 사상가, 외교가. 자는 평중(平仲). 안자(晏子)로도 불림. 정경(正卿) 벼슬에 있으면서 제의 영공(靈公), 장공(莊公), 경공(景公) 등을 섬겼다. 외교에 뛰어난 능력을 발휘했다. 초나라에 사신으로 가서는 임기응변의 기지로 초왕의 코를 납작하게 만들기도 했다. 그가 기지를 발휘해 복숭아 2개로 힘만 믿고 날뛰는 장사 3명을 죽였다는 '이도살삼사(二桃殺三士)'의 고사가 전해진다. 현존 『안자춘추(晏子春秋)』 8권은 전국시대 사람이 그의 언행을 모아 편찬한 것이다.

안원(顔元:1635~1704)　　청대의 사상가, 교육자. 자는 이진(易眞), 호는 혼연(混然), 습재(習齋). 박야(博野:하북성) 출신. 가난한 집에서 태어나 농업과 약재 판매를 하며 학문에 몰두했다. 만년에는 비향(肥鄕:하북성)의 장남서원에서 강학을 했다. 정·주(程朱)의 이학(理學)과 육·왕(陸王)의 심학(心學)을 반대하고, 진량(陳亮)의 영향을 받아 사공(事功)의 학을 제창했다. 몸소 실천하고 경세치용에 도움이 되는 실학을 강조했다. 토지 개간과 균전(均田), 수리 등이 갖추어지면 천하가 부유해지고, 나라가 위급할 때 백성 각자가 병사로서, 관료 각자가 장수로서 나서면 천하가 강해지며, 인재를 등용하고 육경(六經)을 바르게 하고, 예악(禮樂)을 흥하게 하면 천하가 안정된다고 주장했다. 또 학문은 치용(致用)을 위한 것이므로 문사(文事), 무비(武備), 경사(經史), 예능(藝能) 등의 학부를 두어 인재를 가르쳐야 한다고 강조했다. 저서 『사서정독(四書正讀)』『존학편(存學編)』『존인편(存人編)』『존치편(存治編)』.

안자(晏子) → 안영

안자춘추(晏子春秋)　　서명. 춘추시대 제(齊)의 외교가 안영(晏嬰)의 언행을 기록한 책. 8권. 지은이는 안영 자신이라는 설과 전국시대 묵자(墨子)의 제자가 안영의 이름을 가탁하여 지었다는 설, 육조(六朝)시대의 무명씨 저작이라는 설 등이 있다. 안영의 언행이 비교적 생동감있게 묘사되었고, 고사 내용도 핍진하다.

안지추(顔之推:531~?)　　남북조시대 북제(北齊)의 문학가. 자는 개(介). 유가에 심취했다가 잠시 노장사상으로 돌아선 후 다시 유학을 공부했다. 양(梁)에서 산기시랑(散騎侍郎)을 지내다가 양이 서위(西魏)에 의해 멸망한 후 북제로 도망쳐 그곳에서 황문시랑(黃門侍郎)과 평원태수(平原太守)를 지냈다. 북주(北周) 정권이 들어선 후에는 어사상사(御史上士)를 지내고, 수(隋)대에 문제(文帝)에게 발탁되어 문학시종(文學侍從) 벼슬을 했다. 유가의 사상에 기초하여 자제들을 가르치는 내용을 담은 『안씨가훈(顏氏家訓)』을 지었다.

안진경(顏眞卿:709~85) 당(唐)대의 서예가. 자는 청신(淸臣). 현종(玄宗) 때 전중시어사(殿中侍御史)를 지내면서 직언을 서슴지 않다가 재상 양국충(楊國忠)의 미움을 사 평원태수(平原太守)로 좌천되었나. 안록산(安祿山)의 난 때 동관(潼關)을 굳건히 사수했다. 숙종(肅宗) 때 관직이 태자태사(太子太師)에 오르고 노군공(魯郡公)에 봉해졌다. 덕종(德宗) 때 이희열(李希烈)이 난을 일으키면서 피살되었다. 어려서는 집안이 가난하여 담벼락에 글씨를 써가며 서예를 배웠다. 이후 저수량(褚遂良), 장욱(張旭)을 스승으로 삼았다. 해서에 능통했으며 남성적인 무게를 가지고 강건한 선을 사용하여 독특한 안체(顏體:일명 顏眞卿體)를 이룩하였다. 해시와 초서의 글씨도 많이 남겼다. 작품에 비각(碑刻)으로 「마고선단기(麻姑仙壇記)」「안씨가묘비(顏氏家廟碑)」「다보탑감응비(多寶塔感應碑)」 등이, 묵적(墨迹)으로 「제질첩(祭侄帖)」「쟁좌위첩(爭坐位帖)」 등이 있다.

안찰사(按察使) 관명. 당(唐) 중종(中宗) 경룡(景龍) 3년(707) 10도(道)에 안찰사를 설치하여 관리들을 감찰하고 탄핵하는 일을 맡아보게 했다. 초기에는 임시로 파견했으나 경운(景雲) 2년(711) 상설 관원으로 정했다. 개원(開元) 연간에는 채방처치사(采訪處置使)로 개칭하고 건원(乾元) 원년(758)에는 관찰처치사(觀察處置使)로 개칭하였다. 이 무렵에는 관리의 감찰뿐 아니라 민사(民事)도 관리하여 실질적인 도(道)의 행정장관이 되었다. 송(宋)대에는 제점형옥(提點刑獄)의 관직을 설치하였는데, 이것이 후세 안찰사의 전신이다. 금(金)대에는 제형사(提刑使)를 안찰사로 개칭하여 사법(司法)과 관리 감찰을 맡도록 했으며, 원(元)대에는 다시 숙정염방사(肅政廉訪使)로 명칭을 바꾸었다. 명(明)대에 안찰사로 복칭되어 각 성(省)의 사법장관에 보임했다. 청(淸)대에는 각 성의 총독에 예속되었다가 제법사(提法使)로 개칭되었다.

안평중(晏平仲) ➡ 안영

안회(顏回:약 521~490 B.C) 춘추시대 말기의 학자. 자는 자연(子淵). 안연(顏淵)으로도 불린다. 노나라 사람으로 공자의 제자이다. 하나를 들으면 열을 알아(問一知十) 공자가 가장 아끼고 사랑했다. 안빈낙도(安貧樂道)하고 노여움을 남에게 옮기지 않으며, 두번 과실을 범하지 않아 덕행으로 이름이 높았다. 늘 깊이 생각하여 29세에 백발이 되었다고 한다. 그가 32세의 나이로 죽자 공자는 "하늘이 나를 버리는구나(天喪予)"라며 슬퍼했다. 후세에 복성(復聖)으로 추존되었다.

안휘(顏輝)　　원대의 화가. 자는 추월(秋月). 여릉(廬陵:강서성 吉安) 출신. 일설에 절강성 강산(江山) 출신이라고 한다. 불가나 도가의 인물 혹은 귀신의 형상을 풍부한 상상력을 동원하여 잘 표현해냈다. 이밖에 궁정벽화를 자주 그렸다. 「수월관음도(水月觀音圖)」「유해섬도(劉海蟾圖)」 등의 작품은 "8면에 의(意)가 살아있다"는 평을 받았다. 대덕(大德) 연간에는 순보궁(順甫宮)에 벽화를 그렸다. 기타 수묵화 외에 원숭이 그림에도 능했다. 작품 「원도(猿圖)」는 두 마리의 원숭이가 한 떼의 벌에 쫓겨 가는 장면을 그린 희화(戲畵)로서 사실 묘사가 뛰어나다.

안휘파(安徽派)　　민국 시기 북양군벌의 계파 중 하나. 일명 환파(皖派). 1916년 원세개(袁世凱) 사후 북양군벌이 분열되면서 안휘(安徽) 출신 단기서(段祺瑞)가 수령이 되어 이 파를 이끌었다. 주요 지도자로는 서수쟁(徐樹錚), 단지귀(段芝貴), 노영상(盧永祥) 등이 있다. 단기서가 국무총리로 있으면서 일본의 힘을 빌려 일시 북양군벌 정부를 장악했으나 1920년 직예파(直隸派)와 직환(直皖)전쟁을 벌여 패한 후 세력을 잃었다. 1924년 노영상이 강절(江浙)전쟁에서 직예파에 다시 패한 후 소멸되었다.

앙소문화(仰韶文化)　　황하 중상류 지역에서 발견된 신석기시대 최초의 문화. 중하류 지역에서 발견된 후기의 용산(龍山)문화와 더불어 신석기시대의 대표적 문화로 꼽힌다. 1921년 앤더슨이 하남성 민지현(澠池縣) 앙소촌(仰韶村)에서 발견했다. 홍도(紅陶)가 문화의 특색이며, 채문(彩文) 토기가 주류를 이룬다. 유물 중 돌도끼, 돌호미 등이 있고, 조〔粟〕의 껍질이 발견된 점으로 보아 농경생활이 시작되었음을 알 수 있다. 수렵도구로는 활, 화살, 긴 창, 화살촉 등이 발견되었고, 어로도구로는 뼈로 만든 작살과 낚시바늘, 그물 등이 출토되었다. 부녀들이 높은 지위에 있는 모권제의 씨족집단으로서 석방(石紡)을 사용하여 실을 뽑고 베를 짠 흔적이 보인다. 유적지로는 섬서성 서안현(西安縣) 반파(半坡), 하남성 안양현(安陽縣) 후강(后岡) 등을 비롯해 여러 곳이 있다.

애강남부(哀江南賦)　　부(賦)의 편명. 남북조시대 유신(庾信)의 작품. 초사(楚辭) 「초혼(招魂)」의 '魂兮歸來哀江南' 이란 구절을 취하여 지었다. 양

(梁)나라에서 벼슬을 하던 작자가 명을 받고 서위(西魏)에 사신으로 갔다가 구금되고 나라마저 망하는 지경에 이르자 조국의 멸망에 따른 참담함과 전란으로 고통받는 백성, 고향으로 돌아가지 못하는 자신의 처지 등을 감상적으로 노래했다.

애로우호 사건　함풍(咸豊) 6년(1856) 9월 홍콩에 선적(船籍)을 두고 영국인이 선장으로 있던 중국 상선 애로우(Arrow)호가 광동성 황포항(黃埔港)에 정박하자, 광동 수사(水師)가 이를 해적행위로 보고 게양된 영국 국기를 끌어내리는 한편 중국인 선원 12명을 체포했다. 광동 주재 영국 영사인 팍스(Parkes)가 양광총독(兩廣總督) 섭명침(葉名琛)에게 이 사건을 엄중 항의했으나 섭명침이 받아들이지 않았다. 이를 계기로 영국과 프랑스가 연합하여 제2차 아편전쟁을 일으켰다. 제2차 아편전쟁 참조.

앵앵전(鶯鶯傳)　서명. 일명 『회진기(會眞記)』. 당(唐)대 원진(元稹) 저. 전기(傳奇)소설. 최앵앵(崔鶯鶯)과 장생(張生)의 사랑을 그렸다. 원(元) 잡극 「서상기(西廂記)」는 이 소설을 근거로 지어졌다.

야율덕광(耶律德光：902~47)　요(遼)의 2대 황제. 태종(太宗). 태조(太祖) 야율아보기(耶律阿保機)의 2남. 천현(天顯) 2년(927) 황제에 올랐다. 후당(後唐) 석경당(石敬瑭)의 반란을 도와 연운(燕雲) 16주를 할양받고 946년 후진(後晉)을 멸망시켰다. 이듬해 국호를 거란(契丹)에서 요로 개칭하였다. 민란을 진압하다 병사하였다.

야율아보기(耶律阿保機：872~926)　요(遼)의 초대 황제. 태조(太祖). 거란족. 거란 질척부(迭剌部) 야율(耶律)씨의 귀족 출신. 후량(後梁) 개평(開平) 원년(907) 칸〔可汗〕에 추대되어 거란 8부(部)를 통일하고 인근 여진(女眞), 실서(實書)족을 통제하였다. 한족 출신 한연휘(韓延徽)를 기용하여 풍속과 제도를 개혁하고 문자를 창제하였으며, 농업과 수공업, 상업을 발전시켰다. 후량 정명(貞明) 2년(916) 정식으로 황제에 올라 국호를 대거란(大契丹)이라 하였다. 연호는 신책(神冊). 2년 후 도읍을 황도(皇都：내몽고, 후에 上京으로 개칭)에 정했다. 926년 발해를 멸망시키고 그곳에 동단국(東丹國)을 세웠다. 같은 해 부여부(扶餘府)에서 사망했다. 그의 뒤를 이은 태종(太宗)이 국호를 요로 개칭했다.

야율융운(耶律隆運) ➡ 한덕양

야율초재(耶律楚材：1190~1244)　원(元) 왕조의 창업공신. 거란족. 자는 진경(晋景). 요(遼)의 황족 출신. 1215년 칭기즈칸이 이끄는 몽고군이 중도(中都:北京)를 점령한 후 칭기즈칸에 의해 중용되었으며, 서역 원정 등에 종군하였다. 칭기즈칸이 죽은 뒤 오고타이를 섬기면서 몽고의 정치·경제적 기초를 다졌다.

약법삼장(約法三章) 진(秦)대 말 농민전쟁 중 유방(劉邦)은 B.C 206년 수도 함양(咸陽)을 점령하여 관중(關中) 여러 현(縣)의 부로(父老)와 호걸들을 모아 놓고 새로운 법을 선포하였다. 그 내용은 진(秦)의 가혹한 형벌을 없애고 단지 "살인자는 죽이고, 사람을 상하게 한 자와 남의 물건을 훔친 자는 죄를 준다"는 것이었다. 이를 약법삼장이라 부르는데, 진의 백성들로부터 좋은 반응을 얻었다.

양(梁) ➡ 위

양(梁) 남조(南朝)시대의 왕조명. 502년 소연(蕭衍)이 제(齊)의 뒤를 이어 건국했다. 연호는 천감(天監), 도읍은 건강(建康:강소성 南京). 역사에서 소량(蕭梁)이라고도 칭한다. 557년 진(陳)에 의해 멸망하기까지 4명의 제왕이 56년간 재위했다.

양간(楊簡:1141~1225) 남송의 사상가. 자는 경중(敬仲). 세칭 자호선생(慈湖先生). 부양주부(富陽主簿), 국자박사(國子博士), 저작좌랑(著作佐郎) 겸 병부낭관(兵部郎官), 지온주(知溫州), 대중대부(大中大夫) 등의 관직을 차례로 역임했다. 육구연(陸九淵)을 사사하여 그의 '심학(心學)' 사상을 배웠으며, 주관적 유심주의(唯心主義)를 사상의 기저로 삼았다. "천지는 나의 천지요, 변화도 나의 변화이니 남의 것이 아니라(天地我之天地 變化我之變化 非他物也)"는 주장을 폈다. 저작 『선성대훈(先聖大訓)』『오고해(五誥解)』『양씨역전(楊氏易傳)』『자호유서(慈湖遺書)』 등.

양견(楊堅) ➡ 수문제

양계초(梁啓超:1873~1929) 청대 말 민국 초의 정치가, 사상가. 자는 탁여(卓如), 호는 임공(任公). 광동성 신회(新會) 출신. 광서(光緒) 21년(1895) 북경의 회시(會試)에 참가했다가 스승 강유위(康有爲)를 좇아「공거상서(公車上書)」를 올렸다. 이듬해 상해에서「시무보(時務報)」를 발행하고「변법통의(變法通議)」「고의원고(古議院考)」「서학서목표(西學書目表)」 등의 글을 통해 유신변법을 선전했다. 이듬해 장사(長沙)의 시무학당(時務學堂)에서 강의를 맡고, 광서 24년(1898) 강유위 등과 함께 유신변법[百日維

新]에 참가했으나 실패한 후 일본으로 망명했다. 일본에서 「청의보(淸議報)」「신민총보(新民叢報)」를 발행했다. 황권을 존속시키면서 입헌주의를 채택해야 한다고 주장했으며, 손문(孫文) 등의 혁명론에 반대했다. 신해혁명 후 입헌파를 규합하여 진보당(進步黨)을 조직하고 원세개(袁世凱)를 지지했다. 민국(民國) 성립 후 잠시 사법총장, 재정총장을 지냈다. 5·4운동 이후에는 개량운동을 견지하고 마르크스주의를 반대했다. 이밖에 신역사학과 문체 개혁을 주창하기도 했다. 저서『음빙실합집(飮氷室合集)』.

양곡(梁鵠)　동한(東漢) 말기의 서예가. 자는 맹황(孟皇). 사의관(師宜官)의 서풍을 본받았다. 동한 말 혼란기에 조조(曹操)의 막부에 들어가 비서(秘書)를 지냈으며, 조조가 그의 글씨를 매우 좋아했다.

양공구간(梁公九諫)　서명. 송대의 화본(話本). 작자 미상. 당(唐) 고종(高宗)의 황후인 무측천(武則天)이 태자를 폐하여 여릉왕(廬陵王)으로 내몰고 질자(侄子)인 무삼사(武三思)를 대신 앉히려 하자 양공(梁公) 적인걸(狄仁杰)이 9차례 간하여 무측천의 마음을 돌려 놓은 내용을 서술했다. 분량은 약 3,000여 자이며, 언어표현이 박실하고 통속적이다. 송대의 화본 중 비교적 초기의 것이다.

양광(楊廣) → 수양제

양국충(楊國忠:?~756)　당(唐) 중기의 정치가. 양귀비(楊貴妃)의 일족. 본명은 조(釗). 양귀비가 현종(玄宗)의 총애를 받음에 따라 감찰어사(監察御史), 시어사(侍御史)를 지내고 국충(國忠)이란 이름을 하사받았다. 이임보(李林甫) 사후 그의 뒤를 이어 재상이 되었으며, 현종의 기호에 맞추어 백성들에게 가혹한 징세를 했다. 사당(私黨)을 조직하여 반대파 권신들을 제압했으며, 매관매직과 뇌물 수수 등 탐관의 전형을 보였다. 안록산(安祿山)이 그를 토벌한다는 명목으로 난을 일으키자, 현종을 이끌고 장안을 떠나 피신하다 마외역(馬嵬驛:섬서성 興平)에서 사병에게 피살되었다.

양귀비(楊貴妃:719~56)　당 현종(玄宗)의 황후. 일명 양태진(楊太眞). 포주(蒲州) 영락(永樂:산서성 永濟) 출신. 아명은 옥환(玉環). 처음에 현종의 아들인 수왕(壽王) 모(瑁)의 비로 뽑혔다. 이후 여도사(女道士)가 되어 호를 태진(太眞)이라 하였다. 그러나 재색을 겸비하여 천보(天寶) 4년(745) 다시 현종의 귀비에 봉해졌다. 가무와 음률에 능하여 현종의 마음을 사로잡았으며, 이로 인해 양국충(楊國忠) 등 그의 일족이 부귀영화를 누리며 조정

의 전권을 휘어잡았다. 천보 14년 안사(安史)의 난이 일어나자 현종과 함께
장안을 떠나 피신하다 마외역(馬嵬驛:섬서성)에서 병사들에 의해 목매달려
죽었다. 백거이(白居易)가 그녀와 현종간의 사랑을 노래한 「장한가(長恨
歌)」를 지어 그녀를 추모했다.

양기(梁冀:?~159)　　동한(東漢) 시대 사람. 자는 백탁(伯卓). 두 여동생
이 순제(順帝)와 환제(桓帝)의 황후가 되면서 지위가 대장군(大將軍)에 올
랐다. 순제 사후 여동생 양태후(梁太后)와 정권을 함께 쥐고 20년간 전횡하
였다. 교만, 사치, 횡포하였으며, 환제와 환관 단초(單超) 등의 모의에 의
해 살해되었다.

양도부(兩都賦)　　부(賦)의 편명. 서한(西漢) 반고(班固)의 작품. 황제의
권위를 드높이고 조정의 문물을 찬양한 시가이다. 동한(東漢)의 장형(張衡)
이 이를 모방하여 「동경부(東京賦)」와 「서경부(西京賦)」의 이경부(二京賦)
를 지었다.

양련(楊漣:1572~1625)　　명대 말의 정치가. 자는 문유(文孺), 호는 대
홍(大洪). 호광(湖廣) 응산(應山:호북성) 출신. 만력(萬曆) 35년(1607) 진사
에 합격하여 상숙지현(常熟知縣)에 임명된 후 병과급사중(兵科給事中), 좌
부도어사(左副都御史)를 지냈다. 권신 위충현(魏忠賢)의 전횡이 심하자 상
소를 올려 그의 죄목 24조를 폭로했다가 위충현의 미움을 받고 옥사했다.

양렴제도(養廉制度)　　청대의 관리 봉급제도. 관리의 부패를 막기 위해
봉급 이외에 따로 준 직책 수당이다. 청대의 관료들은 봉급이 매우 적어 부
패를 저지르지 않고는 생활하기 어려웠다. 이 때문에 법으로 금지한 모선세
(耗羨稅)를 받아 유용하는 일이 잦았다. 옹정제(雍正帝)는 이를 막는 수단
으로 모선세의 국고화를 유도하고(耗羨歸公) 그 일부로써 관료에게 수당을
지급했다.

양만리(楊萬里:1127~1206)　　남송의 시인. 자는 정수(廷秀), 호는 성재
(誠齋). 길주(吉州) 길수(吉水:강서성) 출신. 소흥(紹興) 24년(1154) 진사가
되고 태상승(太常丞), 광동제점형옥(廣東提點刑獄), 비서감(秘書監) 등을
역임했다. 항금(抗金)을 주장하였으며, 간신의 집정에 불만을 품고 벼슬을
그만두었다. 이후 15년간 집에 머물면서 나라를 걱정하다 죽었다. 그의 시
는 처음에 강서시파(江西詩派)의 영향을 받았으나 후에 왕안석(王安石) 및
만당(晩唐) 시인들의 시풍을 배워 일가를 이루었다. 언어가 통속적이면서도

유창하고 풍경이 자연스러워 이를 성재체(誠齋體)라 하였다. 남송 시단 4대 가의 한 사람으로 육유(陸游), 범성대(范成大), 우무(尤袤)와 함께 이름을 날렸다. 저서『성재집(誠齋集)』.

양명학(陽明學)　　명대 왕양명(王陽明:王守仁)이 창립한 철학 유파. 일명 왕학(王學), 심학(心學). '치량지(致良知)' '지행합일(知行合一)' '심즉리(心卽理)' '심외무물(心外無物)' 등 유심주의적 철학사상이 핵심을 이룬다. 사상적으로 봉건 통치질서를 옹호하는 측면이 있었다. 이 학파의 추종 인물로는 전덕홍(錢德洪), 왕기(王畿), 왕간(王艮), 추수익(鄒守益), 나홍선(羅洪先) 등이 있으며, 각기 다른 지파(支派)를 형성했다. 그 중 왕간으로 대표되는 태주학파(泰州學派)가 잘 알려져 있다.

양무구(楊無咎:1097~1169)　　남송의 화가, 시인, 사인. 자는 보지(補之). 일설에는 이름이 보지(補之), 자가 무구(無咎)라 한다. 호는 도선노인(逃禪老人), 청이장자(淸夷長者). 청강(淸江:강서성) 출신. 과거에 낙방하고 시와 그림으로 살았다. 고종(高宗) 때 간악한 권세가였던 진회(秦檜)에게 종속되기 싫어 여러 차례의 부름에 응하지 않고 숨어 살았다고도 한다. 청신한 시를 지었으며 사풍(詞風)은 완약하다. 서예는 구양순(歐陽詢)의 서풍을 본받았으며 해서를 잘 썼다. 회화는 매화 그림을 주로 그리고, 쌍구법(雙鉤法)과 몰골법(沒骨法)을 혼용하여 매화, 대나무의 자태를 새롭게 표현했다. 그림「사매화도(四梅花圖)」「설매도(雪梅圖)」「묵매도(墨梅圖)」「추란도(秋蘭圖)」. 저서『도선사(逃禪詞)』1권.

양무운동(洋務運動)　　일명 동광신정(同光新政) 혹은 자강신정(自强新政). 1860년대부터 1890년대까지 양무파(洋務派) 관료들이 추진한 군사, 정치, 경제, 교육, 외교 등 방면의 자강(自强) 활동. 함풍(咸豊) 11년(1861) 청 정부는 총리아문(總理衙門)을 설치하여 양무운동을 총괄하게 하고 공친왕(恭親王) 혁흔(奕訢), 대학사 계량(桂良), 호부좌시랑 문상(文祥) 세 사람을 총리아문대신에 임명하였다. 초기인 60년대부터 70년대까지는 자강을 목표로 강남에 제조국(製造局), 복주에 선정국(船政局), 그리고 각 성에 기기국(機器局)을 세워 근대 무기 제조 등에 힘썼다. 70년대 이후에는 부국(富國)을 목표로 광업, 운수업 등에 주력했으며, 북양(北洋)해군을 창설하기도 했다. 지방에서 양무운동을 주도한 사람은 증국번(曾國藩), 이홍장(李鴻章), 좌종당(左宗棠) 등이다. 이들의 중심 사상은 '중체서용(中體西用)'

즉 중국의 문물을 근본(중심)으로 하고 서양의 기계문명을 이용한다는 것이었다. 그러나 기술 자체가 서양 의존적인데다 양무파 관료가 주류를 이루었던 경영층의 부패의식이 더해져 큰 효과를 보지 못했다. 또 봉건 지배계급의 이익만 더해주고 열강의 경제침략을 도와주는 결과를 낳았다. 청일전쟁 때 양무파가 창설 운용하던 북양해군이 일본군에 의해 궤멸되는 타격을 받은 후 양무운동은 파산했다.

양문광(楊文廣:?~1074)　　북송의 장수. 자는 중용(仲容). 인주(麟州:섬서성 神木) 출신. 북송 초의 장수인 양업(楊業)의 손자이자 양연소(楊延昭)의 아들. 인종(仁宗) 때 범중엄(范仲淹)에게 발탁되었으며, 적청(狄青)을 따라 남방으로 가서 광서검할(廣西鈐轄), 의주(宜州)·옹주(邕州)지사를 지냈다. 신종(神宗) 때 진봉부도총관(秦鳳副都總管)으로 있으면서 서하(西夏)의 침투에 대항하여 섬서지방을 굳게 지켰다.

양반(兩潘)　　서진(西晉)시대의 문인 반악(潘岳)과 그의 조카 반니(潘尼)를 일컫는 말.

양보음(梁甫吟)　　악부명. 초조곡(楚調曲)에 속함. '梁父吟'으로도 표기한다. 만가(挽歌)의 일종. 삼국시대 제갈량이 지은 작품이라고 전해진다. 양보(梁甫)는 태산(泰山) 아래의 작은 산으로서 공동묘지가 있는 곳이다. 곡조는 처량 강개하며, 후세에 사회의 동요와 정치적 암흑을 표현할 때 이 곡조를 사용했다.

양사기(楊士奇:1365~1444)　　명대 전기의 관료. 이름은 우(寓). 태화(泰和:강서성) 출신. 건문(建文)에서 정통(正統)에 이르는 5대 황제를 섬겼다. 건문 연간에 한림(翰林)에 들어가 『태조실록(太祖實錄)』의 편찬에 참여했으며, 성조(成祖) 때는 내각(內閣)에 들어가 기무를 관장했다. 인종(仁宗) 때 예부시랑(禮部侍郎), 소보(少保), 소부(少傅)를 거쳐 선종(宣宗)과 영종(英宗) 때 국정을 보좌하며 소사(少師)의 벼슬을 했다. 『인종실록』『선종실록』을 편찬했다. 양영(楊榮), 양부(楊溥)와 함께 '삼양(三楊)'이라 불리었다. 그가 죽자 환관의 정치 개입이 시작되었으므로 그는 명 왕조의 관료정치를 지킨 최후의 인물로 평가된다. 저서 『역대명신주의(歷代名臣奏議)』『동리전집(東里全集)』『문연각서목(文淵閣書目)』『주대록(奏對錄)』 등.

양생(楊生) ➡ 양주

양서(梁書)　　서명. 56권. 당(唐) 요사렴(姚思廉) 찬. 기전체 단대(斷代)

역사서. 정관(貞觀) 10년(636) 완성. 남북조시대 양(梁) 왕조의 역사를 기술했다. 양 무제(武帝) 천감(天監) 원년(502)부터 경제(敬帝) 태평(太平) 2년(557)까지 56년간의 사적을 담았다. 본기(本紀)와 열전(列傳)은 있으나 지(志)와 표(表)는 없다. 또 열전에는 「유림전(儒林傳)」이 빠지는 대신 「문학전(文學傳)」이 삽입되었다. 특히 「처사전(處士傳)」에는 『시품(詩品)』의 작자 종영(鍾嶸)과 『문심조룡(文心雕龍)』의 작자 유협(劉勰), 그리고 의학자 도홍경(陶弘景), 사상가 범진(范縝) 등 문화 인물의 사적이 기술되어 있다. 당시 유행한 변문(騈文)체가 아닌 간결한 산문체로 되어 있다. 24사(史) 중 하나.

양성재(楊誠齋) → 양만리

양세법(兩稅法)　부세(賦稅) 제도. 당 안사(安史)의 난 이후 호족들의 토지 겸병이 극심해지면서 균전제(均田制)가 사실상 붕괴됨에 따라 당시의 세금제도였던 조용조(租庸調)도 유명무실해졌다. 덕종(德宗) 원년(780) 재상 양염(楊炎)의 건의로 양세법이 시행되었다. 양출제입(量出制入)의 원칙에 의해 세금을 거두되, 주호(主戶)·객호(客戶)를 구분하지 않고 일률적으로 거주지역에서 자산에 따라 호등(戶等)을 정해 세액을 매겼다. 거주지가 일정하지 않은 상인 등은 활동지역 관청에 3분의 1의 세금을 납부했다. 매년 6월과 11월 두 차례 세금을 부과했으므로 양세법이라는 명칭이 붙었다. 명대 일조편법(一條鞭法)이 시행되기까지 계속되었다.

양세사(兩稅使)　관명. 당(唐) 덕종(德宗) 건중(建中) 원년(780) 양세법(兩稅法)을 시행하면서 양세 사무를 볼 관리를 임시로 파견하였는데, 이를 양세사라 했다. 염철전운사(鹽鐵轉運使)가 대부분 겸직했다.

양소(楊素:?~606)　수(隋)대의 정치가, 군사가. 자는 처도(處道). 홍농(弘農) 화음(華陰:섬서성) 출신. 수 문제(文帝) 양견(楊堅)의 천하 평정을 도와 많은 전공을 세웠다. 개황(開皇) 10년(590) 강남 각지의 반란세력을 평정한 공로로 상서우복야(尙書右僕射)에 임명되어 조정의 일에 관여하였다. 양제(煬帝)의 황위 찬탈을 도와 벼슬이 사도(司徒)에 오르고 초국공(楚國公)에 봉해졌다. 이후 공적과 지위를 믿고 전횡을 일삼다 양제의 반감을 사기도 했다. 그의 아들 양현감(楊玄感)은 반란을 일으켰다가 피살되었다.

양수(楊修:175~219)　동한(東漢) 말기의 문학가. 자는 덕조(德祖). 화양(華陽:섬서성) 출신. 낭중(郎中) 벼슬을 하다 승상 조조(曹操)의 주부(主

簿)로 있었다. 조조의 아들 조식(曹植)과 문우(文友)로 지내다 조식이 조조의 미움을 사면서 그 역시 미움을 받아 피살되었다. 시부(詩賦)에 능했으며 「절유부(節游賦)」「신녀부(神女賦)」「공작부(孔雀賦)」 등이 있다. 산문으로는 「답임치후전(答臨淄侯箋)」이 있다. 『문선(文選)』『예문유취(藝文類聚)』 등에 그의 작품이 실려 있다.

양수청(楊秀淸:약 1820~56)　청대 말 태평천국군의 우두머리. 원명은 사룡(嗣龍). 광서(廣西) 계평(桂平) 출신. 농민의 집안에서 태어나 도광(道光) 26년(1846) 홍수전(洪秀全)이 이끄는 상제회(上帝會)에 가입했다. 후에 홍수전, 풍운산(馮雲山)과 의형제를 맺었다. 태평천국의 난을 일으키면서 중군주장(中軍主將)이 되었다가 정권 수립 후 동왕(東王)에 임명되었다. 군정의 실권을 장악했으나 위창휘(韋昌輝)와의 불화로 살해되었다.

양신(楊愼:1488~1559)　명대의 학자, 서화가. 자는 용수(用修), 호는 승암(升庵), 박남산인(博南山人). 신도(新都:사천성) 출신. 정덕(正德) 6년(1511) 진사에 장원급제했으나 천자를 풍자하다 운남(雲南)으로 유배되고 그곳에서 죽었다. 유배생활 중에도 호방한 활동을 하고 글도 많이 남겼다. 시는 스승 이동양(李東陽)의 풍격을 계승하고 이몽양(李夢陽) 등의 전칠자(前七子)에 반대하였다. 시호는 문헌(文獻). 저서 『승암시화(升庵詩話)』『승암문집(升庵文集)』.

양업(楊業:?~986)　송(宋) 초의 명장. 처음에는 이름이 중귀(重貴)였으나 오대(五代) 후한(後漢) 때 하동절도사(河東節度使) 유숭(劉崇) 밑에서 장수로 있다가 유숭이 북한(北漢)을 건립한 후 양계업(楊繼業)이란 이름을 하사받았다. 송(宋)대에 양업(楊業)으로 다시 개명했으며, 대주지사(代州知事), 운주관찰사(雲州觀察使), 서로군부총수(西路軍副總帥) 등을 지냈다. 적은 군사를 이끌고 요(遼)의 10만 대군을 무찔러 '양무적(楊無敵)'이란 별명을 얻었다. 옹희(雍熙) 3년(986) 대군을 이끌고 북벌에 나서 운주(雲州), 응주(應州), 환주(寰州), 삭주(朔州)를 수복했다. 이후 반미(潘美), 왕신(王侁) 등 장수의 지휘 실패로 요군에 체포되었으나 끝내 항복하지 않고 식음을 폐하다 사망했다.

양연소(楊延昭:958~1014)　북송(北宋)의 장수. 양육랑(楊六郎)이라고도 불렀다. 부친 양업(楊業)도 북송 초의 명장이었다. 영변군부서(寧邊軍部署), 고양관부도부서(高陽關副都部署), 영주방어사(英州防御使) 등의 관직을 지내며 20여 년간 북방 변경을 지키는 일을 맡았고, 요(遼)의 군대와 수차 전쟁을 벌여 크게 무찔렀다.

양염(楊炎:727~81) 당(唐)대의 정치가. 자는 공남(公南). 덕종(德宗) 때 재상이 되어 균전제 하의 조용조(租庸調) 제도를 폐지하고 양세법(兩稅法)을 시행하였다. 또 지방의 신흥 지주들에게 토지지배권을 주어 부패 관료와 환관의 토지전횡을 막고자 했다. 그러나 반대세력의 공격을 받아 해남도(海南島)로 쫓겨갔다가 피살되었다.

양영(楊榮:1371~1440) 명대 초기의 정치가. 처음 이름은 자영(子榮), 자는 면인(勉仁). 건안(建安:복건성) 출신. 건문(建文) 2년(1400) 진사에 합격하고 영락(永樂) 16년(1418) 한림원(翰林院)의 일을 맡았으며, 문연각대학사(文淵閣大學士)를 지냈다. 성조(成祖)의 신임을 받아 여러 차례 황제의 북순(北巡)에 수행했다. 성조 사후 인종(仁宗), 선종(宣宗), 영종(英宗)을 보필했다. 특히 영종 즉위 후 양사기(楊士奇), 양부(楊溥)와 함께 황제의 정치를 보좌했으므로 이들을 일컬어 '삼양(三楊)'이라 했다. 『태조실록(太祖實錄)』『선종실록』『인종실록』 등의 편찬을 주관했고, 저서에 『북정기(北征記)』『양문민집(楊文敏集)』이 있다.

양예(楊銳:1857~98) 청대 말의 정치가. 자는 숙교(叔嶠), 순숙(純叔). 사천성 면죽(綿竹) 태생. 장지동(張之洞)의 문생(門生) 출신으로 광서(光緒) 11년(1885) 진사에 올라 내각중서(內閣中書)의 관직을 제수받았다. 동 24년 호남순무(湖南巡撫) 진보잠(陳寶箴)의 추천에 힘입어 사품함군기장경(四品銜軍機章京)에 임명되고 신정(新政)에 참여하였다. 무술정변(戊戌政變) 때 보수파에게 체포되어 살해되었다. 무술육군자(戊戌六君子)의 한 사람.

양옥환(楊玉環) ➡ 양귀비

양웅(揚雄:53 B.C~18 A.D) 한(漢)대의 유학자. 성도(成都:四川省) 출신. 자는 자운(子雲). 눌변이었으나 박학하였다. 40여세 때 경사(京師)로 나아가 서한(西漢) 성제(成帝)의 부름을 받고 나라의 정치를 찬양한 「장양부(長楊賦)」를 지었다. 이로 인해 낭(郎)이 되었다. 왕망(王莽) 때는 대부 벼슬을 지냈다. 말년에 부(賦)를 버리고 철학에 심취했다. 저서에 『역경(易經)』을 모방한 『태현경(太玄經)』 10권, 『논어(論語)』를 모방한 『법언(法言)』 13권, 『방언(方言)』 12권이 있으며, 작품에 「반이소(反離騷)」「광소(廣騷)」

「감천부(甘泉賦)」 등이 있다. 모방작가로 유명하다.

양유기(養由基)　　춘추시대 초(楚)나라의 대부. 양(養)땅에 식읍을 가지고 있었으며 활을 잘 쏘았다. 진(晋)·초(楚)간 언릉(鄢陵) 땅에서 전쟁을 할 때 진의 장수인 위기(魏錡)가 활로 초공왕(楚共王)의 눈을 쏘아 실명시키자 단 한발의 화살로 위기를 맞혀 죽였다.

양자(楊子) ➡ 양주

양자법언(揚子法言) ➡ 법언

양자운(揚子雲) ➡ 양웅

양자화(楊子華)　　남북조시대 북제(北齊)의 화가. 직각장군(直閣將軍), 산기상시(散騎常侍) 등의 관직을 지냈다. 인물화를 비롯하여 말, 용 등 동물화를 잘 그렸다. 작품 「곡률금상(斛律金像)」 「궁원인물병풍(宮苑人物屛風)」 「북제귀척유궁원도(北齊貴戚游宮苑圖)」.

양저문화(良渚文化)　　중국 신석기시대 말기의 문화. 절강성 항주시 서부의 양저에서 발견되었다. 호미, 쟁기, 창, 칼 등의 마제석기가 발굴됐으며, 흑도나 회도의 표면에는 대나무, 활 등의 무늬가 새겨져 있다. 이밖에 옥을 다듬어 만든 여러 장식물도 출토되었다. 용산문화의 영향을 받았으며, 약 4천년 전에 발달했다.

양주(楊朱)　　전국시대의 사상가. 일명 양자(楊子), 양생(楊生), 양자거(楊子居). 위(魏)나라 사람. 노(魯)·송(宋) 일대에서 유학하다가 남쪽의 패(沛) 땅에서 노자에게 학문을 배웠다고 한다. 노자의 섭생(攝生) 철학을 받아들여 생명의 존귀성을 주장했으며, 특히 자신의 몸을 잘 보존해야 한다고 강조했다. 천하를 위하는 일이라도 내 몸의 터럭 하나를 뽑지 않겠다는 그의 논지는 극단적인 이기주의와 자기중심적인 쾌락주의의 일단을 드러낸 것이다.

양주팔괴(揚州八怪)　　청대 중기에 양주 일대에서 활동한 화가 정섭(鄭燮), 김농(金農), 황신(黃愼), 이방응(李方膺), 왕신(汪愼), 고상(高翔), 나빙(羅聘), 화암(華嵒), 진찬(陳撰), 고봉한(高鳳翰), 민정(閔貞), 변수민(邊壽民) 등을 가리킨다. 이들은 대부분 화조(花鳥), 매죽(梅竹), 산수, 인물을 즐겨 그렸으며, 개성과 자유를 좋아하고 풍격은 기특(奇特)하다. 세상의 권세를 좇지 않고 고고하게 살았다. 양주 지방에서는 이들의 생활이 특이하다고 하여 그곳 방언으로 '팔괴(八怪)'라 칭했다. 일설에는 팔괴가 이들 중

8명을 지칭한다고 하나 구체적으로 누구인지는 지적되지 않았다.

양천(楊泉)　　위·진시대의 사상가. 자는 덕연(德淵). 현학(玄學) 청담(淸淡)으로 흐르던 당시의 사상 조류를 배격하고 인간의 정신과 육체를 하나로 보았다. 신비적인 천명론(天命論)과 유신론(有神論)을 버리고 유물적 사상을 채택하였다. 저서에 『물리론(物理論)』이 있다.

양태진(楊太眞) ➡ 양귀비

양태후(梁太后：106~50)　　본명은 양납(梁妠). 동한(東漢) 순제(順帝)의 황후. 순제 재위시 부친 양상(梁商)을 대장군에 올려 놓아 전권을 쥐게 했다. 순제 사후 충제(沖帝), 질제(質帝), 환제(桓帝)를 차례로 세웠으나 실권은 오빠인 양기(梁冀)와 함께 실권을 쥐고 친히 조정을 움직였다. 집정 기간 동안 외척과 환관을 중용했다. 유학을 장려하여 당시 태학생이 3만여 명에 달했다. 그녀 사후 환제와 환관 단초(單超) 등이 양기를 살해하였다.

양패란(梁佩蘭：1632~1708)　　청대 초의 시인. 자는 지오(芝五). 호는 약정(藥亭). 남해(南海：광동성) 출신. 순치(順治) 14년(1657) 향시(鄕試)에서 장원했으나 상급 시험에서 수차 떨어지다 강희(康熙) 27년(1688) 늦은 나이에 진사가 되었다. 이후 한림원서길사(翰林院庶吉士)의 관직에 있다가 곧 물러나 고향에서 시주(詩酒)를 벗하며 살았다. 그의 시는 조탁을 가하지 않고 감정 표현이 분방하며 명쾌하다는 평을 받는다. 난호사(蘭湖社)를 조직하여 후학들을 가르쳤다. 굴대균(屈大均), 진공윤(陳恭尹)과 함께 영남삼대가(嶺南三大家)로 불린다. 또 진공윤, 정가칙(程可則), 왕방기(王邦畿), 방전원(方殿元), 방원(方遠), 방조(方朝)와 함께 영남칠자(嶺南七子)로 불리기도 한다. 시문집 『육영당전후집(六瑩堂前後集)』.

양행밀(楊行密：852~905)　　오대(五代) 오(吳)나라의 태조. 여주(盧州) 합비(合肥：안휘성) 출신. 자는 화원(花源). 도적패의 일원이었다가 군대에 들어가 장수가 되었다. 그후 병란을 일으켜 여주를 점령하고 그곳의 자사(刺史)가 되었으며, 이어 회남(淮南)절도사에 임명되었다. 902년 독립하여 절강(浙江) 지역을 근거로 오(吳)나라를 세우고 왕위에 올랐다.

양현감(楊玄感：?~613)　　수(隋)대의 정치가. 양소(楊素)의 아들. 영주자사(郢州刺史)를 거쳐 예부상서를 지냈다. 정치를 잘하여 사방에서 따르는 인사가 많았다. 양제(煬帝) 때 천하에 대란이 일어날 조짐을 보이자 대업(大業) 9년(613) 양제가 요동 정벌에 나선 틈을 타 병력 10여 만을 이끌고 반란을 일으켰다. 그러나 동도(東都)인 낙양을 공격하다 수군(隋軍)에 패하여 피살되었다.

양형(楊炯:650~93)　당(唐)대의 시인. 화음(華陰:섬서성) 출신. 비서랑(秘書郞), 숭문관학사(崇文館學士), 영천령(盈川令) 등의 관직을 지냈다. 오언율시를 주로 하여 변새시(邊塞詩)를 많이 지었다. 초당사걸(初唐四傑) 중 한 사람.

양혜왕(梁惠王) ➡ 위혜왕

양혜지(楊惠之)　당(唐)대의 조각가. 오도자(吳道子)와 함께 장승요(張僧繇)를 사사하여 인물화를 배우다가 후에 조각을 전공했다. 불상을 많이 조각했으며, 인물상의 경우 살아 움직이는 듯하다는 평을 받았다.

양호(楊鎬:?~1629)　명대 말의 군인. 자는 경보(京甫), 호는 풍균(風筠). 상구(商丘:하남성) 출신. 만력(萬曆) 8년(1580) 진사에 합격하여 남창지현(南昌知縣)에 임명된 이후 요해도참정(遼海道參政), 우첨도어사(右僉都御史), 경략조선군무사(經略朝鮮軍務使) 등을 지냈다. 조선의 울산에 주둔한 일본군과 싸워 대패한 뒤 이를 전승이라고 보고했다가 탄로나 파직되었다. 만력 46년(1618) 후금(後金)이 무순(撫順)을 공격하자 다시 기용되어 요동을 경략하였으나 세부르 전투의 대패로 투옥되었다가 사형당했다.

양호파(陽湖派)　청대의 산문 유파. 동성파(桐城派)의 한 지파. 건륭(乾隆) 후기 및 가경(嘉慶) 연간에 형성되었다. 창시인은 운경(惲敬), 장혜언(張惠言) 등. 모두 강소성 양호(陽湖) 출신이다. 이들 뒤를 이은 양호파 산문가들도 대부분 출신지가 같다. 동성파가 선진(先秦) 및 당(唐)·송(宋) 고문의 엄정한 규율에서 벗어나지 못하는데 불만을 품고 동성파처럼 유가 경전의 문장을 따르되 제자백가 등의 글도 취하며, 언어 역시 동성파처럼 평순(平純)만 추구할 것이 아니라 사조(辭藻) 즉 문채와 기백을 살릴 것을 주창했다.

양홍(梁鴻)　동한(東漢) 초기의 시인. 자는 백란(伯鸞). 평릉(平陵:섬서성 興平) 출신. 집안이 가난하여 부인 맹광(孟光)과 함께 시골에서 농사와 길쌈으로 연명했다. 벼슬에 뜻을 두지 않고 시문 창작을 낙으로 삼았다. 관리들의 사치와 방탕을 풍자한 「오희가(五噫歌)」를 비롯하여 「적오시(適吳詩)」「사우시(思友詩)」 등을 지었다. 한 장제(章帝)가 그의 재주를 흠모하여 조정에 불러들였으나 성과 이름을 바꾸고 은거했다. 이로 인해 청렴하고 깨끗한 선비로 명성이 높았다. 부인 맹광은 남편을 지극히 공경하여 남편에게 밥상을 올릴 때 항상 '거안제미(擧案齊眉)'했으므로 후세에 부녀자의 귀감이 되었다.

어린도책(魚鱗圖册) 명대의 토지대장. 백성들로부터 세금을 거두는 기초 자료로 사용했다. 홍무(洪武) 10년(1387) 완성. 토지의 구획을 가르고 각 토지의 번호, 크기, 위치, 지형, 지질, 소유주 등을 기록했다. 물고기의 비늘처럼 그려졌다고 해서 이름이 붙여졌다.

어부(漁父) 작품명. 초사(楚辭) 계열의 운문. 어부사(漁父辭)로 잘 알려져 있다. 전국시대 굴원(屈原)의 작품으로 되어 있으나 후세의 위작인 듯하다. 굴원과 어부와의 대화 형식을 취했으며, 이를 통해 굴원의 불우한 처지를 동정하고 난세에 영합하지 않는 작가의 의지를 표현했다.

어부사(漁父辭) → 어부

어사(御史) 관직명. 진(秦) 이전에는 사관(史官)의 명칭이었으며 한(漢) 이후 직분이 자주 변동되었다. 주로 감찰 관계의 일을 맡았다. 명·청대에는 감찰어사(監察御史)가 존재했다.

어사대(御史臺) 관서명. 감찰기관. 서한(西漢) 때는 어사부(御史府)가 설치되고 그 장관으로 어사대부(御史大夫)를 두었다. 어사대부는 다시 대사공(大司空)으로 명칭이 바뀌었다. 서한 말 어사대부가 없어지고 난대(蘭臺)에 소속되면서 어사중승(御史中丞)이 난대의 장관이 되었다. 이 난대를 어사대라고 불렀다. 명·청대에 도찰원(都察院)으로 개칭되었다.

어사대부(御史大夫) 관직명. 춘추전국시대 진(秦)나라 때 처음 설치되었다. 승상 다음 가는 지위이며, 탄핵, 규찰 및 전적비서(典籍秘書)를 맡았다. 한(漢)대에는 승상, 태위(太尉)와 더불어 삼공(三公)으로 불렸으며, 후에 대사공(大司空), 사공(司空)으로 개칭되었다. 수·당(隋唐) 이후 직책이 바뀌어 어사대(御史臺)의 장관직을 맡았고, 감찰과 법 집행만 담당했다. 명대 이후 폐지되었다.

어사중승(御史中丞) 관직명. 한(漢)대 이후 설치. 어사대부(御史大夫)를 보좌했다. 서한(西漢) 말 어사대부가 대사공(大司空)으로 바뀌면서 어사중승이 직책을 계승하여 어사대의 장관이 되었다.

언릉전투(鄢陵戰鬪) 춘추시대 진(晉)과 초(楚)간 패권을 놓고 벌인 전투. B.C 575년 두 나라가 서로 정(鄭)나라를 탈취하기 위해 언릉(鄢陵:하남성 일대)에서 전쟁을 벌였는데, 초군의 장수인 자반(子反)이 술에 크게 취하는 바람에 싸움을 멈추고 퇴각하다 대패했다. 전쟁 후 정나라는 초를 배반하고 진을 섬겼으며, 진은 패업을 완성하였다.

언사상성(偃師商城)　　하남성 언사현(偃師縣)의 이리두(二里頭) 문화유적지에서 수 킬로미터 떨어진 곳에서 발견된 청동기시대 문화. 남북 1.7킬로, 동서 1.2킬로미터 규모의 성지로서 3개의 성문, 너비 8미터의 도로, 궁전터 등이 남아 있다. 은(殷)대 초기의 문화유적지로서 은 탕왕(湯王)이 하(夏)의 걸(桀)왕을 몰아내고 도읍인 박(亳)에 건립한 성으로 추정된다.

엄가균(嚴可均:1762~1843)　　청대의 학자. 자는 경문(景文), 호는 철교(鐵橋). 오정(烏程:절강성 湖州) 출신. 가경(嘉慶) 연간에 거인(擧人)이 되고 도광(道光) 연간에 건덕교유(建德敎諭)가 되었다. 고문을 좋아했으며, 고증학에 밝았다. 고대 이후 3천여 가(家)의 저술을 모은 『사록당유집(四錄堂類集)』을 펴냈다.

엄당(閹黨)　　명대 환관들의 정치집단. 명대 중엽인 영종(英宗) 때 내각 대학사 양영(楊榮), 양부(楊溥), 양사기(楊士奇) 등 소위 '삼양(三楊)'의 집정 시기가 끝난 이후부터 명 말까지는 환관이 권력을 휘두른 시기였다. 이 때는 주로 환관과 관료가 결탁하여 당파를 형성, 정치에 간여하고, 자파의 이익을 위하여 간계를 꾸미거나 이질세력을 억눌렀다. 당시 사람들은 이들을 '엄당'이라 불렀다. 헌종(憲宗) 때는 환관 왕직(汪直)이 서창(西廠)을 장악하고 모든 환관과 내각세력을 지배하며 독단정치를 행하였다. 무종(武宗) 때는 유근(劉瑾)이 사례감(司禮監)을 장악하고 내각대학사 초방(焦芳) 등과 결탁하였으며, 세종(世宗) 때는 엄숭(嚴嵩), 희종(熹宗) 때는 위충현(魏忠賢)의 세력이 전권을 쥐었다. 위충현의 엄당은 천계(天啓) 5년(1625) 비환관세력의 정치집단인 동림당(東林黨) 사람들을 대량 탄압하기도 했다.

엄복(嚴復:1853~1921)　　청대 말의 사상가. 자는 우릉(又陵), 기도(幾道). 복건(福建) 후관(侯官) 출신. 복주(福州) 선정학당(船政學堂)을 졸업하고 영국에 파견되어 해군 군사학을 배웠다. 귀국 후 모교에서 교습활동을 하다 광서(光緖) 5년(1880) 이홍장(李鴻章)의 부름을 받아 천진 수사학당(水師學堂)의 총판(總辦)이 되었다. 청일전쟁 후 보수파에 반대하여 글로써 유신 변법(變法)을 주장했다. 서방의 자본주의 사상을 계통적으로 소개하고 문화 계몽운동을 폈다. 광서 21년부터 14년간에 걸쳐 차례로 『천연론(天演

論)』『원부(原富)』『법의(法意)』 등 8편의 번역서를 냈다. 광서 28년(1902) 경사대학당(京師大學堂) 부설 번역국(飜譯局) 장관이 되었다. 신해혁명 후 보수적 사상가로 돌아서 원세개(袁世凱)가 칭제할 무렵에는 그를 위해 주안회(籌安會), 주안육군자(籌安六君子)에 이름을 빌려주기도 했다.

엄숭(嚴嵩:1480~1567)　명내의 징치가, 시인. 자는 유중(惟中). 강서성 분의(分宜) 출신. 홍치(弘治) 18년(1505) 진사에 합격하고 서길사(庶吉士), 남경한림원사(南京翰林院事), 국자감좨주(國子監祭酒) 등을 거쳐 가정(嘉靖) 21년(1542) 영무전대학사(英武殿大學士), 예부상서(禮部尙書)를 지냈다. 이후 태자태사(太子太師)에 올라 20여 년간 황제의 총애를 받으며 권력을 움켜쥐었다. 또 아들 엄세번(嚴世蕃)과 조문화(趙文和)를 측근에 두어 온갖 부정을 저지르고 비판세력을 제거했다. 세종(世宗)은 엄숭의 전횡이 심하자 대신 서계(徐階)와 접촉하여 그의 권력을 빼앗고 파직시켰다. 아들 엄세번 역시 어사 추응룡(鄒應龍)의 탄핵으로 사형에 처해졌다. 그의 가산이 몰수될 때 금은보화가 헤아릴 수 없이 많았다고 한다. 시문 및 서예로도 이름을 날렸다. 시문집『검산당집(鈐山堂集)』.

엄우(嚴羽)　남송의 문학비평가. 자는 의경(儀卿), 단구(丹丘). 호는 창랑포객(滄浪逋客). 소무(邵武:복건성) 출신. 저작으로『창랑집(滄浪集)』과 『창랑시화(滄浪詩話)』가 있다. 특히『창랑시화』는 시변(詩辨), 시체(詩體), 시법(詩法), 시평(詩評), 시증(詩證)의 5부문으로 나누고, 「답오경선서(答吳景仙書)」를 부록에 첨부한 시화집으로서 묘오(妙悟)와 홍취를 시가 창작의 요체로 삼았다. 또 소식(蘇軾), 황정견(黃庭堅) 이후의 의론적 시풍을 반대하고 성당(盛唐)의 시를 법(法)으로 삼을 것을 주장하였다. 그의 시론은 시인들로 하여금 옛것을 모방하게 하는 악영향을 끼치기도 했으나 순수문학의 발달에 적지 않은 영향을 끼쳤다. 명·청의 경릉파(竟陵派), 신운설(神韻說) 등이 그의 사상적 영향을 받아 생겨난 것이다.

엄주산인사부고(弇州山人四部稿)　서명. 174권. 명대 왕세정(王世貞) 찬. 엄주산인은 왕세정의 호이다. 부(賦), 시(詩), 문(文), 설(說)의 4부로 나누어 고인의 작품을 수록했다. 이밖에『속고(續稿)』207권은 부·시·문 3부로 되어 있고, 『속고부(續稿附)』11권은 시·문 2부로 되어 있다.

엄준(嚴遵)　서한(西漢) 말기의 사상가. 자는 군평(君平). 성도(成都) 출신. 관직에 나아가지 않고 은거생활을 하며 학문에만 몰두했다. 서한 초의 황로(黃老)사상을 근본으로 하여 '기화분리(氣化分離)'의 설을 내놓았다. 저서 『노자지귀(老子指歸)』.

여공저(呂公著:1018~89) 북송의 정치인. 자는 회숙(晦叔). 수주(壽州:안휘성 鳳臺) 출신. 여이간(呂夷簡)의 아들. 인종(仁宗) 경력(慶曆) 연간에 진사가 되었다. 신종(神宗) 희녕(熙寧) 2년(1069) 어사중승(御史中丞)을 지내면서 왕안석(王安石)의 신법에 반대하였다가 외직으로 물러났다. 원우(元祐) 원년(1086) 상서우복야(尙書右僕射) 겸 중서시랑(中書侍郎)에 임명되어 사마광(司馬光)과 함께 신법을 폐지하였으며, 사마광 사후 홀로 국정을 책임졌다.

여논어(女論語) 서명. 당(唐)대 송약신(宋若莘) 찬, 여동생 송약소(宋若昭) 주석. 10편. 문답형식으로 부녀자의 수신의 도에 대해 강술했다. 『논어(論語)』의 체제를 따랐으므로 이름이 붙여졌다. 봉건시대 여성을 대상으로 한 교육서로서 널리 유행하였다.

여람(呂覽) → 여씨춘추

여불위(呂不韋:?~235 B.C) 전국시대 말 진(秦)나라의 대신. 위(衛)나라 출신. 본래 대상인이었다. 조(趙)나라에 인질로 가 있던 진나라의 공자 자초(子楚)와 사귀게 된 후 재물을 이용해 그를 본국으로 송환했다. 이와 함께 진 효문왕(孝文王)의 부인인 화양부인(華陽夫人)을 매수해 그를 태자로 삼게 했다. 이후 자초는 진의 장양왕(莊襄王)이 되어 지난날의 은인인 여불위를 재상으로 삼았다. 장양왕이 죽고 정(政:秦始皇)이 어린 나이에 즉위하자 여불위는 중부(仲父)로서 섭정하였다. 이후 정이 권력을 장악하면서 그는 힘을 잃고 하남(河南)과 촉군(蜀郡)을 전전하다 자살하였다. 진나라에서 재상으로 있을 때 많은 문인들을 식객으로 삼았으며, 이들을 시켜 『여씨춘추(呂氏春秋:呂覽)』를 편찬하였다.

여사잠도(女史箴圖) 동진(東晉)시대의 화가 고개지(顧愷之)의 작품. 전체 12폭. 서진(西晋)의 문학가 장화(張華)가 지은 작품 「여사잠(女史箴)」의 내용을 화폭에 담았다. 모작(摹作) 2종이 현존하며, 그중 당(唐)대 사람이 그린 것으로 여겨지는 영국 대영박물관 소장본이 유명하다.

여산릉(驪山陵) 일명 진시황릉(秦始皇陵). 섬서성 임동현(臨潼縣) 여산(驪山) 북쪽 기슭에 위치. 진시황 및 2세황제 2대에 걸쳐 축조되었다. 둘레가 약 20리이며, 하부는 장방형으로 길이가 약 460m, 너비가 약 400m에 달한다. 여러개의 궁전 내부에는 진귀한 보물들이 진열되어 있고, 산천강해 (山川江海)의 모형이 만들어져 있다. 능 주위에 내외 성곽이 설치되어 있으며, 내곽에는 6개의 문이, 외곽에는 4개의 문이 있다. 당시 연인원 70만 명이 투입되어 공사를 벌였다고 한다. 능묘 주위에서 동기(銅器), 칠기(漆器), 은기(銀器) 등과 더불어 진인신마(眞人眞馬)의 도제(陶制) 병마용(兵馬俑)이 발견되어 당시 문화를 연구하는데 중요한 자료가 되고 있다. 세계 최대 규모의 능묘 가운데 하나이다.

여상(呂尙) ➡ 강상

여씨춘추(呂氏春秋) 서명. 일명 『여람(呂覽)』. 총 26권. 전국시대 말 진 (秦)의 재상 여불위(呂不韋)가 문객들에게 명하여 편찬했다. 12기(紀), 8람 (覽), 6론(論)으로 나뉘며 총 160편. 선진 제자백가의 학설 및 고대 역사, 신화, 전설, 철학, 역학, 음률, 농학 등의 방면을 두루 채집하여 엮은 일종 의 잡가(雜家) 저작이다. 선진(先秦)시대의 문화사를 이해하는데 중요한 자 료이다.

여와씨(女媧氏) 고대 신화전설상의 여신. 일명 여희씨(女希氏), 와황 (媧皇). 인면사신(人面蛇身)의 모습을 했으며, 오빠인 복희씨(伏羲氏)와 근 친결혼을 했다고 한다. 황토를 손으로 주물러 존귀한 인간을 만들고, 노끈 을 진흙에 묻혀 비천한 인간을 만들었다고 한다. 또 공공씨(共工氏)가 축융 (祝融)에게 패한 뒤 홧김에 불주산(不周山)을 들이받아 하늘을 받치던 기둥 이 무너질 때 그녀가 오색 바위를 깎아 창공을 보수하고 거북 다리로 네 개 의 기둥을 세웠다는 천지창조설도 있다(『회남자』 覽冥편). 재앙을 물리치고 복을 내려주는 여신으로 알려져 있다.

여재(呂才:600~65) 당(唐)대의 사상가. 청평(淸平:산동성 臨淸) 출 신. 태종(太宗) 때 태상박사(太常博士)로 있으면서 명을 받아 『음양서(陰陽 書)』를 산정(刪定)했다. 고종(高宗) 때 태상승(太常丞)을 지냈다. 풍수지리 등의 미신과 당시 유행한 숙명론에 대해 비판을 가하고 유물주의와 무신론 사상을 강조했다.

여조겸(呂祖謙:1137~81) 남송의 사상가, 사학자. 자는 백공(伯恭). 세 칭 동래선생(東萊先生). 무주(婺州:절강성 金華) 출신. 융흥(隆興) 원년 (1163) 진사에 합격하고 다시 박학홍사과(博學鴻詞科)에 합격하였으며, 관 직은 저작랑 겸 국사원편수관에까지 올랐다. 사상 방면으로 금화학파(金華

學派)를 개창하고 절동학파(浙東學派)의 선성(先聲)이 되었다. 주희(朱熹)의 격물치지(格物致知)와 육구연(陸九淵)의 심학(心學) 사상간 조화를 강구했다. 저서에 『대사기(大事記)』『춘추좌씨전설(春秋左氏傳說)』『역대제도상설(歷代制度詳說)』『십칠사상절(十七史詳節)』『동래좌씨박의(東萊左氏博議)』『동래집(東萊集)』『여씨가숙독서기(呂氏家塾讀書記)』 등이 있으며, 『휘종실록(徽宗實錄)』의 편찬에 참여했다.

여치(呂雉) ➡ 여태후

여태후(呂太后:241~180 B.C)　　약칭 여후(呂后). 본명은 여치(呂雉). 한 고조(漢高祖) 유방(劉邦)의 정후(正后). 여장부로서 초·한(楚漢)전쟁 때 유방을 내조하여 좋은 계책을 자주 내놓았다. 서한(西漢) 성립 후 한신(韓信), 팽월(彭越) 등을 몰아내는데 일조했다. B.C 195년 친생자 혜제(惠帝)가 즉위하자 혜제의 이복동생 여의(如意)와 그의 모친 척부인(戚夫人)을 살해하였다. 혜제가 죽자 전권을 쥐고 여씨 일족을 대거 등용하여 16년간 친히 정사를 맡았다. B.C 180년 그의 사후 여씨 일족이 모두 주살되었다.

여형(呂刑)　　서명. 『서경(書經)』의 한 편명. 서주(西周) 시기에 목왕(穆王)이 여후(呂侯:일명 甫侯)에게 하(夏)나라의 우(禹)임금이 만든 법을 수정(修訂)하도록 하여 만든 법률(刑法)을 담았다. 『예기(禮記)』에는 「보형(甫刑)」으로 기록되어 있다.

여혜경(呂惠卿:1032~1111)　　북송의 정치가. 자는 길보(吉甫). 천주(泉州) 진강(晋江:복건성 泉州) 출신. 인종(仁宗) 가우(嘉祐) 연간 진사가 되고 진주추관(眞州推官), 집현원교감(集賢院校勘)에 올랐다. 왕안석(王安石)의 신법 제정에 참여하였으며, 청묘(青苗), 면역(免役), 농전수리(農田水利) 등의 법이 그의 손에서 나왔다. 신종(神宗) 희녕(熙寧) 7년(1074) 왕안석이 폄적된 동안 참지정사(參知政事)로 있으면서 신법을 계속 맡아 추진하다가 왕안석이 복권된 후 진주(陳州), 연주(延州), 태원부(太原府)의 지사로 밀려났다. 사마광(司馬光)이 재상으로 오른 후 신법은 폐지되고 그 역시 폄적되었다. 저작에 『장자의(莊子義)』 등이 있으나 일실되었다.

여효경(女孝經)　　서명. 1권. 당(唐)대 정씨(鄭氏) 찬. 18장으로 나뉘어 있다. 동한의 여류학자 반소(班昭)의 이름을 빌려 부녀의 효도에 대해 강술했다. 봉건시대 여성의 처세에 관한 내용이다.

여후(呂侯)　　주(周)나라 목왕(穆王)의 신하. 일명 보후(甫侯). 사구(司

寇)의 관직을 지냈다. 목왕의 명을 받들어 하(夏)나라 우(禹)임금 때 만들어진 형법을 수정했으며, 이때 만들어진 법이 「여형(呂刑:일명 甫刑)」이다. 여형은 『서경(書經)』의 한 편명에 속해 있다.

여후(呂后) → 여태후

역경(易經) → 주역

역당구자(易堂九子)　　명말 청초에 영도(寧都:강서성 江西) 출신 위희(魏禧), 위서(魏瑞), 위례(魏禮) 3형제와, 같은 지역의 이등교(李騰蛟), 구유병(丘維屏), 증찬(曾燦), 팽임(彭任), 그리고 남창(南昌) 출신 팽사망(彭士望), 임시익(林時益) 9인이 난세를 피하여 영도 경계에 있는 취미봉(翠微峰) 아래에 역당(易堂)을 지어놓고 학문을 교류하거나 후진을 양성했는데, 이들을 일컬어 역당구자라 한다.

역대명화기(歷代名畫記)　　서명. 10권. 일종의 회화 이론서. 당(唐) 장언원(張彥遠) 저. 대중(大中) 원년(847) 완성. 10권 중 전 3권은 회화의 원류, 기법, 감상법 등 이론에 관한 내용이고, 후 7권은 상고시대 이후 당대까지의 화가 372명에 대한 소전(小傳)을 기록했다.

역대부회(歷代賦匯)　　서명. 일명 『어정역대부회(御定歷代賦匯)』. 부(賦)체 문학작품집. 184권 3,900여 편. 청대 진원용(陳元龍) 등이 강희제(康熙帝:聖祖)의 칙명을 받아 편찬했다. 강희 45년(1706) 완성. 선진(先秦)시대부터 명대 말까지의 부를 집록했다. 정집(正集) 140권은 서사기물(敍事記物)에 관련된 작품이고, 외집(外集) 20권은 서정(敍情) 작품이며, 기타 잔문일구(殘文逸句) 2권, 보유(補遺) 22권으로 되어 있다.

역대시여(歷代詩餘)　　서명. 일명 『어정역대시여(御定歷代詩餘)』. 사집(詞集). 120권. 청대 한림원 시독학사(侍讀學士) 심진원(沈辰垣) 등이 강희제(康熙帝:聖祖)의 칙명을 받아 편찬했다. 명대 진요문(陳耀文)이 편찬한 『화초수편(花草粹編)』을 기초로 하여 이를 보충한 것이다. 당(唐)대부터 명(明)대까지의 사 작품 1,540조(調) 9,000여 수를 100권에 수록하고, 사인(詞人)의 성씨(姓氏) 10권, 사화(詞話) 10권을 별도로 하였다.

역도원(酈道元:466~약 572)　　북위(北魏)의 지리학자. 자는 선장(善長). 형주자사(荊州刺史), 어사중승을 역임했다. 여행을 통해 얻은 각처의 명승지와 풍물, 지세 등에 관한 지식을 바탕으로 삼국시대의 『수경(水經)』에 주를 단 『수경주(水經注)』 40권을 편찬하였다. 이는 각지의 수도(水道)에 대하여 설명한 것이지만, 그 지방의 풍속, 인물, 전설, 사회활동 등도 기술하여 지리지(地理志)의 성격을 띠고 있다.

역사(繹史)　　서명. 160권. 청대 초 마숙(馬驌) 찬. 상고시대부터 진(秦)대 말까지의 역사를 기사본말체로 기록했다. 태고(太古), 삼대(三代), 춘추(春秋), 전국(戰國), 외록(外錄)의 다섯 부분으로 나누어 160개의 편목을 정했다. 각 편이 1권으로 되어 있고, 태고 10권, 삼대 20권, 춘추 70권, 전국 50권, 외록 10권으로 구성되었다. 구사(舊史)의 원문을 모아 이를 정리하고 편을 나눈 것으로, 편년체와 기전체의 장점을 취한 형태를 띤다.

역아(易牙)　　춘추시대 제나라의 간신. 일명 적아(狄牙), 옹무(雍巫). 당초 제환공의 시종으로서 음식을 만드는 직책에 있었다. 이때 환공의 입맛을 돋우기 위해 자신의 어린 아들을 삶아 바쳤다고 한다. 이에 감동한 환공이 그를 대신으로 중용했다. 아첨을 잘해 환공의 마음을 사로잡고 측근으로 행세했다. 후에 환공이 병들자 수조(竪刁) 개방(開方) 등과 손잡고 정사를 뒤흔들었으며, 나중엔 제환공을 굶겨 죽였다.

역원길(易元吉:?~약 1064)　　북송(北宋)대의 화가. 자는 경지(慶之). 집안에 연못을 만들어 각종 화조를 가꾸고 이를 대상으로 그림을 그렸으며, 이로써 당시 화단에서 화조화(花鳥畵), 동식물화의 일인자로 떠올랐다. 궁궐에서 병풍화를 그리다 사망했다.

역이기(酈食其)　　한(漢)대 초기의 책략가. 고양(高陽) 출신. 고조(高祖) 유방(劉邦)을 위해 제(齊)나라에 가서 유세를 통해 70여 성을 고스란히 빼앗았다. 그 직후 유방은 한신(韓信)을 시켜 제나라를 침공했으므로 대로한 제왕 전광(田光)이 그를 살해했다.

연(燕:?~222 B.C)　　주(周)나라 봉건 제후국 중 하나. 주 무왕(武王)의 아우인 소공 석(召公奭)이 지금의 하북성 일대에 분봉받아 세웠으며, 도읍을 계(薊)에 정했다. 중원으로부터 멀리 위치했기 때문에 비교적 안정되었으나 국력은 약했으며, 북쪽 산융(山戎)의 침입을 자주 받았다. 전국시대에는 칠웅(七雄)에 속하여 위세를 떨쳤다. 소왕(昭王) 때 장군 악의(樂毅)가 다른 5국과 연합하여 제를 크게 무찔렀고, 장군 진개(秦開)는 요동지역을 크게 개척하였다. 희왕(喜王)에 이르러 진(秦)의 압박을 받자 태자 단(丹)이 자객인 형가(荊軻)를 시켜 진왕 정(政:始皇帝)을 척살하려다 실패하고, B.C 222년 진에 의해 멸망하였다.

연납(捐納)　　중국의 관리임용제도 중 하나로서 재물을 받고 관작을 주는 일종의 매관(賣官)에 해당한다. 재정의 부족을 채우기 위한 방법으로 이 제도가 시행되었다. 진(秦)내에는 작위만 팔다가 한(漢) 무제(武帝) 때 관직을 주기 시작했다. 명대에 고정적인 제도로 정착되었으며, 청대에는 그 폐해가 심할 정도였다. 청 강희제(康熙帝) 때 연납과 고시를 병행하여 지현(知縣)을 뽑다가 옹정제(雍正帝) 때 무관에까지 확대시키고 고시를 없앴다. 건륭제(乾隆帝) 때는 도부(道府), 낭중(郎中) 및 무관으로 범위를 넓히고, 처벌을 받은 사람도 연납을 통해 구제했다. 이 제도는 청대 말까지 존속되었으며, 여유있는 관직의 수보다 연납자 수가 더 많아 연납 후 명목상의 관직만 받고 임지에는 나아가지 못하는 경우도 생겼다.

연대조약(煙臺條約)　　광서(光緖) 2년(1876) 청나라와 영국 사이에 체결된 조약. 영국의 선교사 등이 버마로부터 중국의 운남(雲南)지역으로 무단 침입하자 1875년 만충(蠻充) 지방의 군중이 영국 통역관을 살해하는 사건이 일어났다. 영국 정부는 이를 빌미로 청 정부를 협박하여 연대(煙臺)에서 이 조약을 체결했다. 주요 내용은 ① 사건 배상금을 지급한다, ② 추후 5년 동안 영국군이 운남지역에 주둔하며 통상관계를 살필 수 있다, ③ 영국인이 북경에서 감숙(甘肅), 청해(靑海) 등지를 거쳐 서장(西藏), 인도에 도착하거나 인도에서 서장지역으로 탐로(探路)할 경우 통행에 협조한다 등이다. 이는 영국이 중국의 본토 침략을 용이하게 하기 위한 것이었다.

연문귀(燕文貴:967~1044)　　북송 전기의 화가. 일명 문계(文季). 오흥(吳興:절강성) 출신. 가난한 가정에서 태어나 그림을 팔아 생계를 유지했다. 후에 추천을 통해 화원(畵院)에 들어가 대조(待詔)에 임명되었다. 산수화, 인물화, 계화(界畵)를 잘 그렸다. 그의 작품 「박선도해도(舶船渡海圖)」는 1척이 채 못되는 크기이나 나뭇잎처럼 떠있는 배와 그 속의 사람, 노, 돛 등이 상세히 그려져 있다. 작품 「칠석야시도(七夕夜市圖)」「강산누관도(江山樓觀圖)」「화수효월도(花樹曉月圖)」 등.

연운십육주(燕雲十六州)　　지금의 북경(北京) 부근 지역을 중심으로 한 16개의 주(州). 석경당(石敬瑭)이 936년 거란의 원조를 얻어 후당(後唐)을 멸하고 후진(後晋)을 세운 대가로 거란에게 이 지역을 할양했다. 이후 이곳을 중심으로 오대(五代)의 국가, 혹은 뒤이은 송(宋)나라와 거란족 간에 영토분쟁이 자주 발생했다. 16주는 연(燕:北京), 운(雲:大同), 탁(涿), 계(薊),

단(檀), 순(順), 영(瀛), 막(莫), 울(蔚), 삭(朔), 응(應), 신(新), 규(嬀), 유(儒), 무(武), 환(寰)을 가리킨다.

연종(蓮宗) ➡ 정토종

연횡책(連衡策)　전국시대 장의(張儀)가 편 국가간 동맹에 관한 외교책략. 소진(蘇秦)의 합종책(合縱策)을 깰 목적으로 진(秦)나라에서 채택했다. 당시 전국7웅 중 6국이 합종책에 의해 진나라를 따돌리고 동맹을 맺은 데 대해 진나라는 원거리 외교정책을 펴 각국간 동맹을 깨뜨리고 각각 단독으로 동맹을 맺는 수법을 썼다. 이를 연횡책이라 한다.

열녀전(列女傳)　서명. 일명 『고열녀전(古列女傳)』. 7권. 서한(西漢) 유향(劉向) 찬. 고대 모범적인 언행을 보인 여인 100여 명의 행적을 기록하여 여자로서 지녀야 할 품덕을 제시하였다. 맹모삼천지교(孟母三遷之敎) 등의 내용이 실려 있다.

열산씨(烈山氏)　고대 신화전설상의 인물. 화전의 방법으로 농지를 개간하여 사람들에게 채소 심는 방법을 가르쳤다 한다. 신농씨(神農氏)와 더불어 농신(農神)으로 불린다. 일설에는 신농씨와 열산씨를 동일 인물로 본다.

열어구(列禦寇) ➡ 열자

열이전(列異傳)　서명. 3권. 삼국시대 위(魏)의 조비(曹丕) 찬. 일설에는 진(晉)대 장화(張華)가 편찬했다고 한다. 민간의 이문(異聞)과 지괴소설(志怪小說)을 모아 엮은 것이다.

열자(列子)　전국시대의 사상가. 이름은 어구(禦寇). 정(鄭)나라 사람이라고 하나 가공의 인물이라는 주장도 있다. 현존하는 『열자(列子)』 8권을 통해 본 그의 사상은 노자(老子)와 같이 허무를 바탕으로 하여 숙명론의 입장에서 생사 귀천을 바라보았으며, 무위자연의 생활을 이상으로 삼았다. 청허무위(淸虛無爲)를 통해 우주의 본체와 합하면 신인(神人), 지인(至人)의 경지에 이른다고 주장하였다.

열조시집(列朝詩集)　서명. 명시(明詩) 선집. 81권. 청대 전겸익(錢謙益) 편선(編選). 명대의 시인 약 2천명의 작품을 골라 실었다. 금(金)대 원호문(元好問)의 『중주집(中州集)』 체례를 모방했으며, 시인에 대한 소전(小傳)과 작자에 대한 평론을 가미하면서 명대 시단의 복고풍에 대해 비판하기도 했다. 진제생(陳濟生)이 이를 보충하여 『천계숭정양조유시(天啓崇禎兩朝遺詩)』를 펴냈다.

열후(列侯) ➡ 철후

염군기의(捻軍起義)　태평천국의 난 당시 북방지역에서 일어난 농민봉기. 염군은 처음에 염당(捻黨)으로 불렸으며, 청대 초 황하 유역에서 사염(私鹽)을 판매하던 사람들의 단체명이다. 후에 산동, 하남, 강소 등지로 조직이 확대되었다. 함풍(咸豊) 3년(1853) 태평군(太平軍)의 북벌부내가 인휘 지역을 통과할 때 이들도 봉기를 일으켜 항청(抗淸)활동에 가담했다. 함풍 5년 각지의 염군이 안휘성 몽성(蒙城) 치하집(雉河集)에 모여 장락행(張樂行)을 추대하고 '대한영왕(大漢永王)'이라 불렀다. 이들은 '행군조례(行軍條例)'를 제정하고 5색기에 따라 부대를 편성했다. 동 7년 태평군과 합류했으나 여전히 독립 조직을 유지했다. 이듬해 태평군 진옥성(陳玉成), 이수성(李守成) 부대와 함께 증국번(曾國藩)의 단련(團練) 조직인 상군(湘軍)을 대파했다. 동치(同治) 2년(1863) 치하집이 함락되면서 장락행이 사망했고, 잔여 부대는 태평군과 공동보조를 취하면서 게릴라식 항전을 계속했다. 동치 4년 산동(山東)에서 청군의 주력인 승격림심(僧格林沁)의 부대를 궤멸시키고, 안휘, 하남, 호북, 산동 지역에서 청군의 예봉을 차단했다. 이듬해 동·서 염군으로 나뉘어 항전을 계속했으며, 동치 7년 진압되었다.

염민(冉閔:?∼352)　오호십육국 시대 염위(冉魏)의 건립자(재위 350∼352). 자는 영증(永曾). 350년 후조(後趙)의 의양왕(義陽王) 석감(石鑑)을 살해하고 건국하였다. 국호는 위(魏). 역사에서 이를 염위라 한다. 재위 3년만에 전연(前燕)에 패하여 살해되었다.

염약거(閻若璩:1636∼1704)　청대의 고증학자. 자는 백시(百詩), 호는 잠구(潛丘). 본적은 태원(太原:산서성)이며 회안(淮安:강소성)에서 태어났다. 수십년간 연구 끝에 『상서고문소증(尙書古文疏證)』을 지어 『고문상서(古文尙書)』가 위작임을 증명함으로써 이름을 크게 날렸다. 이후 서건학(徐乾學)의 초빙에 응하여 『대청일통지(大淸一統志)』의 편찬에 참여, 지리와 산천의 연혁 부문에 공헌했다. 만년에 더욱 유명해져 옹정제(雍正帝)의 총애를 받았으며, 그가 죽었을 때는 옹정제가 친히 조시(弔詩)를 지어 애도했다. 기타 저서 『일지록보정(日知錄補正)』『잠구예기(潛丘禮記)』『사서석지(四書釋地)』 등. 고염무(顧炎武), 황종희(黃宗義) 등이 경세(經世)를 위해 고증학을 도입한 데 대해 그는 순수하게 고증을 위한 고증을 함으로써 건가학파(乾嘉學派)의 홍기에 촉매제 역할을 했다.

염위(冉魏)　　오호십육국 시대에 한(漢)족의 염(冉)씨가 세운 정권. 350년 후조(後趙)의 대장 염민(冉閔)이 황제 석감(石鑑)을 몰아내고 칭제(稱帝)하였다. 업(鄴) 땅에 도읍하여 국호를 위(魏)라 하였으며, 역사에서 이를 염위라 칭한다. 352년 전연(前燕)에 의해 멸망했다.

염입덕(閻立德:?~656)　　당(唐)대의 건축가, 미술가. 화가 염입본(閻立本)의 형. 본명은 양(讓)이며 자가 입덕이다. 태종(太宗) 때 장작대장(將作大匠), 공부상서(工部尙書) 등의 관직을 지내면서 고조헌릉(高祖獻陵), 태종소릉(太宗昭陵), 여산취미궁(驪山翠微宮) 등을 건축하였다. 이들은 규모가 웅대하고 설계가 정교한 특징을 지닌다. 회화에도 재능을 보여 인물 산수화를 잘 그렸다. 작품 「옥화궁도(玉華宮圖)」 「봉선도(封禪圖)」 「문성공주항번도(文成公主降蕃圖)」 등.

염입본(閻立本:?~673)　　당(唐)대의 화가. 건축가 염입덕(閻立德)의 동생. 장작대장(將作大匠), 공부상서(工部尙書), 중서령(中書令) 등을 지냈다. 회화는 인물도, 거마도(車馬圖), 대각도(臺閣圖) 등을 잘 그렸다. 장승요(張僧繇)를 사사한 후 스스로 일가를 이루었다. 역대 제왕의 인물도를 많이 남겼으며, 특히 당시 제왕인 태종(太宗)의 명을 받아 「태종상(太宗像)」 「진부십팔학사도(秦府十八學士圖)」 「능연각공신도(凌煙閣功臣圖)」 등을 그렸다. 이밖에 「보련도(步輦圖)」 「역대제왕도(歷代帝王圖)」 「직공도(職貢圖)」 등이 유명하다. 그의 「역대제왕도」는 미국 보스톤 예술박물관에 소장되어 있다.

염제(炎帝)　　고대 신화전설상의 인물. 강(姜)씨 성을 가진 부락의 영수. 황제(黃帝)와 형제라는 설이 있다. 처음에는 서북지역에서 활동했다가 중원 땅으로 진출해 황제와 함께 치우(蚩尤)를 몰아냈으며, 다시 황제와 패권을 놓고 싸우다 패하여 그의 부락이 황제에게 흡수되었다고 한다. 황제와 더불어 중화민족의 시조로 일컬어진다. 일설에는 신농씨(神農氏)가 바로 염제라고 한다.

염철론(鹽鐵論)　　서명. 서한(西漢) 환관(桓寬) 편저. 10권 60편. 한 소제(昭帝) 때 조정 내에서 염철에 관하여 회의한 내용을 기록한 책. 당시 어사대부 상홍양(桑弘羊)이 주장한 염철·주류의 관영 전매와 균수(均輸)·평준(平準) 등의 문제에 관하여 지방 현량(賢良)들과 상홍양간에 갑론을박하던 내용을 담았다. 상홍양의 사상과 당시 염철의 수급 문제를 연구하는 좋은 자료이다.

염철사(鹽鐵使)　　관명. 당(唐) 숙종(肅宗) 건원(乾元) 원년(758) 탁지낭중(度支郎中)인 제오기(第五琦)를 제도염철사(諸道鹽鐵使)에 임명하여 소금의 전매를 관장토록 한 것이 시초가 되었다. 처음에는 호부시랑(戶部侍郎)에서 충임했으나 나중에는 재상을 보임했다. 송(宋)대에는 재정을 전담하는 3사(司) 중 하나로 염철사를 둘 정도로 국가 재정에 큰 기여를 했다. 원(元)대 이후 폐지되었다.

염파(廉頗)　　전국시대 조(趙)나라 장수. 조혜왕(趙惠王) 때 제(齊)의 군사를 크게 무찔러 상경(上卿)에 봉해졌으며, 이후에도 제·위(魏) 연합군을 여러 차례 격파하여 용감하기로 이름을 떨쳤다. 장평(長平)의 전투에서 3년 동안 성을 지키기만 하자 혜왕이 그를 폐하고 조괄을 장수로 삼았다가 대패했다. 이후 복권되어 연(燕)나라 군사를 크게 무찌르고 신평군(信平君)에 봉해졌으나 조 도양왕(悼襄王) 때 뜻을 얻지 못하고 위나라로 도망갔으며 초(楚)나라에서 죽었다.

염학(濂學)　　북송의 사상가 주돈이(周敦頤)를 중심으로 한 학파. 주돈이가 영도(營道:호남성 道縣)의 염계(濂溪)에 살았으므로 이름이 붙여졌다.

염희헌(廉希憲:1231~80)　　원대의 정치가. 위구르 출신. 경서를 좋아하여 염맹자(廉孟子)란 별명을 얻었다. 몽케 칸 재위 4년(1254) 경조선무사(京兆宣撫使)가 되었다. 몽케 칸이 사망하자 쿠빌라이(世祖)에게 즉위를 권유하고 이에 반대한 아리크브라를 토벌했다. 이로써 벼슬이 중서우승(中書右丞)을 거쳐 중서평장정사(中書平章政事)에 올랐다. 권신들을 두려워하지 않아 아합마(阿合馬)와 갈등을 빚었으며, 1274년 북경행성평장정사(北京行省平章政事)에 임명되었다.

엽몽득 → 섭몽득

영가사령(永嘉四靈)　　남송 중기의 시인 서기(徐璣:호는 靈淵), 서조(徐照:자는 靈暉), 옹권(翁卷:자는 靈舒), 조사수(趙師秀:호는 靈秀)를 일컫는 말. 모두 영가(永嘉:절강성 溫州) 출신이고, 자 혹은 호의 첫 글자가 '靈'이므로 이름이 붙여졌다. 이들은 만당(晚唐)의 시인 가도(賈島), 요합(姚合)을 종주로 삼고 강서시파(江西詩派)의 시풍을 반대했다.

영남삼대가(嶺南三大家)　　청 초기의 시인 굴대균(屈大均), 양패란(梁佩蘭), 진공윤(陳恭尹) 3인을 일컫는 말. 모두 영남(嶺南:광동성) 출신이다.

영도삼위(寧都三魏)　　청대 초기의 산문가 위서(魏瑞), 위희(魏禧), 위례(魏禮) 3형제를 일컫는 말. 영도(寧都:江西) 출신이므로 이름이 붙여졌다.

영락대전(永樂大典)　　서명. 유서(類書). 2만 2천 877권, 목록 60권. 명대 요광효(姚廣孝), 해진(解縉) 등이 칙명을 받들어 영락(永樂) 5년(1407) 완성했다. 처음에는 영락 2년 성조(成祖)의 명에 따라 해진 등이 『문헌대성(文獻大成)』을 펴냈으나, 후에 각종 도서 7,8천 종을 더 수록하여 완성하고 이름을 『영락대전』이라 하였다. 『홍무정운(洪武正韻)』의 글자 배열에 맞추어 목록을 분류하고 그 아래 각 문헌의 내용을 삽입했다. 경사(經史), 석장(釋藏), 도경(道經), 의약(醫藥), 희극(戲劇), 공예(工藝), 농기(農技) 등 거의 모든 저작을 섭렵했으며, 원대 이전에 산실된 서적도 이곳에 많이 보존되어 있다. 가정(嘉靖)·융경(隆慶) 연간에 부본을 만들었는데, 정본은 만력(萬曆) 25년(1597) 소실되고 부본도 청 함풍(咸豊) 연간부터 산실되기 시작하여 영국, 프랑스 연합군이 북경에 진입했을 때 대부분 소실되거나 약탈당했다. 현재 잔본 수백권만 남아 있다.

영락제(永樂帝) ➡ 명 성조

영력실록(永曆實錄)　　서명. 남명(南明) 영력(永曆) 시기의 사적을 기록한 역사서. 기전체. 25권. 청대 초 왕부지(王夫之) 찬. 강희(康熙) 12년부터 17년까지의 시기에 완성했다. 1권은 본기(本紀)로서 영력제(永曆帝) 재위 15년간의 치세를 기록했고, 2권 이하는 모두 열전(列傳)으로서 농민봉기군의 지도자도 다수 실려 있다. 『선산유서(船山遺書)』에 수록되어 있다.

영렬전(英烈傳)　　서명. 수정본 이름은 『운합기종(雲合奇踪)』. 역사 소설. 80회. 명대 무정후(武定侯) 곽훈(郭勛)이 지었다고 전해진다. 명나라의 개국(開國) 고사를 쓴 것으로 원(元)의 순제(順帝)가 황음무도하여 실정한 이후부터 주원장(朱元璋)이 명나라를 건립할 때까지의 사건을 다루었다.

영륜(伶倫)　　고대 전설상의 인물. 황제의 신하로서 직분은 악사(樂師)였다. 황제의 명으로 곤륜산(崑崙山) 북쪽의 해곡(嶰谷)이란 골짜기에서 대나무를 구해 12율(律)의 피리를 만들었다고 한다. 이로부터 후세에는 악공을 가리켜 영(伶)이라 불렀다.

영명체(永明體)　　남조(南朝)시대 제(齊) 무제(武帝) 영명(永明) 연간(483~493)에 형성된 일종의 시가 풍격. 음운과 격률을 중시하고 사성(四聲)과 평측(平仄), 대우(對偶)를 따져 시를 지었다. 신체시라 불리기도 하며 제(齊)·양(梁) 시풍의 주류를 이루었다. 율시 형성의 촉진제가 되었다. 대표작가 심약(沈約), 사조(謝脁), 왕융(王融).

영사재판권(領事裁判權)　청대 말 서구 제국주의 침략국들이 청 정부와 체결한 불평등조약. 일명 치외법권(治外法權). 도광(道光) 23년(1843) 청과 영국간 오구통상장정(五口通商章程)이 체결되면서 이 조항이 처음 삽입되었다. 내용은 청나라에 거주하는 영국인은 청나라 국내법의 적용을 받지 않고 그 재판권이 영국 영사에게 있다는 것이다. 이는 제국주의 국가의 중국 내 불법활동을 용인하는 독소조항이었다. 도광 24년에는 중·미 망하조약(望厦條約)과 중·불 황포조약(黃埔條約)이 체결되었는데, 여기서도 이 조약이 명문화되었다.

영안건제(永安建制)　청 함풍(咸豐) 원년(1851) 태평천국군이 광서(廣西)의 영안주(永安州)에 주둔하면서 혁명정권을 세우고 정비한 제도. 주요 내용은 ① 군대 정비와 군사법규인 태평조규(太平條規)의 반포, ② 동·서·남·북·익(翼)왕과 승상·총제(總制) 등의 임명, ③ 군사(軍師), 승상(丞相), 검점(檢点), 지휘(指揮), 장군(將軍), 총제(總制) 등 12급의 관제 확정, ④ 풍운산(馮雲山)이 창안한 천력(天曆) 사용 등이다.

영업전(永業田)　사유지(私田)의 일종. 수(隋)대의 균전제(均田制) 하에서 세업전(世業田)이란 명칭으로 처음 사용되었다. 개인에게 영구 귀속권이 주어졌으며 세습할 수는 없었다. 또 원칙적으로 매매가 금지되었다. 당(唐)대에는 귀족 및 관리에게 주어진 관인 영업전과 18세 이상 정남·호남에게 주어진 호내(戶內) 영업전으로 구분되었다.

영윤(令尹)　관직명. 재상의 일종. 춘추전국시대 초(楚)나라에 설치되었다. 상국(相國)의 지위에 해당하며 군정을 장악한 최고 관직이다. 명·청대에는 지현(知縣)을 칭하였다.

영주팔기(永州八記)　산문 편명. 당(唐)대 유종원(柳宗元) 저. 작자가 영주(永州:호남성 零陵) 사마(司馬)로 폄적되어 갔을 때 그곳 산수를 유람하면서 기록한 내용을 8편으로 나누었다. 간결한 언어로 영주 일대의 자연 풍광을 기록하면서 자신의 정치적 실패를 서정적으로 기탁하였다.

영척(寧戚)　춘추시대 제나라의 대부. 일명 영무(寧武). 젊어서 박학다식했으나 관운이 없어 방랑생활을 했다. 제환공 때 소에게 꼴을 먹이다가 관중의 눈에 들어 천거되었다. 농업을 크게 일으켰다. 재능있는 사람도 기회를 만나지 못하면 뜻을 펴지 못한다는 의미로 '영척반우(寧戚飯牛)' 혹은 '영척위우(寧戚餧牛)'라는 성어가 그로부터 생겨났다.

영포(英布:?~195 B.C) 일명 경포(鯨布). 한고조(漢高祖) 유방(劉邦)을 도와 서한(西漢)을 세운 장군. 본래 항우(項羽)의 휘하 장수였다가 초·한(楚漢)전쟁 때 유방에게 항복하여 회남왕(淮南王)에 봉해졌다. 유방과 함께 해하(垓下:안휘성 靈壁 남쪽)에서 항우를 격파했다. 서한 건국 후 한신(韓信), 팽월(彭越) 등 공신이 유방에게 차례로 피살되자 반란을 일으켰다가 실패하여 주살되었다.

영호분봉제(領戶分封制) 몽고의 생산, 군사 및 행정조직 제도. 칭기즈칸이 몽고를 통일한 이후 체제를 공고히 하기 위해 실시했다. 몽고의 각 부락 목민(牧民)을 십호, 백호, 천호, 만호로 나누고 십호장, 백호장, 천호장을 두어 통치하게 하였다. 천호장과 만호장은 칭기즈칸의 친속이나 공신, 귀족이 임명되었고, 봉지(封地)와 봉호(封戶)를 소유하여 영주 노릇을 했다. 소속된 백성들은 영주의 예속 하에 있었으며, 평시에 영주를 위하여 생산활동에 참여하고, 전시에는 병역의 의무를 지었다.

예(羿) ➡ 후예

예기(禮記) 서명. 49편. 유가의 5경(經) 중 하나. 서한(西漢) 대성(戴聖)이 편집하고, 동한(東漢) 마융(馬融)이 보집(補輯)하였다. 공자와 그 제자들이 예에 관하여 논한 내용을 수록하였다. 「곡례(曲禮)」「단궁(檀弓)」「왕제(王制)」「월령(月令)」「예운(禮運)」「예기(禮器)」「내칙(內則)」「학기(學記)」「악기(樂記)」「대학(大學)」「중용(中庸)」「투호(投壺)」 등의 편이 유명하다. 교육, 예절, 음악, 농사, 관혼상제 등 고대의 문화 전반에 관하여 유가의 입장에서 기록함으로써 유가의 중요한 경전이 되었다. 『주례(周禮)』『의례(儀禮)』와 더불어 삼례(三禮)로 불리었다. 특히 「대학」과 「중용」 편은 따로 분리되어 송(宋)대 주희(朱熹)에 의해 『논어(論語)』『맹자(孟子)』와 함께 사서(四書)에 편입되었다.

예문유취(藝文類聚) 서명. 유서(類書). 100권. 당(唐)대에 구양순(歐陽詢), 배구(裴矩) 등이 고조(高祖) 이연(李淵)의 명을 받고 편찬했다. 무덕(武德) 5년(622)부터 3년간 편찬. 천(天), 세시(歲時), 지(地), 주(州), 군(郡), 예(禮), 악(樂), 잡문(雜文), 의관(衣冠) 등 46부로 나누고, 그 밑에 다시 자목(子目)으로 세분하여 관련 고사(故事)나 시문(詩文)을 시대별로 정리하였다. 인용 시문은 현재 원서가 9할 이상 망실된 상태여서 자료적 가치가 매우 높다.

예서(隷書)　　서체의 일종. 진(秦)대에 생겨났으며, 소전(小篆)에서 발전하였다. 소전체에서 글자의 번잡함을 줄이고 모서리에 각을 주었다. 정막(程邈)이 창조했다고 전해진다. 지금의 해서(楷書)를 가리키기도 한다.

예석(隷釋)　　서명. 27권. 남송 홍적(洪適) 편. 건도(乾道) 2년(1166) 완성. 한·위(漢魏) 시대의 예서(隷書)로 쓰인 석각(石刻) 문자 189종을 기록했다. 한·위 시대의 예서를 연구할 수 있는 전문 서적이다.

예속(隷續)　　서명. 21권. 남송 홍적(洪適) 편. 순희(淳熙) 8년(1181) 완성. 한·위(漢魏)시대의 비명(碑銘), 석경유문(石經遺文), 마애제자(摩崖題字) 등에 기록된 예서(隷書) 글씨체를 모아 편찬했다. 당시 예서체의 변천 과정을 이해하는데 도움이 된다. 편자의 또다른 편저인 『예석(隷釋)』의 자매편이다.

예친왕(睿親王:1612~50)　　청 태조(太祖) 누르하치의 14번째 아들. 성은 아이신교료[愛新覺羅], 이름은 다르곤[多爾袞]. 숭덕(崇德) 원년(1636) 황숙(皇叔)으로서 당시 6세의 세조(世祖:順治帝)를 보좌하여 섭정했다. 이듬해인 순치 원년(1644) 오삼계(吳三桂)와 합작으로 이자성(李自成)의 군대를 몰아내고 명나라의 수도 북경에 입성했다. 이어 청의 수도를 북경에 정하고 각지의 반청(反淸)세력을 진압했다. 각종 전장제도를 정립하는 등 청왕조 창건의 기틀을 마련했다.

오(吳)　　춘추시대의 열국 중 하나. 주(周) 문왕(文王)의 백부(伯父)인 태백(太伯:太王)이 남방 이민족을 규합하여 세웠다고 한다. 장강(長江:양자강) 유역을 거점으로 성장하였으며, 이웃 초(楚)나라, 월(越)나라와 항상 적대관계에 있었다. 특히 월나라와는 '오월동주(吳越同舟)'라는 성어를 낳을 만큼 사이가 나빴다. 합려(闔閭) 때 초나라에서 망명한 오자서(伍子胥)를 등용하여 초나라를 물리치는 등 위세를 중원에까지 떨쳤다. 월왕 구천(句踐)에게 패하여 합려가 죽은 후 부차(夫差)가 뒤를 이어 다시 월나라를 항복시키나 결국 와신상담한 구천에 의해 패망했다.

오(吳)　　국가명. 위(魏), 촉(蜀)과 함께 한(漢)의 뒤를 이어 성립한 3국 중 하나. 일명 손오(孫吳). 229년 손권(孫權)이 건업(建業:강소성 南京)에서 칭제하고 건국하였다. 통치지역은 장강 중하류 일대로서 남쪽으로 복건성, 광동성 일대와 월남 중북부에까지 미쳤다. 280년 진(晉)에 의해 멸망하기까지 4명의 황제에 의해 51년간 유지되었다.

오(吳)   왕조명. 오대십국(五代十國) 중 하나. 902년 당(唐)의 회남(淮南)절도사 양행밀(楊行密)이 오왕(吳王)에 봉해져 강소성과 안휘성, 강서성 일대를 통치하였다. 도읍은 강도(江都:강소성 揚州). 오 천조(天祚) 원년(937) 남당(南唐)을 세운 서지고(徐知誥)에게 멸망하였다. 4명의 군주가 36년간 재위.

오가기(吳嘉紀:1618~84)   청대 초의 시인. 자는 빈현(賓賢), 호는 야인(野人). 태주(泰州:강소성 泰縣) 출신. 가난한 집안에서 태어나 염전에서 잡공으로 일했으나 독서를 좋아하고 시를 즐겨 지었다. 나이 들어서는 각지를 돌아다니며 산천 경승을 시에 기탁하여 노래했다. 명나라가 멸망하자 항청(抗淸) 투쟁에 참가했으며, 실패 후 향리에 은거했다. 그의 시는 민간의 질곡을 반영하고 반청(反淸)의 민족정서를 표현한 것들이 많다. 저서 『누헌집(陋軒集)』.

오격(吳激:?~1142)   송·금(宋金)시대의 사인(詞人). 자는 언고(彦高). 호는 동산(東山). 건주(建州:복건성) 출신. 미불(米芾)의 사위. 남송의 관원이었으나 금에 사신으로 갔다가 시문과 그림으로 이름이 난 탓에 잡혀 그곳에서 한림(翰林), 지심주(知深州) 등의 관직을 지냈다. 사풍은 완약하며 고국에 대한 회념(懷念)과 자탄의 정이 주로 흐른다. 채송년(蔡松年)과 함께 이름을 날리며 당시 '오채체(吳蔡體)'를 형성했다. 저서 『오언고사(吳彦高詞)』『동산집(東山集)』.

오경(五經)   유가의 5대 경전. 『시경(詩經)』『서경(書經)』『주역(周易)』『예기(禮記)』『춘추(春秋)』를 가리킨다. 한 무제(漢武帝) 때 학관에 설치하여 교육 과목으로 정함에 따라 명칭이 붙여졌다. 오경은 이후 봉건사회의 필독 교과서가 되면서 학문계에 지대한 영향을 미쳤다.

오경재(吳敬梓:1701~54)   청대의 문학가. 자는 매헌(梅軒), 호는 문목(文木). 전초(全椒:안휘성) 출신. 부유한 가정에서 태어났으나 가세가 기울자 강녕(江寧:강소성 南京)으로 이주하여 시주(詩酒)로써 생활하였다. 공명을 중시하지 않아 일찍이 박학홍유(博學鴻儒)에 천거되었으나 병을 핑계로 응하지 않았다. 장편 풍자소설인 『유림외사(儒林外史)』를 지어 이름을 날렸다. 그의 시와 사(詞)는 풍격이 청건(淸健)·돈후(敦厚)하다는 평을 받았다. 저서 『문목산방전집(文木山房全集)』 『시설(詩說)』.

오고타이〔窩闊台汗:1186~1241〕　　원(元)의 태종(太宗). 몽고제국의 제2대 황제(재위 1229~41). 칭기즈칸의 셋째 아들. 아버지에 의해 개척된 제국의 통치를 강화하였다. 안으로 금(金)의 제도를 참고하여 중앙정부의 기구를 갖추었으며, 밖으로 금을 멸망시키고 러시아, 헝가리, 폴란드 등의 영토 대부분을 점령하였다.

오광(吳廣:?~208 B.C)　　진(秦)대 말기 농민기의를 주도한 인물. 양하(陽夏:하남성 太康) 사람으로 농민 출신이다. 진 2세황제 원년 진승(陳勝)과 농민봉기를 일으켜 장초(張楚)정권을 세운 후 가왕(假王)이 되었다. 부장 전장(田臧)에 의해 살해되었다.

오구통상대신(五口通商大臣)　　관직명. 청 도광(道光) 24년(1844) 광주(廣州)에 설치되었다. 광주, 하문(廈門), 복주(福州), 영파(寧波), 상해 5개 통상지역의 대외통상, 교섭업무를 전담했다. 양광총독(兩廣總督)이 겸직했다가 함풍(咸風) 9년(1859) 관서가 광주에서 상해로 옮겨감에 따라 양강총독(兩江總督)이 겸직했다. 이듬해 총리각국사무아문의 관할 하에 놓였으며, 동치(同治) 5년(1866) 남양통상대신(南洋通商大臣)으로 개칭되었다.

오구통상장정(五口通商章程)　　청나라와 영국간의 통상조약. 도광(道光) 23년(1843) 광동(廣東)의 호문(虎門)에서 전년도에 체결한 남경조약의 내용을 보충하기 위해 체결하였다. 이 조약에서는 영국 교민이 청의 5개 통상항에서 형사범죄를 저지를 경우 영국법에 따라 처벌한다는 소위 '영사재판권' 규정을 처음 삽입했다. 이는 청나라의 사법권 파괴를 의미하며, 이 조약 체결에 따라 청나라는 다른 나라에도 영사재판권을 인정해야 했다.

오군도독부(五軍都督府)　　명 태조(太祖) 때 대도독부(大都督府)를 설치하고 주문정(朱文正)을 대도독에 임명하여 전군을 통솔하도록 했다. 홍무(洪武) 13년(1380) 이를 개정하여 중·좌·우·전·후의 오군도독부를 설치하고 전국의 위소(衛所)를 분할 통솔하도록 했다. 좌·우 도독이 각 부의 장관이 되었다.

오균(吳均:469~520)　　남조시대 양(梁)의 문인, 사학자. 자는 숙상(叔庠). 시랑(侍郎)의 벼슬을 하면서 조정의 명을 받고 『통사(通史)』를 편찬하다 완성하지 못하고 사망했다. 산수시를 즐겨 지었으며, 작품에 「봉사여릉(奉使廬陵)」 「산중잡시(山中雜詩)」가 있다. 산문 「여주원사서(與朱元思書)」

는 산수의 아름다움을 묘사한 대표작으로 꼽힌다. 그의 독특한 사경(寫景) 문장은 당시 문인들의 모범이 되었으며, 특별히 '오균체(吳均體)'로 불린다. 역사학에도 관심을 가졌으며, 저서에 『제춘추(齊春秋)』『묘기(廟記)』『십이주기(十二州記)』『전당선현전(錢塘先賢傳)』『속문석(續文釋)』이 있고, 『후한서(後漢書)』에 주를 달았다. 지괴소설인 『속제해기(續齊諧記)』와 시문집 『오조청집(吳朝請集)』이 있다.

오긍(吳兢:670~749)　　당(唐)대의 사학자. 무측천(武則天) 집권 때 사관(史館)에 들어가 국사 편찬의 일을 했으며, 이후 간의대부(諫議大夫) 등의 관직을 지내면서 약 30년간 역사 편찬의 일을 주로 맡았다. 유지기(劉知幾) 등과 함께 『무후실록(武后實錄)』(일명 則天實錄)『예종실록(睿宗實錄)』을 편찬했다. 편저 『정관정요(貞觀政要)』.

오기(吳起:약 440~약 381 B.C)　　전국시대의 사상가, 군사가. 오자(吳子). 위(衛)나라 사람. 노나라에서 증자(曾子)에게 유학(儒學)을 배우다 모친상 때 낙향하지 않아 불효자의 낙인이 찍힌 채 파문되었다. 이후 병법을 배워 일가를 이루었다. 위의 장수가 되었으나 수구세력의 배척을 받아 초나라로 망명했다. 초 도왕(悼王)의 신임을 얻어 재상이 되었으며, 진(晋)·진(秦)을 무찌르는데 큰 공을 세웠다. 개혁정책을 많이 폈으나 너무 가혹해 백성들이 큰 고통을 당했다. 그가 쓴 『오자(吳子)』(후인의 저작이라고도 함)는 『손자(孫子)』와 더불어 고대의 양대 병법서로 알려져 있다.

오대시안(烏臺詩案)　　북송의 문자옥(文字獄). 원풍(元豊) 2년(1079) 어사중승(御史中丞) 이정(李定)과 어사 서단(舒亶)은 소식(蘇軾)의 시 「추일모란(秋日牡丹)」이 정치를 풍자하고, 「산촌(山村)」이 청묘법(靑苗法) 등 신정을 풍자했다는 이유로 소식을 탄핵하여 어사대(御史臺)에 하옥시켰다. 이 시안(詩案)에 연루된 사람은 왕선(王詵), 소철(蘇轍), 이청신(李淸臣), 장방평(張方平), 사마광(司馬光), 범진(范鎭) 등 22명이었다. 어사대는 당시 오대(烏臺)라고도 불렸으므로 이 사건을 '오대시안'이라 한다.

오대십국(五代十國)　　당(唐)대와 송(宋)대 사이에 생성되었던 군웅할거 시대. 서기 907년 주온(朱溫:朱全忠)이 당을 멸한 후 회하(淮河) 이북 황하 유역에는 양(梁), 당(唐), 진(晋), 한(漢), 주(周) 5개 왕조가 연이어 출현했다. 이를 역사에서 오대(五代)라 하며, 이전의 왕조와 구별하기 위해 각각 후량(後梁), 후당(後唐), 후진(後晋), 후한(後漢), 후주(後周)라 칭한다.

전체 8성(姓), 14명의 제왕이 53년간 재위했다. 오대와 비슷한 시기에 회하(淮河) 이남에는 오(吳), 남당(南唐), 오월(吳越), 초(楚), 민(閩), 남한(南漢), 전촉(前蜀), 후촉(後蜀), 형남(荊南:南平) 등 9개 정권이 연이어 출현하였다. 이에 산서(山西)지방의 북한(北漢)을 더하여 십국(十國)이라 한다. 979년 송이 북한을 멸하면서 오대십국이 마감됐다.

오도자(吳道子:약 685~758)　　당(唐)대의 화가. 일명 도현(道玄). 양적(陽翟:하남성 禹縣) 출신. 불교 사원의 벽화와 인물화를 잘 그렸다. 현종(玄宗)에게 그림을 인정받아 내교박사(內敎博士)의 벼슬을 받고 궁중에서 인물화, 산수화를 그렸으며, 많은 제자들을 데리고 장안(長安)의 사원, 도관(道館) 벽화를 그렸다. 현종을 위해 하루만에 가릉강(嘉陵江)의 풍경을 그렸는데, 현종은 이사훈(李思訓)이 수개월간 노력해야 할 것을 하루만에 그렸다며 찬탄했다고 한다. 당시 사람들은 그를 화성(畵聖)으로 칭했다. 작품「범상도(梵像圖)」「고승도(高僧圖)」「지옥도(地獄圖)」「송자천왕도(送子天王圖)」등.

오도현(吳道玄) ➡ 오도자

오동우(梧桐雨)　　원 잡극(雜劇) 명. 원명은「당명황추야오동우(唐明皇秋夜梧桐雨)」. 원대 백박(白樸) 작. 당(唐) 명황(明皇:玄宗)과 양귀비(楊貴妃)간의 사랑을 노래했다. 백거이(白居易)의 장편 서사시「장한가(長恨歌)」를 제재로 하고, 작품명도「장한가」의 '秋雨梧桐 落葉釣時'에서 따왔다. 한(漢) 원제(元帝)와 왕소군(王昭君)의 사랑을 담은 마치원(馬致遠)의 잡극「한궁추(漢宮秋)」와 함께 궁중 연애를 다룬 걸작으로 꼽힌다.

오력(吳歷:1632~1718)　　청대 초기의 산수화가. 자는 어산(漁山), 호는 묵정도인(墨井道人). 상숙(常熟:강소성) 출신. 젊어서 왕시민(王時敏)에게 산수화를 배웠다. 원(元) 사가(四家)의 화풍을 계승하고 당인(堂寅)의 필법을 배워 필치가 소담(疏淡)하고 세미(細微)하다. 우산화파(虞山畵派)의 대표인물로 꼽힌다. 작품「유수추사도(柳樹秋思圖)」「홍복사감구도(興福寺感舊圖)」「하산우제도(夏山雨霽圖)」등.

5·4운동(五四運動)　　1919년 5월 4일 북경에서 대학생이 주도하여 일으킨 반 제국주의, 반 봉건주의 애국운동. 1차 세계대전이 끝난 후 프랑스 파리에서 전승국간 베르사이유 강화회의가 열렸다. 이 때 중국의 최대 관심사는 일본이 당초 독일에게서 빼앗은 산동(山東)지역의 권리를 돌려받는 것이

었다. 그러나 이 요구는 단기서(段祺瑞) 정부와 일본간에의 앞서 체결된 밀약 때문에 묵살되었다. 이 소식을 들은 북경의 대학생 3천여 명이 5월 4일 천안문 광장에 모여 국권쟁취, 강화조약 서명 반대, 청도(靑島) 사수 등을 외치며 시위를 벌였다. 이들은 또 친일파 매국노 조여림(曹汝霖), 육종여(陸宗輿), 장종상(章宗祥) 등의 처단을 외치다 집회 후 이들의 집을 불태웠다. 다음날부터 전국의 학생이 시위에 참여했으며, 군벌 정부는 군경(軍警)을 대량 투입하여 이들을 진압하고 무차별 체포했다. 시위는 매일 계속되었으며 19일부터는 학생들이 동맹휴교를 결의했다. 6월 5일 이후에는 전국의 노동자, 상인계층이 가세하면서 파업, 휴업 등으로 이어졌다. 6월 10일 정부는 이들의 요구를 들어 조여림, 육종여, 장종상을 파직시키고 베르사이유 조약의 조인을 거부함으로써 민중의 투쟁에 굴복했다.

오삼계(吳三桂:1612∼78) 명말 청초의 장수. 자는 장백(長白). 고우(高郵) 출신. 부친의 후광으로 도독지휘(都督指揮)에 오른 후 요동총병(遼東總兵)이 되고 평서백(平西伯)에 봉해졌다. 명이 이자성(李自成)에게 망한 후 청에 항복하였다. 이후 청의 군대와 함께 이자성의 군대를 물리치고 북경에 진입했다. 이 공로로 평서왕(平西王)에 봉해졌으며, 다시 사천, 섬서 등지에서 농민봉기군을 진압하다 순치(順治) 14년 정서대장군(征西大將軍)에 임명되고, 이어 계왕(桂王) 정권을 무너뜨렸다. 운남(雲南) 지방에 근거를 두고 병력을 장악하다 강희(康熙) 12년(1673) 경정충(耿精忠), 상지신(尚之信)과 함께 청에 반란하여 삼번(三藩)의 난을 일으켰다. 동 17년 형주(衡州:호남성 衡陽)에서 칭제하고 국호를 대주(大周)라 하였다. 연호는 소무(昭武). 그가 병사한 후 세력이 꺾여 평정되었다.

오손(烏孫) 고대 서역지방의 부족명. 기련산(祁連山) 돈황(敦煌) 유역에서 유목생활을 했다. 한 문제(漢文帝) 때 이리강(伊犁江) 유역으로 옮겨 적곡성(赤谷城)에 도읍을 정했다. 무제(武帝) 때 장건(張騫)이 이곳에 사신으로 다녀간 후 무제가 두 차례나 종실녀(宗室女)를 오손왕에게 시집보내는 등 한나라와 우호관계를 유지했다. 남북조 시대에는 총령(蔥嶺)의 북쪽으로 이주하여 북위(北魏)와 밀접한 관계를 맺었다.

오수전(五銖錢) 한 무제(漢武帝) 원수(元狩) 5년(B.C 118)부터 만들어진 한(漢)대의 통일 주조화폐. 둥근 모양에 가운데에 사각형으로 구멍이 뚫렸다. 중량이 다섯 수(銖)이며 글씨도 '五銖'라고 썼으므로 이름이 붙여졌다. 역대 동전 중에서 수량이 가장 많았으며, 가장 오래 유통되었다.

오승은(吳承恩:약 1500~1582) 명대의 소설가. 자는 여충(汝忠), 호는 사양산인(謝陽山人). 산음(山陰:강소성 淮安) 출신. 과거에 수차례 낙방하고 가정(嘉靖) 28년(1549) 남경(南京)으로 가 작품 활동을 했다. 가정 39년 장흥현승(長興縣丞)의 관직을 지냈으나 관운이 없어 승진하지 못했다. 전인의 작품과 당시의 민간 전설을 기초로 낭만적 색채가 짙은 소설『서유기(西遊記)』를 지었다.

오십이병방(五十二病方) 서명. 의서(醫書). 전국시대 무명씨 저작. 52가지 질병에 대한 처방을 기록했다. 약명 240여종, 병명 103종과 함께 280가지 처방책이 쓰여 있다.

오언시(五言詩) 한(漢) 대에 발생한 일종의 시가 형식. 5자를 한 구(句)로 한다. 한대의 민가와 악부로부터 발전하여 형성되었으며, 이전의 4언시를 대신하여 중국시의 정형을 이루었다. 고시(古詩), 율시(律詩), 절구(絶句), 배율(倍律) 등으로 구분된다.「고시십구수(古詩十九首)」가 오언시의 초기 대표작으로 꼽힌다.

오여필(吳與弼:1391~1469) 명대의 학자. 자는 자부(子傅), 호는 강재(康齋). 숭인(崇仁:강서성) 출신. 환관과 불가의 사람들이 제거되지 않으면 천하가 태평할 수 없다며 과거 및 벼슬 추천에 응하지 않았고, 시골에서 농사와 독서로 지냈다. 주희(朱熹)와 육구연(陸九淵)의 철학 사상을 배웠으며, 호거인(胡居仁), 진헌장(陳憲章) 등이 그의 문하에서 배출되었다. 저서『일록(日錄)』『강재문집(康齋文集)』.

오월(吳越) 왕조명. 오대십국(五代十國) 중 하나. 당(唐) 정권시절 진해(鎭海)절도사 임전류(任錢鏐)가 후량(後梁) 개평(開平) 원년(907) 후량으로부터 오월왕(吳越王)에 봉해졌다. 도읍은 항주(杭州). 영토는 절강성 일대 및 강소성 동남부. 북송(北宋) 태평흥국(太平興國) 3년(978) 북송에 영토를 헌납하면서 멸망했다. 5명의 군주가 72년간 재위.

오월춘추(吳越春秋) 서명. 6권 10편. 동한(東漢) 조엽(趙曄) 저. 춘추시대 말 오(吳)와 월(越) 두 나라 사이의 투쟁사를 기술했다. 신빙성이 결여되어 있으며, 역사소설적 경향을 띤다.

오위(吳偉:1459~1508) 명대의 서화가. 자는 차옹(次翁), 사영(士英). 호는 소선(小仙), 노부(魯夫). 강하(江夏:호북성 武昌) 출신. 어릴 때 불우한 생활을 하다 포정사(布政使) 전흔(錢昕)의 보호를 받으며 그림 공부를 했다. 헌종(憲宗) 때 인지전(仁智殿)에 들어가 「송천도(松泉圖)」를 그리면서 헌종에게서 '필선(筆仙)'의 칭호를 얻었다. 효종(孝宗)으로부터는 '화장원(畫狀元)'의 인증을 얻었다. 묵을 손에 발라 칠하는 수법으로 선이 굵고 호방한 기풍을 보였다. 오도자(吳道子)의 인물화법을 따랐으며, 자유스런 화법이 특징이다. 강하파(江河派)의 대표 인물. 작품 「철적도(鐵笛圖)」「무릉춘도(武陵春圖)」「강산어락도(江山漁樂圖)」「답설심매도(踏雪尋梅圖)」.

오위업(吳偉業:1609~71)　　청 초의 사학자, 시인, 희극가, 화가. 자는 준공(駿公), 호는 매촌(梅村). 태창(太倉:강소성) 출신. 젊어서 '복사(復社)'에 가입하였다. 숭정(崇禎) 4년(1631)에 진사(進士)가 되어 관직이 좌서자(左庶子)에 이르렀으며, 복왕(福王) 때에는 소첨사(少詹事)를 지냈으나 완대성(阮大鋮)에 의해 배격되어 바로 귀향하였다. 순치(順治) 연간에 다시 출사하여 국자감좨주(國子監祭酒)를 지냈으나, 후에 스스로 후회하고는 모친상을 핑계삼아 귀향하여 고향에서 여생을 마쳤다. 사학을 좋아하였으며, 특히 명대 말의 역사에 관심을 두었다. 예술가 유경정(柳敬亭)과 장남원(張南垣) 등의 전기는 사실의 기록이 생동감넘치고 문필이 뛰어나다. 시에도 비상하였으며, 칠률(七律)과 칠언가행(七言歌行)에 뛰어났다. 초기 작품의 품격은 기려(綺麗)하나, 명나라가 망한 후의 작품은 대부분 우울한 감정을 담고 있다. 「원원곡(圓圓曲)」은 명기(名妓) 진원원(陳圓圓)의 고사를 빌려 오삼계(吳三桂)를 풍자한 것으로 유명하다. 또 잡극 「임춘각(臨春閣)」「통천대(通天臺)」와 전기(傳奇) 「말릉춘(秣陵春)」을 지어 명왕조에 대한 그리움을 기탁하였다. 전겸익(錢謙益)의 뒤를 이은 문단의 영수로 꼽혔다. 산수화에도 뛰어나 「도원도(桃園圖)」를 남겼고, 「화중구우가(畫中九友歌)」를 찬술하였다. 저서에 『수구기략(綏寇紀略)』『복사기사(復社紀事)』『매촌가장고(梅村家藏稿)』『태창십자시선(太倉十子詩選)』이 있다.

오자(吳子) ➡ 오기

오자서(伍子胥:?~485 B.C)　　춘추시대 초(楚)나라 사람. 이름은 원(員). 부친(伍奢)과 형(伍尙)이 평왕(平王)에게 피살되자 한을 품고 오(吳)나라로 들어갔다. 오나라의 공자 광(光:闔閭)을 도와 그를 왕위에 오르게 한 뒤 초나라를 쳐서 원수를 갚았다. 이 때 그는 이미 죽은 평왕의 무덤을 찾아가 시신을 파내어 매질을 했다고 한다. 후에 간신 백비(伯嚭)의 이간질로 뒤이은 왕 부차(夫差)의 신임을 얻지 못했으며, 월나라의 침입에 대비할 것을 주장하다 받아들여지지 않자 자살했다.

오제(五帝) 고대 전설상 삼황(三皇)에 이어 출현한 다섯 제왕. 황제(黃帝), 전욱(顓頊), 제곡(帝嚳), 요(堯), 순(舜)을 가리킨다. 전욱, 제곡 대신 복희(伏羲), 신농(神農)을 포함시키기도 한다. 오제에 이어 하(夏)왕조가 시작된다.

오조건(吳兆騫:1631~84) 청대 초의 시인. 자는 한사(漢槎). 오강(吳江:강소성) 출신. 순치(順治) 14년(1657) 거인(擧人) 시험장에서 유언비어를 퍼뜨려 영고탑(寧古塔:흑룡강성 寧安)에서 23년 동안 귀양생활을 했다. 이로 인해 그의 시는 변경 지방의 풍경을 노래한 것이 많으며, 고향에 대한 그리움, 러시아와 투쟁하는 민중의 모습 등 애국사상을 담은 것도 다수 있다. 또 자신의 억울한 방축에 격분하는 시도 보인다. 저서 『추가집(秋笳集)』『서조잡시(西曹雜詩)』.

오중사걸(吳中四傑) 명대 초기의 시인 고계(高啓), 양기(楊基), 장우(張羽), 서분(徐賁)을 일컫는다. 모두 출신 혹은 활동 지역이 오(吳:강소성 蘇州) 땅이므로 명칭이 붙었다. 일명 명초사자(明初四子).

오중사재자(吳中四才子) 명대에 활약한 4명의 문인 겸 화가. 당인(唐寅), 축윤명(祝允明), 문징명(文徵明), 서정경(徐禎卿)을 일컫는다. 모두 오(吳:강소성 蘇州) 지역 출신이다.

오증(吳曾) 남송 초의 문학가, 사학자. 자는 호신(虎臣). 숭인(崇仁:강서성) 출신. 과거에 낙방했으나 박학하였다. 소흥(紹興) 11년(1141) 저서 『춘추좌씨전발휘(春秋左氏傳發揮)』를 조정에 헌납하여 고종(高宗)의 칭찬을 받고 우적공랑(右迪功郎)의 관직을 받았다. 간신 진회(秦檜)에게 아부하여 공부낭중(工部郎中), 지엄주(知嚴州) 등을 지내다 탄핵되어 벼슬을 박탈당했다. 저서 『능개재만록(能改齋漫錄)』은 기시(記詩), 기문(記文), 악부(樂府) 등 13류(類)로 나누어 정리한 필기(筆記)로서 당·송(唐宋) 양대 시기의 문학사를 이해하는 중요 자료가 되고 있다. 기타 저서 『남북정벌편년(南北征伐編年)』『남북분문별사류(南北分門別事類)』.

오진(吳鎭:1280~1354) 원대 말의 화가, 시인. 자는 중규(仲圭), 호는 매화도인(梅花道人), 매사미(梅沙彌). 가흥(嘉興) 위당진(魏塘鎭:절강성) 출신. 원 말 4대 화가 중 한 사람. 산수화와 묵죽화에 뛰어났다. 전자는 거연(巨然), 후자는 문동(文同)의 기풍을 따랐다. 작품 「송은도(松隱圖)」「평림야수도(平林野水圖)」「어부도(漁父圖)」「묵죽(墨竹)」「추강독조도(秋江獨釣圖)」 등. 이밖에 시와 사를 잘 지었으며, 작품집에 『매화암고(梅花庵稿)』가 있다. 원대의 화죽(畵竹) 역사를 담은 『문호주죽파(文湖州竹派)』도 그의 저작이라고 하나 확실치 않다.

오징(吳澄: 1249~1333)　　원대 이학가의 대표 인물. 자는 유청(幼淸). 호는 백청(伯淸). 세칭 초려선생(草廬先生). 국자감사업(國子監司業), 한림학사, 자선대부(資善大夫) 등의 관직을 지냈으며, 재임시 『영종실록(英宗實錄)』의 편찬을 주관했다. 그의 사상은 이학(理學)에 바탕을 두며 정·주(程朱)의 학문을 종지로 삼았다. 즉 이(理)가 기(氣)를 주재하며, 기는 청탁선악(淸濁善惡)의 구분이 있어 사람도 이에 따라 상성(上聖)과 하우(下愚)로 구별된다고 보았다. 또 주희(朱熹)의 학설에 따라 격물(格物)과 성의(誠意)를 중시하였다. 『황극경세서(皇極經世書)』『노자(老子)』『장자(莊子)』『태현경(太玄經)』 등에 교정을 가하였다. 저서 『오문정공전집(吳文正公全集)』.

오초칠국(吳楚七國)　　서한(西漢) 경제(景帝) 때 연합하여 반란을 일으킨 일곱 제후 나라. 곧 오(吳), 초(楚), 조(趙), 교서(膠西), 교동(膠東), 치천(淄川), 제남(齊南)을 가리키며, 이중 오와 초의 세력이 가장 막강했다. 경제는 즉위한 지 2년 후(B.C 154) 제후국의 세력을 약화시키고 중앙집권을 강화해야 한다는 조조(晁錯)의 건의를 받아들여 먼저 초의 동해군(東海郡), 조의 상산군(常山郡)을 삭지(削地)했다. 이어 오국의 삭지를 명하자 오왕 비(濞)는 6개 제후국과 연합하여 반란을 일으켰다. 이를 오초칠국의 난이라 부른다. 반란은 3개월만에 평정되었고, 경제는 이를 계기로 중앙 집권을 공고히 하였다.

오파(吳派)　　명대 중만기(中晩期)의 산수화 유파 중 하나. 오문파(吳門派)와 송강파(松江派)의 합칭으로서 당시의 '절파(浙派)'와 대립된다. 이 파에 속한 화가들은 신사(神似)를 추구하고 형사(形似)를 반대했으며, 시(詩)·서(書)·화(畵)가 일체가 된 문인화를 제창했다. 낭만적 색채가 두드러지나 묵취(墨趣)를 지나치게 강조한 폐습도 있었다. 대표 인물로는 오문파의 심주(沈周)와 문징명(文徵明), 송강파의 동기창(董其昌)과 진계유(陳繼儒) 등이 있다.

오패(五覇) ➡ 춘추오패

오패부(吳佩孚:1874~1939)　　청대 말 민국 초기의 정치가. 민국 당시 직예파(直隷派)의 영수. 자는 자옥(子玉). 산동성 봉래(蓬萊) 출신. 1906년 북양군벌(北洋軍閥)에 늘어가 조곤(曹錕) 밑에서 북양군을 통솔했다. 조곤이 총통에 취임한 후 직노예순열사(直魯豫巡閱使)가 되었다. 1924년 2차 직봉(直奉)전쟁 때 직군(直軍)의 총사령이 되어 봉군(奉軍)과 싸우다 패주했다. 1932년 장개석(蔣介石)의 영입으로 낙양에서 국난회의(國難會議) 위원이 되었다.

오행설(五行說)　　서주(西周) 말기에 생성된 일종의 자연관. 금(金)·목(木)·수(水)·화(火)·토(土)의 5원소가 우주간의 모든 생성 변화의 근본이 된다는 학설. 제(齊)나라 산동지방을 중심으로 유행하기 시작했으며, 최초의 주창자는 추연(鄒衍)이라 한다.

오형(五刑)　　고대의 형벌. 주(周)나라 때 생겨났다. 묵(墨:이마에 글자를 새김), 의(劓:코를 벰), 비(剕:발꿈치를 벰), 궁(宮:생식기를 도려 냄), 대벽(大辟:목을 벰)의 다섯가지. 각 죄목마다 다시 세분화되어 있으며, 고대 최초로 체계화된 성문법이다. 수(隋)대에는 태(笞), 장(杖), 도(徒), 유(流), 사(死)를 가리켰으며, 후세에도 이를 따랐다.

오호(五胡)　　한(漢)·진(晋) 무렵 서북방에서 중국 본토에 이주한 다섯 민족. 곧 몽고족의 흉노(匈奴)와 갈(羯), 티베트계의 저(氐)와 강(羌), 그리고 몽고계와 퉁구스계의 혼혈인 선비(鮮卑)를 가리킨다.

오호십육국(五胡十六國)　　진(晋)나라 말엽부터 남북조(南北朝) 시대에 이르기까지 오호(五胡)가 세운 13국과 한족이 세운 3국을 말한다. 오호, 십육국 참조.

오환(烏桓·烏丸)　　고대 부족명. 동호(東胡)족의 한 지류. 진(秦) 말 동호족이 흉노에 멸망한 후 일부가 오환산(烏桓山)에 옮겼으므로 명칭이 붙여졌다. 수렵 목축생활을 했다. 통일된 국가를 형성하지 못하고 부락마다 흩어졌으며 한(漢)대에는 흉노에 복속되었다. 한 무제(武帝)가 흉노를 격파한 후 한에 부속되었으며, 이 때 봉작을 받아 변방 수비를 맡았다. 이후 상곡(上谷), 어양(漁陽), 우북평(右北平), 요동(遼東), 요서(遼西)의 다섯 지방으로 흩어졌고, 위진(魏晋)시대 요서 오환이 큰 세력을 형성하였다. 위의 조조(曹操)에게 침략당하여 한족(漢族) 및 선비족(鮮卑族)에 융합되었다.

옥대신영(玉臺新詠)　　서명. 일명 옥대집(玉臺集). 10권. 남조시대 진(陳)

의 서릉(徐陵)이 편찬한 시가 모음이다. '옥대(玉臺)'란 후정(後庭)의 뜻으로서, 이로부터 후정의 여인들이 감상할 수 있도록 편찬한 시가집임을 알 수 있다. 수록 작품은 대부분 궁체(宮體)의 염정시가이다. 장편 서사시인 「고시위초중경처(古詩爲焦仲卿妻)」(일명 孔雀東南飛)가 여기서 처음 소개되었다. 『시경(詩經)』 『초사(楚辭)』의 뒤를 이은 고시총집(古詩總集)으로 평가된다. 『옥대신영』에 수록된 시가의 공통된 풍격을 가리켜 '옥대체(玉臺體)'라 한다.

옥대체(玉臺體)　　남조(南朝)시대 진(陳) 서릉(徐陵)이 편찬한 『옥대신영(玉臺新詠)』에 수록된 시가의 공통적 풍격. 화려하고 공교(功巧)하며 염정적인 색채를 띤다.

옥명당파(玉茗堂波) → 임천파

옥수후정화(玉樹後庭花)　　악부 편명. 일명 후정화(後庭花). 오성가곡(吳聲歌曲)에 속한다. 남조시대 진(陳)의 후주(後主) 진숙보(陳叔寶) 저. 궁중 비빈들의 자태 등 염정적 내용을 담은 것으로 당시 궁중의 곡명이 되었다. 후에 진(陳)조가 멸망함으로써 망국지음(亡國之音)으로 평가받았다.

옥해(玉海)　　서명. 유서(類書). 200권. 송 말 왕응린(王應麟) 편. 천문(天文), 율헌(律憲), 예문(藝文), 예의(禮儀), 음악(音樂), 학교(學校), 선거(選擧) 등 21문(門)으로 나누고 각 문마다 다시 자목(子目)으로 세분했다. 본래 박학굉사과(博學宏詞科)에 응시하려는 사람들을 위해 지어졌으므로 문(門)별로 중요한 내용만 수록했으며, '길상선사(吉祥善事)' 위주로 채록했다. 부록 「사학지남(辭學指南)」.

온정균(溫庭筠:812~70)　　당(唐)대 말기의 시인, 사인(詞人). 본명은 기(岐), 자는 비경(飛卿). 기현(祁縣:산서성) 출신. 방랑과 풍류를 좋아했다. 수현위(隨縣尉), 국자조교(國子助敎) 등의 관직을 지냈다. 시작(詩作) 경향은 만당(晚唐)시의 일반적 경향이 그러하듯 풍격이 화려하며 상금조고(傷今弔古)하는 내용적 특성을 지닌다. 사(詞)의 작가로도 널리 알려져 있으며, 작품의 특성은 협률(協律)이 정교하고 사조가 화려하나 번잡 난해하다는 평을 받는다. 내용은 대부분 자연 경물을 노래하거나 풍화설월(風花雪月)을 묘사한 것들이다. 당(唐)대의 사인 중 다산(多産) 작가에 속한다. 이상은(李商隱)과 함께 이름을 떨쳐, 세칭 '온이(溫李)'라 했다. 오대(五代)와 송(宋) 초의 화려한 시사(詩詞) 풍격 형성에 큰 영향을 끼쳤다. 그의 사 10수가 『화간집(花間集)』에 수록된 이후 화간파 사인의 비조(鼻祖)로 불리었다. 시작품 「과진림묘(過陳琳墓)」「경오장원(經五丈原)」. 사작품 「직금사(織錦詞)」「야연요(夜宴謠)」「무의곡(舞衣曲)」「조영곡(照影曲)」「춘강화월야(春江花月夜)」「난당사(蘭塘詞)」. 저서 『악난집(握蘭集)』『온정균시집(溫庭筠詩集)』.

온타이지〔皇太極〕 ➡ 청태종

옹동화(翁同龢 : 1830~1904) 청대 말의 정치가, 학자. 자는 숙평(叔平), 호는 송선(松禪), 병암거사(瓶庵居士). 강소성 상숙(常熟) 출신. 함풍(咸豊) 6년(1856) 진사에 장원하여 한림원편찬(翰林院編撰)을 제수받고 광서제(光緒帝)가 즉위하면서 그의 사부(師傅)가 되었다. 광서 5년(1879) 공부상서(工部尙書), 동 8년 군기대신(軍機大臣)이 되었다. 청일전쟁 때 이홍장(李鴻章)의 주화책(主和策)에 반대하여 주전론을 폈다. 이후 강유위(康有爲)의 유신 변법(變法)을 지지하고 광서제의 친정(親政) 실현을 기도하였다. 그러나 서태후(西太后) 등 보수파의 압박을 받아 관직을 잃었다. 서태후가 죽은 뒤 본래 관직을 되찾고 사후 문공(文恭)의 시호를 받았다. 시문과 서화에 두루 능통했으며, 특히 서예로 이름을 날렸다. 저서 『옹문공일기(翁文公日記)』『병려시문고(瓶廬詩文稿)』.

옹방강(翁方綱 : 1733~1818) 청대의 금석학자, 경학가, 사학자, 시인. 자는 정삼(正三), 호는 담계(覃溪). 대흥(大興 : 북경) 출신. 건륭(乾隆) 17년(1752) 진사가 되고 내각학사(內閣學士)의 관직을 지냈다. 여러 지방을 돌아다니며 특히 양한(兩漢)의 금석(金石) 문헌을 수집하여 고증하였다. 시가 창작에도 왕성한 활동을 보였으며, 6천여 수의 시를 지었다. 그러나 논의적이고 학문적인 시를 많이 써 서정적이지 못하다는 평가를 받는다. 시론으로는 의리와 문사(文詞)를 동시에 중시하는 '기리설(肌理說)'을 주창하였다. 저서 『양한금석기(兩漢金石記)』『소미재난정고(蘇米齋蘭亭考)』『소석범정저록(小石帆亭著錄)』『석주시화(石洲詩話)』『소시보주(蘇詩補注)』『미해악원유산연보(米海岳元遺山年譜)』『경의고보(經義考補)』『복초재시문집(復初齋詩文集)』.

옹정제(雍正帝 : 1678~1735) 청의 제5대 황제. 세종(世宗). 성은 아이신교료〔愛新覺羅〕. 이름은 윤진(胤禛). 만주족. 성조(聖祖) 강희제(康熙帝)의 넷째 아들. 강희 61년(1722) 제위를 이어받아 연호를 옹정이라 하였다.

옹정 2년(1724) 세제상 지정합일제(地丁合一制)를 시행하고, 동 7년 군기방(軍機房:軍機處)을 설치하여 내각 및 의정왕(議政王) 대신들의 권력을 약화시켰다. 또한 서남 각지를 상대로 개토귀류(改土歸流) 정책을 펴 사회 발전을 도모했다. 대외적으로는 청해(淸海), 티베트 지역을 평정했다.

완약파(婉約派)　　송사(宋詞)의 한 유파. 작품의 기세와 의경(意境)이 완약하고 함축적이며 곡절이 넘친다. 언어가 청려(淸麗)하며 깊은 뜻이 내포되어 있으나 밖으로 잘 드러나지 않아 회사무궁(回思無窮)의 감정을 느끼게 한다. 대표 작가로는 유영(柳永), 진관(秦觀), 이청조(李淸照)가 있다.

완우(阮瑀:약 165~212)　　동한(東漢) 말기의 문학가. 자는 원유(元瑜). 건안칠자(建安七子) 중의 한 사람. 젊어서 채옹(蔡邕)을 사사했다. 조조(曹操)의 휘하에 들어가 격문 등을 지었다. 「위조공작서여손권(爲曹公作書與孫權)」이 그의 유명한 산문으로 전해진다. 명(明)나라 사람이 그의 시문을 모아 『완원유집(阮元瑜集)』을 펴냈다.

완원(阮元:1764~1849)　　청대의 경학가, 사학자, 금석학자. 자는 백원(伯元), 호는 운대(芸臺). 의징(儀徵:강소성) 출신. 건륭(乾隆) 54년(1789) 진사가 되어 서길사(庶吉士)에 임명되고 한림원편수(翰林院編修), 산동학정(山東學政), 절강순무(浙江巡撫), 호광(湖廣)·양광(兩廣)·운귀(雲貴) 등지의 총독을 거쳐 체인각대학사(體仁閣大學士)의 벼슬을 지냈다. 쇄국을 주장하고 영국군의 침략에 항전했다. 각지에 학당을 세우고 학자들을 초빙하여 학문 전파에 노력했으며, 『경적찬고(經籍纂詁)』를 주편하고, 『십삼경주소(十三經注疏)』를 교각(校刻)했다.

완원유(阮元瑜) ➡ 완우

완적(阮籍:210~63)　　삼국시대 위(魏)나라의 문인. 죽림칠현(竹林七賢) 중 한 사람. 완우(阮瑀)의 아들. 위 왕조 하에서 보병교위(步兵校尉)의 관직을 지냈으므로 세칭 완보병(阮步兵)이라고도 했다. 당시 집권하던 사마씨(司馬氏) 집단의 모순을 보고 염세에 빠져 음주와 시로 일생을 살았다. 술과 미친체하는 수법으로 복잡한 정치현실에서 도피하였다고 한다. 철학적 입장은 노장사상에 가까웠으며, 예교(禮敎)를 멸시하고 예속(禮俗)에 빠진 선비들을 백안시하였다. 문학적으로는 5언시에 능했다. 「영회(詠懷)」 80여 수는 옛것을 빌려 당시를 풍자한 내용으로 언어가 간결하면서도 세태에 고민하고 방황하는 자신의 내밀한 뜻을 함축하고 있다. 저서에 『대인선생전

(大人先生傳)』『달장론(達莊論)』 등 10권이 있었으나 일실되었다. 후인이 『완사종집(阮嗣宗集)』을 펴냈다.

완함(阮咸) 위·진시대의 음악가. 죽림칠현 중 한 사람. 자는 중객(仲容). 완적(阮籍)의 조카. 일찍이 완적, 혜강(嵇康) 등과 함께 죽림에 들어가 자유스런 방랑생활을 하였다. 벼슬은 산기시랑(散騎侍郞), 시평(始平·섬서성 興平)태수를 지냈다. 음률에 정통했으며, 특히 비파를 잘 연주했다.

완효서(阮孝緖:479~536) 남조시대 양(梁)의 목록학자, 사학자. 자는 사종(士宗). 벼슬에 나아가지 않고 학문에만 몰두했다. 유흠(劉歆)의 『칠략(七略)』을 모방하여 『칠록(七錄)』을 지었다. 이는 도서 6천여 종 4만여 권을 경전(經典), 기전(紀傳), 자병(子兵), 문집(文集), 술기(術技), 불법(佛法), 선도(仙道)의 7종류로 분류한 목록서이다. 저서 『고은전(高隱傳)』『정사삭번(正史削繁)』.

왕간(王艮:1483~1540) 명대의 사상가. 양명학 태주학파(泰州學派)의 창시자. 자는 여지(汝止), 호는 심재(心齋). 태주(泰州) 안풍장(安豊場:강소성 東臺縣) 출신. 왕수인(王守仁)을 스승으로 섬겼다. 사람마다 각자의 몸이 근본이고 천하 국가는 말단이라는 주장을 폈다. 또 일상 생활 속에서 '양지(良知)'를 찾아야 한다고 주장하여 양명학을 사회 저변에까지 확산시켰다. 그의 이론 주장은 하층민들의 호응을 많이 받았다. 저서 『왕심재선생유집(王心齋先生遺集)』.

왕감(王鑑:1598~1677) 청대의 화가. 자는 원조(元照), 호는 상벽(湘碧), 염향암주(染香庵主). 명대 말의 문인 왕세정(王世貞)의 손자. 염주(廉州)의 지주(知州)를 지냈으므로 왕염주(王廉州)란 별칭을 얻었다. 오대(五代) 말 북송(北宋) 초기의 화가 동원(董源), 거연(巨然)과 명(明) 말 동기창(董其昌)의 화풍을 이어받았다. 왕시민(王時敏)과 함께 누동파(婁東派)를 형성했다. 사왕오운(四王吳惲)의 한 사람.

왕건(王建:약 765~830) 당(唐)대의 시인. 자는 중초(仲初). 영천(潁川:하남성 許昌) 출신. 대력(大曆) 연간(766~779)에 벼슬을 하여 현승(縣丞), 시어사(侍御史), 섬주사마(陝州司馬) 등을 지내다 만년에 벼슬을 버리고 함양(咸陽)에 은거하였다. 일생을 한직에서 불우하게 보냈다. 악부시에 능했으며 통속의 언어로 전가(田家), 잠부(蠶婦), 직녀(織女), 병사(兵士) 등 하층 민중의 생활상을 노래했다. 「전가행(田家行)」「우림행(羽林行)」 등은 당대 신악부 운동의 선구가 되는 작품이다. 이밖에 제왕의 사치스런 생활 모습을 그린 궁사(宮詞) 100수와 「십오야망월(十五夜望月)」이 유명하다. 시문집 『왕사마집(王司馬集)』.

왕계(王啓)   하(夏)나라의 제 2대 왕. 일명 계(啓). 우(禹)임금의 아들. 우임금이 죽은 후 재상인 백익(伯益)을 죽이고 왕위에 올랐다고 한다. 일설에는 백익이 살해된 것이 아니라 왕위에 추대되자 이를 번거롭게 여기고 은둔했다 한다. 부자 세습제에 의해 첫 왕위에 오른 사람으로 알려졌다.

왕구사(王九思:1468~1551)   명대의 시인, 희곡 작가. 자는 경부(敬夫), 호는 미피(渼陂). 호현(鄠縣:섬서성 戶縣) 출신. 홍치(弘治) 연간에 진사에 합격하여 서길사(庶吉士)를 제수받았고, 이후 한림원검토(翰林院檢討), 이부주사(吏部主事), 문선낭중(文選郎中)에 올랐다. 이후 유근(劉瑾)의 실각에 연좌되어 벼슬을 내놓았다. ‘전칠자(前七子)’의 한 사람으로 강해(康海)와 두텁게 교유하였다. 잡극 작품 「중산랑(中山狼)」 「유춘기(游春記)」. 산곡 작품 「벽산악부(碧山樂府)」. 시문집 『미피집(渼陂集)』.

왕국유(王國維:약 1877~1927)   청대 말 민국 시기의 경학가, 역사가. 절강성 회녕(會寧) 출신. 자는 정안(靜安), 호는 관당(觀堂). 나진옥(羅振玉)과 함께 갑골문, 금문(金文)을 연구했으며, 이를 통해 『은주제도론(殷周制度論)』을 편찬했다. 또 전통 희곡을 연구하고 『송원희곡사(宋元戲曲史)』를 편찬했다. 신해혁명 후 일본에 망명한 적이 있으며, 청조의 유신을 자처하여 변발을 하고 다녔다. 1927년 청의 완전 멸망을 확인하고 자살했다. 기타 저서 『정안문집(靜安文集)』 『유사추간(流沙墜簡)』 『왕충의공유집(王忠懿公遺集)』 『관당집림(觀堂集林)』.

왕도(王導:276~339)   오호십육국 시대 동진의 정치가. 서진 말 사마예(司馬睿)를 도와 동진 왕조를 건립하는데 큰 공을 세웠다. 사마예는 제위에 오른 후 그를 승상에 앉혔다. 이후 3대의 제왕에 걸쳐 승상을 지냈으며 진 왕조의 강남 통치를 공고히 하였다.

왕도(王燾)   당(唐)대의 의학가. 급사중(給事中), 업군태수(鄴郡太守) 등의 관직을 지냈다. 천보(天寶) 11년(752) 의학전문서인 『외치비요(外治秘要)』를 편찬했다.

왕돈(王敦:266~324)   서진(西晋) 말기의 관리. 자는 처중(處仲). 양주자사(揚州刺史), 진동대장군(鎭東大將軍)을 지냈다. 서진이 멸망할 무렵 동진 정권의 건립을 지지한 덕에 대장군, 형주목(荊州牧)에 임명되었다. 후에 사마예(司馬睿)가 왕씨의 세력을 제거하자 난을 일으켜 건강(建康)을 침공하였으나 도중 병사하였다.

왕령(王令:1032~59)　북송의 시인, 사상가. 자는 종미(鍾美)였다가 후에 봉원(逢原)으로 고쳤다. 원성(元城:하북성 大名) 출신이며 광릉(廣陵:강소성 揚州)에 거주했다. 집안이 가난하여 글을 가르치며 생활했다. 당(唐)대 한유(韓愈), 맹교(孟郊) 등의 영향을 받아 현실주의적 시를 지었으며, 풍격이 청신하고 웅건하다. 자신의 정치에 대한 포부와 현실에 대한 불만, 백성의 고통을 표현한 작품이 많다. 대표작 「아자행(餓者行)」「서한고열(暑旱苦熱)」「감분(感憤)」 등. 저서 『논어해(論語解)』『십칠사몽구(十七史蒙求)』『맹자강의(孟子講義)』『광릉선생문집(廣陵先生文集)』.

왕마힐(王摩詰) → 왕유

왕망(王莽:45 B.C~23 A.D)　신(新)왕조의 황제. 9~23년 재위. 서한 원제(元帝) 왕황후(王皇后)의 조카. 자는 거군(巨君). 장안(長安:섬서성 西安) 출신. 청년 때 학문을 좋아하고 명사들과 교유하였다. 황후의 아들 성제(成帝)가 즉위하자 외척들이 득세하는 틈을 타 그도 벼슬이 대사마(大司馬)까지 올랐다. B.C 1년 정치의 실권을 잡고 오행과 참위설을 이용하여 천하의 신망을 얻었다. A.D 9년 태자 영(嬰)을 폐하고 천자의 자리를 찬탈하여 국호를 신(新)이라 했다. 급진적 개혁정책을 펴 새로운 화폐를 주조하고 토지와 노예제도를 바꾸었다. 이밖에 상인을 억압하고 관제를 개혁했으나 모든 정책이 복고적이고 공상적이어서 성공을 거두지 못했다. 말년에 각지에서 반란이 일어났으며, 23년 반란군에게 피살되었다. 그와 함께 신 왕조도 단명을 기록하며 멸망하였다.

왕맹(王猛:325~75)　오호십육국 시대 전진(前秦)의 관료. 부견(苻堅)이 전진의 왕위에 오르자 그 밑에서 사도(司徒), 녹상서사(錄尚書事) 등을 역임하며 중앙 집권과 농업생산에 주력하여 전진의 통치 기반을 닦았다. 370년 군사를 일으켜 전연(前燕)을 멸하였다. 후에 승상을 지냈다.

왕명성(王鳴盛:1722~97)　청대의 사학자, 고증학자. 자는 봉개(鳳喈), 호는 예당(禮堂), 서장(西莊), 서지(西沚). 가정(嘉定:상해) 출신. 일찍이 심덕잠(沈德潛), 혜동(惠棟)을 사사하여 경사(經史)에 박식했다. 건륭(乾隆) 19년(1754) 진사가 되고, 관직이 내각학사(內閣學士) 겸 예부시랑(禮部

侍郎)에까지 올랐다. 모친상을 핑계로 관직을 내놓고 소주(蘇州)에서 30여 년간 살았다. 저서 『십칠사상각(十七史商榷)』은 역대 정사의 오류를 지적하고 우열을 논한 것으로 정사 연구의 중요한 자료이다. 기타 저서 『아술편(蛾術編)』 『상서후안(尙書後案)』 『서장시존고(西莊始存稿)』 『서지거사집(西沚居士集)』. 건가(乾嘉) 고증학파의 대표 인물 가운데 한 사람이다.

왕몽(王蒙:?~1385)　원말 명초의 화가. 자는 숙명(叔明). 호는 황학산초(黃鶴山樵), 향광거사(香光居士). 외조부인 조맹부(趙孟頫)의 영향을 받아 산수화와 인물화를 잘 그렸다. 원대 말 장사성(張士誠)의 휘하에 들어가 이문(理問), 장사(長史) 등의 관직을 지냈다. 명대 초 태안지주(泰安知州)로 있다가 호유용(胡惟庸)의 모반사건에 연루되어 옥사했다. 원 말 4대 화가 중 한 사람. 작품 「암거고사도(岩居高士圖)」 「청변은거도(靑卞隱居圖)」 「청우루도(聽雨樓圖)」 「도수승도(渡水僧圖)」 등.

왕미(王微:414~43)　남조시대 송(宋)의 화가, 미술이론가. 자는 경현(景玄). 순욱(荀勖), 위협(衛協)의 화풍을 이어 산수화를 주로 그렸다. 저서 『서화(敍畵)』는 산수화에 관한 자신의 이론을 전개한 것으로서 작가의 상상력과 자연 현상과의 융합을 강조했다.

왕발(王勃:650~76)　당(唐)대의 문학가, 시인. 자는 자안(子安). 용문(龍門:산서성 河津) 출신. 수(隋)대의 학자인 왕통(王通)의 손자. 14세에 과거 급제하여 조산랑(朝散郎)에 제수되었다. 여러 왕들이 닭싸움으로 승부를 가리는 놀음을 하자 「격영왕투계(檄英王鬪鷄)」를 지었다가 고종(高宗)의 노여움을 사 폄적되었다. 이후 관노를 살해한 죄로 부친까지 연루되어 지방으로 폄적되자 부친을 보러 가다 바다에 빠져 죽었다. 그의 시작(詩作)은 궁체(宮體)의 속박에서 어느 정도 벗어나 청신 질박한 경향을 띠었으며, 그 결과 당 초의 시풍을 일신시키는 역할을 했다. 변려문에도 능했으며, 유명한 「등왕각서(滕王閣序)」를 지었다. 초당사걸(初唐四傑) 중 한 사람.

왕백언(汪伯彦:1069~1141)　북송 말의 정치가. 자는 정준(廷俊). 금(金)군에 대항하면서 강왕(康王) 조구(趙構)를 잘 보호하여 신임을 얻었다. 조구가 남송 고종(高宗)에 즉위한 후 재상에 임명되어 전권을 장악하였다. 금이 개봉(開封)을 점령하고 계속 남하하자 일신의 영달을 지키기 위해 고종에게 투항을 권유하여 주전파의 비분을 자아냈다.

왕부(王符)　동한(東漢)의 사상가. 동한 후기 형명법술학(刑名法術學)의 대표 인물. 자는 절신(節信). 부패된 정치에 환멸을 느끼고 은거하며 평생 관직에 나아가지 않았다. 『잠부론(潛夫論)』 36편을 지어 사회의 암흑을 풍자했으며, 법률을 정비하고 인재를 등용하여 부국과 정치안성을 도모해야 한다고 주장하였다.

왕부지(王夫之 : 1619~92)　　정대 초기의 사상가, 사학지. 자는 이농(而農), 호는 강재(姜齋). 세칭 선산선생(船山先生). 형양(衡陽 : 호남성) 출신. 명대 말 숭정(崇禎) 15년(1642) 거인(擧人)이 되었다. 이후 계왕(桂王 : 永曆帝) 정부 아래에서 행인사행인(行人司行人)에 부임하고 항청(抗淸) 활동을 했다. 계림(桂林)이 함락되자 은둔하며 저술 활동에 전념했다. 만년에는 형양(衡陽)의 석선산(石船山)에 상서초당(湘西草堂)을 짓고 살았다. 시문, 서화, 철학, 역사 방면을 두루 연구하여 학술적으로 큰 업적을 남겼다. 특히 철학에서는 유물론에 관심을 갖고 송·명(宋明)의 유심론을 위주로 한 이학(理學)에 비판을 가했다. 저작이 70여 종이나 있으며, 대표적인 것으로 『황서(黃書)』『사문록(思門錄)』『장자정몽주(張子正蒙注)』『독통감론(讀通鑑論)』『송론(宋論)』『영력실록(永曆實錄)』『강재시집(姜齋詩集)』『강재시화(姜齋詩話)』 등이 있다. 후인이 이를 한데 모아 『선산유서(船山遺書)』를 펴냈다. 황종희(黃宗義), 고염무(顧炎武)와 함께 청대 초기의 학술·사상계를 빛낸 사람으로 꼽힌다.

왕사정(王士禎 : 1634~1711)　　청대의 문학가, 사학자. 자는 자진(子眞), 이상(貽上). 호는 완정(阮亭), 어양산인(漁洋山人). 본명은 사진(士禛)이나 후에 옹정제(雍正帝)의 이름〔胤禛〕을 피하여 사정(士正)으로 바꾸었다가 건륭(乾隆) 연간에 칙명을 받고 사정(士禎)이란 이름으로 다시 고쳤다. 신성(新城 : 산동성 桓臺) 출신. 순치(順治) 12년(1655) 진사가 되고 양주부추관(揚州府推官), 호부낭중(戶部郎中), 국자감좨주(國子監祭酒)를 거쳐 형부상서(刑部尚書)의 관직을 지냈다. 전겸익(錢謙益), 오위업(吳偉業)의 뒤를 이은 문단의 영수로 꼽힌다. 시의 이론으로 송(宋)대 사공도(司空圖), 엄우(嚴羽)의 시론 영향을 받아 '신운설(神韻說)'을 제창했고, 자신의 시작(詩作) 경향은 당(唐)대의 왕유(王維), 맹호연(孟浩然)을 종주로 삼아 청담하고 한적한 의경을 추구했다. 사(詞)는 이청조(李淸照)를 종주로 삼아 완려(婉麗)하고 함축적이며 감정이 진지하다. 저서 『대경당전집(帶經堂全集)』『향조필기(香祖筆記)』『지북우담(池北偶談)』『분감여화(分甘餘話)』『어양시화(漁洋詩話)』.

왕사진(王士禛) → 왕사정

왕선겸(王先謙:1842~1917)　　청대 말기의 학자. 자는 익오(益吾), 호는 규원(葵園). 호남성 장사(長沙) 출신. 국자감좨주(國子監祭酒), 강소학정사(江蘇學政使) 등의 관직을 지냈다. 역대 경사(經史) 저작을 연구하는데 노력을 기울여『한서보주(漢書補注)』『후한서집해(後漢書集解)』『장자집해(莊子集解)』등을 편찬했다.

왕선지의 난〔王仙芝之亂〕　　당(唐) 말 통치 집단의 잔학행위와 토지제도의 모순, 계급간의 갈등이 첨예하게 드러나자 건부(乾符) 원년(875) 복주(僕州) 사람 왕선지(王仙芝)가 군중을 이끌고 반란을 주도했다. 그는 천보평균대장군 겸 해내제호도통(天補平均大將軍兼海內諸豪都統)이란 이름으로 각지에 격문을 돌리고 관리들의 탐욕과 부세의 과중, 상벌의 불공정을 통렬히 비난했다. 반란군은 건부 2년 복주와 조주(曹州:산동성 曹縣)의 성을 함락시키고 황소(黃巢)가 이끄는 농민군과 합류하였다. 당 왕조는 환관을 파견하여 왕선지에게 관직 제수를 미끼로 투항을 권유했다. 왕선지는 꼬임에 넘어가 황소와 결별했으나 결국 당군의 공격을 받고 피살되었다. 그의 군사중 일부는 황소의 반란군에 가담했고, 일부는 개별적으로 당에 대항하여 활동했다.

왕세정(王世貞:1526~90)　　명대의 문학가. 자는 원미(元美), 호는 봉주(鳳州), 엄주산인(弇州山人). 태창(太倉:강소성) 출신. 가정(嘉靖) 26년(1547) 형부주사(刑部主事)로 있던 부친이 엄숭(嚴嵩)에 의해 억울한 죄를 입자 시를 지어 엄씨 부자의 죄상을 폭로했다. 목종(穆宗)은 그의 송사를 받아들여 부친의 죄를 사면해 주었다. 남경병부우시랑(南京兵部右侍郎), 남경병부상서(南京兵部尚書) 등의 벼슬을 지냈다. 고문운동을 제창하여 진·한(秦漢)의 문장과 성당(盛唐)의 시를 본받을 것을 주장했다. 시와 고문을 잘 지어 초기에는 이반룡(李攀龍)과 병칭되었으며, 반룡이 죽은 후 20년간 문학계의 일인자로서 이름이 높았다. '가정칠재자(嘉靖七才子)' 또는 '후칠자(後七子)'로 불리는 의고파(擬古派)의 대표 인물이다. 저서『예원치언(藝苑巵言)』『엄주산인사부고(弇州山人四部稿)』.

왕세충(王世充:?~621)　　수(隋)대의 정치가. 자는 행만(行滿). 신풍(新豊:섬서성) 출신.. 수 양제(煬帝) 때 강도승(江都丞)의 벼슬을 하면서 양제에게 미녀를 헌납하여 환심을 얻었다. 관숭(管崇) 기의군과 맹랑(孟浪) 기의군을 진압하였다. 강도(江都) 병변 이후 원문도(元文都) 등과 함께 양동(楊侗)을 황제에 올려놓고 자신은 이부상서(吏部尙書)가 되었다. 곧이어 이밀(李密)의 군사를 대파하고 태위(太尉)에 올랐다. 이후 양동을 폐하고 칭제하여 국호를 정(鄭)이라 하였다. 그러나 곧 이세민(李世民)이 이끄는 당군(唐軍)에 항복하였다.

왕소(王邵)　수(隋)대의 사학자. 자는 군무(君懋). 일시 저작랑(著作郞)을 지내다 관직을 그만두고 집에서 『제서(齊書)』를 편찬했다. 문제(文帝)가 이를 보고 원외산기시랑(員外散騎侍郞)에 임명하여 기거주(起居注)를 편찬하게 하였다. 20년간의 노력 끝에 완성한 『수서(隋書)』 80권 외에 『제지(齊志)』『제서(齊書)』『평적기(平賊記)』 등을 편찬했다.

왕소군(王昭君)　서한(西漢)시대의 미녀. 비극적 인물. 이름은 장(嬙). 세칭 명비(明妃), 명군(明君)이라고 한다. 자귀(秭歸:호북성) 출신. 궁녀로 있을 때 화가 모연수(毛延壽)에게 뇌물을 주지 않아 그녀의 일그러진 초상화가 왕에게 보내졌다. 이로 인해 한 원제(漢元帝)의 눈에 들지 못했다. 한나라와 흉노간 우호관계의 희생양으로 흉노의 호한야선우(呼韓邪單于)와 정략결혼을 했다. 시집가기 위해 궁궐을 떠날 때 원제는 그녀의 미모를 보고 일찍이 그녀를 알아보지 못한 것을 후회했으며, 이후에도 연모의 정을 품으며 안타까워했다고 한다. 호한야선우 사후에도 흉노에 그대로 눌러 살면서 그곳 풍습을 따랐다고 한다. 후대에 고향이나 조국을 떠난 여인의 슬픔을 노래한 문학작품에 그녀의 이야기가 자주 등장했다.

왕수인(王守仁:1472~1528)　명대의 사상가, 교육자. 처음 이름은 운(雲), 자는 백안(伯安), 호는 양명(陽明). 여요(餘姚:절강성) 출신. 홍치(弘治) 12년(1499) 진사에 합격하여 병부주사(兵部主事)의 관직에 있다가 정덕(正德) 초 환관 유근(劉瑾)에게 반기를 들어 귀주(貴州) 용장역승(龍場驛丞)으로 좌천되었다. 유근이 모반에 실패하여 처형된 후 우첨도어사(右僉都御史)에 발탁되었고, 이때 농민봉기를 진압한 공로로 우부도어사(右副都御史)가 되었다. 또 영왕(寧王) 신호(宸濠)의 난을 평정하면서 특진을 거듭하여 광록대부(光祿大夫), 주국(柱國), 신건백(新建伯), 남경병부상서(南京兵部尙書) 등 요직을 거쳤다. 처음에는 주자학을 배웠다가 육상산(陸象山)의 주관적 유심주의 학설을 계승하여 '심즉리(心卽理)'라는 근본적 사상을 확립하였다. 즉 만사 만물의 이(理)는 오심(吾心)의 외부에 있지 않으며, 따라서 심(心)의 외부에는 물(物)도 있을 수 없다고 주장하였다. 이밖에 '치양지(致良知)'의 학설을 내세워 사람은 사욕을 버리고 양지를 회복해야 한다고 역설했다. 지행합일, 지행병진(知行幷進)을 주장하고 정주파(程朱派)의 선지후행(先知後行)을 비판했다. 그의 철학 사상은 당시 크게 유행하여 수많은 사람이 그의 학설을 따랐으며, 이로부터 양명학(陽明學)이라는 새로운 철학 유파가 생겨났다. 성즉리(性卽理)를 주장한 주자학의 객관적 유심론에 대하여 양명학을 주관주의적 유심론이라고 부른다. 사후 신건후(新建侯)에 봉해지고 문성(文成)이란 시호가 내려졌다. 저서『전습록(傳習錄)』(3권)『대학문(大學問)』 등. 그의 문인이 유저를 모아『왕문성공전서(王文成公全書)』를 펴냈다.

왕숙(王肅:195~256) 삼국시대 위(魏)의 경학가. 자는 자옹(子雍). 동해(東海:산동성) 출신. 왕랑(王郎)의 아들. 중령군(中領軍), 산기상시(散騎常侍) 등의 관직을 지냈다. 후한(後漢)의 훈고학적 학풍을 배격하고 금문, 고문 등 각각의 학풍을 종합하여 경서를 해석하였다. 특히 정현(鄭玄)의 학풍을 배격하고 마융(馬融)의 학설을 좋아했다.『상서(尙書)』『시경(詩經)』『삼례(三禮)』『좌전(左傳)』『논어(論語)』 등에 주석을 달았다.『공자가어(孔子家語)』를 편찬했다는 설이 있다.

왕숙문(王叔文:758~806) 당(唐) 순종(順宗) 때의 정치가. 순종의 신임을 받아 한림학사(翰林學士)에 임명된 후 정치개혁을 펴 탐관을 몰아내고 환관의 병권을 박탈했다. 또 육지(陸贄), 양성(陽城) 등 직간하다 폄적된 인재를 복권시켰다. 그러나 집권 146일만에 환관 구문진(俱文珍)이 순종을 퇴위시키고 헌종(憲宗)을 옹립하면서 관직을 박탈당하고 이듬해 피살되었다.

왕순(王珣:350~401) 동진의 서예가. 자는 원림(元琳). 왕도(王導)의 손자. 상서령(尙書令)의 관직을 지냈다. 해서와 행서에 능했으며, 호방한 필체를 구사했다. 그의「백원첩(伯遠帖)」은 왕희지(王羲之)의「쾌설시청첩(快雪時晴帖)」, 왕헌지(王獻之)의「중추첩(中秋帖)」과 함께 청(淸)대의 건륭제(乾隆帝)에 의해 '삼희(三希)'로 일컬어졌다.

왕순(王恂:1234~81) 원대 초기의 천문학자, 수학자. 자는 경보(敬甫). 유병충(劉秉忠)을 사사하여 많은 학문을 받아들이고 20세에 쿠빌라이〔元世祖〕의 추천을 받아 태자 진금(眞金)의 스승이 되었다. 중통(中通) 2년

(1261) 태자찬선(太子贊善)에 발탁되어 진금의 총애를 받고 다시 국자감좨주(國子監祭酒)가 되었다. 지원(至元) 13년(1276) 금(金)의 「대명력(大明曆)」을 보완하라는 명을 받고 곽수경(郭守敬) 등과 함께 중국 최고의 역(曆)이라 일컬어지는 「수시력(授時曆)」을 완성하였다.

왕승유(王僧儒:465~522)　　남조시대 양(梁)의 서예가, 시인. 어사중승(御史中丞)의 관직을 지냈다. 장서가로도 이름이 높아 심약(沈約), 임방(任昉)과 함께 남조의 3대 장서가로 이름이 났었다.

왕시민(王時敏:1592~1680)　　명말 청초의 산수화가. 자는 손지(遜之), 호는 연객(煙客). 명 말의 화가 동기창(董其昌)을 사사했다. 왕감(王鑑)과 함께 누동파(婁東派)를 형성했다. 제자에 왕휘(王翬), 오력(吳歷) 등이 있다.

왕실보(王實甫)　　원대의 잡극 작가. 일설에 이름이 덕신(德信)이라고 한다. 대도(大都:북경) 출신. 친구인 관한경(關漢卿)보다 조금 늦게 창작 활동을 했다. 잡극 14종이 있으며 「서상기(西廂記)」 「파요기(破窯記)」 「여춘당(麗春堂)」 3종이 현존하고, 「판다선(販茶船)」 「부용정(芙蓉亭)」은 일부만 남아 있다. 「서상기」는 북곡(北曲) 제일로 일컬어진다.

왕심재(王心齋) ➡ 왕간

왕안석(王安石:1021~86)　　북송의 정치가, 문학가. 자는 개보(介甫), 호는 반산(半山). 무주(撫州) 임천(臨川:강서성) 출신. 인종(仁宗) 경력(慶曆) 2년(1042) 진사가 되었다. 그 후 지은현(知鄞縣), 지상주(知常州), 서주통판(舒州通判), 군목판관(群牧判官)을 지냈다. 가우(嘉祐) 3년(1058) 삼사탁지판관(三司度支判官)으로 있으면서 인종에게 「언사서(言事書)」를 올려 개혁을 주장했으나 채택되지 않았다. 신종(神宗) 희녕(熙寧) 참지정사(參知政事)에 임명되어 부국강병의 개혁정책을 맡았다. 이듬해 동중서문하평장사(同中書門下平章事)에 임명되었으며, 이때 농전법(農田法), 수리법(水利法), 청묘법(青苗法), 균수법(均輸法), 보갑법(保甲法), 방전균세법(方田均稅法) 등의 신법을 추진하여 관료와 대상인의 횡포를 막고 계층간의 모순을 완화시키며 부국강병을 꾀하려고 했다. 그러나 구법당(舊法黨) 계열 보수파의 저항으로 효과를 거두지 못했다. 희녕 7년(1075) 재상을 그만두었다가 8년 복권되었으며, 1년 후 강녕부(江寧府:강소성 南京)의 판부(判府)로 밀려났다. 이후 은퇴하여 강녕 반산원(半山園)에 살았다. 신종 원풍(元豊) 원년(1078) 서국공(舒國公)에, 이듬해 다시 형국공(荊國公)에 봉해졌으며, 이로 인해 세칭 왕형공(王荊公)이라 했다. 문장을 잘 지어 당송팔대가의 한 사람에 들었다. 그의 산문은 웅건 간결한 특징을 지닌다. 「유포선산기(游褒禪山記)」「답사마간의서(答司馬諫議書)」「제구양문충공문(祭歐陽文忠公文)」 등이 유명한 산문이다. 저작에 『삼경신의(三經新義)』『자설(字說)』『왕문공문집(王文公文集)』『임천선생문집(臨川先生文集)』이 있다.

왕약허(王若虛:?~1234)　　금(金) 말기의 문학가, 사학자. 자는 종지(從之), 호는 호남유로(滹南遺老), 용부(慵夫). 고성(藁城:하북성) 출신. 승안(承安) 2년(1197) 경의(經義)로 진사가 되었다. 응봉한림문자(應奉翰林文字), 저작랑(著作郞), 평량부판관(平凉府判官), 직학사(直學士) 등의 벼슬을 하다 금이 망하자 은거하였다. 시를 잘 지었으며 강서시파(江西詩派)의 각의조탁(刻意雕琢)에 반대하고 달의(達意)를 중시하였다. 저서 『호남유로집(滹南遺老集)』『용부집(慵夫集)』

왕양명(王陽明) ➡ 왕수인

왕연(王衍:256~311)　　서진(西晋) 시대의 관리. 자는 이보(夷甫). 낭야(琅琊) 임기(臨沂:산동성) 출신. 사족(士族) 출신으로서 노장(老莊)에 관해 담론하기를 좋아했다. 중서령(中書令), 사도(司徒), 사공(司空), 태위(太尉) 등을 역임했다. 흉노의 귀족인 유연(劉淵)이 난을 일으켰을 때 재상으로 있으면서 정당하지 못한 방법으로 목숨을 유지했다. 영가(永嘉) 5년(311) 후조(後趙)를 세운 석륵(石勒)에게 체포되어 구차하게 삶을 도모하려다 살해되었다. 삼공(三公)의 지위에 있으면서도 국사에 참여하지 않고 현학(玄學)에 빠져 청담무위(淸淡無爲)를 논했다. 언행에 모순이 생기면 편리한대로 이를 바꾸어 '구중자황(口中雌黃)'이란 별명을 얻었다. 현학의 지위를 경학의 위에 올려놓는데 큰 역할을 하였다.

왕염손(王念孫:1744~1832)　　청대의 문자학자, 고증학자. 자는 회조(懷祖), 호는 석구(石臞). 고우(高郵:강소성) 출신. 대진(戴震)에게서 음운학과 훈고학을 배웠다. 건륭(乾隆) 40년(1775) 진사가 되어 서길사(庶吉士)에 임명되고, 다시 공부주사(工部主事), 이과급사중(吏科給事中) 등의 관직을 지냈다. 재임시 치수를 담당하다 홍수 범람의 책임을 지고 관직을 물러났다. 만년에는 활발한 저술활동을 했다. 철저한 고증을 통해 『일주서(逸周書)』『전국책(戰國策)』『관자(管子)』 등을 해석했으며, 『광아소증(廣雅疏證)』『독서잡지(讀書雜志)』『도하의(導河義)』『하원기략(河源紀略)』 등을 지었다. 단옥재(段玉裁)와 함께 대진의 제자로서 학문적 성취를 이루었고, 고증학파 중 환파(晥派)의 대표 인물로 꼽힌다.

왕우칭(王禹偁:954~1001) 　북송 초의 문학가, 사학자. 자는 원지(元之). 거야(巨野:산동성) 출신. 우습유(右拾遺), 좌사간(左司諫), 지제고(知制誥), 한림학사 등의 관직을 지냈다. 글로써 식간을 잘하여 황주(黃州:호북성 黃岡)의 지주(知州)로 폄적되는 등 자주 관직이 깎였다. 그의 작품 「삼출부(三黜賦)」는 몸은 굽힘당하여도 도(道)는 굽히지 않는 강직한 의지를 표출한 것이다. 두보(杜甫), 백거이(白居易) 등의 시풍을 따랐으며, 산문으로는 한유(韓愈), 유종원(柳宗元)을 배웠다. 그의 시문은 화미하지 않고 도(道)가 담겨 있다. 송대 복고주의 시문의 선구로 불린다. 저서 『소축집(小畜集)』『소축외집(小畜外集)』『오대사궐문(五代史闕文)』. 이밖에 인물화에도 능했으며, 작품 「오노회도(五老會圖)」는 오도자(吳道子)의 풍격과 흡사하다는 평을 받고 있다.

왕원기(王原祁:1642~1715) 　청대의 화가. 자는 무경(茂京), 호는 녹대(麓臺), 석사도인(石師道人). 세칭 왕사농(王司農). 태창(太倉:강소성) 출신. 화가 왕시민(王時敏)의 손자. 강희(康熙) 9년(1670) 진사가 되어 호부시랑(戶部侍郞)의 관직까지 지냈다. 한때 『패문재서화보(佩文齋書畵譜)』의 편찬관을 맡기도 했다. 산수화를 잘 그렸으며, 황공망(黃公望)의 천강법(淺絳法)을 배웠다. 왕시민, 왕감(王鑑)과 함께 누동화파(婁東畵派)의 대표 인물에 들며, 청대 초기의 화가 '사왕(四王)' 중 한 사람이다. 작품 「운산무진도(雲山無盡圖)」「화산추색도(華山秋色圖)」「강촌화류도(江村花柳圖)」「추산독서도(秋山讀書圖)」.

왕원지(王元之) ➡ 왕우칭

왕유(王維:701~61) 　당(唐)대의 궁정시인, 화가. 자는 마힐(摩詰). 개원(開元) 19년(731) 진사에 급제하여 급사중(給事中)의 벼슬을 했다. 안사(安史)의 난 이후 태자중윤(太子中允)을 거쳐 관직이 상서우승(尙書右丞)에까지 올랐으며, 이로 인해 '왕우승(王右丞)'이란 별명을 얻었다. 만년에 은거하며 작품 생활에만 몰두했다. 「소년행(少年行)」「노장행(老將行)」「사지새상(使至塞上)」 등으로 대표되는 그의 초기 시는 서정성이 풍부하며 호방하다는 평을 받고 있다. 후기시는 「죽리관(竹里館)」「녹시(鹿柴)」「상사(相思)」 등이 대표적이며, 사경영물(寫景詠物)의 전원 산수시가 주류를 이룬다. 진(晋)의 도잠(陶潛), 송(宋)의 사령운(謝靈運) 계통을 따랐다고 평가받고 있다. 후기 시에는 불교적 색채도 깊이 배어 있다. 산문은 자연경관과 은거생활을 묘사한 「산중여배수재적서(山中與裵秀才迪書)」가 유명하다. 화단에서도 오도자(吳道子), 이사훈(李思訓)과 함께 이름을 날렸으며, 특히 산수화에서 부동의 지위를 확립하여 남종문인화(南宗文人畵)의 시조로 불린다. 송의 소식(蘇軾)은 그의 시와 회화를 평하여 "시 속에 그림이 있고 그림 속에 시가 있다(詩中有畵 畵中有詩)"고 하였다. 회화작품 「조설도(釣雪圖)」 「산거도(山居圖)」 「복생수경도(伏生受經圖)」 「설계도(雪溪圖)」. 회화평론문 「산수결(山水訣)」 「산수론(山水論)」. 시문집 『왕우승집(王右丞集)』.

왕윤(王允:137~92) 　　동한(東漢) 시대 사람. 자는 자사(子師). 태원(太原) 기(祁:산서성) 출신. 영제(靈帝) 때 예주자사(豫州刺史)로 있으면서 황건적을 물리쳤다. 헌제(獻帝) 때 사도(司徒)의 벼슬에 올랐으며, 여포(呂布) 등과 모의하여 동탁(董卓)을 살해하였다. 동탁의 부장에게 피살되었다.

왕응린(王應麟:1223~96) 　　남송 말기의 사학자. 자는 백후(伯厚). 호는 심영거사(深寧居士), 후재(厚齋). 이종(理宗) 순우(淳祐) 원년(1241) 진사가 되고, 태상시주부(太常寺主簿), 대주통판(臺州通判), 비서소감(秘書少監) 등을 역임했다. 이후 정책에 불만을 품다 권신 가사도(賈似道)의 미움을 사 지휘주(知徽州)로 폄적되었고, 다시 예부상서(禮部尙書) 겸 급사중(給事中)에 올랐다. 경사(經史), 지리, 천문, 음운 등의 학문에 두루 밝았다. 그의 필기(筆記) 저작인 『곤학기문(困學記聞)』은 유교 경전을 비롯하여 천문, 지리, 제자백가, 시문 등을 강의 평론하였는데, 고증이 정채하다. 기타 저서 『액원유고(掖垣類稿)』 『한서예문지고증(漢書藝文志考證)』 『통감지리고(通鑑地理考)』 『심녕집(深寧集)』 『옥해(玉海)』 등.

왕인지(王引之:1766~1834) 　　청대의 문자학자, 고증학자. 자는 백신(伯申), 호는 만경(曼卿). 고우(高郵:강소성) 출신. 왕염손(王念孫)의 아들. 가경(嘉慶) 4년(1799) 진사가 되고 공부상서(工部尙書)의 관직을 지냈다. 가학(家學)을 이어 문자 고증의 학문에 정진했다. 저서인 『경전석사(經傳釋詞)』는 고대 한어(漢語) 허사(虛詞)에 관해 연구한 명저이다. 기타 『경의술문(經義述聞)』 『경의석사(經義釋辤)』 등을 지었다. 부친 왕염손과 함께 환파(晥派) 고증학의 중요 인물이다.

왕일(王逸) 　　동한(東漢)의 문학가. 자는 숙사(叔師). 의성(宜城:호북성)

출신. 안제(安帝) 때 교서랑(校書郞), 순제(順帝) 때 시중(侍中) 벼슬을 했다. 『초사(楚辭)』의 해석서인 『초사장구(楚辭章句)』를 지었다. 사부(辭賦) 작품으로 굴원(屈原)의 행적을 애도한 「구사(九思)」와 더불어 「기부(機賦)」 「여지부(荔支賦)」가 있고, 기타 서(書)와 논(論) 등이 있으나 대부분 일실되었다. 명(明)나라 사람이 그의 작품을 모아 『왕숙사집(王叔師集)』을 편찬했다.

왕전(王翦)　　전국시대 말기의 진(秦)나라 장수. 진왕 정(政:始皇帝)에 의해 발탁되었다. 군졸들과 동침 동식함으로써 군대의 사기를 높였으며, 조(趙)·연(燕)을 무찌르고 초(楚)나라를 멸망시켰다. 이 공로로 통무후(通武侯)에 봉해졌다.

왕정상(王廷相:1474~1544)　　명대의 정치가, 사상가, 과학자, 음운학자. 자는 자형(子衡), 호는 준천(浚川). 홍치(弘治) 15년(1502) 진사에 합격하고 병과급사중(兵科給事中), 섬서순안어사(陝西巡按御史), 사천첨사(四川僉事), 산동부사(山東副使), 남경병부상서(南京兵部尙書), 좌도어사(左都御史) 등의 관직을 차례로 역임했다. 성품이 강직하여 엄숭(嚴嵩) 등이 정권을 잡았을 때 탐관오리의 횡포를 비판하는 상소를 올렸으며, 이로 인해 좌천을 거듭했다. 만년에는 곽훈(郭勛)이 탄핵되면서 이에 연루되어 관직을 잃고 서민으로 돌아갔다가 융경(隆慶) 초 복직되어 소보(少保) 벼슬을 지냈다. 시호는 숙민(肅敏). 자연과학을 중시하여 『제민요술(齊民要術)』의 서문을 짓고 사회의 개혁도 주창하였다. 송(宋)·명(明)의 이학(理學)을 반대하고 실용적 문제에 관심을 기울였다. 철학사상 면에서는 "이(理)는 기(氣)에 바탕을 둔다(理根于氣)"는 전제 하에 기(氣)란 객관적으로 존재하는 사물이라고 주장했다. 왕수인(王守仁)의 양지설(良知說)을 비판하고 '견문(見聞)'의 중요성을 역설했다. 시인으로도 유명하며, 이몽양(李夢陽) 등과 함께 전칠자(前七子)의 한 사람에 속한다. 저서 『신언(愼言)』 『아술(雅述)』 『내대집(內臺集)』 『왕씨가장집(王氏家藏集)』(일명 浚川集).

왕중(汪中:1744~94)　　청대의 고증학자. 자는 용보(容甫). 강도(江都:강소성 揚州) 출신. 건륭(乾隆) 42년 공생(貢生)에 선발되었으나 조정의 고시에 응하지 않고 학문에만 전념했다. 학문의 경세치용 측면을 강조하고, 당시 건가학파(乾嘉學派)의 고증을 위한 고증에 반대하며 사상적 발전을 위한 고증을 제창했다. 공자의 학설을 계승한 사람은 맹자가 아니라 순자라는 논리를 전개하며 전통 학술 유파에 반기를 들기도 했다. 청대 제일의 변려문(騈儷文) 작가로도 알려져 있으며, 작품으로 「광릉대(廣陵對)」 「조황조문(弔黃祖文)」 등이 유명하다. 저서 『광릉통전(廣陵通典)』 『춘추술의(春秋述義)』 『대대예기정오(大戴禮記正誤)』 『용보선생유시(容甫先生遺詩)』 『술학(述學)』.

왕차중(王次仲)　한대의 서예가. 예서(隸書)의 자체를 횡으로 넓게 벌려 유연미와 생동감을 불어 넣은 이른바 '사분서체(四分書體)'를 개발했다. 사분서체를 한체(漢體)라고도 부른다.

왕찬(王粲:177~217)　동한(東漢) 말기의 문학가. 자는 중선(仲宣). 고평(高平:산동성 鄒縣) 출신. 건안칠자(建安七子) 중의 한 사람. 17세 때 황문시랑(黃門侍郎)에 임명되었으나 사양하고 나아가지 않았다. 유표(劉表)에게 의지했다가 유표가 사망한 후 조조(曹操)의 막하에서 관내후(關內侯)의 관작을 얻고 시중(侍中) 벼슬을 했다. 사부(辭賦)에 능했으며, 작품 「등루부(登樓賦)」 「정사부(征思賦)」 등은 혼란스런 정치상황 하에서 자신의 불우한 모습과 백성의 질고를 표출했다. 특히 초기의 저작인 「칠애시(七哀詩)」 3수를 두고 후인들은 "시는 작자가 곤궁한 처지에 있어야 공교로워진다(詩窮而後工)"고 평하였다. 만년의 시는 송덕(頌德)의 작품이 많고, 직서(直敍)적이며 감정이 부족하다는 평을 받는다. 문집 『왕시중집(王侍中集)』.

왕창(王昶:1724~1806)　청대의 금석학자, 사학자, 문학가. 자는 덕보(德甫), 금덕(琴德). 호는 난천(蘭泉), 술암(述庵). 청포(青浦:상해) 출신. 젊어서는 시문으로 이름을 날려 왕명성(王鳴盛), 전대흔(錢大昕) 등과 함께 '오중칠자(吳中七子)'로 불렸다. 건륭(乾隆) 19년(1754) 진사에 올라 형부우시랑(刑部右侍郎)의 관직을 제수받았다. 이때부터 임지를 돌아다니며 금석(金石) 문헌을 모아 『금석췌편(金石萃編)』 160권을 완성했다. 이는 당시까지의 금석학을 집대성한 것으로, 후세의 금석학 연구에 막대한 영향을 끼쳤다. 저서 『태창주지(太倉州志)』 『청포현지(青浦縣志)』 『천하서원지(天下書院志)』 『운남동정전서(雲南銅政全書)』 『춘융당집(春融堂集)』 『호해시문전(湖海詩文傳)』 『명사종(明詞綜)』 『국조사종(國朝詞綜)』.

왕창령(王昌齡:698~756)　당(唐)대의 시인. 자는 소백(少伯). 경조(京兆:섬서성 西安) 출신. 개원(開元) 15년(727) 진사에 합격하여 비서성교서랑(秘書省校書郎), 사수현위(汜水縣尉) 등을 지내다 개원 말 강녕현승(江寧

縣丞)으로 폄적되었으며, 다시 용표현위(龍標縣尉)가 되었다. 안사(安史)의 난 때 고향으로 돌아오다 살해되었다. 고적(高適), 잠삼(岑參), 왕유(王維), 이백(李白) 등의 시인과 교유했으며, 7언절구에 능하고 변새시(邊塞詩)를 즐겨 지었다. 그의 시 작품은 기세가 웅장하며 격조가 높다는 평을 받고 있다. '시천자(詩天子)'라는 칭호를 받았다. 대표직 「출새(出塞)」「부용루송신점(芙蓉樓送辛漸)」「윤원(閏怨)」 등. 문집 『왕창령집(王昌齡集)』.

왕충(王充:27~?)　동한(東漢) 초기의 사상가, 문학가. 자는 중임(仲任). 상우(上虞:절강성) 출신. 젊어서 작은 벼슬을 하다 그만두고 고향에서 저술활동에 전념했다. 30년 동안 노력한 끝에 『논형(論衡)』 30권을 완성했다. 이를 통해 당시 유행하던 유가의 학설을 비판하고, 기타 도가(道家), 묵가(墨家)의 학설도 의심을 갖고 분석, 비판했다. 『기속(譏俗)』『정무(政務)』『양성(養性)』 등의 책을 펴냈으나 일실되었다.

왕통(王通:584~617)　수(隋)대의 사상가. 자는 중엄(仲淹). 용문(龍門:산서성 河津) 출신. 일찍이 문제(文帝)에게 '태평책(太平策)'을 상주했다가 권신들의 시기를 받아 쓰임받지 못하고 향리에서 강학과 저술활동에만 전념했다. 유가에 기초를 둔 유·불·도 3교의 합일을 주창하였다. 저서 『문중자(文中子)』 등.

왕포(王褒)　서한(西漢)의 문학가. 자는 자연(子淵). 자중(資中:사천성 資陽) 출신. 선제(宣帝) 때 간의대부(諫議大夫)를 지냈다. 사부(辭賦)에 능했으며, 작품에 「통소부(洞簫賦)」「감천궁송(甘泉宮頌)」「구회(九懷)」 등 부(賦) 10여 편이 있다. 명대 사람이 『왕간의집(王諫議集)』을 편찬했다.

왕포(王褒:약 513~76)　남북조시대의 시인, 서예가. 자는 자연(子淵). 임기(臨沂:산동성) 출신. 양(梁)·서위(西魏)·북주(北周) 3대에 걸쳐 벼슬을 했다. 양나라 때는 궁정시인으로서 섬세하고 공교(工巧)로운 시를 지어 원제(元帝)의 사랑을 받았다. 서위 및 북주 정권 하에서는 망국의 우울한 감정을 토로한 시들이 많다. 특히 후기에는 시단에서 유신(庾信)과 함께 이름을 떨쳤다. 작품 「연가행(燕歌行)」「도하북(渡河北)」 등. 시문집 『왕사공집(王司空集)』.

왕필(王弼:226~49)　삼국시대 위(魏)의 사상가. 자는 보사(輔嗣). 산양(山陽:하남성 焦作) 출신. 상서랑(尙書郎)의 관직을 지냈다. 하안(何晏), 하후현(夏侯玄) 등과 함께 현학(玄學)을 제창하였다. 유교, 도교의 사상을 융합하여 한대의 유교중심적 경학 흐름을 극복하였으며, 선진 제자의 학문을 부흥시켰다. 철학적 사유의 관점에서 『역경(易經)』을 해석하여 이전의 훈고학적 해석방법에서 진일보하였다. 저서에 『주역주(周易注)』 『주역약례(周易略例)』 『노자주(老子注)』 『노자지략(老子指略)』 등이 있다.

왕학(王學) → 양명학

왕해(王亥·王垓)　은(殷) 탕왕(湯王)의 7세조. 복사(卜辭)에서는 고조해(高祖亥)로 표기했다. 목축 방법을 널리 전파하여 부족의 활동범위를 넓혔으며, 소가 끄는 수레를 만들어 상업경제를 발전시켰다고 전해진다.

왕헌지(王獻之：344~86)　동진의 서예가. 자는 자경(子敬). 왕희지(王羲之)의 일곱번째 아들. 간문제(簡文帝) 사마욱(司馬昱)의 사위. 비서랑(秘書郎), 건위장군(建威將軍), 오흥태수(吳興太守)를 거쳐 중서령(中書令)의 관직을 지냈다. 세칭 왕대령(王大令). 해서, 초서, 행서 등 모든 서체에 능하여 '소성(小聖)'이란 칭호가 붙여졌다. 또한 부친과 더불어 '이왕(二王)'이라 불리었다. 초서는 비교적 자유분방하여 후세에 많은 유행을 낳았으며, '파체(破體)'라 일컬어졌다.

왕홍서(王鴻緖：1645~1704)　청대의 사학자. 자는 계우(季友), 호는 엄재(儼齋), 횡운산인(橫雲山人). 누현(婁縣：上海) 출신. 강희(康熙) 20년 진사가 되어 편수(編修)의 관직을 제수받고 내각학사(內閣學士), 호부상서(戶部尙書) 등을 역임했다. 만사동(萬斯同)의 『명사고(明史稿)』를 기초로 하여 또다른 『명사고(明史稿)』를 편찬했다. 또 『명사(明史)』 총재(總裁), 『대청회전(大淸會典)』 부총재, 『성방성전(省方盛典)』 총재를 맡아 이들 책의 편찬에 공헌했다. 시문집 『사금원집(賜金園集)』.

왕휘(王翬：1632~1717)　청대 초의 화가. 자는 석곡(石谷), 호는 경연산인(耕煙散人), 오목산인(烏目散人), 청휘노인(淸暉老人) 등. 상숙(常熟：강소성) 출신. 젊어서 왕감(王鑑), 왕시민(王時敏) 등을 사사하며 산수화에 전념했다. 고인의 그림을 모방하고 그들의 장점을 취했다. 화풍은 청려고박(淸麗古朴)하나 창의성이 결핍되었다는 평을 듣는다. 강희제(康熙帝)의 명을 받고 「남순도(南巡圖)」를 그려 황제의 감탄을 자아냈다. 그러나 관직을 사양하고 그림에만 전념하여 동남 지방에서 크게 이름을 떨쳤다. 우산화파(虞山畵派)의 대표 인물이며, 왕시민, 왕감, 왕원기(王原祁)와 함께 '4왕(四王)'으로 불렸다. 작품 「석천시명도(石泉試茗圖)」 「우산이십경책(虞山二

十景冊)」「단애운기도(斷崖雲氣圖)」「암서고사도(巖栖高士圖)」등.

왕희(王熙)　위·진시대의 의학자. 자는 숙화(叔和). 관직은 태의령(太醫令)을 지냈다. 맥에 관한 전문서인 『맥경(脈經)』 10권을 지이 맥으로써 사람의 질병을 진단하는 학문의 기초를 형성하였다.

왕희지(王羲之:303~61, 혹은 321~79)　동진의 서예가, 문학가. 자는 일소(逸少). 임기(臨沂:산동성) 출신. 왕도(王導)의 조카. 우군장군(右軍將軍), 회계내사(會稽內史) 등을 역임했다. 세칭 왕우군(王右軍). 후에 관직에서 물러나 산수를 즐기며 서예에 몰두했다. 위삭(衛鑠:衛夫人)에게서 서예를 배우고 전국을 돌아 역대 서예가들의 묵적(墨迹)을 감상하며, 그중 양곡(梁鵠), 종요(鍾繇), 채옹(蔡邕), 장지(張芝)의 서법을 본받았다. 각 체에 두루 정통했을 뿐 아니라 '왕희지체'라는 독특한 글씨체를 형성하여 서예의 한 경지를 이루었다. 후세에 '서성(書聖)'으로 일컬어졌다. 353년 사안(謝安) 등 명사들과 함께 산음(山陰:절강성 紹興)의 난정(蘭亭)에서 노닐면서 일필휘지로 「난정집서(蘭亭集序)」를 지었다. 「황정경(黃庭經)」「쾌설시청첩(快雪時晴帖)」「십칠첩(十七帖)」「악의론(樂毅論)」 등의 작품이 후인의 모사본으로 전해진다.

외사(外史)　관직명. 서주(西周) 때 설치되었다. 『주례(周禮)』에 의하면 '춘관(春官)'에 속하여 사방삼지(四方三志) 및 삼황오제(三皇五帝)의 기록을 맡았다.

외조관(外朝官)　한 무제(漢武帝) 이후 조정의 관직을 외조(外朝)와 중조(中朝)로 나누었다. 외조는 국가의 정치를 다루는 행정기관이고, 중조는 궁궐 내 황제의 측근 신하들로 구성되었다. 외조관은 승상(丞相)이 이끄는 중앙 행정기구의 각급 관원을 가리킨다.

요(遼)　왕조명. 거란족의 야율아보기(耶律阿保機:太祖)가 건국했다. 당(唐) 천우(天祐) 4년(907) 야율아보기는 부족 연맹의 수장으로 추대된 후 천황제(天皇帝)라 칭하고 후량(後梁) 정명(貞明) 2년(916) 국호를 대거란(大契丹)이라 했다. 도읍은 황도(皇都:내몽고). 대동(大同) 원년(947) 국호를 요(遼)로 고치고 도읍인 황도 역시 상경(上京)으로 개칭했다. 영토는 동서로 지금의 흑룡강 일대부터 몽고 중부까지, 남으로는 천진과 하북성 패현(覇縣), 산서성 안문관(雁門關)을 잇는 선까지 광활했다. 북송(北宋)과 대치하면서 북방 일대를 통치한 거대 왕조였으며, 농업과 목축업을 위주로 하고, 정치제도는 당(唐)·송(宋)을 모방했다. 거란문자를 사용하면서 한어(漢語)도 통용했다. 1125년 여진족이 세운 금(金)에 의해 멸망했다. 9명의 통치자가 210년간 재위.

요(堯)　　고대 전설상의 인물. 이름은 방훈(放勳)이며 이기씨(伊祁氏·伊耆氏)라고도 한다. 황제(黃帝)의 후예인 도당씨(陶唐氏) 부락 추장이었으며, 이로 인해 후세에 그를 당요(唐堯)라고도 부른다. 어진 정치를 펴 전쟁을 없애고 태평한 사회를 만들었으므로 주변 부락이 동맹하여 그를 영수로 추대하였다. 희(羲)씨와 화(和)씨에게 명하여 역상(曆象)을 살피도록 했으며, 곤(鯀)에게 명하여 물을 관리하도록 했다. 아들 단주(丹朱)의 지혜를 계발하기 위해 바둑을 창안했다고도 한다. 만년에 왕위를 아들 단주에게 물려주지 않고 어진 신하인 순(舜)에게 넘겨줌으로써 선양(禪讓)이라는 미풍을 남겼다. 순과 더불어 중국의 유가에서 가장 이상적인 제왕으로 받드는 성군(聖君)이다.

요광효(姚廣孝 : 1335~1418)　　명대 초의 승려, 정치가. 법명은 도연(道衍), 자는 사도(斯道). 소주(蘇州) 장주(長州 : 강소성 昆山) 출신. 명 태조(太祖)의 고황후(高皇后)가 죽자 추선공양(追善供養)을 위하여 연왕(燕王 : 成祖 永樂帝)에게 배속되었다. 후에 정난(靖難)의 변을 일으켜 연왕을 제위에 앉혔다. 영락(永樂) 2년(1404) 자선대부(資善大夫), 태자소사(太子少師)의 직을 받아 환속했으며, 광효(廣孝)라는 이름을 하사받았다. 『태조실록(太祖實錄)』을 감수하고 『영락대전(永樂大典)』의 편찬에 공을 세웠다. 또 『불법불가멸론(佛法不可滅論)』『도여록(道餘錄)』을 저술하여 송대 유학파들의 불교 배척을 논박했다. 사후 광록대부(光祿大夫)에 추봉되었다.

요내(姚鼐 : 1732~1815)　　청대의 문학가, 경학자. 자는 희전(姬傳), 몽곡(夢穀). 세칭 석포선생(惜抱先生). 동성(桐城 : 안휘성) 출신. 건륭(乾隆) 28년(1763) 진사가 되고 형부낭중(刑部郎中), 기명어사(記名御史) 등의 관직을 지냈으며, 사고전서관(四庫全書館)의 편찬관으로도 봉직했다. 사직 후 양주(揚州)의 매화서원(梅花書院), 강녕(江寧)의 종산서원(鍾山書院) 등에서 강학했다. 문장에 있어 방포(方苞)의 '의법(義法)'을 강구하고 언어의 아결(雅潔)을 주장했다. 동성파(桐城派) 문학의 집대성자이자 증국번(曾國藩)의 상음파(湘陰派) 고문 탄생에 영향을 끼친 인물로 알려져 있다. 편선(編選) 저작 『고문사류찬(古文辭類纂)』이 유명하며, 기타 저서에 『석포헌집

(惜抱軒集)』『구경설(九經說)』『춘추삼전보주(春秋三傳補注)』『장자장의(莊子章義)』등이 있다.

요사(遼史)　　서명. 116권. 원대 탈탈(脫脫), 진역(陳繹) 등 찬. 지정(至正) 3년(1343) 편찬에 착수하여 이듬해 완성하였다. 요 태조(太祖) 때부터 천조제(天祚帝)까지 200여년(907~1125)간의 역사를 기술했다. 기란족의 역사 외에 몽고, 서하, 위구르, 여진족 및 고려의 상황까지 기록하였다. 진대임(陳大臨)이 편찬한 『요사』를 참고하였다. 24사(史) 중 하나.

요사렴(姚思廉·557~737)　　당(唐) 초의 사학자. 자는 간지(簡之). 수 양제(煬帝) 때 『구우도지(區宇圖志)』의 편찬에 참여했다. 당 초에는 태종(太宗)의 중용으로 저작랑, 홍문관학사에 임명되고, 십팔학사의 한 사람에 추대되었다. 636년 명을 받고 『양서(梁書)』『진서(陳書)』를 편찬하였다.

요숭(姚崇·650~721)　　당(唐) 현종(玄宗) 때의 재상. 본래 이름은 원숭(元崇)이나 개원(開元) 연호의 글자를 피하여 외자인 숭(崇)으로 고쳤다. 무측천(武則天) 때 동봉각난대평장사(同鳳閣鸞臺平章事)의 버슬을 했다. 신룡(神龍) 원년(705) 장간지(張柬之) 등과 정변을 일으켜 무측천을 끌어내리고 중종(中宗)을 제위에 복원시켰다. 이 공로로 양현후(梁縣侯)가 되었다. 예종(睿宗) 때 병부상서(兵部尙書), 중서령(中書令)을 지냈으나 태평공주(太平公主)의 세력을 꺾도록 상주했다가 자사(刺史)로 폄적되었다. 현종이 즉위했을 때 그는 환관과 황실 인척의 정치간여 배제, 불교 및 도교 사원 건축금지, 신하들의 자유로운 상소제도 등 10가지 정책을 건의, 이 공로로 다시 병부상서에 올랐으며 양국공(梁國公)에 봉해졌다. 그의 뒤를 이어 재상이 된 송경(宋璟)이 그의 정책을 고치지 않고 계승하여 훌륭한 치적을 이루었으므로 후대에 두 사람을 가리켜 '요송(姚宋)'이라 일컬었다.

요장(姚萇·329~93)　　오호십육국 시대 후진(後秦)의 건국자(재위 384~393). 자는 경무(景茂). 강(羌)족 출신. 전진(前秦)의 황제 부견(苻堅) 밑에서 장군으로 활약하다 383년 부견이 비수지전(淝水之戰)에서 패하자 강인(羌人)을 이끌고 독립하여 '만년진왕(萬年秦王)'이라 칭하였다. 이후 부견을 죽이고 칭제하였다. 국호는 대진(大秦). 역사에서 이를 후진이라 한다. 그의 아들 요흥(姚興)이 제위를 이은 후 전진(前秦)을 멸하였다.

요재지이(聊齋志異)　　서명. 문언체 단편소설집. 청대 포송령(蒲松齡) 찬. 강희(康熙) 연간에 완성. 몰락한 가정에서 자란 작자가 생활의 빈곤을 느끼고 백성들의 질고를 이해하면서 다량의 민간고사를 수집, 자신의 상상력을 동원해 재구성했다. 491편이 수록되어 있으며, 귀신과 여우의 말을 빌려 당시 사회의 암흑 및 봉건 관리들의 죄악을 폭로했다. 또 과거제도와 봉건 예교주의에 대한 비판도 곁들이고 남녀평등사상을 고취시켰다. 구성이 핍진하고 언어가 생동적이다. 주설재(鑄雪齋)의 초본(抄本)이 12권, 건륭 31년(1766)의 각본(刻本)이 16권으로 되어 있다.

요찰(姚察:533~606) 수(隋)대의 사학자. 자는 백심(伯審). 무강(武康: 절강성) 출신. 오대(五代) 양(梁) 말기에 저작좌랑(著作佐郎)으로 있으면서 역사 편수에 참여했으며, 진(陳) 왕조 아래서는 이부상서(吏部尙書) 벼슬을 하면서 『양사(梁史)』 편찬을 주관했다. 수 문제(文帝) 때 비서승(秘書丞)에 올라 양(梁)·진(陳)의 역사를 편찬하다 사망했다. 미완성분은 그의 아들 요사렴(姚思廉)이 완성했다. 저서 『한서훈찬(漢書訓纂)』 『설림(說林)』 『서빙도리기(西聘道里記)』 『건강삼종기(建康三鍾記)』 『옥새기(玉璽記)』.

요태조(遼太祖) ➡ 야율아보기

요태종(遼太宗) ➡ 야율덕광

용문석굴(龍門石窟) 하남성 낙양(洛陽)의 용문산(龍門山)에 있는 석굴군(石窟群). 북위(北魏) 태화(太和) 18년(494) 효무제(孝武帝)가 낙양에 천도하면서 파기 시작하여 북송(北宋) 때까지 작업이 진행되었다. 불탑이 40여 개이며 조상(造像) 10만여 존(尊), 각석(刻石) 기록 300여 건이다. 고양동(古陽洞)이 가장 오래된 것이며, 이와 함께 빈양동(賓陽洞), 연화동(蓮花洞)이 규모면에서 가장 크다. 각석 기록중 서법에 뛰어난 4품은 용문사품(龍門四品)이라 하여 서도사(書道史)의 귀중한 작품으로 인정받고 있다.

용문이십품(龍門二十品) 용문석굴 내의 각석(刻石) 기록 중 고양동(高陽洞)에 있는 20개의 뛰어난 작품. 서도(書道)에서 귀중한 자료로 인정된다.

용산문화(龍山文化) 중국 신석기시대 말기의 문화. 초기의 앙소문화와 더불어 신석기시대의 대표적 문화로 일컬어진다. 산동성 장구현(章丘縣) 용산진(龍山鎭)의 성자애(城子崖)에서 발견되었다. 황하 중하류에서 광범위하게 발달했다. 앙소문화를 채도문화라고 부르는데 대하여 이 문화는 흑도문화라고 불린다. 흑도가 특색이며, 보리 조를 재배하고, 목축·수렵·채집 생활도 했다. 부계 위주의 씨족사회로서 제례의식을 행한 흔적이 보인다. 약 4천년 전에 번성.

우(禹)　고대 전설상의 인물. 중국 최초의 왕조로 알려진 하(夏)나라의 건립자. 대우(大禹), 하우(夏禹), 하후씨(夏后氏) 등으로도 불린다. 전욱(顓頊)의 손자이며 곤(鯀)의 아들이다. 순(舜)임금에게 천거되어 황하의 범람을 막고 구주(九州)를 잘 다스렸다. 순이 죽자 군후들은 우를 당시의 제왕인 원후(元后)에 추대했다. 우는 호를 하후씨라 하고 왕위에 올랐다. 국호는 하(夏), 도읍은 안읍(安邑). 일설에 의하면 그는 순임금에게 치수를 명받은 후 10년 동안 임무를 수행하면서 집 주변을 세 번 지나갔으나 한번도 집에 발을 들여놓지 않을 만큼 공과 사를 구별했다고 한다. 아들 계(啓)에게 왕위를 넘겨 주어 왕의 세습제를 열었다. 요(堯), 순과 함께 성군(聖君)으로 불린다.

우(虞)　순(舜)이 다스렸다는 고대의 부락, 혹은 국가. 유우씨(有虞氏)가 살았다. 포판(蒲坂:산서성 일대)을 거점으로 했다.

우겸(于謙:1398~1457)　명대의 정치가, 시인. 자는 정익(廷益). 전당(錢塘:절강성 杭州) 출신. 영락(永樂) 19년(1421) 진사에 나아가 선덕(宣德) 초 어사(御史)에 제수되었다. 후에 병부우시랑(兵部右侍郞), 감찰어사 등을 지내며 위민정치를 많이 폈다. 정통(正統) 14년(1449) 에센〔也先〕이 남침하여 영종(英宗)을 포로로 해가자 경제(景帝)를 옹립하고 남천(南遷)을 반대하며 북경을 사수했다. 이 공로로 병부상서에 올랐으며, 이때의 전쟁 경험을 이용하여 경영제도(京營制度)와 군제(軍制)를 개혁하는 이른바 단영제(團營制)를 시행했다. 경태(景泰) 원년(1450) 에센의 구금으로부터 풀려난 영종이 경태 8년 탈문(奪門)의 변을 일으켜 제위를 되찾으면서 그는 참소를 받아 처형되었다. 사후에 사면되어 태부(太傅)의 벼슬이 내려지고 충민(忠愍)이란 시호를 얻었다. 나중에 시호가 충숙(忠肅)으로 바뀌었다. 7언 금체시(今體詩)를 잘 지었으며, 작품 「영석회시(詠石灰詩)」가 유명하다. 저서 『우충숙집(于忠肅集)』.

우공(禹貢)　『서경(書經)』의 한 편명. 일종의 지리서. 선진(先秦)시대 무명씨의 저작. 고대 9주(九州)의 구획을 비롯하여 산천, 방위, 토질, 생산물, 치산치수 경험 등을 기록했다.

우동(尤侗:1618~1704)　청대 초의 희곡작가, 시인. 자는 전성(展成), 동인(同人). 호는 회암(悔庵), 간재(艮齋), 서당노인(西堂老人). 장주(長洲:강소성 蘇州) 출신. 순치(順治) 연간에 공생(貢生)이 되고 영평부추관

(永平府推官)에 임명되었다. 강희(康熙) 18년(1679) 박학홍사과(博學鴻詞科)에 응시하여 한림원검토(翰林院檢討)의 관직을 제수받고 『명사(明史)』 편찬에 참여했다. 3년 후 관직을 내놓고 귀향했다. 시문에 능했으나 전기(傳奇)와 희곡작가로서 이름이 더 높았다. 작품의 내용은 사회의 암흑과 지식인의 불우한 처지를 그린 것이 많다. 전기 작품『균천락(釣天樂)』. 시문집『학서당집(鶴栖堂集)』. 잡극「독이소(讀離騷)」「청평조(淸平調)」 등. 그의 전기와 잡극 작품을 합쳐『서당곡액(西堂曲腋)』이라 부른다. 대부분의 작품은『서당전집(西堂全集)』에 수록되어 있다.

우록(牛彔)　　만주어로는 니루. 청대 팔기(八旗)제도의 기층 조직 단위. 본래는 여진족의 수렵조직이었다. 청 태조 누르하치가 명 만력(萬曆) 28년(1600) 팔기제도를 창립하면서 300인을 1우록으로 정하고 그 통솔자를 우록액진(牛彔額眞:만주어로는 니루어전)이라 하였다. 우록의 구성은 지연을 우선으로 하되 혈연으로써 뒷받침하도록 하였다. 또 우록액진(入關 후에는 佐領으로 불렀음) 1명에게 해당 우록 내의 호구, 토지, 병적, 소송 등 일체의 사무를 맡게 했다. 처음에는 만우록(滿牛彔) 308개, 몽우록(蒙牛彔) 76개, 한우록(漢牛彔) 16개로 편제했다가 후에 우록 수가 증가하자 온타이지〔皇太極〕는 몽우록과 한우록을 다시 몽군팔기(蒙軍八旗)와 한군팔기(漢軍八旗)로 재편했다. 또 5우록을 1갑나(甲喇:만주어로는 잘란)로 편성했으나 우록의 수를 제한하지 않았다. 북경 천도 후에도 군사조직으로써 존재했으며, 청대 말까지 이어졌다.

우맹(優孟)　　춘추시대 초(楚)나라의 배우. 성은 맹(孟). 자기의 직업인 연극으로써 자주 국왕에게 풍간했다. 한번은 초 장왕(莊王)이 명 재상 손숙오(孫叔敖)를 전장에서 잃은 후 유족들을 등한히 대하자 죽은 손숙오로 분장하여 초왕 앞에 나타남으로써 초왕에게 과거의 신의를 잊지 말도록 각성시켰다.

우무(尤袤:1125~94)　　남송의 시인, 목록학자. 자는 연지(延之), 자호(自號)는 수초거사(遂初居士). 무석(無錫:강소성) 출신. 고종 소흥(紹興) 18년(1148) 진사에 나아가 태홍령(太興令)이 되고, 이 때 군사를 모집하여 금(金)의 군대에 맞서 싸웠다. 이후 비서승(秘書丞) 겸 국사원편수(國史院編修), 저작랑(著作郎), 지대주(知臺州), 강동제형(江東提刑) 등을 거쳐 관직이 예부상서(禮部尙書) 겸 시독(侍讀)에까지 올랐다. 시를 잘 지었으며 육유(陸游), 양만리(楊萬里), 범성대(范成大)와 함께 남송사대가로 불렸다. 그의 시는 대부분 산실되었으며, 후세 사람이 『양계유고(梁溪遺稿)』를 펴냈다. 그가 편찬한 『수초당서목(遂初堂書目)』(일명 益齋書目)은 송대 사가(私家)의 장서 목록으로는 드물게 내용이 충실하다.

우문각(于文覺:약 524~557)　　남북조시대 북주(北周)의 건립자. 선비족. 우문태(于文泰)의 아들. 서위(西魏) 공제(恭帝) 3년(556) 부친의 공직을 이어받아 조정의 전권을 장악했다. 이듬해 스스로 천왕(天王)이라 칭하고 서위를 대신하여 국호를 주(周)라 하였다. 역사에서 이를 북주라 한다.

우문개(宇文愷:555~612)　　수(隋)대의 건축가. 선비족. 자는 안락(安樂). 하주(夏州:섬서성 靖邊) 출신. 문제(文帝) 때 장작소감(將作少監)을 지내면서 개황(開皇) 2년(582) 신도(新都)인 대흥성(大興城)을 축조했다. 605년 양제(煬帝)의 명을 받아 동도(東都)인 낙양신성(洛陽新城)을 수축했다. 이후 공부상서(工部尙書)로 있으면서 인수궁(仁壽宮), 문헌황후릉(文獻皇后陵) 등을 축조했다. 수리사업에도 관심을 기울여 위수(渭水)를 끌어 황하에 대는 전장 300리의 운하를 굴착했다. 저서 『동도도기(東都圖記)』 『석의(釋疑)』 『명당도의(明堂圖議)』.

우문태(于文泰:507~56)　　남북조시대 북주(北周)의 태조(太祖). 선비족. 후위(後魏)에서 벼슬을 하였다. 효무제(孝武帝)가 고환(高歡)의 난을 피하여 장안(長安)에 오자 그를 옹립하여 서위(西魏) 정권을 세우고 자신은 대승상이 되었다. 534년 효무제를 죽이고 문제(文帝)를 세웠다가 다시 공제(恭帝)를 세워 전권을 장악하였다. 균전제(均田制)와 부병제(府兵制)를 시행하는 등 행정개혁을 폈다. 그의 사후 아들 우문각(于文覺)이 북주를 건립하였다.

우문화급(宇文化及:?~619)　　수(隋)대의 정치가. 대군(代郡) 무천(武川:내몽고) 출신. 우둔위장군(右屯衛將軍)으로 있으면서 대업(大業) 14년(618) 강도(江都)에서 원례(元禮) 등과 병변을 일으켜 진왕(秦王)을 제위에 올려놓고 자신은 대승상이 되었다. 동산(童山)에서 이밀(李密)의 군대에 패한 후 잔병을 이끌고 위현(魏縣:하북성 大名府)에서 나라를 세워 국호를 허(許)라 하였다. 연호는 천수(天壽). 이듬해 요성(聊城)에서 두건덕(竇建德)에게 체포되어 살해되었다.

우미인(虞美人)　　초패왕(楚覇王) 항우(項羽)의 애첩. 일명 우희(虞姬).

초·한(楚漢)전쟁 당시 항우가 해하(垓下)에서 유방(劉邦)의 군대에 포위되자, 곁에 있다가 구차히 적에게 목숨을 구할 수 없다며 자결했다. 후대에 그녀의 비극적인 일생을 소재로 한 문학작품이 다수 출현했다.

우사(雨師)　　　고대 신화전설상의 인물. 우신(雨神)으로 불린다. 본명은 필숙(畢宿), 현명(玄冥), 병예(屛翳) 등. 황제(黃帝)의 신하로서 비를 관리했으며, 황제가 천하를 순시할 때 비를 뿌려 길을 촉촉히 적셨다고 한다.

우성룡(于成龍:1617~84)　　　청대 초기의 정치가. 자는 북명(北溟). 산서성 영녕(永寧) 출신. 순치(順治) 18년(1661)부터 지현(知縣), 지주(知州), 지부(知府), 복건안찰사(福建按察使), 포정사(布政使), 직예순무(直隸巡撫), 강남강서총독(江南江西總督) 등의 관직을 두루 거쳤다. 백성들의 원옥(寃獄)을 풀어주고 법률을 엄격히 적용하여 당시 명 정치가로 이름이 높았다. 강희제(康熙帝)는 그를 '청관제일(淸官第一)'이라 칭송했다.

우세남(虞世南:558~638)　　　당(唐) 초의 서예가, 시인. 자는 백시(伯施). 여요(餘姚:절강성) 출신. 수 양제(煬帝) 때 기거사인(起居舍人)을 지내고 당(唐)대에 비서감(秘書監), 홍문관학사(弘文館學士)를 지냈으며, 영흥현자(永興縣子)에 봉해졌다. 세칭 우영흥(虞永興). 고금의 고사로써 태종(太宗)에게 간하여 태종의 존경을 받았다. 시 작품의 풍격은 완약 부미(浮靡)한 특성을 지니며 응조(應詔), 봉화(奉和)의 작품이 많다. 서예는 해서와 행서에 능했으며, 지영(智永), 고야왕(顧野王)을 본받아 선이 원만하고 외유내강하다는 평을 받고 있다. 구양순(歐陽詢), 저수량(褚遂良)과 함께 당 초의 3대 서법가로 불린다. 서예작품 「공자묘당비(孔子廟堂碑)」「파사론(破邪論)」 등. 편저로는 유서(類書)인 『북당서초(北堂書鈔)』가 있다.

우습유(右拾遺) ➡ 습유 참조

우승유(牛僧孺:779~847)　　　당(唐)대의 문학가, 정치가. 자는 사암(思黯). 우이당쟁(牛李黨爭)에서 우파(牛派)의 영수였다. 문종(文宗) 때 병부상서동평장사(兵部尙書同平章事)로 있다가 이파(李派)인 이덕유(李德裕)의 당인들에게 배척을 당했으며, 무종(武宗) 때는 이덕유가 재상이 되면서 순주장사(循州長史)로 폄적되었다. 선종(宣宗) 때 복권되었다. 전기(傳奇) 전집인 『현괴록(玄怪錄)』(일명 幽怪錄)을 지었다.

우이당쟁(牛李黨爭)　　　당(唐) 목종(穆宗) 때부터 선종(宣宗) 때까지 (821~859) 우승유(牛僧孺)를 영수로 하는 우파(牛派)와 이덕유(李德裕)를 영수로 하는 이파(李派)가 벌인 당쟁. 헌종(憲宗) 원화(元和) 3년(808) 우승유, 이종민(李宗閔), 황보식(皇甫湜) 등이 당시의 정치를 비방하자 이덕유의 부친인 재상 이길보(李吉甫)는 자신을 공격하는 것이라 여기고 헌종에게 읍소했다. 이로 인해 우승유 일파는 진급하지 못했다. 이것이 우이당쟁의 발단이 되었다. 목종 때 우승유가 새싱이 되면서 이덕유는 절서관찰사(浙西觀察使)로 폄적되었다. 문종(文宗) 때는 당쟁이 격화되어 서로 비방하고 공격을 일삼았다. 문종은 이로 인해 "하북의 도적을 제거하기는 어렵지 않으나 이 붕당을 제거하기는 실로 어렵도다"라고 한탄했다. 무종(武宗) 때는 다시 이덕유가 재상에 올라 이종민을 살해하고 우승유를 유배시켰다. 선종 때는 다시 우당(牛黨)이 득세하여 이당(李黨) 사람들이 전부 파직되고 이덕유도 4차례나 폄적되었다.

우초(虞初)　서한(西漢)의 소설가. 무제(武帝) 때 시랑(侍郎) 벼슬을 했다. 『주서(周書)』를 대본으로 『우초주설(虞初周說)』 943편을 저술했다. 내용은 통속의 주사(周史)를 연의(演義) 형식으로 엮은 것이다. 소설가의 시조로 일컬어진다.

우희(虞姬) → 우미인

운강석굴(雲岡石窟)　산서성 대동시(大同市) 무주산(武周山) 남쪽 기슭에 있는 석굴. 중국 최대의 석굴군(石窟群) 중 하나. 북위(北魏) 흥안(興安) 2년(453) 파기 시작하여 정광(正光) 연간(520~525)에 완공했다. 동서 길이가 1킬로미터에 달하며, 동굴 수 50여개, 조상(造像) 5만여 존(尊)이다. 보살(菩薩), 역사(力士), 비천상(飛天像) 등이 새겨져 있는데, 자태가 다양하며 생동감이 넘친다. 불상은 높이 17미터에 달하는 것도 있다. 진(秦)·한(漢)의 전통예술과 인도의 간다라 예술이 접목되었다.

운격(惲格:1632~90)　청대 초기의 서화가. 시인. 자는 유대(惟大), 정숙(正叔). 호는 남전(南田), 동원(東園), 구향산인(甌香山人), 백운외사(白雲外史). 후에 이름을 수평(壽平)으로 고쳤다. 비릉(毗陵:강소성 常州) 출신. 명대 말 혼란기에 가족이 이산되어 청나라의 장수 진(陳)씨의 양자로 키워졌다. 후에 고향으로 도망쳐 당숙인 운본초(惲本初)에게 산수화를 배웠고 이어 왕휘(王翬)를 사사했다. 산수화와 화훼화에 능했으며, 점염법(點染法)을 개발하여 북송 시대의 몰골법(沒骨法)을 한 단계 발전시켰다. 청 초 산수화단 가운데 정종파(正宗派)의 대표 인물로 꼽힌다. 서예의 경우 해서,

행서를 잘 썼으며 풍격이 청려(淸麗)하다. 시는 5언 및 7언시에 능했고, 사회에 대한 불만을 주로 표출했다. 양종법(楊宗法)과 함께 강남의 시단에서 이름을 떨쳤으며, 시(詩)·서(書)·화(畵)에 두루 능하여 삼절(三節)이라 불렸다. '비릉육일(毗陵六逸)' 중 한 사람.

운남전(惲南田) → 운격

운문종(雲門宗)　　불교 선종(禪宗) 5개 지파 중 하나. 당(唐) 말 선승(禪僧)인 운문(雲門)의 종지(宗旨)를 계승하여 일어났다.

운합기종(雲合奇踪) → 영렬전

웅정필(熊廷弼:1569~1625)　　명대 말의 군인. 자는 비백(飛百), 호는 지강(芝岡). 호광(湖廣) 강하(江夏:호북성 武昌) 출신. 만력(萬曆) 26년(1598) 진사에 합격하고 어사(御史)가 되었으며, 이후 수십년 동안 변방인 요동(遼東)의 방비 임무를 맡았다. 희종(熹宗) 초 위충현(魏忠賢)이 정권을 장악하면서 탄핵되었다가 요양(遼陽)이 함락되자 재차 기용되었다. 그러나 군사권이 왕화정(王化貞)에게 넘어갔으며, 청(淸)군의 공격에 양화정의 군대가 패하면서 억울한 책임을 지고 옥사하였다. 저서 『웅경략전집(熊經略全集)』 『웅양민공집(熊襄愍公集)』.

원(元)　　왕조명. 금(金) 장종(章宗) 태화(泰和) 6년(1206) 몽고족의 수장인 칭기즈칸은 몽고제국을 세우고, 1218년 서요(西遼)를 멸망시킨 뒤 1227년 다시 서하(西夏)를 멸망시켰다. 1234년 칭기즈칸의 뒤를 이은 오고타이가 금을 멸망시키고 1254년 몽케 정부가 들어서면서 대리(大理)를 멸망시켰다. 1260년 쿠빌라이가 즉위하고 1264년 대도(大都:北京)에 도읍을 정하였다. 1271년 국호를 원(元)이라 정했다. 이 때를 기준으로 이전을 몽고제국, 이후를 원이라 한다. 1279년 쿠빌라이는 남송을 멸하고 전국을 통일했다. 이란 계통 색목인(色目人)의 지위가 향상되면서 서방과의 교류가 활발하고 상업, 수공업이 발달했다. 도시가 발달하고 상인 및 시민계급의 지위가 향상되었다. 순제(順帝) 지정(至正) 11년(1351) 홍건적의 난이 발생하는 등 말기에는 내부모순이 격화되었다. 지정 28년(1368) 주원장(朱元璋)이 대도를 점령하고 명(明)나라를 건국함에 따라 원나라는 멸망했다. 11명의 황제가 98년간 재위.

원가체(元嘉體)　　남조(南朝) 송(宋) 문제(文帝) 원가(元嘉) 연간(424~453)에 형성된 일종의 시가 풍격. 사조(辭藻)와 협운(協韻)을 강구하고 대우(對偶)를 지켰으며, 신의(新意), 기의(奇意)를 추구했다. 사령운(謝靈運), 안연지(顔延之), 포조(鮑照) 등이 대표 인물이다.

원결(元結:719~72)　　당(唐)대 중기의 정치가, 문학가. 자는 차산(次山). 노산(魯山:하남성) 출신. 천보(天寶) 2년(753) 진사에 합격하고 안사(安史)의 난 때 산남동도절도사(山南東道節度使)로 있으면서 의군을 조직하여 15개 성을 잘 지켰다. 후에 도주자사(道州刺史), 객주도독충본관경략사(客州都督充本管經略使)를 지내다 권신들의 미움을 사 관직을 사임하고 고향에 은거하였다. 시와 산문을 두루 잘 지었으며, 문학의 구세권속(救世勸俗) 작용을 주장하여 부미무실(浮靡無實)한 당시 문풍에 반기를 들고 고문(古文)운동을 진작시켰다. 비교적 자유로운 형식의 고시(古詩)를 즐겨 지었으며, 정치 체험에서 나온 사회와 정치의 부패에 대한 저항이 내용에 스며 있다. 작품으로 시에 「용릉행(舂陵行)」「적퇴시관리(賊退示官吏)」「빙천명(氷泉銘)」 등이 있고, 산문에는 「석계기(石溪記)」 등이 있다. 심천운(沈千運), 왕계우(王季友) 등 7명의 시우(詩友)의 시를 모아 『협중집(篋中集)』을 펴냈다. 시문집 『원차산집(元次山集)』.

원곡(元曲)　　원대의 잡극(雜劇)과 산곡(散曲)의 합칭. 잡극은 창(唱)·과(科)·백(白)으로 이루어진 연극을 말하고, 산곡은 송대를 이어 발달한 원대의 새로운 시가로서 과와 백이 없는 순수한 노래이다. 산곡은 민간 소곡(小曲)의 소령(小令)이 모태가 되어 궁조(宮調)의 몇개 곡자(曲子)가 합친 투수(套數) 형태를 띤다. 잡극과 산곡은 당시 유행하던 북곡(北曲)을 사용했으며, 대표 작가로는 관한경(關漢卿), 왕실보(王實甫), 마치원(馬致遠) 등이 있다.

원곡사대가(元曲四大家)　　원대의 희곡 작가인 관한경(關漢卿), 마치원(馬致遠), 정광조(鄭光祖), 백박(白樸)을 가리킨다.

원굉(袁宏:328~76)　　동진의 사학자, 문학가. 자는 언백(彦伯). 양하(陽夏:하남성 太康) 출신. 참군(參軍), 동양태수(東陽太守) 등의 관직을 지냈다. 순열(荀悅)이 지은 『한기(漢紀)』의 체제를 본떠 『후한기(後漢紀)』 30권을 편찬하였다. 그 내용이 『한기』보다 충실하여 동한(東漢)의 역사를 연구하는 귀중한 문헌이 되고 있다. 작품에는 「영사시(詠史詩)」「북정부(北征賦)」「동정부(東征賦)」「삼국명신송(三國名臣頌)」 등 시부 300편이 있다. 저서 『죽림명사전(竹林名士傳)』3권.

원굉도(袁宏道:1568~1610)　명대의 문학가. 자는 중랑(中郞), 호는 석공(石公). 호북성 공안(公安) 출신. 만력(萬曆) 20년(1592) 진사에 합격하여 오현(吳縣:강소성)의 지현(知縣), 순천부(順天府:北京)의 교수, 국자감조교(國子監助敎), 주사(主事), 원외랑(員外郞), 낭중(郞中) 등의 관직을 지냈다. 형 종도(宗道), 아우 중도(中道)와 함께 '삼원(三袁)'으로 불렸으며, 공안파(公安派)의 중심 인물이다. 시문의 묘오(妙悟)를 중시하고 청신경준(淸新輕俊)한 문풍을 보였다. 왕세정(王世貞), 이반룡(李攀龍) 등의 의고파에 반대하고 개성과 독창을 중시했다. 저서 『종경촬록(宗鏡撮錄)』. 후인이 『원굉도시문집(袁宏道詩文集)』을 펴냈다.

원금(爰金)　춘추전국시대 초(楚)나라에서 유통된 화폐. 장방형이며 윗면에 '郢爰' 혹은 '陳爰' 등의 글자가 압인되어 있다. '郢', '陳' 등은 지명이고 '爰'은 중량 단위이다.

원대사등인(元代四等人)　원대에는 각 민족을 4등위로 분류하여 신분제도를 확립했다. 1등급은 통치계급인 몽고인이며, 2등급은 색목인(色目人:위구르·탕구트 등 20여 종족), 3등급은 한인(漢人), 4등급은 남인(南人:남송 통치하의 한인 및 기타 종족)이었다. 1·2등급에 속하는 몽고족과 색목인은 정치·경제적인 면에서 법률상 우대를 받았고, 관직에 나아갈 수 있었다. 한족을 포함한 3·4등급의 계층은 상대적으로 피압박의 위치에 놓였다. 이 정책은 몽고족이 중국 통치를 공고히 하는데 중요한 역할을 하였다. 색목인 참조.

원매(袁枚:1716~97)　청대의 문학가. 자는 자재(子才), 호는 간재(簡齋), 창산거사(倉山居士), 수원노인(隨園老人). 전당(錢塘:절강성 杭州) 출신. 건륭(乾隆) 4년(1739) 진사가 되어 강남 일대 여러 현의 지현(知縣)을 지내다 33세 때 관직을 버리고 강녕(江寧)의 소창산(小倉山)에 은거하며 시주(詩酒) 및 저술로써 생활했다. 시부(詩賦)와 산문을 잘 지었다. 특히 시가평론에서 왕사정(王士禎)의 '신운설(神韻說)'을 뛰어 넘어 '성령설(性靈說)'을 제창했다. 또 시를 지음에 있어 지나친 조탁이나 모방을 피해야 한다고 주장했다. 저서 『소창산방시문집(小倉山房詩文集)』 『신제해(新齊諧)』 『수원시화(隨園詩話)』.

원명원(圓明園)　청(淸) 강희제(康熙帝)가 1709년 북경 서북부 서직문(西直門) 밖에 세운 명원(名園). 4대 명원 가운데 하나로 꼽힌다. 옹정제

(雍正帝)는 원의 광명전(光明殿), 근정전(勤政殿)에서 매년 초 정무를 보았다. 건륭제(乾隆帝) 때는 원의 남쪽에 기춘원(綺春園), 동쪽에 장춘원(長春園)을 세웠다. 이로써 원명원은 웅장 화려함을 갖춘 명원으로 이름이 높았다. 1860년 영·불 연합군의 북경 점령 때 불타 폐허가 되었다.

원모인(元謀人)　　중국 구석기시대 초기의 원시인류. 운남성 원모현(元謀縣)에서 치아 화석이 발견되었다. 170만년 전에 생존한 것으로 추정되며, 현재까지 중국에서 발견된 원시인류 중 가장 오래된 인류이다.

원문류(元文類)　　서명. 일명 『국조문류(國朝文類)』. 70권. 원대 소천작(蘇天爵) 편. 원대 초기·중기의 문인들의 작품을 수록했으며, 내용과 체제에 따라 부(賦), 소(騷), 악장(樂章), 4언시, 5언고시, 악부가행, 7언고시, 잡언(雜言), 주의(奏議), 표(表), 전(箋), 명(銘), 비문, 축문, 제문, 행장, 묘지명 등 43류(類)로 나누었다. 순제(順帝) 원통(元統) 2년(1334) 완성. 『당문수(唐文粹)』 『송문감(宋文鑑)』과 함께 한 시대의 문장을 수록한 책으로 이름이 높다.

원본(院本)　　잡극의 일종. 요(遼)·금(金)대 북방에서 성행한 잡극을 총칭하여 이른다. 원 이후에는 송잡극(宋雜劇)을 합쳐 원본이라 하여 원잡극(元雜劇)과 구별하였다.

원사(元史)　　서명. 210권. 명 송렴(宋濂) 등 30명이 칙명을 받아 펴냈다. 기전체 단대(斷代) 역사서. 원 태조(太祖)부터 순제(順帝)까지의 역사를 기록했다. 2차에 걸쳐 편찬했으며, 1차 때는 본기(本紀) 37권, 지(志) 53권, 표(表) 6권, 전(傳) 63권을, 2차 때는 본기 47권, 지 58권, 표 8권, 전 97권을 담았다.

원산문화(圓山文化)　　중국 석기·청동기 병용시대의 문화. 대만 대북시 원산에서 발견되었다. 잘 다듬어진 거대한 지석(砥石)과 함께 승문도기(繩紋陶器), 골각기, 옥기, 청동기 등이 발굴됨으로써 대륙문화와의 연계를 짐작하게 한다. 약 3,500~4,000년 전에 발달한 것으로 추정된다.

원세개(袁世凱 : 1895~1916)　　청대 말의 정치가, 민국 초대 총통. 자는 위정(慰庭·慰亭). 호는 용암(容庵). 하남 항성(項城) 출신. 경군통령(慶軍統領) 오장경(吳長慶)의 휘하에서 영무처회판(營務處會辦)을 지내다 광서(光緒) 8년(1882) 조선에 파견되었다. 이 해 조선의 임오군란을 진압하고 1894년 동학농민전쟁 때는 청나라 세력의 부식을 위해 노력하다 청일전쟁을

야기했다. 귀국 후 직예안찰사(直隷按察使)가 되어 천진에서 신식 군대를 양성했다. 광서 24년(1886) 산동순무(山東巡撫) 서리에 오른 뒤 무술정변을 일으켜 서태후(西太后)의 총애를 받고 의화단의 난을 진압하였다. 동 27년 이홍장(李鴻章)이 사망하자 그 뒤를 이어 직예총독(直隷總督) 겸 북양대신(北洋大臣)이 되었다. 이후 청대 말 최대의 북양군벌을 형성하여 군사적 기반을 다졌다. 광서제(光緒帝)와 서태후가 죽으면서 일시 실각했다가 1911년 신해혁명 때 내각총리대신으로 기용되어 서구 열강의 힘을 업고 혁명을 진압하였다. 이 때 혁명파와 타협하여 황제를 퇴위시키고 손문(孫文) 대신 임시 대총통이 되었다. 민국 4년(1915) 말 제제(帝制) 운동을 벌여 황제의 자리에 오르려다가 각계의 반대에 직면하여 이듬해 이를 철회한 후 곧이어 사망했다.

원세조(元世祖:1215~94)　원(元)왕조의 시조(재위 1260~94). 몽고제국의 제5대 황제. 칭기즈칸의 손자. 이름은 쿠빌라이〔忽必烈〕. 형 몽케〔蒙哥:憲宗〕가 칸〔汗〕이 되었을 때 몽고군을 이끌고 대리국(大理國)을 멸망시켰다. 1260년 개평부(開平府:내몽고)에서 즉위하여 칸이 되었고, 연호를 중통(中統)이라 하였다. 이후 동생 아릭부〔阿里不哥〕의 난을 평정하고 도읍을 연경(燕京:北京)에 정하였다. 연경은 이후 대도(大都)로 개칭되었다. 1271년 국호를 원으로 정했다. 1279년 남송을 멸망시키고, 고려, 안남, 버마, 자바를 복종시켰으며, 일본 원정을 시도했다.

원소(袁紹:?~202)　동한 말기의 장수. 자는 본초(本初). 여남(汝南) 여양(汝陽:하남성 商水) 출신. 4대가 삼공(三公)을 지낸 명문 출신이다. 사예교위(司隷校尉)로 있을 때 대장군 하진(何進)이 환관들을 제거하려다 일이 탄로나 피살되자 군대를 이끌고 이들을 몰아냈다. 후에 동탁이 조정에 들어와 전권을 쥐자 그를 제거하기 위해 다시 군대를 일으켰다. 기(冀), 청(靑), 유(幽), 병(幷)의 4주(州)를 차지해 한때 큰 위세를 떨쳤으나 지략이 모자라고 측근들의 충언을 받아들이지 않아 건안(建安) 5년(200년) 관도(官渡:하남성 中牟) 전투에서 조조(曹操)의 군대에게 크게 패했다.

원술(袁術:?~199)　동한(東漢) 말기의 정치가. 자는 공로(公路). 여남(汝南) 여양(汝陽:하남성 商水) 출신. 원소(袁紹)의 아우이다. 동탁(董卓)의 전횡에 못이겨 백성들을 데리고 남양(南陽)으로 피했다가 조조(曹操) 등의 공격을 받고 다시 양주(揚州)로 도망하였다. 건안(建安) 2년(197) 수춘

(壽春:안휘성 壽縣)에서 칭제(稱帝)하고 나라를 세웠으나 조조에게 패한 후 병사하였다.

원숭환(袁崇煥:1584~1630) 명 말의 명장, 시인. 자는 원소(元素), 호는 자여(自如). 등현(藤縣:광서성) 혹은 동완(東莞:광동성) 출신. 만력(萬曆) 47년(1619) 진사에 합격하고 지현(知縣)으로 있다가 3년 후 병부직방주사(兵部職方主事)로 옮겼다. 천계(天啓) 6년(1626) 영원성(寧遠城:요녕성 興城)에서 후금의 누르하치에게 중상을 입히며 영원대첩을 거둔 공로로 요동순무(遼東巡撫)에 임명되고, 이듬해 온타이지의 군대를 대파하는 영금(寧錦)대첩을 거둬 병부상서(兵部尙書)에 임명되었다. 숭정(崇禎) 2년(1629) 후금의 군대와 일대 격전을 벌여 기사대첩(己巳大捷)을 거두고 경사(京師:北京)를 적의 포위에서 풀었다. 이후 후금 태종(太宗)의 공격을 받아 북경성을 방어하던 중 후금의 반간책(反間策)에 말려든 의종(毅宗:崇禎帝)에게 붙잡혀 죽었다. 그의 시는 대부분 조국 산하를 사랑하는 감정이 짙게 배어 있으며, 풍격이 명쾌하고 호방하다. 저서 『원숭환선생유고(袁崇煥先生遺稿)』『원독사집(袁督師集)』.

원시(院試) 명·청대 과거제도의 한 단계. 부시(府試)에 합격한 사람이 이 시험을 볼 수 있었다. 시험에 합격한 사람을 생원(生員), 혹은 수재(秀才)라 했다. 청대에는 돈으로 수재 자리를 샀는데, 이들을 예생(例生), 향생(餉生)이라 불렀다. 생원은 과시(科試)에 나아갈 수 있었으며, 여기서 성적이 우수한 사람은 다시 향시(鄕試)에 참가할 자격이 주어졌다.

원외관(員外官) 정원 외에 뽑은 관리. 당(唐) 장안(長安) 2년(702) 이부상서 이교(李嶠)가 사혜(私惠)를 베풀기 위하여 2,000명의 원외관을 설치하도록 상주하였다. 원외관은 권문세가의 친척들로 채워졌으며 봉록을 받고 정사(政事)에도 참여하였다. 신룡(神龍) 2년(706)에는 원외관의 정치 참여를 중지시켰다.

원우경화(元祐更化) 송 철종(哲宗) 원우(元祐) 연간에 사마광(司馬光) 일파가 왕안석(王安石)의 신법을 폐지한 사건. 원풍(元豊) 8년(1085) 신종(神宗)이 사망하고 나이 어린 철종이 즉위하자 조모인 선인태후(宣仁太后) 고(高)씨가 수렴청정하면서 사마광을 재상에 등용하여 신종 때 왕안석이 추진한 신법을 대부분 폐지하였다.

원유산(元遺山) ➡ 원호문

원잡극(元雜劇) ➡ 잡극

원조기의(袁晁起義) 당(唐) 보응(寶應) 원년(762) 원조(袁晁)가 명주(明州) 옹산현(翁山縣:절강성 舟山島)에서 일으킨 농민 반란. 기의군은 대주(臺州:절강성 臨海)를 공격하여 농민 정권을 세우고 연호를 보승(寶勝)이라 하였다. 각지의 농민들이 호응하여 농민군이 20여만에 이르렀다. 지금의 절강성, 강서성 일대에서 크게 세력을 확장했으나 광덕(廣德) 원년(763) 대주 전투에서 정부군에 패하고 원조가 포로로 잡혔으며, 이듬해 11월 장안(長安)에서 피살되었다. 이후 그의 동생 원영(袁英)이 나머지 500여 명을 이끌고 임해현의 자계동(紫溪洞)에 들어가 결사 항전하다 전멸하였다.

원종도(袁宗道:1560~1600) 명대의 문학가. 자는 백수(伯修), 호는 옥반(玉蟠). 만력(萬曆) 연간에 진사 합격하여 문선낭중(文選郎中), 우서자(右庶子) 등 높지 않은 관직을 지냈다. 시문을 잘 지었으며, 백거이(白居易), 소식(蘇軾) 등의 문장을 법도로 삼았다. 이에 따라 그의 서재도 '백소재(白蘇齋)'라 명명했다. 공안파(公安派) 시인에 속한다. 저서 『백소재유집(白蘇齋遺集)』『상서찬주(尙書纂注)』.

원중도(袁中道:1570~1624) 명대의 문학가. 자는 소수(小修). 호광(湖廣) 공안(公安:호북성) 출신. 10세가 갓 넘어 「황산부(黃山賦)」와 「설부(雪賦)」를 지었다. 형 종도(宗道), 굉도(宏道)를 따라 경사(京師:北京)로 가서 많은 문인들과 교유하였다. 만력(萬曆) 연간에 진사에 합격하고 휘주교수(徽州教授), 국자감박사(國子監博士), 남경예부주사(南京禮部主事), 남경이부낭중(南京吏部郎中) 등의 관직을 지냈다. 두 형과 함께 '삼원(三袁)'이라 불렸으며, 공안파(公安派)의 대표 인물이다.

원진(元稹:779~831) 당(唐)대의 시인. 자는 미지(微之). 15세 때 명경과(明經科)에 급제한 후 감찰어사(監察御史)를 지내다 환관과 수구세력의 미움을 사 강릉부사조참군(江陵府士曹參軍)으로 좌천되었다. 이후 환관 세력에 의지하여 중서사인(中書舍人), 한림학사, 공부시랑동평장사(工部侍郎同平章事), 무창군절도사(武昌軍節度使) 등을 지냈다. 차운(次韻) 형식의 시를 창안하여 백거이(白居易)와 시를 주고받았다. 백거이와 더불어 육조(六朝) 이래의 화려한 시풍을 버리고 평이한 시어로 참여시를 주로 썼으므로 두 사람을 가리켜 '원백(元白)'이라 하였으며, 그들의 시체를 원백체(元白體)라 했다. 신악부(新樂府) 운동에도 참여하였다. 작품 「삼견비회(三遣

悲懷)」「악부고제서(樂府古題序)」등. 전기소설 작가로도 널리 알려져 있으며, 작품에「회진기(會眞記)」(일명 鶯鶯傳)가 있다. 원대 왕실보(王實甫)의 「서상기(西廂記)」는「회진기」의 내용에 기초한 것이다.

원차산(元次山) → 원결

원창(袁昶:1846~1900)　　청대 말의 정치가. 자는 상추(爽秋). 절강성 동려(桐廬) 출신. 광서(光緒) 2년(1876) 진사가 되어 호부주사(戶部主事)에 보임되었다. 광서 9년 총리아문장경(總理衙門章京)에 올라 외교 사무를 맡았다. 동 24년 강녕포정사(江寧布政使)가 되어 부국강병을 위한 여러 방안을 조정에 제출했다. 이후 총리각국사무아문대신, 광록시경(光祿寺卿), 태상시경(太常寺卿)을 지냈다. 의화단 사건 때 강경 진압을 건의하고 서방 연합군에 대해서는 주전론을 폈다. 이로 인해 서태후(西太后)의 미움을 사 허경징(許景澄)과 함께 피살되었다. 저서『우호문록(于湖文錄)』『절서촌인집(浙西村人集)』『난중일기잔고(亂中日記殘稿)』.

원추(袁樞:1131~1205)　　남송의 사학자. 자는 기중(機仲). 건안(建安: 복건성 建甌) 출신. 융흥(隆興) 원년(1163) 진사가 되어 온주판관(溫州判官), 엄주교수(嚴州敎授) 등을 지냈다. 사마광(司馬光)의『자치통감(資治通鑑)』에 의거하여『통감기사본말(通鑑紀事本末)』을 펴냈다. 이는 현존 최초의 기사본말체 역사서이며, 제목에 따른 연대순 배열이 정치하다. 효종(孝宗)은 이 책을 읽고 그를 대종정부(大宗正簿)에 임명했으며, 이후 관직이 우문전수찬(右文殿修撰), 지강릉부(知江陵府) 등에 올랐다. 기타 저서『역학색은(易學索隱)』『역전해의(易傳解義)』등.

원태조(元太祖) → 칭기즈칸

원태종(元太宗) → 오고타이

원호문(元好問:1190~1257)　　금(金) 말의 문학가, 사학자. 자는 유지(裕之), 유산(遺山). 선종(宣宗) 흥정(興定) 5년(1221) 진사에 급제하고 내향현(內鄕縣), 남양현(南陽縣), 진평현(鎭平縣)의 현령을 거쳐 상서성좌사원외랑(尚書省左司員外郎)을 지냈다. 금이 망하자 벼슬을 버리고 20여 년간 향리에 은거하면서 저술에 몰두했다. 시문을 잘 지었으며, 시는 망국의 현실을 담아 비장하고 진지하다. 사(詞)는 송대의 완약파, 호방파 사풍을 이어받았으며, 북방지역의 경치와 자신의 상심을 다양한 형식에 담아 토로했다.「논시절구(論詩絶句)」30수는 한·위(漢魏) 이래의 시가를 비교적 체계적으로 평론하면서 건안(建安) 시풍을 좇아야 한다는 주장을 담았다. 저서 『유산집(遺山集)』『임진잡편(壬辰雜編)』『중주집(中州集)』.

원화군현도지(元和郡縣圖志)　　서명. 지리지. 42권. 당(唐)대 이길보(李吉甫) 찬. 원화(元和) 8년(813) 완성. 원화 연간(806~820)을 기준 시점으로 각 군현(郡縣)의 지리, 풍습, 사적 등을 기록했다. 전국을 10도(道)로 나누어 지도와 함께 개황을 설명하고, 그 아래 다시 부(府), 주(州), 현(縣)으로 세분하였다. 남송(南宋) 때 지도 부분을 상실한 후『원화군현지(元和郡縣志)』로 책명을 바꾸었다.

원화체(元和體)　　당(唐)대 시가의 유파. 당 원화(元和) 연간(806~820)에 시인 백거이(白居易)와 원진(元稹)이 개창한 시체(詩體). 평이한 형식에 민간 언어를 채용하여 음운을 중시하되 사회 현실을 반영한 특징을 지닌다. 백거이의 「장한가(長恨歌)」「비파행(琵琶行)」「매탄옹(賣炭翁)」 등이 대표적인 작품이다. 후세의 현실주의 작품 탄생에 영향을 끼쳤다.

원효서(阮孝緖:479~536)　　남조시대 양(梁)의 목록학자, 사학자. 자는 사종(士宗). 벼슬에 나아가지 않고 학문에만 몰두했다. 유흠(劉歆)의 『칠략(七略)』을 모방하여 『칠록(七錄)』을 지었다. 이는 도서 6천여 종 4만여 권을 경전(經典), 기전(紀傳), 자병(子兵), 문집(文集), 술기(術技), 불법(佛法), 선도(仙道)의 7종류로 분류한 목록서이다. 저서 『고은전(高隱傳)』『정사삭번(正史削繁).

월(越)　　춘추시대 열국의 하나. 절강(浙江) 지방을 중심으로 남방계의 이민족이 세웠으며 회계(會稽)에 도읍하였다. 오월동주(吳越同舟)라는 말이 생겨날 만큼 북쪽 인접한 오나라와 사이가 나빴다. 2대왕 구천(句踐:496~465 B.C)이 재위할 당시 오나라에 한때 망했으나 와신상담한 구천이 다시 오나라를 쳐서 멸망시켰다. 구천 재위 시에는 회수(淮水)를 건너 제(齊)·진(秦)과 회맹하는 등 위세를 크게 떨쳤으나 그가 죽은 후 위축되었다. 전국시대 중엽인 B.C 334년 초(楚)를 공격하려다 실패하고 도리어 초에 멸망하였다.

월절서(越絕書)　　서명. 역사서. 25편. 현존 15권. 한(漢)대의 원강(袁康), 오평(吳平) 저. 동한(東漢) 이전의 오(吳)와 월(越)의 역사를 기술했다.

월지(月氏) ➡ 대월지

위(尉)　　관직명. 치안 및 방위 업무를 맡았다. 진(秦)대에는 군위(郡

尉), 현위(縣尉)가 있었고, 군위는 방위, 현위는 치안의 일을 주로 담당했다. 서한(西漢) 경제(景帝) 때 군위가 도위(都尉)로 바뀌었고, 동한(東漢) 때 폐지되어 태수(太守)에게 직이 옮겨졌다.

위(衛)　　주(周)나라 봉건 제후국 중 하나. 주 무왕(武王)의 아우 강숙(康叔)이 분봉받아 조가(朝歌:하남성 淇縣)에 도읍하였다. 무공(武公) 때 주나라의 동천(東遷)을 도운 것을 계기로 한때 번영했으나 이후 내란이 발생하여 국력이 쇠약했다. B.C 660년 적(翟)의 침입으로 의공(懿公)이 살해되는 비운을 겪었으며, 이때 초구(楚丘)로 천도했다. 이후 국력이 더욱 쇠약해져 전국시대에는 조(趙)·위(魏) 등에 복속하였다. B.C 254년 위(魏)에 패해 조공을 바쳤으며, B.C 209년 진(秦)에 의해 멸망했다.

위(魏)　　고대 국가명. 전국시대 위사(魏斯:文侯)가 한건(韓虔), 조적(趙籍)과 함께 진(晋)나라를 삼분하여 세운 나라. 전국칠웅 중 하나. B.C 403년 위사가 주(周) 위열왕(威烈王)에게서 정식으로 제후 책봉을 받아 건국했다. 도읍은 안읍(安邑:산서성 夏縣 서북). 문후는 이회(李悝)를 등용하여 개혁정치를 폈으며, 국력을 신장시켜 진(秦)의 하서(河西)지방을 취하고, 북으로 중산국(中山國)을 멸했다. 또 남으로 초(楚)를 공략하여 대량(大梁)을 탈취했다. 혜왕(惠王) 때 도읍을 대량으로 옮겼는데, 이로부터 양(梁)나라라는 별칭을 얻었다. B.C 344년 봉택(逢澤)의 회맹에서 혜왕은 제후의 칭호를 버리고 왕호를 썼다. 이로써 전국의 유력 제후가 왕호를 사용하는 계기를 만들었다. 마릉(馬陵)의 전투(B.C 341)에서 제(齊)나라에 패한 후 줄곧 약세를 면치 못했다. B.C 225년 진(秦)에 의해 멸망하기까지 8명의 왕이 179년간 재위했다.

위(魏)　　국가명. 촉(蜀), 오(吳)와 함께 한(漢)의 뒤를 이어 성립한 3국 중 하나. 일명 조위(曹魏). 서기 220년 조비(曹丕)가 한을 대신하여 칭제(稱帝)하고 국호를 위라 했다. 도읍은 낙양(洛陽). 통치지역은 회수(淮水) 이북의 중원 지구와 진령(秦嶺) 이북의 관중(關中), 농우(隴右), 하서(河西) 일대이며, 서로는 신강, 동으로는 한반도 북부에까지 미쳤다. 서기 266년 사마염(司馬炎)이 왕조를 찬탈하여 진(晋)을 건국하기까지 5명의 황제에 의해 46년간 지속되었다.

위관(衛瓘:220~91)　　서진(西晋)의 서예가. 자는 백옥(伯玉). 안읍(安邑:산서성 夏縣) 출신. 위(魏) 말기에 종회(鍾會)의 반란을 평정했으며, 서진 초에는 관직이 사공(司空)에까지 올랐다. 구품중정제의 폐지를 상소했다가 주변의 미움을 사기도 했다. 초서에 능했으며, 이로 인해 당시 그의 아들 위항(衛恒)과 함께 '이위(二衛)'라 불리었다.

위굉(衛宏) 동한(東漢)의 학자. 자는 경중(敬仲). 『고문상서(古文尙書)』와 『모시(毛詩)』 등 고문 경전에 능통했다. 『모시서(毛詩序)』 『상서훈지(尙書訓旨)』 등을 지었다.

위료(尉繚) 전국시대 말기의 사상가. 일명 위료자(尉繚子). 병가(兵家)의 대표적 인물. 위(魏) 혹은 제(齊)나라 사람. 귀곡자(鬼谷子)의 제자라고 한다. 군사이론에 정통했다. 진(秦)나라에서 국위(國尉)의 벼슬을 했으므로 위료라는 이름이 세간에 알려졌다. 군대를 일으킬 때는 정당한 방법을 택할 필요가 없으며, 속임수를 써서라도 승리하면 된다고 주장했다. 저서에 『위료자』 24편이 있다.

위료자(尉繚子) ➡ 위료

위무기(魏無忌) ➡ 신릉군

위무제(魏武帝) ➡ 조조

위문제(魏文帝) ➡ 조비

위문후(魏文侯:?~396 B.C) 본명은 사(斯). 전국시대 위(魏)나라의 건립자. 이회(李悝)를 재상으로, 오기(吳起)와 악양(樂羊)을 장군으로, 서문표(西門豹)를 업(鄴) 땅의 수령으로 삼아 안으로는 농업을 일으키고 밖으로는 군대를 양성하여 변방을 개척하였다. 서쪽으로 진(秦)나라의 하서(河西) 지방을 흡수하고 조(趙)나라를 쳐서 위나라를 중원의 강국이 되게 했다.

위백양(魏伯陽) 동한(東漢) 시대 사람. 일설에는 이름이 고(翶)이고 호가 백양(伯陽)이라 한다. 세칭 운아자(雲牙子). 상우(上虞:절강성) 출신. 입산하여 연단술(煉丹術)을 배웠으며, 이를 바탕으로 『주역참동계(周易參同契)』 3권을 지었다. 이는 현존하는 중국 최초의 연단 관련 저작이다.

위삭(衛鑠:272~349) 진(晉)대의 여류 서예가, 서예이론가. 세칭 위부인(衛夫人). 위관(衛瓘)의 질녀. 예서(隷書)와 정서(正書)에 능했다. 왕희지(王羲之)가 어린 시절 그에게 서예를 배웠다. 서예에 관한 이론서인 『필진도(筆陣圖)』를 지었다.

위서(魏書) 서명. 130권. 남북조시대 북제(北齊)의 위수(魏收) 찬. 기전체 단대사. 등국(登國) 원년(386) 탁발규(拓跋珪)가 북위(北魏)를 건립한

때부터 무정(武定) 8년(550) 동위(東魏)의 효정제(孝靜帝)가 나라를 잃기까지 165년간의 역사를 기술했다. 제기(帝紀) 14권, 열전(列傳) 96권, 10지(志) 20권. 사료가 풍부하나 작자의 사적인 원한관계에 의해 인물을 포폄함으로써 당시 '예사(穢史)'라는 이름이 붙여졌다. 이후 작자가 2차례 개수했다. 24사(史)의 하나.

위소제(衛所制) 명대의 병제(兵制). 지방 각 주현에 설치하였다. 지방의 방호 단위를 위(衛)라 하며 1위는 대략 5,600명의 병사로 구성되었다. 위 아래에 천호소(千戶所)와 백호소(百戶所)를 두었다. 천호소는 1,120명으로 구성되고 백호소는 112명으로 구성되었다. 1위는 대략 10개의 천호소로 이루어지며, 도지휘사(都指揮使)가 수개의 위를 관할했다. 전국적으로는 중앙의 오군도독부(五軍都督府)가 통제했다. 홍무(洪武) 26년(1393)에는 전국에 도지휘사사 17개, 유수위지휘사사(留守衛指揮使司) 1개, 내외위(內外衛) 229개, 천호소 65개가 있었다.

위수(魏收:506~72) 남북조시대 북제(北齊)의 사학자. 자는 백기(伯起). 거록(巨鹿) 하곡양(下曲陽:하북성 晋縣) 출신. 북위(北魏), 동위(東魏), 북제 3대에 걸쳐 태상박사(太常博士), 중서사인(中書舍人), 상서우복야(尙書右僕射) 등의 관직을 지냈다. 24사(史) 중 하나인 『위서(魏書)』를 편찬했다. 저서 『위특진집(魏特進集)』.

위씨(韋氏) ➡ 위후

위앙(衛鞅) ➡ 상앙

위앙종(潙仰宗) 불교 선종(禪宗) 5개 지파 중 하나. 당(唐) 위산 영우(潙山靈祐)와 앙산 혜적(仰山慧寂)의 종지(宗旨)를 근본으로 하여 일어났다. 당대에 흥성했다가 송대에 쇠퇴하여 임제종(臨濟宗)에 합병되었다.

위원(魏源:1794~1857) 청대 말의 학자. 자는 묵심(默深). 호남 소양(邵陽) 출신. 도광(道光) 6년(1826) 강소포정사(江蘇布政使) 하장령(賀長齡)의 부름을 받아 경세(經世)적인 입장에서 『황조경세문편(皇朝經世文編)』을 펴냈으며, 양강총독(兩江總督) 유겸(裕謙)의 막하에 들어가 서양인의 침략에 대응할 수 있는 장비의 제작을 건의했다. 함풍(咸豊) 3년(1853) 태평천국군이 강남을 진격해 들어오자 양주(揚州)에서 군대를 조직하여 대항하였다. 후에 관직을 버리고 불교를 공부했다. 당시 세계지리서인 『해국도지(海國圖誌)』를 펴는 등 실용적인 학문에 뜻을 두었다. 저서 『고미당집(古微

堂集)』『원사신편(元史新編)』『성무기(聖武記)』.

위응물(韋應物:737~91) 당(唐)대의 시인. 장안(長安:섬서성 西安) 출신. 진사 시험을 거쳐 덕종(德宗) 때 비부원외랑(比部員外郞)을 지내고, 이후 강주자사(江州刺史), 소주자사(蘇州刺史)를 지냈다. 세칭 위소주(韋蘇州) 혹은 위강주(韋江州). 그의 시는 산수 자연을 위주로 노래하면서 부분적으로 사회 현실에 대한 비판과 민간 백성의 질고를 묘사하였다. 5언시에 능했으며, 풍격이 고아한담(高雅閑潭)하여 도연명(陶淵明), 맹호연(孟浩然)의 시풍과 흡사하다는 평을 받고 있다. 작품 「저주서간(滁州西澗)」「의고시(擬古詩)」「상황삼대(上皇三臺)」 등. 시문집 『위소주집(韋蘇州集)』(일명 韋江州集).

위징(魏徵:580~643) 당(唐)대 초기의 정치가. 자는 현성(玄成). 관도(館陶:하북성) 출신. 일찍이 출가하여 도사(道士)가 되었다가 수(隋) 말 와강군(瓦崗軍)에 참여했으나, 이밀(李密)이 패함에 따라 당에 투항하였다. 당 태종(太宗) 밑에서 간의대부(諫議大夫), 비서감(秘書監), 시중(侍中) 벼슬을 하고 정국공(鄭國公)에 봉해졌다. 시류에 아부하지 않고, 자신을 돌보지 않으며, 마음에서 우러나오는 진실한 말로 황제에게 200여 차례 직간했다 하여 후세에 충간(忠諫)의 대표적 인물로 꼽힌다. 위징이 죽었을 때 태종은 "나는 거울 하나를 잃었다"고 탄식했다고 한다. '兼聽則明 偏信則暗'이란 명언을 남겼다. 그의 간언(諫言) 및 기타 변설이 『위정공간록(魏鄭公諫錄)』과 『정관정요(貞觀政要)』에 실려 있다. 역사서의 감수를 맡아 『수서(隋書)』의 서론과 『양서(梁書)』『진서(陳書)』『제서(齊書)』의 총론을 지었다. 『군서치요(群書治要)』의 편찬을 주관하고 『예문유취(藝文類聚)』의 편사(編寫)에 참여했다.

위창휘(韋昌輝:약 1823~1856) 청대 말 태평천국군의 우두머리. 원명은 지정(志正). 광서(廣西) 계평(桂平) 출신. 지주 집안에서 태어나 도광(道光) 28년(1848) 홍수전(洪秀全)이 이끄는 상제회(上帝會)에 가입했다. 태평천국의 난 때 북왕(北王)에 봉해지고 태평천국의 수도를 천경(天京)으로 옮긴 뒤 외교업무에 참여했다. 함풍(咸豊) 5년(1856) 동왕(東王) 양수청(楊秀淸)과 불화를 일으켜 양수청과 그의 부하 1만여 명을 살해했다. 이로인해 병사들의 감정을 악화시켰으며, 같은 해 홍수전에 의해 처형당했다.

위충현(魏忠賢:1568~1672) 명대 말의 환관. 하간(河間) 숙녕(肅寧:하

북성) 출신. 어려서부터 무뢰한으로 도적질을 잘 했으며, 내기에 져 환관이 되었다. 희종(熹宗) 즉위 후 환관의 최고위직인 사례병필태감(司禮秉筆太監)에 오르고 비밀경찰격인 동창(東廠)을 감독하면서 국정을 농단하였다. 이때부터 조정의 정치가 부패로 치달았다. 천계(天啓) 5년(1625) 동림당(東林黨) 출신을 박해하여 양련(楊漣) 등 7군자 및 당인 수백명을 살해하였다. 조정 뿐만 아니라 전국에 사당(私黨)을 조직하여 세력을 부식시키고, 생사(生祠)를 지어 자신을 공자에 비유했다. 숭정(崇禎) 원년(1627) 동림당 사람들이 10대 죄상을 들어 그를 탄핵하자 직위에서 쫓겨난 후 자살하였다. 죽은 후에 다시 사지를 찢는 책형(磔刑)에 처해졌다. 명대의 환관 중 가장 악랄하고 해독이 컸던 인물이다.

위탄(韋誕)　　한·위(漢魏) 시기의 서예가. 자는 중장(仲將). 경조(京兆: 섬서성 西安) 출신. 예서에 능했다.

위현(衛賢)　　오대(五代) 남당(南唐)의 화가. 인물도, 누각도를 잘 그렸다. 오도자(吳道子)의 화풍을 계승했으며, 절벽과 바위 그림은 웅혼함과 함께 수려한 맛을 풍긴다. 작품 「고사도(高士圖)」 「등왕각도(滕王閣圖)」 「수마도(水磨圖)」.

위협(衛協)　　진(晋)대의 화가. 조불흥(曹不興)의 화풍을 계승하여 도인(道人), 석인(釋人) 등의 인물화 및 풍속화를 잘 그렸다. 제자인 고개지(顧愷之)의 화풍에 큰 영향을 끼쳤다. 작품에 「사기오자서도(史記伍子胥圖)」 「취객도(醉客圖)」 「상림원도(上林苑圖)」 등이 있다.

위혜왕(魏惠王:400~319 B.C)　　전국시대 위(魏)나라의 왕. 본명은 앵(罃). 양혜왕(梁惠王)으로 많이 알려져 있다. 즉위 후 수도를 안읍(安邑:산서성 夏縣)에서 대량(大梁:하남성 開封)으로 옮기고 정식 왕호를 사용했다. 이로 인해 국호를 양(梁)으로 부르기도 했다. 혜시(惠施)를 재상으로 삼고 방연(龐涓)에게 군사를 담당토록 했다. 성격이 우유부단해 대외정책에서 동맹관계를 자주 바꾸었으므로 주변국의 불신을 받았다. 제(齊)나라 군대에 패하고 진(秦)나라와의 마릉(馬陵) 전투에서 많은 땅을 잃었다. 맹자(孟子)와 정치에 대해 담론한 내용이 『맹자』 첫 장에 기록돼 있다.

위후(韋后:?~710)　　당(唐) 중종(中宗)의 황후. 중종이 동궁(東宮)에 있을 때 비로 간택된 후 사성(嗣聖) 원년(684) 황후에 올랐다. 신룡(神龍) 원년(705) 중종이 복위된 후 무삼사(武三思) 등과 결탁하여 정권을 쥐었다.

경룡(景龍) 4년(710) 중종을 독살하고 온왕(溫王) 중무(重茂)를 제위에 올린 뒤 자신은 황태후가 되어 황제 대신 섭정했다. 동년 임치왕(臨淄王) 이융기(李隆基:玄宗)의 정변을 맞아 주멸(誅滅)되었다. 선대왕인 고종(高宗)의 황후 측천무후(則天武后)가 일으킨 정변과 그녀의 정변을 가리켜 '무위(武韋)의 화(禍)'라 한다.

위회(魏禧:1624~80)　청대 초의 학자, 산문가. 자는 숙자(叔子), 빙숙(氷叔). 호는 유재(裕齋), 작정(勺庭). 영도(寧都:강서성) 출신. 어려서부터 학문에 재주를 보였으나 명나라가 망하면서 벼슬에 나아가지 않고 취미봉(翠微峰)에 은거하면서 스스로 농사를 짓고 독서를 즐겼다. 형 서(瑞)와 아우 예(禮), 그리고 벗으로 지내던 증찬(曾燦), 팽사망(彭士望), 구유병(邱維屛) 등과 함께 학문을 연마했으며, 이들을 세칭 '역당구자(易堂九子)'라 하였다. 문자학, 천문학, 지리학, 경학, 사학, 철학, 농학 등 다방면에 관심을 갖고 연구했다. 만년에는 병을 핑계삼아 조정의 박학홍유(博學鴻儒) 초빙을 사양하였다. 고문을 잘 지었으며, 「대철추전(大鐵椎傳)」「강정의전(姜貞毅傳)」 등의 작품은 민족의 기개와 항청(抗淸) 인사의 굳은 절개를 힘차면서도 강건하게 묘사함으로써 당송팔대가의 기풍을 엿보게 한다. 후방역(侯方域), 왕완(汪琬)과 함께 청대 초기의 고문 3대가로 꼽힌다. 저서 『위숙자집(魏叔子集)』『위숙자일록(魏叔子日錄)』『좌전경세(左傳經世)』.

유가(儒家)　춘추전국시대에 발생한 학술사상 혹은 그 유파. 공자가 창시했으며, 공자의 대표적 제자인 자장(子張), 안회(顔回), 증삼(曾參) 등이 이 학파에 속한다. 이후 공자의 손자인 자사(子思)를 비롯하여 맹자(孟子), 순자(荀子) 등이 학풍의 맥을 이었으며, 송(宋)대 주희(朱熹)에 이르러 학문적 체계가 완성되었다. 한 무제(漢武帝) 이후 현대까지 중국의 전통사상으로 자리잡았다. 인의를 바탕으로 하되 개인적으로는 충서(忠恕)와 중용의 도를, 사회적으로는 예악(禮樂)을, 국가적으로는 덕치(德治)와 인정(仁政)을 펴야 한다고 주장하였다.

유강인(柳江人)　중국 구석기시대 말기의 원시인류. 광서성 유강현(柳江縣) 통천암(通天岩)에서 머리뼈와 기타 뼈의 일부 화석이 발견되었다. 초기 신생인류에 해당하며, 약 4만년 전에 생존한 것으로 추정된다.

유건(劉健:1432~1526)　명대의 정치가. 자는 희현(希賢). 낙양(洛陽:하남성) 출신. 천순(天順) 4년(1460) 진사가 되고 서길사(庶吉士)에 임명되었다. 그 후 동궁강관(東宮講官), 예부우시랑(禮部右侍郎), 한림학사를 거쳐 상서(尙書) 겸 문연각대학사(文淵閣大學士), 소부(少傅) 겸 태자태부(太子太傅) 등 요직에 나아갔다. 정치 폐단을 개혁하고자 직언을 자주 했다. 간신인 환관 유근(劉瑾)과 갈등을 빚었으며, 8당(黨)의 제거를 강력히 주장하다 채택되지 않자 사직하였다. 그 후 유근에 의해 53명의 간당(奸黨)중 첫째로 지목되었다. 가정(嘉靖) 초 복직되었다가 얼마 안 있어 죽었다. 시호는 문정(文靖).

유견오(庾肩吾)　　남조시대 양(梁)의 시인, 서예가. 자는 자신(子愼), 혹은 신지(愼之). 신야(新野:하남성) 출신. 고재학사(高齋學士) 중 한 사람. 태자중서자(太子中庶子), 탁지상서(度支尙書) 등을 역임하고, 무강현후(武康縣侯)에 봉해졌다. 시작 경향은 화려함을 좋아하고 화월(花月)을 즐겨 노래했다. 궁체시(宮體詩)의 대표작가. 대구를 좋아하고 성률에 치중하여 후세의 율시 발전에 공헌했다. 만년에는 사회의 불안에 따라 격정적인 시를 많이 지었다. 초서와 예서에 능했다.

유곤일(劉坤一:1830~1902)　　청대 말의 정치가. 자는 현장(峴莊). 호남 신영(新寧) 출신. 함풍(咸豊) 5년(1855) 단련(團練)을 이끌고 호남지방에서 태평군(太平軍)과 전투를 벌였다. 동치(同治) 원년(1862) 광서포정사(廣西布政使), 동 4년 강서순무(江西巡撫), 광서(光緒) 원년(1875) 양광총독(兩廣總督), 동 5년 양강총독(兩江總督)을 지냈다. 양무운동(洋務運動)에 가담하고 의화단(義和團) 사건 때는 호광총독(湖廣總督) 장지동(張之洞) 등과 연대하여 열강과 동남호보(東南互保) 협정을 체결하고 의화단을 진압했다. 광서 27년 장지동과 함께 변법운동을 상소하면서 서양 학문을 받아들여 정치, 교육의 개혁을 이루고 과학 기술을 습득하도록 건의했다. 시호는 충성(忠誠). 저서 『유충성공유집(劉忠誠公遺集)』.

유굉(劉宏) → 한영제

유극장(劉克莊:1187~1269)　　남송의 문학가. 자는 잠부(潛夫), 호는 후촌(後村). 보전(莆田:복건성) 출신. 부친의 후광으로 조주통판(潮州通判)이 되었으나 「낙매(落梅)」시를 지었다가 무고를 받아 20여년간 해직되었다. 이후 비서소감(秘書少監) 겸 중서사인(中書舍人)을 지내다 당쟁에 말려 파직되었고, 다시 공부상서(工部尙書) 겸 시강(侍講)에 올랐다. 말년에 환장각 학사(煥章閣學士)를 지내다 벼슬을 내놓았다. 시를 잘 지었으며, 영가사령

(永嘉四靈) 및 만당(晩唐)의 시풍을 배운 후 일가를 이루었다. 시의 풍격은 청기(淸奇) 평담(平淡)하다. 강호시파(江湖詩派)의 대표 인물. 저서『후촌 장단구(後村長短句)』『후촌시화(後村詩話)』『후촌집(後村集)』.

유근(劉瑾:?~1510) 명대의 환관. 섬서성 홍평(興平) 출신. 본래 성은 담(談). 음흉하고 교활하여 사례대감(司禮大監)의 자리에 있을 때 무종(武宗)을 환락에 빠뜨리고 정무를 장악해 권세를 휘둘렀다. 동창(東廠), 서창(西廠) 외에 내행창(內行廠)을 새로 설치하여 이를 통해 반대파를 가혹하게 처벌했다. 정덕(正德) 5년(1510) 환관 장영고(張永告)의 밀고에 의해 모반죄로 살해되었다. 그의 재산을 몰수해 보니 그 동안 뇌물로 받은 재물이 금 1천 1백만 냥, 은 2억 5천만 냥이었다고 한다.

유대유(兪大猷:1504~80) 명대의 무장. 자는 지보(志輔), 호는 허강(虛江). 진강(晋江:복건성 福州) 출신. 어려서부터 병법을 익히고 부친의 뒤를 이어 백호(百戶)가 되었다. 가정(嘉靖) 14년(1535) 무과의 회시(會試)에 합격하여 금문(金門)을 지키다 가정 28년(1549) 방비왜구도지휘(防備倭寇都指揮)가 되어 왜구의 침입을 막아냈다. 동 40년 복건총병관(福建總兵官), 광동총병관(廣東總兵官) 등에 임명되어 척계광(戚繼光)과 함께 왜구를 크게 무찌르고 동남해역을 왜구로부터 보호하였다. 저서『정기당집(正氣堂集)』『검경(劍經)』.

유덕(劉德:?~130 B.C) 서한(西漢)시대의 학자. 경제(景帝)의 아들. 하간왕(河間王)에 봉해졌다. 시호가 헌(獻)이므로 세칭 하간헌왕(河間獻王)이라고 한다. 학자들을 초빙해 유학(儒學)을 크게 일으켰다. 문헌 정리에 관심을 가지면서『주관(周官)』『상서(尙書)』『맹자(孟子)』『노자(老子)』등 선진시대의 고문경을 보존·전승했다.

유덕승(劉德升) 동한(東漢)의 서예가. 자는 군사(君嗣). 영천(潁川:하남성 禹縣) 출신. 환제(桓帝), 영제(靈帝) 때 해서체(楷書體)를 쓰기 쉽고 부드럽게 변화시켜 크게 유행시켰다. 이 글씨체가 행서의 시초가 되었으므로 후세에 그를 행서의 창시자로 일컫는다.

유령(劉伶) 위·진시대의 문학가. 자는 백륜(伯倫). 패국(沛國:안휘성 宿縣) 출신. 사마(司馬)씨의 전횡에 불만을 품고 산양(山陽:하남성 修武)의 죽림에 들어가 은거생활을 하였다. 죽림칠현 중 한 사람. 진(晋) 무제(武帝) 때 정치에 참여해 건위참군(建威參軍)의 관직을 지냈으나 조정에 '무위

이치(無爲而治)’를 건의하다 쫓겨났다. 이후 술마시고 미친척하며 세태의 불만을 표출하였다. 술을 마시다 죽으면 즉시 매장하도록 삽을 든 하인을 항상 대동하여 예교(禮敎)를 중시하는 당시의 세태에 반항하였다. 5언시에 「북망객사(北邙客舍)」가 있고, 산문에 「주덕송(酒德頌)」이 있다.

유림외사(儒林外史)　　서명. 장편 풍자소설. 원본은 50회이며 헌 유행본은 55회로 되어 있다. 청대 오경재(吳敬梓) 작. 건륭(乾隆) 초기에 완성. 10여 개의 독립적이거나 상호 연관된 고사를 연결하여 지었다. 공명과 부귀를 누리는 각종 유생(儒生) 및 탐관오리의 추악한 면을 드러냄으로써 사회의 암흑과 부패를 신랄하게 풍자했다. 단편과 장편소설의 특징을 종합한 것으로 새로운 소설 구성 형식의 창조물이라는 평을 받는다. 문장이 완곡하면서도 풍자가 많고, 생동적인 언어와 풍부한 표현력을 발휘하여 중국 풍자문학의 걸작으로 친다. 후기 견책소설(譴責小說)의 탄생에 큰 영향을 끼쳤다.

유명록(幽明錄)　　서명. 전 13권. 남조시대 송(宋)의 유의경(劉義慶) 편. 일종의 지괴(志怪)소설에 해당하며 당(唐)대 전기소설에 영향을 주었다. 일실되고 단편만이 전해진다.

유몽득(劉夢得) → 유우석

유방(劉邦) → 한고조

유병충(劉秉忠:1216~74)　　원(元) 초의 정치가. 당초의 이름은 간(侃), 자총(子聰). 자는 중회(仲晦), 자호는 장춘산인(藏春散人). 선조가 요(遼)에서 벼슬을 하였으나 요가 금(金)에 멸망하자 그는 천녕사(天寧寺)에 들어가 중이 되었다. 1239년 해운선사(海雲禪師)의 추천으로 쿠빌라이의 막하에 들어가 원의 제도를 정비하는데 큰 공을 세웠다. 국호인 대원(大元)도 그의 의견에 따른 것이다. 광록대부의 벼슬을 지냈으며, 태보(太保)로서 중서성(中書省)의 업무에 참여하였다. 저서 『장춘집(藏春集)』.

유복통(劉福通:?~1363)　　원대 말 홍건적의 영수. 지정(至正) 11년(1351) 한산동(韓山童)과 함께 백록장(白鹿莊)에서 홍건군(紅巾軍)의 기의를 일으켰다가 실패한 후 지정 15년 한산동의 아들 한림아(韓林兒)를 제위에 세워 소명왕(小明王)이라 하고 국호를 송(宋)으로 정했다. 연호는 용봉(龍鳳). 도읍은 박주(毫州:안휘성). 그는 소명왕의 신하로서 추밀원평장(樞密院平章), 승상(丞相)의 벼슬을 했다. 이후 원나라에 침공해 들어가 변량(汴梁:하남성 開封)을 접수했으나 용봉 9년 장사성(張士誠)의 공격을 받고 패하여 사망했다.

유비(劉濞:215~154 B.C)　서한(西漢) 말기의 정치가. 패(沛:강소성 沛縣) 출신. 유방(劉邦)의 형 유중(劉仲)의 아들로서 오왕(吳王)에 봉해졌다. 부세를 경감하는 등 위민책을 썼으나 진(秦)의 망인(亡人)을 모아 다른 뜻을 품었다. 경제(景帝)가 조조(晁錯)의 건의로 봉국을 빼앗자 초(楚)·조(趙) 등의 봉국과 연합하여 반란을 일으켰다가 실패하고 동월(東越)로 도망가 그곳 사람에게 살해되었다.

유비(劉備:161~223)　동한(東漢) 말기의 정치가, 군사가. 촉한(蜀漢) 왕조의 건립자. 자는 현덕(玄德). 탁군(涿郡:하북성) 출신. 어려서 가난하여 모친과 함께 짚신과 멍석을 짜서 연명하였다. 이후 관우(關羽), 장비(張飛)와 결의형제하여 난세를 바로잡고자 하였다. 군대를 조직하여 황건 기의군을 진압한 후 공손찬(公孫瓚), 도겸(陶謙), 조조(曹操), 원소(袁紹), 유표(劉表) 등에게 차례로 의탁했으나 기회를 얻지 못했다. 건안(建安) 12년(207) 삼고초려 끝에 제갈량(諸葛亮)을 끌어들였다. 제갈량의 건의를 받아들여 형주(荊州)와 익주(益州)를 점령하고 손권(孫權)과 연합하여 적벽지전(赤壁之戰)에서 조조의 군대를 대파하였다. 건안 16년 조조로부터 한중을 탈취하여 한중왕(漢中王)에 올랐다. 장무(章武) 원년(221) 칭제(稱帝)하고 국호를 한(漢)이라 하여 위(魏)·오(吳)와 함께 3대 세력국을 이루었다. 도읍은 성도(成都), 연호는 장무(章武). 역사에서는 이를 촉한(蜀漢)이라 한다. 재위 기간 동안 제갈량을 승상으로 세워 내외의 안정을 가져왔으나 장무 2년 오(吳)와의 전투에서 실패하고 이듬해 병사하였다. 시호는 소열황제(昭烈皇帝).

유서(類書)　삼국시대 위(魏)나라 때부터 생겨난 일종의 공구서(工具書). 주제별로 자료를 배열하여 검색하기 쉽도록 했다. 최초의 유서는 위문제(魏文帝) 황초(黃初) 원년(220)에 편찬된 『황람(皇覽)』이며, 현존 최초의 유서는 당(唐) 초에 편찬한 『북당서초(北堂書鈔)』이다.

유선(劉禪:207~71)　삼국시대 촉한(蜀漢)의 후주(後主). 유비(劉備)의 아들. 자는 공사(公嗣). 어려서의 이름은 아두(阿斗). 탁군(涿郡:하북성) 출신. 건흥(建興) 원년(223) 17세의 나이로 부친의 뒤를 이어 성도(成都)에서 제위에 올랐다. 재위 초기에는 승상 제갈량(諸葛亮)의 보좌로 무난히 정사를 이끌어 갔으나 제갈량 사후 무능하여 조정 일을 소홀히 하였다. 염흥

(炎興) 원년(263) 위(魏)가 침공하여 성도를 위협하자 성문을 열고 항복하였다. 이후 안락공(安樂公)에 봉해졌다.

유선시(游仙詩)　진(晋)대에 성행한 일종의 시가 형태. 선경(仙境)의 신비세계를 제재로 선택하여 시인의 감정과 포부를 서술하였다. 대표적인 낭만시라고 할 수 있으며, 곽박(郭璞), 하소(何邵) 등의 시인이 즐겨 지었다.

유세명언(喩世明言)　서명. 소설집. 원명은 『고금소설일각(古今小說一刻)』. 40권. 명대 말 풍몽룡(馮夢龍) 편. 송(宋)·원(元)·명(明) 3대의 통속문학작품을 집록했다. 그중 적지 않은 편수가 명대 후기의 사회생활 및 봉건사회의 암흑과 몰락을 반영한 것이다. 풍몽룡이 후에 펴낸 『경세통언(警世通言)』『성세항언(醒世恒言)』과 함께 '삼언(三言)'이라 불린다.

유소기(劉少奇 : 1898~1969)　중국의 정치가. 호남성 영향(寧鄕) 출신. 1919년 5·4운동에 참여하고 1921년 모스크바 유학시절 중국공산당에 가입하였다. 이후 공산당에서 노동운동 및 정치지도를 담당하였다. 1949년 중화인민공화국정부 성립 후 국가부주석, 인민혁명군사위 부주석이 되었다. 1954년 전국인민대표대회 상무위원장에 피선되고, 1959년 모택동(毛澤東)의 뒤를 이어 국가주석 겸 국방위원회 주석에 올랐다. 문화혁명 때 임표(林彪), 강청(江淸) 등에 의해 자본주의 길을 걷는 반혁명 수정주의자로 지목되어 비판되고 이후 실각하였다. 그의 사후 명예가 회복되었다.

유소씨(有巢氏)　고대 신화전설상의 성인. 굽은 나무로 망루(巢:보금자리)를 만들어 인간을 짐승과 벌레, 뱀 등으로부터 보호했다고 한다. 『한비자(韓非子)』에 그에 관한 전설이 실려 있다.

유송년(劉松年)　남송의 화가. 전당(錢塘:절강성 杭州) 출신. 청파문(淸波門)에 살았으며 이를 속칭 암문(暗門)이라 했으므로 외호(外號)가 암문유(暗門劉)였다. 효종(孝宗) 순희(淳熙) 연간(1174~89) 화원학생(畵院學生)이 되고, 광종(光宗) 소희(紹熙) 연간(1190~94) 화원대조(畵院待詔)가 되었다. 영종(寧宗)에게 「경직도(耕織圖)」를 바쳐 금대(金帶)를 하사받았다. 인물화, 산수화, 계화(界畵) 등을 잘 그렸으며, 특히 인물화가로서 이름이 높다. 이당(李唐), 마원(馬遠), 하규(夏珪)와 함께 남송 화원의 4대가로 불린다.

유수(劉秀) ➡ 광무제

유식종(唯識宗) ➡ 법상종

유신(庾信 : 513~81)　남북조시대의 시인. 세칭 유개부(庾開府). 자는 자산(子山). 신야(新野:하남성) 출신. 양(梁)에서 어사중승(御史中丞), 우위장군(右衛將軍) 등의 관직을 지냈다. 궁정체(宮廷體) 시문에 능했으며, 서릉(徐陵)과 함께 세칭 '소서유(小徐庾)'라 했다. 양의 사신으로 서위(西魏)에 가 있었으나 서위가 양을 멸하면서 집정자 우문태(宇文泰)의 신임을 받아 장안에 머물렀다. 이어 북주(北周)가 서위를 계승한 후에도 억류되어 고향으로 돌아가지 못했다. 그의 시문은 전기에는 응제(應制)의 작품을 다수 지었는데, 내용이 빈약하지만 풍격이 아름다워 독특한 '서유체(徐庾體)'를 형성했다. 북방으로 간 후기에는 우수와 격정이 담겼으며, 남방의 유려함과 북방의 호방함이 교차하는 특색을 지녔다. 작품 「애강남부(哀江南賦)」「고수부(枯樹賦)」「영회(詠懷)」「원가행(怨歌行)」 등. 시문집 『유자산집(庾子山集)』.

유신변법(維新變法) ➡ 무술변법

유안(劉安:179~122 B.C) 회남왕(淮南王)으로 많이 알려져 있다. 서한(西漢)시대 패현(沛縣) 출신. 한고조(漢高祖) 유방(劉邦)의 손자. 문제(文帝) 때 회남왕에 봉해졌다. 문재(文才)로 이름이 났으며 「이소(離騷)」를 해석한 「이소부(離騷賦)」를 지었다. 만년에 난을 일으켰다가 실패하여 자살했다. 문사(文士)를 우대하여 각지의 인재가 그의 곁에 모여들었다. 각지의 신화전설과 제가의 학설을 모아 『회남자(淮南子)』(일명 淮南鴻烈)를 편찬하였다.

유안(劉晏:715~80) 당(唐) 중기의 정치가. 숙종(肅宗)·대종(代宗) 때 호부시랑(戶部侍郎), 염철사(鹽鐵使) 등을 지냈다. 재임시 염법(鹽法)을 개정하고 조운(漕運)을 정비하였으며, 상평법(常平法:平準法)을 실시하여 안사(安史)의 난 이후 황폐해진 국가 재정을 보충하였다.

유양잡조(酉陽雜俎) 서명. 20권. 속집 10권. 당(唐)대 단성식(段成式) 찬. 신화 고사를 수록했다. 산천, 풍물, 불가와 도가의 전설 등이 담겨 있으며, 남북조시대부터 당대까지의 진귀한 사료가 들어 있어 고소설 자체로서 뿐아니라 역사적 자료로서의 가치도 매우 높다.

유연(劉淵:?~310) 오호십육국 시대 한(漢:北漢)의 건국자(재위 304~310). 자는 원해(元海). 흉노족 출신. 영안(永安) 원년(304) 8왕의 난을 틈타 진(晋) 왕조에 반기를 들고 군대를 일으켜 대선우(大單于)라 칭했다. 이어 한왕(漢王)에 올라 연호를 원희(元熙)로 정했다. 영가(永嘉) 2년

(308) 칭제하고 이듬해 평양(平陽)에 도읍을 정했다. 역사에서 이를 북한(北漢)이라 한다. 그의 아들 총(聰)이 즉위한 후 서진을 멸망시키고 다시 족자(族子)인 유요(劉曜)가 전조(前趙) 정권을 세웠다.

유연(柔然)　부족명. 선비(鮮卑)족의 한 지류. 북위(北魏) 때 목골려(木骨閭)가 죄를 짓고 부족 100여 명과 함께 도망가 소집단을 이루었다. 목골려 사후 그의 아들 거록회(車鹿會)가 힘을 모으고 스스로 '유연'이라 불렀다. 사륜(私侖) 때에는 북위를 위협할 정도로 강성해졌다. 사륜은 신강 서부에서부터 한반도에까지 활동 범위를 넓히고 자칭 칸(可汗)이라 하였다.

유영(柳永:약 987~1053)　북송의 사인(詞人). 자는 경장(景莊), 기경(耆卿). 둔전원외랑(屯田員外郎)의 관직을 지냈으므로 유둔전(柳屯田)이라 불리었다. 공명을 위해 노력했으나 뜻을 얻지 못하자 실의에 빠져 방탕한 생활을 했다. 그의 사 작품은 음률이 정교하였으며, 일상의 내용을 제재로 하였고, 민간의 비속어가 많이 들어 있다. 기녀의 연정, 부녀자의 규원(閨怨) 등을 담은 내용이 많았으며, 우물을 마시고 사는 사람들이 있는 곳이면 어디서나 그의 사가 노래로 불리었다고 할 만큼 민간에서 많이 애창되었다. 격률파(格律派), 완약파(婉約派) 사의 대표작가이다. 특히 만사(慢詞)를 창시하여 사의 형식을 해방시켰다. 죽은 뒤에는 기녀들이 돈을 추렴하여 장사를 지내주었다는 일화가 있다.

유예(劉豫:1073~1146)　북송 말의 정치가. 자는 언유(彦游). 경주(景州) 부성(阜城:하북성) 출신. 북송 말기 전중시어사(殿中侍御史), 하북제형(河北提刑)의 벼슬을 하다가 금의 군대가 침입하자 관직을 버리고 도망했다. 건염(建炎) 2년(1128) 제남부(濟南府)의 지부(知府)로 있다가 항전하는 장수 관승(關勝)을 살해하고 금(金)의 군대에 항복했다. 건염 4년(1130) 금에 뇌물을 주고 대제황제(大齊皇帝)에 책봉되었다. 도읍은 대명(大名:하북성)이며 후에 변경(汴京:하남성 開封)으로 옮겼다. 금의 군대와 연합하여 송의 군대를 대적했으나 악비(岳飛), 한세충(韓世忠) 등이 이끄는 송군에 번번이 패했다.

유왕(幽王)　서주(西周)의 마지막 왕. 폭군. 이름은 궁열(宮涅). 애첩 포사(褒姒)에게 빠져 정사를 게을리했으며, 간신 괵석부(虢石父)를 등용하여 국가기강을 어지럽혔다. 왕후인 신후(申后)와 태자인 의구(宜臼)를 폐하고 총애하는 포사를 왕후로, 포사의 아들인 백복(伯服)을 태자로 삼았다.

이에 신후의 부친인 신후(申侯)가 견융(犬戎) 등과 연합하여 군대를 이끌고 수도인 호경(鎬京)으로 진격하였다. 유왕은 전쟁에 패하여 여산(驪山)에서 견융에게 살해되었다.

유우석(劉禹錫:772~842)　당(唐)대의 문학가, 사상가. 자는 몽득(夢得). 낙양(洛陽:하남성) 출신. 21세 때 관직에 나아가 태자교서(太子校書), 둔전원외랑(屯田員外郎)을 지내고 왕숙문(王叔文)의 정치개혁에 참여하였다가 개혁이 실패한 후 낭주사마(朗州司馬)로 폄적되었다. 이후 예부시랑(禮部侍郎), 소주자사(蘇州刺史), 태자빈객(太子賓客) 등을 거쳐 무종(武宗) 때 검교예부상서(檢校禮部尙書)까지 올랐다. 세칭 유빈객(劉賓客). 『천론(天論)』을 지어 유종원(柳宗元)의 천명론(天命論)에 대한 비판을 계승하고 유물주의적 사상관을 폈다. 시사(詩詞)를 잘 지었으며, 특히 만당(晚唐)의 새로운 시가체인 사(詞) 문학을 발흥시키는 선구적 역할을 하였다. 대표작으로 사에 「억강남(憶江南)」2수가 있고, 시에 「영사(詠史)」「서새산회고(西塞山懷古)」가 있으며, 산문에는 「화타론(華佗論)」「구침지(救沈志)」 등이 있다. 문집 『유몽득문집(劉夢得文集)』.

유유(劉裕:356~422)　남조 시대 송(宋)의 건립자(재위 420~422). 자는 덕여(德輿). 서민 출신으로 농사와 어업을 했다. 후에 북부병(北府兵)에 참여하여 장령(將領)이 되고 손은(孫恩)의 난을 진압하였다. 동진(東晋) 안제(安帝) 의희(義熙) 원년(405) 환현(桓玄)을 격파하고 동진의 대권을 장악했다. 파촉(巴蜀)을 접수하고 후진(後秦)을 멸한 공로로 송왕(宋王)에 봉해졌다. 원희(元熙) 2년(420) 동진의 공제(恭帝)를 몰아내고 칭제하였다. 국호는 송(宋). 당시 북방의 북위(北魏)와 양대 세력을 형성하며 대치 국면을 이루었다.

유은(柳隱:1618~64)　청대 초의 여류시인, 화가. 본래의 성은 양(楊), 이름은 애(愛)였다. 호는 여시(如是), 하동군(河東君). 오강(吳江:강소성) 출신. 한때 가기(歌妓)로 활동했다. 시 작품의 풍격은 완려(婉麗)하며, 그림은 산수화와 화훼를 즐겨 그렸다. 진자룡(陳子龍)과 시로써 교유했으며, 강남지방에서 크게 이름을 떨쳤다. 후에 전겸익(錢謙益)의 첩이 되었다. 청나라 군대가 남하할 때 남편에게 순국할 것을 권했다. 전겸익 사후 가족간에 재산권 다툼을 벌이다 자살했다. 저서 『무인초(戊寅草)』『유여시시(柳如是詩)』.

유의경(劉義慶:403~44)　　남조 시대 송(宋)의 소설가. 무제(武帝) 유유(劉裕)의 조카. 임천왕(臨川王)에 봉해지고 시중(侍中), 중서령(中書令), 형주자사(荊州刺史) 등의 관직을 역임했다. 동한 말부터 동진(東晉) 시기까지의 명사들의 언행을 기록한 『세설신어(世說新語)』를 펴냈다. 이는 당시 문벌 세족의 생활상을 그리고, 그들의 사치스런 생활을 폭로한 일종의 소설이다. 이밖에 지괴(志怪)소설인 「유명록(幽明錄)」을 지었으나 일실되었다.

유의전(柳毅傳)　　서명. 전기(傳奇) 소설. 당(唐)대 이조위(李朝威) 저. 동정(洞庭)의 용녀(龍女)가 경하(涇河)의 소룡(小龍)에게 시집갔으나 집안의 학대를 받아오다 우연히 만난 서생 유의(柳毅)를 통해 자신의 처지를 친정에 알리고, 이후 유의와 결혼한다는 내용이다. 자유와 행복을 추구하려는 여성의 갈망을 낭만적으로 표현했다.

유인(劉因:1249~1333)　　원대의 사상가, 문학가. 원명은 사(駰). 자는 몽기(夢驥), 몽길(夢吉). 호는 정수(靜修). 용성(容城:하북성) 출신. 젊어서 정주(程朱)의 학문을 배웠다. 지원(至元) 19년(1282) 우찬선대부(右贊善大夫)가 되었다가 모친의 사망 후 벼슬을 그만두고 독서로 여생을 보냈다. 주희(朱熹)의 객관적 유심주의 관점을 계승하여 군신간의 대의를 중시했다. 허형(許衡)의 사상을 비판하여 "술수로써 세상을 기만한다(以術欺世)"고 주장했다. 그의 시는 원호문(元好問)의 영향을 받았으며, 세태를 노래한 감상적 내용이 많다. 저서 『사서정요(四書精要)』 『정수집(靜修集)』.

유장경(劉長卿:709~약 80)　　당(唐)대의 시인. 자는 문방(文房). 하간(河間:하북성) 출신. 개원(開元) 연간(713~41)에 진사에 합격하여 감찰어사(監察御史)를 지냈으나 직간을 서슴지 않아 모함을 받고 목주(睦州:절강성 建德)로 유배되었다. 이후 수주자사(隨州刺史)로 관직을 마감했다. 오언시를 잘 지었으며 뜻을 얻지 못하여 실의에 빠진 자신의 심경을 서정적으로 노래한 시들이 많다. 시문집 『유수주집(劉隨州集)』.

유정(劉楨:?~217)　　동한(東漢) 말기의 문학가. 자는 공간(公幹). 동평(東平:산동성) 출신. 건안칠자(建安七子)의 한 사람. 젊어서 왕찬(王粲)과 벗하다 후에 응창(應瑒)과 함께 조조(曹操)의 막하에 들어갔다. 그러나 성격이 강직하고 아첨하지 않았으므로 조조에게 불경죄를 저질러 서리(署吏)로 폄적되었다. 5언시에 정통했으며, 작품에 「공연(公讌)」 「증오관중랑장(贈五官中郎將)」 「증종제(贈從弟)」 등이 있다. 명나라 사람이 그의 시문을 모아 『유공간집(劉公幹集)』을 펴냈다.

유종원(柳宗元:773~819)　　당(唐)대의 문학가, 사상가. 당송팔대가 중한 사람. 자는 자후(子厚). 하동(河東) 해현(解縣:산서성 運城) 출신. 세칭 유하동(柳河東). 20세에 진사에 합격하여 관직에 나아간 후 감찰어사(監察御史)를 지냈다. 순종(順宗) 때 왕숙문(王叔文)의 정치개혁에 참여하여 예부원외랑(禮部員外郞)에 발탁되었으나 개혁 실패 후 영주사마(永州司馬)로 폄적되었다. 이후 유주자사(柳州刺史)로 옮겨 유주에서 사망했다. 산문에 능했으며 한유(韓愈)와 함께 당대 고문운동의 쌍벽을 이룬다. 우언(寓言)의 형식을 빌려 풍자적인 글을 많이 썼으며, 내용은 주로 부패한 정치를 폭로하고 백성들의 애환을 드러낸 것이다. 대표적인 산문으로 단편 「포사자설(捕蛇者說)」과 장편 「영주팔기(永州八記)」가 있고, 철리(哲理)를 담은 문장으로 「천대(天對)」 「천설(天說)」이 있다. 시인으로도 이름이 났으며, 서정시와 산수자연시를 잘 지었다. 시문집 『하동선생집(河東先生集)』(일명 柳河東集).

유종주(劉宗周:1578~1645)　　명대 말의 학자. 자는 기동(起東), 호는 염백(念白). 세칭 즙산선생(蕺山先生). 산음(山陰:절강성 紹興) 출신. 만력(萬曆) 29년(1601) 진사에 합격한 이후 순천부윤(順天府尹), 좌시랑(左侍郞) 등의 관직을 지냈다. 동림당(東林黨)의 활동에 가담하여 권신 위충현(魏忠賢)의 무단정치를 비판하는 상소를 올리고 다시 정치 혁신을 간하다가 관직을 잃고 서민으로 돌아갔다. 이후 즙산서원(蕺山書院)에서 제자들에게 강학을 하며 지냈다. 이 서원에 드나들며 그의 학문을 따른 자들을 즙산학파라 했다. 명나라가 망한 후 홍광(弘光) 정권이 들어서자 조정에 상소를 올리는 등 정치에 관심을 보였으나 마사영(馬士英)과 뜻이 맞지 않아 귀향했다. 남명(南明)정권이 망한 소식을 듣고 곡기를 끊어 순국했다. 학문은 양명학(陽明學)을 따랐으나 이에서 발전하여 '성경(誠敬)'과 '신독(愼獨)'을 주장하며 양명학의 폐단을 극복하려 했다. 명대 말을 빛낸 철학자이며, 제자에 황종희(黃宗羲)가 있다. 저서 『유자전서(劉子全書)』.

유준(劉峻:462~521)　　남조시대 양(梁)의 문학가, 사상가. 자는 효표(孝標). 원명은 법무(法武). 세칭 현정선생(玄靖先生). 평원(平原:산동성) 출신. 왕국시랑(王國侍郞), 호조참군(戶曹參軍) 등을 역임했으나 만년에 뜻을 얻지 못하고 병사했다. 변려문에 능했으며, 사회의 각종 모순을 세련된 필치로 폭로했다. 작품 「광절교론(廣絶交論)」「변명론(辯命論)」. 저서 『산서지(山棲志)』. 명(明)대 사람이 『유호조집(劉戶曹集)』을 펴냈다.

유지기(劉知幾:661~721)　당(唐)대의 사학자. 자는 자현(子玄). 팽성(彭城:강소성 徐州) 출신. 고종(高宗) 영륭(永隆) 원년(680) 진사가 되고 측천무후 재위시(699) 정왕부창조(定王府倉曹)를 지냈다. 이후 저작좌랑(著作佐郞), 산기상시(散騎常侍) 등 높은 관직에 올랐다가 만년에 현종(玄宗)의 미움을 사 안주도독부별가(安州都督府別駕)로 폄적되고 안주에서 사망했다. 역사의 연구방법과 역사 비판, 사서(史書)의 체례 등을 기술한 역사 평론서 『사통(史通)』 20권을 저술하여 사학 이론상에 큰 업적을 남겼다. 이밖에 당대 제왕의 실록을 편찬하는데 참여하였다. 편저 『유씨가사(劉氏家史)』 『유씨보고(劉氏譜考)』.

유포(劉褒)　동한(東漢) 말기의 화가. 환제(桓帝) 때 촉군(蜀郡)태수를 지냈다. 산수화에 능했으며 작품으로 「운한도(雲漢圖)」「북풍도(北風圖)」 등이 있다.

유표(劉表:142~208)　동한(東漢) 시대 사람. 자는 경승(景升). 산양(山陽) 고평(高平:산동성 鄒縣) 출신. 초평(初平) 원년(190)에 형주자사(荊州刺史)가 되었다. 동탁(董卓)의 전횡으로 조정이 혼란하자 호족의 지지 하에 호남, 호북 및 하남 일부를 장악했다. 진남장군(鎭南將軍)이 되어 난국 시기에 형주 일대를 잘 지켰으나 건안(建安) 7년 조조(曹操)의 침입으로 곤경에 처해 있다가 병사하였다.

유하동(柳河東) ➡ 유종원

유향(劉向:77~6 B.C)　서한(西漢)의 사학자, 문학가, 목록학자. 원명은 갱생(更生), 자는 자정(子政). 패(沛:강소성 沛縣) 출신. 유흠(劉歆)의 부친. 20세에 간의대부(諫議大夫)를 지냈고, 이후 한 차례 파직의 곡절을 겪어 관직이 중루교위(中壘校尉)에 이르렀다. 궁중의 서적을 정리하여 상고부터 한대까지의 학술을 체계적으로 목록화한 『별록(別錄)』을 편찬하였다. 또 『신서(新書)』『설원(說苑)』『열녀전(列女傳)』『열선전(列仙傳)』을 편찬하고 『전국책(戰國策)』을 정리하였다. 작품에는 「구탄(九嘆)」「청우화산부(淸雨華山賦)」 등 사부(辭賦) 33편이 있다.

유현덕(劉玄德) ➡ 유비

유협(劉勰:약 465~약 532)　남조시대 양(梁)의 문학이론가. 자는 언화

(彦和). 어려서 부친을 잃고 가난하게 살았다. 일찍이 건강(建康:강소성 南京)의 정림사(定林寺)에서 승려 우(祐)를 좇아 불경의 교정 작업을 했으므로 불교 경전에 관하여 해박한 지식이 있었다. 또 문학을 좋아하여, 10여년 간의 노력 끝에 중국 최초의 체계적 문학비평서인『문심조룡(文心雕龍)』을 지었다. 당시 심약(沈約)이 이 책을 읽고 크게 칭찬하여 관직에 천거했으며, 이후 거기창조참군(車騎倉曹參軍), 보병교위(步兵校尉)의 관직을 지냈다. 만년에 조정의 명을 받고 정림사에서 불경의 편정(編定) 작업을 했으며, 이후 삭발하고 승려가 되었다. 법명은 혜지(慧地). 기타 저작으로『멸혹론(滅惑論)』『양건안왕조섬산석성사석상비(梁建安王造剡山石城寺石像碑)』가 있다.

유효위(劉孝威:490∼549)　남조시대 양(梁)의 시인. 팽성(彭城:강소성 徐州) 출신. 법조(法曹), 주부(主簿) 등을 거쳐 태자중서자(太子中庶子), 통사사인(通事舍人)을 지냈다. 악부와 5언시를 즐겨 지었다. 저서『유서자집(劉庶子集)』.

유흠(劉歆:?∼23 A.D)　서한(西漢)의 목록학자. 고문경학가. 자는 자준(子駿). 시서(詩書)에 능통하였다. 성제(成帝)의 부름을 받고 황문랑(黃門郎)이 되어 부친 유향(劉向)과 함께 궁중에서 교서(校書)의 일을 보았다. 부친 사후 중루교위(中壘校尉)가 되었다. 애제(哀帝) 때 왕망(王莽)의 천거로 봉거광록대부(奉車光祿大夫)를 지냈다. 왕망을 제거하려고 음모하다 누설되어 자살했다. 궁중의 장서를 7종류로 분류하여 목록화한『칠략(七略)』7권을 만들었다. 고문상서(古文尚書), 좌전(左傳), 모시(毛詩)를 학관(學官)에 설치하는데 공을 세웠으며, 이로 인해 당시 고문경학가의 대표 인물로 꼽힌다. 작품으로 사부(辭賦)에「수초부(遂初賦)」「열녀송(列女頌)」이 있고, 산문에「양태상박사서(讓太常博士書)」가 있다. 천문서에『삼통력보(三統曆譜)』가 있다.

육가(陸賈)　서한(西漢) 초의 대신, 사상가. 고조(高祖) 유방(劉邦)의 천하통일을 도왔다. 고조 11년 남월왕(南越王) 조타(趙佗)를 설득하여 한나라의 신하가 되도록 했다. 이 공로로 태중대부(太中大夫)가 되었다. 한고조에게 "말을 타고 천하를 얻었으나 말을 타고 천하를 안정시킬 수는 없다"면서 무(武)와 문(文)을 겸하도록 진언하였다.『신어(新語)』2편을 저술하여 패술(覇術)을 버리고 왕도(王道)를 숭상할 것을 주장했다. 유교와 황로(黃

老)사상에 입각하여 인의와 무위가 겸비된 '무위이치(無爲而治)'가 이상적인 정치형태라고 보았다. 사부(辭賦)에도 능했으며, 역사서 『초한춘추(楚漢春秋)』를 지었으나 일실되었다.

육가칠종(六家七宗) 동진(東晋) 시대 불교 반야학(般若學)의 각종 파별. 육가는 본무(本無), 즉색(卽色), 식함(識含), 환화(幻化), 심무(心無), 연회(緣會)를 말하며, 이를 육종(六宗)이라고도 한다. 이에 본무종의 분파인 본무이종(本無異宗)을 합하여 칠종(七宗)이라고 한다. 이 육가칠종은 불교가 당시 사회에 유행하는데 지대한 영향을 끼쳤다.

육경(六卿) 주(周)대의 관직. 경(卿)의 신분을 가진 자가 봉직했다. 『주례(周禮)』의 기록에 의하면 육경은 곧 천관총재(天官恩宰), 지관사도(地官司徒), 춘관종백(春官宗伯), 하관사마(夏官司馬), 추관사구(秋官司寇), 동관사공(冬官司空)이다. 육관(六官)으로 부르기도 했다.

육구몽(陸龜蒙:?~약 881) 당(唐) 대 말기의 문학가. 자는 노망(魯望), 호는 강호산인(江湖散人), 보리선생(甫里先生), 천수자(天隨子). 오군(吳郡:강소성 蘇州) 출신. 진사 시험에 낙방한 후 소주(蘇州)와 호주(湖州)의 종사(從事)라는 낮은 관직을 지내다 만년에 송강(松江:上海) 보리(甫里)에 은거하여 시문을 지으며 살았다. 피일휴(皮日休)와 창화(唱和)하면서 주로 전원생활과 강남지방의 풍경을 시에 담았다. 시의 풍격은 함축적이고 벽삽(僻澁)하다. 산문은 대부분 시폐(時弊)를 풍자하는 내용이다. 농업 관련 저서 『뇌사경(耒耜經)』을 지었다. 시문집 『보리선생집(甫里先生集)』.

육구연(陸九淵:1139~93) 남송의 사상가. 자는 자정(子靜), 호는 존재 상산옹(存齋象山翁). 세칭 상산선생(象山先生). 금계(金溪:강서성) 출신. 건도(乾道) 연간(1165~73)에 진사가 되고 정안주부(靖安主簿), 국자정(國子正), 장작감승(將作監丞) 등을 지냈다. 항금(抗金)으로 설치(雪恥)할 것을 주장하다 배척을 받고 고향에서 학문을 전수하기도 했으며, 만년에는 지형문군(知荊門軍)으로 있으면서 임지에서 성을 쌓고 변방을 공고히 했다. 그는 선종(禪宗)과 유가(儒家) 사맹학파(思孟學派)의 유심주의 사상을 결합하여 '심학(心學)'의 사상체계를 세웠으며, "우주가 곧 오심(吾心)이요 오심이 곧 우주"라 하여 본심(本心)을 이해함으로써 우주의 본래 면목을 이해할 수 있다고 주장하였다. 또 주희(朱熹)와 함께 '이(理)'를 우주의 본원으로 보았으나, 주희가 객관적 유심주의인 반면 그는 주관적 유심주의의 입장을 보였다. 이로 인해 두 사람간 상호 사상적 논쟁을 벌였으며, 두 사람을 일컬어 '주육(朱陸)'이라 했다. 그의 학술사상은 명(明)대의 왕수인(王守仁)에 의해 계승 발전되었으며 '육왕학파(陸王學派)'를 형성하였다. 저작 『상산선생전집(象山先生全集)』. 근세 사람이 『육구연집(陸九淵集)』을 펴냈다.

육기(陸機:261~303)　　서진의 문학가, 서예가. 자는 사형(士衡). 화정(華亭:上海) 출신. 삼국시대 오(吳)의 명장 육손(陸遜)의 손자, 대사마(大司馬) 육항(陸抗)의 아들. 젊어서 병법을 좋아했으나 오(吳)가 망한 후 은거하여 독서에 몰두했다. 후에 아우 육운(陸雲)과 함께 낙양(洛陽)에서 문재를 크게 떨쳐 세인들이 두 사람을 일컬어 '이육(二陸)', 혹은 '기운(機雲)'이라 불렀다. 8왕(王)의 난 때 후장군(後將軍), 하북대도독(河北大都督)에 임명되어 장사왕(長沙王) 사마의(司馬義)와 싸우다 패했으며, 참소를 당하고 성도왕(成都王) 사마영(司馬穎)에 의해 살해되었다. 시부에 능하여 「부낙도중작(赴洛道中作)」「위고언선증부(爲顧彦先贈婦)」「증조언선(贈照彦先)」「탄서부(嘆逝賦)」「부운부(浮雲賦)」 등을 남겼다. 문학이론서인 『문부(文賦)』를 지었다. 후인이 『육사형집(陸士衡集)』을 펴냈다. 서예 방면에서는 장초서(章草書)에 훌륭한 족적을 남겼다.

육덕명(陸德明:약 550~630)　　수(隋)·당(唐) 시대의 경학가, 문자학자. 본명은 원랑(元朗). 덕명은 호이다. 오(吳:강소성 蘇州) 출신. 당대에 국자박사(國子博士)의 관직을 지냈다. 『경전석문(經典釋文)』 30권을 편찬하여 문자의 음의(音義)를 강구하였다. 저서 『노자소(老子疏)』『역소(易疏)』.

육려(六呂) → 육률 참조

육례(六禮)　　주대부터 행해진 여섯 가지 민간 예법. 곧 관례(冠禮), 혼례(婚禮), 상례(喪禮), 제례(祭禮), 향음례(鄕飮禮), 상견례(相見禮)이다. 이밖에 혼례의 여섯가지 예법을 가리키기도 하는데, 납채(納采), 문명(問名), 납길(納吉), 납폐(納幣), 청기(請期), 영친(迎親)을 말한다.

육롱기(陸隴其:1630~92)　　청대 초의 사상가. 자는 가서(稼書). 처음 이름은 용기(龍其). 평호(平湖:절강성) 출신. 강희(康熙) 9년(1670) 진사가 되고 사천도감찰어사(四川道監察御史)를 지냈다. 정·주(程朱)의 이학(理學)에 깊이 침잠하여 왕양명(王陽明)의 치양지(致良知) 학설을 반대했다. 봉건예의 및 윤리도덕의 회복을 적극 주장하고 봉건통치를 옹호하였다. 저서

『삼어당집(三魚堂集)』『사서강의(四書講義)』『영수현지(靈壽縣志)』.

육률(六律)　주(周)대에 만들어진 음악의 여섯 가지 고저 율조. 각 율마다 음양으로 나뉘어 실제로는 십이율이며, 이중 양률(陽律)을 육률(六律), 음률(陰律)을 육려(六呂)라고 한다. 또 전체 십이율을 통칭하여 율려(律呂)라고 한다. 육률은 저음부터 황종(黃鐘), 대주(大簇), 고선(姑洗), 유빈(蕤賓), 이칙(夷則), 무역(無射)이며, 육려는 대려(大呂), 협종(夾鐘), 중려(中呂), 임종(林鐘), 남려(南呂), 응종(應鐘)이다.

육부(六部)　관서명. 수(隋)대 상서성(尙書省) 아래 설치된 이(吏), 예(禮), 병(兵), 도관(都官), 탁지(度支), 공(工)의 6부. 수 개황(開皇) 3년(583) 도관을 형부(刑部), 탁지를 호부(戶部)로 개칭하였다. 각 부에는 상서(尙書)를 두어 부의 업무를 총괄하게 하였다. 당·송(唐宋)대에도 같은 관제가 이어졌으며, 원대에는 6부가 중서성(中書省)에 소속되었다. 명 태조(太祖)는 재상을 없애는 대신 6부에 직접 업무 책임을 지우고 그 우두머리로 하여금 황제와 독대하도록 하였으므로 권한이 한층 강화되었다. 청 말에 여러 부를 증설함으로써 6부의 개념이 사라졌다.

육사형(陸士衡) ➡ 육기

육상산(陸象山) ➡ 육구연

육서(六書)　한자의 조자(造字) 원리가 되는 6가지 방법으로서 상형(象形), 지사(指事), 회의(會意), 형성(形聲), 전주(轉注), 가차(假借)를 가리킨다. 후한(後漢) 허신(許愼)이 『설문해자(說文解字)』에서 이 분류방법을 채용하여 글자의 형성 원류를 고찰했다. 상형은 사물의 모양을 본떠 만든 글자로서 '日' '月' 등이 이에 해당한다. 지사는 추상적인 기호를 통해 사물을 가리키거나 어떤 상태를 암시하는 글자로서 '上' '下' 등이 있다. 회의는 둘 이상의 글자를 합하되, 각 글자의 뜻을 취하여 새로운 뜻을 지닌 글자로 만드는 것이다. '人'과 '言'이 합쳐져 '信'이 생겨난 것과 같은 예이다. 형성은 발음을 나타내는 음부(音部)와 뜻을 나타내는 의부(意部)의 글자를 합하여 만든 것이다. '江' '河' 등이 이에 속한다. 전주는 기존 글자의 의미를 확대시켜 다른 뜻으로 사용한 글자이다. 예로서 '惡'의 '악하다'는 뜻에서 '미워하다'라는 뜻이 파생되었다. 가차는 기존 글자에서 주로 음 부분을 빌려 어떤 뜻을 지닌 새로운 음을 표기하는 방법이다. 외래어를 표기할 때 주로 이 방법을 택했다. 상형, 지사, 회의, 형성은 한자 생성의 기본 원리이고, 전주, 가차는 한자의 운용방법이다.

육손(陸遜:183～245)　　동한(東漢) 말 삼국시대의 정치가. 자는 백언(伯言). 오국(吳國) 오현(吳縣:강소성 蘇州)의 권문사족 출신. 손책(孫策)의 사위. 손책, 손권(孫權)을 섬기며 오나라의 전술가로 활약했다. 계책과 용병에 뛰어나 촉한(蜀漢)의 관우(關羽)를 공격하여 형주를 탈취하는데 큰 공을 세웠다. 유비(劉備)가 쳐들어왔을 때는 화공법을 써서 대파하였다. 관직은 형주목(荊州牧)을 거쳐 승상까지 지냈다. 손권이 적자를 폐하고 서자를 세우려 하자 부당함을 누차 간하다 통분하여 죽었다. 시호는 소후(昭侯).

육수부(陸秀夫:1236～79)　　남송 말의 충신. 자는 군실(君實). 초주(楚州) 염성(鹽城:강소성) 출신. 덕우(德祐) 2년(1276) 원나라 군대가 임안(臨安)을 향해 압박해 들어올 때 예부시랑(禮部侍郎)의 직책으로서 원군 진영에 들어가 화평을 제의했다. 임안이 함락되자 온주(溫州)로 피신했으며, 다시 복주(福州)로 옮겨 그곳에서 문천상(文天祥), 장세걸(張世傑) 등과 함께 조하(趙昰)를 제위에 옹립하고 원나라에 항거하였다. 상흥(祥興) 2년(1279) 근거지인 애산(厓山)이 함락되자 후임 황제 조병(趙昺)을 등에 업고 바다에 뛰어들어 죽었다. 저서『육충렬공유집(陸忠烈公遺集)』.

육수정(陸修靜:406～77)　　남조시대 송(宋)의 도사. 자는 원덕(元德). 여산(廬山)에 은거하며 도교 경전을 연구했으며, 태시(泰始) 3년(467) 중국 최초의 도교 경전 목록서인『삼동경서목록(三洞經書目錄)』을 편찬했다. 명제(明帝)의 예우를 받아 간적선생(簡寂先生)이란 시호를 얻었으며, 북송(北宋) 휘종(徽宗) 때는 단원진인(丹元眞人)으로 추존되었다.

육언시(六言詩)　　한(漢)대에 발생한 일종의 시가 형식. 6자를 한 구로 한다. 공융(孔融)의 「육언(六言)」이 육언시의 초기 대표작으로 꼽힌다.

육예(六藝)　　주대에 시작된 일종의 교육 과목으로서 예(禮), 악(樂), 사(射), 어(御), 서(書), 수(數)를 가리킨다. 그중 예·악·사·어를 대예(大藝)라 하고, 서·수를 소예(小藝)라 한다. 공자는 육경(六經)을 육예로 불렀는데, 곧『시경』『서경』『예기』『악기(樂記)』『역경』『춘추』를 가리킨다.

육우(陸羽:733～804)　　당(唐)대의 차(茶) 이론가, 시인. 자는 홍점(鴻漸). 일설에 그는 어려서 승려 밑에서 자랐으나 도망쳐 배우가 되었다고 한다. 숙종(肅宗) 때 호주(湖州:절강성)의 초계(苕溪)에 은거하면서 여류시인 이계란(李季蘭), 승려 교연(皎然) 등과 교유했다. 누차 나라의 부름을 받고

도 관직에 나아가지 않고 시문을 지으며 초야에 묻혀 살았다. 그의 저서 『다경(茶經)』은 차의 기원, 원료가 되는 나뭇잎의 종류, 생산 방법과 함께 다구(茶具), 수질(水質) 등을 두루 설명하였다. 이로 인해 그는 다신(茶神), 다성(茶聖) 등으로 추존되었다.

육운(陸雲:262~303)　　서진의 문학가. 자는 사룡(士龍). 육기(陸機)의 아우. 중서시랑(中書侍郎), 청하내사(淸河內史) 등의 관직을 지냈으나 8왕(王)의 난 때 육기와 함께 성도왕(成都王) 사마영(司馬穎)에게 피살되었다. 육기에 버금갈 만큼 시문에 능해 육기와 더불어 '이육(二陸)', 혹은 '기운(機雲)'으로 불렸다. 대표작은 「곡풍(谷風)」이며, 문집에 『육사룡집(陸士龍集)』이 있다.

육유(陸游:1125~1210)　　남송의 문학가, 사학자. 자는 무관(務觀), 호는 방옹(放翁). 산음(山陰:절강성 紹興) 출신. 북송이 금(金)에게 망할 무렵 태어나 어려서부터 우국(憂國)의 사상을 싹틔웠다. 소흥(紹興) 24년(1154) 진사에 응시하여 장원을 차지했으나 중원의 회복을 강력히 주장하다 간신 진회(秦檜)의 미움을 사 제명당했다. 진회가 죽은 후 영덕주부(寧德主簿)가 되고, 효종(孝宗)이 즉위한 뒤에는 진사 출신을 인정받아 추밀원편수(樞密院編修) 겸 유성정소검토(類聖政所檢討)에 임용되었다. 오래지 않아 다시 항금(抗金)을 주장하는 상소를 올려 폄적되었다. 건도(建道) 6년(1170) 기주통판(夔州通判)이 되고, 후에 촉수(蜀帥) 범성대(范成大)의 휘하에 들어가 사천제치사사참의관(四川制置使司參議官)을 역임했다. 효종 순희(淳熙) 5년(1178) 촉을 떠나 동쪽의 복건(福建), 강서(江西) 등지에서 관직생활을 했으나 끝까지 항금 투쟁을 주장하다 여러번 파직되는 곡절을 겪었다. 그의 시와 사는 중원 회복을 염원하는 내용이 많다. 이 때문에 일반적으로 그를 애국시인, 애국사인이라 부른다. 그의 시는 약 9,300여 수에 이르며, 사상 면에서, 문학적 성취 면에서 모두 훌륭하다. 사 역시 100여 수에 이르며 비분강개한 격정을 잃지 않았다. 신기질(辛棄疾)과 더불어 남송 사단(詞壇)의 대표적 인물로 꼽히며, 세칭 '신육(辛陸)'이라 했다. 저서 『검남시고(劍南詩稿)』『위남문집(渭南文集)』『노학암필기(老學庵筆記)』『남당서(南唐書)』.

육의(六義)　　『시경(詩經)』의 분류 및 서술방법을 나타내는 여섯 가지 표현법. 풍(風)·아(雅)·송(頌)·부(賦)·비(比)·흥(興)을 가리키며, 이 중 앞의 세 가지는 시경의 분류방법, 뒤의 세 가지는 시경의 서술 방법이다.

육일시화(六一詩話)   서명. 1권. 북송 구양수(歐陽修) 저. 필기(筆記) 형식으로 당·송(唐宋) 시인의 작품을 평론했다. 중국 최초의 시화(詩話)이며 이로부터 '시화'라는 시가 평론의 새로운 형식이 생겨났다. 원명은 『시화(詩話)』이나 작자의 호가 '육일거사(六一居士)'이므로 이름이 붙여졌다.

육조(六曹)   관직명. ① 동한(東漢) 때 상서(尚書)를 육조로 나누었다. 당시의 명칭은 삼공조(三公曹), 이부조(吏部曹), 민조(民曹), 객조(客曹), 이천석조(二千石曹), 중도관조(中都官曹)였으며, 이후 수차례 명칭의 변화를 겪으면서 수·당(隋唐)대에 이(吏), 호(戶), 예(禮), 병(兵), 형(刑), 공(工)의 육부(六部)로 굳어졌다. ② 당(唐)대에 각 주를 다스리는 좌관(佐官)으로 공조(功曹), 창조(倉曹), 호조(戶曹), 병조(兵曹), 법조(法曹), 공조(工曹)의 육조를 두었다. ③ 송(宋) 휘종(徽宗) 때 각 주현에 이, 호, 예, 병, 형, 공의 육조를 두었다. 육부 참조.

육조(六朝)   삼국시대의 오(吳)와 동진(東晋), 그리고 남조(南朝)의 송(宋), 제(齊), 양(梁), 진(陳) 여섯 왕조를 일컫는 말. 모두 도읍을 건강(建康:吳는 建鄴이라 불렀음. 현재의 남경)에 정했다.

육조삼걸(六朝三傑)   육조(六朝)시대의 3대 화가인 고개지(顧愷之), 장승요(張僧繇), 육탐미(陸探微)를 일컫는 말.

육지(陸贄:754~805)   당(唐) 덕종(德宗)·순종(順宗) 때의 정치가, 문학가. 자는 경여(敬輿). 가흥(嘉興:절강성) 출신. 덕종 때 한림학사, 중서시랑(中書侍郎), 동평장사(同平章事) 등을 역임하면서 각종 개혁정책을 폈으며, 이로 인해 주변의 모함을 받아 충주별가(忠州別駕)로 폄적되었다. 순종(順宗) 때 복권되어 경사(京師)로 초치되었으나 조서가 충주에 도착하기 전 사망했다. 의론문(議論文)을 잘 지었으며, 시폐(時弊)를 명쾌하게 지적하기로 이름이 났다. 변려구(騈儷句)를 자주 사용하되 완약한 기풍을 보였다. 저서 『한원집(翰苑集)』.

육찰(六察)   당(唐)의 관제. 감찰어사(監察御史)는 6가지 사안에 관하여 백관들을 감찰하였는데, 이를 일컬어 육찰이라 했다. 그 내용은 ① 선악 ② 호구 유실, 장부·부역 관리 ③ 농사 관리, 창고 관리 ④ 도적 및 백성의 생업 관리 ⑤ 효제 덕행, 인재 등용 ⑥ 소리(小吏)들의 백성에 대한 횡포 감시 등이다.

육천동폐(六泉銅幣)   서한(西漢) 말 왕망(王莽) 정권 때 통용된 6종류의 원형 동폐(銅幣). 규격이 다양하여 사용상의 혼란을 가져왔다. 왕망의 제도 개혁상의 혼선을 반영한 것이다.

육탐미(陸探微)　남조 시대 송(宋)의 화가. 오(吳:강소성 吳縣) 출신. 고개지(顧愷之)의 화풍을 본받아 인물화 및 불화(佛畵), 성현화(聖賢畵)에 능했다. 고개지, 장승요(張僧繇)와 함께 '육조삼걸(六朝三傑)'로 불리었다. 작품「송명제상(宋明帝像)」「천왕상(天王像)」「훈신상(勳臣像)」「오악도(五岳圖)」.

윤선초상국(輪船招商局)　약칭 초상국(招商局). 청대 말의 최대 해운 기업. 동치(同治) 12년(1873) 이홍장(李鴻章) 등이 설립했으며, 관에서 감독하고 상인이 운영하는 관독상판제(官督商辦制)였다. 상해에 총국을 두고 연대(煙臺), 한구(漢口), 천진, 복주(福州), 광주(廣州) 등지에 지국을 두었다. 광서(光緒) 3년(1877) 미국으로부터 고가의 선박과 설비를 구입하여 경영을 확대했으나 계속 외국의 통제를 받았다. 또 설립 초기 막대한 부채를 진데다 경영도 부실하여 효율적인 운영을 하지 못했다. 광서 11년 성선회(盛宣懷)가 관의 감독 아래 두게 했고, 선통(宣統) 원년(1909) 우전부(郵電部)에, 다시 1932년 교통부에 귀속되었다.

율려(律呂) ➡ 육률 참조

은(殷:약 1500~약 1100 B.C)　중국의 고대 왕조. 일명 상(商). 지금의 하남성 안양현(安陽縣)을 중심으로 황하 연변의 군소 도시국가를 규합하여 세운 것으로 전해진다. 처음에는 수도 이름을 따서 상(商)이라고 했으며, 반경(盤庚) 대에 이르러 국호를 정식 은이라 하고 도읍을 박(亳:하남성 商丘)에서 은(殷:하남성 安陽 小屯村)으로 옮겼다. 20세기 초 은허의 발견에 따라 실제 왕조임이 입증되었다. 전설에 의하면 은왕조의 개조(開祖)인 탕왕이 하(夏)의 폭군 걸(桀)왕을 치고 은왕조를 개창하였다고 한다. 이후 주(紂)왕에 이르러 주(周)의 무왕(武王)에게 멸망하기까지 31명의 왕이 계승하였다. 은왕조의 시조는 설(契)이며, 설은 삼황오제(三皇五帝)중 오제에 속하는 제곡(帝嚳)의 아들로 전해진다. 하남성을 중심으로 하는 화북(華北) 일대에서 번성했으며, 수도는 은허가 발굴된 하남성 안양현 일대이다. 왕권에 의한 신정정치를 폈다. 청동기문화이며, 한자의 초기 형태인 갑골문자를 사용했다.

은작산한간(銀雀山漢簡)　은작산(銀雀山:산동성 臨沂) 한묘(漢墓)에서 출토한 서한 초기의 죽간(竹簡). 『손자병법(孫子兵法)』 『손빈병법(孫臏兵法)』 『육도(六韜)』 『관자(管子)』 『안자(晏子)』 『묵자(墨子)』 『역보(曆譜)』 등 그 동안 일실되었던 서적이 다량 출토되었다.

은허(殷墟)　하남성 안양현(安陽縣) 소둔촌(小屯村) 일대에서 발견된 고대 은왕조 수도의 유적. 당초 이 지역에서 나온 귀갑(龜甲)과 우골(牛骨)이 북경의 약방에서 약재로 쓰였는데, 1899년 금석학자 왕의영(王懿榮)이 곁에 고대문자가 기록된 것을 발견하였다. 이후 20세기 초 나진옥(羅振玉), 왕국유(王國維), 동작빈(董作賓) 등이 본격 유적 발굴에 나서 왕족의 주거지, 묘역 및 각종 청동기 유물을 발견하였다. 은허의 발굴로 인해 전설로만 내려 오던 은왕조의 실체가 확인되고 한자의 원시형태로 갑골문자가 있었음이 입증되었다. 이와 함께 당시 화려한 궁중생활의 일면을 엿볼 수 있다.

음양가(陰陽家)　춘추전국시대에 발생한 학술사상 혹은 그 유파. 음양오행의 법칙에 근거하여 자연현상을 해석했다. 대표적 사상가로는 추연(鄒衍)이 있다.

음양설(陰陽說)　서주(西周) 말기에 발생한 일종의 자연관. 물질은 기(氣)로부터 생산되는데, 음양의 2기가 교차되어 만물을 생성한다는 학설. 예로 천(天)은 양기로서 상승의 성질을 가지며, 지(地)는 음기로서 하강의 성질을 가진다는 것이다. 이같은 음양 2기가 조화를 이루지 못할 경우 이상현상과 이로 인한 재난이 발생한다고 하였다. 전통적인 천명관을 부정한 학설이다.

응모사(應募士)　서한(西漢)시대의 병역제도에 따르면 병사는 일반 징집병인 정졸(正卒)과 수졸(戌卒)이 있었으며, 이외에 지원병인 응모사가 있었다. 동한(東漢) 때는 모병제가 성행했는데, 이들을 모사(募士)라 칭했다.

응봉국(應奉局)　관서명. 송(宋) 휘종(徽宗)은 부패한 생활과 기벽을 채우기 위해 숭녕(崇寧) 원년(1102) 소주(蘇州)와 항주(杭州)에 조작국(造作局)을 설치하였다. 조작국은 환관 동관(童貫)이 전담하여 동남 지방의 공장(工匠) 수천명을 모아 상아, 코뿔소뿔, 금은, 대나무, 등나무에서 자수에 이르기까지 각종 공예품을 만들게 했으며, 원료로 쓰이는 것은 모두 백성들에게서 조달하였다. 이로 인해 백성의 부담이 매우 컸다. 숭녕 4년(1105) 휘종은 또다시 소주에 응봉국(應奉局)을 설치하여 소주 출신 주면(朱勔)에게 맡겼다. 응봉국에서는 전국의 기화이석(奇花異石) 등 진귀한 물건을 수집했으며, 민간에 있는 돌 하나, 나무 한그루라도 쓸만한 것이면 약탈 등을 통해 획득했다. 또 이름 선박에 실어 동경(東京:하남성 開封)으로 이송했는데, 10척을 1강(綱)으로 조직하여 화석강(花石綱)이라 불렀다. 응봉국에 소속된 사람들은 기회만 있으면 남의 재산을 빼앗았으므로 백성의 질고가 심했다. 선화(宣和) 7년(1125) 폐지되었다.

응소(應劭)　　동한(東漢)의 사상가. 자는 중원(仲遠). 한 영제(靈帝) 때 효렴(孝廉)에 천거되었다. 헌제(獻帝) 때 태산(泰山:산동성 泰安)태수로 있다가 정국 혼란기에 원소(袁紹) 밑에서 군모교위(軍謀校尉)를 지냈다. 헌제가 도읍을 허창(許昌)으로 옮기면서 각종 서적이 훼손되고 망실되었는데, 그는 이 때 문헌들을 수습하여 『한관의(漢官儀)』 10권과 『한의(漢儀)』를 펴냈다. 이 저작들은 한대 백관(百官)의 의례(儀禮)와 법률, 제도 등을 기술한 것이다. 이밖에 민간의 풍속과 문화 활동을 담은 『풍속통의(風俗通義)』(일명 風俗通)를 비롯하여 『한서집해(漢書集解)』 『한조의박(漢朝議駁)』 등을 지었다.

응창(應瑒:?~217)　　동한(東漢) 말의 문학가. 자는 덕련(德璉). 남돈(南頓:하남성 項城) 출신. 건안칠자(建安七子) 중의 한 사람. 유정(劉楨)과 더불어 조조(曹操)의 막하에서 일했다. 5언시에 능했으며, 작품에 「시오관중랑장건장대집시(侍五官中郎將建章臺集詩)」 등이 있다. 명(明)나라 사람이 그의 작품을 모아 『응덕련집(應德璉集)』을 펴냈다.

의랑(議郎)　　관직명. 서한(西漢) 때 처음 설치되었다. 조정의 정치에 관한 고문 응대의 일을 맡았다. 조정 내 관직 서열은 중랑(中郎), 시랑(侍郎)보다 약간 높은 위치였다. 동한(東漢) 때는 지위가 한층 높아져 정사에 참여했다.

의례(儀禮)　　서명. 일명 『예(禮)』 『예경(禮經)』 『사례(士禮)』. 17편. 전국시대 무명씨가 춘추 이래의 유가의 예의제도에 관한 문장을 모아 엮었다. 특히 사(士) 계층의 예의제도를 주로 기술하였으며, 관례(冠禮)·혼례(婚禮)·상례(喪禮)·상견례(相見禮)·향음주례(鄉飮酒禮)·연례(宴禮)·빙례(聘禮)의 육례로 구분하였다. 선진(先秦)시대의 예의제도를 연구하는 주요 문헌이며, 『주례(周禮)』 『예기(禮記)』와 더불어 삼례(三禮)에 속한다. 송(宋)대에 13경(經)에 열입되었다.

의비전(蟻鼻錢)　　춘추전국시대 초(楚)나라에서 유통된 동폐(銅幣). 정면

이 돌출되어 있으며, 이 부분에 문자가 새겨졌다. 사람의 얼굴 모양이라 하여 귀검전(鬼臉錢)이라 불리기도 한다.

의서의처(議敍議處)　　청 정부가 관원들에게 행한 상벌제도. 의서(議敍)는 포상, 의처(議處)는 처벌에 해당하며 이부(吏部)에서 관장했다. 의서는 기록(紀錄)과 가급(加級)으로 나누되 3차례 기록을 얻으면 1가급을 받았다. 의처는 벌봉(罰俸), 강급(降給), 혁직(革職)으로 나뉘며, 혁직이 가장 가혹했다.

의창(義倉) → 사창

의화단운동(義和團運動)　　청 광서(光緖) 25년(1900)부터 이듬해까지 북방을 중심으로 발생한 민중의 대규모 반제국주의 애국운동. 의화단이란 의화권(義和拳)을 하는 사람들이 만든 단련(團練)을 말하며, 의화권은 호신술의 일종인 권봉(拳棒) 기술로서 백련교(白蓮敎)의 한 유파가 개발 보급했다. 일설에는 권봉술을 하던 조직의 명칭이 의화권이며, 이들은 처음에 서양 종교에 대한 투쟁을 전개하다 광서 25년(1899) 의화단으로 개칭했다고 한다. 의화단운동이 촉발된 곳은 산동지방으로, 이곳은 청일전쟁 때 가장 많은 피해를 보았으며, 전쟁후 열강의 경제침략과 기독교 침투가 극심했다. 이곳에서 농민, 수공업자 및 서구 침략을 반대하는 봉건 신사(紳士)계급이 의화단에 가담하여 ‘부청멸양(扶淸滅洋)’의 구호를 내걸고 교회나 철도를 파괴하는 폭동을 일으켰다. 그해 여름 의화단 운동은 특별한 지도자없이 북방 각지로 번져나갔고, 관군의 일부가 가세하는 등 큰 기세를 보였다. 이에 영국, 미국, 일본, 러시아 등 8개국은 연합군을 조직하여 이들을 진압하였다. 청 정부의 서태후(西太后)는 당초 의화단 활동에 동조하여 열강에 선전포고를 했으나 열강의 압력을 받고 진압에 나서는 등 모호한 태도를 취했다. 그해 8월 연합군이 북경을 점령하면서 의화단은 진압되고, 청 정부는 제국주의와 신축조약(辛丑條約)을 체결하였다.

이각박안경기(二刻拍案驚奇)　　서명. 40권. 백화문 단편소설집. 명대 말 능몽초(凌濛初) 편. 숭정(崇禎) 5년(1632) 완성했다. 『전등여화(剪燈餘話)』『오잡조(五雜俎)』『속수기(涑水記)』 등의 책에서 내용을 취했다. 미신적 내용이 많고, 인과응보, 숙명론 등의 사상이 배어 있다. 초각박안경기 참조.

이갑제(里甲制)　　명대의 지방 조직. 태조(太祖) 홍무(洪武) 14년(1381) 제정했다. 110호(戶)를 기본단위로 이(里)를 나누되, 이중 10호를 이장호

(里長戶)로 정하고, 나머지 100호를 갑수호(甲首戶)라 했다. 갑수호는 다시 10호씩 나누어 1갑(甲)으로 편성했다. 이장 10호는 1년씩 번갈아가며 이갑의 행정 사무를 맡았는데, 주된 내용은 호석조사인 부역황책(賦役黃冊)을 작성하고, 부역과 세금을 징수하는 일이었다.

이강(李鋼: 1083~1140) 북송 말기의 정치가, 장수. 휘종(徽宗) 때 어사(御史) 등의 관직을 지내며 수차례 조정의 실정을 비판하다 관직이 깎였다. 휘종 말 오민(吳敏)의 추천으로 태상소경(太常少卿)이 되었으며, 휘종이 금(金)의 침략을 피해 남쪽으로 천도하려 하자 극구 반대하며 항전을 주장했다. 이후 상서우승(尙書右丞), 동경유수(東京留守)에 임명되어 투항파에 반대하며 동경을 사수했다. 그러나 투항파에 의해 병권이 박탈되고 양주(揚州)로 폄적되었다. 남송(南宋) 건립 후 재상에 임명되어 투항파를 엄단하고 변경(汴京)으로 천도하여 금과 일대 항전할 것을 주장했으나 재임 75일만에 황잠선(黃潛善), 왕백언(汪伯彦) 등의 배척을 받아 관직을 박탈당했다. 이후에도 누차 상소를 올려 금과의 항전을 건의했으나 채택되지 않았다. 시호는 충정(忠定). 저서 『양계집(梁溪集)』 『정강전신록(靖康傳信錄)』 등.

이개방(李開芳: 약 1826~1855) 청대 말 태평천국 지도자의 한 사람. 광서(廣西) 무연(武緣) 출신. 태평천국의 난에 가담하여 감군(監軍), 총제(總制) 등의 지위에 올랐다. 태평군이 무창(武昌), 남경(南京) 등지로 진군할 때 선봉에 섰다. 함풍(咸豊) 3년(1853) 임봉상(林鳳祥), 길문원(吉文元) 등과 북벌정책에 나서 안휘, 하남, 산서 등을 점령했다. 이로 인해 청 왕조가 크게 흔들렸으며, 이 공로로 그는 정호후(定胡侯)에 봉해졌다. 후에 천진을 공격하다 실패하고 포로가 되어 북경에서 처형되었다.

이견지(夷堅志) 서명. 전기(傳奇) 모음집. 32집 420권이었으나 다수가 일실되고 1927년 장원제(張源濟)가 180권 보16권으로 펴냈다. 남송(南宋) 홍매(洪邁)가 각 지방의 기이한 전문(傳聞)들을 모아 편찬했다. 정사에 없는 송대의 민간 사회상을 볼 수 있어 사료적 가치가 높다.

이경부(二京賦) 부(賦)의 편명. 동한(東漢) 장형(張衡)의 작품. 「동경부(東京賦)」와 「서경부(西京賦)」로 나뉜다. 동경(東京:洛陽)과 서경(西京:長安)의 정치 형세와 자연 풍경, 풍습 등을 아름답게 서술하여 한(漢) 왕조의 흥성함을 노래했다. 서한 반고(班固)의 「양도부(兩都賦)」를 모방했다.

이고(李翱: 772~841) 당(唐)대의 사상가, 문학가. 자는 습지(習之).

중서사인(中書舍人), 관찰사, 절도사 등을 지냈다. 한유(韓愈)의 조카사위로서 한유와 함께 『논어필해(論語筆解)』를 지었다. 고문운동에 적극 참여하였으며, 저서 『복성서(復性書)』를 통하여 도통(道統)의 회복을 주장하였다.

이공린(李公麟:약 1049~1106) 　북송의 화가. 자는 백시(伯時), 호는 용면거사(龍眠居士). 서성(舒城:안휘성) 출신. 신종 희녕(熙寧) 3년(1070) 진사가 되고 현위(縣尉), 녹사참군(錄事參軍), 중서문하성산정관(中書門下省删定官), 어사대검법(御史臺檢法) 등을 역임했다. 만년에는 용면산(龍眠山)에 은거했다. 산수, 인물, 화조(花鳥), 안마(鞍馬) 등 그림의 제재가 다양했으며, 특히 백묘법(白描法)을 사용하여 인물도와 안마도를 그렸는데, 필력이 강건하면서도 표현은 간결 명쾌했다. 그의 백묘화법은 남송의 가사고(賈師古), 원(元)의 조맹부(趙孟頫)·장악(張渥), 명청(明淸)의 구영(仇英)·정운붕(丁雲鵬)·소운종(蕭雲從) 등에 이어졌다. 「도연명귀거래도(陶淵明歸去來圖)」가 유명하며, 이밖에 「구가도(九歌圖)」「유마힐상(維摩詰像)」「면소도(免宵圖)」「오마도(五馬圖)」 등이 있다.

이공좌(李公佐) 　당대의 소설가. 자는 전몽(顓蒙). 농서(隴西:감숙성) 출신. 진사를 거쳐 원화(元和) 연간(806~20)에 강회(江淮)의 종사(從事)를 시작으로 홍주판관(洪州判官), 양부녹사참군(揚府祿事參軍)을 지냈다. 「남가태수전(南柯太守傳)」「사소아전(謝小娥傳)」「여강빙온전(廬江憑媼傳)」「고악독경(古岳瀆經)」 등 전기소설 작품 4편이 있다. 「남가태수전」은 심기제(沈旣濟)의 「침중기(枕中記)」와 함께 공명과 부귀영화의 헛된 꿈에 사로잡힌 당시 지식계층을 빗대 일침을 가하는 내용이다

이광필(李光弼:708~64) 　당(唐) 중기의 정치가. 거란족. 영주(營州) 유성(柳城:요녕성 朝陽) 출신. 지략이 넘쳤으며 활쏘기와 말타기를 잘했다. 안록산(安祿山)의 난 때 곽자의(郭子儀)의 추천을 받아 하동절도부사(河東節度副使)가 되고, 다시 하북채방사(河北采訪使)에 임명되었다. 곽자의와 함께 하북을 공격하여 10여 개 군을 수복했다. 지덕(至德) 2년(757) 태원(太原)에서 사사명(史思明)의 군대를 격파하고 2년 후 천하병마부원수(天下兵馬副元帥)에 올랐다. 같은 해 사사명의 군대에 패해 하양(河陽:하남성 孟縣)으로 퇴각했다. 상원(上元) 원년(760) 태위(太尉), 중서령(中書令)에 임명되었다.

이구(李覯:1009~59) 　북송의 문학가, 사상가. 자는 태백(泰伯). 세칭

우강선생(盱江先生), 직강선생(直講先生). 과거에 낙방한 뒤 향리에서 우강서원(盱江書院)을 짓고 서생들을 가르쳤다. 인종(仁宗) 황우(皇祐) 초(1049경) 범중엄(范仲淹)의 천거를 받아 시태학조교(試太學助敎)가 되고 이후 태학설서(太學說書)에 올랐다. 경학에 능통하고 변론과 문장을 잘하였다. 도교와 불교를 배척하고 유가의 입장에서 문이재도(文以載道)를 실천하였다. 정치적으로는 범중엄의 신정(新政)을 지지하여 통변구폐(通變救弊)를 주장하였으며, 만년에는 왕안석(王安石)의 개혁에 참여하였다. 문집『직강이선생문집(直講李先生文集)』.

이구년(李龜年)　당(唐)대의 음악가. 악기를 잘 탔으며, 현종(玄宗) 때 궁정악사(宮廷樂師)의 관직을 지냈다. 안사(安史)의 난 이후 강남 지방에서 유랑생활을 했다. 저서『위주곡(渭州曲)』.

이극용(李克用:856~908)　당(唐) 말의 정치가. 사타(沙陀) 부락 출신. 한쪽 눈을 실명했으므로 독안룡(獨眼龍)이란 별명을 얻었다. 대동군방어사(大同軍防御使) 단문초(段文楚)를 살해하고 운주(雲州)를 점거했다가 당군에 패했다. 이후 당의 장수가 되어 황소(黃巢)의 난을 진압했다. 883년 군사를 이끌고 장안에 진입하여 진왕(晉王)에 봉해졌다. 그의 아들 이존욱(李存勖)이 후당(後唐)을 건립하여 그를 태조(太祖)로 추존했다.

이금(釐金)　태평천국의 난 때 청 정부가 전쟁비용에 쓸 목적으로 징수한 세금. 일명 이연(釐捐). 막대한 군비 지출을 위해 당초 함풍제(咸豊帝)는 철전(鐵錢), 연전(鉛錢), 대전(大錢)을 주조하고 지폐를 발행했으나 통용되지 못했다. 이에 함풍 3년(1853) 상인들을 상대로 이금세를 신설하고 징세기관으로 각지에 잡(卡)을 설치했다. 세목은 행상의 물품통과세인 활리(活釐:일명 行釐)와 좌상(坐商) 교역세인 판리(板釐:일명 坐釐) 두 종류였으며, 공히 100분의 1의 세율을 매겼으나 곧이어 세율이 무한정 증가하였다. 상군(湘軍)과 기타 지방군대의 경비는 주로 이금에 의존했다. 난이 진압된 후에도 이금세는 재정 확충수단으로 유지되었으나, 세율이 높아짐에 따라 중국 상품의 서구 열강 상품에 대한 경쟁력이 저하되는 주 요인이 되었고, 청 정부 및 관료로서는 생산자 및 상인을 착취하는 수단이 되었다. 1931년 폐지.

이길보(李吉甫:758~814)　당(唐)대의 지리학자. 자는 홍헌(弘憲). 조군(趙郡:하북성 趙縣) 출신. 태상박사(太常博士), 주자사(州刺史)를 거쳐 헌종(憲宗) 때 동중서문하평장사(同中書門下平章事)를 지냈다. 전국 각 주현(州縣)의 연혁 및 산천, 호구, 교통, 고적을 담은 지리서 『원화군현도지(元和郡縣圖志)』를 편찬했다. 이는 후세의 전국적인 지리서 편찬에 큰 영향을 끼쳤다. 기타 저서 『원화백사거요(元和百司擧要)』『육대략(六代略)』『고금문집략(古今文集略)』『고금설원(古今說苑)』.

이당(李唐:1049~1130)　　송대의 화가. 자는 희고(晞古). 하양(河陽:하남성 孟縣) 출신. 휘종(徽宗) 때 화원대조(畵院待詔)에 임명되었다가 북송이 멸망한 후 제자 소조(蕭照)와 함께 남쪽 임안(臨安:절강성 杭州)으로 이주했다. 이후 추천에 의해 화원(畵院)에 들어가 남송의 고종(高宗)에게 그림을 인정받고 성충랑(成忠郎)의 관직을 제수받았다. 산수화, 인물화, 동물화를 잘 그렸으며, 산수화는 당(唐)대의 이사훈(李思訓)과 필적할 만하다는 평가를 받았다. 산악과 수석(樹石) 등의 배치에 능했다. 인물의 고사를 그림에 담아 표현하는 방법으로 이름을 날렸으며, 정치색이 짙은 그림을 그려 애국시인으로도 이름이 높다. 북방과 남방의 화단을 접목시키는데 큰 역할을 했다. 유송연(劉松年), 마원(馬遠), 하규(夏珪)와 함께 남송의 4대 화가로 불린다. 만년의 작품 「만학송풍도(萬壑松風圖)」가 유명하며, 기타 「장하강사도(長夏江寺圖)」「호계삼소도(虎溪三笑圖)」「춘목도(春牧圖)」「촌두취귀도(村杜醉歸圖)」「채미도(采薇圖)」「진문공복국도(晋文公復國圖)」 등이 남아 있다.

이대조(李大釗:1889~1927)　　중국공산당의 창립자 중 한 사람. 자는 수상(守常). 하북성 낙정(樂亭) 출신. 1913년 일본 와세다대학에 유학하여 정치학을 공부했다. 1916년 귀국하여 북경에서 잡지 「신종보(新鐘報)」를 만들고, 이어 북경대학 경제학교수, 도서관장, 잡지 「신청년(新靑年)」 편집장을 지냈다. 이후 마르크스·레닌 주의를 받아들이고 이를 널리 전파하였다. 잡지 「매주평론(每週評論)」을 창간하여 5·4운동을 주도했다. 1920년 북경에서 공산주의 소그룹을 창설하고 이듬해 진독수(陳獨秀) 등과 중국공산당을 창립했다. 1923년 말 중국공산당을 대표하여 손문(孫文)이 연소용공(聯蘇容共) 정책으로 선회하는데 일조하고, 제1차 국공(國共)합작을 주도했다. 1924년 소련의 코민테른에 참가했으며, 1927년 장작림(張作霖)에게 체포되어 북경에서 사형되었다.

이덕유(李德裕:787~850)　　당(唐) 말기의 정치가. 자는 문요(文饒). 재

상 이길보(李吉甫)의 아들. 한림학사, 절서관찰사(浙西觀察使), 서천절도사(西川節度使), 병부시랑을 거쳐 병부상서, 중서문하평장사(中書門下平章事) 등 재상을 지냈다. 이종민(李宗閔), 우승유(牛僧孺)의 집난에 반대하여 우이(牛李)당쟁 때 이파(李派)의 영수가 되었다. 선종(宣宗)이 즉위하고 우당(牛黨)이 득세함에 따라 4차례나 폄적되있고, 최후에 애주사호(崖州司戶)로 폄적되어 그곳에서 병사했다. 저서 『차유씨구문(次柳氏舊聞)』 『회창일품집(會昌一品集)』.

이도(李燾:1115~84)　남송의 사학자. 자는 인보(仁甫), 자정(子貞). 호는 손암(巽岩). 능단(稜丹:사천성) 출신. 소흥(紹興) 8년(1138) 진사에 나아가 병부원외랑(兵部員外郎), 비서소감(秘書少監) 겸 기거사인(起居舍人), 실록원검토관(實錄院檢討官), 예부시랑 등을 지냈다. 사마광(司馬光)의 『자치통감(資治通鑑)』 체례를 모방하여 북송 9조(朝)의 역사를 기술한 『속자치통감장편(續資治通鑑長編)』을 편찬했다. 기타 저서 『역학(易學)』 『춘추학(春秋學)』 『속황조공경백관표(續皇朝公卿百官表)』 『천희이래어사연표(天禧以來御史年表)』 『천희이래간관연표(天禧以來諫官年表)』 등.

이동양(李東陽:1447~1516)　명대의 정치가, 시인. 자는 빈지(濱之), 호는 서애(西涯). 호광(湖廣) 다릉(茶陵:호남성) 출신. 천순(天順) 8년(1464) 진사에 올랐다. 이후 이부상서, 문연각대학사(文淵閣大學士)를 거치면서 『헌종실록(憲宗實錄)』을 찬수했다. 무종(武宗)이 즉위한 후 간신 유근(劉瑾)의 횡포에 반대하여 사직했다고 하나 일설에는 오히려 유근에게 아부했다고도 한다. 명을 받아 『역대통감찬요(歷代通鑑纂要)』를 편찬했다. 시문은 양사기(楊士奇) 이래 제1인자로 꼽히며, 성당(盛唐) 두보(杜甫)를 본받아 대각체(臺閣體)의 폐단을 바로잡고 명대 시단의 중심을 이룬 의고주의의 길을 열었다. 다릉시파(茶陵詩派)의 대표 인물이며 응제시가 많다. 저서 『회록당집(懷麓堂集)』 『회록당시화(懷麓堂詩話)』 『연구록(聯句錄)』 『신구당서잡론(新舊唐書雜論)』.

이리두문화(二里頭文化)　하남성 언사현(偃師縣) 이리두에서 발굴된 청동기시대 문화. 하·상(夏商) 문화를 엿볼 수 있게 하며 총 4기(期)로 나뉜다. 1기 유적은 사흑도(砂黑陶)와 니질흑도(泥質黑陶)가 많고, 간혹 회도(灰陶)도 보이며, 하남(河南)의 용산문화(龍山文化)에 근접한다. 2기 유적에서는 청동도(靑銅刀) 등이 출토되었다. 3, 4기 유적 가운데는 궁전터도

보이며, 그중 4기 문화는 정주(鄭州) 이리강(二里崗)의 상(商)대 전기 문화에 근접한다.

이몽양(李夢陽:1473~1529) 명대의 문학가. 자는 천사(天賜), 헌길(獻吉). 호는 공동자(空同子). 경양(慶陽:감숙성) 출신. 모친의 품으로 해가 떨어지는 꿈을 꾸었다고 해서 몽양(夢陽)이라는 이름이 지어졌다고 한다. 홍치(弘治) 7년(1494) 진사에 합격하고 호부주사(戶部主事), 원외랑(員外郎)을 지냈다. 정덕(正德) 원년(1506) 상서(尙書) 한문(韓文) 등과 함께 8호(虎)를 제거할 것을 주청했다가 환관 유근(劉瑾)에 의해 하옥되었다. 유근이 난을 일으켰다가 실패하여 살해된 후 강서제학부사(江西提學副使), 형부관(刑部官)에 올랐으나 윗사람의 시기를 받아 벼슬을 버리고 은거했다. 만년에는 영왕(寧王) 주신호(朱宸濠)의 난에 연루되어 호적을 박탈당했다. "문장은 진한 시대를, 시는 성당의 것을 모방하자(文必秦漢 詩必盛唐)"는 이른바 문학의 복고운동을 폈으며, 전칠자(前七子)의 한 사람에 속한다. 저서『공동전집(空同全集)』(66권).

이문성(李文成:?~1814) 청대 천리교(天理敎)의 난을 주도한 인물. 호는 엄상(嚴霜). 목공 출신으로 천리교에 입교하여 진괘(震卦)의 교주가 되었다. 가경(嘉慶) 17년(1812) 감괘(坎卦)의 교주 임청(林淸)과 모의하여 봉기를 일으키려다 실패하여 투옥되었으나 교도들에 의해 구출되었다. 이어 정도(定陶), 조(曹) 등의 현(縣)을 점령했으나 청군의 진압으로 패하고 분신자살했다.

이밀(李密:224~87) 위·진시대의 문학자. 일명 이건(李虔). 자는 영백(令伯). 무양(武陽:사천성 彭山) 출신. 촉한(蜀漢) 때 관직에 있으면서 여러번 오(吳)에 사신으로 가 변설로 이름을 날렸다. 서진(西晉) 무제(武帝)에게「진정표(陳情表)」를 올려 자신의 처지를 상소했는데, 내용은 병든 조모를 두고 조정의 명을 받아 멀리 임지로 떠나야 하는 고통을 담은 것으로, 무제는 이 글을 읽고 그의 문장력과 효성에 감동하여 명을 거둬들였다. 조모 사후 관직에 나아가 상서랑(尙書郎), 현령(縣令), 한중태수(漢中太守) 등을 지냈다.

이반룡(李攀龍:1514~57) 명대의 문학가. 자는 우린(于麟), 호는 창명(滄溟). 역성(歷城:산동성) 출신. 가정(嘉靖) 23년(1544) 진사에 합격하고 주사(主事), 낭중(郎中), 지부(知府), 섬서제학부사(陝西提學副使) 등을 지냈다. 이선방(李先芳) 등과 시사(詩社)를 결성하고 문인 왕세정(王世貞) 등과 교유하였다. 당시 문단의 최고봉으로 꼽혔으며, 후칠자(後七子)에 속했다. 시는 성조(聲調)를 추구하고 문장은 복고를 주장하였으며, 진한(秦漢) 이후의 문장, 성당(盛唐) 이후의 시는 쳐다볼 가치도 없다는 극단적 의고주의를 주창하였다. 만년에 절강부사(浙江副使), 참정(參政) 벼슬을 했다. 저서 『창명집(滄溟集)』『춘추예의(春秋禮議)』『운학사류(韻學事類)』『백운루시집(白雲樓詩集)』.

이방(李昉:925~96)　　북송 초의 사학자, 문학가. 자는 명원(明遠). 요양(饒陽:하북성) 출신. 후한(後漢) 때 진사를 거쳐 후주(後周) 때 한림학사(翰林學士), 북송 초에 중서사인(中書舍人)을 지냈다. 북송 개보(開寶) 6년(973) 『오대사(五代史)』의 편찬에 참여하였다. 태종(太宗) 즉위 후 호부시랑(戶部侍郎)에 임명되어 『태조실록(太祖實錄)』의 편찬에 참여하고, 옹희(雍熙) 원년(984) 중서시랑(中書侍郎)에까지 올랐다. 『태평어람(太平御覽)』『태평광기(太平廣記)』『문원영화(文苑英華)』 등의 편찬을 주관했다. 저서 『개보통의(開寶通義)』.

이방응(李方膺:1697~1755)　　청대의 화가. 자는 규중(虯仲). 호는 청강(晴江), 추지(秋池), 억원(抑園). 남통(南通:강소성) 출신. 옹정(雍正) 초 현량방정(賢良方正)이 되어 각 현의 지현(知縣)을 지내다가 관직을 그만두고 양주(揚州)에서 그림을 팔아 생활했다. 송죽(松竹)과 난국(蘭菊), 어충(魚蟲)을 잘 그렸으며, 화풍은 자신의 성격처럼 구속됨이 없이 호방하다는 평을 받는다. 양주팔괴(揚州八怪)의 한 사람. 작품 「풍죽도(風竹圖)」「묵매도(墨梅圖)」「풍송도(風松圖)」「쌍어도(雙魚圖)」.

이백(李白:701~62)　　당(唐)대의 시인. 자는 태백(太白), 호는 청련거사(靑蓮居士). 면주(綿州) 창륭(昌隆:사천성 江油縣)의 부유한 가정에서 태어났다고 한다. 24세 때 천하를 돌아다니다 안육(安陸:호북성)에서 가정을 이루었다. 천보(天寶) 원년(742) 오균(吳筠)의 천거로 장안에 들어가 한림원에서 일했으며, 하지장(賀知章)으로부터 적선인(謫仙人)이라는 칭찬을 받았다. 심향정(沈香亭) 모란연(牧丹宴)에서 술에 취한 채 환관인 고력사(高力士)를 머슴처럼 다루었는데, 이 때문에 고력사로부터 그의 시 「청평조(淸平調)」가 양귀비(楊貴妃)를 비방한 것이라는 모함을 받아 3년만에 장안을 떠났다. 안사(安史)의 난 때 숙종(肅宗)의 아우 영왕(永王) 인(璘)의 반군에 가담했다가 야랑(夜郞:귀주성)으로 유배되었다. 만년에는 친척인 이양빙(李陽氷)에게 의지했다. 술에 취한 채 물속에 비친 달을 잡으려다 물에 빠져 죽었다는 설이 있다. 호방한 기질을 지녀 항상 산수를 찾아다니며 자유로운 삶을 추구했다. 그의 시는 청신하고 격정적인 음조에 웅활한 기세가 넘친다. 또 풍부한 상상력을 동원하여 중국인 특유의 과장된 표현을 즐겨 썼다. 술을 좋아했으며, 술 한 말[斗]에 시 100편을 지을 만큼 시상이 떠오르면 즉석에서 작품으로 토해냈다고 한다. 낭만파 시인답게 술과 달을 노래한 시가 많다. 7언절구에 뛰어나고 특히 형식에 얽매이지 않는 고체시를 즐겨 지었다. 두보(杜甫)와 함께 '이두(李杜)'라 불렸으며, 중국 역사상 가장 위대한 시인으로 일컬어진다. 그의 시 약 1,000수가 산문과 함께 『이태백집(李太白集)』에 수록되어 있다. 대표작 「장진주(將進酒)」「야사(夜思)」「월하독작(月下獨酌)」「독작(獨酌)」「산중답속인(山中答俗人)」「파주문월(把酒問月)」「촉도난(蜀道難)」「조발백제성(朝發白帝城)」「새하곡(塞下曲)」 등.

이백약(李百藥:565~648)　　당(唐) 초의 사학자. 자는 중규(重規). 안평(安平:하북성) 출신. 당 정관(貞觀) 원년(627) 중서사인(中書舍人)에 제수되어 오례(五禮)와 율령을 정비했다. 예부시랑(禮部侍郞)을 거쳐 태자우서자(太子右庶子)로 있으면서 명을 받아 부친 이덕림(李德林)의 유고(遺稿)를 정리, 10년간의 노력 끝에 『북제서(北齊書)』를 완성했다. 저서 『봉건론(封建論)』.

이번원(理藩院)　　청 정부가 소수민족을 통치하고 외교 사무를 관장하기 위해 설치한 정부 기구. 숭덕(崇德) 원년(1636) 몽고의 여러 부족을 통치하기 위해 몽고아문(蒙古衙門)을 설치했다가 2년 후 이번원으로 개칭했다. 이후 청 왕조의 통치범위가 넓어짐에 따라 내·외몽고, 차하르[察哈爾], 서장(西藏), 청해(靑海), 신강(新疆) 등지의 소수민족을 관리하는 기구로 확대되었다. 입관(入關) 전에는 승정(承政) 1인, 좌·우참정(參政) 각 1인을 두었으나, 입관 후 승정을 상서(尙書)로, 참정을 시랑(侍郞)으로 바꾸고 6부(部)와 동급에 두었다. 그 아래에는 기적(旗籍), 왕회(王會), 전속(典屬), 유원(柔遠), 내원(徠遠), 이형(理刑)의 6청리사(淸吏司)를 두었다.

이보국(李輔國:704~62)　　당(唐) 중기의 환관. 본명은 정충(靜忠). 현종(玄宗)의 태자 이형(李亨:肅宗)을 보필했다. 안록산(安祿山)의 난 때 현종이 촉(蜀)으로 피신하자 태자 이형에게 제위에 오를 것을 권하였다. 이형이 숙종이 된 후 태자가령(太子家令)이 되고, 이름을 호국(護國)으로 바꾸었다가 다시 보국(輔國)으로 고쳤다. 이때부터 정권을 쥐었으며, 숙종이 경사(京師)로 돌아온 후 전중감(殿中監), 병부상서를 지냈다. 상원(上元) 3년 숙종이 병으로 위독하자 환관 정원진(程元振)과 함께 장황후(張皇后)를 살해하고 태자 이예(李豫:代宗)를 옹립하였다. 이후 선권을 마음대로 휘두르고 상부(尙父)로 추존받다가 파직되었으며, 대종이 보낸 자객에 살해되었다.

이부삼사(二府三司)　　관서명. 북송 때 중서성(中書省)의 장관이 집무를 보던 정사당(政事堂)을 정부(政府) 혹은 동부(東府)로 별칭했다. 또 추밀원(樞密院)을 추부(樞府) 혹은 서부(西府)라 했다. 이 둘을 합하여 이부(二府)라 불렀다. 한편 당(唐) 말 오대(五代)의 염철(鹽鐵), 탁지(度支), 호(戶)의 3부(部)가 송대에 이르러 삼사(三司)라는 기구로 통합되고 재정을 전담하였다. 이부삼사는 상호 균형적인 권력을 행사하면서 황제를 보필하였다.

이사(李斯:?~208 B.C)　　진(秦)의 승상. 전국시대 초(楚)나라의 상채(上蔡:하남성) 출신. 순자(荀子)로부터 학문을 배워 법가(法家)의 사상을 받아들였다. 이후 진나라로 들어가 진왕 정(政:始皇帝)에게 통일정책을 건의하여 객경(客卿) 벼슬을 얻었다. B.C 237년 진왕 정에게 「간축객서(諫逐客書)」를 올려 통일정책을 펴기 위해서는 축객령(逐客令)을 거두고 널리 인재를 모아야 한다고 건의했다. 「간축객서」는 문장이 유려하여 그의 학식과 문학적 재능을 보여준다. 진왕 정이 시황제가 된 후 그는 승상의 직책에 있으면서 통일된 문자인 소전(小篆)을 만들고, 도량형을 통일시키며, 진율(秦律)을 완성하는 등 개혁정책을 주도하였다. 시황제에게 분서갱유(焚書坑儒)를 건의한 사람도 그이다. 진시황 사후 환관인 조고(趙高)와 음모하여 시황제의 장자인 부소(扶蘇)를 몰아내고 차자인 호해(胡亥)를 2세황제에 올려놓았다. 후에 조고의 배척을 받아 모반죄를 뒤집어쓰고 삼족이 주멸되는 극형을 당했다.

이사제(里社制)　　청대 초 전국 농촌에는 이(里)를 편성하고 도시에는 방상(坊廂)을 설치했는데, 이를 이사제라 했다. 110호를 1리로 하되 5년마다 재편성했으며, 이정(里正) 혹은 방상장(坊廂長)은 부호나 지주계급에서 선발하여 전량(田糧)이나 호구를 감찰하도록 했다. 과세를 목적으로 편성했으므로 옹정(雍正) 이후 '탄정입지(攤丁入地)'의 조세제도가 생기면서 유명무실해졌다.

이사훈(李思訓：651~716)　　당(唐)대의 화가. 북종화의 시조. 자는 건(建). 당의 종실 출신. 고종(高宗) 때 강도령(江都令)의 관직을 지내다가 무측천(武則天)이 당 종실을 대량 살해할 때 관직을 버리고 은거했다. 이후 중종(中宗)이 즉위하면서 종정경(宗正卿), 익주장사(益州長史)를 거쳐 개원(開元) 초 관직이 우무위대장군(右武衛大將軍)에 이르렀다. 회화는 전자건(展子虔)의 영향을 받아 산수화를 잘 그렸으며, 금벽산수화(金碧山水畵)의 시조로 불린다. 작품「강범누각도(江帆樓閣圖)」「해천낙조도(海天落照圖)」「군산무림도(群山茂林圖)」 등.

이상은(李商隱：812~58)　　당(唐)대 말기의 시인. 자는 의산(義山), 호는 옥계생(玉溪生). 25세에 진사에 합격하여 홍농위(弘農尉)를 지내다 상사(上司) 왕무원(王茂元)의 부름을 받아 그의 딸을 아내로 삼고 시어사(侍御史)의 벼슬에 올랐다. 그러나 우이(牛李)당쟁에 휘말려 곤궁하게 지냈으며, 관직도 검교공부원외랑(檢校工部員外郎)에 그쳤다. 두목(杜牧), 온정균(溫庭筠)과 함께 만당(晚唐)의 대표적 시인으로 꼽힌다. 5·7언시에 능했으며, 전고(典故)를 많이 채용하여 화려한 일면을 보여주는 한편 난해하다는 평을 받고 있다. 염정시인으로 불릴 만큼 연애시가 주류를 이루며, 일반 백성의 질고를 차고풍금(借古諷今) 형태로 노래한 시도 많다. 작품「곡유분(哭劉蕡)」「가생(賈生)」「등낙유원(登樂游原)」「무제(無題)」 등. 저서『이의산시집(李義山詩集)』『번남문집(樊南文集)』『번남문집보편(樊南文集補編)』.

이선장(李善長：1314~90)　　명 왕조의 창업 공신. 자는 본실(本室). 정원(定遠：안휘성) 출신. 원 말 지정(至正) 14년(1354) 주원장(朱元璋：明太祖)의 봉기에 참여하였으며 "인의를 행하고 약탈과 살육을 금하여 민심을 얻을 것"을 건의하여 주원장의 신임을 받았다. 주원장이 제위에 오른 후 그는 태자소사(太子少師)에 임명되었다. 명 홍무(洪武) 3년(1370) 광록대부(光祿大夫)에 오르고 이어 태사(太師), 중서좌승(中書左丞)을 지냈으며, 한국공(韓國公)에 봉해졌다. 문신으로서 명대 초기의 행정·재정 기구를 확립하면서 국가의 체제 정비에 공적을 남겼다. 홍무 20년 좌승(左丞) 호유용(胡惟庸)의 모반 사건에 연루되어 탄핵을 받은 후 스스로 목숨을 끊었다. 『원사(元史)』의 감수에 참여하고, 『조훈록(祖訓錄)』과 『대명집례(大明集禮)』를 편찬했다.

이성(李成:919~67)　　　오대(五代) 북송(北宋)의 화가. 자는 함희(咸熙). 개도(蓋都) 영구(營丘:산동성 昌樂) 출신이므로 세칭 이영구(李營丘)라 했다. 당의 종실로서 유가의 학문에 정통했으나 정국의 동요로 인해 뜻을 얻지 못하고 술과 거문고, 바둑, 그림으로 생애를 보냈다. 산수화를 잘 그렸으며 특히 산하의 설경이 유명하다. 관동(關同), 범관(范寬)과 함께 북송의 '삼가산수(三家山水)'로 불리며, 그중 첫째로 꼽힌다. 작품 「한림도(寒林圖)」 「한림평야도(寒林平野圖)」 「강산초은도(江山招隱圖)」 「고목도(枯木圖)」 등.

이성량(李成梁:1526~1615)　　　명 말의 군인. 자는 여계(汝契). 철령위(鐵嶺衛:요녕성 鐵嶺) 출신. 선조 대대로 철령위의 지휘첨사(指揮僉事)를 지냈다. 융경(隆慶) 원년(1567) 부총병(副總兵)이 되었다가 2년 후 요동(遼東)의 총병에 올라 군대를 크게 강화시키고 몽고의 여러 부족을 격퇴했다. 또 건주여진(建州女眞)을 제압하고 해서여진(海西女眞)을 정벌하는 등 27년간 만주 방위에 있어 큰 공을 세웠다. 이로 인해 영원백(寧遠伯)에 봉해졌다. 그러나 독단적인 행동을 하다 만력(萬曆) 19년(1591) 탄핵되어 10년간 관직을 사퇴했다. 만력 29년 복직되어 태부(太傅)에까지 올랐다. 그의 아들 중 여송(如松), 여백(如柏), 여정(如楨) 등 5명이 총병관을 지냈고, 여재(如梓), 여오(如梧) 등 4명은 참장(參將)이 되어 요동 땅을 지켰다. 특히 여송은 임진왜란 때 조선을 도운 명장이다.

이세민(李世民) ➡ 당태종

이소(離騷)　　　작품명. 이소경(離騷經)으로도 불린다. 전국시대 굴원(屈原)이 지은 초사(楚辭) 계열의 운문으로서 초사의 대표작으로 꼽힌다. 총 373구 2,490자의 장편이다. 굴원이 유배생활을 하면서 느낀 암울한 심경을 서술한 내용으로 전편에 걸쳐 우수와 격정이 담겨 있다. 당시 강남 일대의 남방을 대표한 운문이며 짙은 서정성에다 형식이 자유로운 특징을 보인다. 이로부터 훗날의 독특한 소체(騷體)가 탄생되었다.

이소경(離騷經) ➡ 이소

이송(李誦) ➡ 당 순종

이수성(李秀成 · 壽成:1823~64)　　　청대 말 태평천국군의 우두머리. 원명은 이문(以文). 광서(廣西) 등현(藤縣) 출신. 빈농의 집안에서 태어나 함풍(咸豊) 원년(1851) 태평군(太平軍)에 가담했다. 그후 공훈을 세워 부장솔

(副掌率), 군주장(軍主將)에 올랐다. 진옥성(陳玉成), 이세현(李世賢), 양보청(楊輔淸) 등이 이끄는 군대와 연합하여 상주(常州), 소주(蘇州) 등을 점령하고 3차에 걸쳐 상해를 공격했다. 동치(同治) 3년(1864) 태평천국의 수도 천경(天京)이 함락되자 홍수전(洪秀全)의 아들을 옹위하여 탈출을 도모하다 체포되어 처형되었다.

이순풍(李淳風:602~70) 　당(唐)대의 천문학자, 수학자. 633년 혼천황도동의(渾天黃道銅儀)를 제작하여 태양과 달, 별들의 움직임을 관찰하였다. 『진서(晋書)』『수서(隋書)』 중 「천문(天文)」「율력(律曆)」「오행(五行)」 등의 지(志)를 찬술했다. 665년 「인덕력(麟德曆)」을 만들어 역산의 방법으로 정삭법(定朔法)을 채용하였다. 저서에 역대의 혼의(渾儀)를 해설한 『법상지(法象志)』가 있다.

이시진(李時珍:1518~93) 　명대의 의학자. 자는 동벽(東壁), 호는 빈호(瀕湖). 초왕부(楚王府)에서 봉직하면서 27년간의 노력 끝에 이전의 본초학을 총결한 『본초강목(本草綱目)』 52권을 완성하였다. 여기에는 1,892종의 약재를 수록했으며, 그중 374종은 민간 요법에서 모았다. 식물, 동물, 광물에 걸쳐 생산, 모양, 맛, 처방방법을 상술했으며, 현재까지도 본초학의 대성전으로 인정받고 있다. 기타 저서 『빈호맥학(瀕湖脈學)』『기경팔맥고(奇經八脈考)』『맥결고증(脈訣考證)』 등.

이십사사(二十四史) 　중국의 각 왕조별 단대 역사를 기록한 24종의 역사서. 모두 정사(正史)이다. 본기(本紀), 열전(列傳)을 중심으로 지(志), 표(表) 등으로 구성되는 기전체(紀傳體) 서술방식을 채택했다. 청(淸) 건륭(乾隆) 연간에 각 왕조의 기전체 사서 24종을 선택하여 정사(正史)로 정함에 따라 '이십사사'라는 명칭이 생겨났다. 『사기(史記)』 230권, 『한서(漢書)』 120권, 『후한서(後漢書)』 120권, 『삼국지(三國志)』 65권, 『진서(晋書)』 130권, 『송서(宋書)』 100권, 『남제서(南齊書)』 59권, 『양서(梁書)』 56권, 『진서(陳書)』 36권, 『후위서(後魏書)』 114권, 『북제서(北齊書)』 50권, 『후주서(後周書)』 50권, 『수서(隋書)』 85권(이상 13史), 『남사(南史)』 80권, 『북사(北史)』 100권, 『신당서(新唐書)』 225권, 『신오대사(新五代史)』 74권, 『구당서(舊唐書)』 200권, 『구오대사(舊五代史)』 150권, 『송사(宋史)』 496권, 『요사(遼史)』 116권, 『금사(金史)』 135권, 『원사(元史)』 210권, 『명사(明史)』 336권을 가리킨다. 민국(民國) 시기에 첨가한 『신원사(新元史)』 257권과 함께 '이십오사'로 부르기도 한다.

이십사시품(二十四詩品)　　서명. 1권. 당(唐)대 사공도(司空圖) 저. 시가 평론서. 시취(詩趣)를 웅혼(雄渾), 충담(沖淡), 섬농(纖穠), 침착(沈着), 고고(高古), 전아(典雅), 세련(洗鍊), 호방(豪放) 등 24품으로 나누고, 그것을 각각 4언 12구의 운문으로 설명하고 있나.

이십오사(二十五史) ➡ **이십사사 참조**

이십이사고이(二十二史考異)　　서명. 100권. 청대 전대흔(錢大昕) 찬. 건륭(乾隆) 47년(1782) 완성하고 동 59년 교각(校刻)에 들어가 가경(嘉慶) 원년(1796) 끝냈다. 24사(史)중 『구오대사(舊五代史)』와 『명사(明史)』를 뺀 22사를 다루었다. 작자가 오랜 세월 역사서를 연구하면서 얻은 바를 기록해 두었다가 이를 모아 편찬한 것이다. 역사서의 기록 모순, 착오 부분을 보정(補正)하고, 기타 역대 전장제도, 지리, 연혁, 요(遼)·금(金)의 언어, 몽고 세계(世系) 등에 대해 고증을 하였다.

이십이사차기(二十二史箚記)　　서명. 36권. 보유(補遺) 1권. 청대 조익(趙翼) 찬. 건륭(乾隆) 60년(1795) 완성. 정사(正史)인 22사와 당시 정사에 포함되지 못한 『구당서(舊唐書)』『구오대사(舊五代史)』를 합쳐 총 24사를 다루었다. 각 역사서의 문자, 역사 사실에 대해 교감(校勘)하고, 편찬 체례, 편찬 방법, 사료의 내원(來源) 등에 관해 계통적으로 논술했다. 특히 정치의 득실, 왕조 흥망성쇠의 원인 등을 구명하기도 했다. 시대순으로 편차를 정하여 578항목으로 나누었다. 오류가 자주 발견되고 깊이가 없어 동류의 저작물인 전대흔(錢大昕)의 『이십이사고이(二十二史考異)』, 왕명성(王鳴盛)의 『십칠사상각(十七史商榷)』에 비해 사료적 가치는 떨어지나 자구의 고증에만 그치지 않음으로써 정사를 읽는 입문서로서는 전자에 비해 더욱 필수적이다.

이아(爾雅)　　서명. 3권 19장. 편자 미상. 13경(經)의 하나. 천문, 지리, 음악, 초목, 금수(禽獸) 등에 관한 고금의 문자를 설명하였다. 한(漢)대의 학자들이 경서의 전주(傳注)를 집록하여 펴낸 것으로 알려져 있다. 선진(先秦) 시대의 언어 및 사물 이름을 연구하는데 중요한 자료가 되고 있다. 일종의 자전(字典)이다.

이어(李漁:1611~79)　　청대 초의 희곡 작가. 자는 입홍(笠鴻), 적범(謫凡). 호는 입옹(笠翁), 각세패관(覺世稗官). 난계(蘭溪:절강성) 출신. 각지를 돌아다니며 견식을 넓히는 한편 극을 좋아하여 극단을 조직, 각지에서 연출하였다. 극본의 내용은 세정(世情)과 부합해야 한다는 인식 아래 허구나 조작을 배격했으며, 민간의 언어를 동원하여 극의 통속화, 대중화에 노력했다. 전기(傳奇) 작품 「풍쟁오(風箏誤)」「옥소두(玉搔頭)」「안령갑(雁翎甲)」 등 10여 종 외에 극이론서 「한정우기(閑情偶寄)」, 소설 「십이루(十二樓)」를 지었고, 『시운(詩韻)』『사운(詞韻)』을 펴냈다.

이여진(李汝珍:약 1763~약 1830)　청대의 소설가. 자는 송석(松石). 대홍(大興:북경) 출신. 건륭(乾隆) 연간에 형을 따라 해주(海州:강소성 連雲港)로 갔다가 해외의 기문(奇聞)을 채집하여 이를 소재로 소설 「경화연(鏡花緣)」을 지었다. 이는 당(唐)대 측천무후(則天武后)가 칭제하고 다시 서경업(徐敬業)이 이를 반대하는 난을 일으켰다가 실패한 것을 배경으로 삼아 사회의 암흑을 고발하고 남녀평등을 내세운 것이다.

이연(李淵) ➡ 당고조

이연년(李延年:?~87 B.C)　서한(西漢)의 음악가. 중산(中山:하북성 定縣) 출신. 일찍이 범죄를 저질러 궁형(宮刑)을 받았다. 여동생이 무제(武帝)의 총애를 입었으므로 그의 관직도 협률도위(協律都尉)에 이르렀다. 여동생 사후 주살되었다. 악곡 창작과 가무에 능했다. 「한교사가(漢郊祀歌)」 19장(章)을 지어 악부(樂府) 가곡의 발전에 공헌했다.

이연수(李延壽)　당(唐)대의 사학자. 자는 하령(遐齡). 농서(隴西:감숙성 臨洮) 출신. 태종(太宗) 때 태자전선승(太子典膳丞), 숭현관학사(崇賢館學士) 등을 지내면서 『수서(隋書)』『오대사지(五代史志)』『진서(晋書)』 등의 편찬에 참여하였다. 이 공로로 어사대주부(御史臺主簿) 겸 직국사(直國史)에 임명되었다. 643년부터 659년까지 16년간에 걸친 노력 끝에 부친 이대사(李大師)가 못다한 『남사(南史)』와 『북사(北史)』의 편찬을 완성하였다. 이후 관직이 부새랑(符璽郎) 겸 수국사(修國史)에 이르렀다. 편저 『태종정전(太宗政典)』.

이옥(李玉)　청대 초의 희곡 작가. 자는 현옥(玄玉), 호는 소문소려(蘇門嘯侶), 입암주인(笠庵主人). 오현(吳縣:강소성) 출신. 명 말 숭정(崇禎) 연간에 거인(擧人)이 되었다가 명나라가 망하자 창작에 전념했다. 전기(傳奇) 작품 수십 편이 있으며, 명 말 사회의 암흑상, 청병(清兵)의 횡포, 봉건 윤리도덕의 선양 등을 주요 제재로 삼았다. 통속적 작품을 썼으므로 민간에 널리 전파되었다. 「청충보(淸忠譜)」「만리연(萬里緣)」「일인영점(一人永占)」 등의 작품이 비교적 널리 알려졌다. 「일인영점」은 「일봉설(一捧雪)」「인수관(人獸關)」「영단원(永團圓)」「점화괴(占花魁)」의 합칭이다. 이밖에 북곡(北曲)의 곡률(曲律)을 연구하여 『북사광정보(北詞廣正譜)』를 편찬했다.

이옹(李顒:1627~1705) 청대 초의 학자. 자는 중부(中孚), 호는 이곡(二曲). 섬서성 주지(周至) 출신. 가난한 집안에서 태어났으나 학문에 정진하여 일가를 이루었다. 강남 일대에서 활약하며 학문의 경세치용을 추구하였다. 청 왕조에 대한 반감을 가져 수차 조정의 부름을 받고도 나아가지 않았다. 만년에는 강희제(康熙帝)의 부름마저 사양했다. 철학 방면에서는 육구연(陸九淵), 왕양명(王陽明)의 심학(心學)이 공허한 반면 정주(程朱)의 이학(理學)은 지리멸렬하다고 보고 양자의 조화를 꾀했다. 이밖에 사학과 경학에도 밝았다. 절동(浙東)의 황종희(黃宗羲), 하북의 손기봉(孫奇逢)과 함께 이름을 떨쳤으며, 이들을 가리켜 청초삼대유(淸初三大儒)라 했다.

이와전(李娃傳) 서명. 전기(傳奇)소설. 당(唐)대 백행간(白行簡) 저. 형양(滎陽)의 공자 정생(鄭生)과 기녀 이와(李娃)의 사랑을 그렸다. 정생이 기생 이와에게 빠져 가산을 탕진한 후 집에서 쫓겨나 걸인이 되자 이와가 그를 거두어 함께 부부가 되고, 정생을 독려하여 공명(功名)을 얻게 한다는 내용이다.

이우(李尤) 동한(東漢)의 문학가. 자는 백인(伯仁). 안제(安帝) 때 간의대부(諫議大夫)에 임명되어 『동관한기(東觀漢記)』 편찬에 참여하였다. 순제(順帝) 때 벼슬이 낙안상(樂安相)에 올랐다. 작품에 「함곡관부(函谷觀賦)」「동관부(東觀賦)」「구곡가(九曲歌)」 등이 있다.

이욱(李煜:937~78) 오대(五代) 남당(南唐)의 국주(國主)로서 후주(後主)로 불린다. 사(詞)의 작가로 이름이 높다. 원명은 종가(從嘉), 자는 중광(重光), 호는 종은(鍾隱). 중주(中主) 이경(李璟)의 6남. 건륭(建隆) 2년(961) 계위(繼位)하였으나 성색(聲色)에 빠져 정사를 등한시하다 개보(開寶) 8년(975) 송(宋)에 항복하였다. 후에 송 태종(太宗) 조광의(趙匡義)에 의해 독살당하였다. 서화, 음률, 전사(塡詞)에 두루 밝아 많은 문사를 조정으로 끌어들였다. 남당의 문화 발전에 큰 공헌을 하였다. 사(詞) 작품으로 「옥루춘(玉樓春)」「파진자(破陣子)」「우미인(虞美人)」「낭도사(浪淘沙)」 등이 있으며, 화간파(花間派)의 화미 조탁한 시풍을 개혁하여 청려(淸麗)한 언어로 작품을 개척했다. 특히 만년의 사 작품은 망국의 슬픔을 안고 포로 생활을 하면서 느낀 비장감과 우수를 담아 더욱 강한 예술성을 띤다.

이웅(李雄:274~334)　　오호십육국 시대 성국(成國)의 건립자(재위 304~334). 자는 중준(仲儁). 저(氐)족 출신. 서진 말 촉(蜀) 지방에서 기의한 농민군의 영수인 이특(李特)의 아들. 서진 혜제(惠帝) 태안(太安) 2년(303) 부친을 이어 농민군을 이끌고 성도를 공격했다. 이듬해 성도왕(成都王)을 자칭하고 연호를 건흥(建興)으로 정했다. 건흥 3년(306) 칭제하고 국호를 대성(大成)이라 했다. 그의 사후 조카 이수(李壽)가 국호를 한(漢)으로 정했다. 역사에서 이를 성한(成漢)이라 한다.

이윤(伊尹)　　은(殷)나라 초기의 대신. 탕(湯)왕을 도와 하나라를 멸하고 은나라를 건국하는데 큰 공을 세웠다. 이로 인해 은나라의 재상이 되었다. 탕왕이 죽고 태갑(太甲)이 왕위에 올라 정사를 돌보지 않자 그를 축출하고 일시 섭정했다. 이후 태갑이 과거를 뉘우치자 그를 다시 왕위에 올렸다. 일설에는 태갑이 쫓겨난 후 힘을 길러 그를 죽였다고 한다. 후세에 고대의 명재상으로 전해지고 있다.

이융기(李隆基) → 당 현종

이응(李膺:110~69)　　동한(東漢) 시대 사람. 자는 원예(元禮). 영천(潁川) 양성(襄城:하남성) 출신. 환제(桓帝) 때 사예교위(司隸校尉)로 있으면서 태학(太學)의 학생들과 함께 환관의 전횡을 성토하다가 비방죄로 체포되어 당고(黨錮)의 옥을 치렀다. 나이가 어린 영제(靈帝)가 즉위한 후 외척 두무(竇武)가 집정하면서 다시 복권되어 장락소부(長樂少府)가 되었다. 이 때 진번(陳蕃) 등과 공모하여 환관을 일소할 계획을 진행했으나 일이 누설되어 옥사하였다.

이의산(李義山) → 이상은

이익(李益:748~827)　　당(唐)대의 시인. 자는 군우(君虞). 헌종(憲宗) 때 예부상서의 벼슬을 지냈다. 악부(樂府)와 절구(絶句)에 능했다. 악부시는 사조(詞藻)가 화려하여 악공이 완성한 곡자(曲子)와 함께 황제에게 헌상했다고 한다. 절구는 변새(邊塞) 지방의 풍경을 비장하고도 청기(淸奇)하게 노래했다. 작품 「야상수강성문적(夜上受降城聞笛)」 「정인가(征人歌)」 「조행(早行)」 등.

이자성(李自成:1606~45)　　명대 말 민중 봉기군의 영수. 본명은 홍기(鴻基). 미지(米脂:섬서성) 출신. 빈농의 아들로 태어나 은천(銀川)의 역졸로 있으면서 숭정(崇禎) 2년(1629) 농민봉기군에 참가했다. 초기에는 틈왕(闖王) 고영상(高迎祥)의 부장으로 있다가 숭정 8년(1635) 고영상이 사망하자 스스로 틈왕이 되었다. 숭정 11년 동관(潼關) 전투에서 패배한 후 유종민(劉宗敏) 등 10여 명을 데리고 산속에 숨어들었다가 이듬해 재기하여 낙양(洛陽)을 점령하고 명의 왕족인 복왕(福王)을 살해했다. 일체의 조세를 철폐한다는 슬로건을 내세우면서 그는 각지의 절대적인 지지를 받았다. 숭정 17년(1644) 서안(西安)에 도읍을 삼고 국호를 대순(大順)이라 정한 후 군사를 명의 수도 북경으로 진격시켰다. 명 의종(毅宗)은 3월 19일 두 명의 왕자를 탈출시키고 황녀들을 살해한 후 자신은 만세산(萬歲山)에서 목매어 죽었다. 이로써 명나라는 멸망했는데, 이 해가 갑신년이므로 역사에서 이를 갑신정변(甲申政變)이라 부른다. 이자성은 북경 점령 후 명의 장군인 오삼계(吳三桂)를 토벌하려다 청의 원조를 받은 오삼계에게 대패당했다. 서안으로 퇴각했으나 추격하는 청군의 공격을 당해내지 못하고 달아났으며, 이후 소식이 끊겼다. 그의 생사에 관해서는 자살했다는 설과 전사했다는 설, 중이 되어 몸을 감추었다는 설 등이 있다.

이장길(李長吉) ➡ 이하

이적(李勣:594~669)　　당(唐) 초의 명장. 본래의 성은 서(徐), 이름은 세적(世勣). 자는 무공(懋功). 조주(曹州) 이고(離孤:산동성 明南) 출신. 수(隋) 말 와강군(瓦崗軍)에 참여하여 여양(黎陽:하남성 浚縣)을 점령하고 그곳 백성들을 구휼하였다. 이밀(李密)을 따라 당에 항복한 후 우무후대장군(右武侯大將軍)에 임명되고 채국공(茱國公)에 봉해졌다. 이 때 이(李)씨 성을 하사받았다. 이세민(李世民:唐太宗)을 따라 두건덕(竇建德), 유흑달(劉黑達)의 기의군을 진압하였다. 정관(貞觀) 3년(629) 통막행군총관(通漠行軍總管)에 임명되어 이정(李靖)과 함께 동돌궐(東突厥)을 물리쳤으며, 이로 인해 영국공(英國公)에 봉해졌다. 건봉(乾封) 원년(666) 요동도행대총관(遼東道行臺總管)에 임명되어 668년 병력을 이끌고 고구려를 공격했다. 이후 사공(司空)의 관직을 지냈다.

이적(李適) ➡ 당덕종

이정국(李定國:?~1662)　　명대 말 농민 반란군의 영수. 장헌충(張憲忠)

의 부장(部將)으로 있다가 장이 죽은 후 남명(南明)의 계왕(桂王:永曆帝)을 따라 항청(抗淸)운동을 벌였다. 계왕 사망과 동시에 사망했다.

이종인(李宗仁:1890~1969)　　민국(民國) 시기 국민혁명군의 지도자. 광서(廣西) 계림(桂林) 출신. 광서 육군학당을 졸업하고 동맹회(同盟會)에 가입했다가 국민당의 북벌전쟁 때 국민혁명군 제7 군장(軍長), 서정군(西征軍) 총지휘, 제3로군(路軍) 총지휘, 제4집단군 총사령 등을 맡았다. 1929년 계파(桂派)의 영수로서 정권을 장악한 장개석(蔣介石) 군대와 전쟁을 벌여 패했다. 항일전쟁 때는 국민당 정부 제5전구 사령관 겸 안휘성 정부 주석이 되었다. 1948년 국민당 정부의 부총통이 되고, 이듬해 총통 대리가 되었다. 그 후 장개석과의 불화로 미국에 망명했으며, 1965년 북경으로 돌아와 중국 정부의 환대를 받았다.

이지(李贄:1527~1602)　　명대의 사상가. 자는 굉보(宏甫), 호는 탁오(卓吾), 온릉거사(溫陵居士). 천주(泉州) 진강(晋江:복건성) 출신. 회교도의 가문에서 태어났다. 가정(嘉靖) 연간에 거시(擧試)에 합격하여 휘현교유(輝縣敎諭)를 제수받았다. 이후 예부사무(禮部司務) 등을 지내다 운남요안지부(雲南姚安知府)를 끝으로 54세 때 관직을 그만두고 호북(湖北) 황안(黃安)에서 살다가 마성(麻城)의 불사로 옮겨 승려가 되었다. 왕간(王艮) 이래의 태주학파(泰州學派)와 왕기(王畿) 등 양명학좌파(陽明學左派)를 숭배하여 동심(童心)을 존중하고, 도학자나 예교주의자의 위선을 매도했다. 육경(六經) 및 『논어(論語)』『맹자(孟子)』 등 유교 경전의 해악성을 지적하다 체포되어 옥에서 사망했다. 역대의 정사(正史)를 근거로『장서(藏書)』를 편찬했고, 명대의 자료를 널리 모아『속장서(續藏書)』『사강평요(史綱評要)』『분서(焚書)』『속분서(續焚書)』 등을 편찬했다.

이지조(李之藻:1565~1630)　　명대의 과학자. 자는 진지(振之). 인화(仁和:절강성 杭州) 출신. 만력(萬曆) 26년(1598) 진사에 합격하여 태복시소경(太僕寺少卿)의 관직을 지냈다. 선교사 마테오 리치와 교류하면서 서광계(徐光啓) 등과 함께 서양의 과학기술을 습득했다. 서양 학문과 천주교를 중국에 전파하는데 공헌했다.

이진(李眞)　　당(唐)대의 화가. 덕종(德宗:재위 780~805) 때 활약했다. 고개지(顧愷之)의 화풍을 본받았으며, 인물 초상화에 탁월한 재능을 보였다. 그의 작품 「진언오조상(眞言五祖像)」이 일본에 전해져 일본 화단에 많은 영향을 끼쳤다.

이차혁명(二次革命)　　신해혁명(辛亥革命) 이후 손문(孫文)의 영도 아래 원세개(袁世凱)의 독재에 반대하여 벌인 투쟁. 민국 2년(1913) 3월 원세개가 의회의 기능을 말살하기 위해 국민당의 거두 송교인(宋敎仁)을 살해하고 독재체제를 가속화하자 손문은 옛 문학사(文學社)계 동맹회원들의 지지 아래 반 원세개 무장봉기를 일으켰다. 그해 7월 강서(江西)도독 이열균(李烈鈞), 강소(江蘇)도독 정덕전(程德全)이 각각 관할 지역의 독립을 선포하고, 이어 안휘, 호남, 사천의 각 성이 독립을 선언했다. 그러나 원세개의 강력한 진압과 의회 내의 파벌주의로 혁명은 성공하지 못했다.

이청조(李淸照:1084~약1151)　　남송의 여류 문인, 화가. 호는 이안거사(易安居士). 제남(濟南:산동성) 출신. 부친 이격비(李格非)도 당시 유명한 학자였으며 모친 왕(王)씨도 박학했다. 어려서부터 조보지(晁補之)에게 재능을 인정받을 만큼 시와 사에 능했다. 18세 때 금석학자인 조명성(趙明誠)에게 시집가 부부가 함께 시를 화창하고 금석학 연구에 몰두하였다. 건염(建炎) 3년(1129) 남편이 죽으면서 유랑생활을 했으며, 소흥(紹興) 2년(1132) 장여주(張汝舟)에게 재가했다가 곧 이혼했다. 만년에는 고독한 생활을 하며 남편 조명성의 『금석록(金石錄)』을 정리하고 금화(金華:절강성)에서 일생을 마쳤다. 그의 산문 「금석록후서(金石錄後敍)」는 『금석록』에 대한 해설과 더불어 30년간의 결혼생활과 남편을 잃은 슬픔을 서정적으로 담았다. 그는 시보다는 사의 작가로서 더욱 유명하다. 전기의 사는 부부간의 애정와 한적한 생활, 자연 풍경을 노래한 것들이 많으나, 후기의 사는 자신의 처지와 사회의 암울함을 반영하여 애상과 격정이 넘친다. 완약파(婉弱派)의 대표작가로 평가된다. 후기의 사로 「성성만(聲聲慢)」「어가오(漁家傲)」「영우락(永遇樂)」 등이 유명하다. 특히 『사론(詞論)』을 지어 작사(作詞)의 방법 등을 서술했는데, 이는 송사(宋詞)를 연구하는데 매우 중요하다. 후세 사람들이 그의 사체를 이어받아 '이이안체(李易安體)'를 형성하였다.

이충(李沖:450~98)　　북위(北魏)의 관료. 자는 사순(思順). 상서복야(尙書僕射)의 관직을 지냈다. 태화(太和) 10년(486) 효문제(孝文帝)에게 건의하여 삼장제(三長制)와 조조제(租調制)를 실시하였다. 이로 인해 중앙집권과 조세 수입의 증가를 가져왔다.

이치(李治) ➡ 당 고종

이태백(李太白) → 이백

이특(李特)의 난　서진(西晉) 혜제(惠帝) 원강(元康) 연간(291~299)에 약양(略陽:감숙성), 천수(天水:감숙성) 일대의 기민(飢民) 10여만 명이 촉(蜀) 땅으로 유입해 들어오자 정부는 이들에게 귀향을 종용하였다. 이 때 파저족(巴氐族)의 호강 지주인 이특(李特)이 이를 반대하자 유민 2만여 명이 그를 추종하여 큰 세력을 형성했다. 이들은 면죽(綿竹:사천성 德陽)에서 기의하여 곧 성도(成都)를 포위했으며, 양주(梁州), 익주(益州) 일대를 점령하였다. 이특 사후 그의 아들 이웅(李雄)이 성도로 진입하여 성도왕(成都王)이 된 후 칭제하여 국호를 성(成:大成)이라 하였다.

이하(李賀:793~819)　당(唐)대의 시인. 자는 장길(長吉). 복창(福昌:하남성 洛寧) 출신. 당 왕조의 먼 종실이다. 7세에 이미 한유(韓愈)와 황보식(皇甫湜) 앞에서 시를 지어 시재(詩才)로서 이름을 날렸다. 부친 이진숙(李晋肅)의 이름 가운데 글자인 '晋'과 진사(進士)의 '進'이 같은 음이었으므로 피휘(避諱)하여 진사시험을 보지 않았다. 이 때문에 비교적 낮은 봉예랑(奉禮郎)의 관직을 지내면서 궁정의 악공들을 위하여 악부(樂府)를 짓는 일을 하였다. 27세의 짧은 일생 동안 뜻을 얻지 못하고 곤궁한 세월을 보냈다. 그의 시는 낭만적인 색채가 강하면서도 한편으로 자신의 처지와 관련하여 우수와 격정을 표현한 것이 많다. 대표작「안문태수행(雁門太守行)」「금동선인사한가(金銅仙人辭漢歌)」「장진주(將進酒)」「마시(馬詩)」. 저서『창곡집(昌谷集)』.

이학(理學)　일명 도학(道學), 성리학(性理學). 송대에 출현한 일종의 유가(儒家) 철학사상. 한(漢)대의 유학이 훈고(訓詁) 위주인데 반해 의리(義理)를 천술하고 성명(性命)을 주로 논했다. 북송 초기 '이학삼선생(理學三先生)'이라 불린 호원(胡瑗), 손복(孫復), 석개(石介)가 제창했다고 하나 실제로는 주돈이(周敦頤), 소옹(邵雍), 장재(張載), 정호(程顥), 정이(程頤) 등이 창시했다. 그들은 '이(理)'를 우주의 본원으로 삼는 유심주의 이론을 내세워 이학의 기초를 닦았다. 이후 남송 중엽 주희(朱熹)가 이를 집대성하여 객관적 유심주의 이론을 완성하고 '성즉리(性卽理)'의 설을 발전시켜 '이(理)'란 천지(天地)에 앞서 존재하는 것이라고 주장하였다. 이에 따라 이학은 '주자학(朱子學)'이라는 용어로 쓰이기도 했다. 정호·정이·주희의 학파를 정주학파(程朱學派)라 하였다. 주희와 동시대 사람인 육구연(陸九

淵)은 주관적 유심주의의 관점에서 '심학(心學)'을 제창하고 '심즉리(心卽理)'의 학설을 내세워 주희와 쟁론하였다. 두 사람의 이론은 후대의 이학 발전에 상당한 영향을 끼쳤다. 원대에는 허형(許衡), 오징(吳澄) 등이 크게 선양했고, 명대에 이르러서는 왕수인(王守仁)이 육구연의 '심학'을 계승 발전시켜 육왕학파(陸王學派)를 형성시켰다. 명말 청초에는 안원(顔元), 왕부지(王夫之) 등이 장재(張載)의 '기(氣)' 이론을 발전시켜 정주학파와 육왕학파의 이론을 극복하고 새로운 사상체계를 형성했다.

이혹론(理惑論)　　서명. 일명 『모자이혹론(牟子理惑論)』, 『모자(牟子)』. 37장. 동한(東漢) 말 모자(牟子) 저. 불교가 중국에 유입되면서 생기는 문화 갈등을 해소시키기 위하여 지어졌다. 불교와 기존 유교, 도교의 사상적 융합을 통해 불교가 무리없이 유입될 수 있는 길을 터 놓았다.

이홍장(李鴻章:1823~1901)　　청대 말의 정치가. 자는 소전(少荃). 안휘성 합비(合肥) 출신. 도광(道光) 27년(1847) 진사에 올랐으며 함풍(咸豊) 3년(1853) 태평천국의 난이 한창일 때 고향에서 단련(團練)을 이끌고 태평군에 저항했다. 함풍 8년 스승인 증국번(曾國藩)의 휘하에 들어가 막료가 되었다. 동치(同治) 원년(1862) 강소순무(江蘇巡撫)가 되어 회군(淮軍)을 조직하고 태평군의 주력 부대와 싸웠다. 동치 3년 천경(天京)을 함락시킨 공로로 숙의백(肅毅伯)에 봉해졌다. 후에 하남(河南) 및 요동(遼東), 요서(遼西)의 염군(捻軍)을 진압하고 호광총독(湖廣總督)에 올랐다. 동치 9년 증국번의 뒤를 이어 직예총독(直隷總督) 겸 북양대신(北洋大臣)이 되면서 외교, 군사, 경제의 대권을 쥐었다. 양무운동(洋務運動)을 지휘하며 공업·광업의 부양에 노력했으며, 북양해군을 조직했다. 대외적으로는 타협정책을 견지했다. 광서(光緒) 2년(1876) 영국과 연대(煙臺)조약을 체결하고, 동 21년(1895) 일본과 하관(下關:시모노세키)조약을 체결했다. 이듬해 러시아와 중·러밀약을 체결하여 중국의 주권을 팔아먹었다는 비판을 받았다.

이회(李悝:약 455~402 B.C)　　전국시대의 사상가. 법가(法家)의 대표적 인물. 위(魏)나라 사람. 위 문후(文侯) 때 재상이 되어 개혁을 주도했다. 귀족의 세습특권을 배제하고 능력에 따라 인재를 등용했으며, 상벌을 엄격히 하고 토지의 이용을 극대화시켰다. B.C 412년 평적법(平糴法)을 제정하여 양곡의 가격을 안정시켰으며, 봉건시대 법전인 『법경(法經)』을 완성했다. 법경은 현재 전해지지 않지만 후대 법가 사상의 형성과 발전에 큰 영향을 끼쳤다.

이희열(李希烈:?~786)　　당(唐) 중기의 정치가. 연주(燕州) 요서(遼西: 북경시 順義) 출신. 덕종(德宗) 때 회녕군절도사(淮寧軍節度使)에 임명되었다. 건중(建中) 2년(781) 제군도통(諸軍都統)에 임명되어 양숭의(梁崇義)를 토벌하고 검교상서우복야(檢校尙書右僕射)에 올랐다. 이납(李納)의 반란을 평정하러 갔다가 거꾸로 이납과 결탁하여 번진세력을 끌어들이고 자칭 건흥왕(建興王) 겸 천하도원수(天下都元帥)가 되었다. 건중 4년(784) 변주(汴州:하남성 開封)에서 칭제하고 국호를 초(楚)라 하였다. 연호는 무성(武成). 후에 유흡(劉洽)에게 패하여 채주(蔡州:하남성 汝南)로 피했다가 부하에게 피살되었다.

익(益) → 백익

인덕력(麟德曆)　　당(唐)대에 생겨난 역법. 이순풍(李淳風)이 만들어 인덕(麟德) 2년(665) 반포했다. 수(隋)대 유작(劉焯)이 만든 황극력(皇極曆)을 기초로 하여 만들었다. 매월 29일과 30일 사이에 배열되던 '평삭(平朔)'을 버리고, 태양과 달의 위치가 서로 합하는 시각에 따라 삭일(朔日)을 정하는 '정삭(正朔)'을 채용했다. 이로써 3개 이상의 대월(大月)과 소월(小月)이 연속으로 생겨났다.

인물어룡백화(人物御龍帛畵)　　전국시대 중기의 백화(帛畵). 호남성 장사(長沙)의 자탄고(子彈庫) 초묘(楚墓)에서 출토되었다. 길이 37.5cm, 폭 28cm의 크기이며, 수염이 긴 장수가 장검을 차고 용의 등에 올라탄 모습이 그려져 있다.

인물용봉백화(人物龍鳳帛畵)　　전국시대 중기의 백화(帛畵). 호남성 장사(長沙) 부근 진가산(陳家山) 초묘(楚墓)에서 출토되었다. 길이 31cm, 폭 22.5cm의 크기이며, 왼쪽 상단에 용과 봉황이, 오른쪽 하단에 두 손을 모아 기도드리는 여인의 모습이 그려져 있다. 중국에서 발견한 최초의 백화이다.

인상여(藺相如)　　전국시대 조(趙)나라의 대신. 그가 보필하던 혜문왕(惠文王)이 초(楚)나라로부터 화씨지벽(和氏之璧)을 얻었으나 진(秦)나라가 이를 탐내 15개 성과 바꾸자고 제의했다. 명을 받아 진나라에 사신으로 간 그는 진나라가 구슬만 빼앗고 성은 내놓지 않을 조짐을 보이자 목숨을 다해 구슬을 되찾아 가지고 왔다. 이로부터 '완벽(完璧)'이란 단어가 생겨났다. 벼슬이 상경(上卿)으로 염파(廉頗)장군보다 높았으므로 염파의 시기와 미움을 받았으나 충돌을 피하고 자신을 낮춰 염파의 사죄를 받았다. 이후 형성된 두 사람간의 두터운 우의가 오늘날까지 일화로 전해진다.

일조삼종(一祖三宗)　　송대 강서시파(江西詩派) 시인들이 종주로 삼은 당·송(唐宋)의 4명의 시인. 1조(祖)는 두보(杜甫)이고, 3종(宗)은 황정견(黃庭堅), 진사도(陳師道), 진여의(陳與義)를 가리킨다.

일조편법(一條鞭法)　　명대의 부역제도. 명 가정(嘉靖) 10년(1531) 어사(御史) 부한신(傅漢臣)이 제창하여 가정 후기부터 만력(萬曆) 초기까지 강남의 일부 지역에서 실시하다가, 만력 9년(1581) 내각수보(內閣首補)로 있던 장거정(張居正)이 전국에 실시하였다. 호(戶)·정(丁)에 따라 부과하던 종래의 조세 방법을 정(丁)·양(糧)에 따라 부과하도록 하였다. 정육양사(丁六糧四), 혹은 양육정사(糧六丁四), 혹은 정량 각각 반으로 부과하고, 다시 하세(夏稅)와 양세(兩稅), 기타 잡세를 합하여 1조(條)로 하되 은(銀)으로 일괄 납부하게 하였다. 이 법 시행으로 국가의 수입이 늘었고, 은에 의한 화폐경제가 발달했다.

일주서(逸周書)　　책 이름. 일명 『주서(周書)』. 총 10권 71편. 저자 미상. 서주(西周) 초기부터 춘추시대 후기, 즉 동주(東周) 영왕(靈王), 경왕(景王)까지의 고(誥), 서(誓), 명(命) 등의 글을 담았다. 진·한(秦漢)대에 가필된 흔적이 역력하나 일부는 주나라 학자에 의해 편찬된 것으로 인정된다. 주나라의 역사와 문화를 연구하는 중요한 자료이며 60편이 현존한다.

일지록(日知錄)　　서명. 청대의 필기(筆記). 32권. 명말 청초의 학자 고염무(顧炎武) 찬. 작자가 젊어서부터 약 30여년간 독서하며 얻은 바를 그때그때 기록해 두었다가 정리하여 편찬한 것이다. 따라서 문류(門類)가 엄정하지 않으며, 대체로 같은 유의 것끼리 모은 정도이다. 체례는 「논경의(論經義)」, 「논정사(論政事)」, 「논세풍(論世風)」, 「논예제(論禮制)」, 「논과거(論科擧)」 등의 순이며, 정치, 경제, 군사, 문화, 사상 등의 방면을 주로 다루었다. 주제마다 널리 실증을 구하여 시말(始末)을 상술했는데, 논리가 명쾌하고도 엄정하다.

일행(一行:638∼727)　　당(唐)대의 불교 학자, 천문학자. 속세의 이름은 장수(張遂). 창락(昌樂:하남성 南樂) 출신. 환관의 가문에서 태어나 승려가 되었다. 형주(荊州) 당양산(當陽山)의 불사에 은거하면서 불경인 「대일경(大日經)」을 번역하고 소(疏)를 달았다. 후에 불교 밀종(密宗:眞言宗)의 비조가 되었다. 역학과 천문학에도 관심을 가져 항성의 위치와 운행을 관측하고 역서(曆書)인 『대연력(大衍曆)』을 편찬하였다.

임방(任昉:460~508)　　남조시대 양(梁)의 문학가. 자는 언승(彦升). 박창(博昌:산동성 壽昌) 출신. 신안태수(新安太守)를 지냈다. 표(表), 주(奏) 등의 문장에 능했으며, 당시 심약(沈約)과 더불어 '심시임필(沈詩任筆)'이라고 불리었다. 문학이론서인 『문장연기(文章緣起)』를 지었다. 심약, 왕승유(王僧儒)와 함께 남조의 3대 장서가로 불린다. 저서 『지기(地記)』 『잡전(雜傳)』.

임백거(林伯渠:1886~1960)　　중국의 정치가, 무산계급 혁명가. 본명은 조함(祖涵). 호남성 임풍(臨澧) 출신. 일본 유학시절 동맹회에 참가했다가 귀국 후 1921년 중국공산당에 가입했다. 국공합작 당시 광동(廣東) 정부의 농민부장을 맡았다. 1928년 소련에 유학했다가 귀국하여 1932년 중화소비에트공화국 임시중앙정부의 국민경제인민위원, 재정인민위원 등을 맡았다. 서안(西安) 사변 후 팔로군(八路軍) 주서안판사처(駐西安辦事處) 주임을 지내고, 1937년 섬감영(陝甘寧) 변구정부(邊區政府)의 주석이 되었다. 이후 중국공산당 중앙위원, 중앙정치국위원을 지내다 건국 후 인민정부의 비서장, 전인대 상무위 부위원장 등을 지냈다.

임봉상(林鳳祥 · 鳳翔:1825~55)　　청대 말 태평천국 지도자의 한 사람. 광서(廣西) 계평(桂平) 출신. 함풍(咸豐) 원년(1851) 태평군에 가담하여 장군(將軍), 지휘(指揮), 검점(檢點), 천관부승상(天官副丞相) 등의 지위에 올랐다. 함풍 3년 북벌정책에 나서 안휘, 하남, 산서 등을 점령했다. 이로 인해 청 왕조가 크게 흔들렸으며, 그는 이 공로로 정호후(靖胡侯)에 봉해졌다. 함풍 5년 전투에서 포로가 되고 북경에서 처형되었다.

임상문(林爽文:?~1788)　　청대 대만의 농민 봉기군 영수. 복건(福建) 출신으로 대만에 건너가 건륭(乾隆) 51년(1786) 천지회(天地會)의 난을 일으켜 장화(漳化) 일대를 지배하고 정권을 세웠다. 이듬해 청군이 파견한 군대에 패해 북경으로 압송되어 처형되었다.

임시약법(臨時約法) ➡ 중화민국임시약법

임욱(林旭:1875~98)　　청대 말의 유신 운동가. 복건성 후관(候官) 출신. 청일전쟁 때 화의를 반대하는 상소를 올렸다. 내각중서(內閣中書)의 관직에 있다가 광서 24년(1898) 민학회(閩學會)를 결성하여 유신운동을 펼쳤다. 같은 해 사품함군기장경(四品銜軍機章京)에 임명되어 무술변법에 참여했다가 무술정변을 맞아 처형되었다. 무술육군자(戊戌六君子)의 한 사람. 저서 『만취헌시집(晩翠軒詩集)』.

임제종(臨濟宗)　불교 선종(禪宗) 5개 지파 중 하나. 당(唐)대의 고승 임제(臨濟)의 종지를 근본으로 했다. 송대에 위앙종(潙仰宗)을 흡수했다.

임준(任峻:?~204)　동한(東漢) 말기의 사람. 자는 백달(伯達). 하남(河南) 중모(中牟) 출신. 조조(曹操)가 기병하여 중모 땅에 들어왔을 때 그에게 귀의하여 기도위(騎都尉)가 되었다. 양곡 등 물자를 잘 관리하여 조조의 군대가 전쟁에서 승리하는데 큰 몫을 하였다.

임천파(臨川派)　명대 말 만력(萬曆) 연간(1573~1620)에 유행한 희곡문학의 한 유파. 대표인물은 탕현조(湯顯祖)이다. 그는 강서(江西) 임천(臨川) 출신의 유명한 희곡작가이자 이론가로서 당시 사람들이 그의 영향을 많이 받았는데, 인물묘사에 치중하고 화려·전아한 문체를 좋아한 그의 창작 경향을 추종한 사람들을 일컬어 임천파라 한다. 또 탕현조가 거처한 집의 이름을 따서 옥명당파(玉茗堂派)라고도 한다. 성률을 중시하던 당시의 오강파(吳江派)에 반대하여 의(意), 취(趣), 신(神), 색(色)을 위주로 사를 지어야 한다고 주장했다.

임청(林淸:1770~1813)　청대 천리교(天理敎)의 난을 주도한 인물. 하북성 대흥(大興:北京) 출신. 가경(嘉慶) 11년(1806) 천리교에 입교하여 감괘(坎卦)의 교주가 되었다. 평소에 사람들의 병을 고쳐주었고, 신도들에게 근기전(根基錢)을 받아 빈민을 구휼했다. 동 17년 진괘(震卦)의 교주인 이문성(李文成)과 봉기를 일으킬 것을 모의하고 천왕(天王)에 올랐다. 이듬해 북경에 잠입하여 황궁을 공격하려다 실패하고 피살되었다.

임칙서(林則徐:1785~1850)　청대 말의 정치가. 아편 수입 금지론자. 자는 무무(無撫), 소목(少穆). 복건(福建) 후관(候官:福州) 출신. 가경(嘉慶) 16년(1811) 진사에 합격하여 도광(道光) 11년(1831) 동하하도총독(東河河道總督), 이듬해 강소순무(江蘇巡撫)를 지냈고, 17년 호광총독(湖廣總督)으로 있으면서 관할구역 내 아편의 유통을 금지시키고 금연활동을 폈다. 이듬해 도광제에게 아편 흡입 금지령을 상주한 뒤 흠차대신(欽差大臣)에 임명되어 광동(廣東)지역에서 아편의 수입을 통제했다. 또 영국 상인이 아편을 밀매하자 무역 단절을 선언하고, 아편 2만여 상자를 압수하여 폐기시켰다.

아편전쟁 때 영국 함대를 맞아 필사적으로 싸우다 기선(琦善) 등의 모함을 받고 좌천되었다. 도광 25년 다시 흠차대신으로 기용되어 태평천국의 난을 진압하다 조주(潮州)에서 병사하였다. 시문도 잘 지었으며 『임칙서집(林則徐集)』이 있다.

임포(林逋:967~1028)　북송의 고사(高士), 시인. 자는 군복(君復). 전당(錢塘:절강성 杭州) 출신. 세속의 명리를 버리고 결혼도 않은 채 고향의 산하에서 매화를 심고 학을 기르며 살았다. 당시 사람들은 "매화가 그의 처이고 학이 자식(梅妻鶴子)"이라고 했다. 시와 사를 잘 지었으며, 서호(西湖)의 풍경과 매화가 주된 제재였다. 은거생활의 한적하고 유유한 감정을 서술했으며 필법이 완약하고 풍격이 청려고준(淸麗高俊)했다. 진종(眞宗)이 곡식과 비단을 하사하여 그의 높고 담백한 뜻을 기렸다. 범중엄(范仲淹), 매요신(梅堯臣) 등이 그를 사모하여 시문으로 수답(酬答)했다. 사후 화정선생(和靖先生)의 시호를 얻었다. 지금의 항주(杭州) 고산(孤山) 방학정(放鶴亭)은 그가 학과 매화를 벗하며 시를 읊던 곳으로 전해진다. 저서 『임화정선생시집(林和靖先生詩集)』.

임표(林彪:1907~71)　중국의 정치가. 호북성 황강(黃岡) 출신. 1925년 중국공산당에 가입한 뒤 홍군(紅軍) 제1군 군단장, 팔로군(八路軍) 115사 사장(師長) 등을 지냈다. 중화인민공화국 성립 후 중앙군사위원회 부주석, 국무원 부총리 겸 국방부장, 공산당 중앙위 부주석 등의 직에 올랐다. 문화대혁명 때 반당(反黨) 활동을 했다는 이유로 시련을 겪었다. 1971년 모택동(毛澤東)을 살해하기 위한 쿠데타를 계획했다가 실패하고 소련으로 망명하던 도중 비행기 추락으로 사망했다.

임해수토지(臨海水土志)　서명. 지리지. 삼국시대 오(吳)의 심영(沈瑩) 저. 이주(夷洲:현 대만)의 지리, 기후, 민속 등을 기록했다. 대만의 고대 지리와 풍물을 연구하는 사료로 귀한 가치를 지닌다.

자강신정(自强新政) → 양무운동

자구세(子口稅)　　청대 말기에 신설된 통관세. 1800년대 중반까지 대외 통상지는 해관(海關)이 소재한 항구인 모구(母口)와 이잡(釐卡)이 소재한 곳인 자구(子口)로 나뉘었는데, 여기서 자구세란 용어가 나왔다. 함풍(咸豊) 8년(1858) 천진조약(天津條約)에 "외국 상품이 통상항을 통해 들어오거나 국내 상품이 통상항을 통해 빠져나갈 경우 5%의 수출입 관세 외에 한 차례의 자구세를 징수하되 세율은 0.25%로 한다"고 규정하였다. 이는 서구 열강이 수출 물품의 중국내 경쟁력을 높이고 중국 상품은 보다 싸게 구입하기 위해 청 정부에 강요하여 만든 약정이다. 따라서 자구세의 신설은 서구 열강의 대중국 경제침략을 용이하게 하는 촉진제가 되었다.

자사(刺史)　　관직명. 서한(西漢) 무제(武帝) 원봉(元封) 5년(B.C 106) 전국을 13부(部)로 나누고 부마다 중앙에서 파견한 자사 1인을 두었다. 자사는 관할 부를 순행하면서 호족이나 군(郡)의 태수를 감찰했다. 성제(成帝) 때 자사를 주목(州牧)으로 개칭했고, 동한(東漢) 초 다시 자사로, 동한 영제(靈帝) 때 또다시 주목으로 바꾸었다. 초기에는 지위가 군수(郡守) 아래였으나 이후 군수보다 한 단계 높았으며, 군정(軍政) 대권을 맡기도 했다. 위진남북조 시대에는 각 주에 자사를 설치하여 도독(都督)을 겸임토록 했다. 이 때 장군이란 칭호가 붙여졌으며, 권한도 한층 높았다. 수(隋)대 이후 주의 자사는 군의 태수과 같은 직급이거나 태수의 별칭으로 쓰였으며, 권력도 점차 낮아졌다. 송(宋) 이후 중앙에서 자사를 파견했지만 실제로 부임하지 않았으며, 습관상 태수를 자사라고 불렀다. 청(淸)대 역시 주 지사(知事)의 별칭으로 쓰였다.

자사(子思:483~402 B.C)　　전국시대 초기의 사상가. 유가(儒家)의 대표적 인물. 성은 공(孔), 이름은 급(伋). 노(魯)나라 사람. 공자의 손자. 공자의 제자인 증삼(曾參)에게서 수학했으며, 공자의 사상을 계승하여 『중용(中庸)』을 저술했다. '성(誠)'을 천지자연의 법칙이라고 보고, 천인합일(天人合一)을 주장했다.

자산(子産:?~522 B.C) 춘추시대의 사상가. 법가(法家)의 대표적 인물. 성명은 공손교(公孫僑) 자는 자산(子産), 자미(子美). 일명 공손성자(公孫成子). 정(鄭)나라에서 정경(正卿) 벼슬을 하면서 각종 제도·법령을 고쳐 백성들을 구제했다. 천(天)·인(人) 분리론을 내세워 천명(天命)사상의 굴레에서 벗어나고자 했으며 무신론 사상의 발전에 공헌했다.

자산문화(磁山文化) 중국 신석기시대 초기의 문화. 하북성 무안현(武安縣) 자산에서 마제석기와 도기(陶器)가 발굴되었다. 매우 초보적인 도기 제작 수준을 보이는 등 배리강(裴李崗) 문화와 특징이 같다.

자야가(子夜歌) 악부명. 오성가곡(吳聲歌曲)에 속한다. 진(晉)대의 여류 음악가 자야(子夜)가 지었다고 해서 명칭이 붙여졌다. 성조가 처량하며, 후세에 남녀간의 애절한 사연을 노래할 때 이 곡조를 사용했다.

자양인(資陽人) 중국 구석기시대 말기의 원시인류. 사천성 자양현(資陽縣)에서 두개골이 발견되었다. 두개골의 형태가 현대인과 거의 비슷하다. 노동에 사용한 도구가 다른 구석기시대 원인에 비해 발달했다. 약 7천 5백년 전에 생존한 것으로 추정된다.

자유(子游) 춘추시대 공자(孔子)의 제자. 성은 언(言), 이름은 언(偃). 자유(子游)는 그의 자이다. 오(吳)나라 출신으로 무성(武城)의 재상이 되어 예악(禮樂)으로 정치를 폈다. 공문십철(孔門十哲)의 한 사람으로 알려졌다. 안연(顔淵), 자하(子夏)와 함께 공자가 가장 아낀 제자이며, 학문에 밝았다고 한다. 『논어(論語)』와 『예기(禮記)』에 그에 관한 기록이 보인다.

자은종(慈恩宗) ➡ 법상종

자치통감(資治通鑑) 서명. 약칭 『통감(通鑑)』. 294권. 북송 사마광(司馬光) 찬. 치평(治平) 3년(1066) 사마광은 전국시대부터 진(秦) 2세황제까지의 『통지(通志)』를 편찬하여 영종(英宗)에게 바쳤다. 영종은 이를 보고 유반(劉攽), 유서(劉恕), 범조우(范祖禹) 등을 보강시켜 완성된 역사서를 만들도록 하였다. 이에 따라 19년간 편찬작업을 한 끝에 전국시대부터 오대(五代), 즉 B.C 403년부터 960년까지 1,362년간의 역사를 편년체로 편찬했다. 역사 사건의 발생, 경과, 결말 등을 시대순에 따라 정연하게 배치 서술했으며, 천문지리, 예악(禮樂), 역수(曆數) 등을 망라했다. 또 이를 통해 인재의 등용과 신상필벌(信賞必罰), 음양 술수 및 미신의 타파 등을 주상했다. 문장도 간결하고 생동감있으며, 「적벽지전(赤壁之戰)」「비수지전(淝水之戰)」 등의 글은 고대 산문의 명편으로 이름이 높다. 후세 사람이 이 책을 가리켜 "천지간에 없어서는 안되는 것(天地間不可無)" "학자라면 꼭 읽어야 하는 것(學者亦不可不讀)"이라고 극찬하였다. 이후 이 책을 연구하는 학문인 '통감학(通鑑學)'이 생겨나기도 했다.

자치통감강목(資治通鑑綱目)　서명. 약칭 『통감강목(通鑑綱目)』. 59권. 남송 주희(朱熹) 편. 북송 사마광(司馬光) 등이 편찬한 『자치통감(資治通鑑)』의 내용중 유가의 강상명교(綱常名敎) 사상에 근거하여, 필요한 사료만 골라 편찬했다. 강(綱)과 목(目)으로 분류하였으며, 강은 제요(提要)로서 『춘추(春秋)』의 체례를 모방했고, 목은 소주(小注)로서 『좌전(左傳)』을 모방했다. 목은 주희의 문인인 조사연(趙師淵)이 지었다. 역사 사료로서의 가치는 찾아보기 힘들며, 단지 유가의 전통사상을 고취시키는데 널리 이용되었다.

자하(子夏)　춘추전국시대 공자(孔子)의 제자. 공문십철(孔門十哲)의 한 사람. 성은 복(卜), 이름은 상(商). 자하는 그의 자이다. 위(衛)나라 출신으로 공자는 그가 학문에 밝다고 칭찬했다. 『시경(詩經)』을 익혀 제자에게 전수했으며, 그것이 6대를 거친 후 모형(毛亨)에 의해 『모시(毛詩)』로 완성되었다고 한다. 또 『춘추(春秋)』의 공양전(公羊傳)·곡량전(穀梁傳)도 그로부터 전해져 이루어진 것이라 한다. 공자 사후 서하(西河)에서 강학했고, 위문후(衛文侯)가 그에게서 학습했다고 한다.

자허부(子虛賦)　부(賦)의 편명. 서한(西漢) 사마상여(司馬相如)가 양효왕(梁孝王)을 위하여 지은 작품. 초(楚)국의 자허(子虛)와 제(齊)국의 오유선생(烏有先生)이 서로 국가의 강성함을 자랑하자 망시공(亡是公)이 이를 듣고 한(漢) 천자가 머무는 상림원(上林苑)의 웅장하고 화려함을 자랑하는 내용이다. 『소명문선(昭明文選)』에는 「자허부(子虛賦)」와 「상림부(上林賦)」의 두 편으로 나뉘어 수록되었다.

자희태후(慈禧太后) ➡ 서태후

작구갑(作丘甲)　춘추전국시대의 부역 제도. 노(魯)나라에서 성공(成公) 원년(B.C 594)에 시행했다. 각 구(丘)마다 일정 수량의 군부(軍賦)를 내도록 했는데, 구 내의 사람들은 경지면적에 비례하여 부담하는 양을 정했다.

작피(芍陂) 　안휘성 수현(壽縣) 안풍성(安豊城) 남쪽에 위치한 인공저수지. 춘추시대 초(楚)나라의 손숙오(孫叔敖)가 주도하여 만들었다. 주위가 백리에 달하며 5개의 갑문이 설치되어 있다. 관개용으로 축조되었으며, 지금까지 보존상태가 양호하다.

잠부론(潛夫論) 　서명. 10권 36편. 동한(東漢) 왕부(王符) 저. 작자는 이름을 드러내지 않는다는 뜻에서 자칭 '잠부(潛夫)'라 했으며 서명도 이와 같이 정했다. 국가 정치의 도를 기술하면서 당시의 참위(讖緯)신학에 입각한 정치행태를 비판하였다. 법령의 정비 필요성을 역설하고 근검 절약을 통한 부국 강병을 주장했다. 탐관오리들의 잔혹한 통치행위를 폭로하고 부호들의 사치스런 행위를 꼬집었다.

잠삼(岑參:715~70) 　당(唐)대의 시인. 강릉(江陵:호북성) 출신. 29세 때인 천보(天寶) 3년(744)에 벼슬을 시작하여 숙종(肅宗) 때 우보궐(右補闕), 가주자사(嘉州刺史) 등을 지냈다. 만년에 파직되어 성도(成都)에서 객사하였다. 고적(高適)과 더불어 당대 변새시파(邊塞詩派)의 대표적 인물로 일컬어진다. 초기에는 화려한 시풍을 보였으나 안서사진절도사(安西四鎭節度使)의 막부에서 일하면서 변방지방의 풍광과 군인들의 생활, 소수민족의 풍속 등을 그렸다. 대표작 「화산운가(火山雲歌)」 「천산설가(天山雪歌)」 「열해행(熱海行)」 「조장군가(趙將軍歌)」 「산방춘가(山房春歌)」. 시문집 『잠가주집(岑嘉州集)』.

잠서(潛書) 　서명. 청대 초의 사상가 당견(唐甄) 저. 97편. 원명은 『형서(衡書)』. 봉건군주제에 대해 비판한 책이다. 선진(先秦) 제자의 문체를 모방했다. 신격화된 군주에 대해 공격하면서 "천자가 비록 존귀하나 역시 사람일 뿐"이라고 주장하고, "진(秦)대 이래 역대 제왕은 모두 도적"이라는 논리를 폈다. 또 빈부의 격차와 정치의 불평등 현상에 대해서도 비판을 가했다. 청대 초기의 민주사상을 엿보게 하는 저작이다.

잠약수(湛若水:1466~1560) 　명대의 사상가. 자는 원명(元明), 호는 감천(甘泉). 증성(增城:광동성) 출신. 40세 때인 홍치(弘治) 18년(1505) 진사에 나아가 한림편수(翰林編修), 남경국자감좨주(南京國子監祭酒), 이부·예부·병부상서 등의 관직을 지냈다. 왕수인(王守仁)과 함께 조정에서 강학을 했으며, 후에 두 사람이 각기 왕학(王學)과 잠학(湛學)으로 나뉘어 사상적 대립을 벌였다. 저서 『이례경전측(二禮經傳測)』『춘추정전(春秋正傳)』『고악경전(古樂經傳)』『격물통(格物通)』『심성서(心性書)』『준도록(遵道錄)』『감천집(甘泉集)』.

잡가(雜家)　전국시대 제가의 학설을 종합한 학술사상 혹은 그 유파. 대표 저작으로는 여불위(呂不韋)가 편찬한 『여씨춘추(呂氏春秋)』가 있다.

잡극(雜劇)　원대에 북곡(北曲)을 이용하여 공연한 일종의 희극 혹은 희극의 대본. 송·금(宋金) 시대의 제궁조(諸宮調)와 북방의 지방희(地方戱) 성격을 띠는 원본(院本)에 예술형식을 가미하여 형성되었다. 극본은 4절(折)로 나뉘는 것이 보통이며, 절마다 동일한 궁조의 곡패(曲牌)가 삽입된다. 또 설자(楔子)가 있어 상황을 설명해 주거나 절과 절 사이를 부드럽게 한다. 각 절은 창(唱)·과(科)·백(白)의 3요소로 이루어지며, 창은 배우들의 노래, 과는 동작, 백은 대사를 뜻한다. 각색자로는 남주인공 정말(正末), 여주인공 정단(正旦) 등이 있다. 잡극의 작자는 120명, 작품은 700종 정도인 것으로 알려졌으나 현존 작품은 150종이며, 대부분 작자가 드러나지 않았다. 산곡(散曲)과 합쳐 원곡(元曲)이라 부른다.

장각(張角:?~184)　동한(東漢) 시대 태평도(太平道)의 창시자. 거록(鉅鹿:하북성 平鄕) 출신. 자칭 대현양사(大賢良師)라 하고, 무리들에게 부적으로 치료해 주며 세력을 모아 농민봉기를 주도하였다. 광화(光和) 7년(184) 두 동생 장량(張梁)·장보(張寶)와 함께 기의하여 태평장군(太平將軍)이라 칭하고 황건 봉기군의 주력부대를 형성하였다. 기의 도중 병사하였다.

장간지(張東之:625~706)　당(唐) 초의 재상. 자는 맹장(孟將). 양주(襄州) 양양(襄陽:호북성) 출신. 일찍 진사에 급제하고 청원승(淸源丞)에 임명되었으나 오랫동안 진급하지 못하다 나이 60이 넘어 현량(賢良) 시험에 1등 급제하고 감찰어사(監察御史), 봉각사인(鳳閣舍人)을 지냈다. 이후 여러 사람의 추천으로 사형소경(司刑少卿), 동봉란대평장사(同鳳鸞臺平章事), 봉각시랑(鳳閣侍郞) 등에 올랐다. 신룡(神龍) 원년(705) 환언범(桓彦范) 등과 함께 정변을 일으켜 무측천(武則天)을 몰아내고 중종을 제위에 옹립하였다. 이 공으로 천관상서(天官尙書)에 임명되고 한양군공(漢陽郡公)에 봉해졌다. 후에 무삼사(武三思)의 배척을 받아 재상직에서 쫓겨나고, 이듬해 신주사마(新州司馬)로 폄적되어 분사(憤死)했다.

장개석(蔣介石:1887~1976)　중화민국 총통. 본명은 중정(中正), 자가

개석(介石)이다. 절강성 봉화(奉化) 출신. 부인은 송미령(宋美齡). 1907년 일본 육군사관학교에 입학하여 동맹회(同盟會)에 가입하고 손문(孫文)의 혁명사상에 공감하여 신해혁명에 참가했다. 1924년 손문의 신임을 받아 소련에 군사 시찰을 다녀오고, 귀국 후 손문이 죽자 그의 뒤를 이어 국민당의 지도자가 되었다. 1926년 국민혁명군 총사령에 올랐으며, 이듬해 반공으로 전환하여 4·12 쿠데타를 일으키고 제1차 국공(國共)합작을 파기, 남경(南京)정부를 수립했다. 이후 독재를 강화하고 공산당을 탄압하다 1936년 서안(西安)사건을 계기로 이듬해 제2차 국공합작을 맺고 항일에 전념했다. 1948년 중화민국 총통에 선출되었으나 공산당에 패하여 본토에서 쫓겨나고 대만으로 옮겨갔다.

장거정(張居正:1525~82)　명대의 정치가, 문학가. 자는 숙대(叔大), 호는 태악(太岳). 호광(湖廣) 강릉(江陵:호북성) 출신. 가정(嘉靖) 26년(1547) 진사에 나아가 편수(編修)를 제수받았다. 융경(隆慶) 원년(1567) 입각하여 『세종실록(世宗實錄)』의 편찬을 주관하였다. 신종(神宗) 만력(萬曆) 원년(1573) 고공(高拱)을 몰아내고 수보(首輔:수석대학사)가 되었고, 나이 어린 신종을 대신하여 10년간 국정을 이끌었다. 일조편법(一條鞭法)을 시행하여 농업과 상업의 발전을 꾀하는 한편 척계광(戚繼光) 등으로 하여금 군대를 조련시켜 변방 이민족의 침략 위협을 제거했다. 그의 혁신정치는 재정적으로 크게 공헌하였으나 너무 엄격하여 저항도 많았다. 그의 사후 장성(張誠)의 무고로 탄핵받았다가 희종(熹宗) 때 작위를 되찾았다. 저서『장문충공전집(張文忠公全集)』.

장건(張騫:?~114 B.C)　서한(西漢)시대 외교가. 서역 개척의 일등공신. 성고(成固:섬서성) 출신. 건원(建元) 3년(B.C 138) 무제(武帝)의 명을 받고 서역의 대월지국(大月氏國)에 사신으로 갔으나 도중 흉노에 잡혀 10여 년간 구금생활을 했다. 흉노에게서 탈출한 후 총령(蔥嶺)을 넘어 대원(大宛), 강거(康居), 대하(大夏) 등을 거쳐 대월지국에 도착했다. 귀국 도중 다시 1년여 간 흉노에 억류되었다가 장안으로 돌아왔다. 원수(元狩) 4년(B.C 119) 2차 명을 받고 서역의 오손(烏孫)에 사신으로 가 통교하였다. 또 대원 , 강거, 대하 등지에 부사(副使)를 파견하여 이방의 신문물을 흡수하는 한편 중국을 대외에 널리 알렸다. 이 공로로 관직이 대행(大行)에 이르렀고, 박망후(博望侯)에 봉해졌다.

장경체(長慶體)　당(唐)대의 시인 원진(元稹), 백거이(白居易)의 시풍을 일컫는 말. 두 사람의 작품 가운데 목종(穆宗) 장경(長慶) 연간(821~824)에 집록된 것들이 서로 흡사한 시풍을 보였으므로 이름이 붙여졌다. 원화체(元和體)와 동일하다는 설이 있으나, 또다른 설에 의하면 장경체는 현실주의에 입각한 풍유시를 포함하고 있어 원화체와는 성격이 다르다고 한다. 또 원진, 백거이의 장편 서사시인「장한가(長恨歌)」「연창궁사(連昌宮詞)」「비파행(琵琶行)」 등에 보이는 새로운 격조를 가리킨다는 설도 있다.

장계(張繼)　당(唐)대의 시인. 자는 의손(懿孫). 양주(襄州:호북성 襄樊) 출신. 사부원외랑(祠部員外郞)의 신분으로 홍주염철판관(洪州鹽鐵判官)의 관직을 지냈다. 서정적인 시를 주로 지었으며, 생의 소중함과 민간의 생활고를 주된 제재로 삼았다. 작품「풍교야박(楓橋夜泊)」「귀산(歸山)」 등. 시집『장사부시집(張祠部詩集)』.

장계(張戒)　남송의 문인. 정평(正平:산서성) 출신. 휘종(徽宗) 선화(宣和) 중엽 진사가 되어 현령에 임명되었다. 고종(高宗) 소흥(紹興) 5년(1135) 국자감승(國子監丞), 동 8년 병부원외랑(兵部員外郞), 감찰어사가 되고, 다시 사농소경(司農少卿)을 지냈다. 소흥 12년 금(金)과의 화의를 방해했다는 이유로 관직을 박탈당했다. 소흥 27년 좌선교랑(佐宣教郞)이 되어 대주(臺州) 숭도관(崇道館)을 주관했다. 저서에『세한당시화(世寒堂詩話)』가 있다.

장구(章句)　한(漢) 대에 발생한 일종의 저작 체제. 당시의 학자들은 장(章)을 나누어 구(句)를 분석하는 방법으로 경문을 해석했는데, 대표 저작으로『춘추공양장구(春秋公羊章句)』『초사장구(楚辭章句)』 등이 있다.

장구령(張九齡:678~740)　당(唐) 중기의 정치가, 시인. 자는 자수(子壽). 소주(韶州) 곡강(曲江:광동성) 출신. 진사에 합격한 뒤 좌습유(左拾遺)를 거쳐 좌보궐(左補闕)의 직책에 있으면서 식재(識才)를 인정받아 인재 선발용 고시를 주관하였다. 이때 평윤(平允)이란 호를 얻었다. 개원(開元) 22년(784) 중서령(中書令) 겸 하남도전사(河南稻田使)로 있으면서 10도에 채방사(采訪使)를 설치하도록 건의, 실시했다. 현종(玄宗)이 후기에 실정하자 직언으로 간하기도 했다. 이임보(李林甫)를 제거하려다 오히려 재상직을 박탈당하고 형주자사(荊州刺史)로 폄적되었다. 그의 대표적 시 작품인「감우시(感遇詩)」 12수는 폄적되었을 때 지은 것으로 감정이 풍부하고 강건한 격조를 느끼게 한다. 진자앙(陳子昻)과 더불어 초당(初唐) 시풍을 일변시킨 시인으로 꼽힌다. 『곡강집(曲江集)』『천추금감록(千秋金鑑錄)』.

장도릉(張道陵:?~156)　　본명은 장릉(張陵). 동한(東漢) 시대 사람. 순제(順帝) 때 사천(四川)의 곡명산(鵠鳴山)에서 도를 배워 도서(道書)를 지었으며, 이 도를 전수받는 자에게 오두미(五斗米)를 내도록 했다. 그가 창시한 도를 오두미도라 한다.

장량(張良:?~186 B.C)　　서한(西漢)의 개국공신. 자는 자방(子房). 선조는 전국시대 한(韓)나라에서 대대로 높은 벼슬을 했다. 한이 진(秦)에 망한 후 자객이 되어 박랑사(博浪沙:하남성 原陽 동남쪽)에서 진시황(秦始皇)을 척살하려다 실패했다. 진 말 농민전쟁 때 유방(劉邦)에게 투신하여 중요 모사(謀士)가 되었다. 해하(垓下:안휘성 靈壁)에서 항우(項羽)의 군대를 포위했을 때 '사면초가(四面楚歌)'의 계책을 건의했으며, 서한 성립 후 각 제후를 봉하고 장안(長安)으로 천도하도록 상주했다. 공을 이룬 후 굳이 낮은 직위인 유후(留侯)에 머물러 한신(韓信), 팽월(彭越) 등 일등공신이 토사구팽(兎死狗烹)되었을 때 용케 살아남을 수 있었다. 사후 문성후(文成侯) 시호가 내려졌다.

장량(張梁:?~184)　　동한(東漢) 시대 사람. 거록(鉅鹿:하북성 平鄉) 출신. 장각(張角)의 동생. 황건 봉기 때 장각과 함께 기의하여 인공장군(人公將軍)이라 칭했다. 동탁(董卓)의 군대를 무찌르는 등 전공을 세웠으나 광종(廣宗:하북성 威縣)에서 황보숭(黃甫嵩)의 군대와 싸우다 패사하였다.

장로(張魯)　　동한(東漢) 시대 오두미도(五斗米道)를 창시한 장릉(張陵)의 손자. 초평(初平) 2년(191) 오두미도의 교세가 확장되면서 신자들을 이끌고 한중(漢中:섬서성 남부)을 차지하여 촉(蜀)지방에 강력한 교단 왕국을 형성하였다. 스스로 사군(師君)이라 칭하고, 아래에 좨주(祭酒)를 두어 정치를 맡게 했다. 13년간 정권을 잡았으나 건안(建安) 20년(215) 조조(曹操)에게 항복하였다. 조조에 의해 진남장군(鎭南將軍)에 임명되었다.

장록(張祿) ➡ 범저

장릉(張陵) ➡ 장도릉

장묵(張墨)　　진(晋)대의 화가. 위협(衛協)을 스승으로 삼아 인물화 및 도석화(道釋畵)에서 훌륭한 경지를 이룩했다. 작품에 「유마힐상(維摩詰像)」「도련도(搗練圖)」 등이 있다.

장방창(張邦昌:1081~1127)　　북송 말기의 정치가. 자는 자능(子能). 진사 출신으로 예부시랑(禮部侍郎), 소재(少宰), 태재(太宰) 겸 문하시랑(門下侍郎) 등을 지내다 정강(靖康) 원년(1126) 금(金)의 군대가 변경(汴京:하남성 開封)을 함락시키면서 강왕(康王) 조구(趙構:高宗)와 함께 체포되었다. 석방된 후에는 금에 항거할 것을 주장하다 권신들에 의해 모반죄로 쫓겨났다. 1127년 금군이 동경(東京)을 함락시키고 그를 초제(楚帝)에 세웠으나, 조구가 고종(高宗)에 즉위하자 제호(帝號)를 버렸다. 이강(李鋼)이 그의 죄를 상서함에 따라 담주(潭州:호남성 長沙)로 축출되어 참살당했다.

장병법(將兵法) 일명 치장법(置將法). 북송 왕안석(王安石)의 신법 중 하나. 군인들의 전투력을 높이기 위해 제정되었다. 서북의 경(逕), 위(渭), 의(儀), 원(原) 4주 주둔군 중 군대 조련을 전담하는 장관을 설치하고 무예가 출중한 군관을 보임했으며, 맡은 지역의 군대를 교대로 주둔하게 하였다. 후에 황하 유역 각 로(路)에 시행하여 단위마다 장(將)과 부장을 두었다. 이 법 시행 이전에는 직업군들이 훈련을 게을리하고 군량만 축냈다.

장보(張寶:?~184) 동한(東漢) 시대 사람. 거록(鉅鹿:하북성 平鄉) 출신. 장각(張角)의 동생. 황건 봉기 때 장각과 함께 기의하여 지공장군(地公將軍)이라 칭했다. 황보숭(黃甫嵩)의 군대와 싸우다 패사했다.

장비(張飛:?~221) 동한(東漢) 말기의 군사가. 자는 익덕(翼德). 탁군(涿郡:하북성) 출신. 동한 말년 관우(關羽)와 함께 유비(劉備)를 섬기며 기병하였다. 건안(建安) 13년(208) 조조(曹操)가 형주(荊州)를 공격했을 때 맹활약하여 유비를 곤경에서 건져내었다. 유비가 형주의 4군(郡)을 통치할 무렵 의도태수(宜都太守)에 임명되고 참정후(斬亭侯)에 봉해졌다. 후에 제갈량(諸葛亮)과 함께 익주(益州)를 공격하여 큰 성공을 거두었다. 유비가 한중왕(漢中王)에 올랐을 때 관직이 우장군(右將軍)에 이르렀다. 유비가 칭제(稱帝)하면서 다시 거기장군(車騎將軍)에 오르고 서향후(西鄉侯)에 봉해졌다. 221년 관우가 오(吳)와의 전쟁에서 피살된 후 오 정벌에 나섰다가 부하에게 살해되었다. 시호는 환후(桓侯).

장사성(張士誠:1321~67) 원대 말의 군웅 중 한 사람. 태주(泰州) 백구장(白駒場:강소성 大豊) 출신. 어려서의 이름은 구사(九四). 소금 파는 일을 업으로 하다 지정(至正) 13년(1353) 아우 장사덕(張士德), 장사신(張士信)과 함께 무리를 이끌고 기병하여 고우(高郵) 등지를 점령하고 나라를 세워 자칭 성왕(誠王)이라 했다. 국호는 대주(大周), 연호는 천우(天祐). 지정 16년 평강(平江:강소성 蘇州)에 도읍을 정했다. 이듬해 주원장(朱元璋: 明太祖)에게 패하고 원나라에 투항했다가 주원장에게 항전을 계속하여 소주를 근거로 큰 세력을 이루었다. 지정 23년 안풍(安豊)을 공격하여 홍건군의 영수인 유복통(劉福通)을 살해하고 오왕(吳王)이라 칭했다. 지정 27년 주원장의 부장인 서달(徐達)과 전투를 벌여 평강성에서 패하고 금릉(金陵: 강소성 南京)으로 압송되었다가 처형되었다.

장생전(長生傳)   전기(傳奇)체 희곡 작품. 전 50막. 청대 홍승(洪昇) 저. 당(唐)대 안사(安史)의 난을 배경으로 하여 당명황(唐明皇:玄宗) 이융기(李隆基)와 궁녀 양옥환(楊玉環:楊貴妃)간의 연애 고사를 묘사한 것으로, 이를 통해 제왕의 부패한 생활과 탐욕스런 애정이 국가 및 사회에 끼친 영향을 부각시켰다. 백거이(白居易)의 서사시 「장한가(長恨歌)」와 백인보(白仁甫: 白樸)의 『오동우(梧桐雨)』에서 제재를 취했다. 청대 이래 희곡의 걸작으로 꼽힌다.

장선(張先:990~1078)   북송의 사인(詞人). 자는 자야(子野). 오정(烏程:절강성 吳興) 출신. 인종(仁宗) 때 구양수(歐陽修)와 함께 진사에 급제했다. 도관낭중(都官郎中)을 지냈다. 안수(晏殊), 구양수(歐陽修), 왕안석(王安石), 송기(宋祁), 소식(蘇軾) 등과 시문으로써 교유했다. 만사(慢詞)를 잘 지었으며, 유영(柳永)과 함께 만사를 발전시키는데 공헌했다. 사풍은 청신공교(淸新工巧)하며 남녀간 사랑과 화월(花月)을 노래한 것이 많다. '영(影)'자를 즐겨 쓰면서 '장삼영(張三影)'이란 별명이 붙었다. 작품「천선자(天仙子)」중 '雲破月來花弄影'의 구절이 유명하다.

장세걸(張世傑:?~1279)   남송 말의 군사가. 범양(范陽:하북성 涿縣) 출신. 원(元)나라의 군대가 침략해오자 문천상(文天祥)과 함께 결전을 주장했으나 승상 진의중(陳宜中)에 의해 저지되었다. 임안(臨安)이 함락되자 그는 군사를 이끌고 복주(福州)로 가서 조하(趙昰)를 황제로 받들고 문천상, 육수부(陸秀夫) 등과 세력을 결집하여 원나라에 항전했다. 경염(景炎) 3년 (1278) 조하가 죽자 조병(趙昺)을 제위에 올리고 애산(崖山:광동성 新會)으로 퇴각했다. 상흥(祥興) 2년(1279) 원나라의 장수 장홍범(張弘范)과 해상 격전을 치르다 패하고 죽었다.

장소경(張素卿:844~927)   당(唐)대 말기의 도사(道士), 화가. 간주(簡州:사천성 簡陽) 출신. 도사 진건휘(陳乾暉)로부터 도교 이론과 회화를 배웠다. 희종(僖宗) 때 청성산(靑城山)에서 도교를 전도하다 희종으로부터 자포(紫袍)를 하사받고 도교의 영수가 되었다. 도교 인물화를 잘 그렸으며, 형상과 색채가 특이했다. 도교화의 선구로 불린다. 작품「오악도(五岳圖)」「십이선군도(十二仙君圖)」「십이계녀도(十二溪女圖)」등.

장소유(蔣少游:?~501) 남북조시대의 화가, 조각가, 건축가. 태상소경(太常少卿)의 벼슬을 했다. 회화, 조각, 건축술로서 남조와 북조 사이의 문화 교류를 촉진시키는데 공헌을 하였다.

장손무기(長孫無忌:?~659) 당(唐)대 초기의 정치가. 당 고조(高祖) 이연(李淵)이 기병했을 당시 이세민(李世民:太宗)을 따라 변방 정벌 사업에 가담했다. 당 무덕(武德) 9년(626) 현무문(玄武門)의 정변에 참여해 이세민의 제위 찬탈에 일조했다. 이로 인해 상서우복야(尙書右僕射), 사공(司空), 사도(司徒) 등의 벼슬을 하고, 조국공(趙國公)에 봉해졌다. 방현령(房玄齡) 등과 함께 당률(唐律)을 완성했다. 고종(高宗) 영휘(永徽) 4년(653)『당률소의(唐律疏議)』30권을 편찬하여 반포했다고 하나 확실치 않다. 고종이 무측천(武則天)을 황후에 올려놓으려 하자 이를 반대하다 삭탈관직되어 검주(黔州)로 추방되었으며, 이후 목매 자살하였다.

장손평(長孫平) 수(隋)대의 관리. 자는 처균(處均). 낙양(洛陽) 출신. 개황(開皇) 초 탁지상서(度支尙書)로 있으면서 백성들이 가뭄과 홍수로 기근에 허덕이는 것을 보고 개황 5년(585) 백성을 구휼할 수 있는 의창(義倉) 제도를 시행하였다. 또 돌궐족과의 친화를 위해 노력하였다.

장승요(張僧繇) 남조시대 양(梁)의 화가. 우장군(右將軍), 오흥태수(吳興太守) 등을 역임했다. 인물화, 산수화, 금수화(禽獸畵) 등을 잘 그렸다. 천축(天竺)에서 요철(凹凸)화법을 익혀 널리 전파했다. 민간 전설에 따르면 그의 매 그림이 마치 살아있는 듯하여 날아든 비둘기가 놀라 달아났다고 한다. 또 안락사(安樂寺)의 네 백룡(白龍) 벽화를 그렸는데, 그 중 두 마리는 눈동자에 점을 찍자 곧 하늘로 날아갔다고 한다. 이로부터 '화룡점정(畵龍點睛)'이라는 성어가 생겨났다. 고개지(顧愷之), 육탐미(陸探微)와 함께 육조삼걸(六朝三傑)로 일컬어진다. 작품「행도천왕도(行道天王圖)」「취승도(醉僧圖)」「전사무도(田舍舞圖)」「영매도(詠梅圖)」.

장양기(蔣良騏:1723~89) 청대의 사학자. 자는 천지(千之). 승향(升鄕: 강서성 寧岡) 출신. 건륭(乾隆) 16년(1751) 진사가 되고 한림원편수(翰林院

編修)의 관직을 제수받았다. 후에 국사관찬수관(國史館纂修官)이 되어 청 태조(太祖) 누르하치 치세 때부터 세종(世宗) 옹정제(雍正帝) 때까지의 사적을 담은 편년체 역사서『동화록(東華錄)』을 지었다. 이는 청대 초기의 정치, 경제, 문화 발전과정을 이해하는데 중요한 자료이다.

장언원(張彦遠:약815~?)　　당(唐)대 말기의 서화가, 서화이론가. 자는 애빈(愛賓). 하동(河東:산서성 永濟) 출신. 서주자사(舒州刺史) 등의 관직을 지냈다. 역대 화가의 약력과 그들의 화풍을 평론한『역대명화기(歷代名畵記)』를 편찬하였다. 기타 저서『법서요록(法書要錄)』.

장영서(臧榮緖:415~88)　　남조 제(齊)의 사학자. 호는 피갈선생(披褐先生). 벼슬을 마다하고 학문에 열중했으며, 경구(京口:강소성 鎭江)에 은거하며 저술활동으로 일생을 보냈다. 그의 저서인『진서(晋書)』110권은 양진(兩晋) 시대의 역사를 이해하는데 중요한 자료가 된다. 이 책을 근거로 당(唐) 초에 또다른『진서(晋書)』가 완성되었다. 기타 저서로『속동기(續洞紀)』등이 있다.

장욱(張旭)　　당(唐)대의 서예가, 시인. 자는 백고(伯高). 오군(吳郡:강소성 蘇州) 출신. 상숙현위(常熟縣尉), 금오장사(金吾長史) 등의 관직을 지냈다. 초서에 능했으며 술에 취한 후 붓을 놀려 광서(狂書)를 썼으므로 그의 초서 작품을 광초(狂草)라 했다. 당시 사람들은 그를 초성(草聖)이라 불렀다. 당시 이백(李白)의 시, 배민(裵旻)의 검무(劍舞)와 그의 초서를 합하여 삼절(三絶)이라 했다. 해서에도 능했으며, 작품에「낭관석기(郎官石記)」「초서고시사첩(草書古詩四帖)」등이 있다.

장의(張儀:?~310 B.C)　　전국시대의 유세가. 종횡가(縱橫家)의 대표적 인물. 위(魏)나라 사람. 일찍이 관에 진출하려고 위・초(楚)를 전전하다 오히려 화씨지벽(和氏之璧)을 훔친 도둑으로 몰려 죽음 직전에 놓이기도 했다. 그 후 진(秦)에 들어가 혜왕(惠王)에게 연횡책(連衡策)을 건의했는데, 이것이 받아들여져 무신군(武信君)의 벼슬에 올랐다. 위나라에 들어가 한(韓)・위간 동맹으로 제(齊)・초에 대응토록 했으며, 소양왕(昭襄王) 때는 초에 들어가 제・초 동맹을 와해시키고 다시 제・진동맹으로 초를 고립시켰다. 이같은 연횡책은 소진(蘇秦)의 합종책(合縱策)과 더불어 전국시대 각 나라간의 세력균형을 형성하는데 큰 몫을 했다.

장이상(張履祥:1611~74)　　청대 초의 사상가, 농학자. 자는 고부(考夫),

호는 염지(念芝). 세칭 양원선생(楊園先生). 동향(桐鄉:절강성) 출신. 관직에 나아가지 않고 향리에서 강학과 저술활동을 하며 살았다. 특히 농업 분야에 관심을 갖고 농업 경영에 관한 연구를 많이 했다. 철학 방면에서는 명대 말의 학자 유종주(劉宗周)의 영향을 받아 정·주(程朱)의 이학(理學)과 육·왕(陸王)의 학문을 조화시키고자 했다. 『보농서(補農書)』『왕학변(王學辨)』『근감(近鑑)』『독역필기(讀易筆記)』 등을 짓고, 『심씨농서(沈氏農書)』를 정리했다.

장자(莊子:약 369～약 290 B.C)　전국시대의 사상가. 도가(道家)의 대표적 인물. 이름은 주(周), 자는 자휴(子休). 송(宋)나라 출신. 맹자(孟子)와 동시대 사람으로 노자(老子)의 학설에 근본을 두고 유가(儒家)를 비난했다. 도(道)를 우주의 본체로 보아 도만이 절대적이고 기타 만물은 모두 상대적이라고 주장했다. 즉 빈부·귀천·선악·시비가 구별될 수 없으며, 따라서 인간은 모든 희로애락에서 초월해야 한다는 것이다. 현실도피적이며 허무주의적인 그의 학설은 인간의 절대자유 추구를 목표로 했다는 점에서 의의가 있다. 저서로 『장자(莊子)』 33편이 전해지고 있는데, 내편(內篇) 7편은 자신의 저작이며, 나머지는 제자들의 집필이라고 한다.

장자방(張子房) ➡ 장량

장작(張鷟)　당(唐)대의 문학가. 자는 문성(文成), 자호(自號)는 부휴자(浮休子). 사문원외랑(司門員外郎)의 관직을 지냈다. 전기체(傳奇體) 연애소설인 「유선굴(游仙窟)」을 지었다.

장작림(張作霖:1875～1928)　청대 말 민국 초기의 정치가. 민국 당시 봉천파(奉天派)의 영수. 자는 우정(雨亭). 봉천(奉天) 해성(海城:요녕성) 출신. 1911년 27사단장이 되고, 1914년 원세개(袁世凱)의 아들 원극정(袁克定)과 형제관계를 맺었다. 이듬해 원세개가 칭제(稱帝)하면서 자작(子爵)에 봉해졌다. 1916년 위무장군(威武將軍)에 임명되어 봉천장군 은지귀(殷芝貴)를 몰아내고 봉천군벌 내 봉천파의 영수가 되었다. 1922년 직봉(直奉) 전투에서 직예파(直隷派)에게 패하고 동삼성자치보안사령(東三省自治保安司令)으로 물러난 뒤 동삼성의 독립을 선포하고 단기서(段祺瑞), 손문(孫文)과 삼각동맹을 맺었다. 1924년 2차 직봉전쟁 때 대승하여 진위상장군(鎭威上將軍), 봉천성장(奉天省長)이 되고, 3년 후 중화민국 육해군 대원수에 올랐다. 이듬해 그가 탄 기차가 일본군에 의해 폭파되면서 사망했다.

장재(張載:1020~77)　　북송의 사상가. 자는 자후(子厚). 세칭 횡거선생(橫渠先生). 인종(仁宗) 가우(嘉祐) 연간에 진사에 합격하여 운암령(雲岩令)이 되었다가 신종(神宗) 희녕(熙寧) 2년(1069) 황제의 부름을 받아 숭문원교서(崇文院校書)의 관직을 지냈다. 이듬해 병으로 벼슬을 내놓고 종남산(終南山)에서 독서와 강학(講學)으로 지냈다. 우주의 본체는 기(氣)이며, 이(理)는 기 안에 있다고 주장하였다. 유학과 노자의 사상을 조화시켜 우주의 일원적 해석을 설파하고, 이정(二程)과 주자(朱子)의 학설에 영향을 주었다. 저서 『정몽(正蒙)』『횡거역설(橫渠易說)』『경학이굴(經學理窟)』『장자어록(張子語錄)』 등.

장적(張籍:약 767~830)　　당(唐)대의 시인. 자는 문창(文昌). 정원(貞元) 15년(799) 벼슬에 나아간 후 한유(韓愈)의 추천을 받아 국자박사(國子博士)가 되었다. 이후 수부원외랑(水部員外郎), 국자사업(國子司業) 등의 관직을 지냈다. 세칭 장사업(張司業), 장수부(張水部). 악부시를 잘 지었으며, 대부분 사회모순을 폭로하고 백성의 질고를 동정하는 내용이다. 왕건(王建) 등과 함께 신악부(新樂府) 운동을 주도했다. 작품 「동도행(董逃行)」「정부원(征婦怨)」 등. 시문집 『장사업집(張司業集)』.

장정옥(張廷玉:1672~1755)　　청대의 역사학자. 자는 형신(衡臣), 호는 연재(硯齋). 동성(桐城:안휘성) 출신. 강희(康熙) 39년(1700) 진사가 되었고, 보화전대학사(保和殿大學士), 이부상서(吏部尙書), 군기대신(軍機大臣) 등을 역임했다. 『명사(明史)』의 편찬을 주관했으며, 『성조실록(聖祖實錄)』 부총재, 『세종실록(世宗實錄)』 총재를 맡았다. 기타 『청회전(淸會典)』의 편찬에도 참여했다. 당시 관수(官修) 역사편찬을 촉진하는데 공헌했다. 저서 『징회원문존(澄懷園文存)』.

장조(張璪)　　당(唐)대의 화가, 미술이론가. 자는 문통(文通). 오군(吳郡:강소성 蘇州) 출신. 사부원외랑(祠部員外郎), 염철판관(鹽鐵判官) 등의 관직을 지냈다. 산수(山水)·수석(樹石)화를 잘 그렸다. 특히 소나무를 즐겨 그렸으며, 수묵(水墨)의 표현에 중점을 두어 기(氣)와 운(韻)이 함께 살아 있다는 평을 받았다. 두 개의 붓을 쥐고 일시에 그리되 붓마다 각기 다른 그림을 표현했다 하여 '쌍관제하(雙管齊下)'라는 성어가 이로부터 생겨났다. 또 손가락에 먹물을 찍어 그림을 그리는 '지화(指畵)'를 창시했다. 작품 「산당금회도(山堂琴會圖)」「쌍송도(雙松圖)」. 회화이론서 『회화경(繪

畵鏡)』을 지었으나 일실되었다.

장주(莊周) → 장자

장준(張俊:1086~1154)　　북송 말 남송 초의 장수. 자는 백영(伯英). 성기(成紀:감숙성 天水) 출신. 고종(高宗) 때 어영전통제(御營前統制)의 관직에 임명되었다. 건염(建炎) 3년 명주성(明州城)을 굳건히 지키며 금군(金軍)을 격퇴시켰다. 소흥(紹興) 초 강회로초토사(江淮路招討使)에 임명되어 각지의 농민 반란을 진압하고, 소흥 5년(1135) 위제(僞帝)인 유예(劉豫)의 군대를 격퇴했다. 악비(岳飛), 한세충(韓世忠)과 함께 남송의 3대 명장으로 꼽힌다. 소흥 11년 항전을 반대하는 주화파 진회(秦檜)에게 붙어 스스로 병권을 포기하고 추밀사(樞密使)에 임명되었다. 만년에는 청하군왕(淸河郡王)에 봉해지고 고종의 예우를 받았다. 그러나 명장 악비를 모함했다 하여 세인의 질시를 받았다. 악비의 묘에 꿇어 앉은 궤상(跪像) 가운데 하나가 그의 것이다.

장준(張浚:1097~1164)　　북송 말 남송 초의 정치가. 자는 덕원(德遠). 한주(漢州) 면죽(綿竹:사천성) 출신. 북송 정화(政和) 연간에 진사가 된 후 건염(建炎) 3년(1129) 묘유(苗劉)의 난을 진압하는데 공을 세워 추밀원사(樞密院事)가 되었다. 천섬선무처치사(川陝宣撫處置使)에 임명되어 금(金)의 군대를 물리치는데 큰 공을 세웠다. 소흥(紹興) 5년 재상이 되어 악비(岳飛), 한세충(韓世忠) 등의 명신을 등용하고 유광세(劉光世) 등 나약한 신하를 제거했다. 진회(秦檜)가 집정하면서 금과의 전쟁을 피하고 화의를 맺음에 따라 20여년간 외지로 쫓겨났다. 소흥 31년(1161) 금의 완안량(完顏亮)이 침공해오면서 다시 기용되어 융흥(隆興) 원년(1163) 추밀사가 되고 북벌 계획을 주관하였으나 다시 주화파에 밀려 관직을 잃었다. 이듬해 병사하였다. 시호는 충헌(忠獻). 저서『중흥비람(中興備覽)』.

장중경(張仲景)　　동한(東漢)의 의학자. 본명은 기(機). 남양(南陽) 열양(涅陽:하남성 南陽) 출신. 당시 역병이 유행하여 일족 가운데 3분의 2가 죽었으므로 의학에 관심을 갖게 되었다. 침구, 인공호흡 등 임상 치료에 정통했으며 이를 체계적 이론으로 정립했다. 저서에『상한잡병론(傷寒雜病論)』16권이 있으며, 후세 사람이 이를 정리하여『상한론(傷寒論)』『금궤요략(金匱要略)』을 펴냈다. 이밖에『황소약방(黃素藥方)』『요상한신험방(療傷寒身驗方)』『오장론(五臟論)』『구치론(口齒論)』등을 저작으로 남겼다. 후세 사람들에 의해 '의성(醫聖)'으로 불린다.

장지(張芝)　　동한(東漢)의 서예가. 자는 백영(伯英). 돈황(敦煌) 주천(酒泉:감숙성) 출신. 홍농위(弘農尉)의 관직을 지냈다. 두도(杜度), 최원(崔瑗) 등으로부터 장초서법(章草書法:예서와 초서의 중간 서체)을 배워 일가를 이루었다. 서예를 배우면서 연못에 붓을 씻었는데 연못의 물이 검게 물들 정도였다고 한다. 장초서와 해서를 결합하여 금초(今草)를 개발했다. 후세에 '초성(草聖)'으로 추존되었다.

장지동(張之洞:1837~1909)　　청대 말의 정치가. 자는 효달(孝達), 호는 향도(香濤), 포빙(抱氷). 직예(直隸) 남피(南皮:하북성) 출신. 동치(同治) 2년(1863) 진사가 되고 내각학사(內閣學士) 등의 관직을 지냈다. 광서(光緖) 10년(1884) 청·불전쟁이 발발하면서 산서순무(山西巡撫)에게 발탁되어 양광총독(兩廣總督)에 임명되고, 풍자재(馮子材)를 기용하여 프랑스 군을 격파하였다. 광동수륙사학당(廣東水陸師學堂)을 설치하여 신식 무기를 제조하고, 광무국(鑛務局) 직포국(織布局) 등 근대 공장을 설립하였다. 광서 15년 호광총독(湖廣總督)에 임명되어 한양제철소, 호북창포창(湖北槍砲廠)을 설립했다. 의화단 사건이 일어나자 유곤일(劉坤一)과 연대하여 서구 열강과 동남호보(東南互保) 협정을 체결하여 의화단을 진압했다. 광서 28년 양강총독(兩江總督)에 임명되고, 동 32년 군기대신에 올랐다. 양무운동을 주도한 인물이며, 열강의 힘에 의지하여 매판자본을 끌어들임으로써 청 정부의 힘을 위축시키는 결과를 낳았다. 학문에도 조예가 깊었으며, 양호서원(兩湖書院)을 창설하는 등 교육사업에 관심을 보여 청 말 교육계에 큰 영향을 끼쳤다. 저서 『장문양공전집(張文襄公全集)』.

장지화(張志和:약 730~ 약 810)　　당(唐)대의 시인, 화가. 원명은 귀령(龜齡). 자는 자동(子同), 호는 현진자(玄眞子). 숙종(肅宗) 때 좌금오위녹사참군(左金吾衛錄事參軍)을 지내다가 남포위(南浦尉)로 폄적되었다. 이후 사면되어 장안(長安)으로 돌아왔으나 벼슬에 나아가지 않고 강호에 은거하면서 시사(詩詞)와 그림 등의 작품활동으로 보냈다. 시사는 주로 명리를 추구하지 않고 자연과 더불어 생활하는 삶의 철학을 낭만적으로 표현했다. 사 작품 「어가자(漁歌子)」(일명 漁父)가 유명하다. 저서 『현진자(玄眞子)』.

장초정권(張楚政權)　　진(秦)대 말 농민 기의군의 영수인 진승(陳勝)이 건립한 정권. 진 2세황제 원년(B.C 209) 가을 진승은 기의군을 이끌고 진현(陳縣:하남성 淮陽)에 도착하여 국호를 장초(張楚)라 하고 자신이 왕이 되었으며, 오광(吳廣)을 가왕(假王)에 봉했다. 장초정권은 수많은 농민군의 호응을 얻어 한때 세력이 강대해지고 진군(秦軍)과 싸워 큰 전과를 올리기도 했으나 진승과 오광이 각기 측근에 의해 살해되면서 반년만에 실패하고 말았다. 그러나 이후 반진(反秦) 세력이 강해졌으며, 끊임없이 진의 통치에 충격을 주었다.

장평전투(長平戰鬪)　전국시대에 가장 규모가 컸던 제후국간 전투. B.C 262년부터 2년간 진(秦)과 조(趙)가 싸워 진의 대승으로 끝났다. B.C 262년 진의 군대가 장평(長平:산서성 高平 서북부)에 진을 치고 조를 공격하자 전쟁경험이 많은 조의 장수 염파(廉頗)는 성을 지킨 채 응전하지 않았다. B.C 260년 진의 장수 백기(白起)는 계책을 써 조의 효성왕(孝成王)으로 하여금 염파 대신 조괄(趙括)을 장수에 임명토록 했다. 조괄은 부임하자마자 무모하게 출병했으며, 이에 백기는 우회전략을 써서 거짓 패한 체하다 적의 후방을 공략하여 대승을 거두었다. 이 싸움에서 조의 군사 40여만 명이 갱사(坑死)했다고 한다. 이로써 한때 강성했던 조나라의 세력은 급격히 위축되었다.

장학성(章學誠:1738~1801)　청대의 사학자, 목록학자. 자는 실재(實齋), 호는 소암(少岩). 회계(會稽:절강성 紹興) 출신. 건륭(乾隆) 43년(1778) 진사가 되었으나 공명에 관심을 두지 않아 국자감전적(國子監典籍)의 직책에 만족했다. 후에 정주(定州:하북성)의 연지서원(蓮池書院), 귀덕(歸德:하남성 商丘)의 문정서원(文正書院) 등에서 강학했다. 한때 호광총독(湖廣總督) 필원(畢沅)의 막하에 들어가 『호북통지(湖北通志)』『속자치통감(續資治通鑑)』 등의 편찬에 참여하였다. 역사학에 많은 관심을 가졌으며, "육경이 모두 역사(六經皆史)"라고 강조하여 역사 문헌의 범위를 넓혔다. 저서 『문사통의(文史通義)』와 『교수통의(校讐通義)』는 문학과 역사에 대한 자신의 견해를 밝히고 고금 학술에 대해 품평한 것으로 독창성이 엿보이는 수작이다. 그의 저술이 『장씨유서(章氏遺書)』『장씨유서일편(章氏遺書逸篇)』에 수록되어 있다. 절동사학파(浙東史學派)의 뒤를 이은 사람으로 일컬어진다.

장한가(長恨歌)　시가 편명. 당(唐)대 백거이(白居易) 저. 현종(玄宗)과 양귀비(楊貴妃)간의 애정 비극을 제재로 하여 지은 7언 120구의 장편 서사시. 언어가 유창하고 음운이 아름다우며, 감정 표현을 핍진하게 하여 낭만주의적 색채가 짙게 풍긴다. 두 사람간의 진지한 사랑과 양귀비의 미모로 인한 득화(得禍), 현종의 실정 등을 각각 찬양과 동정, 불만의 형태로 표현하였다.

장함(章邯:?~205 B.C) 　　진(秦)의 장수. 진 2세황제 때 농민기의군을 진압하는데 큰 공을 세웠다. 거록(鉅鹿:하북성 平鄕) 전투에서 항우(項羽)에게 패한 후 투항하여 항우의 봉국을 받고 제후국의 왕이 되었다. 초·한(楚漢)전쟁 때 유방의 공격을 받고 피살되었다.

장헌충(張獻忠:1606~46) 　　명대 말 농민 봉기군의 우두머리. 자는 병오(秉吾), 호는 경헌(敬軒). 연안(延安) 유수간(柳樹澗:섬서성 定邊) 출신. 숭정(崇禎) 3년(1630) 섬서의 미지현(米脂縣)에서 농민 봉기에 참여하였다가 한때 정부군에 투항하였다. 이후 다시 고영상(高迎祥)의 부하가 되고 반란에 참가하여 이자성(李自成)과 같이 산서(山西), 하남(河南)을 점령하였다. 숭정 16년 무창(武昌)을 점령하여 초왕(楚王) 및 그 종실들을 살해하고 대서국(大西國)을 세웠다. 도읍은 성도(成都), 연호는 대순(大順). 대순 3년(1646) 명나라가 망한 후 청나라 군대의 공격으로 피살되었다.

장형(張衡:78~139) 　　동한(東漢)의 문학가, 과학자. 남양(南陽) 서악(西鄂:하남성 南陽) 출신. 젊어서 효렴(孝廉)에 추천되어 남양태수 포덕(鮑德)의 주부(主簿)가 되었다. 이때 유명한 「양경부(兩京賦)」 「사수시(四愁詩)」를 지었다. 후에 낭중(郎中), 대사령(大史令), 시중(侍中)을 차례로 거치면서 천문지리에 관심을 가져 혼천설(渾天說)을 주장하고 혼천의(渾天儀)에 남북극, 적도, 황도를 표시하는 등 천문학의 기존 인식에 일대 변혁을 가져오게 했다. 경학서로 『주관훈고(周官訓詁)』, 수학서로 『산망론(算罔論)』, 천문학서로 『영헌(靈憲)』 『영헌도(靈憲圖)』 『혼천의도주(渾天儀圖注)』 등을 지었다.

장혜언(張惠言:1761~1802) 　　청대의 산문가, 경학가. 자는 고문(皐文). 양호(陽湖:강소성 武進) 출신. 가경(嘉慶) 4년(1799) 진사가 되어 한림원편수(翰林院編修)의 관직을 지냈다. 산문과 시사(詩詞)를 잘 지었다. 동성파(桐城派) 문장의 형식주의를 타파하고 자유분방한 문풍을 일으켜야 한다고 주장했다. 양호파(陽湖派) 산문가의 대표 인물로 꼽힌다. 『주역(周易)』 및 『예기(禮記)』에 관해 연구했으며, 제가 학설의 차이를 분석하는데 중점을 두었다. 저서 『명가문편(茗柯文編)』『명가사(茗柯詞)』『주역정씨의(周易鄭氏義)』『주역순씨구가의(周易荀氏九家義)』『독의례기(讀儀禮記)』.

장호(匠戶)　중국 역대 수공업 공장(工匠)의 호적. 원내에 이 제도가 활성화되었으며, 이 계급의 사람들은 자손 대대로 같은 일에만 종사해야 했다. 또 자유가 없이 공노(工奴)의 신세였다. 명대 가정(嘉靖) 41년(1562) '반장은(班匠銀)' 제도가 실시되면서 장호의 인신 예속관계가 약해졌으며, 청대 강희제(康熙帝) 때 법률상 정부의 노역(奴役)에서 해제되었다.

장화(張華:232~300)　위·진시대의 문학가, 과학자. 자는 무선(茂先). 방성(方城:하북성 固安) 출신. 위(魏) 말에 중서랑(中書郞)이 되고 진(晋) 초에는 황문시랑(黃門侍郞)을 역임했다. 혜제(惠帝) 때 사공(司空)의 벼슬을 하고 장무군공(壯武郡公)에 봉해졌다. 팔왕(八王)의 난이 발생하여 조(趙)왕 사마륜(司馬倫)에게 살해되었다. 대표적 시부(詩賦)로는 「문유거마객행(門有車馬客行)」「정시(情詩)」 등이 있고, 산문에 「경박편(輕薄篇)」이 있다. 박물학의 형성에 큰 영향을 끼친 『박물지(博物志)』를 편찬했다.

장횡거(張橫渠) → 장재

장효상(張孝祥:1132~70)　남송의 문학가. 자는 안국(安國), 호는 우호거사(于湖居士). 화주(和州) 오강(烏江:안휘성 和縣) 출신. 고종(高宗) 소흥(紹興) 24년(1154) 정시(廷試)에 장원급제했으나 충신 악비(岳飛)를 변호하다 간신 진회(秦檜)의 미움을 받아 하옥되었다. 진회 사후 비서성정자(秘書省正字)에 올랐으나 장준(張浚)의 북벌을 지지하다 다시 파직되었다. 이후 형호북로안무사(荊湖北路安撫使)로 있으면서 수리사업을 펴고 제방을 축성하는 등 위민사업을 많이 했다. 그의 사는 애국적 사상을 표현한 작품이 많으며 풍격이 호방하여 소식(蘇軾)의 사와 유사했다. 초기의 청려(淸麗)하고 완약(婉約)한 사풍이 남도(南渡) 후 격앙되고 처량한 풍으로 흘렀다. 저서 『우호집(于湖集)』『우호사(于湖詞)』.

재조집(才調集)　서명. 10권. 오대(五代) 후촉(後蜀)의 위곡(韋縠) 찬. 당인(唐人) 시집. 만당(晚唐) 시 위주로 1,000수를 수록했다. 애정시가 많으며 화미염려(華靡艶麗)한 시풍을 드러낸다.

저거몽손(沮渠蒙遜:368~433)　오호십육국 시대 북량(北涼)의 건립자(재위 401~433). 흉노족 출신. 선조가 대대로 저거(沮渠) 부족의 영수였다. 397년 후량(後凉)의 태수 단업(段業)을 도와 북량(北凉) 정권을 세웠다. 401년 단업을 살해하고 자칭 장액공(張掖公)이라 하였다. 이후 양왕(凉王)에 올랐다. 역사에서 이를 북량이라 한다.

저수량(褚遂良:596~658) 당(唐) 초기의 정치가, 서예가. 자는 등선(登善). 전당(錢塘:절강성 杭州) 출신. 태종(太宗) 때 기거랑(起居郎), 간의대부(諫議大夫), 중서령(中書令) 등의 관직을 지냈다. 고종(高宗) 때는 상서우복야(尙書右僕射)의 벼슬을 하고 하남군공(河南郡公)에 봉해졌다. 고종이 무측천(武則天)을 황후에 올리려 하자 이를 극력 반대했다. 그 후 무측천에 의해 담주도독(潭州都督)으로 좌천되었고, 다시 애주자사(愛州刺史)로 폄적되었다. 문학과 역사에 능했으며 서예에 정통하였다. 구양순(歐陽詢), 우세남(虞世南), 설직(薛稷)과 함께 당초(唐初) 4대 서예가의 하나이다.

저초문(詛楚文) 전국시대 진(秦)나라의 각석(刻石). 300여 글자가 새겨져 있으며 진나라 왕이 초(楚)나라를 벌할 수 있도록 하늘에 기도하는 내용이다. 선진(先秦)시대 문자와 사회 풍속을 연구하는데 중요한 사료이다.

적미의 난〔赤眉之亂〕 왕망(王莽)이 세운 신(新)왕조 때 일어난 대규모 농민 반란. 18년 여모(呂母)라는 여성을 중심으로 일어난 반란군과 이듬해 번숭(樊崇)을 중심으로 일어난 반란군이 연합하여 산동(山東) 일대에서 큰 위세를 떨쳤다. 한(漢)나라의 상징인 붉은 색으로 눈썹을 칠했으므로 '적미'라는 이름이 붙여졌다. 이들이 장안(長安)을 함락시킴에 따라 신왕조는 무너졌다. 후한의 시조 유수(劉秀)의 군대에 패하여 세력을 잃었다.

적벽부(赤壁賦) 작품명. 송대 소식(蘇軾) 작. 신종(神宗) 원풍(元豊) 5년(1082) 작자 나이 47세 때 지었다. 황주(黃州:호북성)에서 유배생활을 하던 그는 친구와 함께 적벽(赤壁:호북성 黃岡縣)에서 뱃놀이를 하면서 느낀 감회를 부(賦)의 형식을 빌려 노래했다. 7월과 10월 두 차례 지었는데, 각각 「전적벽부」「후적벽부」라고 했다. 이중 「전적벽부」가 더 유명하며 문학적 성취도도 높다. 적벽강의 아름다운 풍광과 함께 자연에 의지해 사는 자신을 선인(仙人)에 기탁해 노래했다. 자연의 섭리와 미물인 인간의 존재를 대비시켜 논하는 등 작가의 인생철학도 엿보인다. 위(魏)·촉(蜀)·오(吳)가 격전을 치른 적벽(호북성 嘉魚縣 인근)과 이곳은 서로 다른 곳이다.

적벽지전(赤壁之戰) 후한 말 건안(建安) 13년(208) 오(吳)의 손권(孫權)과 촉한(蜀漢)의 유비(劉備) 연합군이 위(魏)의 조조(曹操) 군대와 양자강 기슭 적벽(赤壁:호북성 嘉魚縣 동북방)에서 벌인 전투. 수전(水戰)에 약한 조조의 20만(일설에는 80만) 군대는 이 싸움에서 수가 적은 연합군에 패하여 퇴각했다. 연합군은 손권의 모사인 황개(黃蓋)의 화공(火攻) 계략을 채택하여 조조군의 함선에 불을 지르는 전술을 썼다. 이때의 유명한 장수로는 오의 주유(周瑜)와 황개, 촉한의 제갈량(諸葛亮)이 있다. 조조는 이 싸움에서 패함에 따라 강력히 추진하던 남하정책을 포기했으며, 천하는 위·촉·오의 3국 정립(鼎立) 시기로 접어들었다.

적송자(赤松子)　진(晋)대의 도사(道士). 일명 황대선(黃大仙). 원명은 황초평(黃初平). 출신이 빈한하여 8세 때 가축 치는 일을 했다. 15세에 적송산(赤松山)에 들어가 도를 닦았으며, 이로 인해 적송자란 이름이 붙여졌다. 전설에 의하면 그의 도술이 매우 신통하여 백성들을 재난에서 보호해 주었다고 한다. 지금도 홍콩이나 동남아시아 일대에서는 그를 믿는 신도들이 있으며, 사당을 짓고 제사를 지낸다고 한다.

적전례(籍田禮)　고대 천자 혹은 제후가 매년 길일을 택해 제전(祭田:籍田)에서 친히 씨앗을 뿌리고 경작하던 행위. 이 행위가 끝난 후 백성들이 경작을 시작했다. 수확도 같은 방법으로 했으며, 제전 수확물은 상제(上帝)나 선조에 대한 제사용으로 쓰여졌다. 서주(西周) 때 일종의 예의(禮儀)제도로 시행되다가 후에 점점 사라졌다.

적청(狄青:1008~57)　북송의 정치가. 자는 한신(漢臣). 분주(汾州) 서하(西河:산서성 汾陽) 출신. 인종(仁宗) 보원(寶元) 초 연주지휘사(延州指揮使)로 있으면서 서하(西夏)와 전쟁을 벌일 때 항상 선봉에 서서 승리를 이끌었다. 이후 범중엄(范仲淹)의 눈에 들어 대장(大將)에 올랐으며, 다시 추밀부사(樞密副使), 추밀사(樞密使)를 지냈다. 말년에 주변의 중상을 받아 탄핵되었다.

전겸익(錢謙益:1582~1664)　명말 청초의 사학자, 문학가, 장서가. 자는 수지(受之), 호는 목재(牧齋). 자칭 목옹(牧翁), 강운노인(絳雲老人), 동간유로(東澗遺老). 상숙(常熟:강소성) 출신. 만력(萬曆) 38년(1608)에 진사(進士)가 되었고, 예부상서(禮部尙書)를 지냈다. 청조가 들어선 후에는 예부우시랑(禮部右侍郞)을 맡아 비서원(秘書院)의 일을 관장하고, 『명사(明史)』를 편수할 때 부총재(副總裁)를 지냈다. 그러나 6개월 후 칭병하여 사퇴하고 저술로 여생을 보냈다. 저서로 『국초군웅사략(國初群雄事略)』『열조시집소전(列朝詩集小傳)』『초학집(初學集)』『유학집(有學集)』 등이 있고,

『열조시집(列朝詩集)』을 엮었다.

　　전국사공자(戰國四公子)　　일명 전국사군(戰國四君). 제(齊)의 맹상군(孟嘗君), 조(趙)의 평원군(平原君), 위(魏)의 신릉군(信陵君), 초(楚)의 춘신군(春申君)을 가리킨다. 인재를 중시하고 문하에 수천 명의 식객을 두어 그들과 사상을 교류함으로써 당시 사상·문화의 번영을 이루는데 공헌했다.

　　전국칠웅(戰國七雄)　　전국시대 천하의 패권을 놓고 다투던 7대 강국. 한(韓), 위(魏), 조(趙), 제(齊), 진(秦), 초(楚), 연(燕)을 일컫는다. 이중 진이 가장 강성했으며, 후에 전국을 통일했다.

　　전국시대(戰國時代)　　춘추시대가 지나고 한(韓), 위(魏), 조(趙), 제(齊), 진(秦), 초(楚), 연(燕)의 7대 국가(戰國七雄)가 패권을 다투던 시대. 명칭은 서명인 『전국책(戰國策)』에서 나왔다. 열국의 할거라는 측면에서 춘추시대와 다를 바 없으며, 춘추시대와 뚜렷하게 구별되는 사건이나 계기가 있는 것도 아니므로 춘추시대의 연장이라고 볼 수 있다. 춘추시대에 비해 전쟁의 횟수는 적었지만 강대국끼리 전투를 벌여 규모가 크고 더욱 많은 사상자를 냈다. 시대 구분은 춘추시대가 끝나는 시점부터 진(秦)이 천하를 통일한 B.C 221년까지를 가리킨다. 전국칠웅 외에 월(越), 주(周), 송(宋), 위(衛), 노(魯), 등(藤), 추(鄒) 등이 있었다. 춘추시대 참조.

　　전국책(戰國策)　　서명. 33권. 전국시대 및 진(秦) 초에 각국의 사관 혹은 책사(策士)가 저술한 것을 서한(西漢) 유향(劉向)이 집록했다고 전해진다. 서주(西周), 동주(東周), 진(秦), 제(齊), 초(楚), 한(韓)·위(魏)·조(趙), 연(燕) 등의 편으로 나누었다. 춘추시대 이후, 즉 B.C 453년 한(韓)·위(魏)·조(趙) 3국이 진(晋)에서 분리된 이후부터 B.C 209년 진(秦) 2세 황제가 즉위한 때까지 전국시대의 각국 정치, 군사, 외교 상황을 기술했다. 사마천(司馬遷)의 『사기(史記)』에 들어 있는 형가(荊軻), 섭정(聶政) 등의 고사도 이 책에서 채록한 것이다. 전국시대 및 진(秦) 왕조 초기의 역사를 이해하는데 중요한 자료가 되고 있다.

　　전기(傳奇)　　고대소설의 일종. 일반적으로 당·송시대에 문언체로 쓰인 단편소설을 가리킨다. 육조(六朝)시대의 지괴(志怪)소설에 근원을 두고 있으나 내용면에서 비교적 현실적이고, 결구, 언어표현, 인물구성 등도 지괴소설에 비해 탄탄하다. 주요 작품으로는 「침중기(枕中記)」「이와전(李娃傳)」「남가태수전(南柯太守傳)」「장한가(長恨歌)」「녹주전(綠珠傳)」 등이 있다. 노신(魯迅)이 당·송대의 단편 전기소설을 모아 『당송전기집(唐宋傳奇集)』 8권을 집록하였다. 전기소설은 후대 강창문학과 희곡의 제재로 많이 쓰였다. 이밖에 송·원의 희문(戲文), 제궁조(諸宮調), 잡극 등을 일컬어 '전기'라 칭하기도 한다.

전기(田忌)　전국시대 초기 세(齊)나라의 장군. 제 위왕(齊威王)에게 손빈(孫臏)을 천거하여 손빈과 함께 계릉(桂陵)·마릉(馬陵) 전투에서 위(魏)군을 대파했다. 제의 대부 추기(鄒忌)와 사이가 좋지 않았으므로 참소당하여 마릉 전투 이후 제로 돌아가지 못하고 초(楚)나라로 달아났다.

전기(錢起:722~80)　당(唐)대의 시인. 자는 중문(仲文). 오흥(吳興:절강성 湖州) 출신. 남전위(藍田尉)를 거쳐 벼슬이 고공낭중(考功郎中)에 이르렀다. 5·7언 근체시를 잘 지었으며, 사경(寫景) 및 응수(應酬)의 작품이 다수를 이룬다. 5언시는 왕유(王維)의 풍격과 흡사하다는 평을 받았다.

전단(田單)　전국시대 제(齊)나라 사람. 연(燕)나라의 장수 악의(樂毅)가 쳐들어와 제나라의 70여 성을 초토화시킬 때 즉묵(卽墨) 땅을 굳게 지켰다. 제 양왕(齊襄王) 때 연나라에 들어가 간계로써 악의를 폐하게 하고 기각(騎却)을 장군에 등용시켰다. 이후 연나라를 크게 무찔러 빼앗긴 성을 되찾고 안평군(安平君)의 지위에 올랐다. 그 뒤 조(趙)나라로 들어가서는 평도군(平都君)에 임명되었다.

전당시(全唐詩)　서명. 일명 『어정전당시(御定全唐詩)』. 당(唐)·오대(五代)의 시가 총집. 900권. 청대 팽정구(彭定求) 등이 강희제(康熙帝:聖祖)의 칙명을 받아 편찬했다. 강희 46년(1707) 완성. 명대 호진형(胡震亨)의 『당음통첨(唐音統籤)』과 청대 계진의(季振宜)의 『당시(唐詩)』를 기초로 하여 이를 보충한 것이다. 시인 2,200여 명의 작품 48,900여 수를 수록했으며, 부록에 당·오대의 사(詞)를 실었다. 작자의 연대 순으로 배열하고, 작자의 소전(小傳)을 간략히 서술했다. 당시(唐詩) 연구의 중요 자료이다.

전대흔(錢大昕:1728~1804)　청대의 사학자, 고증학자. 자는 효징(曉徵). 호는 신미(辛楣), 죽정(竹汀). 가정(嘉定:상해) 출신. 건륭(乾隆) 19년(1754) 진사가 되어 첨사부소첨사(詹事府少詹事), 광동학정(廣東學政)을 지냈다. 건륭 40년 친상을 당해 관직을 내놓고 낙향했으며, 강학과 저술로 생을 보냈다. 경사(經史), 천문, 역산, 금석(金石), 문자, 목록학 등에 두루 밝았으며, 특히 고증학 방면으로 깊이 연구했다. 현실 정치에도 관심을 가

저 순수 고증학파보다는 진보적 경향을 나타냈다. 『열하통지(熱河通志)』 『속문헌통고(續文獻通考)』 『속통지(續通志)』 등의 편찬에 참여했다. 역사서 인 『이십이사고이(二十二史考異)』와 필기(筆記)인 『십가재양신록(十駕齋養新錄)』이 유명하며, 이밖의 저서에 『당학사연표(唐學士年表)』 『오대학사연 표(五代學士年表)』 『송학사연표(宋學士年表)』 『원사예문지(元史藝文志)』 『원시기사(元詩紀事)』 등이 있다.

전덕홍(錢德洪：1496~1574)　명대의 유학자. 자는 홍보(洪甫), 호는 서 산(緒山). 절강 출신. 주자학(朱子學)을 연구하다 왕수인(王守仁)을 사사하 면서 양명학(陽明學)에 심취했다. 동학인 왕기(王畿)와 함께 양명학 전파에 노력하였다. 저서에 『서산회어(緒山會語)』가 있었으나 일실되었다.

전등신화(剪燈新話)　서명. 전기(傳奇) 소설집. 4권, 부록 1권. 명대 초 구우(瞿佑) 저. 전체 21단(段)으로 구성되어 있으며, 당(唐)·송(宋)의 전 기소설 형식을 모방했다. 명대 중엽 이후 지어진 희곡 및 백화소설 가운데 이 책의 내용에서 제재를 취한 것이 많다.

전등여화(剪燈餘話)　서명. 문언체 전기(傳奇) 소설집. 전 4권 20편. 명 초 이정(李禎) 저. 영락(永樂) 연간에 완성. 구우(瞿佑)의 『전등신화(剪燈 新話)』를 모방하여 지었다.

전량(前凉)　오호십육국 중 하나. 301년 진(晋)의 양주자사(凉州刺史)로 있던 장궤(張軌)가 정국 혼란을 틈타 양주를 장악했다. 서진이 망하자 317 년 궤의 아들 식(寔)이 양주를 굳건히 지켜 국가를 형성했다. 345년 장준 (張駿)이 가양왕(假凉王)이라 칭하고 고장(姑臧：감숙성　武威)에 도읍을 정 하였다. 역사에서 이를 전량이라 한다. 감숙성 서부와 영하(寧夏) 서부, 신 강 동부를 근거지로 하였다. 376년 전진(前秦)에 의해 멸망했다.

전론 논문(典論　論文)　문학비평을 담은 논문의 편명. 삼국시대 위(魏) 의 조비(曹조)가 지었다. 『전론(典論)』 5권 20편은 일실되었고, 『논문(論 文)』편을 비롯한 일부만이 남았다. 중국 고대 문학비평사상 최초의 종합적 인 문학이론 논저로 꼽힌다. 각 문체의 특성과 공능(功能), 창작방법 등을 서술했다.

전부(田賦)　중국의 역대 정부가 토지를 대상으로 거둬들인 세금. 춘추 시대에는 정전제(井田制)가 와해되고 나서 토지소유주에게 곡물로써 세금 을 거두었는데, 대표적인 것이 노(魯) 선공(宣公) 때 시행한 초세무(初稅

畝)이다. 진·한(秦漢) 및 위진남북조(魏晋南北朝) 때는 전조(田租)라고 칭했다. 서한(西漢) 초 소출의 15분의 1을 냈고, 경제(景帝) 때 30분의 1을 냈다. 조위(曹魏) 때 무(畝)당 곡식 4승(升)을 징수했다가 서진(西晋) 때 배로 늘렸다. 북위(北魏) 때 부부가 곡식 2석을 냈으며, 남조(南朝) 때는 일정하지 않았다. 이후 관전(官田)의 세금을 조(租), 사전(私田)의 세금을 세(稅)라 칭하였다.

전분(田蚡:?～131 B.C)　　서한(西漢)의 대신. 외척의 신분으로 무제(武帝)의 총애를 받아 태위(太尉)를 지냈다. 유가의 사상을 숭상했으나 황로(黃老)사상을 좋아한 두태후(竇太后)에 의해 파직되었다. 두태후 사후 복직되어 무제의 유학 장려에 큰 공헌을 했다.

전사(殿司)　➡ 전전사

전상평화오종(全相平話五種)　　서명. 원대의 화본(話本). 이전의 역사사건을 강창 형식으로 꾸몄다. 『무왕벌주평화(武王伐紂平話)』『칠국춘추평화(七國春秋平話)』『진병육국평화(秦幷六國平話)』『전한서평화(前漢書平話)』『삼국지평화(三國志平話)』의 5종이 있다. 명대 나관중(羅貫中)의 『삼국연의(三國演義)』는 『삼국지평화』를 기초로 한 것이다. 나머지는 후대에 『봉신연의(封神演義)』『전후칠국지(前後七國志)』『동주열국지(東周列國志)』『서한연의(西漢演義)』 등으로 개작되어 널리 유전되었다.

전선(錢選:약 1239～약 1301)　　남송 말 원 초의 화가, 시인. 자는 순거(舜擧), 호는 옥담(玉潭). 절강성 오흥(吳興) 출신. 남송 때 진사에 올랐으나 송이 망한 후 새로운 왕조에서 벼슬할 수 없다며 그림으로 일생을 보냈다. 박학다식하여 '오흥팔준(吳興八俊)'의 한 사람으로 꼽혔으며, 그림은 조맹부(趙孟頫)와 병칭되었다. 음주를 즐겼으며, 미취(微醉) 후 그린 그림이 더욱 절묘했다. 산수화에 능하고 구학(丘壑)은 변화무쌍했다. 수묵(水墨)에 청록(靑綠)을 가미하여 일신된 자연풍경을 묘사함으로써 독특한 격조를 이루었다. 이밖에 화조(花鳥), 인물, 안마(鞍馬)를 잘 그리고, 특히 절지화(折枝花)는 생동감이 넘치는 명품들이 많다. 작품 「계안도(溪岸圖)」「청총도(靑驄圖)」「부옥산거도(浮玉山居圖)」「죽림팔현도(竹林八賢圖)」「춘당삼화도(春塘三花圖)」 등. 이밖에 『논어설(論語說)』『역설고(易說考)』『춘추여론(春秋餘論)』 등의 경학 관련 저작이 있으나 일실되었다.

전시(殿試)　　일명 정시(廷試). 황제가 주관하는 과거시험. 당(唐) 재초

(載初) 원년(689) 무측천(武則天)이 전정(殿廷)에서 시험을 주관한 것이 시초이며 부정기적으로 실시되었다. 송(宋) 영종(英宗) 때 3년에 한 번씩 거행하는 것으로 정해졌다. 명·청대에는 축(丑)·진(辰)·미(未)·술(戌)년에 시행하였다. 송대 이후 전시에 합격한 사람을 3갑(甲)으로 분류했는데, 1갑에게는 '진사급제'라는 칭호를, 2갑에게는 '진사출신'의 칭호를, 3갑에게는 '동진사출신(同進士出身)'의 칭호를 내렸다. 명대 들어서는 2·3갑에게 관선(館選) 시험에 나아갈 자격이 주어졌다.

전연(前燕)　　오호십육국 중 하나. 서기 337년 선비(鮮卑)족의 모용황(慕容皝)이 연왕(燕王)이라 칭하고 용성(龍城:요녕성 朝陽)에 도읍하였다. 그의 아들 준(儁)이 염위(冉魏)를 멸하고 계(薊:北京 서남쪽)로 천도한 후 352년 칭제(稱帝)하였다. 5년후 업(鄴:하북성 臨漳)으로 천도하였다. 역사에서 이를 전연이라 한다. 하북, 산동, 산서, 하남, 강소, 안휘성 일대를 차지했다. 370년 전진(前秦)에 의해 멸망했다.

전연의 맹[澶淵之盟]　　송(宋)의 진종(眞宗)과 요(遼)의 성종(聖宗)간에 1004년 맺은 조약. 요나라가 송을 침입하여 전주(澶州:하남성 濮陽縣)에 진을 치고 동경(東京:하남성 開封)을 위협하자 진종이 친히 나아가 강화조약을 체결했다. 조약 내용은 송이 비단 20만 필과 은 10만 냥을 매년 요에 보내고, 양국이 형제의 관계를 맺는다는 것 등이다. 이 조약 체결 후 양국간에 오랜 평화가 유지되었다.

전욱(顓項)　　고대 신화전설상의 인물. 오제(五帝) 중 한 사람. 황제(黃帝)의 손자. 호는 고양씨(高陽氏). 고대 부락의 영수로서 하(夏)왕조를 창시한 우(禹)임금의 조부라고 전해진다.

전운사(轉運使)　　관명. 당(唐)대에 처음 설치되었다. 당초 수륙발운사(水陸發運使)로 명명하여 장안과 낙양 사이의 식량운송을 맡았다. 개원(開元) 이후 강회전운사(江淮轉運使)와 제도전운사(諸道轉運使)를 설치하여 전국의 식량과 재화의 운송을 담당하게 하였다. 대종(代宗) 이후에는 염철전운사(鹽鐵轉運使)에 재상을 보임했다. 송(宋)대에는 지방 행정을 관리하고 관리를 규찰하면서 1급 지방행정 장관이 되었다. 이후 역대로 설치하였다.

전원시파(田園詩派)　　동진(東晉)시대 도연명(陶淵明)을 중심으로 한 시가 유파. 전원 풍광을 제재로 시를 썼으며, 농가의 정취가 작품에 배어 있다.

전자건(展子虔:약 550～604)　　수(隋)대의 화가. 발해(渤海:하북성 河間)

출신. 산수화와 인마도(人馬圖)를 즐겨 그렸다. 육조시대 고개지(顧愷之)의 영향을 받아 가는 선이 특색이다. 대표작인 「유춘도(遊春圖)」는 사람과 말, 산의 바위, 수목의 비례가 알맞고 원근법이 잘 투영되어 있다. 작품 「북제후주행진양도(北齊後主幸晋陽圖)」 「왕세충상(王世充像)」 「장안거마인물도(長安車馬人物圖)」 「법화변(法華變)」.

전전도점검(殿前都點檢)   관직명. 오대 후주(後周) 때 전전사(殿前司)의 장관에 전전도점검, 부도점검을 두었다. 황제의 친위군을 통솔하는 최고 장관이었다. 송(宋) 초에 군정 대권을 부여하였으나 권한이 커감에 따라 폐지했다.

전전사(殿前使)   관서명. 일명 전전도지휘사사(殿前都指揮使司), 전사(殿司). 후주(後周) 및 송(宋)대에 금군(禁軍:정규군)을 통솔하던 기구 중 하나. 후주 때 처음 실시되어 시위사(侍衛司)와 함께 금군을 지휘했으며, 장관은 전전도점검(殿前都點檢), 전전부도점검, 전전도지휘사(殿前都指揮使)가 되었다. 송 초에 정·부 도점검의 권한이 막강해짐을 경계하여 이 둘을 폐지하였다. 남송 때는 병권을 잃기도 했다.

전조(前趙)   오호십육국 중 하나. 304년 흉노의 귀족 유연(劉淵)이 좌국성(左國城:산서성 離石)에서 한왕(漢王)을 자칭한 후 308년 칭제(稱帝)했다. 이듬해 평양(平陽:산서성 臨汾)으로 천도했다. 310년 유총(劉聰)이 즉위한 후 316년 서진(西晋)을 멸망시켰다. 319년 유요(劉曜)가 장안(長安)으로 천도하고 국호를 조(趙)로 개칭했다. 역사에서 이를 전조라 칭한다. 섬서성, 하남성, 산서성, 감숙성 일대를 영토로 했으며, 329년 후조(後趙)에 의해 멸망했다.

전조망(全祖望:1705~55)   청대의 학자. 자는 소의(紹衣), 호는 사산(謝山). 은현(鄞縣:절강성) 출신. 건륭(乾隆) 원년(1736) 진사가 되고 서길사(庶吉士)에 임명되었으나, 당시 수보(首輔)인 장정옥(張廷玉)의 미움을 사 부임하지 못했다. 이후 실의에 빠져 귀향한 후 학문에 몰두했다. 한때 소흥(紹興:절강성) 즙산서원(蕺山書院), 조경(肇慶:광동성) 단계서원(端溪書院)의 주지(主持)가 되었다. 역사학 방면에서 절동학파(浙東學派)의 대표 인물로 명말 청초의 역사를 연구했다. 경학(經學) 방면에서는 고증에 힘을 쏟았다. 송대 왕응린(王應麟)의 『곤학기문(困學記聞)』에 전주(箋注)를 달고, 북위(北魏)시대 역도원(酈道元)의 『수경주(水經注)』를 수차례 교정했다. 또 황종희(黃宗羲)의 『송원학안(宋元學案)』을 보찬(補纂)했다. 저서 『한서지리지계의(漢書地理志稽疑)』 『독역별록(讀易別鹿)』 『경사문답(經史問答)』 등.

전족(纏足)　　중국 여자의 작은 발을 가리키는 말. 나이 4~5세가 되면 엄지발가락을 제외한 네 발가락을 안으로 굽혀 천으로 싸맴으로써 발육을 억제시켰다. 아름다운 여성을 만들기 위해서, 혹은 행동의 자유를 속박하기 위한 목적으로 이같은 풍습을 탄생시켰다고 한다. 당(唐) 말 오대(五代), 혹은 송(宋)대에 처음 생겨난 것으로 알려졌다. 주로 북방에서 유행했으며, 청(清)대 말까지 풍습이 이어졌다.

전증(錢增: 1629~1710)　　청대 초의 장서가, 목록학자. 자는 준왕(遵王), 호는 야시옹(也是翁). 상숙(常熟: 강소성) 출신. 부친의 뒤를 이어 전적 수집에 노력했다. 강절(江浙)의 장서가인 오위업(吳偉業), 조용(曹溶), 모진(毛晉) 등과 교유하면서 서로 희귀본을 베끼거나 교환하였다. 책을 모아 놓은 곳을 술고당(述古堂), 야시원(也是園)이라 했으며, 이곳에서 목록 정리와 함께 판본의 원류를 고증하였다. 판각(版刻), 자체, 지질 상태, 묵색(墨色) 등의 특징으로 도서의 간행연대를 측정함으로써 목록학 연구의 방법을 확대하였다. 저서 『독서민구기(讀書敏求記)』 『술고당장서목(述古堂藏書目)』 『야시원장서목(也是園藏書目)』.

전진(前秦)　　오호십육국 중 하나. 350년 저(氐)족의 부홍(苻洪)이 삼진왕(三秦王)이라 칭했다. 그의 아들 건(健)이 351년 칭제(稱帝)하고 장안에 도읍을 정하였다. 역사에서 이를 전진이라 한다. 후에 부견(苻堅)이 전연(前燕), 전량(前凉), 대(代)를 차례로 멸하고 북방을 통일하였다. 383년 비수(淝水)전투에서 동진(東晋)에 패한 후 각 호족의 수령들이 독립하면서 분열되기 시작했다. 394년 후진(後秦)에 의해 멸망했다.

전진교(全眞敎)　　일명 전진도(全眞道), 전진파(全眞派). 도교의 한 유파. 금(金) 세종(世宗) 대정(大定) 7년(1167) 왕중양(王重陽)이 영해(寧海: 산동성 牟平)의 전진암(全眞庵)에서 제자들에게 강도(講道)하면서 창립했다. 부록(符籙: 예언서)을 숭상하지 않고, 소련(燒煉: 煉丹을 통해 仙藥을 만드는 술법)을 행하지 않으며, 도사(道士)는 모름지기 출가해야 한다고 주장했다. 또 '식심견성(識心見性)'이 곧 '전진(全眞)'이라 설파하였다. 유·불·도 3교를 합했으며 금욕주의를 강조했다. 금 왕조 하에서 매우 영향력 있는 종교 유파로 성장했으며, 우선(遇仙), 암무(唵無), 수산(隨山), 용문

(龍門), 유산(嵛山), 화산(華山), 청정(淸靜)의 7파로 나뉘어 세칭 '북칠진 (北七眞)'이라 불렸다. 이후에도 몽고 통치자의 보호 아래 광범위하게 유전 되었다. 정일도(正一道)와 함께 도교의 양대 유파를 형성했으며, 명·청대 에 쇠퇴했다.

전징지(錢澄之:1612~93)　청대 초의 학자. 자는 음광(飮光). 원명은 병 등(秉鐙), 자는 유광(幼光). 동성(桐城:안휘성) 출신. 명대 말에 남경(南 京)이 함락된 후 융무제(隆武帝)를 좇아 항청(抗淸) 활동을 벌이며 추관(推 官)을 지내고, 다시 영력제(永曆帝) 밑에서 편수(編修)의 관직을 지냈다. 청나라가 들어선 후 승려가 되어 이름을 서완(西頑)으로 바꾸고 다시 징지 (澄之)로 고쳤다. 자호는 전간노인(田間老人). 친히 견문으로 얻은 것을 토 대로 남명(南明)의 역사를 썼으며 시문에도 밝았다. 저서 『소지록(所知錄)』 『전간집(田間集)』『장산각집(藏山閣集)』『장산각시존(藏山閣詩存)』.

전촉(前蜀)　왕조명. 오대십국(五代十國)중 하나. 당(唐) 소종(昭宗) 태 순(太順) 2년(891) 왕건(王建)이 성도(成都)를 점령하고 사천성 일대를 장 악하였다. 왕건은 천복(天復) 3년(903) 당으로부터 정식으로 촉왕(蜀王)에 봉해지고 천우(天祐) 4년(907) 칭제하였다. 국호는 촉, 도읍은 성도. 역사 에서 이를 전촉(前蜀)이라 한다. 영토는 사천성 일대 및 감숙·섬서·호북 성 일부. 후당(後唐) 동광(同光) 3년(925) 후당에 의해 멸망하였다. 2명의 군주가 23년간 재위.

전칠자(前七子)　명대의 문학 유파를 대표하는 일곱 문인. 곧 이몽양(李 夢陽), 하경명(何景明), 서정경(徐禎卿), 변공(邊貢), 왕구사(王九思), 왕 정상(王廷相), 강해(康海)를 일컫는다. '문필진한 시필성당(文必秦漢 詩必 盛唐)'을 주창하면서 문학의 복고주의를 부르짖었다. 그러나 지나친 의고주 의(擬古主義)적 경향으로 흐른 감이 많았다. 처음에는 칠재자(七才子)로 불 렸으나, 가정(嘉靖) 연간에 이들의 학설을 추종한 사람들도 칠재자라 불렀 으므로 이들과 구별하기 위하여 각각 전·후칠자라는 명칭이 붙었다.

전한(前漢)　왕조명. 일명 서한(西漢). 유수(劉秀)가 건국한 후한(後漢) 에 대하여 명칭이 붙여졌다. B.C 202년 유방(劉邦)이 장안(長安)에 도읍을 정하여 건국한 후 A.D 9년 왕망(王莽)이 신(新)을 건국하기까지 12대 왕 210년간이다. 도읍인 장안이 후한의 도읍인 낙양(洛陽)의 서쪽에 있으므로 서한이라 부르기도 한다. 한(漢) 참조.

전한기(前漢紀) ➡ 한기

전호(佃戶)　소작농의 일종. 당(唐) 중기 이후 균전제(均田制)가 무너지면서 대지주가 발생하고 농민은 토지를 잃게 되었다. 이로 인해 지주의 토지를 경작하는 농민 계층이 생겨났는데, 이들을 전호(佃戶), 객호(客戶), 전객(佃客) 등으로 불렀다. 노예와 달리 신분적으로 자유가 보장되었으나, 지주의 예속 정도에 따라 속박이 심한 경우도 있었다. 송·원·명대까지 이어졌다.

절도사(節度使)　관직명. 당(唐) 예종(睿宗) 경운(景雲) 2년(711) 처음 설치했다. 천보(天寶) 초 안서(安西), 북정(北庭), 하서(河西) 등 9개의 변방 지역에 절도사를 설치하면서 관직을 제수받은 사람에게 쌍정쌍절(雙旌雙節)을 하사하고, 그 지방의 군·민·재정을 총괄토록 하였다. 안사(安史)의 난 후 중원에도 절도사를 설치하였다. 안사의 난을 계기로 이들은 중앙의 세력이 약화된 틈을 타 병력을 증강하고 조정의 통제를 이탈하여 번진(藩鎭)세력을 형성하였다. 또 번진 세력끼리 전쟁을 벌이거나 내부 권력다툼을 일으켰다. 오대(五代)에도 설치되었으며, 송(宋) 초 조정에서 중앙집권의 강화를 위해 이들의 실권을 빼앗았다. 원대에 폐지.

절동학파(浙東學派)　청대 초기의 사학 유파. 황종희(黃宗羲), 만사동(萬斯同), 만사대(萬斯大), 전조망(全祖望), 장학성(章學誠), 소진함(邵晋涵) 등이 대표적 인물이다. 모두 절동(浙東) 출신이므로 이름이 붙여졌다. 황종희는 "우유(迂儒:현실 사정에 어두운 학자)가 되지 않으려면 반드시 역사를 알아야 한다"고 주장했으며, 제자인 만사대, 만사동이 그의 뒤를 이어 역사 연구에 전념했다. 절동학파는 역사 편찬 뿐만 아니라 사론(史論) 및 사료학(史料學) 방면에서도 큰 공헌을 했다. 또 실증사학을 중시하고 역사를 경세(經世)의 도구로 인식했다. 특히 장학성은 '육경(六經)이 모두 역사' 라는 독특한 이론을 전개했다.

절서사파(浙西詞派)　청대 사(詞)의 유파. 일명 절파(浙派). 강희(康熙) 연간에 절서인 주이존(朱彝尊)이 개창했다. 남송(南宋) 강기(姜夔), 장염(張炎) 등의 사풍이 최고의 경지에 올랐다고 보고, 이들의 풍격, 격률, 기교 등을 따랐다. 또 성률과 사조(詞藻)를 강구하고, 사어를 조탁했다. 청대 중엽 이후 점점 유파를 형성했으며, 중요 작가로는 만악(萬鶚), 부증(符曾), 항홍조(項鴻祚) 등이 있다.

절운(切韻)　　서명. 운서(韻書). 5권. 수(隋)대 육법언(陸法言)이 유진(劉臻), 안지추(顏之推), 설도형(薛道衡) 등 8명의 학자들과 진(晉)나라 여정(呂靜) 이하 6가(家)의 운서들을 종합 검토하여 인수(仁壽) 원년(601) 완성하였다. 낙양(洛陽)의 당시 음을 기준으로 했으며, 반절(半切)의 발성에 의거하여 음운을 분류했다. 평성 57운, 상성 55운, 거성 60운, 입성 34운 도합 206운으로 나뉘어져 있다. 당(唐)의 장손눌언(張孫訥言)이 주를 가했다. 절운을 기초로 후대에 『당운(唐韻)』, 『광운(廣韻)』이 편찬되었다.

절충부(折沖府)　　일명 병부(兵府), 군부(軍府). 당(唐)대 부병제(府兵制)의 기본단위. 전국 각지에 절충부를 설치하여 중앙의 12위(衛)에서 관할하였다. 절충부는 3등급으로 나뉘었는데, 상부(上府) 1,200명, 중부 1,000명, 하부 800명으로 구성되었다. 절충도위(折沖都尉)와 과의도위(果毅都尉)가 장(長)이 되어 군대를 통솔했다. 하부 조직에 단(團)이 있었으며, 각 200명으로 구성되어 교위(校尉)가 통솔했다. 단 아래 여(旅)가 설치되고 100명으로 구성되어 여수(旅帥)가 맡았으며, 여 아래 50명 단위의 대(隊)가, 대 아래 10명 단위의 화(火)가 있었다.

절파(浙派)　　명대 산수화 유파 중 하나. 절강 화가 대진(戴進)을 대표로 하기 때문에 이름이 붙여졌다. 남송의 이당(李唐), 마원(馬遠), 하규(夏珪) 등 원파(院派)의 영향을 받았다. 강남의 산수를 주로 그리며, 원근법 등을 채용했다. 그러나 지나치게 형사(形似)를 추구했다는 비판도 있다.

절회단(切膾旦) → 망강정

점전제(占田制)　　서진(西晉)의 토지제도. 중앙집권을 목적으로 진(晉) 무제(武帝) 태강(太康) 연간(280~289)에 제정했다. 남자는 70무(畝), 여자는 30무의 토지를 점유하게 하고, 관리 역시 품계에 따라 차등적으로 토지를 점유토록 하였다. 이밖에 분봉한 국가도 대·중·소로 구별하여 각각 토지 소유의 한계를 설정했다.

정(鄭:?~376 B.C)　　주(周)나라 봉건제후국 중 하나. 주 선왕(宣王)의 동생인 우(友:鄭桓公)가 선왕으로부터 분봉(分封)받아 세웠다. 본래 섬서성 부근에 위치했으나 무공(武公) 때 주나라의 동천(東遷)을 도와 오늘날 하남성 신정현(新鄭縣)으로 옮겼다. 장공(莊公) 때 영토문제로 주왕실과 전쟁을 벌여 주 환왕(桓王)의 군대를 격파했으며, 이로 인해 춘추시대 초기에 실력자로 등장했다. 장공 사후 내란이 일어나 국력이 쇠퇴했으며, 이웃 진

(晋)·초(楚)·진(秦) 등 강한 나라의 침략을 자주 받았다. 전국시대에 한(韓)나라에 의해 멸망했다.

정강지변(靖康之變)　금(金)이 북송을 멸망시킨 사건. 정강(靖康) 원년(1126) 금의 군대가 2차로 침입해 와 동경(東京)을 함락시키고, 이듬해 북송에서 투항한 관료 장방창(張邦昌)을 괴뢰황제로 세워 국호를 초(楚)라 하였다. 금의 군대는 북송의 휘종(徽宗), 흠종(欽宗)과 종실(宗室), 후비(后妃) 등 3천명을 포로로 삼고 각종 재물을 약탈하여 본국으로 돌아갔다. 이 사건을 계기로 북송은 멸망했다. 당시의 연호가 '정강'이었으므로 역사에서 이를 정강지변 혹은 정강지화(靖康之禍), 정강지란(靖康之難)이라 하며, 정강 원년의 간지(干支)에 따라 '병오지치(丙午之恥)'라고도 한다.

정거(鄭渠) → 정국거

정건(鄭虔)　당(唐)대의 화가, 학자. 형양(榮陽:하남성) 출신. 현종(玄宗) 때 협률랑(協律郎)을 지내다 10년간의 폄적 생활을 한 후 홍문관학사(弘文館學士)에 발탁되었으며, 다시 대주사호(臺州司戶)로 폄적되는 등 많은 역정을 겪었다. 산수화를 잘 그렸으며, 그의 작품「창주도(滄州圖)」는 현종이 감탄하여 친히 그림 하단에 '정건삼절(鄭虔三絶)'이라 제(題)하였다. 수묵화법(水墨畫法)의 발전에 공헌하였다. 작품「준령계교도(峻嶺溪橋圖)」「장인도(杖引圖)」 등.

정관응(鄭觀應:1842~1922)　청대 말의 개량주의 사상가. 자는 정상(正翔), 호는 도재(陶齋). 광동성 향산(香山:中山) 출신. 영국계 보순양행(寶順洋行), 태고양행(太古洋行)에서 일하다 상해 기기직포국(器機織布局), 윤선초상국(輪船招商局)의 총판(總辦) 등을 맡았다. 유신 개량주의 사상을 견지하며 양무파(洋務派)의 군사력 중심 자강책이 근본을 버리고 말단을 취한 것이라고 비판하는 한편, 상공업 진흥을 통한 실질적 부국책을 주장했다. 광서(光緒) 22년(1896) 한양제철소의 총판을 맡았다. 신해혁명 후 원세개(袁世凱)의 전제정치와 군벌의 혼전을 증오하며, 입헌에 의한 의회제도의 확립을 역설했다. 저서『구시게요(救時揭要)』『성세위언(盛世危言)』『나부대학산인시초(羅浮待鶴山人詩草)』.

정관의 치〔貞觀之治〕　당(唐) 태종(太宗)의 치적. 정관(貞觀)은 태종 집권시의 연호. 태종은 위징(魏徵), 대주(戴胄), 마주(馬周). 이적(李勣) 등 지주 출신을 기용하여 과감한 개혁정치를 폈으며, 광범하게 관료의 의견을 청취하고 간언을 받아들였다. 외치로는 토욕혼(吐谷渾), 토번(吐蕃), 고창(高昌), 서돌궐(西突厥) 등의 이종족을 정벌하여 이 지역을 모두 당나라의 판도에 들게 했다. 또 내치로는 부역과 형벌을 줄이고 관제를 정비하여 인재를 등용했으며, 문학과 유학을 장려하고 역사 편찬에도 심혈을 기울였다. 정관 원년부디 3년(627~629)까지 관동, 관중 각지에서 기황이 들자 태종은 창고를 풀어 백성을 구휼했으며, 백성들은 이에 힘입어 농업 생산에 전력을 기울였다. 또 각부의 관원을 3분의 1로 줄여 재정지출을 적게 했다. 정관 4년 전국이 대풍을 거두었고 이후 해마다 풍년이 들었다. 이로 인해 국가가 한때 부국강병을 이룩했는데, 이같은 태종의 치적을 정관의 치라 한다. 그러나 태종은 말년에 주위의 충언을 물리치고 잦은 정복 사업을 펴는 등 실정을 거듭했다.

정관정요(貞觀政要)　　서명. 10권. 당(唐)대 오긍(吳兢) 찬. 개원(開元:713~741) 말기에 완성되었다. 당 태종(太宗)이 정관(貞觀) 연간(627~49)에 행한 언행을 기록했다. 군주의 도리, 인재 등용과 간언(諫言)의 채납, 도덕의 표준, 학술 문화, 형벌과 부역, 세금 등 당 초기의 정치, 경제, 군사, 문화에 관한 내용이 들어 있다.

정광조(鄭光祖)　　원대 후기의 희곡 작가. 자는 덕휘(德輝). 양릉(襄陵: 산서성 臨汾) 출신. 잡극 작품 18편이 있으며, 현존하는 것은「천녀이혼(倩女離魂)」「왕찬등루(王粲登樓)」「삼전여포(三戰呂布)」 등이다. 이밖에 산곡(散曲) 작품 다수가『양춘백설(陽春白雪)』『악부군주(樂府群珠)』 등에 수록되어 있다. 원곡 4대가 중 한 사람.

정국거(鄭國渠)　　섬서성 경양현(涇陽縣) 일대에 위치한 인공 수로. 일명 정거(鄭渠). 전국시대 말 진(秦)나라가 관개용으로 축조했으며, 한(韓)나라의 수리전문가 정국(鄭國)이 설계하고 공사를 맡았으므로 이름이 붙여졌다. 폭 25m, 제방 높이 3m, 깊이 1.5m로 경수(涇水)를 끌어다 낙수(洛水)에 대는 전장 300리의 대수로이다.

정난의 변〔靖難之變〕　　명(明) 성조(成祖)가 혜제(惠帝)를 폐하고 제위에 오른 정변. 태조(太祖)의 넷째 아들로서 연왕(燕王)에 봉해졌던 주태(朱棣)는 태조 사후 뒤를 이은 혜제가 자신의 세력을 무력화시키려 하자 1399년 반란을 일으켰다. 4년에 걸친 내전에서 승리한 그는 혜제를 폐하고 1402년 제위에 올랐다. 이 사람이 명의 3대 황제인 성조 영락제(永樂帝)이다.

정대전(丁大全:?~1263)　남송 말의 간신. 자는 자만(子萬). 진강(鎭江: 강소성 鎭江) 출신. 환관 동송신(董宋臣) 등에게 아첨하여 우사간(右司諫), 첨서추밀원사(簽書樞密院事) 등을 지냈으며, 염귀비(閻貴妃), 마천기(馬天驥) 등과 결탁하여 정권을 휘어잡았다. 이어 우승상 겸 추밀사에 올랐으며, 몽고군이 침입해 들어왔을 때 이적행위를 하여 재상에서 쫓겨났다.

정막(程邈)　진(秦)대의 서예가. 예서의 창시자. 지방의 현령(縣令)으로 있다가 진시황(秦始皇)에게 죄를 지어 10년 동안 운양(雲陽)에서 옥중생활을 했다. 이 때 대전(大篆)과 소전(小篆)을 정리하여 간편한 예서체 3,000자를 만들었다. 진시황이 이를 보고 죄를 사면하여 어사(御史)에 임명했다고 한다.

정명도(程明道) ➡ 정호

정문사(政聞社)　청대 말 입헌파가 조직한 정치 단체. 광서(光緖) 33년 (1907) 양계초(梁啓超)가 청 정부의 예비입헌(豫備立憲) 정책에 영합하여 「신민총보(新民叢報)」를 정간시키고 일본 동경에서 이 조직을 만들었다. 여기서 잡지 「정론(政論)」을 펴내 군주입헌을 고취시키고 의회의 설립을 건의했다. 이듬해 본부를 상해로 옮겨 국내 각급 입헌단체와 연계, 국회 청원활동을 했다. 그러나 오래지 않아 청 정부의 탄압으로 활동을 정지당했다.

정보(程普)　동한(東漢) 말기의 군사가. 자는 덕모(德謀). 동한 말 손견 (孫堅)의 부장으로 있으면서 황건군과 동탁(董卓)의 군대를 물리쳤다. 손견 사후 손책(孫策)을 섬겨 강동 일대 여러 성을 탈취하였다. 이 공로로 오군도위(吳郡都尉)에 임명되었으며, 이어 탕구중랑장(蕩寇中郞將), 영릉태수 (零陵太守)가 되었다. 손책 사후 장소(張昭) 등과 함께 손권(孫權)을 섬겼다. 건안(建安) 13년(208) 주유(周瑜)와 함께 좌·우 도독(都督)이 되어 적벽에서 조조(曹操)의 군대를 대파하였다.

정섭(鄭燮:1693~1765)　청대의 서화가, 시인. 자는 극유(克柔), 호는 판교(板橋). 흥화(興化:강소성) 출신. 수재(秀才), 거인(擧人)에 이어 건륭 (乾隆) 원년(1736) 진사가 되었으나 관직은 현령(縣令)에 머물렀다. 나중에 관직을 버리고 양주(揚州)에서 그림을 팔아 생활했다. 시(詩)·서(書)·화 (畵)에 정통하고, 각각 독특한 풍격을 지녀 '삼절(三絶)'로 불리었다. 회화는 매·난·국·죽·석(梅蘭菊竹石)을 주로 그렸으며, 문인화의 전형을 이룬다. 서예는 전(篆)·예(隷)·해(楷)·행(行)에 두루 능하여 자칭 '육분반서(六分半書)'라 했으며, 독특한 서체인 '판교체(板橋體)'를 완성했다. 시문의 경우 감정을 직설적이고 진솔하게 표현하되 현실 문제에 접근하여 백성들의 고통, 관리의 폭정을 폭로했다. 김농(金農), 이선(李鮮) 등과 함께 '양주팔괴(揚州八怪)'의 한 사람으로 불리었다. 회화작품 「난죽도(蘭竹圖)」 「수석도(柱石圖)」 「만향도(晚香圖)」. 시문집 『정판교전집(鄭板橋全集)』.

정성공(鄭成功:1624~1662)　　명 말의 장수. 대만을 근거로 대외무역과 함께 항청(抗淸) 활동을 하면서 해상을 지배했다. 한때 이정국(李定國)의 군대와 연합하여 강남을 공격, 남경을 정복하는 등 청 정부에 큰 타격을 가했다. 청 정부는 이들의 대륙 진입을 막기 위해 1661년 해안을 봉쇄하는 천계령(遷界令)을 내렸다.

정여창(丁汝昌:1836~1895)　　청대 말 북양(北洋)해군의 제독. 자는 우정(禹廷), 우정(雨亭). 안휘성 여강(盧江) 출신. 회군(淮軍)의 장령(將領) 유명전(劉銘傳) 휘하에서 염군(捻軍)을 진압하다 광서(光緖) 9년(1883) 천진진(天津鎭) 총병(總兵)이 되었다. 14년 북양함대 제독에 임명되었다. 동 20년 청일전쟁이 일어나자 북양함대를 이끌고 일본군과 싸웠으나 전쟁 중 이홍장(李鴻章)의 명을 받고 위해위(威海衛:산동성 威海)를 지키는데 만족해야 했다. 청일전쟁이 일본의 승리로 돌아가고 위해위가 함락되자 투항을 거부하고 음독 자살하였다.

정옥(鄭玉:?~1357)　　원대 말의 이학가, 시인. 자는 자미(子美), 호는 사산(師山). 휘주(徽州:안휘성) 출신. 사산서원(師山書院)에서 강학하며 정·주(程朱)의 학문을 선양했다. 주희(朱熹)와 육구연(陸九淵)의 학문을 조화시켜 원대 남방 이학의 중추적 역할을 했다. 말년에 한림대제(翰林待制)의 벼슬을 하다 병으로 사직했다. 저서 『춘추경전궐의(春秋經典闕疑)』. 시문집 『사산선생문집(師山先生文集)』.

정요전(鄭瑤田:1725~1814)　　청대의 학자. 자는 이전(易田), 이주(易疇). 안휘성 출신. 대진(戴震)과 함께 강영(江永)을 사사하여 경사(經史)에 능통했다. 건륭(乾隆) 연간에 거인(擧人)이 되고 가정(嘉定:상해)에서 교유(敎諭)를 지냈으나 얼마 되지 않아 고향으로 돌아와 저술 활동에 전념했다. 시문, 서화, 음률에 능통했으며, 지리와 예의제도에도 밝았다. 특히 학문의 고증방법이 정밀하여 당시 학자들의 감탄을 자아냈다. 역도원(酈道元)의 『수경주(水經注)』와 정현(鄭玄)의 『삼례주(三禮注)』의 오류를 규명한 것으로 유명하다. 저서 『통예록(通藝錄)』『양당시초(讓堂詩抄)』『논서오편(論書五編)』.

정요항(丁耀亢:1589~1669) 명 말 청 초의 문학가. 자는 서생(西生), 호는 야학(野鶴)이며, 별호로 자양도인(紫陽道人), 목계도인(木鷄道人)이라 하였다. 소설, 희극, 시사(詩詞)를 즐겨 창작했다. 저서 『속금병매후집(續金瓶梅後集)』. 전기(傳奇) 작품 「표충기(表忠記)」 「적송유(赤松游)」 「서호전기(西湖傳奇)」 「소요시(逍遙詩)」 「초구시(椒丘詩)」 「선인유사곡(仙人游詞曲)」.

정이(程頤:1033~1107) 북송의 사상가. 자는 정이(正伊). 세칭 이천선생(伊川先生). 낙양(洛陽:하남성) 출신. 정호(程顥)의 아우. 원우(元祐) 초 사마광(司馬光) 등의 천거에 의해 비서성교서랑(秘書省校書郎)이 되었으며, 소식(蘇軾)과 화합하지 못해 여러번 관직이 깎였다. 소성(紹聖) 연간에는 부주(涪州)로 쫓겨났다. 휘종(徽宗) 때 복권되어 낙양으로 올라왔으나 벼슬을 내놓고 야인생활을 했다. 형 정호와 함께 주돈이(周敦頤)를 사사하여 송대 이학파(理學派)의 태두가 되었으며, 형제간 주장한 학설이 비슷하다. 두 사람을 일컬어 '이정(二程)'이라 하였다. 천하에는 단지 하나의 '이(理)'만이 있으며, '이'는 곧 '심(心)'이라고 보았다. 유가의 입장에서 봉건의 삼강오상(三綱五常)을 옹호하고 격물치지(格物致知)를 강조하였다. 또 멸사욕(滅私欲), 명천리(明天理)를 주장하고 과부의 재가를 반대하였다. "굶어 죽는 것은 작은 일이요, 절개를 잃는 것은 큰 일이다.(餓死事小 失節事大)"라고 주장했다. 저서에 『역전(易傳)』과 『안자소호하학론(顏子所好何學論)』 등이 있으며, 『이정전서(二程全書)』에 수록되어 있다.

정이천(程伊川) → 정이

정장공(鄭莊公:757~701 B.C) 춘추시대 정(鄭)나라의 국군(國君). 이름은 오생(寤生). 무공(武公)의 아들. 아우 단(段)의 반란을 평정한 후 제(齊)·노(魯)와 연합하여 송(宋)·위(衛)와 전쟁을 치르는 등 외세 확장에 힘을 기울였다. 주 환왕(周桓王)에게 작위를 박탈당했을 때는 주 왕실과 전쟁을 벌이기도 했다.

정자(程子) 일명 이정자(二程子). 송대의 이학가인 정호(程顥)·정이(程頤) 형제에 대한 높임말.

정전제(井田制) 은(殷)·주(周) 시대의 토지제도. 9백 무(畝)의 전지

(田地)를 井자 형으로 9등분하여 중앙을 공전(公田)으로 삼고 주위를 8가구에 사전(私田)으로 분배하였다. 공전은 8가구가 공동으로 경작하여 그 수확을 국가에 바쳤다. 이 제도는 유가(儒家)의 이상적인 토지제도로 받아들여졌는데, 주대에 이같은 제도가 실재했는지는 확실치 않다. 주공(周公)이 이 제도를 실시했다고 전해진다. 서주(西周) 중기에 정전제가 무너지고 토지사유제가 형성되었다.

정졸(正卒)　병역 복무에 따른 신분제도. 한(漢)대에 남자의 나이 23세가 되면 2년간 병역에 복무했는데, 처음 1년간은 고향에서 정졸(正卒)로 근무하고 나중 1년간은 변경에 나아가 수졸(戍卒)이 되거나 황궁을 지키는 위사(衛士)가 되었다.

정주상성(鄭州商城)　하남성 정주(鄭州)에서 발굴된 고대 은나라 성터와 문화 유적. 은나라 초기의 것으로 보이는 성터와 우물터, 그리고 각종 청동기 석기, 골각기, 옥기(玉器)가 발견되었다.

정주(程朱)　송대의 이학가인 정자(程子:程顥·程頤)와 주자(朱子:朱熹)를 가리키는 말.

정주학(鄭朱學)　한대 정현(鄭玄)을 중심으로 형성된 정학(鄭學)과 송대 주희(朱熹)를 중심으로 형성된 주자학(朱子學)을 합칭한 말. 경학 연구의 대표적 유파들이다.

정주학(程朱學) ➡ 이학

정초(鄭樵:1104~1162)　남송의 사학자. 자는 어중(漁仲). 호는 계서일민(溪西逸民). 보전(莆田:복건성) 출신. 심산 유곡에 살아서 사람들은 그를 협제선생(夾漈先生)이라고 불렀다. 고종(高宗) 소흥(紹興) 19년(1149) 저서 18종을 조정에 헌납했으며, 고종은 이 책들을 비부(秘府)에 소장하도록 했다. 소흥 28년(1158) 고종의 부름을 받아 우적공랑(右迪功郞), 예병부가각(禮兵部架閣)에 임명되었다. 이후 추밀원편수관(樞密院編修官) 등에 올랐다가 탄핵을 받고 파직되었다. 그의 역사책에 관한 인식은 단대사(斷代史)보다는 통사(通史)를 중시하고, 찬수자가 임의로 포폄을 가하는 것에 대해 반대한다는 입장이었다. 저서『통지(通志)』『협제유고(夾漈遺稿)』『이아주(爾雅注)』.

정촌인(丁村人)　중국 구석기시대 중기의 원시인류. 산서성 양분현(襄汾縣) 정촌(丁村)에서 머리뼈 일부와 세개의 치아 화석이 발견되었다. 특히 같은 곳에서 대량의 석기와 동물 화석도 나왔다. 현대의 몽고인종과 체형이 비슷하며, 북경원인보다 발달된 도구를 사용했다. 타제석기를 가공하였으며, 혈족 중심으로 혼인하는 풍습이 있었던 것으로 추정된다.

정토종(淨土宗)　　불교 13종파의 하나. 일명 연종(蓮宗). 당(唐) 초 승려 선도(善導:613~681)가 창시했다. 부귀와 빈궁이 모두 전세의 업보로 인한 것이므로 현세에서는 다만 '나무아미타불'을 외면서 선행을 닦으면 병마가 사라지고 화복이 도래하며, 사후 불력에 의하여 서방정토(西方淨土)에 다다를 수 있다고 하였다. 수행방법이 간편했기 때문에 중당(中唐) 이후 세력이 널리 확산되었다.

정판교(鄭板橋) → 정섭

정학(鄭學)　　동한(東漢)시대 정현(鄭玄)을 대표로 하는 경학 연구의 한 유파. 금문경학(今文經學) 및 고문경학(古文經學) 등 제가 학설의 장점을 취하여 경서를 연구하고 주를 달았다. 송(宋)대 주희(朱熹)의 주자학(朱子學)과 더불어 '정주학(鄭朱學)'으로 불리기도 한다.

정학계(政學系)　　1914년 손문이 일본에서 중화혁명당(中華革命黨)을 조직한 뒤 이에 참가하지 않은 일부 국민당 우파 세력이 별도로 구사연구회(歐事硏究會)를 결성했는데 후에 이를 정학회(政學會)로 개칭했다. 이들이 원세개(袁世凱) 통치 시기에 국회에서 한 계파를 형성했으므로 정학계라는 명칭으로 통용되었다. 북양군벌 통치 시기에는 남북 군벌과 연계하여 손문(孫文)의 정치세력에 반대했다. 계보의 수뇌는 장요증(張耀增), 곡종수(谷鍾秀) 등이었다. 이후 장개석(蔣介石)의 국민당을 지원했다.

정현(鄭玄:127~200)　　동한(東漢) 말기의 경학가, 경서 주석가. 자는 강성(康成). 고밀(高密:산동성) 출신. 고문경의 대가이면서 금문경에도 통달하여 제자와 추종자들이 수백명에 달했다. 학문 전수에 몰두하다 당고(黨錮)의 화를 만나 칩거하며 저술 활동에만 전념했다. 당고가 해제된 후 북해 태수(北海太守) 공융(孔融)의 예우를 받아 널리 학문 업적이 표창되었다. 한대 경학의 집대성자로 불리며 그의 학문을 정학(鄭學)이라 한다. 『모시전(毛詩箋)』『삼례주(三禮注)『주역주(周易注)』『시보(詩譜)』『박오경이의(駁五經異義)』『육례론(六禮論)』 등을 펴냈다. 그의 학문 방법과 송(宋)대 주자(朱子)의 학문 방법을 일컬어 정주학(鄭朱學)이라 한다.

정호(程顥:1032~85)　　북송의 사상가. 자는 백순(伯淳). 세칭 명도선생

(明道先生). 낙양(洛陽:하남성) 출신. 인종(仁宗) 가우(嘉祐) 연간 진사가 되고 신종(神宗) 희녕(熙寧) 초 태자중윤(太子中允), 감찰어사이행(監察御史里行)이 되었다. 이 즈음 왕안석(王安石)의 신법에 불만을 품고 첨서진령군판관(簽書鎭寧軍判官)으로 나가 사마광(司馬光), 문언박(文彦博) 등과 함께 신법 반대 활동에 참여하였다. 원우(元祐) 초 종정승(宗正丞)에 임명되었으나 부임 도중 사망했다. 어려서 주돈이(周敦頤)를 사사하여 유심주의 사상을 배웠다. 도(道)의 관념을 강조하여 도란 무소부재의 절대적 정신이라 하였으며, 이 때문에 도를 먼저 깨닫고 물질세계로 나아가야 한다고 주장하였다. 또한 봉건통치의 질서 역시 도의 체현이므로 봉건의 삼강오상(三綱五常)을 힘써 지켜야 한다고 설파하였다. 아우 정이(程頤)와 같이 편 이 같은 사상세계는 후세에 이학(理學) 혹은 도하(道學)으로 불린다. 또 두 사람을 세칭 '이정(二程)'이라 하였다. 저서로 『정성서(定性書)』와 『식강편(識江篇)』이 있으며, 『이정전서(二程全書)』에 수록되어 있다.

제(齊)　　주(周)나라의 봉건제후국 중 하나. 주 초에 태공망(太公望) 여상(呂尙)이 은나라를 멸망시킨 공로로 분봉(分封)받아 세웠다. 지금의 산동성 일대를 거점으로 하였으며, 수도는 영구(營丘). 후에 임치(臨淄)로 옮겼다. 춘추시대 초기 환공(桓公)이 관중(管仲)을 재상으로 등용하여 중원의 첫 패자가 되었다. 그러나 그의 사후 진(晋)·초(楚) 등에 패권을 빼앗겨 국세를 잃었고, B.C 386년 전화(田和)가 강공(康公)을 추방한 이후 전(田)씨의 집권국가가 되었다. 전국시대에는 전국 7웅의 하나로 크게 위세를 떨치다 B.C 221년 진(秦)의 시황제(始皇帝)에 의해 멸망하였다. 관중과 안영(晏嬰:晏子) 등의 명 재상을 배출하였다.

제(齊)　　남조(南朝)시대의 왕조명. 479년 소도성(蕭道成)이 송(宋)을 멸망시키고 건국했다. 연호는 건원(建元), 도읍은 건강(建康:강소성 南京). 502년 양(梁)에 의해 멸망하기까지 7명의 제왕이 24년간 재위했다.

제2차 아편전쟁　　청 함풍(咸豐) 6년(1856) 애로우호 사건이 일어나자 영국 정부는 이듬해 반대하는 자국 의회를 해산하고 청나라에 출병을 결의하였다. 프랑스도 함풍 6년 광서성 서림(西林)에 진출한 자국 천주교 신부를 서림 지현(知縣) 장명봉(張鳴鳳)이 대중 앞에서 교수형에 처하자 영국에 동조하여 출병하였다. 양국 군대는 함풍 7년 11월 광주(廣州)를 점령하고 대고(大沽)를 공격했다. 이듬해 천진을 향해 진격하자 청 정부는 계량(桂良)

을 파견하여 양국 및 러시아, 미국과 천진조약을 체결했다. 함풍 9년 청 정부가 천진조약을 파기하려 하자 연합군이 다시 쳐들어왔다. 그러나 대고포대(大沽砲臺) 전투에서 연합군은 청의 무장 승격림심(僧格林沁)에 밀려 상해로 물러갔다. 이듬해 9월 연합군이 3차 침입하여 북경을 점령하자 청의 함풍제는 열하(熱河)로 피신하고, 러시아의 중재로 천진조약 비준과 배상금 증액, 천진 개항 등을 담은 북경조약을 체결했다.

제가문화(齊家文化)　　중국 신석기시대 말기의 문화. 감숙성 광하현(廣河縣) 제가평(齊家坪)에서 정련된 마제석기, 골각기 외에 옥부(玉斧), 옥산(玉鏟), 옥종(玉琮), 회도, 흑도, 채도 등이 발굴되었다. 그리고 홍동(紅銅)과 같은 청동기 초기의 문물도 출토되었다. 지역적으로 마가요 문화가 분포한 황하 상류여서 마가요 문화의 직접 영향을 받은 것으로 추정된다. 남자는 반듯하게 눕고 여자는 다리를 굽힌 채 모로 누워 매장된 점으로 보아 부계사회였으며, 남존여비 및 부권사상이 싹튼 것으로 보인다. 약 3천여 년 전에 발달.

제갈공명(諸葛孔明) ➡ 제갈량

제갈량(諸葛亮：181~234)　　동한(東漢) 말 삼국시대의 군사전략가. 자는 공명(孔明). 낭야(琅琊) 양도(陽都：산동성 沂南) 출신. 일찍이 등현(鄧縣) 융중산(隆中山：호북성 襄陽)에 은거하며 세상일에 무관심하여 '와룡(臥龍)'이라 불리었다. 건안 12년(207) 유비가 삼고초려(三顧草廬)하자 유비에게 몸을 바칠 것을 결심하였다. 이 때 유비에게 형주(荊州)·익주(益州)를 손에 넣고 손권(孫權)과 연합하여 조조(曹操)를 물리쳐 천하를 도모하도록 건의하였다. 이것이 이른바 '융중대(隆中對)'이다. 그의 이같은 계책에 따라 유비는 적벽지전(赤壁之戰)에서 조조의 군사를 크게 무찔렀다. 장무(章武) 원년(221) 유비가 촉한(蜀漢) 왕조를 건설한 후 그는 승상이 되었다. 223년 유비가 죽고 아들 유선(劉禪)이 즉위한 뒤 정치와 군사를 도맡아 부국강병을 도모했다. 또 5차례에 걸쳐 군대를 이끌고 위(魏)를 공격했다. 건흥(建興) 10년(243) 위의 장수 사마의(司馬懿)와 일전을 벌이기 위해 출진했으나 오장원(五丈原)에서 병사하고 말았다. 문학에도 조예가 깊어 문집 25권이 있었으나 대부분 일실되었다. 전·후「출사표(出師表)」가 명문 중의 명문으로 꼽히며, 『제갈량집(諸葛亮集)』이 현존한다.

제곡(帝嚳)　　고대 신화전설상의 인물. 오제(五帝) 중 한 사람. 황제의 증손이자 전욱(顓頊)의 족자(族子). 호는 고신씨(高辛氏). 고대 부락의 영수로서 은(殷)왕조의 시조인 설(契)의 부친이라 한다. 요(堯)임금의 부친이라는 설도 있다.

제궁조(諸宮調)　　북송 후기에 출현한 일종의 강창(講唱) 예술. 동일한 궁조(宮調)의 몇몇 곡패(曲牌)를 합쳐 단투(短套)를 만들고, 다시 각기 나른 여러 단투를 연결하여 한편의 긴 고사를 노래하거나 잡사(雜事)를 엮어 노래했다. 비파 등 악기가 반주로 등장했으므로 일명 '추탄사(搊彈詞)'라 했다. 비교적 대곡(大曲)이어서 체제가 크고 곡조도 풍부하며 결구가 복잡하다. 당시 민간 사회를 중심으로 널리 공연되었으며, 원(元) 잡극의 발생에 큰 영향을 끼쳤다.

제민요술(齊民要術)　　서명. 농업서. 전 10권. 북위(北魏) 가사협(賈思勰) 저. 영희(永熙) 2년(533) 경 완성. 150여 종의 문헌을 참고하여 위·진(魏晉) 이래 북방 각 민족의 농업 생산 경험을 기록했다. 잠업, 축산업, 어업 등의 분야까지 망라하여 내용이 풍부하고 방대하다. 특히 가지에 접붙이기, 인공 식수와 조림의 필요성 등을 주장함으로써 당시 과학적 영농술이 일정 단계에 올라있음을 보여준다. 현존 세계에서 가장 오래된 농업 백과사전으로 알려졌다.

제소남(齊召南:1702~67)　　청대의 지리학자, 사학자. 자는 차풍(次風), 호는 경대(瓊臺), 식원(息園). 천대(天臺:절강성) 출신. 옹정(雍正) 11년(1733) 박학홍사과(博學鴻詞科)에 천거되었다. 이후 서길사(庶吉士)를 거쳐 관직이 예부시랑에 올랐다. 『대청일통지(大淸一統志)』『대청회전(大淸會典)』『명감강목(明鑑綱目)』 등의 편찬에 참여했다. 만년에는 문자옥(文字獄)에 연루되어 벼슬을 잃었다. 북위(北魏)시대 역도원(酈道元)의 『수경주(水經注)』와 청대 고염무(顧炎武)의 『금수경(今水經)』 두 책에서 소홀히 다룬 지방을 보완하여 지리서 『수도제강(水道提綱)』을 펴냈다. 기타 저서 『후한서군국지(後漢書郡國志)』『수서율력천문(隋書律曆天文)』『구당서율력천문(舊唐書律曆天文)』『경사고증(經史考證)』『한서고증(漢書考證)』.

제위왕(齊威王:?~320 B.C)　　전국시대 제(齊)나라의 국군(國君). 성은 전(田), 이름은 제(齊). 추기(鄒忌)를 재상으로, 전기(田忌)와 손빈(孫臏)을 장군으로 등용하고 간신을 몰아내 개혁정치와 함께 외치에 성공했다. 계릉(桂陵)·마릉(馬陵)의 전투에서 위(魏)를 대파하고, 위 혜왕(魏惠王)을 조견(朝見)토록 했다. 이때부터 왕의 칭호를 사용했다.

제의(制義)　　일명 제예(制藝). 고대에 과거시험 응시용으로 짓던 시 혹은 문장. 문체는 과거시험마다 따로 규정했으므로 특별히 정해지지 않았다. 명·청대의 제의는 일반적으로 팔고문(八股文)을 지칭한다.

제자백가(諸子百家)　　춘추전국시대부터 한(漢) 초까지 활동했던 사상가들과 그 학술 유파의 총칭. 어원은 『사기(史記)』「가의전(賈誼傳)」에서 찾을 수 있다. 주(周)의 노예제도가 무너지고 제후국간 잇따른 전쟁으로 사회가 혼란해지자 난세를 수습하고 개인의 처세와 국가 발전을 도모하기 위해 일련의 학술 사상이 발달했는데, 이들을 합칭하는 말로 제자백가라는 용어가 생겨났다. 대표적인 유파로는 유가(儒家), 도가(道家), 묵가(墨家), 법가(法家), 음양가(陰陽家), 명가(名家), 종횡가(縱橫家), 농가(農家), 병가(兵家), 소설가(小說家), 잡가(雜家) 등 10대가가 있으며, 이들을 작은 유파로 세분하면 100가가 넘는다. 각 유파가 상호 논박하면서 사상적 발전을 이루었으므로 당시 학술 문화가 크게 발전하는 계기를 이루었다.

제주(祭酒) → 좨주

제치삼사조례사(制置三司條例司)　　관서명. 송(宋) 신종(神宗)이 희녕(熙寧) 2년(1069) 왕안석(王安石)을 참지정사(參知政事)에 임명하여 개혁정치를 펴도록 하면서 변법을 총괄하는 곳으로 이 기구를 두었다. 신법을 제정하고 반포하는 일을 맡았다.

제환공(齊桓公:?~643 B.C)　　춘추시대 제(齊)나라의 국군(國君). 춘추오패 중 첫번째 패자. 이름은 소백(小白). 이복형인 공자 규(糾)를 몰아내고 군주가 되었다. 포숙(鮑叔)의 추천으로 관중(管仲)을 재상에 앉혀 부국강병을 꾀했다. B.C 651년 무력의 과시를 통해 각 제후국을 규합, 통솔함으로써 중원의 패자가 되었다. 주(周)에 대한 존왕(尊王)과 이민족에 대한 양이(攘夷)를 내세워 각국 병사들을 이끌고 이민족의 침입을 저지했다. 관중 사후 역아(易牙), 수조(竪刁) 등 간신을 등용했다가 이들에 의해 비참하게 죽었다.

제후(諸侯) → 경

조(曹)　　주(周)나라 봉건제후국 중 하나. 무왕(武王)의 아우인 조숙진탁(曹叔振鐸)이 분봉받아 도구(陶丘:산동성 定陶 부근)에 도읍을 정하였다. 산동성 서부를 거점으로 하였으며, 세력이 미약해 B.C 487년 일찌감치 송

(宋)에 의해 멸망했다.

조(趙)　고대 국가명. 전국시대 조적(趙籍:烈侯)이 한건(韓虔), 위사(魏斯)와 각각 진(晋)나라를 삼분하여 세운 나라. 전국칠웅중 하나. B.C 403년 조적이 주(周) 위열왕(威烈王)에게서 정식으로 제후 책봉을 받아 건국했다. 도읍은 진양(晋陽:산서성 太原 동남쪽). B.C 386년 한단(邯鄲:히북성)으로 천도했다. 6대 무령왕(武靈王)에 들어 호복(胡服)을 입고 기사(騎射)를 연마하는 등 강병책을 폈다. 그 결과 중산국(中山國)을 멸망시키고 임호(林胡), 누번(樓煩)을 크게 무찔러 넓은 영토를 확보했다. 이 당시 영토는 지금의 산서성 중부와 북부, 하북성 서부, 섬서성 동북부 및 하투지구 일대였다. B.C 260년 장평(長平)의 전투에서 진(秦)에 대패한 후 국세가 쇠미해졌다. B.C 222년 진에 의해 멸망하기까지 13명의 왕이 182년간 재위했다.

조거(漕渠)　한 무제(漢武帝) 때 서백(徐伯)의 주관 하에 3년에 걸쳐 판 관개 수로. 장안(長安) 인근의 위수(渭水)와 그 동쪽의 황하를 연결시킨 장장 300여 리의 거대 수로이다. 이 수로를 통해 동부의 곡식이 장안으로 운반되었으며, 운하를 흐르는 물은 관개용수로 쓰였다.

조고(趙高:?~207 B.C)　진(秦)의 환관. 전국시대 조(趙)나라 출신. 궁에 들어가 중거부령(中車府令)과 부새령사(符璽令事)의 지위에 있으면서 시황제(始皇帝)의 차자인 호해(胡亥)의 사(師)가 되었다. B.C 210년 시황제 사후 승상 이사(李斯)와 함께 시황제의 유조(遺詔)를 위조하여 장자인 부소(扶蘇)를 자살하게 하고 호해를 2세황제에 올려놓았다. 벼슬이 낭중령(郎中令)에 오른 후 권력을 잡고 백성을 수탈하였으며, 이사를 죽이고 스스로 승상이 되었다. 진승(陳勝)·오광(吳廣)의 난이 일어났을 때 2세황제를 죽이고 자영(子嬰)을 3세황제에 올려 놓았으나 그에게 살해당했다.

조괄(趙括:?~260 B.C)　전국시대 조(趙)나라의 장수. 조사(趙奢)의 아들. 마복자(馬服子)로 많이 알려져 있다. 부친의 병법만 공허히 외칠 뿐 실전 경험이 없었다. 조 효성왕(孝成王)이 진(秦)의 간계에 넘어가 염파(廉頗) 대신 그를 기용했다가 장평(長平) 전투에서 진나라 군사에 대패했다. 이 때 조나라 군사 40만도 조괄과 함께 죽었다.

조광윤(趙匡胤:927~76)　송(宋)의 개국 황제. 태조(太祖). 탁주(涿州:하북성) 출신. 960~976년 재위. 후주(後周) 세종(世宗) 정권에서 전전도지휘사(殿前都指揮使), 전전도점검(殿前都點檢) 등의 관직을 지냈다. 공제(恭帝) 때 송주귀덕군절도사(宋州歸德軍節度使)로 있으면서 960년 진교병변(陳橋兵變)을 일으켜 황제에 올랐다. 국호는 송. 역사에서 이를 북송(北宋)이라 한다. 즉위 후 '선남후북(先南後北)' 정책을 펴 남방의 남평(南平), 후촉(後蜀), 남한(南漢), 남당(南唐)을 차례로 멸망시켰다. '배주석병권(杯酒釋兵權)'의 정책으로 석수신(石守信) 등 병권을 쥐고 있던 장수들을 무장해제시키고 문치정부를 세웠다. 각 주에 통판(通判), 전운사(轉運使)를 파견하여 지방관의 권한을 약화시키는 등 중앙집권화를 꾀했다. 수리사업과 황무지 개간, 호적정리, 조세 감면 등 민생정책을 폈다.

조광의(趙光義:939~997)　　북송(北宋)의 2대 황제. 태종(太宗). 태조(太祖)의 아우. 원명은 광의(匡義). 976~97년 재위. 진교병변(陳橋兵變)을 도모하여 형 조광윤(趙匡胤)을 제위에 올리고 개봉윤(開封尹)이 되었다가 진왕(晋王)에 봉해졌다. 976년 제위에 올라 통일 전쟁을 계속했다. 태평흥국(太平興國) 4년(979) 친히 정벌에 나서 북한(北漢)을 복속했고, 옹희 3년(986) 요(遼)의 정벌에 나섰다가 대패하였다. 이후 내치에 힘써 중앙집권 체제를 공고히 하고, 고과원(考課院), 심관원(審官院)을 설치하여 인재 선발 방법을 강화하였다. 숭문원(崇文院)을 설치하여 『태평어람(太平御覽)』을 편찬하였다.

조구(趙構:1107~87)　　남송의 초대 황제. 고종(高宗). 북송 휘종(徽宗)의 아들, 흠종(欽宗)의 아우. 자는 덕기(德基). 1127~62년 재위. 북송 선화(宣和) 3년(1121) 강왕(康王)에 봉해졌다. 정강(靖康) 2년(1127) 휘종과 흠종이 함께 금(金)의 포로가 되었으나 그는 하북(河北)에서 군대를 조직해온 덕분에 무사하였으므로 흠종 대신 남경(南京:하남성 商丘)에서 제위에 올랐다. 이강(李鋼), 종택(宗澤) 등의 항금(抗金) 주장을 물리치고 황잠선(黃潛善), 왕백언(汪伯彦)을 재상으로 삼아 수도인 동경(東京:하남성 開封)을 버리고 남천했다. 이후 양주(揚州)로 쫓겨 갔다가 다시 강남으로 옮겨 임안(臨安:절강성 杭州)에 도읍을 정했다. 악비(岳飛), 한세충(韓世忠) 등 충신을 등용하여 항금 정책을 펴기도 했으나 주화파인 진회(秦檜)를 끌어들여 주전파의 병권을 삭탈하고 악비를 살해했다. 또 1141년 금과 굴욕적인 화의를 맺고(紹興和議·壬戌之盟) 금의 신하를 자처하여 영토를 할양하는 등 소극적이고 무기력한 정치로 일관했다. 저서 『한묵지(翰墨志)』.

조기(趙岐:?~201)　동한(東漢)의 화가. 자는 빈경(邠卿). 태상(太常)의 관직을 지냈다. 인물도에 능했으며 작품에 「수장도(壽藏圖)」가 있다.

조길(趙佶:1082~1135)　북송의 제 8대 황제. 휘종(徽宗). 신종(神宗)의 아들, 철종(哲宗)의 아우. 1100~25년 재위. 원부(元符) 3년(1100) 즉위하여 희녕신법(熙寧新法)을 채택하고 채경(蔡京), 동관(童貫) 등 간신을 등용하여 자신의 뜻에 동조하지 않은 원우당(元祐黨) 일파를 숙청했다. 궁궐을 중수하고 조작국(造作局)과 응봉국(應奉局)을 설치하여 강남지방의 기화이석(奇花異石)을 궁궐로 수송하도록 했다. 백성을 수탈하는 폭정을 거듭함에 따라 재위 기간 동안 농민반란이 일어났고, 이어 금(金)이 침공하자 이를 두려워한 나머지 제위를 아들인 조환(趙桓:欽宗)에게 물려주고 자신은 태상황(太上皇)이 되었다. 이후 금군에 체포되었으며 오국성(五國城:흑룡강성 依蘭)에서 죽었다. 서예에 밝아 '수금체(瘦金體)'를 창시했으며, 회화 작품에 「부용금계(芙蓉錦鷄)」「지당추만(池塘秋晩)」이 전한다. 시사(詩詞) 작품집 『선화궁사(宣和宮詞)』 3권이 있었으나 일실되었다. 후세 사람이 『송휘종시(宋徽宗詩)』『송휘종사(宋徽宗詞)』를 펴냈다.

조동종(曹洞宗)　불교 선종(禪宗) 5개 지파 중 하나. 당(唐)대 혜능(慧能)의 법손(法孫)인 양개(良价)가 동산(洞山)에서 이를 널리 폈으므로 이름이 붙여졌다.

조말(曹沫)　춘추시대 노나라의 충신, 자객. 제나라 환공(桓公)이 노나라를 침략하자 노의 장공(莊公)은 수(隧) 땅을 바치고 화평을 청하였다. 제와 노가 가(柯) 땅에서 맹약을 할 때 조말은 가슴에서 비수를 꺼내 환공에게 들이대며 수 땅을 반환하라고 위협했다. 환공은 겁에 질려 이를 허락했다. 맹약이 끝난 후 환공은 괘씸하여 조말을 죽이려 했으나 관중(管仲)이 신의를 저버리는 행위라고 제지하여 목숨을 살렸다.

조맹부(趙孟頫:1254~1322)　원대 초의 서화가, 문학가. 자는 자앙(子昻), 호는 송설도인(松雪道人), 수정궁도인(水晶宮道人), 갑인인(甲寅人) 등. 절강성 오흥(吳興) 출신. 송 태조 조광윤(趙匡胤)의 11세손. 음보(蔭補)로써 진주사호참군(眞州同戶參軍)에 임명된 후 송이 망하자 귀향하여 독서와 서화를 즐겼다. 이후 원나라 왕조에서 병부낭중(兵部郎中), 집현시강학사(集賢侍講學士)를 거쳐 한림학사승지(翰林學士承旨)를 지냈다. 사후 위국공(魏國公)에 봉해지고 문민(文敏)이란 시호를 얻었다. 그러나 송왕실의 일족으로서 원나라를 섬겼다는 이유로 비난받기도 했다. 시문과 서화에 능했으며, 특히 서예는 왕희지(王羲之), 이북해(李北海)의 필체를 계승하여 해서, 행서, 초서에 뛰어난 기량을 보였다. 이중 해서는 당대 최고로 꼽히며, 송설체(松雪體), 조맹부체(趙孟頫體), 조체(趙體)라는 독특한 서체를 형성했다. 대표작에 「전후적벽부(前後赤壁賦)」「낙신부(洛神賦)」 등이 있다. 회화는 모든 제재를 섭렵한 가운데 문인화의 복고운동을 일으켰다. 저서 『송설재집(松雪齋集)』.

조명성(趙明誠:1081~1129)　　남송의 금석학자. 자는 덕보(德父·德夫·德甫). 제성(諸城:산동성) 출신. 여류 문인 이청조(李淸照)의 남편, 승상 조정지(趙挺之)의 아들. 고대의 이기(彝器:종묘에서 쓰던 그릇), 비각(碑刻), 자화(字畵), 도서 등을 두루 수집하였으며, 이를 토대로 구양수(歐陽修)의 『집고록(集古錄)』을 본떠 송대 금석학의 명저인 『금석록(金石錄)』을 편찬하였다. 이에는 2,000여 종의 금석각사(金石刻辭)가 수록되어 있으며, 그의 고증과 해석이 들어 있다.

조모(曹髦:241~60)　　삼국시대 위(魏)의 황제(재위 254~60). 조비(曹丕)의 손자. 권신 사마사(司馬師)가 폐제(廢帝:齊王) 조방(曹芳)을 폐하고 그를 제위에 올려놓았다. 사마씨가 전권을 쥐고 있었으므로 실권이 없었으며, 궁중의 호위병들을 이끌고 사마소(司馬昭)를 제거하려다 살해되었다.

조무령왕(趙武靈王:?~295 B.C)　　전국시대 조(趙)나라의 국군(國君). 이름은 옹(雍). 호복(胡服)을 입고 기사(騎射)를 배우는 등 군사개혁을 시도했다. 중산(中山)·임호(林胡)·누번(樓煩) 등 변방을 개척하여 국세를 크게 키웠다. 아들에게 군위를 넘겨주고 물러났다가 궁중의 내란으로 인해 굶어 죽었다.

조보(趙普:922~92)　　북송(北宋)의 개국공신, 재상. 자는 직평(則平). 후주(後周) 때 조광윤(趙匡胤:宋太祖)의 막료에 있으면서 귀덕군(歸德軍)의 서기(書記)를 지냈다. 진교병변(陳橋兵變)에 가담하여 조광윤이 송을 건국하는데 일등공신이 되었다. 이후 간의대부(諫議大夫), 추밀직학사(樞密直學士)를 역임하면서 건륭(建隆) 원년(960) 이균(李筠)의 난을 평정하는데 공헌했다. 964년 재상에 올라 전운사(轉運使)와 통판(通判)의 설치 등을 건의하고 기타 중앙집권의 개혁정책을 시행하였다. 태조 만년에는 신망을 잃어 절도사로 나갔으나 태종(太宗) 때 다시 재상을 지냈다. 992년 병을 이유로 사직하면서 위국공(魏國公)에 봉해지고 사후 진정왕(眞定王)에 추봉(追封)되었다가 진종(眞宗) 때 하왕(韓王)으로 개칭되었다. 시호는 충헌(忠獻).

조보지(晁補之:1053~1110)　　북송의 사인(詞人), 산문가. 자는 무구(無咎). 호는 귀래자(歸來子). 거야(巨野:산동성) 출신. 17세 때 부친을 따라 전당(錢塘:절강성 杭州)으로 가서 「전당칠술(錢塘七述)」을 지어 소식(蘇軾)에게 칭찬을 받았다. 신종(神宗) 원풍(元豊) 2년(1079) 진사에 합격하여 원우(元祐) 초 태학정(太學正)이 되고 저작좌랑(著作佐郎)으로 옮겼다. 소성(紹聖) 말 당적(黨籍)을 이유로 폄적되었다가 휘종(徽宗)이 즉위하면서 이부원외랑(吏部員外郎)에 발탁되고 예부낭중(禮部郎中) 겸 국사편수관(國史編修官), 실록검토관(實錄檢討官)이 되었다. 이후 한때 관직을 버리고 집으로 돌아와 창작활동을 하며 자적한 생활을 하였으며, 지사주(知泗州)를 지내다 병사했다. 시·사·산문에 두루 능통하였으며, 진관(秦觀), 황정견(黃庭堅), 장뢰(張耒) 등과 소문사학사(蘇門四學士)로 불렸으나, 이들중 유일하게 사의 작가로서 유명하다. 저서 『계륵집(鷄肋集)』『조씨금취외편(晁氏琴趣外篇)』.

조불흥(曹不興·弗興)　　삼국시대 오(吳)의 화가. 용의 형상을 잘 그렸으며 불상의 모사(摹寫)에 능하여 불화(佛畵)의 비조로 일컬어진다. 인물화의 방면에서도 크게 명성을 떨쳤다. 바둑의 엄무(嚴武), 서예의 황상(皇象), 수학의 조달(趙達), 천문지리의 유돈(劉敦) 등과 더불어 오(吳)국의 '팔절(八絶)'이라 일컬어졌다.

조비(曹丕:187~226)　　삼국시대 위(魏)의 문제(文帝). 자는 자환(子桓). 조조(曹操)의 둘째 아들. 패국(沛國:안휘성) 출신. 오관중랑장(五官中郎將)의 벼슬을 지내다가 조조가 죽자 그의 자리를 이어 승상이 되었다. 이때 구품중정제(九品中正制)를 시행하여 문벌정치의 기틀을 마련했다. 연강(延康) 원년(220) 한(漢)을 멸망시키고 위(魏) 왕조를 세워 스스로 칭제(稱帝)하였다. 도읍은 낙양(洛陽). 부친 조조, 아우 조식(曹植)과 함께 문학적으로도 큰 재능을 보였다. 현존 시가는 약 40수이며, 그중 「연가행(燕歌行)」이 유명하다. 저서인 『전론(典論)』 5권 중 현존하는 「논문(論文)」편은 문학비평의 발전에 큰 공헌을 했다. 『열이전(列異傳)』 3권과 문집 23권은 산실되었다. 명대 사람이 『위문제집(魏文帝集)』을 펴냈다.

조비연(趙飛燕:?~1 B.C)　　서한(西漢) 시대의 미녀. 춤추는 자태가 뛰어나 이름이 붙여졌다. 성제(成帝)의 궁녀로 있다가 첩여(婕妤)의 직위에 발탁되었으며 성제의 총애를 받아 후비(后妃)에까지 올랐다. 그러나 황제의 총애를 믿고 방자한 행동을 하다가 성제가 죽은 후 폐위되어 자살했다. 당(唐)대의 양옥환(楊玉環:楊貴妃)과 함께 한때 영화를 누리다가 끝머리에 비극을 맛보는 여인상의 대명사로 꼽힌다.

조빈(曹彬:931~99)　　송(宋) 초의 명장. 건덕(乾德) 원년(963) 거란과 북한(北漢)을 물리치고 좌신무장군(左神武將軍) 겸 추밀승지(樞密承旨)를 거쳐 귀주행영도감(歸州行營都監)을 지냈다. 이후 후촉(後蜀), 남당(南唐)을 멸망시키는데 공헌하여 추밀사(樞密使), 검교태위(檢校太尉), 충무군절도사(忠武軍節度使)를 지냈다. 옹희(雍熙) 3년(986) 요(遼)를 공격하다가 대패했다.

조설근(曹雪芹:약 1724~1763)　　청대의 문학가, 소설가. 이름은 점(霑), 자는 설근(雪芹), 몽완(夢阮), 근포(芹圃), 근계(芹溪). 강녕직조(江寧織造)를 지낸 조인(曹寅)의 손자로서 대대로 학문하는 집안 출신이다. 옹정(雍正) 연간에 부친 조부(曹頫)가 죄를 지어 면직당하고 집안이 파산하자 그는 부친을 따라 강남에서 북경으로 갔다. 이후 근교의 향산(香山)에 거주하면서 그림을 팔아 생활했다. 한때 친구의 도움으로 일본에 갔다가 온갖 곤궁을 겪었으며, 돌아와서는 저술활동에만 매달렸다. 만년에는 더욱 기아에 허덕인데다 아들의 죽음까지 겹쳐, 장편 장회소설 『홍루몽(紅樓夢)』을 끝까지 완성하지 못하고 약 40세의 나이로 세상을 떴다. 후세에 『홍루몽』을 연구하는 '홍학(紅學)'이 국제적인 붐을 일으킬 만큼 그의 업적은 높이 평가된다.

조쇠(趙衰:?~622 B.C)　　춘추시대 진(晋)나라 사람. 자는 자여(子余). 조성자(趙成子), 성계(成季), 맹자여(孟子余) 등으로도 불린다. 진나라의 공자 중이(重耳:晋文公)를 따라 19년간 망명생활을 한 후 중이가 군위에 오르자 중군(中軍)의 장(將)에 임명되어 진문공의 패업 성취를 도왔다.

조승(趙勝) ➡ 평원군

조식(曹植:192~232)　　삼국시대의 문학가. 건안칠자(建安七子)의 하나. 위(魏) 문제(文帝) 조비(曹조)의 아우. 조조(曹操)의 셋째 아들. 자는 자건(子建). 패국(沛國:안휘성) 출신. 문학적 재능이 뛰어나 조조의 총애를 받았다. 조비가 제위에 오른 후 그를 시기하여 연금시키고 항상 해하려 하였다. 뜻을 얻지 못하여 종내 울분을 머금은 채 죽었다. 시호는 사(思). 진왕(陳王)에 봉해졌으므로 후세에 그를 진사왕(陳思王)이라 부르기도 했다. 현존하는 시는 약 80수이며, 기타 사부(辭賦)·산문 등 40여 편이 있다. 형 조식이 일곱 걸음을 걷는 사이에 시 한 수를 짓도록 명령하여 지은「칠보시(七步詩)」가 유명하다. 송(宋)대 사람이『조자건집(曹子建集)』을 편찬했다.

조앙(趙鞅) 춘추시대 말기 진(晉)나라 사람. 일명 조간자(趙簡子), 조맹(趙孟), 지부(志父). 진나라에서 정경(正卿) 벼슬을 지냈다. 진 내부에서 6경(卿)이 세력 다툼을 벌일 때 다른 2경인 범씨(范氏)와 중항씨(中行氏)를 몰아내고 조(趙)나라를 일으키는 기틀을 마련했다.

조여림(曹汝霖:1877~1966) 청대 말 민국 시기의 정치가. 자는 윤전(潤田). 상해 출신. 일본 유학 후 1911년 청 정부 아래서 외무부 부대신이 되었다. 원세개(袁世凱) 정권 때 외교차장을 지내면서 1915년 일본의 21개조 요구사항을 승인함으로써 민족 감정을 상하게 했다. 이로 인해 1919년 5·4운동 때 직위를 내놓았다. 1946년 대만으로 건너갔다가 일본을 거쳐 미국에서 여생을 보냈다.

조엽(趙曄) 동한(東漢)의 사학자, 문학가. 자는 군장(君長). 산음(山陰:절강성 紹興) 출신. 일찍이 현리(縣吏) 벼슬을 했으나 불의에 영합할 수 없다며 직분을 버리고 초야에서 학문에 몰두했다. 두무(杜撫)로부터『한시(韓詩)』를 배웠다. 학문에 몰두하느라 20년 동안 고향에 돌아오지 않았으므로 집안 사람들은 그가 이미 죽은 줄 알고 제사까지 지냈다고 한다. 춘추시대 오(吳)나라와 월(越)나라의 역사를 담은『오월춘추(吳越春秋)』를 지었다. 기타 저작으로『시세(詩細)』가 있다.

조예(曹叡:205~39) 삼국시대 위(魏)의 황제(226~39년 재위). 조비(曹丕)의 아들. 자는 원중(元仲). 학문을 장려하여 재위시 숭문관(崇文館)을 설치하고 문인들을 초빙하였다. 시문 및 악부에 능해 조조(曹操), 조비(曹丕)와 함께 위(魏)의 삼조(三曹)로 불렸다. 시호는 명제(明帝).

조용사(租庸使) 관명. 당(唐) 현종(玄宗) 개원(開元) 11년(723) 처음 설치되었다. 부세(賦稅) 징수의 일을 맡았으며 다른 관직을 겸하였다. 건중(建中) 원년(780) 양세법(兩稅法)이 시행되면서 폐지되었다가 희종(僖宗)이 황소(黃巢)의 난을 진압하기 위하여 다시 설치하였다. 후량(後梁), 후당(後唐) 때는 중앙의 재정장관이 맡았다. 후당 명종(明宗) 때 폐지.

조용조(租庸調) 　당(唐)대의 부세(賦稅) 제도. 균전제(均田制)를 바탕으로 조(租)는 구분전(口分田)에 과한 세, 용(庸)은 사람에 대하여 과한 노역 의무, 조(調)는 집에 대하여 과한 현물세이다. 정남(丁男)은 매년 정부에 속(粟) 2석 혹은 도(稻) 3곡(斛)을 내도록 했는데 이를 '조(租)'라 했다. 또 견(絹)이나 사직품(絲織品) 2장과 금(錦) 3냥, 또는 포(布) 2장 5척과 마(麻) 3근을 내도록 했는데 이를 '조(調)'라 했다. 이밖에 정남이 의무적으로 매년 20일을 요역에 나가는 대신 하루치로 견 3척 혹은 포 3척 7촌 반을 내도록 했는데 이를 '용(庸)'이라 했다. 안사(安史)의 난 후 균전제가 무너지면서 조용조도 양세법(兩稅法)으로 대체되었다.

조욱(趙頊:1048~85) 　북송의 제 6대 황제. 신종(神宗). 영종(英宗)의 아들. 재위 1067~85. 가우(嘉祐) 8년(1063) 회양군왕(淮陽郡王), 치평(治平) 원년(1064) 영왕(潁王)에 봉해졌으며, 치평 3년(1067) 제위에 올랐다. 신종 희녕(熙寧) 2년(1069) 왕안석(王安石)을 참지정사(參知政事)에 임명하고 개혁법을 만들어 시행하도록 하였다. 영희 8년 요(遼)의 요구에 굴복하여 하동(河東) 변방 수백리를 떼어 주고 다시 수구파의 저항에 직면하여 개혁의 주도 인물인 왕안석을 폄적시켰다. 이로써 왕안석의 개혁신법이 실패로 돌아갔다. 원풍(元豊) 연간에는 친히 '원풍개제(元豊改制)'라 불리는 관제개혁까지 진행시켰으나 역시 실패하였다.

조운(趙雲:?~229) 　동한(東漢) 말 삼국시대의 장수. 자는 자룡(子龍). 처음에 공손찬(公孫瓚)을 섬겼다가 후에 촉한(蜀漢)의 유비(劉備)를 따랐다. 건안(建安) 13년(208) 유비가 조조(曹操)의 침공을 받아 위기에 처했을 때 유비를 구해주었다. 이로 인해 아문장군(牙門將軍)에 임명되었다. 후에 진동장군(鎭東將軍)이 되고, 영창정후(永昌亭侯)에 봉해졌다. 시호는 익순평후(謚順平侯).

조익(趙翼:1727~1814) 　청대의 사학자, 시가평론가. 자는 운숭(雲崧), 운송(耘松). 호는 구북(甌北). 양호(陽湖:강소성 常州) 출신. 건륭(乾隆) 26년(1761) 진사가 되고 귀서병비도(貴西兵備道)의 관직까지 지냈으며, 중년이 지나 양친(養親)을 핑계로 사임하고 저술 활동에 전념했다. 한때 안정서원(安定書院)에서 강학하기도 했다. 역사고증에 몰두하여 여러 사체(史體)의 득실을 평하고 사료의 출처를 분석하는 한편 역사 인물 및 사건에 대하여 평술했다. 그러나 논증이 실제와 동떨어진 부분도 많았다. 시가 방면에서도 전인의 작품을 품평하는 한편 시가이론을 통해 평이하고 자연스런 가운데 신익(新意)를 구해야 한다는 시작방법론을 제시했다. 건가(乾嘉) 고증학파 중 사학을 대표하는 인물이다. 저서 『이십이사차기(二十二史劄記)』 『해여총고(陔余總考)』 『평정대만술략(平定臺灣述略)』 『구북시화(甌北詩話)』 『구북시초(甌北詩鈔)』.

조자건(曹子建) ➡ 조식

조자룡(曹子龍) ➡ 조운

조작국(造作局) ➡ 응봉국 참조

조전(鳥篆)　일명 조충서(鳥蟲書), 충서(蟲書). 춘추시대에 유행하던 서체. 전서(篆書) 글자체를 변형하여 쓰되 새나 곤충의 모습과 비슷하게 기교를 부렸다. 서체에 미의식을 가미한 것으로 병기(兵器)나 악기에 많이 새겼다.

조정(趙禎:1010~63)　북송의 제 4대 황제. 인종(仁宗). 진종(眞宗)의 아들. 진종 대중상부(大中祥符) 8년 수춘군왕(壽春郡王)에 봉해진 후 천희(天禧) 2년(1018) 다시 승왕(升王)에 봉해지면서 태자가 되었다. 건흥(乾興) 원년(1022) 즉위하였다. 재위 기간 서하(西夏)와 전쟁을 벌여 쌍방간 큰 타격을 입었으며, 전쟁 중 다시 요(遼)의 침입을 받아 요에 세폐(歲幣)를 내기로 하고 화맹했다. 범중엄(范仲淹)을 기용하여 경력신정(慶曆新政)을 시행하였으나 반대파의 공격으로 무산되었다.

조정(趙鼎:1085~1147)　남송의 사인(詞人), 정치가. 자는 원진(元鎭). 자호(自號)는 득전거사(得全居士). 전중시어사(殿中侍御史), 어사중승(御史中丞), 상서우복야(尙書右僕射), 동중서문하평장사(同中書門下平章事), 추밀사(樞密使) 등 조정의 요직을 두루 거쳤다. 금(金)과의 항전을 주장하다 진회(秦檜)의 배척을 받았다. 이 때문에 지방으로 쫓겨 다니다 절식(絶食)하고 죽었다. 사를 잘 지었으며, 전기에는 규원(閨怨)과 연정(戀情)을 주요 내용으로 하는 완약파(婉弱派) 사를 짓고, 후기에는 비분 강개하고 우국의 정이 서린 호방파(豪放派) 사를 많이 지었다. 만년에는 정치적 타격 탓에 유약·애상조로 흘렀다.

조조(鼂錯·晁錯:200~154 B.C)　서한(西漢)의 정치가, 문학가, 사상가. 영천(潁川:하남성 禹縣) 출신. 신불해(申不害), 상앙(商鞅)으로부터 법가(法家)의 학풍을 이어받았다. 문제(文帝) 때 박사(博士)와 태자가령(太子

家令)이 되었으며, 태자 유계(劉啓·景帝)의 신임을 얻어 지낭(智囊)이라고 불렸다. 경제(景帝) 때 어사대부(御史大夫)가 되어 중농억상(重農抑商)의 정책을 폈으며, 흉노를 몰아내고 지방의 제후왕(諸侯王) 세력을 억제하여 중앙집권을 강화하였다. 이로 인해 오·초(吳楚) 등 7국이 그를 타도한다는 명목으로 난을 일으키자 경제는 원앙(袁盎)의 참언을 듣고 그를 죽였다. 『논귀속소(論貴粟疏)』『현량대책(賢良對策)』 등 31편의 정론문(政論文)을 지었으며, 문장이 훌륭하여 '서한홍문(西漢鴻文)'으로 불린다.

조조(曹操:155~220)　동한(東漢) 말의 정치가, 사상가, 문학가. 자는 맹덕(孟德). 패국(沛國) 출신. 20세에 효렴(孝廉)에 천거되어 벼슬에 나아간 후 낙양북부위(洛陽北部尉), 돈구령(頓丘令), 의랑(議郎)을 지냈다. 황건기의 후 기도위(騎都尉)에 임명되어 황건군을 진압하였다. 초평(初平) 원년(190) 동탁(董卓)의 반란군을 진압하는 전투에 참가하였다. 초평 3년 황건군의 투항을 받아들여 이들을 중심으로 청주병(青州兵)을 조직하였다. 건안(建安) 원년(196) 헌제(獻帝)를 강압해서 장안으로 달아났던 동탁이 죽자 헌제를 맞아들여 옹립하고 실권을 장악했다. 건안 5년 관도(官渡) 전투에서 원소(袁紹)의 군대를 대파하고 기주(冀州)를 점령하였다. 이후 북쪽의 오환(烏桓)을 정복하고 요동(遼東)태수 공손강(公孫康)을 복종시켜 점차 북방을 통일했다. 건안 13년 승상에 올라 친히 대군을 이끌고 남하하여 형주(荊州)를 점령했으나 적벽의 전투에서 손권(孫權)·유비(劉備)의 연합군에 대패하였다. 건안 21년 위(魏)왕에 오른 후 4년만에 병으로 낙양에서 사망하였다. 이어 아들 조비(曹丕)가 한(漢)의 뒤를 이어 위(魏)를 건국한 후 그의 시호를 무제(武帝)라 하였다. 저서에 『손자약해(孫子略解)』『병서접요(兵書接要)』 등 병법서가 있다. 시(詩) 20여 수가 전해지며 산문 40여 편이 있고, 『무제집(武帝集)』을 남겼다. 후세 사람이 그의 시문을 정리하여 『조조집(曹操集)』을 만들었다.

조조제(租調制)　일종의 부세제도. 북위(北魏) 때 균전제(均田制)와 동시에 실시되었다. 1부(夫) 1부(婦)에게 비단 1필, 벼 2석을 내도록 규정했다. 15세 이상의 미혼 남자 4명, 경작과 사직(絲織)에 종사하는 노비 8명, 경우(耕牛) 20두의 조조는 모두 각각 1부(夫) 1부(婦)의 수량에 상당했다.

조중달(曹仲達)　남북조시대 북제(北齊)의 화가. 불교 인물화에 능했다. 작품 「여사도상(盧思道像)」「익렵도(弋獵圖)」「모용소종상(慕容紹宗像)」.

조참(曹參:?~190 B.C) 서한(西漢)의 개국공신. 패(沛:강소성 沛縣) 지역 출신. 유방(劉邦)이 기병할 때 소하(蕭何)와 함께 유방을 따랐으며, 많은 전공을 세웠다. 서한이 세워지고 유방이 즉위한 뒤 평양후(平陽侯)에 봉해졌다. 이 때 선정을 베풀어 현상(賢相)으로 불렸다. 혜제(惠帝) 때 소하의 뒤를 이어 승상이 된 후 소하가 만든 약법(約法)을 고치지 않고 그대로 시행했으므로 청렴한 재상으로 이름이 높았다.

조충서(鳥蟲書) → 조전

조학민(趙學敏) 청대의 의학자. 옹정(雍正)·건륭(乾隆) 연간의 사람. 자는 의길(衣吉), 호는 서헌(恕軒). 전당(錢塘:절강성 杭州) 출신. 명대 이시진(李時珍)의 『본초강목(本草綱目)』을 보충하고 수정을 가하여 『본초강목습유(本草綱目拾遺)』를 펴냈다. 기타 저서 『의림집액(醫林集腋)』『승강비요(升降秘要)』『소양원전신방(素養園傳信方)』.

존왕양이(尊王攘夷) 춘추시대 주(周) 천자(天子)를 옹위하고 이민족 혹은 소수민족의 중원 침략을 저지하자는 구호. 유력한 제후국이 약소 제후국을 소집하고 실력을 행사하기 위한 명목으로 이를 내걸었다. 제(齊)나라의 환공(桓公)이 먼저 제창하였으며, 후에 유력 제후국의 군주들이 천자를 끼고 각 제후들을 호령하기 위한 구호로 사용했다.

종백(宗伯) 관직명. 서주(西周) 때 설치되었다. 『주례(周禮)』에 의하면 '춘관(春官)'에 속하며, 왕의 지휘 아래 종실의 일을 맡았다. 춘추시대 노(魯)나라에서는 종묘 제사 등 예의(禮儀)를 맡았다. 후세에 예부상서(禮部尙書)의 별칭으로 쓰였다.

종법제도(宗法制度) 고대 가부장적 사회로부터 발전하여 성립된 일종의 권력분배제도. 주(周)대의 경우 천자는 정치상의 군주이자 씨족 내 제사를 모시는 종법제의 대종(大宗)이다. 왕위는 적장자(嫡長子)가 대대로 계승했다. 적장자의 서제(庶弟)는 제후에 봉해지는데, 왕과 대비시키면 소종(小宗)에 해당한다. 제후의 봉국(封國) 내에서는 제후가 대종으로서 제사를 모시고 적장자가 작위를 계승했다. 그 서제는 경대부(卿大夫)에 봉해지며 제후와 대비시키면 소종에 해당한다. 경대부와 사(士)의 관계 역시 대종과 소종의 관계이고, 사와 서인(庶人)도 마찬가지이다. 이처럼 형제간 서열을 지어 이를 사회·정치 분야에까지 확대시킨 계급분화, 권력분배 제도를 종법제도라 한다.

종병(宗炳:375~442)　　남조시대 송(宋)의 화가, 미술이론가. 자는 소문(少文). 관직을 멀리한 채 산천을 따라 여행하며 보고 느낀 바를 화폭에 담았다. 산수화를 주로 그렸으며, 인물화에도 남다른 경지를 보였다. 저서 『화산수서(畵山水序)』는 산수화에 관한 이론을 적은 것이다. 작품「추산도(秋山圖)」「영가옥읍도(永嘉屋邑圖)」「공문제자도(孔門弟子圖)」.

종사당(宗社黨)　　민국 원년(1912) 1월 만주 황족 출신 청년들이 결성한 정치집단. 당에 소속된 주요 인물은 청년장교 양필(良弼), 공친왕(恭親王) 부위(溥偉), 철양(鐵良) 등이다. 황제 퇴위를 반대하고 왕조 유지를 지지했다. 결성된 해 1월 26일 혁명당 소속 팽가진(彭家珍)이 양필을 암살하면서 소속 당원들이 뿔뿔이 흩어져 피신했다. 이후 당원들은 일본의 세력을 등에 업고 황제 복위운동을 계속했다.

종사성(鍾嗣成)　　원대의 잡극 작가. 자는 계선(繼先), 호는 축재(丑齋). 대량(大梁:하남성 開封) 출신. 과거에 여러 번 낙방한 후 사곡(詞曲) 및 잡극 등의 작품활동에 종사했다. 잡극 작품에「풍환분권(馮驩焚券)」「한고조사유운몽(漢高祖詐游雲夢)」「장대류(章臺柳)」「전신론(錢神論)」등이 있으나 일실되었다. 산곡 10여 수가 『악부군주(樂府群珠)』『옹희악부(雍熙樂府)』등의 곡집(曲集)에 보인다. 이밖에 원대의 희곡, 산곡 작가 100여 명에 대하여 소전(小傳)과 함께 품평을 가한 『녹귀부(錄鬼簿)』를 지었다. 이는 원대 희곡사를 연구하는 중요 자료가 되고 있다.

종성(鍾惺:1574~1625)　　명대의 문학가. 자는 백경(伯敬), 호는 퇴곡(退谷). 경릉(竟陵:호북성 沔陽) 출신. 진사 합격 후 공부주사(工部主事), 남예부의제사주사(南禮部儀制司主事), 제사낭중(祭司郎中), 복건제학첨사(福建提學僉事) 등의 관직을 지냈다. 시문을 잘 지었으며, 담원춘(譚元春)과 함께 『시귀(詩歸)』를 펴냈다. 당시 문단에 성행한 의고주의파에 반대하고 한·위(漢魏)의 시풍을 제창하면서 경릉파(竟陵派)를 형성했다. 저서 『여설(如說)』『은수헌집(隱秀軒集)』『사회(史懷)』『종백경집(鍾伯敬集)』.

종영(鍾嶸:469~518)　　남조시대 제(齊)·양(梁)의 문학이론가. 자는 중위(仲偉). 영천(潁川) 장사(長社:하남성 長葛) 출신. 시랑(侍郎), 참군(參軍) 등을 지냈으며, 양(梁)나라 때 진안왕(晉安王)의 기실(記室)에 임명되었으므로 세칭 종기실(鍾記室)이라 했다. 중국 최초의 시가평론집인 『시품(詩品)』을 펴냈다.

종요(鍾繇:151~230)　　한(漢)·위(魏) 시기의 서예가. 자는 원상(元常). 영천(潁川:하남성) 출신. 조조(曹操) 밑에서 시중(侍中) 벼슬을 했으며, 위 명제(明帝) 때 태부(太傅)를 지냈다. 팔분서(八分書)를 창안했으며, 초서(草書)에도 능했다.

종정문(鍾鼎文)　➡ 금문

종주독호제(宗主督護制)　　북위(北魏) 초기에 실시된 지방제도. 국가에서 지방호족을 종주(宗主)로 임명하여 백성을 감독하게 하였다. 이를 종주독호제라 한다. 효문제(孝文帝) 때 삼장제(三長制)가 설치되면서 폐지되었다.

종택(宗澤)　　북송 말의 장수. 자는 여림(汝霖). 철종(哲宗) 원우(元祐) 연간에 진사가 되고, 흠종(欽宗) 정강(靖康) 원년(1126) 지자주(知磁州)가 되었다. 이 때 의병을 모집하여 금(金)의 군대에 대항했다. 하북병마부원수(河北兵馬副元帥)에 임명되어 군대를 이끌고 경사(京師:하남성 開封)를 구원했으나 실패하였다. 휘종(徽宗)과 흠종이 금군의 포로가 되자 강왕(康王) 조구(趙構:남송 高宗)에게 제위에 오르도록 상소했다. 남송 고종 건염(建炎) 원년(1127) 동경유수(東京留守)에 임명되었다. 이 때 악비(岳飛)를 장군에 기용하고 팔자군(八字軍)과 연대하여 금군을 격파하였다. 20여 차례 글을 올려 고종의 환도와 실지회복을 주장하였으나 채택되지 않았다. 후에 비분을 참지 못해 "강을 건너야 한다(過河)"를 세번 외친 후 죽었다. 저서 『종충간공집(宗忠簡公集)』.

종회(鍾會:225~64)　　삼국시대 위(魏)의 장수. 자는 사계(士季). 영천(潁川) 장사(長社:하남성 長葛) 출신. 정시(正始) 연간에 비서랑(秘書郞), 상서중서시랑(尙書中書侍郞) 등을 역임했다. 권신 사마소(司馬昭)가 정권을 장악했을 때 중요 모사(謀士) 역할을 했다. 경원(景元) 4년(263) 등애(鄧艾) 등과 함께 촉한(蜀漢)을 공격하여 정권을 무너뜨리고 복속하였다. 이 공로로 사도(司徒)의 벼슬을 했으며, 식읍이 만호 가까이 되었다. 세력이 확대되자 등애에게 모반죄를 씌워 그의 군대를 빼앗고, 다시 태후(太后)의 명을 가장하여 사마소를 토벌하려다 피살되었다. 저서에 『도론(道論)』 20편이 있었으나 일실되었다.

종횡가(縱橫家)　　전국시대에 발생한 외교사상 및 그 학파. 공손연(公孫衍)·소진(蘇秦)의 합종론(合縱論)과 장의(張儀)의 연횡론(連衡論)이 있다. 합종론은 당시 세력이 상대적으로 약했던 6국이 연합하여 강대한 진(秦)에

대항하자는 책략이고, 연횡론은 서부의 진(秦)이 동부의 제국과 일 대 일로
연합하여 동맹하자는 책략이다.

좌강원시애화(左江原始崖畵)　　중국 남부 광서장족(廣西壯族) 일대의 자치
구 좌강(左江)과 그 지류인 명강(明江) 양안의 절벽에 그려진 벽화. 200여
킬로미터에 걸쳐 광활히 분포되어 있으며, 현재까지 180여 곳에서 800여 점
이 발견되었다. 인물도(약 3,000점)가 대부분이며 크기가 3m 되는 것도 있
다. 규모가 가장 큰 것은 영명현(寧明縣) 화산(華山)벽화로 화폭이 가로
200여m, 세로 4m에 사람과 동물 그림이 총 1,800여 점이다. 춘추시대 말기
부터 동한(東漢) 말기 사이에 완성된 것으로 추측된다.

좌관률(左官律)　　한(漢) 무제(武帝) 때 중앙집권을 강화하기 위해 만든
조치. 제후왕(諸侯王)이 임명한 관리를 '좌관(左官)'이라고 칭하여 중앙에
서 임명한 관리보다 지위가 낮게 했으며, 이들에게는 중앙 진출의 길도 봉
쇄했다. 이로 인해 제후왕은 인재를 등용하는데 한계가 있었으며, 중앙과의
연결 통로도 제한되었다.

좌구명(左丘明)　　춘추시대 초기의 역사가. 노(魯)나라에서 태사(太史)의
직을 지냈다. 공자(孔子)의 『춘추(春秋)』에 해석을 붙여 『춘추좌씨전(春秋
左氏傳)』을 짓고, 실명(失明)한 뒤로 『국어(國語)』를 지었다. 이로 인하여
그를 맹좌(盲左)라고도 한다.

좌백(左伯)　　동한(東漢) 말기의 서예가. 자는 옹(邕) 혹은 읍(邑). 팔분
서(八分書)에 능했으며, 종이를 제작하는 기술도 있었다.

좌분(左芬:?~300)　　서진 시대의 여류 문인. 자는 난지(蘭芝). 좌사(左
思)의 누이동생. 문학적 재주가 뛰어나 진의 무제(武帝)가 소문을 듣고 입
궁시켰다. 후에 귀빈(貴嬪)에 봉해졌으며, 자색이 평범하여 총애를 받지는
못했으나 재덕을 겸비한 만큼 예우를 받았다. 대표적 시로 「감리시(感離
詩)」가 있다.

좌사(左思:약 250~305)　　서진(西晋)의 문학가. 자는 태충(太沖). 서민
출신이었으나 여동생 좌분(左芬)이 입궁함에 따라 비서랑(秘書郎)의 벼슬을
지냈으며, 귀척(貴戚)인 가밀(賈謐)의 24우(友)중 한 사람이 되었다. 가밀
이 피살되자 물러나 은거하며 시문으로 세월을 보냈다. 10년에 걸쳐 삼국시
대 위(魏)·촉(蜀)·오(吳)의 3도(都)를 노래한 「삼도부(三都賦)」를 완성하
였다. 낙양의 백성들이 너나없이 이 작품을 베껴 읽는 바람에 종이값이 뛰

었다 해서 '낙양지귀(洛陽紙貴)'란 성어가 이로부터 생겨났다고 한다. 시가 (詩歌) 14수가 현존하며, 대표작으로 「영사(詠史)」 8수가 있다. 이밖에 「초은시(招隱詩)」 2수, 「도리증매시(悼離贈妹詩)」 등이 걸작으로 꼽힌다. 문집에 『좌태충집(左太沖集)』이 있다.

좌습유(左拾遺) ➡ 습유 참조

좌양옥(左良玉:1599~1645)　　명대 말의 장수. 자는 곤산(昆山). 산동 임청(臨淸) 출신. 동림당(東林黨)의 창평독치(昌平督治)로 있던 후순(侯恂) 휘하로 들어가 전공을 세우면서 후순의 부장이 되었다. 이어 장헌충(張獻忠), 이자성(李自誠)의 농민 봉기군을 진압하고 대수(大帥)로 승진하였다. 명나라가 멸망한 뒤에는 복왕(福王)정권 아래서 영남백(寧南伯)을 지내고, 이어 후작(侯爵)에 올라 무창(武昌)에서 군대를 통솔했다. 남명(南明) 홍광 (弘光) 정권이 성립된 후 마사영(馬士英) 등이 집정하자, 이들과 타협하지 않고 마사영을 토벌하고자 군사를 일으켰다가 구강(九江)에서 병사했다.

좌전(左傳) ➡ 춘추좌씨전

좌전기사본말(左傳紀事本末)　　서명. 53권. 청 강희제(康熙帝) 때 고사기 (高士奇) 찬. 남송 장충(章沖)의 『춘추좌씨전사류시말(春秋左氏傳事類始末)』과 청대 초 마숙(馬驌)의 『좌전사위(左傳事緯)』의 부족한 점을 보충하여 지었다.

좌전사위(左傳事緯)　　서명. 12권. 부록 8권. 청대 초 마숙(馬驌) 찬. 『좌전(左傳)』에 포함된 역사 사실을 기사본말체로 재구성하여 108편으로 나누고 편마다 평을 가했다. 『좌전』의 내용을 사안에 따라 쉽게 이해할 수 있도록 했으며 서술방법이 논리정연하다. 부록 8권은 그가 찬한 「좌구명소전(左丘明小傳)」 및 두예(杜預)·공영달(孔穎達)의 「좌전서(左傳序)」 1권, 「변례(辨例)」 3권, 「도표」 1권, 「남좌수필(覽左隨筆)」 「명씨보(名氏譜)」 「좌전자기(左傳字奇)」 각 1권으로 되어 있으며, 그 중 「도표」는 고증이 정밀하다.

좌종당(左宗棠:1812~85)　　청대 말의 정치가, 장수. 자는 계고(季高). 호남 상음(湘陰) 출신. 도광(道光) 12년(1832) 거인(擧人)이 되어 낮은 관직에 있다가 함풍(咸豊) 10년(1860) 증국번(曾國藩)의 추천을 받아 상군(湘軍)을 이끌고 태평군(太平軍)과 전투를 벌였다. 이 당시 그의 군대를 초군(楚軍)이라 불렀다. 이듬해 절강순무(浙江巡撫)에 오르고 동치(同治) 2년(1863)에 다시 민절총독(閩浙總督)이 되어 강남 지방의 태평군 진압에 큰 공을 세웠다. 광서(光緒) 원년(1875) 흠차대신(欽差大臣)에 올라 이슬람교도를 토벌하였다. 신강(新疆)을 수복한 후 그곳에 성(省)을 설치하도록 건의했다. 그 후 이리조약에 반대하다 양강총독(兩江總督)으로 전출되었다. 저서『좌문양공전집(左文襄公全集)』

좨주(祭酒)　　관직명. 한(漢)대에는 박사(博士)의 우두머리로 박사좨주(博士祭酒)를 두었다. 서진(西晋) 때 국자(國子)좨주가 설치되었으며, 수·당(隋唐) 이후에는 국자감좨주로 명칭이 바뀌었다. 청대에 국자감이 폐지되고 학부(學部)가 설치되면서 국자감좨주도 학부상서(學部尙書)로 바뀌었다. 좨주란 본래 여러 사람이 모여 제사나 기타 향연을 행할 때 존장자가 먼저 술로 땅에 제사지내던 일을 일컬었다.

주(周:약 1100~256 B.C)　　은(殷)나라에 이어 성립된 중국의 고대 왕조. 처음에는 은나라에 귀속된 속국이었으나 문왕(文王)의 뒤를 이은 무왕(武王)이 은의 폭군 주(紂)를 몰아내고 건국했다. 호경(鎬京)에 도읍을 정하고 최초로 봉건제도를 실시했다. B.C 771년 견융(犬戎)의 침입을 받아 유왕(幽王)이 피살되자 평왕(平王)이 즉위하여 낙읍(洛邑)으로 동천했다. 동천 이전을 서주(西周)라 하고 이후를 동주(東周)라 한다. 동주 시대에는 국력이 쇠약하여 각 제후국에 실권을 빼앗긴 채 명목만 남은 국가가 되었다. B.C 256년 진(秦)에 의해 멸망하기까지 25명의 제왕이 514년간 동주왕조를 이끌었다. 동주시대는 곧 춘추전국시대에 해당한다.

·주(紂)　　은(殷)나라 마지막 왕. 폭군. 본명은 제신(帝辛). 재위 기간 동안 황음잔학한 행동을 하고 백성들에게는 가혹한 형벌에 무거운 세금을 지웠다. 애첩 달기(妲己)에게 빠져 음행을 일삼고 정사에 소홀했다. 포락지형(炮烙之刑)을 제정하여 무고한 백성을 잔혹한 방법으로 죽였다. 충신 기자(箕子), 미자계(微子啓), 비간(比干)을 죽이거나 구금 축출했다. 목야(牧野:하남성 淇縣)의 전투에서 주 무왕(武王)에게 패한 후 스스로 분사했다. 하(夏)나라의 걸(桀)과 함께 역사상 가장 유명한 폭군이며, 두 사람을 합하여 걸주(桀紂)라 칭한다.

주객호제(主客戶制)　　송대의 호적제도. 일반적으로 토지를 점유한 사람 중 납세 의무를 진 사람을 향촌주호(鄕村主戶) 혹은 세호(稅戶)라 하였다. 이들은 토지의 다소에 따라 5등급으로 나뉘었으며, 그 중 1·2·3등호는 향촌상호(鄕村上戶), 4·5등호는 향촌하호(鄕村下戶)라 불렸다. 향촌상호에 해당하는 계층은 지주계급 및 자경농, 부유농이고, 향촌하호는 일부 자경농 및 반자경농이었다. 이밖에 토지를 소유하지 못한 소작농이 있었는데, 이들을 향촌객호(鄕村客戶), 혹은 전객(佃客), 부객(浮客)이라 하였다. 하위계급인 향촌하호와 객호는 송대 인구의 8할 이상을 차지했다. 이같은 주호(主戶)와 객호(客戶)제도를 '주객호제'라 한다.

주공(周公) ➡ 주공단

주공 단(周公旦)　주무왕(周武王)의 아우. 성은 희(姬)이며 본명은 단(旦). 숙단(叔旦)이라고도 불린다. 채읍(采邑)이 주(周:섬서성 岐山)에 있었으므로 주공이라 불렸다. 무왕을 도와 은(殷)나라를 멸했다. 무왕이 죽은 후에는 무왕의 아들인 성왕(成王)이 왕위를 이었으나 나이가 어려 그가 섭정했다. 성왕이 장성한 뒤에는 권력에 대한 욕심을 부리지 않고 성왕에게 권력을 넘겨주어 후세의 모범이 되었다. 섭정시 주(紂)의 아들 무경(武庚) 등 은나라 잔여세력의 반란을 평정하며 주의 통치권력을 견고히 했다. 또 정전제(井田制)를 실시하고 혈연관계의 종법제도를 완성했다. 후세 유가(儒家)들에 의해 성인으로 받들어졌다.

주구점(周口店)　북경 방산현(房山縣) 주구점의 용골산(龍骨山)에 위치한 중국 구석기시대 유적지. 북경원인(北京猿人)과 산정동인(山頂洞人)의 화석이 발견된 곳이다.

주금령(酎金令)　한(漢) 무제(武帝) 때 중앙집권을 강화하기 위해 만든 조치. 무제는 추은령(推恩令)으로 제후왕(諸侯王)의 세력을 약화시킨 후 다시 주금령을 발하여 열후(列侯)의 세력을 꺾었다. 주금령의 내용은 매년 8월 햇곡식으로 빚은 순주(醇酒)를 종묘에 올리는 음주대전(飮酎大典) 때 쓰일 비용을 충당하기 위해 제후왕과 열후에게 주금(酎金)을 내도록 한 것이다. 원정(元鼎) 5년(B.C 122) 무제는 열후가 낸 주금이 함량 미달이거나 수량 부족이라는 이유로 106명의 작위를 삭탈하였다.

주기진(朱祁鎭) ➡ 명영종

주덕(朱德:1886~1976)　중국의 정치가, 무산계급 혁명가, 군사가. 자는 옥계(玉階). 사천성 의롱(儀隴) 출신. 중국 인민해방군의 창시자. 청년 때 동맹회(同盟會)에 가입하고 신해혁명에 참여하였다. 1922년 독일 유학중 공산당에 입당한 후 1925년 다시 소련에서 1년간 공부했다. 1927년 남창(南昌)군관학교장으로 있다가 8·1남창봉기를 주도했다. 1928년 모택동(毛澤

東)의 군대와 합류하여 공농홍군(工農紅軍) 제4군을 조직하고 군장(軍長)이 되었다. 이 때 모택동은 정치위원이 되었다. 이후 항일 전쟁에 나섰고, 해방전쟁 때 중국 인민해방군 총사령에 올랐다. 1949년 인민공화국 부주석에 취임하고, 1956년 당중앙정치국 상무위원, 1959년 전인대 상무위원장 등을 지냈다.

주돈이(周敦頤: 1017~73)　　북송의 사상가, 문학가. 원명은 돈실(敦實)이며 영종(英宗)의 휘를 피해 개명했다. 자는 무숙(茂叔), 호는 염계(濂溪). 도주(道州) 영도(營道: 호남성 道縣) 출신. 대리시승(大理寺丞), 광동 전운판관(廣東轉運判官)을 거쳐 만년에는 지남강군(知南康軍)으로 있으면서 여산(廬山) 연화봉(蓮花峰) 아래의 염계(濂溪)에서 거처하였다. 역학(易學)에 정통하였으며, 도교(道敎)의 태극도(太極圖)와 유가의 역설(易說)을 혼합하여 「태극도설(太極圖說)」을 지었다. 여기서 그는 태극이 무극(無極)에 근거하며, 무극은 우주 만물의 기본이 된다고 하였다. 또 인극(人極)은 곧 성(誠)이며, 이는 백행(百行)·오상(五常)의 근본이라고 하였다. 그의 유심주의 철학 이론은 송대 이학(理學)의 기초가 되었으며, 무극, 태극, 이(理), 기(氣), 심(心), 성(性), 명(命) 등에 관한 학설은 후대 이학가들이 공통으로 연구하는 주요 테마가 되었다. 송대 이학의 비조로 불리며, 정호(程顥), 정이(程頤) 등이 그의 문하에서 나왔다. 산문에도 능했으며, 「애련설(愛蓮說)」이 유명하다. 저서에 『염계집(濂溪集)』 6권이 있고, 『주자전서(周子全書)』 22권에 그의 저작이 들어 있다.

주렴계(周濂溪) ➡ 주돈이

주례(周禮)　　서명. 일명 『주관(周官)』, 『주관경(周官經)』. 전국시대 무명씨 저. 「천관총재(天官冢宰)」 「지관사도(地官司徒)」 「춘관종백(春官宗伯)」 「하관사마(夏官司馬)」 「추관사구(秋官司寇)」 「동관사공(冬官司空: 冬官考工記)」의 6편으로 되어 있다. 주(周)대의 관직, 예의 등 각종 전장(典章) 제도와 수공업 생산 상황, 관제, 예제(禮制), 학제, 종법제도(宗法制度) 등을 기록했으며, 기타 청동기 제조, 직물 염색, 병기와 수레 제작에 관한 사항도 담겨 있다. 주대 문화를 연구하는 중요한 자료이며, 『의례(儀禮)』 『예기(禮記)』와 더불어 '삼례(三禮)'에 속한다. 송(宋)대에 13경(經)에 열입되었다.

주례(周禮)　　주(周)대의 예의제도. 주공(周公)이 제정했다고 전해진다.

크게 길례(吉禮), 흉례(凶禮), 빈례(賓禮), 군례(軍禮), 가례(嘉禮)의 5가지 형태로 나뉘며, 세목은 매우 복잡한 규칙으로 되어 있다. 모든 활동을 노예가 맡아 했으며, 특권계층의 권위의 상징으로 작용해 오랫동안 존속했다.

주목(州牧) 관직명. 서한(西漢) 성제(成帝) 때 자사(刺史)를 주목으로 개칭했다. 주목은 동한(東漢) 영제(靈帝) 때 농민기의군을 진입하면서 주(州)의 군정 대권을 쥐기도 했다.

주목왕(周穆王) ➡ 목왕

주무왕(周武王) 주(周) 왕실의 건립자. 문왕(文王)의 아들. 성은 희(姬), 이름은 발(發). 부친의 자리를 이어받아 주(周)족을 다스리는 영수가 되었다. 이후 민생을 풍족하게 하고 군사력을 키워 목야(牧野:하남성 淇縣) 전투에서 은나라 주(紂)왕을 물리치고 주나라를 일으켰다. 호경(鎬京)에 도읍하고 봉건제도를 창시했다.

주문(籒文) 일명 주(籒), 주서(籒書). 춘추전국시대에 진(秦)나라에서 통용된 서체. 대전(大篆)의 일종이며, 일부 대전의 별칭으로 보기도 한다. 글자체가 석고문(石鼓文), 금문(金文)과 흡사하다.

주문구(周文矩) 오대(五代) 남당(南唐)의 화가. 산수화와 거마도(車馬圖), 사녀화(仕女畵)를 잘 그렸다. 특히 사녀화는 당(唐)대 주방(周昉)의 화풍과 흡사하나 그보다 더욱 정치하다. 그의 유명한 작품 「중병회기도(重屛會棋圖)」(일명 重屛圖)는 여러 명이 둘러 앉아 바둑을 두는 모습을 그린 것으로, 그 중 남당의 중주(中主) 이경(李璟)의 초상은 풍부한 개성이 돋보인다. 작품 「유춘도(游春圖)」 「남장도(南莊圖)」 「노추호고실도(魯秋胡故實圖)」 「회선도(會仙圖)」 「궁중도(宮中圖)」 「고승시필도(高僧試筆圖)」.

주문왕(周文王) 주(周)왕실의 기틀을 다진 사람. 성은 희(姬), 이름은 창(昌). 고공단보(古公亶父)의 손자이며 무왕(武王)의 부친. 은(殷)나라 때 서백(西伯)의 직책에 봉해졌으므로 서백이라고도 불렀다. 농업을 적극 장려하여 경제를 부흥시켰으며, 이로 인해 주족의 세력이 강해졌다. 한때 은왕인 주(紂)에 의해 유리(羑里:하남성 湯陰)에 감금되었으며, 그 때 옥중에서 『역경(易經)』을 저술했다고 전해진다. 출옥 후 은나라를 타도할 기초를 만들었다. 무왕이 주나라를 세운 후 그를 추존하여 문왕이라 칭했다. 후세에 유가(儒家)로부터 성군(聖君)으로 받들어졌다.

주밀(周密:1232~98) 송말 원초의 문학가, 사학자, 서화가. 자는 공근

(公謹), 호는 초창(草窓). 본적은 제남(濟南:산동성)이며 오흥(吳興:절강성)에서 살았다. 이종(理宗) 때 의오현령(義烏縣令)을 지냈으나 송이 망한 후 벼슬을 하지 않고 항주(杭州)에서 왕기손(王沂孫), 장염(張炎), 구원(仇遠) 등과 사우(詞友)로 지내면서 작품 활동을 했다. 시, 사, 산문, 회화 등에 능했으며 저작도 매우 많다. 대표 저서『무림구사(武林舊事)』『계신잡지(癸辛雜識)』『제동야어(齊東夜語)』『초창사(草窓詞)』『초창운어(草窓韻語)』『호연재아담(浩然齋雅談)』『운연과안록(雲煙過眼錄)』등.

주방(周昉) 당(唐)대의 화가. 자는 중랑(仲朗), 경현(景玄). 장안(長安:섬서성 西安) 출신. 선주장사(宣州長史)의 벼슬을 지냈다. 회화에서 고개지(顧愷之), 육탐미(陸探微) 등의 색조 표현방법을 본받아 스스로 일가를 이루었다는 평을 받고 있다. 경상(卿相)들과 교유하면서 조정내 여러 계층의 여인상을 주로 그렸다. 복식(服飾)뿐 아니라 여성의 행동 양식 등을 표현하면서 화려한 면을 부각하여 당시의 심미관을 엿보게 한다. 당시 유명한 화가인 한간(韓幹)과 함께 곽자의(郭子儀)의 사위인 조종(趙縱)의 초상화를 그렸는데, 한간보다 더욱 생동감있게 표현했다는 평을 받았다. 수월관음상(水月觀音像)을 창안하였다. 신라의 화단에 영향을 끼쳤다.

주방언(周邦彦:1056~1121) 북송의 음악가, 사인(詞人). 자는 미성(美成). 호는 청진거사(淸眞居士). 전당(錢塘:절강성 杭州) 출신. 신종(神宗) 원풍(元豊) 초 태학생(太學生)으로 있으면서 신종에게『변도부(汴都賦)』를 지어 바쳐 신종의 칭찬을 받았고, 태학정(太學正)에 뽑혔다. 철종(哲宗) 때 여주교수(廬州敎授), 교서랑(校書郎)이 되고, 휘종(徽宗) 때 대성부(大晟府:음악원)에서 사보(詞譜)와 기타 악곡을 관장하였다. 그가 사보를 만들면 가기(歌妓)들이 다투어 이를 불렀다고 한다. 그의 사 작품은 음률이 엄격하고 언어가 빼어나 사의 예술적 가치를 높이는데 크게 공헌했다. 악부사파(樂府詞派)의 대표적 작가로 꼽히며, 남송 격률파(格律派)의 개창자로 불린다. 흔히 그를 송사(宋詞)의 집대성자라고 일컫는다. 남송의 강기(姜夔), 사달조(史達祖) 등이 그의 영향을 받았다. 저서『청진집(淸眞集)』은 일실되고 현재『편옥사(片玉詞)』2권과 보유(補遺) 1권이 남아 있다.

주부(主簿) 관직명. 한(漢)대에 중앙 및 지방 군현의 관서에 설치했다. 문서를 다루고 일반 업무를 처리했다. 위·진(魏晉) 이후에는 병사(兵事)를 맡아 위치가 더욱 굳어졌으며, 기밀을 다루고 부중의 일을 총괄하였다.

당·송 이후 직책이 변했으며, 명·청 때는 통상 지현(知縣) 아래에 속하여 현승(縣丞)과 함께 보좌 업무를 맡았다.

주사(主司)　　당(唐)·오대(五代) 때의 과거시험 주고관(主考官). 당 초에는 이부고공낭중(吏部考功郎中)이 맡았으며, 정관(貞觀) 이후 이부고공원외랑(吏部考功員外郎)이 맡았다. 개원(開元) 24년(736) 이후 예부(禮部)로 옮겨갔으며, 오대 때는 병부상서(兵部尙書), 호부시랑(戶部侍郎), 형부시랑(刑部侍郎) 등이 주사가 되었다.

주사본(朱思本:1273~1333)　　원대의 지리학자. 자는 본초(本初), 호는 정일(貞一). 임천(臨川:강서성 撫州) 출신. 유교 집안에서 태어났으나 도교를 숭배하여 현교(玄敎)의 대종사(大宗師)인 장유손(張留孫)에게 배우고, 그의 뒤를 이어 현교 대종사가 되었다. 10년간 전국을 돌아다닌 끝에 연우(延祐) 7년(1320) 「여지도(輿地圖)」를 완성하였다. 이는 당(唐)대에 완성된 「해내화이도(海內華夷圖)」에 이은 중요한 지도로서 후에 명(明)의 나홍선(羅洪先)이 개편하여 「광여도(廣輿圖)」라 칭하고 청대 초까지 중국 지도의 근본이 되었다. 이밖에 시문을 잘 지었으며, 작품집에 『정일재시문고(貞一齋詩文稿)』가 있다.

주서(周書)　　서명. 50권. 당(唐) 태종(太宗)의 명으로 위징(魏徵)의 총괄 하에 영호덕분(令狐德棻)이 찬했다. 기전체 단대(斷代) 역사서. 정관(貞觀) 10년(636) 완성. 우문(宇文)씨가 서위(西魏)의 괴뢰정권을 세우고(535), 이어 서위의 뒤를 이어 주(周:北周)왕조를 세운 뒤(557)와 수(隋)에 의해 멸망(581)하기까지 47년간의 역사를 기술했다. 서위 22년, 북주 25년간으로 나뉜다. 본기(本紀)와 열전(列傳)이 있고, 지(志)와 표(表)는 없다. 그중 「이역전(異域傳)」 2권은 소수민족과 이웃나라의 사회 역사를 기술한 것이다. 24사(史) 중 하나.

주세걸(朱世傑)　　원대의 수학자. 자는 한경(漢卿), 호는 송정(松庭). 연산(燕山:北京) 출신. 대덕(大德) 3년(1299) 『산학계몽(算學啓蒙)』 3권을 지었다. 이는 진구소(秦九韶), 이야(李冶), 양휘(楊輝)의 실용 산법을 계승하여 259개의 수학 문제와 해법을 정리한 것으로, 체계가 정연하고 내용 역시 고차방정식이 포함되는 등 깊이가 있다. 대덕 7년에는 『사원옥감(四元玉鑑)』을 펴냈는데, 이는 사원술(四元術), 즉 산목을 쟁반 위에 늘어놓아 4차방정식을 이끌어 낸 것이다.

주소신(朱素臣)　　청대 초의 희곡 작가. 이름은 학(雐), 호는 생암(笙庵). 오현(吳縣:강소성) 출신. 이옥(李玉) 등과 벗하며 『북사광정보(北詞廣正譜)』를 교정하고, 이서운(李書云) 등과 『음운수지(音韻須知)』를 펴냈다. 전기(傳奇) 작품 「십오관(十五貫)」 「비취원(琵翠園)」 「만년상(萬年觴)」 「취보분(聚寶盆)」 등이 있으며, 이 가운데 가장 많이 연출되고 이름이 알려진 「십오관」은 봉건사회 관료의 내부 세계를 고발한 것이다.

주숙진(朱淑眞)　　북송 말기의 여류 시인, 사인(詞人), 화가. 자호(自號)는 유서거사(幽栖居士). 전당(錢塘:절강성 杭州) 출신. 음률, 서화, 시사(詩詞)에 두루 능통했다. 관료 집안 출신으로 속리(俗吏)에게 시집가 즐거움을 모르고 살다가 이혼하여 친정에서 적막한 일생을 마감했다. 매화와 대나무 그림을 잘 그렸고, 시와 사는 청신완려(清新婉麗)하되 근심과 원망이 깊이 담겨 있어 감동적이다. 후세 사람이 그의 시사를 모아 엮은 『단장집(斷腸集)』이 있다.

주순수(朱舜水:1600~82)　　명말 청초의 학자. 자는 노서(魯嶼). 여요(餘姚:절강성) 출신. 명 숭정(崇禎) 말 조정에서 여러 차례 불러들였으나 벼슬에 나아가지 않았다. 명나라가 멸망한 후 국토 회복을 위해 원병을 청하러 일본, 월남 등을 왕래하다가 뜻을 이루지 못하고 일본에 망명했다. 일본에 많은 학문을 전파했다.

주승(朱升:1299~1370)　　원말 명초의 문인, 정치가. 원 말 과거에 급제하여 지주학정(池州學正)을 지내다가 석문(石門)에 은거하였다. 용봉(龍鳳) 3년(1357) 등유(鄧愈)의 추천을 받아 주원장(朱元璋)의 막하에 들어갔으며, 주원장에게 시국에 관한 건의문을 올려 채납되었다. 이후 명나라 조정에서 시강학사(侍講學士), 지제고(知制誥), 동수국사(同修國史) 등을 지내고, 홍무(洪武) 원년(1368) 한림학사(翰林學士)가 되어 『여계(女誡)』 등의 간행에 참여했다. 저서 『풍림집(楓林集)』.

주안회(籌安會)　　원세개(袁世凱)의 제위 계승을 추진하기 위해 결성된 어용단체. 민국 4년(1915) 양탁(楊度)이 주도하여 손육균(孫毓筠), 엄복(嚴復), 유사배(劉師培), 이섭화(李燮和), 호영(胡瑛) 등과 함께 북경에서 조직하였다. 주안회는 학술단체의 간판을 내걸고 공개적으로 제정 회복운동을 벌였으며, 각 성의 장군 및 상회(商會) 대표를 북경으로 불러들여 국체 문제를 토의하도록 압력을 가했다. 또 공민청원단(公民請願團)을 조직하여 참의원에 국체 변경을 청원하기도 했다.

주역(周易)　　서명. 오경(五經)의 하나. 「역경(易經)」과 「역전(易傳)」의 두 부분으로 나뉘며, 전자는 주문왕(周文王)이, 후자는 공자(孔子)가 지었다고 전해진다. 『주역』 자체를 『역경(易經)』이라고도 부른다. 『역경』은 복희씨(伏羲氏)가 창안한 팔괘(八卦)로부터 산생된 64괘와 384효(爻)를 바탕으로 우주만물의 이치와 변화를 추측하는 일종의 점성철학이며, 괘사와 효사로써 이를 설명하고 있다. 『역전』은 『역경』을 해석한 것으로 「단(彖)」 「상(象)」 「계사(繫辭)」 각각 상·하 편과 「문언(文言)」 「서괘(序卦)」 「설괘(說卦)」 「잡괘(雜卦)」의 10익(翼)으로 되어 있다. 하(夏)대의 『연산(連山)』과 은(殷)대의 『귀장(歸藏)』에 상대해서 『주역(周易)』이라고 이름붙였다. 위(魏)의 왕필(王弼)이 주(注)하고 당(唐)의 공영달(孔穎達)이 소(疏)했다. 송(宋)대에 13경(經)에 열입되었다.

주역참동계(周易參同契)　　서명. 일명 『참동계(參同契)』. 동한(東漢) 위백양(魏伯陽) 저. 연단(煉丹)의 이론과 방법에 대하여 계통적으로 천술했다. 화학원소 및 그 화합물의 성질과 변화에 대해서도 언급했다. 도가적 관점에서 서술했으므로 현실과 유리된 부분이 많지만, 금속 화합에 관한 초기 저술이란 점에서 의의를 지닌다.

주온(朱溫:852~912)　　오대(五代) 후량(後梁)의 건립자(재위 907~12). 시호는 태조. 당(唐) 건부(乾符) 4년(877) 황소(黃巢)의 반란군에 참여했으며, 황소가 수립한 대제(大齊) 정권 하에서 동주방어사(同州防御史)를 지냈다. 중화(中和) 2년(882) 황소를 배반하고 당에 항복하였다. 이 때 이름을 전충(全忠)으로 고쳤다. 884년 이극용(李克用) 등과 함께 황소의 기의군을 진압하고 양왕(梁王)에 봉해졌다. 천복(天復) 3년(903) 이무정(李茂貞)을 격파하고 소종(昭宗)을 장안에 영입했다. 이듬해 소종을 살해하고 소선제(昭宣帝:哀帝)를 세웠으며, 천우(天祐) 4년(907) 친히 칭제하여 국호를 양(梁:後梁)이라 하였다.

주용순(朱用純:1627~98)　　청대 초의 학자. 자는 치일(致一), 호는 백려(柏廬). 곤산(昆山:강소성) 출신. 저서 『주자가훈(朱子家訓)』(일명 朱子治家格言)을 통하여 가정교육의 중요성과 근검, 예교 등을 제창했다. 기타 저서 『대학중용강의(大學中庸講義)』 『괴눌집(愧訥集)』.

주원장(朱元璋)　➡ 명태조

주유(周瑜:175~210) 동한(東漢) 말기의 군사가. 자는 공근(公瑾). 여강(廬江:안휘성) 출신. 젊어서 손책(孫策)과 벗했다. 흥평(興平) 2년(195) 손책을 도와 강동(江東)지역에서 정권을 세웠다. 손책이 사망한 후 그의 동생 손권(孫權)을 보좌하여 전도대도독(前都大都督)이 되었다. 건안(建安) 13년(208) 조조(曹操)가 대군을 이끌고 남하하여 형주(荊州)를 점거하자 강력히 주전론을 펴 유비(劉備)의 연합군과 함께 적벽지전(赤壁之戰)에서 조조군을 크게 무찔렀다. 이후 관직이 남군태수(南郡太守), 편장군(偏將軍)에 이르렀다.

주유돈(朱有燉:?~1439) 명대의 희곡 작가. 호는 성재(誠齋). 명의 종실 주정왕(周定王)의 아들. 정통(正統) 원년(1436) 주헌왕(周憲王)에 봉해졌다. 잡극 작품으로 「곡강지(曲江池)」「의용쇄금(義勇碎金)」「향낭원(香囊怨)」 등 31편이 있다. 산곡집『성재악부(誠齋樂府)』.

주은래(周恩來:1898~1976) 중국의 정치가. 마르크스주의자, 프롤레타리아 혁명가. 자는 상우(翔宇). 본적은 절강성 소홍(紹興), 출생지는 강소성 회안(淮安). 1919년 일본에 유학, 2년 후 귀국하여 천진에서 5·4운동에 참여하였다. 1921년 파리 유학 중 공산당에 가입하여 중국사회주의 청년단 유럽유학생지부 서기가 되었다. 1924년 귀국, 중국공산당 중앙군사위 서기 겸 강절구(江浙區) 군사위원회 서기에 선출되었다. 1927년 상해 무장봉기 및 남창(南昌)폭동을 지도했다. 1936년 서안(西安)사건 때 중국공산당 전권대표로서 장개석(蔣介石)을 설득했다. 1946년 인민해방군 총참모장에 취임하고 모택동(毛澤東)을 도와 인민해방전쟁을 펼쳤다. 1949년 중화인민공화국 성립과 함께 총리, 외교부장, 당중앙정치국 상무위원 등을 지냈다.

주이존(朱彝尊:1629~1707) 청대 초의 사학자, 문학가. 자는 석창(錫鬯), 호는 죽탁(竹垞), 금풍정장(金風亭長). 수수(秀水:절강성 嘉興) 출신. 강희(康熙) 18년(1679) 박학홍사과(博學鴻詞科)에 응시하여 한림원검토(翰林院檢討)의 직을 제수받고『명사(明史)』편찬에 참여하였다. 후에 일강기거주관(日講起居注官), 강남향시부고관(江南鄉試副考官)을 지냈다. 남서방(南書房)에서 숙직하면서 황실의 도서를 몰래 베끼다 고발되어 벼슬이 강등되었다가 복원되었다. 강희 31년 노환으로 사직, 향리에서 폭서당(曝書堂), 죽탁(竹垞) 등을 짓고 학문으로 일관했다. 시와 문장에 능하고 경전 해석에 밝았으며, 문학 비평에도 남다른 식견을 가졌다. 이밖에 서화 및 명대의 문화, 역사에도 관심을 보였다. 시는 장편을 주로 쓰되 험운(險韻)을 좋아하고 기(奇)를 좇았다. 당시 왕사정(王士禎)과 병칭되어 '남주북왕(南朱北王)'이라고 일컬어졌다. 사(詞)는 연회, 회고, 송별 및 영물의 내용이 많으며, 성률과 자구에 노력을 기울였다. 강기(姜夔), 장염(張炎)을 추숭하여 공령(空靈) 청소(淸疏)한 풍격에 감정이 분방한 특색을 지녔으며, 절서파(浙西派)의 창시자로 일컬어진다. 저서 『경의고(經義考)』 『일하구문고(日下舊聞考)』 『폭서정집(曝書亭集)』. 이밖에 『사종(詞綜)』 『명시종(明詩綜)』을 편찬했다.

주자(朱子) ➡ 주희

주자학(朱子學) ➡ 이학

주장대신(駐藏大臣)　청대에 서장(西藏)지역을 통할하던 정부 관원. 옹정(雍正) 2년(1724) 설치하였다. 장군, 총독의 직급에 해당했으며, 중앙정부를 대신하여 권력을 행사했다. 건륭(乾隆) 58년 청 정부는 '흠정서장장정(欽定西藏章程)'을 반포하여 주장대신의 직권 범위를 크게 넓혔다.

주전충(朱全忠) ➡ 주온

주정(周鼎)　일명 구정(九鼎). 서주(西周) 초기에 주조된 아홉 개의 큰 솥. 우(禹)가 구주(九州)의 금속을 모아 만들었다고 하며, 주공(周公)이 만들었다는 설도 있다. 주(周) 천자의 왕권을 상징하는 보물로서 국가의 통치권을 넘겨 줄 때 이 솥도 함께 주었다. 주왕실이 쇠퇴하면서 제후국들이 서로 이를 차지하려고 혈전을 벌였으며, 주나라가 망한 후 사수(泗水)에서 유실했다고 전해진다.

주진형(朱震亨:1281~1358)　원대의 의학자. 자는 언수(彦修), 호는 단계(丹溪). 사람의 몸에는 늘 음기가 부족하고 양기는 남아돈다는 설을 제기하고, 양음(養陰)을 위해 월국환(越鞠丸), 경옥고(瓊玉膏), 대보음환(大補陰丸) 등의 약을 개발했다. 저서 『국방발휘(局方發揮)』 『격치여론(格致餘論)』 『본초연의보유(本草衍義補遺)』 『외과정요(外科精要)』 등. 유완소(劉完素), 장종정(張從正), 이고(李杲) 등과 함께 금·원(金元) 시대의 4대 의학가로 꼽힌다.

주태왕(周太王) ➡ 고공단보

주평왕(周平王:?~720 B.C)　동주(東周)의 초대 왕. 이름은 의구(宜臼·宜咎). 선왕 때 내환과 외침이 겹쳐 호경(鎬京)이 피폐해지자 낙읍(洛邑)으로 천도하였다. 이를 주(周)의 동천(東遷)이라 한다. 주변 제후국과의 마찰로 자주 군대를 동원했으나 번번이 패해 천자의 나라로서 위신을 손상했으며, 이를 계기로 각 제후국들이 점차 세력을 확대했다. 이때부터가 동주시대이며, 각 제후국이 세력다툼을 한 춘추시대이기도 하다.

주희(朱熹:1130~1200)　　남송의 사상가, 문학가, 교육자. 자는 원회(元晦), 중회(仲晦). 호는 회암(晦庵), 회옹(晦翁), 자양(紫陽). 휘주(徽州) 무원(婺源:강서성) 출신. 고종(高宗) 소흥(紹興) 8년(1148) 진사가 되어 동안현주부(同安縣主簿)에 임명되었다. 효종(孝宗) 때 금(金)나라와의 화평을 반대하다 배척받은 후 추밀원편수관(樞密院編修官), 비서각수찬(秘書閣修撰), 시강(侍講) 등에 올랐다. 영종(寧宗) 때 조정 권신의 미움을 사 벼슬을 잃었다. 이학가 이정(二程:程顥·程頤)의 사전제자(四傳弟子)로서 주돈이(周敦頤), 장재(張載) 등의 학설을 채용하여 북송 이래 이학을 집대성하고 객관적 유심주의 사상체계를 정립했다. 이정(二程)의 이기론(理氣論)을 계승하여 영구불변이고 무소부재한 이(理)가 기(氣)에 우선한다고 보았다. 또 봉건의 삼강오상(三綱五常)은 천리(天理)의 체현이므로 사람마다 격물(格物), 정심(正心), 성의(誠意) 등 내심의 수양에 나아가야 한다고 주장하였다. 이정과 함께 '정주(程朱)'로 불리며, 그의 학파를 정주학파(程朱學派) 혹은 고정학파(考亭學派)라 부른다. 유교 경전에 주를 달아 유가의 학술사상을 완성하고, 특히 『예기(禮記)』의 편명이던 『대학(大學)』과 『중용(中庸)』을 사서(四書)에 열입시킴으로써 그 가치를 높였다. 시문도 잘 지었으며, 예술적 가치를 추구하기보다는 철리를 담거나 치용(致用)을 강구하는 작품이 많다. 공자, 맹자와 마찬가지로 후세에 그를 주자(朱子)라 존칭했다. 저서 『사서장구집주(四書章句集注)』『시집전(詩集傳)』『주역본의(周易本義)』『초사집주(楚辭集注)』『주문공문집(朱文公文集)』『자치통감강목(資治通鑑綱目)』『주자어류(朱子語類)』.

죽계육일(竹溪六逸)　　당(唐)대의 시인 이백(李白), 공소부(孔巢父), 한준(韓準), 배정(裴政), 장숙명(張叔明), 도면(陶沔)을 가리키는 말. 당 현종(玄宗) 개원(開元) 24년(736)에 산동(山東) 조래산(徂徠山)의 죽계에서 은거하면서 권세와 부귀를 비웃으며 술과 시로 호방하게 살았다.

죽림칠현(竹林七賢)　　위(魏)·진(晉)시대에 죽림에서 생활하며 서로 교유하던 7명의 문인. 완적(阮籍), 혜강(嵇康), 산도(山濤), 향수(向秀), 완함

(阮咸), 왕융(王戎), 유령(劉伶)이 그들이다. 어수선한 시대의 영향으로 관직에 나가지 않고 도가의 무위사상을 신봉하며 유유자적한 생활을 했다.

죽서기년(竹書紀年)　서명. 편년체 역사서. 『급총기년(汲冢紀年)』『급총서(汲冢書)』로도 불린다. 죽간에 기록되어 있으며, 서진(西晋)시대 급군(汲郡:하남성 汲縣)의 전국시대 고분에서 출토되었다. 상고시대부터 진국시대까지의 역사를 기록하되, 주 선왕(周宣王) 이후의 진(晋)·위(魏) 역사를 위주로 하였다. 당 이후 일실되었으며, 명대에 범흠(范欽)이 『죽서기년(竹書紀年)』 2권을 위작(僞作)했다고 한다.

중국동맹회(中國同盟會)　일명 중국혁명동맹회(中國革命同盟會). 약칭 동맹회. 청대 말기의 자산계급 혁명단체. 광서(光緒) 31년 손문(孫文)의 영도 아래 기존 혁명단체인 흥중회(興中會), 화흥회(華興會)가 연합하고 광복회가 연계하여 일본 동경에서 성립했다. 구성원은 각 단체의 회원과 일본 유학생이 주류를 이루고 흥중회 조직이 핵심을 담당했다. 창립대회에서는 황흥(黃興)이 기초한 '동맹회장정(同盟會章程)'을 통과시키고 본부를 동경에 두기로 했다. 또 손문이 총리에 추대되고, 하부 기관으로 집행부, 평의부, 사법부를 두었다. 집행부는 총리가 통할하되 그 아래 서무과 등 6과(科)를 두었다. 서무과의 장은 황흥이 맡았다. 동맹회의 기본 강령은 손문이 제창한 '민족·민권·민생'의 구삼민주의(舊三民主義)이며, 실천강령은 '구축달로(驅逐韃虜:만주족 통치세력의 축출), 회복중화(恢復中華:한족 정권 수립), 건립민국(建立民國:민주공화국 건설), 평균지권(平均地權:토지제도의 공평화)'의 16글자였다. 동맹회 성립 이후 바로 무장 봉기를 실천에 옮겨 이듬해부터 평향(萍鄉)·유양(溜陽)·예릉(醴陵)의 농민기의를 시작으로 조주(潮州) 황강(黃岡)기의, 혜주(惠州) 칠여호(七女湖)기의, 진남관(鎭南關)기의 등을 일으켰다. 선통(宣統) 3년(1911)에는 전국 규모의 신해혁명을 이끌었으며, 민국 원년(1912) 국민당으로 개조되었다. 동맹회는 그러나 타도 대상을 만주족 통치자에 두었기 때문에 근본적으로 봉건세력을 척결할 수 없었고, 서구 제국주의 침략자들에 대해서도 저항하지 못했다.

중대(中臺)　관서명. 일명 상서대(尙書臺), 상서성(尙書省). 진(秦)대에 궁중의 문서를 맡은 사람을 상서(尙書)라고 했다. 한(漢)대에는 천자의 비서 역할을 하였으며, 알자(謁者:外臺), 어사(御史:憲臺)와 함께 삼대(三臺)라 불리었다. 위(魏)·진(晋)·송(宋)·제(齊) 때는 상서대로, 양(梁)·진

(陳)·북위(北魏)·북제(北齊)·수(隋)대에는 상서성으로 명칭이 정해졌다. 당(唐)대에 중대로 복칭되었다가 다시 상서성으로 바뀌었다. 수대에는 중서성(中書省), 문하성(門下省)이 국가 중대사를 결정하면 이를 집행하였다. 상서성 참조.

중랑장(中郞將)　관직명. 진(秦)대에 중랑(中郞)이라는 명칭으로 설치했다가 서한(西漢) 때 5관(官)과 좌우의 3서(署)로 나누어 각각 중랑장을 설치했다. 황제의 시위대들을 통솔했다. 동한(東漢) 이후에는 병사를 지휘하는 장수에게 통상 이 명칭을 붙였다. 당(唐)대에는 낮은 계급의 군인에 해당하였으며, 이후 폐지되었다.

중러밀약(中露密約)　일본의 청 침략에 공동대응한다는 명목으로 청나라와 러시아 사이에 체결된 밀약. 러시아는 자국의 중국 동북방 침략을 위한 계략으로 이 협정 체결을 추진했다. 청 조정에서 친러파 이홍장(李鴻章)이 1896년 6월 러시아의 니콜라이 2세 대관식을 이용, 경축사절로 가 체결했다. 주요 내용은 ① 일본이 러시아나 중국, 조선을 침략할 경우 군사원조 등 공동 대응한다, ② 상대의 동의를 얻기 전에는 적국과 조약을 체결하지 않는다, ③ 전쟁 기간 동안 중국은 러시아에 항구를 개방한다, ④ 화아(華俄) 도승은행(道勝銀行)이 흑룡강, 길림의 철로 건설과 수리를 하며, 필요할 경우 언제든 러시아 군대 및 군수품을 이 철로를 통해 운송할 수 있다 등이다.

중상시(中常侍)　관직명. 진(秦)대에 설치되었다. 궁중에서 항상 황제를 보필했다. 동한(東漢) 때는 환관이 맡았다. 조령을 전달하고 문서를 관리했으며, 권력이 매우 강했다. 위·진(魏晋) 이후 산기(散騎)와 합쳐 산기상시(散騎常侍)라 불렀다.

중서랑(中書郞)　관직명. 일명 중서시랑(中書侍郞). 중서성(中書省) 내 중서감(中書監), 중서령(中書令)의 하위계급. 조정의 정사에 참여하였다. 위(魏)·진(晋) 이후 역대로 설치되었다가 명대에 폐지되었다.

중서성(中書省)　관서명. 위·진(魏晋)시대에 처음 설치되었다. 양(梁)·진(陳) 시기에는 국가의 정사를 총괄하였으며, 중서감(中書監) 1인, 중서령(中書令) 1인, 중서시랑(中書侍郞) 4인, 통사사인(通事舍人) 약간명으로 구성되었다. 제왕의 조명(詔命)을 관장하고 정치의 기무(機務)에 참여하였다. 북위(北魏) 때 서대(西臺)로, 수(隋)대에 내사성(內史省)으로 개칭되었다가 당(唐)대에 봉각(鳳閣), 자미성(紫微省)에 이어 중서성으로 환원되었으며, 상서성(尙書省), 문하성(門下省)과 함께 3성(省)을 형성했다. 원대에는 상서성의 업무를 흡수하여 권한이 매우 높았다. 명대에 이르러 1380년 호유용(胡惟庸)의 반란을 계기로 폐지되었다.

중석기문화(中石器文化) 석기시대 중기의 문화. 석기의 이용이 타제석기에서 마제석기로 이동하던 중간 단계의 문화이다. 구석기와 신석기시대의 과도기적 특징을 띤다. 약 7천~1만년 전에 출현. 대표적으로 사원(沙苑)문화가 있다.

중원음운(中原音韻) 운서(韻書). 일명 『중주음운(中州音韻)』. 2권. 원대 주덕청(周德淸) 찬. 태정(泰定) 원년(1324) 완성. 1권은 운서, 2권은 부론(附論)으로 되어 있다. 요(遼)·금(金) 이래의 북곡(北曲)에서 사용한 운에 근거하여 19부(部)로 분류하고, 평성(平聲)을 음평(陰平)과 양평(陽平)으로 나누었으며, 입성(入聲)은 양평, 상성(上聲), 거성(去聲)으로 나누어 각각 편입시켰다. 당시의 음운을 연구하는 중요한 자료가 되고 있다.

중장통(仲長統 : 180~220) 동한(東漢) 말기의 사상가, 문인. 자는 공리(公理). 고평(高平 : 산동성 鄒縣) 출신. 헌제(獻帝) 때 상서랑(尙書郎)을 지내면서 조조(曹操)의 군대일을 도왔다. 『창언(昌言)』 34편을 지어 천도(天道)의 자연 주재설을 폈다. 작품에 「술지시(述志詩)」가 있다.

중조관(中朝官) 한 무제(漢武帝) 이후 조정의 관직을 외조(外朝)와 중조(中朝)로 나누었다. 외조는 국가의 정치를 다루는 행정기관이고, 중조는 궁궐 내 황제의 측근 신하들로 구성된다. 중조관은 내조관(內朝官)으로 불리기도 하며, 시중(侍中), 상시(常侍), 급사중(給事中), 상서(尙書) 등으로 구성된 행정기구의 각급 관원을 가리킨다.

중주음운(中州音韻) ➡ 중원음운

중체서용(中體西用) ➡ 양무운동 참조

중화민국약법(中華民國約法) 일명 신약법(新約法). 속칭 원씨약법(袁氏約法). 원세개(袁世凱)가 남경 임시정부의 혁명정권을 탈취한 후 임시약법(臨時約法)의 굴레에서 벗어나기 위해 민국 3년(1914) 임시약법을 폐지하고 새로 제정한 법률. 68개 조로 되어 있으며, 당초의 책임내각제를 총통제로 하고, 내각인 국무원을 폐지하되 총통부 아래 정사당(政事堂)을 설치하는 것 등이다. 이는 군주제로 복귀하여 자신이 제위를 차지하려는 원세개의 음모에 기초하여 제정된 것이다.

중화민국임시약법(中華民國臨時約法)　　약칭 임시약법. 1912년 신해혁명에 의해 남경 임시정부가 성립된 후 이곳 참의원에서 제정한 약법(約法). 7장 56조로 된 이 법은 주권재민의 민주정신을 기초로 인민의 자유와 평등을 강조하고, 참의원, 임시대총통, 국무원, 법원 등에 의한 삼권분립을 명시했다. 그러나 원세개(袁世凱)가 임시대총통에 오른 후 이 법률은 효력을 잃었다.

중화혁명당(中華革命黨)　　중국국민당의 전신. 2차혁명(1913) 실패 후 일본으로 망명한 손문(孫文)이 민국 3년(1914) 7월 일부 국민당원을 소집하여 동경에서 결성한 비밀 정당. 8성(省)의 대표가 모여 손문을 총리로 선출하고 민권과 민생을 종지로 삼았다. 이들의 목표는 3차혁명을 통해 원세개(袁世凱)의 전제정치를 몰아내고 완전한 민주공화국을 성립하자는 것이었다. 그러나 반제 반봉건의 강령이 배제되어 널리 세력을 규합하지는 못했다. 원세개가 칭제(稱帝)한 후에는 '토원격문(討袁檄文)' '토원선언(討袁宣言)'을 발표하고 광동, 호남, 산동 등지에서 무장봉기를 일으켰으나 실패했다. 호법운동(護法運動) 때에도 무력함을 보였다. 민국 8년(1919) 중국국민당으로 재조직했다.

즉색종(卽色宗)　　위·진(魏晉)시대 불교 반야학(般若學)의 육가칠종(六家七宗) 학파 중 하나. 세상 만물은 본래 자성(自性)이 없으며, 단지 일종의 허구요 환영이라고 보았다. 창시자는 동진(東晉)의 지둔(支遁).

증공(曾鞏:1019~83)　　북송의 문학가, 사학자. 자는 자고(子固). 건창(建昌) 남풍(南豊:강서성) 출신. 세칭 남풍선생. 인종(仁宗) 가우(嘉祐) 2년(1067) 진사가 되어 태평주사법참군(太平州司法參軍), 영종실록검토관(英宗實錄檢討官) 등을 거쳐 제주(齊州)·복주(福州) 등의 지사가 되었으며, 만년에 중서사인(中書舍人)에까지 올랐다. 원풍(元豊) 4년(1081) 사관(史館)에 들어가 『전국책(戰國策)』『설원(說苑)』 등을 정리하고, 『남제서(南齊書)』『양서(梁書)』『진서(陳書)』 등을 교정하였다. 고문운동에 참여하였기 때문에 그의 문장은 세밀하면서도 조리가 있고, 내용이 박실하며 함축적이다. 「묵지기(墨池記)」「의황현학기(宜黃縣學記)」 등이 비교적 유명하다. 저서 『원풍유고(元豊遺稿)』『융평집(隆平集)』.

증국번(曾國藩:1811~72)　　청대 말의 정치가. 원명은 자성(子城). 자는 백함(伯涵), 호는 척생(滌生). 호남(湖南) 상향(湘鄉) 출신. 도광(道光) 18

년(1838) 진사에 올라 군기대신(軍機大臣) 목창아(穆彰阿)의 문생으로 있다가 함풍(咸豊) 3년(1853) 명을 받고 고향에서 단련(團練)을 조직했으며, 후에 이를 상군(湘軍)으로 개편했다. 이듬해부터 태평천국의 난을 진압하면서 벼슬이 양강총독(兩江總督), 직예총독(直隸總督)에 올랐으며, 일시 군정 대권을 차지했다. 동치(同治) 3년(1864) 태평천국의 난이 진압된 후 한인으로서는 드물게 일등후작(一等侯爵)에 봉해졌다. 열강의 침략에 대처하기 위해 이홍장(李鴻章) 등과 함께 양무운동(洋務運動)을 전개했다. 학문적 성취도 뛰어났으며, 특히 고문(古文), 주자학(朱子學) 등에 탁월한 식견을 보였다. 저서『증문공전집(曾文公全集)』.

증국전(曾國荃:1824~90)　　청대 말기의 관료, 장수. 자는 원보(沅甫). 증국번(曾國藩)의 아우. 호남(湖南) 상향(湘鄉) 출신. 함풍(咸豊) 6년(1856) 상군(湘軍) 2,000여 명을 이끌고 강서 길안(吉安)에서 태평군(太平軍)과 교전했으며, 그가 이끄는 부대가 증국번 휘하 군대의 주력을 이루었다. 동치(同治) 원년(1862) 절강안찰사(浙江按察使), 강소포정사(江蘇布政使)가 되고, 이듬해 절강순무(浙江巡撫)에 발탁되었다. 동치 3년 태평천국의 수도 천경(天京)을 함락시키고 태자소보(太子少保)에 올랐으며, 일등 백작(伯爵)에 봉해졌다. 이후 호북순무, 섬서순무, 하동하도총독(河東河道總督), 산서순무, 섬감총독(陝甘總督), 양강총독(兩江總督) 등을 역임했고, 위의백(威毅伯)에 봉해졌다. 시호는 충양(忠襄). 저서『증충양공전집(曾忠襄公全集)』.

증삼(曾參:약 505~436 B.C)　　춘추시대 말기의 대 학자. 증자(曾子). 자는 자여(子輿). 노나라 사람. 공자의 제자. 부모에게 극진한 효도를 보였으며 매일 세 번씩 자신을 반성할 만큼 자기 관리에 엄격했다. 공자의 인의(仁義)의 도를 담아『효경(孝經)』을 저술했다. 일설에는『대학(大學)』도 그가 저술했다고 한다. 제자로는 공자의 손자인 자사(子思)가 있다.

증자(曾子) ➡ 증삼

지둔(支遁:314~66)　　동진 시대의 시승(詩僧), 불교이론가. 자는 도림(道林). 세칭 지공(支公) 혹은 임공(林公). 속계의 성은 관(關). 25세에 출가하여 불학을 배우고 진(晋) 애제(哀帝) 때 건강(建康:강소성 南京)의 동안사(東安寺)에서 법론을 설파했다. 왕희지(王羲之), 사안(謝安) 등과 벗하며 지냈다. 불교의 철리에 기탁하여 자연을 노래한 시를 많이 지었다. 대표작으로는「오월장재시(五月長齋詩)」「영회시(詠懷詩)」가 있다. 노장의 학문을 불학에 접목시키고 '색즉위공(色卽爲空)'을 주장하여 불교 반야학(般若學)의 즉색종(卽色宗)을 창시하였다. 저서『즉색유현론(卽色遊玄論)』『성불변지론(聖不辯知論)』『장자소요유주(莊子逍遙遊注)』등.

지영(智永)　수(隋)대의 서예가, 승려. 이름은 법극(法極), 호는 영선사(永禪師). 왕희지(王羲之)의 7세손이라고 전해진다. 산음(山陰:절강성 紹興)의 영혼사(永欣寺)에서 승려생활을 했다. 해서와 초서에 능했다. 쓰다 버린 붓이 산더미처럼 쌓여 이를 묻어둔 곳을 '퇴필총(退筆塚)'이라 명명했다고 한다.「진초천자문(眞草千字文)」800여 본을 써 각지의 사원에 배포했다. 현재는 각석본이 전한다.

지우(摯虞:?~약 311)　서진의 문학자. 자는 중흡(仲洽). 장안(長安:섬서성 西安) 출신. 태상경(太常卿)의 관직까지 지냈으나 팔왕(八王)의 난 때 굶어죽었다. 고대의 문장을 시(詩), 송(頌), 명(銘), 뢰(誄), 부(賦) 등으로 나누어 그 원류를 찾고 해당 작품을 평론한『문장유별집(文章流別集)』을 펴냈다. 이는 중국 최초의 문체 평론집에 해당하며, 유협(劉勰)의『문심조룡(文心雕龍)』, 종영(鍾嶸)의『시품(詩品)』을 출현시키는 근거를 마련했다. 후세 사람이『지태상유서(摯太常遺書)』를 펴냈다.

지장(智藏:458~522)　남조시대 제(齊)·양(梁)의 승려. 본래의 성은 고(顧). 불경과 계율에 정통하여 양무제(梁武帝) 소연(蕭淵)의 신임을 받았다. 그러나 양무제가 불교의 계율에 의거하여 법률을 만들려 하자 이를 반대하였다.「성실론(成實論)」에 정통했으며, 성실종(成實宗)의 대표 인물이 되었다. 저서『성실론의소(成實論義疏)』『열반의소(涅槃義疏)』.

지주(知州)　관직명. 송대 중앙 조정에서 각 주에 파견한 1급 지방 군정(軍政) 장관. 문신(文臣)이 주를 이루었다. '권지○○군주사(權知○○軍州事)' 혹은 '지군주사(知軍州事)' '지주사(知州事)'로 불리었으며, 약칭 '지○○주(知○○州)'라 했다. 해당 주의 군대 업무를 관장하고 행정에 관한 권한도 있었다. 명·청대에는 정식으로 주의 장관이 되었다.

지현(知縣) ➡ 현령

직봉전쟁(直奉戰爭)　일명 봉직전쟁(奉直戰爭). 민국 초기 북양군벌의 두 계파인 직예파(直隷派)와 봉천파(奉天派) 간의 전쟁. 2차에 걸쳐 전쟁이 벌어졌는데, 1922년 발생한 1차 전쟁에서는 조곤(曹錕)이 이끄는 직예파가 영국, 미국의 원조를 업고 승리했다. 1924년 2차 전쟁에서는 장작림(張作

霖)이 이끄는 봉천파가 승리하였다. 봉천파, 직예파 참조.

직예파(直隸派)   북양군벌의 계파 중 하나. 1916년 원세개(袁世凱) 사후 북양군벌이 분열되면서 직예(直隸) 출신 풍국장(馮國璋)이 이 파를 이끌었다. 주요 지도자로는 오패부(吳佩孚), 이순(李純), 왕점원(王占元), 손전방(孫傳芳) 등이 있다. 당시 풍국장은 부통령으로서 대통령의 직무를 대행했으며, 단기서(段祺瑞)가 이끄는 안휘파(安徽派:일명 皖派)의 정책에 반대했다. 1919년 풍국장이 죽은 후 조곤(曹錕)이 수령이 되고, 이듬해 안휘파와 직환(直皖)전쟁을 벌여 안휘파를 거세했다. 이어 1922년 직봉(直奉)전쟁을 통해 봉천파(奉天派)를 격파한 뒤 북양군벌정부를 장악했다. 1924년 2차 직봉전쟁에서 패한 뒤 세력을 잃었다.

직하학(稷下學)   춘추전국시대 제(齊)나라 임치(臨淄:산동성 淄博)의 직하학궁(稷下學宮) 내에서 흥성한 학술 사상의 총칭. 제 환공(桓公) 때 생겨났으며, 전국시대 선왕(宣王)이 선비를 우대하면서 많은 학자들이 이곳에 모여 학설을 연구 강론하였다. 맹자(孟子)와 순자(荀子)도 한때 이곳에서 학문을 토론했다.

진(晋:?~376 B.C)   주(周)나라의 봉건제후국 중 하나. 주 성왕(成王)의 아우 숙우(叔虞)가 진수(晋水:汾水) 유역의 당(唐)에 분봉받아 세웠으며, 아들 섭(燮) 때 진(晋)이라고 불렀다. 문공(文公) 때 초나라를 격파하고 제나라의 환공에 이어 두번째 중원의 패자가 된 후 100여년 간 줄곧 강대국으로 부상했다. 소공(昭公)에 이르러 왕실이 쇠약해지고 육경(六卿)이 득세했으며, 육경의 항쟁 끝에 한(韓)·위(魏)·조(趙)의 3경이 실권을 잡고 B.C 403년 각각 분국(分國)하였다. 진은 이 3국에 의하여 멸망하였다.

진(晋:266~420)   왕조명. 서기 266년 사마염(司馬炎)이 위(魏)를 대신하여 국호를 진(晋)이라 하고 건국하였다. 연호는 태시(泰始), 도읍은 낙양(洛陽). 이를 역사에서 서진(西晋)이라 한다. 태강(太康) 원년(280) 오(吳)를 멸하여 한(漢)대의 영토 대부분을 회복하였다. 건흥(建興) 4년(316) 전조(前趙)의 유총(劉聰)이 서진을 멸망시키기까지 4명의 황제에 의해 52년간 지속되었다. 건무(建武) 원년(317) 사마예(司馬睿)가 진(晋)왕조를 중건하고 도읍을 건강(建康:강소성 南京)에 정하였는데 이를 동진(東晋)이라 한다. 동진은 원희(元熙) 2년(420) 유유(劉裕)가 진을 멸망시키고 남조(南朝)의 송(宋)을 건국하기까지 11명의 황제에 의해 104년간 지속되었다.

진(秦:?~221 B.C)　　주(周)나라 봉건제후국 중 하나. 전국칠웅을 거쳐 시황제(始皇帝) 때 천하를 통일하였다. 주 효왕(孝王) 때 비자(非子)가 위수(渭水) 유역에 분봉받았으며 6대손 양공(襄公) 때 옹(雍)에 도읍하였다. 목공(穆公)이 즉위하면서 견융(犬戎)을 정벌하고 진(晋)과 더불어 중원의 패권을 다툴 만큼 세력을 떨쳤다. 전국시대 초 효공(孝公)이 상앙(商鞅)을 등용하여 부국강병을 꾀했으며, 혜문왕(惠文王) 때는 함양(咸陽)으로 천도하여 동방의 6대 강국과 패권을 겨뤘다. B.C 247년 진왕 정(政:始皇帝)이 들어서 6국을 차례로 물리치고 B.C 221년 전국을 통일하였다.

진(秦:221~206 B.C)　　왕조명. 진왕(秦王) 정(政)이 B.C 221년 전국시대 봉건제후국들의 할거국면을 끝내고 전국을 통일하여 성립시켰다. 진왕 정은 자칭 시황제(始皇帝)라 하고 함양(咸陽)에 도읍하였다. 중국 역사상 최초의 전제군주에 의한 통일 왕조이다. 군현제(郡縣制)를 시행하여 중앙집권체제의 기틀을 마련했다. 그러나 진시황은 만리장성을 수축하고 끊임없이 대외정책을 펴는 한편 가혹한 법령을 만들어 백성들을 핍박하였으므로 그의 사후 농민봉기가 잇따랐고, 점점 국가 권력이 약해졌다. 3대 왕인 자영(子嬰)이 유방(劉邦)에게 투항함으로써 개국 15년만에 멸망하였다.

진(陳:?~478 B.C)　　주(周)나라 봉건제후국 중 하나. 전설에 의하면 순(舜)임금이 아들인 상균(商均)에게 책봉했다 한다. 이후 주 무왕(武王)이 순임금의 후예인 규만(嬀滿:胡公)에게 다시 책봉하여 순임금의 제사를 지내도록 했다. 회수(淮水) 유역에 거점을 두었다. 약소국이었으므로 북방의 제(齊)·진(晋), 남방의 오(吳)·초(楚) 사이에 끼어 고난의 역사를 거쳤으며, 오·초의 쟁탈장이 되다 춘추 말기 초나라에 의해 멸망했다.

진(陳:557~89)　　남조(南朝)시대의 왕조명. 557년 진패선(陳覇先)이 양(梁)의 뒤를 이어 건국했다. 연호는 영정(永定), 도읍은 건강(建康:강소성 南京). 역사에서 남진(南陳)이라고도 한다. 589년 수(隋)에 의해 멸망하기까지 5명의 제왕이 33년간 재위했다.

진공윤(陳恭尹:1631~1700)　　청대 초의 시인. 자는 원효(元孝), 호는 반봉(半峰), 독록산인(獨漉山人). 순덕(順德:광동성) 출신. 부친 진방언(陳邦彦)이 항청(抗清)활동에서 순국하자 계왕(桂王)이 그에게 지휘첨사(指揮僉事)의 관직을 주었다. 계왕 정부가 해산되면서 은거했다. 강희제(康熙帝) 때 삼번(三藩)의 난에 연루되어 한동안 옥살이를 하다 풀려난 이후 시작(詩

作)에 전념했다. 그의 시는 난세의 사회상을 반영한 것이 많으며, 백성의 애환과 질곡, 자신의 좌절한 모습 등을 애상적이고 원망조로 표현했다. 굴대균(屈大均), 양패란(梁佩蘭) 등과 함께 영남삼대가(嶺南三大家)로 불린다. 저서 『독록당시문집(獨漉堂詩文集)』.

진관(秦觀:1049~1100)　　북송의 문학가. 사는 소유(少游), 태허(太虛). 호는 회해거사(淮海居士). 양주(揚州) 고우(高郵:강소성) 출신. 신종(神宗) 원풍(元豊) 8년(1085) 진사가 되고, 정해주부(定海主簿), 채주교수(蔡州教授)를 거쳤다. 이 때 소식(蘇軾)으로부터 문재를 인정받아 태학박사(太學博士)에 추천되고 국사원편수관을 겸직했다. 후에 신당파의 배척을 받아 항주통판(杭州通判)으로 밀렸다가 관직을 삭탈당하고 침주(郴州), 뇌주(雷州) 등지로 옮겨 갔다. 휘종(徽宗) 때 복권되어 의덕랑(宜德郞)에 임명되었으나 임지로 가던 도중 사망하였다. 시, 사, 문장을 잘 지었으며, 황정견(黃庭堅), 조보지(晁補之), 장뢰(張耒) 등과 함께 소문사학사(蘇門四學士)로 불리었다. 특히 시를 지은 후 다시 사(詞)로 고치기를 좋아했다. 그의 사는 대부분 남녀간의 애정과 폄적된 후의 근심 고통을 노래한 것이다.

진교병변(陳橋兵變)　　조광윤(趙匡胤)이 후주(後周) 정권을 탈취하고 북송(北宋) 정권을 세운 정변(政變). 후주 현덕(顯德) 6년(959) 조광윤은 전전도점검(殿前都點檢)에 임명되어 전전사(殿前司)의 금군(禁軍)을 통솔하게 되었다. 이듬해 세종(世宗)이 병사하고 부태후(符太后)가 섭정하자 그는 북한(北漢) 정벌을 구실로 병사를 이끌고 대량(大梁:하남성 開封)으로 가다가 진교역(陳橋驛:開封 동북쪽)에서 병변을 일으켰다. 그는 그곳에서 제위에 올라 후주를 멸망시키고 송왕조를 열었다.

진군(陳群:?~236)　　삼국시대 위(魏)의 대신. 연강(延康) 원년(220) 조비(曹丕)가 위(魏)를 건국했을 때 상서(尚書)의 벼슬을 하고, 그 후 녹상서사(錄尚書事)를 지냈다. 구품중정제(九品中正制)의 시행을 건의하고, 자신이 중정관(中正官)이 되어 인재를 등용했다. 시호는 정후(靖侯).

진독수(陳獨秀:1879~1942)　　민국 시기의 사상가, 공산당 초기의 지도자. 자는 중보(仲甫). 안휘성 회녕(懷寧:安慶) 출신. 1915년 일본 유학 생활 중 잡지 「신청년(新青年)」의 편집장을 맡았고, 이듬해 북경대학에서 근무했다. 1918년 이대조(李大釗)와 함께 잡지 「매주평론(每週評論)」을 발행하며 신문화 및 마르크스주의 전파에 앞장섰다. 1921년 중국공산당이 성립하면서 당 창건의 일등공신이 되어 중앙국 서기에 피선되었다. 이후 중앙서 기, 중앙집행위 위원, 중앙위원회 총서기를 역임했으며, 1927년 우익으로 몰려 총서기에서 물러났다. 이후 반당(反黨)활동을 하다 1929년 당에서 제 명되었다. 1932년 국민당 정부에 의해 체포되고 1937년 출옥했다.

진량(陳亮:1143~94)　남송의 사상가, 문학가. 자는 동보(同甫), 세칭 용천선생(龍川先生). 영강(永康:절강성) 출신. 의론(議論)과 담병(談兵)을 좋아했으며, 평소 항금(抗金)을 적극 주장하였다. 건도(乾道) 5년(1196)「중 흥오론(中興五論)」을 올린 것을 비롯하여 3차례나 중원 회복을 주장했으나 그 때마다 조정의 노여움을 사 투옥되었다. 이후 학문에 전념하여 소희(紹 熙) 4년(1193) 진사에 장원급제하고 첨서건강부판관청공사(簽書建康府判官 廳公事)를 제수받았다가 임무를 맡기 전 사망하였다. 이정(二程)과 장재(張 載)의 사상적 영향을 받았으며, 현실주의 정치에 관심을 가졌다. 주희(朱 熹)와 여러 차례 사상적 논쟁을 벌였으며, 이를 세칭 '왕패의리지변(王霸義 利之辯)'이라 했다. 영강학파(永康學派)의 대표적 인물이다. 문장은 정론문 (政論文)을 잘 지었으며, 사(詞) 작품은 현실생활을 반영하고 항금의 장대 한 뜻을 서정적으로 묘사했으며, 풍격이 호방하다. 저서『용천문집(龍川文 集)』『용천사(龍川詞)』.

진림(陳琳:?~217)　동한(東漢) 말기의 문학가. 자는 공장(孔璋). 광릉 (廣陵:강소성 揚州) 출신. 건안칠자(建安七子) 중의 한 사람. 처음에 대장 군 하진(何進)의 주부(主簿)로 있을 때 하진에게 환관 제거를 건의했다가 채택되지 않자 원소(袁紹)에게 의탁했다. 이 때 조조(曹操)를 성토하는 격 문을 썼다. 후에 조조에게 귀의하여 큰 예우를 받았다. 격문에「위조홍여위 문제서(爲曹洪與魏文帝書)」「위원소격예주(爲袁紹檄豫州)」「격오장교부곡문 (檄吳將校部曲文)」등이 있고, 시에 유명한「음마장성굴행(飮馬長城窟行)」 이 있다. 문집『진기실집(陳記室集)』.

진목공(秦穆公:?~621 B.C)　춘추시대 진(秦)나라의 국군(國君). 백리해 (百里奚), 건숙(蹇叔) 등 모사를 등용하여 국가를 크게 일으켰다. 진(晋)과 전쟁을 벌여 진혜공(晋惠公)을 구금했으며 양(梁)나라를 멸망시켰다. 후에 건숙의 충언을 듣지 않고 정(鄭)나라를 침공했다가 패한 뒤 서부로 눈을 돌 려 이 지역을 크게 개척했다. 논자에 따라 그를 춘추오패에 포함시키기도 한다.

진몽뢰(陳夢雷:1651~?)　　청대의 사학자, 문헌학자, 시인. 자는 성재(省齋), 호는 칙진(則震), 천일도인(天一道人). 후관(侯官:복건성) 출신. 강희(康熙) 9년(1670) 진사가 되어 편수(編修)의 관직을 제수받았다. 후에 고향으로 돌아왔으나 경정충(耿精忠)의 반란 때 벗으로 지내던 이광지(李光地)의 모함을 받아 상양보(尙陽堡:요녕성 瀋陽)로 폄적되었다. 강희 37년 사면되어 삼황자(三皇子) 윤지(胤祉)의 시독(侍讀)이 되었고, 윤지를 위하여 『도서편(圖書編)』(일명 古今圖書集成)을 편찬했다. 이 책은 중국 최대의 유서(類書)이며 백과전서에 해당한다. 이밖에 중국 동북부 지방의 사회 역사에 많은 관심을 가졌으며, 시문에도 재능을 보였다. 저서에 지리서인 『성경통지(盛京通志)』 『승덕현지(承德縣志)』 『해성현지(海城縣志)』 등이 있고, 시문집에 『천일도인집(天一道人集)』 『송학산방집(松鶴山房集)』 『한지서당집초(閑止書堂集鈔)』가 있다.

진무기(陳無己) → 진사도

진문공(晋文公:697~628 B.C)　　춘추시대 진(晋)나라의 국군(國君). 춘추오패 중 한 사람. 재위 636~628 B.C. 이름은 중이(重耳). 부친 헌공(獻公)이 총희(寵姬)의 어린 아들을 태자로 삼자 신변의 위험을 느끼고 19년 동안 망명생활을 하다 진목공(秦穆公)의 도움으로 51세에 군위에 올랐다. 망명생활 때 고락을 함께 한 조쇠(趙衰), 호언(狐偃), 선진(先軫) 등을 기용하여 내정과 외치에 힘쓴 결과 제환공(齊桓公)에 이어 중원의 두번째 패자가 되었다. B.C 632년 성복(城濮)의 전투에서 초(楚)나라 군대를 대파하여 국위를 크게 떨치고 제후국간 회맹의 맹주가 되었다.

진방첨(陳邦瞻:?~1623)　　명대의 사학자. 자는 덕원(德遠). 고안(高安:강서성) 출신. 만력(萬曆) 26년(1598) 진사에 합격하여 병부좌시랑(兵部左侍郎)의 관직을 지냈다. 『송사기사본말(宋史紀事本末)』 26권을 펴냈다. 이는 당시 예부시랑(禮部侍郎)으로 있던 풍기(馮琦)의 유고를 근거로 증보를 가하여 만든 것이며, 『송사(宋史)』를 읽는데 필수적인 책이다. 이밖에 『원사기사본말(元史紀事本末)』 4권과 시문집 『연화산방집(蓮華山房集)』이 있다.

진번(陳蕃:?~168)　　동한(東漢) 시대 사람. 자는 중거(仲擧). 환제(桓帝) 때 태위(太尉) 벼슬에 있으면서 이응(李膺) 등과 함께 조정내 환관의 전횡을 규탄하였다. 영제(靈帝) 때 태부(太傅) 벼슬에 올라 고양후(高陽侯)에 봉해졌다. 황제의 외척 두무(竇武)와 함께 환관을 몰아내려다 발각되어 살해되었다.

진병마용(秦兵馬俑)　　섬서성 임동(臨潼) 양촌(楊村)의 진시황릉 부근에서 발견된 도제(陶製) 병마용. 사람과 말의 형체와 크기가 실제와 흡사할 정도로 사실적 수법을 썼으며, 무사가 활쏘는 모습, 보병과 거병(車兵), 기병(騎兵)의 모습 등이 각기 다른 표정을 짓도록 만들어졌다. 출토된 병마의 수량이 수 천에 달할 만큼 웅장하다. 당시 무사의 복식과 병기, 병마 등에 관한 습속을 읽을 수 있다. 세계적 기적으로 일컬어진다.

진보당(進步黨)　　민국 2년(1913) 5월 결성된 정당. 그해 4월 국회가 정식 소집되고 국민당이 다수 의석을 차지하자 국민당 세력을 배제하기 위해 원세개(袁世凱)의 사주로 양계초(梁啓超)가 민주당, 공화당, 통일당을 통합하여 원세개의 어용 정당인 진보당을 성립시켰다. 이사장에 여원홍(黎元洪), 이사에 양계초, 장건(張謇), 탕화룡(湯化龍), 오정방(伍廷芳), 손무(孫武)가 선임되었다. 2차혁명(1913) 후 원세개가 국민당과 국회를 해산시키면서 진보당도 와해되었다. 원세개 사후 여원홍이 대총통에 임명되면서 양계초, 탕화룡 등 당 출신 인사들이 헌법연구회를 결성했다.

진보잠(陳寶箴:1831~1900)　　청대 말의 정치가. 자는 우명(右銘). 강서 의녕(義寧) 출신. 광서(光緒) 21년(1895)부터 3년간 호남순무(湖南巡撫)를 지내면서 지방장관으로는 유일하게 변법자강운동에 참여하였다. 광서 23년 시무학당(時務學堂)을 설립하여 양계초(梁啓超)에게 운영과 교육을 맡겼다. 광무국(廣務局), 윤선공사(輪船公司) 등을 설립하였으며, 인재를 추천하여 신정(新政) 추진에 가담하도록 했다. 무술정변(戊戌政變) 이후 파직되었다.

진봉(進奉)　　당(唐)대 각지의 절도사가 황제에게 재화를 바치던 행위. 덕종(德宗) 때 처음 시작되었으며, 매월 한 차례 보내는 것을 월진(月進), 매일 한 차례 보내는 것을 일진(日進)이라 했다. 후에는 각 주(州)의 자사(刺史)나 막료가 이를 모방하여 백성들로부터 수탈한 재화를 황제에게 진봉했다. 당·송(唐宋) 시기 외국의 상선이 입항했을 때도 황제에게 귀중한 물건을 헌납했는데, 이 역시 진봉이라 불렀다.

진사과(進士科)　　과거 과목 중 하나. 수(隋) 양제(煬帝) 대업(大業) 연간에 처음 설치되었으며, 당(唐) 정관(貞觀)·영휘(永徽) 연간에 가장 성행했다. 시험과목은 첩경(帖經), 시책(試策), 시부(詩賦) 등이었다. 진사과는 벼슬로 나아가는 1급 시험이었으며, 선비들이 가장 중시하였다. 송 희녕(熙

寧) 2년(1069) 왕안석(王安石)의 주장에 따라 명경과(明經科) 등 나머지 과거과목을 폐지하면서 진사과는 과거제도 중의 유일한 과목이 되었다.

진사도(陳師道:1053~1102)　　북송의 문학가. 자는 무기(無己), 이상(履常). 호는 후산(后山). 팽성(彭城:강소성 徐州) 출신. 어려서 증공(曾鞏)을 사사했으며, 원우(元祐) 초 소식(蘇軾)의 추천을 받아 서주교수(徐州敎授)에 임명되고 태학박사(太學博士)를 거쳤다. 후에 신당파(新黨派)의 배척을 받아 영주교수(潁州敎授)로 밀려나고 소성(紹聖) 초에는 과거 출신이 아니라는 이유로 파직되었다. 원부(元符) 3년(1100) 다시 비서성정자(秘書省正字)를 지내기도 했으나 많은 환난을 입어 곤궁하게 살다가 추위와 병으로 사망했다. 강서시파(江西詩派)의 대표적인 작가로서 황정견(黃庭堅)의 영향을 많이 받았으나 지나치게 기이함을 추구하는 황정견의 시에 불만을 느끼고 두보(杜甫)의 시를 본받고자 노력하였다. 그러나 끝내 강서시파의 그늘에서 벗어나지는 못했다. 저서 『후산집(后山集)』『후산담총(后山談叢)』『후산시화(后山詩話)』.

진서(晋書)　　서명. 130권. 당(唐) 방현령(房玄齡) 등 찬. 기전체 단대(斷代) 역사서. 정관(貞觀) 22년(648) 완성. 위진남북조시대 양 진(晋)의 역사를 기술했다. 서진(西晋) 무제(武帝) 태시(泰始) 원년(265)부터 동진(東晋) 공제(恭帝) 원희(元熙) 2년(420)까지 총 156년간의 사적을 담았으며, 제기(帝紀), 지(志), 열전(列傳) 외에 오호십육국의 역사도 함께 기술했다. 당시 변문(騈文)의 영향으로 문체가 화려하나 사실성에서는 떨어진다. 24사(史) 중 하나.

진서(陳書)　　서명. 36권. 당(唐) 요사렴(姚思廉) 찬. 기전체 단대(斷代) 역사서. 당(唐) 정관(貞觀) 10년(636) 완성. 남북조시대 진(陳)의 역사를 기술했다. 진 영정(永定) 원년(557)부터 정명(禎明) 3년(589) 진이 수(隋)에 멸망하기까지 33년간의 사적을 담았다. 『양서(梁書)』와 체례가 같으며, 위징(魏徵)의 평술(評述)이 첨부되어 있다. 통치기간이 짧았기 때문에 24사(史) 가운데 분량 면에서 적은 편에 속한다.

진수(陳壽:233~97)　　서진(西晋)의 사학자. 자는 승조(承祚). 안한(安漢:사천성 南充) 출신. 일찍이 저작랑(著作郞)의 벼슬에 있으면서 제갈량(諸葛亮)의 문집을 정리하고, 그 공로로 관직이 치서시어사(治書侍御史)까지 올랐다. 이 때 『삼국지(三國志)』를 편찬했다. 이밖의 저서로 『고국지(古

國志)』『익도기구전(益都耆舊傳)』이 있고, 『촉상제갈량집(蜀相諸葛亮集)』을 펴냈다.

진승(陳勝:?~208 B.C)   진(秦)대 말기 농민봉기를 주도한 인물. 양성(陽城:하남성 登封) 사람으로 고농(雇農) 출신이다. 당시 수졸(戍卒)의 둔장(屯長:1둔은 5인으로 구성)이었다. 진 2세황제 원년(B.C 209) 명을 받고 어양(漁陽)에 부임하러 가다가 장마를 만나 기일에 도착할 수 없자 오광(吳廣)과 함께 수졸 900명을 이끌고 대택향(大澤鄕:안휘성 宿州)에서 반란을 일으켰다. 이 때 학정에 못견디던 농민 수만명이 가세하자 그는 장초왕(張楚王)이라 자칭하고, 오광을 가왕(假王)으로 삼아 정부군을 공격하였다. 그러나 경험이 부족해 내부 분열상을 빚었고, 자신은 측근인 장가(莊賈)에게 살해당했다.

진시황(秦始皇:259~210 B.C)   시황제(始皇帝). 진(秦)왕조의 건립자. 전국시대 진(秦) 장양왕(莊襄王)의 아들. 성은 영(嬴), 이름은 정(政). 13세에 왕위에 오른 뒤 22세 때 당시 전권을 쥐고 있던 여불위(呂不韋)를 몰아내고 노애(嫪毒)의 반란을 평정하여 친정체제를 구축했다. 그 후 16년간 차츰 전국 6국을 멸하여 B.C 221년 통일된 진(秦)왕조를 세웠다. 통일 후 왕호를 황제로 고치고 스스로 시황제라 불렀으며, 짐(朕)·폐하(陛下)·조(詔) 등의 용어를 정하였다. 봉건제도를 폐하고 전국을 36군으로 나누는 등 군현제(郡縣制)를 시행하였다. 이사(李斯)에게 명하여 소전(小篆)이라는 통일된 문자를 만들고, 도량형과 화폐를 통일시켰으며, 법전[秦律]을 완성했다. 대외적으로는 만리장성을 쌓아 흉노를 몰아냈으나 아방궁(阿房宮) 등 대형 토목사업을 벌여 민생에 부담을 주었다. 백성들이 정치에 대한 논의를 못하도록 분서갱유(焚書坑儒)를 감행하였다. B.C 210년 지방 순행 도중 병사하였다. 논자에 따라 그를 '천고일제(千古一帝)'로 칭하기도 하고, 폭군으로 보기도 한다.

진시황각석(秦始皇刻石)   진시황이 5차에 걸쳐 천하를 순행할 때 세운 7곳의 각석. 역산(嶧山), 태산(泰山), 낭야(琅琊), 갈석(碣石), 회계(會稽), 동관(東觀) 등에 세워졌으나 현존하는 것은 낭야와 태산의 잔석뿐이다. 내용은 진시황의 송덕을 기린 것이며, 이사(李斯)가 소전(小篆)으로 써서 각인했다고 한다.

진시황릉(秦始皇陵) → 여산릉

진언종(眞言宗) → 밀종

진여의(陳與義:1090~1138)　　　남송 초의 시인. 자는 거비(去非), 호는 간재(簡齋). 낙양(洛陽:하남성) 출신. 정화(政和) 3년(1113) 진사가 되고 태상박사(太常博士), 예부시랑(禮部侍郎), 참지정사(參知政事) 등을 역임했다. 그의 시는 두보(杜甫)의 영향을 받아 현실수의적 색재가 짙다. 우국적 서정을 비장하고 처연하게 노래했으며, 통속적인 언어를 자주 사용했다. 사(詞)에도 재능을 보였으나 작품은 많지 않다. 시문집『간재집(簡齋集)』.

진우량(陳友諒:1320~63)　　　원대 말의 군웅 중 한 사람. 면양(沔陽:호북성) 출신. 젊었을 때 어업에 종사했으며, 서수휘(徐壽輝)의 휘하에 들어가 예문준(倪文俊)의 부하가 되었다. 지정(至正) 17년(1357) 예문준이 서수휘를 살해하려다 미수에 그쳐 참살당하자 군대를 통솔했다. 지정 20년 서수휘를 살해하고 제위에 올라 국호를 한(漢)이라 하였다. 연호는 대의(大義), 도읍은 강주(江州). 이듬해부터 주원장(朱元璋:明太祖)의 군대와 전쟁을 벌였으나 번번이 패했으며, 지정 23년 전쟁 도중 사망했다. 그의 아들 진리(陳理)가 잔당을 이끌고 무창(武昌) 지역을 지키다 주원장에게 항복했다.

진유숭(陳維崧:1625~82)　　　청대 초의 문학가, 사인(詞人). 자는 기년(其年), 호는 가릉(迦陵). 의홍(宜興:강소성) 출신. 문인 진정혜(陳貞慧)의 아들. 강희(康熙) 18년(1679) 박학홍유과(博學鴻儒科)에 응시하여 한림원검토(翰林院檢討)의 관직을 제수받아『명사(明史)』의 편찬에 참여했으나 관직에 오른 지 4년만에 죽었다. 1,800여 수의 사(詞)를 지었으며, 풍격은 호방한 가운데 변화무쌍하나 민간 백성들의 생활상을 그린 것들이 많아 상대적으로 침통함을 드러낸다. 변문(駢文)을 잘 지었으며, 초당사걸(初唐四傑)의 기풍을 따라 웅혼한 풍격을 보인다. 주이존(朱彝尊)과 함께 당시 문단에서 이름을 날렸다. 저서『호해루시집(湖海樓詩集)』『진가릉문집(陳迦陵文集)』『가릉사집(迦陵詞集)』. 이 저작들을 모아 편찬한『호해루시문사전집(湖海樓詩文詞全集)』이 있다.

진자앙(陳子昻:661~702)　　　당(唐)대의 문학가, 시인. 자는 백옥(伯玉). 진사(進士)로 있으면서 무측천(武則天)에게「대주수명송(大周受命頌)」을 상주하여 관직이 좌습유(左拾遺)에 올랐다. 이후 관직을 내놓고 낙향했다가 모함을 받아 옥사했다. 직간을 서슴지 않은 사람으로 유명하다. 남조(南朝) 시대 이래의 연약한 귀족 시풍을 버리고 한(漢)·위(魏)의 기골있는 시로 돌아갈 것을 주장하여 당(唐)대 고문운동의 선구자가 되었다. 장구령(張九齡)과 더불어 초당(初唐) 시풍을 일변시킨 시인으로 꼽힌다. 시 작품은「감우시(感遇詩)」38수와「등유주대가(登幽州臺歌)」등이 유명하다. 시문집『진습유집(陳拾遺集)』.

진천화(陳天華:1875~1905)　청대 말의 혁명운동가. 원명은 현숙(顯宿). 자는 성대(星台), 과정(過庭). 호는 은황(恩黃). 호남 신화(新化) 출신. 신학을 제창한 신화구실학당(新化求實學堂)을 졸업하고, 광서 29년(1903) 일본으로 유학하여 거아의용대(拒俄義勇隊)에 가입, 제국주의 열강의 중국 침략과 중국 황실의 무능함을 규탄했다. 같은 해 말 귀국하여 장사(長沙)에서 황흥(黃興) 등과 비밀조직인 화흥회(華興會)를 결성하고 봉기를 계획했으나 발각되어 일본으로 도망했다. 광서 31년 동맹회(同盟會)에 가입하여「민보(民報)」의 편집을 맡고,「맹회두(猛回頭)」「경세종(警世鐘)」「사자후(獅子吼)」등 애국사상을 고취하는 백화문체 글을 다수 썼다. 그 해 말 일본 정부가 청나라 출신 일본 유학생들의 학생운동을 탄압하자 절명서(絶命書)를 남기고 자살했다.

진평(陳平:?~178 B.C)　서한(西漢) 초기의 대신. 초·한(楚漢)전쟁 때 유방(劉邦)의 수하에 있으면서 반간계(反間計)로 항우(項羽)의 측근 모사(謀士) 범증(范增)을 몰아냈다. 서한(西漢) 건립 후 곡역후(曲逆侯)에 봉해졌다. 혜제(惠帝)와 여후(呂后) 때 승상에 올랐다. 여후 사후 주발(周勃)과 함께 여씨 일족을 숙청했다.

진헌장(陳獻章:1428~1500)　명대의 학자. 자는 공보(公甫). 신회(新會:광동성) 출신. 백사리(白沙里)에서 살았으므로 세칭 백사선생이라 했다. 진사에 급제하지 못하고 국자감(國子監)에 입학했다가 27세 되던 해 오여필(吳與弼) 밑에 들어가 학문을 배웠다. 이후 다시 국자감에 들어가 좨주(祭酒)였던 형양(邢讓)의 인정을 받고 이름을 크게 날렸다. 그의 사상은 육구연(陸九淵)의 심학(心學)을 계승한 심즉리(心卽理)의 철학이 기조를 이룬다. 정중사색(靜中思索)과 단좌징심(端坐澄心)의 이론은 선학(禪學)과도 일맥상통하는 것이다. 시호는 문공(文恭). 저서『백사집(白沙集)』『백사시교해(白沙詩敎解)』『시교외전(詩敎外傳)』등.

진혜공(晉惠公:?~637 B.C)　춘추시대 진(晋)나라의 국군(國君). 재위 650~637 B.C. 이름은 이오(夷吾). 헌공(獻公)의 셋째 아들. 헌공의 총희

(籠姬)인 여희(驪姬)의 참언으로 태자 신생(申生)이 자살하자 자신도 당할 것을 염려해 양(梁)나라로 도망했다. 헌공이 죽은 후 여희의 소생인 해제(奚齊)가 즉위하자, 신하들이 해제를 죽이고 그를 추대하여 왕위에 올렸다. 그러나 어진 정치를 펴지 못하고 이웃 진(秦)과도 불화를 일으켰다.

진회(秦檜:1090~1155)　　북송 말 남송 초의 간신. 자는 회지(會之). 북송 말에 어사중승(御史中丞)을 지내다 정강(靖康) 2년(1127) 금(金)이 침입하자 투항했다가 금의 밀사가 되어 귀환했다. 이후 남송 고종(高宗)의 신임을 받아 17년간 재상 노릇을 했다. 이 때 중원 땅을 금에 넘기고 투항할 것을 주장했으며, 악비(岳飛), 한세충(韓世忠), 장준(張俊) 등 명장의 병권을 박탈했다. '막수유(莫須有:아마 했을 것이다)'라는 죄목으로 충신 악비를 살해하고, 항금(抗金)을 주장하는 관료들을 축출했다. 또 금나라에는 신하의 나라로 자처하고 조공을 바쳤다. 부패한 정치를 펴고 황음무도에 빠져 정사를 크게 그르쳤다. 사후 신왕(申王)에 봉해졌다. 시호는 충헌(忠獻)이었다가 다시 유축(謬丑)으로 바뀌었다. 후세 사람이 충신 악비의 묘에 꿇어 앉은 궤상(跪像)을 여럿 만들었는데, 그 중 하나가 진회이다.

집고록(集古錄)　　서명. 10권. 북송 구양수(歐陽修) 찬. 역대의 금석 명문(銘文) 400여 편을 수록하고 고증을 가했다. 수록된 자료는 당(唐) 및 후한(後漢)의 것이 많고, 진(秦) 이전 및 오대(五代)의 것은 매우 적다. 금석학 방면의 중요한 자료이다.

집금오(執金吾)　　관직명. 한 무제(漢武帝) 때 중위(中尉)를 집금오로 개칭했다. 일종의 치안장관으로서 궁문을 지키는 일을 맡았다. 삼국시대에는 중위와 집금오의 명칭이 번갈아 채용되었다. 진(晋) 이후 폐지되었다.

집운(集韻)　　서명. 운서(韻書). 10권. 북송 정도(丁度) 등이 인종(仁宗)의 칙명을 받고 편찬했다. 보원(寶元) 2년(1039) 완성. 『광운(廣韻)』의 운부(韻部) 체례를 보완하고 글자를 고체(古體)로 바꾸는 한편 2만 7천여 자를 보태 총 5만 3천여 자를 수록했다. 주석은 『광운』에 비해 상세하지 않으나 이체자(異體字)를 추가하고, 고대 경사(經史)에 쓰인 글자의 형(形)·음(音)·의(義)를 비교적 충실하게 다루었다. 광운 참조.

집현원(集賢院)　　관서명. 당(唐) 개원(開元) 13년(725) 집선전(集仙殿) 여정서원(麗正書院)을 집현원으로 개칭하고, 학사(學士), 직학사(直學士), 시독학사(侍讀學士), 수찬관(修撰官)을 설치하여 경적(經籍)을 간집(刊緝)

하도록 했다. 재상 1명을 학사지원사(學士知院事)로, 상시(常侍) 1명을 부지원사(副知院事)로 두었다. 송(宋)대에는 소문관(昭文館), 사관(史館), 집현원을 설치하고 이를 3관(館)이라 불렀으며, 역사 편수와 서적 교정의 일을 맡게 했다. 집현원 내에는 대학사(大學士)를 두어 재상을 보임하고, 그 밑에 학사, 직학사, 수찬(修撰), 직원(直院), 교리(校理) 등을 두었는데, 모두 다른 관직을 겸하였다. 원대에도 설치하였으나 제조학교(提調學校)를 관리하고, 도교(道敎), 음양, 제사 등에 관한 일을 다루었다.

징관(澄觀:738~839)　　당(唐)대의 승려, 불교 학자. 자는 자휴(子休). 속세의 성은 하후(夏侯). 산음(山陰:절강성 紹興) 출신. 14세 때 출가하여 「화엄경(華嚴經)」을 전공하였다. 오대산(五臺山)에서 설법하다가 정원(貞元) 11년(795) 덕종(德宗)의 부름을 받아 장안(長安)의 궁중에서 「화엄경」을 강연했다. 이 때 청량법사(淸涼法師)라는 호를 하사받았다. 이후 많은 제자들을 거느리고 화엄종을 전파하는데 힘써 화엄종이 크게 중흥되었다. 「화엄경」 번역에 참여하는 한편 『화엄경소(華嚴經疏)』『화엄법계현경(華嚴法界玄鏡)』등을 지었다.

징기스칸 ➡ 칭기즈칸

징벽(徵辟)　　일명 벽제(辟除). 한(漢)대에 고급 관원이 그들의 속관을 모집하던 제도. 중앙 및 지방의 고급 관리는 스스로 속관을 모집한 후 조정에 추천하는 절차를 거쳤다.

착금명문(錯金銘文)　　춘추시대에 출현한 일종의 장식용 명문(銘文). 청동기에 새긴 후 글자에 금도금을 하여 광택을 살렸다. 나중에는 목기나 자기에도 이같은 방법이 사용되었다.

찰거(察擧)　　한(漢)대에 관리를 선발하던 제도. 승상(丞相), 열후(列侯), 자사(刺史) 등으로부터 천거받아 일정한 선발과정을 거친 후 관직을 제수했다. 무제(武帝) 때 처음 실시했으며, 선발 과목은 효렴(孝廉), 현량문학(賢良文學), 수재(秀才) 등이었다.

참군희(參軍戲)　　당(唐)·오대(五代) 시대에 발전한 극(劇)의 한 형식. 일명 농참군(弄參軍). 진(秦)·한(漢)의 배우에서 연유되었다. 일반적으로 두 사람의 배우가 나서는데 한 사람은 '참군(參軍)'이라 하여 기지가 넘치는 사람이고, 다른 한 사람은 '창골(蒼鶻)' 혹은 '창두(蒼頭)'라 하여 우매한 사람이다. 두 사람이 골계극에 나서 청중의 웃음을 자아냈다. 이는 후세 잡극과 희문(戲文)의 탄생에 영향을 끼쳤다.

참위(讖緯)　　서한(西漢) 말기에 유행되기 시작한 일종의 종교 미신. '참(讖)'은 도참(圖讖)으로서 종교적 예언에 의해 길흉화복을 점치는 것이고, '위(緯)'는 '경(經)'에 대칭되는 말로서 도참의 관점에서 유가 경전을 해석하고 의미를 부여한 저작을 가리킨다. 참위에 관한 대표 저술로는 '칠위(七緯)'가 있으며 동한 초기에는 저술이 모두 81편이었다. 내용은 경(經)을 해석한 것, 사(史)를 서술한 것, 천문·역법·지리를 논한 것 등이다. 상당 부분이 신령의 괴이함을 찬양한 것이며, 이들은 음양오행에 근거한다. 왕망(王莽)·유수(劉秀)도 참위의 학을 동원하여 칭제(稱帝)의 명분을 삼았다. 특히 유수는 광무제(光武帝)에 오른 뒤 전국에 도참을 선포했다.

참지정사(參知政事)　　관직명. 약칭 참정(參政). 당(唐) 초에는 재상에 임명된 자에게 이 명칭이 붙여졌다. 송대에는 동중서문하평장사(同中書門下平章事)가 재상이 되었으며, 태조(太祖)는 재상의 권력을 분산시키기 위해 건덕(乾德) 2년(964) 참지정사를 두어 부재상에 임명했다. 그 후 참지정사의 권한이 점점 높아져 태종(太宗) 때는 재상과 함께 정사당(政事堂)에 올라 정사를 처리했다. 원풍(元豊)의 개혁 때 폐지되었다가 남송 때 회복했다. 원대에는 지방에 둔 행중서성(行中書省)에 참지정사를 설치했다. 직급은 행성(行省)의 부장관이며 권한은 송대에 비해 약했다.

참찬대신(參贊大臣)　청대의 지방 관직. 신강(新疆) 등 외몽고 지역에 설치했다. 지위는 장군보다 조금 아래였으며, 지역의 모든 군정 사무를 맡았다. 해당 지역에서 중대한 전쟁이 일어났을 때는 황제가 각종 명칭의 장군과 함께 몇 명의 참찬대신을 파견하여 군대를 통솔하게 하였다.

참호(站戶)　역참에서 복무한 인호(人戶). 원대에는 중앙집권을 위해 전국 각지에 역참을 설치했으며, 민호(民戶)에서 역졸을 선발하여 이들을 참호라 불렀다. 호적이 단독으로 편성되었으며, 민호와 구별되었다.

창힐(倉頡·蒼頡)　고대 신화전설상의 인물. 황제(黃帝)의 사관(史官)으로서 새나 짐승의 모습, 발자국 등을 본떠 한자의 초기 형태인 육서(六書)를 처음 만들었다고 한다.

채(蔡:?~445 B.C)　주(周)나라 봉건제후국 중 하나. 주 무왕(武王)의 동생 채숙(蔡叔)이 분봉받아 회수(淮水) 상류인 상채(上蔡)에 도읍을 정했다가 아들 채중(蔡仲)이 신채(新蔡)로 천도했다. 세력이 미약한데다 강대국인 초(楚)와 인접해 자주 침략전쟁을 치러야 했으며, 전국시대 초기 초나라에 의해 멸망했다.

채경(蔡京:1047~1126)　북송 말기의 정치인. 자는 원장(元長). 철종(哲宗)·휘종(徽宗) 재위시 재상을 지냈다. 휘종 때는 환관인 동관(童貫)과 유착하여 백성을 착취하는데 골몰했으며, 변법에 반대하는 사람들을 간당(奸黨)으로 몰아 숙청했다. 당시 '육적(六賊)'의 원흉으로 꼽혔다. 금의 군사가 침입하자 가족을 이끌고 남쪽으로 달아났다. 만년에는 흠종(欽宗)에 의해 영남(嶺南)으로 축출되었으며, 도중 담주(潭州:호남성 長沙)에서 죽었다.

채도(彩陶)　신석기시대에 발명된 도기. 붉은 색의 항아리, 밥그릇, 쟁반 등에 흑색이나 자홍색 혹은 백색을 덧칠했다. 채도문화란 곧 채도를 주로 사용한 앙소문화(仰韶文化)를 일컫는다.

채륜(蔡倫:?~121)　　　동한(東漢)의 과학자. 종이 발명가. 자는 경중(敬仲) 계양(桂陽:호남성 耒陽) 출신. 한 명제(明帝) 때 낙양(洛陽)에 들어가 환관이 되었으며, 장제(章帝) 때 소황문(小黃門), 화제(和帝) 때 중상시(中常侍)와 상방령(尙方令)의 관직을 지내면서 조정에서 수공업 생산을 맡았다. 원흥(元興) 원년(105) 나무껍질 등을 이용하여 종이 만드는 신기술을 개발하였다. 이 공로로 화제로부터 용정후(龍亭侯)에 봉해졌다.

채미가(采薇歌)　　　노래 이름. 은(殷)나라 말기 주 무왕(周武王)이 은나라의 폭군 주(紂)를 치려할 때 백이·숙제가 이를 말렸으나 허사였다. 후에 은나라가 망하자 백이·숙제는 수양산(首陽山)으로 들어가 고사리를 캐 먹다가 죽었다. 그들이 고사리를 캐먹으며 불렀다는 노래가 바로 채미가이다. "포악함으로써 포악함을 제압하니 올바른 길이 아니다"라며 옛 신농(神農)·하우(夏禹)씨의 세상이 사라져감을 개탄한 내용이다.

채방사(采訪使) ➡ 관찰사 참조

채송년(蔡松年:1107~59)　　　송·금(宋金)시대의 사인(詞人). 자는 백견(伯堅). 호는 소한노인(蕭閑老人). 부친 채정(蔡靖)이 북송의 연산수장(燕山守將)이었으나 금(金)의 군대가 침입하자 항복하여 금 조정의 한림학사를 지냈다. 채송년도 부친을 따라 금의 진정부판관(眞定府判官)을 지냈다. 해릉왕(海陵王)의 신임을 받았으며, 관직이 우승상에까지 오르고 위국공(衛國公)에 봉해졌다. 시호는 문간(文簡). 악부사(樂府詞)를 잘 지었으며, 작품의 경향은 조국을 멸망시킨 금에서 벼슬을 하는 자신의 모순을 우울한 심정으로 읊은 것이 많다. 오격(吳激)과 함께 이름을 날리며 당시 '오채체(吳蔡體)'를 형성했다. 저서로 문집 6권이 있었으나 망실되었고, 사집으로 『명수집(明秀集)』이 있다.

채숙(蔡叔)　　　주(周) 초의 관료. 무경(武庚)의 난에 가담했다가 실패하여 유배되었다. 무경 참조.

채양(蔡襄:1012~67)　　　북송의 서예가. 자는 군모(君謨). 선유(仙游:복건성) 출신. 천력(天曆) 8년(1030) 진사가 되고 복주(福州), 항주(杭州), 천주(泉州) 등의 지사를 거쳐 관직이 단명전학사(端明殿學士)에 이르렀다. 시호는 충혜(忠惠). 천주에서 재임할 때 낙양강(洛陽江)을 가로지르는 전장 1,200미터, 폭 5미터의 만안교(萬安橋:현 洛陽橋)를 건설한 장본인이다. 이 다리는 기초가 튼튼하기로 유명하다. 차잎과 여지(荔枝)의 육종에 관해 연구하고 이를 정리하여 『차록(茶錄)』 『여지보(荔枝譜)』를 편찬했다. 특히 서예로 이름을 날렸으며, 소식(蘇軾), 미불(米芾), 황정견(黃庭堅)과 함께 송사가(宋四家)로 불렸다. 당(唐)대 안진경(顏眞卿), 우세남(虞世南)의 화풍을 본받았고, 해서, 초서, 행서에 능했다. 초서는 비백법(飛白法)을 사용했으며, 그의 초서체를 산초(散草)라 했다. 젊어서는 필체가 웅건했으며, 만년에 이르러 완약 담백한 기풍을 띠었다. 현재 복건성 천주(泉州)의 낙양교 남쪽에 채양사(蔡襄祠)가 있으며, 이곳에 채양이 쓴 「만안교기(萬安橋記)」 비문이 남아 있다.

채염(蔡琰)　　동한(東漢) 말기의 여류 시인. 문인 채옹(蔡邕)의 딸. 난세에 남편을 잃고 여러번 개가했으며, 심지어 흉노에 붙잡혀 흉노인과 결혼하기도 했다. 이로 인해 작품에는 비장한 감정이 섞여 있고, 이역에서 고향을 그리는 내용이 많다. 소(騷)체의 「비분시(悲憤詩)」와 5언의 「비분시(悲憤詩)」 「호가십팔박(胡笳十八拍)」이 있다. 후세 사람이 그녀를 소재로 하여 많은 작품을 지었다.

채옹(蔡邕：133~92)　　동한(東漢)의 문학가, 서예가. 자는 백개(伯喈). 경사(經史), 음률(音律), 천문(天文) 및 시부(詩賦)에 능했으며, 비문 글씨를 잘 써 낙양(洛陽) 태학(太學) 문 밖에 육경(六經)의 경문을 담은 희평석경(熹平石經)을 남겼다. 영제(靈帝) 때 조정의 실정을 비난한 죄로 유배되었다가 동탁(董卓)이 정권을 쥐면서 중용되어 벼슬이 중랑장(中郎將)에 달했고, 양향후(陽鄕侯)에 봉해졌다. 동탁이 실권한 후 왕윤(王允)에게 체포되어 옥사하였다. 작품으로는 부(賦)에 「술행부(述行賦)」가 있고, 오언시에 「음마장성굴행(飮馬長城窟行)」이 있다. 작품집 『채중랑집(蔡中郎集)』이 일실된 것으로 전해진다. 이밖에 '비백법(飛白法)' 이라는 서법을 개발했으며, 서법 이론을 담은 『서설(書說)』 『석실신수필세(石室神授筆勢)』가 있다.

책부원귀(冊府元龜)　　서명. 유서(類書). 100권. 북송 왕흠약(王欽若), 양억(楊億) 등이 진종(眞宗)의 칙명을 받고 편찬했다. 경덕(景德) 2년(1005)부터 대중상부(大中祥符) 6년(1013)까지 8년간에 걸쳐 완성했다. 상고시대부터 오대(五代)까지 역대 군신의 사적을 모았으며, 후대 제왕의 치세에 귀감이 되도록 하기 위해 지어졌다. 진종이 친히 서문을 쓰고 서명을 지었다. 제왕(帝王), 윤위(閏位), 학교(學校), 외신(外臣) 등 30부로 분류하고, 그 아래 다시 총 1,104문(門)으로 세분했다.

척계광(戚繼光 : 1528~87)　명대의 무장(武將), 시인. 왜구를 무찌른 장수로서 이름이 높다. 자는 원경(元敬), 호는 남당(南塘). 가정(嘉靖) 23년(1544) 가직(家職)을 이어 등주위지휘첨사(登州衛指揮僉事)가 되어 산동지방에서 왜구를 막다가 동 34년 절강도사첨서(浙江都司僉書)로 옮기고, 이듬해 참장(參將)의 직위로 영파(寧波), 소흥(紹興), 대주(臺州)의 3부(府)를 방비했다. 이때 농민 등 수천 명을 조련시켜 '척가군(戚家軍)'을 조성하고 대주에서 왜구를 수차 격파했다. 이어 총병관(總兵官)으로서 소주(蘇州), 영평(永平), 산해(山海) 지방을 수비하고 우도독(右都督)으로 승진하여 더욱더 방비를 공고히 했다. 만년에는 좌도독(左都督)의 관직에까지 올랐으나 재상 장거정(張居正)이 죽으면서 탄핵을 받아 불우한 여생을 보냈다. 시를 잘 지었으며 애국시가 주류를 이룬다. 저서 『기효신서(紀爻新書)』『연병실기(練兵實紀)』『지지당집(止止堂集)』.

천계령(遷界令) ➡ 천해령

천금방(千金方)　서명. 의학서. 『천금요방(千金要方)』과 『천금익방(千金翼方)』의 합칭. 2부(部)로 되어 있으며 각 30권씩이다. 당(唐) 손사막(孫思邈) 저. 『천금요방』은 의학의 기초이론과 진단, 치료, 침구, 예방요법이 적혀 있고, 『천금익방』은 이를 보충한 것으로서 특히 본초(本草), 상한(傷寒), 중풍 등에 관해 상세히 기술되어 있다. 800여 종의 약물이 소개되어 있고, 그 중 200여 종은 약물의 채집, 제조 방법 등이 설명되어 있다.

천리교(天理敎)　청대 후기의 비밀 종교단체. 일명 팔괘교(八卦敎), 감괘교(坎卦敎), 홍양교(弘陽敎). 백련교(白蓮敎)의 지파. 임청(林淸), 이문성(李文成) 등이 조직했다. 농민, 상인, 수공업자 등 하층민이 주로 가입했다. 가입하는 사람에게서 근기전(根基錢)을 받아 빈민을 구휼했다. 하북, 산동, 하남, 산서지방에서 번창했으며, 가경(嘉慶) 연간(1796~1820)에 봉기군을 조직하여 북경의 황궁에 진입하기도 했다.

천명관(天命觀)　은·주(殷周) 시대에 형성된 일종의 인생관. 하늘이 인간의 생사 운명을 주재하며, 길흉화복, 농사의 풍흉, 자연법칙이 모두 하늘에 의해 조정된다고 믿었다. 이후 유가의 기본사상으로 발전하였다. 천명을 논한 대표적 저작으로 『중용(中庸)』이 있다.

천문(天問)　작품명. 전국시대 굴원(屈原)이 지은 초사(楚辭) 계열의 운문. 자연 현상, 신화 전설, 고대 역사 사실 등에 관해 문제를 제기하는 형식을 띠고 있으며, 「이소(離騷)」 다음 가는 장편이다.

천비가조약(穿鼻假條約)　　일명 천비초약(穿鼻草約). 아편전쟁의 종결을 위해 청나라와 영국간 체결한 임시 조약. 도광(道光) 21년(1841) 청의 흠차 대신 기선(琦善)과 영국대표 엘리어트가 광동성 천비도(穿鼻島)에서 체결했다. 주요 내용은 ①홍콩의 영국 할양, ②아편 배상금 600만 달러 지급, ③광주(廣州) 개항, ④영국군 철수 등이다. 기선은 홍콩 할양이 영국인에게 배의 정박과 거주를 허락한 것이라고 조정에 허위보고했으나, 백성들의 항의 시위가 잇따르자 선뜻 조약의 비준에 서명하지 못했다. 홍콩 할양 사실이 폭로된 후 청 도광제는 기선을 면직하고 조약을 무효화했다. 이로 인해 아편전쟁은 계속되고, 이듬해 이 가조약보다 더 불평등하고 굴욕적인 남경조약이 양국간에 체결되었다.

천자(天子)　　전제 왕조의 군주. 하(夏)·은(殷)·주(周)대에는 왕(王), 진(秦)대 이후에는 황제(皇帝)라는 용어로 쓰였다. 왕권신수설에 따라 하늘이 지명한 도덕적 지배자라는 의미에서 천자라는 단어가 나왔다.

천자문(千字文)　　서명. 위진남북조시대 양(梁)의 주흥사(周興嗣) 편. 왕희지(王義之)의 글씨 중 서로 다른 1천 글자를 모아 4언시 250구를 만든 것. '천지현황(天地玄黃)'에서 시작하여 '언재호야(焉哉乎也)'에서 끝난다. 천문, 인륜, 사회, 역사 등 다방면의 상식용어를 수록했고, 계몽서 혹은 습자(習字)의 교본으로 쓰인다. 후대 사람에 의해 내용이 일부 변화되었다.

천지회(天地會)　　청대 중기 이후 조직된 하층 농민의 비밀결사대. 강희(康熙) 연간(1662~1722)에 결성되어 동남부 지역에서 활약했으며, 구성원은 선박 등의 운송을 담당하는 사람과 수공업자, 농민 등이 주류를 이루다 후에 신사(紳士)계급이 참여하는 등 복잡했다. '반청복명(反淸復明)'을 기치로 내걸었으며, 대만과 장강(長江) 이남의 광대한 지역에서 활동했다. 여러 차례 반청 봉기를 일으켰으나 세력을 결집시킬 지도자가 없어 번번이 진압되었다. 나중에는 지하활동에 의존했다. 지역에 따라 소도회(小刀會), 삼점회(三點會), 용화회(龍華會), 쌍도회(雙刀會), 부모회(父母會), 삼합회(三合會) 등의 분파가 있었다. 태평천국의 난, 의화단의 난, 신해혁명 때도 봉기에 참가했다.

천진교안(天津敎案)　　동치(同治) 9년(1870) 천진의 민중들이 서양 교회의 침략행위에 반대하여 벌인 투쟁. 청대 말기 구교(仇敎)운동의 대표적 사례이다. 제2차 아편전쟁 이후 프랑스 선교사가 천진의 망해루(望海樓)에 교회당을 세우고 부설 영아원을 운영했는데, 이곳에서 영아 수십명을 살해 유괴했다는 유언비어가 나돌자 민중의 분노가 폭발했다. 동치 9년(1870) 5월에 1만여 명의 민중이 교회당에 모여 살인범의 처벌을 요구하는 시위를 벌이자 프랑스 영사가 북양대신 숭후(崇厚)에게 엄중 항의했다. 이 과정에서 천진의 지현(知縣)인 유걸(劉傑) 등 수 명이 부상하자 민중들은 프랑스 영사관 직원 및 선교사, 상인 등 20여 명을 죽이고, 영·불·미 교회당 및 영사관 건물을 파괴했다. 이로 인해 서구 열강이 연합하여 함대를 이끌고 청 정부를 위협했으며, 청 정부는 증국번(曾國藩), 이홍장(李鴻章)을 파견하여 사건 관련자를 처벌하고 열강에 사과, 배상했다.

천진기기제조국(天津機器製造局)　약칭 천진기기국(天津機器局). 청대 말 관에서 운영한 군사공업기지 중 하나. 동치(同治) 6년(1867) 숭후(崇厚)가 천진에 설립했다. 처음 명칭은 군화기기총국(軍火機器總局)이었으며, 동치 9년 개명했다. 광서(光緒) 21년(1895) 북양기기제조국(北洋機器製造局)으로 명칭을 바꾸었다. 총포와 탄약, 어뢰 등을 제조했다. 운영의 실권은 영국인에게 있었다.

천진조약(天津條約)　애로우호 사건의 결과로 1858년 5월 청 정부가 영국, 프랑스, 미국, 러시아와 천진에서 각각 체결한 조약. 영국과 56개 항, 프랑스와 42개 항, 미국과 30개 항, 러시아와 20개 항의 내용에 합의했다. 주요 내용은 ① 영국과 프랑스의 공사가 북경에 주재하며, 각 통상항에 영사관을 설치한다, ② 우장(牛莊), 등주(登州), 한구(漢口), 대만, 조주(潮州), 남경 등의 통상항을 추가 개방한다, ③ 통상 및 포교의 자유를 인정한다, ④ 영국과 프랑스에 배상금을 지급한다 등이다. 이듬해 6월 이 조약을 비준하기 위해 각국 공사가 북경에 진입하려 하자 청 정부는 대고(大沽)에 방어진을 설치하고 이들을 막았다. 이로 인해 제2차 아편전쟁이 터지고, 1860년 영·불 연합군이 대고와 천진을 함락시킨 뒤 북경에 진입하자 청 정부는 할 수 없이 이들과 북경조약을 체결했다.

천태종(天台宗)　불교 13종파의 하나. 수(隋)대 절강(浙江)의 천태산(天台山) 승려인 천태대사 지의(智顗)가 창시했으므로 이름이 붙여졌다. 「법화경(法華經)」을 주요 경전으로 했으므로 법화종이라 부르기도 한다. 남방의 의리(義理:慧)와 북방의 선정(禪定:定)을 융합하여 정혜쌍수(定慧雙修)를 주장하였다. 객관적 현실세계를 부정하고 '심(心)'의 세계를 중시하였다. 성불(成佛)의 방법을 쉽게 함으로써 후세에 크게 세력이 확장되었다.

천해령(遷海令)　　일명 천계령(遷界令). 청대 초기 정성공(鄭成功)의 항청(抗淸) 부대가 대만을 근거지로 활약하자 청 통치자가 이들의 육지 연계를 차단하기 위해 내린 조치. 순치(順治) 18년(1661) 광동, 복건, 절강, 강남, 산동 일대의 연해 거주민들에게 육지로 이주해 살도록 하고 배를 소각하는 한편 어렵행위 및 해상 상행위를 금했다. 또 해변에의 접근을 금지하는 경계를 설정하고 위반자는 참했다. 이 때문에 연해 지구의 사회 경제가 마비되고 백성들이 큰 곤경을 겪었다. 강희(康熙) 22년(1683) 정성공의 부대가 항복함에 따라 이 조치는 해제되었다.

철후(徹侯)　　작위명. 진(秦)의 12등작(等爵) 가운데 최고의 등급. 한(漢)대에 통후(通侯)로 개칭했다가 다시 열후(列侯)로 고쳤다. 봉읍이 주어졌으며 이곳의 세금을 징수할 권리를 지녔다. 경사(京師)에 거주하면서 봉지는 행정관을 파견하여 관리하도록 했다.

첩여(婕妤)　　비빈(妃嬪)의 칭호. 한(漢) 무제(武帝) 때 설치한 이후 명(明) 이전까지 이어졌다.

청(淸)　　왕조명. 후금(後金)의 2대 황제인 태종(太宗) 황태극(皇太極:온타이지)이 천총(天聰) 10년(1636) 국호를 청(淸)으로 고치고 연호를 숭덕(崇德)이라 하였다. 세조(世祖:順治帝) 순치 원년(1644) 도읍을 북경에 정했다. 강희(康熙) 22년(1683) 대만을 수복하면서 전국을 통일하였다. 성조(聖祖:康熙帝), 세종(世宗:雍正帝), 고종(高宗:乾隆帝) 때 국가가 크게 부흥했으나 선종(宣宗:嘉慶帝) 때 영국과의 사이에 아편전쟁이 일어나 1842년 남경조약으로 개국을 시작했다. 이후 한민족의 반청(反淸) 감정이 고조되면서 1911년 손문(孫文) 일파의 혁명당에 의해 신해혁명(辛亥革命)이 일어나고 청나라는 망했다.

청경세문편(淸經世文編)　　서명. 120권. 하장령(賀長齡), 위원(魏源) 등 편. 도광(道光) 6년(1826) 완성. 청대의 경세논문(經世論文)을 모은 것이다. 원명은 『황조경세문편(皇朝經世文編)』이며 청나라가 망한 후 이름이 바뀌었다. 수록된 문장은 2,200여 편이며, 학술, 치체(治體), 이정(吏政), 호정(戶政), 예정(禮政), 병정(兵政), 형정(刑政), 공정(工政)의 8류(類)로 분류하고 각 유마다 세목을 나누었다. 도광 이전의 경세논문을 집대성한 것으

로 청대 역사를 연구하는 중요 자료이다. 후에 장붕비(張鵬飛)가 『황조경세
문편보(皇朝經世文編補)』를, 갈사준(葛士濬)과 성강(盛康) 등이 『황조경세
문속편(皇朝經世文續編)』을 펴냈다.

청고종(淸高宗) → 건륭제

청련강문화(靑蓮崗文化)　　중국 신석기시대 중기의 문화. 강소성 회안현
(淮安縣) 청련강에서 발견되었다. 진흙으로 만든 삼족기(三足器) 다수와 회
도(灰陶), 흑도(黑陶), 그리고 밑바닥이 평평한 도기들이 일부 출토되었다.
또 마제석기로는 돌도끼, 돌호미, 돌칼, 실을 뽑는 석방(石紡) 등이 보인
다. 앙소(仰韶)문화와 굴가령(屈家嶺)문화의 중간 시기(약 5천년 전)에 발
달한 것으로 추정된다. 거주지로부터 멀리 떨어진 곳에 집단 매장지를 마련
했으며, 생활도구와 장식물을 함께 매장하는 풍습이 있었다.

청목종(淸穆宗) → 동치제

청묘법(靑苗法)　　북송 왕안석(王安石)이 추진한 신법 중 하나. 희녕(熙
寧) 2년(1069) 시행하였다. 이전의 상평창(常平倉)과 같은 기능을 가졌으므
로 상평신법(常平新法)이라 불리기도 했다. 매년 1·2월과 5·6월에 각 주
현(州縣) 정부가 돈 또는 식량을 농촌 주호(主戶)에게 빌려주고 2푼의 이자
를 받았다. 봄에 대여한 것은 하세(夏稅)와 함께 6월에 거두고, 여름에 대
여한 것은 추세(秋稅)와 함께 11월에 거둬들였다. 지주들의 고리대금업을
차단하기 위해 시행하였으나 실효를 거두지 못하였다.

청문종(淸文宗) → 함풍제

청문헌통고(淸文獻通考)　　서명. 청대 전기와 중기의 행정제도, 사회·경
제제도에 관한 자료를 모은 것이다. 원명은 『황조문헌통고(皇朝文獻通考)』.
300권. 혜황(嵇璜) 등이 칙명을 받고 건륭(乾隆) 12년(1747) 편찬에 착수하
여 동 51년 경 완성했다. 체례는 『문헌통고』와 같으며, 군묘(群廟)와 군사
(群祀) 2문(門)을 더하여 26문으로 되어 있다. 청대 초기부터 건륭 50년까
지를 수록 시기로 삼았다. '십통(十通)'의 하나이다.

청불전쟁(淸佛戰爭)　　베트남의 지배권을 놓고 광서(光緒) 10년(1884)부터
이듬해까지 청나라와 프랑스간에 벌인 전쟁. 광서 9년 프랑스는 베트남을
위협하여 '순화조약(順化條約)'을 체결하고 자기들의 보호 아래 두려 했다.
그때까지 청나라는 베트남을 자국의 속국으로 여겨왔으므로 청 왕조는 이
조약의 무효화를 주장했다. 그해 11월 베트남에 거주하던 태평천국의 지도

자 유영복(劉永福)이 군대를 이끌고 청나라 군대와 연합하여 프랑스군과 산서(山西)에서 교전했다. 수세에 몰린 청 정부는 타협책을 모색하여 이듬해 5월 이홍장(李鴻章)과 프랑스 정부 사이에 '중법회의간명조약(中法會議簡明條約)'을 체결했으나 곧 결렬되고 재차 교전에 들어갔다. 대만, 팽호(澎湖), 베트남 일대에서 전쟁이 치열하게 벌어지고, 전세는 청나라에 다소 유리했으나 청 정부는 승리를 기회로 유리하게 화해한다는 입장에서 강화조약을 서둘렀다. 1885년 5월 이홍장은 천진에서 양국간 '중법신약(中法新約)'을 체결했으나 내용은 청조의 베트남 종주권을 포기하고 순화조약을 인정하는 등 중국에 불리한 것이었다.

청상곡사(淸商曲辭)　　한(漢)대에 발전한 일종의 악부(樂府) 가곡 명. 성조가 맑은 특징을 지닌다. 육조(六朝) 시대에 유행하였다. 「오성가(吳聲歌)」「신현가(神弦歌)」「강남농(江南弄)」「상운낙(上雲樂)」「아가(雅歌)」「서곡가(西曲歌)」 등 6종류가 있다.

청성조(淸聖祖) → 강희제

청세조(淸世祖) → 순치제

청세종(淸世宗) → 옹정제

청인종(淸仁宗) → 가경제

청일전쟁(淸日戰爭)　　일명 갑오전쟁(甲午戰爭). 광서(光緖) 20년(1894) 청나라와 일본 사이에 벌어진 전쟁. 그해 조선에서 동학농민전쟁이 발생하자 조선 정부는 청나라에 원병을 요청했다. 이에 조선에서의 영향력 확대를 위해 일본도 조선에 군대를 파견했다. 동학농민전쟁이 수습된 후 일본은 정식으로 청에 선전포고를 하고 조선의 아산, 평양 등지에서 청군을 대파했다. 일본은 다시 압록강을 건너 구련성(九連城), 안동(安東:丹東)을 점령하고, 한편으로는 요동반도를 거쳐 금주(金州), 대련(大連), 여순(旅順)을 함락시켰다. 이듬해 위해위(威海衛)가 공격당해 북양함대가 일본에 항복하고, 침략군에 의해 대륙이 계속 잠식당하자 청 정부는 4월 17일 이홍장(李鴻章)을 전권으로 내세워 일본과 굴욕적인 하관조약(下關條約)을 체결했다.

청초삼대유(淸初三大儒)　　청대 초기의 학자 황종희(黃宗羲), 손기봉(孫奇逢), 이옹(李顒)을 일컫는 말. 각각 강남, 기보(畿輔), 관중(關中) 지역에서 활약하며 지역의 종주(宗主)로 받들어졌으며, 당시 학술계에 큰 영향을 끼쳤다.

청태조(淸太祖) ➡ 누르하치

청태종(淸太宗 : 1592~1643)　　청의 제2대 황제. 만주족. 태조(太祖)의 여덟째 아들. 성은 아이신교료〔愛新覺羅〕. 이름은 온타이지〔皇太極〕. 천명(天命) 11년(1626) 제위에 올라 연호를 천총(天聰)으로 고치고 토지제도를 정비했다. 천총 5년 명대의 육부(六部)제를 받아들여 중앙 행정기구를 정비했다. 동 10년 국호를 후금(後金)에서 청(淸)으로 고치고 숭덕(崇德)으로 개원했다. 또 여진(女眞)이란 이름을 만주로 바꾸었다. 이후 명대의 제도를 습용하여 3원(院) 8아문(衙門)을 설치하고, 한(漢)·만(滿)·몽(蒙)의 3종(種) 팔기제(八旗制)를 세워 국정을 정비했다. 한적(漢籍)을 만주어로 번역하고 과거제도를 통해 한족 관료 출신을 기용했다. 밖으로는 조선을 치고 몽고로부터 항복을 받았다.

청통전(淸通典)　　서명. 원명은 『황조통전(皇朝通典)』이나 청나라가 망한 후 이 명칭으로 통용되었다. 100권. 건륭(乾隆) 32년(1767) 칙명에 의해 편찬했다. 체례는 『통전(通典)』『속통전(續通典)』과 같다. 「식화전(食貨典)」「선거전(選擧典)」「직관전(職官典)」「예전(禮典)」「악전(樂典)」「형전(刑典)」「병전(兵典)」「주군전(州郡典)」「변방전(邊防典)」 등 9문(門)으로 나누어 청대 초부터 건륭 말까지의 전장제도를 기술했다. 『대청회전(大淸會典)』『대청통례(大淸通禮)』를 저본으로 하여 검색하기 쉽도록 재구성했다. '10통(通)'의 하나.

청통지(淸通志)　　서명. 본래 명칭은 『황조통지(皇朝通志)』로서 청나라가 망한 후 이 명칭으로 바뀌었다. 126권. 건륭(乾隆) 32년(1767) 칙명에 의해 편찬했다. 체례는 『통지(通志)』『속통지(續通志)』와 크게 달라 본기(本紀), 열전(列傳), 연보(年譜) 등이 빠졌다. 청대 초기부터 건륭 말까지의 사회 전반적인 역사를 기술하였다. 씨족(氏族), 육서(六書), 칠음(七音), 교수(校讐), 도보(圖譜) 등 외에 『청통전(淸通典)』과 중복되는 것이 많다. '십통(十通)'의 하나.

청회전(淸會典) ➡ 대청회전

체발령(剃髮令)　　일명 치발령(薙髮令). 청 통치자가 여진족의 풍습에 의거하여 한인(漢人)들에게 머리 앞부분은 체발하고 뒷부분은 변발(辮髮)하도록 한 조령. 변발이란 머리의 앞부분을 깎고 뒷부분은 땋는 형을 말한다. 순치(順治) 원년(1644) 체발령을 내린 뒤 한인의 저항에 밀려 거둬들였으나 이에 순종하는 사람은 귀순자로 받아들였다. 이듬해 청군이 남경을 점령하면서 전국에 이를 강력히 시행하고, 어긴 자는 사형에 처했다. 이는 각지 한인들의 저항을 불러 일으켜 청 왕조의 통일정책을 늦추는 결과를 낳았다. 신해혁명 때까지 이 제도가 지속되었으며, 한때 태평천국군이 변발을 거부했다.

초(楚)　　주(周)나라 봉건제후국 중 하나. 전설에 의하면 제(帝) 전욱(顓項:高陽)이 시조이며, 그의 후손인 웅역(熊繹)이 주 성왕(成王)으로부터 분봉받아 단양(丹陽)에 도읍을 정하고 나라를 세웠다. 춘추시대에 이르러 무왕(武王) 때 왕호(王號)를 자칭하고, 문왕(文王) 때 영(郢)으로 천도했으며, 장왕(莊王) 때는 중원의 패자가 되었다. 전국시대에는 전국칠웅의 하나로 위세를 떨쳤으나 점차 진(秦)나라의 압박을 받아 B.C 278년 수도가 함락되었고, B.C 223년 멸망했다. 굴원(屈原), 송옥(宋玉) 등 유명한 문인을 배출했으며, 초사(楚辭)가 발전했다.

초(楚)　　오대십국(五代十國) 중 하나. 후량(後梁) 개평(開平) 원년(907) 마은(馬殷)이 성립시켰다. 이에 앞서 당(唐) 소종(昭宗) 건영(乾寧) 원년(894) 마은이 호남성 일대를 점령하자 건영 3년 당 왕조는 그에게 담주(潭州)자사의 직을 내리고 이듬해 무안군(武安軍)절도사에 임명하였다. 이어 907년 후량 정권이 들어서면서 후량 태조 주온(朱溫)에 의해 초왕(楚王)에 봉해졌다. 도읍은 장사(長沙). 영토는 지금의 호남성 일대와 광서성 일부. 951년 남당(南唐)에 의해 멸망하였다. 6명의 군주가 45년간 재위.

초각박안경기(初刻拍案驚奇)　　서명. 40편. 명대 말 능몽초(凌濛初) 편. 백화문 단편소설집. 『박안경기』는 '초각(初刻)'과 '이각(二刻)'의 두 종류가 있으며 이를 합쳐 '이박(二拍)'이라 한다. '초각'은 천계(天啓) 7년(1627) 완성되었다. 『태평광기(太平廣記)』『이견지(夷堅志)』 등의 책에서 내용을 취했다. 봉건사상과 인과응보를 선양한 내용이 많으나 일부는 당시의 새로운 시민의식을 반영한 것도 있다.

초당사걸(初唐四傑)　　당(唐) 초의 문학가 왕발(王勃), 양형(楊炯), 노조린(盧照隣), 낙빈왕(駱賓王)을 가리키는 말. 이들은 제(齊)·양(梁)의 화미한 낭만 시풍에 물든 당시 시단에 반기를 들고 언어와 제재의 변화를 시도했으며 서민풍의 시를 추구하였다. 그러나 궁체시(宮體詩)의 면모를 완전히 탈피하지는 못했다.

초사(楚辭)　　① 사부(辭賦)계열의 운문. 일명 소체(騷體)라고도 불린다. 춘추전국시대에 남방 초(楚)나라 지방의 시가로부터 발전했다. 우수나 격정 같은 것을 지방 가요의 아름다운 형식을 빌려 표현했다. 대표작으로 굴원(屈原)의 「이소(離騷)」「구가(九歌)」「천문(天問)」과 송옥(宋玉)의 「구변(九辯)」「초혼(招魂)」 등이 있다. 비슷한 시기에 출현한 북방의 『시경(詩經)』과 대비되며, 『시경』의 작품들이 4언 위주라면 초사는 자수와 편폭의 제한을 받지 않은 특징을 보인다. ② 서명. 16권. 서한(西漢) 유향(劉向) 편. 굴원(屈原), 송옥(宋玉), 경차(景差) 등 초나라 사부 작가들의 작품을 모았다. 이밖에 서한(西漢)의 가의(賈誼), 회남소산(淮南小山), 동방삭(東方朔), 엄기(嚴忌), 왕포(王褒), 유향(劉向) 등이 초사를 모방해 지은 작품도 실었다.

초사장구(楚辭章句)　　서명. 17권. 동한(東漢) 왕일(王逸) 저. 최초의 『초사(楚辭)』 주석서로 알려져 있다.

초서(草書)　　서체의 일종. 서한(西漢)시대에 생겨났으며, 예서(隸書)에서 발전하였다. 필획이 간단하고 흘림이 많다. 서한의 사유(史游)가 초서의 초기 형태인 '장초(章草)'를 개발했고, 동한의 장지(張芝)가 장초를 기초로 '금초(今草)'를 개발하여 초서에 이르렀다.

초세무(初稅畝)　　춘추시대의 조세제도. 노(魯)나라에서 선공(宣公) 15년(B.C 594) 시행했다. 공전과 사전의 구분없이 토지에 대해 일률적으로 세금을 거두었다. 이로 인해 공전과 사전을 구분한 정전제(井田制)가 점차 무너졌다.

초장왕(楚莊王:?~591 B.C)　　춘추시대 초(楚)나라의 국군(國君). B.C 613~591년 재위. 이름은 여(侶·旅). 춘추오패 중 한 사람. 즉위 후 3년간 여인들 곁에서만 지내고 정사를 등한시했다. 오거(伍擧), 소종(蘇從) 등 충신의 간언을 듣고 마음을 고쳐 이후 국정을 잘 다스렸다. B.C 597년 필(邲)의 전투에서 정(鄭)을 구원나온 진(晋)의 군사를 대파하고 중원의 강자로 부상했다. 궁중 연회 때 신하 한 사람이 어둠을 틈타 그의 총희를 희롱했으나 이를 관대히 보아 넘긴 '갓끈' 고사가 유명한 일화로 전해진다.

초조화(初租禾)　　전국시대 초기의 조세제도. 진(秦)나라에서 간공(簡公) 7년(B.C 408) 경제개혁 조치의 일환으로 실시했다. 춘추시대 노(魯)나라에서 시행한 초세무(初稅畝)와 성격이 같다. 토지의 면적에 비례하여 일정 수량의 곡물을 토지세로 바치도록 했다.

초종(譙縱:?~413)　　오호십육국 시대 후촉(後蜀)의 건립자. 한(漢)족 출신. 동진(東晋) 안제(安帝) 때 서안부참군(西安府參軍)을 지냈다. 405년 촉(蜀) 지방에서 성도왕(成都王)을 칭하고 자립했다. 이듬해 후진(後秦)의 요흥(姚興)에게 칭신(稱臣)하였다. 동진(東晋)의 유유(劉裕)가 파견한 군대에 패하여 사망했다.

초패왕(楚覇王) → 항우

초학기(初學記)　　서명. 당(唐) 서견(徐堅) 등 저. 30권. 황제의 아들이 학문을 배우기 시작할 때 대본으로 쓸 수 있도록 지어진 계몽적 교과서.

초한전쟁(楚漢戰爭)　　유방(劉邦)과 항우(項羽) 사이에 통치권 쟁탈을 놓고 벌인 전쟁. 진(秦)이 망한 후 항우는 남쪽 오(吳:강소성)에서 기병하여 스스로 서초패왕(西楚覇王)이라 칭하고 북상하면서 B.C 206년 유방을 한왕(漢王)에 봉하였다. 유방은 항우가 제(齊) 땅으로 출격한 틈을 타 서쪽으로 관중(關中) 및 관동(關東)의 요지를 점거한 후 동쪽으로 진격하여 항우의 거점인 팽성(彭城:강소성 徐州)을 공격하였으나 항우에게 크게 패하였다. 형양(滎陽), 성고(成皐)로 퇴각하여 항우와 대치하던 유방은 팽월(彭越), 영포(英布) 등으로 하여금 적의 후방을 공격하게 하고, 한신(韓信)을 파견하여 제(齊)·조(趙) 등의 지역을 장악했다. B.C 203년 쌍방은 서로 휴전을 약속했으나 이듬해 유방은 항우가 철군하는 틈을 이용해 총공격을 감행했다. 항우군은 패퇴하다가 해하(垓下:안휘성 靈壁 남쪽)에서 포위당하여 사면초가의 상황에 놓였으며, 항우는 이를 뚫고 도망가다가 오강(烏江:안휘성 和縣 동북)에서 자살하였다. 동년 6월 유방은 초 땅을 흡수하고 한(漢)의 황제(高祖)로 즉위하였다.

초한춘추(楚漢春秋)　　서명. 역사서. 9권. 서한(西漢) 육가(陸賈) 저. 진(秦) 말 항우(項羽)와 유방(劉邦)이 기병한 때부터 한(漢) 초까지의 역사를 기술했다. 작자가 당시대 사람이므로 사료가 믿을 만하다. 집본(輯本)만이 현존한다.

초혼(招魂)　　작품명. 초사(楚辭) 계열의 운문. 전국시대 굴원(屈原) 혹은 송옥(宋玉)의 작품. 초나라 민간의 풍속을 노래했다.

촉(蜀)　　국가명. 위(魏)·오(吳)와 함께 한(漢)의 뒤를 이어 성립한 3국 중 하나. 국호는 한(漢)이며, 역사에서 촉(蜀), 혹은 촉한(蜀漢)이라 한다.

221년 유비(劉備)가 성도(成都)에서 칭제(稱帝)하고 건국하였다. 통치지역은 사천성, 운남성의 대부분과 귀주성 전부, 그리고 섬서성 한중(漢中)과 감숙성 백룡강(白龍江) 유역 일부이다. 263년 위에 의해 멸망하기까지 2명의 황제에 의해 43년간 유지되었다.

총관(總管) 관직명. 삼국시대 위(魏)나라에서 도독(都督)을 두어 제주(諸州)의 군사(軍事)를 총괄하도록 하였는데, 북주(北周) 때 이를 총관으로 개칭하였다. 당(唐)대에는 출정(出征)의 임무도 맡았으며, 송(宋)대에는 절도사(節度使)로써 임명하거나 지부(知府), 지주(知州)가 이를 겸직하도록 하였다. 원대에는 다루가치 아래에 두었다. 청대에는 내무부(內務府)에 총관대신(總管大臣)을 설치하여 궁정의 사무를 관장토록 하였으며, 궁내의 환관 중 수령에 해당하는 자를 총관태감(總管太監)이라 하였다.

총독(總督) 관직명. 명대 초 행중서성(行中書省:行省)을 폐지하고 지방에 삼사(三司:布政使司·按察使司·都指揮使司)를 설치했다. 삼사 사이에 업무 협조가 이루어지지 않는 상황이 발생하면 경관(京官)에서 임시로 총독을 파견하여 3사의 상부기관으로서 행정·군사 등 지방의 최고 행정장관에 상당하는 업무를 수행하게 했다. 총독은 주어진 임무가 끝나면 조정으로 복귀했다. 이후 성화(成化) 6년(1470) 오주(梧州)에 정식으로 총독부를 설치하면서 전국 각 성에 고정으로 총독을 배치했다. 중앙의 병부상서(兵部尚書), 도어사(都御史)가 총독에 임명되었다. 청대에는 한 성을 관할하는 순무(巡撫)를 두고 다시 2,3개 성을 관할하는 총독을 두었는데, 업무는 양자 간 서로 비슷했고, 서열은 총독이 조금 위였다. 아편전쟁 이후 권한이 더욱 강했다.

총리각국사무아문(總理各國事務衙門) 일명 총리아문(總理衙門), 총서(總署), 역서(譯署). 청대의 정부기구. 북경조약(1860) 성립 후 북경에 외국 공사가 설립되면서 이듬해인 함풍(咸豊) 10년 말 이들과의 외교 사무를 처리하기 위해 정부기구로 설립되었다. 당시 공친왕(恭親王) 혁흔(奕訢), 대학사 계량(桂良), 호부좌시랑(戶部左侍郎) 문상(文祥) 3인이 총리아문대신에 임명되었다. 통상, 해관(海關), 해방(海防) 사무를 관장하는 한편 각국에 공사를 파견했다. 하부기관으로 외국어 교습을 담당하는 동문관(同文館)을 두었으며, 해외 유학생 파견사무도 맡았다. 또 삼구통상대신, 오구통상대신을 관할했다. 광서(光緖) 27년(1901) 외무부로 개칭되었다.

총리아문(總理衙門) → 총리각국사무아문

총병(總兵)　관직명. 명대 초에 설치되어 청대까지 이어졌다. 각지에 임시로 파견되었으며 품급(品級)이 없고 정원도 없었다. 전시에 장군의 위패를 차고 출병했다가 임무가 끝나면 본래의 임무로 돌아왔다. 공(公), 후(侯), 백(伯), 도독(都督)의 신분을 가진 사람으로 충임했다. 이름 앞에 직함이 붙어 '제독총병(提督總兵)' '순시총병(巡視總兵)' '비왜총병(備倭總兵)' 등으로 불리었다. 후에는 점점 각 지방에 상주하며 큰 권한을 가졌다.

총재(家宰)　관직명. 백관(百官)의 우두머리. 서주(西周)시대에는 삼공(三公) 중 한 사람이 겸임하여 정무를 관장했다. 후세에 재상(宰相)으로 대칭(代稱)되었다.

총제전(總制錢)　남송 소흥(紹興) 5년(1135) 시행된 잡세의 총칭. 참지정사(參知政事) 맹유(孟庾)가 총제사(總制司)를 설립하고 총제사(總制使)를 겸임하면서 건의, 시행하였다. 두자전(頭子錢:부가세의 일종), 기소장고전(耆所長顧錢) 등 20여 항목의 세금을 증수하여 세원을 마련했디. 이전의 잡세인 경제전(經制錢)과 합쳐 경총제전(經總制錢)이라고 했다.

최령흠(崔令欽)　당(唐)대의 작가. 현종(玄宗) 때 저작좌랑(著作佐郎), 좌금오위창조참군(左金吾衛倉曹參軍) 등을 지내고 숙종(肅宗) 때 창부낭중(倉部郎中)에 올랐다. 가무와 음악을 좋아하여 교방(敎坊)을 자주 드나들었다. 안사(安史)의 난 이후 강남에 살면서 과거 교방에서 가무를 즐겼던 일을 회상하며 『교방기(敎坊記)』를 지었다.

최술(崔述:1740~1816)　청대의 사학자, 경학가. 자는 무승(武承), 호는 동벽(東壁). 대명(大名:하북성) 출신. 건륭(乾隆) 27년 거인(擧人)이 되고 나원현(羅源縣:복건성), 상항현(上杭縣)의 지현(知縣)을 지내다 병을 핑계로 관직에서 물러나 저술에 몰두했다. 경학 고증에 힘썼으며, 회의(懷疑), 변위(辨僞), 고신(考信)의 세 방법을 택했다. 상고사에 대한 체계적 고증을 하며 의고파(疑古派)의 풍기를 일으켰다. 동시에 고대 문헌에 대한 정리와 연구을 하면서 독자적인 견해를 제시했다. 저서에 『고신록(考信錄)』 등 30여 종이 있으며, 후세 사람이 『최동벽유서(崔東壁遺書)』를 펴냈다.

최식(崔寔:?~약 170)　동한(東漢)의 사상가. 자는 자진(子眞). 안평(安平:하북성) 출신. 한 항제(恒帝) 때 의랑(議郎) 벼슬을 했으며, 선정을 베푼 공로로 관직이 상서(尙書)에까지 올랐다. 영제(靈帝) 초에 병사했다.

『정론(政論)』을 지어 탐관오리들을 나무라고 상벌을 두터이 하여 국가의 통치질서를 바로잡아야 한다고 주장하였다. 동한시대 형명법술학(刑名法術學)의 대표 인물이다.

최혜국조관(最惠國條款)　　일명 편면최혜국조관(片面最惠國條款). 무역이나 기타 외교 관계상 일국이 타국에 특권을 부여할 경우 이 조약을 체결한 국가에도 같은 특권을 자동 부여한다는 양국간 국제조약. 청 도광(道光) 23년(1843) 청나라가 영국과 '호문조약(虎門條約)'을 체결하면서 처음 이 조항을 명문화한 이후 미국, 프랑스 등과도 같은 규정을 맺었다. 청나라는 당시 서방 열국의 반식민지 국가였으므로 이 조약은 사실상 청에만 불리했다. 적용 범위가 통상에 국한되지 않았으므로 제국주의 열강이 중국을 침략하는 용이한 수단이 되었으며, 청나라 쪽에서는 주권을 침탈당하는 가혹한 조항이었다.

최호(崔浩:?~450)　　북위(北魏)의 정치가, 사학자. 자는 백연(伯淵). 사족 출신으로 북위의 건립자인 탁발(拓跋)씨를 섬겨 사도(司徒) 벼슬에 올랐다. 천문 역법에 정통하여 오인원력(五寅元曆)을 제정하였다. 『국사(國史)』 30권의 편찬에 참여했으며, 도사(道士) 구겸지(寇謙之)의 억불(抑佛) 주장을 지지하여 태평진군(太平眞君) 7년(446) 폐불령(廢佛令)을 내리는데 일조하였다. 후에 탁발씨의 비사(秘事)를 『국사』에 수록하였다가 국악(國惡)을 폭로한다는 이유로 태무제(太武帝) 탁발도(拓跋燾)의 노여움을 사 삼족 128명과 함께 처형되었다. 저서 『오경주석(五經注釋)』.

최호(崔顥:약 704~54)　　당(唐)대의 시인. 변주(汴州:하남성 開封) 출신. 개원 11년(723) 진사에 급제한 후 사훈원외랑(司勛員外郎)의 관직을 지냈다. 악부시를 잘 지었으며 민간의 가사를 많이 채용하였다. 그의 대표작 「황학루(黃鶴樓)」는 당대 7언율시 가운데 가장 아름다운 작품으로 평가받는다. 작품 「장간행(長干行)」 「증왕위고(贈王尉古)」 「증양주장도독(贈梁州張都督)」 등.

최홍(崔鴻)　　북위의 사학가. 자는 언란(彦鸞). 중산대부(中散大夫), 황문시랑(黃門侍郎)을 지냈다. 조정의 명을 받아 율령을 정하고 기거주(起居注)와 국사(國史)를 편찬하는 등 중임을 맡았다. 서진 이후 16국의 역사를 연구하여 20여 년의 노력 끝에 『십육국춘추(十六國春秋)』 102권을 펴냈다.

추근(秋瑾:1879~1907)　　청대 말의 여성 혁명운동가. 자는 선경(璿卿),

호는 경웅(競雄), 감호여협(鑑湖女俠). 절강성 산음(山陰:紹興) 출신. 광서(光緖) 30년(1904) 일본에 유학하여 이듬해 동향인 서석린(徐錫麟)의 소개로 광복회(光復會)에 가입하고 이어 동맹회(同盟會)에도 가입하여 절강 지역의 핵심 혁명운동가로 활약했다. 광서 32년 일본 정부의 유학생 탄압으로 귀국하여 상해에서 「중국여보(中國女報)」를 발행하였다. 이듬해 소흥에서 대통학당(大通學堂)을 운영하며 서석린 등과 광복군을 조직하던 중 모의 계획이 탄로나 투옥된 후 처형되었다.

추밀사(樞密使)　　관명. 당(唐) 대종(代宗) 때 내추밀사(內樞密使)를 설치하여 2명의 환관이 보임되었다. 조정의 기밀과 조지(詔旨)를 선포하는 일을 맡았다. 소종(昭宗) 때 주온(朱溫)이 환관을 모두 주살하면서 사인(士人)으로 보임했다. 주온이 칭제(稱帝)한 이후 숭정사(崇政使)로 개칭하고 측근 대신을 임명했으며, 이후 추밀사로 복칭했다. 송(宋)대에는 추밀사가 추밀원의 장관이 되었으며, 중서성의 동평장사(同平章事)와 함께 군국(軍國)의 정사를 담당했다. 이 두 관직을 합칭하여 ‘재집(宰執)’이라 했다. 추밀원장관을 일명 지추밀원사(知樞密院事)라고도 하고, 약칭 지원(知院)이라 했다. 부직(副職)은 추밀부사(樞密副事), 동지추밀원사(同知樞密院事)로 불렀다. 청대에는 군기대신(軍機大臣)을 존칭하는 말로 쓰였다.

추수익(鄒守益:1491~1562)　　명대의 사상가. 자는 겸지(謙之). 호는 동곽(東廓). 정덕(正德) 6년(1511) 진사에 합격하여 한림편수(翰林編修)의 직을 제수받았으나 벼슬을 마다하고 왕수인(王守仁)을 따라 학문을 연구했다. 가정(嘉靖) 원년(1522) 복직했다가 대례(大禮)의 의(議)에 관련되어 지방으로 좌천되었다. 다시 예부낭중(禮部郎中), 국자감좨주(國子監祭酒)로 옮겼으나 상서를 올렸다가 황제의 노여움을 사 관직을 그만두고 고향에서 강학하는 일에만 몰두했다. 왕수인의 학문을 계승하여 ‘신독(愼獨)’을 ‘치양지(致良知)’의 행위 양식으로 여겼다. 저서『동곽집(東廓集)』『동곽유고(東廓遺稿)』.

추양(鄒陽:206~129 B.C)　　서한(西漢)의 문학가. 임치(臨淄:산동성 淄博) 출신. 처음에 오왕(吳王) 유비(劉濞)의 문하에서 매승(枚乘), 엄기(嚴忌) 등과 문명(文名)을 떨쳤다. 오왕의 모반에 반대하는 상소를 올렸다가 받아들여지지 않자 양(梁) 땅으로 가서 양효왕(梁孝王)의 문객이 되었다. 후에 주변의 참소로 하옥되었으나 효왕에게 감동적인 내용의 상소문을 올려 출옥되었다. 이 때의 「옥중상양왕서(獄中上梁王書)」는 고금의 명편으로 평가된다. 「상오왕서(上吳王書)」 및 부(賦) 수 편이 있다.

추연(鄒衍·騶衍:약 305~240 B.C)　전국시대 후기의 사상가. 음양가(陰陽家)의 대표적 인물. 제나라 사람. 유세에 능해 위(魏)·조(趙)·연(燕) 등을 여행하면서 군주들로부터 예우를 받았고, 조(趙)에 사신으로 가서는 공손용(公孫龍)을 면전에서 힐난해 명성이 더욱 높아졌다. 맹자의 영향을 받았으며, 음양설과 오행설을 혼합하여 음양오행설을 제창하였다.

추은령(推恩令)　한(漢) 무제(武帝) 시기에 제후왕은 왕국을 소유하면서 수십 개의 성과 사방 천리의 땅을 가지고 있어 중앙 정권을 위협하였다. 원삭(元朔) 2년(B.C 127) 무제는 주부언(主父偃)의 건의를 받아들여 제후왕이 사은(私恩)으로 왕국 토지의 일부분을 자제에게 나누어 주어 열후(列侯)로 삼는 것을 윤허하고, 황제는 이들 후국(侯國)의 봉호(封號)를 제정하였다. 후국은 군(郡)에 속하며 지위는 현(縣)에 상당하였다. 이 결과 왕국은 다시 후국으로 나뉘어져 왕국의 축소와 중앙정부 직할 토지의 확대를 가져왔다. 추은령 이후 왕국은 자제의 읍(邑)으로 나뉘어져 제왕의 적장자 이외의 자식들도 모두 후(侯)가 되었으며, 제후왕의 권한이 상대적으로 약화되는 결과를 가져왔다.

추풍사(秋風辭)　사부(辭賦)의 편명. 한무제(漢武帝) 유철(劉徹)의 작품. 신하들과 함께 배 위에서 음주를 즐기며 지었다. 원문은 '秋風起兮白雲飛 草木黃落兮雁南歸 蘭有秀兮菊有芳 懷佳人兮不能忘'.

축윤명(祝允明:1460~1527)　명대의 문학가, 서예가. 자는 희철(希哲). 호는 지산(枝山), 지산노초(枝山老樵). 오른쪽 손이 육손이였기 때문에 기지생(枝指生)이란 호를 얻기도 했다. 장주(長洲:강소성 蘇州) 출신. 서유정(徐有貞)의 외손이자 이응정(李應禎)의 사위이다. 흥녕지현(興寧知縣), 응천통판(應天通判) 등을 지내다 가정(嘉靖) 초 질병을 이유로 사임하고 고향에서 시문과 서예를 쓰며 보냈다. 시문을 잘 지었으며, 오중사재자(吳中四才子)의 한 사람에 속했다. 저서 『회성당집(懷星堂集)』 『축씨문집(祝氏文集)』 『전문기(前文記)』 『독서필기(讀書筆記)』 『구조야기(九朝野記)』 등.

축융(祝融)　고대 전설상의 인물. 제곡(帝嚳)의 신하로서 불을 관리한 신(火神). 일설에 의하면 그는 나중에 실직하여 서주(西周)시대 남방 초(楚)나라의 건국자가 되었다고 한다. 죽은 후 호남성 형산(衡山)의 72봉 중

최고봉에 묻혔으며, 이로 인해 그 봉우리의 이름을 축융봉(祝融峯)이라 했다고 한다.

춘신군(春申君:?~238 B.C)　전국시대 초(楚)나라의 공자. 성은 황(黃), 이름은 헐(歇). 경양왕(頃襄王) 때 좌도(左徒)에 임명되었다가 고열왕(考烈王) 때 영윤(令尹)이 되었으며, 오(吳) 땅에 봉해진 후 춘신군이라는 칭호가 붙여졌다. 제(齊)의 맹상군(孟嘗君), 위(魏)의 신릉군(信陵君), 조(趙)의 평원군(平原君)과 더불어 전국 사공자(四公子:四君)의 한 사람이다. 문하에 식객 3천을 두었다. 진(秦)의 침략으로 조(趙)나라 군대가 한단(邯鄲)에서 포위되었을 때 군사를 이끌고 가 진군을 퇴각시켰으며, 이로 인해 초나라의 위세가 한때 크게 부상했다. 노(魯)나라를 멸망시키는데 공헌했으며, 순자(荀子)를 추천하여 난릉(蘭陵)의 현령으로 삼았다. 고열왕 사후 내부 분란으로 피살되었다.

춘추(春秋)　역사서. 오경 중 하나. 11권(또는 12권). B.C 722년(魯隱公 원년)부터 B.C 481년(魯哀公 14년)에 이르는 242년 동안의 중요한 사건들, 즉 열국 국군(國君)의 즉위, 조빙(朝聘), 침벌(侵伐), 회맹, 제사, 천재(天災) 등을 연월에 맞추어 간결히 기록한 노나라 연대기. 편년체이며 공자가 편집한 것이라고 전해진다. B.C 480년 경 완성되었다. 소위 춘추필법(春秋筆法)으로서 역사에 대한 비판을 가했다고 하여 『춘추』의 자구마다 들어있는 포폄의 의를 밝히는 작업이 후세에 공양학(公羊學)이라는 학문유파로서 성행했다. 춘추의 해석서로는 『춘추좌씨전(春秋左氏傳)』『춘추공양전(春秋公羊傳)』『춘추곡량전(春秋穀梁傳)』 세가지가 전해진다. 시대구분 용어인 '춘추시대'도 이 책명에서 유래했다.

춘추경전집해(春秋經傳集解)　서명. 전 30권. 일명 『춘추좌씨경전집해(春秋左氏經傳集解)』. 서진시대 두예(杜預) 편찬. 『춘추좌전(春秋左傳)』에 대한 주해서이다.

춘추곡량전(春秋穀梁傳)　『춘추』의 주석서. 약칭 『곡량전』. 11권. 전국시대 자하(子夏)의 제자인 곡량적(穀梁赤:穀梁子로도 불림)이 지었다고 하나 근거가 희박하다. 『좌씨전(左氏傳)』『공양전(公羊傳)』과 함께 '춘추삼전(春秋三傳)'이라 한다. 당(唐)대에 양사훈(楊士勳)이 소(疏)를 지었고, 청대에는 허계림(許桂林)이 『곡량석례(穀梁釋例)』, 종문증(鍾文烝)이 『곡량보주(穀梁補注)』를 지었다.

춘추공양전(春秋公羊傳)　　『춘추』의 주석서. 약칭『공양전』. 11권. 전국시대 제(齊)나라의 공양고(公羊高)가 썼다고 하나 한(漢) 경제(景帝) 때 그의 현손인 수(壽)와 호모자도(胡母子都)가 지어서 죽백(竹帛)에 기록했다는 설이 더 유력하다. 『춘추』를 역사철학적 관점에서 해석하여 책의 내용에 담긴 미언대의(微言大義)를 파헤쳤다. 청대에 공광삼(孔廣森)이 『공양통의(公羊通義)』를, 진립(陳立)이 『공양의소(公羊義疏)』를 지으면서 『공양전』에 대한 연구가 활발했으며, 학문으로서의 공양학이 발전했다. 『좌씨전(左氏傳)』 『곡량전(穀梁傳)』과 더불어 '춘추삼전(春秋三傳)'이라 한다.

춘추공양학파(春秋公羊學派)　　한(漢)대에 가장 성행했던 금문경학(今文經學) 유파중 하나. 『공양전』을 가지고 『춘추』를 해석했으며, 유가 사상을 봉건 통치이념에 맞게 고쳐 존왕양이(尊王攘夷)와 대의명분을 제창하였다. 동중서(董仲舒)가 대표적 인물이다.

춘추번로(春秋繁露)　　서명. 17권 82편. 서한(西漢) 동중서(董仲舒) 저. 음양오행의 사상을 도입하여 유가의 경전을 새롭게 해석했다. 자연현상과 인간과의 관계를 꿰맞추어 '천인감응(天人感應)'론을 폈으며, 이밖에 '삼강오상(三綱五常)'과 '성삼품(性三品)'의 내용이 담겨 있다.

춘추삼전(春秋三傳)　　『춘추』를 해석한 3종의 책. 곧 『춘추좌씨전(春秋左氏傳)』 『춘추공양전(春秋公羊傳)』 『춘추곡량전(春秋穀梁傳)』을 말한다.

춘추시대(春秋時代)　　주(周)왕실이 낙양(洛陽)으로 동천(東遷)하면서 국력이 쇠약해진 틈을 타 각 제후국들이 군웅할거하던 시대. 명칭은 서명인 『춘추』에서 나왔다. 총 100여 개의 군소국가가 겸병을 거듭하여 전국시대(戰國時代) 초에 이르러 약 10여 개로 통합되었다. 그 중 중원 땅의 정(鄭), 송(宋), 노(魯), 조(曹), 진(陳), 채(蔡)와 변방의 제(齊), 진(秦), 진(晋), 초(楚)가 각기 영토 확장과 패업을 위해 혈전을 벌여 정치의 암흑기를 이루었다. 연대 구분은, 첫째 『춘추』 경전의 내용이 시작되는 B.C 722년(魯隱公 원년)부터 내용이 끝나는 B.C 481년(魯哀公 14년)까지 242년을 가리키거나, 둘째 서주(西周)시대가 마감되는 B.C 771년부터 진(晋)이 한(韓)·위(魏)·조(趙)로 3분되는 B.C 453년까지를 말한다. 이밖에 『사기(史記)』의 6국 연표(年表)가 끝나는 B.C 475년, 혹은 『좌전(左傳)』의 내용이 끝나는 B.C 464년을 춘추시대가 마감되는 해로 설정하기도 한다.

춘추십이열국(春秋十二列國)　　춘추시대에 유력했던 12개 제후국. 노(魯),

위(衛), 진(晋), 정(鄭), 조(曹), 채(蔡), 연(燕), 제(齊), 진(晋), 송(宋), 진(秦), 초(楚)를 말한다. 이밖에 오(吳)를 포함시켜 13열국이라 부르기도 한다. 오나라는 강국이었으나 만이족(蠻夷族)이라는 이유로 12국에서 제외되었다.

춘추오패(春秋五覇) 춘추시대 주 천자(周天子)를 대신하여 각 제후국을 통솔하던 다섯 패자(覇者). 곧 제환공(齊桓公), 진문공(晋文公), 초장왕(楚莊王), 진목공(秦穆公), 송양공(宋襄公)의 다섯 사람을 말한다. 송양공과 진목공 대신 오(吳)의 합려(闔閭)나 부차(夫差), 그리고 월(越)의 구천(句踐)을 넣기도 한다. 주로 각국 회맹의 형식을 통해 패자(회맹의 맹주)가 되었다.

춘추외전(春秋外傳) ➡ **국어**

춘추전국시대(春秋戰國時代) 춘추시대와 전국시대를 합하여 일컫는 말. 춘추시대, 전국시대 참조.

춘추좌씨전(春秋左氏傳) 서명.『춘추』의 내용을 보완 설명한 주석서. 전국시대 노나라의 좌구명(左丘明)이 지었다고 하나 확실치 않다.『춘추』의 기록이 너무 간결하기 때문에 그 내용을 구체적이고 상세하게 보충했다. 역사에 관한 설화 및 사건이 풍부하게 기록되어 있어『국어(國語)』와 함께 춘추시대의 역사를 이해하는데 가장 중요한 자료가 된다. 줄여서『좌전(左傳)』, 혹은『좌씨전(左氏傳)』,『춘추좌전(春秋左傳)』이라고도 한다.

측천무후(則天武后) ➡ **무측천**

치발령(薙髮令) ➡ **체발령**

치속내사(治粟內史) 관직명. 진(秦)대에 설치되었다. 서한(西漢) 경제(景帝) 때 대농령(大農令)으로, 무제(武帝) 때 대사농(大司農)으로 명칭이 바뀌었다. 조세와 화폐, 기타 곡물, 염철(鹽鐵) 등 정부의 재정 수지를 담당하였다. 9경(卿)의 벼슬에 속했다.

치외법권(治外法權) ➡ **영사재판권**

치우(蚩尤) 고대 신화전설상의 인물. 동방 구려(九黎)족의 영수로서 전쟁을 좋아했다고 한다. 일설에는 그의 형제가 81명 있었는데, 모두 형체는 짐승이었으나 인간의 말을 했다고 한다. 바람과 비를 몰고올 줄 아는 데다 성질이 사나워 천하가 그를 두려워했다고 한다. 후에 난을 일으켰으나 황제(黃帝)와 염제(炎帝)에게 평정되었다. 전쟁의 신으로 일컬어진다.

치우희(蚩尤戱)　　진(秦)대에 발생한 일종의 민간 가무. 2~3명이 한 조가 되어 머리에 쇠뿔을 쓰고 서로 씨름하며 치우가 황제(黃帝)와 싸우던 고대의 전설을 재현했다.

치장법(置將法) ➡ 장병법

치중(治中)　　관직명. 한(漢)대에 설치. 주(州) 자사(刺史)의 업무를 보조하던 관리. 당대에 사마(司馬)로 개칭했다. 명·청대에는 경부(京府)에만 설치했으며, 통판(通判)과 함께 부(府)의 일을 맡았다.

칠국고(七國考)　　서명. 명대 말 동설(董說) 찬. 전국시대 진(秦), 제(齊), 초(楚), 월(越), 한(韓), 위(魏), 연(燕) 7국의 전장제도와 생활풍습 등에 관해 기록했다. 관직, 궁실, 음악, 상제(喪制), 병제(兵制), 형법 등 14문(門)으로 분류했으며, 『사기(史記)』『전국책(戰國策)』등을 참고했다.

칠발(七發)　　부(賦)의 편명. 서한(西漢) 매승(枚乘)의 작품. 오(吳)나라의 문객이 병중에 있는 초(楚) 태자에게 병을 이겨낼 수 있는 길을 일러주어 태자가 완쾌한다는 내용이다. 서곡(序曲) 외에 7가지로 나누어 치병(治病)의 비결을 설명했다. 산문이 주를 이루는 가운데 간혹 운문이 섞여 있으며 서사체 형식을 띤다. 후인들이 이 체제를 본떠 많은 작품을 지으면서 '칠체(七體)'가 생겨났다.

칠부악(七部樂)　　수(隋) 문제(文帝) 개황(開皇) 초기에 설치된 궁정음악. 일명 칠부기(七部伎). 국기(國伎), 청상기(淸商伎), 고려기(高麗伎), 천축기(天竺伎), 안국기(安國伎), 구자기(龜玆伎), 문강기(文康伎) 등으로 구성되었으며, 가무가 곁들여졌다. 중원 악무, 소수민족 악무 외에 외국 악무가 들어 있다.

칠언시(七言詩)　　서한(西漢) 때 출현한 일종의 시가 형식. 매 구 7자로 이루어진다. 한 무제(武帝) 때 백량대체(柏梁臺體)가 유행하면서 7언시체가 출현했다고 전해진다. 그러나 근원은 초사(楚辭)로부터 찾을 수 있다. 5언시에 비해 화려 섬세하고 수사적이며, 남방 계열의 운문에 가깝다. 5언시와 더불어 발전을 거듭하여 중국시의 정형을 이루었다. 고시(古詩), 율시(律詩), 절구(絶句), 배율(倍律) 등의 형태로 세분된다.

칠체(七體)　　한(漢)의 사부가(辭賦家) 매승(枚乘)이 창시한 부체(賦體)의 일종. 그의 작품 「칠발(七發)」이 대표작이며, 7단으로 나누어 작품의 내용을 구성했다. 후인이 이 체를 모방하여 「칠격(七激)」「칠계(七啓)」「칠석(七釋)」 등을 지으면서 부의 고유한 체제로 자리잡았다.

침구갑을경(針灸甲乙經)　　서명. 의학서. 일명 『갑을경』, 『황제삼부침구갑을경(黃帝三部針灸甲乙經)』. 12권 128편. 서진(西晋)시대 황보밀(皇甫謐) 찬. 오장육부의 생리현상을 파악하여 병의 진단과 치료를 강구하였다. 이전까지 유전되어 온 침구술을 총결하여 349개의 침구 혈도(血道)를 확정하고 침술 요법을 설명하였다.

침구대성(針灸大成)　　서명. 의학서. 10권. 명대 양계주(楊繼洲) 편. 만력(萬曆) 29년(1601) 완성. 편자에 가전(家傳)되어 오던 『위생침구원기비요(衛生針灸元機秘要)』를 기초로 하여 『내경(內經)』『난경(難經)』 등 10여 종의 역대 의학서를 참고하여 만들었다. 청대에 평양지부(平陽知府)로 있던 이월계(李月桂)가 증보하여 간행했다. 명대 이전의 침구술을 집대성한 것으로 침구 의학사상 중요한 전적으로 꼽힌다.

침중기(枕中記)　　서명. 전기(傳奇)소설. 당(唐)대 심기제(沈旣濟) 저. 주인공 노생(盧生)이 한단(邯鄲)의 거리에서 도사 여옹(呂翁)을 만나 공명을 얻고자 하는 자신의 심회를 표현하자 여옹이 그에게 베개를 주었다. 노생은 그 베개를 베고 잠이 든 후 꿈에서 모든 부귀영화를 누렸다. 꿈에서 깬 그는 현실의 모든 부귀영화가 한낱 꿈에 불과하다는 것을 깨닫는다. 동시대의 소설 『남가태수전(南柯太守傳)』과 함께 공명을 추구하는 당시 사람들을 풍자한 소설이다. '한단일몽(邯鄲一夢)'이란 성어가 여기에서 나왔다.

칭기즈칸〔成吉思汗：1162~1227〕　　몽고제국의 초대 황제이자 원(元)의 시조(재위 1206~27). 이름은 테무진〔鐵木眞〕. 묘호(廟號)는 태조(太祖), 시호는 법천계운성무황제(法天啓運聖武皇帝〕. 칭기즈칸은 호이다. 1188년 몽고족의 부족장이 되어 주변 부족을 병합하고 전 몽고족을 통일하였다. 1206년 오논강변에서 몽고의 대칸〔大汗〕에 즉위, 칭기즈칸의 칭호를 받고 후리타이〔忽里台：귀족회의〕를 소집하여 통일국가의 기구를 확정하였다. 이것이 몽고 칸(汗)국이며 원 왕조의 전신이다. 1205년부터 1209년 사이에 서하(西夏)를 3차례 공격하여 조공을 받아내고, 이후 금(金)을 공격하여 중도(中都：北京)를 점령했다. 1218년 서요(西遼)를 멸망시켰다. 이밖에 중앙아시아를 평정하고, 유럽 동부와 이란 북부 등을 점령한 후 세 아들에게 분봉했다. 1226년 재차 서하를 공격했으며, 1227년 7월 서하가 항복하기 직전 감숙성 청수현(淸水縣)에서 병사하였다. 손자인 쿠빌라이에 의해 원왕조가 성립된 후 태조로 추존되었다.

타여진(打女眞)　　요(遼)의 통치계급이 여진족에 가한 경제적 수탈과 신체적 구속 정책. 통치계급은 생여진(生女眞)의 특산품을 강제 수탈하거나 저가에 사들이고, 결혼 여부나 가문의 고하에 관계없이 부락의 미녀를 빼앗아 갔다. 이같은 현상은 여진족의 반요(反遼) 투쟁을 불러 일으키는 직접적인 동기가 되었다.

타타르〔韃靼〕　　몽고족의 한 갈래. 원(元)나라가 망한 후 몽고족의 일부가 흥안령(興安嶺) 서남지방으로 이주하여 북원국(北元國)을 수립하고, 이후 국호를 타타르로 바꾸었다. 한때 명(明)나라와 오이라트부의 침입을 받아 멸망의 위기에 빠지기도 했으나 16세기 초 다시 몽고 통일에 성공하여 오래도록 몽고에서 지배권을 유지하였다.

탁록지전(涿鹿之戰)　　고대 신화전설상 황제(黃帝)와 염제(炎帝)의 군대가 연합하여 치우(蚩尤) 부락과 벌인 전쟁. 전쟁 장소는 현 하북성 탁록 동남쪽. 50여 차례에 걸친 양 세력간의 전쟁중 이 때가 가장 치열했으며, 황제가 치우를 죽이고 승리했다. 양측 모두 신의 힘을 빌려 싸웠다고 한다.

탁문군(卓文君)　　서한(西漢)시대의 여류 음악인. 문인 사마상여(司馬相如)의 부인. 임공(臨邛;사천성) 출신. 부호인 탁왕손(卓王孫)의 딸이며, 미모에 거문고를 잘 탔다. 17세에 과부가 되었으나 걸객 사마상여(司馬相如)가 자신의 음악을 알아주었으므로 당시의 인습을 깨고 사마상여와 부부가 되어 성도(成都)로 도망했다. 둘은 가난을 이기지 못하고 다시 임공 땅으로 돌아와 술을 팔며 생활을 유지했다. 탁왕손이 이를 보다 못해 과거를 용서하고 재물을 보태주어 부자가 되게 했다고 한다. 이는 일종의 민간 전설이므로 신빙성이 없으나 봉건시대의 세속적인 인습과 편견을 타파하고 자유로운 연애와 사랑을 추구한 예로서 후대 시문의 소재로 자주 등장했다.

탁발굉 (拓跋宏:467~99)　　북위의 황제(재위 471~99). 선비족. 5세에 제위에 올라 24세 때 친히 정사에 참여했다. 493년 평성(平城)에서 낙양(洛陽)으로 천도하고 선비족의 언어, 풍습, 복장을 한족에 맞게 바꾸었다. 한족과 선비족간 융화를 위해 노력했다. 시호는 효문제(孝文帝).

탁발규(拓跋珪:371~409)　　북위(北魏) 정권의 건립자(재위 386~409). 선비족. 선조가 이미 대(代)국을 세웠으나 부견(符堅)에 의해 멸망했다. 비수지전(淝水之戰:383년) 후 그가 나라를 다시 일으켜 처음에 국호를 대(代)라 했다가 후에 위(魏)로 고쳤다. 황시(皇始) 2년(397) 후연(後燕)을 멸하고 황하 이북 지역을 장악했다. 이듬해 평성(平城:산서성 大同)에 도읍을 정하고 선비족을 이주시켰다. 또 한(漢)족을 관료로 등용하여 선비족의 문화, 사회 발전을 도모하였다. 만년에 둘째 아들 탁발소(拓跋紹)에게 살해되었다. 시호는 도무제(道武帝).

탁발도(拓跋燾:408~52)　　북위의 황제(재위 423~52). 시호는 태무제(太武帝). 선비족. 도무제(道武帝) 탁발규(拓跋珪)의 손자. 유연(柔然)을 몰아내고 하(夏), 북연(北燕), 북량(北凉) 등을 멸망시켜 북방을 통일하였다. 450년 송(宋)을 공격하다 크게 패하였다. 후에 환관 종애(宗愛)에게 살해되었다. 재위기간 동안 불교를 억압하였다. 한(漢)족 출신 최호(崔浩) 등을 등용하여 민족간 문화 격차를 해소하였다.

탁발부(拓跋部)　　만주 지역에서 일어난 선비족(鮮卑族)의 한 부족. 탁발씨(拓跋氏)가 중심이 되어 부족을 이끌었다. 삼국시대에 세력을 크게 키웠고, 위진남북조 시대에는 전진(前秦)의 부견(苻堅)이 이끄는 군대에 대패하여 한때 부족이 궤멸되었다. 이후 비수지전(淝水之戰:383년)에서 전진이 동진(東晉)에 패하자 탁발규(拓跋珪:太祖 道武帝)가 부족을 모아 북위(北魏)를 건국하고 제위에 올랐다. 북위 효문제(孝文帝) 때 탁발이란 성을 원(元)으로 고쳤다.

탁지사(度支使)　　관명. 당(唐)대에 설치되었다. 호부(戶部)의 탁지사(度支司)가 재정 수지를 총괄하고 낭중(郎中)과 원외랑(員外郎)이 수입과 지출을 분장하였으며, 호부시랑(戶部侍郎)이 장부 검열을 하였는데, 안사(安史)의 난 후 다른 직책의 관리가 탁지 업무를 겸임하였다. 이들을 탁지사라고 부르며 권한이 막대하였다. 염철사(鹽鐵使)와 판호부(判戶部), 혹은 호부사(戶部使)와 더불어 삼사(三司)로 일컬어졌다. 후당(後唐) 때는 이들을 한 직책으로 묶어 삼사사(三司使)라 불렀다.

탈문지변(奪門之變)　　일명 남궁복벽(南宮復辟). 명대 영종(英宗)이 토목지변(土木之變)에서 몽고 오이라트의 포로가 되어 유폐생활을 하는 동안 조정에서는 경제(景帝·代宗)가 즉위했다. 영종은 본국으로 돌아온 뒤 복위되지 못하고 남궁(南宮)에 거처했다. 경태(景泰) 8년(1457) 경제가 중병에 걸리자 환관 조길상(曹吉祥) 등이 쿠데타를 도모하여 영종을 다시 제위에 옹립했다. 영종은 재즉위 후 연호를 천순(天順)이라 하였다. 이를 역사에서 탈문지변이라 한다.

탕(湯)　　은(殷)나라의 건립자. 성은 자(子), 이름은 이(履), 대을(大乙), 천을(天乙), 태을(太乙), 고조을(高祖乙) 등 여러 가지가 있다. 성탕(成湯), 무탕(武湯)으로도 불린다. 본래 상(商)부족의 영수였으나 인재를 중시하고 이윤(伊尹)같은 어진 이를 측근에 두어 민심을 얻었다. 그 후 하(夏)의 폭군 걸(桀)왕을 제거하고 정식으로 은나라를 건립했다. 요(堯), 순(舜), 우(禹)와 함께 고대의 성군으로 일컬어진다.

태갑(太甲)　　은(殷)나라 제 2대왕. 탕왕(湯王)의 손자. 탕의 뒤를 이어 왕위에 올랐으나 정사를 게을리했다. 재상 이윤(伊尹)에 의해 왕위에서 축출된 후 선왕의 묘역 주변 동궁(桐宮)에 유폐되었다. 이후 개과천선함에 따라 다시 왕위에 추대되어 선정을 베풀었다.

태강(太康)　　하(夏)나라의 국왕. 우(禹)의 손자이자 계(啓)의 아들. 계에 이어 왕위에 올랐으나 주색에 빠져 하왕조를 기울게 했다.

태공망(太公望) ➡ 강상

태극도설(太極圖說)　　북송(北宋) 주돈이(周敦頤)가 지은 산문. 주역(周易)의 태극이론을 기초로 태극도(太極圖)를 그려 태극과 음양, 오행, 그리고 만물의 생성과정을 나타내고, 여기에 250자 정도의 해설을 가했다.

태무제(太武帝) ➡ 탁발도

태백(泰伯·太伯)　　주(周)대 고공단보의 장자(長子). 부친이 자기 대신 동생 계력(季歷)에게 지위를 넘겨주려는 뜻을 알고 또다른 동생 중옹(仲雍)과 함께 집을 떠나 강남으로 도망쳤다. 이후 강남 오랑캐의 풍습을 따라 단발에 문신을 새김으로써 추후 돌아가 권력다툼을 벌이지 않겠다는 뜻을 보였다. 강북의 문화를 전파하여 강남의 문화가 크게 부흥하는 계기를 마련했다. 태백이 아들없이 죽자 동생 중옹이 그곳 부족의 수령이 되어 훗날 오

(吳)나라의 개창자가 되었다.

태보(太保) 　①관직명. 서주(西周) 때 처음 설치되었다. 국군(國君)을 보필하였다. 춘추시대 후기에 폐지되었다가 한(漢)나라 때 다시 설치되어 태부(太傅) 아래에 놓였다. ②관직명. 태자(太子)를 보필하던 사람.

태부(太傅) 　①관직명. 서주(西周) 때 처음 설치되었다. 국군(國君)을 보필하였다. 전국시대에 폐지되었다가 한(漢)나라 때 다시 설치되어 태사(太師) 아래에 놓였다. 이후 역대로 계속 설치되었으나 유명무실했다. ②관직명. 태자(太子)를 보필하던 사람.

태사(太姒) 　주(周) 문왕(文王)의 부인. 호는 문모(文母). 10명의 아들을 두었으며, 그 가운데 무왕 발(發), 주공 단(旦), 소공 석(奭) 등 인재를 많이 키워냈다. 후세에 현모양처의 전범으로 일컬어졌다.

태사(太師) 　① 관직명. 서주(西周) 때 처음 설치되었다. 본래 고급 무관으로서 군대를 통수했으나 후에 국군(國君)을 보좌하는 중요 대신에게 봉해졌다. 전국시대에 폐지되었다가 한(漢)나라 때는 태부(太傅) 위에 봉해졌다. 역대로 태부·태보(太保)와 함께 삼공(三公)이라 불렀다. ② 서주(西周)시대 악관(樂官)을 일컫던 말. ③ 관직명. 태자(太子)를 보필하던 사람.

태산학파(泰山學派) 　북송 초기 석개(石介), 손복(孫復)을 대표로 하는 학술 유파. 태산(泰山)에서 강학하였으므로 이름이 붙여졌다. 정치적으로는 범중엄(范仲淹)의 변법에 동조하고, 문학적으로는 한유(韓愈)의 도통설(道統說)을 계승하여 의리(義理)의 학문을 주장하였다. 유학(儒學)의 이론을 천명하고 도통의 계승을 당면 과제로 삼았다. 송대 이학(理學)과 고문운동의 발전에 선도적 역할을 하였다.

태상(太常) 　관직명. 진(秦) 때 봉상(奉常)이란 이름으로 설치되었다가 서한(西漢) 경제(景帝) 때 태상으로 명칭이 바뀌었다. 종묘의 예의 및 박사 시험을 관리했다. 구경(九卿)의 하나에 속했다. 역대로 설치되어 주로 제사와 예악(禮樂)을 맡았다. 청 말에 폐지되었다.

태수(太守) 　관직명. 지방장관. 진(秦)나라 때 군수(郡守)를 설치하여 군의 정사를 맡겼다가 태수로 개칭하였다. 송(宋) 이후 군이 부(府)와 주(州)로 바뀌면서 정식 관명에서 제외되었다.

태위(太尉) 　관직명. 진(秦)대에 설치되었다. 전국의 군사(軍事)를 관장하였다. 서한(西漢) 무제(武帝) 때 대사마(大司馬)로 개칭된 후 동한(東漢)

광무제(光武帝) 때 복원되어 사도(司徒), 사공(司空)과 함께 삼공(三公)으로 불렸다. 명대에 폐지되었다.

태의령(太醫令)　　관직명. 진(秦)대에 설치되었다. 궁중의 의료를 담당했다. 서한(西漢) 때는 태상(太常), 소부(少府)의 관직에 태의령을 두었다.

태재(太宰)　　관식녕. 서주 때 처음 설치뇌었다. 왕을 보좌하여 일체의 정무를 관장하였다. 춘추시대에는 왕실의 내외 사무를 맡았다. 명·청대에는 이부상서(吏部尙書)를 가리켰다.

태주학파(泰州學派)　　명대의 사상가 왕간(王艮)을 대표로 하는 철학 유파. 양명학(陽明學)의 한 지류이다. 왕간이 태주(泰州:강소성 東臺縣) 출신이므로 이름이 붙여졌다. 왕양명(王陽明)의 철학 사상을 따랐으며, 이 파에 속하는 사람들 가운데는 농부, 초부(樵夫), 도장(陶匠) 등 하층민이 많았다. "백성이 일용하는 것이 곧 도(道)이다"고 주장하여 양명학을 사회 저변에 전파시켰다. 대표 인물로는 왕간 외에 안균(安鈞), 하심은(何心隱), 나여방(羅汝芳) 등이 있다.

태초력(太初曆)　　한 무제(武帝) 태초(太初) 원년(B.C 104)에 시행된 역법. 인월(寅月:正月)을 일년의 시작으로 하여 윤달을 두었다.

태평경(太平經)　　서명. 현존 57권. 동한(東漢)의 감충가(甘忠可), 간길(干吉), 장릉(張陵) 등 유생과 방사(方士)들에 의해 편찬되었다. 순제(順帝) 때 궁숭(宮崇)이 지은 『태평청령서(太平淸領書)』170권을 저본으로 했다. 도참(圖讖)을 추존하고 음양의 설로 치국의 도를 해석했으며, 불교의 내용을 일부 가미시킨 일종의 사상서이다. 도교(道敎)의 초기 경전이며, 특히 태평도(太平道)의 흥성에 큰 몫을 했다.

태평광기(太平廣記)　　서명. 소설 총집. 500권. 목록 10권. 북송 이방(李昉) 등이 태종(太宗)의 명을 받고 태평흥국(太平興國) 연간(976~83)에 『태평어람(太平御覽)』과 함께 편찬했다. 참고서적이 344종에 이르며, 한대 이후 송 초까지의 소설, 패사(稗史), 필기(筆記) 등 475종에서 집록했다. 제재의 성질에 따라 92류(類)로 나누고, 다시 150여 소류(小類)로 나누었다. 명 가정(嘉靖) 45년(1566) 무석담개(無錫談愷)가 중간(重刊)했다.

태평어람(太平御覽)　　서명. 1,000권. 송 태종(太宗) 조경(趙炅)의 명에 따라 이방(李昉) 등 14명이 편찬했다. 태평흥국(太平興國) 2년(977) 집필에 들어가 8년(983) 완성했다. 당초 명칭은 『태평총류(太平總類)』였으며, 태종이 자신의 박람(博覽)을 과시하기 위해 매일 3권씩 1년만에 전체를 열독했다 하여 명칭이 『태평어람』으로 바뀌었다. 한·위(漢魏) 이래 송 초까지의 야사, 소설, 필기(筆記), 이문(異聞)을 모은 유서(類書)로서 인용범위가 넓고 다양하다. 천(天), 시서(時序), 예의(禮儀), 악(樂), 문(文), 학(學) 등 55부로 나누고 그 아래 자목(子目)으로 세분했는데, 총 자목은 4,558개에 이른다. 인용한 서목(書目)이 1,600여종이며, 그중 8할 가량은 원본이 이미 망실된 것이므로 사료로서 가치가 높다.

태평천국의 난〔太平天國之亂〕 　 1850년 홍수전(洪秀全)이 창설한 배상제회(拜上帝會)를 중심으로 일어난 전국 규모의 농민전쟁. 아편전쟁 이후 사회 모순이 더욱 격화되자 홍수전은 도광(道光) 23년(1843) 배상제회를 결성하고 비밀리에 항청(抗淸) 활동을 벌이다 도광 30년(1850) 광서성 계평현(桂平縣) 금전촌(金田村)에서 1만여 명을 이끌고 봉기를 일으켰다. 새로 세운 나라의 이름은 태평천국(太平天國). 이듬해 영안(永安)을 점령하고 혁명 정권의 기구를 확립했다. 함풍(咸豊) 3년(1853) 50만 대군을 형성할 만큼 큰 세력을 이루었으며, 무창(武昌)과 남경(南京)을 점령했다. 그 해 남경에 수도를 정하고 연호를 천경(天京)이라 했다. 또 '천조전무제도(天朝田畝制度)'를 반포하여 혁명강령을 천명하고 정치·경제·사회제도를 정비했다. 이듬해 증국번(曾國藩)의 단련(團練) 조직인 상군(湘軍)의 큰 저항을 받았다. 함풍 6년에는 지도부의 내분과 함께 주장인 석달개(石達開)가 부대를 이끌고 주군에서 이탈하여 큰 손상을 입었다. 2차 아편전쟁이 끝난 후 이홍장(李鴻章)의 회군(淮軍)과 영국·프랑스의 원군인 양창대(洋倉隊:후에 常勝軍으로 개칭)가 합작하여 태평군을 진압함에 따라 동치(同治) 3년(1864) 남경이 함락되고 태평군은 각지로 흩어졌다. 14년에 걸친 태평천국의 난은 청조의 통치역량을 뒤흔들고 외국 침략세력에 타격을 주었으며, 민중의 정치부패에 대한 저항 의지를 표출했다는 의의를 지닌다.

태호(太昊·太皡·太皥) 　 고대 신화전설상의 인물. 일설에는 복희씨(伏羲氏)와 동일인물이라고 한다. 소호(少昊)와 함께 황하 하류 일대에서 활약했다. 동이(東夷) 부락의 영수로서 영농방법을 개발했으며, 사신인수(蛇身人首)의 모습을 했다고 한다.

테무진〔鐵木眞〕 ➡ 칭기즈칸

토곡혼〔吐谷渾〕 ➡ 토욕혼

토목지변(土木之變)　　일명 토목보지변(土木堡之變). 명 영종(英宗) 정통 (正統) 14년(1449) 토목보(하북성)를 중심으로 벌어진 명나라와 몽고 오이 라트 부족간의 전쟁. 오이라트의 귀족 출신 영수 에센〔也先〕이 몽고의 제 부족을 규합하여 강대한 세력을 형성한 후 명나라에 침입했다. 명은 환관 왕진(王振)의 무모한 책략 때문에 토목보에서 거의 전멸했고, 선생을 지휘 하던 영종은 포로가 되었다.

토번(吐蕃)　　부족명 혹은 정권 이름. 7~9세기 티벳, 즉 청장(靑藏) 고 원 일대에서 각 부족이 회맹하여 노예 정권을 세웠다. 왕에 해당하는 사람 을 찬보(贊普)라 하고 찬보가 죽으면 순장했다. 유목과 정착생활을 겸했다. 629년 양동(羊同), 손파(孫波) 부족을 멸하고 서장(西藏)을 통일하였다. 이 후 개혁정책을 펴 관제와 법률을 정비하고 문자를 창제하였다. 안사(安史) 의 난 후 당을 공격하여 서역 일대를 장악했으며, 당의 수도 장안(長安)을 함락시키기도 했다. 9세기 들어 통치집단이 분열하면서 세력이 와해되기 시작했고, 이후 당과 우호적 관계를 유지했다.

토욕혼(吐谷渾)　　일명 토혼(吐渾). 고대 부족명. 본래 선비족(鮮卑族)의 한 지류로서 요녕성 금현(錦縣) 서북쪽에 살았다. 목축을 위주로 하고 천막 생활을 했다. 서진(西晋) 말기 귀족의 토욕혼이 부족을 이끌고 감숙성, 청 해성 일대로 건너와 강족(羌族)을 몰아내고 정권을 수립했다. 북위(北魏) 말 여과(呂夸)가 토욕혼의 칸〔可汗〕이 되어 도읍을 복사성(伏俟城:청해성 湖西)에 정하였다. 개황(開皇) 3년(583)과 대업(大業) 5년(609) 두 차례에 걸쳐 수(隋)가 토욕혼을 침공하여 큰 타격을 주고 이곳에 4군(郡)을 설치하 였다. 또 당 고종(高宗)의 침입을 받아 양주(凉州:감숙성 武威)로 옮겼으 며, 8세기 중엽 각지에 분산되었다.

통감(通鑑) ➡ 자치통감

통감강목(通鑑綱目) ➡ 자치통감강목

통감외기(通鑑外記)　　서명. 10권. 북송 유서(劉恕) 찬. 원풍(元豊) 원년 (1078) 완성. 『자치통감(資治通鑑)』에 주(周) 위열왕(威烈王) 이전의 기록 이 누락되었으므로 이를 보충하여 완벽한 통사(通史)를 만들기 위해 편찬했 다. 따라서 내용은 삼황오제(三皇五帝) 때부터 주 위열왕 22년(B.C 404)까 지만 기록되었다. 1권은 「포희이래기(包犧以來紀)」, 2권은 「하상기(夏商 紀)」이며, 3권부터 10권까지가 「주기(周紀)」이다. 공화(共和:B.C 841) 이전은 편세체(編世體)이고 이후는 편년체(編年體)의 형식이다. 이밖에 「통감외기목록(通鑑外記目錄)」 5권이 있다.

통상장정선후조약(通商章程善後條約)　함풍(咸豊) 8년(1858) 청 정부의 전권대표 계량(桂良)이 주축이 되어 상해에서 영국, 프랑스, 미국의 대표와 각각 맺은 조약. 천진조약의 내용을 보충하기 위한 것이었다. 주요 내용은 ① 아편의 판매를 합법화하고 아편 100근에 30냥의 세금을 낸다, ② 수출입 상품은 일률적으로 시가의 2.5%에 해당하는 자구세(子口稅)를 물되, 이후 중국 내륙에서는 운송과 판매시 어떠한 세금도 내지 않는다 등이다.

통일당(統一黨)　민국 원년(1912) 1월 설립된 정당. 장병린(張炳麟), 장건(張謇), 정덕전(程德全), 웅희령(熊希齡)이 당에 소속된 중요 인사였다. 원세개(袁世凱)를 지지하고, 당시 임시 참의원의 다수를 점했던 동맹회(同盟會)에 대항했으나 세력이 미약했다. 동맹회에 조직적으로 대항하기 위해 그해 5월 손무(孫武)가 주도한 민사(民社)와 기타 군소 당파를 규합하여 공화당을 설립하고 통일당은 해체되었다.

통전(通典)　서명. 200권. 당(唐)대 두우(杜佑) 저. 제도에 관한 역사서. 정원(貞元) 17년(801) 완성. 식화(食貨), 선거(選擧), 직관(職官), 예(禮), 악(樂), 병형(兵刑), 주군(州郡), 변방(邊防)의 8전(典)으로 분류했다. 상고시대부터 당 현종(玄宗) 천보(天寶) 연간까지의 전장제도를 망라했으며, 200여 종의 역사서를 인용하되 취사가 엄정하고 요점을 간명하게 서술했다. 당대 이전의 정치·사회제도를 연구하는데 중요한 참고자료가 되고 있다. 남송 때 완성된 『통지(通志)』와 원대 초에 완성된 『문헌통고(文獻通考)』와 함께 삼통(三通)으로 불린다.

통정원(通政院)　관서명. 원대 지원(至元) 7년(1270) 제참도통사사(諸站都統使司)를 설치하여 전국 각지의 역참(驛站) 사무를 맡도록 했으며, 지원 13년 이를 통정원으로 개명했다. 이후 대도(大都:北京)와 상도(上都:내몽고) 두 곳에 설치하고, 각각 원사(院使)의 관직을 두었다.

통지(通志)　서명. 200권. 남송 정초(鄭樵) 저. 기전체 통사(通史). 소흥(紹興) 31년(1161) 완성. 상고시대부터 수(隋)대까지의 사회 전반적인 역사 기록이다. 제기(帝紀), 후비전(后妃傳), 연보(年譜), 략(略), 열전(列傳)의 5부분으로 되었으며, 략(略) 부분의 전장제도(典章制度)에 관한 것은 당(唐)대까지 기록되었다. 예문(藝文), 기복(器服) 등 20항목으로 세분된 략

(略)이 가장 정채롭다. 고대의 문화 발전을 연구하는데 좋은 자료가 된다. 『통전(通典)』『문헌통고(文獻通考)』와 함께 '삼통(三通)'으로 불린다.

통반(通判)　관직명. 송 태조(太祖)가 당(唐) 말 오대(五代)에 번진세력이 발호하던 것을 교훈삼아 지방의 권력을 통제하기 위해 설치했다. 건덕(乾德) 원년(963) 호남(湖南)을 통일한 이후 각 주에 통판을 설치했는데, 큰 주에는 2명, 작은 주에는 1명 혹은 설치하지 않았다. 지주(知州)가 무신(武臣)일 경우 작은 주라도 역시 설치하였다. 지위는 주부(州府)의 부장관으로서 중앙에서 파견하였다. 주부의 관원을 감찰하였으므로 '감주(監州)'라는 별칭이 붙여졌다. 주부의 모든 중요 결정사항은 주지(州知) 혹은 주부(州府)와 통판이 연서함으로써 효력을 발휘하였다. 남송 때는 평시에 주부의 부장관 역할을 하다가 전시에는 전량(錢糧)을 책임지고, 주지 혹은 주부와 공동으로 세금을 징수했다. 명·청대에는 수리와 농전(農田)을 담당하기도 했다.

통후(通侯) ➡ 철후

특사찰수제(特使察囚制)　남북조시대 각 왕조가 시행한 법률제도. 이미 판결된 죄라 할지라도 의심이 가는 부분이 있을 경우 특사를 파견하여 재심할 수 있도록 한 제도로서 죄인의 억울함을 신원할 기회를 주기 위해 마련되었다.

팔고문(八股文)　　　명대 초 과거시험의 답안 작성을 위해 만들어진 일종의 문체로서 이후 청대까지 성행했다. 각 문장마다 파제(破題), 승제(承題), 기강(起講), 입수(入手), 기고(起股), 중고(中股), 후고(後股), 속고(束股)의 8갈래로 이루어진다고 해서 이름이 붙여졌다. 고문(古文)에 대하여 시문(時文)이라 불리고, 또 경서(經書)를 근거로 뜻을 이룬다는 점에서 제의(制義)라고도 했다. 이밖에 '사서(四書)'를 근거로 한 것은 '사서문(四書文)'이라고 불리었다. 형식 가운데 기고(起股)부터 후고(後股)까지는 대우(對偶)가 철저히 이루어졌다. 『사서집주(四書集注)』나 『사서오경대전(四書五經大全)』 등의 책을 저본으로 하되, 이들 경서의 한 두 구절을 놓고 의미·형식 등을 맞추어 다시 글을 짜맞추는 것이다. 명대 후기부터 이러한 경향이 심했는데, 체제가 엄격한데다 사상적 속박을 가져와 학문으로서의 폐해가 심했다.

팔괘교(八卦敎)　　　청대 강희(康熙) 연간에 산동지역의 유좌신(劉佐臣)이 창설한 종교. 백련교(白蓮敎)의 과거·현재·미래 3세설(三世說) 교리를 발전시켰다. 옹정(雍正) 연간에는 교세가 하남, 직예(直隷), 산서, 안휘 지역으로 널리 퍼졌다. 건륭(乾隆) 이후에는 무리를 조직하여 여러 차례 반청(反淸) 봉기를 일으켰으며, 의화단(義和團)의 일부분을 형성하기도 했다.

팔괘설(八卦說)　　　은·주(殷周) 시대에 발생한 사회현상에 관한 해석학. 복희씨(伏羲氏)가 팔괘의 부호를 만들고 주 문왕(周文王) 창(昌)이 이 학설을 주창했다고 한다. 음과 양 2효(爻)를 배열하여 팔괘를 만들고, 팔괘를 다시 64괘 384효로 세분하여 이로써 우주만물과 사회현상을 해석하였다.

팔국연합(八國聯合)　　　광서(光緖) 26년(1900) 의화단 운동이 고조되자 이를 진압하기 위해 제국주의 여덟 열강이 연합하여 조직한 군대. 참가국은 영국·미국·일본·러시아·독일·프랑스·오스트리아·이탈리아이며, 그 중 일본군과 러시아군이 가장 많았다. 그해 6월 연합군이 천진의 길목인 대고(大沽)항에 진입하여 7월에 천진을, 8월에 북경을 점령하였다. 이로 인해 서태후는 광서제(光緖帝)를 끼고 서안(西安)으로 피신했으며, 이듬해 9월 신축조약(辛丑條約)을 체결한 뒤 연합군은 해산했다.

팔기제도(八旗制度)　　청대의 정치·군사조직. 청 태조 누르하치가 통일전쟁 중에 여진족의 수렵조직인 우록(牛彔:만주어로는 니루)제도를 변형시켜 만들었다. 정식 창립한 것은 명 만력(萬曆) 28년(1600)으로 이때는 황(黃)·홍(紅)·남(藍)·백(白)의 4기(旗)만 편성했다. 내부조직으로는 300인을 기본단위인 1우록(牛錄)으로 하고, 5우록을 1갑나(甲喇:만주어로는 잘란), 5갑나를 1고산(固山:만주어로는 구사)으로 편성했다. 우록의 장을 우록액진(牛彔額眞:만주어 니루어전. 후에 佐領으로 개칭), 갑나의 장을 갑나액진(甲喇額眞:후에 參領으로 개칭), 고산의 장을 고산액진(固山額眞:후에 都統으로 개칭)이라 했다. 고산액진은 기주(旗主)에 해당한다. 만력 43년 양황(鑲黃), 양백(鑲白), 양홍(鑲紅), 양남(鑲藍)의 4기를 더 설치하여 8기가 되었다. 온타이지〔皇太極〕 때는 몽고팔기와 한군(漢軍)팔기를 증설하여 실제로는 24기로 편성했다. 청조 초기에는 팔기제도를 통하여 생산과 행정을 관리하고 군대를 편성했으나, 중기 이후에는 행정업무를 주현(州縣) 단위로 하고 팔기제는 군사에 국한하는 양상을 보였다.

팔분서(八分書)　　서체의 일종. 일명 한예체(漢隷體). 진(秦)대에 생겨났다. 글자체는 납작한 직사각형에 가운데가 조밀하며 좌우로 획을 길게 늘여 '八'자 모습을 한다. 왕차중(王次仲)이 창조했으며, 한(漢)대의 양곡(梁鵠), 채옹(蔡邕) 등이 이 체에 정통했다.

팔왕지란(八王之亂)　　서진(西晋) 무제(武帝) 사마염(司馬炎)은 제위에 오른 후 백성을 통치하고 이성공신(異姓功臣)을 감독하기 위하여 종실 친척들을 대거 왕에 봉했다. 무제 이후 제위에 오른 혜제(惠帝)는 백치였으므로 황후 가씨(賈氏)가 원강(元康) 원년(291) 당시 권력을 잡고 있던 혜제의 외조부 양준(楊駿)을 죽이고 정권을 잡았다. 또 초왕(楚王) 사마위(司馬瑋)를 시켜 당시 정치를 돕던 여남왕(汝南王) 사마량(司馬亮)과 왕관(王瓘)을 죽이게 하는 한편, 다시 살인죄를 적용하여 사마위를 죽였다. 영녕(永寧) 원년(301) 조왕(趙王) 사마륜(司馬倫)이 군사를 이끌고 조정에 진입하여 가후

(賈后)를 죽이고 혜제를 폐위시킨 뒤 자신이 황제에 올랐다. 같은 해 제왕(齊王) 사마경(司馬冏), 성도왕(成都王) 사마영(司馬穎), 장사왕(長沙王) 사마예(司馬乂) 등이 군사를 일으켜 조왕 윤을 공격했다. 최후에 정권은 동해왕(東海王) 사마월(司馬越)의 수중에 들어갔으며, 그는 혜제를 독살하고 혜제의 동생 사마치(司馬熾)를 세위에 올렸다. 16년간 계속된 이 내전으로 전쟁에 참가한 왕들이 잇달아 패망하였고, 서진 통치집단의 역량은 소모되어 이후 계급모순과 민족모순이 드러났다.

팔자군(八字軍)　남송 초 왕언(王彦)이 창설한 항금(抗金) 부대. 이마에 '赤心報國 誓殺金賊'의 여덟 글자를 새겼으므로 이름이 붙여졌다. 각지의 의병들이 참여하여 한때 10여만 명에 달했다.

패문운부(佩文韻府)　서명. 운(韻)에 따라 배열한 사전(詞典). 운서(韻書). 정집(正集) 106권은 청대 장옥서(張玉書) 등이 강희제(康熙帝)의 칙명을 받고 강희 43년(1704)부터 7년간에 걸쳐 펴냈다. 습유(拾遺) 106권은 왕염(王掞), 왕항령(王項齡) 등이 역시 강희제의 칙명을 받고 강희 55년부터 편찬에 들어가 4년 후 완성했다. '패문(佩文)'은 강희제의 서재 이름이다. 원대 음시부(陰時夫)의 『운부군옥(韻府群玉)』, 명대 능치융(凌稚隆)의 『오거운서(五車韻瑞)』를 기초로 이를 증보하여 펴냈다. 106개의 운부(韻部)에 속하는 10,234개의 글자를 수록하고, 역대 경서, 사서, 개인 문집 등에서 사어(詞語)를 취하여 사어의 끝 글자를 운으로 보고 이에 맞게 수록했다. 경·사·자·집(經史子集)의 순으로 수록하되, 글자수에 따라 배열했다. 시부(詩賦)의 작자들이 운을 맞추거나 전고(典故)를 이용하기 쉽도록 편찬한 것이지만, 검색을 위한 단어 사전으로서도 이용가치가 높다.

패자(覇子)　춘추전국시대 제국 동맹의 맹주를 가리키는 말. 당시 통제력을 상실한 주(周)의 왕을 대신하여 제후중 유력한 자가 회맹의 형식을 통해 맹주가 되었는데 그를 패자라 했다. 패자는 존왕양이(尊王攘夷)를 구실로 각국의 군주를 소집했으며, 각국에 병력 동원을 요구하기도 했다. 첫 패자인 제환공(齊桓公)을 비롯하여 춘추시대에 오패(춘추오패)의 인물이 있고, 전국시대에 칠웅(雄:전국칠웅)의 나라가 있다.

팽덕회(彭德懷:1898~1974)　중국의 정치가, 군인. 호남성 상담(湘潭) 출신. 국민혁명군 군장(軍長)으로 있다가 1928년 공산당에 가입했다. 그 해 공농홍군(工農紅軍) 제5군을 조직하고 대장정에 참여했다. 항일전 때는 항일선봉군 총사령, 팔로군(八路軍) 부총사령을 맡았다. 중국인민공화국 성립 후 중앙군사위원회 부주석, 국무원 부총리 겸 국방부장을 지내고, 1955년 원수 칭호를 받았다. 한국전쟁 때 의용군 사령관으로서 전투에 참여했다. 1959년 모택동 노선에 대립하다 우경 기회주의자로 낙인찍혀 실각하였다. 이후 복권되어 중앙정치국위원 등을 지냈다.

팽사망(彭士望:1610~84)　　청 초의 학자. 자는 궁암(躬庵), 호는 수려(樹廬). 남창(南昌:강서성) 출신. 젊어서는 황도주(黃道周)를 스승으로 모시고 경사(經史)를 익혔다. 명 말에 사가법(史可法), 양정린(楊廷麟) 등과 항청투쟁에 참가하였으나 성공하지 못하자, 위희(魏禧), 구유병(丘維屛) 등과 영도(寧都:강서성) 취미봉(翠微峰)에 은거하며 몸소 농사를 짓고 학문을 토론하는 것을 즐거움으로 삼았다. '역당구자(易堂九子)'의 한 사람에 속한다. 학문은 공허함을 싫어하였으며, 경세치용을 힘써 구하여 왕양명(王陽明)의 심학(心學)의 폐단을 바로하였다. 『수평통감(手評通監)』 『춘추오전(春秋五傳)』 등을 지어 역사의 교훈을 정리하면서 명의 망국에 대한 한을 기탁하였다. 시문집에 『수려문초(樹廬文鈔)』가 있다.

팽월(彭越:?~196 B.C)　　한고조(漢高祖) 유방(劉邦)을 도와 서한(西漢)을 세운 장군. 초·한(楚漢)전쟁 때 해하(垓下:안휘성 靈璧 남쪽)에서 항우(項羽)를 격파하는데 큰 공을 세웠다. 서한(西漢) 건국 후 양왕(梁王)에 봉해졌으나 모반의 누명을 쓰고 유방에게 살해되었다.

편년체(編年體)　　역사서술 체례의 일종. 기전체(紀傳體), 기사본말체(紀事本末體)와 함께 중국의 역사기술 3대 방법 중 하나이다. 연월(年月)을 좇아 사건의 발생과 전개를 서술하는 일종의 연대기이다. 기전체, 기사본말체에 앞서 제일 먼저 이 방법이 채택되었으며, 대표적인 것으로 『춘추(春秋)』와 『춘추좌씨전(春秋左氏傳)』이 있다. 전한(前漢)의 사마천(司馬遷)이 기전체로 『사기(史記)』를 저술하면서 대부분의 사서가 기전체를 채택함에 따라 편년체 역사서는 점차 사라졌다. 그러나 이후에도 각 왕조의 실록(實錄)이 편년체로 쓰였고, 『자치통감(資治通鑑)』 『속자치통감』 『통감외기(通鑑外記)』 등 통감류도 이 방식을 택했다.

편작(扁鵲)　　전국시대 초기의 명의. 성은 진(秦), 이름은 월인(越人). 제(齊)나라 출신. 의술에 정통하여 여러 나라를 돌아다니며 사람들을 치료했다. 종래의 주술적 의술에서 벗어나 침, 탕약, 지압 등으로 경험적 치료를 했다. 은사(隱士)인 장상군(長桑君)으로부터 의술을 배웠으며, 환자의 오장을 투시하는 경지에까지 이르렀다고 한다. 이에 따라 전설상 황제(黃帝) 때의 명의인 편작의 이름이 붙여졌다. 저서에 『편작내경(扁鵲內經)』과 『편작외경(扁鵲外經)』이 있으나 현존하지 않는다.

평림병(平林兵)　　신(新) 대 말년에 봉기한 농민 기의군(起義軍)인 녹림군(綠林軍)의 소속 부대. 평림(平林:호북성 隨縣)에서 기병하였으므로 이름이 붙여졌다.

평영단(平英團)　　청 말 아편전쟁 중 광주(廣州) 교외의 삼원리(三元里) 백성들이 자발적으로 조직한 항영(抗英) 무장대. 도광(道光) 21년(1841) 영국군의 공격에 놀란 청 정부는 황족인 혁산(奕山)을 시켜 배상금을 주고 영국과 광주화약(廣州和約)을 맺었다. 이에 이곳 백성들이 청 정부의 무능과 영국의 횡포에 격분하여 '평영단(平英團)'이라는 깃발을 앞세우고 수만명의 군중을 모아 철수하는 영국군 부대를 습격했다.

평요전(平妖傳)　　서명. 일명 『삼수평요전(三遂平妖傳)』. 장편 장회소설. 44회. 명대 말 풍몽룡(馮夢龍)이 원대 나관중(羅貫中)의 20회본 소설 『평요전』을 개작하여 만력(萬曆) 48년(1620) 완성했다. 송대에 패주(貝州)에서 왕칙(王則)과 영아(永兒) 부부가 기의를 일으키자 문언박(文彦博)이 3수(遂), 즉 마수(馬遂), 이수(李遂), 제갈수지(諸葛遂智)의 힘을 얻어 이를 진압한다는 내용이다.

평원군(平原君:?∼251 B.C)　　전국시대 조(趙)나라의 공자. 성은 조(趙), 이름은 승(勝). 혜문왕(惠文王)의 아우. 조나라 재상으로 있으면서 어진 사람을 예우하고 선비를 우대했다. 문하에 수천 명의 식객을 두고 부양했다. 제(齊)의 맹상군(孟嘗君), 초(楚)의 춘신군(春申君), 위(魏)의 신릉군(信陵君)과 함께 전국시대 4공자(四公子:四君)의 한 사람이다. 장평(長平)의 전투에서 진군(秦軍)이 한단(邯鄲)을 포위하자 3년 동안 버티다 위(魏)·초(楚) 원군의 도움으로 진군을 물리쳤다.

평준법(平準法) ➡ 균수평준법

포경언(鮑敬言)　　진(晉)대의 사상가. 만물은 자연적으로 존재하는 것이며, 천지만물과 인간은 상하 귀천의 구분이 없다는 주장을 폈다. 노장의 학설을 바탕으로 현학을 추구한 인물로 평가된다. 갈홍(葛洪)의 『포박자(抱朴子)』「힐포편(詰鮑篇)」에 그의 사상 일부가 소개되어 있다.

포락지형(炮烙之刑)　　일명 포격지형(炮格之刑). 가혹한 형벌. 구리 기둥에 기름을 발라 숯불에 달군 후 죄인으로 하여금 그 위를 걷게 했다. 은(殷)나라의 폭군 주(紂)왕이 제정하여 직간하는 신하나 백성들에게 적용하였다.

포령휘(鮑令暉)　　남조시대 송(宋)의 여류시인. 포조(鮑照)의 누이동생. 오언시에 능했으며 대부분 연가(戀歌)이다. 작품 「기행인(寄行人)」「의청청하반초(擬靑靑河畔草)」「의객종원방래(擬客從遠方來)」.

포박자(抱朴子)　　서명. 동진(東晉) 갈홍(葛洪) 저. 저자의 호를 따라 서명이 붙여졌다. 내편과 외편 합쳐 8권으로 되어 있으며, 내편은 도가의 신선사상을 위주로 한 예언 치료술을 적었고, 외편은 당시 정치의 득실과 인사(人事)에 관해 기술했다. 주로 명리(名利)에 관해 논하되 명쾌한 논지로 이끌고 있다. 황로(黃老) 사상에 근거를 두고 있으므로 도가서의 범주에 포함시킨다.

포사(褒姒)　　서주(西周)를 멸망으로 이끈 간부(奸婦). 주 유왕(幽王)의 애첩. 포(褒) 땅의 천한 집안 출신이나 타고난 미모로 인해 발탁되었다. 후에 유왕의 정실부인 신후(申后)를 몰아내고 그 자리에 앉으면서 포후(褒后)로 불렸다. 주유왕이 그녀의 웃는 모습을 보기 위해 매일 비단을 찢고 거짓 봉화를 피웠다고 한다. 이로 인해 백성들은 매우 고통스러운 생활을 했다. 유왕이 피살된 후에는 견융(犬戎)의 우두머리에게 납치되어 함께 살다가 신후(申侯)가 이끄는 주나라 군사에게 융주(戎主)가 피살되자 자살했다고 한다.

포송령(蒲松齡:1640~1715)　　청대의 문학가, 희곡작가. 자는 유선(留仙), 호는 검신(劍臣), 유천거사(柳泉居士), 요재선생(聊齋先生). 치천(淄川:산동성 淄博) 출신. 19세 때 수재(秀才)가 되었으나 후에 상급 시험에서 계속 낙방하고 72세에 비로소 공생(貢生)이 되었다. 단편소설집 『요재지이(聊齋志異)』를 펴냈다. 이는 귀신, 여우 등의 입을 빌려 당시 사회의 현실을 비판한 괴담(怪談)소설로 400여 편이 수록되어 있다. 사회의 암흑과 탐관오리의 죄행을 폭로하고 각종 제도의 부조리를 고발한 내용이 주류를 이룬다. 이밖에 희문(戱文)과 이곡(俚曲)을 다수 지었는데, 역시 사회모순을 지적하고 봉건도덕의 위선적인 면을 부각시킨 것이 많다. 이곡의 대표작으로는 「고부곡(姑婦曲)」「한삼곡(寒森曲)」「장두기(墻頭記)」 등이 있다. 이밖에 시 1천여 수와 산문, 잡기(雜記) 등을 남겼다. 후세 사람이 『포송령집(蒲松齡集)』을 펴냈다.

포숙(鮑叔) 일명 포숙아(鮑叔牙). 춘추시대 제나라 사람. 인재를 잘 알아보고 훌륭한 친구관계를 유지한 인물로 이름이 나 있다. 관중(管仲)과 벗하며 관포지교(管鮑之交)라는 성어를 낳았다. 제나라의 공자 소백(小白)을 섬겼으며, 소백이 제환공(齊桓公)이 되었을 때는 자신이 재상으로 앉지 않고 관중을 천거하였다.

포정사사(布政使司) 관서명. 일명 승선포정사사(承宣布政使司). 명 초 중앙집권을 강화하고 지방의 권력을 약화시키기 위해 홍무(洪武) 9년(1376) 행중서성(行中書省:行省)을 개편하여 승선포정사사라 하였다. 좌우포정사 각 1명을 두고 일반 행정을 맡도록 했다. 남경(南京)직할구 외에 전국에 12개의 포정사사를 설치했다. 안찰사사(按察使司), 도지휘사사(都指揮使司)와 함께 삼사(三司)라 불렀다. 처음 설치했을 때는 큰 권력을 행사했으나 후에 순무(巡撫), 총독이 업무를 잠식하면서 권력이 상대적으로 약해졌고, 나중에는 명칭만 간직했다. 청대 초에는 각 성에 1인을 두었고, 총독, 순무의 속관이 되었다.

포조(鮑照:405~66) 남조시대 송(宋)의 시인. 자는 명원(明遠). 동해(東海:산동성 蒼山) 출신. 가난한 집안에서 태어나 학문에 몰두했으며, 임천왕(臨川王) 유의경(劉義慶)에게 시를 헌납하여 국시랑(國侍郎)에 발탁되었다. 이후 임해왕(臨海王) 유자욱(劉子頊)에 의해 전군참군(前軍參軍)에 임명되었다. 이 때문에 그를 '포참군'이라고 불렀다. 임해왕이 모반에 실패하면서 그 역시 살해되었다. 시부에 능했으며, 악부시의 경우 전쟁과 관련한 내용이 다수를 이룬다. 작품 「의행로난(擬行路難)」「무성부(蕪城賦)」. 문집 『포참군집(鮑參軍集)』.

포증(包拯:999~1062) 북송의 정치가. 자는 희인(希仁). 여주(廬州) 합비(合肥:안휘성) 출신. 인종(仁宗) 천성(天聖) 연간 진사에 나아가 감찰어사(監察御史), 삼사호부부사(三司戶部副使), 천장각대제(天章閣待制), 추밀부사(樞密副使) 등의 관직을 지냈다. 재임 기간 동안 청렴결백한 관리로 명망이 높았으며, 권력자의 힘에 구애되지 않고 법을 엄히 다스렸다. 중국 고대 역사상 청백리의 대명사로 불린다. 원(元)대의 잡극 중에 그를 등장시켜 탐관오리를 척결하는 내용의 작품이 많다.

포폐(布幣)　　춘추전국시대 진(晉)나라 일대에서 통용된 화폐. 청동이나 은으로 만들었으며, 액면가, 지명 등이 새겨져 있다. 대패날 모양을 하고 있어 산폐(鏟幣)라고도 한다.

포후(褒后) → 포사

포희씨(包犧氏) → 복희씨

풍(風)　　『시경(詩經)』의 구성 유형 중 하나. 일명 국풍(國風). 서주(西周)로부터 춘추시대 중엽까지 중국에 산재한 각국 및 지역의 민가를 모은 것. 총 160편이며 지역별로 주남(周南) 11편, 소남(召南) 14편, 패풍(邶風) 19편, 용풍(鄘風) 10편, 위풍(衛風) 10편, 왕풍(王風) 10편, 정풍(鄭風) 21편, 제풍(齊風) 11편, 위풍(魏風) 7편, 당풍(唐風) 12편, 진풍(秦風) 10편, 진풍(陳風) 10편, 회풍(檜風) 4편, 조풍(曹風) 4편, 빈풍(豳風) 7편 등이다. 주남·소남을 정풍(正風), 기타는 변풍(變風)이라 부른다.

풍계분(馮桂芬:1809~74)　　청대 말의 사상가. 자는 임일(林一), 호는 경정(景亭). 강소(江蘇) 오현(吳縣) 출신. 도광(道光) 연간에 진사에 오르고 한림원편수(翰林院編修), 우춘방우중윤(右春坊右中允)을 지내다 이홍장(李鴻章)의 막하에 들어가 군기(軍機)를 맡았다. 조정의 부패에 불만을 품고 수차 개혁을 건의했다. 특히 농업의 발전을 주장하고, 서양의 학문·기술을 습득해야 한다고 하였다. 이같은 주장은 이후 변법파(變法派)의 사상에 큰 영향을 미쳤다. 그의 저서『교빈여항의(校邠廬抗議)』는 이같은 주장을 담은 것이다. 기타 저서『현지당집(顯志堂集)』『설문해자단주고증(說文解字段注考證)』.

풍국장(馮國璋:1857~1919)　　청대 말 민국 초기의 정치가, 군인. 자는 화보(華甫). 직예(直隸) 하간(河間:하북성) 출신. 광서(光緒) 16년(1890) 북양무비학당(北洋武備學堂)을 졸업하고 원세개(袁世凱)를 도와 군대를 양성했다. 무창혁명 발발 후 북양군(北洋軍) 제1사령관이 되어 호북(湖北) 지방에서 혁명세력을 진압했다. 원세개가 임시 대총통이 되면서 직예도독(直隸都督) 겸 위군통령(衛軍統領)이 되고, 그 후 2차혁명 때 강소도독(江蘇都督)에 임명되었다. 원세개 사후 북양군벌이 양분되었을 때 직예파의 수령이 되어 강소(江蘇), 강서(江西), 호북(湖北), 직예 등의 성을 관할하였으며, 영국의 지지를 얻었다. 민국 5년(1916) 부총통에 당선되고 남경에 머물렀다. 민국 6년(1917) 장훈(張勳)의 복벽(復辟)운동이 실패하면서 여원홍(黎

元洪)이 실각하자 북경에 들어가 총통직을 대리 수행하였다. 이듬해 안휘파(安徽派)의 영수 단기서(段祺瑞)에 의해 실각하고 병사하였다.

풍몽룡(馮夢龍:1574~1646)　명대의 문학가, 희곡작가. 자는 유룡(猶龍), 이유(耳猶), 자유(子猶). 호는 용자유(龍子猶), 고곡산인(顧曲散人) 등. 장주(長洲:강소성 蘇州) 출신. 수녕현(壽寧縣)의 지현(知縣)으로 재직할 때 후금(後金)의 군대에 맞서 싸웠다. 이후 고향에 돌아와 저술 활동으로 생을 보냈다. 유가의 예교(禮敎)를 경시하는 태도를 보였으며, 학문 역시 경학이나 정통 문학보다는 소설, 희곡 등 서민적인 것을 좋아했다. 화본집(話本集)인 『유세명언(喩世明言)』『경세통언(警世通言)』『성세항언(醒世恒言)』을 펴냈다. 이를 세칭 '삼언(三言)'이라 한다. 이밖에 시조집(時調集) 『괘지아(掛枝兒)』『산가(山歌)』와 산곡집(散曲集) 『태하신주(太霞新奏)』, 필기(筆記) 『고금담개(古今談槪)』 등을 펴냈다.

풍발(馮跋:?~430)　오호십육국 시대 북연(北燕)의 건립자(재위 409~430). 자는 문기(文起). 한(漢)족 출신. 후연(後燕)에서 장군으로 지내다 성격이 잔혹하여 민심을 잃은 후연 황제 모용희(慕容熙)를 죽이고 고운(高雲)을 제위에 추대했다. 후에 고운이 부하에게 살해되자 자칭 천왕(天王)이라 하고 연(燕) 정권을 세웠다. 역사에서 이를 북연(北燕)이라 한다.

풍백(風伯)　고대 신화전설상의 인물. 풍신(風神), 풍사(風師), 기백(箕伯)으로도 불린다. 황제의 신하로서 바람을 관리했으며, 황제가 천하를 순행할 때 바람을 날려 길의 티끌을 없앴다고 한다.

풍소(風騷)　『시경(詩經)』의 「국풍(國風)」과 『초사(楚辭)』의 「이소(離騷)」를 합쳐 일컫는 말. 각각 『시경』과 『초사』의 대표작으로 고대 시가(詩歌)를 대표한다. 시(詩)와 사부(辭賦)를 총칭하는 말로도 쓰인다.

풍속통의(風俗通義)　서명. 일명 『풍속통(風俗通)』. 본래 32권이었으나 10권만 현존한다. 동한(東漢) 응소(應劭) 저. 당시의 사회 풍속과 문물을 설명했다.

풍옥상(馮玉祥:1882~1948)　민국 시기의 군인. 북양군(北洋軍) 육군의 여단장, 사단장, 검열사(檢閱使) 등을 지내다 1924년 북경정변을 일으켜 직예파(直隷派) 군벌의 통치를 뒤엎고 국민군 총사령 겸 제1군 군장(軍長)이 되었다. 1926년 소속 부대와 함께 국민당 가입을 선언하고 국민 혁명에 참가했다. 이듬해 국민당 제2집단군 총사령이 되어 반공활동을 벌였다. 1928

년 장개석(蔣介石)의 독재에 반대하여 장개석의 군대와 중원대전(中原大戰)을 벌이다 패했다. 1931년 9·18 만주사변 후 공산당과 합작하여 항일 동맹군을 결성하고 총사령이 되었다.

풍유눌(馮惟訥) 명대의 시인. 자는 여언(汝言). 가정(嘉靖) 17년(1538) 진사에 합격하여 강서좌포정사(江西左布政使)를 지냈다. 형 유건(惟健), 유민(惟敏) 등과 함께 시문으로 이름을 날렸다. 저서『고시기(古詩紀)』.

풍유민(馮惟敏:1511~90) 명대의 문학가. 자는 여행(汝行), 호는 해부(海浮). 관직으로는 진강(鎭江:강소성)의 교수, 보정(保定:하북성)의 통판(通判) 등을 지냈다. 시와 산곡(散曲)의 작가로 이름이 높다. 저서『해부산당사고(海浮山堂詞稿)』. 잡극 작품「양장원불부로(梁狀元不復老)」. 전기소설「승니공범(僧尼共犯)」.

풍태후(馮太后:442~90) 북위(北魏) 문성제(文成帝) 탁발준(拓跋濬)의 황후. 헌문제(獻文帝), 효문제(孝文帝) 때 대권을 잡고 25년간 개혁정책을 주도하였다. 봉록제도와 삼장제(三長制), 균전령(均田令)을 시행하였다.

피일휴(皮日休:약 833~?) 당(唐)대 말기의 문학가. 자는 습미(襲美), 일소(逸少). 자호는 간기포의(間氣布衣). 양양(襄陽:호북성) 출신. 함통(咸通) 8년(867) 진사에 급제하여 저작랑(著作郎), 태상박사(太常博士) 등을 지냈다. 이후 황소(黃巢)의 난에 가담하여 대제(大齊) 정권 하에서 한림(翰林) 관직을 지냈다. 시사(詩詞)에 능했으며 악부(樂府)는 백거이(白居易)의 풍격을 따랐다. 작품 경향은 사회모순을 반영하고 백성의 질고를 동정하는 등 현실주의적 색채가 짙으며, 통속적인 언어를 주로 사용했으나 기험(奇險)하고 난해하다는 평을 받는다. 육구몽(陸龜蒙)과 교유하며 시문으로 창화(唱和)했으며, 세칭 '피육(皮陸)'이라 불렸다. 산문「혹뢰형(惑雷刑)」「상해편(相解篇)」 등은 간결한 언어에 차고풍금(借古諷今)하는 수법으로 미신사상이나 세속을 비판했다. 저서『피자문수(皮子文藪)』.

피휘(避諱) 주(周)대에 시작된 문자 혹은 언어 표시 방법. 처음에는 제왕이나 선조에 대한 존중의 표시로 그 이름을 직접 표기하지 않고 동음자나 동의자로 대체해 썼다. 후에는 그들에 대한 존엄과 권위를 나타내기 위해 봉건 종법(宗法) 관계의 일종의 제도가 되었다. 그 일반적인 방법은 글자를 고치거나 필획을 일부 삭제 혹은 추가하는 것이다. 예로 남조 때 범엽(范曄)은 부친의 이름이 '태(泰)'였으므로 그가 지은『후한서(後漢書)』에는

'泰' 자가 모두 '太'로 표기되었다. 또 유가에서는 '丘' 자를 피해 '邱'로 쓰기도 했는데, 공자(孔子)의 이름이 '丘'였기 때문이다.

필(邲)의 전투　춘추시대에 초(楚)나라와 진(晉)나라 사이에 벌인 전쟁. B.C 597년 정(鄭)나라를 사이에 두고 양국이 주도권 다툼을 하다 필(邲:하남성 鄭州 부근) 땅에서 전투를 벌였으며, 초 장왕(莊王)의 군대가 진 영공(靈公)의 군대를 크게 무찔렀다.

필원(畢沅:1730~97)　청대의 사학자, 지리학자, 금석학자. 자는 양형(穰蘅), 추범(秋帆). 호는 영암산인(靈岩山人). 진양(鎭洋:강소성 太倉) 출신. 건륭(乾隆) 25년(1760) 진사가 되고 관직이 호광총독(湖廣總督)에까지 올랐다. 일찍이 각지의 학자를 초빙하여『호북통지(湖北通志)』『속자치통감(續資治通鑑)』『사적고(史籍考)』등의 편찬 작업에 착수했다. 또 금석(金石) 문헌을 널리 수집하고 지리를 고찰하여 기존 역사서들의 미비점을 보충했다. 저서『관중금석기(關中金石記)』『중주금석기(中州金石記)』『산좌금석기(山左金石記)』『관중승적도기(關中勝迹圖記)』『서안부지(西安府志)』. 주석서『산해경(山海經)』『진서·지리지(晋書·地理志)』. 시문집『영암산인시문집(靈岩山人詩文集)』.

하(夏) 　　전설상의 중국 최초의 왕조. 우(禹)가 순(舜)으로부터 직위를 선양받아 세운 나라. 폭군 걸(桀)왕이 은(殷)나라 탕(湯)왕에게 패망하기까지 17대 472년간 이어졌다고 한다. 근래 은허(殷墟)와 이리두(二里頭) 문화유적이 발견됨으로써 하왕조의 실재 여부에 관심이 집중되었다. B.C 21~16세기 사이에 흥성한 것으로 보인다.

하(夏) 　　오호십육국 중 하나. 407년 흉노족의 혁련발발(赫連勃勃)이 동진(東晋)의 군대를 공격하여 관중(關中)을 점령하고 하(夏)나라를 세웠으며 자신을 대선우(大單于)라 칭하였다. 도읍은 통만성(統萬城:섬서성 橫山). 418년 칭제(稱帝)하였다. 섬서성 북부와 내몽고 일부를 거점으로 했으며 431년 토욕혼(吐谷渾)에 의해 멸망하였다.

하간헌왕(河間獻王) ➡ 유덕

하강병(下江兵) 　　신(新)대 말년에 봉기한 농민 기의군인 녹림군(綠林軍)의 소속 부대. 왕상(王常), 성단(成丹)이 수장으로 있었다.

하관조약(下關條約) ➡ 시모노세키조약

하규(夏珪) 　　남송의 화가. 자는 우옥(禹玉). 전당(錢塘:절강성 杭州) 출신. 영종(寧宗), 이종(理宗) 때 화원대조(畵院待詔)에 임명되어 훈무랑(訓武郎)의 벼슬을 제수받았다. 산수화는 이당(李唐)을 본받고, 설경(雪景)은 범관(范寬)의 화풍을 배웠으며, 풍격은 전반적으로 같은 시대의 화가인 마원(馬遠)과 비슷했다. 대부분 길고 큰 폭의 그림을 그렸으며, 마원에 비해 청간(淸簡)하고 생취(生趣)가 있다. 이당, 유송년(劉松年), 마원과 함께 남송 화원의 4대화가로 불리며, 특히 마원과 더불어 ‘마하(馬夏)’라 불렸다. 작품 「장강만리도(長江萬里圖)」 「계산청원도(溪山淸遠圖)」 「고죽풍우도(孤竹風雨圖)」 등.

하모도문화(河姆渡文化)　　중국 신석기시대 초기의 문화. 절강성 여요현(余姚縣) 하모도촌에서 처음 유적이 발견되었다. 탄화된 쌀 및 짐승의 뼈로 만든 수경재배 도구가 발견되었으며, 꽃무늬의 채색 도기와 뼈로 만든 장식품, 피리 등도 출토되었다. 중국 역사상 최초로 벼를 인공재배한 것으로 알려져 있다. 장강 하류와 동남 해안에서 발견된 최초의 신석기 문화이다.

하백(河伯)　　고대 신화전설상의 인물. 본명은 풍이(馮夷). 황하를 건너다 홍수를 만나 빠져 죽은 후 천제(天帝)에 의해 하신(河神)에 봉해졌다 한다. 흰 용으로 변해 물 위에서 바람과 풍랑을 일으키다 전신(箭神)인 후예(后羿)의 화살에 맞아 한쪽 눈을 잃었다. 우(禹)가 치수할 당시 백성들을 위해 온 힘을 기울이는데 감동하여 황하 수계의 지도를 우에게 주고 그의 치수를 도왔다 한다.

하소정(夏小正)　　서명. 서주(西周) 시기에 유행한 월력(月曆). 하(夏)대의 역법으로 전해진다. 자연계의 변화와 이에 따른 농사 방법이 적혀 있다. 한(漢)대에『대대예기(大戴禮記)』라는 책의 한 편으로 편입되었다.

하손(何遜:?~518)　　남조시대 양(梁)의 시인. 자는 중언(仲言). 세칭 하수부(何水部). 수재(秀才)에 천거되어 수조참군(水曹參軍), 여릉왕기실(廬陵王記室) 등을 역임했다. 서정성이 풍부한 5언의 산수시에 능했다. 작품「석망강교(夕望江橋)」「상송(相送)」「경수왕명부(敬酬王明府)」. 저서『하수부집(何水部集)』.

하승천(何承天:370~447)　　남조 송(宋)의 사학자. 저작좌랑(著作佐郎)을 거쳐 어사중승(御史中丞)의 벼슬을 했다. 사상서로 생사 운명론을 담은『달성론(達性論)』을 지었다. 천문 역법을 연구하여 1년을 계산하는 '정삭법(定朔法)'을 개발하였다. 사학 분야로서『송서(宋書)』의 편찬 작업에 참여하고,『무제기(武帝記)』『천문지(天文志)』를 찬(撰)했다.

하안(何晏:190~249)　　삼국시대 위(魏)의 대신. 당시 현학(玄學)의 대표적 인물. 자는 평숙(平叔). 남양(南陽:하남성 南陽) 출신. 하진(何進)의 손자. 모친 윤(尹)씨가 조조(曹操)의 부인이 되었으므로 어려서 조조 밑에서 컸다. 노장사상에 심취하여 현학을 제창하였다. 산기상시(散騎常侍), 시중상서(侍中尙書) 등의 관직을 지냈으며, 하후현(夏侯玄)과 함께 청담(淸淡)사상가로 이름을 날려 당시의 한 기풍을 형성하였다. 사마의(司馬懿)에 의해 살해되었다.『도덕론(道德論)』을 비롯하여 문(文)과 부(賦) 수십편을 지었으나 산실되었다. 『논어집해(論語集解)』만이 현존한다.

하우(夏禹) → 우

하지장(賀知章:659~744)　　당(唐)대의 시인, 서예가. 자는 계진(季眞). 자호(自號)는 사명광객(四明狂客). 영흥(永興:절강성 蕭山) 출신. 사문박사(四門博士), 태상박사(太常博士), 예부시랑(禮部侍郎), 집현원학사(集賢院學士)를 거쳐 비서감(秘書監)의 관직을 지냈다. 만년에 관직을 버리고 도사(道士)가 되어 낙향했으나 곧이어 병사했다. 호방한 성격으로 술을 좋아했다. 음중팔선(飮中八仙) 중 한 사람. 시 작품 「영류(詠柳)」「회향우서(回鄕偶書)」 등.

하진(何進:?~189)　　동한(東漢) 말기의 정치가. 남양(南陽) 완(宛:하남성) 출신. 자는 수고(遂高). 누이동생이 영제(靈帝)의 황후가 되면서 권력의 핵심세력으로 부상했다. 황건의 난 때는 대장군에 임명되어 수도인 낙양(洛陽)을 방어하는 임무를 띠었다. 영제 사후 환관세력을 몰아내려다 실패하여 피살되었다.

하투인(河套人)　　중국 구석기시대 말기의 원시인류. 내몽고자치주 황하하투(河套)지구의 사라우스하 양안과 영하(寧夏)자치구 영무현(靈武縣) 수동구(水洞溝)에서 원시인류의 머리뼈와 다리뼈 화석이 발견되었다. 원시성이 존재하나 이미 돌을 날카롭게 갈아 사냥에 이용했으며, 불을 사용한 것으로 추정되어 현생 인류의 직접 시조가 아닌가 여겨진다. 약 40만년 전에 생존한 것으로 추정된다.

하폐(下幣)　　진시황(秦始皇)이 천하를 통일한 후 사용한 진(秦)의 화폐. 동전. 둥근 모양에 가운데에 사각형으로 구멍이 뚫렸다. 반 냥을 기본단위로 정했으므로 반냥전(半兩錢)으로 불리기도 했다. 이후 가운데가 원형인 동전이 나와 청(淸) 말까지 고정된 동전 형태로 자리잡았다.

하후승(夏侯勝)　　서한의 금문(今文) 경학가. 자는 장공(長公). 동평(東平:산동성) 출신. 『금문 상서(尙書)』를 깊이 연구하여 선제(宣帝) 때 박사(博士)가 되었으며, 『금문상서』의 '대하후(大夏侯) 학파'를 개창하였다.

하후씨(夏后氏) → 우

하휴(何休:129~82)　　동한(東漢) 말기의 금문(今文) 경학가. 자는 소공(邵公). 학문에만 뜻을 두고 벼슬을 구하지 않다가 태부(太傅)인 진번(陳藩)에게 발탁되어 정사에 참여했다. 진번이 환관의 전횡에 대항하다 피살되면서 그도 당고(黨錮)의 화에 연루되어 칩거하였다. 이 때 『춘추공양해고(春秋公羊解詁)』를 지어 『춘추』의 미언대의(微言大義)를 파헤치고 전한(前漢) 동중서(董仲舒)가 발양한 공양학을 계승발전시켰다. 당고가 해제된 후 다시 관계에 나아가 간의대부(諫議大夫) 벼슬을 지냈다. 『효경(孝經)』『논어(論語)』에 주를 달고, 『공양묵수(公羊墨守)』 등을 지었다.

학경(郝經:1223~75)　　원대 초기의 시인, 사학자. 자는 백상(伯常). 능천(陵川:산서성) 출신. 박학다식하고 특히 경사(經史)에 능통했다. 한때 원 세조 쿠빌라이의 막하에 들어가 한림시독학사(翰林侍讀學士)를 지내다 중통(中統) 원년(1260) 남송(南宋)에 사신으로 가 가사도(賈似道)에 의해 10여년간 진주(眞州:강소성 儀征)에 억류되었다. 지원(至元) 12년(1275) 북으로 돌아갔으나 얼마 되지 않아 병사했다. 그의 시는 기험하고 빼어나다는 평을 받고 있으며, 가슴 속의 정서를 숨김없이 풀어냈다. 시집 『능천집(陵川集)』. 역사학 방면에서는 "육경(六經)은 자체가 역사이다"는 논리를 펴 경서를 역사학의 범주에 편입시켰으며, 육경을 유가의 경전에 포함시켜 신성시하는 당시의 풍조를 비판했다. 저서 『속후한서(續後漢書)』『춘추외전(春秋外傳)』『주역외전(周易外傳)』『원고록(原古錄)』『통감서법(通鑑書法)』『행인지(行人志)』 등.

한(韓)　　고대 국가명. 전국시대 한건(韓虔:景侯)이 위사(魏斯), 조적(趙籍)과 각각 진(晋)나라를 삼분하여 세운 나라. 전국칠웅중 하나. B.C 403년 한건이 주(周) 위열왕(威烈王)에게서 정식으로 제후 책봉을 받아 건국했다. 도읍은 양적(陽翟:하남성 禹縣). B.C 375년 정(鄭)나라를 멸하고 도읍을 신정(新鄭:하남성)으로 옮겼다. 영토는 지금의 산서성 동남부와 하남성 중부이며, 위(魏)·진(秦)·초(楚)의 3국 사이에 끼여 있었다. B.C 230년 진(秦)에 의해 멸망하기까지 10명의 왕이 174년간 재위했다.

한(漢)　　왕조명. 전한(前漢)과 후한(後漢)으로 나뉜다. 전한은 서한(西漢), 후한은 동한(東漢)으로도 불린다. B.C 202년 유방(劉邦)이 항우(項羽)의 군대를 물리치고 제위에 올라 장안(長安:섬서성 西安)에 도읍을 정했는데 이를 사서에서는 전한 혹은 서한이라 한다. 전한 중기 이후 사회 모순이 심해지자 A.D 9년 외척인 왕망(王莽)이 정권을 탈취하여 칭제(稱帝)하고 국호를 신(新)이라 하였다. 전한 왕조는 여기서 끝난다. 이후 적미(赤眉), 녹림(綠林)의 농민봉기가 일어나 무정부 상태를 이루다가 A.D 25년 세력이 강해진 유수(劉秀:光武帝)가 칭제하여 낙양(洛陽)에 도읍을 정하고 한을 중건하였다. 이때부터를 후한 혹은 동한이라 한다. 동한 말년 환관이 득세하고 정치가 부패하여 184년 황건(黃巾)의 난이 일어나고 위(魏)·촉(蜀)·오(吳)로 천하가 삼분된 후, 220년 조조(曹操)의 아들 조비(曹조)가 헌제(獻帝)를 폐위시키고 제위에 오르면서 완전 멸망하였다. 전한 12명, 후한 12명의 왕이 재위했으며, 통치기간은 406년이다.

한간(韓幹)　　당(唐)대의 화가. 장안(長安:섬서성 西安) 출신. 집안이 가난했으나 왕유(王維)의 도움을 얻어 그림에 전념할 수 있었다. 인물과 말의 형상을 잘 그렸다. 현종(玄宗)의 부름을 받아 궁궐 내에서 작품활동을 했다. 당시 현종이 그에게 진굉(陳閎)의 화마법(畵馬法)을 배우도록 조언하자, 그는 진굉의 화풍이 자신과 같지 않음을 알고 "신의 스승은 단지 조정에 있는 모든 말일 뿐입니다"라고 말했다고 한다. 작품 「조야백도(照夜白圖)」 「상마도(相馬圖)」 「명황시마도(明皇試馬圖)」.

한경제(漢景帝:188~41 B.C)　　서한(西漢)의 제 6대 황제. 본명은 유계(劉啓). B.C 157~141년 재위. 자주 법령을 개폐하고 제후왕의 영지를 줄였으므로 오초(吳楚) 7국의 난이 일어났다. 난을 평정하고 흉노를 몰아낸 후 중앙집권체제를 강화하였다. 정치 및 사회경제의 번영을 가져와 부친인 문제(文帝)와 함께 문경지치(文景之治)를 이루었다.

한고조(漢高祖:256~195 B.C)　　서한(西漢)의 개국 황제. 본명은 유방(劉邦). 자는 계(季). B.C 202~195년 재위. 패(沛:강소성 沛縣) 출신이므로 패공(沛公)으로도 불렸다. 일찍이 사수정장(泗水亭長)으로 있었으며, 진(秦) 2세황제 원년(B.C 209) 패리(沛吏)인 소하(蕭何)와 조참(曹參)의 지지 아래 농민봉기를 일으켰다. 항우(項羽)가 이끄는 부대와 공조하였으며, 항우에 앞서 진의 수도 함양에 입성한 후 약법삼장(約法三章)을 공포하여 백성의 지지를 받았다. 자칭 서초패왕(西楚覇王)에 오른 항우는 그를 파촉(巴蜀), 한중(漢中) 일대를 통치하는 한왕(漢王)에 봉했다. 이후 항우의 군대를 상대로 초한전(楚漢戰)을 벌여 B.C 202년 항우군을 격파하고 장안(長安)에 도읍을 정하여 통일된 한 왕조를 세웠다. 그의 충성스런 부하로는 한신(韓信), 팽월(彭越), 영포(英布), 소하(蕭何), 조참(曹參), 번쾌(樊噲), 장량(張良) 등이 있었다. 재위 기간 동안 진의 구제도에 따라 중앙집권제를 강화했으며, 한신, 팽월, 영포 등 개국공신인 이성제후(異姓諸侯)를 몰아내고 친정체제를 구축했다. 제도개혁을 통해 민생을 안정시키는 등 훌륭한 치적을 보였다. 사후 부인 여태후(呂太后)가 전권을 쥐었다.

한구(邗溝) 일명 한강(邗江). 춘추시대 말 오왕(吳王) 부차(夫差)가 주도하여 굴착한 운하. 길이는 지금의 양주(揚州)에서 시작하여 회안(淮安)까지 150km이며, 회하(淮河)와 장강(長江)을 서로 이었다. B.C 486년 중국 최초로 완성되었다.

한궁추(漢宮秋) 원 잡극(雜劇) 명. 원명은 「파유몽고안한궁추(破幽夢孤雁漢宮秋)」. 원대 마치원(馬致遠) 작. 한(漢)의 원제(元帝·武帝)와 궁녀 왕소군(王昭君)간의 궁정 비련을 제재로 하였다. 화가 모연수(毛延壽)가 엉터리 초상화를 그려 바치는 바람에 미녀 왕소군에게 관심을 갖지 않았던 원제는 후에 비파를 타는 왕소군을 보고 즉석에서 반한다. 흉노로 도망간 모연수는 흉노의 선우(單于)에게 왕소군의 초상화를 그려 준다. 선우는 한나라와의 화친을 조건으로 원제에게 왕소군을 요구한다. 왕소군은 국가의 이익을 위해 자청하여 궁궐을 떠나다 흑룡강에서 원제를 잊지 못하고 투신자살한다. 이 작품은 백박(白樸)의 「오동우(梧桐雨)」와 함께 궁중 연애고사를 다룬 걸작으로 꼽힌다.

한기(漢紀) 서명. 일명 『전한기(前漢紀)』. 편년체 역사서. 동한(東漢) 순열(荀悅) 편. 『한서(漢書)』의 내용을 시대순으로 재편집했다. 진(秦) 2세 황제 원년(B.C 209)부터 서한(西漢) 회양왕(淮陽王) 경시(更始) 원년(A.D 23) 왕망(王莽)의 신(新)왕조가 멸망하기까지 232년의 역사를 기술했다. 후대 기전체 역사서의 전범이 되었다.

한기(韓琦:1008~75) 북송의 정치가. 자는 치규(稚圭). 상주(相州) 안양(安陽·하남성) 출신. 인종(仁宗) 천성(天聖) 연간에 진사에 나아가 우사간(右司諫)의 벼슬을 하고, 보원(寶元) 3년(1040) 섬서안무사(陝西安撫使)로 옮겨 범중엄(范仲淹)과 함께 서하(西夏)의 침략을 막아냈다. 경력(慶曆) 3년 추밀부사(樞密副使)로 있으면서 '경력신정(慶曆新政)'을 주도했으나 실패하고 자청하여 양주(揚州), 정주(定州) 등지의 자사를 맡았다. 가우(嘉祐) 원년(1056) 다시 입조(入朝)하여 추밀사(樞密使)가 되고, 이어 재상에 올랐다. 왕안석(王安石)이 신법을 시행할 때 사마광(司馬光)과 더불어 누차 반대 상소를 올렸다. 저서 『안양집(安陽集)』.

한단순(邯鄲淳) 한(漢)·위(魏) 시기의 문학가, 서예가. 일명 한단축

(邯鄲쓰). 자는 자숙(子叔). 영천(潁川:하남성 許昌) 출신. 일찍이 효녀 조아(曹娥)를 위해 비문을 썼는데 필체가 훌륭하여 이름이 알려졌다. 박사급사중(博士給事中)의 벼슬을 했다. 골계가 섞인 문장을 잘 지었으며, 골계서 『소림(笑林)』을 남겼다. 서예의 경우 팔분서(八分書)에 능했다.

한덕양(韓德讓:941~1011)　　일명 한덕창(韓德昌), 야율융운(耶律隆運). 한족(漢族) 출신 요(遼)의 대신. 북송(北宋)의 공격을 받고 남경(南京:北京)을 사수한 후 요 정부의 신임을 받아 남추밀사(南樞密使)에 임명되었다. 요의 성종(聖宗)이 어린 나이에 즉위하여 소태후(蕭太后)가 섭정하면서 그는 소태후의 총애를 얻어 대승상(大丞相)이 되고 제왕(齊王)에 봉해졌다. 이후 덕창(德昌)이란 이름과 야율(耶律)이란 성을 하사받고, 다시 융운(隆運)이란 이름을 얻었다. 지위가 소태후 바로 아래였으며, 북송과 화해정책을 펴고 개혁정책을 시행하였다.

한덕창(韓德昌) → 한덕양

한림아(韓林兒:?~1366)　　원대 말의 군웅 중 한 사람. 홍건군(紅巾軍)의 영수. 난성(欒城:하북성) 출신이며 가계가 백련교도(白蓮敎徒)였다. 부친 한산동(韓山童)이 유복통(劉福通)과 함께 농민봉기를 주도했다가 사망하자, 유복통이 15세인 그를 소명왕(小明王)으로 옹립하여 나라를 세웠다. 국호는 송(宋), 연호는 용봉(龍鳳), 도읍은 박주(亳州). 이후 장사성(張士誠)의 부장(部長) 여진(呂珍)의 공격을 받아 위태로운 지경에 처했다가 주원장(朱元璋:明太祖)의 구원을 받았다. 주원장이 오왕(吳王)을 칭한 지 2년째 되던 해 주원장을 영접하기 위해 양자강을 건너다 빠져 죽었다.

한림학사(翰林學士)　　관명. 당(唐) 현종(玄宗) 때 한림시조(翰林侍詔)를 설치하여 사방에서 올라오는 표소(表疏)에 대한 비답(批答)을 맡도록 하였다. 후에 다시 한림공봉(翰林供奉)을 설치하여 문학사(文學士)들을 뽑아 조정의 조칙을 작성토록 하였다. 개원(開元) 26년 한림공봉을 한림학사로 개칭하고, 학사원(學士院)을 별도로 설치하여 내명(內命)을 전담토록 하였다. 덕종(德宗) 때부터는 한림학사가 국가 기밀을 맡으면서 내상(內相)이라 불렸다. 이후 한림학사가 재상으로 승진하는 경우가 많았다. 북송(北宋) 이후에는 권한이 다소 낮아졌다.

한무제(漢武帝:154~87 B.C)　　서한(西漢)의 제 7대 황제. 경제(景帝)의 아들. 본명은 유철(劉徹). B.C 140~87년 재위. 통치기간 동안 강력한 중앙집권체제를 구축해 서한 시기 가장 흥성한 국가를 이룩했다. 동중서(董仲舒)의 건의를 받아들여 황로(黃老) 등 제가의 사상을 배격하고 유학을 장려했다. 흉노를 몰아내고 장건(張騫)으로 하여금 서역을 개척하게 했다. 상홍양(桑弘羊)의 건의를 받아들여 물가를 관리하는 평준관(平準官)을 설치했다. 조거(漕渠), 용수거(龍首渠), 육보거(六輔渠) 등을 축조하여 수리를 정리하고 농업생산을 늘렸다. 태학(太學)을 설치하고 악부(樂府) 등 문학창작을 장려하였다. 만년에 미신을 좋아했으며 백성을 핍박하는 등 실정하기도 했다. 역대 왕조 최초로 연호를 사용했다. 연호명은 건원(建元).

한문제(漢文帝:202~157 B.C)　　서한(西漢)의 제5대 황제. B.C 180~157년 재위. 본명은 유항(劉恒). 여태후(呂太后) 등 여씨 일족을 평정한 후 주발(周勃), 진평(陳平) 등에 의해 옹립되었다. 휴양생식(休養生息)의 정책을 펴 백성의 요역과 부세를 줄이고 농업생산을 늘렸다. 제후왕의 세력을 약화시켜 중앙집권화를 이룩했다. 그의 치적과 뒤이은 경제(景帝)의 치적을 함께 묶어 문경지치(文景之治)라 일컫는다. 문제는 그의 시호이다.

한부(漢賦) ➡ 부

한비(韓非:약 280~33 B.C)　　전국시대 후기의 사상가. 법가(法家)의 대표적 인물. 한(韓)나라 사람. 이사(李斯)와 함께 순자(荀子)의 문인으로 있으면서 순자의 영향을 받았으며, 수차례 한왕(韓王)에게 개혁과 법치를 주장했으나 받아들여지지 않았다. 말더듬이였으나 문장이 뛰어났다. 진(秦)나라에 들어가 시황제(始皇帝)와 자주 법치(法治)에 대해 논의하는 등 시황제의 총애를 받았으나 이사 등의 미움을 받고 무고하게 투옥되어 피살되었다. 공자(孔子)·맹자(孟子)가 하·은·주(夏殷周) 3대의 정치를 흠모하는 복고지향적이었던데 반하여 그는 현실인식 아래 국가의 정책을 펴야 한다고 역설했다. 중앙집권적 군주제를 주장했으며, 순자의 성악설에 기초하여 법으로써 인간의 악한 마음을 규율해야 한다고 하였다. 「고분(孤憤)」「오두(五蠹)」「세난(說難)」「용인(用人)」 등의 저작이 후세인에 의해 편찬된 『한비자(韓非子)』에 수록되어 있다.

한비자(韓非子) ➡ 한비

한산(寒山)　　당(唐)대의 시승(詩僧). 일명 한산자(寒山子). 일상의 속된 언어를 사용하여 자연을 노래하거나 시폐(時弊)를 풍자했으며, 불가의 사상을 선양하는 시도 즐겨 지었다. 근세 들어 그의 시를 당(唐)대의 걸출한 백화시(白話詩)로 선양하는 경향이 있었다. 시집 『한산자시집(寒山子詩集)』.

한산동(韓山童:?~1351)　　　원대 말 홍건적의 영수. 한림아(韓林兒)의 부친. 난성(欒城:하북성) 출신. 조부에 이어 백련교(白蓮敎)를 전파하면서 '명왕출세(明王出世)', '미륵불강생(彌勒佛降生)'의 종교 예언을 제창하여 민중을 끌어모았다. 또 몽고 귀족의 폭정에 항거하며 자신을 송 휘종(徽宗)의 8세손이라 선전하여 복송(復宋)을 구호 삼아 민중봉기를 일으켰다. 지정(至正) 11년(1351) 유복통(劉福通) 등과 함께 군사 3천명을 이끌고 기병하던 중 일이 발각되어 처형되었다.

한서(漢書)　　　서명. 기전체 역사서. 25사(史)의 하나. 본래 100권이나 후인이 120권으로 늘렸다. 동한(東漢) 반고(班固) 찬(撰), 반소(班昭) 등 보(補). 12기(紀), 8표(表), 10지(志), 70열전(列傳)으로 구분되어 있다. 서한(西漢) 고조(高祖) 원년(B.C 206)부터 회양왕(淮陽王) 유현(劉玄)의 경시(更始) 2년(A.D 24)까지 서한 230년간의 역사를 기술했다. 『사기(史記)』의 기술체계를 따랐으며, 이밖에 「형법(刑法)」「오행(五行)」「지리(地理)」「예문(藝文)」 등 4편의 지(志)를 새로 더했다. 이중 「지리지」는 후세 지리학의 발달에 큰 영향을 끼쳤으며, 「예문지」는 『칠략(七略)』을 기초로 작성하여 체재가 매우 엄정하다.

한세충(韓世忠:1089~1151)　　　북송 말 남송 초의 충신, 명장. 연안(延安:섬서성) 출신. 18세에 종군하여 서하(西夏)의 침략을 방어하는데 공헌했다. 휘종(徽宗) 선화(宣和) 2년(1120) 편장(偏將)의 직책으로 방석(方臘)의 반란을 진압하였으며, 하북에서 금군(金軍)의 침략을 격퇴했다. 고종(高宗)의 남천(南遷)을 따라 절서제치사(浙西制置使)에 임명되고 진강(鎭江)에 주둔했다. 이때 북으로 퇴각하는 금의 올술(兀術) 부대를 맞아 황천탕(黃天蕩:강소성 南京 부근)에서 8천의 병력으로 10만 군대를 포위하여 큰 타격을 입혔다. 소흥(紹興) 4년(1134) 대의진(大儀鎭:강소성 揚州 부근)에서 금군과 반역자 유예(劉豫)의 연합군을 대파했다. 진회(秦檜) 등의 주화파에 대항하여 금군과 결사 항전할 것을 주장하다 소흥 11년 악비(岳飛), 장준(張俊) 등과 함께 병권을 박탈당했다. 이후 사직을 자청하여 항주(杭州)의 서호(西湖)에서 만년을 보냈다.

한신(韓信:?~196 B.C)　　　한고조(漢高祖) 유방(劉邦)을 도와 서한(西漢)을 세운 명장. 회음(淮陰:강소성 淸江 서부) 출신. 처음에는 항우(項羽)를 섬겼으나 중용되지 못하자 유방에게 돌아섰다. 소하(蕭何)의 추천으로 중용되어 대장군에 임명되었다. 초·한(楚漢)전쟁 무렵 제왕(齊王)에 봉해졌으며, 해하(垓下:안휘성 靈壁 남쪽)에서 초패왕(楚覇王) 항우의 군사를 격파하는 등 혁혁한 공을 세웠다. 한(漢)왕조 건립 후 초왕(楚王)에 봉해졌다. 한왕조의 기틀이 완성된 뒤 고조 유방은 그의 세력을 두려워하여 지위가 낮은 회음후(准陰侯)에 임명했다가 나중에 살해하였다. 이 때 그는 '교토사주구팽((狡兔死走狗烹)'이라는 명언을 남겼다. 또 자신의 용병능력과 관련해 '다다익선(多多益善)'이란 말을 남기기도 했다.

한악(韓偓:844~923)　　당(唐)대 말기의 시인. 자는 치요(致堯), 호는 옥산초인(玉山樵人). 소종(昭宗) 때 진사에 합격하여 한림학사(翰林學士), 병부시랑(兵部侍郎) 등을 지내다 당왕조 몰락후 복건(福建)지방으로 피신하여 살았다. 이상은(李商隱)과 비슷한 시작(詩作) 경향을 보이는데, 특징은 화미(華靡)하고 함축적이며 전고를 대량 채용한 점이다. 궁중의 여인들을 제재로 그들의 규원(閨怨)과 자태 등을 그린 작품이 많다. 저서 『한림집(翰林集)』(일명 玉山樵人集).

한악부(漢樂府) ➡ 악부

한야평매철창광공사(漢冶萍煤鐵廠鑛公司)　　약칭 한야평공사. 청대 말에 설립된 중국 최초의 연합 철강기업. 한양철창(漢陽鐵廠), 대야철광(大冶鐵鑛), 평향매광(萍鄕煤鑛)을 통합하여 광서(光緖) 34년(1908) 창립했다. 상판(商辦) 형식을 띠었으나 실권은 관속인 성선회(盛宣懷)가 장악했다. 이후 일본 차관에 의존하다 국민당정부 시기에 일본의 수중에 넘어갔다.

한연휘(韓延徽:882~959)　　한족 출신의 요(遼)나라 대신이자 개국공신. 자는 장명(藏明). 유주(幽州)의 번진(藩鎭)인 유수광(劉守光)의 부하로 있을 때 명을 받고 거란에 사신으로 갔다가 요의 태조 야율아보기(耶律阿保機)의 모사로 발탁되었다. 야율아보기의 통치를 도와 각종 제도를 보완하고, 백성의 생산력을 높였으며, 대외 정복사업에도 많은 공헌을 하였다. 요의 태조, 태종, 세종, 목종 등을 섬겼으며, 정사령(政事令), 남부재상(南府宰相) 등의 관직을 지냈다.

한영(韓嬰)　　서한(西漢)시대 금문(今文) 경학가. 연(燕:北京) 출신. 문제(文帝) 때 박사(博士)가 되었으며 경제(景帝) 때 상산왕태부(上山王太傅)가 되었다. 『시경(詩經)』 연구가로 알려져 있으며, 『한시내전(韓詩內傳)』

『한시외전(韓詩外傳)』을 지었다.

한영제(漢靈帝:156~89)　　동한(東漢) 말기의 황제(재위 168~89). 본명은 유굉(劉宏). 외척과 환관에게 실권을 빼앗기고 내우외환에 시달렸다. 이응(李膺) 등 1백여 명을 옥사시키는 이른바 당고(黨錮)의 화를 초래했다. 재위 기간 동안 관직을 팔아 궁실을 크게 수리하는 등 실성을 거듭했으며, 계급 모순을 격화시켜 184년(光和 7년) 황건적의 난을 불러일으켰다.

한유(韓愈:768~824)　　당(唐)대의 시인, 문장가, 사상가. 자는 퇴지(退之). 하양(河陽:하남성 孟縣) 출신. 선대가 창려(昌黎:요령성 錦州)에 살았으므로 세인들은 그를 한창려(韓昌黎)라 불렀다. 3세 때 고아가 돼 형수인 정부인(鄭夫人) 밑에서 컸다. 24세인 정원(貞元) 8년 벼슬에 나아가 감찰어사(監察御史), 형부시랑(刑部侍郎)을 지내다 조주자사(潮州刺史)로 폄적되었으며, 이후 복권되어 국자감좨주(國子監祭酒), 이부시랑(吏部侍郎)에 이르렀다. 시와 문장에 두루 능통했으며, 고문운동을 제창하여 화려한 형식의 변려체(騈儷體)를 배격하고 유가사상을 기초로 한 문이재도(文以載道)를 주창하였다. 특히 대표적 산문인 「원도(原道)」를 통해 복고풍의 문체개혁운동뿐만 아니라 사상적 측면에서 복고명도(復古明道)를 주장하기도 하였다. 또 요(堯), 순(舜), 우(禹), 탕(湯), 문왕(文王), 무왕(武王), 주공(周公), 공자, 맹자로 이어지는 유가의 도통론(道統論)을 내세우기도 하였다. 유명한 산문으로 「제십이랑문(祭十二郎文)」「사설(師說)」「장중승전후서(張中丞傳後序)」 등이 있다. 시문집『한창려선생집(韓昌黎先生集)』.

한창려(韓昌黎)　➡　한유

한퇴지(韓退之)　➡　한유

한헌제(漢獻帝:181~234)　　동한(東漢)의 마지막 황제(재위 190~220). 즉위 당시 정권은 이미 유명무실했고, 조정은 동탁(董卓)의 손아귀에 들어가 있었다. 건안(建安) 원년(196년) 동탁이 피살된 후 조조(曹操)가 그를 허(許:하남성 許昌) 땅으로 유치, 도읍을 정하고 천자에 세웠으나 이때부터는 조조의 권력 아래 있었다. 조조 사후 아들 조비가 칭제(稱帝)하면서 폐위되었으며, 이에 동한도 멸망하였다.

한환제(漢桓帝)　　동한(東漢)의 황제(재위 146~67). 양태후(梁太后)에 의해 옹립되었으므로 처음에는 실권을 외척 양기(梁冀)에게 내주었다. 연희(延熹) 2년(159) 환관 단초(單超) 등의 힘을 빌려 양기를 죽이고 양씨 일당을 몰아내는데 성공했으나, 다시 환관이 득세하는 계기를 만들고 말았다. 연희 9년 외척과 관원, 태학의 학생들이 연합하여 환관의 전횡을 성토하자 조령을 내려 이응(李膺) 등 주동자 200여 명을 체포하였다. 이를 당고(黨錮)의 화(禍)라고 일컫는다.

한황(韓滉:723~87)　당(唐)대의 화가. 자는 태충(太沖). 장안(長安:섬서성 西安) 출신. 대종(代宗) 때 상서우승(尙書右丞)을 지내면서 재정을 잘 다루었다. 덕종(德宗) 때 진해군절도사(鎭海軍節度使)로 있으면서 운하의 개착에 공헌하였다. 이후 검교좌복야(檢校左僕射), 강회전운사(江淮轉運使)를 지내고 진국공(晋國公)에 봉해졌으며, 세칭 한진공(韓晋公)이라 했다. 재임시 백성들의 농업생산과 풍속 등에 유의했다. 그의 회화작품 역시 농촌생활을 제재로 한 것이 많다. 우도(牛圖)를 많이 그렸으며, 대표작인「오우도(五牛圖)」는 각자 다른 동작과 행위양식을 보이는 다섯 마리의 소를 간결한 선으로 묘사하면서 생동감넘치게 표현하여 세인을 찬탄하게 하였다. 대표작「전가풍속도(田家風俗圖)」「요민격양도(堯民擊壤圖)」「촌두도(村杜圖)」「전가이거도(田家移居圖)」「취학사도(醉學士圖)」등.

함풍제(咸豊帝:1831~61)　청의 제8대 황제. 문종(文宗). 도광제(道光帝)의 넷째 아들. 도광 30년(1850) 즉위하여 이듬해 연호를 함풍으로 정했다. 함풍 원년 태평천국의 난을 맞았고, 동 6년 애로우호 사건을 계기로 영국·프랑스와 제2차 아편전쟁을 치렀으며, 이로 인해 동 8년 굴욕적인 천진조약을 체결했다. 동 10년 영국·프랑스 연합군이 북경을 진격해 들어오자 열하(熱河:하북성 承德)로 피신하고, 공친왕(恭親王) 혁혼(奕訢)을 시켜 이들과 북경조약을 체결했다. 이듬해 열하에서 병사했다.

합려(闔閭·闔廬:?~496 B.C)　춘추시대 오(吳)나라의 왕. 이름은 광(光). B.C 515년 초(楚)나라에서 망명온 오자서(伍子胥)와 함께 자객 전제(專諸)의 힘을 빌려 오왕 료(僚)를 살해하고 즉위했다. 초나라를 쳐서 위세를 크게 떨쳤으나 후에 월(越)왕 구천(句踐)에게 패하여 죽었다. 그의 뒤를 이은 왕이 부차(夫差)이다.

합종연횡(合縱連衡)　전국시대 소진(蘇秦)의 합종책(合縱策)과 장의(張儀)의 연횡책(連衡策)을 합하여 일컫는 말. 전국칠웅간의 동맹 방식이다. 합종책, 연횡책 참조.

합종책(合縱策)　전국시대 소진(蘇秦)의 국가간 동맹에 관한 외교 책략.

전국칠웅중 상대적으로 약한 6국이 동맹하여 강대한 진(秦)나라에 대항하자는 이론. 당시 진의 세력이 점점 강대하여 주변국을 압박하자 소진이 제민왕(齊湣王)을 설득하여 합종책을 상주하고, 이어 전국을 돌아다니며 동맹의 맹약을 얻어냄으로써 성공을 거두었다.

항량(項梁:?~208 B.C) 　진(秦)대 말 농민봉기를 주도한 인물. 하상(下相:강소성 宿遷) 출신. 초(楚)의 명장 항연(項燕)의 아들이자 항우(項羽)의 숙부이다. 진 2세황제 원년 진승(陳勝)·오광(吳廣)의 농민봉기가 일어난 직후 그는 조카인 항우와 오(吳:강소성 蘇州)에서 기의했다. 초회왕(楚懷王)의 후예를 왕으로 세우고 자신은 무신군(武信君)이 되었다. 정도(定陶:산동성 定陶)에서 진의 장수 장함(章邯)에게 패하여 죽었다.

항아(嫦娥·姮娥) 　고대 전설상의 여인. 예(羿)의 아내. 불사약을 가지고 달로 달아났다고 전해진다. 예가 아홉 개의 태양을 활로 쏘아 떨어뜨리자 천제(天帝)가 대로하여 그들 부부의 천당행을 불허하였다. 후에 예는 서왕모(西王母)로부터 불로장생약을 구했으나 항아가 이를 가지고 하늘의 월궁(月宮)으로 도망갔다고 한다. 달의 여신으로 불린다.

항우(項羽:232~202 B.C) 　초패왕(楚覇王), 서초패왕. 본명은 적(籍). 하상(下相:강소성 宿遷) 출신. 농민기의군의 영수. 자칭 역발산 기개세(力拔山氣蓋世)라 했듯 힘이 장사였다고 한다. 진 2세황제 원년(B.C 209) 진승(陳勝)이 농민봉기를 일으킨 것과 때맞추어 숙부인 항량(項梁)과 함께 오(吳:강소성 蘇州)에서 기의했다. 항량이 전사한 후 그는 초 회왕(楚懷王) 아래에서 상장군이 되었다. 거록(鉅鹿:하북성 平鄕) 전투에서 진군을 크게 이기고 서초패왕에 올랐다. 진의 수도 함양(咸陽)에 입성하여 진왕 자영(子嬰)에게서 항복을 받았다. 이 때 유방(劉邦)을 한왕(漢王)에 봉했다. 유방과 결별한 후 그와 천하를 쟁탈하기 위해 초·한(楚漢)전쟁을 벌이던 중 해하(垓下:안휘성 靈壁 남쪽)에서 포위되었다가 도망쳐 오강(烏江:안휘성 和縣)에서 자결하였다. 애첩 우미인(虞美人)이 있었다. 해하 전투 때 유명한 「해하가(垓下歌)」를 지었으며, 사면초가(四面楚歌)라는 말이 생겨났다.

해관(海關) 　청대의 세관. 강희(康熙) 23년(1684) 해금(海禁)조치를 푼 뒤 이듬해 강해(江海:上海), 절해(浙海:寧波), 민해(閩海:漳州), 월해(粤海:廣州)의 4해관을 설치했으며, 주로 조공 무역과 관련하여 징세와 함께 반입 물품을 검사 감독하는 일을 맡았다. 건륭(乾隆) 22년(1757)에는 영국 등 제국주의자가 연해에서 불법행위를 하자 월해만 남겨두고 나머지는 폐지했다. 아편전쟁 이후 5개 통상항이 개항되면서 이곳에 다시 해관을 설치했는데, 이때부터는 조공무역의 성격을 벗어났으므로 이전의 해관, 즉 당(唐)대 이후 지속되어 온 시박사(市舶司) 성격의 해관을 구관(舊關) 혹은 상관(常關)이라 하고 신설 해관과 구별했다. 1901년에는 전국에 설치된 해관이 49개 처에 이르렀다. 함풍(咸豊) 3년(1853) 영국, 미국, 프랑스의 협박으로 상해의 해관 관리권을 이들에게 넘긴 이후 각지의 관리권을 빼앗겨 서양 제국주의 침략의 한 도구가 되었다.

해서(楷書)　　서체의 일종. 한(漢)대에 생겨났다. 일명 정서(正書), 진서(眞書). 예서(隷書)로부터 발전하였다. 정방형에 필획이 곧고 바른 특징을 보인다. 초서가 시대에 따라 불규칙한 글자 모양을 보여 사용상 불편하였으므로 이를 대체하여 급속한 발전을 가져왔다. 당(唐) 이후 관용 문서와 과거시험에 정식 글자체로 채택되었다. 예서를 가리키기도 한다.

해서(海瑞:1514~87)　　명대의 정치가. 자는 여현(汝賢), 자호는 강봉(剛峰). 경산(瓊山:광동성) 출신. 향시를 거쳐 복건(福建) 연평부(延平府)의 남평교유(南平敎諭)가 되었다가 가정(嘉靖) 43년(1564) 육광조(陸光祖)의 신임을 받아 호부주사(戶部主事)가 되었다. 가정 45년 조정의 도교 숭상 및 정치부패를 간하다 세종의 노여움을 사 투옥되었다. 목종(穆宗) 즉위 후 석방되어 우첨도어사(右僉都御史), 응천순무(應天巡撫)에 임명되었다. 백성의 편에 서서 호족을 제재했기 때문에 장거정(張居正), 고공(高拱) 등의 미움을 사 다시 10년간 관직을 잃었다. 만력(萬曆) 13년(1585) 신종(神宗)에 의해 우첨도어사로 복직되었다가 2년 후 병사하였다. 청렴강직하고 직언을 서슴지 않으며, 백성들의 원옥을 풀어주고 탐관을 징계한 관리로서 후세에 이름이 높다.

해진(解縉:1369~1415)　　명대 초기의 정치가. 자는 대신(大紳). 길수(吉水:강서성) 출신. 홍무(洪武) 21년(1388) 진사가 되어 서길사(庶吉士)에 임명되고, 이어 시정의 잘못을 지적한 「봉사만언(封事萬言)」과 「태평십책(太平十策)」을 올려 태조의 인정을 받으면서 어사가 되었다. 태조는 다시 '대기만성(大器晚成)'을 이유로 그에게 귀향을 명했다. 혜제(惠帝) 때 한림원시조(翰林院侍詔)에 발탁된 후 시독(侍讀)에 올랐다. 황회(黃淮), 양사기(楊士奇) 등과 문연각(文淵閣)에 들어가 기무를 다루었다. 그 후 시독학사

(侍讀學士)로 있으면서 실록과 『열녀전(列女傳)』의 편찬을 주관했다. 성종 (成宗) 영락(永樂) 2년(1404) 한림학사(翰林學士) 겸 좌춘방대학사(左春坊 大學士)가 되어 『영락대전(永樂大典)』의 편찬을 주관했다. 그러나 태자를 세우는 문제로 한왕(漢王) 고후(高煦)의 미움을 샀으며, 안남(安南) 정벌 문제로 성조와도 뜻이 맞지 않았다. 영락 8년 고후의 참언으로 그가 태자와 내통했다는 죄를 입어 옥사했다. 저서 『고금열녀전(古今列女傳)』『문의집 (文毅集)』『춘우잡술(春雨雜述)』.

해하가(垓下歌)　초한(楚漢) 시대에 초패왕(楚覇王) 항우(項羽)가 지은 시가. 해하(垓下:안휘성 靈壁 남쪽)에서 유방(劉邦)의 군대에 포위되어 사면초가의 위기에 몰렸을 때, 자신의 뜻을 더이상 펴지 못하는 슬픔을 머금고 애첩 우미인(虞美人)의 곁에서 이 노래를 불렀다. 원문은 '力拔山兮氣蓋 世 時不利兮騅不逝 騅不逝兮可奈何 虞兮虞兮奈若何'.

해하전투(垓下戰鬪)　초(楚)·한(漢)간의 최후의 결전. B.C 202년 유방 (劉邦)은 한신(韓信), 팽월(彭越) 등과 함께 병력을 이끌고 해하(垓下:안휘 성 靈壁 남쪽)에서 항우의 군대를 포위하였다. 항우는 사면초가의 상황에서 전의를 잃고 홀로 도주하다가 오강(烏江:안휘성 和縣)에서 자살하였다.

행(行)　상인 동업조합. 당(唐)대에는 구역 단위로 집단화된 상점을 뜻 했으며, 장안(長安)에 220행, 낙양(洛陽)에 120행이 있었다. 행의 장에 해 당하는 사람을 행두(行頭) 혹은 행로(行老)로 불렸고, 행원격인 행인(行 人), 행상(行商), 행호(行戶)가 있었다. 송대에는 같은 업종의 종사자들이 조합을 이루어 일반 물자와 관수물자를 독점적으로 조달했다. 청대에는 무 역중개업, 도매업 등의 일도 행에서 맡아 했으며, 관허상인이 다수를 이루 었다. 특히 광동(廣東)의 십삼행(十三行)은 외국과의 무역을 전담했다.

행서(行書)　서체의 일종. 예서(隷書)로부터 발전하였다. 동한(東漢)의 유덕승(劉德升)이 창안했다고 전해진다.

행성(行省) ➡ 행중서성

행중서성(行中書省)　원대의 지방통치기구. 약칭 행성(行省). 중앙에 설 치된 중서성(中書省)과 함께 최고 통치기구 역할을 했으며, 황제의 직속이 었다. 전국에 10곳을 두었고, 고려에도 개경에 정동행성(征東行省)을 설치 했다. 후대의 행정구역인 성(省)은 이에서 기원한다. 명대에는 이를 폐지하 는 대신 삼사(三司:布政使司, 按察使司, 都指揮使司)를 설치했다.

향수(向秀:227~약 272)　　위·진시대의 문학가. 자는 자기(子期). 죽림 칠현 중의 한 사람. 황문시랑(黃門侍郎), 산기시랑(散騎侍郎) 등의 관직을 지내다가 사마씨(司馬氏)의 전횡에 회의를 느껴 관계에서 물러났다. 타락한 정치를 풍자하는 부(賦)를 많이 지었다. 대표작으로 「사구부(思舊賦)」가 있으며, 『장자(莊子)』에 주를 달기도 했다.

향시(鄕試)　　원대부터 명·청대까지 각 성에서 시행한 과거 시험. 3년마다 한번씩 8월에 시험을 쳤다. 고시에 합격한 사람을 거인(擧人)이라 불렀으며, 1등 합격자를 해원(解元)이라 했다. 거인은 회시(會試)에 나아갈 수 있었고, 회시에 나아가지 않은 사람도 관직을 얻을 자격이 주어졌다.

향신(鄕紳)　　신사(紳士) 중에서 벼슬을 하지 않고 향리에 남은 사람을 가리킨다. 지방의 토호 지주인 경우가 많았으며, 그 지방의 이해에 관련된 일을 주도적으로 맡았다. 신사(紳士) 참조.

허목부인(許穆夫人)　　춘추시대의 여류 시인. 위(衛)나라 선공(宣公)의 딸이자 위 대공(戴公)의 누이동생. 허(許)나라로 시집갔으나 모국인 위나라가 외침을 당해 망하자 비통해 하며 「재치(載馳)」라는 시를 지었다. 『시경(詩經)』「용풍(鄘風)」에 「재치」 5장이 실려 있다.

허신(許愼)　　동한(東漢)의 문자학자, 경학가. 자는 숙중(叔重). 소릉(召陵:하남성 郾城) 출신. 젊어서 가규(賈逵)를 사사하여 오경(五經)에 능통했다. 효렴(孝廉)에 추천되어 태위남각좨주(太尉南閣祭酒) 등에 임명되었다. 『설문해자(說文解字)』를 지어 문자학의 기초를 열어 놓았다. 이밖에 『오경이의(五經異義)』『회남자해고(淮南子解詁)』 등을 지었으나 일실되었다.

허유(許由)　　고대 전설상의 인물. 요(堯)임금이 말년에 이르러 군위를 그에게 넘겨주려 했으나 거절하고 기산(箕山)에 은거하여 농사를 지었다. 후에 요임금이 또다시 그에게 구주(九州)의 장이 되어 달라고 하자, 그는 더러운 말을 들었다며 영수(潁水)로 달려가 귀를 씻었다고 한다. 소보(巢父)와 함께 '소유(巢由)'라 불리며, 청렴하고 명예와 권력을 탐하지 않은 은군자(隱君子)로 통한다.

허저(許褚)　　동한(東漢) 말 삼국시대의 군사가. 자는 중강(仲康). 위(魏)국의 용장(勇將). 조조(曹操)의 장군으로 있으면서 각종 전투에서 혁혁한 공을 세웠다. 관내후(關內侯)에 봉해진 후 더욱 조조의 신임을 받아 조조의 출입시 항상 곁을 따라다녔다. 조조의 아들 조비(曹丕)는 위를 건국한 후 그를 만세정후(萬歲亭侯)에 봉하고 무위장군(武衛將軍)에 임명하였다. 위 명제(明帝) 때 사망했다. 시호는 장후(壯侯).

허행(許行) 전국시대의 사상가. 농가(農家)의 대표적 인물. 초(楚)나라 출신으로 맹자와 동시대 사람이다. 만년에 등(滕)나라로 들어가 직접 농사를 지으며 학문을 전수했다. 수십명의 제자들과 함께 손수 생활용품을 만들어 쓰는 등 근검한 생활을 했다.

허형(許衡:1209~81) 원대의 사상가. 자는 중평(仲平), 호는 노재(魯齋). 하내(河內:하남성 沁陽縣) 출신. 유학을 신봉하고, 특히 정·주(程朱)의 이학을 깊이 연구했다. 중통(中統) 원년(1260) 경조제학(京兆提學)에 임명되고 지원(至元) 2년(1265) 쿠빌라이칸에게 한법(漢法)에 따라 통치를 공고히 할 것을 건의했다. 후에 유병충(劉秉忠) 등과 전장제도를 마련하고 중서좌승(中書左丞)을 거쳐 집현대학사(集賢大學士) 겸 국자감좨주(國子監祭酒)에 임명되었다. 특히 몽고의 귀족 자제들에게 중원의 전통문화를 전수했다. 정주(程朱)의 객관적 유심주의를 이어받아 천명이 일체를 결정한다고 여겼으며, 삼강오상(三綱五常)을 선양하였다. 『수시력(授時曆)』의 편정(編訂)에 참여하였고, 저서로 『노재유서(魯齋遺書)』를 남겼다.

혁광(奕劻) ➡ 경친왕

혁련발발(赫連勃勃:?~425) 오호십육국 시대 하(夏)의 건립자. 자는 굴자(屈子). 흉노족 출신. 후진(後秦)의 신하로 있다가 자립하여 대하천왕(大夏天王), 대선우(大單于)라 칭했다. 동진(東晋)이 후진(後秦)을 멸망시킬 무렵 그는 진군(晋軍)을 몰아내고 관중(關中)을 점거하여 칭제하였다.

혁추(奕秋) 전국시대의 기사(棋士). 바둑을 잘 두어 당대에 적수가 없었다. 후인들이 바둑의 고수를 말할 때 흔히 그의 이름에 비유한다.

혁흔(奕訢:1831~98) 청대 말의 황족. 도광제(道光帝)의 여섯째 아들. 성은 아이신교료〔愛新覺羅〕. 함풍(咸豊) 원년(1851) 공친왕(恭親王)에 봉해졌다. 동 10년(1860) 영국·프랑스 연합군이 북경을 진격해 들어오자 전권대신(全權大臣)으로서 그들과 북경조약을 체결했다. 이듬해 총리각국사무아문(總理各國事務衙門)을 총괄했고, 같은 해 함풍제가 죽자 외국 침략자들의 힘을 등에 업고 서태후(西太后)와 밀모하여 신유(辛酉)정변을 일으켰다. 정변 승리 후 의정왕(議政王)에 봉해지고, 군기처(軍機處)와 총리아문을 장악했다. 이때 열강과 협조를 꾀하고 증국번(曾國藩)을 등용하여 태평천국의 난 등 각지의 반란을 진압하였다. 서방 과학기술을 채용하여 신식 무기 등을 제조하고 군대를 조련했으며, 양무운동(洋務運動)을 지휘했다. 이 기간 그의 치적에 따라 이른바 동치중흥(同治中興)을 실현했다.

현괴록(玄怪錄)　　서명. 일명『유괴록(幽怪錄)』. 10권. 당(唐)대 우승유(牛僧儒) 작. 민간에 유전되던 이문기사(異聞奇事)들을 모아 편찬한 전기(傳奇) 전집이다. 후인이 이를 토대로『속현괴록(續玄怪錄)』『하동기(河東記)』등을 지었다. 현재 30여 편이 존재한다.

현량문학(賢良文學)　　약칭 현량(賢良), 혹은 문학(文學). 한(漢)대에 관리를 선발하던 과목. 찰거(察擧)제도의 주요 과목의 하나로서 무제(武帝) 때 처음 설치했다.

현량방정(賢良方正)　　한(漢)대에 관리를 선발하던 과목. 문제(文帝) 때 성품이 현량방정하여 능히 직언·직간할 수 있는 사람을 천거받아 관직을 제수하였다.

현령(縣令)　　관직명. 현(縣)의 행정장관. 진·한(秦漢) 이후 인구 만 호 이상의 현에 현령을 두었다. 원대에는 현윤(縣尹)으로 개칭하고, 명·청대에는 지현(知縣)이라고 불렀다.

현무문지변(玄武門之變)　　당(唐) 태종 이세민(李世民)이 황위를 탈취하기 위해 벌인 궁정 정변. 무덕(武德) 9년(626) 6월 4일 진왕(秦王) 이세민은 황궁의 북문인 현무문에서 정변을 일으켜 황태자 이건성(李建成)을 직접 척살하고, 위지공(尉遲恭)은 제왕(齊王) 이원길(李元吉)을 살해한 후 이들의 추종세력을 소멸시켰다. 고조(高祖) 이연(李淵)은 억지로 이세민을 황태자에 봉했으며, 동년 8월 역시 강압에 의해 이세민에게 황위를 물려주었다.

현수종(賢首宗) ➡ 화엄종

현시(縣試)　　명·청대 과거제도의 한 단계로 일종의 예비고시이다. 지현(知縣)이 주관했으며, 고시에 합격한 사인(士人)에게는 부시(府試)를 치를 자격이 주어졌다.

현위(縣尉)　　지방관직명. 진(秦)대에 처음 설치되었다. 현의 군대에 관계된 일을 관장하였다. 명대에 폐지.

현장(玄奘:602~64)　　당(唐)대의 승려, 불교학자. 호는 삼장법사(三藏法師), 세칭 당승(唐僧). 13세 때 출가하였다. 정관(貞觀) 3년(629) 장안을 출발하여 옥문관(玉門關), 중앙아시아를 거쳐 2년만에 천축(天竺:인도)에 도착하였다. 이곳에서 불학을 배우는 한편 중국의 문물을 그곳에 소개하고 『노자(老子)』를 범어로 번역했다. 정관 19년(645) 많은 불경을 가지고 장안에 돌아왔다. 이후 태종(太宗)의 지원하에 「대반야경(大般若經)」「대보살상경(大菩薩藏經)」「성유식론(成唯識論)」등 불경 75부(部) 1,335권을 번역했다. 법상종(法相宗)의 창시자로 불리며, 그를 따르는 세자가 수천에 이르렀다. 제자에게 구수(口授)하여 『대당서역기(大唐西域記)』를 편찬하였다. 명대의 『서유기(西遊記)』는 그를 주인공으로 하여 소설화한 것이다.

현학(玄學)　위·진(魏晋)시대에 생겨난 일종의 철학 사조. 일명 현원지학(玄遠之學). 『노자(老子)』『장자(莊子)』『주역(周易)』의 3현(玄)을 연구하는 학문이라는 뜻에서 이름이 붙여졌다. 유교·도교·불교가 결합되었으며, 양한(兩漢)의 경학(經學) 위주에서 탈피하여 제자백가의 학문을 부흥시키고, 훗날 송명이학(宋明理學)이 탄생되는 계기를 만들었다. 대표인물로는 하안(何晏), 왕필(王弼), 완적(阮籍), 향수(向秀) 등이 있다.

형남(荊南)　왕조명. 오대십국(五代十國)중 하나. 일명 남평(南平), 북초(北楚). 후량(後梁) 개평(開平) 원년(907) 고계흥(高季興)이 형남(荊南) 절도사에 임명되었으며, 이후 후당(後唐) 동광(同光) 2년(924)에 남평왕(南平王)에 봉해졌다. 도읍은 형주(荊州:호북성 江陵). 역사에서 이를 형남 혹은 남평이라 한다. 영토는 지금의 호북성 강릉과 공안(公安) 일대이며, 당시의 여러 나라 중에서 영토가 가장 작았다. 963년 북송(北宋)에 의해 멸망했다. 5명의 군주가 40년간 재위.

형세호(形勢戶)　당(唐)·송(宋) 시기의 인호(人戶). 당(唐)·오대(五代)에는 지방의 세력있는 부호를 지칭했으며, 송대에는 관호(官戶) 및 주현(州縣)의 관리, 향리의 기층세력이 이에 해당했다. 이들에게는 부분적인 특권이 주어졌다.

형정(刑鼎)　춘추시대에 법률을 새긴 청동기 솥. 정(鄭)나라의 개혁가인 자산(子產)에 의해 만들어졌으며, 이후 각 나라가 이 방법을 채택했다.

혜강(嵇康:224~63)　삼국시대 위(魏)나라의 문인. 죽림칠현 중의 한 사람. 자는 숙(叔). 초군(譙郡:안휘성 宿州) 출신. 완적(阮籍)과 함께 이름을 떨쳤다. 젊어서 박학다문한데다 서화(書畵)와 비파 연주에 능했다. 노장(老莊)의 자연주의, 양성(養性)사상을 좋아했으며, 유가의 예교사상에 반대했다. 관직은 중산대부(中散大夫)를 지냈다. 위(魏)의 종실과 인척관계였으므로 사마씨(司馬氏)의 전권에 반대하여 피살되었다. 『혜중산집(嵇中山集)』 10권이 전한다.

혜교(慧皎:497~554)　남조시대 양(梁)의 사학자. 불교사를 주로 연구했다. 그의 저서 『고승전(高僧傳:梁高僧傳)』 14권은 중국 불교 역사상 제일의 체계적인 승전(僧傳)이며, 한(漢)·위(魏)·육조(六朝)시대 중국과 서역 간 교류를 이해할 수 있는 사료가 되고 있다. 기타 저서 『열반의소(涅槃義疏)』 『범망경소(梵網經疏)』.

혜능(慧能·惠能:638~713)　당(唐)대의 승려. 선종(禪宗) 남종파(南宗派)의 창시자. 세칭 선종 육조(六祖). 속세의 성은 노(盧). 일찍이 황매(黃梅:호북성)의 쌍봉사(雙峰寺)에 들어가 선종 오조(五祖)인 홍인(弘忍)의 문하에서 쌀을 찧는 소승으로 있었으나, 홍인이 법사(法嗣)를 선발할 때 돈오(頓悟)를 주장하여 점오(漸悟)를 주장한 홍인의 수제자 신수(神秀)를 제치고 법의(法衣)를 하사받았다. 이후 법의를 빼앗기지 않기 위해 10여 년간 은거 생활을 하다 소주(韶州:광동성 韶關)의 조계(曹溪) 보림사(寶林寺)에서 견성성불(見性成佛)을 설파했다. 신수의 북종파에 대하여 선종 남종파를 창시했으며, 이로써 당시 선종의 양파를 가리켜 '남능북수(南能北秀)'라 일컬었다. 그의 설법 내용이 『육조법보단경(六祖法寶壇經:약칭 壇經)』에 보인다.

혜동(惠棟:1697~1758)　청대의 고증학자. 자는 정우(定宇), 호는 송애(松崖). 당시 학자들이 그를 소홍두선생(小紅豆先生)이라 불렀다. 오강(吳江:강소성) 출신. 경사(經史)에 밝았으며, 고증학적 접근으로 널리 방증(傍證)을 구했다. 건가(乾嘉) 고증학파 중에서도 오파(吳派)를 대표한다. 경서의 경우 한(漢)대 학자의 해석을 숭상함으로써 고문경학(古文經學)의 복고주의를 진작시켰다. 이밖에 한대의 역학에 관한 연구가 높이 평가된다. 저서 『구경고의(九經古義)』 『주역술(周易述)』 『고문상서고(古文尙書考)』 『후한서보주(後漢書補注)』 『송애문초(松崖文鈔)』.

혜림(慧琳)　남조 시대 송(宋)의 승려, 문학가, 사상가. 본래의 성은 유(劉). 출가하여 불가에 귀의했으나 이후 노장사상에 심취하고 유가에도 관심을 가졌다. 문제(文帝) 때는 정치에 참여하기도 하였다. 『흑백론(黑白論:均善論)』을 지어 종교의 정치적 도구화와 허위성을 비판했다. 특히 그의 저서 『달성론(達性論)』은 사문(沙門) 출신이 불교를 비판했다는 점에서 큰 반향을 불러왔다. 『문집(文集)』 10권이 있고, 『효경(孝經)』과 『장자(莊子)』에 주를 달았다.

혜시(惠施:약 370-310 B.C)　전국시대의 사상가. 명가(名家)의 대표 인물. 송(宋)나라 사람. 장자(莊子)와 우의가 깊었으며 박학다식했다. 위(魏)의 재상이 되어서는 위 혜왕(魏惠王)과 제 위왕(齊威王)이 회맹할 때 상호 왕의 칭호로써 존중하도록 제 위왕을 설복시켰다. 후에 장의(張儀)에게 배척당해 초(楚)·송으로 망명했다가 다시 돌아왔다. "만물은 변화하여 서로 다른 것이 같아질 수 있으며, 같은 것도 달라질 수 있다"는 '합동이(合同異)' 논리를 폈으며, 범애만물(汎愛萬物), 천인일체(天人一體)를 주장했다.

혜원(慧遠:334~417)　동진의 승려, 불학이론가, 시인. 속세의 성은 가(賈). 젊어서 유가 경전과 노장의 학을 통달하고 20세에 명승 도안(道安)에게 불법을 전수받았다. 이후 불학을 가르치고 전파하는 일에 노력을 기울였다. 도잠(陶潛), 구마라습(鳩摩羅什) 등과 서면(書面) 교유하면서 학문을 논하였다. 수많은 제자를 거느려 법명이 널리 전파되었다. 대승(大乘)·소승(小乘)을 겸하였고, 반야(般若)를 잘한데다 신법(神法)에도 정통했다. 그의 사상은 당(唐) 정토종(淨土宗)의 형성 원류가 되었다. 저서 『명보응론(明報應論)』 『삼보론(三報論)』 『법성론(法性論)』.

호거인(胡居仁:1434~84)　명대의 사상가. 자는 숙심(叔心), 호는 경재(敬齋). 여간(余干:강서성) 출신. 오여필(吳與弼)에게 수학한 후 벼슬을 마다하고 강학에만 전념했다. 백록서원(白鹿書院)에서 활동했으며, 회왕(淮王)에게 『주역』을 가르치기도 했다. 그의 학문은 수심양성(修心養性)을 근본으로 하고 경세재물(經世宰物)을 실천적 요강으로 삼았다. 또 충신(忠信)이 마음에 먼저 자리잡은 후 방심(放心)에 나아가야 한다고 주장했다. 이기(理氣)에 관해서는 기(氣) 자체에 실과 허가 있으며, 이(理)는 곧 기의 실에 해당한다고 보았다. 동시대 학자인 진헌장(陳獻章)이 심학(心學)에 몰두하여 좌선을 수양법으로 삼자 이를 불가의 선학(禪學)에 가깝다고 비판했다. 저서 『거업록(居業錄)』 『거업록유편(居業錄遺編)』 『역상초(易象鈔)』.

호광(胡光:1370~1418)　명대의 이학가. 자는 광대(光大), 호는 황암(晃庵). 길수(吉水:강서성) 출신. 건문(建文) 2년(1400) 진사에 올라 한림수찬(翰林修撰)에 제수되었고, 시강(侍講), 시독(侍讀), 한림학사(翰林學士), 좌춘방대학사(左春坊大學士)를 거쳐 문연각대학사(文淵閣大學士)의 직에 기용되었다. 시호는 문목(文穆). 『사서대전(四書大全)』 『오경대전(五經大

全)』『성리대전서(性理大全書)』 등의 편찬을 주관했다. 저서 『호문목공집(胡文穆公集)』.

호문조약(虎門條約) 일명 호문속약(虎門續約). 원명은 오구통상부점선후조관(五口通商附粘善後條款). 청나라와 영국간의 통상조약. 남경조약의 내용을 보충하기 위해 도광(道光) 23년(1843) 10월 광동의 호문에서 청의 흠차대신 기영(耆英)과 영국 전권공사 포팅거(H. Pottinger)가 체결했다. 주요 내용은 청의 영국에 대한 최혜국 대우 보장과 5개 통상항 내 영국인의 영주권 인정 등이다.

호방파(豪放派) 송사(宋詞)의 한 유파. 작품의 기세와 의경(意境)이 웅혼하며 자유분방하다. 서정성이 강하여 격정이 넘치기도 하고 비분강개를 드러내기도 했다. 대표 작가로는 소식(蘇軾), 신기질(辛棄疾), 악비(岳飛) 등이 있다.

호법운동(護法運動) 일명 호법전쟁(護法戰爭). 민국 6년(1917) 국무총리 단기서(段祺瑞)가 민국 원년 제정한 임시약법(臨時約法)의 회복을 거절하고 새로운 국회를 소집하자 손문(孫文)이 호법을 구호로 내걸며 중앙 정부를 상대로 벌인 전쟁. 동년 8월 손문은 국민당 일부 의원 및 군벌인 당계요(唐繼堯), 진영정(陳榮幀)과 연합하여 광주에서 비상국회를 열고 호법군정부(護法軍政府)를 성립시켰다. 그리고 자신이 대원수, 당계요와 진영정이 부원수가 되어 그해 8월 호법전쟁을 개시했다. 호법군은 전투에서 많은 승리를 거두었으나, 군벌들의 목적이 호법보다는 자기들의 기반 구축이었으므로 이듬해 5월 손문이 직위해제되면서 이 운동은 성공하지 못했다.

호삼성(胡三省:1230~1302) 남송 말 원 초의 사학자. 자는 경삼(景參), 신지(身之). 호는 매간(梅磵). 영해(寧海:절강성) 출신. 진사를 거쳐 현위(縣尉), 현령(縣令), 부학교수(府學敎授) 등을 지냈다. 항상 『자치통감』을 가지고 다니며 다른 자료를 참고하여 『자치통감광주(資治通鑑廣注)』 97권을 펴냈으나 원나라 군대가 남침하면서 원고의 대부분을 잃었다. 남송이 망한 후 벼슬을 버리고 은거하면서 다시 각고 노력하여 『통감주(通鑑注)』를 펴냈다. 이는 『통감』을 연구하는데 귀중한 자료가 되고 있다. 기타 저서로 『자치통감석문변오(資治通鑑釋文辨誤)』『죽소원고(竹素園稿)』가 있다.

호언(狐偃) 춘추시대 진(晋)나라의 장군. 자는 자범(子犯), 구범(舅犯·咎犯). 진나라의 공자 중이(重耳:晋文公)를 따라 19년간 망명생활을 한 후 중이가 군위에 오르자 상군(上軍)의 장(將)에 임명돼 내정과 군대를 정비했다. 성복(城濮)의 전투에서 초군을 크게 무찌르는 전승을 거두었다.

호원(胡瑗:993~1059)　북송 초의 사상가, 음악가. 자는 익지(翼之). 세칭 안정선생(安定先生). 경우(景祐) 초 범중엄(范仲淹)의 추천을 받아 아악을 정리하고 종률(鐘律)을 다듬었다. 그 후 황우(皇祐) 연간에 국자감직강(國子監直講), 가우(嘉祐) 연간에 천장각시강(天章閣侍講)이 되고, 만년에는 태학박사(太學博士)의 관직에 오르면서 줄곧 유가의 경문을 가르치고 전수했다. '명체달용(明體達用)' '통경치용(通經治用)'을 주장했으며, 이전의 훈고 방면에 치중한 경전연구 방법을 탈피하여 경전의 뜻과 효용성에 비중을 두었다. 북송 초 유학의 대표적 인물로 꼽히며, 이학(理學)의 선구자로 불린다. 저서『논어설(論語說)』『주역구의(周易口義)』『홍범구의(洪範口義)』『황우신악도기(皇祐新樂圖記)』.

호위(胡渭:1633~1714)　청대 초기의 고증학자. 처음 이름은 위생(渭生), 호는 동초(東樵). 덕청(德淸:절강성) 출신. 역사 지리에 정통했으며, 일찍이 서건학(徐乾學)의 초빙에 응하여 염약거(閻若璩), 고조우(顧祖禹) 등과『대청일통지(大淸一統志)』를 편찬했다. 경사(經史)의 문헌을 고증하는 데 치중하여『하도(河圖)』와『낙서(洛書)』가 탁명(托名)한 위서라고 지적했다. 염약거와 함께 청대 고증학을 발전시켰고, 고증학의 건가학파(乾嘉學派)를 형성했다. 저서『역도명변(易圖明辨)』『대학익진(大學翼眞)』『홍범정론(洪范正論)』.

호유용(胡惟庸:?~1380)　명대 초의 정치가. 정원(定遠:안휘성) 출신. 용봉(龍鳳) 원년(1355) 주원장(朱元璋:明太祖)의 막하에 들어가 길안통판(吉安通判)이 되었으며, 명 홍무(洪武) 3년(1370) 중서성참지정사(中書省參知政事)에 오른 후 우승상 왕광양(汪廣洋)이 좌천되자 그의 뒤를 이어 일체의 정무를 맡았다. 홍무 6년 승상이 되어 전권을 휘두르다 태조의 노여움을 사 모역죄로 살해되었다. 태조는 그가 왜(倭), 원(元:北元) 등과 내통했다 하여 그와 관계된 사람 3만여 명을 처형했는데, 이를 '호옥(胡獄)'이라 한다.

호응린(胡應麟:1551~1602)　명대의 문학가. 자는 원서(元瑞), 명서(明瑞). 호는 소실산인(少室山人), 석양생(石羊生), 부용봉객(芙蓉峰客) 등. 난계(蘭溪:절강성) 출신. 15세 때 제가의 소설을 모아『백가이원(百家異苑)』을 편찬했다. 만력(萬曆) 4년(1576) 향리에서 천거되었으나 진사 시험에서 3차례 낙방하였다. 시문을 좋아하여 왕세정(王世貞), 세무(世懋) 형제와 교유했으며, 왕세정으로부터 격찬을 받았다. 수만 권의 장서를 보유하면서 유·불·도에 두루 능통했다. 저서『소실산방필총(少室山房筆叢)』은 잡설고증(雜說考證)을 묶어 놓은 것으로 근거가 분명하고 상세하다. 기타 저서『시수(詩藪)』『유고(類稿)』『갑을잉언(甲乙剩言)』『단연신록(丹鉛新錄)』『예림학산(藝林學山)』등.

호자(胡仔:약 1095~1170)　남송의 시가평론가, 사학자. 자는 원임(元任), 자호는 초계어은(苕溪漁隱). 아버지의 후광으로 적공랑(迪功郞)이 되고, 봉의랑(奉議郞), 진릉현령(晋陵縣令) 등을 지내다 관직을 버리고 호주(湖州:절강성)의 초계(苕溪)에 은거하며 저술활동과 낚시로 지냈다. 소흥(紹興) 18년(1148) 시가평론집『초계어은총화(苕溪漁隱叢話)』를 완성했다.

호적(胡適:1891~1962)　중국의 문화혁명가, 백화문 운동가. 자는 적지(適之). 안휘성 적계(績溪) 출신. 1910년 미국에 유학하여 코넬대학, 콜럼비아대학에서 수학하고 실용주의 철학가 존 듀이의 제자가 되었다. 이때「문학개량추의(文學改良芻議)」라는 글을 잡지「신청년(新靑年)」에 투고하여 백화문 운동을 제창했다. 1917년 귀국, 북경대학 교수로 있으면서 5·4운동의 중심 역할을 하는 한편 문학혁명 등 신문화운동을 펼쳤다. 9·18사변 후 잡지「독립평론(獨立評論)」을 내고, 이를 통해 장개석(蔣介石)의 정책을 지지했다. 1938년 주미대사, 1942년 행정원 최고정치고문, 1946년 북경대학장을 역임했으며, 1948년 말 중공군에 밀려 미국으로 건너갔다가 대만으로 돌아왔다. 저서『중국철학사대강(中國哲學史大綱)』(상권)『백화문학사(白話文學史)』(상권)『호적문존(胡適文存)』등.

호접몽(蝴蝶夢)　원 잡극(雜劇) 명. 원명은「포대제삼감호접몽(包待制三勘蝴蝶夢)」. 원대 관한경(關漢卿) 작. 왕로한(王老漢)의 세 아들이 무고한 부친을 죽인 원수 갈표(葛彪)를 살해한 혐의로 재판을 받는 과정에서 이들의 모친이 보인 자식에 대한 사랑과 정의감을 부각시켰다. 판관인 포증(包拯)이 이들과 같은 처지의 나비 꿈을 꾸고 모친과 세 아들의 행동을 가상히 여겨 모두 석방함으로써 부모와 자식간의 윤리가 법에 앞선다는 봉건사회의 기본 윤리관을 보여주고 있다.

호조(戶調)　일종의 부세제도. 서진(西晋) 때 점전제(占田制), 과전(課田)과 더불어 시행하였다. 정남(丁男)이 호주인 호는 매년 비단 3필, 솜 3

근을 납부하고, 부녀나 차정남(次丁男)이 호주인 호는 반을 내도록 하였다.

호종헌(胡宗憲:?~1565)　　명대의 무장. 자는 여정(汝貞), 호는 매림(梅林). 휘주(徽州) 적계(績溪:안휘성) 출신. 가정(嘉靖) 17년(1538) 진사에 나아가 익도(益都) 여요(餘姚)의 지현(知縣)으로 있다가 어사(御史)가 되어 절강 일대에서 왜구를 평정하는데 큰 기여를 했다. 이후 총독으로 승진되고 간신 엄숭(嚴嵩) 부자와 결탁하여 오래도록 지위를 유지했다. 엄숭 부자가 파직되면서 그도 투옥되어 사망했다. 저서『주해도편(籌海圖編)』.

호한민(胡漢民:1879~1936)　　민국 시기의 정치가. 원명은 연홍(衍鴻), 자는 전당(展堂). 광동성 번우(番禺:廣州) 출신. 1905년 동맹회(同盟會)에 참가하여 평의부(評議部) 의원에 천거되었다. 동맹회의 기관지「민보(民報)」 창간 후 편집장을 맡았다. 신해혁명 때 광동도독(廣東都督)이 되고 1913년 원세개(袁世凱)에 의해 면직되었다. 이듬해 손문(孫文)을 따라 중화혁명당(中華革命黨)을 결성하고 정치부장에 임명되어 잡지「민국(民國)」의 발행을 맡았다. 1924년 국민당 출범 후 우파의 영수가 되고 대리대원수에 올랐다가 국민정부의 외교부장을 지냈다. 1931년 입법원 원장으로 있으면서 장개석(蔣介石)과 정권투쟁을 벌이다 구금되고 9·18사변 때 석방되었다. 이후 항일, 반공, 반장개석 운동을 전개했다. 1935년 국민당 중앙집행위원회 상무위주석에 올랐다가 이듬해 병사했다.

호해(胡亥:230~207 B.C)　　진(秦)의 2세황제. B.C 210~207년 재위. 부친인 시황제(始皇帝)가 죽은 후 형 부소(扶蘇)를 몰아내고 제위를 차지했다. 환관인 조고(趙高)가 이 일을 주도했으므로 제위에 오른 후에도 조고의 세도에 눌려 실권을 확보하지 못했다. 제위에 오른 이듬해 진승(陳勝)·오광(吳廣)의 농민기의가 있었으며, 조고의 압력으로 자살했다.

혼천설(渾天說)　　한(漢)대에 유행한 천문학설. 동한(東漢)의 장형(張衡)이 집대성했다. 지구를 중심으로 하는 이론이며, 계란으로 비유하면 지구가 노른자에 해당하고, 천체가 흰자가 되어 지구 주위를 싸고 있다고 주장했다. 지구구체설(地球球體說)을 폈다.

혼천의(渾天儀)　　동한(東漢) 장형(張衡)이 원초(元初) 4년(117) 만든 천체관측용 기계. 현대의 지구의와 비슷한 형태로 장형은 이를 통해 혼천설(渾天說)을 폈다. 구형의 표면에 28개의 별과 함께 천극(天極)과 적도(赤道), 황도(黃道), 그리고 24절기 등을 표시했다.

홍건적의 난〔紅巾賊之亂〕　　원대 말에 일어난 대규모 농민폭동. 주된 세력은 백련교(白蓮敎) 교도들이다. 홍건을 머리에 둘러 표식으로 삼았기 때문에 홍건군 혹은 홍건적이란 명칭이 붙여졌다. 한산동(韓山童)이 백련교를 전파하면서 하남(河南), 강회(江淮) 등지에서 신도를 모으다가 조정에 대한 민심이 크게 이반된 것을 계기로 지정(至正) 11년(1351) 신도들을 이끌고 봉기했다. 그러나 한산동은 일이 사전에 발각되어 곧바로 죽고, 그의 아들 한림아(韓林兒)가 홍건군을 지휘했다. 홍건군은 안휘성에서 송(宋)나라를 세우고 한때 크게 세력을 떨쳤으며, 전국 각지에서도 이에 호응하여 많은 홍건군이 일어났다. 그러나 심한 내분을 겪은 뒤 관군의 저항에 밀려 1359년 주력 부대가 궤멸되었고, 이후 세력이 급격히 소멸했다. 명나라를 세운 주원장(朱元璋)도 홍건군 출신이다.

홍루몽(紅樓夢)　　서명. 장편 장회소설. 원명은 『석두기(石頭記)』. 일명 『금옥연(金玉緣)』. 120회. 청대의 조설근(曹雪芹)이 80회를 짓고 완성하지 못한 채 사망하자 뒷부분 40회를 고악(高鶚)이 속작한 것이라고 전해진다. 조설근은 이 작품을 건륭(乾隆) 연간에 지었다. 가(賈), 사(史), 왕(王), 설(薛)씨의 4대 가문을 배경 삼아 가보옥(賈寶玉)과 임대옥(林黛玉)의 애정비극을 주된 줄거리로 다뤘으며, 가씨 집안의 영국부(榮國府)와 영국부(寧國府)가 몰락해가는 과정의 묘사에 치중했다. 지주계급의 황음(荒淫)과 하층 백성에 대한 착취, 봉건 예교주의의 모순 등을 폭로하고, 가보옥과 임대옥의 사랑을 통해 봉건사회 말기의 모순을 반영했다. 인물의 형상화가 뛰어나 마치 살아있는 사람을 대하는 듯하고 언어가 생동적이다. 다방면에서 예술성이 뛰어난 작품으로 평가되며, 중국 고대 장편소설중 걸작으로 불린다. 후세에 『홍루몽』을 연구하는 '홍학(紅學)'이 국제적으로 붐을 일으켰다.

홍매(洪邁:1123~1202)　　남송의 사학자. 자는 경려(景廬), 호는 용재(容齋). 기거랑(起居郞), 중서사인(中書舍人) 겸 시독(侍讀), 직학사원(直學士院) 등을 거쳐 홍희(洪熙) 13년(1186) 한림학사가 되었다. 만년에는 향리에 머물며 저술활동에 전념했다. 저서에 『용재수필(容齋隨筆)』.『이견지(夷堅志)』『야처유고(野處類稿)』『사기법어(史記法語)』『만수당인절구(萬首唐人絶句)』 등이 있다.

홍무제(洪武帝) ➡ 명태조

홍문관(弘文館)　　당(唐) 무덕(武德) 4년(621) 문하성(門下省) 내에 수문

관(修文館)을 설치하고 9년(626) 홍문관으로 개칭하였다. 학사(學士)를 두어 도서를 정리하고 생도들을 가르치며 정사(政事)에 관해 의논하도록 했다. 또 교서랑(校書郎)을 두어 전적(典籍)의 교정 및 오류의 시정을 맡게 했다. 무측천(武則天) 수공(垂拱) 이후 재상이 홍문관을 통할했으며, 그를 관주(官主)라 했다. 당 신룡(神龍) 원년(705) 태자 이홍(李弘)의 이름을 피하여 소문관(昭文館)으로 개칭했다가 이듬해 수문관으로, 다시 개원(開元) 7년(719) 홍문관으로 명명했다. 명대에 문연각(文淵閣)에 흡수되었다.

홍수전(洪秀全：1814~64)　청대 말 태평천국(太平天國)의 난을 일으킨 지도자. 원명은 인곤(仁坤). 광동(廣東) 화현(花縣) 출신. 농가에서 태어나 18세 때 고향에서 글을 가르쳤다. 여러 차례 과거에 실패했다. 아편전쟁이 끝난 후 청 왕조의 부패를 목도하고 그리스도교에 입교하였다. 도광(道光) 23년(1843) '배상제(拜上帝)'를 외치며 상제회(上帝會：拜上帝會)를 조직, 포교하였다. 도광 30년(1851) 광서성 계평현(桂平縣) 금전촌(金田村)에서 농민 1만여 명을 이끌고 난을 일으켰다. 구호는 국가 태평과 평등이었으며, 청조의 타도를 목표로 하였다. 이듬해 태평천국이라는 나라를 세우고 자신을 천왕(天王)이라 칭했다. 함풍 3년 남경(南京)을 점거하고 이곳을 수도로 삼아 천경(天京)으로 개칭했다. 그러나 지도부의 내분과 청 정부의 강한 반격에 밀려 동치(同治) 3년(1864) 천경이 함락되면서 자살하였다.

홍승(洪升：1645~1704)　청대의 희곡 작가, 시인. 자는 방사(昉思), 호는 패휴(稗畦), 패촌(稗村), 남병초자(南屛樵者). 전당(錢塘：절강성 杭州) 출신. 강희(康熙) 연간에 국자감생(國子監生)이 되었다. 장친왕(莊親王)의 명을 받고 전기(傳奇) 작품 『장생전(長生殿)』을 지었다. 이는 당(唐)대 안사(安史)의 난을 배경으로 하여 당명황(唐明皇) 이융기(李隆基：玄宗)와 궁녀 양옥환(楊玉環：楊貴妃)간의 연애 고사를 묘사한 것으로, 이를 통해 제왕의 부패한 생활과 탐욕스런 애정이 국가 및 사회에 끼친 영향을 부각시켰다. 강희(康熙) 28년(1689) 국상(國喪) 기간에 이 작품을 연출하다 국자감생의 적을 박탈당했다. 시사(詩詞) 작품 1천 여 수가 그의 『소월당집(嘯月堂集)』『패휴집(稗畦集)』에 수록되어 있다. 기타 전기 작품 『회문금(回文錦)』『회룡기(回龍記)』『사선연(四嬋娟)』 등이 있고, 『시소운주(詩騷韻注)』를 편찬했다. 『도화선(桃花扇)』을 지은 공상임(孔尙任)과 함께 당시 예술 문단에서 '남홍북공(南洪北孔)'이라 불리었다.

홍승주(洪承疇:1593~1665)　　명말 청초의 정치가. 자는 언연(彦演), 호는 형구(亨九). 복건 남안(南安) 출신. 한족(漢族). 명 만력(萬曆) 연간에 진사가 되고 섬서포정사참정(陝西布政使參政), 병부상서(兵部尙書) 등을 지냈다. 이후 총독에 올라 송산(松山)에서 청나라 군대와 싸우다 포로가 되어 청에 항복했다. 청 정권 하에서 순치(順治) 원년(1644) 병부상서 겸 우부도어사(右副都御史), 남경총독 등을 지내며 항청(抗淸) 세력들을 진압했다. 순치 10년 내한림홍문원대학사(內翰林弘文院大學士)에 올랐으며, 남부지방의 경략에 나서 이정국(李定國)의 군대를 물리치고 영력(永曆) 정권을 무너뜨렸다.

홍암문자(紅岩文字)　　일명 홍암고각(紅岩古刻), 홍암비(紅岩碑), 홍암고자(紅岩古字). 귀주성 관령현(關嶺縣) 쇄갑산(曬甲山)의 홍암(紅岩)에 각인돼 있다. 하우(夏禹) 시대에 만들어진 각석으로 전해진다. 높이 6미터, 너비 10미터 크기에 40여 자가 각인돼 있으나 무슨 글자인지 확인할 수 없으며 크기도 일정하지 않다. 멀리서 보면 글자인 듯하나 가까이서 보면 글자를 새긴 흔적이 없어 남방의 기적으로 불린다. 소수민족의 글자라는 설과 자연적으로 생긴 무늬라는 설이 있다.

홍인(弘忍:602~75)　　당(唐)대의 승려. 불교 선종의 영수. 속세의 성은 주(周). 세칭 선종오조(禪宗五祖). 황매(黃梅:호북성) 출신. 쌍봉산(雙峰山)에서 제자들에게 선법(禪法)을 전수하면서 기존 경전으로 사용해오던 「금강반야경(金剛般若經)」을 「능가경(楞伽經)」으로 대체하였다. 만년에 수제자인 신수(神秀) 대신 법당 내에서 쌀을 찧던 혜능(慧能)에게 법의(法衣)를 전수했으며, 이로 인해 선종은 신수·혜능에 의해 각각 북·남의 양파로 갈렸다. 저서에 『최상승론(最上乘論)』이 있었다고 전해진다.

화간집(花間集)　　서명. 사집(詞集). 10권. 오대십국 후촉(後蜀)의 조숭조(趙崇祚) 편. 만당(晚唐), 오대(五代)의 온정균(溫庭筠), 위장(韋莊), 손광헌(孫光憲) 등 18명의 사인(詞人) 작품 500수를 수록했다. 현존 최초의 사집이며, 후세 사단 형성에 큰 영향을 끼쳤다. 『화간집』에 수록된 사의 작가들을 일컬어 '화간파(花間派)'라 한다.

화간파(花間派)　　만당(晚唐)과 오대(五代)에 발달한 사(詞) 창작의 한 유파. 화월풍설(花月風雪)을 노래하고, 다분히 낭만적 감정에 호소하며, 사구(辭句)가 염려(艶麗)하고 내용은 부미완약(浮靡婉弱)한 풍격을 지닌다.

조숭조(趙崇祚)가 지은 『화간집(花間集)』 속에 실린 사 작품의 공통된 경향이 이와 같았으므로, 그 작품의 작가 18명이 화간파 사인으로 불리게 되었다. 이에 속한 작가로는 온정균(溫庭筠), 황보송(皇甫松), 위장(韋莊), 설소온(薛昭蘊), 우교(牛嶠), 장필(張泌), 모문석(毛文錫), 우희제(牛浠濟), 구양형(歐陽炯), 고형(顧敻), 손광헌(孫光憲), 위승반(魏承班), 녹건의(鹿虔扆), 염선(閻選), 윤악(尹鶚), 모희진(毛熙震), 이순(李珣), 화응(和凝) 등이다. 대부분 강남의 촉(蜀) 땅에서 태어났거나 그곳에서 벼슬을 했다.

화교(華嶠 ?~293) 　서진 시기의 사학자. 자는 숙준(叔駿). 산기상시(散騎常侍), 국자박사(國子博士), 비서감(秘書監) 등의 관직을 지냈다. 동한(東漢)의 역사를 담은 『한후서(漢後書)』 97권을 편찬하였다. 미완성분은 그의 아들 철(徹)이 완성하였다.

화단(畵斷) 　서명. 미술평론서. 당(唐)대 장회관(張懷瓘) 저. 개원(開元) 13년(725) 경 완성. 위진남북조 시대 고개지(顧愷之), 육탐미(陸探微), 장승요(張僧繇) 등의 화가에 대해 작가와 작품을 평했다.

화본(話本) 　송(宋)·원(元)시대에 출현한 일종의 소설. 당시 도시의 와자(瓦子)에서 활동하던 직업 설화인이 설창할 때 사용한 고사(故事)를 화본이라 하였다. 이는 일종의 문학 장르이며, 근대소설의 초기 단계에 해당한다. 『몽양록(夢梁錄)』 『무림기사(武林記事)』 등의 기록에서는 당시의 '설화(說話·話本)'를 두 종류로 구분했는데, 하나는 단편고사로서 '소설(小說)'이라 했고, 또 하나는 장편 역사고사로서 '강사(講史)'라 했다. 전자는 초기의 단편 백화소설에 해당하며, 『청평산당화본(淸平山堂話本)』 『경본통속소설(京本通俗小說)』 등에 일부 작품이 들어있다. 후자는 초기의 장편 역사소설로서 『전상평화오종(全相平話五種)』 『대송선화유사(大宋宣和遺事)』 등에 수록되어 있다.

화석강(花石綱) ➡ 응봉국 참조

화양국지(華陽國志) 　서명. 12권. 위진남북조시대 동진(東晉)의 상거(常璩) 저. 화양(華陽)은 화산(華山)의 남쪽, 즉 고대 양주(梁州·현 漢中)의 북단을 가리킨다. 화양의 지리와 인물 등을 기술했다. 「파지(巴志)」 「한중지(漢中志)」 「촉지(蜀志)」 「남중지(南中志)」 등 12부문으로 나누었으며, 해당 지역의 정치연혁, 교통로, 생산물, 호족(豪族) 등도 함께 수록했다.

화엄종(華嚴宗) 　불교 13종파의 하나. 「화엄경」을 경전으로 삼았다. 창시자인 당(唐)대 법장(法藏)이 무측천(武則天)으로부터 현수국사(賢首國師)라는 법호를 받았으므로 현수종(賢首宗)이라 부르기도 한다. 모든 객관 사물은 자아 의식의 추상(抽象)이며 영원한 존재인 '이(理)'의 작용에 의해 결정지어진다고 주장했다. '육상원융(六相圓融)' '십현문(十玄門)' 등의 학설에 왜곡과 궤변을 더해 당시의 집권자인 무측천의 통치수단을 도왔다. 후에 들어선 선종(禪宗)이 세력을 확장하면서 화엄종은 급격히 쇠퇴하였다.

화우진(火牛陣)　전국시대 제(齊)의 장수 전단(田單)이 연(燕)나라 군대와 싸울 때 사용한 전술. 천여 마리의 소뿔에 칼을 매달고 꼬리에 기름을 발라 불을 붙힌 후 적진으로 몰았다. 제나라는 이 싸움에서 크게 이겨 빼앗긴 70여 성을 되찾았다.

화타(華佗)　동한(東漢) 말기의 명의. 자는 원화(元化). 패국(沛國) 초(譙:안휘성) 출신. 외과의술에 뛰어났으며, 일종의 체조에 의한 양생요법인 「오금희(五禽戲)」를 창안하였다. '마비산(麻沸散)'이라는 전신 마취제를 개발하여 시술에 응용하였다. 조조(曹操)의 미움을 사 살해되었다.

화하족(華夏族)　중국 상고시대 중원지방의 여러 씨족이 모여 이룬 하나의 민족. 강인(羌人), 융인(戎人), 적인(狄人), 이인(夷人), 묘인(苗人), 만인(蠻人) 등의 집합체이며, 후에 한족(漢族)으로 발전하였다.

화현인(和縣人)　중국 구석기시대 초기의 원시인류. 안휘성 화현(和縣) 용담동(龍潭洞)에서 발견되었다. 북경원인이 살던 시기 중 말기에 생존한 것으로 추정된다.

환관(桓寬)　서한(西漢)의 문학가. 자는 차공(次公). 『춘추공양전(春秋公羊傳)』에 정통했다고 한다. 선제(宣帝) 시원(始元) 6년(B.C 81) 조정에서 염철(鹽鐵)의 직영문제에 관해 토론한 내용을 대화형식으로 기록한 『염철론(鹽鐵論)』 16편이 저서로 남아 있다.

환온(桓溫:312~73)　오호십육국 시대 동진의 정치가, 군사가. 자는 원자(元子). 명제(明帝)의 사위. 형주자사(荊州刺史)로 있으면서 장강 상류의 병권을 장악했다. 347년 군사를 이끌고 성한(成漢)을 공격하여 멸망시켰으며, 이후 3차례 북벌에 나서 전진(前秦), 전연(前燕)과 전쟁을 벌였다. 371년 폐제(廢帝) 사마혁(司馬奕)을 몰아내고 간문제(簡文帝)를 옹립시켰다. 후에 진왕조를 멸하고 새 왕조를 세우려다 성공하지 못하고 죽었다.

환자신론(桓子新論) ➡ 신론

환전(環錢)　　전국시대 주(周)·위(魏)·진(秦)나라 일대에서 유통된 화폐. 둥근 모양에 가운데에 구멍이 났으며, 주위에는 글씨가 새겨져 있다. 휴대하기에 편리했으므로 진(秦)의 통일 화폐도 이 형태를 취했다.

환제(桓帝) ➡ 한환제

환파(皖派) ➡ 안휘파

황개(黃蓋)　　동한(東漢) 말기의 군사가. 자는 공복(公覆). 영릉(零陵) 천릉(泉陵) 출신. 젊어서 효렴(孝廉)에 천거되어 군리(郡吏)가 되었다. 손견(孫堅), 손책(孫策), 손권(孫權)을 차례로 섬겼다. 건안(建安) 13년(208) 주유(周瑜) 등과 함께 군대를 이끌고 적벽의 전투에서 조조(曹操)와 전쟁을 벌일 때, 주유에게 조조군의 함선에 화공을 가하는 책략을 건의하여 수전(水戰)에 약한 조조군을 궤멸시켰다. 관직이 편장군(偏將軍)에까지 올랐으며, 병사하였다.

황건기의(黃巾起義)　　동한(東漢) 말년 정치가 부패한데다 대기근과 함께 역병마저 돌아 민심이 매우 흉흉해졌다. 이 때 도교의 한 지류인 태평도(太平道)가 민간에 널리 전파되었다. 태평도의 수령인 장각(張角)은 부적으로 병을 치료하면서 무리를 모아 8주(州)에 걸쳐 수십만의 신도를 거느리고 있었다. 장각은 신도를 36방(方)으로 나누어 각기 수령을 세우고 자신이 통령(統領)이 되었으며, “창천(蒼天)은 이미 죽고 황천(黃天)이 세워졌으며, 갑자(甲子)년에 천하는 대길(大吉)한다”고 전파하여 동한의 몰락과 함께 새로운 왕조의 탄생을 예언했다. 광화(光和) 7년(184) 초 황건(黃巾)을 머리에 두른 장각의 부대가 7주(州) 28군(郡)에서 동시에 기의하였으며, 농민들이 이에 가세하여 대규모 농민전쟁으로까지 번졌다. 조정에서는 황보숭(皇甫嵩), 주준(朱儁), 동탁(董卓)의 부대를 내보내 이들을 진압토록 하였다. 같은 해 말 장각을 비롯한 황건군의 장수들이 병사하면서 황건군은 세력이 약해지고, 관군과의 전투에서도 연이어 패함으로써 황건기의는 실패로 돌아갔다. 난이 평정된 후 동한의 조정에서는 농민에 대한 일대 보복에 착수하여 장각을 부관참시하고 농민을 대량 학살하였다. 그러나 각지에 분산된 잔여 세력은 간간이 봉기를 일으키며 20여 년간 버티기도 했다.

황공망(黃公望:1269~1355)　　원대의 회화 4대가중 한 사람. 본래의 성은 육(陸). 이름은 견(堅). 자는 자구(子久), 호는 대치(大痴), 일봉(一峰) 등. 상숙(常熟:강소성) 출신으로 송강(淞江)에서 거주했다. 절서염방사서리

(浙西廉訪司書史) 등의 관직을 지내다 그만두었다. 도교(道敎)의 일파인 전진교(全眞敎)를 믿었다. 조맹부(趙孟頫)에게서 서화를 배웠으며, 동원(董源), 이성(李成) 등 제가의 장점을 취하여 회화의 일가를 이루었다. 산수화를 주로 그렸다. 작품「부춘산거도(富春山居圖)」「군산취적도(君山吹笛圖)」「우봉추만도(虞峰秋晚圖)」「청산은거도(靑山隱居圖)」 등.

황극력(皇極曆)　　수(隋)대에 생겨난 역법. 유작(劉焯)이 만들었다. 이전에 쓰이던 평삭(平朔)을 버리고 정삭(定朔) 계산법을 채용함으로써 계산을 편리하게 하고 정확도를 높였다. 태사령(太史令) 장주현(張胄玄)의 반대에 부딪쳐 정식 채용되지는 못했다.

황도주(黃道周：1585~1646)　　명대 말의 학자, 충신. 자는 유현(幼玄), 호는 석재(石齋). 장포(漳浦：복건성) 출신. 천계(天啓) 2년(1622) 진사에 합격하여 한림편수(翰林編修), 우중윤(右中允) 등을 지내다 권신 양사창(楊嗣昌) 등을 몰아내도록 상소한 내용이 황제의 비위를 거슬러 관직을 박탈당했다. 이후 고향에서 강학과 저술활동을 하다 복직되어 소첨사(少詹事)가 되었다. 그러나 평소의 강직한 성품 탓에 다시 수차례 폄적당했다. 남명(南明) 정권이 들어선 뒤에는 예부상서(禮部尙書), 무영전대학사(武英殿大學士) 등을 지냈다. 국운이 위태하자 강서(江西)로 가 병사를 모집하는 등 항전을 했으나 청나라 군사에게 잡히고 말았다. 젊어서 동산(銅山)의 석실(石室)에서 공부했으므로 세칭 '석재선생(石齋先生)'이라 했다. 문장, 서화에 능하고 천문, 역법에도 밝았다. 저서『역상정(易象正)』『삼역동기(三易洞璣)』『홍범명의(洪範明義)』『박물전휘(博物典彙)』『월령명의(月令明義)』『효경집전(孝經集傳)』『석재집(石齋集)』.

황람(皇覽)　　서명. 삼국시대 위(魏)의 왕상(王象), 유소(劉劭) 등이 위문제(魏文帝) 조비(曹丕)의 명을 받아 220년 편찬했다. 중국 최초의 유서(類書)에 해당하며 일실되었다.

황로사상(黃老思想)　　한 고조(漢高祖) 때부터 무제(武帝) 전기 두태후(竇太后)가 정권을 잡던 시기까지 60여년간 유행하던 통치사상. '청정무위(淸淨無爲)'를 이념으로 하여 휴양생식(休養生息)의 정치를 실행함으로써 경제를 회복하고 봉건 통치질서를 중흥하고자 했다. 대표적 인물로는 육가(陸賈), 소하(蕭何), 조참(曹參), 두태후 등이다.

황보밀(皇甫謐：215~82)　　위·진시대의 역사가, 의학자. 자는 사안(士

安). 자호는 현안선생(玄晏先生). 자신의 병을 치료하기 위해 의학서를 통달하여 현존 최고(最古)의 침구 관련 전문서적인『침구갑을경(針灸甲乙經)』을 편찬하였다. 역사학에도 큰 관심을 가져『제왕세기(帝王世紀)』『연력(年歷)』『고사전(高士傳)』『일사전(逸士傳)』『열녀전(列女傳)』『현안춘추(玄晏春秋)』등을 지었다.

황보숭(皇甫嵩:?~195)　　동한(東漢) 말기의 장군. 자는 의진(義眞). 안정(安定) 조나(朝那:감숙성 平凉) 출신. 영제(靈帝) 때 조지태수(兆地太守)에 임명되었으며, 중랑장(中郞將)이 되어서는 주준(朱儁)과 함께 군대를 이끌고 잔혹한 방법으로 황건적을 진압하였다. 익주목(翼州牧)에 임명되어 관중(關中)의 기의군을 진압하다가 실패한 후 병사하였다.

황상(皇象)　　삼국시대 오(吳)의 서예가. 자는 휴명(休明). 강도(江都:강소성 揚州) 출신. 시중(侍中) 벼슬을 했다. 초서에 능했다. 또 예서와 전서를 결합하여 고졸스럽고도 강렬한 필체를 구사하였다.

황석공(黃石公)　　전국시대 말기의 군사이론가. 과거의 군사경험을 총결하여『태공병법(太公兵法:黃石公三略)』을 편찬했다. 후에 장량(張良)이 유방(劉邦)을 도와 한(漢)나라를 세우는데 있어 이 책을 군사전략적 도구로 삼았다고 한다.

황소의 난〔黃巢之亂〕　　당(唐) 말 통치 집단의 잔학행위와 토지제도의 모순, 계급간의 갈등이 첨예하게 드러나자 조주(曹州) 원구(寃句:산동성 荷澤)에서 사염(私鹽)을 판매하던 상인 출신 황소(黃巢:?~884)가 건부(乾符) 2년(875) 무리를 모아 난을 일으켰다. 황소의 반란군은 먼저 기의한 왕선지(王仙芝)의 반란군과 연합하였다가 왕선지가 당 조정에 항복할 기미를 보이자 이듬해 갈라서 독자행동을 했다. 878년 왕선지가 죽은 후 황소는 영수에 추대되어 충천대장군(沖天大將軍)이 되었다. 반란군은 전국의 대부분을 점령한 가운데 880년 낙양(洛陽)을 함락시키고 장안(長安:섬서성 西安)에 진입하였다. 이어 황소는 당 희종(徽宗)을 몰아내고 황제에 올라 국호를 대제(大齊)라 하였다. 연호는 금통(金統). 기의군은 이 때 백성들을 잘 보호하여 백성들로부터 환대를 받았다. 그들은 유동작전을 펴 한 지역을 점령하면 이전 지역을 버렸으므로 장안을 점령하고도 그 지역을 통치하지는 못했다. 883년 장안에서 철수한 후 이듬해 이극용(李克用) 등의 관군에게 대패했으며, 황소는 태산(泰山) 낭호곡(狼虎谷)에서 사망했다. 이로써 황소를 추종했던 농민기의군은 10년 동안의 긴 정복활동을 성공으로 마무리 짓지 못했다. 황소의 난은 각지 농민의 투쟁의식을 고취시키고 지주계급에게 심각한 타격을 주는 결과를 가져왔다. 또 부패한 당 왕조에 일대 타격을 가하여 더 이상 정권을 유지할 수 없게 만들었다.

황여서역도지(皇輿西域圖志) ➡ 서역도지

황여전람도(皇輿全覽圖)　　청대의 전국지도. 140폭. 강희(康熙) 47년(1708) 편찬에 착수하여 10년간의 작업 끝에 완성했다. 프랑스 선교사들이 실측에 참여하고, 청의 학자로는 하국종(何國宗), 명안도(明安圖) 등이 가세했다. 실제 측량을 통해 작성했으며, 당시 중국에서 가장 상세한 지도가 되었다. 건륭제(乾隆帝) 때 「황여서역도지(皇輿西域圖志)」(일명 西域圖志)가 완성되자 여기서 신강 지역의 자료를 취하여 보충 개정했다.

황우직(黃虞稷:1629~91)　　청대 초의 장서가, 목록학자. 강녕(江寧:강소성 南京) 출신. 부친의 유지를 이어 각지에서 도서를 수집, 장서가 6만여 권에 달했다. 서고의 이름을 천경당(千頃堂)이라 했다. 수집된 도서를 분류하여 목록화하고 판본 연구에도 관심을 기울였다. 목록학 저서 『천경당서목(千頃堂書目)』은 도서의 수록범위가 넓고 분류가 엄정한 것으로 이름이 높다. 강희(康熙) 연간에 한림(翰林)의 관직에 추천되어 『명사(明史)』 『일통지(一統志)』의 편찬에 참여하였다.

황정견(黃庭堅:1045~1105)　　북송의 시인, 서예가. 자는 노직(魯直). 호는 산곡도인(山谷道人), 부옹(涪翁). 홍주(洪州) 분녕(分寧:강서성 修水) 출신. 치평(治平) 4년(1067) 진사에 합격하여 엽현위(葉縣尉), 북경국자감교수(北京國子監敎授) 등을 지내면서 소식(蘇軾), 문언박(文彦博) 등에게 문학적 재능을 인정받았다. 철종(哲宗) 때 교서랑(校書郎), 신종실록검토관(神宗實錄檢討官), 기거사인(起居舍人)을 지내다 소성(紹聖) 초 『신종실록』이 부실하다는 이유로 신당파(新黨派)에 의해 부주별가(涪州別駕)로 폄적되었다. 이후 다시 좌천되어 의주(宜州:광서성 宜山)에서 죽었다. 시문을 잘 지어 장뢰(張耒), 조보지(晁補之), 진관(秦觀)과 함께 소문사학사(蘇門四學士)로 불렸다. 두보(杜甫)의 시를 좋아하였으나 그의 시는 수사(修辭)와 조구(造句)를 강구하여 형식주의적인 면이 두드러진다. 신기함, 생소함, 난삽함을 특징으로 하는 강서시파(江西詩派)의 창시자로 받들어졌다. 특히 전고(典故)를 즐겨 쓰고 전인의 작품을 모방하는 이른바 '탈태환골(奪胎換骨)'

이라는 모의(摹擬)이론을 제창하였다. 소식과 더불어 당시 시단을 풍미하였으므로 두 사람을 일컬어 '소황(蘇黃)'이라 하였다. 그의 서예는 행서와 초서가 뛰어났으며, 소식(蘇軾), 미불(米芾), 채양(蔡襄)과 더불어 송사가(宋四家)라 불렸다. 문집으로 『예장황선생문집(豫章黃先生文集)』이 있고, 시집으로 『산곡집(山谷集)』이 있다.

황제(黃帝)　　고대 신화전설상의 제왕. 일명 헌원씨(軒轅氏), 유웅씨(有熊氏). 땅을 주관하는 토덕왕(土德王)으로서 땅의 색깔이 황색이므로 황제(黃帝)라는 이름이 붙여졌다고 한다. 또 소전(少典)의 아들로서 희수(姬水)에서 자랐으므로 성을 희(姬)라고 했으며, 헌원(軒轅)이라는 언덕에서 태어났으므로 헌원씨로도 불렸다고 한다. 염제(炎帝)와 형제간이라는 설도 있다. 신농씨(神農氏)의 치세 말기에 천하가 어지러워지자 사방의 제후를 토벌하고 흉포한 치우(蚩尤)의 난을 평정한 뒤 군주가 되었다. 창힐(倉頡)을 시켜 문자〔六書〕를 만들고, 대요(大撓)를 시켜 역법을 제정했으며, 예수(隸首)를 시켜 산법(算法)을 정하고, 영륜(伶倫)을 시켜 율려(律呂)를 창안했다고 한다. 염제와 함께 중화민족의 공동 시조로 일컬어지며, 청 말 신해혁명 이후 잠시 황제 기원력(4609년)이 사용되기도 했다.

황제내경(黃帝內經)　　서명. 의서(醫書). 약칭 『내경(內經)』. 18권 162편. 전국시대 말 무명씨 저작. 「소문(素問)」「영추(靈樞)」 두 부분으로 되어 있으며, 「소문」은 병리현상을 음양오행설에 의하여 설명했고, 「영추」는 침구 및 임상 진단 치료, 위생 보건, 인체 해부, 경락(經絡) 등에 관해 해설했다. 선진(先秦)시대 이래의 의학 경험을 집대성한 것으로 지금까지 한방 의학계의 불후의 명저로 남아 있다.

황조경세문편(皇朝世文編) ➡ 청경세문편

황조문헌통고(皇朝文獻通考) ➡ 청문헌통고

황조통전(皇朝通典) ➡ 청통전

황조통지(皇朝通志) ➡ 청통지

황종희(黃宗羲:1610~95)　　청 초의 사상가, 사학가. 자는 태중(太仲), 호는 남뢰(南雷), 이주(梨洲) 등. 여요(餘姚:절강성) 출신. 젊어서 복사(復社)에 가입하여 환관의 전횡에 반대하는 활동에 참가하였다. 후에 또다시 노왕(魯王)정권을 따라 청나라 군대에 저항하였으나, 실패하자 강학(講學)과 저술활동으로 여생을 보냈다. 민주사상이 투철하여, 군주는 천하에 큰 해가 된다는 논점을 제기하였고, 인치(人治) 대신 법치(法治)를 실현하여 군주전제(君主專制) 세력을 약화시켜야 한다고 주장했다. 동시에 조정의 전통적인 중농억상정책에 반대하여 공업과 상업이 모두 중요하다고 보았다. 이는 당시로서는 계몽주의적 사상에 속한다. 철학 방면에서는 정·주(程朱)의 이학(理學)을 배척하고 명경치용(明經致用)을 주장했다. 역사학 역시 현실 접목을 위한 통금치용(通今致用)의 입장에서 공허한 학풍을 반대했으며, 절동학파(浙東學派)의 선구가 되었다. 특히 명나라는 망했어도 그 학술은 망하지 않는다고 보고 학술사상사, 절동항청사(浙東抗淸史), 만명(晚明) 역사 등에 대한 연구를 계속했다. 시와 산문도 잘 지었으며, 애국사상을 표현한 것들이 많다. 『명이대방록(明夷待訪錄)』『명유학안(明儒學案)』『송원학안(宋元學案)』『이정학안(二程學案)』『사구록(思舊錄)』『행조록(行朝錄)』『역학상수론(易學象數論)』등 20여 종을 저술했고, 『명문해(明文解)』『명사안(明史案)』을 펴냈다. 고증학(考證學)의 선구자로도 알려져 있다. 왕부지(王夫之), 고염무(顧炎武)와 함께 명 말 청 초의 학문사상계를 빛낸 학자로 이름이 높다.

황준헌(黃遵憲:1848~1905)　청대 말기의 정치가, 시인. 자는 공도(公度). 광동(廣東) 가응주(嘉應州:梅縣) 출신. 광서(光緒) 3년(1877)부터 일본, 영국, 싱가포르 등의 영사관에 근무하다 청일전쟁 후 나라의 위기상황을 깨닫고 중국의 개혁을 주장하였다. 강유위(康有爲) 등의 변법(變法)운동을 지지하고 광서 23년 상해에서 「시무보(時務報)」의 창간에 참여하였다. 이듬해 호남안찰사(湖南按察使) 서리에 임명되어 호남순무(湖南巡撫) 진보잠(陳寶箴)을 도와 개혁 신정을 추진했다. 백화문의 사용을 주장하여 문체혁명을 선도한 사람으로 평가받고 있다. 저서 『일본국지(日本國志)』『일본잡사시(日本雜事詩)』『인경려시초(人境廬詩草)』.

황지회맹(黃池會盟)　B.C 482년 춘추시대 오(吳)나라가 황지(黃池:하남성 封丘 서남부)에서 중원 각국과 맺은 맹약. 오왕 부차(夫差)는 이 자리에서 맹주가 되어 중원의 패자 지위를 획득했다.

황태극(皇太極) ➡ 청태종

황포조약(黃埔條約)　일명 통구무역장정(通口貿易章程). 청 도광(道光) 24년(1844) 9월 청나라와 프랑스 사이에 체결된 통상조약. 청나라의 양광총독(兩廣總督) 기영(耆英)과 프랑스 특명전권대사 라그르네가 광주(廣州) 황포에 주둔한 프랑스 군함에서 조인했다. 아편전쟁으로 청나라가 영국과 남경조약을 체결하고 이어 미국과도 망하조약(望厦條約)을 체결하자, 프랑스도 자국의 이익을 위하여 이 조약의 체결을 강요했다. 36개 항으로 된 조약의 주요 내용은 ① 협정 관세 적용 ② 5개항 개항 ③ 영사재판권 ④ 최혜국 대우로서 통상지역내 교회당 설치 등이다. 특히 청나라는 교회당에 대한 보호의무를 지도록 했는데, 이를 계기로 프랑스는 청 정부의 천주교 금지령 해제를 계속 요구했다.

황헐(黃歇) ➡ 춘신군

황흥(黃興:1874~1916)　청대 말 민국 초의 정치가, 군사가. 원명은 진(軫), 자는 극강(克强). 호남 선화(善化:長沙) 출신. 장지동(張之洞)이 세운 무창(武昌)의 양호서원(兩湖書院)에서 학문을 쌓다가 광서(光緒) 28년(1902) 일본으로 유학했다. 귀국 후 광서 30년 송교인(宋敎仁) 등과 함께 고향에서 봉기를 목적으로 화흥회(華興會)를 설립하고 회장에 취임했다. 같은 해 서태후(西太后)의 70회 생일을 계기로 봉기를 일으키려다 사전 발각되어 일본으로 망명했다. 이듬해 동경에서 손문(孫文) 등과 중국동맹회(中國同盟會)를 결성하고 본국에서 일어나는 봉기를 지원했다. 무창혁명 때 혁명군 총사령(總司領)이 되었고, 민국 원년(1912) 남경 임시정부가 세워지면서 육군총장에 올랐다. 2차혁명 때 원세개(袁世凱)의 군대에 압도되어 일본으로 망명했다가 미국으로 옮겼다. 귀국 후 상해에서 병사했다. 저서『황흥집(黃興集)』.

회남소산(淮南小山)　서한(西漢)시대의 사부가(辭賦家). 회남왕(淮南王) 유안(劉安)의 문객. 「초은사부(招隱士賦)」를 지었다.

회남왕(淮南王) ➡ 유안

회남자(淮南子)　서명. 일명『회남홍렬(淮南鴻烈)』. 54권. 내편 21권, 외편 33권. 내편만이 현존한다. 서한(西漢) 회남왕(淮南王) 유안(劉安)이 문객들을 모아 함께 편찬했다. 내편은 도(道)에 관하여 논했고, 외편은 잡설(雜說)을 기록했다. 선진(先秦) 및 한(漢)대의 제가 학설뿐만 아니라 천문, 지리, 의학, 풍속, 농업생산 등 제반 분야에 걸쳐 논의된 내용을 정리했다.

회맹(會盟)　춘추전국시대 각 제후국들이 동맹을 체결할 때 행한 의례. 각국의 제후 혹은 제후의 전권을 위임받은 경대부(卿大夫)가 한곳에 모여 단(壇)을 쌓고 희생물인 소나 돼지의 귀를 잘라 그 피를 마심으로써 신의를 표했다. 제후국 내 각 씨족간에도 질서유지를 위해 회맹의식을 행했다.

회소(懷素:737~약 800) 당(唐)대의 서예가. 승려. 자는 장진(藏眞). 속세의 성은 전(錢). 장사(長沙:호남성) 출신. 닳아 버린 붓이 쌓여 산더미를 이룰 정도로 서예 공부를 열심히 했다고 한다. 또 집 주위에 파초(芭蕉)를 심어 종이 대신 그 잎에 글씨를 썼다고 한다. 장지(張芝) 등을 사사하여 초서(草書)에서 일가를 이루었다.

회진기(會眞記) ➡ 앵앵전

회풍은행(匯豊銀行) 일명 홍콩상해은행(香港上海銀行). 영국이 청나라에 진출하여 세운 은행. 동치(同治) 3년(1864) 홍콩에 총국을 세운 후 이듬해 영업에 들어갔으며, 상해·한구(漢口)·천진·북경·광주(廣州) 등 각지에 지점을 두었다. 본래 태고양행(太古洋行), 기창양행(旗昌洋行) 등 10대 양행을 운영하던 영국, 미국 등의 상인이 공동 발기했으나, 나중에는 영국 상인에게 귀속되었다. 영국이 청나라에서 경제권익을 확보하고, 청의 금융 시장을 장악하는데 큰 몫을 했다.

회피제(回避制) 청대의 통치자가 한인 세력의 집단 결성을 막기 위해 규정한 관리 임용 원칙. 첫째는 한족 관료가 출신지에서 근무할 수 없는 것이며, 둘째는 친속 관계에 있는 사람은 같은 관청에 배치하지 않는 것이다. 이 제도는 본래 후한(後漢)시대부터 생겨났으나 청대에는 만주족이 토착 한족을 효과적으로 통치하기 위한 수단으로 이용하면서 엄격히 지켜졌다.

회해(懷海:720~814) 당(唐)대의 승려, 불교학자. 속세의 성은 왕(王). 출가하여 마조(馬祖)를 사사하면서 선종(禪宗)에 심취하였다. 신오(新吳:강서성 奉新)의 백장산(百丈山)에서 수도했으므로 세칭 백장선사(百丈禪師)라 했다. 불가의 계율을 중시하여 승도들에게 엄격한 규칙을 요구하였고, '선문규식(禪門規式)'을 제정하여 이를 따르도록 했다.

횡취곡사(橫吹曲辭) 한 무제(漢武帝) 때 서역지방에서 유입된 일종의 악부(樂府) 가곡 명. 고(鼓)와 각(角)이 반주 형식으로 창을 따라 하는 일종의 군대용 음악이다. 음악가 이연년(李延年)이 이 악곡에 의거하여 「출새곡(出塞曲)」「입새곡(入塞曲)」 등 신곡 28편을 지었다.

효경(孝經) 서명. 중국 유교 윤리의 근본을 이루는 효(孝)에 대하여 쓴 경전. 18장. 저자는 공자(孔子), 또는 그의 제자인 증삼(曾參:曾子)이라고 전해진다. 공자와 증자의 문답 형식을 띠고 있으며, 효의 의의, 계급간 효의 실천방법, 효덕(孝德)의 위대함 등을 체계적으로 서술하고 있다. 한(漢) 초 안씨(顔氏)가 전한 금문본(今文本)과 공자의 옛 집터에서 나온 고문본(古文本)이 있다. 전한(前漢)의 정현(鄭玄), 후한(後漢)의 공안국(孔安國), 당 현종(玄宗) 등이 주를 달았으며, 송대 형병(邢昺)이 붙인 소(疏)가 현재 통용되고 있다.

효렴(孝廉)　　한(漢)대에 관리를 선발하던 과목. 찰거(察擧)제도의 주요 과목 중 하나. 동중서(董仲舒)의 건의에 의해 설치되었다. 군국(郡國)에서 우수한 인재를 천거하자는 취지로 이 제도가 실시되었으나 실제로는 호족 세력 자제들이 쉽게 관직에 나아가는 길목 역할을 하였다.

효문제(孝文帝) ➡ 탁발굉

효제역전(孝悌力田)　　한(漢)대에 관리를 선발하던 과목. 혜제(惠帝) 때 효제(孝悌)의 덕행을 갖춘 사람과 농사일에 근면한 사람을 널리 구하기 위해 설치되었다. 선발된 사람은 부역을 면제하고 은전을 베풀었다. 문제(文帝) 때는 삼로(三老)와 더불어 군현(郡縣) 내 백성들을 교화하는 향관에 임명했다.

후경지란(侯景之亂)　　북위(北魏)의 재상 고환(高歡)에 의해 임용되어 10만의 군사를 거느리던 장수 후경은 고환 사후 고징(高澄)이 부친의 뒤를 이어 자리에 오르면서 자신을 몰아내려 하자 547년 남량(南梁)으로 들어가 투항하였다. 이후 양의 종실인 소정덕(蕭正德)과 결탁하여 양 조정에 반란을 일으켰다. 양 무제(武帝)가 분사(憤死)하자 그는 무제의 셋째 아들 소강(蕭綱)을 옹립하였다. 이 사람이 간문제(簡文帝)이다. 551년 후경은 간문제를 폐하고 자립하여 국호를 한(漢)이라 하였다. 이듬해 양(梁)의 장수 진패선(陳覇先), 왕승변(王僧辯)이 기병하여 후경을 공격하자 후경은 바다로 달아나다 피살되었다.

후금(後金)　　왕조명. 건주여진(建州女眞)의 귀족인 누르하치가 명 만력(萬曆) 11년(1583) 기병하여 여진족의 각 부족을 통일하고 동 44년(1616) 제위에 올라 국호를 대금(大金)이라 하였다. 역사에서 이를 후금이라 한다. 연호는 천명(天命), 도읍은 심양(沈陽). 천총(天聰) 10년(1636) 2대 황제 태종(太宗) 황태극(皇太極:온타이지) 재위시 국호를 청(淸)으로 바꾸었다. 후금은 청의 전신인 셈이다.

후당(後唐)　　왕조명. 오대(五代)의 하나. 용덕(龍德) 3년(923) 사타(沙

陀)부족의 이존욱(李存勖)이 후량(後梁)을 멸하고 제위에 올라 국호를 당(唐)이라 하였다. 도읍은 낙양(洛陽). 역사에서 이를 후당(後唐)이라 한다. 영토는 하남·산서·산동·하북성 및 북경·천진시 일대와 영하(寧夏)·감숙성 일부분. 후당 청진(清秦) 3년(936) 사타인(沙陀人) 석경당(石敬瑭)이 거란인과 합작하여 후당을 멸망시킨 후 후진(後晋) 정권을 세웠다.

후량(後凉)　　오호십육국 중 하나. 서기 386년 저(氐)족의 여광(呂光)이 주천공(酒泉公)이라 칭하고 국호를 양(凉), 도읍을 고장(姑臧:감숙성 武威)에 정했다. 역사에서 이를 후량이라 한다. 왕호는 후에 삼하왕(三河王), 천왕(天王)으로 바꾸었다. 감숙성 서부와 영하(寧夏), 청해(青海), 신강 일대를 거점으로 했다. 403년 후진(後秦)에 의해 멸망했다.

후량(後梁)　　남조(南朝)시대의 왕조명. 서기 554년 양(梁) 무제(武帝)의 손자 소찰(蕭察·蕭詧)이 서위(西魏)에 투항한 후 이듬해 서위에서 그를 양제(梁帝)로 세워주었다. 연호는 대정(大定), 도읍은 강릉(江陵:호북성). 역사에서 이를 북량(北梁)이라고도 한다. 강릉 부근의 몇 개 현을 차지했다. 3명의 제왕이 33년간 재위. 수(隋) 문제(文帝)에 의해 멸망한 것으로 전해진다.

후량(後梁)　　오대(五代) 때의 왕조명. 당(唐) 천우(天祐) 4년(907) 주온(朱溫:朱全忠)이 당의 애제(哀帝)를 폐하고 제위에 올라 국호를 양(梁)이라 하였다. 도읍은 변(汴:하남성 開封). 역사에서 이를 후량(後梁)이라 한다. 영토는 지금의 하남성, 산동성 및 산서·하북·영하(寧夏)·호북·안휘·강소성 일부. 용덕(龍德) 3년(923) 후당(後唐)의 장종(莊宗) 이존욱(李存勖)에 의해 멸망했다. 3명의 황제가 17년간 재위.

후방역(侯方域:1618~55)　　청대 초기의 문학가. 자는 조종(朝宗). 상구(商丘:하남성) 출신. 어려서 부친을 따라 북경(北京)으로 가 예원로(倪元璐), 범경문(范景文)에게서 수학했다. 숭정(崇禎) 연간에 남경(南京)으로 이주했다. 이 때 엄당(閹黨)인 완대성(阮大鋮)의 영입 제의를 뿌리쳤으며, 방이지(方以智), 진정혜(陳貞慧), 모양(冒襄) 등과 '복사사공자(復社四公子)'로 불렸다. 후에 완대성의 박해를 받아 사가법(史可法)에게 몸을 의탁했다. 청 왕조가 들어선 후에는 지조를 버리고 삼성총독(三省總督)으로 있던 장존인(張存仁)에게 의탁하여 농민봉기를 진압하기 위한 책략을 내놓기도 했다. 시문 가운데 특히 고문(古文)을 잘 지었다. 문장이 정련되고 강건하여 명대 말의 유미하고 나약한 문풍을 일신시켰다. 위희(魏禧), 왕완(汪琬)과 더불어 청 초의 3대 고문가로 불리었다. 저서『장회당집(狀悔堂集)』『사억당시집(四憶堂詩集)』.

후연(後燕) 오호십육국 중 하나. 선비(鮮卑)족의 모용수(慕容垂)가 384년 연국(燕國)을 회복하여 칭왕(稱王)하였다. 도읍은 중산(中山:하북성 定縣). 하북·산동·산서·하남성 일대를 차지했다. 후에 북위(北魏)에 패하여 잔여세력이 요하(遼河) 유역으로 피난하여 생활했다. 407년 북연(北燕)에 의해 완전히 멸망했다.

후예(后羿) 고대 전설상의 인물. 활쏘기를 잘하고 무예가 뛰어났다. 일설에는 요(堯)임금 때 하늘에 열 개의 태양이 있어 사람을 비롯한 동식물이 타 죽었는데, 그가 요임금의 명을 받들어 활로 아홉 태양을 쏘아 떨어뜨렸다고 한다. 전신(箭神)으로도 불린다.

후조(後趙) 오호십육국 중 하나. 319년 갈(羯)족의 석륵(石勒)이 조왕(趙王)을 칭한 후 329년 전조(前趙)를 멸하고 이듬해 칭제(稱帝)하였다. 도읍은 양국(襄國:하북성 邢臺)에 정하였다가 후에 업(鄴:하북성 臨漳)으로 옮겼다. 하북·산서·하남·산동·섬서성 대부분과 강소·안휘·요녕성 일부를 통치구역으로 하였다. 351년 염위(冉魏)에 의해 멸망했다.

후주(後周) 왕조명. 오대(五代)의 하나. 951년 후한(後漢)의 천웅(天雄)절도사 곽위(郭威)가 후한을 멸하고 제위에 올라 국호를 주(周)라 하였다. 도읍은 변(汴:하남성 開封). 현덕(顯德) 7년(960) 북송(北宋)을 세운 조광윤(趙匡胤)에 의해 멸망하였다. 3명의 황제가 10년간 재위.

후직(后稷) 주(周) 왕실의 시조. 성은 희(姬). 이름은 기(棄). 전설상의 인물. 모친 강원(姜嫄)이 들에서 거인의 발자국을 보고 임신하여 그를 낳았다고 한다. 아비없이 태어났기 때문에 강원이 그를 길에 버렸으나 우마가 피해다녔고, 다시 얼어붙은 강 위에 버리자 새들이 깃털로 보호했으므로 할 수 없이 데려다 길렀다고 한다. 요·순(堯舜)시대에 농업을 일으켜 큰 공을 세웠으며, 후세에 그를 농신(農神), 직신(稷神)이라 일컬었다. 그의 15대손이 주나라를 건국한 무왕(武王)으로 알려져 있다.

후진(後晉) 왕조명. 오대(五代)의 하나. 후당(後唐) 청진(清秦) 3년(936) 사타(沙陀) 출신 하동(河東)절도사 석경당(石敬瑭)이 연운(燕雲) 16주를 할양하는 조건으로 거란족과 합작하여 후당을 멸망시킨 후 제위에 올라 국호를 진(晋)이라 하였다. 도읍은 변(汴:하남성 開封). 역사에서 이를 후진(後晋)이라 한다. 연운 16주를 제외하고는 후당과 영토가 같았다. 개운(開運) 3년(946) 거란에 의해 멸망하였다. 2명의 황제가 11년간 재위.

후진(後秦)　　오호십육국 중 하나. 강(羌)족의 요장(姚萇)이 384년 칭왕(稱王)한 후 2년 뒤 칭제(稱帝)했다. 국호는 진(秦), 도읍은 장안(長安:섬서성 西安). 394년 전진(前秦)을 멸하였다. 역사에서는 이를 후진이라 한다. 417년 동진(東晋)의 유유(劉裕)에게 멸망하였다.

후촉(後蜀)　　왕조명. 오대십국(五代十國)의 하나. 925년 후당(後唐)이 전촉(前蜀)을 멸하고 맹지상(孟知祥)을 검남서천절도사(劍南西川節度使)에 임명했다가 933년 촉왕(蜀王)에 임명했다. 맹지상은 이듬해 칭제하고 국호를 촉(蜀)이라 하였다. 도읍은 성도(成都). 역사에서 이를 후촉이라 한다. 영토는 지금의 사천성 일대와 섬서성 남부, 감숙성 동남부, 호북성 서부. 965년 북송(北宋)에 의해 멸망했다. 2명의 군주가 23년간 재위.

후칠자(後七子)　　명대의 문학가 이반룡(李攀龍), 왕세정(王世貞), 사진(謝榛), 종신(宗臣), 양유예(梁有譽), 서중행(徐中行), 오국륜(吳國倫) 7명을 일컫는다. 가정(嘉靖)·만력(萬曆) 연간에 활약했으며, 복고운동을 주창하고, 작품 경향은 의고주의(擬古主義) 색채가 짙다. 전칠자(前七子)와 문학적 경향이 흡사하다.

후토(后土)　　고대 전설상의 인물. 공공(共工)의 아들로서 토지를 맡은 신(土神). 치수에 능했으며, 산을 깎거나 저지대를 돋우어서 홍수의 피해가 없게 논과 밭을 잘 일구었다.

후한(後漢)　　왕조명. 일명 동한(東漢). A.D 25년 전한(前漢)의 왕족인 유수(劉秀)가 지역 할거세력을 평정하고 낙양(洛陽)에 도읍을 정하였다. 220년 위(魏)의 조비(曹丕)가 칭제(稱帝)하고 헌제(獻帝)를 폐위시키기까지 12대왕 196년간 유지되었다. 한 참조.

후한(後漢:947~50)　　왕조명. 오대(五代)의 하나. 946년 거란족이 후진(後晋)을 멸한 후 각지의 반란으로 인해 이듬해 다시 북으로 퇴각했다. 이에 후진의 사타(沙陀) 출신 하동(河東)절도사 유지원(劉知遠)이 제위에 올라 국호를 한(漢)이라 하고 도읍을 변(汴:하남성 開封)에 정했다. 역사에서 이를 후한(後漢)이라 한다. 영토는 후진과 같다. 후한 건우(乾祐) 3년(950) 천웅(天雄)절도사 곽위(郭威)가 기병하여 멸망시켰다. 2명의 황제가 4년간 재위.

후한기(後漢紀)　　　서명. 30권. 동진(東晉) 원굉(袁宏) 저. 전한 말 경시(更始) 원년(23)부터 후한 건안(建安) 25년(220)까지 후한의 역사를 편년체 형식으로 기술했다.

후한서(後漢書)　　　서명. 120권. 위진남북조시대 송(宋)의 범엽(范曄) 찬, 서진(西晉) 사마표(司馬彪) 보(補). 기전체 역사서. 24사(史) 중 하나. 건무(建武) 원년(25) 광무제(光武帝) 유수(劉秀)가 후한(後漢) 정권을 세운 후 건안(建安) 25년(220) 헌제(獻帝) 유협(劉協)이 조비(曹丕)에 의해 폐출될 때까지 후한 196년 역사를 기술했다. 본기(本紀) 10권, 열전(列傳) 80권은 범엽이 찬술했으며, 그가 「지(志)」를 완성하지 못하고 죽음에 따라 후세 사람이 사마표의 『속한서(續漢書)』중 「8지(八志)」 30권을 이에 추가시켰다.

훈고학(訓詁學)　　　한(漢)대부터 당(唐)대까지 유행하던 유학의 연구 방법. 훈고의 명칭은 『이아(爾雅)』의 「석고(釋詁)」 「석훈(釋訓)」편에서 따왔으며, 고훈(詁訓)이라고도 한다. 문자의 뜻 및 고어(古語)를 해석하는 것을 고(詁)라 하고, 자구의 의의를 해석하는 것을 훈(訓)이라 한다. 한대의 훈고학자로는 마융(馬融), 정현(鄭玄) 등이 있으며, 훈고학 연구 저작으로는 『이아』와 허신(許愼)의 『설문해자(說文解字)』, 그리고 각종 경전의 주석서가 있다. 청대에는 고증학이 일어나면서 그 한 분야로 훈고학이 유행했다.

흉노(匈奴)　　　고대 부족명. 호족(胡族)으로도 불렸다. 몽골 일대에서 활약한 유목 기마민족. 전국시대부터 약 500여년간 번영했으며, 전국시대에는 연(燕)·조(趙)·진(秦)의 북방에서 남진을 시도하며 이들 국가와 잦은 전쟁을 벌였다. 진(秦)대에는 진의 장수 몽염(蒙恬)에게 격파되어 음산(陰山) 북쪽으로 숨었다. 진·한(秦漢)시대에 묵돌선우〔冒頓單于〕가 부족을 통일하여 동호(東胡)와 대월지(大月氏)를 정복하고 몽고를 지배하였다. 이후 계속 남하정책을 펴 한 고조(高祖)와 무제(武帝) 때 양국간 크게 전쟁을 벌였다. 전한(前漢) 선제(宣帝) 때(B.C 60 경) 내분이 일어나 다섯 선우가 갈렸으며 후한(後漢) 때(B.C 48) 남흉노와 북흉노로 다시 갈렸다. 남흉노는 오호십육국 때 조(趙)·북량(北凉) 등의 국가를 건립했다.

흑도(黑陶)　　　중국 신석기시대 말기에 발명된 도기. 흑색이며 두께가 얇고, 표면에 광채가 도는 특징을 지닌다. 흑도문화란 흑도를 주로 사용했던 용산문화를 일컫는다.

흑산군(黑山軍)　　동한(東漢) 말년 하북(河北)지방에서 봉기한 농민기의 군. 황건(黃巾)기의 후 각지의 농민이 들고 일어났는데, 이들이 연합하여 흑산군을 만들었다. 병력이 약 100만이나 되었다. 장연(張燕)이 수장으로 있었다.

흑수당(黑水黨)　　청 말 아편전쟁 중 절동(浙東) 백성들이 조직한 항영(抗英) 무장대. 도광(道光) 21년(1841) 영국군이 정해(定海), 영파(寧波)를 점령하자 이 지역 민중이 침략자를 규탄하기 위해 자발적으로 조직했다. 무기가 빈약했으므로 게릴라 전법을 써서 주로 야간에 영국군을 습격했다.

흥중회(興中會)　　청 광서(光緖) 20년(1894) 청일전쟁 당시 손문(孫文)이 하와이에서 화교 20여 명과 결성한 비밀결사. 성립 당시 ‘진흥중화(振興中華) 만구위국(挽救危國)’을 종지로 삼고 “만주족 오랑캐를 몰아내고 중화민족의 나라를 회복하며 연합정부를 건립한다(驅逐韃虜 恢復中國 建立合衆政府)”라는 혁명 강령을 채택했다. 이듬해 손문은 진호동(陳皓東), 정사량(鄭士良) 등과 함께 홍콩에서도 흥중회를 결성했는데, 이 때 앞서의 혁명 강령을 정식으로 채택했으며, 내용중 ‘中國’을 ‘中華’로 바꾸었다. 그 해 광주(廣州)와 혜주(惠州)에서 폭동을 일으키려다 실패했다. 이후 일본 등지에 흥중회 분회를 세웠다가 광서 31년(1905) 화흥회(華興會), 광복회(光復會) 등과 연합하여 전국 규모의 중국동맹회(中國同盟會)를 성립시키면서 흥중회는 발전적으로 해체되었다.

희평석경(熹平石經)　　동한(東漢) 희평 원년(175) 낙양(洛陽)의 태학(太學)에 세운 경문(經文) 각석(刻石). 46개의 비석에 채용(蔡邕)이 예서체로 글씨를 썼다. 『상서(尙書)』『춘추(春秋)』『주역(周易)』『논어(論語)』등 7부의 유가 경문이 새겨졌으며, 이종서(異種書)가 많던 당시 상황에서 학자들이 배우는 유학의 정식 독본으로 채택되었다. 현재 잔석만이 남아 있다.

희화(羲和)　　고대 전설상의 인물. 태양의 어머니로서 열 개의 태양을 낳았다고 한다. 일출과 일몰을 관장하던 여신. 일설에는 요(堯)임금의 신하들인 희중(羲仲)과 희숙(羲叔) 형제, 그리고 화중(和仲)과 화숙(和叔) 형제를 가리킨다고 한다. 이들 네 명은 각기 동서남북 사방에서 천문을 관찰하고 역법을 제정했다고 한다.

B.C 3000　仰韶 문화

2000　**夏**왕조 성립

1700　龍山 문화. 黑陶 문화

1600　갑골문자 탄생

1500　**殷** 왕조 성립

1300　商邑(殷墟)으로 천도

1030　**周(西周)** 왕조 성립
　　　周 武王, 은의 紂를 멸하고
　　　즉위

841　周公, 宣王 대신 집정

771　犬戎의 침입을 받아 幽王
　　　피살―**西周** 멸망

770　平王, 洛邑으로 천도(周의
　　　東遷)―**東周** 시작
　　　춘추시대 시작

722　魯 隱公 원년―『춘추』의 시
　　　작연도

651　齊 桓公 패자가 됨(葵丘之
　　　盟)

643　제 환공 사망

633　晉 文公(重耳) 패자가 됨.
　　　城濮전투에서 楚 격파

597　楚 莊王 패자가 됨. 邲의
전투에서 鄭을 구원 나온
진군 대파

575　晉·楚간 鄢陵전투―진의
승리

551　공자 탄생

515　闔閭, 吳王 즉위

506　吳, 伍子胥의 모계에 따라
楚 공격

496　합려, 越의 句踐을 공격하
다 패사

494　합려의 아들 夫差, 구천을
격파

482　부차, 黃池회맹 주도―패자
가 됨

480경　공자, 『춘추』 완성

479　공자 사망

473　구천, 嘗膽하여 吳를 멸함
오왕 부차 자살

453　晉, 韓·魏·趙로 삼분

412　魏 文侯, 李悝 등용 평적법
실시

403　한·위·조 3국이 자립하여
제후가 됨―전국시대 시작

347	동진의 桓溫, 成漢을 멸망시킴
350	冉閔, 황제를 칭하고 국호를 魏라 함—冉魏 성립
351	氐족 苻健, 장안에서 칭제. 국호는 前秦 후조 멸망
357	苻堅, 苻生을 죽이고 전진의 제위에 오름
364	동진, 土斷法 시행
370	전진의 부견, 前燕을 멸망시킴
373	동진의 환온 병사
376	전진의 부견, 前涼·代를 멸하고 화북지방 통일
381	동진의 顧愷之, 「女史箴圖」 완성
383	淝水之戰에서 전진, 동진에 패함
384	慕容垂, 後燕 건국 慕容泓, 西燕 건국 姚萇, 後秦 건국
385	乞伏國仁, 西秦 건국
386	呂光, 後涼 건국 拓跋珪, 北魏 건국
394	전진 멸망. 서연 멸망
397	秃髮烏孤, 南涼 건국 沮渠蒙遜, 北涼 건국
398	慕容德, 南燕 건국 북위의 탁발규, 황제(道武帝)를 칭하고 平城 천도
399	동진의 法顯, 불경 구하러 인도 여행
400	李暠, 西涼 건국
403	후량 멸망
405경	陶淵明, 「歸去來辭」 지음
407	赫連勃勃, 夏 건국
409	후연 멸망. 馮跋, 北燕 건국
410	남연 멸망
414	남량 멸망
417	후진 멸망
420	동진 멸망 **劉裕, 宋 건국—南朝 시작**
421	서량 멸망
423	북위 拓跋燾, 황제(太武帝) 즉위
424	송, 元嘉의 治 시작
427	도연명 사망
429	송의 裵松之, 『삼국지注』 완성
431	서진 멸망. 하 멸망
436	북연 멸망
439	북위, 북량을 멸망시키고 화북지방 통일—남북조시대 시작
446	북위 태무제, 불교 탄압
448	道敎의 新天師道 창시자 寇謙之 사망
460	북위 雲崗石窟 개착
471	북위 孝文帝(拓跋宏) 즉위
479	송 멸망. 齊(南齊) 건국

745	현종, 楊太眞을 貴妃로 삼음 安祿山, 거란 토벌	822	牛·李 당쟁 시작
752	재상 李林甫 사망. 楊國忠 득세	824	목종 사망. 敬宗 즉위
755	安史의 난	826	경종 사망. 文宗 즉위
756	안록산, 장안 점거. 국호를 燕으로 정함	830	黨錮의 獄
757	안록산, 아들 安慶緖에게 피살	840	문종 사망. 武宗 즉위
759	史思明, 안경서 살해	845	불교 탄압—會昌의 법난
761	사사명 피살. 시인 王維 사망	846	무종 사망. 宣宗 즉위
762	현종 사망. 肅宗 사망. 代宗 즉위. 李白 사망 方淸의 난	847	牛僧孺 사망—우·이당쟁 종식
764	靑苗錢 제도 실시	859	선종 사망. 懿宗 즉위 裘甫의 난
770	杜甫 사망	868	龐勛의 난
779	대종 사망. 德宗 즉위	873	의종 사망. 僖宗 즉위
780	楊炎 건의로 兩稅法 시행	875	王仙芝의 난 黃巢의 난
784	李希烈, 칭제하고 국호를 楚로 정함	880	황소, 장안 입성. 大齊國 세움
785	화가 顔眞卿 사망	884	李克用, 황소의 난 진압—황소 사망
801	杜佑, 『通典』 완성	888	희종 사망. 昭宗 즉위
805	덕종 사망. 順宗 사망. 憲宗 즉위 王叔文 개혁 실패	889	朱全忠, 東平郡王에 임명됨
806	白居易, 「長恨歌」 지음	904	주전충, 昭宗 살해하고 昭宣帝 옹립
819	시인 柳宗元 사망	907	唐朝 멸망. 五代十國 시작 주전충, 오대의 後梁 건국 남부에서는 십국의 吳·吳越·前蜀·楚 등이 건국됨.
820	헌종 피살. 穆宗 즉위	909	(십국) 閩 건국
		916	거란의 耶律阿保機, 大契丹 건국
		917	(십국) 南漢 건국

584

923	(오대) 李存勖, 후량을 멸하고 後唐 건국	1052	范仲淹 사망
925	(십국) 전촉 멸망	1063	英宗 즉위
926	거란, 발해 멸망시킴	1067	神宗 즉위
934	(십국) 後蜀 건국	1069	王安石, 신법 추진
936	(오대) 石敬瑭, 후당을 멸하고 後晉 건국	1070	司馬光 등 구법당 사직
937	(십국) 오 멸망. 南唐 건국	1072	歐陽修 사망
946	(오대) 후진 멸망	1073	周敦頤 사망
947	거란, 국호를 遼로 개칭	1076	왕안석 실각
	(오대) 劉知遠, 後漢 건국	1080	신종, 친히 元豊改制 추진
950	(오대) 후한 멸망	1082	蘇軾, 「赤壁賦」 지음
951	(오대) 郭威, 後周 건국	1084	사마광, 『資治通鑑』 완성
	(십국) 劉崇, 北漢 건국. 초 멸망	1085	哲宗 즉위
960	趙匡胤(太祖), 후주를 멸하고 宋 건국		사마광, 재상이 됨－신법 폐지. 당쟁 격화
		1086	왕안석·사마광 사망
965	(십국) 후촉 멸망	1094	신법당 章惇, 재상이 되어 구법당 추방
971	(십국) 남한 멸망	1100	徽宗 즉위
975	(십국) 남당 멸망	1101	휘종 친정 시작
976	송 태조 사망. 太宗 즉위		소식 사망
978	(십국) 오월 멸망	1105	黃庭堅 사망
979	송, 北漢을 멸하고 통일 완성	1107	程頤 사망
980경	『太平廣記』 완성	1115	여진족 阿骨打, 金 건국
		1119	금, 여진문자 제정
983	『太平御覽』 완성	1122	금, 거란의 수도 燕京을 함락시킴
1004	송 眞宗, 遼 聖宗과 화의－澶淵의 盟	1125	송 欽宗 즉위
			요, 금에 멸망
1022	仁宗 즉위	1127	靖康의 變－금, 송의 휘종·흠종 납치
1038	李元昊, 西夏 건국		
1044	서하와 화친		북송 멸망. 남송 성립

	남송 高宗 즉위
1130	韓世忠·岳飛, 抗金 투쟁
1131	秦檜, 남송의 재상에 오름
1132	요의 유족 耶律大石, 西遼 성립시킴
1135	남송, 휘종 사망
1138	남송, 臨安으로 천도
1141	진회, 한세충·악비·張俊 등의 병권 박탈. 악비 옥사
1142	남송, 금에 稱臣 남송, 經界法 시행
1153	금, 燕京으로 천도
1155	진회 사망
1162	남송, 孝宗 즉위
1169	朱熹, 社倉 창설
1189	남송, 光宗 즉위
1192	陸九淵 사망
1194	남송, 寧宗 즉위
1206	테무진, 몽고부족 통일하고 칭기즈칸에 오름 몽고제국 성립
1227	몽고, 서하를 멸망시킴 몽고 오고타이칸 즉위
1234	금 멸망
1236	몽고, 交鈔 발행
1251	몽고, 몽케칸(憲宗) 즉위
1259	남송, 賈似道, 몽고에 굴욕적인 화친 몽케칸 사망
1260	몽고, 쿠빌라이칸(元 世祖) 즉위
1271	몽고, 국호를 元으로 개칭
1276	元, 남송의 임안을 함락시키고 恭帝를 납치
1279	남송, 원에 멸망
1280	郭守敬, 授時曆 완성
1282	文天祥 사망
1307	武宗 즉위
1311	仁宗 즉위
1320	英宗 즉위
1323	泰定帝 즉위
1329	明宗·文宗 잇달아 즉위
1333	順帝 즉위
1351	홍건적의 난 발생
1358	홍건적, 上都 점령
1363	劉福通 피살. 韓林兒, 朱元璋에게 투항
1368	**明 왕조 성립** 주원장(太祖·洪武帝) 즉위
1373	大明律 제정
1375	大明通寶 발행
1380	胡惟庸의 獄 발생 中書省 폐지
1381	里甲制 실시
1387	魚鱗圖冊 처음 작성
1397	大明律 완성 공포
1398	惠帝(建文帝) 즉위
1399	燕王 朱棣, 거병하여 靖難의 변 일으킴
1400경	羅貫中 사망
1402	成祖(永樂帝) 즉위
1403	北平을 北京으로 개명

1656 이정국, 계왕과 함께 雲南
     으로 들어감
1657 科場案 발생
     오삼계, 운남 공격
     孫可望, 청에 항복
1659 계왕, 버마로 도망
1661 정성공, 대만 점령
     청, 遷界令 발표
1662 계왕, 오삼계에게 피살
     정성공 사망
     聖祖(康熙帝) 즉위
1664 張憲忠 피살
1673 三藩의 난―오삼계 반란
1674 耿精忠 반란
1676 尙之信 반란
1678 오삼계, 칭제한 뒤 곧 사망
1681 삼번의 난 진압
1682 顧炎武 사망
1683 대만 정성공 일파 토벌
1689 러시아와 네르친스크 조약
     체결
1690 『大淸會典』(康熙會典) 간행
1695 黃宗羲 사망
1699 영국에 광동 무역 허가
1716 『강희자전』 완성
1717 크리스트교 포교 금지
     「皇興全覽圖」 완성
1722 世宗(雍正帝) 즉위
1723 크리스트교 재차 포교 금
     지. 선교사 추방
1726 『古今圖書集成』 완성

1727 러시아와 캬흐타조약 체결
     이 무렵 地丁銀制 시행
1732 군기처 설치
1735 高宗(乾隆帝) 즉위
1743 『大淸一統志』 완성
1747 외국 선교사의 국내 거주
     금지
1757 외국 무역을 광동 1개항으
     로 제한
1771 公行 폐지
1782 『사고전서』 완성
1795 귀주 苗族 반란
1796 백련교도의 난
     仁宗(嘉慶帝) 즉위
1799 건륭제 사망
1804 백련교도의 난 진압
1805 서양의 포교와 서적인쇄 금
     지
1808 영국, 마카오 砲臺 점령
1810 아편 반입 금지 조치
1813 天理敎徒의 난
1814 영국인의 포교 금지
1815 아편 금연章程 제정―아편
     밀수 엄금
     段玉裁 사망
1820 宣宗(道光帝) 즉위
1830 아편의 국내 매매 금지
1838 林則徐, 흠차대신에 임명되
     어 광주에서 아편 단속
1840 淸·英 아편전쟁
1841 穿鼻 가조약 체결

	三元里 민중투쟁	1861	총리각국사무아문 설치
	廈門 함락		穆宗(同治帝) 즉위
1842	청·영 남경조약 체결		북경정변—西太后·恭親
1843	虎門조약. 五口통상장정 체결		王, 정권 장악
	洪秀全, 拜上帝會 설립	1862	洋務운동. 同治中興
1844	청·미 望夏조약		南昌敎案
	청·불 黃埔조약	1863	僧格林沁, 염군 근거지 雉
	五口통상대신 신설		河集 함락시킴
1850	도광제 사망. 文宗(咸豊帝) 즉위	1864	홍수전 자살. 태평천국 멸망
	태평천국의 난 발생	1865	상해에 강남제조국 설립
	임칙서 사망		염군, 東捻·西捻으로 분열
1851	홍수전, 天王을 칭함	1867	남경에 금릉기기국 설립
1852	태평군, 漢陽·武昌 함락		동염군 진압
1853	태평군, 남경 점령	1868	서염군 진압
	捻軍 기의		각지에서 敎案 발생
	曾國藩, 鄕勇(團練) 조직	1871	청·러 이리조약
1854	증국번의 湘軍, 태평군을 격파. 무창·한양 탈환	1872	증국번 사망
1855	각지의 염군 회맹	1875	德宗(光緖帝) 즉위
1856	태평군, 1차 江南大營 격파	1876	청·영 煙臺조약
	애로우호 사건	1884	청·불전쟁
1857	영·불 연합군 광동 점령		북경정변
1858	러시아와 아이훈조약 체결.	1885	청·불 천진조약 체결
	서구 각국과 天津조약 체결	1888	康有爲, 公車上書 제출. 변법자강운동
1859	영·불 연합군, 大沽 포대 공격		북양해군 성립
	러시아와 천진조약	1889	상해 기기직포국 설립
1860	영·불 연합군, 천진·북경 점령. 북경조약 체결		서태후, 섭정에서 물러나고 광서제가 친정함
		1890	哥老會 기의
		1892	孫文, 興中會 창립

1894 청·일전쟁
1895 북양함대, 일본에 항복
　　　下關조약(요동반도 대만 등
　　　일본에 할양)
　　　흥중회, 광주봉기 실패. 손
　　　문, 일본 망명
1896 梁啓超·黃遵憲, 상해에서
　　　「時務報」 창간
　　　러시아와 東淸철도 밀약
1898 백일유신―광서제, 明定國
　　　是 내리고 강유위 통해 변
　　　법자강운동
　　　戊戌政變―강유위의 변법
　　　자강운동에 대한 쿠데타.
　　　서태후, 광서제 유폐. 변법
　　　파 체포하고 무술6군자 처
　　　형
1899 강유위·양계초, 캐나다에
　　　서 保皇會 조직
　　　프랑스에 광주만 조차
1900 의화단 사건―각국 연합군
　　　북경에 침입
　　　러시아, 만주 점령―청·러
　　　협정 체결
　　　東南互保 협정 체결
　　　孫文, 惠州봉기 실패
1901 손문, 일본 망명
　　　북경의정서(辛丑조약) 조인
　　　이홍장 사망
1902 전족 금지
　　　러시아와 東三省 조약 체결

袁世凱, 직예총독 겸 북양
대신에 임명됨
1905 과거제도 폐지
　　　유학생 일본 파견 금지
　　　일본, 旅順·大連 조계지역
　　　에 관동도독부 설치
　　　혁명동맹회 봉기 실패
1906 南昌敎案
1907 광서제 사망
　　　양계초, 동경에서 政聞社
　　　설립
　　　원세개, 군기대신에 임명
1908 광서제 사망. 서태후 사망.
　　　宣統制 즉위
　　　헌법대강 발표
1909 원세개 실각
　　　간도 문제에 관한 청·일조
　　　약 체결
　　　국회청원운동
1910 은본위제로 화폐제도 개혁
1911 철도국유화 선포
　　　사천 保路동지회 결성. 보
　　　로운동
　　　무창봉기, 辛亥혁명―혁명
　　　군 무창·남경 점령
1912 중화민국 임시정부 수립―
　　　손문, 남경에서 임시대총통
　　　취임
　　　선통제 퇴위. 청조 멸망
　　　손문 사임 후 원세개가 대
　　　총통 취임

손문, 임시약법 공포
중국혁명동맹회, 국민당으로 개칭

1913 宋教仁 피습 사망
손문, 제2혁명 개시. 실패 후 일본 망명
원세개, 대총통 당선 후 국민당 해산

1914 원세개, 민국약법 공포. 帝政운동
손문, 일본에서 중화혁명당 결성

1915 일본의 21개조 요구 승인
원세개, 황제에 추대되고 각 省은 반대하여 독립선언 (제3혁명)

1916 胡適 등 잡지 「신청년」에서 문학혁명 제창
원세개, 帝政 철회 선언
원세개 사망. 黎元洪 대총통 취임

1917 張勳, 선통제 복위 추진
광동군정부 성립-손문, 대원수가 됨
북양군벌 분열

1918 손문, 대원수 사임
徐世昌, 대총통 선출

1919 5·4운동
중화혁명당, 중국국민당으로 개칭-손문이 총리가 됨

1920 북양군벌 安·直전쟁

광동군정부 붕괴

1921 손문, 광동군정부 재건
중국공산당 결성-위원장 陳獨秀

1922 손문, 북벌선언
제1차 奉·直전쟁-張作霖, 패배 후 東三省 독립선언
여원홍, 대총통에 재선

1923 여원홍 대총통 사임. 曹錕 취임

1924 제1차 국공합작
제2차 봉·직전쟁

1925 손문 사망
5·30사건-상해 총파업
광동 국민정부 성립

1926 蔣介石, 국민혁명 총사령관 취임. 북벌 시작

1927 장개석, 상해에서 쿠데타-공산당 탄압. 남경정부 수립
장작림, 북경정부 수립
武漢정부 붕괴. 1차국공합작 파기

1928 장개석, 국민당정부 주석이 됨. 북벌 재개
장작림 피살
북벌군, 북경 입성-북벌 완료
장개석, 國府 주석이 됨

1929 馮玉祥, 서북정부 수립
중·소 의정서 체결

북경원인 발굴

1930 蔣派・反蔣派간 전쟁
공산당, 長沙에서 소비에트
설립

1931 국민당 좌파, 광동국민정부
수립—장개석 토벌 선언
萬寶山사건
9・18사변(만주사변)
공산당 瑞金에 소비에트 정
부 수립—주석 毛澤東

1932 상해사변
선통제, 만주국 건국

1933 복건인민정부 수립

1934 복건인민정부 붕괴
공산당의 수도 瑞金 함락
공산당 홍군, 西進 시작

1935 모택동, 공산당 지도권 장
악
공산당 8・1선언—항일민
족통일전선 제시

1936 항일구국군 결성
西安사변—張學良, 장개석
감금

1937 중・일전쟁
제2차 국공합작
중・소 불가침 협정
重慶을 임시수도로 정함

1938 남경에서 중화민국 유신정
부 수립
국민정부, 중경에 천도

1939 국제연맹, 장개석 원조 결

의
국민당・공산당 충돌

1940 친일파 汪兆銘, 남경에서
신국민정부 수립
모택동, 신민주주의론 발표

1941 국부군과 중공 新四軍 충돌
(晥南사건)
중국민주 政團동맹 성립
중경 국민정부, 일・독・이
탈리아에 선전포고

1942 연안 정풍운동 시작
국가총동원법 실시
영・미, 중국에 대한 치외
법권 포기 선언

1943 남경 괴뢰정부, 영・미에
선전포고
국민당 5기 11중전회 개
최—장개석을 국민정부 주
석에 추대
중국공산당 10대 정책 발표

1944 중국민주동맹 결성
남경 괴뢰정부 주석 왕조명
사망

1945 민주동맹, 국민당 독재 종
식 요구
중・소 우호조약 체결
일본 항복. 國・共간 내전
발발

1946 國・共간 정치협상 회의
중공, 만주 점령
국민정부, 南京으로 환도

1947	중화민국 신헌법 공포
	국민정부, 중공 수도 연안
	점령
	중공, 만주 인민정부 수립
1948	국민정부, 남경에서 국회
	소집—초대 총통 장개석 선
	출
	중공, 북경 점령
	淮南전쟁, 平津전쟁에서 국

민정부 대패
1949 장개석 총통 퇴임, 李宗仁
대리 취임
중공, 남경 입성. 상해 함
락
중화인민공화국 성립—주
석 모택동
장개석 정부 대만으로 퇴각

나　라	흥망연대	창건자(姓)	수　도	마지막 왕	침멸국(자)
夏	전21~11C	啓(姒)	陽城, 陽翟, 安邑	桀	商
殷　　(商)	전16~11C	湯(子)	亳, 殷	紂	周
周　西周	전11C~771	武王 發(姬)	鎬京	幽王	犬戎
東周	전770~256	平王 宜臼	洛邑	赧王	秦
(諸侯國)　魯	전11C~256	伯禽(姬)	曲阜	頃公	楚
齊(姜齊)	전11C-379	呂尙(姜)	臨淄	康公	田氏
晋	전11C~369	唐叔虞(姬)	翼, 新絳	桓公	韓·魏·趙
宋	전11C~286	微子啓(子)	商丘	宋王偃	田齊
衛	전11C~209	康叔(姬)	朝歌	衛君角	秦
陳	전11C~479	胡公滿(嬀)	宛丘	湣公	楚
蔡	전11C~447	叔度(姬)	上蔡	蔡侯齊	楚
曹	전11C~487	叔振鐸(姬)	陶丘	曹伯陽	宋
鄭	전806~375	桓公 友(姬)	鄭, 新鄭	鄭君乙	韓
吳	전11C~473	太伯(姬)	吳	夫差	越
越	?~전306	無余(姒)	會稽	無疆	楚
楚	?~전223	鬻熊	丹陽, 郢, 陳, 壽春	負芻	秦
燕	전11C~222	召公 奭(姬)	薊	燕王 喜	秦
齊(田齊)	전386~221	太公 田和	臨淄	田建	秦
趙	전403~222	趙籍	晋陽, 邯鄲	代王 嘉	秦
魏	전403~225	魏斯	安邑, 大梁	魏王 假	秦
韓	전403~230	韓虔	陽翟, 新鄭	韓王 安	秦

594

나 라		흥망연대	창건자(姓)	수 도	마지막 왕	침멸국(자)
	秦	전770~221	秦襄公(嬴)	咸陽		
秦		전221~206	始皇帝 嬴政	咸陽	秦王 子嬰	劉邦
西漢		전202~후9	高祖 劉邦	長安	劉嬰	新
新		9~23	王莽	長安	王莽	綠林軍
東漢		25~220	光武帝 劉秀	洛陽	獻帝	曹魏
삼국	魏	220~266	文帝 曹丕	洛陽	元帝	西晋
	蜀	221~263	昭烈帝 劉備	成都	後主 劉禪	曹魏
	吳	229~280	大帝 孫權	建業	末帝 孫皓	西晋
晋	西晋	266~316	武帝 司馬炎	洛陽	愍帝	前趙
16국	成(成漢)	304~347	李特	成都	後主 李勢	東晋
	漢(前趙)	304~329	劉淵	平陽	後主 劉曜	後趙
	後趙	319~352	石勒	襄國	石祗	冉魏
	冉魏	350~352	冉閔	鄴	冉閔	前燕
	前秦	351~394	苻健	長安	苻崇	後秦
	後秦	384~417	姚萇	長安	姚泓	東晋
	西秦	385~431	乞伏國仁	苑川	乞伏暮末	夏
	前燕	337~370	慕容皝	龍城	幽帝 慕容暐	前秦
	西燕	384~394	慕容泓	長安	慕容永	後燕
	後燕	384~409	慕容垂	中山	惠愍帝 高云	北燕
	南燕	398~410	慕容德	廣固	慕容超	東晋
	北燕	409~436	太祖 馮跋	龍城	昭成帝 馮弘	北魏
	前涼	314~376	張寔	姑臧	張天錫	前秦
	後涼	386~403	懿武帝 呂光	姑臧	呂隆	後秦
	南涼	397~414	禿髮烏孤	西平, 樂都	景王	西秦
	西涼	400~421	武昭王 李暠	敦煌, 酒泉	李恂	北涼
	北涼	397~439	段業	張掖	哀王	北魏
	夏	407~431	赫連勃勃	統萬	平康王 赫連定	吐谷渾
	後蜀	405~413	譙縱	成都	譙縱	東晋
	代	315~376	拓跋猗盧	平城	高祖 昭武帝	前秦

나 라		흥망연대	창건자(姓)	수 도	마지막 왕	침멸국(자)
	東晋	317~420	元帝 司馬睿	建康	恭帝 司馬德文	宋
남북조 남조	宋	420~479	武帝 劉裕	建康	順帝 劉準	南齊
	齊	479~502	高帝 蕭道成	建康	和帝 蕭寶融	梁
	梁	502~557	武帝 蕭淵	建康	敬帝 蕭方智	陳
	後梁	555~587	宣帝 蕭詧	江陵	後主 蕭琮	隋
	陳	557~589	武帝 陳霸先	建康	後主 陳叔寶	隋
북조	北魏	386~534	道武帝 拓跋珪	平城, 洛陽	孝武帝 元修	동서분열
	東魏	534~550	孝靜帝 元善見	鄴	孝靜帝 元善見	北齊
	西魏	535~557	文帝 元寶炬	長安	恭帝 拓跋廓	北周
	北齊	550~577	文宣帝 高洋	鄴	幼主 高恒	北周
	北周	557~581	孝閔帝 宇文覺	長安	靜帝 宇文闡	隋
	隋	581~618	文帝 楊堅	大興	恭帝 楊侑	唐
	唐	618~907	高祖 李淵	長安	哀帝 李柷	後梁
오대	後梁	907~923	朱溫	汴	末帝 朱瑱	後唐
	後唐	923~936	李存勖	洛陽	末帝 李從珂	後晋
	後晋	936~946	石敬瑭	汴	出帝 石重貴	契丹
	後漢	947~950	劉知遠	汴	隱帝 劉承祐	後周
	後周	951~960	郭威	汴	恭帝 柴宗訓	北宋
십국	吳	902~937	楊行密	江都	睿帝 楊溥	南唐
	南唐	937~975	徐知誥	江寧	後主 李昱	北宋
	吳越	907~978	錢鏐	錢塘	忠懿王 錢俶	北宋
	楚	907~951	馬殷	長沙	馬希崇	南唐
	閩	933~945	王審知	長樂	王延政	南唐
	前蜀	903~925	王建	成都	王淵	後唐
	後蜀	933~965	孟知祥	成都	孟昶	北宋
	荊南	924~963	高季興	荊州	高繼冲	北宋
	南漢	917~971	高祖	南海	劉鋹	北宋
	北漢	951~979	世祖	太原	彭城王	北宋
遼		916~1125	耶律阿保機	皇都(上京)	耶律延禧	金

나　라	흥망연대	창건자(姓)	수　도	마지막 왕	침멸국(자)
北宋	960~1126	太祖 趙匡胤	汴	欽宗 趙桓	金
西夏	1038~1227	景宗 李元昊	興慶	末主 李睍	蒙古
金	1115~1234	太祖 阿骨打	會寧, 中都, 汴	末帝 乘麟	蒙古
南宋	1127~1279	高宗 趙構	南京, 臨安	衛王 趙昺	元
元	1271~1368	世祖 忽必烈	大都	順帝	明
明	1368~1644	太祖 朱元璋	興天, 北京	思宗 朱由檢	李自成
後金~淸	1616~1911	太祖 누르하치	北京	宣統帝 溥儀	辛亥革命

1 하(夏)

B.C 2000경   우(禹)
               계(啓)
               태강(太康)
               중강(仲康)
               상(相)
               소강(少康)
               여(予)
               괴(槐)
               망(芒)
               설(泄)
               불항(不降)
               경(扃)
               근(厪)
               공갑(孔甲)
               고(皐)
               발(發)
               이계(履癸·桀)

2 은(殷)

B.C 1500경   대을(大乙, 天乙, 湯王)

태정(太丁)
외병(外丙)
중임(仲任)
대갑(大甲, 太甲)
옥정(沃丁)
대경(大庚, 太庚)
소갑(小甲)
옹기(雍己)
대무(大戊, 太戊)
중정(中丁, 仲丁)
외임(外壬, 都壬)
하단갑(河亶甲)
조을(祖乙, 且乙)
조신(祖辛, 且辛)
옥갑(沃甲, 羌甲)
조정(祖丁, 且丁)
남경(南庚)
양갑(陽甲, 虎甲)
반경(盤庚, 般庚)
소신(小辛)
소을(小乙)
무정(武丁)
조경(祖庚, 且庚)

조갑(祖甲, 且甲)

늠신(廩辛)

경정(庚丁)

무을(武乙)

태정(太丁:文丁)

제을(帝乙:父乙)

제신(帝辛:紂)

3 주(周:姬氏)

B.C 1030경　문왕(文王:昌)

무왕(武王:發)

성왕(成王:誦)

강왕(康王:釗)

소왕(昭王:瑕)

목왕(穆王:滿)

공왕(共王)

의왕(懿王)

효왕(孝王)

이왕(夷王)

여왕(厲王:胡)

B.C 828~782　선왕(宣王:靜)

782~771　유왕(幽王:宮涅)

771~720　평왕(平王:宜臼)

720~697　환왕(桓王:林)

697~682　장왕(莊王)

682~677　희왕(釐王, 僖王:胡齊)

677~652　혜왕(惠王)

652~619　양왕(襄王:鄭)

619~613　경왕(頃王:壬臣)

613~607　광왕(匡王:班)

607~586　정왕(定王:瑜)

586~572　간왕(簡王:夷)

572~545　영왕(靈王:泄心)

545~520　경왕(景王:貴)

520　도왕(悼王:猛)

520~477　경왕(敬王)

477~469　원왕(元王:仁)

469~441　정정왕(貞定王:介)

441　애왕(哀王:去疾)

441　사왕(思王:叔)

441~426　고왕(考王:嵬)

426~402　위열왕(威烈王:午)

402~376　안왕(安王:驕)

376~369　열왕(烈王:喜)

369~321　현왕(顯王:扁)

321~315　신정왕(愼靚王:定)

315~256　난왕(赧王:延)

4 춘추전국시대

① 오(吳:姬氏)

B.C 585~561　수몽(壽夢)

561~548　제번(諸樊)

548~531　여제(餘祭)

531~527　여매(餘昧)

527~515　요(僚)

515~496　합려(闔廬)

496~473　부차(夫差)

② 제(齊:呂氏)

태공망(太公望:呂尙)

<table>
<tr><td></td><td>정공(丁公:伋)</td><td>B.C 1055~999</td><td>백금(伯禽)</td></tr>
<tr><td></td><td>을공(乙公:得)</td><td>998~995</td><td>고공(考公)</td></tr>
<tr><td></td><td>계공(癸公:慈母)</td><td>994~989</td><td>양공(煬公:熙)</td></tr>
<tr><td></td><td>애공(哀公:不辰)</td><td>988~975</td><td>유공(幽公:宰)</td></tr>
<tr><td></td><td>호공(胡公:靜)</td><td>9/4~925</td><td>위공(魏公)</td></tr>
<tr><td>B.C 860~851</td><td>헌공(獻公:山)</td><td>924~888</td><td>여공(厲公:擢)</td></tr>
<tr><td>851~825</td><td>무공(武公:壽)</td><td>887~856</td><td>헌공(獻公:具)</td></tr>
<tr><td>825~816</td><td>여공(厲公:無忌)</td><td>855~826</td><td>진공(眞公)</td></tr>
<tr><td>816~804</td><td>문공(文公:赤)</td><td>825~817</td><td>무공(武公:敖)</td></tr>
<tr><td>804~795</td><td>성공(成公:脫·說)</td><td>816~808</td><td>의공(懿公:戲)</td></tr>
<tr><td>795~731</td><td>장공(莊公:購·贖)</td><td>807~797</td><td>백어(伯御)</td></tr>
<tr><td>731~698</td><td>희공(釐公:祿補)</td><td>796~770</td><td>효공(孝公:稱)</td></tr>
<tr><td>698~686</td><td>양공(襄公:諸兒)</td><td>769~724</td><td>혜공(惠公:弗湟)</td></tr>
<tr><td>685~643</td><td>환공(桓公:小白)</td><td>723~713</td><td>은공(隱公:息)</td></tr>
<tr><td>643~633</td><td>효공(孝公:昭)</td><td>712~695</td><td>환공(桓公:允)</td></tr>
<tr><td>633~613</td><td>소공(昭公:潘)</td><td>694~663</td><td>장공(莊公:同)</td></tr>
<tr><td>613~609</td><td>의공(懿公:商人)</td><td>662~661</td><td>민공(湣公:開)</td></tr>
<tr><td>609~599</td><td>혜공(惠公:元)</td><td>660~628</td><td>희공(釐公:申)</td></tr>
<tr><td>599~582</td><td>경공(頃公:無野)</td><td>627~610</td><td>문공(文公:興)</td></tr>
<tr><td>582~554</td><td>영공(靈公:環)</td><td>609~592</td><td>선공(宣公)</td></tr>
<tr><td>554~548</td><td>장공(莊公:光)</td><td>591~574</td><td>성공(成公:墨胘)</td></tr>
<tr><td>548~490</td><td>경공(景公:杵臼)</td><td>573~543</td><td>양공(襄公:午)</td></tr>
<tr><td>490~489</td><td>안유자(晏孺子:荼)</td><td>542~511</td><td>소공(昭公)</td></tr>
<tr><td>489~485</td><td>도공(悼公:陽生)</td><td>510~496</td><td>정공(定公:宋)</td></tr>
<tr><td>485~481</td><td>간공(簡公:壬)</td><td>495~469</td><td>애공(哀公:將)</td></tr>
<tr><td>481~456</td><td>평공(平公:驚)</td><td>468~432</td><td>도공(悼公:寧)</td></tr>
<tr><td>456~405</td><td>선공(宣公:積)</td><td>431~411</td><td>원공(元公:嘉)</td></tr>
<tr><td>405~379</td><td>강공(康公:貸)</td><td>410~378</td><td>목공(穆公:顯)</td></tr>
<tr><td></td><td></td><td>377~356</td><td>공공(共公:奮)</td></tr>
<tr><td>③ 노(魯:姬氏)</td><td></td><td>355~347</td><td>강공(康公:屯)</td></tr>
<tr><td></td><td>주공(周公:旦)</td><td>346~318</td><td>경공(景公)</td></tr>
</table>

317~296	평공(平公:叔)
295~273	문공(文公:賈)
272~246	경공(頃公)

④ 연(燕)

	소공(召公:奭)
⋮	
B.C 856~827	혜공(惠公)
827~791	희후(釐侯)
791~767	경후(頃侯)
767~765	애후(哀侯)
765~729	정후(鄭侯)
729~711	목후(繆侯)
711~698	선후(宣侯)
698~691	환후(桓侯)
691~658	장공(莊公)
658~618	양공(襄公)
618~602	환공(桓公)
602~587	선공(宣公)
587~574	소공(昭公)
574~555	무공(武公)
555~549	문공(文公)
549~545	의공(懿公)
545~535	혜공(惠公)
535~529	도공(悼公)
529~524	공공(共公)
524~505	평공(平公)
505~493	간공(簡公)
493~465	헌공(獻公)
465~450	효공(孝公)
450~434	성공(成公)

434~403	민공(湣公)
403~373	희공(釐公)
373~362	환공(桓公)
362~333	문공(文公)
333~321	역왕(易王)
321~312	왕쟁(王噲)
312~279	소왕(昭王)
279~272	혜왕(惠王)
272~258	무성왕(武成王)
258~255	효왕(孝王)
255~222	왕희(王喜)

⑤ 진(晉:姬氏)

B.C 1106~?	당숙우(唐叔虞)
⋮	
823~812	헌후(獻侯)
812~785	목후(穆侯)
785~781	상숙(殤叔)
781~746	문후(文侯)
746~739	소후(昭侯)
739~724	효후(孝侯)
724~718	악후(鄂侯)
718~710	애후(哀侯)
710~706	소자후(小子侯)
706~679	진후(晉侯)
679~677	무공(武公)
677~651	헌공(獻公)
651	혜제(奚齊)
651	도자(悼子)
651~637	혜공(惠公)
637~636	회공(懷公)

636~628	문공(文公)
628~621	양공(襄公)
621~603	영공(靈公)
603~600	성공(成公)
600~581	경공(景公)
581~573	여공(厲公)
573~558	도공(悼公)
558~532	평공(平公)
532~526	소공(昭公)
526~512	경공(頃公)
512~475	정공(定公)
475~456	출공(出公)
456~438	애공(哀公)
438~420	유공(幽公)
420~393	열공(烈公)
393~378	효공(孝公)
378~376	정공(靜公)

⑥ 초(楚)

	웅역(熊繹)
	웅애(熊艾)
	웅달(熊䵣)
	웅승(熊勝)
	웅양(熊楊)
	웅거(熊渠)
	웅지홍(熊摯紅:鄂王)
	웅연(熊延)
B.C 847~838	웅용(熊勇)
838~828	웅엄(熊嚴)
828~822	웅상(熊霜)
822~800	웅순(熊徇)

800~791	웅악(熊咢)
791~764	약오웅의(若敖熊儀)
764~758	소오웅감(霄敖熊坎)
758~741	분모웅순(蚡冒熊眴)
741~690	무왕(武王:熊通)
690~677	문왕(文王:熊貲)
677~672	도오웅간(堵敖熊艱)
672~626	성왕(成王:熊惲)
626~614	목왕(穆王:商臣)
614~591	장왕(莊王:侶旅)
591~560	공왕(共王:審)
560~545	강왕(康王:昭)
545~541	겹오웅운(郟敖熊員)
541~529	영왕(靈王:圍)
529~516	평왕(平王:棄疾, 熊居)
516~489	소왕(昭王:珍)
489~432	혜왕(惠王:章)
432~408	간왕(簡王:中)
408~402	성왕(聲王:當)
402~381	도왕(悼王:熊疑)
381~370	숙왕(肅王:藏)
370~340	선왕(宣王:熊良夫)
340~329	위왕(威王:熊商)
329~299	회왕(懷王:熊槐)
299~263	경양왕(頃襄王:橫)
263~238	고열왕(考烈王:熊元)
238~228	유왕(幽王:悍)
228	애왕(哀王:猶)

⑦ 조(趙)

B.C 408~400	열후(烈侯:籍)

400~387	무후(武侯)
387~375	경후(敬侯:章)
375~350	성후(成侯:種)
350~326	숙후(肅侯:語)
326~299	무령왕(武靈王:雍)
299~266	혜문왕(惠文王:何)
266~245	효성왕(孝成王:丹)
245~236	도양왕(悼襄王:偃)
236~228	유목왕(幽穆王:遷)
228~222	대왕(大王:嘉)

⑧ 위(魏)

B.C 403~387	문후(文侯:斯)
387~371	무후(武侯:擊)
371~335	혜왕(惠王)
335~319	양왕(襄王)
319~296	애왕(哀王)
296~277	소왕(昭王)
277~243	안희왕(安釐王)
243~228	경민왕(景湣王)
228~225	왕가(王假)

⑨ 한(韓)

B.C 408~400	경후(景侯:虔)
399~387	열후(列侯:取)
386~377	문후(文侯)
376~371	애후(哀侯)
370~359	장후(莊侯)
358~333	소후(昭侯)
332~312	선혜왕(宣惠王)
311~296	양왕(襄王:倉)
295~273	희왕(釐王:咎)
272~239	환혜왕(桓惠王)
238~230	왕안(王安)

⑩ 제(齊:田氏)

B.C 386~383	태공(太公:和)
383~374	후염(侯剡)
374~356	환공(桓公:午)
356~319	위왕(威王:因齊)
319~300	선왕(宣王:辟疆)
300~283	민왕(湣王:地)
283~264	양왕(襄王:法章)
264~221	왕건(王建)

5 진(秦:嬴氏)

B.C 778~766	양공(襄公)
766~716	문공(文公)
716~704	영공(寧公)
704~698	출자(出子)
698~678	무공(武公)
678~676	덕공(德公)
676~663	선공(宣公)
663~660	성공(成公)
660~621	목공(穆公:任好)
621~609	강공(康公)
609~604	공공(共公:和)
604~577	환공(桓公)
577~537	경공(景公)
537~501	애공(哀公)
501~491	혜공(惠公)

491~477	도공(悼公)
477~443	여공공(厲共公)
443~427	조공(躁公)
427~423	회공(懷公)
423~413	영공(靈公)
413~400	간공(簡公)
400~387	혜공(惠公)
387~385	출자(出子)
385~361	헌공(獻公:師隰)
361~338	효공(孝公:渠梁)
338~311	혜문왕(惠文王:駟)
311~307	무왕(武王:蕩)
307~251	소양왕(昭襄王:則)
251~250	효문왕(孝文王:桂)
250~247	장양왕(莊襄王:子楚)
247~210	시황제(始皇帝:政)
210~207	2세 황제(二世皇帝:胡亥)
207	진왕(秦王:子嬰)

6 전한(前漢:劉氏)

B.C 206~195	고조(高祖:劉邦)
195~188	혜제(惠帝:盈)
188~184	소제(少帝:恭)
184~180	소제(少帝:弘)
180~157	태종, 문제(太宗, 文帝:恒)
157~141	경제(景帝:啓哲)
141~87	세종, 무제(世宗, 武帝:徹)
87~74	소제(昭帝:弗陵)
74	폐제(廢帝:賀)
74~49	중종, 선제(中宗, 宣帝:詢)
49~33	고종, 원제(高宗, 元帝:奭)
33~7	성제(成帝)
7~1	애제(哀帝:欣)
B.C 1~A.D 5	평제(平帝:衎)

7 후한(後漢:劉氏)

A.D 25~57	세조, 광무제(世祖, 光武帝:秀)
57~75	현종, 명제(顯宗, 明帝:莊)
75~88	숙종, 장제(肅宗, 章帝:炟)
88~105	목종, 화제(穆宗, 和帝:肇)
105~06	상제(殤帝:隆)
106~25	공종, 안제(恭宗, 安帝:祐)
125	소제(少帝:懿)
125~44	경종, 순제(敬宗, 順帝:保)
144~45	충제(沖帝:炳)
145~46	질제(質帝:纘)
146~67	성종, 환제(成宗, 桓帝:志)
168~89	영제(靈帝:宏)

189 소제(少帝:辯)
189~220 헌제(獻帝:協)

8 위진시대

① 위(魏:曹氏)
220~26 문제(文帝:丕)
226~39 명제(明帝:叡)
239~54 폐제(廢帝:芳)
254~60 폐제(廢帝)
260~65 원제(元帝:奐)

② 촉한(蜀漢:劉氏)
221~24 소열제(昭烈帝:備)
224~63 후주(後主:禪)

③ 오(吳:孫氏)
222~52 대제(大帝:權)
252~58 회계왕(會稽王:亮)
258~64 경제(景帝:休)
264~80 오정후(烏程侯:皓)

④ 서진(西晉:司馬氏)
265~90 무제, 성조(武帝, 成祖:炎)
290~306 혜제(惠帝:衷)
306~13 회제(懷帝:熾)
313~16 민제(愍帝)

⑤ 동진(東晉:司馬氏)
317~22 중종, 원제(中宗, 元帝:睿)
322~25 숙종, 명제(肅宗, 明帝:紹)
325~42 현종, 성제(顯宗, 成帝:衍)
342~44 강제(康帝:岳)
344~61 효종, 목제(孝宗, 穆帝:聃)
361~65 애제(哀帝:丕)
365~71 폐제(廢帝:奕)
371~72 태종, 간문제(太宗, 簡文帝:昱)
372~96 효무제(孝武帝:曜)
396~418 안제(安帝:德宗)
418~20 공제(恭帝:德文)

9 오호십육국(五胡十六國)

① 전조(前趙·漢:劉氏·匈奴)
304~10 고조, 광문제(高祖, 光文帝:淵)
310 화(和)
310~18 열종, 소무제(烈宗, 昭武帝:聰)
318 은제(隱帝:粲)
318~28 요(曜)
328~29 희(熙)

② 후조(後趙:石氏·羯)
319~33 고조, 명제(高祖, 明帝:勒)

333~34 홍(弘)

334~49 태조, 무제(太祖, 武帝: 虎)

349 세(世)

349 준(遵)

349~50 감(鑒)

350~51 지(祗)

③ 전연(前燕:慕容·鮮卑)

337~48 태조, 문명제(太祖, 文明帝)

348~60 열조, 경소제(烈祖, 景昭帝:儁)

360~70 유제(幽帝:暐)

④ 후연(後燕:慕容·鮮卑)

383~96 세조, 성무제(世祖, 成武帝:垂)

396~98 열종, 혜민제(烈宗, 惠愍帝)

398~401 중종, 소무제(中宗, 昭武帝)

401~07 소문제(昭文帝:熙)

407~49 혜의제(惠懿帝:雲)

⑤ 남연(南燕:慕容·鮮卑)

398~405 헌무제(獻武帝:德)

405~10 초(超)

⑥ 서연(西燕:慕容·鮮卑)

384 제북왕(濟北王:泓)

⑦ 전진(前秦:苻氏·氏)

351~55 고조, 명제(高祖, 明帝: 健)

355~57 폐제(廢帝:生)

357~85 세조, 선소제(世祖, 宣昭帝:堅)

385~86 애제(哀帝:丕)

386~94 태종, 고제(太宗, 高帝: 登)

394 숭(崇)

⑧ 후진(後秦:姚氏·羌)

384~93 태조, 무소제(太祖, 武昭帝·萇)

394~416 고조, 문환제(高祖, 文桓帝:興)

416~17 홍(泓)

⑨ 성한(成漢:李氏·氏)

302~03 시조, 경제(始祖, 景帝: 特)

303 진문왕(秦文王:流)

303~34 태종, 무제(太宗, 武帝: 雄)

334 애제(哀帝:班)

334~337 유제(幽帝:期)

338~343 중종, 소문제(中宗, 昭文帝:壽)

343~347 세(勢)

⑩ 전량(前凉:張氏)

301~14 태조, 무왕(太祖, 武王)

314~20 고조, 소왕(高祖, 昭王:寔)

320~24 태종, 성왕(太宗, 成王:茂)

324~46 세조, 문왕(世祖, 文王:駿)

346~353 환공(桓公:重華)

353 애공(哀公:耀靈)

353~55 위왕(威王:祚)

355~63 충공(沖公)

363~76 도공(悼公:天錫)

⑪ 후량(後凉:呂氏·氏)

386~99 태조, 의무황제(太祖, 懿武皇帝:光)

399 은왕(隱王:紹)

399~401 영황제(靈皇帝:纂)

401~03 건강공(建康公:隆)

⑫ 서진(西秦:乞伏氏·鮮卑)

385~88 열조, 선열왕(烈祖, 宣烈王:國仁)

399~ 고조, 무원왕(高祖, 武

原王:乾歸)

399~401 태조, 문소왕(太祖, 文昭王)

401~03 모말(慕末)

⑬ 북연(北燕:馮氏)

409~30 태조, 문성제(太祖, 文成帝:跋)

430~36 소성제(昭成帝:弘)

⑭ 남량(南凉:禿髮氏·鮮卑)

397~99 열조, 무왕(烈祖, 武王:烏孤)

399~402 강왕(康王:利鹿孤)

402~14 경왕(景王)

⑮ 북량(北凉:沮渠氏·匈奴)

401~33 태조, 무선왕(太祖, 武宣王)

433~39 애왕(哀王)

⑯ 서량(西凉:李氏)

400~17 태조, 무소왕(太祖, 武昭王)

417~20 흠(歆)

420~21 순(恂)

⑰ 하(夏:赫連氏·匈奴)

407~25 세조, 무열황제(世祖, 武烈皇帝:勃勃)

425~28 창(昌)

428~31　　정(定)

10 남조(南朝)

① 송(宋:劉氏)

420~22　　고조, 무제(高祖, 武帝:裕)

422~24　　소제, 영양왕(少帝, 營陽王:義符)

424~53　　태조, 문제(太祖, 文帝:義隆)

453~64　　세조, 효무제(世祖, 孝武帝:駿)

464~65　　전폐제(前廢帝:子業)

465~72　　태종, 명제(太宗, 明帝:彧)

472~77　　후폐제(後廢帝:昱)

477~79　　순제(順帝:準)

② 남제(南齊:蕭氏)

479~82　　태조, 고제(太祖, 高帝:道成)

482~93　　세조, 무제(世祖, 武帝)

493~94　　울림왕(鬱林王:昭業)

494　　　　해릉왕(海陵王:昭文)

494~98　　고종, 명제(高宗, 明帝)

498~501　동혼후(東昏侯:寶卷)

501~02　　화제(和帝:寶融)

③ 양(梁:蕭氏)

502~49　　고조, 무제(高祖, 武帝:衍)

549~51　　태종, 간문제(太宗, 簡文帝:綱)

551　　　　동(棟)

552~54　　세조, 원제(世祖, 元帝:繹)

555　　　　정양후(貞陽侯:淵明)

555~57　　경제(敬帝:方智)

④ 후량(後梁)

554~62　　중종, 선제(中宗, 宣帝)

562~85　　세종, 명제(世宗, 明帝)

585~87　　종(琮)

⑤ 진(陳:陳氏)

557~59　　고조(高祖, 武帝:覇先)

559~66　　세조(世祖, 文帝)

566~68　　폐제(廢帝:臨海王)

568~82　　고종(高宗, 宣帝)

582~89　　후주(後主:長城公)

11 북조(北朝)

① 북위(北魏:拓跋氏·鮮卑)

386~409　태조(太祖, 道武帝)

409~23　　태종(太宗, 明元帝)

423~52　　세조(世祖, 太武帝:燾)

452~65　　고종(高宗, 文成帝:濬)

465~71　　현조(顯祖, 獻文帝:弘)

471~99　　고조(高祖, 孝文帝)

499~515　세종(世宗, 宣武帝)

515~28	숙종(肅宗, 孝明帝)
528~30	경종(敬宗, 孝莊帝)
531	절민제(節閔帝)
531~32	폐제(廢帝)
532~534	효무제(孝武帝)

② 서위(西魏:拓跋氏·鮮卑)

535~51	문제(文帝:寶矩)
551~54	폐제(廢帝:欽)
554~56	공제(恭帝:廓)

③ 동위(東魏:拓跋氏·鮮卑)

| 534~50 | 효정제(孝靜帝:善見) |

④ 북제(北齊:高氏)

550~59	현조(顯祖, 文宣帝)
559~60	폐제(廢帝:殷)
560~61	숙종(肅宗, 孝昭帝)
561~65	세조(世祖, 武成帝)
565~77	후주(後主:緯)
577	유주(幼主:恒)

⑤ 북주(北周:宇文氏)

556~57	효민제(孝閔帝:覺)
557~60	세종(世宗, 明帝)
560~78	고조(高祖, 武帝)
578~80	선제(先帝)
580~81	정제(靜帝:衍, 闡)

12 수(隋:楊氏)

581~604	고조, 문제(高祖, 文帝:堅)
604~18	세조, 양제(世祖, 煬帝:廣)
617~18	공제(恭帝, 代王:侑)
618~19	공제(恭帝, 越王)

13 당(唐:李氏)

618~26	고조(高祖:淵)
626~49	태종(太宗:世民)
649~83	고종(高宗:治)
683~84	중종(中宗:顯, 哲)
705~10	
684~90	예종(睿宗:旦)
710~12	
690~705	측천무후(則天武后) 〔周〕
712~56	현종(玄宗:隆基)
756~62	숙종(肅宗:亨)
762~79	대종(代宗:豫)
779~805	덕종(德宗:适)
805	순종(順宗:誦)
805~20	헌종(憲宗:純)
820~24	목종(穆宗:恒)
824~26	경종(敬宗:湛)
826~40	문종(文宗:昂)
840~46	무종(武宗:炎)
846~59	선종(宣宗)

859~73 의종(懿宗)
873~88 희종(僖宗)
888~904 소종(昭宗:曄)
904~07 애제(哀帝:祝)

14 오대십국(五代十國)

① 후량(後梁:朱氏)
907~12 태조(太祖:全忠)
912~13 영왕(郢王:友珪)
913~23 말제(末帝:友貞)

② 후당(後唐:李氏)
923~26 장종(莊宗:存勖)
926~33 명종(明宗:嗣源)
933~34 민제(閔帝:從厚)
934~36 말제(末帝:從珂)

③ 후진(後晉:石氏)
936~42 고조(高祖:敬瑭)
942~46 출제(出帝:重貴)

④ 후한(後漢:劉氏)
947~48 고조(高祖:知遠)
948~50 은제(隱帝:承祐)

⑤ 북한(北漢:劉氏)
951~54 세조(世祖:崇, 旻)
954~68 예종(睿宗:承鈞)
968 폐제(廢帝:繼恩)
968~79 영무제(英武帝:繼元)

⑥ 후주(後周)
951~54 태조(太祖)
954~59 세종(世宗)
959~60 공제(恭帝)

⑦ 오(吳:楊氏)
892~905 태조(太祖:行密)
905~08 열조(烈祖:渥)
908~20 고조(高祖:隆演)
920~37 예제(睿帝:溥)

⑧ 남당(南唐:李氏)
937~43 열조(烈祖:昪)
943~61 원종(元宗:璟, 景)
961~75 후주(後主:煜)

⑨ 전촉(前蜀:王氏)
907~18 고조(高祖:建)
918~25 후주(後主:衍)

⑩ 후촉(後蜀:孟氏)
934 고조(高祖:知祥)
934~965 후주(後主:昶)

⑪ 남한(南漢:劉氏)
909~11 양황제(襄皇帝:隱)
911~42 고조(高祖)
942~43 상제(殤帝)
943~58 중종(中宗:晟, 洪熙)
958~71 창(鋹:繼興)

⑫ 초(楚:馬氏)

    907~30 　무목왕(武穆王:殷)
    930~32 　형양왕(衡陽王:希聲)
    932~47 　문소왕(文昭王:希範)
    947~50 　폐왕(廢王:希廣)
    950~51 　공효왕(恭孝王)
    951 　　　폐왕(廢王, 希崇)

⑬ 오월(吳越:錢氏)

    907~32 　태조(太祖, 武肅王)
    932~41 　세종(世宗, 文穆王)
    941~47 　성종(成宗, 忠獻王)
    947 　　　충손왕(忠遜王, 宏倧)
    948~78 　충의왕(忠懿王:宏俶)

⑭ 민(閩:王氏)

    897~925 　태조(太祖:審知)
    925~26 　사왕(嗣王:延翰)
    925~35 　태종(太宗:延鈞)
    935~39 　강종(康宗:繼鵬, 昶)
    939~44 　경종(景宗:延羲, 曦)
    943~45 　연정(延政)

⑮ 형남(荊南·南平:高氏)

    907~28 　무신왕(武信王:季興)
    928~48 　문헌왕(文獻王:從誨)
    948~60 　정의왕(貞懿王:保融)
    960~62 　보욱(保勖)
    962~63 　계충(繼沖)

15 북송(北宋:趙氏)

    960~76 　　　태조(太祖:匡胤)
    976~97 　　　태종(太宗:匡義)
    997~1022 　진종(眞宗:恒)
    1022~63 　　인종(仁宗:禎)
    1063~67 　　영종(英宗:曙)
    1067~85 　　신종(神宗:頊)
    1085~1100 철종(哲宗:煦)
    1100~25 　　휘종(徽宗:佶)
    1125~27 　　흠종(欽宗:桓)

16 남송(南宋:趙氏)

    1127~62 　　고종(高宗:構)
    1162~89 　　효종(孝宗)
    1189~94 　　광종(光宗:惇)
    1194~1224 영종(寧宗:擴)
    1224~64 　　이종(理宗)
    1264~74 　　탁종(度宗:孟啓)
    1274~76 　　공종(恭宗)
    1276~78 　　단종(端宗:昰)
    1278~79 　　상흥제(祥興帝:昺)

17 요(遼·契丹:耶律氏)

    916~26 　태조(太祖:阿保機)
    926~47 　태종(太宗:德光)
    947~51 　세종(世宗:阮)
    951~69 　목종(穆宗:璟)
    969~82 　경종(景宗:賢)

982~1031 성종(聖宗:隆緖)

1031~55 흥종(興宗:宗眞)

1055~1101 도종(道宗:洪基)

1101~25 천조제(天祚帝:延禧)

18 서요(西遼:耶律氏)

1124~43 덕종(德宗:大石)

1143~50 감천황후(感天皇后)

1150~63 인종(仁宗:夷列)

1163~77 승천태후(承天太后:普
速完)

1177~1211 말왕(末王:直魯古)

19 금(金·女眞:完顔氏)

1115~23 태조(太祖:旻, 阿骨打)

1123~35 태종(太宗:晟, 吳乞買)

1135~49 희종(熙宗:亶, 合剌)

1149~61 해릉왕(海陵王:亮)

1161~89 세종(世宗:雍, 烏祿)

1189~1208 장종(章宗:璟, 麻達葛)

1208~13 위소왕(衛紹王:允濟)

1213~23 선종(宣宗:珣, 吳睹補)

1223~34 애종(哀宗:守緒, 寧甲
遠)

1234 말제(末帝:承麟)

20 원(元)

① 몽고 제국(蒙古帝國)

1206~27 태조(太祖:칭기즈칸)

1229~41 태종(太宗:오고타이)

1246~48 정종(定宗:구유크)

1251~59 헌종(憲宗:몽케)

② 원(元)

1260~94 세조(世祖:쿠빌라이)

1294~1307 성종(成宗:티무르)

1307~11 무종(武宗:하이샨)

1311~20 인종(仁宗:아유르바리
바드라)

1320~23 영종(英宗:시디발라)

1323~28 태정제(泰定帝:에센 테
무르)

1328 천순제(天順帝:아수기
바)

1328~29 명종(明宗:쿠살라)

1329~32 문종(文宗:투크 테무
르)

1332 영종(寧宗:이린지발)

1332~70 순제(順帝:토곤 테무
르)

③ 북원(北元)

1370~78 소종(昭宗:아유르시리
다라)

1378~88 토구스 테무르

21 명(明:朱氏)

1368~98　홍무제(洪武帝，太祖：元璋)
1398~1402 혜제(惠帝，建文帝)
1402~24　영락제(永樂帝，太宗，成祖)
1424~25　홍희제(洪熙帝，仁宗)
1425~35　선덕제(宣德帝，宣宗)
1435~49　정통제(正統帝，英宗)
1449~56　경태제(景泰帝，景帝，代宗)
1457~64　천순제(天順帝)
1464~87　성화제(成化帝，憲宗)
1487~1505 홍치제(弘治帝，孝宗)
1505~21　정덕제(正德帝，武宗)
1521~66　가정제(嘉靖帝，世宗)
1566~72　융경제(隆慶帝，穆宗)
1572~1620 만력제(萬曆帝，神宗)
1620~　　태창제(泰昌帝，光宗)
1620~27　천계제(天啓帝，熹宗)
1627~44　숭정제(崇禎帝，毅宗)

22 청(淸:愛新覺羅氏)

1616~26　태조(太祖:奴兒哈赤)
1626~43　태종(太宗:皇太極)
1643~61　순치제(順治帝，世祖)
1661~1722 강희제(康熙帝，聖祖)
1722~35　옹정제(雍正帝，世宗)
1735~95　건륭제(乾隆帝，高宗)
1795~1820 가경제(嘉慶帝，仁宗)
1820~50　도광제(道光帝，宣宗)
1850~61　함풍제(咸豊帝，文宗)
1861~74　동치제(同治帝，穆宗)
1874~1908 광서제(光緖帝，德宗)
1908~12　선통제(宣統帝:溥儀)

가

嘉慶(淸)	1796~1820	開成(唐)	836~40
嘉寧(成漢)	346~37	開耀(唐)	681~82
嘉祐(北宋)	1056~63	開運(後晋)	944~46
嘉定(南宋)	1208~24	〃(西夏)	1034
嘉靖(明)	1522~66	開元(唐)	713~41
嘉泰(南宋)	1201~04	開泰(遼)	1012~21
嘉平(魏)	249~54	開平(後梁)	907~11
〃(前趙)	311~14	開皇(隨)	581~600
〃(南凉)	408~14	開興(金)	1232
嘉禾(吳)	232~38	開禧(南宋)	1205~07
嘉興(西凉)	417~20	更始(前漢)	23~25
嘉熙(南宋)	1237~40	〃(西燕)	385
甘露(前漢)	53~50	居攝(前漢)	6~8
〃(魏)	256~60	建康(後漢)	144
〃(吳)	265~66	建光(〃)	121~22
〃(前秦)	359~64	建國(北魏)	338~76
康國(西遼)	1127~36	建寧(後漢)	168~72
康定(北宋)	1040~41	乾寧(唐)	894~98
康熙(淸)	1662~1722	建德(北周)	572~78
開慶(南宋)	1259	乾德(前蜀)	919~24
開寶(北宋)	968~76	〃(北宋)	963~68
		乾道(西夏)	1068~69
		〃(南宋)	1165~73

建隆(北宋)	960~63	乾定(西夏)	1224~26
乾隆(淸)	1736~95	乾貞(십국吳)	927~29
乾封(唐)	666~68	建中(唐)	780~83
乾符(〃)	874~79	建中靖國(北宋)	1101
建明(西燕)	386	建初(後漢)	76~84
〃(北魏)	530~31	〃(成漢)	302~03
乾明(北齊)	560	〃(後秦)	386~94
建武(後漢)	25~56	〃(西涼)	405~17
〃(晋)	304	乾統(遼)	1101~110
〃(〃)	317~18	建平(前漢)	6~3 B.C
〃(後趙)	335~48	〃(後趙)	330~33
〃(西燕)	386	〃(西燕)	386
〃(南齊)	494~98	〃(後燕)	398
建文(明)	1399~1402	〃(南燕)	400~05
建昭(前漢)	38~34 B.C	建衡(吳)	269~71
建始(〃)	32~29 B.C	乾亨(南漢)	917~25
〃(後燕)	407	〃(遼)	979~82
建安(後漢)	196~220	建弘(西秦)	420~28
建炎(南宋)	1127~30	建和(後漢)	147~49
建祐(오대後漢)	948~50	〃(南京)	400~02
〃(北漢)	951~57	乾化(後梁)	911~15
〃(西夏)	1170~93	乾和(南漢)	943~58
建元(前漢)	140~135 B.C	建興(蜀漢)	223~37
〃(前趙)	315~16	建興(吳)	252~53
〃(晋)	343~44	〃(成漢)	304~06
建元(前凉)	357~61	〃(前凉)	313~19
〃(前秦)	365~85	〃(晋)	313~17
〃(南齊)	479~82	〃(後燕)	386~96
乾元(唐)	758~60	乾興(北宋)	1022
建義(西秦)	385~88	建熙(前燕)	360~70
〃(北魏)	528	竟寧(前漢)	33 B.C

景德(北宋)	1004~07	〃(西夏)	1034~36
慶曆(〃)	1041~48	廣政(後蜀)	938~65
景龍(唐)	707~10	光定(西夏)	1211~23
景明(北魏)	500~03	光天(前蜀)	918
景福(唐)	892~93	〃(南漢)	942~43
〃(遼)	1031~32	光初(前趙)	318~29
更始(前漢)	23~25	光宅(무측천 周)	684
〃(西燕)	385	光和(後漢)	178~84
〃(西秦)	409~12	光化(唐)	898~901
景炎(南宋)	1276~78	光興(前趙)	301~11
景耀(蜀漢)	258~63	光憙(後漢)	189
景祐(北宋)	1034~38	光熙(晋)	306
景雲(唐)	710~11	交泰(南唐)	958
景元(魏)	260~64	久視(무측천 周)	700
慶元(南宋)	1195~1200		
景定(〃)	1260~64	**다**	
景初(魏)	237~39		
景泰(明)	1450~57	端拱(北宋)	988~89
景平(남조 宋)	423~24	端平(南宋)	1234~36
景和(〃)	465	唐隆(唐)	710
拱和(西夏)	1063~67	大慶(西夏)	1036~37
光啓(唐)	885~88	〃(〃)	1040~43
光大(陳)	567~68	大觀(北宋)	1107~10
廣德(唐)	763~64	大德(西夏)	1135~39
廣明(〃)	880~81	〃(元)	1297~1307
光緖(淸)	1875~1908	大同(梁)	535~46
光壽(前燕)	357~60	〃(遼)	947
廣順(後周)	951~53	〃(만주국)	1932~34
光始(後燕)	401~06	大曆(唐)	766~79
廣運(남조 後梁)	586~87	大明(남조 宋)	457~64
〃(北漢)	974~79	大寶(梁)	550~52

616

〃(南漢)	958~71	明道(北宋)	1032~33
大象(北周)	579~80	明昌(金)	1190~96
大成(〃)	579	武德(唐)	618~26
大順(唐)	890~91	武成(北周)	559~60
大安(西夏)	1075~85	〃(前蜀)	908~10
〃(遼)	1085~94	武義(십국 吳)	919~20
〃(金)	1209~11	武定(東魏)	543~50
大業(隋)	605~17	武泰(北魏)	528
大有(南漢)	928~42	武平(北齊)	570~76
大定(남조 後梁)	555~62	文德(唐)	888
〃(北周)	581	文明(무측천 周)	684
〃(金)	1161~89		
大足(무측천 周)	701		
大中(唐)	847~60		

바

大中祥符(北宋)	1008~16	白龍(南漢)	925~28
大通(梁)	527~29	白雀(後秦)	384~36
大統(西魏)	535~51	寶慶(南宋)	1225~27
大和(십국 吳)	929~35	保寧(遼)	969~79
德祐(南宋)	1275~76	寶大(吳越)	924~25
德昌(北齊)	576	保大(南唐)	943~57
道光(淸)	1821~50	〃(遼)	1121~25
同光(後唐)	923~26	寶曆(唐)	825~27
同治(淸)	1862~74	寶祐(南宋)	1253~58
登國(北魏)	386~96	寶元(北宋)	1038~40
		寶應(唐)	762~63
		寶鼎(吳)	266~69
		保定(北周)	561~65

마

		寶正(吳越)	926~31
萬曆(明)	1573~1620	普泰(北魏)	531
萬歲登封(무측천 周)	695~96	普通(梁)	520~27
萬歲通天(〃)	696~97	福聖承道(西夏)	1053~56
明德(後蜀)	934~38		

연호	연대		연호	연대
本始(前漢)	73~70 B.C		綏和(前漢)	8~7 B.C
本初(後漢)	146		淳祐(南宋)	1241~52
鳳曆(後梁)	913		順義(십국 吳)	912~27
鳳翔(夏)	413~18		順治(淸)	1644~61
鳳皇(吳)	272~74		淳化(北宋)	990~94
			淳熙(南宋)	1174~89
	사		崇慶(金)	1212~13
			崇寧(北宋)	1102~06
嗣聖(唐)	684~704		崇德(淸)	1636~43
上元(〃)	674~76		崇福(西遼)	1154~67
〃(〃)	760~62		崇禎(明)	1628~44
祥興(南宋)	1278~79		承光(夏)	425~28
宣德(明)	1426~35		勝光(〃)	428~31
宣政(北周)	578		承光(北齊)	577
先天(唐)	712~13		承明(北魏)	476
宣統(淸)	1909~11		昇明(남조 宋)	477~79
宣和(北宋)	1119~25		承聖(梁)	552~55
聖曆(무측천 周)	698~700		承安(金)	1196~1200
成化(明)	1465~87		昇元(南唐)	937~43
昭寧(後漢)	189		升平(晋)	357~61
紹武(南明)	1646		承平(北魏)	452
紹聖(北宋)	1094~98		承玄(北涼)	428~31
紹定(南宋)	1228~33		始建國(新)	9~13
紹泰(梁)	555~56		始光(北魏)	424~28
紹興(南宋)	1131~62		始元(前漢)	86~81 B.C
〃(西遼)	1142~54		神麚(北魏)	428~31
紹熙(南宋)	1190~94		神功(무측천 周)	697
垂拱(무측천 周)	685~88		神龜(北魏)	518~20
壽光(前秦)	355~57		神龍(唐)	705~07
收國(金)	1115~16		神鳳(吳)	252
壽昌・壽隆(遼)	1095~1101		神璽(北涼)	397~99

神瑞(北魏)	414~16	〃(後趙)	333~34
神爵(前漢)	61~58 B.C	炎興(蜀漢)	263
神鼎(後凉)	401~03	永嘉(後漢)	145
神冊(遼)	916~21	〃(晋)	307~13
		寧康(晋)	373~75
아		永康(後漢)	167
		〃(晋)	300~01
晏平(成漢)	306~10	〃(後燕)	396~98
陽嘉(後漢)	132~35	〃(西秦)	412~419
陽朔(前漢)	24~21 B.C	永建(後漢)	126~132
如意(무측천 周)	692	〃(西凉)	420~421
延康(魏)	220	永光(前漢)	43~39 B.C
延慶(西遼)	1124~26	〃(남조 宋)	465
延光(後漢)	122~25	永寧(後漢)	120~21
延嗣寧國(西夏)	1049	〃(晋)	301~02
延祐(元)	1314~20	〃(後趙)	350~51
燕元(前燕)	349~51	永樂(前凉)	346~53
〃(後燕)	384~85	〃(明)	1403~24
〃(南燕)	398~99	永曆(南明)	1647~61
延載(무측천 周)	694	永隆(唐)	680~81
延昌(北魏)	512~15	〃(閩)	939~44
延初(前秦)	394	永明(南齊)	483~93
延平(後漢)	106	永鳳(前趙)	308
燕平(南燕)	398~99	永壽(後漢)	155~58
延和(北魏)	432~34	永淳(唐)	682~83
〃(唐)	712	永始(前漢)	16~13 B.C
燕興(西燕)	384	永安(吳)	258~64
延興(北魏)	471~76	〃(晋)	304
〃(南齊)	494	〃(北凉)	401~12
延熹(後漢)	158~67	〃(北魏)	528~30
延熙(蜀漢)	238~57	〃(西夏)	1099~1101

永元(後漢)	89~105	五鳳(前漢)	57~54 B.C
〃(前凉)	320~24	〃(吳)	254~56
〃(南齊)	499~501	玉恒(成漢)	335~37
永定(陳)	557~559	玉衡(〃)	311~34
永貞(唐)	805	雍寧(西夏)	1115~19
永昌(晋)	322~23	雍正(淸)	1723~35
〃(무측천 周)	689~90	雍熙(北宋)	984~87
永初(後漢)	107~113	龍啓(閩)	933~35
〃(남조 宋)	420~22	龍紀(唐)	889
永泰(南齊)	498	龍德(後梁)	921~23
〃(唐)	765~66	龍飛(後凉)	396~99
永平(後漢)	58~75	龍朔(唐)	661~63
〃(晋)	291	龍昇(夏)	407~13
〃(北魏)	508~12	元嘉(後漢)	151~53
〃(前蜀)	911~15	〃(남조 宋)	424~53
永漢(後漢)	189	元康(前漢)	65~62 B.C
永弘(西秦)	428~31	〃(晋)	291~99
永和(後漢)	136~41	元光(前漢)	134~129 B.C
〃(晋)	345~56	〃(金)	1222~23
〃(後秦)	416~17	元德(西夏)	1120~27
〃(北凉)	433~39	元封(前漢)	110~105 B.C
〃(閩)	935	元鳳(〃)	80~75 B.C
永徽(唐)	650~56	元符(北宋)	1098~1100
永興(後漢)	153~54	元朔(前漢)	128~123 B.C
〃(晋)	304~06	元象(東魏)	538~39
〃(冉閔)	350~52	元璽(前燕)	352~56
〃(前秦)	357~58	元狩(前漢)	122~117 B.C
〃(北魏)	409~13	元壽(〃)	2~1 B.C
〃(〃)	532	元始(〃)	1~5
永熙(晋)	290	元延(〃)	12~9 B.C
〃(北魏)	532~34	元祐(北宋)	1086~94

620

元鼎(前漢)	116~111 B.C	人慶(西夏)	1144~48
元貞(元)	1295~97	麟德(唐)	664~66
元初(後漢)	114~20	仁壽(隋)	601~04
元統(元)	1333~35		
元平(前漢)	74 B.C	**자**	
元豊(北宋)	1078~85		
元和(後漢)	84~87	長慶(唐)	821~24
〃(唐)	806~20	長樂(後燕)	399~401
元徽(남조 宋)	473~77	章武(蜀漢)	221~23
元興(後漢)	105	長壽(무측천 周)	692~94
〃(吳)	264~65	長安(〃)	701~05
〃(晋)	402~04	章和(後漢)	87~88
元熙(前趙)	304~07	長興(後唐)	930~33
〃(晋)	419~20	載初(무측천 周)	690
隆慶(明)	1567~72	赤烏(吳)	238~51
隆武(南明)	1645~46	靖康(北宋)	1126~27
隆安(晋)	397~401	貞觀(唐)	627~49
隆昌(南齊)	494	〃(西夏)	1102~14
隆和(晋)	362~63	正光(北魏)	520~25
隆化(北齊)	576~77	正大(金)	1224~31
隆興(南宋)	1163~64	正德(西夏)	1127~34
應乾(南漢)	943	〃(明)	1506~21
應曆(遼)	951~69	正隆(金)	1156~61
應順(後唐)	934	禎明(陳)	587~89
應天(西夏)	1206~10	貞明(後梁)	915~21
義寧(隋)	617~18	正始(魏)	240~49
儀鳳(唐)	676~79	〃(北燕)	407~09
義和(北凉)	431~33	〃(北魏)	504~08
義熙(晋)	405~18	貞祐(金)	1213~17
麟嘉(前趙)	316~18	正元(魏)	254~56
〃(後凉)	389~95	貞元(唐)	785~805

〃(金)	1153~56	地皇(新)	20~23
正統(明)	1436~49	眞興(夏)	419~25
正平(北魏)	451~52		
征和(前漢)	92~89 B.C		
政和(北宋)	1111~18		**차**
調露(唐)	679~80	昌武(夏)	418~19
中大通(梁)	529~34	昌平(西燕)	386
中大同(〃)	546~47	天嘉(陳)	560~66
中元(後漢)	56~57	天監(梁)	502~19
中統(元)	1260~64	天康(陳)	566
中平(後漢)	184~89	天慶(遼)	1111~20
中和(唐)	881~85	〃(西夏)	1194~206
重和(北宋)	1118~19	天啓(明)	1621~27
中興(西燕)	386~94	天眷(金)	1138~40
〃(南齊)	501~02	天紀(吳)	277~80
〃(北魏)	531~32	天德(閩)	943~46
〃(南唐)	958	〃(金)	1149~53
重熙(遼)	1032~55	天曆(元)	1328~30
證聖(무측천 周)	695	天祿(遼)	947~51
至寧(金)	1213	天命(淸)	1616~26
至大(元)	1308~11	天保(北齊)	550~59
至德(陳)	583~87	〃(남조 後梁)	562~85
〃(唐)	756~58	天寶(唐)	742~56
至道(北宋)	955~97	〃(吳越)	908~11
至順(元)	1330~33	天輔(金)	1117~23
至元(〃)	1264~94	天復(唐)	901~04
〃(〃)	1335~40	天福(後晋)	936~44
地節(前漢)	69~66 B.C	〃(오대 後漢)	947
至正(元)	1341~68	天鳳(新)	14~19
至治(〃)	1321~33	天賜(北魏)	404~09
至和(北宋)	1054~56	天賜禮盛國慶(西夏)	1070~74

天璽(吳)	276		天禧(北宋)	1017~21
〃(北涼)	399~401		〃(西遼)	1168~1201
天成(梁)	555		清寧(遼)	1055~64
〃(後唐)	926~30		靑龍(魏)	233~37
天盛(西夏)	1149~69		〃(後趙)	349~50
〃(北宋)	1023~32		淸泰(後唐)	934~36
天授(무측천 周)	690~92		初始(前漢)	8
天授禮法延祚(西夏)	1038~48		初元(〃)	48~44 B.C
天順(明)	1457~64		初平(後漢)	190~93
天安(北魏)	466~67		總章(唐)	668~70
天安禮定(西夏)	1086		治平(北宋)	1064~67
天祐(唐)	904~07		致和(元)	1328
天祐垂聖(西夏)	1050~52			
天祐民安(〃)	1091~98		**타**	
天儀治平(〃)	1087~90			
天正(梁)	551~52		太康(晋)	280~89
天祚(십국 吳)	935~37		〃(遼)	1075~84
天贊(遼)	922~26		太建(陳)	569~82
天冊(吳)	275~76		太極(唐)	712
天冊萬歲(무측천 周)	695		太寧(晋)	323~26
天聰(淸)	1627~36		〃(後趙)	349
天統(北齊)	565~69		〃(北齊)	561~62
天平(東魏)	534~37		太上(南燕)	405~10
天漢(前漢)	100~97 B.C		泰常(北魏)	416~23
〃(前蜀)	917		太始(前漢)	96~93 B.C
天顯(遼)	926~38		〃(前涼)	355~56
天和(北周)	566~72		泰始(晋)	265~74
天會(北漢)	957~73		〃(남조 宋)	465~71
〃(金)	1123~37		太安(晋)	302~03
天興(北魏)	398~404		〃(前秦)	385~86
〃(金)	1232~34		〃(後涼)	386~89

〃(北魏)	455~59
泰豫(남조 宋)	472
太延(北魏)	435~40
太元(吳)	251~52
〃(前凉)	324~45
〃(晋)	376~96
泰定(元)	1324~28
太昌(北魏)	532
泰昌(明)	1620
太淸(前凉)	363~76
〃(梁)	547~49
太初(前漢)	104~101 B.C
〃(前秦)	386~94
〃(西秦)	388~409
〃(南凉)	397~99
太平(吳)	256~58
〃(北燕)	409~30
〃(梁)	556~57
〃(遼)	1021~31
太平眞君(北魏)	440~51
太平興國(北宋)	976~84
太和(魏)	227~33
〃(後趙)	328~30
〃(成漢)	344~45
〃(晋)	366~71
〃(北魏)	477~99
〃(唐)	827~35
泰和(金)	1201~208
太興(晋)	318~21
〃(北燕)	431~36
太熙(晋)	290

通文(閩)	936~39
通正(前蜀)	916
統和(遼)	983~1012

하

河瑞(前趙)	309~10
河淸(北齊)	562~65
河平(前漢)	28~25 B.C
漢安(後漢)	142~44
漢昌(前趙)	318
漢興(成漢)	338~43
咸康(晋)	335~42
〃(前蜀)	925
咸寧(晋)	275~80
〃(後凉)	399~401
咸淳(南宋)	1265~74
咸安(晋)	371~72
咸雍(遼)	1065~74
咸淸(西遼)	1136~41
咸通(唐)	860~74
咸平(北宋)	998~1003
咸豊(淸)	1851~61
咸亨(唐)	670~74
咸和(晋)	326~34
咸熙(魏)	264~65
顯慶(唐)	656~61
顯德(後周)	954~60
顯道(西夏)	1032~33
玄始·元始(北凉)	412~28
鴻嘉(前漢)	20~17 B.C

弘光(南明)	1645	黃初(魏)	220~26
弘道(唐)	683	皇泰(隋)	618~19
洪武(明)	1368~98	皇統(金)	1141~49
弘始(後秦)	399~416	皇興(北魏)	467~71
弘昌(南凉)	402~08	會同(遼)	938~47
弘治(明)	1488~1505	會昌(唐)	841~46
洪熙(明)	1425	孝建(남조 宋)	454~56
和平(後漢)	150	孝昌(北魏)	525~27
〃(前凉)	354~55	後元(前漢)	88~87 B.C
〃(北魏)	460~65	興光(北魏)	454~55
皇建(北齊)	560~61	興寧(晋)	363~65
〃(西夏)	1210~11	興安(北魏)	452~54
皇慶(元)	1312~13	興元(唐)	784
黃龍(前漢)	49 B.C	興定(金)	1217~22
〃(吳)	229~31	興平(後漢)	194~95
黃武(〃)	222~29	興和(東魏)	539~42
皇始(前秦)	351~55	熙寧(北宋)	1068~77
〃(北魏)	396~98	熹平(後漢)	172~78
皇祐(北宋)	1049~54	熙平(北魏)	516~18
皇初(後秦)	394~99